UTB FÜR WISSEN SCHAFT

Eine Arbeitsgemeinschaft der Verlage

Wilhelm Fink Verlag München
Gustav Fischer Verlag Stuttgart
Francke Verlag Tübingen
Paul Haupt Verlag Bern und Stuttgart
Dr. Alfred Hüthig Verlag Heidelberg
Leske Verlag + Budrich GmbH Opladen
J. C. B. Mohr (Paul Siebeck) Tübingen
R. v. Decker & C. F. Müller Verlagsgesellschaft m. b. H. Heidelberg
Quelle & Meyer Heidelberg · Wiesbaden
Ernst Reinhardt Verlag München und Basel
F. K. Schattauer Verlag Stuttgart · New York
Ferdinand Schöningh Verlag Paderborn · München · Wien · Zürich
Eugen Ulmer Verlag Stuttgart
Vandenhoeck & Ruprecht in Göttingen und Zürich

Ursula Hansen

Absatz- und Beschaffungsmarketing des Einzelhandels

Eine Aktionsanalyse

Mit 160 Schaubildern, 28 Cartoons und 12 Fotos

2., neubearbeitete und erweiterte Auflage

Vandenhoeck & Ruprecht in Göttingen

Die Autorin studierte Betriebswirtschaftslehre und Sozialpsychologie an den Universitäten Wien und Göttingen, wo sie 1965 ihr Examen zum Diplom-Kaufmann ablegte und 1969 zum Dr. rer. pol. promoviert wurde. 1964—1969 wissenschaftliche Assistentin bei Prof. Leitherer im Seminar für betriebliche Marktlehre der Universität Göttingen. Zwischenzeitlich Forschungsauftrag in den USA. 1969—1973 Lehrbeauftragte an der Universität Göttingen (Handelsbetriebslehre), dabei Erprobung neuer didaktischer Verfahren mit Unterstützung der Stiftung Volkswagenwerk. 1974 Habilitation in Göttingen. Seit Herbst 1975 Professorin an der Universität Hannover, Institut für Betriebsforschung, Abteilung Markt und Konsum.

CIP-Titelaufnahme der Deutschen Bibliothek

Hansen, Ursula:
Absatz- und Beschaffungsmarketing des Einzelhandels:
eine Aktionsanalyse / Ursula Hansen. — 2., neubearb. und erw. Aufl. —
Göttingen: Vandenhoeck & Ruprecht, 1990
(UTB für Wissenschaft: Große Reihe

ISBN 3-525-03154-8 kart.
ISBN 3-525-03155-6 Gb.

Cartoons: Erik Liebermann
Fotos: Karin Blüher

Satz: Druckvorlagen Bernert GmbH, Göttingen
Druck und Bindearbeit: Hubert & Co., Göttingen

Vorwort

In betriebswirtschaftlichen Forschungsbeiträgen und im praktischen Sprachgebrauch hat der Begriff „Marketing“ inzwischen einen hohen Stellenwert. Er fungiert als marktwirtschaftliches Glaubensbekenntnis, als Formel einer fortschrittlichen Unternehmensphilosophie oder als verbraucherorientiertes, darum aber nicht zwangsläufig verbraucherfreundliches Konzept einer Managementstrategie. Die Verbreitung der Marketing-Idee steht in engem Zusammenhang mit der Entwicklung von Käufermärkten in den Industrienationen westlicher Prägung. Zweifellos hat in dieser Situation auch die Adaption und Weiterentwicklung anglo-amerikanischer Marktgestaltungstechniken und entsprechender Forschungsergebnisse der Distributionssphäre in jüngerer Vergangenheit entscheidende Impulse gegeben. Der Handel allerdings wurde von dieser Bewegung mit deutlicher Verzögerung gegenüber der Industrie und in Hinblick auf Branchen und Betriebsformen mit unterschiedlicher Stärke erfaßt.

Die Beiträge zum Marketing beziehen sich überwiegend auf den industriellen Absatz, wobei der Handel lediglich instrumental im Zusammenhang mit der Wahl der Absatzwege durch den Produzenten und weniger als Träger eigenständiger Marketingkonzeptionen gesehen wird. Während für die Industrie der praktische Wandel von der fertigungstechnischen Produktions- zur verbraucherbezogenen Absatzorientierung durch eine Fülle wissenschaftlicher Untersuchungen dokumentiert und gefördert wird, ist für den Einzelhandel eine derartige Ausrichtung aufgrund seiner Stellung im Wirtschaftsablauf zwar strukturell vorgegeben, jedoch wissenschaftlich weit weniger nachvollzogen, wenngleich in den letzten Jahren eine zunehmende theoretische Bearbeitung von Fragen des Handelsmarketing einsetzte. Soweit im Einzelhandel eine kleinbetriebliche Unternehmensstruktur vorherrscht, verläßt man sich auf eine von unternehmerischem Geschick und Einfühlungsvermögen kasuistisch gesteuerte Marktgestaltung. Die Kooperations- und Konzentrationsbewegung im Handel hat aber unternehmerische Marktpositionen geschaffen, die eine systematische und kontrollierte Betriebsführung ermöglichen. Diese ist darüber hinaus dringend erforderlich, da auch im Einzelhandel die marktliche Verwertung des Produkt- und Leistungsangebots unter dem Druck der sich entwickelnden Käufermärkte, der damit zusammenhängenden Wettbewerbsverschärfung und der steigenden Distributionskosten schwieriger geworden ist.

Aus dieser Sachlage habe ich vor 10 Jahren die Notwendigkeit einer wissenschaftlichen Beschäftigung mit der Unternehmensführung im Einzelhandel abgeleitet, der ich mit dem Beitrag zum Handelsmarketing nachgekommen bin. Inzwischen sind einige wichtige Monographien zum Handelsmarketing entstanden, so daß sich die wissenschaftliche Situation in diesem Bereich eindeutig gebessert hat. So legte Oehme 1983 eine umfassende Monographie zum Handelsmarketing vor, die sich vornehmlich an Praktiker richtet. Andere Monographien[1], die den Titel „Handels-

---

[1] Vgl. u. a. die Beiträge von Hasitschka, Hruschka, 1984, und Müller- Hagedorn, 1984, mit dem umfangreichen Titel „Handelsmarketing“.

marketing" tragen, enthalten Beiträge zu ausgewählten Bereichen. Daher habe ich mich entschlossen, mein Buch zum Handelsmarketing für eine 2. Auflage gründlich zu überarbeiten. Dazu waren einerseits neue Entwicklungen in der Handelspraxis und andererseits Fortschritte in der Theorie zum Handelsmarketing zu berücksichtigen.

In der vorliegenden Darstellung des Einzelhandelsmarketing wird die methodische Konzeption des aktionsanalytischen Ansatzes verfolgt [Leitherer, 1974a, S. 15]. Dieser erfüllt über eine ordnende und erklärende Funktion hinaus die Aufgabe, durch das Aufzeigen von Handlungsmöglichkeiten zur Gestaltung der Wirklichkeit beizutragen. Die Aktionsanalyse erfordert wegen ihrer ganzheitlichen Betrachtung des unternehmerischen Marktverhaltens die Einbeziehung soziologischer und sozialpsychologischer Denkweisen und Erkenntnisse. Damit werden traditionelle Wissenschaftsabgrenzungen zugunsten einer integrierenden Betrachtung des vielseitigen Unternehmerverhaltens im Rahmen einer komplexen Umwelt aufgegeben, wie dies in der jüngeren Entwicklung der Marketingwissenschaft üblich geworden ist.

Ich wende mich mit dieser Untersuchung an verschiedene Leserzielgruppen aus dem Hochschul- und Praxisbereich. Die Arbeit eignet sich für Studenten des Hauptstudiums der Betriebswirtschaftslehre, die bereits über Grundkenntnisse im Marketing verfügen. Den Praktikern im Bereich des Handelsmarketing kann sie eine Gesamtschau über ihr Tätigkeitsfeld vermitteln. Bekanntlich ist der Begriffsapparat dieser Gruppen unterschiedlich strukturiert. Zur Verbesserung einer gemeinsamen Verständigungsbasis habe ich in Zusammenarbeit mit Joachim Algermissen 1979 einen Taschentutor zusammengestellt, in dem die verwendeten Begriffe in Auseinandersetzung mit Literaturmeinungen geklärt werden. Dieser enthält zudem Lernziele, Materialien, Aufgaben und Lösungsvorschläge.

Bei der Bearbeitung des äußerst umfangreichen Problemfeldes wurde in Verfolgung einer durchgängigen Gesamtkonzeption dann auf die Erörterung von Teilfragen verzichtet, wenn auf einschlägige Literatur verwiesen werden konnte. Insbesondere für die Studenten als Lesergruppe habe ich vertiefende Literaturhinweise problemorientiert und textbegleitend vermittelt. Werke der Handelsbetriebslehre, die inzwischen bereits als Klassiker zu bezeichnen sind, wurden bewußt soweit berücksichtigt und als Bausteine der Theorienentwicklung gewürdigt, wie sie heute noch Aussagekraft haben. Damit soll dem derzeitig sehr verbreiteten enthistorisierenden Wissenschaftsverständnis entgegengewirkt werden.

Ich empfinde den Mitarbeiterinnen und Mitarbeitern meines Lehrstuhls gegenüber einen tiefen Dank dafür, daß sie dieses umfangreiche Arbeitsprojekt mit getragen und unterstützt haben, obwohl in einer Zeit steigender Studentenzahlen und knapperer Ressourcen ungünstige restriktive Arbeitsbedingungen entstanden sind. Soweit einer von ihnen aktiv an der Gestaltung des Buchtextes mitwirkte, habe ich dies in dem jeweiligen Kapitel in der ersten Fußnote extra vermerkt. Ich danke meiner wissenschaftlichen Mitarbeiterin Annette Heuer und meinen wissenschaftlichen Mitarbeitern Arno Brandt, Guido Brune, Achim Hoffmann, Kurt Jeschke, Peter Löschner sowie meinem ehemaligen Mitarbeiter und jetzigen Kollegen Bernd Stauss für Fachdiskussionen und unterstützende Bearbeitungshilfen. Ich danke weiterhin meinen wissenschaftlichen Hilfskräften Birgit Brauns, Wolfgang Stockinger und Holger Wochnowski für die sorgfältige und nicht immer frustrationsfreie Literaturbearbeitung und insb. meiner Sekretärin Inge Brauns und Werner Harnisch für die geduldige und umsichtige Förderung meiner Arbeit durch das technische Schreiben und Zeichnen. Schließlich danke ich Erik Liebermann für eine kreative Kooperation bei der Entwicklung der Cartoons und Karin Blüher für die fotographische Gestaltung.

Hannover, Herbst 1989 Ursula Hansen

Übersichtsgliederung

Inhaltsverzeichnis

Verzeichnis der Schaubilder

Verzeichnis der Abkürzungen

AgV	Arbeitsgemeinschaft der Verbraucherverbände e. V., Bonn
AMA	American Marketing Association
asw	absatzwirtschaft
BFuP	Betriebswirtschaftliche Forschung und Praxis
BGB	Bürgerliches Gesetzbuch
BGBl	Bundesgesetzblatt
BVerfGe	Bundesverfassungsgericht
DBW	Die Betriebswirtschaft
Diss	Dissertation
EMNID	Institut für Marktforschung und Meinungsforschung, Bielefeld
FfH	Forschungsstelle für den Handel, Berlin
FIW	Forschungsstelle für Wirtschaftsverfassung und Wettbewerb e. V., Köln
gdi	Gottlieb Duttweiler-Institut für wirtschaftliche und soziale Studien, Rüschlikon/Zürich
GEG	Großeinkaufs-Gesellschaft Deutscher Konsumgenossenschaften mbH
GfK	Gesellschaft für Konsumforschung e. V., Nürnberg
GFM	Gesellschaft für Marktforschung m.b.H.
GWB	Gesetz gegen Wettbewerbsbeschränkungen
HBR	Harvard Business Review
HdSW	Handwörterbuch der Sozialwissenschaften
HdW	Handbuch der Wirtschaftswissenschaften
HGB	Handelsgesetzbuch
HWB	Handwörterbuch der Betriebswirtschaft
HWR	Handwörterbuch des Rechnungswesens
IfH	Institut für Handelsforschung, Köln
ingesta	Institut Gewerbebetriebe im Städtebau, Köln
ISB	Institut für Selbstbedienung
JCP	Journal of Consumer Policy
J of AR	Journal of Advertising Research
J of M	Journal of Marketing
J of MR	Journal of Marketing Research
J of R	Journal of Retailing
MA	Markenartikel
NRMA	National Retail Merchants Association
OR	Operations Research
pop	point of purchase
RGH	Rationalisierungs-Gemeinschaft des Handels
SB	Selbstbedienung
Schufa	Schutzgemeinschaft für Absatzfinanzierung und Kreditsicherung
UWG	Gesetz gegen den unlauteren Wettbewerb
WiSt	Wirtschaftswissenschaftliches Studium
WISU	Das Wirtschaftsstudium
ZfB	Zeitschrift für Betriebswirtschaft
ZfbF	Zeitschrift für betriebswirtschaftliche Forschung
ZfgG	Zeitschrift für das gesamte Genossenschaftswesen
ZfhF	Zeitschrift für handelswissenschaftliche Forschung
ZVP	Zeitschrift für Verbraucherpolitik

I. Grundlagen

1 Gegenstand und Methoden der Untersuchung

11 Interpretation des Untersuchungsgegenstandes „Einzelhandelsmarketing“

Handel ist in Praxis und Wissenschaft ein vieldeutig verwendeter Terminus. Zu seiner Klärung werden in der Literatur zwei Meinungen vertreten. Die eine versteht den Handel im *funktionalen,* begrifflich weiteren Sinn als Tätigkeit, und zwar als Austausch von Gütern zwischen Wirtschaftsinstitutionen [Seyffert, 1972, S. 4ff]. Die andere Auslegung beschränkt den Handelsbegriff in *institutionaler* Form auf alle marktlichen Organe, deren Haupttätigkeit im An- und Verkauf von Gütern besteht, an denen mit Ausnahme geringfügiger Veredelungs- und Pflegeleistungen keine grundsätzlichen produktionstechnischen Veränderungen vorgenommen werden [Gümbel, 1985, S. 17].

Je nach Analysezweck wird sich der eine oder andere Begriff als geeigneter erweisen. Als Untersuchungsobjekt der vorliegenden Arbeit habe ich den institutionalen Handel gewählt, also einen Unternehmungstyp, der durch *hauptamtliche Tätigkeit des Güteraustausches* geprägt ist. Marktaktivitäten von Herstellern und Konsumenten (also Handel im funktionalen Sinn) werden nur soweit berücksichtigt, wie sie die Institution „Handel“ beeinflussen. Der Handel soll ferner durch weitgehende wirtschaftliche Selbständigkeit gegenüber Produzenten und Konsumenten gekennzeichnet sein[1]. Damit schließe ich Institutionen wie z. B. Herstellerfilialen und Konsumgenossenschaften formal aus der Betrachtung aus, wenngleich die Ausführungen inhaltlich überwiegend auch auf ihre Tätigkeit anwendbar sind. Der Handel steht als selbständiger Marktmittler[2] zwischen Produktion und Konsum und nimmt den Güteraustausch vornehmlich in *eigenem Namen,* auf *eigene Rechnung* und *Gefahr* vor.

Die Untersuchung beschränkt sich auf den *Einzelhandel.* Dieser trägt gemäß seiner Stellung im Wirtschaftsablauf das zusätzliche Merkmal des *Absatzes an Endverbraucher.* Im Gegensatz dazu hat der Großhandel als Handel unter Kaufleuten überwiegend Wiederverkäufer, Weiterverarbeiter oder Großverbraucher (z. B. Behörden) zu Kunden, die den Güteraustausch zu weiteren wirtschaftlichen Zwecken vornehmen.

Die vorgeschlagenen institutionellen Abgrenzungen sind nicht immer einfach durchhaltbar. Die Praxis entwickelt im Rahmen der Handelskonzentration und -ko-

---

1 „Das Organisationsmerkmal ‚Selbständigkeit‘ begründet die Wahlfreiheit bezüglich der händlerischen Aktivitäten. Sie findet darin ihren Ausdruck, daß der Händler im Rahmen der frei gewählten Transaktionsaufgabe sowie der abgeschlossenen Verträge und der sonstigen Rechtsordnung frei z. B. darüber entscheiden kann, welche Waren er an welchem Standort und zu welchen Preisen anbietet“ [Gümbel, 1985, S. 18].

2 Der Begriff Marktmittler wird anstelle der in der Literatur üblichen Bezeichnung Absatzmittler verwendet. Da diese Institution sowohl Absatz- als auch Beschaffungsaufgaben ausführt, erscheint der beide Aufgabenbereiche umfassende Begriff Marktmittler zutreffender.

operation Verflechtungen zwischen Produktions- und Distributionsbereich, die eine institutionelle Isolierung des Untersuchungsgegenstandes erschweren.

In seinen Erscheinungsformen ist der Einzelhandel äußerst heterogen. Die Spannweite von Einzelhandelsbetrieben reicht vom sog. Tante-Emma-Laden bis hin zum filialisierten Handelskonzern mit internationaler Reichweite[3]. Daraus resultieren unterschiedlichste Fragestellungen und insb. auch betriebswirtschaftlich-theoretische Ansprüche, die nur in einer Theorie mittleren Abstraktionsniveaus miteinander verbunden werden können.

Die Untersuchung richtet sich auf das *Marketing* des Einzelhandels als Ausschnitt seiner unternehmerischen Tätigkeit. Als Marketing verstehe ich allgemein alle Maßnahmen, die der *Marktbildung* und *-beeinflussung* dienen. Der Begriff Marketing und der mit ihm verbundene Anspruch ist in der Literatur nicht unumstritten. Kontroversen resultieren insb. aus der Entwicklung der *Marketingphilosophie* als *marktorientierter Unternehmensführung,* die mit einem Führungsanspruch des Marketing über andere Unternehmensbereiche verknüpft wurde[4]. Dieser erklärt sich historisch aus Marktengpässen bei vielen Unternehmen in hochentwickelten westlichen Industriegesellschaften, die dem Marketing aufgrund eines *Engpaßdenkens* zu hoher Bedeutung verholfen haben. Der insofern eher situativ zu erklärende Bedeutungszuwachs wurde ideologisch mit der Bedürfnis-, d. h. also letztlich Marktorientierung allen Wirtschaftens fixiert und führte zu entsprechenden Kontroversen.

Der Handel ist aufgrund seiner ökonomischen Aufgaben des vermittelnden Güteraustausches eng in Beschaffungs- und Absatzmärkte eingebunden. Insofern ist für ihn eine marktorientierte Unternehmensführung von grundlegender Bedeutung. Typisch ist für ihn eine beidseitige beschaffungs- und absatzseitige Marktausrichtung, die hier zu der Entwicklung eines *integrierten Konzeptes* des *Absatz-* und *Beschaffungsmarketing* geführt hat. Dazu wird seine Verknüpfung mit den vor- und nachgelagerten Gütermärkten und das daraus resultierende, an Lieferanten, Kunden und Mitnachfragern ausgerichtete Verhalten analysiert.

Im Rahmen des Beschaffungsmarketing wird nur die Beschaffung von *Produkten* für den *Weiterverkauf* behandelt. Dagegen bleiben betriebliche Beschaffungsvorgänge für Personal, Betriebsmittel einschl. Standort (Standortmarketing) und Kapital unberücksichtigt, weil sie spezifische Probleme aufwerfen.

Ausgeklammert bleibt auch der umfangreiche Bereich der Marktforschung, der i. d. R. Bestandteil von allgemeinen Marketing-Lehrbüchern ist. Soweit Marktforschung als Methodik der marktbezogenen Informationsbeschaffung und -auswertung interpretiert wird, ist hier auf eine Fülle von Spezialliteratur zu verweisen, die zwar i. d. R. auf Industriebetriebe bezogen ist, jedoch ohne weiteres in wesentlichen Bestandteilen auf den *Handel übertragen* werden kann. Speziell im Handel sind aufgrund seiner strukturellen Gegebenheiten einige gesonderte Marktforschungsmethoden einsetzbar, wie z. B. Beobachtung des Konsumentenverhaltens durch Kundenlaufstudien oder in den letzten Jahren zunehmend Marktforschung auf der Basis des Scannereinsatzes. Auf sie wird verschiedentlich problemorientiert verwiesen.

---

[3] Eine institutionelle Strukturübersicht findet sich in Kap. I, 224.

[4] Vgl. zu dem vielseitig benutzten Begriff „Marketing" und insb. zu der Diskussion des Führungsanspruchs Hansen, Stauss, 1983, S. 77—86.

12 Wissenschaftlicher Standort der Untersuchung

121 Ziele der Untersuchung

Ich orientiere diese Untersuchung am allgemeinen Ziel der Betriebswirtschaftslehre, Beiträge zur unternehmerischen und damit letztlich menschlichen Daseinsbewältigung zu leisten. Sie nimmt zum einen die *Aufklärungsfunktion* der Wissenschaft wahr, indem ein System möglichst realitätsnaher Beschreibungen und Erklärungen über das Absatz- und Beschaffungsverhalten von Einzelhändlern entwickelt wird. Desweiteren wird die *Kritikfunktion* der Wissenschaft verfolgt, die auf das Infragestellen des Vorhandenen abstellt. Diesem kritischen Verständnis von Wissenschaft versucht die Untersuchung gerecht zu werden, indem Defizite der Handelspraxis sowohl unter einer engeren erwerbswirtschaftlichen Perspektive als auch unter Berücksichtigung verbraucher- und umweltpolitischer Interessen aufgedeckt werden sollen.

Schließlich impliziert Daseinsbewältigung auch die Existenz eines geeigneten Instrumentariums zur Veränderung bestehender Zustände. Dieser *Steuerungsfunktion der Wissenschaft* wird hier insofern entsprochen, als Handlungsempfehlungen zur Gestaltung handelsrelevanter Wirklichkeitsausschnitte entwickelt werden. Dazu werden explikative Aussagen über Wirkungszusammenhänge durch logische Transformation in eine technologische Form, d. h. in Aussagen über zweckgemäßes Handeln gebracht.

Entscheidungen über die in der Marketingwissenschaft relevanten Problemfelder sind als *Basiswerturteile* (Werturteile im Basisbereich) zu charakterisieren. Vor dem Hintergrund einer kritischen Diskussion des Erkenntnisgegenstandes der Betriebswirtschaftslehre haben sich in der Marketingwissenschaft zwei gegensätzliche Auffassungen zur Eingrenzung ihres Objektbereichs herausgebildet [Raffée, 1980, S. 318ff]. Im Kern geht es dabei um die Frage nach einer *pluralistischen* oder *partikularistischen* Ausrichtung der Marketingwissenschaft.

Eine Marketingwissenschaft, die ihren Erkenntnisgegenstand auf Unternehmungen beschränkt, in deren Zielsystem das Gewinnziel dominant ist, kann als partikularistisch bezeichnet werden, weil sich ihre Aufgabe vor allem darin konkretisiert, dem Marketingmanagement kommerzieller Unternehmungen einseitig Wissen zur Realisierung seiner Managementaufgaben bereitzustellen. Im Gegensatz zu einem derartigen partikularistischen Verständnis zeichnet sich eine pluralistisch konzipierte Marketingwissenschaft u. a. dadurch aus, daß sie bei ihrer Wirkungsanalyse die Interessen *aller* Marktbeteiligten einbezieht und explizit Konsumentenbedürfnisse sowie ökologische Anforderungen bei Gestaltungsvorschlägen berücksichtigt, die sich entweder auf den Unternehmensbereich oder auf die Tätigkeit von Konsumenten- und Umweltorganisationen beziehen. Darüber hinausgehend enthält die pluralistische Konzeption die Anwendung des Marketingdenkens auf nicht-kommerzielle Institutionen (Beispiele: Kulturinstitutionen, Parteien, karitative Organisationen, öffentliche Verwaltungen).

Die hier gewählte Aufgabe richtet sich zunächst darauf, Erklärungen für das Marktverhalten des Einzelhandels unter Zugrundelegung empirisch auffindbarer Ziele und Faktoren des Handlungsrahmens zu finden. Im Zentrum der Untersuchung stehen damit die Marketingaktivitäten von Einzelhandelsunternehmungen, in deren

Zielsystemen das Gewinnziel dominant ist. Durch eine logische Transformation der Aussagen werden auch im Rahmen bestehender Zielsetzungen Empfehlungen für zweckgerichtetes Handeln gegeben. Diese Problemstellung ist insoweit anbieterorientiert, als sie hilft, das Marktverhalten effizienter an den unternehmerischen Interessen auszurichten. Damit stellt sich die Frage, inwiefern die vorliegende Untersuchung dem Anspruch einer pluralistischen Marketingkonzeption gerecht werden kann. Dies wäre dann der Fall, wenn darin Informationen zur Durchsetzung von Konsumenteninteressen enthalten sind und verbraucher- bzw. umweltpolitisch problematische Folgewirkungen unternehmerischen Handelns explizit aufgezeigt werden. Ohne Zweifel sind für die Konsumenten Informationen über die Marktgegenseite nutzbringend, weil auf ihnen aufbauend Strategien für eigene Aktivitäten erarbeitet werden können. Um diesen Effekt zu verstärken, habe ich versucht, Konflikte zu erfassen, die aus dem Marktverhalten des Einzelhandels in bezug auf die Durchsetzung von Konsumenten- bzw. Umweltinteressen entstehen. Verschiedentlich habe ich auch Ansatzpunkte für Gegenstrategien aufgezeigt. Zusätzlich wurde ein gesondertes Kapitel in die Abhandlung aufgenommen, das sich ausschießlich den verbraucherpolitischen Implikationen der Handelsmarketingpraxis widmet [Kap. V].

122 Methodik und Aussagenqualität der Untersuchung — Entstehungs-, Begründungs- und Verwertungszusammenhang

Zur Bildung eines Aussagensystems für diesen komplexen Untersuchungsgegenstand habe ich verschiedene Methoden angewendet. Von einer wissenschaftlichen Methode kann dann gesprochen werden, „... wenn die Art und Weise des Vorgehens systematisch, d. h. nach definierten Verfahrensregeln erfolgt, wenn ferner die Verfahrensschritte intersubjektiv nachvollziehbar und die Methodenanwendung sowie die mit Hilfe der Methode erzielten Ergebnisse intersubjektiv prüfbar sind“ [Raffée, 1984, S. 11]. In Ermangelung einer einheitlichen und allgemein anerkannten Methodenklassifikation innerhalb der Betriebswirtschaftslehre im allgemeinen und der Marketingwissenschaft im besonderen kommt in der Untersuchung bewußt ein *Methodenpluralismus* zur Geltung, der zwar wissenschaftstheoretisch nicht immer vollständig befriedigen mag, sich aber dennoch durch die spezifischen Herausforderungen des Untersuchungsgegenstandes legitimiert. Die Anwendung unterschiedlicher Methoden resultiert aus den differenzierten inhaltlichen Anforderungen, von denen wiederum die Eignung der gewählten Methode abhängt. Zudem bestehen in den zu untersuchenden Bereichen unterschiedliche *Wissenschaftstraditionen,* die je nach Stand der wissenschaftlichen Forschung Anknüpfungspunkte unterschiedlichen Gehalts bilden.

Zur Reflexion von Wissenschaftsabläufen werden die drei Problemkomplexe des Entstehungs-, Begründungs- und Verwertungszusammenhangs unterschieden. Dazu gebe ich im folgenden einige kurze Erläuterungen die Position dieses Buches betreffend.

Zum Entstehungszusammenhang

Anstöße zur Auffindung von Hypothesen können aus der Alltagserfahrung des Wissenschaftlers, aus bisher vorhandenen Theorien oder aus systematischer empirischer Beobachtung herrühren. Im Bereich der heuristischen Wissenschaftsfunktion, die sich auf das Entdecken neuer Möglichkeiten des Erkennens und Gestaltens bezieht *(Entstehungszusammenhang* der Wissenschaft), hat zunächst die Hermeneutik (griech.: „Kunst der Auslegung oder Interpretation") als *„verstehende Methode"* (Max Weber) eine grundlegende Bedeutung. Die Hermeneutik beansprucht, das Wesen des Objektbereichs zu erkennen bzw. invariante Zusammenhänge zu entdecken, indem das erkennende Subjekt teilnehmend in den Objektbereich eingegliedert ist und seine dabei gesammelten Erfahrungen in den Erkenntnisprozeß einbringen kann[5]. Hermeneutik ist danach „... die unmittelbare Erfassung der Besonderheiten einer bestimmten Lebenssituation aufgrund der eigenen Lebenserfahrung" [Kromphardt, Clever, Klippert, 1979, S. 81]. Sie kann allerdings für sich schon deshalb keine Überlegenheit gegenüber der Methode des Erklärens beanspruchen, weil eine durch „Verstehen" herbeigeführte Identifikation eines Sachverhaltes dessen Erklärung nicht ersetzen kann und sie damit lediglich ein Vorstadium der Erklärung darstellt [Albert, 1976, S. 45f und Raffée, 1984, S. 14]. Max Weber selbst hat gegen das deutende Verstehen als Methode eingewendet, daß dessen Ergebnisse im Vergleich zur Beobachtung hypothetischen und fragmentarischen Charakter haben, gleichzeitig ihm aber hohe wissenschaftliche Erklärungsleistungen zugesprochen [Weber, M., 1972, S. 11].

Der Prozeß der Theorienbildung entzieht sich wissenschaftslogischer Beurteilung, weil im Grunde alle Methoden legitim sind, mit denen neue Deutungen von Wirkungszusammenhängen generiert werden können.

Zum Begründungszusammenhang

Die Ergebnisse (Aussagen) müssen allerdings Wissenschaftsregeln unterworfen werden (*Begründungszusammenhang* der Wissenschaft). Zu unterscheiden sind dabei — entsprechend der oben aufgeführten Wissenschaftsfunktionen:

(1) deskriptive Aussagen (2) explikative Aussagen	} (Aufklärungsfunktion)
(3) praktisch-normative Aussagen	(Steuerungsfunktion)
(4) normativ-ethische Aussagen	(kritische Funktion)

Zu (1): Einen wesentlichen Anteil wissenschaftlicher Bemühungen haben *deskriptive Aussagen.* Sie erfassen wahrnehmbare Sachverhalte des Untersuchungsgegenstandes (Beispiel: „Die Einzelhändler wählen ihre Standorte überwiegend absatzorientiert.") und gehen als Informationsmaterial in die Entwicklung weiterer Aus-

[5] Vgl. Weber, M., 1972, S. 4ff. „Verstehen im Sinne einer Methode bezieht sich auf Vorgänge, bei denen eine enge Verbundenheit zwischen Subjekt und Objekt des Erkennens vorliegt; in ihrer höchsten Form gilt das vom Handeln des Menschen selber und von seinen sich in Geschichte und Kultur entfaltenden und ausprägenden Objektivationen, welche dem Forscher einen doppelten Zugang gewähren: der Beobachtung ‚von außen' ... und des ‚inneren' Verständnisses" [Beckerath, 1965, S. 300].

sagensysteme ein. Ein großer Teil dieses Buches hat deskriptiven Charakter. Dies rechtfertigt sich aus der Tatsache, daß die Handelsbetriebslehre als junge Disziplin in vielen Bereichen erst dieses wissenschaftliche Stadium erreicht hat.

Zu (2): Explikative Aussagen stellen zwischen den Einzelerscheinungen Ursache-Wirkungszusammenhänge her und gelten gegenüber der Deskription als höhere Aussagestufe. Nach weithin rezipierter Auffassung des Kritischen Rationalismus müssen sie so gestaltet sein, daß sie an der Realität scheitern können, d. h. potentiell falsifizierbar sind [Popper, 1976, S. 15]. Kausale Erklärungen werden i. d. R. als Wenn-Dann-Aussagen formuliert (Beispiel: „Immer, wenn ein Einzelhändler den Preis eines Produktes senkt, dann steigt die Nachfrage nach komplementären Gütern innerhalb seines Sortiments."). Die Qualität einer explikativen Aussage hängt von ihrem empirischen Informationsgehalt ab, der um so höher ist, je weniger er an zeitlich-räumliche Restriktionen geknüpft ist.

Von allgemeinen *Gesetzeshypothesen (deterministische Aussagen)* wird dann gesprochen, wenn sie uneingeschränkte Gültigkeit beanspruchen, d. h. für alle Zeiten und Räume und für jedes Element gelten, auf das sie sich beziehen [Kromphardt, Clever, Klippert, 1979, S. 132].

Allgemeine Gesetze lassen sich in den Sozialwissenschaften im allgemeinen und der Betriebswirtschaftslehre im besonderen nur selten auffinden. Die Verhaltensweisen und Wirkungszusammenhänge, mit denen die Sozialwissenschaften konfrontiert sind, hängen weitgehend von der Struktur und historischen Entwicklung der jeweiligen Gesellschaft ab [Kromphardt, Clever, Klippert, 1979, S. 132]. Entsprechende Aussagen mit räumlich-zeitlichen Beschränkungen der Wenn-Komponente werden nach Albert als Quasi-Theorien bezeichnet [Albert, 1957, S. 67ff]. Ferner können sich Quasi-Theorien von allgemeinen Gesetzen durch ihren Charakter als *Wahrscheinlichkeitsaussagen* (*stochastische* oder *probabilistische Aussagen*) unterscheiden. Ein Rückgriff auf Wahrscheinlichkeitsaussagen ist vor allem deshalb geboten, weil sich im sozialökonomischen Kontext nur in den seltensten Fällen alle Entscheidungsträger gleich verhalten.

In der Betriebswirtschaftslehre ist noch ein weiterer Typ von Aussagen verbreitet, der zwar Ursache-Wirkungszusammenhänge behandelt, aber keine quantifizierenden Angaben über deren Zutreffen macht und sich daher einer exakten Prüfung entzieht. Derartige qualitativen Erklärungsleistungen werden als *Tendenzaussagen* bezeichnet (Beispiel: „Wenn ein Einzelhändler sein Sortiment verbreitert, tätigen seine Kunden i. d. R. mehr Anschlußkäufe."). Ihre Rechtfertigung beziehen sie vor allem aus prinzipiellen Problemen der betriebswirtschaftlichen Forschung [Raffée, 1984, S. 21]. Gerade die Komplexität und Dynamik betrieblicher Abläufe in einer oft turbulenten Unternehmensumwelt machen exakte Kausalaussagen in der Betriebswirtschaftslehre außerordentlich schwierig.

Für die folgende Analyse ist insofern ein bestimmter „Raum-Zeit-Bezug" geschaffen, als sie sich auf das Absatz- und Beschaffungsmarketing von Handelsunternehmen im privat-dezentral organisierten Ökonomiesystem der Bundesrepublik bezieht. Die Explikationsleistung beschränkt sich vielfach auf Tendenzaussagen und bleibt damit im Vorfeld einer reinen explikativen Theorie im Sinne kritisch rationaler Anforderungen. Tendenzaussagen haben aber durchaus ihren Stellenwert als vorläufige Erklärungsleistungen innerhalb des Prozesses der ständig Revisionen auszusetzenden Theoriebildung. In dieser Weise gibt die Untersuchung einen geschlossenen Überblick über den umfangreichen Objektbereich.

Zu (3): Entsprechend der Steuerungsfunktion der Wissenschaft werden Verhaltensanweisungen durch *praktisch-normative Aussagen* vermittelt. Sie können durch Umwandlung der Kausalaussagen in Mittel-Zweck-Aussagen hergeleitet werden (Beispiel: „Wenn ein Einzelhändler den Umsatz mit Kunden durch Anschlußkäufe erhöhen will, muß er sein Sortiment verbreitern."). Mit diesem Buch bezwecke ich die Ableitung derartiger Handlungsmöglichkeiten, was jedoch nur soweit gelingen kann, wie informative explikative Aussagen zur Verfügung stehen.

Zu (4): In *normativ-ethischen Aussagen* drücken sich moralische Prinzipien über den Untersuchungsgegenstand aus. Im Gegensatz zu dem praktisch-normativen Aussagenbereich unterwirft sich der Wissenschaftler nicht den empirisch vorfindbaren Zielen, sondern orientiert seine wissenschaftlichen Gestaltungsambitionen an wünschenswerten Zielen. Ich habe in verschiedenen Problemzusammenhängen, insb. aber in dem letzten Kapitel, derartige normativ-ethische Prinzipien angesprochen.

Zum Verwertungszusammenhang

Zur Abklärung einer wissenschaftlichen Position gehört die Frage nach dem *Verwertungszusammenhang,* d. h. also wem und auf welche Weise die Ergebnisse einer Untersuchung nutzen. Dabei entsteht die Aufgabe, die eigenen Werturteile im Basisbereich und damit das Auswahlprinzip für die Problemselektion zu hinterfragen sowie die Verwertbarkeit der Ergebnisse für die Betroffenen abzuschätzen. Gleichzeitig stellt sich hier die Frage nach der Einlösung des pluralistischen Anspruchs der angewendeten Marketingkonzeption. Diesbezügliche Überlegungen betreffen das „Prinzip praktischer Ambivalenz" von Wissenschaftsaussagen[6].

123 Sozialwissenschaftliches Basiskonzept der Untersuchung

Die Untersuchung beschränkt sich nicht darauf, den eigenen Objektbereich nur unter dem ökonomischen Aspekt zu analysieren. „Da es die Marketingwissenschaft mit einem Ausschnitt der Gesamtheit sozialer Austauschbeziehungen und damit mit speziellen Formen menschlichen Verhaltens zu tun hat, liegt eine Öffnung gegenüber verhaltenstheoretischen Nachbardisziplinen wie z. B. der Psychologie, der Soziologie und der Kommunikationswissenschaft besonders nahe" [Raffée, 1980, S. 320]. Gerade in entwickelten Ökonomiesystemen, in denen der Absatz der produzierten Güter nicht nur zur Deckung vorhandener Bedarfe führt, sondern eng mit der Weckung und Formung von Bedürfnissen und Bedarfen verknüpft ist, muß eine Marketingwis-

---

[6] „Aus der Tatsache, daß mit dem gleichen technologischen System entgegengesetzte Wirkungen hervorgerufen werden können, weil man damit auch weiß, wie die erstrebte Zielsetzung *torpediert* werden kann, geht die praktische Ambivalenz derartiger Aussagesysteme hervor" [Schanz, 1973, S. 596]. Dabei darf allerdings nicht übersehen werden, daß die Gegenseite erst erhebliche Transformationsleistungen erbringen muß, um die Informationen einer Theorie zu nutzen [Raffée, Specht, 1974, S. 376].

senschaft auf verhaltenswissenschaftliche Ansätze zurückgreifen, wenn sie den Anspruch auf realitätsnahe Erklärungen erhebt und ihrer Steuerungsfunktion gerecht werden will. Eine Marketingkonzeption hingegen, die „Wirtschaften" nur als Einkommensaspekt menschlicher Tätigkeit bestimmt, muß in ihrem Erklärungspotential und damit auch bei der Gestaltung realer (Bedürfnis-) Beeinflussungsprozesse zu kurz greifen [Schneider, D., 1983, S. 197ff]. Demgegenüber werden in der nachfolgenden Untersuchung zwar sehr wohl explizit ökonomietheoretische Erklärungsmuster aus der ökonomischen Theorie einbezogen, schwerpunktmäßig wird aber eine sozialwissenschaftliche Basiskonzeption verfolgt.

13 Materielle Methoden der Untersuchung

Materielle Methoden (approaches) sind fachspezifische Analysetechniken, die an den Inhalten eines Forschungsbereiches orientiert sind. Sie entstehen, indem aus einem Untersuchungsfeld eine *Sachkategorie* als *beherrschende Perspektive* ausgewählt wird, um mit ihr die Analyse aufzubauen und zu strukturieren. Die Wahl einer materiellen Methode bedeutet allerdings im Ergebnis nicht nur eine bestimmte gedankliche Ordnung, sondern auch eine Problemselektion.

Die bisher in der Handelsbetriebslehre hauptsächlich verbreiteten traditionellen Methoden sind aus den Sachkategorien *„Institution"*, *„Funktion"* und *„Ware"* entwickelt worden[7]. In einem weiteren Ansatz zur betrieblichen Marktlehre wurden unternehmerische *Aktivitäten* [Leitherer, erstmals 1974b] zum Ausgangspunkt der Theorienbildung genommen. In neuerer Zeit ist zusätzlich die *„Transaktion"* zur Erklärung fundamentaler handelsbetrieblicher Entwicklungen herangezogen worden [Gümbel, 1985, S. 145ff]. Diese materiellen Methoden werden im folgenden kurz erläutert.

131 Institutionaler Ansatz

In der Geschichte der handels- und absatzwirtschaftlichen Literatur stellt der institutionale Ansatz die älteste materielle Methode dar. Ausgangspunkt bilden hier die *Träger* der marktlichen Leistungen (Betriebsformen des Groß- und Einzelhandels, Integrationsformen). In Beiträgen dieser Richtung wird eine ordnende Sichtung der Marktorgane vorgenommen, um durch klassifikatorische oder typologische Verfahren Beschreibungen ihrer Struktur und Leistungsfähigkeit zu liefern (statisch-deskriptive Institutionenanalyse)[8]. Da die Ergebnisse derartiger Analysen aufgrund des Institutionenwandels im Handel schnell veralten, hat sich eine andere Richtung der Institutionenlehre gerade dieses dynamischen Aspektes der Entwicklung von Betriebs- und

[7] Vgl. zu diesen Ansätzen Leitherer, 1989, S. 307—332.

[8] Ein historisch relevanter Beitrag liegt vor mit Schär, 1923 (1. Auflage 1911). Eine neuere typologische Studie zur Institutionenanalyse wurde von Algermissen, 1976, vorgelegt.

Integrationsformen angenommen (dynamisch-genetische Institutionenanalyse) [Kap. I, 22 und I, 44][9].

Die einzelnen Institutionen unterscheiden sich nach den Eigenarten ihres distributiven Leistungsvollzugs. Dieser Gesichtspunkt führt zu einer Verbindung des institutionalen Ansatzes mit dem der Funktions- oder Aktionsanalyse. Ein Marktorgan wird dabei als institutionalisierte Funktionsbündelung[10] oder als institutionalisierter „Marketing Mix" interpretiert. Die funktionale oder aktionsanalytische Ergänzung der Institutionenlehre ermöglicht über die vergangenheitsbezogene Erklärung der Marktorgane hinaus eine vorausschauende Konzipierung neuer Institutionen. Dazu werden die sich ändernden absatz- und beschaffungswirtschaftlichen Leistungsanforderungen und die Möglichkeiten ihrer institutionellen Erfüllung einer prognostizierenden Analyse unterzogen. Die moderne Institutionenlehre zieht zur Erklärung der institutionellen Entwicklung im Handel das Transaktionskostenkonzept hinzu.

132 Funktionaler Ansatz

Die Funktionsanalyse befaßt sich mit der Frage, welche *Aufgaben* für den Markt erfüllt oder welche *Leistungen* erbracht werden müssen, um Produkte zwischen Herstellungs- und Konsumprozeß zu vermitteln[11]. Die Kategorie „Funktion" wird von den Vertretern dieser Methode nicht kausal (Ursache-Wirkungszusammenhang) oder logisch-mathematisch (Abhängigkeit zwischen mehreren Größen) begriffen, sondern in finalem Sinn (Tätigkeits-Wirkungszusammenhang) interpretiert [Leitherer, 1961, S. 138f]. Funktionen können dabei in *makroökonomischer* Sicht als gesamtwirtschaftliche Aufgaben aufgefaßt werden, die zur Überwindung von Spannungen zwischen Produktion und Verwendung zu lösen sind. Aus *mikroökonomischer* Perspektive werden in den Funktionen mehr die einzelbetrieblichen Ausprägungen dieser Aufgaben betrachtet[12].

Der funktionale Ansatz wurde für den gesamten Bereich der Absatz- und Beschaffungswirtschaft entwickelt. Er ermöglicht eine ordnende und klärende Durchdringung des marktlichen Tätigkeitsfeldes von Unternehmen, insb. auch von Einzelhändlern [Kap. I, 21]. In diesem Bemühen sind zahlreiche *Funktionskonzepte* entstanden, mit denen ständig aufs Neue versucht wurde, eine aussagefähige Aufteilung und Systematisierung der absatz- und beschaffungswirtschaftlichen Aufgaben vorzunehmen. Diese Konzepte unterscheiden sich durch den erreichten *Differenzierungs-*

---

[9] Einen wichtigen Anstoß zur Entwicklung einer dynamisch-genetischen Institutionenanalyse hat Nieschlag, 1954, mit dem Versuch geleistet, die Gesetzmäßigkeit einer „Dynamik der Betriebsformen" nachzuweisen. Kritisch dazu Müller-Hagedorn, 1985, S. 21—26.

[10] Lampe, 1958, S. 50ff, macht in seinem Ansatz zur Betriebsformentypologie den Versuch, die Handelsinstitutionen neben Strukturmerkmalen auch nach Methoden ihrer Funktionserfüllung zu kennzeichnen. Ein anderer Vertreter dieses Ansatzes ist Hirsch, 1925.

[11] Vertreter dieses Ansatzes sind im deutschsprachigen Raum u. a. Oberparleiter, 1955 (1. Aufl. 1918); Seyffert, 1972, insb. S. 8ff (1. Aufl. 1951); Schäfer, 1966, S. 277—341, insb. S. 284ff, 308ff (1. Aufl. 1958).

[12] Ein kombinierter Katalog gesamt- und einzelwirtschaftlicher Funktionen besteht bei Schäfer, 1966, S. 310f.

grad, durch die *ökonomische Sichtweise* (mehr gesamtwirtschaftlich, mehr einzelbetrieblich orientiert oder gemischt) und durch den *methodischen Ansatz* ihrer Gewinnung (normativ — explikativ; historisch-relativ — allgemein). Ihre Anwendung auf konkrete Aufgabenstellungen ist eine Frage der Praktikabilität und Aussagefähigkeit.

Ein wesentlicher Impuls für die historische Entwicklung der Funktionsanalyse resultierte aus nationalökonomischen Zweifeln an der Produktivität des Handels. Dieser Ansatz entstand insofern unter Legitimationsdruck [Leitherer, 1989, S. 307] und hat in dieser Absicht zu einer gründlichen Erklärung des Charakters absatzwirtschaftlicher Leistungen geführt. Die Grenzen der Funktionsanalyse liegen in dem Dilemma der Funktionsmessung als notwendige Voraussetzung für ihre Anwendung zu gestalterischen Zwecken der handelsbetrieblichen Praxis.

133 Warenanalytischer Ansatz

Beim warenanalytischen Ansatz wird primär davon ausgegangen, daß die Waren unterschiedliche Anforderungen an die zu leistenden Absatzaufgaben stellen, so daß kein Absatzprozeß dem anderen gleicht. Hier wird also die Problematik untersucht, welche *Wareneigenschaften* in welcher Weise den marktlichen Vermittlungsprozeß bedingen[13]. Die Ware als Aufbaukriterium einer Analyse führt zu spezifischen Absatzlehren für verschiedene Warenarten und Branchen. Untersuchungen dieser Art haben mangels Generalisierbarkeit der Ergebnisse nur einen beschränkten Anwendungsbereich und für die allgemeine Marktlehre nur begrenzte Aussagefähigkeit. Dieser Mangel wird durch ein warentypologisches Vorgehen gemildert. Die Warentypologie ist im Rahmen des warenanalytischen Ansatzes eine methodische Konzeption, durch die eine abstrahierende Zusammenfassung problemrelevanter Warenmerkmale und damit eine mittlere Abstraktion mit ausreichender Anschaulichkeit der Ergebnisse für Produktgruppen ermöglicht wird [Kap. I, 431]. „Durch Zusammenfassung mehrerer Warenarten unter ganz bestimmten Gesichtspunkten ... läßt sich eine Anzahl ‚typischer Waren-Konstellationen' gewinnen. Damit werden unzulässige Verallgemeinerungen ausgeschaltet; gleichzeitig läuft man nicht Gefahr, sich in der Betrachtung konkreter Einzelfälle zu verlieren" [Knoblich, 1969b, S. 47].

134 Transaktionskostenanalytischer Ansatz

Das Analyseinstrumentarium dieses Ansatzes gehört in die neuere Institutionenökonomie[14]. Ausgangspunkt ist die Zerlegung einer Gesamtaufgabe, wie z. B. die Distri-

[13] Nach Duncan, 1920, S. 8, besteht der „commodity approach" darin, „to trace ... the course of any ... commodity bought and sold on the market, from its source to the consumer, and to study the commercial problems connected with it". Konsequenter Vertreter des Ansatzes ist Breyer, 1931.

[14] Der transaktionskostenanalytische Ansatz geht auf eine Veröffentlichung von Coase [1937, wiederabgedruckt 1953, S. 331ff] zurück. Seit den 70er Jahren wurde er insb. von Williamson, 1985 weiterentwickelt.

bution eines Erzeugnisses, in Teilaufgaben. Dies ist erforderlich, weil die Wirtschaftssubjekte sachlichen, personellen und zeitlichen Restriktionen unterliegen [Picot, 1984, S. 97]. Die Koordination der Teilaufgaben zwischen verschiedenen Institutionen im Markt erfolgt durch Transaktionen, bei denen im Rahmen eines Leistungsaustausches Verfügungsrechte übertragen und angeeignet werden. Die bei diesem Prozeß entstehenden Transaktionskosten werden als Grundlage für die Erklärung realer Koordinationsformen im Markt und als Ansatz für Gestaltungsempfehlungen gewählt[15]. Hier ist er insb. auch für die Lösung von Distributionsproblemen geeignet [Picot, 1986]. Der unmittelbare Praxisbezug ist allerdings durch Operationalisierungs- und Meßprobleme der Transaktionskosten eingeschränkt [Michaelis, 1985, S. 252].

135 Aktionsanalytischer Ansatz

Ausgangspunkt der Aktionsanalyse ist die Frage, welche *Handlungsmöglichkeiten* ein Unternehmer innerhalb seiner ihn beeinflussenden Umwelt bei der Verfolgung bestimmter Ziele hat[16]. Die Aktion bildet also die strukturstiftende Denkkategorie dieses Ansatzes. Er entspricht dem neueren methodologischen Selbstverständnis der Wirtschaftswissenschaften, nach dem die wissenschaftliche Aufgabe nicht nur in der Ordnung und Erklärung, sondern auch in der *Gestaltung* der Wirklichkeit gesehen wird[17].

Die Aktionsanalyse steht in engem Zusammenhang mit der Konzeption des *entscheidungstheoretischen* Ansatzes. In beiden wird der Wissenschaft eine aktivistische Aufgabe zugewiesen, indem Handlungsmöglichkeiten der Unternehmer unter Berücksichtigung von Zielen und Umweltfaktoren aufgezeigt werden.

Die vorliegende Arbeit stellt einen Beitrag zur aktionsanalytischen Absatz- und Beschaffungslehre des Einzelhandels dar. Damit wird dieser Ansatz erstmalig auf die Marketing-Analyse des Einzelhandels angewendet. Als Methode dieser Untersuchung wird der aktionsanalytische Ansatz an anderer Stelle eingehender besprochen [Kap. I, 3].

---

[15] In diesem Buch findet sich eine ausführlichere Darstellung der Transaktionskostentheorie im Zusammenhang mit der Erklärung von Marktwegen [Kap. I, 2322]. Außerdem wird ihre praktische Anwendungsmöglichkeit am Beispiel des Themas „Leistungsträgerschaft von Serviceleistungen" [Kap. II, 843] demonstriert.

[16] Mit diesem materiellen Methodenansatz wird aufgezeigt, „... wie der Unternehmer — oder auch der Wirtschaftspolitiker — sich innerhalb der strukturgegebenen Daten und in Auseinandersetzung mit ihnen verhalten kann, also welche *Handlungsmöglichkeiten* ihm gegeben sind" [Leitherer, 1974a, S. 15].

[17] Albert spricht von der Handlungsbezogenheit wissenschaftlicher Theorien, mit deren Hilfe wir uns in der Wirklichkeit besser zurechtfinden: „Weltorientierung heißt in diesem Falle also nichts anderes als Klärung von Handlungsalternativen, Analyse menschlicher Aktionsmöglichkeiten oder, genauer ausgedrückt, Aufstellung von Alternativprognosen für verschiedene Verhaltensweisen, um eine Grundlage für die Entscheidung zwischen ihnen zu schaffen" [Albert, 1980, S. 127]. Vgl. zur wissenschaftstheoretischen Entwicklung der Betriebswirtschaftslehre in dieser Richtung Heinen, 1985a, S. 24f.

14 Aufbau der Untersuchung

Der Handel wird zunächst in makroökonomischer Perspektive hinsichtlich seiner sozio-ökonomischen *Stellung* zwischen *Produktions-* und *Verwendungsbereich* dargestellt, um damit seine Eigenschaften als Marktmittler deutlich zu machen [Kap. I, 2]. In diesem Kapitel berücksichtige ich in Ansätzen eine historische und gesellschaftspolitische Dimension. Damit sollen Perspektiven geschaffen werden, um die gegenwärtigen Ausprägungen der Handelstätigkeit kritisch zu hinterfragen.

Dem schließt sich ein vorbereitendes Kapitel zu den *Grundelementen* der Aktionsanalyse an [Kap. I, 3], die strukturgebend für den Verlauf der folgenden Untersuchung sind. Diese richtet sich zunächst auf den *Aktionsrahmen* des Marketing, der ausführlich die weitere und engere Umwelt der Handelsunternehmung erfaßt [Kap. I, 4]. Ein Schwerpunkt liegt — der Bedeutung entsprechend — in der Darstellung des Konsumentenverhaltens. Mit den *Faktoren* der *Handelsunternehmung* werden ihre institutionellen Eigenschaften behandelt, aus denen weitgehend die Besonderheiten des Handelsmarketing abgeleitet werden können. Grundlegende Überlegungen zu den *Zielen* und *Werten* der Handelsunternehmung beschreiben die grundlegenden Leitlinien des Handelsmarketing [Kap. I, 5].

Die einzelnen *Aktionsbereiche* des *Absatz-* und *Beschaffungsmarketing* bilden den Inhalt der Kapitel II und III. Sie zeigen das gesamte Spektrum von marktorientierten Handlungsmöglichkeiten, wobei jeweils Bereichsziele, -rahmenfaktoren und -aktionselemente zu handlungsanweisenden Aktionsprinzipien zusammengefügt werden.

Das Kapitel IV eröffnet auf dieser Grundlage eine *strategische Perspektive,* in der die partiellen Aktionsbereichsbetrachtungen in eine integrierende, langfristig orientierte Darstellung des Handelsmarketing einmünden. Das Buch erfüllt seinen pluralistischen Wissenschaftsanspruch durch eine kritische Überprüfung des Handelsmarketing vor dem Hintergrund *verbraucherpolitischer Interessen,* wobei auch hier Handlungsempfehlungen entwickelt werden. Dieses Kapitel V faßt Gedanken zusammen, die im Zusammenhang mit vorangehenden Darstellungen des Handelsmarketing bereits vorbereitet wurden.

2 Stellung des Handels zwischen Produktions- und Verwendungsbereich

21 Stellung des Handels in der distributiven Funktionsverteilung

211 Ableitung der distributiven Funktionen aus den Spannungen zwischen Produktions- und Verwendungsbereich

In einer arbeitsteiligen Wirtschafts- und Gesellschaftsordnung laufen die Produktions- und Verwendungsprozesse von Waren aus naturbedingten, technologischen, sozialen oder ökonomischen Gründen nach unterschiedlichen Gesetzmäßigkeiten ab. Die daraus resultierenden gesamtwirtschaftlichen Spannungen zwischen beiden Bereichen bedingen die distributionswirtschaftliche Aufgabe der Vermittlung. Aus ihr wird als sog. Urfunktion der Absatz- und Beschaffungswirtschaft die gegenseitige Ausrichtung von Produktion und Verwendung abgeleitet [Lampe, 1958, S. 12]. Diese in jeder Wirtschaft zu erfüllende *Ausrichtungs-* oder *Umgruppierungsfunktion*[1] steht neben der Umformungsfunktion, mit der Aufgaben der stofflichen Produkterzeugung und -veränderung angesprochen sind.

Eine generelle Zuordnung dieser Aufgaben zu den beteiligten Institutionen der Wirtschaft gelingt nur schwerpunktmäßig, da der hauptamtlich mit der Ausrichtungsaufgabe befaßte Handel nebenamtlich auch die Umformungsfunktion wahrnimmt (Beispiel: Handelsmarkenbildung) und die Produktionsbetriebe auch erheblich an der Ausrichtungsfunktion beteiligt sind (Beispiel: Marktforschung, Konsumentenwerbung der Hersteller). In Form von vertikalen Integrationserscheinungen besteht sogar eine deutliche Tendenz zur Verwischung dieser Schwerpunkte in den Tätigkeitsbereichen beider Institutionen.

Die Ausrichtungs- bzw. Umgruppierungsaufgabe erwächst dem Handel in zweifacher Richtung. Einerseits besteht seine marktliche Aktivität des Spannungsausgleichs darin, das *Produktangebot bedarfsgerechter* zu machen. Dies geschieht entweder durch Beeinflussung der Produktionsrichtung, indem er z. B. die Bedürfnisse der Verwender an die produzierenden Institutionen kommunikativ vermittelt, sowie aus dem Produktangebot entsprechend der von ihm beobachteten Bedürfnisstruktur die geeigneten Produkte auswählt. Oder er macht das bereits produzierte Produktangebot durch die Kombination mit absatz- und beschaffungswirtschaftlichen Leistungen bedarfsgeeigneter und damit verwendungsreifer. Die Doppelseitigkeit der Ausrichtungsfunktion bedeutet andererseits die *Produktnachfrage produktions-* und *distributionsgeeigneter* zu machen, indem die Nachfrage stärker an die Gegebenheiten von

---

[1] „Die Wirtschaft steht zwischen der Naturordnung und der von der Kultur geformten Bedarfsordnung. Sie hat die Aufgabe, die eine Ordnung in die andere überzuführen, das heißt aber, jene Welt der Naturgaben stufenweise umzubilden, bis sie sich der im Bedarfsgefüge herrschenden Ordnung einzureihen vermag. Diese Umbildung oder Umgestaltung schließt zweierlei in sich: einmal die stoffliche Umwandlung und Umformung (...); und zum andern die stufenweise Umgruppierung oder Umordnung der Sachmittel in Richtung auf die Bedarfsordnung" [Schäfer, E., 1981, S. 17f (im Orig. z. T. hervorgehoben)].

Produktion und Distribution angepaßt wird[2]. Diese Seite der Ausrichtungsfunktion besteht in irgendeiner Form zwar notwendigerweise in allen arbeitsteiligen Wirtschaftssystemen, um Friktionen zwischen Produktangebot und Nachfrage zu vermeiden und Bedürfnisse in den technologischen und sozio-ökonomischen Rahmen des Wirtschaftens einzupassen. Allerdings bietet die Produktions-und Distributionsanpassung der Nachfrage durch den Handel auch den Kernansatz zu *gesellschaftskritischen* Überlegungen in bezug auf marktwirtschaftliche Systeme, da mit ihr Raum für die Ausnutzung der Konsumenten im Sinne unternehmerischer Gewinninteressen gegeben wird.

Eine Konkretisierung bei der Beschreibung der Spannungen zwischen Produktion und Verwendung unter Berücksichtigung der Kategorien Raum, Zeit, Quantität und Qualität ergibt eine *Differenzierung* der Ausrichtungsfunktion und läßt den gesamtwirtschaftlichen Katalog von Funktionen des räumlichen, zeitlichen, quantitativen und qualitativen Ausgleichs entstehen[3]. Darüber hinaus sind zahlreiche weitere Aufspaltungen der distributiven Funktionen möglich und in der Literatur zur Handelsbetriebslehre vorgenommen worden.

Die distributiven Funktionen können auf mehrere *Leistungsströme* bezogen werden, die zwischen Produktions- und Verwendungsbereich durch die Distribution entstehen und unterschiedliche Inhalte der Funktionserfüllung bilden. Es handelt sich insb. um den physischen *Warenstrom,* den *Kommunikations-* und den *Wertstrom*[4]. Ersterer fließt vom Produzenten in Richtung auf den Verwender (innerhalb der Wirtschaftsstufen vertikal abwärtsgerichtet)[5], der Kommunikationsstrom kann gleichgerichtet, aber auch entgegengesetzt (vertikal aufwärtsgerichtet), parallel dazu oder über andere Organe verlaufen. Der Wertstrom fließt — soweit er sich auf die Zahlung der Waren bezieht — vom Verwender in Richtung auf den Produzenten.

In der funktionsanalytischen Literatur wird dieser Bezug zwischen Funktionen und Leistungsströmen i. d. R. nicht explizit hergestellt; vorrangig werden Funktionen nur in Hinsicht auf den physischen Warenstrom behandelt. Diese Sichtweise entspricht der realen Bedeutung der sich an die physische Ware knüpfenden distributiven Aufgaben.

In der Verbindung von Funktionen und Leistungsströmen schlage ich die im Schaubild I, 2.1 wiedergegebene Funktionssystematik für die Handelsanalyse vor. Diese Funktionen sind aus der Perspektive des Handelsmarketing von unterschiedlicher Relevanz. Ebenso divergieren sie in der Intensität ihrer Wahrnehmung, sobald

---

[2] Verschiedene Autoren sehen diese Seite der Ausrichtungsfunktion nur darin, die Produktnachfrage produktionsgeeigneter zu machen. Hierbei wird nicht berücksichtigt, daß die Distributionsorgane, die diese Ausrichtung von Produktion und Verwendung aufeinander vornehmen, aufgrund ihrer Institutionalisierung ihrerseits Interessen in dieses Tätigkeitsfeld einbringen und daher dafür Sorge tragen, daß die Nachfrage auch den distributionswirtschaftlichen Gegebenheiten angepaßt wird. Vgl. zu dieser Auffassung bereits u. a. Tiburtius, 1958, S. 16. Z. B. sind derartige Anpassungsvorgänge in Hinblick auf Automatisierungstendenzen im Handel zu beobachten.

[3] Man gelangt damit von der *„monistischen"* zur *„pluralistischen"* Funktionsanalyse.

[4] Zu den marktlichen Strömen (flows) zwischen Produktion und Verwendung vgl. Cox, 1965, S. 34ff.

[5] Diese einseitige Ausrichtung des *Warenstroms* wird sich durch die ökologisch bedingte Redistribution zunehmend zu einer zweiseitigen Beziehung entwickeln.

I. **Vermittlungsfunktionen des Warenstroms**

a) Funktion der quantitativen Warenumgruppierung (Sammeln, Aufteilen)

b) Funktion der qualitativen Warenumgruppierung (Sortimentierung, Aussortierung, Warenveredelung und -pflege einschl. Kundendienst)

c) Funktion der Raumüberbrückung (Warentransport)

d) Funktion des zeitlichen Ausgleichs (Lagerhaltung, Vordipsosition)

II. **Vermittlungsfunktionen des Kommunikationsstroms**

e) Funktion der Angebots- und Nachfrageermittlung (Beschaffungs- und Absatzmarktforschung)

f) Funktion der Angebots- und Nachfragelenkung (Werbung, persönlicher Verkauf)

III. **Vermittlungsfunktionen des Wertstroms**

g) Funktion der Preisermittlung (Kalkulation)

h) Funktion des zeitlichen Zahlungsausgleichs (Kreditierung, Vorfinanzierung)

Schaubild I, 2.1: Funktionenkatalog

nach den Betriebsformen des Handels differenziert wird. Eine nähere Erläuterung dieser Funktionen erfolgt im nächsten Abschnitt im Zusammenhang mit einer Analyse ihrer historischen Bedingtheit:

212 Wirtschaftshistorische Bedingtheit der distributiven Funktionen

Die Ausprägungen distributiver Funktionen sind von dem *System* einer *Wirtschaft* und von ihrer *technologischen* und *sozio-ökonomischen* Situation abhängig. Die Funktionsentwicklung bedingt eine *adäquate Organisation* ihrer Erfüllung in *distributiven Institutionen.* Diese wiederum *wirken* mit ihren spezifischen sozio-ökonomischen Interessen, ihrer Strukturierung und ihren Interaktionsformen auf die Funktionsentwicklung *zurück.*

Die folgenden Ausführungen dienen der Erläuterung und Begründung dieser Aussagen, um damit die Analyse des Handelsmarketing in ihren wirtschafts- und gesellschaftshistorischen Rahmen zu stellen und so die distributiven Funktionsbedingungen der gegenwärtigen bundesdeutschen Situation aufzuzeigen[6]. In dieser Absicht werde ich in *exemplarischer* Form die Abhängigkeit der distributiven Funktionen von den Entwicklungsfaktoren der marktwirtschaftlichen Industrialisierung darstellen; es geht dabei also nicht um einen systematischen, historischen Überblick. Im einzelnen werden technologische, kulturelle, ökologische, sozio-ökonomisch und politisch-rechtliche Entwicklungsfaktoren angesprochen. Die Abhängigkeit distributiver Funktionen von den wirtschaftlichen und gesellschaftlichen Verhältnissen äußert sich in verschiedenen Formen. Durch sie können

— *Wandlungen einer Funktion* bezüglich ihrer quantitativen und qualitativen Ausprägung hervorgerufen werden oder
— *Funktionen neu entstehen oder verschwinden.* Wird die institutionelle Verteilung der Funktionen auf die Sektoren Produktion, Handel und Verwendung in die Betrachtung einbezogen, so ist als weitere Form der Funktionsveränderung
— die *Verschiebung* zwischen den Bereichen durch *Delegation* bzw. *Übernahme* (sog. Funktionsdesintegration bzw. -integration) zu berücksichtigen.

Diese drei Möglichkeiten werden bei der folgenden Funktionsbeschreibung anhand des Katalogs [Schaubild I, 2.1] für den Bereich der Konsumgüter-Distribution behandelt[7].

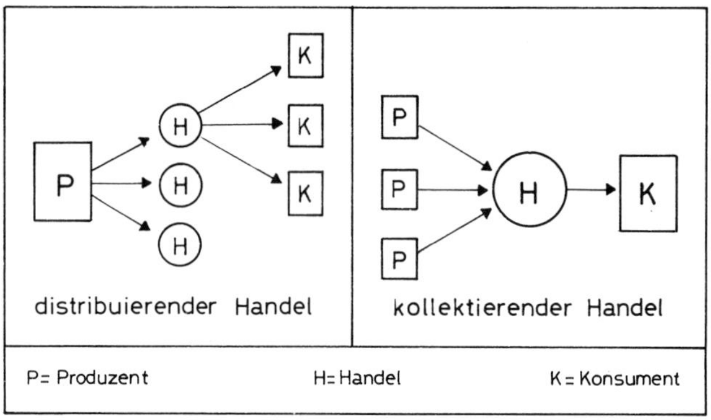

Schaubild I, 2.2: Formen der quantitativen Warenumgruppierung

I. Vermittlungsfunktionen des Warenstroms:

a) Die *quantitative Warenumgruppierung* resultiert aus Inkongruenzen in den Größenordnungen von Erzeugung und Verwendung [Schaubild I, 2.2]. Sie fällt an, wenn große Erzeugungsmengen auf kleinere Verwendungseinheiten aufzuteilen sind, oder

[6] Vgl. allgemein zur Wirtschaftsgeschichte des Handels Chandler, 1977, Kap. III u. IV; Berekoven, 1986; Tietz, 1986, S. 37—75.

[7] Vertiefende Lektüre zum anschließenden Kap.: Hirsch, 1925, S. 49—73. Die in der folgenden Gliederung verwendeten Buchstaben beziehen sich auf den Funktionskatalog in Schaubild I, 2.1.

umgekehrt kleine Erzeugungsposten zu großen Verwendungsmengen zusammengefaßt werden müssen.

Zudem wird mit ihr eine Vermittlung nach Anzahl der Marktpartner geleistet. In der Ausprägung einer Aufteilung von Großmengen sind die Anforderungen der quantitativen Warenumgruppierung im Verlauf der Industrialisierung durch Konzentration der Produktion und zunehmende Verwendung kapitalintensiver Massenproduktionsverfahren für den anonymen Markt zunächst ständig gestiegen. Diese wirken wegen der Ausnutzung von Kostendegressionen (economies of scale) auf größere Produktionsmengen hin — ungeachtet der daraus resultierenden distributionswirtschaftlichen Problematik.

b) Die *Funktion der qualitativen Warenumgruppierung* enthält die beiden Aufgabenbereiche der Warenveredelung und -pflege[8] einerseits und der Warenzusammenstellung (Sortimentierung, Aussortierung) andererseits. Warenveredelung und -pflege ist im eigentlichen Sinn Umformung von Produkten. Sie ist den Ausrichtungsaufgaben zuzurechnen, sofern Verrichtungen dieser Art während der Distribution der Produkte vorgenommen werden müssen. Allerdings entstehen dabei erhebliche Ermessensspielräume in der Zuordnung. Aufgrund unterschiedlicher Warenanforderungen an die Distribution sind die hier zu berücksichtigenden Aufgaben äußerst vielfältig. Es handelt sich um Abmessen, Wiegen, Verpacken, Konservieren, Verfeinern u. ä.; im Rohstoffbereich insb. um Mischen und Sortieren diffus anfallender Warenqualitäten in geordnete, vielfach offiziell genormte Qualitätsgruppen bzw. -klassen und bei Gebrauchsgütern um Serviceleistungen zur Instandsetzung und -erhaltung.

Die Funktion der *Warenveredelung* und *-pflege* stellte ursprünglich einen wesentlichen Aufgabenbereich des Handels dar. Dieser war handwerklich orientiert und mußte oft sehr spezielle physische Veränderungen an den Produkten vornehmen, um sie verkaufsgeeignet und konsumreif zu machen — zumeist in Abstimmung auf individuelle Bedürfnisse der Käufer. Im Verlauf der Industrialisierung erforderte die Massenproduktion zunehmend ein rationelles Massendistributionssystem, so daß sich die handwerksnahe und personalintensive Durchführung der Warenveredelungs- und -pflegeleistungen im kleinbetrieblichen Handel zu einem Engpaß entwickelte. Hieraus ist der *„Zug zum fertigen Produkt“* [Hirsch, 1925, S. 55] zu verstehen, demzufolge dort eine Funktionsverlagerung auf die Herstellerbetriebe stattfand, wo auf individuell an den Verwendern ausgerichtete Veredelungs- und Pflegeleistungen an den Waren verzichtet werden konnte und daher ihre Integration in die Produktionsprozesse möglich war. Diese Entwicklung wurde dadurch unterstützt, daß die Hersteller gegen Ende des 19. Jahrhunderts das *industrielle Markenwesen* ausbauten, das als grundlegende Bedingung weitgehend konsumreife und verkaufsgerecht verpackte, markierungsfähige Erzeugnisse verlangte[9]. Die Reduktion der Warenveredelungs- und -pflegeleistungen führte den Handel in institutioneller Hinsicht zur Überwindung tradierter Branchengrenzen, die bis dahin wesentlich darauf beruhten, daß der Händler für die Erfüllung dieser Aufgaben erhebliche Warenkenntnisse besitzen mußte.

---

[8] Der hier übliche Begriff der „Manipulation“ soll aufgrund seiner starken Besetzung mit anderem sozialpsychologischen und politischen Inhalt vermieden werden.

[9] Vertiefende Lektüre zur Entwicklung des Markenwesens: Hansen, P., 1970, S. 24—40.

Die geschilderte Funktionsverschiebung beruhte insb. auf unterschiedlichen institutionellen Voraussetzungen des Produktions- und Handelsbereichs für die Aufnahme technologischer Fortschritte. Eine gegengerichtete Entwicklung entstand etwa seit der Jahrhundertwende durch die Kooperations- und Konzentrationsbewegungen im Handel, in deren Folge er den Produzenten qualitative Umgruppierungsaufgaben entziehen konnte und in Form des *Handelsmarkenwesens* rückintegrierte [Nieschlag, 1972, S. 90f].

Die produktbezogenen Serviceleistungen als Bestandteil der Warenveredelung und -pflege haben mit der zunehmenden Technisierung vieler Produktbereiche im Verlauf der Industrialisierung zunächst an Bedeutung gewonnen. Diese Entwicklung fand aber eine Begrenzung, indem die Hersteller versuchten, durch produktgestalterische Maßnahmen personalintensive Serviceleistungen zu reduzieren, so z. B. durch servicearme Ersatzteilkonstruktionen, Wegwerfprodukte u. ä. (*„Zug zum servicearmen Produkt“*). Die sog. Wegwerfgesellschaft produzierte dann ökologische Problemlagen in so hohem Maße, daß seit den 70er Jahren gewisse Gegentendenzen entstanden[10]. Diese verliehen den Serviceleistungen zur Erhaltung der längerfristigen Gebrauchsqualität von Produkten zumindest in jenen gesellschaftlichen Teilbereichen eine neue Bedeutungsqualität, die einem ökologisch bedingten Wertewandel unterliegen [Kap. II, 8.1].

Die *Warenzusammenstellung* [Schaubild I, 2.3] ist jener Teil der qualitativen Warenumgruppierung von der Erzeugungs- in die Bedarfsordnung, der als wichtigster handelsspezifischer Aufgabenbereich nur schwer von anderen Wirtschaftsinstanzen übernommen werden kann [Buddeberg, 1959, S. 28ff].

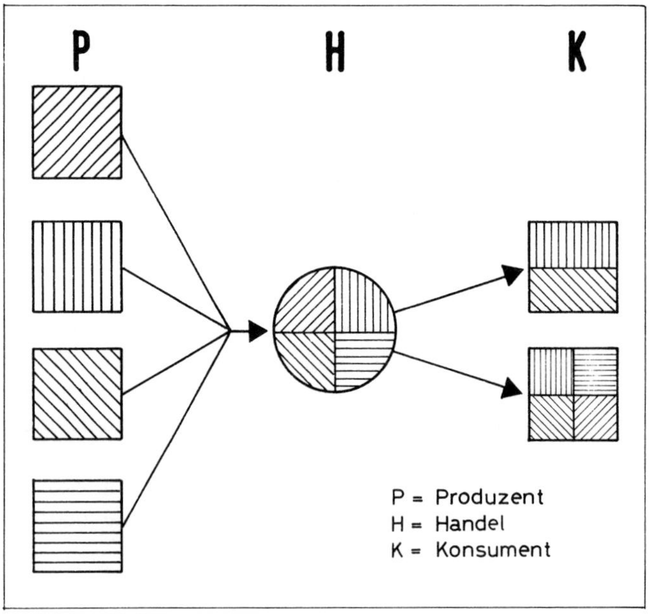

Schaubild I, 2.3: Warenzusammenstellung als Teil der qualitativen Warenumgruppierung

[10] Vgl. zu den ökologischen Problemen des Marketing Brandt, Hansen, Schoenheit, Werner (Hrsg.), 1988.

Die Intensität und wirtschaftliche Bedeutung dieser Funktion hat mit der Industrialisierung aus verschiedenen Gründen stark zugenommen. Von seiten der Produktion hat sich das Warenangebot in vielen Bereichen durch *Diversifikation* und *Produktdifferenzierung* ständig erweitert. Die zunehmende internationale Öffnung der Märkte erhöht die Vielfalt des Angebots erheblich. Weiterhin ist eine *Dynamisierung* des Angebots festzustellen, die einerseits durch technische Innovierung der Produktionsverfahren, Produktkonstruktionen und -materialien bedingt ist[11]. Andererseits muß sie dem Obsoleszenzinteresse der Industrie zugeschrieben werden, das mit psychischen und technischen Produktstrategien durchgesetzt wird und zusätzliche Umsatzsteigerungen ermöglichen soll.

Auf der Konsumentenseite hat im Verlauf der Industrialisierung die zunehmende Fremdversorgung im Zusammenhang mit tendenziell steigenden Realeinkommen weiter Teile der Bevölkerung eine Erweiterung der Konsummöglichkeiten und eine Sublimierung der Lebensgestaltung geschaffen. Diese Entwicklungen bieten wesentliche Ansatzpunkte dafür, daß die Sortimentierung zunehmend als Instrument der Bedürfnisstimulierung verwendet wird. Wesentlichen Einfluß nehmen auch Veränderungen im Beschaffungsverhalten der Konsumenten auf die qualitative Warenumgruppierungsaufgabe des Handels. So schaffen Bequemlichkeitsstreben einerseits und Erlebnisorientierung andererseits Impulse für die Warenzusammenstellung und verbinden diese mit atmosphärischen Komponenten der Warenpräsentation.

Durch die angedeuteten Entwicklungen ist die Funktion der Warenzusammenstellung weit umfangreicher und komplizierter geworden. Neue Möglichkeiten einer Ökonomisierung der Funktionserfüllung sind durch die Entwicklung von Warenwirtschaftssystemen in Verbindung mit neuen EDV-gestützten Kommunikationstechnologien (z. B. Scannertechnik) entstanden [Hansen, K., 1986, S. 171ff].

c) Die *Raumüberbrückungsfunktion* umfaßt den Warentransport zwischen Produktions- und Verwendungsorten. Seyffert [1972, S. 9] betrachtet die Raumüberbrückung als „ursprüngliche Funktion" des Handels, was vor allem für den Großhandel zutrifft. Dies ist aus den großen Risiken und Schwierigkeiten des Güter- und Personentransports zu erklären, bevor im 19. Jahrhundert eine starke Evolution des Verkehrswesens einsetzte. In ihrem Gefolge entstand das Gewerbe der Frachtführer und Spediteure, mit dem eine Delegation des Transportvollzuges ermöglicht wurde. Die Funktion der Raumüberbrückung wurde weiterhin durch die Verbreitung des Distanzprinzips (Versandhandel) eingeschränkt. Diese vollzog sich unter den Bedingungen eines leistungsfähigen Verkehrswesens und verbesserter Rechtshilfen für die Durchsetzung der Vertragserfüllung sowie zunehmender Vertretbarkeit industrieller Erzeugnisse, die eine persönliche Inspektion der Ware überflüssig machte [Oberparleiter, 1955, S. 27]. Den geschilderten Beschränkungen und Erleichterungen der Raumüberbrückungsaufgabe des Handels steht eine Intensivierung gegenüber, die in Zusammenhang mit der Konzentration der Produktion und der Erweiterung der Produktmärkte aus den zunehmenden Entfernungen zwischen Produktions- und Verwendungsstandorten resultiert.

Zwischen Einzelhandel und Konsument wurde seit jeher die Raumüberbrückung in wesentlichen Teilen durch den Konsumenten geleistet (Holprinzip). Erst durch die

[11] Zur Entwicklung der Innovationspolitik industrieller Unternehmen vgl. Schmalholz u. a., 1985, insb. S. 20f; Franke, 1985, S. 3ff.

Entwicklung und Anwendung des Distanzprinzips durch den Versandhandel entstand eine stärkere Beteiligung des Einzelhandels. Neuere Formen der räumlichen Aufgabenteilung können im Rahmen der Telekommunikation durch das sog. „non-store-shopping" [Rosenberg, Hirschman, 1980, S. 103ff] entstehen. Hier verändern wiederum neue technologische Infrastrukturfaktoren die Raumüberbrückungsproblematik.

Neue Käufergruppen durch non-store-shopping

d) Mit der *Funktion des zeitlichen Ausgleichs* werden innerhalb des Warenstroms zeitliche Diskrepanzen zwischen Erzeugung und Verwendung überwunden. *Originäre* zeitliche Spannungen entstehen entweder bei kontinuierlicher Erzeugung und schwankender Verwendung, bei schwankender Erzeugung und kontinuierlicher Verwendung oder bei unterschiedlichen Schwankungsrhythmen zwischen beiden Bereichen. Diese zeitlichen Diskrepanzen können natur- oder konventionsbedingt sein und sind in ihren Erscheinungsformen nach der Regelmäßigkeit und Dauer zu unterscheiden. Daneben ist ein *derivativer* Zeitausgleich zu lösen, der sich aus der mit der Ausübung anderer Funktionen bedingten Zeitbeanspruchung ergibt[12]. Diesen unterschiedlichen zeitlichen Diskrepanzen entsprechend umfaßt die zeitliche Ausgleichsfunktion vielfältige wirtschaftliche Belastungen und Risiken. Sie wird *physisch* durch *Lagerhaltung* erfüllt, um vorzeitig erstellte Produkte einem späteren Bedarf zur Verfügung zu stellen. In anderer Weise wird der zeitliche Ausgleich *vertragsrechtlich* durch *Vordisposition* vorgenommen, mit der vor Beginn der Produktion den Verwendern künftige Bezugsquellen und den Herstellern künftige Abnehmer gesichert werden. Durch zunehmende Kapitalintensität der Produktionsverfahren ist im Verlauf der Industrialisierung im Vergleich zur handwerklichen, flexibleren Erzeugungsweise der zeitliche Ausgleich zur Sicherung der Produktionskontinuität wichtiger geworden. Eine rückläufige Bewegung entsteht durch eine technologisch bedingte Flexibilisierung und Individualisierung der Produktion im Zusammenhang mit EDV-gestützten Produktionssteuerungsverfahren (z. B. CIM, CAD), woraus Entlastungen der zeitlichen Vermittlungsfunktion folgen können [Brandt, 1988a, S. 143ff]. Technologisch bedingte Vereinfachungen der Funktionserfüllung sind in vielen Produktbereichen auch durch deutliche Verbesserungen von Konservierungstechniken entstanden.

II. Vermittlungsfunktionen des Kommunikationsstroms:

Der Kommunikationsstrom wird nur auf unpersönliche Kommunikationsmedien und persönlich kommunizierende Organe bezogen. Insofern bleibt unberücksichtigt, daß Waren einschließlich ihrer Verpackung und Zahlungsmittel auch Informationsträger sind. Die Funktionen des Kommunikationsstroms enthalten die Aufgabenkomplexe der Informationsaufnahme bei der Angebots- und Nachfrageermittlung, die durch Beschaffungs- und Absatzmarktforschung betrieben wird, und der Informationsabgabe mit ihren Aufgaben der Angebots- und Nachfragelenkung, die mit persönlichem Einkauf/Verkauf und Werbung durchgeführt wird [Schaubild I, 2.4].

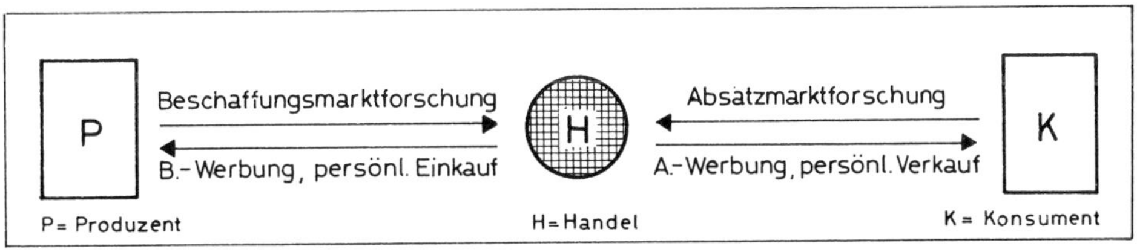

Schaubild I, 2.4: Vermittlungsfunktionen des Kommunikationsstroms

e) Die *Angebots-* und *Nachfrageermittlung* dient dazu, „... den Zusammenhang zwischen Produkten und Bedarf in möglichst günstiger Weise zu bewirken“ [Schäfer, 1978. S. 5 (im Orig. hervorgehoben)]. Es handelt sich hier also um eine durch Information bewirkte Ausrichtungsaufgabe, die in zeitlichen, quantitativen, qualitativen und räumlichen Ausprägungen anfällt.

[12] Die Unterscheidung zwischen originärem und derivativem Zeitausgleich geht auf Buddeberg [1959, S. 36ff] zurück.

Die Erfüllung dieser distributiven Funktion wurde mit der Ausweitung der Industrialisierung bei steigender *Differenzierung* und *Dynamisierung* der *Märkte* im Interesse der Anbieter immer dringlicher. Zusätzlich wuchs das Bedürfnis nach Marktinformationen mit zunehmender Käufermarktsituation. Diese erschwert nämlich die Verwertung des Angebots, so daß eine differenziertere Kenntnis der Abnehmer und ihrer Bedürfnisse erforderlich ist, um die Beeinflussungsmöglichkeiten zu präzisieren und zu erweitern. Angebots- und Nachfrageermittlung wurden bis in den Beginn des 20. Jahrhunderts nur selten und in wenig entwickelter Form betrieben. *Erfahrung* und *Intuition* bildeten den wesentlichen Zugang. Dabei war der Handel maßgeblich beteiligt aufgrund seiner Mittlerstellung zwischen Produzenten und Konsumenten, die ihm quasi beiläufig mit seinen Tätigkeiten Marktinformationen von beiden Marktseiten einbrachte.

Die *systematisch betriebene Marktforschung* als Grundlage planvoller Marktbildung und -beeinflussung wurde von Herstellern und selbständigen Marktforschungsinstituten nach dem 1. Weltkrieg entwickelt[13], wodurch für den Handel eine gewisse Funktionsentlastung entstand. Diese Entwicklung hing wesentlich mit dem Ausbau des industriellen Markenwesens zusammen, das eine informatorische Grundlage für die den Handel überspringenden verbraucherorientierten Marketingmaßnahmen erforderte[14]. Zudem ist die Möglichkeit einer systematischen Angebots- und Nachfrageermittlung auch betriebsgrößenabhängig und stand dem überwiegend kleinbetrieblich organisierten Handel zunächst nicht zur Verfügung. Seit den 60er, 70er Jahren entstanden hier deutliche Gegentendenzen, die dem Handel wiederum ein stärkeres Gewicht in diesem Aufgabenzusammenhang gaben. Zum einen schuf die Kooperations- und Konzentrationsbewegung die Basis für eigene umfassende Marktforschungsaktivitäten. Dabei wurde auch das händlerische Eigeninteresse an systematischer Marktermittlung durch den zunehmenden Handelswettbewerb gefördert. Zum anderen begünstigen neue elektronische Informations- und Kommunikationstechnologien gerade auch im Einsatz am point-of-purchase (scanning) den Handel hinsichtlich seiner Marktforschungsmöglichkeiten [Zentes, 1984, S. 1ff].

f) Die hier als *Angebots-* und *Nachfragelenkung* bezeichnete Funktion des Kommunikationsstroms umfaßt die in der Literatur als Markterschließungs-, Kontakt-, Interessenwahrungs-, Beratungs-, Informations- und Werbefunktion benannten Tatbestände. Diese kommunikative Lenkungsfunktion enthält die Aufgabe der Angebots- und Nachfragepräsentation durch persönliche und unpersönliche Kommunikation. Sie stellt die Grundvoraussetzung für die Bildung *funktionsfähiger, transparenter* Märkte dar, auf denen Verwender und Erzeuger die für sie geeigneten Ein- und Verkäufe vornehmen können. Diese Informierung bezieht sich auf der Absatzseite auf qualitative und quantitative Merkmale des Angebots und seine zeitliche und örtliche Erhältlichkeit, während auf der Beschaffungsseite die Eigenschaften der Nachfrage vermittelt werden. Darüber hinaus und untrennbar damit verbunden enthält die Funktion der Nachfrage- und Angebotslenkung vor allem auf der Absatzseite *persuasive* Elemente. Im Absatzinteresse der Anbietenden wird versucht, die Nachfrage an

---

[13] Die Marktforschung wurde in Deutschland in den zwanziger Jahren vor allem durch die Nürnberger Schule (Schäfer, Vershofen) entwickelt.

[14] „... So wherever the supplier dominates, as in the case of many branded goods, this function of the retailer as a channel of information to the supplier is decreasing" [Mc Clelland, 1967, S. 13].

das Angebot anzupassen, indem Bedürfnisse der Verwender stimuliert, umgeformt und im gegenseitigen Wettbewerb auf die eigene Marktleistung gelenkt werden. Dadurch ist die Wirkung der Information auf die Markttransparenz erheblich eingeschränkt.

Bis zu Beginn des industriellen Markenwesens wurde die kommunikative Funktion der Angebots- und Nachfragelenkung im wesentlichen durch den Handel auf der Basis *persönlicher Kommunikation* durchgeführt. Für die Hersteller standen Produktionsprobleme im Vordergrund. Sie setzten an den Handel ab und überließen ihm das Marktschicksal ihrer Erzeugnisse. Mit den Markenwaren als identifizierbaren Produkten schufen sie sich dann die Möglichkeit, über den Handel hinweg mit den Verwendern kommunikativ in Verbindung zu treten[15]. In Zusammenhang mit der Entwicklung des Kommunikationswesens war damit die Voraussetzung für die Konsumentenwerbung der Hersteller geschaffen, die zu einem „... großen Instrument zur Weckung und Steuerung der Bedarfe“ [Leitherer, 1955, S. 540] ausgebaut wurde, als sich die Wachstumspotentiale vieler Konsumgütermärkte verringerten und aufgrund deutlicher Käufermarktsituationen Absatzprobleme entstanden[16]. Hierdurch fand eine Funktionsverlagerung vom Handel auf den Produktionsbereich statt. Dem Handel verblieb zwar aufgrund seiner unmittelbaren Verbindung zu den Konsumenten die persönliche Kommunikation durch Verkaufsgespräche; deren Bedeutung wurde jedoch durch werblichen Vorverkauf und durch Verpackung der Produkte eingeschränkt[17]. In Abhängigkeit von den konsumgerichteten Absatzaktivitäten der Hersteller wurde der Handel häufig zum *Produktverteiler* degradiert.

Diese Entwicklung wurde rückläufig, als durch die Verbreitung des industriellen Markenwesens und durch Übersteigerungen der werblichen Konsumentenbeeinflussung gegenseitige Neutralisierungseffekte auftraten. Es setzte ein Prozeß ein, innerhalb dessen die *Anonymität unmarkierter Waren* durch eine *Anonymität markierter Waren* abgelöst wurde [Hansen, P., 1972, S. 119]. Daraus folgte notwendig eine Verstärkung der kommunikativen Vermittlungsfunktion des Handels, auf die die Hersteller mit einer Rückverlagerung von sogenannten „pull“-Strategien zu „push“-Strategien reagierten [Ahlert, 1981, S. 59][18]. Der Handel trat im Verlauf der Konzentrations- und Kooperationsbewegung auch selber als Markenanbieter auf und setzte aufgrund seiner zunehmend großbetrieblichen Struktur der absatzwirtschaftlichen Herstellermacht ein eigenständiges Marketing entgegen. Im gegenseitigen Wettbewerb entwickelte der Handel seine kommunikativen Beeinflussungsinteressen gegenüber

---

[15] Vgl. zu dieser Entwicklung Hansen, P., 1970, S. 30ff; Dichtl, 1978, S. 17—33.

[16] In diesem Zusammenhang wird häufig die These diskutiert, daß anhaltende wirtschaftliche Probleme in der Bundesrepublik darauf zurückzuführen sind, daß wegen Bedarfssättigung in vielen Konsumgüterbereichen Nachfragemangel herrscht. Vgl. zu dieser Diskussion Döhrn, 1985, S. 125—145.

[17] Werblicher Vorverkauf und Verpackung bewirken, daß „... der Händler auf dem Umweg über die vom Hersteller beeinflußten Käufer einer Druck-und Zugwirkung ausgesetzt wird, die ihn ohne Rücksicht auf sein Wollen zwingt, den betreffenden Markenartikel zu führen, sofern er nicht durch Ablehnung der Befriedigung dieser Nachfrage das Risiko einer Absatzminderung übernehmen will“ [Etmer, 1958, S. 181].

[18] Push-Strategien sind direkte handelsgerichtete Marktbearbeitungsstrategien der Hersteller („Waren hineinpuschen“). Pull-Strategien sind konsumentengerichtete Strategien, mit denen der Handel indirekt durch Sogwirkung der Konsumentenwünsche beeinflußt wird [Schaubild I, 2.5].

den Konsumenten durch den Ausbau einer *eigenen Werbung* und durch die *Verfeinerung persönlicher Kommunikationstechniken.*

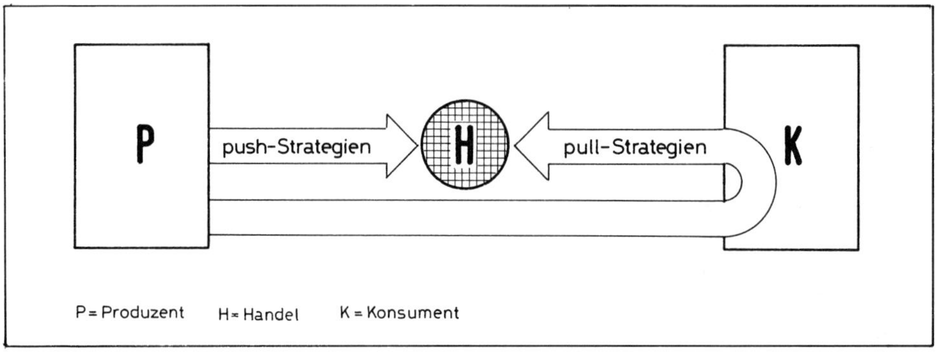

Schaubild I, 2.5: Push- und Pullstrategien der Hersteller

III. Vermittlungsfunktionen des Wertstroms:

g) Mit der *Funktion der Preisermittlung* werden nach Seyffert [1972, S. 8] Wertschätzungsdifferenzen ausgeglichen. Bei Unvollkommenheit der Märkte entstehen bekanntlich Preisdifferenzen in sachlicher, räumlicher und zeitlicher Hinsicht aufgrund intransparenter, heterogener Eigenschaften der Produkte, persönlicher Präferenzen und mangelnder Kenntnis und Flexibilität der Teilnehmer in bezug auf räumliche und zeitliche Erhältlichkeit der Produkte. Einen gewissen Ausgleich kann der Handel auf der Basis seiner Sachkenntnis über Produkteigenschaften, Bezugsquellen und Absatzmöglichkeiten mit seinen im Vergleich zu Verwendern und Erzeugern meist ausgedehnteren zeitlichen und räumlichen Aktionsradien schaffen.

Die Preisermittlungsfunktion steht in engem sachlichen Zusammenhang mit den kommunikativen Funktionen. Sie war in Zeiten eines mangelhaften Nachrichten- und Verkehrswesens eine wichtige Funktion des Handels, insb. des Großhandels, der oft das wesentliche Verbindungsglied zwischen den isolierten Marktpartnern darstellte [Behrens, 1972, S. 12]. Der Ausbau des Kommunikations- und Verkehrssystems erbrachte den Verwendern und Erzeugern eigene Informations- und Kontaktierungsmöglichkeiten, die die Marktbedeutung des Handels in dieser Hinsicht einschränkten. Durch die Entwicklung einer systematischen Marktforschung verschafften sich die Hersteller die notwendigen Marktkenntnisse für eine eigene Preisbildung. Das fand seinen sichtbarsten Ausdruck in dem diese Funktion revolutionierenden Instrument der *vertikalen Preisbindung* und *-empfehlung* für Markenwaren[19], in deren Anwendungsbereich dem Handel die Funktion der Preisermittlung weitgehend entzogen wurde.

Inzwischen besteht nur noch die vertikale Preisempfehlung, während das Rechtsinstitut der vertikalen Preisbindung weitgehend aufgehoben wurde, wodurch die Preisautonomie des Handels im Prinzip wieder hergestellt ist. Diese hat sich vor al-

[19] Die Preisbindung der zweiten Hand erlangte etwa seit 1890 durch die Markenartikelpolitik der Hersteller wirtschaftliche Bedeutung [Tietz, 1986, S. 319f].

lem bei großbetrieblichen Handelskonzernen und Kooperationsformen sogar noch durch umfangreiche Dispositionsmöglichkeiten in der Anwendung der Kompensationskalkulation verstärkt.

h) Die *Funktion des zeitlichen Zahlungsausgleichs* ist eine Vermittlung von Liquidität zwischen Erzeugung und Verwendung, die eine Voraussetzung für das Zustandekommen von Warenprozessen darstellt.

Über die *Warenfinanzierung* hinaus kann sich die Funktion des zeitlichen Zahlungsausgleichs auch auf die für den Warenstrom notwendigen *Betriebsanlagen* und *Einrichtungsgegenstände* beziehen. Sie ist im allgemeinen von der Stärke der zeitlichen Diskrepanzen zwischen der Erzeugung eines Produktes und der Kaufpreisleistung durch den Verwender abhängig und daher warenbedingt. Die Anforderungen an diese Vermittlungsleistung des Handels sind deshalb branchenspezifisch unterschiedlich hoch. Weiterhin ist die Kapital- bzw. Vermögens- und Einkommensstruktur im Erzeugungs- und Verwendungsbereich maßgeblich. So ermöglichte der Großhandel insb. in der vorindustriellen Zeit den überwiegend kleinbetrieblich organisierten und kapitalschwachen Erzeugerbetrieben, die nicht genügend Zugang zur Bankkreditierung hatten, durch Vorfinanzierungsleistungen ihre Existenz und sicherte sich damit Bezugsmöglichkeiten[20].

Speziell der Einzelhandel schafft mit dem zeitlichen Zahlungsausgleich Kaufkraft für vorzeitigen Konsum. Der Konsumentenkredit hat seit etwa einem Jahrhundert „... eine Wandlung von der Notlagenfinanzierung und der Kreditfinanzierung von Existenzgütern für Bezieher kleiner Einkommen zum Mittel systematischer Bedarfsbeeinflussung durchgemacht“ [Leitherer, 1974a, S. 72]. Dazu wurde die *Teilzahlungsfinanzierung* entwickelt, die zunächst als konstituierendes Merkmal einer besonderen Betriebsform, dem sog. Kredithaus, ihren institutionellen Niederschlag fand [Hirsch, 1925, S. 199ff]. Die Konsumfinanzierung erleichtert und ermöglicht — insb. soweit sie Notlagenfinanzierung ist — Konsumenten niederer Einkommen notwendige Anschaffungen von Gebrauchsgütern. Dieser durchaus als sozial positiv anzusehenden Wirkung steht gegenüber, daß vor allem in der rechtlich ungeordneten Gründungsphase des Teilzahlungsgeschäftes erheblicher Zinswucher betrieben wurde; zudem waren und sind die Konsumenten oft nicht über die Konditionen und Risiken genügend aufgeklärt, um mit den verführerischen Erweiterungen ihrer Konsummöglichkeiten ökonomisch sinnvoll umzugehen. Diese Tendenz hat sich fortgesetzt [Kap. II, 6].

Der Handel wurde von der Funktion des zeitlichen Zahlungsausgleichs zunehmend entlastet, als *Banken* und *bankenähnliche Institute* ihre Kreditleistungen auf Klein- und Mittelbetriebe ausdehnten und schließlich auch neue Formen der Konsumfinanzierung entwickelten. Dabei richteten sich ihre Aktivitäten einerseits auf die direkte Konsumfinanzierung bei den Konsumenten und andererseits auf die Refinanzierung von Hersteller und Handel für die Vergabe von Konsumkrediten. Rationalisierungen entstehen derzeitig im Rahmen der Funktion des zeitlichen Zahlungsausgleichs durch innovative Zahlungsformen (Geld- und Kreditkarten) und neuerdings

[20] Historisch bedeutungsvoll war in dieser Funktion der *Händlerverleger.* Er „beschränkt sich ... keineswegs darauf, nur den Absatz zu vermitteln, sondern neben der ... Rohstoffbelieferung, die den Handwerker von einst zum Hausindustriellen macht, schafft er oft die nötigen Großwerkzeuge an und ‚legt‘ auch häufig das Geld für die Bezahlung von Hilfskräften ‚vor‘“ [Triebenstein, 1966, S. 82].

durch die Kooperation mit den Banken im Bereich des elektronischen point-of-sale-(pos)-banking.

Eine *abschließende Zusammenfassung* der obigen Ausführungen zeigt aus der Sicht des Handels folgendes: Im Verlauf der Industrialisierung unterzogen insb. Veränderungen der Produktions- und Konsumverhältnisse, Entwicklungen des Nachrichten- und Verkehrswesens die Ausprägungen der distributiven Funktionen einem starken *Wandel.* Zusätzlich fanden verschiedentlich *Funktionsverschiebungen* zwischen Produktions-, Verwendungs- und Handelsbereich sowie *Verlagerungen* auf neu entstehende *selbständige Hilfsgewerbe* statt. Diese Veränderungen wurden einerseits verursacht durch die unterschiedlichen sozio-ökonomischen und technologischen Fähigkeiten vorhandener Institutionen, sich dem Funktionswandel anzupassen. Zum anderen waren Funktionsverschiebungen zwischen Wirtschaftsstufen und einzelnen Institutionen auch das Ergebnis von Machtauseinandersetzungen.

22 Institutionelle Entwicklungen des Handels[21]

Die institutionelle Entwicklung hängt — wie vorangehend bereits ausgeführt — eng mit der Funktionsentwicklung zusammen. Im folgenden sollen quantitative Veränderungen des Handelssektors ingesamt und Strukturveränderungen innerhalb dieses Bereichs dargestellt und erklärt werden.

221 Quantitative Entwicklung des Handels im Rahmen des tertiären Sektors

Der von der Industriellen Revolution des 19. Jahrhunderts entfesselte „Technische Fortschritt" hat nicht einfach lineares Wachstum von Produktion und Konsum hervorgebracht, sondern vielmehr Wandlungen innerhalb der großen Wirtschaftssektoren (primärer, sekundärer und tertiärer Sektor) und in ihrem Verhältnis zueinander [Abelshauser, 1988, S. 1]. Die in der wirtschaftstheoretischen Literatur mit unterschiedlicher Argumentation formulierte *„Drei-Sektoren-Hypothese"* [Clark, 1940; Fourastié, 1954], wonach sich im Verlauf des wirtschaftlichen Strukturwandels eine Verschiebung zwischen den Sektoren zugunsten einer *Dominanz* des *Dienstleistungsbereichs* vollzieht, scheint sich dabei durch die faktische Entwicklung in allen kapitalistischen Industrieländern zu bestätigen[22]. Der Handel hat sich als Teil des tertiären Sektors[23] nicht parallel zu dem Gesamtbereich entwickelt. Die mit der Industriellen Revolution gleichzeitig ausgelöste „Tertiäre Revolution" brachte zwar zunächst einen steilen Aufschwung von Handelsdienstleistungen hervor [Abelshauser, 1983, S.

---

[21] Dieses Kapitel habe ich zusammen mit meinem Mitarbeiter A. Brandt erarbeitet.

[22] Allein in den letzten 25 Jahren ist in der Bundesrepublik der Anteil des tertiären Sektors an der Bruttowertschöpfung um rund 11 % (1985 → 55 %, berechnet in Preisen von 1980) gestiegen und der Anteil an der Gesamtbeschäftigung sogar um 46 % [Corsten, 1988, S. 7 und 9].

[23] In der amtlichen Statistik wird der Handel aufgrund seines überwiegenden Dienstleistungscharakters dem tertiären Sektor zugeordnet.

129f], führte aber dann durch die sich wandelnde Inputstruktur der Hersteller und durch Verschiebungen in der Nachfragestruktur der privaten Haushalte zu einem Anteilsverlust des Handels innerhalb des Dienstleistungssektors.

Der anfängliche *Zuwachs* im Handel zeigt sich in folgenden Entwicklungen [Hirsch, 1925, S. 7—28; Berekoven, 1986, S. 27]:

— Steigerung der Betriebszahlen (allein von 1875 bis 1907 um 76 %),
— Trend zu größeren Betriebseinheiten (Anwachsen der Beschäftigten in diesem Bereich um 146 %),
— Zunahme der Handelsdichte (Verdreifachung der Zahl der Beschäftigten pro Einwohner in der zweiten Hälfte des 19. Jh. und Steigerung um 80 % von 1875 bis 1907).

In Verbindung mit diesem Anwachsen der Betriebszahlen fand eine *Ausdifferenzierung* der Betriebe statt. Die zunehmende Komplexität und Erweiterung der Handelsfunktionen hatte im Verlauf des Industrialisierungsprozesses ihren institutionellen Niederschlag in weitreichender *vertikaler Stufenteilung* (Verlängerung der Marktwege) und *horizontaler Branchenteilung* [Hirsch, 1925, S. 62f]. Vor allem die Funktion qualitativer Warenumgruppierung führte durch Ausdifferenzierungen des Produktangebotes zur Aufbrechung tradierter Branchengrenzen und zu arbeitsteiligen neuen Spezialisierungsformen im Handel, was durch die Liberalisierung des Gewerberechtes unterstützt wurde[24].

Kriegsbedingte Einbrüche und Rekonstruktionsphasen erbrachten wechselhafte Entwicklungen des Betriebsvolumens im Handel. Die Höchstzahl von Einzelhandelsbetrieben wurde Anfang der 60er Jahre erreicht [Wald, 1986, S. 250]. Danach sank zunächst die Zahl der Betriebseinheiten aufgrund eines verschärften Ausleseprozesses, der von einem Vordringen der Großbetriebsformen begleitet war. Seit 1978 expandierte die Anzahl der Betriebe wiederum. Gleichzeitig besteht im Handel eine hohe Dynamik von Betriebsgründungen und -schließungen, die u. a. mit relativ niedrigen Marktzutrittsbarrieren zusammenhängt [Barth, 1988, S. 25].

222 Konzentrations- und Kooperationsprozesse im Handel

Der Groß- und Einzelhandel ist seit der Wende zum 20. Jahrhundert, verstärkt seit den 50er Jahren, durch zunehmende Konzentration[25] gekennzeichnet. Diese hat sich durch internes Unternehmenswachstum und durch externe Unternehmenszusammenschlüsse und -beteiligungen vollzogen[26]. Sie entstand auf lokalen Märkten durch

[24] Während es 1882 im Handelszensus nur 15 Unterarten des Warenhandels gab, wurden 1907 in der deutschen Betriebszählung mehr als 1000 Handelsarten erfaßt [Hirsch, 1925, S. 23].

[25] Der Begriff „Konzentration" kann unterschiedlich weit ausgelegt werden. Zum einen wird er auf die Zusammenfassung von Eigentumsrechten begrenzt. In diesem Sinne wird von Konzentrationsformen des Handels gesprochen. Zum anderen gibt es den weiteren Konzentrationsbegriff als Zusammenfassung von Eigentums- und Dispositionsrechten. Dieser Begriff schließt handelsbetriebliche Kooperationen ein.

[26] Die Konzentration im Handel ist an der *absoluten Umsatzkonzentration* ablesbar. Dazu ermittelte das IFO-Institut, 1985, S. 242/85, daß sich die durchschnittliche Umsatzgröße je Unter-

Verkaufsstellenwachstum, wie z. B. durch die Entwicklung der Waren- und Kaufhäuser, Supermärkte, Verbrauchermärkte und Fachmärkte. Aufgrund der regionalen Reichweitenbegrenzung einer Verkaufsstelle im Handel sind demgegenüber regionale und überregionale Konzentrationsvorgänge durch Filialisierung und Betriebsformendiversifizierung für den Konzentrationsprozeß im Handel weit durchschlagender. Der Filialisierungsprozeß wurde zunächst durch *Filialisten* im Lebensmittelbereich angewendet (Beispiel: Kaisers Kaffeegeschäft) und später auf alle Betriebsformen des Handels übertragen (Beispiel: Discountketten). Darüber hinaus sind zunehmend durch Diversifizierung Konglomerate verschiedener Betriebsformenketten unter einem Dach entstanden. Eine expansive Betriebsform des Handels wurde seit der zweiten Hälfte des 19. Jahrhunderts mit dem *Versandhandel* entwickelt, der aufgrund seiner ihm eigenen Überschreitung lokaler Marktbegrenzungen Wachstumspotentiale in sich trägt.

Wesentliche Impulse bei diesem Konzentrationsprozeß im Handel wurden durch die Entwicklung der *Massenproduktionssysteme* gesetzt, die als Äquivalent leistungsfähige *Massendistributionssysteme* zur Wahrnehmung umfangreicher distributiver Aufgaben erforderten [Schenk, Tenbrink, Zündorf, 1984, S. 93]. Weitere Gründe liegen in vertikalen und horizontalen Machtauseinandersetzungen und in verschiedenen situativen Marktbedingungen. Neuere Konzentrationstendenzen werden durch die Liberalisierung des EG-Binnenmarktes im Zusammenhang mit der Internationalisierung des Handels erwartet [Schenk, Tenbrink, Zündorf, 1984, S. 98].

Um den Konzentrationsvorgängen auf der Handels- und Herstellerebene entgegenzuwirken, entstanden gegen Ende des 19. Jahrhunderts und verstärkt seit den 50er Jahren *Kooperationsformen* des Handels als mittelständische Selbsthilfe und als Abwehrorganisationen [Batzer, Greipl, Täger, 1982, S. 22]. Dazu gehören vor allem Einkaufsgenossenschaften (seit der Jahrhundertwende) und freiwillige Ketten (seit den 50er Jahren). Der Gründungsimpuls lag vornehmlich in dem beschaffungsseitigen Nachteilausgleich gegenüber großbetrieblich organisierten Handelsunternehmen durch Zentrierung der Beschaffungsdispositionen. Institutionell hochentwickelte Kooperationsformen zeigen die Tendenz, ihren peripheren Aufgabenbereich zu verbreitern, indem z. B. Absatzdispositionen und allgemeine Managementaufgaben zentriert werden. Auf diese Weise wurden die Verbundgruppen als *Gegenkonzentrationsformen* selbst zu einem Bestandteil des Konzentrationsphänomens [Batzer, Greipl, Täger, 1982, S. 26]. Diese Umkehrung des Ursprungszweckes wird auch dadurch deutlich, daß im Sinne einer Gruppeneffizienz innerorganisatorische Bereinigungsprozesse durch Ausscheiden leistungsschwacher Mitglieder und ein verstärkter Ausbau organisationseigener Einzelhandelsbetriebe stattfanden.

Das Schaubild I, 2.6 zeigt abschließend die quantitative institutionelle Entwicklung des Einzelhandels. Besondere Aufmerksamkeit verdient hier die starke Reduk-

---

nehmen im gesamten institutionellen Einzelhandel allein im Zeitraum von 1964 (rund 320.000 DM) bis 1984 (rund 1,2 Mio DM) nahezu vervierfacht hat. Aufschlußreicher für das tatsächliche Ausmaß der Konzentration im Einzelhandel ist die Verteilung der Unternehmen und Umsätze auf verschiedene Unternehmens- bzw. Umsatzgrößenklassen (*relative Umsatzkonzentration*). Während 1962 alle Unternehmen mit einem Jahresumsatz von bis zu 100.000 DM noch einen Marktanteil von 11,5 % erreichten, war es 1982 nurmehr ein Anteil von 1,2 %. Demgegenüber hat sich der Marktanteil aller Unternehmen mit einem Jahresumsatz von mehr als 50 Mio. DM im gleichen Zeitraum mehr als verdoppelt [Barth, 1988, S. 26f].

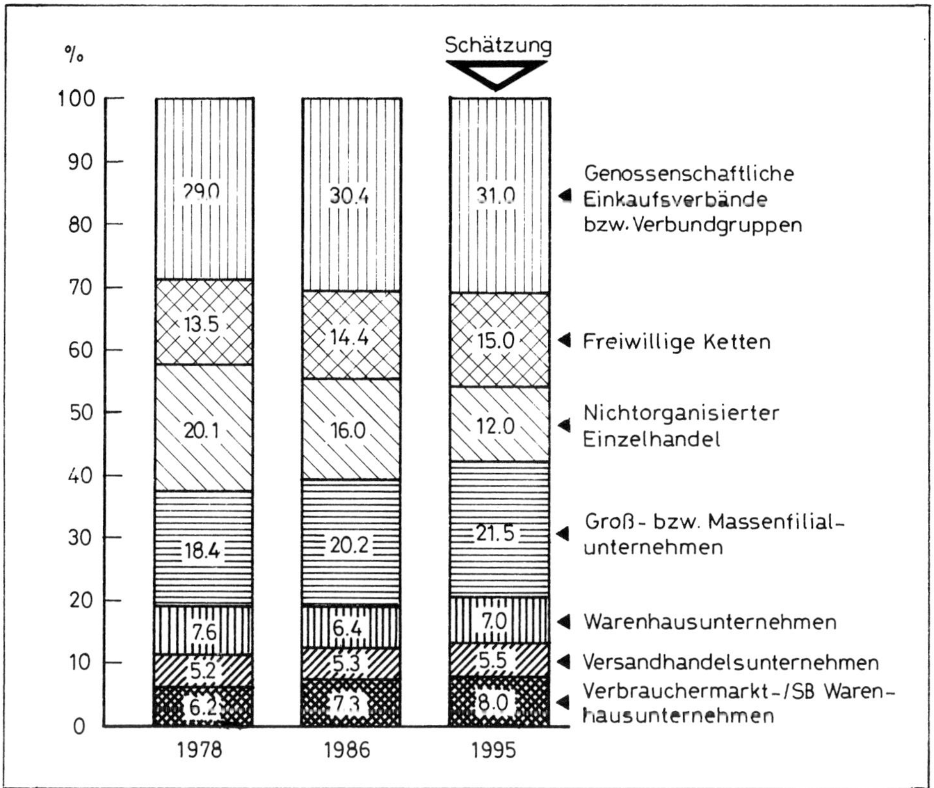

Schaubild I, 2.6: Marktanteile der wichtigen Betriebsformen des Einzelhandels in der Bundesrepublik [Quelle: IFO-Istitut für Wirtschaftsforschung, 1985, S. 243/85; o. V. 1988, Trends, S. 40]

tion des *nicht*-organisierten Einzelhandels, die den Konzentrationsprozeß deutlich zum Ausdruck bringt.

223 Entwicklung der Betriebsformen

Die institutionelle Entwicklung des Handels ist qualitativ durch Ausdifferenzierung und Wandel der betrieblichen Erscheinungsformen zu kennzeichnen. Hier ist zu berücksichtigen, daß einerseits die Freiheitsgrade institutioneller Gestaltung im Handel besonders groß sind, weil die Kombination von Waren und Dienstleistungen — weitgehend unabhängig von technologischen Bindungen — vielfältige Gestaltungsmöglichkeiten bietet. Andererseits ergeben sich aus der engen Einbindung in die Beschaffungs- und Absatzmärkte *beidseitig* stärkere Umweltimpulse. Ein besonderer Innovationsschub ergab sich mit den beschriebenen weitreichenden Veränderungen der distributiven Funktionen in den Anfängen der Industrialisierung und den damit verbundenen Marktveränderungen. Ein typisches Beispiel sind Selbstbedienungsläden, Versandhandel und Warenhäuser, in denen Ansätze einer rationellen Massendistribution

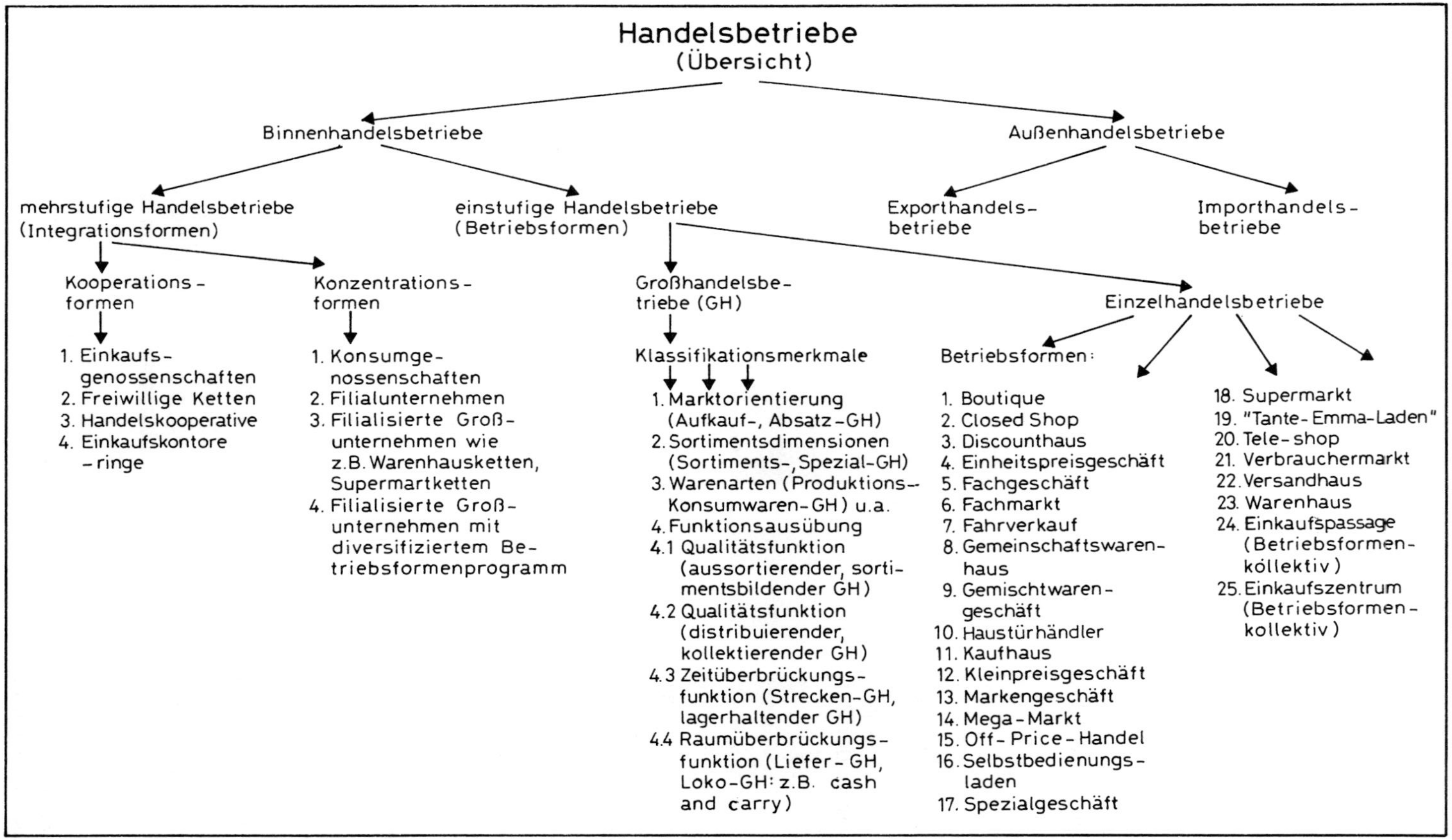

Schaubild I, 2.7: Übersicht der Betriebsformen des Handels verwirklicht werden konnten. Bis zur Gegenwart sind viele innovative Weiterentwicklungen, jedoch auch Absterbeprozesse von Betriebsformen festzustellen.

224 Struktur- und Erklärungsansätze der institutionellen Entwicklung

Die Vielfalt von Betrieben des Handels [Schaubild I, 2.7] hat bereits zu vielen morphologischen Untersuchungen im Rahmen des Institutionenansatzes geführt. Für die Erfassung von Betriebs- und Integrationsformen werden Klassifikation und Typologie[27] angewendet. Als Betriebstyp wird eine Kombination von Ausprägungen verschiedener Merkmale verstanden. Soweit *Realtypen* gebildet werden, richtet sich das Ziel darauf, wesentliche reale Betriebsstrukturen zu erfassen. Ein wesentliches Problem besteht darin, Alltagsvorstellungen (z. B. von einem Warenhaus) zu berücksichtigen und gleichzeitig hinreichend zu präzisieren. Dieses Problem verschärft sich durch den Wandel der Betriebsformen, der sich als Prozeß nicht immer mit der Entwicklung von Alltagsvorstellungen auf der Wahrnehmungsebene deckt.

Folgende Merkmale werden für eine Betriebsformentypologie verwendet:

- Merkmale der gesamtwirtschaftlichen Einordnung von Handelsbetrieben,
- Merkmale der Betriebsstruktur,
- Merkmale der Funktionserfüllung,
- Merkmale des Marketingeinsatzes.

Während auf den Großhandel eher funktionale Merkmale angewendet werden, liegen den morphologischen Betrachtungen zum Einzelhandel häufiger Merkmale des Marketingeinsatzes zugrunde[28].

Auf der Basis von institutionellen Strukturansätze dienen *Erklärungsansätze* zum Betriebsformenwandel der Analyse seines Entstehungszusammenhanges und seiner Verlaufsformen. Vorangehend wurde versucht, die Institutionenwahl in enge Verbindung zu der *Funktionsentwicklung* zu bringen und damit die betrieblichen Institutionen aus ihrer wirtschaftlich von außen gesetzten Aufgabenstellung heraus zu erklären. Dieser Versuch reicht zur Aufklärung des Institutionenwandels nicht aus. Es fehlt hier die Perspektive einer unternehmerischen Integration der Aufgabenstellung als mögliche Marktchance und die Umsetzung in Markthandeln. In diese Richtung weisen einige der im folgenden kurz dargestellten Ansätze der *genetischen Institutionenlehre,* die sich mit dem Betriebsformenwandel beschäftigen:

(1) „wheel of retailing" und „Dynamik der Betriebsformen",
(2) Lebenszykluskonzept,
(3) dialektischer Erklärungsansatz.

Zu (1): Der älteste Ansatz zur Erklärung des Wandels im Einzelhandel wurde von Malcolm McNair [1931, S. 30ff] bereits in den 30er Jahren entwickelt. Bei seinem

---

[27] Zur Methodik der Typologie allgemein vgl. Kap. I, 43 und die dort angegebene Literatur. Zur Betriebsformentypologie des Handels vgl. Algermissen, 1976.

[28] Ein ausgedehnter Merkmalskatalog mit Operationalisierungsvorschriften findet sich in Hansen, Algermissen, 1979, S. 252—261. Dieses Taschenlexikon wird auch zum Nachschlagen für Betriebsformendefinitionen empfohlen.

Konzept des „wheel of retailing" handelt es sich um ein *Mehrphasenmodell*, mit dem die Entstehung und Diffusion neuer Betriebsformen im Rahmen eines prinzipiell identischen Grundmusters interpretiert wird: Danach verschaffen sich innovative Handelsunternehmen grundsätzlich mit einer Strategie *aggressiver Preise* den Zugang zum Markt. In dieser ersten Phase werden die Preisspielräume durch geringe Gewinnansprüche, Sortimentsbeschränkungen und Serviceverzicht bzw. -begrenzungen ermöglicht. In der zweiten Phase beginnt ein Prozeß des *„trading up"*, der durch Sortimentserweiterungen und andere Formen des Nicht-Preiswettbewerbs eröffnet wird. In dieser Phase findet bereits eine partielle Rücknahme der anfänglich aggressiven Preisstrategie statt. In der dritten Phase wechselt die auf dem Markt etablierte Betriebsform ihre Strategie grundlegend und tritt in eine umfassende Qualitätskonkurrenz (insb. durch die Aufnahme von Serviceleistungen) mit den herkömmlichen Einzelhandelsunternehmen ein. Die mit der Qualitätskonkurrenz erforderlichen Kostensteigerungen führen wiederum zu sinkenden Ertragsraten. Darüber hinaus verschwindet nach und nach das kreative Potential der ursprünglich innovativen Betriebsform: „Merchandising becomes imitative rather than creative" [McNair, 1931, S. 39]. In dieser Situation sind die Bedingungen für eine Betriebsformeninnovation gegeben, deren Diffusionsprozeß mit einer aggressiven Preisstrategie beginnt.

In der bundesdeutschen Handelsliteratur hat Nieschlag das Grundmuster des „wheel of retailing" in seinem Konzept der *„Dynamik der Betriebsformen"* übernommen [Nieschlag, 1974, S. 366ff; zuerst 1954]. Sein Phasenmodell beschränkt sich allerdings auf ein zweistufiges Konzept, das zwischen Entstehung und Aufstieg einerseits und Reife und Assimilation andererseits unterscheidet. Auch in diesem Erklärungsansatz verschaffen sich die Pionierunternehmen einen Zugang zum Markt durch eine aggressive Preispolitik, die im Zuge der weiteren Entwicklung durch Formen der Nicht-Preiskonkurrenz ersetzt wird, so daß auf Dauer eine Annäherung bzw. Angleichung an den traditionellen Handel stattfindet. Während die Erklärungsansätze von McNair und Nieschlag im Kern übereinstimmen, lassen sich doch bei der Begründung der Phasenwechsel Unterschiede bzw. Akzentuierungen feststellen [Nieschlag, Kuhn, 1980, S. 94].

An den Konzepten des „wheel of retailing" und der „Betriebsformendynamik des Handels" ist in der Vergangenheit vielfach zurecht Kritik geübt worden[29]. Zwar läßt sich anhand der „wheel of retailing"-Hypothese die Entwicklung einzelner Betriebsformen plausibel beschreiben, dem Anspruch einer verallgemeinernden und sogar gesetzmäßigen Erklärungskonzeption kann der Ansatz allerdings nicht gerecht werden, weil sich u. a. empirisch Gegenbeispiele nachweisen lassen, bei denen erfolgreich alternative Einstiegsstrategien gewählt wurden (Beispiel: Boutiquen) oder die Einstiegsstrategie der aggressiven Preiskonkurrenz auch im Zeitablauf erfolgreich durchgehalten wurde (Beispiel: Discounter). Die Ansätze vernachlässigen auch völlig den Impuls einer Betriebsformeninnovation durch Funktionsveränderungen.

Zu (2): Ebenfalls ein Phasenmodell und in dieser Hinsicht verwandt mit dem Konzept des „wheel of retailing" und der „Betriebsformendynamik" ist ein Ansatz, der in Analogie zum Produktlebenszykluskonzept die Existenz eines *Lebenszyklus'*

[29] Vgl. Bidlingmaier, 1974, S. 284ff; in umsichtigerer Version Müller-Hagedorn, 1985, S. 21ff; Marzen, 1986, S. 279ff; Rieser, 1987, S. 277.

von Institutionen postuliert [Davidson, Bates, Bass, 1976, S. 89ff; Nieschlag, Kuhn, 1980, S. 102f; Rieser, 1987, S. 277]. Darin wird die Diffusion einer Betriebsform nach den Phasen der Innovation, des Wachstums, der Reife und des Niedergangs beschrieben.

Im Gegensatz zum „wheel of retailing" ist das Lebenszykluskonzept *offener,* weil es den innovativen Charakter einer neuen Betriebsform nicht auf Preisvorteile reduziert, sondern generell auf Konkurrenzvorteile abstellt. Damit ist dieser Ansatz auch offen für Impulse aus Funktionsveränderungen, deren Wahrnehmung als Konkurrenzvorteil interpretiert werden kann. Außerdem wird nicht von einem gesetzmäßigen Verlauf eines „trading up" ausgegangen. Stattdessen werden den einzelnen Entwicklungsphasen alternative Handlungsoptionen zugeordnet, die auch den Verlauf des modellhaft angenommenen Lebenszyklus' zu modifizieren vermögen. Als problematisch muß allerdings die Annahme eines im Prinzip s-förmigen Verlaufs des Lebenszyklus' angesehen werden, da auch grundsätzlich andere Verlaufsformen mit nicht minder plausiblen Argumenten begründet werden könnten.

Zu (3): In dieser Konzeption wird der Versuch unternommen, den Wandel der Betriebsformen als *dialektischen Prozeß* zu erklären [Mason, Mayer, 1987, S. 44f]. Im Kern geht es dabei um einen *wettbewerbsinduzierten Evolutionsprozeß,* indem bestehende Betriebsformen (= These) mit gegensätzlichen Betriebsformen (= Antithese) konfrontiert werden [Schaubild I, 2.9]. Aus der Interaktion der gegensätzlich operie-

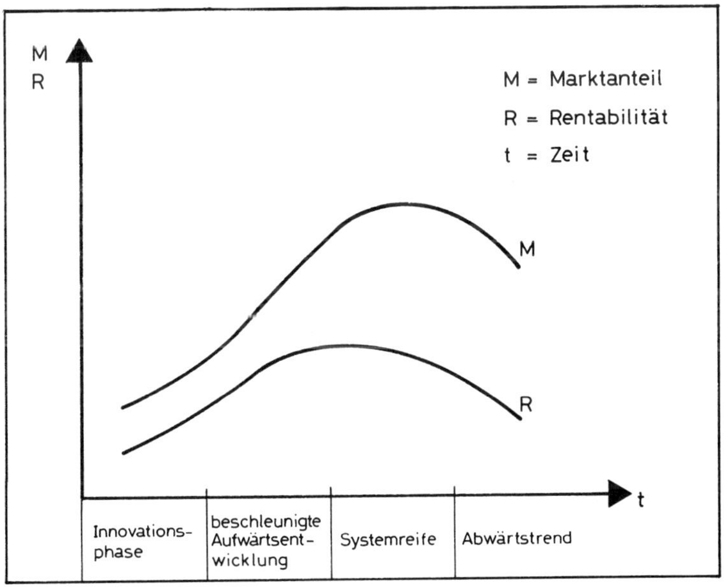

Schaubild I, 2.8: Lebenszyklus von Betriebsformen des Einzelhandels [Quelle: Davidson, Bates, Bass, 1979, S. 48]

Der Lebenszyklus stellt die Evolution einer Betriebsform des Handels dar. Das Konzept des Lebenszyklus' wird aber auch auf die Betriebsebene heruntergebrochen. Der Verlauf ist hinsichtlich seiner Dauer und der Phasenlängen als variabel vorstellbar und gibt nur den Typus einer Entwicklung wieder.

renden Betriebsformen entstehen Anreize, neue Kombinationen (= Synthese) aus den jeweiligen Alternativen zu entwickeln. Die Synthese kann dabei durch Innovation, Betriebsformenanpassung und -abspaltung sowie Integration hergestellt werden.

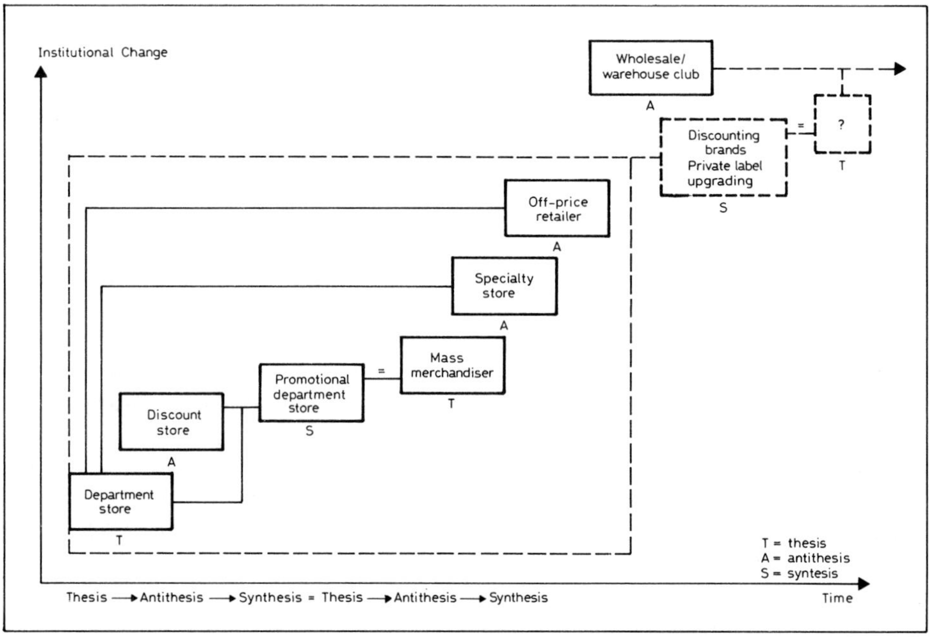

Schaubild I, 2.9: Betriebsformenwandel als dialektischer Prozeß [Quelle: Kaufmann, 1985, übernommen aus Mason, Mayer, 1987, S. 44]

Der Vorteil des dialektischen Erklärungsansatzes ist vor allem darin zu sehen, daß er auf jegliche deterministische Konstrukte verzichtet und den Betriebsformenwandel als Resultat eines dynamischen Wettbewerbsprozesses begreift. Fruchtbar erscheint dieser Ansatz allerdings nur, wenn er mit anderen Konzeptionen verknüpft wird, die die spezifischen Ursachen für die Entstehung einzelner Betriebsformen und ihre Diffusionsprozesse stärker ausleuchten.

23 Stellung des Handels in den Marktwegen zwischen Produktion und Verwendung

In den vorangehenden Kapiteln sind die distributiven Funktionen und Institutionen des Handels erläutert worden. Im folgenden schließt sich die Frage nach dem Zusammenwirken der Handelsinstitutionen bei der Distribution an. Kernbegriff dieser Überlegungen ist der Marktweg; mit ihm wird die Kette von Institutionen gekennzeichnet, die in die Waren-, Kommunikations- und Wertströme zwischen Produzenten und produktiven bzw. konsumtiven Verwendern eingespannt sind und die Funktionen erfüllen, die aus der Überbrückung distributiver Spannungen entstehen. Die Marktwege der Erzeugnisse können sich in einzelbetrieblicher Sicht als Beschaffungs- oder Absatzwege darstellen[30].

Die Literatur über Marktweganalysen behandelt vorrangig das Problem der Distributionsrationalisierung, das sowohl einzelbetrieblich als auch gesamtwirtschaftlich zu sehen ist. Die dazu vorliegenden Beiträge unterscheiden sich nach ihren methodischen Ansätzen erheblich. Es werden *statistisch-deskriptive Marktweganalysen* durchgeführt, die eine ex post Aufzeichnung empirisch auffindbarer Marktwege leisten [u. a. Seyffert, 1966a, S. 85ff und 291ff]. Darüber hinaus werden *ökonomische* und *soziale Begründungszusammenhänge* für die Konstituierung und Funktionsweise von Marktwegen untersucht [u. a. Maas, 1980; Picot, 1986].

231 Struktur der Marktwege und ihre Aufzeichnung

In der Literatur zur Marktweganalyse wird i. d. R. eine Beschränkung auf den physischen *Warenstrom* im Sinne der Transportwege der Erzeugnisse vorgenommen [zu folgendem Hansen, P., 1972, S. 36ff]. Die Definition des auf diese Weise interpretierten Marktweges enthält die distributionswirtschaftlichen Institutionen, die eine Ware auf dem Wege vom Produzenten zum Verwender passiert. Dabei werden die Institutionen je nach Untersuchungszweck auf unterschiedlichen Abstraktionsebenen erfaßt.

Für die Untersuchung konkreter Marktbeziehungen eines Unternehmens kann es sinnvoll sein, die Marktwege eines Erzeugnisses als *namentlich erfaßte Firmenketten* zu ermitteln. Hingegen wird bei allgemeineren distributionswirtschaftlichen Aussageabsichten der Marktweg als *Kette* von *Betriebstypen* behandelt, die sich aus der Zusammenfassung bestimmter betrieblicher Merkmale ergeben (Beispiel: Holzwaren-Hersteller → Geschenkartikel-Sortimentsgroßhändler → Spielwaren-Facheinzelhändler → Konsument).

Das höchste Abstraktionsniveau wird durch eine *Aggregation* der *Institutionen* zu den *Wirtschaftsstufen* Produktion (P), Großhandel (GH), Einzelhandel (EH) und Konsum (K) erreicht. Dabei entstehen der sog. direkte Marktweg: P → K und die indirekten Marktwege[31]: P → GH → EH → K und P → EH → K [Schaubild I, 2.10].

Diese Konzeption der Marktweganalyse ist in der absatzwirtschaftlichen Literatur sehr verbreitet. Aufgrund der zunehmenden wirtschaftlichen Verflechtungen zwischen Produktion, Großhandel und Einzelhandel ist eine Differenzierung der Aussagen wichtig, mit der die *Integrationsbeziehungen* zwischen den Instanzen der Marktwege angezeigt werden. Das kann z. B. durch Indizes durchgeführt werden [Breyer, 1964, S. 163ff] (Beispiel für die Einschaltung einer Einkaufsgenossenschaft: P →

---

[30] Der — von Schäfer ausgehend — in der Literatur verbreitete Begriff des Absatzweges (Zusammenwirken absatzwirtschaftlicher Organe) ist aus diesem Grunde zu eng [Schäfer, E., 1981, S. 76ff]. Seyffert, 1972, S. 623, wählt den Terminus Handelskette. Da ich den Handel nicht — wie Seyffert — in funktionalem Sinn interpretiere, ist auch dieser Begriff hier nicht zu übernehmen.

[31] Die Unterscheidung von direkten und indirekten Marktwegen bezieht sich auf die Einschaltung des Handels.

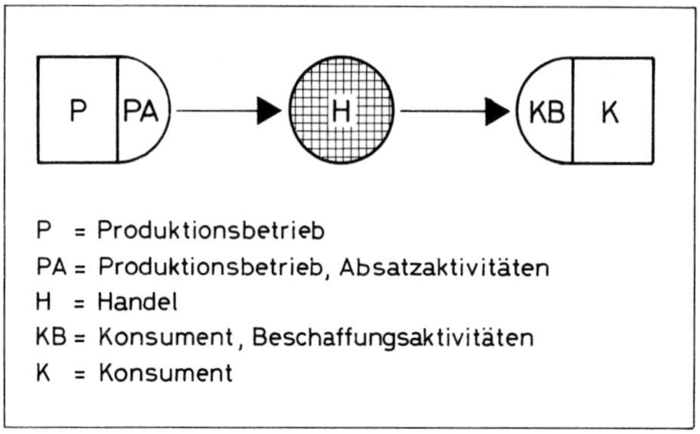

Schaubild I, 2.10: Schema einer auf den Warenstrom bezogenen Marktwegdarstellung

$GH_{EH} \rightarrow EH \rightarrow K$). Damit können wirtschaftliche Abhängigkeiten unter den Gliedern des Marktweges sichtbar gemacht und zusätzliche Informationen über Machtverhältnisse und Dispositionsträger geliefert werden.

Die Marktwegaufzeichnung erfaßt in dieser Form nur Institutionen, die *Eigentum* an der Ware erwerben[32], dagegen bleibt die Einschaltung von Markthelfern unberücksichtigt (Beispiel für die Einschaltung von Vertretern zwischen Produzenten und Großhandelsstufe: $P \rightarrow V \rightarrow GH_{EH} \rightarrow EH \rightarrow K$).

Neben dem Warenstrom kennzeichnen *Kommunikations-* und *Wertströme* den Distributionsprozeß. Eine solche Erweiterung der Marktwegbetrachtung vermittelt einen differenzierteren Einblick in das institutionelle Distributionssystem einer Ware [Schaubild I, 2.11].

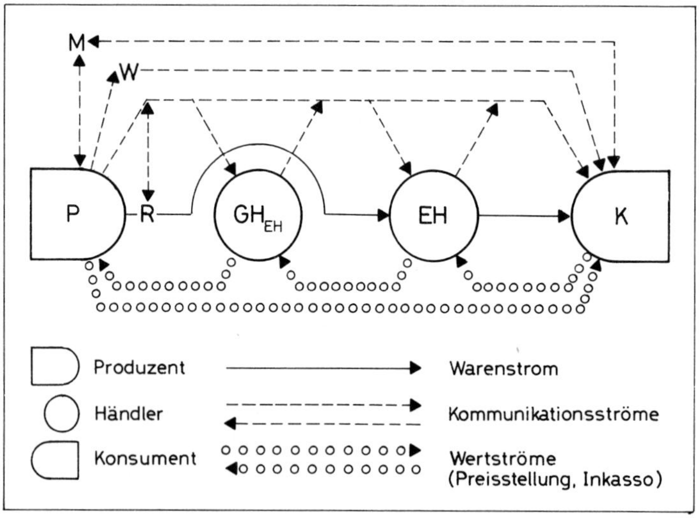

Schaubild I, 2.11: Aufzeichnung der Institionen eines Marktweges als Gesamtheit von Waren-, Kommunikations- und Wertstrom

[32] Kritik an der üblichen Beschränkung der Marktweganalysen auf die Eigentumsübertragung („flow of ownership") äußert bereits Bucklin, [1966, S. 4f], ohne daß die einschlägige Literatur diese Kritik besonders berücksichtigt hätte.

Beispiel: Warenweg eines Markenartikels an eine Einkaufsgenossenschaft; Absatz durch Reisendenbelieferung des Produzenten (R) an die Verkaufsstellen; konsumgerichtete Marktforschung durch Agentur (M); Sprungwerbung über eine Werbeagentur (W); zusätzliche Verkaufsförderungsaktionen in Kooperation mit der Zentrale; durchlaufende Preisempfehlung; Zahlungsverkehr der Einkaufsgenossenschaften durch Zentralregierung.

Für die statistische Darstellung der Inanspruchnahme von Marktwegen für bestimmte Erzeugnisse eignen sich Flußdiagramme [Schaubild I, 2.12] und Aufzeichnungen in Matrix- oder Kontenform [Schaubild I, 2.13 und I, 2.14].

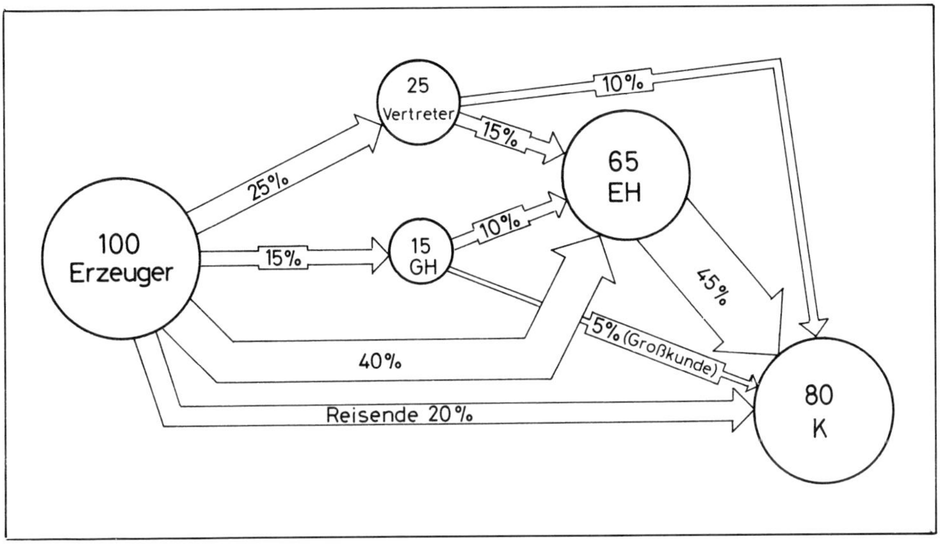

Schaubild I, 2.12: Flußdiagramm für die Aufzeichnung von Marktwegen (Beispiel: Tiefkühlkost eines Hertellers)

von \ nach	Produzent	Großhandel	Vertreter	Einzelhandel	Konsument
Produzent	o	15	25	40	20
Großhandel		o		10	5 (Großkunde)
Vertreter			o	15	10
Einzelhandel				o	45
Konsument					o

Schaubild I, 2.13: Matrixdarstellung für die Aufzeichnung von Marktwegen (Beispiel: Tiefkühlkost eines Herstellers)

Produzent		Großhandel		Vertreter		Einzelhandel		Konsument	
100% der Produktion	15% GH	15% P	10% EH	25% P	15% EH	40% P	45% K	20% P	80% K
	25% V		5% K		10% K	10% GH	20% Lager	5% GH	
	40% EH					15% V		10% V	
	20% K							45% EH	

Schaubild I, 2.14: Kontendarstellung für die Aufzeichnung von Marktwegen (Beispiel: Tiefkühlkost eines Herstellers)

232 Konstituierung und Funktionsweise von Marktwegen

Für die Konstituierung und Funktionsweise von Marktwegen stehen verschiedene Erklärungsansätze zur Verfügung. Vorherrschend werden Marktwege *ökonomisch* unter Effizienzgesichtspunkten betrachtet. Diese Konzeption hat mit Anwendung der Transaktionskostentheorie auf die Marktweganalyse eine neue Bedeutungsqualität gewonnen. Eine andere, ergänzende Erklärungsmöglichkeit liefern die Sozialwissenschaften, mit deren begrifflichem Instrumentarium die Marktwege als *soziale Verhaltenssysteme* interpretiert werden können. Dazu sind insb. Erkenntnisse aus der Theorie der Gruppen und aus der sozialwissenschaftlichen Organisationslehre übertragbar.

2321 Älterer ökonomischer Erklärungsansatz: make or buy

Der Marktweg kann als System einer *zwischenbetrieblich organisierten Arbeitsteilung* aufgefaßt werden, das nach dem *Rationalprinzip* abläuft. Durch die Ausgliederung von distributiven Funktionen bei den Wirtschaftssubjekten im Produktions- und Verwendungsbereich und durch ihre Zusammenfassung in spezialisierten Betrieben (Marktmittler und -helfer) lassen sich im Distributionsprozeß Vorteile der Arbeitsteilung nutzen [Stigler, 1967, S. 56—62]. Die Konzentration auf die Erfüllung einer Funktion oder eines Funktionsbündels ermöglicht es dem übernehmenden Betrieb, unter Ausnutzung von „economies of scale" seine Leistung qualitativ besser und kostengünstiger zu erbringen, als es bei einer Selbsterfüllung durch die einzelnen Produktions- und Verwendungsunternehmen bzw. Konsumenten möglich wäre, da er bessere Verfahren anwenden kann[33]. Die Zahl der Zwischenstufen eines Marktweges und damit der Grad der Arbeitsteilung hängt von den zu erreichenden *qualitativen* und *kostenmäßigen Spezialisierungsvorteilen* bei der Funktionserfüllung ab. Durch Funktionsausgliederungen und -zusammenfassungen ist so lange eine Rationalisierung der Distribution zu erzielen, bis die dadurch verursachten Kosten die mit der Ausgliederung erzielten Ersparnisse in ihrer Höhe erreicht haben.

[33] „Specialized enterprises, by aggregating client requirements, can perform a designated activity in a given location at its optimum scale and by so doing can achieve lower per unit costs than could be achieved by any of the client firms" [Mc Cammon, Little, 1965, S. 337].

Für eine funktionsdelegierende Unternehmung handelt es sich um eine „*make or buy*"-Entscheidung darüber, ob sie die Funktionen für Absatz und Beschaffung von Erzeugnissen selbst erfüllen oder als fremdes Leistungsangebot kaufen soll. Dabei sind einerseits die Kosten der Selbsterfüllung mit den Fremdpreisen und andererseits die unterschiedlichen Leistungsqualitäten zu vergleichen. Bei Zugrundelegung des kostentheoretischen Instrumentariums kann davon ausgegangen werden, daß in der Unternehmung in jedem distributiven Leistungsbereich unterschiedliche Kostenverläufe bestehen. Für die Situation mangelhafter Anpassungsmöglichkeiten an die Beschäftigungslage werden selbst bei einem Beschäftigungsgrad im totalen Durchschnittskostenminimum des Gesamtbetriebes als Zusammenfassung der einzelnen Kostenkurven nicht alle Leistungen kostenoptimal erbracht. Aus dieser Sicht empfiehlt sich oft eine Delegation solcher Teilleistungen. Zu einer Reintegration von Funktionen kann es kommen, wenn Änderungen in der Beschäftigungslage oder in der Kostensituation aufgrund sich wandelnder Faktorkombinationen eintreten.

Dieser, in der amerikanischen Literatur u. a. von Stigler [1967], Alderson und Martin [1967, S. 50—55] vertretene ökonomische Erklärungsansatz zur Konstituierung von Marktwegen setzt voraus, daß die für ein Produkt anfallenden distributiven Funktionen unabhängig voneinander ausgeführt werden können und nach dem Rationalprinzip unter Berücksichtigung der durch sie verursachten Kosten zwischenbetrieblich verteilt werden. In der Realität bestehen jedoch häufiger Funktionsbündelungen, die weder kosten- noch leistungsmäßig trennbar sind. Damit kann dieser Ansatz seine Erklärungsleistungen und Entscheidungshilfen nur innerhalb des Rahmens enger und zum Teil realitätsferner Prämissen erbringen.

2322 Neuerer ökonomischer Erklärungsansatz: Transaktionskostentheorie

Im Rahmen der ökonomischen Erklärungsansätze wird in jüngerer Zeit auch der aus der Institutionenökonomie stammende Transaktionskostenansatz als analytische Alternative diskutiert[34]. Im folgenden soll ein argumentatives Grundmuster dieser Theorie zur Erklärung von Marktwegentscheidungen vorgestellt werden:

Die Konstituierung von Marktwegen ist ein Problem der Arbeitsteilung und der Koordination von Aufgaben durch Transaktionen. Diese verursachen Kosten *(Transaktionskosten)* der Durchsetzung, der Kontrolle und des Austausches von Verfügungsrechten [Weise, 1985, S. 129]. Sie umfassen diejenigen Mühen und Opfer, die aufgewendet werden müssen, damit ein Leistungsaustausch zustande kommt. Zur Erklärung von Marktwegen werden Transaktionskosten als Effizienkriterium zugrunde gelegt. Als effizient erweist sich ein Marktweg dann, wenn bei der Wahrnehmung von Handelsfunktionen die Summe der Transaktionskosten im Marktweg kleiner (im Grenzfall nicht höher) als bei der Wahl eines alternativen Marktweges ist. In seiner ökonomischen Tradition entspricht dieses Konzept insofern dem älteren make-or-buy-Ansatz; im Unterschied dazu werden allerdings Produktionskosten der distributiven Leistungserstellung vernachlässigt zugunsten der Transaktionskosten. Ihre Bedeutung

[34] Vertiefende Lektüre zum Transaktionskostenansatz in Anwendung auf Distributionsprobleme vgl. Anderson, Weitz, 1986, S. 3—19; Picot, 1986, S. 1—15; Gümbel, Stadler, 1988, S. 171—195.

wurde erst im Rahmen der Theorie der Verfügungsrechte erkannt, die in enger Verbindung zur Transaktionskostentheorie steht. Als Transaktionskostenarten werden gemäß den Phasen einer Transaktion unterschieden [Picot, 1986, S. 3]:

— Anbahnungskosten	→ Suche nach Kontraktpartnern	(Vorvertragliche Phase)
— Vereinbarungskosten	→ Aushandlung von Verträgen	(Vertragsabschlußphase)
— Kontrollkosten	→ Gewährleistung der ausgehandelten Bedingungen	(Durchführungsphase)
— Anpassungskosten	→ Reaktionen auf Änderungen während der Vertragslaufzeit	

In Erweiterung dieses Konzeptes werden in Anlehnung an Williamson [1985, S. 223] noch

— Transportkosten und
— Lagerhaltungskosten

berücksichtigt. Diese Transaktionskosten können grundsätzlich bei allen Marktpartnern anfallen. Insofern ist zwischen Transaktionskosten von Produzenten, Händlern und Konsumenten zu unterscheiden.

Wenn die institutionelle Arbeitsteilung im Marktweg unter dem genannten Effizienzkriterium erklärt werden soll, sind zunächst die Handelsfunktionen hinsichtlich ihrer Transaktionskostenrelevanz zu interpretieren [Brandt, 1988a, S. 147ff]. Durch die Zuordnung der Transaktionskostenarten zu den einzelnen Handelsfunktionen kann aufgezeigt werden, daß prinzipiell eine Einsparung von Transaktionskosten durch die Einschaltung des Handels möglich ist. So können z. B. im Rahmen der *quantitativen* und *qualitativen Warenumgruppierung* (insb. Sortimentsfunktion) Anbahnungs- und Vereinbarungskosten durch Spezialisierung des Handels auf ein bedarfsgerechtes Angebot reduziert werden. Die Wahrnehmung des Kundendienstes im Rahmen der qualitativen Warenumgruppierung tangiert Kontroll- und Anpassungskosten. Bei der *Raumüberbrückungsfunktion* ergeben sich Spezialisierungsvorteile beim Handel aus dem „Baligh/Richartz-Effekt", der auf die kontaktreduzierende Wirkung einer zentralen Stelle abstellt, die zwischen zwei Gruppen mit m bzw. n Mitgliedern eingeschaltet wird [Picot, 1986, S. 6]. Die Notwendigkeit, nachfragegerechte Quanten bis zum Bedarfszeitraum zur Verfügung zu stellen (*Funktion* des *zeitlichen Ausgleichs*) eröffnet Spezialisierungsvorteile für Vermittlungsinstitutionen, die Ersparnisse in den Lagerhaltungskosten sicherstellen. Die *Vermittlungsfunktionen* des *Kommunikationsstroms* tangieren insb. die Anbahnungskosten. Der Handel vermag wiederum aufgrund des „Baligh/Richartz-Effektes" der Kontaktreduzierung als Art Informationszentrale zu fungieren [Gümbel, 1985, S. 169; Picot, 1986, S. 7].

Nachdem mit der exemplarischen transaktionskostentheoretischen Interpretation von Handelsfunktionen aufgezeigt wurde, welche Kostenarten durch die Rationalisierungsleistungen des Handels bei der Bewältigung von Distributionsaufgaben angesprochen werden, soll im nächsten Analyseschritt untersucht werden, welche Determinanten auf die jeweiligen Transaktionskostenarten wirken.

Generalisierende Erkenntnisse über die wichtigsten Determinanten und deren Kostenwirksamkeit bei Transaktionen stellen das theoretische Kernstück der Transaktionskostentheorie dar. Angewendet auf das hier zur Diskussion stehende Problem hängt aus der Sicht der Transaktionskostentheorie die Gestaltung der Marktwege von den Konstellationen derartiger Determinanten bei der Wahrnehmung von Funktionen ab.

In der Literatur finden sich unterschiedliche Determinantensysteme [Williamson, 1985, S. 43ff; Picot, 1986, S. 1—16; Anderson, Weitz, 1986, S. 7—13]. Nach Williamson sind folgende Determinanten relevant:

— *Intrapersonelle Determinanten*
  - *Begrenzte Rationalität:* Die Individuen verhalten sich ihrer Intention nach rational, stoßen dabei aber an physiologische und psychologische Grenzen (begrenzte Informationsaufnahme- und -verarbeitungs- und -speicherungskapazität) [Williamson, 1985, S. 45].
  - *Strategisches Verhalten:* Dieses äußert sich in der Bereitschaft zum bewußten Regelverstoß (Verheimlichen von Präferenzen, Zurückhalten oder Verzerren von Informationen) als eine Handlungsmöglichkeit der Individuen, die insb. bei nachträglichen Konkretisierungen oder Anpassungen des Vertrages zu erwarten ist. Daraus resultieren Kontrollkosten [John, 1984, S. 278f; Williamson, 1985, S. 45f].

— *Leistungs- und umweltbezogene Determinanten*
  - *Spezifität:* Im Leistungsprozeß zwischen Hersteller und Endabnehmer können unterschiedliche Grade von *Leistungs- und Anlagenspezifität* auftreten. Einerseits können die zu transferierenden Leistungen selbst in einem hohen Maße Spezifität aufweisen. Von Leistungsspezifität soll dann gesprochen werden, wenn die Distributionsgüter in entstandardisierter Form vorliegen (Produktspezifität) und/oder aufgrund ihres hohen Komplexitätsgrades in hohem Maße erklärungs- und wartungsbedürftig sind (Beratungs- und Servicespezifität). Weiterhin können für den Transfer bestimmter Leistungen spezifische Investitionen in Distributionstechnologien und Know how erforderlich sein, die für andere Transaktionen nicht verwendbar sind (Anlagenspezifität). Je mehr Spezifität besteht, desto höher werden die Kosten für Anbahnung, Vereinbarung und Kontrolle bei der Abwicklung von Transaktionen.
  - *Unsicherheit:* Sie resultiert aus der Unvorhersehbarkeit von bestimmten Umweltereignissen (Umweltturbulenzen) und aus Problemen der Leistungsbewertung. Diese entstehen, wenn Leistung nicht hinreichend durch individuell zurechenbare Outputeinheiten gemessen werden kann oder die Qualitätseigenschaften einer Leistung erst nach ihrem Erwerb erkennbar sind. Akerlof hat diesen Zusammenhang als Informationsasymmetrie zwischen Marktpartnern umschrieben [Akerlof, 1970, S. 488ff]. Erhöhte Transaktionskosten beruhen in beiden Fällen auf unvollkommenen Informationen.
  - *Häufigkeit:* Transaktionen wiederholen sich mit unterschiedlicher Häufigkeit. Je individueller die Leistungen auf einzelne Kunden zugeschnitten sind, um so seltener treten die Transaktionen auf. Je häufiger sie stattfinden, um so geringer wird der zusätzliche Informations- und Verhandlungsbedarf.

Erklärungsleistungen des Transaktionskostenansatzes können abschließend so verstanden werden, daß die institutionelle, arbeitsteilige Wahrnehmung von Handelsfunktionen in Hinblick auf bestimmte Determinantenkonstellationen unter dem Effizienzkriterium der Minimierung von Transaktionskosten interpretiert werden soll. Fragen, die hier diskutiert werden, sind teils *makroökonomisch,* wie z. B.

— Erklärung der Marktweglänge für bestimmte Produktarten,
— Erklärung von Institutionen- und Funktionswandel,
— Erklärung vertikaler Integration

und teils *mikroökonomisch,* wie z. B.

— Entscheidung über Funktionsdelegation oder -übernahme von Marktwegteilnehmern,
— Einrichtung von Kooperationen.

Probleme der Theorienanwendung liegen in der Reduktion der Betrachtung auf Kostenaspekte einerseits und in Orientierungs- und Meßproblemen andererseits, die den unmittelbaren Praxisbezug einschränken [Michaelis, 1985, S. 258].

2323 Sozialwissenschaftlicher Erklärungsansatz der marketing-channel-Theorie

Die ökonomisch begründete Funktionsdelegation und -übernahme erklärt nur einen Ausschnitt aus den Existenzbedingungen von Marktwegen und dem Verhalten ihrer Mitglieder. Es bleibt z. B. ungeklärt, warum strukturelle Veränderungen in den Marktwegen bei den Mitgliedern auf Widerstand stoßen können, selbst wenn sich daraus für sie ökonomische Vorteile bieten, oder warum unwirtschaftliche Marktwege oft über lange Zeit hin fortbestehen bleiben. Weitere Erkenntnisse erbringt die Interpretation des Marktweges als *soziales Verhaltenssystem.* Im folgenden können nur in Kürze einige Thesen aus diesem Bereich der Marktwegforschung dargestellt werden[35]:

1. In dem Marktweg als arbeitsteiligem System eines Produzenten mit den Händlern seines Produktes verändert jede Aktion eines Mitglieds den Zustand des Gesamtsystems und damit die Aktionsmöglichkeiten der übrigen. Es besteht also *gegenseitige Abhängigkeit.*

2. Die Arbeitsteiligkeit des Systems drückt sich in einem Gefüge von *Rollen* aus. Daraus leiten sich formelle und informelle *Gruppennormen* ab, die das Verhalten der Mitglieder regulieren und dabei Kommunikations- und Interaktionsregeln beinhalten.

3. Der Marktweg ist ein *offenes System,* d. h. durch *„input-output“*-Beziehungen mit seiner Umwelt verbunden. Aus ihr bestimmt sich die *Zwecksetzung* des Systems. Sie besteht darin, dem produzierten Warenangebot durch Transformationsprozesse, wie z. B. zeitliche oder räumliche Überbrückungsleistungen, einen höheren Grad an

[35] Diese Forschungsrichtung ist insb. in der amerikanischen marketing channel-Theorie entwickelt worden. Zur vertiefenden Lektüre vgl. die gründliche Aufarbeitung der amerikanischen Basisliteratur bei Hansen, P., 1972, S. 47ff; vgl. auch Steffenhagen, 1975; Ahlert, 1985, S. 86ff.

Konsumreife zu vermitteln. Aus der Erfüllung dieser Aufgabe entsteht ein Systemertrag, nämlich die Differenz aus der erwirtschafteten Distributionsspanne und den Distributionskosten.

4. Die Mitglieder entscheiden sich zur Teilnahme an einem Marktweg in Hinblick darauf, wie ihre individuellen Zielsetzungen darin befriedigt werden *(Anreiz-Beitragsstruktur)* [Meffert, 1981, S. 102ff] und welche alternativen Teilnahmemöglichkeiten an konkurrierenden Marktwegen bestehen. In beiden Punkten ist die Informationsgrundlage allerdings unvollkommen. Der Marktweg erhält dadurch Stabilität, daß die Mitglieder u. U. trotz einer Verschlechterung ihrer wirtschaftlichen Lage aus gewohnheitlichen Gründen darin verbleiben. Außerdem kann sich gegenüber konkurrierenden Marktwegen ein stabilisierendes Gruppenbewußtsein entwickeln.

5. Die Mitglieder werden so weit eine *Koordination* ihrer Aktivitäten anstreben, wie dadurch die Effizienz des Systems und gleichzeitig die Situation aller seiner Mitglieder verbessert wird. Das geschieht, indem durch eine qualitative Gleichrichtung der Aktivitäten der Systemoutput erhöht wird (Beispiel: mehr Akquisitionswirkung durch gemeinsame Werbung) oder durch Vermeidung von Doppelaktivitäten bzw. durch wirtschaftliche Arbeitsteilung der Systeminput verringert wird.

6. Gleichzeitig gibt es in einem Marktweg zwischen den interdependenten Teilnehmern *Konfliktpotentiale,* die aus latenten oder manifesten Gegensätzlichkeiten resultieren. Teilweise stören Konflikte die Effizienz des Systems, teilweise entfalten sie aber auch produktive, innovatorische Wirkungen. Wegen dieser produktiven Wirkungen richten sich Konfliktstrategien nicht — wie vielfach angenommen — auf eine Minimierung des Konfliktpotentials, sondern nur auf eine kontrollierte Begrenzung.

Prinzip der Koordination im Marktweg

7. Die Funktionsweise und Organisation des Marktweges hängt entscheidend von den *Machtverhältnissen* ab[36]. Elementare und vielfältige Grundlagen der Machtausübung [Cartwright, 1965, S. 3ff] stellen *positive* und *negative Sanktionen* (Belohnung und Bestrafung) dar. Sie basieren darauf, daß der Machtausübende Mittel besitzt oder kontrolliert, mit denen er die ökonomische oder soziale Situation des zu Beeinflussenden verbessern oder verschlechtern kann. Solche Einflußmittel können materieller Art sein (Beispiel: Rabattvergabe), auf kommunikativer Basis beruhen (Beispiel: Vermittlung oder Vorenthaltung von Informationen) oder soziale Inhalte haben (Beispiel: Prestige). Die Macht eines Marktweg-Mitgliedes kann weiterhin auf einem *Vorsprung an Sachwissen* basieren. Ein Partner erlangt Manipulationsmöglichkeiten gegenüber allen übrigen, sobald diese aus Unwissenheit die Richtigkeit seiner Entscheidung anerkennen müssen [„funktionale Autorität", Hartmann, H., 1964, S. 7]. Ein solches Verhältnis ergibt sich z. B. oft zwischen dem betriebswirtschaftlich geschulten Außendienst eines großen Herstellers und mittelständischen Einzelhändlern.

Die Machtgrundlage kann schließlich auf *Legitimation* beruhen. Dabei entsteht eine Berechtigung der Verhaltensbeeinflussung durch den Machtausübenden entweder aus internalisierten informellen Normen im Marktweg (Beispiel: als Handelsusance anerkannte Belieferungsvorrechte) oder aus gesetzlicher Kodifizierung bzw. privatrechtlichen Verträgen (Beispiel: vertikale Preisempfehlung).

Entsprechend der Machtverteilung kann ein Marktweg gekennzeichnet sein durch überlegene und anerkannte Führerschaft eines Beteiligten, durch Kampf um die Führerschaft etwa gleichrangiger Mitglieder[37] oder durch Kooperation zwischen den Marktpartnern. Unter dem Aspekt der Machtverteilung können Marktwege mit dominanter Herstellermacht oder dominanter Handelsmacht als zwei gegensätzliche Strukturtypen unterschieden werden [Oehme, 1983, S. 56]. Beide sind historisch aufgetreten, wobei die jeweiligen Marktführer unterschiedliche Machtgrundlagen hatten [Kap. I, 42233]. Wertende Diskussionen über die stärkere Berechtigung zur Marktwegführerschaft erscheinen eher ideologisch als sachlich produktiv.

8. Langfristig etablierte Marktwege sind wesentlich von *Routinetransaktionen* beherrscht. Kommunikation, Waren- und Zahlungsverkehr beruhen also nicht nur auf fallweise vollzogenen Entscheidungen der Partner, sondern auch auf Habitualisierung (Beispiel: Turnusbesuche von Reisenden im Einzelhandel). Die Vorteile einer Routinisierung des Geschäftsverkehrs bestehen in besserer Leistungsfähigkeit (Beschleunigung und Verbilligung) und stärkerer Gesamtintegration des Systems. Nachteile können aus mangelnder Aufgeschlossenheit für Umstellungserfordernisse bei sich ändernden Umweltbedingungen erwachsen.

2324 Gatekeeper-Ansatz der Feldtheorie

Während die vorangehend dargestellten theoretischen Ansätze Erklärungen zu der Konstituierung und Funktionsweise von Marktwegen liefern, zeigt das gatekeeper-

[36] „*Macht* bedeutet jede Chance, innerhalb einer sozialen Beziehung den eigenen Willen auch gegen Widerstreben durchzusetzen, gleichviel worauf diese Chance beruht" [Weber, M., 1922, S. 28].

[37] Zum Problem der Marketingführerschaft in Marktwegen vgl. Obergfell, 1977.

Konzept eher aus einzelbetrieblicher Sicht die Beziehungen eines Handelsunternehmens zu den vor- und nachgelagerten Marktpartnern.

Der Begriff „gatekeeper" stammt aus der channel-Theorie [Lewin, 1963, S. 206—222], die von Lewin im Rahmen der Feldtheorie und hier insb. der psychologischen Ökologie[38] entwickelt wurde. Lewin untersucht darin *sozio-ökonomische Kanäle,* in denen sich Güter, Nachrichten oder Personen durch formelle oder informelle Organisationen bewegen. In diesen Kanälen gibt es *Pförtner-Bereiche,* die entweder von *neutralen Regeln* (Beispiel: gesetzliche Verordnungen, Geschäftsbedingungen) oder vom sog. *gatekeeper* kontrolliert werden[39]. Der gatekeeper hat die Macht, über das „Offen" oder „Geschlossen" eines Kanals zu entscheiden und ist für die Weiterbeförderung bis zum nächsten Kanalabschnitt zuständig. Er übt damit Einfluß auf einen Teil des Lebensraumes seiner ihm funktional oder sozial nachgelagerten Klientel aus. Durch diese Entscheidungsmöglichkeit hat der gatekeeper weiterhin auch für die vorgelagerten Gruppen oder Institutionen Bedeutung, die ein Interesse an der Weiterleitung von Informationen und Leistungen haben.

Die Untersuchungsabsicht Lewins richtet sich darauf, die *Kräftekonstellation* zu analysieren, die auf die gatekeeper-Entscheidung Einfluß hat, um damit die in sozio-

Handel als gatekeeper

[38] Die psychologische Ökologie ist die Lehre von der Beziehung der Lebewesen zu ihrer Umwelt. Es geht dabei um „Gesetzmäßigkeiten der Verteilungs- und Dichteregulation" [Spiegel, 1967, S. 73ff].

[39] Lewin hat die gatekeeper-Konzeption an dem Beispiel der Hausfrau untersucht, die als gatekeeper über die im Familienkreis konsumierten Lebensmittel entscheidet. Seine Fragestellung lautet: „Warum essen die Leute, was sie essen?" Die Antwort darauf macht er von der weitergehenden Frage abhängig: „Wie und warum gelangen die Nahrungsmittel auf den Tisch?" Durch diesen Analysegang stellt er die Rolle und Entscheidungsproblematik der Hausfrau als gatekeeper in den Nahrungsmittelkanälen zwischen Handel, Landwirtschaft und Haushalt in den Mittelpunkt seiner Untersuchung [Lewin, 1963, S. 210]. Er beschränkt das Erklärungsmodell des channel und gatekeeper in seiner Anwendbarkeit nicht auf diesen Problemkreis, sondern generalisiert die Ergebnisse für alle sozialen und ökonomischen Kanäle in Institutionen jeder Art [ebenda, S. 221].

ökonomischen Kanälen stattfindenden Prozesse und ihre Wandlungsmöglichkeiten deuten zu können. Die den gatekeeper beeinflussenden Kräfte resultieren einerseits aus seiner eigenen psychischen und sozialen Struktur einschließlich seiner materiellen und sozialen Handlungsmöglichkeiten und andererseits aus seiner Umwelt, d. h. den Sachverhalten seines Lebensraumes, die er für seine Entscheidung als relevant annimmt[40].

Der Marktweg stellt sich als ein derartiges, in Abschnitte eingeteiltes Kanal-System dar, bei dem selektierende Entscheidungsinstanzen wie der Handel an den Kanaleingängen über den Durchfluß von Leistungen und Informationen beschließen. So fungiert z. B. ein Einzelhändler als gatekeeper bezüglich der Konsumentenversorgung mit Produkten und konsumrelevanten Informationen[41]. Seine Bedeutung in der gatekeeper-Position wächst mit zunehmender Kompliziertheit der Marktweg-Systeme angesichts schwer überschaubarer Warenfülle und hoher qualitativer und quantitativer Anforderungen an die Kommunikationsleistungen.

Die gatekeeper-Position stellt ein *wechselseitiges Abhängigkeitsverhältnis* zwischen ihrem Inhaber und der ihm *nachgelagerten Kundengruppe* her. Er selber zieht aus der Position Nutzen, z. B. mit Gewinn oder Prestige. Seine soziale und ökonomische Situation hängt entscheidend davon ab, ob und wie weitgehend es ihm gelingt, den an ihn gerichteten Erwartungen seiner Kunden zu entsprechen. Da i. d. R. konkurrierende Marktwege bestehen, kann der Einzelhändler nämlich durch einen anderen gatekeeper ersetzt werden, sofern er die an ihn gerichteten Erwartungen nicht erfüllt. Allerdings stehen ihm gegenüber seinen Kunden verschiedene Beeinflussungsmittel zur Verfügung, mit denen er die Erwartungen manipulieren und damit seinen eigenen Aktionsspielraum erweitern kann. Auf der anderen Seite sind die Abnehmer eines gatekeeper auf dessen Tätigkeit in dem Maße angewiesen, wie sie aufgrund zu geringer eigener Sachverständigkeit oder Mobilität nicht in der Lage sind, ihn im Marktweg zu überspringen (Beispiel: Beziehungskauf im Großhandel) oder einen anderen Marktweg zu nutzen (Beispiel: Aufsuchen eines anderen Einzelhändlers).

Eine ähnliche wechselseitige Abhängigkeit besteht in dem Verhältnis des gatekeepers zu seinen *Lieferanten.* In dieser Richtung vertauschen sich für ihn die Rollen, da er nun als Beschaffender die Position der Kundschaft eines ihm vorgelagerten, an ihn liefernden gatekeeper einnimmt. Sie sind beide so weit aufeinander angewiesen, wie sie bei Unzufriedenheit keine Ausweichmöglichkeiten haben. Das gilt, wenn z. B. der Lieferant seine Produkte nicht über konkurrierende Händler vertreiben kann oder wenn der Einzelhändler im umgekehrten Fall kein Substitut für das bisher geführte Produkt findet. Je weniger Ausweichmöglichkeiten für eine der Parteien bestehen, desto stärker wird die Position des anderen.

Auf der Basis des gatekeeper-Ansatzes werden in diesem Buch die Marktbeziehungen zu den drei Marktpartnern unter verhaltenswissenschaftlichen Aspekten untersucht [Kap. I, 42].

---

[40] „Another way of characterizing the givens and the behavior variables is to say that the latter refer to the organism itself, the former to its environment. But if we adopt this viewpoint, we must be prepared to accept the possibility that what we call ‚the environment' may lie, in part, within the skin of the biological organism" [Simon, H. A., 1967, S. 243].

[41] „The retailer, in buying new items for his store, may be regarded as representing the consumer in searching among sources which are not readily available to the consumer" [Alderson, 1967, S. 40].

3 Einführung in die absatz- und beschaffungswirtschaftliche Aktionsanalyse des Einzelhandels

Die Absatz- und Beschaffungspolitik ist im wissenschaftlichen Sinn Teil einer allgemeineren *„Lehre vom Handeln“* der Menschen, insb. der Führungskräfte in Betrieben [Sandig, 1966, S. 29]. Handeln als *gerichtetes* Verhalten ist die Überwindung des Widerstandes, der zwischen der Ausgangssituation des Handelnden und der von ihm angestrebten Zielposition besteht [Mises, v. 1933, S. 23]. Entsprechend beschäftigt sich die Lehre vom Handeln mit *Ausgangslagen, Zielen* und *Möglichkeiten,* gewünschte Positionen zu erreichen.

Das folgende Kapitel dient der Einführung in die absatz- und beschaffungswirtschaftliche Aktionsanalyse des Einzelhandels in formaler und materieller Hinsicht. Die Aussagestruktur des aktionsanalytischen Ansatzes kann durch das folgende Schaubild I, 3.1 verdeutlicht werden:

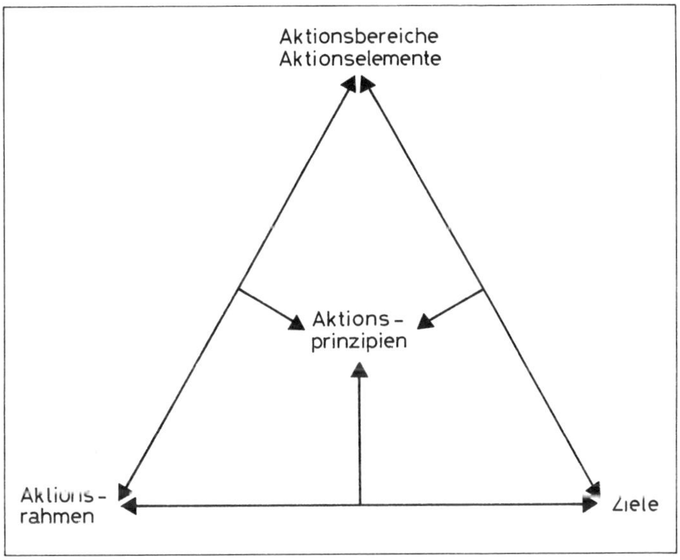

Schaubild I, 3.1: Aussagestruktur des aktionsanalytischen Ansatzes

31 Übersicht der Aktionsrahmenfaktoren

Die Ausgangslagen des Handelns in Absatz und Beschaffung definieren sich aus einem System von Bedingungsfaktoren, deren Ausprägung im konkreten Fall den Aktionsrahmen einer Unternehmung ausmachen. Hier sind alle Faktoren zu erfassen, die eine Handlung *einschränken,* erst *ermöglichen* oder *begünstigen* und die während der Dauer einer Handlung nicht geändert werden können oder sollen.

Die hier im Überblick dargestellten handlungsbedingenden Faktoren [Schaubild I, 3.2] werden im Kapitel I, 4 näher erläutert. Der Einfluß *spezieller* Faktorauspräg-

Schaubild I, 3.2:
System von Rahmenfaktoren für das Handelsmarketing

gungen für das Absatz- und Beschaffungsmarketing der Einzelhandelsunternehmung wird dann in der Darstellung der jeweiligen Aktionsbereiche konkretisiert.

Im System der Aktionsrahmenfaktoren gibt es einerseits *innerbetriebliche* Determinanten, die sich aus den Spezifika einer Unternehmung ergeben. Andererseits besteht der Handlungsrahmen aus *externen* Faktoren. Hier werden die *Makroumwelt* als entferntere Umwelt der Unternehmung und die *Mikroumwelt* als eigentliches Aufgabenfeld unterschieden. In einer Lehre von der Marktpolitik nimmt das *Produkt* eine Zwischenstellung ein und bildet daher einen gesonderten Bereich. Zwischen diesen drei Faktorkomplexen bestehen Interdependenzen, so daß nur eine formale Trennung möglich ist. In jedem Komplex gibt es strukturelle Faktoren, die längerfristig konstant sind, und verhaltensbedingte Faktoren, die von den Marktsubjekten zwar kurzfristig geändert werden können, jedoch für die isolierte Betrachtung einer marktlichen Handlung als konstant angenommen werden.

32 Systematisierung der Handlungsmöglichkeiten zu Aktionsbereichen

Es gibt in der Literatur verschiedene Konzeptionen, mit denen die unternehmerischen Aktivitäten der Marktbildung und -beeinflussung zu Bereichen[1] geordnet werden, um damit ein Aussagesystem für die wissenschaftliche Analyse zu gewinnen.

[1] Die durch diese Systematisierung entstehenden Bereiche homogener absatzpolitischer Tätigkeiten werden in der Aktionsanalyse nach Leitherer als *Aktionsbereiche* bezeichnet [Leitherer, 1989, S. 9, 47]. Im Gegensatz dazu sprechen andere Autoren wie z. B. Gutenberg von *Absatzinstrumenten* [Gutenberg, 1984, S. 47ff]. Teilbereiche der Absatzpolitik als Instrumente zu bezeich-

Diese Konzeptionen unterscheiden sich durch die gewählten Ordnungsaspekte und durch den Grad der in ihnen verwirklichten ordnenden Zusammenfassung von Aktivitäten. Die Bereichsgliederung verliert *einerseits* durch zu starke Auffächerung ihre strukturstiftende Wirkung, während *andererseits* aus einer zu starken Zusammenfassung die Gefahr einer zu großen Vereinheitlichung entsteht.

Die Festlegung der verschiedenen absatz- und beschaffungswirtschaftlichen Aktionsbereiche folgt — soweit möglich — dem Prinzip der *instrumentalen Homogenität* der zusammenzufassenden Aktivitäten. Ein Aktionsbereich wäre danach ein Bündel von Aktionsmöglichkeiten, die auf einem gleichartigen Mitteleinsatz beruhen. Soweit ersichtlich, ist es bisher nun allerdings noch nicht gelungen und wohl auch nicht möglich, ein in diesem Sinn gänzlich konsistentes theoretisches System von Aktionen zu entwickeln, und i. d. R. wird einer der gebildeten Aktionsbereiche als Residualbegriff für vergleichsweise heterogene Mittel der Marktbeeinflussung benutzt, die man sonst nicht einzuordnen weiß. Schwierigkeiten entstehen u. a. dadurch, daß sich in der Praxis die Mittel der Marktbildung verändern und die mitwachsende praktische Terminologie häufig logisch unbefriedigend ist. Die Betriebswirtschaftslehre sieht sich bei einem *pragmatischen* Ziel der Theorienbildung vor dem Konflikt, einerseits ein möglichst *konsistentes* System zu entwickeln und andererseits doch nicht *zu weit* vom *praktischen Sprachgebrauch* abzuweichen. Mit der im folgenden vorzuschlagenden Systematisierung wird versucht, für den angedeuteten Konflikt eine Kompromißlösung und eine für die Darstellung *praktikable* Ordnung zu finden.

Die in der Literatur vorhandenen Kataloge von Marketingaktivitäten beziehen sich vornehmlich auf die Industrie. Demgegenüber ist für den Einzelhandel gemäß seiner marktpolitischen Besonderheiten ein eigenständiges System von absatz- und beschaffungspolitischen Handlungsmöglichkeiten zu entwickeln.

321 Absatzwirtschaftliche Aktionsbereiche

Die Absatzpolitik des Einzelhandels wird hier in folgende Aktionsbereiche aufgegliedert:

- Standortpolitik
- Sortimentspolitik } Warenpolitik
- Produktpolitik }
- Verkaufsgestaltung
- Preispolitik
- Absatzfinanzierung
- Absatzwerbung
- Kundenservice
- Beschwerdepolitik

Der *Standort* stellt die *räumliche Basis* der Markttätigkeit einer Unternehmung dar. Seine Bedeutung für die absatzpolitische Akquisitionswirkung des Einzelhandels ist

nen, hieße jedoch, ihre Erforschung auf eine Beschreibung des absatzwirtschaftlichen Handwerkszeuges festzulegen. Statt dessen werden im Sinne einer aktivistischen Absatzlehre Handlungskonzepte entwickelt. Trotz dieser begrifflichen Abweichung bestehen in der Literatur in inhaltlicher Hinsicht zwischen Aktionsbereich und Instrument faktisch nur geringe Unterschiede.

unmittelbar aus dem hohen Stellenwert abzuleiten, den die Konsumenten der räumlichen Komponente bei der Geschäftswahl geben. Unter Standortpolitik wird meist nur die erste Wahl des Standorts verstanden und damit außer acht gelassen, daß sich die räumlichen Gegebenheiten einerseits und die betrieblichen Anforderungen an die Standortqualität andererseits verändern. Der Standort ist daher laufend zu überprüfen, um ggf. seine Faktoren zu beeinflussen oder einen anderen zu wählen. Demnach können in dem Aktionsbereich Standortpolitik die Wahl der räumlichen Basis und die laufenden Aktivitäten zu ihrer Beeinflussung zusammengefaßt werden.

Da der Einzelhandel als Institution definiert ist, deren vornehmliche Tätigkeit in dem Verkauf von Waren in Verbindung mit distributiven Leistungen besteht, kommt der *Sortimentspolitik* als Aktionsbereich zentrale Bedeutung zu. Sie richtet sich auf die *Auswahl* und *Kombination* des Warenangebots und bestimmt damit den Charakter der handelsbetrieblichen Tätigkeit grundlegend. Daneben besteht die *Produktpolitik* als zweiter Aktionsteilbereich der Warenpolitik, die im Gegensatz zur Sortimentspolitik Aktivitäten der handelsüblichen *physischen Produktveränderung* enthält. In ihrer ursprünglichen Bedeutung für den Einzelhandel beschränkte sie sich weitgehend auf Maßnahmen der Produktveredelung und -pflege sowie der Verpackung. Im Rahmen der Eigenmarkenbildung hat sich der Aktionsbereich erweitert, da diese auch konzeptionelle Neugestaltung von Produkten und insb. Markierungsaufgaben umfaßt. Wenngleich damit die institutionelle Grenze zwischen Handel und Industrie verschoben wird, sollen diese Aktivitäten wegen ihrer empirischen Bedeutung in die Analyse einbezogen werden.

Die *Verkaufsgestaltung* als vierter Aktionsbereich erfaßt den Einsatz von Personen und Institutionen als marktbeeinflussende Medien im Verkaufsprozeß. Dieser Aktionsbereich enthält die wichtigsten Elemente der institutionellen Marktpräsenz des Handels (Ladengestaltung und Verkaufspersonal).

Weiterhin kann der Markt durch die Gestaltung der *Preisforderungen* als Entgelt für Waren und Dienstleistungen beeinflußt werden. Der Preisstellung wurde in älteren Wirtschaftstheorien — insb. der Volkswirtschaftslehre — eine beherrschende Rolle bei der Marktregulierung zugeschrieben. Demgegenüber gesteht man ihr im Rahmen moderner Marketingtheorien neben anderen Aktivitäten der Marktbeeinflussung eher eine gleichgeordnete Position zu. Während sich die Preispolitik auf die Dispositionen über Barentgelte beschränkt, werden mit der *Absatzfinanzierung* zeitliche Regelungen des Wertstroms zwischen Konsumenten und Einzelhändlern vorgenommen. Der Aktionsbereich ist — bedingt durch seinen monetären Charakter — eng mit der Preispolitik verbunden. Dennoch rechtfertigt die Eigenständigkeit seiner absatzpolitischen Ziele und Handlungsstrategien eine gesonderte Behandlung.

Zur Festlegung des Aktionsbereichs *Werbung* wird nicht der in der Umgangssprache übliche weite Werbebegriff gewählt, der alle Beeinflussungsmaßnahmen mit akquisitorischem Effekt umfaßt. Ein derartig weitgefaßter Begriff würde die Einfügung in ein absatzwirtschaftliches Gesamtsystem erschweren, da in dieser Form so gut wie alle Aktionen wegen ihrer Beeinflussung des Kaufentschlusses der Werbung zugerechnet werden müßten. Die hier gewählte Einengung des Begriffs richtet sich auf die Art der Kommunikationsmedien. Danach sollen zur Werbung alle absatzwirtschaftlichen Kommunikationsvorgänge zählen, die mit *unpersönlichen Kommunikationsmitteln* durchgeführt werden. Die Ware selbst wird dabei nicht als eigenständiges

Kommunikationsmittel betrachtet und daher im Bereich Produktpolitik berücksichtigt.

Der Aktionsbereich *Kundenservice* umfaßt Maßnahmen der Marktbildung und -beeinflussung, die den Warenabsatz als *Nebenbedingungen* begleiten und fördern. Ihm werden hier auch vertraglich festgelegte Nebenleistungen zugeordnet, die nach verbreiteter Auffassung als Konditionen bezeichnet werden. In der Praxis spricht man diesem Bereich von Aktivitäten bei der Verlagerung vom Preis- zum Qualitätswettbewerb hohe akquisitorische Bedeutung zu. Dabei ist er sehr heterogen und in der begrifflichen Abgrenzung des praktischen Sprachgebrauchs *ungenau.* Eine aktionsanalytische Homogenität ist daher *nicht* hinreichend herstellbar, sofern man sich nicht allzu weit von der Praxis entfernen will.

Eng verbunden mit der Servicepolitik ist der Bereich der *Beschwerdepolitik.* Er stellt ein Instrument des Nachkaufmarketing dar und dient der Beseitigung von Kundenunzufriedenheit. Wenngleich hier Überschneidungen insb. zum after-sale-service auftreten, soll die Beschwerdepolitik aufgrund ihrer zunehmenden aktuellen Bedeutung als gesonderter Aktionsbereich aufgefaßt werden.

322 Beschaffungswirtschaftliche Aktionsbereiche

Die Analyse der Beschaffungspolitik von Einzelhandelsunternehmen richtet sich in dieser Darstellung nur auf Waren; die Beschaffung von Betriebsmitteln einschließlich Standorten, Personal und Kapital bleibt also unberücksichtigt. In der Literatur zur Beschaffungslehre ist weit mehr als für den Absatz eine Systematik nach betrieblichen Teilfunktionen üblich, die nach einem *idealisierten Ablauf* beschaffungswirtschaftlicher Tätigkeiten aufgestellt wird[2]. Demgegenüber wird in dieser Arbeit versucht, für die Festlegung beschaffungswirtschaftlicher Aktionsbereiche das für den Absatz aufgestellte Prinzip einer *instrumentalen Homogenität* der zusammengefaßten Aktivitäten analog zu verwenden.

Die Beschaffungspolitik des Einzelhandels wird danach der Absatzseite weitgehend entsprechend in folgende Aktionsbereiche aufgegliedert:

- Sortimentspolitik } Warenpolitik
- Produktpolitik }
- Einkaufsgestaltung
- Preis- und Bestellmengenpolitik
- Beschaffungsfinanzierung
- Beschaffungswerbung
- Lieferantenservice

Wenn die Konzipierung der beschaffungswirtschaftlichen Aktionsbereiche fast spiegelbildlich zum Absatz erfolgt, so darf das nicht darüber hinwegtäuschen, daß Leistung und Gegenleistung vertauscht sind und gänzlich andere Marktsituationen vorliegen, so daß die zu Bereichen zusammengefaßten Aktivitäten andere Ausprägungen und Intensitäten aufweisen.

---

[2] Vgl. u. a. Stranz, 1977, S. 1ff: Er gliedert die Beschaffung wie folgt: Beschaffungsvorbereitung, Beschaffungsanbahnung, Abschluß des Beschaffungsvertrages, Realisierung der Beschaffung.

Die Warenpolitik umfaßt die beiden Aktionsbereiche der *Sortimentspolitik* als Warenkombination und der *Produktpolitik* als physischer Warenveränderung, die jeweils unter beschaffungsseitigen Aspekten der Marktbildung und -beeinflussung eingesetzt werden können, soweit dafür vom Absatz her ein Gestaltungsfreiraum besteht. Im Rahmen der *Einkaufsgestaltung* wird der Einsatz von Personen und Institutionen für die Realisierung der Beschaffungsprozesse behandelt. Die Ausprägungen der Aktivitäten sind im Vergleich zur Verkaufsgestaltung aufgrund der unterschiedlichen Marktverhältnisse und der umgekehrten Marktposition anders. Insbesondere ist im Einkauf eine horizontale und vertikale Wahl der Marktwege und eine weit stärkere rechtliche Institutionalisierung der Marktbeziehungen notwendig.

Der Aktionsbereich *Preispolitik* kann auf der Beschaffungsseite in zweifacher Weise interpretiert werden. Beschaffungspreise stellen zunächst Entgelte für Waren und Vorleistungen der Lieferanten dar. Berücksichtigt man darüber hinaus die Marktmittler-Rolle des Einzelhandels, so kann Preispolitik unter Berücksichtigung antizipierter Verkaufspreise auch als Spannenpolitik ausgelegt werden, wobei die Spanne ein Entgelt für die distributiven Leistungen des Einzelhandels darstellt. Die Preisstruktur ist auf der Beschaffungsseite weit differenzierter als auf der Absatzseite. Da die Einzelhändler aufgrund ihrer Marktstellung oft keine Gelegenheit haben, Preise autonom zu bestimmen, ist die Menge als Aktionsparameter von größerer Wichtigkeit. Das kommt in der Erweiterung des Aktionsbereichs um die *Bestellmengenpolitik* zum Ausdruck. Die *Beschaffungsfinanzierung* richtet sich als monetäre Form der Marktbeeinflussung auf die zeitliche Regelung des Wertstroms zwischen Lieferanten und Einzelhändler. Sie kann aktive und passive Finanzierung sein. Neben den Waren bilden auch Betriebsmittel Gegenstand der Finanzierungsaktivitäten. Diese werden hier soweit berücksichtigt, wie sie die Beziehungen zu den Lieferanten tangieren.

Die *Beschaffungswerbung* als mediengestützte Kommunikationsform zwischen Lieferanten und Einzelhändlern hat i. d. R. nur sehr geringe Bedeutung, da persönliche Beziehungen zwischen den Marktpartnern eine größere Rolle spielen. Zudem übernehmen in Käufermarktsituationen eher die Anbieter diese kommunikative Aufgabe.

Der Aktionsbereich *Lieferantenservice* umfaßt Maßnahmen, mit denen die Nebenbedingungen der Warenbeschaffung gestaltet werden. Sie bezieht sich auf die Marktebene zwischen Lieferant und Einzelhändler, kann jedoch darüber hinaus auch auf die Konsumenten gerichtet werden, sofern derartige Maßnahmen mittelbar für die Lieferanten marktpolitisch wichtig sind. In Käufermarktsituationen hat dieser Aktionsbereich in seiner aktiven Ausprägung generell geringe Bedeutung.

323 Aktionselemente

Innerhalb der einzelnen Aktionsbereiche stehen den Unternehmen eine Fülle von Gestaltungsvariablen für die Marktbildung und -beeinflussung zur Verfügung. Diese Grundeinheiten eines Handlungsfeldes, die instrumentalen Charakter haben, werden als *Aktionselemente* bezeichnet. Ein Ziel der Analyse absatz- und beschaffungswirtschaftlicher Aktionsbereiche besteht in dem Erkennen von Aktionselementen als kleinsten Handlungseinheiten. In einigen Aktionsbereichen erweist es sich im Sinne einer besseren Strukturierung der Handlungsmöglichkeiten als zweckmäßig, noch eine Zwischenebene der Aktionsteilbereiche zu definieren.

33 Aktionsziele, Aktionsprinzipien

Neben den bisher behandelten Rahmenfaktoren und Aktionselementen kennzeichnet sich eine Handlungssituation durch *Ziele.* Anders als früher theoretisch angenommen wurde, sind Zielsetzungsprozesse der Wahrnehmung von instrumentellen Gestaltungsvariablen nicht unbedingt vorgelagert. Vielmehr besteht die Vermutung, daß die Formulierung von Zielen nicht unabhängig von den wahrgenommenen Handlungsmöglichkeiten erfolgt [Heinen, 1982, S. 622]. Ziele sind zukünftige Zustände, die für erstrebenswert gehalten werden. Die aktivierende Wirkung von Zielen hängt mit der positiven Bewertung dieses zukünftigen Zustandes zusammen und mit der Einschätzung der Wahrscheinlichkeit, in den Genuß dieses Anreizes zu gelangen.

Die Zielforschung hat in der allgemeinen Betriebswirtschaftslehre eine lange Tradition, ist dagegen in bezug auf den Handel wenig entwickelt. Das Programm der Zielforschung umfaßt die Fragen, welche Ziele bei den Unternehmen verfolgt werden, in welcher Weise die Zielbildung von spezifischen Handlungsbedingungen abhängig ist und welche Handlungswirkungen von den Zielen ausgehen [Fritz, Förster, Raffée, Silberer, 1985, S. 376]. Für den Handel besteht bisher wenig Kenntnis über die tatsächlich verfolgten Unternehmensziele und noch weniger über deren Bedingungs- und Wirkungsgefüge.

In der Aktionslehre wird im allgemeinen von *Handlungssituationen* ausgegangen, um Aktionsmöglichkeiten zu erkennen, wobei die Wirkungszusammenhänge zwischen Rahmenfaktoren, Aktionselementen und Zielen oft nur vermutet werden können. Die Problematik eines solchen Vorgehens besteht vor allem in der Fülle von absatz- und beschaffungswirtschaftlichen Handlungssituationen, die sowohl aus der Vielfalt von Aktionsrahmenfaktoren als auch aus zahlreichen möglichen Zielsetzungen und verschiedenen Aktionselementen resultiert und entsprechend viele Handlungsmöglichkeiten aufweist. Eine praktische, Einzelfälle darstellende Aktionslehre mit dem Ziel, konkrete Handlungsanweisungen zu geben, würde eine unüberschaubare Materialsammlung ergeben.

Es wird daher versucht, das absatz- und beschaffungswirtschaftliche Verhalten der Einzelhandelsunternehmen auf immer wiederkehrende *Handlungsgrundsätze* bzw. *Aktionsprinzipien* hin zu analysieren[3], deren Anwendung auf bestimmte typische Handlungskonstellationen zurückzuführen ist. „Es lassen sich innerhalb des sozialen Handelns tatsächliche Regelmäßigkeiten beobachten, d. h. in einem typisch gleichartig gemeinten Sinn beim gleichen Handelnden sich wiederholende oder

---

[3] Die aktionsanalytische Marktlehre will instruierende Aussagen entwickeln, um „... die wesentlichen Möglichkeiten des unternehmerischen Einwirkens auf den Absatzmarkt (und Beschaffungsmarkt, Anm. d. Verf.) der Produkte aufzuzeigen“ [Leitherer, 1974a, S. 16].

(eventuell auch: zugleich) bei zahlreichen Handelnden verbreitete Abläufe von Handeln“[4].

Die Handlungsprinzipien können *induktiv* durch verstehende Beobachtung des unternehmerischen Markthandelns entwickelt oder *deduktiv* von angenommenen Handlungskonstellationen abgeleitet werden. Die an Prinzipien orientierte Darstellungskonzeption verschafft einen generellen Überblick über die Handlungszusammenhänge in der Absatz- und Beschaffungspolitik des Einzelhandels. *Als typische Handlungsabläufe sind Prinzipien keine operationalen Rezeptologien für die Praxis,* was nicht ausschließt, daß sie Material für konkrete Entscheidungsprozesse zu liefern vermögen. Über die isolierte Festlegung einzelner Aktionsprinzipien hinausgehend ist eine Kombination zu absatz- und beschaffungswirtschaftlichen Gestaltungskonzeptionen erforderlich, die übergreifend die Aktionsbereiche strategisch zusammenfaßt.

[4] Weber, M., 1972, S. 20 (im Orig. teilweise gesperrt).

4 Aktionsrahmen des Handelsmarketing

41 Ausgewählte Faktoren der Makroumwelt[1]

Die Analyse des Aktionsrahmens ergibt Aspekte der Handlungssituationen, aus denen heraus das Handelsmarketing gestaltet wird. Mit den Faktoren der *Makroumwelt* stellt sich die Aufgabe der Diagnose und Prognose sehr komplexer Sachverhalte. Sie sind insb. für strategische Marketingentscheidungen wichtig und können als zukünftige Chancen und Bedrohungen interpretiert werden. Dabei können Schlußfolgerungen von dem gegenwärtigen Zustand auf zukünftige Entwicklungen nichts anderes sein als begründete Eingrenzungen von Unsicherheiten für zukünftige Entscheidungen, deren Realisierung auch die Planung von unternehmerischen Anpassungsmöglichkeiten und Flexibilität erfordert. Zur Erfassung der Makroumwelt wird zunehmend auf die unternehmerische Bedeutung von Frühwarnsystemen verwiesen[2].

Im folgenden werde ich einige ausgewählte Entwicklungen der Makroumwelt darstellen und dabei insb. generelle konsumbeeinflussende Faktoren berücksichtigen. Diese Ausführungen sind als Ergänzungen des Kapitels I, 2 zu sehen, in dem bereits das Handelsunternehmen in der historischen Entwicklung seiner funktionalen Marktwegeeinbindung behandelt wurde. Kurze Andeutungen von übergreifenden Trends sollten an dieser Stelle genügen, da Konkretisierungen an relevanter Stelle der Aktionsbereichsdarstellung vorgenommen werden.

411 Demographische und sozio-ökonomische Faktoren

Die Entwicklung der Nachfrage nach Konsumgütern hängt wesentlich ab von den

(1) zahlenmäßigen Bewegungen und Strukturverschiebungen der Bevölkerung als potentielle Bedarfsträger und
(2) der verfügbaren Kaufkraft.

Zu (1): Demographisch zeichnen sich in der Bundesrepublik folgende Trends ab:

- Rückgang der bundesdeutschen Bevölkerung aufgrund von geburtenschwachen Jahrgängen[3],
- Zunahme des Ausländeranteils, bedingt durch höhere Fertilität,
- erhebliche Veränderungen der Alterspyramide zugunsten der Senioren, bedingt durch Geburtenrückgänge und längere Lebenserwartungen,
- strukturelle Verschiebung der Haushaltsgrößen mit einer Zunahme der Kleinfamilienhaushalte aufgrund des Anwachsens der Seniorengruppe, früherer hauswirtschaftlicher Selbständigkeit der Jugendlichen und höherer Scheidungsraten.

---

[1] Dieses Kap. habe ich zusammen mit meinem Mitarbeiter A. Brandt erarbeitet.

[2] Zur vertiefenden Lektüre über methodische Grundlagen der Früherkennung vgl. die Aufsatzsammlung von Raffée, Wiedmann (Hrsg.), 1985, S. 301ff.

[3] Vgl. zum verwendeten Zahlenmaterial Prognos, 1986.

— Die gegenläufig wirkenden Trends eines Bevölkerungsrückgangs und abnehmender Haushaltsgrößen führen erst um die Jahrtausendwende zu einem Rückgang der Privathaushalte.

Aus diesen demographischen Entwicklungen resultieren *Änderungen* des *Bedarfs* und *Umgewichtungen* zwischen den *Marktsegmenten.* Beispielsweise gelten die Senioren als Zukunftsmarkt, insb. für Warengruppen in den Bereichen Fitness-, und Gesundheitsprodukte, Reisen- und Freizeitangebote, Pharma- und Körperpflegemittel. Allerdings wirken demographische Faktoren nur in Verbindung mit wirtschaftlichen und sozialpsychologischen Faktoren auf die Nachfrage ein. So werden z. B. unter den Senioren die Gruppen der sog. „jugendlichen 60er“ und „aktiven 70er“ entdeckt, deren Lebens- und Konsumstile — atypisch im Vergleich zu früheren Generationen — konsumfreudig und lebensbejahend sind [Dr. Höfner & Partner, 1987, S. 196—201].

Zu (2): Das Entwicklungspotential der Handelsmärkte hängt in seiner ökonomischen Basis von der zur Verfügung stehenden *Kaufkraft* der Bevölkerung ab, d. h. von der Verfügungsmacht über finanzielle Mittel zum Kauf von Gütern und Dienstleistungen[4]. Das *Einkommen* als wesentlichste Determinante enthält alle über den Markt erzielten und statistisch erfaßten Lohn- und Gehaltseinkommen, Einkommen aus Unternehmertätigkeit und Vermögen sowie staatliche Transferzahlungen. In den Jahren 1979 bis 1988 sind in der Bundesrepublik mit gewissen Einbrüchen (1982/83) deutliche Steigerungen des real verfügbaren Einkommens festzustellen[5], und weitere positive Entwicklungen werden auch — bei aller Unsicherheit — für die Zukunft erwartet [Prognos, 1986, S. 235]. Bei einer relativ konstanten, in den letzten Jahren allerdings leicht gestiegenen *Sparquote*[6] und *steigenden Konsumentenkrediten*[7] hat sich das *Kaufkraftvolumen* oder auch der *private Verbrauch* seit 1983 ständig erhöht [Sachverständigenrat 1988, S. 267]. In der *Kaufkraftverwendung* ist ein überproportionaler Zufluß in den Dienstleistungssektor unter Einbeziehung des Handels zu beobachten [Barth, 1988, S. 15]. Bei einer Steigerung des privaten Verbrauchs verändert sich je nach Einkommenselastizität der Branchen auch die Struktur. Für die Zukunft werden vor allem Nachfrageverschiebungen in Richtung auf Nachrichtenübermittlung, persönliche Ausstattung, Auslandsreisen, Bildung und Unterhaltung erwartet [Prognos, 1986, S. 259ff].

Neben dem Einkommensniveau beeinflußt auch die *Einkommensverteilung* die Richtung der Handelsentwicklung. Hier geht ein wichtiger Trend dahin, daß innerhalb der Einkommenspyramide in den mittleren Positionen Nivellierungstendenzen bestehen und die Randpositionen nach oben und unten auseinanderdriften [Miegel, 1983, S. 158], wodurch eine Polarisierung in den Lebenslagen dieser Bevölkerungs-

---

[4] Vgl. Leitherer, 1989, S. 22. Er definiert Kaufkraft als Begriff in der Marktforschung mit dem Betrag aus: Nettoeinkommen + Vermögensverzehr + Konsumkredite — Sparbeträge.

[5] Zur Entwicklung des verfügbaren Einkommens vgl. Deutsche Bundesbank, 1989, Statistischer Anhang, S. 73*. Deflationiert man die hier genannten Zahlen mit dem Preisindex für die Lebenshaltung aller privaten Haushalte [S. 72*], errechnen sich — mit den oben genannten zeitlichen Einschränkungen — reale Wachstumsraten zwischen 0,2 % (1981) und 4,1 % (1979 und 1986).

[6] Vgl. Deutsche Bundesbank, 1988, Statistischer Anhang, S. 364 und 1989, S. 73*.

[7] Zu den Verpflichtungen (Schulden) und zur (Netto-)Kreditaufnahme der privaten Haushalte vgl. Deutsche Bundesbank, 1988, Statistischer Anhang, S. 364; zu den Krediten der Banken (einschl. Teilzahlungsinstitute) an Privatpersonen vgl. ebenda, S. 94.

gruppen zustande kommt. Während die hohen Einkommensklassen im Bereich des Luxusbedarfs noch eine Verfeinerung und Individualisierung ihres Konsums erreichen, geraten die niedrigsten Einkommensklassen in das Erfordernis der Reduktion und Rationalisierung ihres Konsums. Dieses als *„neue Armut"* zu kennzeichnende Phänomen ist das Ergebnis verschiedener gesellschaftlicher Faktoren [Lompe, 1987, S. 27], wie z. B. niedrige Arbeitsmarkteinkommen, Arbeitslosigkeit, Reduktion sozialstaatlicher Leistungen, Haushaltsverschuldungen, die aufgrund von Änderungen der finanziellen Basis nicht getragen werden können.

Die Polarisierung in den Randpositionen der Einkommenspyramide schafft im Handel eine Differenzierung der akquisitorischen Potentiale verschiedener Marketingstrategien.

412 Sozio-kulturelle Faktoren

Sozio-kulturelle Faktoren bilden den geistigen Hintergrund für die Entwicklung von Märkten. Darunter soll der Bestand an Wissen, Erfahrungen und Traditionen, Werten, Normen und Grundeinstellungen verstanden werden, die in einer Gesellschaft oder ihren Untergruppierungen bestehen und diese geistig verbinden. Unter den verschiedenen Komponenten der sozio-kulturellen Entwicklung werden derzeitig insb. Werte und hier vermeintliche Tendenzen eines Wertewandels diskutiert, auf die sich die folgenden Ausführungen konzentrieren:

Werte lassen sich allgemein als grundlegende Konzeptionen des Wünschenswerten charakterisieren. Im gesellschaftlichen Raum übernehmen Werte die Funktion von Orientierungsstandards und sind daher als Einflußgrößen des persönlichen Verhaltens zu begreifen. Dabei können gesellschaftliche und individuelle Werte unterschieden werden, die sich im Zuge von Enkulturations- und Sozialisationsprozessen herausbilden, und damit als äußere Leitlinien und verinnerlichte Maßstäbe wirksam werden [Raffée, Wiedmann, 1987a, S. 15]. Ökonomische Bedeutung erlangen Werte, weil sie einerseits Konsum- und Lebensstile prägen und andererseits die interne Unternehmungskultur maßgeblich beeinflussen und damit in die Entscheidungen des Managements einfließen.

Der *Wandel* von *Werten* bringt einen Bedeutungsverlust traditioneller Werte einer Gesellschaft und eine Hinwendung zu neuen Werten, die eine Umschichtung innerhalb der Hierarchie des Wertesystems hervorruft[8]. Die für Prognosen so wichtigen Fragen der Ursachen für Wertveränderungen wurde von Inglehard mit zwei plausiblen, wenn auch nicht unumstrittenen Erklärungshypothesen vorläufig beantwortet, nämlich der

— Mangelhypothese: Danach reflektieren die Prioritäten eines Individuums Veränderungen in der sozio-ökonomischen Umwelt, so daß jene Dinge am höchsten eingeschätzt werden, die relativ knapp geworden sind.

[8] Die Diskussion des Wertewandels wurde in der Bundesrepublik ganz wesentlich von Inglehard ausgelöst, der eine Wende von der materiellen zur sog. postmateriellen Gesellschaft vermutete (von Werten wie Berufserfolg, materieller Wohlstand zu humaneren Werten, wie mehr Mitbestimmung, Selbstbestimmung und Selbstverwirklichung). Diese Prognose wurde inzwischen relativiert und differenziert. Vgl. zur vertiefenden Lektüre Lehner, 1979, S. 317—327; Silberer, 1988.

- Sozialisationshypothese: Grundwerte einer Person reflektieren ganz wesentlich jene Bedingungen, die während der Jugendzeit beherrschend waren.

Der Verlauf eines solchen gesellschaftlichen Wertewandels läßt sich nach Raffée, Wiedmann [1987b, S. 200] idealtypisch in folgende Phasen einteilen:

- situative Veränderungen und Bewußtwerden gesellschaftlicher Mißstände und Spannungen, Entstehung von Konflikten sowie strukturellen Spannungen,
- Auftauchen von Wertinnovatoren bzw. Wertwandlungsverstärkern und Einflußnahme auf die Bevölkerung,
- Politisierung und Konfliktaustragung sowie ggf. Konflikthandhabung,
- Abbruch oder Institutionalisierung des Wertewandels,
- Verbreitung sowie weitere Ausdifferenzierung des neuen Wertesystems [Raffée, Wiedmann, 1987a, S. 26].

Im Rahmen der Diskussion des Wertewandels werden sehr unterschiedliche Werthaltungen angesprochen. Dabei lassen sich insb. folgende Trends ausmachen:

- Eine beachtliche Umwertung innerhalb der Werthierarchie hat sich im letzten Jahrzehnt durch die Diffusion eines ausgeprägten *Umweltbewußtseins* ergeben, wobei eine gewisse Diskrepanz zwischen Bewußtsein und Konsumverhalten relativierend beachtet werden muß [Wimmer, 1988, S. 50; Raffée, Wiedmann, 1987a, S. 33]. Die Verwirklichung von wertbedingten Ansprüchen bedarf einer Reihe weiterer Bedingungen bei der Umsetzung in Konsumverhalten. Gegenläufige Motivationen und situative Barrieren können dazwischen stehen. Insgesamt geht man aber auch für die Zukunft von deutlichen weiteren Impulsen von Umwelt- und Gesundheitswerten für das Konsumentenverhalten aus.
- Zu beobachten ist ebenfalls eine Veränderung innerhalb der Wertehierachie zugunsten eines höheren Stellenwerts von *Selbstverwirklichungszielen.* Von einer generellen Ablösung materieller Werte durch postmaterielle Werte kann hingegen keine Rede sein, da nach wie vor eine starke Orientierung erwerbs- bzw. leistungsbezogener Ziele festgestellt werden kann [Raffée, Wiedmann, 1987a, S. 171ff].
- Eine bemerkenswerte Verschiebung ist weiterhin zugunsten einer verstärkten *Individualisierung* erkennbar, die sich allerdings in erster Linie in der jüngeren Generation nachweisen läßt. Verbunden mit diesem Trend sind differenzierte Ansprüche an die Arbeits- und Freizeit- bzw. Konsumwelt, die sich partiell in dem Wunsch ausdrücken, sich gezielt von anderen Gesellschaftsmitgliedern abzuheben (demonstrative Individualität) [Raffée, Wiedmann, 1987a, S. 182f; Müller, H.-P., 1989, S. 53—71, insb. S. 55].
- Erkennbar ist ferner eine *Neubewertung* der *Frauenrolle* innerhalb der Gesellschaft, die sich zum einen in dem vermehrten Eintritt von Frauen in das Erwerbsleben und einem verstärkten Partizipationsstreben im politischen Raum ausdrückt und die zum anderen — wenn auch nur zögerlich — mit einer Reorganisation in den privaten Haushalten und einer Neudefinition familiärer Rollenmuster einhergeht.

Für unsere Gesellschaft ist eine *Ausdifferenzierung* der *Wertsysteme* typisch, die sich einerseits in der Herausbildung unterschiedlicher Lebens- und Konsumstile und

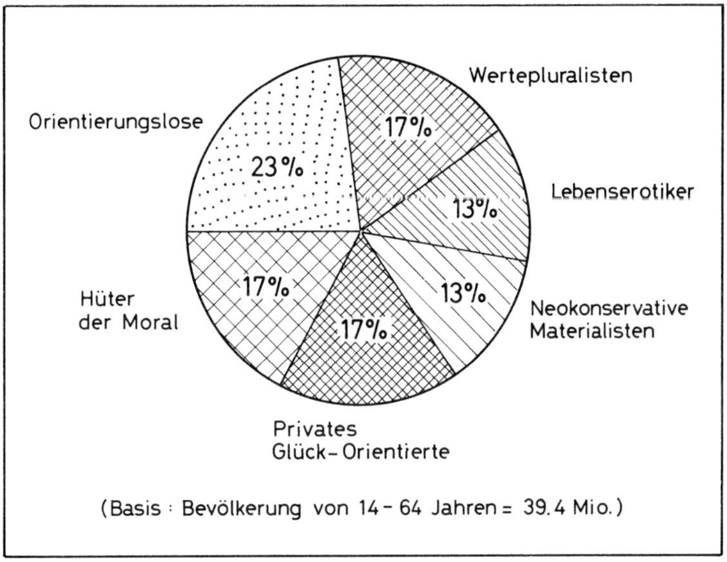

Schaubild I, 4.1: Typologie persönlicher Lebenswerte
[Quelle: Raffée, Wiedmann, 1987a, S. 166]

andererseits in einer fortschreitenden intraindividuellen Pluralisierung von Wertmustern niederschlägt [Raffée, Wiedmann, 1987b, S. 200]. Diese bewirkt das sog. *duale Konsumentenverhalten* von *gleichzeitigem* Luxus und ökonomisch begründeter Einkaufsrationalität bei identischen Konsumenten.

Verschiedene Typologien von Wertmustern bieten grundlegende Erkenntnisse für die Marktsegmentierung und Einschätzung zur quantitativen Entwicklung dieser Segmente. Raffée und Wiedmann haben dazu die in Schaubild I, 4.1 dargestellte Typologie entwickelt:

Diesen Lebenswert-Typen sind schwerpunktmäßig sozio-demographische Merkmale zuzuordnen. Viel Aufmerksamkeit findet die relativ kleine und junge Gruppe der *Lebenserotiker,* die nach sinnlicher und emotionaler Stimulierung streben *(Erlebnisorientierung).* Damit steht eine hedonistische Selbstentfaltung in Verbindung, die ihren Ausdruck in Konsumfreude und Hinwendung zum Luxuskonsum *(„Lust auf Spaß")* findet. Der typische Konsum ist erlebnisorientiert und auf Nobelmarken bezogen. Als Trendsetter gelten hier die sog. *„yuppies"* (young urban professionals) und die *„dinks"* (double income no kids). Der Lebensstil der „Lebenserotiker" gilt als Wertmuster mit einem wichtigen Zukunftstrend.

Interessant ist weiterhin der hohe Anteil an *Orientierungslosen* und *Wertepluralisten,* die sich durch eine „sowohl-als-auch-Position" oder durch eine Abwertung von Werten („Werteerosion") kennzeichnen lassen. Die darin zum Ausdruck kommende *intraindividuelle Pluralisierung* von Wertmustern mit einer klaren Bereichstrennung der Ausrichtungen („Wenn Fasten, dann Fasten, wenn Rebhuhn, dann Rebhuhn") ist typisch für die gegenwärtige Zeit differenzierter und dynamischer Werteentwicklungen.

Eine hier abschließende Überlegung gilt der Verbindung der sozio-kulturellen Faktoren mit demographischen und sozio-ökonomischen Faktoren zu *sozialen Mi-*

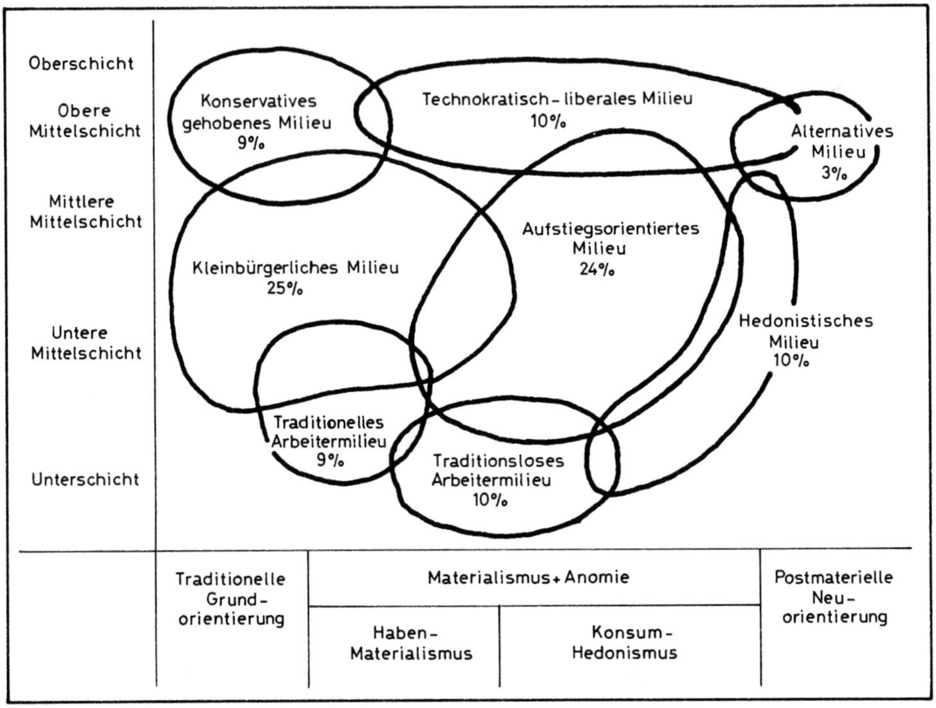

Schaubild I, 4.2: Soziale Milieus in der Bundesrepublik Deutschland — Soziale Stellung und Grundorientierung [Quelle: o. V.: „Outfit", hrsg. vom Spiegel-Verlag, 1986, S. 34]

lieus, die sich durch Lebens- und speziell Konsumstile unterscheiden. Der Begriff „Milieu" folgt aus einem modernen Konzept der Sozialstrukturbetrachtung, das ältere Klassen- und Schichtentheorien abgelöst hat und die Struktur spätindustrieller Gesellschaften besser erklärt[9]. Wichtig ist hier die Erkenntnis, daß die soziale Position des Menschen nicht allein von objektiven Lebensbedingungen, wie z. B. Einkommen und Beruf, bestimmt wird und insofern auch kein eindeutig vertikales soziales Gefüge gegeben ist, wie in Schichtentheorien — seinerzeit noch zu recht — angenommen wurde. Mit steigendem materiellen Wohlstand einer Gesellschaft und zunehmender Demokratisierung der Bildungschancen erhöht sich die Bedeutung subjektiver, persönlichkeitsbedingter Faktoren und damit die Autonomie bei der Ausbildung von Lebensstilen.

Soziale Milieus charakterisieren gesellschaftliche Gruppierungen durch eine Verbindung von objektiven Faktoren des sozialen Status' und subjektiven Komponenten aus Erfahrungen, Werten und Wünschen, die Lebensziele und Lebensstile als Grundorientierungen bestimmen. Sie fassen also Menschen zusammen, die sich in Lebens-

[9] Die Milieuforschung gehört in den großen Komplex der Lebensstilforschung, zu der Müller, H.-P., 1989, S. 53—71, einen guten Überblick gibt. Vertreter des Milieuansatzes sind Becker, Nowak, 1982, S. 247—267; 1985, S. 13—17, die den Ansatz im SINUS-Institut entwickelt haben. Vgl. weiterhin Hradil, 1987; Gluchowski, 1988. Theoretische Wurzeln dieses Ansatzes finden sich bei Bourdieu, 1982.

weise und -auffassung ähnlich sind. Milieus werden nicht trennscharf-klassifikatorisch identifiziert, sondern stellen wesensdeutende Typen gesellschaftlicher Gruppen dar, die sich z. T. überlappen [Schaubild I, 4.2].

Für die Handelsunternehmen ist die Kenntnis gesellschaftlicher Strukturen, wie sie über soziale Milieus erfaßt werden, bei der Marktentwicklung und insb. bei der Marktsegmentierung aufschlußreich.

413 Technologische Faktoren

Der Handel ist in vielfältiger Weise in technologische Zusammenhänge eingebettet. Die unternehmerische Leistung in bezug auf Technik besteht — generell betrachtet — in einer *Vermittlung* zwischen *technologischen Möglichkeiten* und *Bedarf.* Dazu gehört einerseits als *Informationsaufgabe* die Interpretation beider Seiten und als *ökonomische Aufgabe* der Einsatz wirtschaftlicher Ressourcen zur Umsetzung eines technologischen Impulses in marktrelevantes Handeln.

Die Beziehungen zwischen technologischer Entwicklung und Handelsmarketing sind typologisch in zwei verschiedenen Erscheinungsweisen zu sehen:

— Bedarfsentwicklungen bzw. Marktprobleme können Anlaß für die Suche neuer Techniken sein *(technology pull).*
— Neue technologische Möglichkeiten bieten Impulse für die Umsetzung in Marketingaktivtäten *(technology push).*

Diese Unterscheidung greift den Nachfrage- und Angebotsansatz in der Technologiediskussion auf [Bühl, 1983, S. 60]. Da sich der Handel zwischen Produktion und Konsum befindet, entstehen diese Erscheinungsformen der Technologieentwicklung unmittelbar für ihn auf beiden Marktseiten und mittelbar in den ihn überspringenden Marktprozessen.

Bedarfsinduzierte Innovationen, die durch einen „technology pull" entstehen, führen eher zu *Verbesserungsinnovationen* mit geringem Innovationsgehalt, während umfassende *Basisinnovationen* eher *angebotsinduziert* durch einen „technology push" ausgelöst werden. Es wird vermutet, daß in jüngerer Zeit eine Schwerpunktverlagerung zur Angebotsorientierung der Technologieentwicklung stattfindet [Freeman, 1979, S. 206]. Begründet wird dies mit der Dynamik technologischer Prozesse und ihrer zunehmenden *Internationalisierung,* durch die sich die Problematik der Technologieanwendung als Wettbewerbsfaktor der Unternehmen verschärft hat. Dies wird in Zukunft den Handel verstärkt betreffen, dem eine umfangreiche Internationalisierung erst noch bevorsteht.

Der Handel ist in die Prozesse des „technology-push und -pull" in den Anwendungsfeldern Produktion, Kommunikation und Distribution involviert [Beispiele in Schaubild I, 4.3]: Im Bereich der *Produktion* findet eine Revolutionierung durch die breite Diffusion der Mikroelektronik statt. Durch die Entwicklung von CIM-Systemen (computer integrated manufacturing) erhöht sich die Änderungs- und Fertigungsflexibilität [Kern, Schumann, 1986, S. 43f]. Auf der Basis dieser „flexiblen Automatisierung" ergeben sich produktpolitische Chancenpotentiale, die im Sinne einer verstärkten Differenzierung und Individualisierung der Produkte genutzt wer-

von \ nach	Produktion	Handel	Konsum
Produktion	—	technological push neue Distributionsaufgaben durch Produkt- und Verfahrensinnovationen ①	technological push Produktinnovationen im Direktvertrieb ②
Handel	technological pull Bedarf an distributiven Rationalisierungs-Potentialen ③	—	technological push Beschaffungsinnovationen ④
Konsum	technological pull Bedarf nach neuen Problemlösungen durch Produkte ⑤	technological pull Bedarf nach neuen Beschaffungslösungen ⑥	—

Schaubild I, 4.3: Vertikale Diffusionsmuster für neue Technologien

den können. Für den Handel erwachsen auf diese Weise neue Anpassungsanforderungen an seine distributiven Aufgaben, um diesen komplexen Veränderungen Rechnung tragen zu können [Feld 1, Schaubild I, 4.3]. Weitere technologische Einflüsse gelangen aus dem Bereich der Produktion durch die dynamische Entwicklung von Produktinnovationen auf der Basis biotechnologischer und materialtechnischer Erkenntnisse an den Handel, mit dem die Marktdynamik beschleunigt wird [Bruhn, 1987, S. 23].

Die Bereiche *Kommunikation* und *Distribution* sind grundlegend von der Entwicklung neuer Informations- und Kommunikationstechnologien beeinflußt. Umfassende Einsatz- und Veränderungspotentiale der neuen Medien werden als *„mediale Revolution"* begriffen [Raffée, Jacobs, 1986, S. 568], die insb. Dienstleistungsunternehmen wie den Handel betrifft, bei denen die Information als eine Art Produktionsfaktor hohe Bedeutung hat.

Tiefgreifende Veränderungen ergeben sich *beschaffungsseitig* durch die Implementierung von EDV-gestützten Warenwirtschaftssystemen, mit denen die Erfassung aller mengen- und wertmäßigen Waren- bzw. Artikelbewegungen am jeweiligen Entstehungsort ermöglicht wird [Schiffel, 1984, S. 49ff; Zentes, 1985; Fontaine, 1986]. Mit diesen Systemen sind erhebliche Rationalisierungspotentiale sowohl für den Bereich des Bestellwesens als auch für die Lagerhaltung auszuschöpfen, zu deren Durchsetzung ein „technology pull"-Prozeß in Richtung auf die Produktion stattfindet [Feld 3, Schaubild I, 4.3]. Durch eine Verknüpfung mit elektronischen *scanner-Kassen* wird einerseits der Erfassungsaufwand beim Kassieren durch die maschinelle Rücklesung der Etikettinformation (EAN) reduziert; andererseits kann durch die systematische Auswertung der Verkaufsdaten eine aktuelle Bestandsführung sicherge-

Der Handel entwickelt „offering Systeme" mit neuen Medien

stellt werden, die Rückschlüsse für die quantitative und qualitative Sortimentskontrolle erlaubt.

Vielfältige und grundlegende Einflüsse sind von der Weiterentwicklung und Diffusion neuer Medien auf der *Absatzseite* des Handels zu erwarten [Felder 4 und 6, Schaubild I, 4.3]. Hier werden neue Formen der Kommunikation mit den Konsumenten, der Marktforschung und des Verkaufs geschaffen, die sowohl die Heimsituation des Konsumenten (teleshopping) wie den point of sale (computer aided sales) betreffen. Damit verändern sich Quantität und Qualität der für Konsumenten erhältlichen Informationen. Akzeptanz- und Implementierungsprobleme bei Konsumenten und Händlern werden Richtung und Folgeerscheinungen des Einsatzes neuer Medien branchen- und betriebsformenbedingt unterschiedlich beeinflussen. Insbesondere werden folgende Effekte erwartet[10]:

— Unterstützung der Konzentrationstendenzen durch Implementierungsvorteile bei Großbetrieben des Handels,
— Polarisierung der Betriebsformen in Versorgungs- und Erlebnis- bzw. Servicehandel, wobei für erstere durch beschaffungsrationalisierenden Medieneinsatz eine Verschärfung des Preiswettbewerbs erwartet wird,
— Wettbewerbsvorteile für den Versand- und Discounthandel wegen ihrer konzeptionellen Eignung für den Einsatz neuer Medien,
— Entwicklung neuer Betriebsformen mit dem konstituierenden Merkmal des Einsatzes neuer Medien[11],
— Tendenzen der Einzelhandelsumgehung durch medienbedingte Vorteile des Direktvertriebs mit Herstellern.

Die Technologieanwendung, insb. in der Form von „technology push"-Prozessen wirft Probleme der gesellschaftlichen Akzeptanz und der Verantwortung für Folgeerscheinungen auf. Durch neue Produktions- und Distributionstechnologien können sich Arbeitsmarktrisiken und verschärfte Konkurrenzbedingungen ebenso einstellen wie neuartige Umweltgefährdungen [Raffée, Wiedmann, 1987b, S. 195]. Mit einer weitergehenden Digitalisierung von Kommunikation entstehen erhebliche Mißbrauchspotentiale (Beispiel: Datenschutzprobleme) sowie negative gesundheitliche und soziale Auswirkungen (Beispiel: soziale Isolierung) und Effekte einer Versorgungsverschlechterung (Beispiel: weniger persönliche Beratung).

Mit dem sog. *„technological assessment"* besteht ein Instrument der Informationsbeschaffung durch systematische Analysen interner und externer, kurzfristiger und langfristiger Folgewirkungen, die sich aus der Anwendung und Verbreitung technologischer Entwicklungen in ökologischer, ökonomischer und gesellschaftlicher Hinsicht ergeben. Wie weit die damit gewonnenen Erkenntnisse im Rahmen der Technologieanwendung tatsächlich in verantwortliches Handeln umgesetzt werden, ist im Rahmen einzelbetrieblicher Dispositionen eine Frage des unternehmerischen Wertesystems und darüber hinaus im weiteren Umfeld von Staat und Wirtschaft eine Frage der Macht- und Interessenkonstellationen.

414 Ökologische Faktoren

Alle Produktions-, Distributions- und Konsumvorgänge beanspruchen die natürliche Umwelt [Strebel, 1981, S. 508]. In diesen drei Bereichen

— werden nicht reproduzierbare, natürliche *Ressourcen* verwendet bzw. regenerative Ressourcen schneller vernutzt als sie nachwachsen,
— entstehen ökologisch *schädliche Rückstände,* die nach Emission die Umwelt belasten (bei Kraftfahrzeugen etwa Abgase),

---

[10] Vgl. hierzu die informative Übersicht bei Raffée, Jacobs, 1986, S. 568—574.

[11] Z. B. offering-Systeme, die eine Bestellmöglichkeit über Bildschirm, Zustellung der Ware und Abwicklung des Zahlungsverkehrs übernehmen [Raffée, Jacobs, 1986, S. 573].

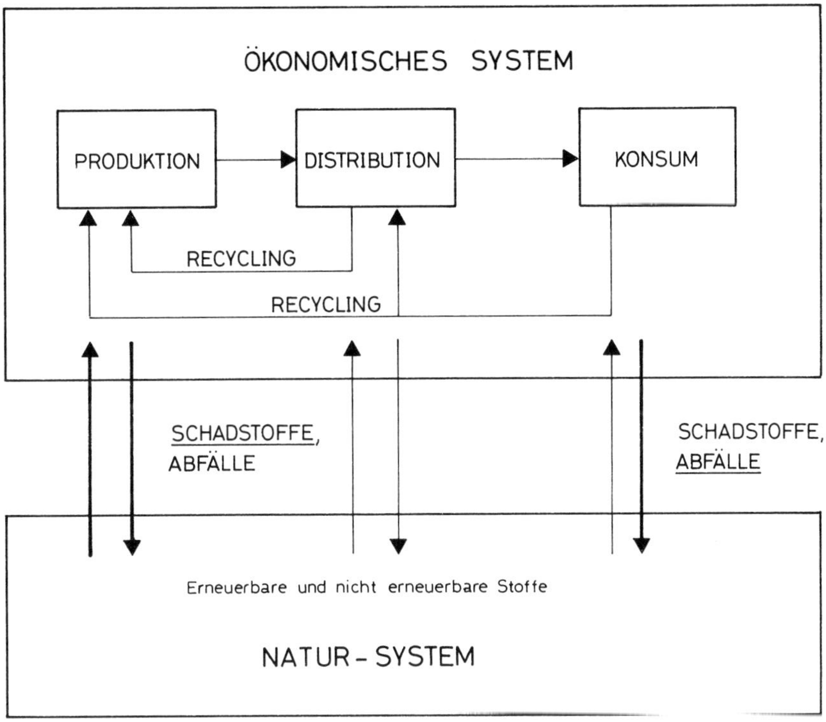

Schaubild I, 4.4: Systemzusammenhang Ökonomie — Natur

— fallen Produkte — sofern auf Recycling verzichtet wird — der Umwelt als *Abfall* zur Last (Schaubild I, 4.4).

Der institutionelle Handel, der dem Distributionsbereich zuzuordnen ist, beansprucht im Vergleich zu Produktion und Konsumtion die natürliche Umwelt zwar in geringerem Maße, wird jedoch darüber hinaus *indirekt* durch seine Vermittlungsleistungen zwischen Produktion und Konsumtion wirksam.

Während Umweltgüter noch bis in die 60er Jahre hinein als Ubiquitäten galten, ist die übermäßige Umweltbelastung und -ausbeutung mittlerweile als drängendes Problem in das Bewußtsein der Öffentlichkeit gerückt.

- Aufsehenerregende Umweltkatastrophen und -skandale (z. B. Seveso, Tschernobyl, Bophal, Sandoz) haben in breiten Bevölkerungskreisen das Vertrauen in die vorherrschenden Entwicklungsrichtungen des technischen Fortschritts tiefgreifend erschüttert.
- Die fortlaufenden, sich akkumulierenden Emissionen von Schadstoffen an die Umwelt haben z. T. ein Niveau erreicht, das einerseits Mensch und Natur gefährdet (z. B. Anwachsen von Allergien, Waldsterben) und andererseits zu spürbaren finanziellen Belastungen der privaten und öffentlichen Haushalte führt (z. B. Kostenexplosion bei der Wasserversorgung) [Schulz, 1988, S. 16ff].
- Die zunehmende Ressourcenverknappung und drängende Probleme bei der Bewältigung der z. T. schädlichen Abfallmengen haben die Notwendigkeit einer

Entwicklung und Diffusion von Recyclingtechnologien, Ressourceneinsparungsstrategien und umweltfreundlichen Energieträgern deutlich gemacht.

Diese Schäden und Gefahren werden von politischen Institutionen, Unternehmen und Verbrauchern recht unterschiedlich beurteilt[12], nicht zuletzt, weil bei faktischen Erkenntnisdefiziten eine verwirrende, hoch ideologisierte Informationspolitik betrieben wird. Dennoch wird sich bei allen Betroffenen zunehmend die Aufgabe eines ökologisch sinnvollen Wirtschaftens stellen. Dieses bezieht sich auf den für den Fortbestand der Organismen (Mensch, Tier, Pflanze) existenznotwendigen Zustand der Umweltmedien (Luft, Wasser, Boden) [Wicke, 1982, S. 5f]. Es umfaßt alle Maßnahmen, die der Einschränkung des Verbrauchs (sparsame Verwendung, Regeneration, alternative Energieformen) der Umweltgüter dienen und ihrer Qualitätsminderung entgegenwirken [Hasitschka, 1984, S. 245].

Auf *staatlicher Seite* behindern politische Unsicherheiten über die richtige Instrumentalisierung der Umweltschutzpolitik (staatliche Regulierung versus marktkonforme Instrumente) und Informationsprobleme, die durch zurückliegende Forschungsdefizite entstanden sind, den gezielten Einsatz von Steuerungsmedien. Bei anhaltenden und ggf. anwachsenden Umweltproblemen werden allerdings allein die Legitimationserfordernisse des politischen Systems eine Ausweitung staatlicher Regulierungsleistungen zur Eindämmung der ökologischen Krisenprozesse erzwingen.

Auf *Konsumentenseite* ist davon auszugehen, daß sich bei andauernder Brisanz der Umweltproblematik das ökologische Bewußtsein auf hohem Niveau stabilisiert [Raffée, Wiedmann, 1987b, S. 196] und zunehmend wenn auch durch konkurrierende Wertorientierungen gebrochen — in ein ökologisch orientiertes Konsumentenverhalten umgesetzt wird. Dabei wird allerdings die Lücke zwischen Bewußtsein und Verhalten je nach persönlicher Betroffenheit und abverlangtem Opfer branchenbedingt unterschiedlich groß sein [Wimmer, 1988, S. 67f]. Damit ist für die Zukunft auf vielen Konsumgütermärkten ein verstärkter pull-Effekt zu erwarten, der die Positionierung ökologisch verträglicherer Produkte und die Profilierung ökologisch orientierter Unternehmungen begünstigt [Bruhn, 1987, S. 20].

Im Bereich der *Industrie* konzentrieren sich ökologisch orientierte Innovations- und Investitionsanstrengungen bisher noch auf relativ wenige Pionierunternehmen[13]. Umweltschutzbemühungen werden vorwiegend unter Gesichtspunkten möglicher Kostennachteile beurteilt, während ihre Rolle als Wachstumsfaktor erst langsam anerkannt wird. Ein fortschreitender Übergang von reaktiven zu aktiven Umweltstrategien ist zu erwarten, insb. in solchen Branchen, in denen die Betroffenheit durch gesellschaftliche Kritik steigt und sich die ökologisch bedingten pull-Effekte von Konsumentenseite verstärken. Darauf verweist auch die zunehmende Rezeption ökologisch orientierter Unternehmens- und Marketingkonzepte[14].

---

[12] Das Bundesumweltamt hat eine — wenn auch aufgrund von Quantifizierungsproblemen umstrittene — Berechnung der ökologischen Schadensbilanz der Bundesrepublik Deutschland vorgelegt, die in diesem Zusammenhang rechenbare volkswirtschaftliche Schäden in der Größenordnung von weit über 103,5 Mrd. DM aufzeigt [Wicke, 1986, S. 123].

[13] Für den produzierenden Sektor liegen nur Zahlen bis 1982 vor. Danach beträgt der Anteil für Umweltschutzaufwendungen am Gesamtumsatz konstant ca. ein halbes Prozent [Prognos, 1986, S. 229—235].

[14] Vgl. Winter, 1987; Brandt, Hansen, Schoenheit, Werner, 1988.

Auch für den *Handel* ist noch eine eher zurückhaltende Akzeptanz und Umsetzung ökologischer Probleme zu konstatieren. Diese Haltung wird bisher dadurch unterstützt, daß er in der diesbezüglichen öffentlichen Diskussion insgesamt vernachlässigt wird. Seine tatsächliche Betroffenheit im ökologischen Kontext wird offenbar noch unterschätzt. Dazu ist zu vermuten, daß ökologische Probleme eher dort gesichtet werden, wo sie physische, d. h. also konkret wahrnehmbare Auswirkungen haben, wie z. B. Belastung von Luft und Wasser. Weniger prägnant, auch weniger spektakulär und damit diskussionswert erscheint dagegen — ganz zu Unrecht — die Ebene der ökologischen Informations- und Diffusionsproblematik, die gerade die Rolle des Handels wesentlich ausmacht.

Recycling-Konzepte sind gefragt

Es ist davon auszugehen, daß dem Handel dennoch aus den ökologischen Veränderungen auf Produktions- und Konsumseite künftig weit stärker als bisher *Chancen-* und *Risikopotentiale* erwachsen. Im Rahmen seiner Distributionsfunktionen fällt ihm die Aufgabe zu, die *Diffusion* von *ökologischen Konzepten* für Konsumgüter maßgeblich zu beeinflussen. Kennzeichnend für diese Aufgabenstellung ist im Handel die enge Verzahnung zwischen ökologisch orientierten Konzepten des Absatz- und Beschaffungsmarketing, die sich aus seiner gatekeeper-Position ergibt[15].

[15] Vgl. als vertiefende Lektüre zum ökologischen Marketing im Handel Hansen, 1988b, S. 331—358; weiterhin Kap. V in diesem Buch.

415 Politisch-rechtliche Umwelt

Die rechtliche Umwelt drückt als *institutionalisiertes Normensystem* den politisch herrschenden Willen aus[16]. Es regelt die Beziehungen der Wirtschaftssubjekte untereinander und beeinflußt deren Entscheidungen. Durch Lobbying nehmen Unternehmen und Verbände Einfluß auf den Institutionalisierungsprozeß neuer Rechtsnormen. Der rechtliche Rahmen setzt sich zusammen aus *Verfassungsnormen, Gesetzen, Verordnungen* und richtungsweisenden *Fällen* der *Rechtssprechung.* Während Verfassungsnormen und Gesetze in einem verfassungsmäßig festgelegten Gesetzgebungsverfahren entstehen, werden Rechtsverordnungen von Organen der Exekutive erlassen [Creifelds, 1988, S. 924f]. Zusätzlich ist die Rechtsprechung, die von Richtern durchgeführt wird, insofern von großer Bedeutung, als sie eine verbindliche Auslegung des Rechts darstellt und dieses auch fortentwickelt.

Das Rechtssystem wirkt inhaltlich durch Restriktionen oder Förderungen bestimmter Handlungsalternativen (Beispiel: „Irreführende Werbung ist verboten"), weiterhin durch Einhaltungskontrolle (Motto: „Wo kein Kläger ist, ist kein Richter") und durch Sanktionierung bei Zuwiderhandlungen. Das beste Rechtssystem nützt nichts, wenn die Mechanismen der Aufdeckung und der Rechtskonsequenzen für die Wirtschaftssubjekte belanglos bleiben. Man spricht zwar gegenwärtig von einer „Verrechtlichung" des Lebens, was an dem quantitativen Aufkommen von Rechtsnormen abzulesen ist. Die politisch-faktischen Einflüsse auf die Wirtschaftssubjekte werden jedoch erst unter Beachtung von Durchsetzungsaspekten deutlich.

Die Grundlage der im Marketing relevanten Rechtsbestimmungen bildet das Bekenntnis zur sozialen Marktwirtschaft. Aus ihm resultiert das Erfordernis, durch die Rechtsordnung institutionelle Rahmenbedingungen zur *Förderung* eines *funktionsfähigen Wettbewerbs* zu schaffen und im übrigen jene *sozialen Interessen* zu *schützen,* die über den Marktmechanismus nicht genügend Berücksichtigung finden.

Im folgenden soll in Anlehnung an Backhaus und Plinke [1986, S. 125ff] eine strukturierende Übersicht von Rechtseinflüssen gegeben werden.

Mit dem Eigentums- und Vertragsrecht bestehen allgemeine Rechtsnormen, die eine Basis für die Organisation des Marktes darstellen und in ihrer Allgemeinheit hier vernachlässigt werden können. Demgegenüber gibt es eine Fülle von Rechtsbestimmungen, die konkret in Marktprozesse intervenieren:

Zu (1), Schaubild I, 4.5: Der *Wettbewerb* wird als *Institution* für schutzwürdig angesehen, weil angenommen wird, daß die sich selbst überlassenen Marktvorgänge die Tendenz einer Wettbewerbseinschränkung in sich tragen [Backhaus, Plinke, 1986, S. 126]. Der *institutionelle* Schutz des *Wettbewerbs* wird insb. durch Rechtsnormen des GWB (Gesetz gegen Wettbewerbsbeschränkungen) betrieben, indem Möglichkeiten externen Wachstums über Unternehmenszusammenschlüsse eingeschränkt (§§ 23ff GWB), die Macht marktbeherrschender Unternehmen gezügelt (§ 22 GWB) und Kooperationsspielräume für Kartelle eingeengt werden (§§ 1ff GWB). Die durchgreifende Wirksamkeit dieser Regelungen ist angesichts der Kooperations- und Konzentrationsprozesse im Handel anzuzweifeln, da gerade in bezug auf den Handel große

---

[16] Zur vertiefenden Lektüre vgl. den für betriebswirtschaftliche Belange zugeschnittenen informativen Überblick der Rechtseinflüsse bei Backhaus, Plinke, 1986.

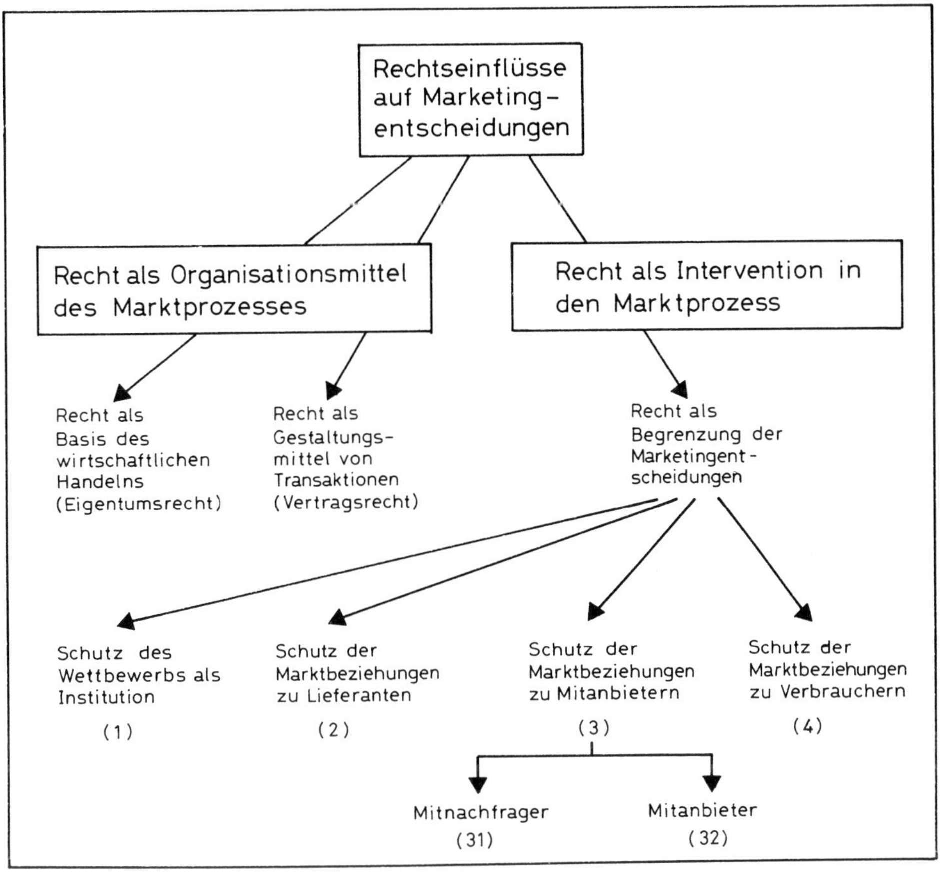

Schaubild I, 4.5: Rechtseinflüsse auf die Marketingentscheidungen des Einzelhandels
[Quelle: Backhaus, Plinke, 1986, S. 126, mit kleinen Anpassungen an Spezifika des Einzelhandels]

Handhabungsprobleme entstehen. Für Kooperationsformen ist die Erweiterung der Kooperationsspielräume für kleinere und mittlere Unternehmen von Bedeutung, die einen strukturellen Machtausgleich zulassen (Mittelstandsparagraph 5b GWB).

Zu (2), Schaubild I, 4.5: Im Beschaffungsbereich werden die *Beziehungen* zu den *Lieferanten* durch Rechtsnormen geschützt, indem einseitigen Machtverhältnissen und ihren Folgen entgegengewirkt wird. Geschützt wird jeweils der Machtunterlegene, also beschaffender Händler oder Lieferant. Zu dem Bereich dieser Regelungen gehört z. B. das Verbot von Diskriminierung (§ 26 GWB) und Behinderung (§ 22 GWB). Weiterhin werden Möglichkeiten der gegenseitigen vertraglichen Einschränkungen in der Handlungsfreiheit untersagt bzw. begrenzt, die durch verschiedene Arten von Bindungen zustande kommen und oft als Folge einseitiger Machtverhältnisse den Geschäftspartner zu abhängigem Verhalten zwingen. Dazu zählen z. B. Verbote von Sortimentsbindungen (§ 18, Abs. 1 Ziff. 4 GWB), Preisbindungn mit Ausnahmeregelungen (§§ 15, 16 GWB) oder die Aufhebungsdrohung für Verwendungsbeschränkungen, Bezugsbindungen, Vertriebsbindungen (§ 18, Abs. 1 Ziff. 1—3).

Zu (3) und (4), Schaubild I, 4.5: Der *Schutz* der *Mitkonkurrenten* und *Konsumenten* wird im GWB, im UWG (Gesetz gegen unlauteren Wettbewerb) und in zahlreichen anderen Gesetzen geregelt, in denen die branchen- oder aktionsbereichsspezifischen Probleme behandelt werden. Die Rechtsentwicklung zeigt eine deutliche Wende vom Schutz der Mitkonkurrenten hin zum Schutz des Verbrauchers. Während in den Anfängen der sozialen Marktwirtschaft in der Bundesrepublik davon ausgegangen wurde, daß allein „guter Wettbewerb“ ein ausreichender Verbraucherschutz sei, wurde zunehmend deutlich, daß die Lösung von Verbraucherproblemen zusätzlicher Regelungen bedarf. Die Unterscheidung zwischen horizontalen Rechtseinflüssen auf der Anbieterebene und vertikaler Wirkungen auf die Verbraucher ist im einzelnen unterschiedlich tragfähig: So kann z. B. im Rahmen der Preispolitik das Verbot ruinöser Preisunterbietung (§ 1 UWG) in Schädigungs-, Verdrängungs- und Vernichtungsabsicht eindeutig als primär anbieterorientierte Regelung angesehen werden, während das Verbot irreführender Preisangaben (§ 3 UWG) eher am Verbraucherschutz orientiert ist. Dagegen ist die Regelung von Saisonschluß- und Inventurverkauf (§ 9 UWG) in der Richtung ihres Einflusses weniger eindeutig.

Die Schutzrechte für Mitkonkurrenten und Konsumenten können nach Aktionsbereichen geordnet werden und sollen entsprechend an gegebenem Ort in ihren aktuellen Tendenzen als Aktionsrahmenfaktoren dargestellt werden. Weitere Ausführungen finden sich in Kap. V, 33 zum Verbraucherschutz.

42 Ausgewählte Faktoren der Mikroumwelt: Marktbeziehungen der Einzelhandelsunternehmung

421 Marktbeziehungen der Einzelhandelsunternehmung zu den Konsumenten

Für die Anbieter von Konsumgütern wird i. d. R. eine primäre Absatzorientierung angenommen, aus der ein Vorrang der Marktbeziehungen zu den Konsumenten als Rahmenfaktoren resultiert. Um den Unternehmen diesen wichtigen Teil ihrer Aufgabenumwelt transparent zu machen, hat sich die Marketingforschung die Erklärung und Beschreibung der *Konsumenten* hinsichtlich ihrer *Struktur* und ihres *Verhaltens* zur zentralen Aufgabe gesetzt. Für die folgenden Ausführungen gehe ich von der in Schaubild I, 4.6 dargestellten Struktur aus.

Als Inhalt und Ergebnis der Marktbeziehungen ist die *wirtschaftliche Qualität* als wahrgenommene Eignung eines Angebots, bei den Konsumenten Marketingzufriedenheit zu schaffen. Sie entsteht, indem der Konsument Impulse verarbeitet, die durch das Marketing von Unternehmen und sonstigen Personen und Institutionen an ihn herangetragen werden (Inputvariable, 1) und in bestimmtes marktrelevantes Verhalten umgesetzt (Outputvariable, 4). Dieser Umsetzungsprozeß wird durch exogene und endogene Variable (2) bestimmt, die den Konsumententypus ausmachen und sein Verhalten beeinflussen. Da sie Gegenstand einer umfangreichen, grundlegenden Basisliteratur zum Marketing geworden sind, werde ich im folgenden nur in einem Exkurskapitel einige Grundfragen zu diesem Bereich unter Verweis auf die zur Ver-

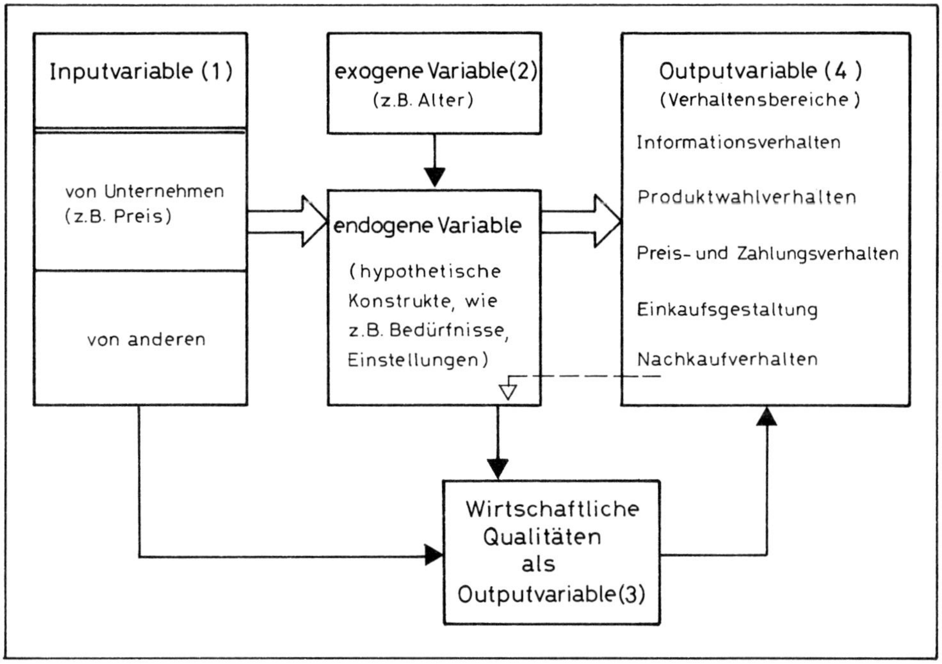

Schaubild I, 4.6: Variablenklassen in einem Konsumverhaltensmodell

fügung stehende Literatur wiedergeben[17] und im übrigen Struktur und Verhalten der Konsumenten darstellen, soweit es handelsspezifisch für die folgenden Aktionsbereichsdarstellungen des Handelsmarketing relevant ist.

4211 Exkurs: Forschungsfragen und Modelle der Theorie des Konsumentenverhaltens

Kenntnisse über die im Konsumenten liegenden endogenen Variablen sind notwendig, um psychische Prozesse erklären und prognostizieren zu können, die durch externe Impulse (u. a. Marketing) ausgelöst werden und zu einem bestimmten Verhalten führen. Dieser Problematik ist die Theorie des Konsumentenverhaltens gewidmet, die in den USA und in der Bundesrepublik vorwiegend nach neo-behavioristischer Wissenschaftstradition sehr extensiv gepflegt wurde. In dieser Theorie wird der Konsument als Stimulusempfänger gesehen, der aufgrund bestimmter Strukturen seines psychischen Systems reagiert. Gehaltvolle diesbezügliche Erklärungen ergeben die Grundlage für Verhaltensprognosen als Basis des Marketingeinsatzes oder sogar für Handlungsempfehlungen. Aufgrund unterschiedlicher Vorgehensweisen werden folgende Modelle unterschieden:

- (1) Totalmodelle
  - → (1.1) Systemmodelle
  - → (1.2) Stufenmodelle
- (2) Partialmodelle

Zu (1): In *Totalmodellen* werden *umfassende* Erklärungen von Konsumentscheidungsprozessen gegeben. Überwiegend werden Kaufentscheidungen als zu erklärende Outputvariable zugrunde

[17] Vgl. insb. Howard, Sheth, 1969; von Rosenstiel, Ewald, Bd. 1 und 2, 1979; Weinberg, 1981; Engel, Blackwell, 1982; Kroeber-Riel, 1984; Bänsch, 1986; Müller-Hagedorn, 1986 (in seiner Aufmachung didaktisch als Lehrbuch konzipiert); Behrens, G., 1988.

gelegt. Die Komplexität der Variablenbeziehungen verhindert bei diesen Modellen angesichts der verfügbaren Analysetechniken eine empirische Überprüfung, so daß sie innerhalb der Theorienbildung eher eine strukturvermittelnde Rahmenfunktion haben. Innerhalb dieses Ansatzes werden Systemmodelle, die Beziehungsstrukturen der Variablen darstellen, und Stufenmodelle, die psychische Prozesse abbilden[18], unterschieden. Beide Modellarten beziehen sich in ihren grundlegenden Ausprägungen auf *extensive* Entscheidungsprozesse.

Zu (1.1): Aus der Fülle von *Systemen endogener Variablen* sei wegen ihrer vielfältigen Anwendbarkeit und Aussagekraft die Einteilung von Kroeber-Riel [1984, S. 43] in aktivierende und kognitive Prozesse hervorgehoben [Schaubild I, 4.7]. Als aktivierend bezeichnet er solche Vorgänge, „... die mit inneren Erregungen und Spannungen verbunden sind", und denen er die endogenen Variablen Emotion, Motivation und Einstellung zuordnet[19]. Mit kognitiven Prozessen sollen Erkenntnisbildung und gedankliche Informationsverarbeitung erfaßt werden, denen Wahrnehmung, Entscheidung, Lernen und Gedächtnis als Variablen zugrundeliegen. Beide Prozesse werden von Innen- oder von Außenstimuli ausgelöst. Die meisten psychischen Vorgänge enthalten sowohl aktivierende wie kognitive Elemente und sind nur nach jeweiliger Dominanz dem einen oder anderen Variablensystem zuzuordnen.

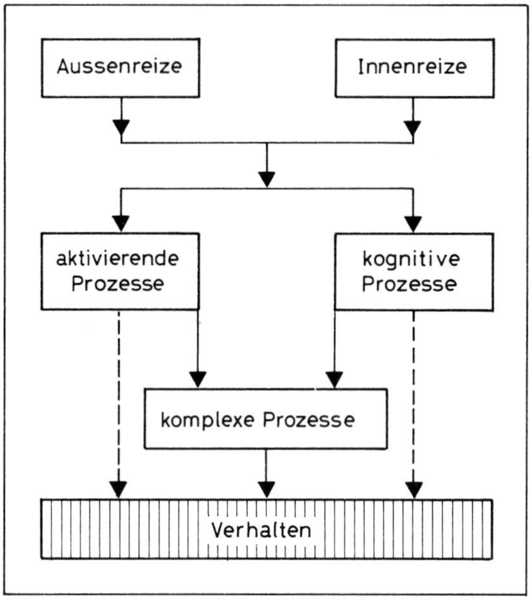

Schaubild I, 4.7:
System psychischer Variablen in einem neo-behavioristischen Systemmodell des Konsumentenverhaltens
[Quelle: Kroeber-Riel, 1984, S. 44]

Zu (1.2): In *Stufenmodellen* werden hypothetische psychische Vorgänge als Ablauf interpretiert; und sie entsprechen dem Denkmuster der betrieblichen Entscheidungstheorie [Schaubild I, 4.8]:

Zu (2): In *Partialmodellen* werden Erklärungen *ausgewählter* Variablenbeziehungen behandelt. In der Regel wird ein hypothetisches Konstrukt (Beispiel: Einstellung) zu einem Stimulus (Beispiel: Preis) und einer Outputvariablen (Beispiel: Preisverhalten) in Beziehung gesetzt. Die inhaltliche Begrenzung ermöglicht empirische Tests und verbessert insofern auch die empirische Re-

[18] Zentrale Bedeutung für die Entwicklung von Systemmodellen haben Howard, Sheth, 1969, und von Stufenmodellen Engel, Blackwell, 1968, 1982.

[19] Eine der wichtigen Leistungen Kroeber-Riels liegt darin, die wissenschaftliche Aufmerksamkeit ganz wesentlich auf die große Bedeutung der aktivierenden Prozesse gelenkt zu haben.

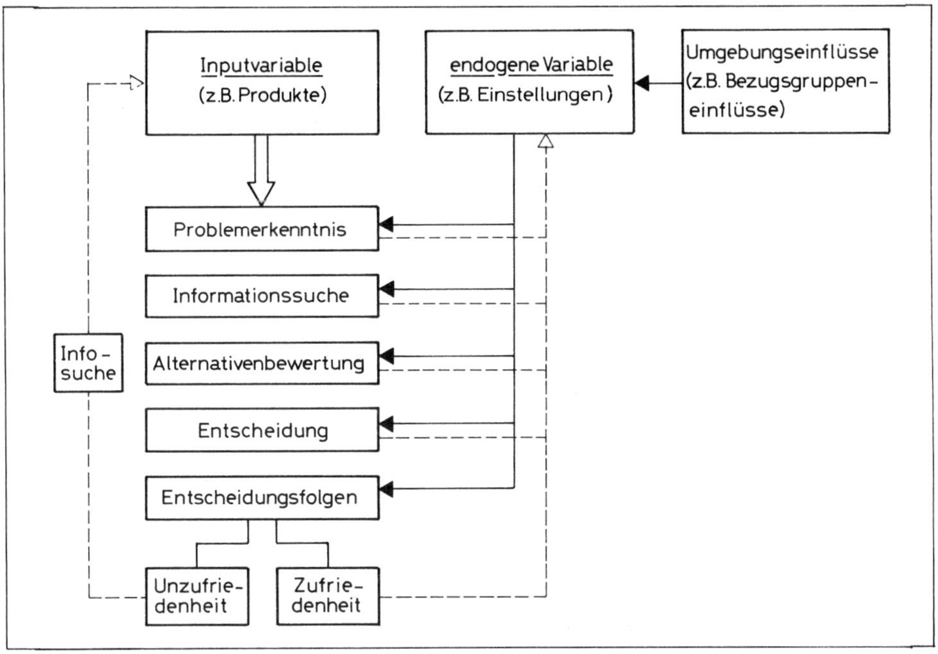

Schaubild I, 4.8: Variablenklassen in einem Stufenmodell für einen extensiven Konsum-Entscheidungsprozeß [Quelle: Engel, Blackwell, 1982, S. 500, mit eigenen Veränderungen]

levanz. Die Gefahr von Partialmodellen liegt darin, daß sich die Forschung zu einer fragmentarischen und heterogenen Ansammlung theoretischer Versatzstücke entwickelt.

Dieser verkürzte Überblick zeigt, daß die derzeitig verbreitete und anerkannte Konsumverhaltensforschung nach *neo-behavioristischer* Denkweise vorrangig dem *Paradigma* des *Konsumenten* als *Stimulusempfänger* folgt (S-O-R-Schema). Indem sich das Forschungsinteresse im Prinzip darauf richtet, bei den Konsumenten Reaktionsfunktionen für Marketingmaßnahmen zu ermitteln, werden sie zugleich in einer lediglich *passiven* Marktrolle gesehen. Zwar gibt es in den Modellen auch immer Rückkopplungsmechanismen von einem geänderten Konsumentenverhalten hin zu einer Stimulusvariation, dennoch verfestigt sich das beschriebene Denkmuster der Rollenverteilung zwischen einem aktiven Anbieter und einem primär passiven Nachfrager. Dieses Denkmuster transportiert auch im Rahmen der Marketingforschung, -lehre und -praxis Werthaltungen, nämlich insb. eine eher *objekthafte Einstellung* dem *Konsumenten* gegenüber.

Interessante Erkenntnisse und eine Korrektur dieser Werthaltung innerhalb des mit Marketing befaßten Personenkreises könnte eine stärkere Betonung der *aktiven* Komponenten des Konsumenten bewirken[20].

In einer *Umkehrung* des *S-O-R-Schemas* können die Konsumenten in der Rolle des *Stimulusgebers* problematisiert werden [Schaubild I, 4.9]. Das Forschungsinteresse richtet sich dann auf die Frage, in welchen Formen und unter welchen Bedingungen der Konsument aktiv wird. Als wichtigste aktive Handlungsformen im Marktgeschehen unterscheidet Hirschman [1974] die inzwischen sehr verbreiteten Kategorien *„Abwanderung"* und *„Widerspruch"* (z. B.: Beschwerde). Dieses alternative Systemmodell des Konsumentenverhaltens eröffnet die Möglichkeit, die *Unternehmung* des *Anbieters* in ihren *Reaktionsstrukturen* zu betrachten[21].

---

[20] Zum aktiven Konsumenten vgl. Specht, 1979.

[21] Der Konsument in dieser aktiven Marktrolle und unterstützende bzw. reaktive Verhaltensformen der Anbieter sind Gegenstand eines umfangreichen Forschungsschwerpunktes der Abtei-

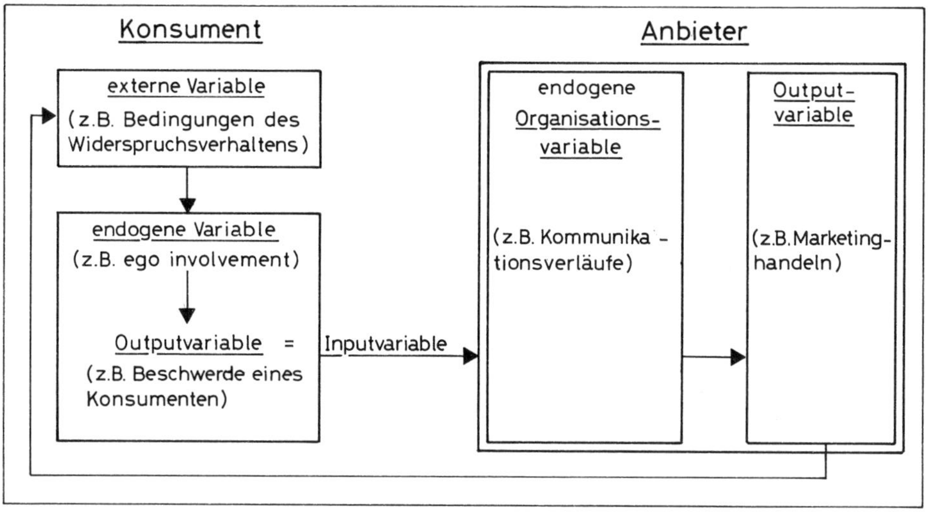

Schaubild I, 4.9: Der aktive Konsument als Stimulusgeber

4212 Träger von konsumrelevanten Entscheidungen

Marktbeziehungen zu den Konsumenten entstehen dadurch, daß sie potentielle Käufer und damit *Umsatzträger* eines Unternehmens sind. Speziell im dienstleistenden Handel ergibt sich eine weitere Beziehung dadurch, daß sie sich vorübergehend in das Erscheinungsbild des Ladens integrieren und damit zum *Träger* der *Ladengestalt* werden.

Die Gestaltung dieser Marktbeziehungen zu den Konsumenten erfordert eine Klärung der Fragen:

(1) Wer ist Träger von konsumrelevanten Entscheidungen?
(2) Welche Merkmale sind für die Beschreibung und Typologisierung von Konsumenten maßgeblich?

Nur auf dieser Informationsgrundlage ist ein zielgruppenorientierter Marketingeinsatz möglich.

Zu (1): In der Literatur werden die Begriffe „Konsument" und „Käufer" häufig synonym verwendet. Als Konsument gilt i. d. R. der *individuelle potentielle Käufer.* Diese verbreitete Sichtweise ist etwas eng. Viele Konsumgüter werden nämlich in Haushalten bzw. Lebensgemeinschaften konsumiert, so daß an den Konsumentscheidungen mehrere Personen mit unterschiedlichen Rollen beteiligt sind (Beispiel: Käufer, Verwender bzw. Nutzer, Beeinflusser). Mit Ausnahme einiger Monographien [z. B. Ruhfus, 1976] wird dieser Tatbestand in der Konsumverhaltensforschung weni-

lung Markt und Konsum an der Universität Hannover. Vgl. in diesem Zusammenhang zum Beschwerdeverhalten Wimmer, 1985, S. 225ff; Hansen, Schoenheit (Hrsg.), 1987; zur dialogischen Kommunikation zwischen Konsument und Anbieter Hansen, Raabe, Schoenheit, 1988; zur Einrichtung von Verbraucherabteilungen Hansen, Schoenheit (Hrsg.), 1985; Stauss, 1985, S. 65ff; zum Beschwerdemanagement Riemer, 1986.

ger beachtet als in der entsprechenden Verhaltensforschung über gewerbliche Nachfrager [Weinberg, 1981, S. 88]. Die Beteiligung mehrerer Personen wird nicht als kollektiver Entscheidungsprozeß, sondern als sozialer Stimulus auf einen ansonsten individuellen Entscheidungsprozeß interpretiert.

Zu (2): Der Beschreibung und Typologisierung[22] der Konsumenten liegt das zentrale Interesse zugrunde, über die Unterscheidung von Konsumententypen auf verschiedene Formen des Verhaltens schließen zu können. In diesem Sinne ist es erforderlich, daß alle verwendeten Merkmale zur Beschreibung der Konsumenten einen Bezug zu dem marketingrelevanten Verhalten haben.

Drei Kriteriengruppen werden in der Literatur diskutiert[23] [Schaubild I, 4.10]:

1. Vordergründig werden Konsumenten nach sozio-ökonomischen und demographischen Faktoren unterschieden[24]. Diese haben als Typologisierungskriterien verhaltensrelevante Aussagekraft, soweit sie das Marktverhalten determinieren[25]. In der Tradition der Konsumverhaltensforschung standen sie lange Zeit wegen ihrer relativ leichten Zugänglichkeit und Meßbarkeit im Vordergrund.

2. Da sozio-ökonomische und demographische Merkmale in ihrer Prognosefähigkeit beschränkt sind, insb. wenn subtilere Informationsbedürfnisse über das Konsu-

---

[22] Vgl. zu den methodologischen Grundlagen der Typologie Kap. I, 43 am Beispiel der Warentypologie. In diesem Bereich ist das typologische Verfahren am weitesten ausgereift.

[23] Vgl. hierzu vertiefend die Literatur zur Marktsegmentierung: Bauer, E., 1976; Willmann, 1979; Freter, 1983, insb. S. 45ff; Kuhn, W., 1984, S. 51ff.

[24] Vgl. die Gruppe der exogenen Variablen in Schaubild I, 4.6.

[25] Aussagebeispiel: „Männer kaufen mehr Sonderangebote als Frauen“.

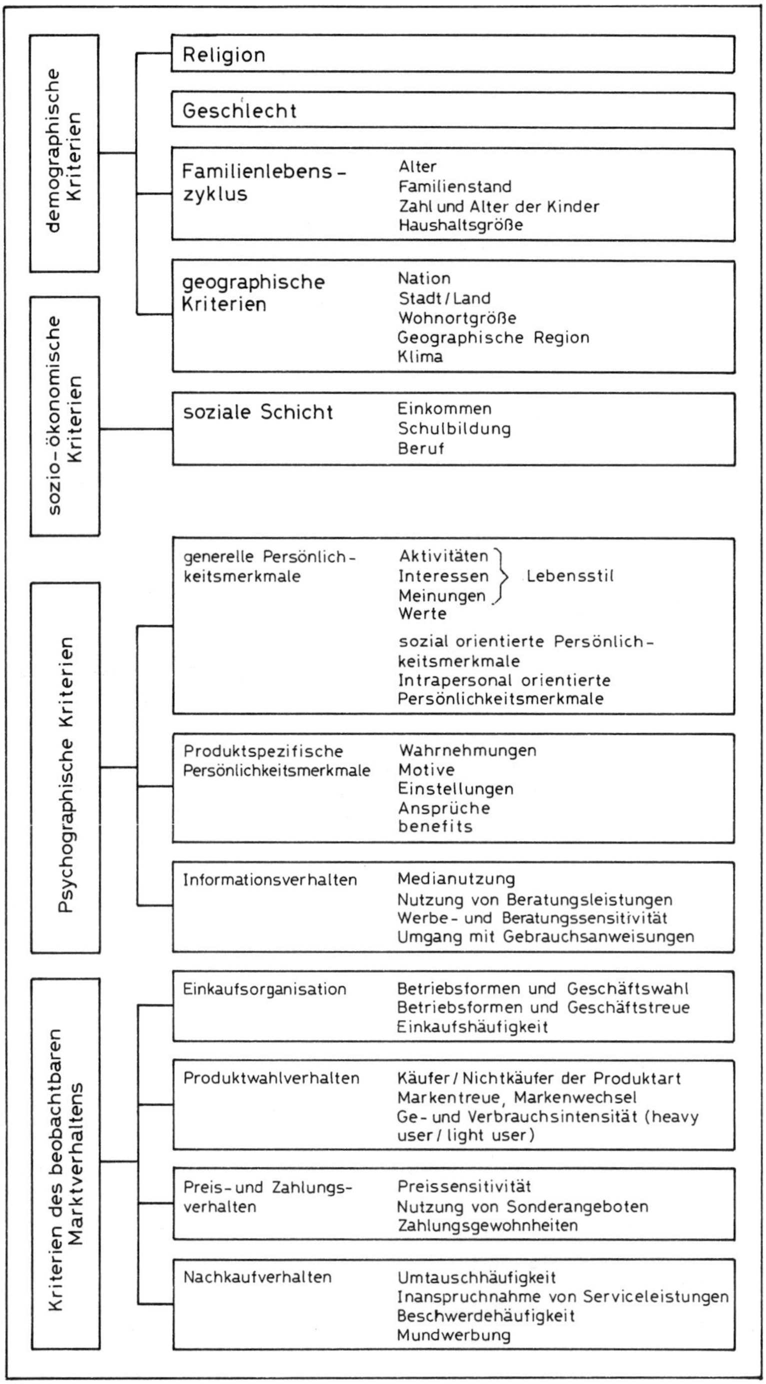

Schaubild I, 4.10: Kriterien für die Typologisierung von Konsumenten [Quelle: Freter, 1983, S. 46; Kuhn, 1984, S. 55f, mit eigenen Änderungen]

mentenverhalten bestehen, wurden zunehmend psychographische Merkmale herangezogen, wie z. B. Einstellungen, Interessen usw.[26]. Diese werden auf der Basis verhaltenswissenschaftlicher Forschungen in kausale Beziehung zum Konsumentenverhalten gesetzt und sind dann eher geeignet, im Rahmen einer Konsumententypologie marketingrelevante Aussagen über das Konsumentenverhalten zu liefern[27]. Besondere Aussagekraft haben „Ansprüche" als psychographisches Merkmal[28]. Es handelt sich hier um ein hypothetisches Konstrukt, das — dem Merkmal „Interesse" vergleichbar — intentionalen Charakter hat und damit für den Handel als Anbieter präskriptive Eigenschaften aufweist. Gleichzeitig ist es aber relativ leicht zu erfassen, da es konkret auf Markthandlungen bezogen ist.

Dem Anspruchskonzept ähnlich ist die Typologisierung nach *„benefits"*. Danach unterscheiden sich Konsumenten nach den Vorteilen, die sie in einer Marktleistung vermuten und die dann ihr Marktverhalten beeinflussen[29].

3. Schließlich kann auch eine direkte Typologisierung der Konsumenten nach ihrem *primär interessierenden Marktverhalten* vorgenommen werden[30]. Derartige Verhaltenskriterien haben den unmittelbarsten Bezug zu der Gestaltungsproblematik des Marketingeinsatzes.

4213 Marktbeziehungen auf der Basis von Segmentierungsprozessen

Jedem Einzelhändler ist eine Gruppe von Konsumenten im Marktweg nachgeordnet, die er als seine Klientel im Markt versorgt[31]. Der Konsumentenmarkt ist also in bezug auf die Einzelhandelsunternehmen in Gruppen bzw. Segmente aufgespalten. Das erklärt sich aus der Heterogenität des Leistungsangebots der Einzelhändler einerseits[32] und aus der vorangehend erörterten Heterogenität der Konsumentenanforderungen andererseits.

Jedes spezifische Leistungsbündel eines Anbieters kann nur den Anforderungen eines beschränkten Kundenkreises entsprechen[33]. Bezogen auf den Einzelhandel wäre ein Marktsegment demnach eine Konsumentengruppe, deren Anforderungen an bestimmte Verhaltens- und Strukturmerkmale der Anbieter gleichgerichtet sind. Die

---

[26] Vgl. auch die Gruppe der endogenen Variablen in Schaubild I, 4.6.

[27] Aussagebeispiel: „Eine positive Einstellung zu einem Händler fördert die Akzeptanz seiner Werbeaussagen".

[28] Ansprüche werden als Typologisierungskriterien vorgeschlagen und ausgearbeitet von Küthe, 1980, S. 11ff und Koppelmann, 1982, S. 165ff.

[29] „The belief underlying this segmentation strategy is that the benefits which people are seeking in consuming a given product are the basic reasons for the existence of true market segment" [Haley, 1968, S. 31].

[30] Aussagebeispiel: „Kunden von Warenhäusern benutzen seltener beim Einkauf das Auto als Kunden von Verbrauchermärkten". Vgl. auch die Outputvariablen in Schaubild I, 4.6.

[31] In Kap. I, 2324 wurde dieser Aspekt mit dem gatekeeper-Konzept erklärt.

[32] „Every business firm occupies a position which is in some respects unique. Its location, the product it sells, its operating methods, or the customers it serves tend to set it off in some degree from every other firm" [Alderson, 1957, S. 101].

[33] „The process of segmentation in retailing assumes that a retail concern cannot normally hope to be all things to all people — that it cannot normally succeed in serving everyone in such a general way that it serves no one specifically" [Gist, 1968, S. 134].

Gruppe ist in jenen Merkmalen homogen, die Grundlage dieser gleichgerichteten Anforderungen sind. Ein Marktsegment, an dem ein Einzelhändler seine Marktaktivitäten ausrichtet, bildet seine Zielgruppe. Für jene Marktsegmente, deren Anforderungen so gut mit den Merkmalen des Anbieters korrespondieren, daß sie ihn für bestimmte Kaufobjekte als gatekeeper akzeptieren, kann der *ökologische Nischenbegriff* herangezogen werden. Als Nische in der Außenwelt eines Lebewesens gilt jener Teilbereich, dessen Faktorsystem sich günstig mit dem System seiner Organisations- und Verhaltensmerkmale deckt und ihm daher seine Existenz ermöglicht oder verbessert. Die Nische ist dort am sichersten, wo das Ineinandergreifen der beiden Systeme die bestmögliche Kongruenz erreicht. Ein als Zielgruppe ausgewähltes Marktsegment wird also nur dann zu einer Marktnische, wenn eine Übereinstimmung von Angebotsmerkmalen und den betreffenden Konsumentenanforderungen besteht [Konert, 1986, S. 21ff].

Angesichts der Heterogenität von Anbietern und Nachfragern ist ein ständiger *bilateraler Suchprozeß* notwendig, damit sich jedem Einzelhandelsunternehmen ein Marktsegment mit Anhängern zuordnet, deren Anforderungen am besten mit seinem Angebot korrespondieren. Das kann jedoch nur bei Vorliegen vollkommener Informationen auf beiden Marktseiten optimal gelingen. Damit wird deutlich, daß bei der Strukturierung des Konsumentenmarktes nach Marktsegmenten die Marktinformation eine wesentliche Rolle spielt.

Mit Marktsegmentierung wird also der Prozeß bezeichnet, durch den sich ein Gesamtmarkt in Teilmärkte aufteilt, die in gewissen Merkmalsausprägungen homogen sind. Vom Standpunkt eines Einzelhändlers aus gesehen, kann dieser Prozeß zum einen spontan und von ihm quasi ungewollt ablaufen, zum anderen durch ihn planvoll gesteuert werden. Marktsegmentierung ist also aufzufassen als

(1) automatischer Marktstrukturierungsprozeß oder als
(2) unternehmerischer Marktsteuerungsprozeß.

Zu (1): Sobald ein Einzelhandelsunternehmen im Markt aktiv wird, beginnt eine Marktsegmentierung auch dann, wenn es seinen Markt nicht kennt und eine solche nicht beabsichtigt. Vom Zeitpunkt der ersten Konfrontierung mit den Konsumenten an strukturiert sich das Marktfeld praktisch wie ein Magnetfeld spontan nach *Anhängern* (seine Nische), *Ablehnern, Indifferenten* und *Uninformierten.* Der anfangs hohe Anteil von Uninformierten wendet sich mit zunehmendem Informationsgrad einer dieser Gruppen zu. Da ständige Änderungen in dem Gesamtmarkt zu erwarten sind, ist dieser Segmentierungsprozeß nie abgeschlossen.

Ein Einzelhändler, der sich dieser spontanen Marktsegmentierung passiv und ohne genaue Kenntnis über die potentiellen Abnehmer seiner Leistungen überließe, liefe Gefahr, seine Aktivitäten nicht gezielt genug einzusetzen und damit keine anhaltende Kongruenz zwischen den Anforderungen seiner Anhänger und den Merkmalen seines Angebots zu erreichen, wodurch das Vordringen der Konkurrenz erleichtert würde.

Zu (2): Selten agieren Einzelhändler in völliger Unkenntnis des Marktes, sie versuchen vielmehr aufgrund von intuitiven Erfahrungswerten oder durch systematische Marktanalysen die Eigenschaften der von ihnen angesprochenen Marktsegmente zu erkennen bzw. bei Neueintritt in den Markt ihre Zielgruppen festzulegen, um das eigene Verhalten in allen Dimensionen darauf abstimmen zu können. Die Einzelhändler nehmen also mehr oder weniger *bewußt* eine Marktsegmentierung vor. Diese stellt als planvoller Marktsteuerungsprozeß in seiner Komplexität ein strategisches Problem dar, das daher in Kap. IV, 31 eingehender behandelt wird.

4214 „Wirtschaftliche Qualität" als Bezugspunkt des Konsumentenverhaltens

Die verschiedenen Verhaltensbereiche der Konsumenten bilden den Gegenstand der folgenden Kapitel. Dabei steht nicht das Konsumentenverhalten generell zur Diskussion, sondern nur soweit der Handel darin eine Rolle spielt. Der Begriff der *„wirtschaftlichen Qualität"* [Schaubild I, 4.6] wird als Bezugspunkt für die Entwicklung der verschiedenen Verhaltensbereiche herangezogen:

Nach einer inzwischen anerkannten These von Abbott wollen Verbraucher „... nicht Güter, sondern befriedigendes Erleben" [Abbott, 1958, S. 43]. Damit ist gesagt, daß sich die Nachfrage nach Produkten immer auf deren Eignung zur Befriedigung bestimmter Bedürfnisse oder zur Vermittlung von erwünschtem Erleben bezieht. Die Produkteignung bzw. Brauchbarkeit für bestimmte Zwecke nennt man *Produktqualität*[34]. Der Begriff Qualität kann nach dieser Interpretation *positive* und *negative Eignung* umschreiben. Wird die Qualität eines Produktes zu seinem Preis in Beziehung gesetzt (Q:P), so erhält man einen mit dem „wirtschaftlichen Opfer" relativierten Qualitätsausdruck, der als *wirtschaftliche Qualität* bezeichnet wird [Rieger, 1962, S. 75f].

Die Produkte müssen von den Konsumenten beschafft werden, so daß die Modalitäten zu berücksichtigen sind, unter denen sie zu den Konsumenten gelangen. In der Verbrauchervorstellung verbinden sich mit dem Produkterleben auch Eindrücke aus dem Einkaufsvorgang; das *Beschaffungserleben* fließt also in das Produkterleben als *Teilqualität* ein. Damit können bei der Marktentnahme einerseits die beiden Komplexe der Produktqualität i. e. S. und der Beschaffungsqualität unterschieden werden. Andererseits verursacht die Beschaffung von Produkten bei den Konsumenten einen bestimmten Einsatz an physischer und geistiger Beschaffungsmühe, die in Form *subjektiver Beschaffungskosten* bewertet werden kann. Dazu gehören z. B. Anstrengungen für die Informationsbeschaffung, Transportkosten, bewerteter Zeitaufwand für die Beschaffungsaktivitäten. Je höher die von den Unternehmen gebotene Beschaffungsbequemlichkeit ist (Beispiel: ubiquitär vertriebene Markenartikel), desto geringere subjektive Beschaffungskosten fallen für die Verbraucher an.

Der Ausdruck der wirtschaftlichen Qualität eines Produktes muß also im Zähler um den Nutzenfaktor der Beschaffungsqualität und im Nenner um den Opferfaktor der subjektiven Beschaffungskosten erweitert werden. Damit ergibt sich ein um den Beschaffungsmodus erweiterter Begriff der wirtschaftlichen Qualität, der die Handelssphäre mit einbezieht.

Dieser Begriff bezieht sich auf den abgeschlossenen Kaufakt im Handel. Wird nun die sich anschließende Konsumphase einbezogen, so ergeben sich als weitere Komponenten die Nachkaufqualität und die Nachkaufkosten:

---

[34] Die verschiedenen Literaturauffassungen zu dem sehr problematischen Qualitätsbegriff stellt Kawlath,1969, S. 16ff, dar.

$$\text{wirtschaftliche Qualität} = \frac{\text{Produktqual.} + \text{Beschaffungsqual.} + \text{Nachkaufqualität}}{\text{Produktpreis} + \text{subj. Beschaffungskosten} + \text{Nachkaufkosten}}$$

Die einzelnen Komponenten dieses Ausdrucks wirken aufeinander ein und haben je nach Produktart und Konsumententyp unterschiedliche Bedeutung. Obwohl der Quotient als subjektive Wertgröße mangels genereller Meßbarkeit keine operationale Basis für die Marketing-Aktivitäten des Einzelhandels bietet, ist mit ihm ein Erklärungsansatz für das Zustandekommen von Marktbeziehungen und für die Verhaltensbereiche der Konsumenten als Ansatzpunkte des Marketing gefunden.

Aus den Elementen der wirtschaftlichen Qualität lassen sich nun folgende Verhaltensbereiche ableiten:

— Produktqualität (einschl. Verpackung und Markierung)	→ Produktverhalten
— Produktpreis	→ Preis- und Zahlungsverhalten
— Beschaffungsqualität/ subj. Beschaffungskosten	→ Informationsverhalten/ Einkaufsgestaltung
— Nachkaufqualität/Nachkaufkosten	→ Nachkaufverhalten

Diese Gliederung des Konsumentenverhaltens entspricht weitgehend der Aktionsbereichsstruktur auf der Anbieterseite, so daß damit die Komplementarität in den Marktbeziehungen deutlich gemacht werden kann. Die Verhaltenskomplexität führt dazu, daß leichte Überschneidungen zwischen den Bereichen nicht verhindert werden können. Im folgenden werde ich für jeden dieser Bereiche Grundstrukturen und einige ausgewählte und aktuelle Forschungsergebnisse über Verhaltenstendenzen referieren, um sie damit als Aktionsrahmen für das händlerische Marketing zu skizzieren. Dabei werde ich diese Bereiche des Konsumentenverhaltens zunächst als sog. *„extensives“* Markthandeln darstellen, nämlich als komplexe Situation der Problemlösung. Andere wichtige Typen des Markthandelns, wie habitualisiertes Verhalten oder Impulskaufverhalten werden in Kap. I, 4219 behandelt.

4215 Informationsverhalten

Das Informationsverhalten hat eine alle übrigen Verhaltensbereiche übergreifende Bedeutung. In Kenntnis dieser besonderen Stellung im Rahmen des Markthandelns von Konsumenten wird das Kaufentscheidungsverhalten oft als Informationsverhalten schlechthin interpretiert [Silberer, 1981, S. 27]. Gegenstände der Information bilden für den Konsumenten die Produkte, Preise und sonstige Konditionen des Angebots und die Einkaufsstätten. Diese werden in zweifacher Hinsicht Informationsgegenstand, nämlich zum einen dienen sie als Informations- und Beschaffungsquelle für Produkte und zum anderen können sie selbst Erlebnisquelle sein [Schaubild I, 4.11].

Der Aufwand der Informierung ist als Teil der subjektiven Beschaffungskosten zu interpretieren. Als Informationen werden nicht nur Sachaussagen aufgefaßt, die von dem Empfänger thematisiert und *bedacht* werden müssen („thematische Information“), sondern auch Anmutungen und Gefühlsansprachen, die ichfern *erlebt* werden

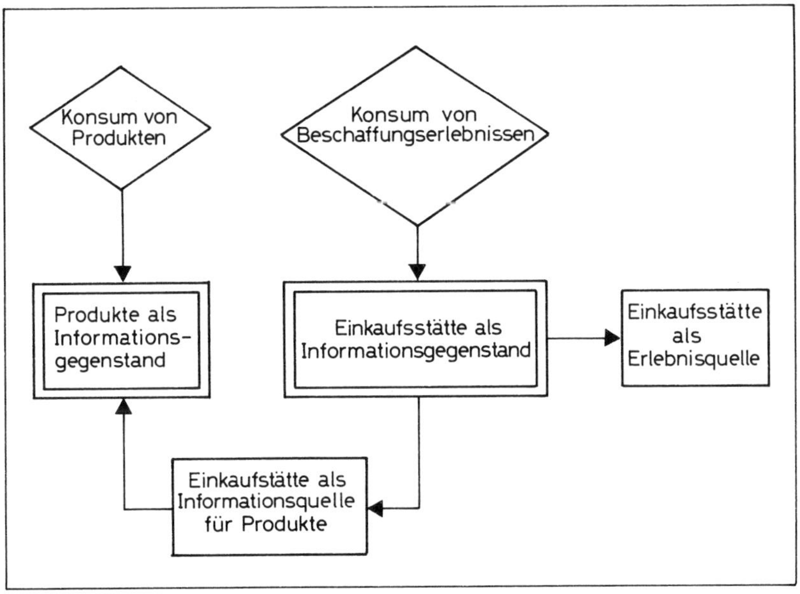

Schaubild I, 4.11: Informationsgegenstände der Konsumenten

und eher dem Bereich aktivierender Prozesse zuzuordnen sind („unthematische Information")[35].

42151 Leitprinzipien

Angesichts der Fülle von Forschungsansätzen und -ergebnissen sind für ein grundlegendes Verständnis zwei Leitprinzipien hilfreich, die Silberer [1981, S. 51ff] als Basiselemente eines allgemeinen theoretischen Bezugsrahmens darstellt. Sie werden um ein von Kroeber-Riel verfolgtes drittes Prinzip erweitert. Es handelt sich dabei um das

(1) Kapazitätsprinzip,
(2) Gratifikationsprinzip,
(3) Aktivierungsprinzip.

Zu (1): Alle Prozesse des Informationsverhaltens fordern zeitliche, physische, psychische und ökonomische Ressourcen und sind insofern in ihren Ausprägungen von den vorhandenen Kapazitäten abhängig. Insbesondere sind die *geistigen Kapazitäten* des Menschen zur *Informationsverarbeitung* mehr oder weniger beschränkt und beeinflussen damit die Gestaltung von Informationsprozessen. Die Rückführung des

[35] Thematische Informationen werden bewußt aufgenommen und kognitiv verarbeitet (Beispiel: Mitteilung über eine Produktfunktion). Dagegen werden unthematische Informationen auf der Gefühlsebene vermittelt und bedürfen keiner bewußten Verarbeitung (Beispiel: Vermittlung einer Information durch die Schriftzüge der Verpackung) [Brückner, 1967, S. 38ff].

Informationsverhaltens auf *Kapazitätsgrenzen* beruht auf einem naheliegenden ökonomisch orientierten Kalkül, das allerdings in der ökonomischen Theorie lange nicht auf den Informationsbereich angewendet wurde. Es ist in der Lage, das unterschiedliche Informationsverhalten der Konsumenten auf einfache Weise zu erklären.

Zu (2): Das *Gratifikationsprinzip* (Streben nach Belohnung, Vermeidung von Strafen) ist auf eine ganz allgemeine Verhaltensmotivation zurückzuführen und kann auf den Informationsbereich angewendet werden, in dem Informationsbemühungen in Abhängigkeit von Gratifikationserwartungen gesehen werden. In der Konkretisierung von Gratifikationserwartungen finden sich Ergebnisse verschiedener Informationstheorien wieder. So kann die Gratifikation als Reduktion wahrgenommener Risiken (Risikotheorien), als Abbau von kognitiven Dissonanzen (Dissonanztheorien), als Zuwachs an sozialer Anerkennung (Bezugsgruppen- und Meinungsführerkonzepte) oder als Verbesserung des Konsumerfolgs interpretiert werden. Gratifikation kann darüber hinaus auch entstehen, wenn die Informationsgewinnung als sinnvolles Freizeiterlebnis betrachtet wird (shopping als Erlebnis, Lesen von Fachliteratur).

Das Gratifikationsprinzip ist nicht als generelles Rationalprinzip für Nutzenmaximierer zu verstehen, die ihre Belohnungen und Bestrafungen optimieren. Vielmehr bietet die Theorie im Detail Erklärungsansätze für die Frage, welche Gratifikationserwartungen bei welchen Konsumenten in welcher Konsumsituation das Informationsverhalten beeinflussen. So ist zum Beispiel erklärbar, daß Konsumenten mit geringerer Bildung weniger Konsumrisiken und damit zugleich weniger Belohnungen ihrer Informationsbemühungen sehen.

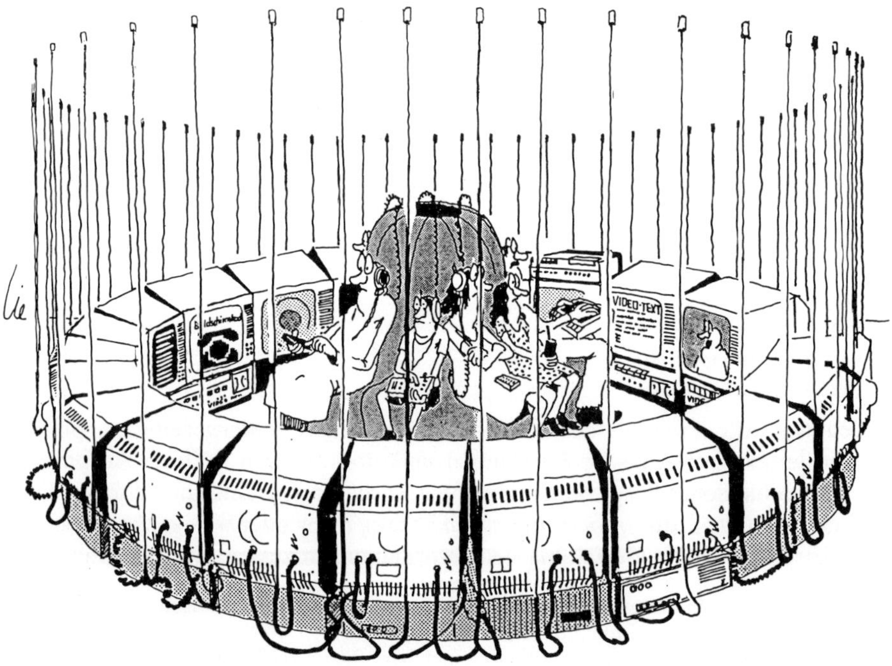

Die Informationsgesellschaft

Langfristig betrachtet verbinden sich die beiden Leitprinzipien in der Weise, daß aufgrund von Gratifikationserwartungen die Kapazitätsgrenzen verändert werden können. Beide Leitprinzipien verweisen insb. auf *Grenzen* der Informationsbereitschaft, die dazu führen, daß das Ziel optimaler Konsumentscheidungen mit dem *Entlastungsstreben* der Menschen konkurriert. Sie öffnen den Blick für einen generellen Konflikt unserer oft schon als Informationsgesellschaft bezeichneten Welt, der aus steigenden Informationsangeboten bei begrenztem Informationswillen und -bereitschaft der Individuen entsteht. Dieses wichtige Phänomen wird als *„information overload"* bezeichnet [u. a. Berndt, 1984, S. 187].

Zu (3): Die von Silberer benannten Leitprinzipien haben einen starken kognitiven Bezug, indem sie die Informationen vorrangig als Entscheidungsgegenstand des Konsumenten betrachten. Als Ergänzung ist daher die Beachtung des insb. von Kroeber-Riel verfolgten *Aktivierungsprinzips* des Informationsverhaltens nützlich. Danach sind Informationsverarbeitungsprozesse, wie z. B. Wahrnehmung und Lernen, ganz wesentlich von dem Aktivierungsgrad eines Individuums abhängig. Angesichts zahlloser und vielfältiger Reize der Umwelt muß das Individuum selektieren (*Prinzip selektiver Wahrnehmung*). Die aktivierenden Prozesse bestimmen Intensität und Selektivität der Wahrnehmung [Kroeber-Riel, 1984, S. 261]. Ebenso ist das Lernen als weiteres Element der Informationsverarbeitung von aktivierenden Komponenten, wie z. B. dem ego involvement beeinflußt [Kroeber-Riel, 1984, S. 387f], indem ein hohes involvement, d. h. starke persönliche Beteiligung des Konsumenten, bessere Gedächtnisleistungen bewirkt.

42152 Informationsquellen

Dem Konsumenten stehen verschiedene Informationsquellen zur Verfügung, und er gelangt in den Besitz der von ihm als notwendig erachteten Informationen, indem er selektiv von diesen Informationsquellen Gebrauch macht. Dazu gehören *Produkte* und *Personen* bzw. *Institutionen* [Schaubild I, 4.12], die zweckmäßig nach ihrer *Interessengebundenheit* und ihrer *Institutionalisierung* untergliedert werden können [Kuhlmann, 1974, S. 877]. Die Interessengebundenheit ist ein zentraler Wirkungsfaktor der Kommunikation, weil sie die wahrgenommene Glaubwürdigkeit und diese wiederum das Kommunikationsergebnis beeinflußt: „Mit zunehmender Glaubwürdigkeit des Kommunikators steigt die Wahrscheinlichkeit, daß eine Kommunikation wirksam wird" [Kroeber-Riel, 1984, S. 501]. Die Institutionalisierung hat als Unterscheidungskriterium für die Informationsquellen insb. aus Gründen der Erfaßbarkeit Bedeutung.

Die im folgenden kurz charakterisierten Informationsquellen kennzeichnen sich durch die unterschiedliche Anwendung von Kommunikationsarten. Hier sind grundsätzlich *einseitige* („one-way") und *zweiseitige* („two-way") Kommunikatinsarten zu unterscheiden. Einseitige Kommunikation erfolgt über Produkte oder Publikationsmedien ohne direkte Rückmeldungen über den Informationsempfang. Die zweiseitige Kommunikation dagegen beruht auf persönlicher Gesprächsbasis und ermöglicht durch wechselseitiges Reagieren während des Kommunikationsvorgangs eine laufende Anpassung der Informationsabgabe an die Aufnahmefähigkeit des Empfängers.

Zweifellos ist diese Form wegen ihrer individuellen Abstimmungsmöglichkeit wirkungsvoller, es sei denn, negative persönliche Einflüsse des Kommunikationssenders stehen dem entgegen. Die zweiseitige Kommunikation ist i. d. R. das Gespräch. Allerdings ermöglichen neue Medien wie Bildschirmtext neue dialogische Formen der Kommunikation.

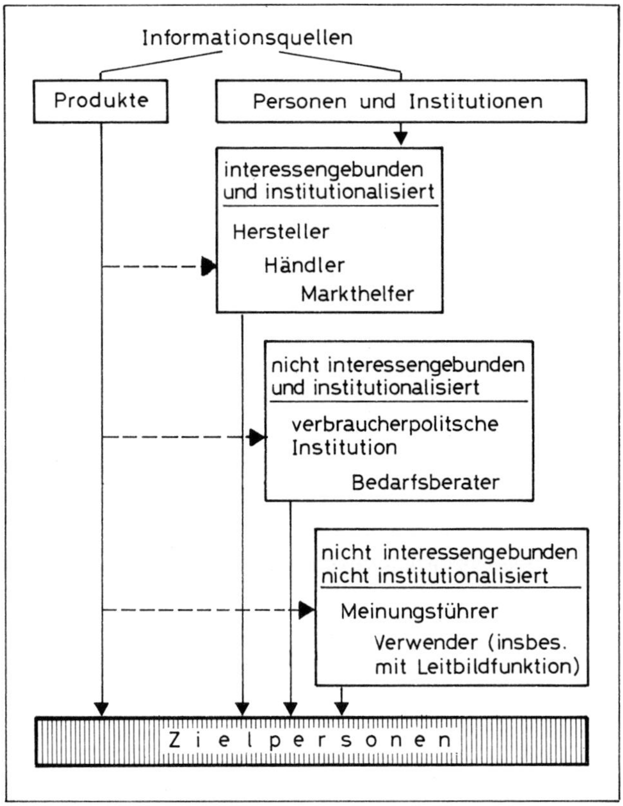

Schaubild I, 4.12: Informationsquellen der Konsumenten

Produkte

Jedes Produkt ist ein *Kommunikationsmedium*[36]. Es gibt dem Verwender Informationen über seine Beschaffenheit, und zwar vor oder beim Kauf oder während des Ge- oder Verbrauchs. Die Informationen des Produktes über sich selbst sind äußerst

[36] „Jemand, der eine Sache sieht und sie als Produkt der Firma X erkennt, hat an einem Kommunikationsereignis teilgenommen" [Cherry, 1967, S. 304f].

vielfältig und betreffen alle sinnlich wahrnehmbaren Wareneigenschaften, wie z. B. Farbe, Oberflächenstruktur, Geruch und teilweise auch die technische Funktionsweise sowie die stoffliche Zusammensetzung. Dazu können in weiterem Sinn Informationen gerechnet werden, die der Hersteller dem Konsumenten zusammen mit dem Produkt zukommen läßt, wie etwa durch aufgedruckte Gebrauchsanweisungen oder Angaben zur Zusammensetzung. Die sinnlich wahrnehmbaren und damit kommunikationsfähigen Produktqualitäten werden nach Ellinger als *„evident"* (wahrnehmbar) bezeichnet [Ellinger, 1966, S. 266]; *„latent"* (verborgen) sind dagegen jene Produkteigenschaften, die zwar objektiv vorhanden, jedoch für den Konsumenten nicht unmittelbar zugänglich sind, wie z. B. nicht direkt wahrnehmbare Ingredienzien oder Materialbestandteile. Das Maß an Evidenz bzw. Latenz von Produktqualitäten ist teils durch Produktbedingungen *vorgegeben,* teils von Hersteller und Handel *bestimmbar.* In seiner subjektiven Komponente ist es auch abhängig von den *Prädispositionen* der Verwender. Genau genommen gleicht nämlich keine Kontaktsituation zwischen Produkt und Konsument der anderen, da die Konsumenten mit unterschiedlichen Erfahrungen und Gewohnheiten, Kenntnissen und Einstellungen ausgestattet bzw. verschieden prädisponiert sind.

Interessengebundene, institutionalisierte Informationsquellen

Hersteller und Handel mit ihren Verkaufsinteressen bilden den Kern dieser Gruppe von Informationsquellen. Die *Hersteller* treten mit den Konsumenten — abgesehen von Produktpräsentationen in Ausstellungen oder eigenen Filialen im Einzelhandelsbereich — überwiegend durch einseitige Kommunikation in Form von Werbung in Kontakt. Diese Informationen werden den Konsumenten meist unverlangt vermittelt, die ihrerseits durch ein selektives Sichaussetzen („selective exposure") eine Informationsauswahl vornehmen. In Bereichen zunehmender Produktvielfalt und Werbeaktivitäten treten kommunikative Neutralisierungseffekte ein, die die Effizienz der Kommunikation mit Herstellern insgesamt abschwächen.

Der Kommunikationsweg über die *Einzelhandelsunternehmen* und *Markthelfer* enthält für die Konsumenten die drei Informationsmöglichkeiten durch Händlerwerbung, persönliche Verkaufsgespräche und Wareninspektion. Die Stellung der Einzelhändler als Kommunikatoren erwächst aus der Macht ihrer gatekeeper-Position. Ihre Informationswirkung verstärkt sich dort, wo wenig evidente Produktinformationen gegeben sind und die Wirkung der Herstellerwerbung durch gegenseitige Neutralisierung nachläßt. In Produktbereichen, in denen die Hersteller auf Sprungwerbung verzichten, liefern die Einzelhändler die einzigen kommerziellen Kommunikationswege zu den Konsumenten. Die Einzelhandelsunternehmen informieren zwar i. d. R. aus *wirtschaftlichem Eigeninteresse,* dennoch gelingt es ihnen teilweise, den Konsumenten den Eindruck von Neutralität und Sachverständigkeit aufgrund ihres Umgangs mit zahlreichen Produkten verschiedener Hersteller zu vermitteln. Die Sortimentszusammenstellung bietet eine bequeme Informationsselektion. Bedingt durch Präferenz für Bequemlichkeit in der Informationsgewinnung sind die Konsumenten oft bereit, den Einzelhändlern *Vertrauenspositionen* einzuräumen und sich von allen weiteren Mühen und Unsicherheiten der Informierung zu *entlasten,* indem sie die Kaufentscheidung ganz in den Laden ihres gatekeeper verlegen.

Nicht-interessengebundene, institutionalisierte Informationsquellen

Verbraucherpolitische Institutionen sehen in der Verbraucherinformation und -beratung eine ihrer zentralen Aufgaben [Kap. V, 31]. Testergebnisse der Stiftung Warentest und Informations- bzw. Beratungsangebote der Verbraucherzentralen und ihrer Beratungsstellen sind nicht-interessengebundene, institutionalisierte Informationsquellen, die zunehmend von den Konsumenten anerkannt und genutzt werden, wobei allerdings deutliche gruppenspezifische Unterschiede bestehen. Daneben gibt es diverse *Bedarfsberater*, die ohne unmittelbares wirtschaftliches Interesse als Informationsquellen für Konsumfragen dienen. Es handelt sich um Personen, die im Rahmen ihrer Ausbildung Wissen und Können in spezifischen Produktbereichen erlangt haben und durch ihre berufliche Stellung Gelegenheit zu offizieller Meinungsäußerung finden (Beispiele: Ärzte, Lehrer, Redakteure, private Testinstitute). Bedarfsberater nehmen ihre informativen Aufgaben mit *funktionaler Autorität* wahr, da ihr sozialer Einfluß vorrangig auf Sachverständigkeit beruht. Allerdings ist der Übergang von neutralen Bedarfsberatern zu wirtschaftlich interessierten Personen und Institutionen fließend, da auch ihnen mittelbare Vorteile, wie z. B. Festigung persönlicher Beziehungen oder Vergünstigungen verschiedener Art, aus einer Produktempfehlung erwachsen können. Bedarfsberater informieren durch einseitige Kommunikation (Beispiel: Testzeitschriften, Vorträge) oder durch persönliches Gespräch. Wirkungsvolle Bedarfsberatung kann die Stellung von Hersteller und Handel als Kommunikatoren empfindlich beeinträchtigen, sofern eine entsprechende Informationsbereitschaft bei den Konsumenten gegeben ist[37].

Nicht-interessengebundene, nicht-institutionalisierte Informationsquellen

Eine nicht zu unterschätzende Informationsquelle bieten schließlich die *Konsumenten untereinander*. Konsuminformationen durch Anbieter und Bedarfsberater gelangen nicht direkt an alle potentiellen Empfänger, sondern verbreiten sich wirkungsvoll über informelle Zwischenstationen, die als *Meinungsführer („opinion leaders")* bezeichnet werden. Diese zunächst als „two-step flow of communication" formulierte Hypothese[38] ist durch weitere Untersuchungen verfeinert worden, in denen sich eine komplizierte *Mehrstufigkeit* der Verbreitung von Nachrichten herausgestellt hat, bei der zahlreiche Meinungsführer verschiedener Kreise stufenweise Informationen in ihre jeweilige Umgebung hineintragen [Lazarsfeld, Menzel, 1973, S. 123]. Die Meinungsführer nehmen ihre Kommunikationsfunktion in Primärgruppen im Rahmen alltäglicher Kontakte zu ihrer persönlichen Umwelt vorwiegend durch zweiseitige Kommunikation wahr. Die persönliche Kommunikation unter Konsumenten (word-of-mouth-Werbung) wird von verschiedenen Autoren als eine der Massenkommunikation überlegene Informationsquelle angesehen [Kaas, 1973, S. 54ff]. Als Ursache werden genannt: größere Glaubwürdigkeit gegenüber kommerziellen Quellen, stär-

[37] Eine Chance der Verbraucherselbsthilfe gegen die Manipulationsabsichten der Anbieter liegt darin, neutrale Bedarfsberatung an solchen Positionen mit Multiplikatorenwirkung einzusetzen (Beispiel: Schulen), wo die Möglichkeit besteht, die Konsumenten auch unverlangt mit Konsuminformationen zu versehen, um damit mangelnde Informationsbereitschaft zu überwinden.

[38] „Ideas often flow *from* radio and print *to* the opinion leaders and *from* them to the less active sections of the population" [Lazarsfeld, Berelson, Gaudet, 1948, S. 151].

kere soziale Kontrolle hinsichtlich der Umsetzung des Kommunikationsinhalts und mehr Flexibilität in bezug auf den aktuellen Informationsbedarf.

Diese Bedeutung der *word-of-mouth-Werbung* (bzw. Mundwerbung) hat immer wieder die Frage nach der Identifizierbarkeit von Meinungsführern aufgeworfen [Kroeber-Riel, 1984, S. 555ff]. Meinungsführung ist aber nur ein gradueller Begriff, der das Maß an persönlichem Einfluß angibt. Sie haftet Personen nicht per se an, sondern ist situativ abhängig insb. von der Gruppe, in der sie ausgeübt wird. Das Identifikationsproblem entsteht also aus einer gewissen Durchschnittlichkeit der Meinungsführer. Gegenüber ihrer Gruppe scheinen sie sich mehr als andere den Massenmedien auszusetzen, mehr Kompetenz aufgrund eines ersichtlichen aktuellen Engagements zu haben und geselliger zu sein. Das Merkmal der Kompetenz führt zu der Annahme, daß Meinungsführung nicht generell, sondern produktspezifisch ausgeübt wird.

Neben den Meinungsführern stellen Verwender über die Präsentation von Produkten Informationsquellen dar. Hier sind *Personen* mit *Leitbildcharakter* (Beispiel: Politiker, Sport- und Filmstars) besonders wirkungsvoll, die aufgrund ihrer anerkannten und gegenüber ihren Anhängern erhöhten sozialen Positionen meist in unpersönlicher Form öffentlichen Einfluß ausüben.

Zusammenfassend ist festzustellen, daß die Einzelhandelsunternehmen *neben* Herstellern, Bedarfsberatern und verschiedenen Personengruppen innerhalb des Konsumbereichs eine mögliche Informationsquelle für die Konsumenten darstellen. Welche Rolle einem Einzelhändler als gatekeeper in den zur Verfügung stehenden Kommunikationswegen zugebilligt wird, hängt in der konkreten Beschaffungssituation eines Konsumenten von dessem spezifischen Informationsverhalten, von der Art des zu beschaffenden Produktes und von den Aktivitäten der übrigen Kommunikationsinstanzen ab.

42153 Informationsprozeß

Das Informationsverhalten wird in der Literatur mehr oder weniger einheitlich nach Phasen eingeteilt, wobei ein einzelner Informationsvorgang keineswegs alle Phasen durchlaufen muß. Es sind zu unterscheiden [Silberer, 1981, S. 28ff]:

(1) Wahrnehmung eines Informationsbedarfs und Informationsbeschaffung,
(2) Informationsverarbeitung (einschl. Speicherung),
(3) Informationsverwendung.

Diese Informationsphasen überlagern den Kaufentscheidungsprozeß.

Zu (1): Die Konsumenten entwickeln Informationsbedarfe[39] und versuchen, diese in Form von rezeptivem Informationsempfang oder durch aktive Suche nach Informationsquellen zu befriedigen. Dabei entstehen hinsichtlich der aufzusuchenden Informationsquellen selbst wiederum gesonderte, sozusagen vorgelagerte Informationsbedarfe[40]. Die Konkretisierung von Informationsbedarfen kann — wie oben gezeigt

[39] Zum Bedarf an Informationen vgl. die Arbeit von Dedler, 1984.

[40] Mit der Beurteilung und Nutzung von Informationsquellen beschäftigt sich insb. Katz, 1983.

— wesentlich durch Gratifikationserwartungen erklärt werden. Sie erfolgt gemäß *risikotheoretischer* Ansätze [zuerst Bauer, R. A. 1960] unter dem Aspekt, empfundene Kaufrisiken zu reduzieren. Nach der Zwei-Komponententhese, wie sie beispielsweise von Cunningham [1967, S. 265ff] verbreitet wurde, ist das subjektiv empfundene Kaufrisiko das Produkt aus der subjektiven Entscheidungsunsicherheit, d. h. der von den Konsumenten erwarteten Wahrscheinlichkeit der Nichterfüllung ihrer Konsumziele, und der Bedeutung, die sie den negativen Folgen einer Fehlentscheidung beimessen. Zu den Kaufrisiken werden allgemein gezählt: finanzielle, soziale (Einbuße an Sozialprestige), physische und gesundheitliche, funktionale (Gefahr mangelnder Funktionstüchtigkeit des Kaufobjektes) und psychologische(Gefahr der Unzufriedenheit) Risiken. Die Wahrnehmung dieser Teilrisiken variiert nach Produktart, Konsumententyp und Situation. Der Zuschnitt des Informationsbedarfs ist eine mögliche Risikoreduktionsstrategie unter anderen.

Nach *dissonanztheoretischen* Erklärungen [zuerst Festinger, 1957] resultiert der Informationsbedarf aus dem Bestreben des Menschen, bei Dissonanzerscheinungen (d. h. psycho-logischen Widersprüchen) durch eine entsprechende Selektion und Interpretation von Informationen ein inneres Gleichgewicht herzustellen. Die Dissonanz bestimmt also die inhaltliche Selektion von unterstützenden und abwertenden Pro- und Contrainformationen für eine Entscheidungssituation.

Zu (2): Die Informationsverarbeitung umfaßt innere Vorgänge der Wahrnehmung von Stimuli, Aktivierung von Gedächtnisinhalten und der Verknüpfung von Informationen zu Entscheidungen [Schaubild I, 4.13].

In diesem Bereich decken sich die Ebenen der Information und der Entscheidung — wie auch das Schaubild zeigt — weil Entscheidungen der Konsumenten als neutrale Prozesse letztlich auf dem Umgang mit Informationen beruhen. Das Individuum verbindet selektiv aufgenommene Informationen aus der Umwelt mit aktivierten Informationen des Langzeitgedächtnisses *(„evoked set")* im Kurzzeitgedächtnis. Weitreichende Bedeutung für das Marketing hat das „evoked set", das jenen Kreis von Objekten umschließt, die ein Individuum für eine Entscheidungssituation alternativ in Betracht zieht (d. h. also sein gespeichertes vereinfachtes Bild von der Welt). Die Verknüpfung der Informationen zu einer Entscheidung erfolgt innerhalb eines Modells, in dem faktische Prämissen (Handlungsalternativen und deren Konsequenzen), wertende Prämissen und präskriptive Prämissen (Handlungsinstruktionen) enthalten sind. Weitreichende Aufschlüsse für das Verständnis von Informationsverarbeitungsprozessen bietet u. a. die Komplexitätstheorie [Schroder, Driver, Streufert, 1967, S. 57ff]. Sie stellt eine Beziehung her zwischen der *Informationskomplexität* einer Entscheidungssituation und den endogenen kognitiven Vearbeitungseigenschaften eines Konsumenten (kognitive Komplexität). Die Informationskomplexität resultiert aus der Menge der Informationen, ihrer Vielfalt und Veränderungsrate sowie ihrer Verständlichkeit. Diese Theorie ist geeignet, das wichtige Phänomen der Komplexitätsreduktion zu erklären, das sich in der Verwendung von *„Schlüsselinformationen" („chunks")* ausdrückt, mit der die Konsumenten ausgewählten, einfach zugänglichen Informationen Indikatorfunktion geben (Beispiel: Marke als Indikator für Qualität).

Zu (3): Die *Weitergabe* von *Informationen* ist eine Aktivität, die entweder eigeninitiativ oder auf Anforderung erfolgt. Aus der Weitergabe von Informationen entsteht der Prozeß der mehrstufigen Kommunikation, den ich bereits im Zusammen-

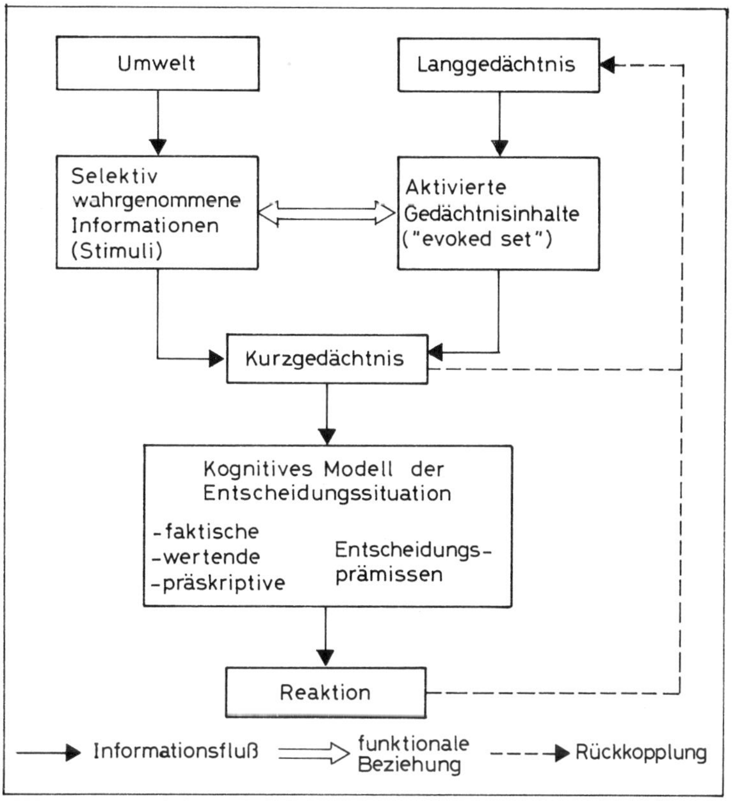

Schaubild I, 4.13: Kognitive Informationsstrukturen im Entscheidungsprozeß [Quelle: Heinemann, 1976, S. 118]

hang mit den Informationsquellen als gruppensoziologisches Problem der Diffusion angesprochen habe. Von Interesse ist hier die Frage, welche Motivationen ein Individuum dazu anregen können, kaufrelevante Informationen an andere weiterzuleiten. Damit können *Energien* von *Kommunikationsnetzen* in Gruppen erkannt werden. Hier sind gruppendynamische Theorien hilfreich, die verschiedene Rollen in Gruppen mit individuellen Motivationen verbinden, wie z. B. die altruistische Rolle des Helfers, die Rolle des Experten oder die Rolle des Führers.

4216 Produktwahlverhalten

Der Bereich der Produktwahl erfaßt das Verhalten der Konsumenten bei der Entscheidung über den Kauf wirtschaftlicher Güter zur Bedürfnisbefriedigung. In der Gleichung zur wirtschaftlichen Qualität [Kap. I, 4214] handelt es sich um den Ausdruck im Zähler, der als Produktqualität i. e. S. bezeichnet wurde. Es besteht eine enge Verbindung und Überlagerung mit dem Bereich des Informationsverhaltens. Für den Handel ist das Produktwahlverhalten im Zusammenhang mit seiner Sortiments- und Eigenmarkenpolitik von Bedeutung. Zudem bieten Kenntnisse über das Produktwahlverhalten eine Grundlage für die inhaltliche Argumentationsgestaltung in Werbung und Verkaufsgespräch.

42161 Qualität als Ausdruck der Beziehungen zwischen Produkt und Verwender[41]

Wenn unter „Qualität“ der Grad der Eignung eines Produktes für seinen Verwendungszweck verstanden wird, so handelt es sich um einen zweckorientierten, bzw. *teleologischen* Qualitätsbegriff. Die Maßstäbe für die Beurteilung von Qualitäten liegen demnach außerhalb der Produkte bei dem Verwender und bestimmen sich nach den Anforderungen, die dieser an sie stellt. Qualität drückt damit eine Subjekt-Objekt-Beziehung aus zwischen Produktbeschaffenheit einerseits und den aus Bedürfnissen resultierenden Anforderungen andererseits (Schaubild I, 4.14).

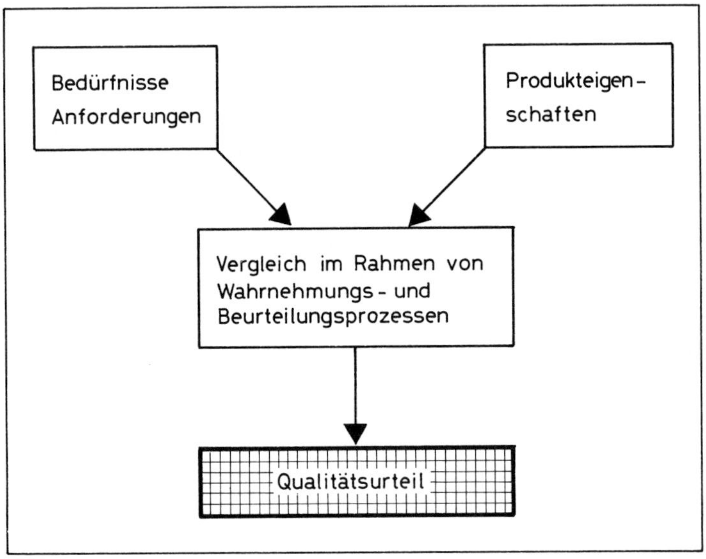

Schaubild I, 4.14: Produktqualität

Beurteilbarkeit von Teilqualitäten

Es ist weitgehend üblich, Qualitäten nach *objektiver* und *subjektiver Beurteilbarkeit* zu unterscheiden. Als objektiv bewertbar gelten solche Qualitäten, die meßbar sind, so daß ein Urteil über sie intersubjektiv nachprüfbar ist. Da Qualität als Eignung eines Produktes für einen Verwendungszweck interpretiert wurde, müssen einerseits die Verwendungszwecke als Ziele und andererseits die Produkteigenschaften als Mittel zur Erreichung dieser Ziele meßbar sein, wobei meist physikalische oder chemi-

[41] Vgl. im folgenden Hansen, Leitherer, 1984, S. 34ff.

sche Maßeinheiten verwendet werden [42]. Dagegen beruhen subjektive Bewertungen von Qualität auf persönlichen Präferenzen einzelner, die nicht beweisbar sind, was vor allem im Geschmackssektor auftritt. Im Bereich subjektiver Qualitäten kann eine Objektivierung des Urteils dadurch bewirkt werden, daß sich von Verwendungszwekken „Allgemeinvorstellungen" bilden. Diese Entwicklung einer generellen „Verbrauchsidee" [Klatt, 1965, S. 161; Vershofen, 1943, S. 7] von einem Produkt entsteht durch die Herausbildung verbrauchsbezogener Normen innerhalb einer Gruppe. An die Stelle objektiver Messung von Qualitäten tritt also eine Objektivierung durch statistisch feststellbare Häufung von subjektiven Urteilen.

Inhaltliche Klassifizierung von Teilqualitäten

Es gibt zahlreiche Bemühungen, die Vielzahl von Qualitätsarten zu klassifizieren. Gemäß dem teleologischen Qualitätsbegriff ist es zweckmäßig, von den Anforderungsarten auszugehen, was in etwa dem klassischen Ansatz von Vershofen [1959, S. 81ff] und seiner Einteilung *in Nutzenarten* entspricht [Schaubild I, 4.15].

Anforderungsarten, die sich auf die *stofflich-technische* Eignung von Produkten beziehen, werden durch reale Qualitätsdimensionen befriedigt, die im folgenden auch

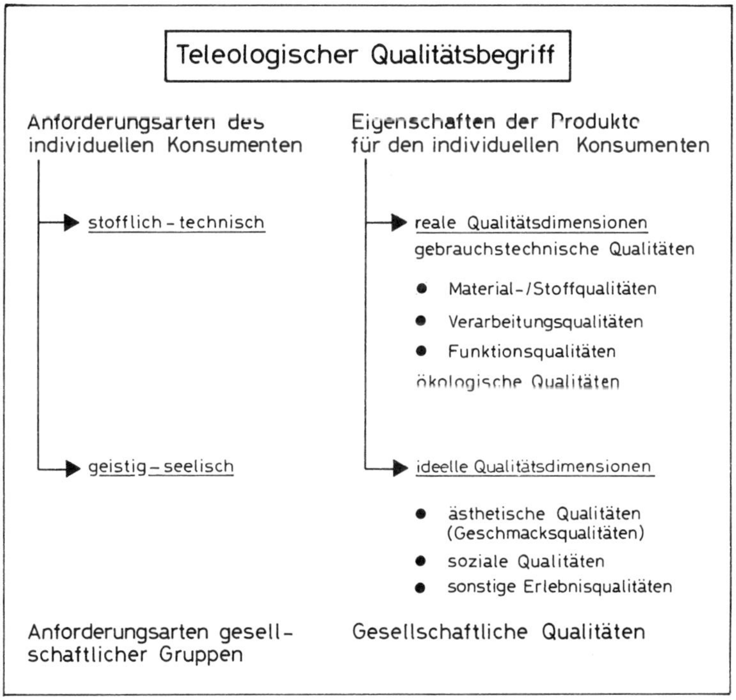

Schaubild I, 4.15: Inhaltliche Qualitätskategorien [Quelle: Wimmer, 1975, S. 9ff, mit eigenen Veränderungen]

[42] „Eine Aussage über ein Verhältnis von Ziel und Mittel ist demnach objektiv, wenn jedes Subjekt mit dem gleichen Informationsstand über Ziele und Mittel bei der Überprüfung der Aussage zu gleichen Ergebnis kommt" [Kawlath, 1969, S. 17].

als *gebrauchstechnische* Qualitäten bezeichnet werden. Im Mittelpunkt stehen hier die *Funktionsqualitäten,* in denen sich die Eignung des Produktes für die intendierten Ge- bzw. Verbrauchszwecke ausdrückt (Beispiel: die Reinigungsleistung und das Fassungsvermögen einer Waschmaschine). Mit den *Material-, Stoff-* und *Verarbeitungsqualitäten* korrespondieren im wesentlichen in der stofflich-technischen Dimension die Anforderungen an langfristige Funktionsfähigkeit, wie z. B. Haltbarkeit, Reparierbarkeit usw. Mit zunehmend aktueller Diskussion um Umweltfragen hat sich bei vielen Produktarten die Berücksichtigung *ökologischer Qualitäten* herausgebildet. Dazu gehören z. B. Energieverbrauch, Umweltfreundlichkeit der verwendeten Materialien, Reduktion schädlicher Rückstände bei Ge- und Verbrauch oder Eignung zum Recycling.

Im Bereich gebrauchstechnischer Qualitäten sind überwiegend objektive Qualitätsurteile auf der Basis physikalischer oder chemischer Messung möglich.

Geistig-seelische Anforderungen beziehen sich auf die *ideellen Qualitätsdimensionen.* Sie sind an reale Qualitäten gebunden, werden jedoch erst durch subjektive Wahrnehmung und Bewertung erlebbar [Wimmer, 1975, S. 14]. Die *geschmacklichen Qualitäten* richten sich auf das ästhetische Erleben. Sie werden primär durch Farbe, Form und Dekor vermittelt, haben jedoch auch Bezug zu Material-, Verarbeitungs- und Funktionsqualitäten.

Ein objektiver Zugang ist für geschmackliche Produkteigenschaften nicht gegeben, aber es bilden sich häufig Allgemeinvorstellungen in Form modischer oder stilistischer Geschmacksnormen.

Die *soziale Qualität* von Produkten ist in ihrer primären marktpolitischen Bedeutung die Eignung, seinem Besitzer gesellschaftliche Anerkennung zu verschaffen. Sie beruht auf gruppenspezifischen Konventionen und gehört daher in jenen Bereich von Qualitätsurteilen, in dem oft eine „Objektivierbarkeit" durch das Ermitteln von Allgemeinvorstellungen besteht. So haben z. B. bestimmte Autotypen Images mit verschiedenen Prestigewerten, weil ihre gebrauchstechnischen und geschmacklichen Ausprägungen von den Konsumenten in sozialer Hinsicht mit besonderen Werten versehen werden.

Eine Kategorie, die in den letzten Jahren stärker diskutiert und problematisiert wird, ist die *Erlebnisqualität* von Produkten. Damit ist die Vermittlung der inhaltlichen Dimension eines Gefühls gemeint [Konert, 1986, S. 36]. Weinberg und Konert [1985, S. 85ff] verbinden die Erlebnisqualität mit Wertdimensionen der Lebensqualität und mit Lebensstilen; insofern besteht ein enger sachlicher Zusammenhang zu der Problematik von Werten und Wertewandel [Kap. I, 412]. Erlebnisdimensionen in diesem Sinne sind z. B. Freizeit und Lebensfreude, Gesundheit und Natürlichkeit oder Mobilität. Erlebnisqualitäten sind eng mit sozialen Qualitäten verbunden. In beiden Qualitätsdimensionen ist der Zusammenhang zwischen kommunikativen Beeinflussungsaktivitäten der Anbieter und Produktpolitik besonders ersichtlich. Diese Qualitäten werden im wesentlichen durch Kommunikation „produziert".

Trends in der Entwicklung der Teilqualitäten

Für langfristige produkt- und sortimentspolitische Dispositionen ist aus der Sicht von Hersteller und Handel die Frage von Bedeutung, welche generellen Tendenzen sich hinsichtlich der Gewichtung der Qualitätskategorien im Konsumbereich entwickeln. Bei Betrachtung eines längerfristigen Zeitraumes haben

(1) soziale,
(2) ästhetische,
(3) erlebnisorientierte und
(4) ökologische

Qualitäten in den entwickelten Industrienationen während ihrer Wachstumsphasen an Bedeutung gewonnen. Folgende Erklärungen sind dafür anzuführen:

Zu (1): In hochindustrialisierten Konsumgesellschaften wird dem Konsum eine wesentliche Rolle *sozialer Differenzierungen* zugewiesen nach dem Motto: „man ist, was man hat" [Fromm, 1976, S. 80]. Kommunikationsstrategien der Anbieter bekräftigen dieses Bewußtsein. Somit steigt der Anspruch an Produkte, die soziale Positionierung ihres Besitzers zu demonstrieren. In einigen kritischen sozialen Gruppierungen sind allerdings durchaus Gegentendenzen zu erkennen.

Zu (2): Das ständige Wachstum der Industrienationen und die damit verbundene Verbesserung der wirtschaftlichen Verhältnisse ermöglichen den Konsumenten eine *Verfeinerung* des *Bedarfs.* Auf die ästhetische Seite des Lebens angewendet, folgt daraus, daß eine Gesellschaft mit wachsendem diskretionären Einkommen ihre Ausgaben für die Befriedigung ästhetischer Bedürfnisse erhöhen kann. „Eine arme Gesellschaft braucht an ihre Produkte nur die Forderung nach technischer Zuverlässigkeit zu stellen. Eine reichere wird aber verlangen, daß die Schönheit ebenso zu ihrem Recht komme" [Galbraith, 1964, S. 53]. Diese Entwicklung führt nicht nur zu steigenden geschmacklichen Anforderungen an Produkte aus dem herkömmlich geschmacksintensiven Güterbereich (Beispiel: Wohn-und Bekleidungsbedarf), sondern zudem zu einer Ausdehnung ästhetischer Ansprüche auf technische Güter mit ursprünglich reiner Gebrauchsqualität (Beispiel: Küchengeräte und Radios). Diese Veränderung der qualitativen Ge- und Verbrauchsgewohnheiten steht auch in enger Beziehung zu der Entwicklung sozialer Ansprüche an die Produkte und ist Folge einer gesellschaftlichen *Aufwertung der geschmacklichen Seite des Konsums.*

Bei zunehmender Prosperität ist weniger das zur Selbstverständlichkeit werdende *Faktum* des *Besitzes* ein Prestige schaffendes Element, sondern vielmehr die spezielle *Beschaffenheit* des *Besitzes.* Dabei ist die geschmackliche Komponente ein wirksames Element sozialer Differenzierung. Für den Unternehmer ergibt sich daraus die Konsequenz, daß sich die Geschmacksqualität der Produkte zum wirkungsvollen Feld der Präferenzbildung entwickelt. Bei derzeitig stagnierenden oder sogar sinkenden Wachstumsraten entsteht allerdings die Frage, inwieweit sich die beschriebenen Bedarfstendenzen wieder zurückentwickeln.

Die Aufwertung der Geschmacksqualitäten hängt in vielen Produktbereichen auch mit der *technischen Perfektionierung* zusammen. Je selbstverständlicher das technische Funktionieren eines Produktes vorausgesetzt werden kann, desto unbedeutender wird es als kaufentscheidene Komponente. Das heißt zwar auch, daß Verletzungen von technischen Selbstverständlichkeiten, sofern sie am Markt transparent werden, unmittelbar negativ sanktioniert werden, so z. B. durch die Kaufentscheidungsrelevanz von Testergebnissen, die sich i. d. R. an gebrauchstechnischen Qualitäten orientieren. Dennoch gewinnen bei verbreitet hohem technischen Standard in ausgereiften Konsumgüterindustrien die geschmacklichen Gesichtspunkte beim Kauf höhere Bedeutung.

Zu (3): Erlebnisqualitäten gewinnen insb. auf Märkten mit Sättigungserscheinungen an Bedeutung, wo bei ausgereiften Produkten die wahrgenommenen Qualitätsunterschiede gering sind [Konert, 1986, S. 23] und insofern Produktentscheidungen in der gebrauchstechnischen Dimension mit geringem involvement verbunden sind. Hier werden mit Erlebnisqualitäten unverwechselbare Produkte geschaffen. Die eher an Gebrauchswerten orientierte Verbraucherpolitik sieht in Erlebnisqualitäten die Gefahr einer Bedürfnisbefriedigung mit Pseudoqualitäten.

Zu (4): Der derzeitig wichtigste und erwartungsgemäß noch stark zunehmende Trend liegt in den steigenden Ansprüchen an *ökologischen Qualitäten* der Produkte. Diese Entwicklung findet verschiedenartigen Ausdruck: Sie kann ein ökonomisches Kalkül berechenbarer reduzierter Energiekosten beim Ge- und Verbrauch von Produkten sein; sie ist bei kritischen, verantwortungsbewußten Konsumenten u. U. eine ethisch-normativ verankerte Präferenz für Umweltfreundlichkeit des Konsums, oder sie kann einen Bezug zur sozialen Produktqualität haben, indem ökologisch negativer Konsum als sozial unerwünscht sanktioniert wird.

Erweiterung des Qualitätsbegriffs auf die gesellschaftliche Dimension

Der traditionelle, verwenderbezogene Qualitätsbegriff in der Marketinglehre entspricht einer begrenzten Sichtweise der Produktpolitik. Sie orientiert sich an *individuellen* Anforderungsarten der Produktverwender, soweit sich diese direkt als Nachfrage am Markt ausdrücken und insofern kurzfristig für die ökonomischen Zielsetzungen der Anbieter unmittelbar relevant werden. Nun werden Produkte aber nicht nur von individuellen Verbrauchern, sondern auch von *anderen gesellschaftlichen Instanzen* bewertet, die keine unmittelbaren Ge- oder Verbrauchsinteressen haben. Dazu gehören z. B. Verbraucherorganisationen und Umweltschutzverbände, die sich mit z. T. abweichenden Präferenzen und Bewertungsmaßstäben artikulieren und dabei insb. auch Interessen von benachteiligten Konsumenten und von Nicht-Nutzern vertreten, die von der Produktnutzung betroffen sind (Beispiel: Betroffenheit des Nicht-Autofahrers durch schädliche Folgen des Autokonsums). In diesen Formen der Interessenartikulation werden i. d. R. die oben dargestellten kurzfristigen Qualitätsbeurteilungen zugunsten einer *längerfristigen Perspektive* überwunden.

Eine Ausweitung des engen, verwenderbezogenen Qualitätsbegriffs ist insofern wichtig, als von übergeordneten qualitätsbeurteilenden Institutionen eine meinungsbildende Wirkung ausgeht, die längerfristig die Qualitätsanforderungen in der Mikroumwelt der Unternehmung verändert, so daß derartige Artikulationen oft Früherkennungscharakter haben. Darüber hinaus fordern Kotler [1982b, S. 65f] in seinem „sozialen Marketingkonzept" und im Anschluß an ihn verschiedene andere Autoren die Beachtung langfristig orientierter gesellschaftlicher Anforderungsarten an die Produktwelt im Sinne gesellschaftlicher Verantwortlichkeit der Unternehmungen. Hier steht der Gedanke im Vordergrund, durch die Berücksichtigung von Nicht-Nutzerqualitäten Eigentum und Gebrauch eines Produktes in gesellschaftlichem Bezug zu sehen. Ein anregendes Konzept wurde von Cracco und Rostenne [1982, S. 229ff] entwickelt. Sie nehmen mit dem „sozio-ökologischen" Produkt eine derartig gesellschaftlich erweiterte Problemsicht vor, in die bei der Qualitätsbewertung von Produkten neben individuellen Nutzeneignungen auch langfristige gesellschaftliche Folgen eingehen.

42162 Produkt als Qualitätskomplex und Qualitätsurteil des Konsumenten

In einem Produkt vereinigen sich die verschiedenen Teileigenschaften zu einem Eigenschaftenkomplex oder -profil, denen vielfältige Anforderungen der Konsumenten gegenüberstehen. Daraus folgt die Frage, wie ein Konsument ein *Gesamturteil* über ein Produkt fällt. Dieses Problem ist für den Anbieter hinsichtlich der Einschätzung des Markterfolgs der Produkte von eminenter Bedeutung.

Im Rahmen der Konsumverhaltensforschung gibt es inzwischen verschiedene *verhaltenswissenschaftlich* orientierte Forschungsansätze, in denen Elemente des Qualitätsurteils aufgezeigt werden[43]. Dabei geht es eigentlich immer im Kern darum, wie subjektive Anforderungs- und Eigenschaftenprofile miteinander verknüpft werden. Vorgelagert ist aber die Frage, wie Anforderungsprofile zustande kommen. Nach bedürfnistheoretischen Konzepten ist der Ausgangspunkt ein Bedürfnis, das sich von einem Gefühl unbestimmten Mangelerlebens innerhalb eines *Konkretisierungsprozesses* zu einem Zustand exakter Bestimmtheit entwickelt. Dabei findet zunehmend eine Orientierung an den real wahrgenommenen Bedürfnisbefriedigungsmitteln statt, die als *Objektbesetzung* bezeichnet wird. „Die Objektwelt verhält sich zum Bedürfnis nicht neutral, sondern wirkt modellierend darauf ein“ [Wiswede, 1965, S. 189]. Umgekehrt beeinflußt die vorhandene Bedürfnissituation im Verlauf des Such- und Informationsprozesses die Beurteilung der Produkte aufgrund des selektiven Wahrnehmungsprinzips. Aus den konkretisierten Bedürfnissen ergibt sich letztlich eine bestimmte Anforderungskonstellation.

Das eigentliche Problem des Qualitätsurteils wird in einer inzwischen verbreiteten Forschungsrichtung auf den Einstellungsbegriff zurückgeführt *(„means-end-Analyse“)*. Danach resultiert das Qualitätsurteil einerseits aus der Wichtigkeit der in einem Produkt vereinigten Eigenschaften für den Konsumenten (affektive Komponente des Anforderungsprofils; Anspruchsniveau) und andererseits aus der wahrgenommenen Eignung der Eigenschaften (kognitive Komponente, bezogen auf das Eigenschaftenprofil). Die Verknüpfung dieser Modellelemente wird i. d. R. multiplikativ vorgenommen, wie im folgenden dargestellt. In der Literatur wird allerdings auch eine additive Verknüpfung diskutiert [Behrens, Schneider, Weinberg, 1978, S. 131ff].

$$Q_{ij} = \sum_{k=1}^{n} x_{iJk} \cdot Y_{ijk}$$

Dabei bedeutet:

Q_{ij} = Qualitätsurteil des Konsumenten i über die Marke j

x_{iJk} = Wichtigkeit der Eigenschaft k für Konsument i am Produkt J ($j \in J$)

Y_{ijk} = Ausprägung der Eigenschaft k an der Marke j, beurteilt durch Konsument i

[43] Verhaltenswissenschaftliche Modelle zur Erklärung des Qualitätsurteils werden bei Wimmer, 1975, S. 35ff, referiert und fortentwickelt.

Die Verfolgung dieses Ansatzes für die Analyse des Qualitätsurteils verweist auf *Wahrnehmungsprobleme,* denn es werden ja wahrgenommene Eignungen zum Modellbestandteil genommen. Interessante Erkenntnisse bieten hier *gestaltpsychologische* Forschungen, aus denen allerdings auch Einwendungen gegen das vorgestellte Modell erhoben werden müssen:

Nach gestaltpsychologischen Erkenntnissen werden die in einem Produkt vereinigten Teilqualitäten selten *additiv* erlebt, sondern vermitteln dem Konsumenten ein *integriertes Gesamterlebnis.* Die Ganzheitlichkeit bei der Wahrnehmung führt dazu, daß Teilqualitäten aufeinander abfärben, was man als „Irradiation" bezeichnet [Spiegel, 1961, S. 38]. Das Maß an Irradiation hängt von der Beurteilbarkeit der Teilqualitäten ab. Es ist stark bei nur subjektiv bewertbaren Qualitäten und geringer, sobald ein objektiver Zugang zur Qualitätsbeurteilung besteht, der ein mehr isoliertes und additiv zusammenfaßbares Erleben von Teilqualitäten bewirkt. Das Urteil über den Geschmack eines alkoholischen Getränkes kann z. B. stark beeinflußt werden durch die Aufmachung der Flasche; dagegen wird das Urteil über die Heizleistung eines Elektroofens als objektiv bewertbare Teilqualität kaum durch andere Eigenschaften überlagert.

Einwendungen gegenüber dem Modell der Qualitätsbeurteilung nach der means-end-Analyse ergeben sich insofern, als die darin vorausgesetzte Addition der nach subjektiver Bedeutung gewichteten, isoliert wahrgenommenen Eignungen nicht durchgängig für alle Qualitätsbereiche angenommen werden kann, vielmehr durch das Irradiationsphänomen insb. in den Merkmalen nur subjektiv bewertbarer Qualitäten durchbrochen wird. Außerdem verändert sich das Anforderungsprofil in den verschiedenen Phasen der Urteilsbildung und wirkt als Regulativ [Weinberg, 1981, S. 51], weil die zugrundeliegende Bedürfniskonkretisierung in keinem Zeitpunkt endgültig abgeschlossen ist.

42163 Verbundbeziehungen zwischen Produkten

Zwischen Produkten sind Austausch- und Ergänzungsbeziehungen verschiedener Intensität möglich, die man als Substitutionalität und Komplementarität bezeichnet. Diese Beziehungen sind nicht immer objektiv gegeben, sondern beruhen auch auf der subjektiven Bereitwilligkeit der Konsumenten, Produkte als substitutiv bzw. komplementär für einen Konsumzweck zu betrachten. Es gibt verschiedene Intensitätsgrade der *Substitutionalität,* die sich nach Anzahl und Bedeutung der substitutiven Eigenschaften unter den Austauschprodukten bemessen. Zwischen der Menge der austauschbaren Produkte und der Zahl ihrer substitutiven Eigenschaften besteht ein umgekehrt proportionales Verhältnis. *Komplementarität* zwischen Produkten beruht auf Bedürfnissen, die mit mehreren, sich ergänzenden Produkten befriedigt werden können oder müssen. Sie tritt als *Muß-* oder *Kann-Beziehung* für den Konsumenten auf. Bei der strengen Mußform ist ein Gut ohne das andere nicht zu verwenden; es besteht also für den Konsumenten ein Ergänzungszwang, so daß hier der Ausnahmebereich objektiv definierbarer Produktbeziehungen vorliegt. Diese zwangsläufige Komplementarität besteht wiederum in unterschiedlicher Intensität, und zwar ist sie am stärksten im Markenverbund (Beispiel: Markenkugelschreiber und Mine derselben Marke), bei dem nur ganz spezielle Produkte eines Unternehmens zusammen konsumiert werden können. Weniger eng ist dagegen der Verbund zwischen Produktgattungen (Beispiel: Füllhalter und Tinte), bei dem zwar auch eine Notwendigkeit zur Produktkombination beim Konsumieren besteht, jedoch Auswahlmöglichkeiten bei speziellen markenmäßigen Zusammensetzungen eines Bedarfskomplexes verbleiben. Diese Muß-Beziehungen zwischen Produkten beruhen meist auf gebrauchstechnischen Gegebenheiten.

Die Kann-Beziehungen zwischen Konsumgütern unterliegen der freieren Entscheidung des Konsumenten, d. h. er bestimmt, ob überhaupt Güter für einen Konsumzweck als komplementär zu betrachten sind. Dazu gehören z. B. ästhetisch bedingte Produktzusammenhänge, wie sie etwa bei Raumausstattungsgegenständen durch die Anwendung eines bestimmten Stils geschaffen werden oder im Bekleidungssektor durch die Abstimmung der Kleidung und Accessoires auf die jeweilige Mode. Hier einzuordnen sind auch Produktverbindungen, die auf sonstigen Konventionen im Bedarf beruhen. Komplementäre Kann-Beziehungen entstehen in anderer Weise dadurch, daß bestimmte Produkte in einer Einkaufssituation von den Konsumenten im Beschaffungsverbund gekauft werden. Dieser kann sich daraus ergeben, daß Produkte ähnliche Einkaufsgewohnheiten erfordern (Beispiel: Lebensmittel und Putzartikel, die beide nachbarschaftlich gekauft werden).

4217 Preis- und Zahlungsverhalten

Der Preis des Produktes relativiert seinen Nutzen und stellt somit in der Gleichung zur wirtschaftlichen Qualität [Kap. I, 4214] die zentrale Opferkomponente (Preis als Kaufbarriere) dar. Allerdings kann er auch ein Nutzenfaktor werden und ist dann in die Qualität i. e. S. einzubeziehen (Preis als soziale Teilqualität). Häufig wird der Preis als Indikator für Qualität verwendet und wirkt damit faktisch wiederum wie ein Nutzenelement. Der Preis hat also verschiedene Grundfunktionen, die in Schaubild I, 4.16 dargestellt sind.

42171 Grundfunktionen des Preises für den Konsumenten

Preis als Kaufbarriere

Einem Produkt, das als Eigenschaftensystem insgesamt für den Konsumenten einen positiven Aufforderungswert hat, haftet der Preis als negative Teileigenschaft an, die eine *Kaufbarriere* hervorruft. Hieraus ergibt sich ein Appetenz-Aversionskonflikt [Wiswede, 1966, S. 61], der je nach Größenverhältnis beider Komponenten zum Kauf führt oder ihn verhindert. Die durch den Preis induzierten Konflikte haben — bezogen auf die aggregierte Nachfrage — unterschiedliche Absatzmengen bei variierenden Preisen zum Ergebnis [Schaubild I, 4.16A]. Dieser Zusammenhang wird in

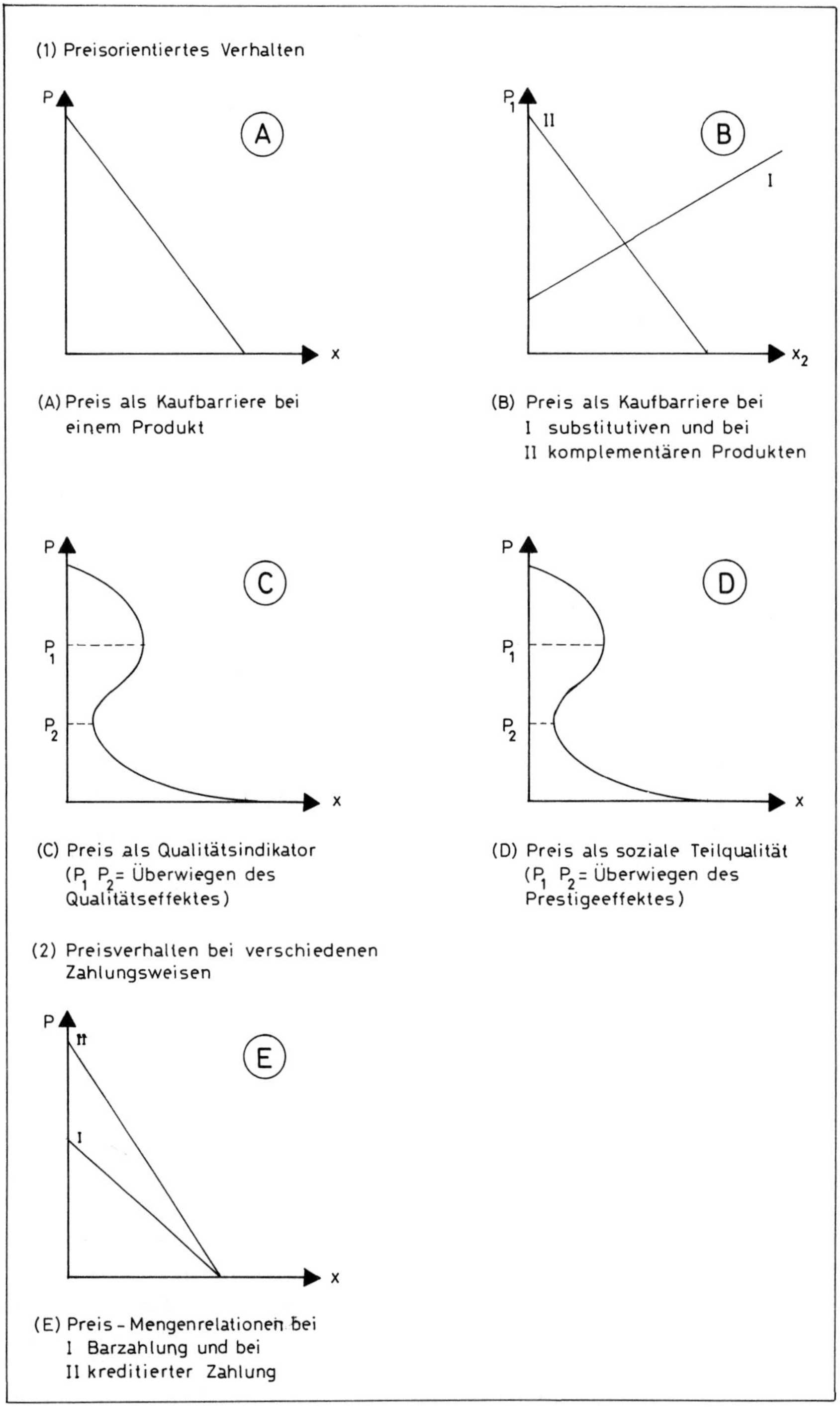

Schaubild I, 4.16: Preis- und Zahlungsverhalten der Konsumenten der Preistheorie in *Nachfrageelastizitäten* (Verhältnis von relativer Nachfragemengenänderung zu relativer Preisänderung) ausgedrückt[44].

Der Preis wird in seiner Funktion als Kaufbarriere wesentlich von dem *Preisinteresse* beeinflußt, d. h. dem Bedürfnis eines Konsumenten „... nach Preisinformationen zu suchen und diese bei den Einkaufsentscheidungen zu berücksichtigen" [Diller, 1985, S. 86]. Hohes Preisinteresse führt zu einer sensiblen Wahrnehmung des Preises als Kaufbarriere und zu hoher Preiselastizität. In diesem Konstrukt des „Preisinteresses" verbinden sich verschiedene, z. T. konfliktäre motivationale Elemente, wie z. B. das Streben nach möglichst günstiger Versorgung, das bereits oben behandelte Entlastungsstreben angesichts begrenzter Kapazitäten der Informationsverarbeitung und im Konflikt dazu wiederum Leistungsstreben und Lustgewinn hinsichtlich eines kompetenten Umgangs mit Preisen. Diese und andere Motive treten je nach Kaufsituation, Produktart und Konsumententyp in unterschiedlicher Intensität und Kombination auf. So gibt es z. B. den typischen Sonderangebotsjäger oder die sparsame Hausfrau, die aus unterschiedlichen Motiven preisbewußt sind, allerdings ihr Verhalten u. U. je nach Produktbereich wiederum variieren. Derzeitig geht sogar ein deutlicher Trend dahin, daß die Konsumenten ihr Verhalten differenzieren. Der *„gespaltene" Konsument* kauft im Bereich des alltäglichen, lebensnotwendigen Konsums äußerst preisbewußt und verhält sich bei lebensverfeinernden Produkten mit Erlebnisqualität eher preisdesinteressiert (duales Kaufverhalten).

Die empirische Konsumverhaltensforschung hat inzwischen eine Fülle von Erkenntnissen über die Abhängigkeit des Preisinteresses von Merkmalen der Konsumenten und Produkte entwickelt [Diller, 1985, S. 89f], die nur exemplarisch angeführt werden können: So wurde festgestellt, daß das Preisinteresse relativ hoch ist in Produktbereichen mit hoher Preistransparenz und mit niedrigem ego involvement. Als besonders preisinteressiert erweisen sich Konsumenten aus der sozialen Mittelschicht, was auf die hohe Leistungsmotivation dieser Schicht zurückgeführt wird. Aus sozialpolitischen Gründen alarmierend ist ein Forschungsergebnis von Caplowitz, nach dem sozial schwache und ältere Konsumenten wenig preisinteressiert sind und daher entgegen ihrer ökonomischen Lage besonders teuer kaufen („the poor pay more")[45].

Das Preisinteresse richtet sich auf verschiedene Problemsituationen im Gesamtzusammenhang von Kaufentscheidungen, nämlich auf den Preisvergleich verschiedener Produktarten hinsichtlich eines Konsumziels (Beispiel: Ausgaben für Vitamin C bei verschiedenen Vitamin C-haltigen Nahrungsmitteln), die Markenwahl, die Entscheidung für Packungsgrößen, die Wahl von Einkaufszeitpunkten und die Wahl von Einkaufsstätten.

Für die Einzelhändler ist aufgrund der Vielzahl der von ihnen angebotenen Produkte das Preisverhalten der Konsumenten gegenüber mehreren Produkten wichtig, das in dem Koeffizienten der *Kreuz-Preis-Elastizität* ausgedrückt wird (Verhältnis

---

[44] $$\varepsilon = -\frac{dx}{x} : \frac{dp}{p} = -\frac{dx}{dp} \cdot \frac{p}{x}$$

Die Nachfrage wird als elastisch (starr) bezeichnet, wenn der Elastizitätskoeffizient größer (kleiner) als $|-1|$ ist. Erreicht dieser Wert unendlich (null), so wird die Nachfrage als vollkommen elastisch (starr) bezeichnet [Gutenberg, 1984, S. 196].

[45] Diese These wurde von Wimmer, 1981, S. 64—87, für Deutschland nachuntersucht.

von relativer Nachfragemengenänderung eines Gutes zur relativen Preisänderung eines anderen Gutes)[46]. Nimmt der Koeffizient den Wert null an, so bestehen zwischen den Produkten keine Nachfragebeziehungen. Bei positiven Werten liegen substitutive und bei negativen Werten komplementäre Beziehungen vor [Schaubild I, 4.16B].

Preis als Qualitätsindikator

Wenn die Konsumenten auf Preiserhöhungen mit ihrer Nachfrage positiv reagieren, so wird der Preis nicht nur als Barriere, sondern auch als positiver Stimulus empfunden. Dieser Fall tritt immer dann ein, wenn der Preis des Produktes als Qualitätsindikator benutzt wird[47]. Dabei erhält das Preiserleben neben dem *Opfer-* zusätzlich einen *Qualitätseffekt,* der die Produktqualität i. e. S. zwar nicht effektiv, aber im Erleben der Verbraucher dauerhaft beeinflussen kann. Die Nachfragefunktion [Schaubild I, 4.16C] nimmt dabei einen unregelmäßigen Verlauf und ist in dem Bereich aufwärtsgerichtet, in dem der Qualitätseffekt von den Konsumenten stärker als der Opfereffekt erlebt wird (P_1P_2). Oberhalb dieses Abschnitts ist die Aversionswirkung des höheren Preises so stark, daß sich der Qualitätseffekt nicht mehr allgemein durchsetzen kann. In dem unteren Bereich verliert der niedrige Preis seine qualitätsanzeigende Wirkung.

Der Preis ist in seiner Eigenschaft als leicht erfaßbarer Zahlenausdruck ein entlastender Beurteilungsmaßstab, der den Verbrauchern in ihrer *Bequemlichkeit* bei der Qualitätsbeurteilung von Produkten entgegenkommt[48], insb. wenn keine kaufkraftbedingte Notwendigkeit zu preisgünstigem Einkauf besteht. Die Indikatorwirkung wird neben der Bequemlichkeit auch durch *geringe Warenkenntnis* oder Unsicherheit der Konsumenten verstärkt [Cox, Bauer, 1967, S. 394]. In Produktbereichen, die qualitativ intransparent sind und eine große qualitative Variationsbreite haben, wird der Preis verstärkt als Ersatzindikator herangezogen[49]. Techniken der Anbieter, die Produktqualitäten intransparent zu belassen (Beispiel: mangelhafte Inhaltsangaben auf Verpackungen) richten sich bewußt darauf, dieses für sie vorteilhafte Konsumverhalten zu verstärken. Die Funktion des Preises als Qualitätsindikator wird bei solchen Produkten noch wichtiger, bei denen die Qualität nicht nur intransparent ist, sondern für den Konsumarkt besondere Bedeutung hat, so daß mit qualitativen Fehlkäufen *erhöhte Risiken* verbunden sind (Beispiele: Autoreifen, Kosmetika). Hier wird der höhere Preis zugunsten einer Risikominderung bei der Qualitätswahl hingenommen[50].

---

[46] $\varepsilon_{1,2} = -\frac{dx_1}{x_1} : \frac{dp_2}{p_2} = -\frac{dx_1}{dp_2} \cdot \frac{p_2}{x_1}$

[47] Zum Preis als Qualitätsindikator vgl. Diller, 1977a, S. 219; Wheatley, Chiu, Goldman, 1981, S. 100—116; Simon, 1982a, S. 344ff.

[48] „Changes in physical quality appear to be less easily, perceived by consumers than price changes" [Wheatley, Chiu, Goldman, 1981, S. 114].

[49] „To reduce the risk of choosing a product of significantly poorer quality, the consumer chooses the higher-prices brand" [Shapiro, 1968, S. 24]; auch Diller, 1977a, S. 223, und die dort referierte Literatur.

[50] Der risikotheoretische Ansatz wird in der Verhaltensforschung am häufigsten herangezogen, um den Preis als Qualitätsindikator zu erklären.

Preis als soziale Teilqualität

Eine formal ähnliche Wirkung hat der Preis auf das Kaufverhalten, wenn er als *soziale Teilqualität* eines Produktes erlebt wird. Hierbei ist die Preiswirkung in einen *Opfer-* und einen *Prestigeeffekt* aufzugliedern. Die Nachfragefunktion [Schaubild I, 4.16D] ist in dem Bereich aufwärtsgerichtet, in dem der Prestigeeffekt bei den Konsumenten den Opfereffekt übersteigt [Leibenstein, 1966, S. 250]. Trotz der Ähnlichkeit mit dem Qualitätseffekt stehen andere Beweggründe hinter diesem Verhalten. Es ist dem Geltungskonsum zuzuordnen und wird nach seinem Erforscher als *Vebleneffekt* bezeichnet [Veblen, 1958]. Der für ein Produkt verausgabte Preis dient als Demonstrationsmittel für einen angestrebten sozialen Status. Daher findet sich dieses Preisverhalten insb. bei solchen Produkten, deren Konsum nach außen hin sichtbar wird (Beispiel: Auto) und die von der sozialen Umgebung nach Herkunft und Preis identifiziert werden können, da im gegenteiligen Fall die gewünschte Demonstrationswirkung ausbleibt. Der Geltungskonsum bedingt für die Produktbeurteilung festgefügte Gruppennormen.

42172 Preisgünstigkeits- und Preiswürdigkeitsurteil

„Für die Kaufentscheidung ist nicht der objektive Preis, sondern die subjektive Einstufung dieses Preises entscheidend" [Diller, 1985, S. 96]. Daher sind Wahrnehmung und Verarbeitung von Preisinformationen zu einem *subjektiven Preisurteil* die eigentlich interessierende Marktrealität.

Die Preiswahrnehmung erfolgt entweder in absoluter Preishöhe oder in Relation zu Bezugswerten wie z. B. Vergangenheitspreisen oder Preisen von Produkten mit vergleichbarem Nutzen. Neben ihren kognitiven Elementen wird sie auch bestimmt von sogenannten Kontextreizen, wie z. B. durch Anmutungsqualitäten der Preispräsentation oder durch die psychologische Verwendung von Zahlen hinsichtlich ihrer Symbolwertigkeit oder Schwellenwirkung [Kaas, Hay, 1984, S. 333]. Im Rahmen der Preisbeurteilung werden

(1) Preisgünstigkeits- und
(2) Preiswürdigkeitsurteile

unterschieden.

Zu (1): Urteile über *Preisgünstigkeit* betreffen nur den Preis und seine Einstufung in einen preislichen Bezugsrahmen für vergleichbare Objekte [Schaubild I, 4.17], wozu einzelne Produkte, Produktgruppen oder Einkaufsstätten gehören können. Das Preisgünstigkeitsurteil setzt voraus, daß ein Konsument die zu beurteilenden Objekte als qualitativ identisch ansehen kann oder will. Müller-Hagedorn [1986, S. 220] definiert Preisgünstigkeit „... als den vom Verbraucher vermuteten Abstand des einzustufenden Preises vom Preis der billigsten von ihm als gleichwertig erachteten Alternative".

Diese Definition verweist darauf, daß ein Konsument sog. externe *Ankerpreise* als Bezugspunkte für sein Urteil braucht. Diese können ihm aufgrund seiner Preis-

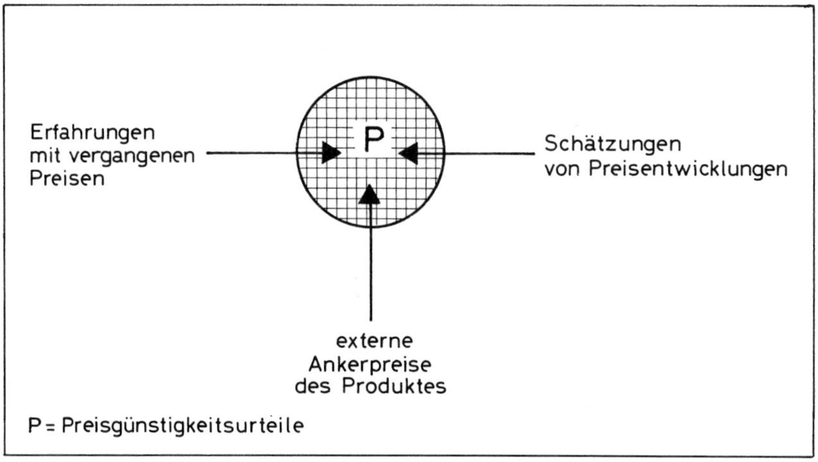

Schaubild I, 4.17: Bezugspunkte für Preisgünstigkeitsurteile

kenntnis verfügbar sein[51] oder über dritte mitgeteilt werden. Die Definition von Müller-Hagedorn vernachlässigt den zeitlichen Bezug des Preisgünstigkeitsurteils. Sowohl die Erfahrungen mit vergangenen Preisen wie Schätzungen zukünftiger Preisentwicklungen bieten weitere mögliche Bezugspunkte [Fotiadis, Hutzel, Wied-Nebeling, 1980, S. 47].

In Reduktion der Beurteilungskomplexität im Sinne des Entlastungsstrebens werden auch Vereinfachungsstrategien angewendet. Dazu gehören die ungeprüfte Übernahme von Urteilen Dritter oder die Nutzung von generalisierenden Urteilsregeln, die aus Erfahrung gewonnen werden und die Definition einfach erkennbarer Indikatoren zulassen, so zum Beispiel

— Produkte in Wühlkörben sind preisgünstiger als Produkte in Regalen,
— Handelsmarken sind billiger als Markenartikel.

Zu (2): Die *Preiswürdigkeit* betrifft das Preis-Leistungsverhältnis, das ein Produkt bietet. Die hier erforderliche gleichzeitige Berücksichtigung des Preises und i. d. R. verschiedener Qualitätsdimensionen macht die Komplexität dieses Urteils aus.

Im Vergleich verschiedener Produkte hinsichtlich ihrer Preiswürdigkeit geht der Konsument von Preis- und Qualitätszonen aus, die für ihn akzeptabel sind und Ober- bzw. Untergrenzen des Akzeptanzniveaus bilden. Aufgrund derartiger Akzeptanzzonen schränkt sich der Kreis der zu beurteilenden Objekte ein. Eine zentrale Frage besteht in der Kompensierbarkeit von Preis und Qualität in den einzelnen Dimensionen[52].

Das Schaubild I, 4.18 zeigt abschließend eine Typologie von Preisurteilen nach Diller [1985, S. 97]. Typ 3 ist mehrdimensional, da jedoch Preis- und Qualitätsmerkmale nicht explizit verknüpft werden, liegt kein Preiswürdigkeitsurteil vor.

[51] Zum Zusammenhang zwischen Preiskenntnis und Preisgünstigkeitsurteil vgl. Müller-Hagedorn, 1984, S. 62ff.

[52] Zu den Modellen des Preiswürdigkeitsurteils vgl. Diller, 1985, S. 110ff, und die dort angegebene Literatur.

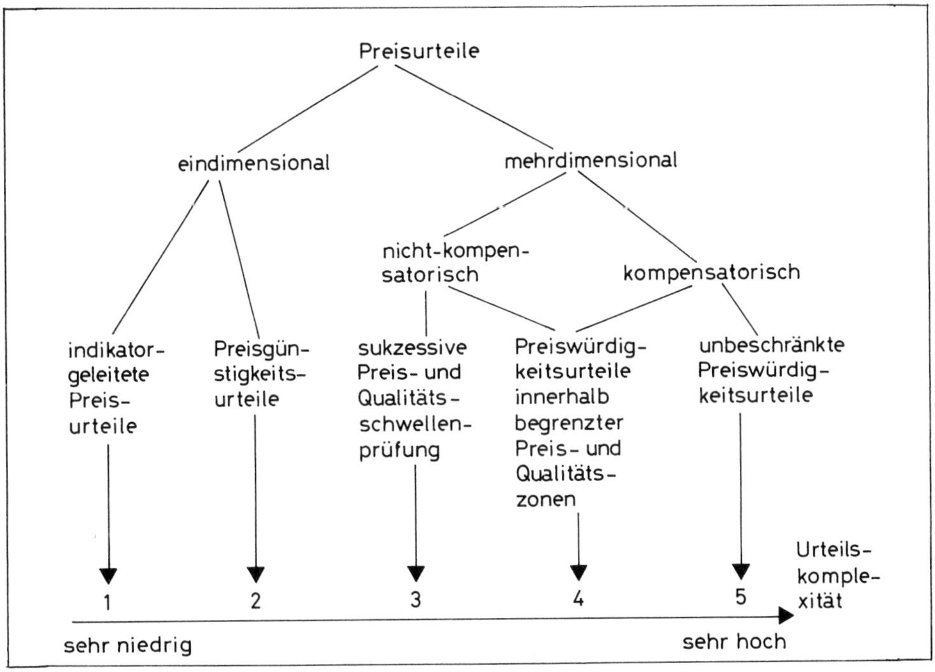

Schaubild I, 4.18: Typologie von Preisurteilstechniken [Quelle: Diller, 1985, S. 97]

42173 Preisverhalten bei unbarer Zahlung und Inanspruchnahme von Krediten

Die bisherigen Ausführungen beziehen sich auf das Preisverhalten bei Barzahlung. Abschließend ist kurz darauf einzugehen, wie sich die durch Konsumfinanzierung gegebene Möglichkeit der *zeitlich verschobenen Zahlung* auf das Preisverhalten auswirkt. Die Inanspruchnahme von Konsumkrediten hat einerseits Einfluß auf die *Kauffähigkeit* der Konsumenten. Zum Zeitpunkt der Kreditaufnahme wird die *disponible Kaufkraft* über die Grenzen des laufenden Einkommens hinaus erweitert, während die Rückzahlungsverpflichtungen in den folgenden Perioden kontraktiv wirken. Die ökonomisch vertretbare Verschuldungsgrenze gilt daher im allgemeinen dann als erreicht, wenn die Zins- und Tilgungsverpflichtungen aus Konsumentenkrediten dem frei verfügbaren Einkommensanteil entsprechen, der dem Konsumenten nach Abzug der Ausgaben für Güter des täglichen Bedarfs und laufende Belastungen in den zukünftigen Perioden voraussichtlich verbleibt[53]. Die Verschuldungsgrenze kann im Einzelfall aber auch von den Kreditgebern fixiert sein oder ein selbstgesetz-

[53] Holzscheck, Hörmann und Daviter, 1982, S. 406, haben zu Recht hervorgehoben, daß dieser frei verfügbare Einkommensanteil, den sie sehr bildhaft als „Ratenzahlkapazität" bezeichnen, nicht nur die Verschuldungsgrenze, sondern auch die alternative Möglichkeit des Ansparens determiniert, die zur Verschuldung in substitutiver Beziehung steht.

tes Limit darstellen, dessen Höhe neben den bereits bestehenden Verpflichtungen aus Konsumentenkrediten vor allem von der erwarteten Einkommensentwicklung, dem vorhandenen Geldvermögen, der geplanten Ersparnis sowie den jeweiligen Kreditkonditionen abhängt[54].

Andererseits wirkt sich die Möglichkeit aufgeschobener Zahlungen positiv auf die *Kaufbereitschaft* aus. Bedingt durch den zeitlichen Abstand des zu leistenden Opfers üben die Preise als Kaufbarrieren eine geringere Kaufaversion aus. Diese kaufenthemmende Wirkung ist allerdings je nach Planungsrationalität der Konsumenten unterschiedlich. Sie wird zudem beeinträchtigt, wenn in einer Gruppe soziale Normen gegen eine Verschuldung gerichtet sind und diese mit negativen Sanktionen belegt ist. Hieraus sind deutliche Unterschiede zwischen dem Verschuldungsgrad amerikanischer und deutscher Haushalte zu erklären. Der Abbau sozialer Mißbilligung ist seinerzeit in Amerika weit schneller vorangegangen, so daß Ratenkäufe schon als „necessary part of American way of life" [Katona, 1960, S. 27] angesehen wurden, als in der Bundesrepublik insb. in bürgerlichen Haushalten noch deutliche Vorbehalte bestanden[55]. Allerdings hat sich diese Situation inzwischen deutlich verändert. Die zunehmende Verschuldung von Haushalten auch in der Bundesrepublik hat bei sinkendem Realeinkommen in sozial schwächeren Konsumgruppen inzwischen zu Notlagen geführt, die in einem starken Anwachsen von Schuldnerberatungen durch die Verbraucherzentralen ihren Ausdruck finden [Reifner, Rößler, 1985, S. 66ff]. Diese beinhalten neben Banken- auch Haushaltskredite und hier insb. Versandhandelskredite.

Das Kreditverhalten der Konsumenten ist in Abhängigkeit von den *Beurteilungsfähigkeiten* der durch Kreditierung geschaffenen ökonomischen Situation zu sehen. Soweit die Konsumenten nicht in der Lage sind, die Zahlungskonditionen zu überprüfen, wird die durch kreditierte Zahlung induzierte Kaufbereitschaft größer. Zudem wird bei Ratenzahlungen der volle Anschaffungspreis i. d. R. weniger stark erlebt als die Höhe der einzelnen Rate, wodurch gegenüber Barzahlung eine unelastischere Nachfrage entsteht [Schuberth, 1988, S. 66].

In bezug auf die Reaktionsfunktion der Nachfrage bewirkt die Erhöhung der Kauffähigkeit und Kaufbereitschaft bei Inanspruchnahme von Zahlungszielen gegenüber Barzahlung eine Aufdrehung um den Sättigungspunkt [Schaubild I, 4.16E].

Eine aktuelle und noch längst nicht abgeschlossene Entwicklung besteht mit dem Trend zu unbarer Zahlung durch *Barzahlungsschecks* und *Kreditkarten.* Integrierte Mediensysteme zwischen Handel und Banken werden das „point-of-sale-banking" (pos) verbreiten, d. h. Bezahlungen durch sofortige Buchungsprozesse, die an der Handelskasse eingeleitet werden. Der Zahlungsverkehr schreitet also fort in Richtung einer immateriellen Informationsbewegung. Mit diesen Entwicklungen lockert sich

---

[54] Zu den „finanziellen Bestimmungsfaktoren" der Nachfrage nach Konsumentenkrediten, zu denen auch die effektiven und erwarteten Produktpreise gehören, vgl. Schuberth, 1988, S. 40ff.

[55] Vor allem in Kreisen konservativer Sparer sind auch heute noch gewisse Ressentiments gegenüber der Konsumfinanzierung zu beobachten [u. a. Holm, 1977, S. 59ff; Beier, Jacob, 1987, S. 86f]. Schmölders demonstriert dieses Phänomen mit der semantischen Bedeutung der Wörter „Schuld" und „schuldig": weder das englische Wort „debt" noch das französische Wort „dette" enthielten zugleich den moralischen Beiklang von „guilt" oder gar von „culpabilité", während das deutsche Wort „Schuld" nicht nur die finanzielle Verpflichtung, sondern auch das moralische „Verschulden" beinhalte [Schmölders, 1975, S. 43].

das Verhältnis zum Geld [Szallies, 1986, S. 16]. Es bleibt zu überprüfen, ob sich damit auch das Preisinteresse verändert.

42174 Kaufentscheidung als Haushaltsinvestition

In entwickelten Industriegesellschaften sind die Haushalte zunehmend mit hochwertigen Gebrauchsgütern ausgestattet, was wesentlich auf eine Technifizierung und Verfeinerung des Konsums zurückzuführen ist [Tschammer-Osten, 1979, S. 134ff]. Damit erhöhen sich die laufenden Ausgaben für Nutzung und Erhaltung hochwertiger Gebrauchsgüter, und es entsteht als relativ neues Problem der Konsumverhaltensforschung, Kaufentscheidungen als Haushaltsinvestitionen zu sehen und das Investitionsverhalten der Haushalte zu ermitteln. Auf diesem Gebiet ist die Theorie des Konsumentenverhaltens ausgesprochen wenig engagiert, demgegenüber finden sich Problematisierungen im Rahmen der Haushaltsökonomik der Haushaltswissenschaften, wenngleich hier mehr normativ im Sinne der Forderung nach haushälterischer Rationalität. Es fehlt also ein der Theorie des Preisverhaltens vergleichbares Engagement für empirische Arbeiten.

Die Investitionsentscheidung unterscheidet sich von der Preisentscheidung darin, daß neben dem Anschaffungspreis auch laufende Kosten für Gebrauchsgüter wie z. B. Wartungs- und Reparaturkosten berücksichtigt werden und Planungshorizonte für Gebrauchszeiten bestehen. Im Zusammenhang mit der wirtschaftlichen Qualität [Kap. I, 4214] betrifft dieser Gesichtspunkt die Nachkaufkosten. Diese Perspektive ist gerade für den Handel mit langlebigen Gebrauchsgütern vor dem Hintergrund der Kundenserviceaktivitäten von Interesse. Es ist anzunehmen, daß die Planungshorizonte je nach Produktart und Konsumentenmerkmalen variieren, so z. B. mit dem Bildungsgrad der Konsumenten, mit der Belastungshöhe des Haushaltes, mit der Störempfindlichkeit und der Hochwertigkeit des Produktes.

4218 Einkaufsgestaltung

Unter der Einkaufs- oder Beschaffungsgestaltung der Haushalte verstehe ich die Dispositionen über die *Einkaufsakte* und die *Einkaufsorte* bzw. *Einkaufsstätten.* Sie betrifft in der Gleichung der wirtschaftlichen Produktqualität die Komponenten der Beschaffungsqualität und der subjektiven Beschaffungskosten [Kap. I, 4214]. In der Konsumverhaltensforschung wurden diese Elemente der wirtschaftlichen Qualität lange Zeit relativ wenig behandelt. Die Einkaufsstättenwahl wird vielfach in Analogie zum Markenwahlverhalten gesehen und daher keiner gesonderten Analyse unterzogen[56]. Vor allem werden Markenwahl und Einkaufsstättenwahl selten in ihrer Verbundenheit bei einem Einkaufsvorgang dargestellt. In der Realität hat die Bedeutung der Einkaufsstätte im Rahmen von Kaufentscheidungsprozessen in vielen Produktbe-

[56] Eine erste zentrale deutsche Monographie zur Einkaufsstättenwahl stellt die Arbeit von Heinemann (1976) dar; zur Perspektive des Ladenimages vgl. Pessemier, 1980, S. 94ff; Müller, Beeskow, 1982, S. 400ff; die Zielgruppen von Verkaufsstellen behandeln Müller-Hagedorn, 1978a, S. 106ff; Leven, 1979, S. 18ff.

reichen zugenommen. Der Ersatz der Einkaufslisten durch die Inspektion des Ladenregals im Bereich der Güter des täglichen Bedarfs (Beispiel: Lebensmittel), Tendenzen einer abnehmenden Markentreue angesichts überflutender Produktvielfalt sprechen dafür, daß die gatekeeper-Position des Handels aufgewertet ist. Hinzu kommt ein Trend zu eigenständigem, durch den Handel vermittelten Erleben[57]. Insofern gewinnt auch die Einkaufsstätte als Gegenstand der Konsumverhaltensforschung an Bedeutung.

42181 Gestaltung des Einkaufsaktes

Die Einkaufsgestaltung bestimmt sich hinsichtlich der *Einkaufspersonen* weitgehend aus der Berufs- und Freizeitsituation der Haushalte und greift darüber hinaus in die Lebensgewohnheiten und Rollenverteilung innerhalb der Familie ein. Insbesondere hat die zunehmende Berufstätigkeit der Frauen Veränderungen geschaffen, indem sich einerseits das Zeitbudget für das Einkaufen geändert hat und andererseits daraus im Laufe der Zeit Rollenveränderungen zwischen Mann und Frau hinsichtlich der Haushaltsverantwortlichkeit resultieren. Für den Einzelhandel entsteht aus der Zusammensetzung des einkaufenden Personenkreises die spezielle Zielgruppenstruktur am „point-of-purchase" (pop), die ihm einen Rahmen für die Gestaltung seiner Absatzaktivitäten setzt.

Die Organisation der Beschaffung bezieht sich weiterhin auf die Gestaltung eines Einkaufsaktes in bezug auf *Art* und *Mengen* der einzukaufenden *Produkte,* die wiederum von den Einkaufsrhythmen abhängen. Der Trend zu mehr Mobilität der Konsumenten hat in Verbindung mit mehr und besseren Lagerungskapazitäten zu einer Bündelung von Einkaufsvorgängen geführt und gleichzeitig die Beschaffungsradien erweitert. Als Erklärungsansatz für die Gestaltung der Einkaufsakte sind Aspekte der Kosten-Nutzen-Theorie hilfreich: Der Konsument verarbeitet Gesichtspunkte der aufzuwendenden Beschaffungsmühen einerseits und der Beschaffungsergebnisse sowie Freizeitwerte andererseits. Bei ökonomischem Verhalten wird ein Konsument um so mehr *Beschaffungsenergien* aufwenden, je höher er die Qualitäts- und Preisdifferenzen zwischen verschiedenen Produktalternativen einschätzt. Die Vorteile der besten erreichbaren Produktvariante müssen also die subjektiven Beschaffungskosten überkompensieren oder ihnen zumindest gleich sein. Sofern der Beschaffungsakt einen positiven *Freizeitwert* enthält (shopping), wird dieser in Verbindung mit den Produktvorteilen als Nutzenkomponente den Beschaffungskosten gegenübergestellt. Die Bewertung der Kosten-Nutzen-Relationen in einem Einkaufsakt gelingt nun allerdings nur rudimentär im Sinne eines rationalen Entscheidungsprozesses. Vielmehr sind oft emotionale Elemente beigemischt. So wurde nachgewiesen, daß die sog. Sonderangebotsjäger in dem emotionalisierten Zustand ihres Jagdfiebers die aufzuwendenden Beschaffungskosten als sehr gering bewerten.

Die Vielfalt der Einkaufsakte kann m. E. unter den Aspekten von Zeitaufwand und Rhythmus, Personenstruktur und den zugrundeliegenden Motivationen auf folgende Typen zurückgeführt werden:

---

[57] Vgl. zu dem Erlebnisaspekt der Einkaufsstätte insb. die Arbeit von Weinberg, 1986b.

— das erlebnisorientierte Familienshopping als Freizeitereignis,
— der Bevorratungskauf als Akt ökonomischer Haushaltsführung,
— der kleine Nachbarschaftskauf,
— der Einkauf nebenbei,
— die Jagd nach Sonderangeboten.

Die Unterscheidung derartiger Typen von Einkaufsvorgängen ist für eine Zielgruppenorientierung und situative Abstimmung des Marketing-Instrumentariums im Handel nützlich.

Der Aspekt der von den Konsumenten aufgewendeten *Beschaffungsenergien* hat in der Literatur zu einer sehr verbreiteten *Produkttypologie* geführt. Mit ihr wird versucht, Gesetzmäßigkeiten des Beschaffungsverhaltens mit verschiedenen Produktmerkmalen in Verbindung zu bringen. Es handelt sich um die vornehmlich von Copeland eingeführte und später verfeinerte Einteilung der Produkte in shopping, convenience und specialty goods, die unter dem Thema „Produkt als Aktionsrahmenfaktor" [Kap. I, 4.3] nochmal aufgegriffen wird.

42182 Einkaufsstättenwahl

Die Organisation der Beschaffung beinhaltet im Kern die *Wahl* von *geeigneten Einkaufsquellen.* Damit wird ausgewählten Einzelhändlern von den Konsumenten die Position des gatekeeper eingeräumt, die als vorgelagerte Entscheidung weitreichende Konsequenzen für die Produktwahl hat.

Teilqualitäten der Einkaufsstätten

Die Konsumenten treten an den Einzelhandel mit bestimmten *Anforderungen* heran, denen auf der Unternehmensseite *Eigenschaftenprofile* gegenüberstehen. Als Einzelhandelsqualität wird die Eignung eines Einzelhändlers aufgefaßt, diesen Anforderungen zu entsprechen. Es gibt in der Literatur viele Versuche, jene Merkmale zusammenzustellen, nach denen die Konsumenten ihre Einkaufsstättenwahl vollziehen [Henseler, 1977, S. 125]. Das Schaubild I, 4.19 zeigt — vergleichbar mit dem Produktbereich [Schaubild I, 4.15] — eine Übersicht von Anforderungsarten und Eigenschaftsdimensionen.

Dabei ist die Aufteilung der Anforderungsarten eine nur schwerpunktmäßig anzuwendende Kategorisierung, die auf der einen Seite eher *sachhaltige, kognitiv* faßbare *Leistungsanforderungen* und auf der anderen Seite eher *emotional* behaftete, *geistig-seelische Anforderungen* unterscheidet. Den Leistungsanforderungen sind Eigenschaften aus dem Spektrum der Marketingaktivitäten von Händlern zugeordnet, mit denen Leistungen erbracht werden. Demgegenüber stehen die psychisch erlebten Qualitäten [Donovan, Rossiter, 1982, S. 34ff], die zwar auch im einzelnen durch das Leistungsprofil vermittelt werden, jedoch eine ganzheitliche Wirkung in ästhetischer, sozialer und erlebnisorientierter Hinsicht entfalten. Das ästhetische Erleben resultiert aus geschmacklichen Anmutungen aller Gestaltungselemente einer Einkaufsstätte. Die soziale Qualität vermittelt sich ganz wesentlich durch die Kun-

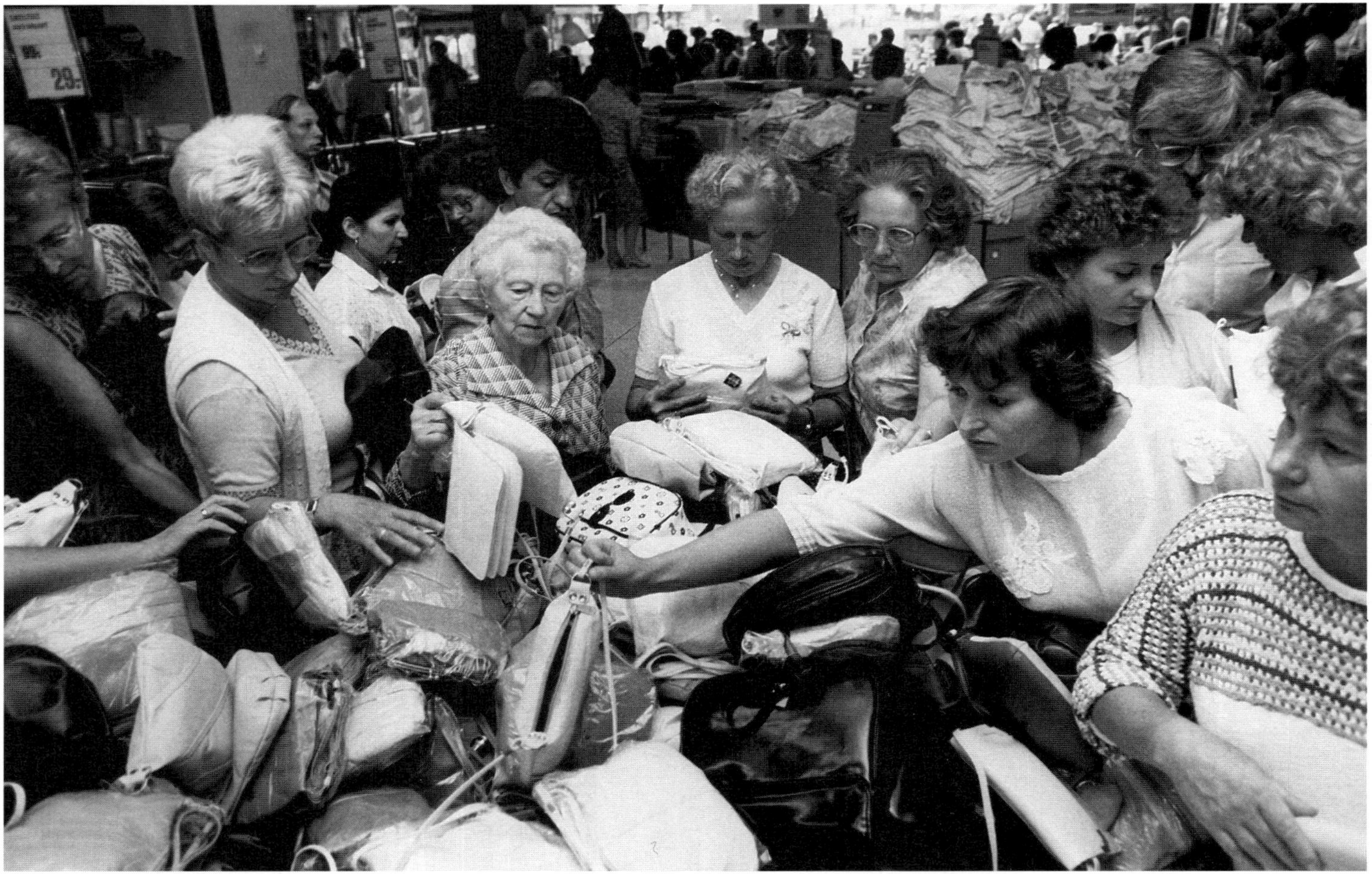

Die Jagd nach Sonderangeboten

Der kleine Nachbarschaftskauf

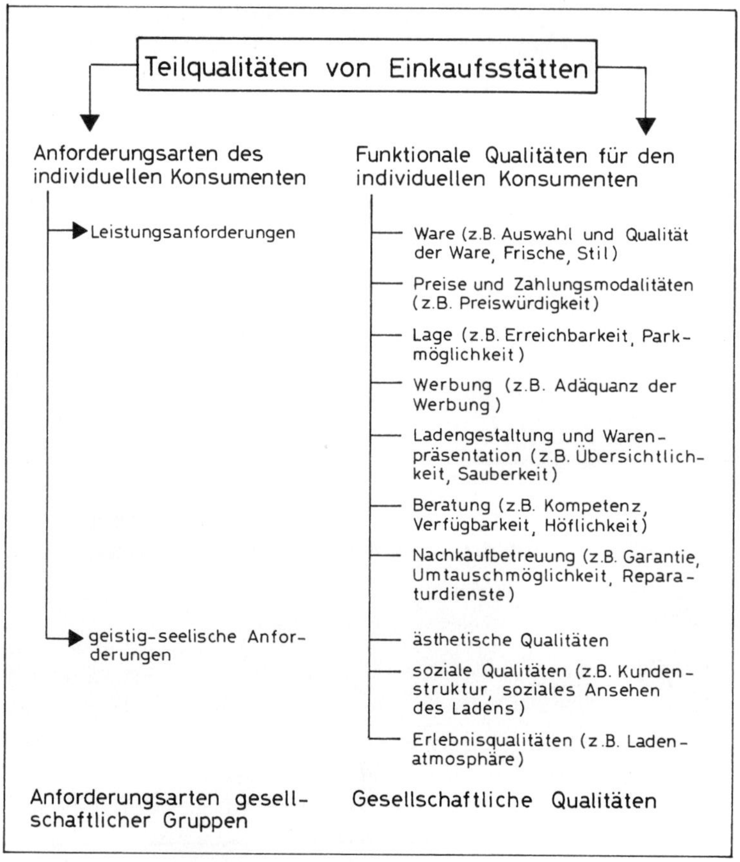

Schaubild I, 4.19: Teilqualitäten von Einkaufsstätten

denstruktur innerhalb eines Ladens, die mehr oder weniger homogen sein kann und eine entsprechende Beeinflussung des Qualitätsempfindens bewirkt. Die Erlebnisqualitäten hängen sehr eng und z. T. überschneidend mit den sozialen und ästhetischen Qualitäten zusammen. Sie beziehen sich auf Wertstrukturen der Konsumenten und damit auf Auffassungen zur Lebensqualität [Weinberg, 1986b, S. 97]. Derartige Erlebnistrends sind z. B. Jugendlichkeit, Natürlichkeit oder hedonistische Lebensfreude.

Eine weitere Qualitätsdimension bezieht sich auf die *Anforderungen gesellschaftlicher Gruppen* an die Eigenschaften von Einzelhandelsunternehmungen. Diese Perspektive wird in der Literatur zur Einkaufsstättenwahl gänzlich vernachlässigt. Dennoch ist die gesellschaftliche Bewertung der Einzelhandelstätigkeit als ein Aspekt zu berücksichtigen, der auf die engeren Marktbeziehungen zu den Kunden zurückwirken kann. Die gatekeeper-Position des Handels gibt durchaus Ansatzpunkte, sich unternehmerisch mit der Präsentation derartiger gesellschaftlich erwünschter Teilqualitäten zu positionieren [Hansen, 1979, S. 111ff]. Ein Beispiel stellt die Migros dar, ein genossenschaftliches Handelsunternehmen in der Schweiz, das u. a. durch die Anwendung ökologischer und gesundheitlicher Prinzipien in der Sortimentsgestaltung und Kommunikationspolitik sowie durch Preistransparenz eine derartige Profilierung erreicht hat [Holliger, 1985, S. 296ff; vgl. auch Kap. V, 4].

Das Qualitätsurteil

Die Bewertung einer Einkaufsstätte hat zwei Ebenen. Letztlich steht der Konsument vor der Aufgabe, *einzelne Verkaufsstellen* zu beurteilen, jedoch sind diese eingebettet in die globalere Bewertung einer *Betriebsform* und im Falle filialisierter Unternehmen der *Kooperations-* und *Integrationsformen.* Die Einschätzungen auf dieser übergeordneten Ebene färben auf die Bewertung der Verkaufsstellen ab.

Wird bei der Analyse des *Qualitätsurteils* wiederum — vergleichbar mit dem Qualitätsurteil für Produkte — von der means-ends-Theorie ausgegangen, so erklärt es sich aus der Bedeutung, die ein Konsument den geforderten Eigenschaften beimißt und den wahrgenommenen Ausprägungen der realen Eigenschaften bei den zu bewertenden Unternehmen. Damit wird deutlich, daß in dem Qualitätsurteil eine *Informations-* und *Bewertungsebene* enthalten ist. Der Konsument wird in jenen Einzelhandelsbereichen viel Mühe für die Information aufwenden, wo er starke und ihn besonders tangierende Leistungsunterschiede vermutet. In seinem Entlastungsstreben wird er aber auch Schlüsselinformationen als Indikatoren verwenden bzw. generalisierende Einkaufsregeln befolgen (Beispiel: „Im Fachgeschäft ist der Kundendienst besonders kompetent".). Die Beurteilung der Teilqualitäten erfolgt nicht additiv sondern *gestalthaft* aus dem *Gesamterleben* heraus. Dabei irradiieren jene Eigenschaften am stärksten, die anmutungshaft und ichfern erlebt werden, also Erlebnisqualitäten sowie ästhetische und soziale Qualitäten.

Auf der Bewertungsebene kommen die subjektiven Anforderungen an eine Einkaufsstätte zum Ausdruck. Diese sind von Konsument zu Konsument sehr unterschiedlich. Zudem differieren die Anforderungen eines identischen Konsumenten nach Produktbereichen und Einkaufsakten. Daraus folgt eine zweifache, sich überlagernde Anforderungsdifferenzierung. Die empirische Konsumverhaltensforschung hat einige Erkenntnisse über diese Zusammenhänge geliefert. So wurde z. B. die Bevorzugung von Betriebsformen nach dem Merkmal der Lebensphasen von Konsumenten [Müller-Hagedorn, 1978a, S. 106ff] und der sozialen Schichtzugehörigkeit [Leven, 1979, S. 18ff] untersucht.

4219 Typen von Markthandlungen der Konsumenten

Vorangehend ist das Konsumentenverhalten im wesentlichen als *extensives* Entscheidungsverhalten dargestellt worden. Demgegenüber laufen die meisten Marktvorgänge in reduzierterer Form ab. Zu unterscheiden sind:

(1) extensive Entscheidungen, } Planungshandlungen
(2) limitierte Entscheidungen, }
(3) habitualisierte Handlungen,
(4) impulsive Handlungen.

Typen von Markthandlungen				
	andere Begriffe	Funktionen	Anwendungsbereich	Charakteristika
extensive Suchhandlung	• echte Entscheidung • Suchkauf • extensive problem solving • Planungshandlung	Konzeptbildung	• innovative Entscheidungen • starke Umweltveränderungen • Produkte großer persönlicher Bedeutung (high involvement) • hochwertige Gebrauchsgüter • hohe Risikoempfindung • komplexe Kaufsituation	• hoher Informationsbedarf • keine Problemlösungsmuster • lange Entscheidungszeit • starke kognitive Steuerung
limitierte Suchhandlung	• vereinfachte Entscheidung	Konzeptausprägung	• Erfahrungssituation • wenig Risikoempfinden • low involvement-Situation	• begrenzte Informationssuche und -verarbeitung • bewährte Erfahrungen • "evoked-set" • mäßiges Engagement • Verwendung von Schlüsselinformationen
habitualisierte Markthandlung	• Gewohnheitskauf • habitualisierte Entscheidung	Konzeptanwendung	• kurzperiodisch wiederkehrende Kleinbedarfe an Standardprodukten • kein Risikoempfinden	• Rückgriff auf gespeicherte Entscheidungsregeln • reaktive Kaufentscheidung • emotions- und gedankenloses Verhalten • stark vereinfachte Entscheidungen
impulsive Markthandlung	• Reizkauf • Spontanhandlung • ungeplante Handlung	• affektiver Genuß • Entlastung • impulsive Beendigung von Konflikten	• starke Reizsituation • Produkte mit hohem Aufforderungscharakter (lebensverfeinernd), die als relativ geringwertig empfunden werden • hohe Beeinflußbarkeit und Emotionalität	• affektive Steuerung • Abhängigkeit von Reizsituation (reaktives Verhalten)

Schaubild I, 4.20: Typen von Markthandlungen

In Schaubild I, 4.20 findet sich eine Gegenüberstellung dieser vier Entscheidungstypen in ihren wesentlichen Elementen[58]. Sie können alle vier sowohl Produkte wie Einkaufsstätten zum Gegenstand haben.

Zu (1): Extensive Entscheidungen (bzw. *Suchhandlungen)* nimmt der Konsument vor, wenn er einer für ihn neuen Konsumsituation große persönliche Bedeutung beimißt (hohes involvement) und ein starkes Risikoempfinden hat. In diesen Fällen entwickelt er hohe Ansprüche an den Entscheidungsprozeß in bezug auf *Informationsbedarf* und *Entscheidungszeit.* Ihm stehen keine Problemlösungsmuster für diese spezielle Problematik zur Verfügung. Der Prozeß dient der *Konzeptbildung,* d. h. der Entwicklung kognitiver Programme. Derartige extensive Problemlösungsprozesse sind stark kognitiv gesteuert. Ausgangspunkt wird i. d. R. eine neue wichtige Bedürfnissituation sein, die eine Suche nach einem geeigneten Produkt zur Folge hat. Allerdings ist es auch denkbar, daß ein Konsument zunächst eine extensive Prüfung und Bewertung geeigneter Einkaufsstätten betreibt, um spätere Beschaffungsakte vorzubereiten.

Zu (2): Bei *limitierten Entscheidungen* (bzw. *Suchhandlungen*) verfügt der Konsument über so viel Erfahrungen und Kenntnisse in dem betreffenden Problembereich, daß er keine besonderen Risiken in der Entscheidungssituation sieht und diese mit mäßigem bis niedrigem involvement betreibt. In diesen Fällen ist die Informationssuche und -verarbeitung begrenzt. Der Konsument verfügt über ein sog. *„evoked set“*, d. h. über die Kenntnis einer Alternativenmenge von Objekten für sein Problem. Er kennt z. B. einige Markenprodukte, die für einen Konsumzweck in Frage kommen können oder einige ausgewählte Einkaufsstätten, die er für einen Einkaufsanlaß aufzusuchen pflegt. Bei limitierten Suchhandlungen werden zunächst interne Informationen abgerufen, und die Aufnahme externer Informationen beschränkt sich wegen des ausgeprägten Entlastungsstrebens auf Schlüsselinformationen. Die limitierte Suchhandlung dient dann insb. der *Konzeptausprägung* bzw. *-konkretisierung.* In der Abfolge von Markthandlungen folgen oft den extensiven die limitierten Entscheidungen.

Zu (3): Die Planmäßigkeit von Entscheidungen kann durch *habitualisierte* Steuerung des Verhaltens ersetzt werden. Der Konsument besitzt aufgrund bewährter Erfahrungen fixierte Problemlösungskonzepte, die als verselbständigte Automatismen sein Markthandeln steuern und auf wiederkehrende Situationen angewendet werden. Die Handlungsanlässe werden als risikolos und unbedeutend eingeschätzt. Die Entscheidungen laufen stark vereinfacht und ohne emotionale und gedankliche Zuwendung ab. Im Gegensatz zu limitierten Entscheidungen kommt es bei habitualisiertem Verhalten nicht auf den „evoked set“ an. Vielmehr bestehen eindeutige Präferenzen für eine einzige Alternative, oder es werden die Unterschiede zwischen Alternativen als bedeutungslos eingeschätzt. Typische Anwendungsfälle für habitualisiertes Verhalten sind kurzperiodisch wiederkehrende Kleinbedarfe an Standardprodukten. Die Einkaufsstättenwahl ist habitualisiert bei Nachbarschaftsläden oder Einkaufsstätten, die ein entsprechend als unwesentlich empfundenes Sortiment führen (z. B. Tabakläden). Habitualisierung führt mit Sicherheit zu Wiederholungskäufen, allerdings haben diese umgekehrt nicht immer eine habitualisierte Grundlage. Das *Markthandeln*

[58] Vgl. dazu die sehr übersichtliche Darstellung von Weinberg, P., 1981, die für die folgenden Ausführungen zugrunde gelegt wird.

kann bei *Habitualisierung* noch *verharren,* selbst wenn sich die *Bedürfnisgrundlage* oder die *Umwelt verändert* hat. Diese *Resistenz* gegenüber *Veränderungen* hat für das Handelsmarketing große Bedeutung.

Zu (4): Impulskäufe sind *affektive, unüberlegte Handlungen* [Hoepfner, 1975, S. 130f]. Der Prozeß der Bedürfnisentwicklung läuft im Vergleich zu Planungshandlungen in *umgekehrter Richtung* ab. Aus der Begegnung mit der Objektwelt entsteht ein *affektiver äußerer Reiz,* der zu einer spontanen Aktualisierung eines Bedürfnisses führt. Impulshandlungen sind *reaktiv* und haben nur eine geringe kognitive Grundlage. Motivationale und situative Bedingungen von Impulskäufen sind unterschiedlich und führen zu verschiedenen Arten [Stern, 1962, S. 59f]. *Reine Impulskäufe („pure impulse buying")* sind das Ergebnis emotionaler Spontanentscheidungen, mit denen neue Kauferfahrungen gesammelt werden. Daneben gibt es sog. *erinnerte Impulskäufe („reminder impulse buying"),* bei denen der Konsument durch die Konfrontation mit Produkten lediglich an einen vorher nicht bewußt gewordenen Mangel erinnert wird, der Kauf jedoch durchaus in die gewohnten Verhaltensmuster eingepaßt ist. *Geplante Impulskäufe („planned impulse buying")* liegen vor, wenn der Konsument sich bewußt situativen Einflüssen für Spontanhandlungen aussetzt, er sich also „verführen" lassen will.

Impulsive Markthandlungen haben z. T. die Funktion eines affektiven Genusses („shopping" oder „überraschendes Abenteuer"), z. T. beruhen sie auf Entlastungsstreben (das Regal im Handel als Ersatz der Einkaufsliste[59]) und dienen u. U. auch der impulsiven Beendigung von inneren Konflikten, indem bei der emotionalisierten Konfrontation mit einem Kaufobjekt die positiven Entscheidungselemente eines Konfliktes aufgewertet werden und die negativen dadurch in den Hintergrund treten.

Empirische Untersuchungen haben bereits in den 60er Jahren eine *steigende Tendenz* des *Reizkaufverhaltens* erwiesen [Stern, H., 1962, S. 60; Kollat, 1966, S. 226ff], die sich sicherlich noch fortgesetzt hat. Gründe dafür liegen in der zunehmenden *Überflutung* der Verbraucher mit *Kaufanreizen,* die u. a. auf die sich verstärkende Angebotsvielfalt und auf verfeinerte Techniken der Angebotspräsentation zurückzuführen ist. Hinzu kommen bei einem großen Teil der Konsumenten steigende diskretionäre Einkommen und zunehmende Einkaufsbequemlichkeit, in deren Folge insgesamt eine *erhöhte Außenlenkung*[60] im Kaufverhalten eintritt. Die Entwicklung des erlebnisorientierten Handels [Konert, 1986] unterstützt und nutzt den affektiven Genußwert des Impulskaufverhaltens.

Innerhalb dieser allgemeinen Tendenzen sind allerdings erhebliche produkt- und konsumentenbedingte Unterschiede zu treffen. Allgemein gelten eher *geringwertige* und *lebensverfeinernde Produkte* als geeignete Impulskaufgüter [Stern, H., 1962, S. 61f; Messing, 1963b, S. 276f]. Eine weitere Gruppe bilden *Kleinobjekte,* die aufgrund komplementärer Beziehungen für Anschlußkäufe geeignet sind (z. B. Krawatten zum Anzug). Allerdings bestehen konsumentenbedingt große Unterschiede in dem Empfinden über Wertigkeit und lebensverfeinernde Eigenschaften von Produk-

---

[59] „It would appear, then, that shoppers are increasingly transferring purchase planning from the home to the store ... entering the store with a general intention to buy, but reaching the actual buying decision at the point of purchase" [Stern, H., 1962, S. 60].

[60] „Die von dem außen-geleiteten Menschen angestrebten Ziele verändern sich jeweils mit der sich verändernden Steuerung durch die von außen empfangenen Signale" [Riesman, 1961, S. 38].

ten, so daß diese produkttypologischen Aussagen nur bezogen auf Konsumentengruppen getroffen werden können. Als unterstützende Konsumentenmerkmale werden *Emotionalität* und *Beeinflußbarkeit* hervorgehoben.

Alle Handlungstypen können auf die Produkt- und Einkaufsstättenwahl angewendet werden. Ein interessanter Aspekt, der im allgemeinen vernachlässigt wird, liegt in der Kombination dieser beiden Entscheidungsinhalte für die verschiedenen Handlungstypen. Die Matrix in Schaubild I, 4.21 zeigt die Kombinationsmöglichkeiten.

Produktwahl (2) / Geschäftswahl (1)	extensive Suchhandlung	limitierte Suchhandlung	habitualisierte Markthandlung	impulsive Markthandlung
extensive Suchhandlung	11	12	13	14
limitierte Suchhandlung	21	22	23	24
habitualisierte Markthandlung	31	32	33	34
impulsive Markthandlung	41	42	43	44

Schaubild I, 4.21: Verhaltenstypologie bei kombinierter Produkt- und Geschäftswahl

Die Handlungsanstöße können sowohl im Produkt wie in der Einkaufsstätte liegen. Suchhandlungen werden eher von Bedürfnissen nach Produkten ausgehen. Dabei kann der Grad der Extensität der Suche auf beiden Seiten unterschiedlich sein. So ist durchaus eine extensive Produktsuche im Rahmen eines limitierten Händlerkreises möglich [Schaubild I, 4.21, Fall 21], wenn die Erfahrung gemacht wurde, daß der entsprechende Produktkreis durch diese Händler abgedeckt wird. Selbst eine habitualisierte Ladenwahl läßt noch eine extensive Produktsuche bei entsprechendem Sortimentsumfang zu (Beispiel: Arzneimittelsuche bei einer Apotheke) [Schaubild I, 4.21, Fall 31]. Impulshandlungen erfolgen im Kontakt mit der Einkaufsstätte. Dabei kann sich bei einem reinen Impulskauf die Produktwahl mit einer impulsiven Einkaufsstättenwahl verbinden, indem z. B. während eines Einkaufsganges Anreize durch Schaufenstereindrücke aufgenommen werden [Schaubild I, 4.21, Fall 44]. Bei geplantem Impulskauf ist dagegen oft die Einkaufsstättenwahl ein limitierter Suchprozeß oder eine habitualisierte Entscheidung (Beispiel: der spontane Kauf von Oberbekleidung im Rahmen der üblichen Einkaufsquellen) [Schaubild I, 4.21, Fall 24].

Die gatekeeper-Stellung des Handels ist bei habitualisierter oder impulsiver Einkaufsstättenwahl am stärksten. Das Anwachsen des Impulskaufverhaltens verursacht also eine Stärkung des Handels. Eine tendenzielle Gefahr für die Versorgung der Konsumenten liegt darin, daß sich der Handel auf diese Tendenz einstellt und sich damit die Möglichkeiten des extensiven Suchkaufs strukturell verschlechtern.

421.10 Konsumentenverhalten bei Unzufriedenheit

Die Theorie des Konsumentenverhaltens bezieht sich vornehmlich auf Prozesse *vor* bzw. *während* des Kaufs. Nachkaufsituationen des Konsumenten werden soweit berücksichtigt, wie sie neue Käufe beeinflussen, d. h. also in der Abfolge von Kaufprozessen als Determinanten der nächst folgenden Verkaufsphase zu betrachten sind. Demgegenüber richtet sich ein verstärktes Interesse auf das Nachkaufverhalten als *eigenständiger,* marketingrelevanter Phase des Konsumierens. Dies korrespondiert mit dem verstärkten Einsatz eines Nachkaufmarketing [Kap. II, 8 und 9]. Im Zentrum dieses Interesses stehen die Konsumentenzufriedenheit bzw. -unzufriedenheit und die daraus folgenden Verhaltensweisen.

421.101 Arten von Unzufriedenheit

Die Mehrzahl der Erklärungsansätze für das Konstrukt *„(Un)-Zufriedenheit"* geht von Differenzmodellen aus [Churchill, Suprenant, 1982, S. 491ff]. Diese Differenzmodelle wollen (Un)-Zufriedenheit mit Produkten und Dienstleistungen aus einer *Differenz* zwischen der *subjektiv wahrgenommenen Produkt-* bzw. *Dienstleistungsrealität* und *„Vergleichsniveaus"*, wie etwa *subjektive Erwartungen* oder *gesellschaftliche Normen* erklären. Unzufriedenheit entsteht demnach, wenn diese Differenz eine zu definierende Schwelle in negativer Richtung überschreitet.

Eine Klassifikation von *Unzufriedenheitsquellen* bietet unterschiedliche Ansatzpunkte für unternehmerische Reaktionen. Die Unzufriedenheit mit einem einzelnen Produkt bzw. mit dem Markthandeln eines einzelnen Unternehmens wird — einem Vorschlag von Renoux [1973, S. 53—65] folgend — als *Mikro-Marketing-Unzufriedenheit* bezeichnet. Diese Art von Unzufriedenheit kann sich auf Mängel an den im Handel angebotenen Produkten, aber auch auf jede seiner im Rahmen des absatzpolitischen Instrumentariums erbrachten Leistungen beziehen. Eine entsprechende Trennung in Unzufriedenheit mit Produkten oder Handelsleistungen, die gleichzeitig die Verantwortungsbereiche von Hersteller und Handel erfassen würde, ist nicht immer klar vorzunehmen aufgrund der warenbezogenen Leistungen des Handels (Beispiel: Service). Außerdem ist anzunehmen, daß die spezifischen Unzufriedenheiten in wechselseitiger Beeinflussung zueinander stehen [Oliver, 1981, S. 31ff].

Mikro-Marketing-Unzufriedenheit kann sowohl in der Vorkaufphase als auch während des Kaufaktes oder in der Nachkaufphase auftreten. In Verbindung mit einer Beschwerde tritt eine weitere Zufriedenheitskategorie auf. Diese *Beschwerdezufriedenheit* bezieht sich auf die nachgelagerte Handlungsebene der Beschwerderegulierung [Schaubild I, 4.22].

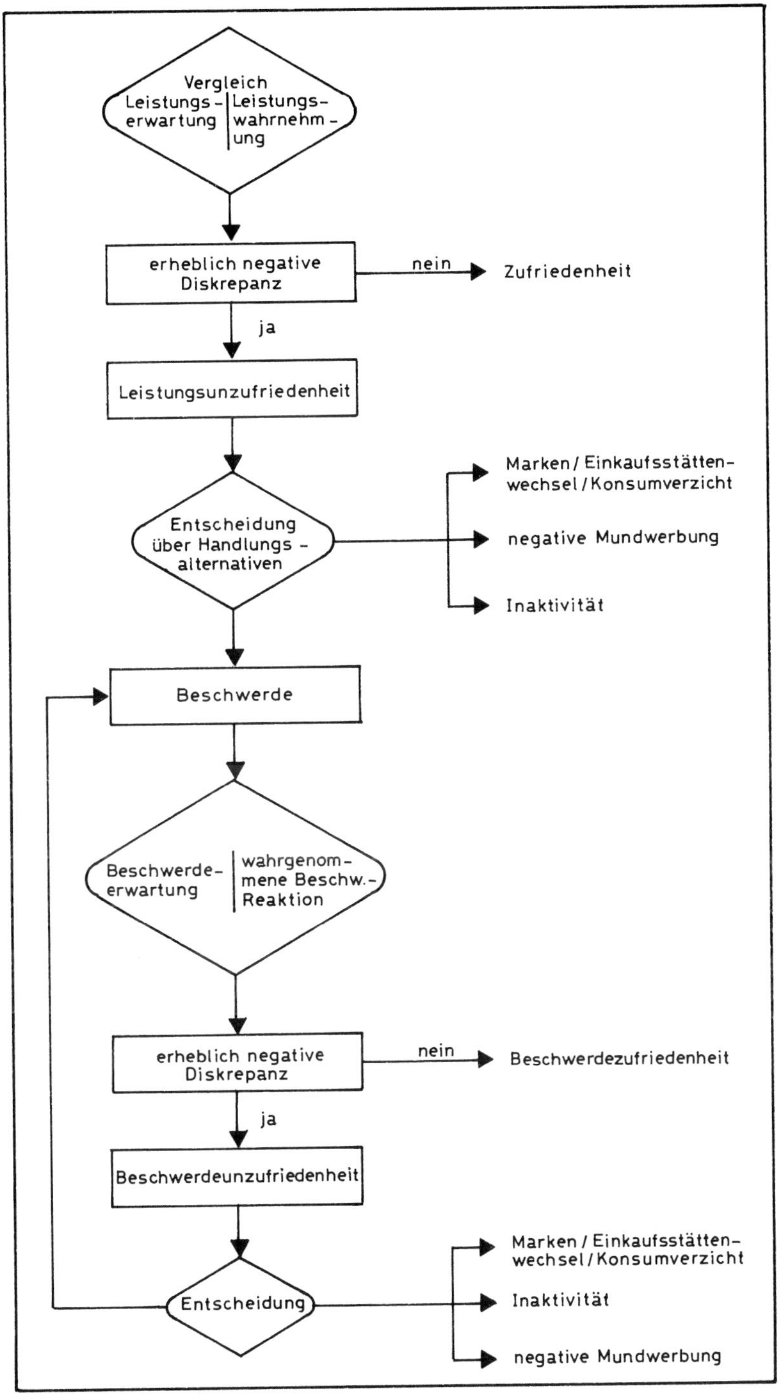

Schaubild I, 4.22: Kundenzufriedenheit/-unzufriedenheit und Beschwerdeverhalten [Quelle: in Anlehnung an Stauss, 1989, S. 44]

Darüber hinaus gibt es Unzufriedenheit mit dem Marketing allgemein oder mit branchen- und betriebsformenüblichen Praktiken (Beispiele: Bedienung in Warenhäusern; Unzufriedenheit mit der Softwareberatung in der Computerbranche). Parallel zu dem Begriff Mikro-Marketing kann sie als *Makro-Marketing-Unzufriedenheit* bezeichnet werden. In diesem Bereich von Unzufriedenheit zeigen sich gesellschaftliche Bewußtwerdungsprozesse und Wertveränderungen, die unter mittel- und langfristiger Perspektive für die Markt- und Marketingentwicklung des Handels entscheidende Bedeutung gewinnen können. Es scheint die Hypothese plausibel, daß zwischen den beiden Formen der Unzufriedenheit Interdependenzen bestehen. Eine zunehmende Ausbreitung der Makro-Marketing-Unzufriedenheit wird auch im Mikro-Bereich der Unternehmung Auswirkungen zeigen, und umgekehrt wird die Unzufriedenheit mit einzelnen Unternehmen das generelle Problembewußtsein der Konsumenten erhöhen.

Im Zusammenhang mit dem Unzufriedenheitskonstrukt stellt sich die Frage, welche marktrelevanten Verhaltensweisen daraus folgen können [Schaubild I, 4.22]. Hier sind zu unterscheiden:

- Abwanderung (Verlagerung der Kaufakte im Sinne eines Marken- oder Einkaufsstättenwechsels oder genereller Konsumverzicht),
- negative Mundwerbung,
- Beschwerde gegenüber dem betreffenden Unternehmen oder Drittinstitutionen,
- Inaktivität.

Sie werden in den folgenden Kapiteln behandelt.

421.102 Abwanderung oder Beschwerde

Die Wirtschaftswissenschaften und speziell die Marketingtheorie und -praxis haben sich lange Zeit auf die Bedeutung des *Kaufaktes* als Zufriedenheitsausdruck verlassen („Abstimmung mit dem Geldschein als Konsumentenvotum"). Damit wurden positive Umsatz- oder Gewinnentwicklungen einer Unternehmung gleichzeitig als Beitrag zur Konsumentenzufriedenheit gewertet, während für den Fall der Unzufriedenheit mit *Abwanderung* und Umsatzverlust gerechnet wurde. In jüngerer Zeit werden allerdings zunehmend Zweifel an der Aussagefähigkeit des Kaufs als Indikator für Zufriedenheit geäußert. Dies resultiert zum einen aus wachsendem Kritikpotential auf Verbraucherseite, das durchaus auch gegenüber jenen marketingtreibenden Unternehmen geäußert wird, deren Gewinn- und Verlustrechnung Kundenzufriedenheit zu signalisieren scheint. Es wird durch die Arbeit von verbraucherpolitischen und ökologischen Organisationen mobilisiert und umfaßt neben individuellen auch kollektive Artikulationsformen. Zum anderen scheinen Entwicklungen des Marketing selbst dazu zu führen, daß der Kauf als Indikator für Zufriedenheit an Funktionsfähigkeit eingebüßt hat. Der Aussagewert der Kaufhandlung ist nämlich dort eingeschränkt, wo im Markt Intransparenzen entstehen („information overload" und Markenhypertrophie") oder wo starke Beeinflussungen der Konsumenten für die

Entwicklung von Marktakzeptanz notwendig sind. Der sog. manipulierte Käufer kann in der Folge durchaus unzufrieden mit einem Produkt sein.

In der Theorienentwicklung war es insb. Hirschman [1974] mit seiner Analyse von „Abwanderung und Widerspruch“ in Fällen von Konsumentenunzufriedenheit, die das Interesse auf die Kategorie *„Widerspruch“* lenkte. In den USA, zunehmend auch in der Bundesrepublik Deutschland entstand in der Folge der 70er und 80er Jahre eine Fülle von Beiträgen zum *Beschwerdeverhalten*[61]. Im Kern geht es dabei um Aufklärung darüber, warum sich Konsumenten auf eine bestimmte Art und Weise beschweren und — darüber hinausgehend — wann und aus welchen Gründen sie dieses nicht tun und ihrer Unzufriedenheit in Form der Abwanderung oder negativen Mundwerbung Ausdruck verleihen[62]. In quantitativer Hinsicht interessiert die *Beschwerderate,* d. h. also der Anteil von Beschwerdeführern unter einer Gruppe unzufriedener Konsumenten. Bezogen auf den einzelnen unzufriedenen Konsumenten drückt sich diese quantitative Problemstellung auch in der *Beschwerdewahrscheinlichkeit* aus.

Kenntnisse über das Beschwerdeverhalten sind für das Einzelhandelsunternehmen wichtig, um die Quantität der Beschwerden als Information über Unzufriedenheit einschätzen zu können und eine zielgruppengerechte, problemadäquate Beschwerdepolitik zu betreiben. Im folgenden sollen vier Determinantengruppen des Beschwerdeverhaltens betrachtet werden, die sich z. T. wechselseitig bedingen [Jacoby, Jaccard, 1981, S. 21; Stauss, 1989, S. 43ff]. Diese Determinanten sind derzeitig in unterschiedlichem Maße empirisch getestet:

(1) Kosten/Nutzen- und Risiko-Einschätzungen der Kunden zur Beschwerdeführung,
(2) produkt- bzw. dienstleistungsspezifische Determinanten,
(3) personenspezifische Determinanten,
(4) situative Determinanten der Anbieterseite.

Zu (1): Unzufriedene Konsumenten wägen vor ihrem Entschluß zur Beschwerdeführung die zu erwartenden Beschwerdekosten und -risiken gegenüber den zu erwartenden Nutzen ab. Dabei finden ökonomische (Beschwerdekosten in materieller und zeitlicher Hinsicht, rechenbares Beschwerdeergebnis) und psychologische Kategorien (psychische Belastung, Genugtuung) Berücksichtigung [Riemer, 1986, S. 217; Day u. a., 1981, S. 94, 98]. Je geringer die *Beschwerdekosten* und je höher die *Erfolgswahrscheinlichkeit* eingeschätzt werden, desto höher ist die Beschwerderate bei Unzufriedenheit.

Zu (2): Die Konsumenten beschweren sich um so häufiger, je wichtiger der entsprechende Konsum in sozialer und finanzieller Hinsicht für sie ist *(Relevanz des Problems),* je mehr es sich um manifeste Probleme mit geringem subjektiven Bewer-

[61] Konsumentenzufriedenheit und Beschwerdeverhalten bilden einen Forschungsschwerpunkt der Abteilung Markt und Konsum der Universität Hannover. Vgl. auch vertiefende Lektüre zu diesem Thema Hansen, Schoenheit (Hrsg.), 1987.

[62] Die Frage nach den „unvoiced complaints“ ist vor allem deshalb relevant, weil die Beschwerdeführer hinsichtlich ihrer soziodemographischen und psychographischen Determinanten nicht die gesamte Zielgruppe einer Unternehmung repräsentieren müssen, eine aktive Beschwerdepolitik aber zur Erreichung ihrer Ziele an den Erfordernissen der gesamten Zielgruppe auszurichten ist [Bearden, Teel, 1980, S. 4f].

tungsspielraum handelt *(Objektivität des Mängelnachweises)* und je eindeutiger die Ursache der Unzufriedenheit dem Hersteller oder Händler zuzuweisen ist *(Eindeutigkeit der Ursachenattribuierung).* Aufgrund dieser Determinanten entstehen große branchenbedingte Unterschiede im Beschwerdeaufkommen unzufriedener Konsumenten. Insbesondere ist danach auch zwischen produktbezogenen und dienstleistungsbezogenen Unzufriedenheitsursachen zu unterscheiden, die beide den Handel betreffen.

Zu (3): Die personenspezifischen Determinanten des Beschwerdeverhaltens können nach *sozio-demographischen* und *psychographischen Variablen* differenziert werden. Sozio-demographische Merkmale wie Alter, Geschlecht, Bildung, Beruf, Familienstand etc. haben in dem Maße Erklärungswert, wie sie mit Erscheinungsformen des Beschwerdeverhaltens korrelieren. Ein engerer Problembezug ist mit psychographischen Merkmalen herzustellen. Unter ihnen hat die generelle Einstellung der Konsumenten zur Beschwerde als adäquate Unzufriedenheitsartikulation besondere Bedeutung[63]. Sie wird durch persönlichkeitsbezogene Merkmale wie *Selbstsicherheit* oder *Verantwortungsgefühl* für sich und andere bestimmt [Thieme, 1987, S. 122]. In Verbindung mit der ersten Determinantengruppe wirkt sich hier die *persönlichkeitsspezifische Wahrnehmung* von *Kosten/Nutzen-* und *Risikofolgen* der Beschwerde aus. Des weiteren spielen auch die bereits in der Vergangenheit gemachten *Beschwerdeerfahrungen* eine Rolle, indem sie die Erwartungen bezüglich zukünftiger Beschwerdeergebnisse (Einschätzung der Erfolgswahrscheinlichkeit) beeinflussen[64]. Als Resultante des Zusammenwirkens verschiedener sozio-demographischer und psychographischer Variablen bestimmt die *Beschwerdeneigung* („propensity to complain") der Konsumenten ihr tatsächliches Beschwerdeverhalten [Day et al, 1981, S. 94].

Zu (4): Die Wahl der Beschwerde als Handlungsalternative gegenüber der Abwanderung hängt auch von anderen *Kaufalternativen* ab. Insofern ist die Beschwerdewahrscheinlichkeit um so niedriger, je mehr Wettbewerb auf einem Markt herrscht. Dieser Zusammenhang wird des weiteren durch die Beschwerdepolitik der Anbieter beeinflußt. Hier kann davon ausgegangen werden, daß ein unzufriedener Konsument um so schneller die Alternative der Abwanderung ergreift, je unzugänglicher sich eine Unternehmung gegenüber Beschwerden erweist. Mit ihrer Beschwerdepolitik wirken die Unternehmen auf Kosten- und Nutzenkomponenten des Beschwerdeverhaltens ein.

421.103 Negative Mundwerbung

Eine weitere Artikulationsmöglichkeit bietet sich mit der Mundwerbung als Kommunikation unter Konsumenten aufgrund von (Un)-Zufriedenheit, die z. T. alternativ, z. T. zusätzlich zur Beschwerde ergriffen wird. Für die Anbieter ist der Zusammenhang zwischen (Un)-Zufriedenheit und Mundwerbung wichtig, weil die dadurch ausgelöste Diffusion von positiven und negativen Konsumerfahrungen starke image- und

[63] Vgl. dazu auch die empirische Analyse von Bearden, Teel, 1980, S. 5ff.

[64] Oliver, 1981, S. 38ff, räumt den Beschwerdeerwartungen einen großen Stellenwert ein. Sie führen im Beschwerdeprozeß je nach Ergebnis zur Bestätigung oder Nicht-Bestätigung mit entsprechenden Folgen für das Wiederkaufverhalten der Konsumenten.

umsatzrelevante Wirkungen entfalten kann. Hiervon sind insb. Einzelhandelsunternehmen mit institutioneller Marktpräsenz betroffen. Durch Irradiationsprozesse bei negativer Mundwerbung können diffundierende Abwanderungsbewegungen entstehen, die selbst bei geringfügigen, partiellen Unzufriedenheitstatbeständen zu spürbaren Umsatzeinbußen führen.

Von Interesse sind zunächst die verschiedenen psychologischen Hintergründe der Mundwerbung, die je nach Art des zugrunde liegenden Konsumproblems und Persönlichkeitsstruktur der Konsumenten unterschiedlich sein können. Stimulierende Artikulationsmotive können im Falle von Unzufriedenheit in dem Abbau von psychischen Spannungen, Vergeltungswünschen hinsichtlich des verursachenden Unternehmens oder sozialen Kontaktbedürfnissen bestehen. Demgegenüber können gesellschaftliche Kommunikationsbarrieren in Tabubereichen oder mangelnde Bereitschaft, Mißerfolge einzugestehen, die Mundwerbung über negative Konsumerfahrungen verhindern. Nach eigenen Untersuchungsergebnissen ist die Häufigkeit von Mundwerbung unsymmetrisch zwischen Zufriedenheit und Unzufriedenheit verteilt und im Falle von Unzufriedenheit stärker[65]. Im übrigen ist die Mundwerbung im Zusammenhang mit dem Konsum von Produkten und Dienstleistungen einerseits und mit Beschwerdeerfahrungen andererseits zu unterscheiden.

421.11 Steuerung der Marktbeziehungen durch das Image der Einzelhandelsunternehmung

Die vorangehenden Ausführungen zum Konsumentenverhalten haben deutlich gemacht, daß die Beziehungen zwischen Händler und Konsument auf einer wahrgenommenen Realität beruhen. Spiegel wies schon 1961 [S. 29] darauf hin, daß sich das Verhalten eines Individuums gegenüber einem Meinungsgegenstand (Beispiel: Produkt, Einkaufsstätte) nicht danach richtet, wie dieser wirklich ist, sondern, wie das Individuum glaubt, daß er wäre. Diese *sozialpsychische Realität* des *Marktes* hat die *Imageforschung* zum Kern ihrer Betrachtung gemacht. Verschiedene der bisher diskutierten Theorien enthalten Elemente des Imagekonzeptes, so z. B. das Prinzip der selektiven Wahrnehmung oder das Prinzip des Entlastungs- und Vereinfachungsstrebens. Insbesondere besteht eine enge Verbindung zwischen Einstellungs- und Imageforschung. Dennoch stellt die Imageforschung in einer geschlossenen Theorie ein Konstrukt hoher Erklärungskraft zur Verfügung, das ich daher abschließend in einigen Thesen hinsichtlich seiner Relevanz für die Beziehungen zwischen Einzelhandelsunternehmung und Konsumenten darstelle[66].

---

[65] Die Asymmetrie von Mundwerbung bei Zufriedenheit und Unzufriedenheit wurde in bezug auf Beschwerdeerfahrungen zuerst vom TARP-Institut in den USA festgestellt [Goodman, Malech, Marra, 1987, S. 176—178]. Danach ist das Aufkommen an Mundwerbung bei Unzufriedenheit doppelt so hoch wie bei Zufriedenheit. Durch diverse an meinem Institut durchgeführte Fallstudien konnte dieses Phänomen der Asymmetrie grundsätzlich bestätigt werden. Zum Beispiel betrug danach die Mundwerbung (in Adressaten pro Beschwerdefall) bei Beschwerdezufriedenheit bzw. -unzufriedenheit im Versandhandel 5 : 9, im Bereich Unterhaltungselektronik 9 : 18 und im Kraftfahrzeugbereich 19 : 25 [Hansen, Hoffmann, 1989, S. 130f].

[66] Vgl. die allgemeinen Monographien von Johannsen, 1971; Trommsdorff, 1975; speziell auf den Handel angewendet Henseler, 1977.

1. Das Image ist das Ergebnis der Auseinandersetzungen des Individuums mit dem Reizkomplex „Meinungsgegenstand“. Es ist ein System von Einstellungen, die ihrerseits kognitive, affektive und intentionale Elemente in sich verbinden. Verwandte Begriffe im Umfeld des Firmenimage sind u. a. Stereotyp, Vorstellungsbild, Vorurteil, Ruf, Goodwill[67].

2. Die Images von Handelsunternehmen bilden Schemata, mit denen die Konsumenten das unterschiedliche Leistungsangebot verarbeiten *(Ordnungsfunktion)*[68]. Sie stellen eine *psychische Vorprogrammierung* dar, durch die eine selektive Aufnahme der vielfältigen Informationen und Reize des Angebots erfolgt *(Selektionsfunktion).* Sie bestimmen also die Richtung der Wahrnehmung, indem sie als Raster für eine Aufnahme oder Abwehr einer möglichen Einzelinformation dienen. Gleichzeitig entlasten sie von ständig zu treffenden Urteilen über die Einzelaktivitäten des Imageträgers, da diese ja mit dem im Image enthaltenen Gesamturteil in einem Kontext gesehen werden können *(Entlastungsfunktion).* Damit ist auch die Funktion einer Verhaltensstabilisierung verbunden. Da Entscheidungen mit einem Risikoempfinden belastet sind und Images zu einer Vereinfachung beitragen, haben sie weiterhin eine *Risikominderungsfunktion.* Images ermöglichen auch in jenen Punkten eine Meinungsbildung über den Imageträger, in denen keine Informationen und Beurteilungsmöglichkeiten gegeben sind. In diesen Fällen findet ein Transfer von den bekannten auf die unbekannten Tatbestände statt *(Generalisierungsfunktion).* Das Image ersetzt damit die objektive Realität — wo sie nicht oder nur teilweise erkennbar ist — durch eine psychisch subjektive und bildet auf diese Weise eine als gesichert erscheinende Grundlage für Konsumaktivitäten.

3. Das Image ist komplex und mehrdimensional und wirkt als eine Ganzheit in gestaltpsychologischem Sinn. Es entsteht nicht durch eine einfache Addition imagebildender Faktoren, sondern besitzt „... die Eigenart, alle Einzelaspekte und Einzelkräfte miteinander in unauflösliche Beziehung zu setzen, so daß sich alles gegenseitig bedingt und voneinander abhängig ist“ [Kropff, 1960, S. 126]. Damit wird es einem Mosaik vergleichbar, das aus vielen Einzelelementen zusammengesetzt ist, durch deren Zusammenwirken erst ein sinnvolles Gebilde entsteht.

Der *Strukturaufbau* eines Image ist durch *Anzahl, Intensität* und *Richtung* seiner *Faktoren* gekennzeichnet. Ein einzelner Faktor kann eine so starke Wirkung entfalten, daß er als Detail *Dominanz* erreicht und andere Elemente überlagert. Die Richtung der Faktoren bestimmt sich aus ihrem unterschiedlichen semantischen Gehalt. Sie wirken *kongruent* bei Gleichrichtung und gegenseitiger Unterstützung und *divergent* bei Widersprüchlichkeit und gegenseitiger Störung. Das Maß an Gleichrichtung und Angemessenheit der Imagefaktoren drückt sich in der *Prägnanz* des Image aus. Sie wiederum bestimmt seine gesamte Wirkungsintensität — sei es in positiver oder negativer Hinsicht. Hohe Prägnanz bedeutet, daß ein Image klar und unverwechselbar profiliert ist und eine geschlossene harmonische Gestalt hat. Dadurch werden den Konsumenten eindeutige Stellungnahmen ermöglicht. Geringe Prägnanz besteht dagegen bei verwaschenen und verwechselbaren Images und ist auf Inkongruenzen im Strukturaufbau zurückzuführen.

---

[67] Vgl. hierzu die ausführlichen Abgrenzungen bei Spiegel, 1961, S. 32ff; Johannsen, 1971, S. 31ff.

[68] Vgl. zu den Funktionen von Images in ähnlicher Form Klein-Blenkers, 1979, S. 129.

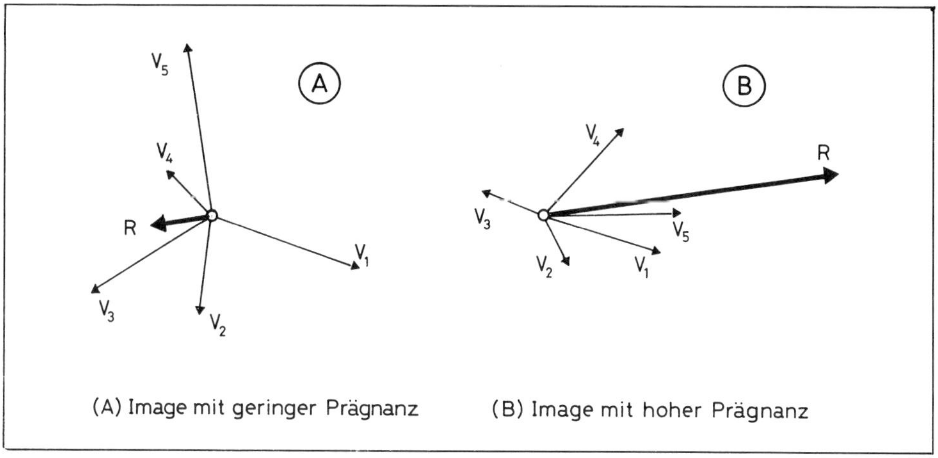

Schaubild I, 4.23: Zwei-dimensionale Darstellung des strukturellen Aufbaus von Images [Quelle: Wiswede, 1966, S. 57]

Das System von imagebildenden Kräften kann durch ein Vektorenmodell in einem n-dimensionalen Raum veranschaulicht werden, wobei die Intensität der imagebildenden Faktoren durch die Länge der Vektoren (V_i; i = 1,2,...,n) und ihre semantischen Distanzen im Bedeutungsgehalt durch die Richtung der Vektoren ausgedrückt sind. Löst man diese Vektorkonfiguration nach dem Prinzip des Kräfteparallelogramms auf, so kann man aus der Resultierenden (R) den Bedeutungsgehalt des Image ablesen [Wiswede, 1966, S. 57] [Schaubild I, 4.23]. In diesem Modell ist allerdings nicht die Ganzheitlichkeit und Gestalthaftigkeit der Wahrnehmung eines Imageträgers berücksichtigt.

4. Das Image kann sich von seinen objektiv gegebenen realen Grundlagen mehr oder weniger entfernen. Eine verminderte Gebundenheit an die objektive Beschaffenheit des Imageträgers nennt Spiegel *Plastizität* [Spiegel, 1961, S. 31]. Geringe Plastizität des Image kommt durch solche Faktoren zustande, die thematisiert und bewußt aufgenommen werden und bei denen eine objektive Überprüfbarkeit des Imageträgers gegeben ist. Dagegen entsteht erhöhte Plastizität in jenem Faktorbereich, der einer objektiven Beurteilung des Meinungsgegenstandes schwer zugänglich ist, der unthematisch erlebt wird und in den Zielpersonen Stimmungslagen oder Gefühle auslöst oder verfestigt.

5. Das Image des Handelsunternehmens entwickelt sich in der Psyche der Verbraucher aus *vielfältigen direkten* und *indirekten Konfrontationen,* wie etwa durch Händlerwerbung, durch gegenseitigen Meinungsaustausch unter den Konsumenten oder durch direkte Kontaktaufnahme mit dem Imageträger. Jede neue Konfrontation kann das bestehende Image beeinflussen, jede Konfrontation wird jedoch auch mit dem Maßstab des bestehenden Image gemessen und erhält somit einen bestimmten Stellenwert in ihrer Imagewirkung.

Nach der Aufbauphase erreicht das Image ein Stadium der *Verfestigung* [Wiswede, 1966, S. 62; Bergler, R., 1963, S. 110ff]. Diese resultiert aus der zunehmenden Selektion der Wahrnehmung über den Imageträger, mit der kongruente Informationen integriert und inkongruente Informationen abgewehrt werden. Die Verfestigung bedeutet eine gewisse Immunisierung des Image gegen Realitätsveränderungen beim Imageträger.

6. Das Image hat *gruppenspezifischen* Charakter. Das bedeutet für ein Handelsunternehmen, daß sein Image bei den Mitgliedern einer Konsumentengruppe gleichartig ist, während zwischen verschiedenen Gruppen Unterschiede in der Imagebildung bestehen. Die gleichartigen Beziehungen zu einem Imageträger kommen in einer Gruppe zustande, indem durch soziale Interaktion Homogenität in den Einstellungen, Normen oder Erfahrungen der Mitglieder hergestellt wird. Die hier erreichbare Konformität hängt von der Art der Gruppe und von der Relevanz des Imageträgers für die Gruppe ab[69]. Das Image wird erst durch seinen gruppenspezifischen Charakter zu einem praktikablen Gegenstand absatzpolitischer Bemühungen, da eine auf Individuen abgestellte Imagepolitik undurchführbar wäre.

7. Das Image einer Handelsunternehmung muß im *Umfeld* des *kooperierenden* oder *konkurrierenden Angebots* gesehen werden, da die Marktaktivitäten eines Anbieters nicht losgelöst von der Tätigkeit der Mitbewerber bewertet werden, sondern ihre imagebildende Wirkung aus dem Vergleich entfalten [Schaubild I, 4.24].

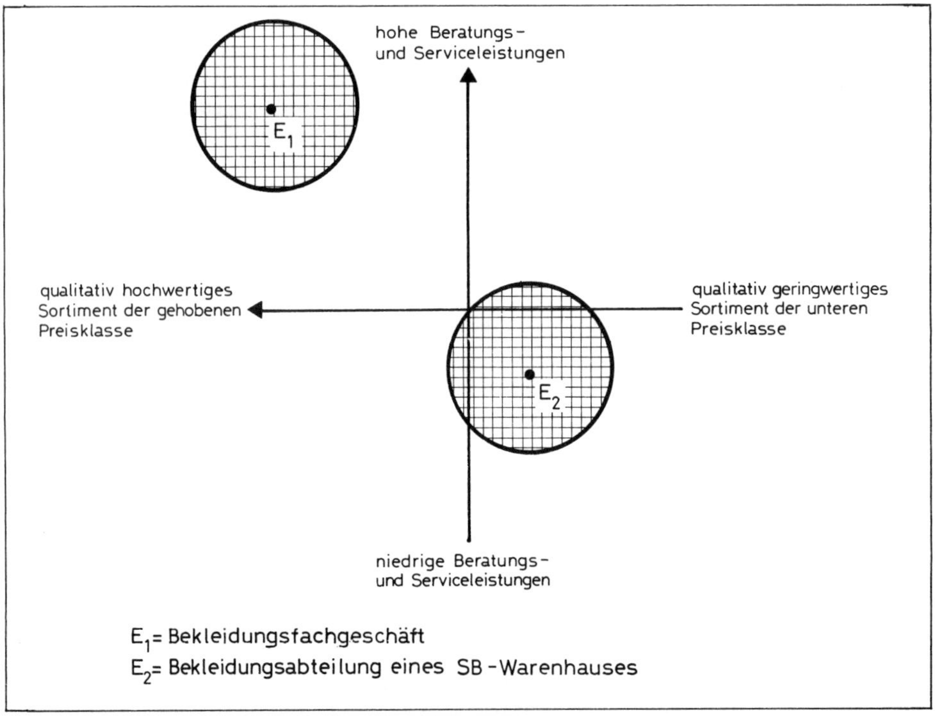

Schaubild I, 4.24: Images im Konkurrenzumfeld (Darstellung im semantischen Raum)

[69] „The power of a group over its members is directly proportional to the cohesiveness of that group. The relationship between cohesiveness and power holds regardless of whether attraction is based on personal attraction between members, on effective performance of the task, or on prestige obtained from membership" [Cartwright, Zander, 1960, S. 175].

Die Beziehungen zu Mitanbietern werden durch das Maß an *Imagedistanz* im semantischen Raum ausgedrückt [Bergler, R.,1963, S. 102ff]. Diese Distanz ist durch Prägnanz und Originalität der absatzwirtschaftlichen Gestaltung zu gewinnen. Die Originalität wird um so mehr gesichert, je schwieriger die imagebildenden Faktoren von den Konkurrenten zu imitieren sind. Das Image einer Handelsunternehmung ist zudem eingebettet in das Image der von ihr repräsentierten *Betriebsform.*

8. Die imagebildenden Faktoren eines Handelsunternehmens entstehen aus den marktgerichteten, für die Konsumenten erlebbaren Aktivitäten. Es sind im einzelnen jene Merkmale, die im Zusammenhang mit den Teilqualitäten von Einkaufsstätten [Schaubild I, 4.19] behandelt wurden. Zu unterscheiden sind *Ideal-* und *Realimages.* Das Konstrukt der idealen Einkaufsstätte kann entweder das fiktive, auf Anforderungen beruhende Bild sein, das die Konsumenten hinsichtlich ihrer Einkaufsmöglichkeiten haben oder sich aus dem Raster von Einzeleindrücken aller Vergleichsgeschäfte zusammensetzen [Trommsdorff, 1975, S. 126f].

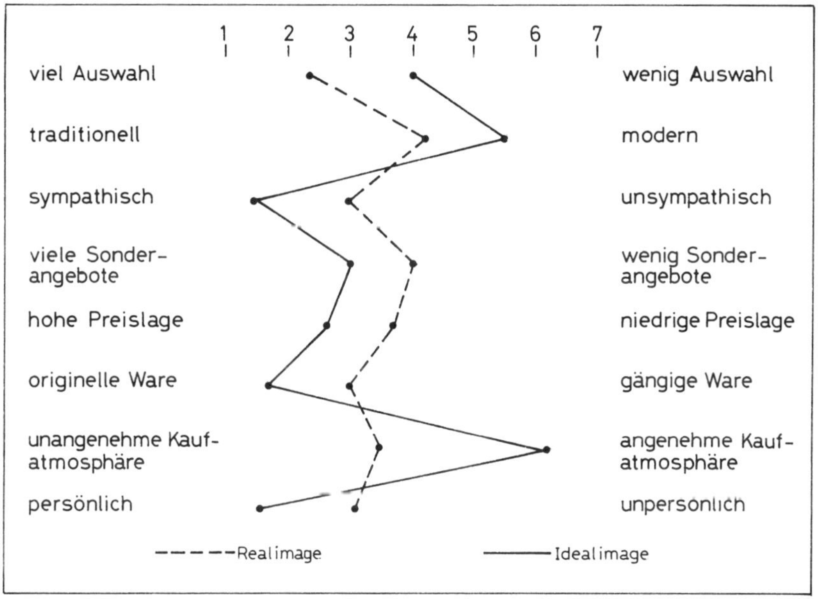

Schaubild I, 4.25: Real- und Idealimage eines Fachgeschäftes (Profildarstellung, exemplarisch)

422 Marktbeziehungen der Einzelhandelsunternehmung zu den Lieferanten

4221 Marktbeziehungen auf der Basis von Segmentierungsprozessen zu den Lieferanten

Der Einzelhandelsunternehmung stehen auf der Beschaffungsseite *Hersteller* und *Großhändler* als *Lieferanten* gegenüber. Die folgenden Ausführungen beziehen sich auf beide Lieferinstanzen, sofern nicht ausdrücklich Bezug auf eine der beiden genommen wird.

Die Marktbeziehungen zwischen Lieferanten und beschaffenden Einzelhandelsunternehmen entstehen in einem *beidseitigen Segmentierungsprozeß,* der als spontaner oder planvoller Marktsteuerungsprozeß ablaufen kann. Dieser soll

(1) aus der Sicht der Lieferanten und
(2) aus der Sicht der Einzelhandelsunternehmen

dargestellt werden.

Zu (1): Die Hersteller und Großhändler von Konsumgütern brauchen — mit Ausnahme direkter Absatzbeziehungen zu den Konsumenten — ihren absatzpolitischen Anforderungen entsprechende Einzelhandelsunternehmen, die ihre Produkte den Konsumenten für die Marktentnahme verfügbar machen. Sie konkurrieren untereinander um den *Platz* im *Ladenregal* des *Einzelhändlers*[70]. Aus dieser Sicht wird der Regalplatz im Einzelhandel zum knappen Wirtschaftsobjekt, das von den Lieferanten nachgefragt wird. Je nach dem angewendeten Prinzip der Markterfassung benötigen sie bei ubiquitärem Absatz ein breites, wenig spezifiziertes Segment von Regalplätzen oder bei selektivem Absatz ein schmaleres, genauer spezifiziertes Segment. Dabei konkurrieren nicht nur Lieferanten miteinander, die den Verbrauchern als substituierbar erscheinende Waren anbieten. Der Kreis von Wettbewerbern um den Regalplatz erweitert sich vielmehr auf Anbieter von solchen Waren, die von den Einzelhändlern bei ihrer Sortimentszusammenstellung im Sinne eines größtmöglichen Spannenertrages als austauschbar angesehen werden. Die Auflösung der herkömmlichen Branchengrenzen im Einzelhandel bewirkt gegenüber einem Lieferanten eine Verbreiterung des Regalplatzangebots und gleichzeitig eine Ausdehnung des Kreises der um den Regalplatz konkurrierenden Mitlieferanten. Damit ist die *Quantität* des Regalplatzangebots angesprochen.

Die *Qualität* des Regalplatzangebots ergibt sich aus den beschaffungs- und absatzwirtschaftlichen Leistungen der Einzelhandelsunternehmen und aus deren Stellung zum Konsumenten hin. Diese Faktoren sind maßgeblich für die Marktsegmentierung der Lieferanten. Sie wählen jenes Segment als Zielgruppe aus, das ihren produkt- und betriebsspezifischen Anforderungen nach am geeignetsten ist. Der Hersteller einer technisch komplizierten Innovation kann z. B. nur über Fachhändler absetzen, die über fachkundiges Personal verfügen und die notwendigen Service- und Beratungsleistungen erbringen. Angesichts dieser durch das Produkt gesetzten Leistungsanforderungen bestimmt sich für den Lieferanten die Zielgruppe von Einzelhandelsunternehmen aus ihrer Eignung, als *Komplement* zu seiner *eigenen absatzpolitischen Leistungsausprägung* zu fungieren. So beschränkt sich z. B. der Kundenkreis eines Großhändlers mit angespannter Liquiditätslage auf barzahlende Einzelhandelsunternehmen.

Solche Lieferanten, die mit ihren Produkten bestimmte Konsumentenzielgruppen erreichen wollen und sich damit für das Marktschicksal ihrer Produkte über den un-

---

[70] „Der Begriff ‚Regalplatz' wird ... als verkürzte Metapher benutzt, er wird als komprimierter Ausdruck jener händlerischen Dienstleistungen interpretiert, durch die das Produkt seinem ureigenen Zweck, der Verfügbarkeit zum Konsum, zugeführt wird" [Hansen, P., 1972, S. 31]. Die Nutzung des Begriffs ‚Regalplatzwettbewerb' für die Erklärung der Lieferanten-Händlerbeziehungen geht auf einen Aufsatz von Cairns, 1962, S. 34—36, zurück und wurde von P. Hansen, 1972, in die deutsche Literatur eingeführt.

mittelbaren Absatz an die nächste Marktwegstufe hinaus interessieren, beurteilen die Eignung der Einzelhandelsunternehmen weiterhin nach deren *konsumentengerichteten Marketingaktivitäten.* Das trifft für Hersteller und Großhändler von Markenerzeugnissen zu, die für ihre Produkte bei den Konsumenten eine eigene Imagepolitik betreiben.

Das *Image* eines Produktes wird neben den ihm vom Hersteller beigegebenen Eigenschaften von allen marktwirksamen Aktivitäten des Einzelhandels beeinflußt. Diese können entweder das Produkt direkt betreffen, wie Produktwerbung, autonome Preisstellung und produktbezogener Service des Händlers, oder sie können als institutionenbezogene Maßnahmen indirekt auf das Produkt zurückwirken. So wird durch die Sortimentspolitik des Einzelhändlers eine Warenumgebung für ein Produkt geschaffen, die sein Image beeinflußt[71]. Weiterhin werden durch die Gestaltung des Ladens, durch den Einsatz des Verkaufspersonals und durch Institutionenwerbung

Imageirradiation zwischen Produkt und Einzelhändler

[71] Zum Zusammenhang von Laden- und Warenimage vgl. Beyeler, 1964, S. 50ff: „Ähnlich wie bei der Erscheinung der Überprägnanz kann die Eigenart eines Artikels durch seine Umgebung in viel größeren Schwankungsbereichen variiert werden, als man, gestützt auf die Erfahrung einer isolierten Wahrnehmung des in Frage stehenden Gegenstandes, erwarten würde. Ein typisches Beispiel hierfür stellen Teppiche, Kleinmöbel, Vorhänge und dergleichen dar, die zu Hause oft erhebliche Überraschungen verursachen, weil sie ‚im Geschäft ganz anders geschienen haben'". Zur Imagepolitik des Handels allgemein vgl. auch Henseler, 1977.

den Konsumenten Eindrücke vermittelt, die auf das Erleben des Produktes einwirken.

Insgesamt wird also der am Image seiner Erzeugnisse interessierte Lieferant auf der Suche nach einer Händlerzielgruppe mit geeigneten Regalplätzen den durch die Marketingaktivitäten des Einzelhandels geschaffenen absatzpolitischen Bedingungsrahmen mitbedenken, um eine Konvergenz zwischen seiner eigenen Marketingkonzeption und der seiner Absatzmittler herbeizuführen. Es ist jene Gruppe von Einzelhandelsunternehmen für ihn am wertvollsten, die als gatekeeper jene Konsumentenzielgruppe im Marktweg vertritt, die der Hersteller mit seinem Produkt erreichen will. Liegt eine solche *Deckungsgleichheit* der *Konsumentenzielgruppen* vor, so ist gewährleistet, daß der Regalplatz der gewählten Einzelhändler die besten Kontaktmöglichkeiten mit den anzusprechenden Konsumenten bietet.

Zu (2): Bei einem Wechsel des Betrachtungswinkels von der Lieferanten- auf die Einzelhändlerseite kann der Vorgang der Warenbeschaffung als Disposition über den Regalplatz interpretiert werden, wodurch der Händler gegenüber seinen Warenlieferanten als Anbietender erscheint. Der gewinnorientierte Einzelhändler nutzt die Verkaufsflächen seines Ladens für solche Produkte, die ihm den größtmöglichen Spannenertrag sichern. Die Verkaufsflächen bilden für ihn also *Mittel* zum *Zweck* des *Spannenertrags* (Bruttospanne pro Wareneinheit x Umschlagshäufigkeit ./. Handlungskosten). Bei Knappheit des Regalplatzes muß der potentielle Stückgewinn der Produkte um den Faktor der Regalflächenbeanspruchung gewichtet werden[72].

Weitere Aspekte der Regalplatzdisposition ergeben sich aus den Beschaffungszielen und -erwartungen, mit denen die Eignung potentieller Lieferanten eingeschätzt wird. Diese resultieren aus Struktur- und Verhaltensfaktoren der Lieferanten.

4222 Träger von Lieferentscheidungen

Auf der Beschaffungsseite steht den Einzelhändlern eine Vielfalt von Unternehmen gegenüber. Zur Analyse der Marktbeziehungen ist eine Typologisierung der Lieferanten hilfreich. Die Auswahl der Merkmale sollte einen Bezug zum Marktverhalten der Lieferanten haben, da dieses letztlich die Marktbeziehungen beeinflußt.

Die in Schaubild I, 4.26 dargestellten Kriteriengruppen beschreiben exemplarisch Typologisierungsmerkmale des äußeren und inneren Erscheinungsbildes von liefernden Unternehmen. Die ersten drei Kriteriengruppen sind insoweit von Bedeutung, wie mit Erklärungshypothesen auf *indirektem* Wege ein ursächlicher Zusammenhang zu den absatzpolitischen Verhaltensweisen gefunden werden kann (Beispiel: „Mit zunehmender Größe einer Organisation wächst der Formalisierungsgrad der Auftragsvergabe“ [Backhaus, 1982, S. 8]. Die Marketingforschung ist hier allerdings noch

[72] Diese Betrachtung findet in der Praxis dadurch ihren Ausdruck, daß für die Regalplatzvergabe eine Erfolgsziffer zugrunde gelegt wird, bei der die pro Periode erreichbaren Bruttogewinne der Produkte mit ihrer Beanspruchung der Regalfläche gewichtet werden. In der amerikanischen Handelsbetriebslehre wird für eine gewinnmaximierende Entscheidung bei der Vergabe des Regalplatzes die Ziffer des „direct product profit per cubic foot of shelf space“ vorgeschlagen. „From a merchandiser's point of view, his scarce resource is display space; ... it represents the investment against which he must earn a return. ... to calculate direct product profit per cubic foot yields a comprehensive index of merchandising efficiency“ [Buzzel, Salmon, Vancil, 1965, S. 47].

(1)	**Strukturelle Organisationsmerkmale, u. a.** Betriebsform Branche Standort Größe
(2)	**Innerorganisatorische Merkmale, u. a.** Zielsystem Ressourcen (z. B. EDV) Entscheidungsregeln Marketing- und Vertriebsorganisation (z. B. Reisendenstab)
(3)	**Psychographische Merkmale der entscheidungsbeteiligten Individuen, u. a.** Einstellungen Motive benefit-Erwartungen
(4)	**Beobachtbares Marktverhalten** handelgerichtetes Marktverhalten (Marketing-push-Orientierung) konsumentengerichtetes Marktverhalten (Marketing-pull-Orientierung)

Schaubild I, 4.26: Ausgewählte Kriterien für die Typologisierung von Lieferanten

längst nicht soweit fortgeschritten wie im Bereich der Konsumententypologisierung.

Die vierte Kriteriengruppe umfaßt *direkt* das absatzpolitische Verhalten, das einerseits aus einem direkt *handelsgerichteten* Komplex von Verhaltensweisen besteht, durch den die beschaffungs- und absatzwirtschaftlichen Leistungen des Einzelhändlers betroffen sind. Er ist für die Einzelhandelsunternehmen unter Gesichtspunkten der eigenen Leistungskapazität und seiner Auswirkung auf die Einstands- und Handlungskosten relevant. Derartige Lieferantenaktivitäten sind z. B. die Festlegung der Einstandspreise als wesentlicher Bestandteil des händlerischen Erfolgs, die Sortimentszusammenstellung, aus der sich der betriebsspezifische Anteil an der Warenumgruppierungsaufgabe ergibt, die Gestaltung der Produkte, soweit durch sie eine Beeinflussung der Beschaffungs-, Lagerungs- und Verkaufsaktivitäten im Einzelhandel herbeigeführt wird, der Einsatz der Vertriebsorgane zum Vollzug der Warentransaktionen zwischen beiden Marktpartnern und das Angebot von Waren- und Anlagenfinanzierung.

Andererseits werden die Marktbeziehungen durch den *konsumgerichteten* absatzpolitischen Beitrag der Lieferanten zur Verkaufsfähigkeit ihrer Produkte beeinflußt, der z. B. durch konsumgerichtete Produktgestaltung, durch werblichen Vorverkauf und durch die Endpreisstellung bei vertikaler Preisempfehlung erbracht wird. Die Verkaufsfähigkeit der Produkte entfaltet zwangsläufig dadurch ihre handelsbezogene Wirkung, daß sie für die Umschlagshäufigkeit und die erzielbare Handelsspanne mitbestimmend ist. In diesem Zusammenhang ist darauf zu verweisen, daß insb. mit der Entwicklung neuer Kommunikations- und Informationstechnologien im Handel (insb. scanning) die mit der Feststellung der Verkaufsfähigkeit verbundenen Kontrollkosten erheblich gesenkt werden konnten.

Die Qualität der genannten Kriterien zur Typologisierung der Lieferanten hängt wesentlich von den Erfassungsmöglichkeiten ab. Gerade für die Kriterien aus dem Innenbereich der Unternehmungen ergeben sich hier Schwierigkeiten, so daß ihre Ermittlung oft nur auf die Analyse von Marktbeziehungen mit Großlieferanten beschränkt bleibt. Eine besondere Problematik bezüglich der Erfassung des Absatzverhaltens ergibt sich auch daraus, daß die Lieferanten oft eine differenzierte Marktbearbeitung vornehmen und insofern keine generell gültigen Aussagen gemacht werden können. Diese Strategie wird mit dem „key account management“[73] betrieben, das eine herausgehobene Behandlung der sog. Schlüsselkunden beinhaltet.

4223 Gestaltungselemente der Marktbeziehungen zwischen Handel und Lieferanten

42231 Marktseitenverhältnisse

Für die Beziehung zu einem Lieferanten lassen sich in Anlehnung und Weiterführung einer Konzeption von Theisen [1970, S. 38ff] drei Marktseitenverhältnisse als typische Marktkonstellationen unterscheiden:

1. Ein Lieferant behandelt die beschaffenden *Händler* als *Kollektiv,* d. h. er diktiert die Bedingungen, die ein einzelner Händler nicht beeinflussen kann. Diese Konstellation kommt zustande, wenn ein Lieferant mit quantitativ und/oder qualitativ bedeutender Absatzposition einer Anzahl von Händlern gegenübersteht, die sich nachdrücklich um Belieferung bemühen und im einzelnen nur einen unbedeutenden Anteil am Gesamtumsatz des Lieferanten erreichen.

2. Ein Einzelhandelsunternehmen behandelt die *Lieferanten* als *Kollektiv,* d. h. es diktiert die Bedingungen der Belieferung, und ein einzelner Lieferant hat keinen Einfluß darauf. Eine derartige Situation liegt vor, wenn ein Händler mit quantitativ und/oder qualitativ bedeutender Marktstellung einer Anzahl von Lieferanten gegenübersteht, die sich nachdrücklich um Absatz an ihn bemühen, aber im einzelnen nur einen unbedeutenden Anteil an seinen Bestellmengen erreichen.

---

[73] Zur vertiefenden Lektüre zum key account management vgl. Kemna, 1979; Wolter, 1985 (beide Beiträge eher praxisorientiert).

3. Die beschaffenden Einzelhandelsunternehmen und Lieferanten behandeln sich *gegenseitig singulär,* d. h. sie nehmen in einem bargaining-Prozeß gegenseitig Einfluß aufeinander. Diese Konstellation resultiert daraus, daß zwischen den gegenüberliegenden Marktpartnern ein ausgewogenes Machtverhältnis besteht. Die jeweiligen Beschaffungs- und Absatzanteile halten sich also entweder quantitativ oder qualitativ die Waage. Ein beschaffender Händler kann trotz eines mengenmäßig untergeordneten Anteils am Absatz eines Lieferanten für diesen ein gleichrangiger Marktpartner sein, wenn er über ein Kundensegment verfügt, das für den Lieferanten eine Art Schlüsselstellung im Gesamtmarkt einnimmt.

42232 Institutionalisierung der Marktbeziehungen

Die Marktbeziehungen zwischen Lieferanten und Einzelhandelsunternehmen lassen sich nach *Dauer* und *Art* der *gegenseitigen Bindungen* unterscheiden. Längerfristige Beziehungen zwischen Einzelhandel und Herstellern oder Einzel- und Großhandel können allein auf *gewohnheitlichem* Geschäftsverkehr beruhen. Eine Verfestigung entsteht durch dauerhafte *vertragliche* Bindungen, mit denen die Marktpartner gegenseitige Rechte und Pflichten eingehen[74]. Die zugrundeliegenden Zielsetzungen richten sich auf Rationalisierung des Geschäftsverkehrs, gegenseitigen Schutz im Wettbewerb konkurrierender Marktwegsysteme oder auf Sicherung der Beziehungen für die Entwicklung kooperativer Marketingstrategien. Die dadurch einsetzende vertikale Integration zwischen den Marktpartnern ist von dem Umfang des in die vertraglichen Regelungen einbezogenen Produktkreises und der gegenseitig gebundenen Leistungen abhängig. Infolge eines umfassenden dauerhaften Vertragsverhältnisses kann eine organisatorische und personelle Verflechtung der Parteien eintreten, wodurch sie in Teilbereichen ihrer wirtschaftlichen Tätigkeit zu einer geschlossenen Aktionseinheit zusammenschmelzen (Beispiel: freiwillige Kette) und im einzelnen an wirtschaftlicher Selbständigkeit verlieren. Die Marktbeziehungen zwischen Lieferanten und Einzelhandelsunternehmen können schließlich durch *kapitalmäßige* Bindungen in Form von Darlehen oder Beteiligungen verfestigt werden, deren Ausmaß die Intensität der vertikalen Integration und damit zusammenhängend die verbleibende wirtschaftliche Selbständigkeit der Beteiligten stark beeinflußt.

42233 Machtbeziehungen zwischen Einzelhandelsunternehmen und Lieferanten

Die Ausgestaltung der Marktbeziehungen zwischen Lieferanten und Einzelhandelsunternehmen hängt von den bestehenden *Machtverhältnissen,* d. h. von der Verteilung und Wirksamkeit der gegenseitigen Beeinflussungsmittel ab. Macht beruht auf der Verfügung über positive und negative Sanktionen, auf funktionaler Autorität oder auf Legitimation [Kap. I, 2323].

[74] Die Bedingungen vertraglicher, vertikaler Integration können transaktionskostenanalytisch gedeutet werden. Vgl. dazu Blair, Kaserman, 1983; Goldberg, 1983 (Bezug auf franchising); Gümbel, Stadler, 1988, S. 171—195, insb. S. 178f.

Das System von *Sanktionierungsmöglichkeiten* leitet sich daraus ab, welche wirtschaftliche Bedeutung die Regalplatzvergabe bzw. die Warenbelieferung für den jeweiligen Marktpartner hat und welche Konsequenzen sich demzufolge aus einer Beendigung des Geschäftsverhältnisses ergeben würden. Diese bemessen sich aus den jeweiligen zur Verfügung stehenden Ausweichmöglichkeiten auf andere Marktpartner. Ein Lieferant z. B., der durch werblichen Vorverkauf auf Konsumentenebene und sorgfältige Imagepflege seiner Produkte die Einzelhändler einem starken Nachfragesog aussetzt (sog. Marketing-pull-Orientierung), verschafft sich damit eine monopolartige Stellung als Nachfrager von Regalplätzen. Umgekehrt kann z. B. ein Einzelhändler eine schwer ersetzbare Position im Regalplatzangebot gewinnen, wenn er über ausgedehnte und überregional verteilte Verkaufsflächen verfügt und ein Lieferant aufgrund des angestrebten ubiquitären Vertriebs seiner Erzeugnisse auf Repräsentanz in diesen Regalplätzen angewiesen ist.

Funktionale Autorität als Machtbasis entsteht in den Marktbeziehungen zwischen Lieferant und Einzelhändler, sofern einer der Partner über einen Wissensvorsprung verfügt und damit den anderen manipulieren kann. Das tritt insb. bei starken Betriebsgrößenunterschieden zwischen Lieferant und Einzelhandelsunternehmen auf, soweit sich diese in der fachlichen Personalausbildung und in den Informationsmöglichkeiten auswirken. So sind z. B. kleine Einzelhändler oft dem betriebswirtschaftlich gut geschulten Außendienst großer Markenartikelunternehmen unterlegen[75]. Das gleiche Phänomen findet sich in dem Verhältnis zwischen Kettengroßhändler und angeschlossenen Einzelhändlern.

Legitimation als Machtgrundlage wird durch vertragliche Regelungen und kapitalmäßige Bindungen geschaffen. Darüber hinaus können auch informelle Normen im Geschäftsverkehr der Partner eine solche Position herbeiführen.

Die Machtbeziehungen zwischen Einzelhandel und Lieferanten, insb. Herstellern, haben im *historischen Ablauf* dieses Jahrhunderts einen wechselnden Verlauf genommen, was exemplarisch für die Lebensmittelbranche kurz erläutert werden soll:

Mit der Entwicklung des industriellen Markenwesens, das durch Markierung, Verpackung und Qualitätssicherung der Produkte, Sprungwerbung und vielfach durch vertikale Preisbindung oder -empfehlung gekennzeichnet ist, übernahmen die *Hersteller* wesentliche distributive Funktionen. Sie gewannen eine gewisse Unabhängigkeit vom Handel und reduzierten damit dessen Sanktionierungspotential. Gleichzeitig stärkten sie mit der *Auslösung* von *„pull-Effekten"* ihre eigene Sanktionierungsgrundlage. Durch die Entwicklung der herstellereigenen Marktforschung gewannen sie funktionale Autorität.

In Reaktion auf diese Phase fand ein Prozeß der Gegenmachtbildung *(„countervailing power")*[76] statt, innerhalb dessen der durch Konzentration und Kooperation

---

[75] Dem kleinen Einzelhändler „... fehlen sowohl die Mittel zu einer gründlichen Beschaffungs- und Absatzmarkterkundung, wie auch detaillierte Kenntnis über kosten- und ertragswirtschaftliche Kriterien zur Zusammenstellung von Sortimenten. Bei schwacher eigener Informationsbasis muß er sich häufig der größeren Sachverständigkeit der Hersteller (bzw. Großhändler, Anm. d. Verf.) anvertrauen" [Hansen, P., 1972, S. 123].

[76] Diesen Begriff hat Galbraith entwickelt. Danach gibt es ein autonomes Regulativ des Machtausgleichs im vertikalen Stufenwettbewerb: „Der Kleinhändler entwickelt, angeregt durch sein Bedürfnis, sich sowohl zu schützen, wie auch um höhere Profite zu erzielen, eine Gegenkraft, sobald sein Lieferant über einen starken Markteinfluß verfügt" [Galbraith, 1956, S. 133].

erstarkende Handel *Funktionen rückintegrierte* und durch ein *eigenständiges, konsumentengerichtetes Marketing* seinerseits neue Sanktionierungsmittel gegenüber den Herstellern entwickelte. Die derzeitig erreichten Machtkonstellationen sind branchenbedingt zwar unterschiedlich, allerdings bestehen seit Jahrzehnten steigende Tendenzen zu einer Verbreitung und Stärkung der Nachfragemacht des Handels[77]. Das Schaubild I, 4.27 zeigt im einzelnen die hier wirksamen Tendenzen in den Machtgrundlagen des Handels. Die immer wieder erneut diskutierte Frage nach der prinzipiellen Eignung von Hersteller oder Handel für die Führerschaft in den Marktwegen ist nie abschließend entschieden worden[78].

1	Quantität der zu disponierenden Regalfläche	- zunehmende Konzentration und Kooperation im Handel
2	Überhang an Flexibilität in den Sortiments- und Preisdispositionen gegenüber dem Hersteller	- zunehmende Kapitalintensität der Hersteller bei der Entwicklung von Marken (-> Produktion und Marketing) - zunehmende Markenhypertrophie (-> abnehmender "pull-Effekt" - größerer Autonomiebereich durch Eigenmarken - Branchenvermischung und Sortiments verflachung im Handel (-> flexiblere Sortimentsdispositionen) - Kompensationskalkulation und Aufhebung der Preisbindung
3	Zunehmende Bedeutung des Handels in der Kaufentscheidung des Konsumenten	- Verlagerung der Einkaufsentscheidung der Konsumenten an den Einkaufsort - zunehmendes ladenbezogenes Handelsmarketing
4	Zunehmende Information des Handels über die zu disponierenden Waren	- mehr EDV-Einsatz in Warenwirtschaftssystemen

Schaubild I, 4.27: Entwicklungen in den Machtgrundlagen des Handels

---

77 Vertiefende Literatur zur Nachfragemacht des Handels vgl. Hölzler, Satzky, 1980; Niestrath, 1983; Lademann, 1986; Hermes, 1988.

78 Vgl. Obergfell, 1977, S. 2ff und die dort angegebene Literatur.

42234 Konfliktkonstellationen zwischen Einzelhandelsunternehmen und Lieferanten

Hersteller, Groß- und Einzelhandel agieren aufgrund ihrer unterschiedlichen Positionen und Aufgabenstellungen in den Marktwegen mit jeweils anderen Prinzipien. Daraus können typische Konfliktkonstellationen abgeleitet werden, die für das Verständnis der beschaffungsseitigen Marktbeziehungen zentrale Bedeutung haben. Die wichtigsten Konfliktursachen resultieren aus den positionsbedingt unterschiedlichen Zielvorstellungen der Marktwegteilnehmer[79]. Sie entstehen, wenn sich zwischen ihren Zielsystemen Divergenzen und damit gegenseitige Beeinträchtigungen hinsichtlich

Zielbereiche	Hersteller	Handel
Produktpolitische Ziele	- höherer Grad der Produktdifferenzierung - höhere Innovationsraten	- niedrigerer Grad der Produktdifferenzierung - gemäßigte Innovationsraten
Distributions-politische Ziele	- Präsenz des Hersteller-sortiments - günstige Plazierung der eigenen Marken	- Präsenz ausgewählter Marken - Optimierung der Plazierung des gesamten Sortiments
Kommunikations-politische Ziele	- Erhöhung oder Stabilisierung der Markentreue - Schaffung von Produkt-erlebnissen	- Erhöhung oder Stabilisierung der Händlertreue - Schaffung von Einkaufs-erlebnissen
Preispolitische Ziele	- Bindung des Endverbraucherpreises - Einzelmarkenbezogene Preisoptimierung - Preissignale im Dienste des Produktimages - überregional einheitliche, kontinuierliche Preis-stellungen	- autonome Preispolitik - Kompensatorische Preis-optimierung - Preissignale im Dienste des Ladenimages - regional situativ angepaßte Preisstellungen

Schaubild I, 4.28: Typische Konfliktursachen zwischen Hersteller und Handel

[79] In den marketing channel-Theorien werden neben zielbedingten noch rollen- und kommunikationsbedingte Konflikte unterschieden [Steffenhagen, 1975, S. 71ff].

Zielinhalt[80], Zielerreichungsgrad[81] und zeitlicher Zieldimension[82] entwickeln. Konfliktursachen richten sich zum einen nach innen auf die Verteilung von Funktionen und Erträgen im Marktwegsystem. Zum anderen erfassen sie den Außenbereich, hier insbesondere die Präsentation im Konsumentenmarkt, und führen zu einer unterschiedlichen Bewertung der einzusetzenden Marketingaktivitäten. Viele Zielkonflikte resultieren aus dem produktbezogenen Denken des Herstellers gegenüber dem institutionellen Denken des Handels [Schaubild I, 4.28].

423 Marktbeziehungen zwischen den Einzelhandelsunternehmen

In den vorangehenden Kapiteln wurden die *vertikalen* Marktbeziehungen des Einzelhandels zu den Konsumenten und den Lieferanten dargestellt. Dem folgend sind nun die *horizontalen* Beziehungen zwischen den Marktpartnern auf gleicher Marktstufe zu erläutern. Da sich die horizontalen Beziehungen zum Teil aus dem Marktverhalten der gegenüberstehenden Marktpartner begründen, besteht ein enger Zusammenhang zu den bisherigen Ausführungen. Die Grundstrukturen für die Marktbeziehungen der Einzelhändler untereinander sind durch Wettbewerb und Kooperation gebildet, denen eine umfangreiche Spezialliteratur gewidmet ist[83].

4231 Wettbewerbliche Marktbeziehungen

42311 Konzeptionelle Überlegungen

Wettbewerb ist als Verhaltensweise ganz allgemein ein Wettstreiten mehrerer Rivalen um einen *alternativ* zu vergebenden *Vorteil;* das bedeutet in bezug auf Absatz und Beschaffung, anstelle des Mitbewerbers einen Geschäftsabschluß zu erreichen. Wettbewerb ist dabei notwendigerweise an die Existenz von Märkten gebunden, auf denen sich mindestens zwei Anbieter und Nachfrager in einem antagonistischen Verhältnis gegenübertreten und damit als rivalisierende Parteien durch den Einsatz ihrer Aktionsinstrumente den individuellen Zielerreichungsgrad zu Lasten anderer Wirtschaftssubjekte zu verbessern trachten [Schmidt, I., 1987, S.2], Marktstruktur und Marktverhalten von Anbietern und Nachfragern entscheiden dabei über die *Wettbewerbsintensität.* In der neueren wettbewerbstheoretischen Literatur wird insb. auf die

---

80 Beispiel für inhaltliche Zielkonkurrenz: Hersteller erstrebt ausgedehnte Präsenz im Handel, dieser möchte exklusive Belieferung.

81 Beispiel für unterschiedliche Anspruchsniveaus im Zielerreichungsgrad: Hersteller strebt schnellere Umsatzsteigerung für eine Innovation an als der Handel wegen seiner Fixkostensituation. Hier sind die Ziele zunächst komplementär und konkurrieren erst jenseits der vom Handel gewünschten Umsatzzone.

82 Beispiel für die zeitliche Dimension: Hersteller und Handel streben wegen der Lagerhaltung unterschiedliche Auslieferungstermine an.

83 Vertiefende Lektüre zum Wettbewerb im Einzelhandel in theoretischer Perspektive vgl. Kantzenbach, Kallfass, 1981, S. 103—127. Vertiefende Lektüre zur Kooperation allgemein vgl. Knoblich, 1969c, S. 497—514; zur Kooperation im Handel vgl. Kuhn, G., 1977; Grossekettler, 1978, S. 325—374; Batzer, Greipl, Täger, 1982.

zentrale Bedeutung eines freien Marktzutritts für potentielle Konkurrenten verwiesen, der effiziente Marktergebnisse sicherstellt [Braulke, 1983, S. 945—954]. Aus der Perspektive der Nachfrager ist letztlich entscheidend, ob sie eine ausreichende Anzahl von Alternativen für einen bestimmten Zweck finden und über die Fähigkeit bzw. Bereitschaft verfügen, diejenigen Alternativen abzuweisen, die ihnen weniger befriedigend erscheinen. Nach dieser Interpretation muß Wettbewerb ein *dynamischer Prozeß* sein, der durch eine *Folge nie abgeschlossener Vorstoß-* und *Verfolgungsphasen* charakterisiert ist. Der Übergang von einem ungleichgewichtigen Zustand in den anderen schafft ständig Veränderungen und macht damit wirtschaftliche Entwicklung erst möglich [Kantzenbach, Kallfass, 1981, S. 107f].

In *gesamtwirtschaftlichen* Diskussionen steht die Frage der *Funktionsfähigkeit* des Wettbewerbs im Mittelpunkt, mit der hohe Erwartungen an marktwirtschaftliche Lenkungsprozesse verbunden werden. Dazu gehören: Steuerung des Waren- und Dienstleistungsangebots gemäß der Käuferbedürfnisse, Lenkung der Produktionsfaktoren in ihre produktivsten Einsatzmöglichkeiten, die funktionelle Einkommensverteilung nach den Marktleistungen, Anpassungsflexibilität der Unternehmen gegenüber einer sich ständig ändernden Nachfragestruktur und Produktionstechnik und beschleunigte Durchsetzung des technischen Fortschritts bei Produkten, Produktions- und Distributionsmethoden [Kantzenbach, 1967, S. 16—19; Schmidt, I., 1987, S. 13f]. Während bei der *traditionellen neoklassischen Wettbewerbstheorie* das Modell der vollständigen Konkurrenz als Leitbild herangezogen wird, begreift die *dynamische Theorie* des *funktionsfähigen Wettbewerbs* Marktunvollkommenheiten wie Anpassungsverzögerungen, Produktdifferenzierungen oder mangelhafte Transparenz sogar als Voraussetzung für die Funktionsfähigkeit des Wettbewerbs [Kantzenbach, Kallfass, 1981, S. 108]. So werden im Gegensatz zur statischen Preistheorie *wettbewerbsstimulierende Aktionen* aus der *Ungewißheit* über die *Reaktionen* der *Marktakteure* erklärt[84]. Gegenüber der formalen Brillianz der neoklassischen Wettbewerbstheorie ist allerdings einzuräumen, daß für die Effizienz von Wettbewerb in der dynamischen Theorie keine eindeutig meßbaren Beurteilungsmaßstäbe vorliegen.

Die Konzepte des funktionsfähigen Wettbewerbs sind geeignet, folgende Aussagen zur Analyse des Wettbewerbs im Einzelhandel zu liefern [Berg, 1988, S. 240]:

— Bestimmung der *Marktstruktur* („market structure“), die ein wettbewerbliches Verhalten begünstigen,
— Spezifizierung von *Verhaltensweisen* („market conduct“, „market behavior“), die als kompetitiv gelten können,
— Festlegung von Kriterien zur Bewertung der *Marktergebnisse* („market performance“).

[84] Die Theorie des funktionsfähigen Wettbewerbs ist nicht unumstritten. Die Kritik richtet sich z. T. vor allem gegen das von Kantzenbach entwickelte Konzept der optimalen Wettbewerbsintensität, gegen die Einordnung des Wettbewerbs als Mittel zur Erreichung wirtschaftspolitischer Ziele und gegen den Versuch, die Funktionsfähigkeit des Wettbewerbs anhand konkreter Marktergebnisse zu beurteilen [Gotthold, 1975, S. 24ff; Hoppmann, 1977, S. 19ff; Schmidt, I., 1987, S. 16ff]. Diese kritischen Einwände gegen einzelne Aspekte der Theorie können z. T. durchaus überzeugen, wenngleich eine abschließende Klärung oder gar Einigung in der sog. Kantzenbach-Hoppmann-Kontroverse bis heute nicht erzielt werden konnte.

Wird demgegenüber Wettbewerb als *betriebswirtschaftliches* Problem diskutiert, so ist aus der Perspektive einer Unternehmung zu untersuchen, wie die Wettbewerbsbeziehungen auf seinem *betriebsindividuellen* Markt strukturiert sind. Daraus werden Einschätzungen über die Marktattraktivität abgeleitet und Schlüsse für erfolgreiche wettbewerbsorientierte Handlungsweisen gezogen. In diesem Zusammenhang ist ein Konzept von Porter [1984, S. 25ff] populär geworden, in dem er fünf generelle *Wettbewerbskräfte* eines Marktes unterscheidet und damit auch als Erfolgspotentiale identifiziert. Dazu gehören:

- Eintrittsbarrieren für potentielle Konkurrenten,
  u. a. beeinflußt durch den Zugang zu Technologien und zu Beschaffungs- und Absatzwegen, durch den Kapitalbedarf und economies of scale.
- Substitutionsgefahr,
  u. a. beeinflußt durch Substitutionsneigung der Abnehmer, technologisch bedingte Ersatzmöglichkeiten.
- Rivalität unter den Wettbewerbern,
  u. a. beeinflußt durch Marktaustrittschancen für Wettbewerber, Kapazitätsauslastungen auf der Angebotsseite, Entwicklung des Marktvolumens.
- Verhandlungsstärke der Abnehmer,
  u. a. beeinflußt durch Nachfragemacht, Austrittschancen der Abnehmer, Informationsstand der Abnehmer.
- Verhandlungsstärke der Lieferanten,
  u. a. beeinflußt durch relative Lieferantenmacht, Chancen für substitutive Belieferungsmöglichkeiten.

Dieses Faktorkonzept hat seinen heuristischen Wert, ohne daß allerdings im einzelnen eine genaue Abgrenzung der Faktorkomplexe möglich wäre.

42312 Wettbewerb auf der Absatzseite des Einzelhandels

Der Wettbewerb des Einzelhandels um die Konsumenten wird mit einem differenzierten Spektrum absatzpolitischer Aktivitäten ausgetragen, mit dem die Verwendungs- und Beschaffungsqualitäten der Produkte beeinflußt werden. Die Einzelhändler fügen mit Veredelungsleistungen, Sortimentspolitik, Standort, Service- und Beratungsdiensten, Ladengestaltung und Warenpräsentation den von ihnen geführten Produkten ein Leistungsbündel hinzu, so daß die noch am Fabriktor identischen Produkte bei jedem Händler andere Qualitätskomponenten erhalten. Mit diesen Leistungen wird eine *distributive Produktdifferenzierung*[85] vorgenommen, die der Feinabstimmung des Angebots mit den differenzierten Anforderungen der Konsumenten dient. Eine andere Form der distributiven Produktdifferenzierung wird mit dem Werbungswettbewerb betrieben, durch den auf kommunikativem Wege eine psychische Feinabstimmung zwischen Angebot und Bedarf angestrebt wird. Der Preis stellt ein Entgelt für Waren und distributive Leistungen dar.

Die absatzpolitischen Maßnahmen richten sich auf einzelne Produkte und Produktgruppen (Beispiel: Produktwerbung) oder auf die jeweilige Institution des Handelsbetriebs (Beispiel: Firmenwerbung). Somit bestehen als Wettbewerbsebenen die

---

[85] Der Begriff geht zurück auf Kruse, 1960, S. 22ff und 127ff.

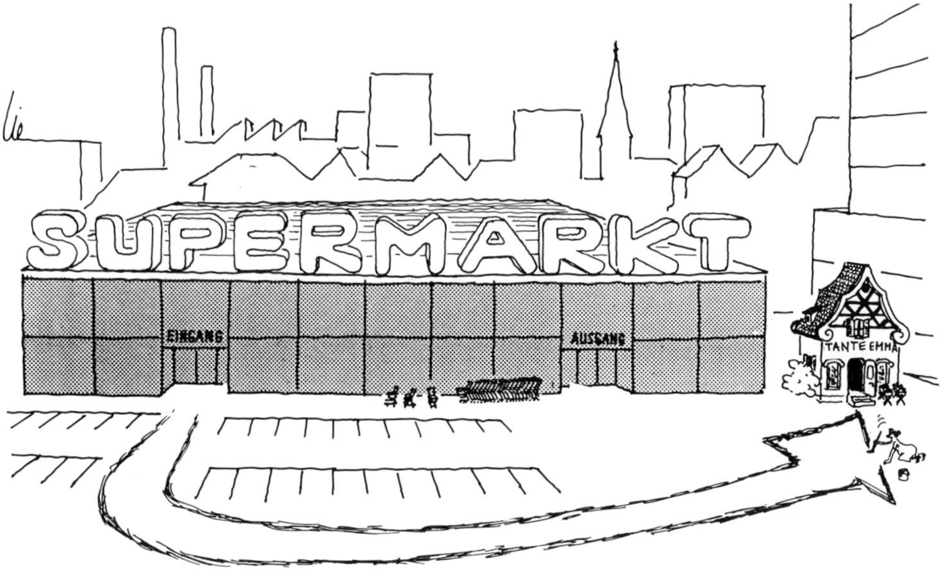

Wettbewerb bedeutet, anstelle des Mitbewerbers einen Geschäftsabschluß zu erreichen

Produkt- oder *Produktgruppenmärkte* und die *Unternehmungsmärkte.* Hinsichtlich der Unternehmungsmärkte kann wiederum Wettbewerb zwischen den verschiedenen *Betriebsformen (interspezifischer Betriebsformenwettbewerb.* Beispiel: Discountgeschäft und Fachhändler) und zwischen Repräsentanten einer Betriebsform *intraspezifischer Betriebsformenwettbewerb.* Beispiel: Discountgeschäft X und Discountgeschäft Y) unterschieden werden [Schenk, 1966, S. 173ff]. Eine weitere, zunehmend wichtige Ordnung der Wettbewerbsebenen ergibt sich aus den verschiedenen *Integrationsformen* der Absatzsphäre, so daß die Konkurrenz von Integrationsformen untereinander (Beispiel: Lebensmittel-Filialsystem und Einkaufsgenossenschaft), von gleichartigen Integrationsformen (Beispiel: Edeka- und Rewe-Gruppe) und von Repräsentanten einer Integrationsform (Beispiel: Geschäft X und Y der Edeka-Gruppe) zur Beschreibung der Marktbeziehungen herangezogen werden kann.

Es ist nun der Frage nachzugehen, *wer* für eine Einzelhandelsunternehmung im einzelnen *Wettbewerber* ist[86]. Die Einzelhändler segmentieren den Absatzmarkt gemäß den unterschiedlichen Anforderungen der Konsumenten an die wirtschaftlichen Qualitäten des Angebots. Daraus ergibt sich unter Wettbewerbsgesichtspunkten, daß nicht alle Einzelhändler, die physisch gleiche oder substitutive Produkte führen, miteinander konkurrieren, sondern daß ihr Wettbewerbsstreben nur auf jene Mitanbieter gerichtet ist, die in regionaler, sozio-ökonomischer und psychographischer Hinsicht *gleichartige* oder *benachbarte Marktsegmente* anzielen. Nur in dem Bereich sich überschneidender oder eng benachbarter Marktsegmente sehen die Konsumenten in den Anbietern *alternative Beschaffungsquellen,* so daß sich hier Konkurrenz entwik-

[86] Die totale Konkurrenz, die zwischen allen Händlern in bezug auf die von ihnen geführten Produkte wegen des begrenzten Einkommens der Konsumenten besteht (Beispiel: Auto und Kühlschrank), wird im folgenden nicht berücksichtigt.

kelt. Eine Marktnische, in der eine optimale Entsprechung von Angebotsmerkmalen und Anforderungen der Konsumenten erreicht wird und insofern ein Gleichgewichtszustand besteht, ist wettbewerbsfrei, solange kein Mitbewerber dort mit einem ähnlichen Angebot einzudringen sucht oder die Konsumenten ihre Anforderungen nicht ändern.

Einige Beispiele sollen die Konsequenzen einer Marktsegmentierungspolitik für den Wettbewerb veranschaulichen: Der Wettbewerb zwischen Einzelhändlern beschränkt sich in regionaler Hinsicht auf ein Marktsegment, das durch die Beschaffungsreichweite ihrer Kunden abgesteckt wird. Einzelhändler aus Hannover und Hildesheim sind z. B. für einen identischen Sortimentsbereich nur Konkurrenten, sofern das Beschaffungsverhalten ihrer Kunden für die betreffende Produktart so weiträumig ist, daß beide Orte in die Auswahl einbezogen sind[87]. Unter Berücksichtigung der sozio-ökonomischen Dimension von Marktsegmenten, die allerdings nicht bei allen Produkten für das Kaufverhalten maßgeblich ist, ergibt sich eine andere Einschränkung des Wettbewerbs auf solche Händler, die mit ihrem distributiven Leistungsangebot die gleichen sozialen Anforderungen erfüllen. Bietet z. B. ein Kleinpreisgeschäft neben einem exklusiven Pelzfachgeschäft Pelze an, so wären diese Händler nur dann Konkurrenten, wenn ihre jeweiligen Anhänger in ihnen alternative Beschaffungsquellen sehen. Das wird selbst in den sich qualitativ und preislich dekkenden Teilbereichen ihrer Pelzsortimente nur bei den Konsumenten der Fall sein, die in den Randgebieten der jeweiligen Marktsegmente angesiedelt sind und deren Anforderungen an die durch die Händler beeinflußbaren Produkteigenschaften (Beispiel: soziale Beschaffungsqualität) entsprechend weniger prägnant artikuliert sind. Die psychographische Dimension der Marktsegmentierung wird insofern ein bedeutender Wettbewerbsfaktor, als Teilbereiche der Konsumentenschaft zunehmend Ansprüche an das Beschaffungserleben stellen und entsprechende Maßnahmen des Einzelhandels im Rahmen eines erlebnisorientierten Absatzmarketing (Beispiel: Gestaltung der Ladenatmosphäre, freizeitorientierte pre-sale-service-Maßnahmen) forciert werden. Damit löst sich der Wettbewerb in den betreffenden Bereichen von Aspekten der zu beschaffenden Produktqualitäten zugunsten einer erlebnisorientierten Produktaura[88].

Ein Einzelhandelsunternehmen führt i. d. R. eine Vielzahl von Produkten und befindet sich somit in einem *heterogenen* Geflecht von *wettbewerblichen Marktbeziehungen.* Für eine *morphologische* Bestandsaufnahme müssen für jedes Produkt bzw. jede zusammenfaßbare Produktgruppe unter dem Gesichtspunkt der Kundensegmentüberschneidungen die Konkurrenten nach Zahl und Umsatzanteilen analysiert werden. Dabei sind Repräsentanten der eigenen und anderer Betriebsformen zu berücksichtigen. Dies wird im folgenden in einem Beispiel veranschaulicht, wobei allerdings nur die Zahl der Wettbewerber erfaßt wird[89]. Eine Ergänzung um Umsätze oder Marktanteile verbessert die Informationsqualität.

---

[87] Die regionale Wettbewerbsproblematik wird unter kartellrechtlichen Gesichtspunkten im Zusammenhang mit dem räumlich relevanten Markt diskutiert. Vgl. dazu Witt, 1986, S. F24.

[88] Dieser Tendenz entspricht im Herstellersektor die Produktion erlebnisorientierter Produktnutzen durch das psychologisch ausgerichtete „Produktionsmittel“ Werbung.

[89] Zur Produkt-Wettbewerbsmatrix vgl. auch o. V. (Marketing Enzyklopädie), 1974, S. 147–154.

Produktgruppe / Wettbewerber	Kindermöbel	Polstergarnituren
Versandhaus	2	0
Warenhaus	1	2
Discounthaus	1	0
Verbrauchermarkt	2	0
Möbelfachhandel	4	7

Schaubild I, 4.29: Produkt-Wettbewerbsmatrix

Ein Möbelfachgeschäft stellt seine wettbewerblichen Marktbeziehungen für die Produktgruppen Kindermöbel und Polstergarnituren der Anzahl nach wie folgt fest [Schaubild I, 4.29]:

Es erweist sich, daß für die beiden Produktarten sehr unterschiedliche Wettbewerbsbeziehungen bestehen. Kindermöbel sind im Vergleich zu Polstergarnituren geringwertiger. Die Anforderungen an die geschmackliche und soziale Komponente der Verwendungsqualität haben meist einen geringeren Stellenwert. Die Ansprüche an die Beschaffungsqualität sind weniger ausgeprägt und die Verhaltensweisen gegenüber dem Preis sind anders als bei Polstergarnituren. Daraus folgt in bezug auf Kindermöbel eine stärkere Segmentüberschneidung mit anderen Betriebsformen und damit verbunden ein breiterer interspezifischer Betriebsformenwettbewerb. Dieser ist bei Polstergarnituren aufgrund prägnanter Angebots- und Anforderungsdifferenzierung eingeschränkt. Wegen der höheren Wertigkeit von Polstergarnituren dehnt sich die Beschaffungsreichweite der Konsumenten aus, so daß ein weiteres Warenhaus einbezogen ist und sich der intraspezifische Betriebsformenwettbewerb unter den Möbelfachgeschäften erweitert.

Eine derartige morphologische Analyse gibt in einer Momentaufnahme erste Auskünfte über die Wettbewerbsverhältnisse auf einem Markt. Um die potentiellen *Wettbewerbsentwicklungen* ermessen zu können, muß nach den Voraussetzungen gefragt werden, die im einzelnen für ein wettbewerbsauslösendes Verhalten bestehen. Dabei muß unterschieden werden zwischen objektiv mit der spezifischen Einzelhandelstätigkeit gegebenen und den empirisch auffindbaren Voraussetzungen.

Das Wettbewerbsverhalten der Einzelhandelsunternehmen ist zunächst eine Frage ihrer *betrieblichen Zielsetzung.* Wettbewerbswille setzt voraus, daß ein Unternehmen seine Umsatz- oder Gewinnverhältnisse verbessern will. Soweit im kleinbetrieblichen traditionellen Einzelhandel das Anspruchsniveau nur auf ein *auskömmliches* Einkommen der Inhaber gerichtet ist und dieses als sicher erreichbar gilt, werden die Anbieter von sich aus keine starken Bestrebungen haben, mit Konkurrenten zu rivalisieren[90]. Diese im mittelständischen Einzelhandel offenbar noch verbreitete Einstel-

[90] „So läßt sich im Einzelhandel (mittelständisch, Anm. d. Verf.) ... beobachten, daß kein intensiver Wettbewerb zustande kommt, obwohl er nach der Marktstruktur zu erwarten wäre. Der Grund kann sein, daß die Verhaltensweisen der Anbieter von der Idee der ‚auskömmlichen Nahrung' oder des ‚standesgemäßen Unterhalts des Geschäftsinhabers und seiner Familie' statt vom Wettbewerbsgeist bestimmt werden" [Woll, 1987, S. 283f].

lung wird dann unterstützt, wenn aufgrund regionaler Monopolstellungen Schonbereiche bestehen, in denen ein gewisses Einkommensniveau für die Anbieter mangels Beschaffungsalternativen für die Konsumenten garantiert ist. Daneben existieren im Einzelhandel Unternehmen mit *aggressiven* umsatz- oder gewinnorientierten Zielsetzungen, die durch neue Leistungskombinationen oder preispolitische Maßnahmen die Marktnischen ihrer Mitanbieter bedrohen und auch im traditionellen Einzelhandel Wettbewerbswillen als Verteidigungshaltung erzeugen. Beispiele finden sich insb. im Lebensmittelbereich, wo neue Betriebsformen mit modernen Vertriebsmethoden und aggressiver Preispolitik in allen lokalen Märkten zu einer Wettbewerbsintensivierung beigetragen haben [Batzer, u. a., 1984, S. 368f].

Eine weitere Voraussetzung für Wettbewerb ist in der *Flexibilität* der *absatzpolitischen Instrumente* zu sehen, denn Wettbewerb entsteht nur dann, wenn Angebotsalternativen geschaffen werden können. Für den Qualitätswettbewerb sind im Einzelhandel die Bedingungen günstig, soweit variierende Leistungskombinationen mit relativ geringen Investitions- und Entwicklungstätigkeiten vorgenommen werden können und schnell imitierbar sind. In diesem Sinn stellt auch ein *leichter Zugang* zu den Produktmärkten, der durch einfache Sortimentserweiterungen zu realisieren ist, eine wettbewerbsfördernde Komponente dar. Die zunehmenden Sortimentserweiterungen und -überschneidungen im Einzelhandel zeigen die Intensivierung des Wettbewerbs auf diesem Gebiet. Restriktionen für das Wettbewerbsverhalten im Qualitätsbereich bilden insbesondere Standort und Ladengestaltung, mit denen langfristige Festlegungen und räumliche Beschränkungen der Aktivitäten verbunden sind. In dieser Hinsicht haben filialisierende Großbetriebe einen Wettbewerbsvorteil, da sie sich mit Neueröffnungen von Läden an die räumliche Nachfragestruktur anpassen können.

Auf dem Gebiet des Preiswettbewerbs ist im Einzelhandel mit seinem Vielproduktangebot eine günstige Voraussetzung für flexibles Agieren gegeben. Er hat durch *Kompensationskalkulation* die Möglichkeit, partielle Preiskonkurrenz auch *unter* den Durchschnittskosten eines Produktes durchzuführen, da Verluste mit anderen Teilen des Sortiments aufgefangen werden können. Hierbei sind Unternehmen mit breiteren Sortimenten aufgrund besserer Ausgleichsmöglichkeiten begünstigt. Weiterhin haben überregional arbeitende Großbetriebe gegenüber lokal begrenzten Einzelhändlern einen Handlungsvorteil, da diesen Großbetrieben grundsätzlich die Möglichkeit interregionaler Kompensation zur Verfügung steht.

Für einen ökonomisch fundierten Wettbewerb mit dem Preis braucht der Händler *Kenntnisse* über seine *marktliche* und *innerbetriebliche Datenkonstellation.* In beiden Bereichen bestehen im Einzelhandel aufgrund seines Vielproduktangebots objektive Schwierigkeiten, da einerseits Informationen über die heterogenen Marktbeziehungen nur mit großem Aufwand zu beschaffen sind und andererseits eine Kostenträgerrechnung in Verbindung mit kurzfristigen Erfolgsermittlungen für einzelne Produkte und Produktgruppen wegen mangelhafter Zurechenbarkeit der Handlungskosten problematisch ist[91]. Diese Erschwernisse bei der Datenermittlung schränken die Mög-

[91] Dieses Problem kann durch die neueren Bemühungen um die DPR-Rechnung (direkte Produktrentabilität) zwar abgemildert, aber nicht prinzipiell beseitigt werden, da im Einzelhandel der Gemeinkostenanteil an den Handlungskosten — bedingt durch die Tätigkeitsstruktur — relativ hoch bleiben wird. Vgl. auch Gümbel, 1985, S. 46. Vertiefende Literatur zur Kostenrechnung im Handel vgl. Pade, 1979.

lichkeiten eines ökonomisch fundierten Preiswettbewerbs ein. Die derzeitige empirische Situation im kleinbetrieblich strukturierten Einzelhandel ist allerdings so einzuschätzen, daß die ohnehin beschränkten und erschwerten Möglichkeiten der Informationsbeschaffung nicht einmal ausgeschöpft werden. Soweit noch Kalkulation mit branchenüblichen Durchschnittsaufschlägen auf die Einstandspreise betrieben wird, ist ein wettbewerbliches preispolitisches Verhalten empirisch nicht hinreichend realisiert.

Die Wettbewerbsfähigkeit der Anbieter hinsichtlich des Preises ist eng mit den zur Verfügung stehenden *Beschaffungsbedingungen* und *Rationalisierungsmöglichkeiten*[92] verbunden, die Kostenvorteile und damit Handlungsspielräume in der Preispolitik schaffen [Batzer, u. a., 1984, S. 338ff]. Aufgrund stark differierender Machtpotentiale auf der Beschaffungsseite entstehen große Einstandspreisunterschiede, die ganz erheblich auf die Wettbewerbsfähigkeit der Beteiligten im Absatzbereich durchschlagen können. Im Rahmen von Rationalisierungspotentialen müssen zwei Formen unterschieden werden: Einerseits kann Rationalisierung auf die innerbetriebliche Aufgabenerfüllung gerichtet sein, ohne daß absatzwirtschaftliche Leistungsveränderungen bewirkt werden. Hier sind filialisierte Großbetriebe des Einzelhandels im Vorteil, da sie bessere Voraussetzungen der Automatisierung in allen Leistungsbereichen haben und der Personaleinsatz rationeller durchgeführt werden kann. Der auf diese Weise gewonnene Kostenvorsprung verbreitert den preispolitischen Handlungsspielraum der begünstigten Betriebe. Davon zu trennen sind Rationalisierungsmaßnahmen, die neben einer Kostenreduktion eine absatzwirtschaftliche Leistungsveränderung verursachen und damit gleichermaßen den Qualitäts- und Preiswettbewerb tangieren (Beispiel: Einführung der Selbstbedienung an Tankstellen).

Eine weitere Voraussetzung für Wettbewerb auslösendes Verhalten im Einzelhandel besteht im Zusammenhang mit *Willen* und *Fähigkeit* der *Konsumenten,* die *Preis-* und *Leistungsangebote* als *Alternativen* für einen Kauf zu *überprüfen.* Je stärker dieses Konsumverhalten ausgeprägt ist, je besser die Konsumenten also die Rolle der „Urteilenden" über den „Wettstreit der Anbieter" erfüllen, desto mehr sehen sich die Einzelhändler gezwungen, Wettbewerb zu betreiben. Mangelnde Bereitschaft der Konsumenten für die Überprüfung von Angebotsalternativen besteht bei *hoher Ladenloyalität,* aufgrund derer ein Händler als bevorzugte Beschaffungsquelle akzeptiert wird. Diese Loyalität findet sich in den Marktnischen der Einzelhändler, die durch ein günstiges Anpassungsverhältnis zwischen Angebots- und Anforderungsmerkmalen gekennzeichnet sind und insofern das Ergebnis eines *wettbewerbskonformen* Verhaltens auf beiden Marktseiten darstellen. Verfestigt sich die Ladenloyalität allerdings durch Habitualisierung oder Beschaffungsbequemlichkeit der Konsumenten, so drückt sich darin ein *wettbewerbshinderliches* Verhalten aus, da passendere Angebotsalternativen nicht mehr gesucht werden. Beide Verhaltensformen wurden in ihren Ausprägungen und Implikationen an anderer Stelle erläutert [Kap. I, 4219].

Die Fähigkeit der Konsumenten, konkurrierende Angebote zu überprüfen, steht in *räumlicher* Hinsicht mit ihrer Mobilität in Zusammenhang. Sie erfordert unter *sachlichen* Gesichtspunkten Transparenz des Angebots. Je mehr die Konsumenten in die Lage versetzt werden, die sich in der wirtschaftlichen Qualität ausdrückenden Re-

---

[92] Zu Rationalisierungsstrategien im Einzelhandel vgl. Engfer, 1984.

lationen von Verwendungsqualität, Beschaffungsqualität, Preis und Beschaffungskosten der Produkte zu vergleichen, desto bessere Voraussetzungen sind für den Wettbewerb der Einzelhändler gegeben. Die hier auffindbaren Ausgangslagen sind produkt- und konsumentenbedingt unterschiedlich. Allerdings muß allgemein festgestellt werden, daß die zunehmende Vielfalt und Dynamisierung des Warenangebots und der Handelsleistungen für die Konsumenten eine Reduktion der Beurteilungsmöglichkeiten erbringen. Die Transparenz des Angebots wird durch das Informationsverhalten der Einzelhändler erheblich beeinflußt. Sie vermindert sich durch nicht sachhaltige Praktiken der Werbung und persönlicher Verkaufsgespräche sowie durch mangelnde Offenlegung der Preisstellung.

Ein Bedingungsrahmen für die Wettbewerbsverhältnisse im Einzelhandel wird schließlich auch durch die mit *Gesetzgebung* und *Rechtsprechung* gegebenen *Organisationskomponenten* des *Marktes* geschaffen. Hierzu gehören u. a. Bestimmungen des Gesetzes gegen Wettbewerbsbeschränkungen (GWB), des Gesetzes gegen den unlauteren Wettbewerb (UWG) und das Gesetz über die Berufsausübung im Einzelhandel [Kap. I, 415].

42313 Wettbewerb auf der Beschaffungsseite

Wettbewerb auf der *Beschaffungsseite* ist das Streben, an Stelle der Mitnachfrager eine günstige Belieferung zu erreichen. Der Kreis der Mitbewerber erstreckt sich auf alle Einzelhändler, die das gleiche Lieferantensegment gewählt haben. Der Beschaffungswettbewerb wird mit einem differenzierten Spektrum von Maßnahmen ausgetragen, die sich entweder *direkt* auf die Lieferanten beziehen, oder auf die Konsumenten gerichtet sind und *indirekt* auf die Lieferanten zurückwirken. Im Gegensatz zum Absatzwettbewerb, wo i. d. R. die Verteilung kleiner Mengen vorgenommen wird, stellt auf der Beschaffungsseite die *Quantität* der nachgefragten Produkte bzw. die *Ausdehnung* der zur Verfügung zu stellenden *Regalplätze* ein besonderes Wettbewerbsmittel dar. Großunternehmen des Einzelhandels sind in dieser Beziehung erheblich im Vorteil, da sie den Lieferanten eine großräumige Verteilung der Produkte anbieten können. Die wettbewerblichen Beschaffungsmaßnahmen im Einzelhandelsbereich manifestieren sich insgesamt in Preis, Menge und Qualität der Regalplätze. Der Werbungswettbewerb hat auf dieser Marktseite geringere Bedeutung, da zwischen Lieferanten und Händlern persönliche Kontaktbeziehungen vorherrschen. Der Beschaffungswettbewerb kann auf der Ebene der Produkte oder Produktgruppen als inter- bzw. intraspezifischer Betriebsformenwettbewerb oder als Integrationsformenwettbewerb ausgetragen werden.

Für eine Analyse des Beschaffungswettbewerbs ist nach den *Bedingungen* zu fragen, unter denen ein Wettbewerb auslösendes Verhalten der Einzelhändler entsteht. Eine grundlegende Voraussetzung liegt darin, daß die gewünschten Beschaffungsobjekte *alternativ* an die nachfragenden Einzelhändler abgesetzt werden. Diese Situation tritt kurzfristig ein, wenn die Produktions- oder Belieferungskapazitäten eines Lieferanten für den Umfang der Nachfrage nicht ausreichen. Längerfristig wird sie durch selektive oder sogar exklusive Handelseinschaltung geschaffen, wie z. B. durch die Vergabe von Alleinvertriebsrechten an nur einen Händler in einem Absatzgebiet, mit denen die Exklusivität eines Produktimage gewährleistet werden soll. In derartigen Fällen liegt Knappheit der nachgefragten Güter vor, so daß sich die Händler um die alternativ zu vergebenden Belieferungsrechte bewerben bzw. sich um Aufnahme in das Zielsegment der Lieferanten bemühen müssen[93].

Die Intensität des Beschaffungswettbewerbs wird durch geringe Substituierbarkeit der begrenzt erhältlichen Produkte positiv beeinflußt, da die Ausweichmöglichkeiten der beschaffenden Händler damit eingeschränkt sind (Beispiel: individualisierte Markenerzeugnisse wie etwa Modeartikel renommierter Herstellerfirmen).

Häufiger sind die Beziehungen zwischen Einzelhändlern und Lieferanten durch Marktsituationen gekennzeichnet, in denen nicht die Produkte, sondern die *Regalflächen* im Einzelhandel *knapp* sind. Bei dieser Konstellation ist der Beschaffungswettbewerb unter den Einzelhändlern stark reduziert bzw. gänzlich aufgehoben [Geisbüsch, 1964, S. 47]. Eine derartige Situation entsteht insb. durch eine Produkt- und Vertriebspolitik der Hersteller, bei der mit der Zielsetzung der Marktausweitung durch Differenzierung und Diversifizierung der Produktionsprogramme ein großer Kreis leicht substitutiver Güter in ubiquitärem Vertrieb in den Handel gebracht wird. Die Folgen sind partielle Engpässe bei den Verkaufsflächen im Einzelhandel.

Sofern auf einem Markt Beschaffungswettbewerb besteht, sind Voraussetzungen seines Funktionierens die *Bereitschaft* und *Fähigkeit* der *Marktgegenseite,* die alternativen Gestaltungsformen der Beschaffungsleistungen und Preisangebote unter den Beschaffungswettbewerbern zu überprüfen. Wettbewerbsförderliche Verhaltensambitionen dieser Art sind bei den Lieferanten weit ausgeprägter als bei den Konsumenten auf der Absatzseite, weil ihre Handlungen stärker ökonomisch begründet sind. Allerdings ist nicht zu übersehen, daß auch hier habitualisierte Verhaltensweisen und etablierte persönliche Beziehungen den möglichen Wettbewerb einschränken. Zudem tragen auf der Beschaffungsseite langfristige Belieferungsverträge der Konkurrenten zu einer erheblichen Stabilisierung und Erstarrung der Marktverhältnisse bei.

Eine Grundlage für funktionierenden Wettbewerb bildet die *Markttransparenz* auf beiden Marktseiten. Sie ist durch differenzierte Leistungs- und Preisvereinbarungen zwischen Lieferanten und Handel und Geheimhaltungen oft erheblich eingeschränkt, allerdings bestehen je nach Struktur und Organisation der Märkte und Eigenschaften der zu beschaffenden Produkte erhebliche Unterschiede. So fehlen bei kleinbetrieblicher Struktur auf beiden Marktseiten oft die Möglichkeiten der Marktforschung, mit deren Hilfe ein wettbewerbsintensiver systematischer Such- und Ausleseprozeß stattfinden könnte. Ist ein Beschaffungsmarkt durch *zentrale Institutionen* wie Messen, Börsen, Auktionen oder Großmärkte organisiert, so sind damit bessere Voraussetzungen eines effektiven Beschaffungswettbewerbs gegeben.

[93] Historisches Beispiel: auf der Ebene des interspezifischen Betriebsformenwettbewerbs der Kampf der Warenhäuser um Belieferungsrechte bei Markenartikeln, der insb. gegen die Fachgeschäfte gerichtet war.

4232 Kooperative Marktbeziehungen

Horizontale Kooperation im Einzelhandel[94] stellt im Gegensatz zum Konflikt austragenden Wettbewerbsverhalten eine *Koordination* der *Aufgabenerfüllung* mehrerer Unternehmen dar. Die rechtliche und organisatorische Institutionalisierung des kooperativen Verhaltens erfolgt je nach Zielsetzung, Umfang der einbezogenen Aufgaben, Kreis der Teilnehmer und Zeitdauer in vielfältigen Formen. Die Möglichkeiten reichen von *informellen gelegentlichen* Absprachen bis hin zur *dauerhaften formalen* Organisation auf vertraglicher und kapitalmäßiger Basis. Die mit der Kooperation

Klassifikationskriterium	Ausprägungen	Beispiele
Funktion	● Absatz	
	- z.B. Werbung	Werbegemeinschaft
	● Beschaffung	
	- z.B. Einkaufsgestaltung	Einkaufsring
	● Betriebsführung	
	- z.B. EDV	EDV-Center
Richtung	● horizontal	
	- branchengleich	Fortbildungsiniative Branchenverband
	- branchenungleich	Marketinggesellschaft einer Einkaufspassage
	● vertikal	
	- Vorwärtsintegration	Freiwillige Kette
	- Rückwärtsintegration	Einkaufsgenossenschaft
Intensität	● lose Kooperation	
	- ohne Rechtsform	A6: park and ride
	- mit Rechtsform	Verein zur Gründung einer Fußgängerzone
	● institutionalisierte Kooperation	Einkaufsgenossenschaft
Zeitbezug	● ad hoc	Aktion saubere Fußgängerzone
	● zeitlich begrenzt	Initiativgruppe Ladenöffnungszeiten
	● zeitlich unbegrenzt	Verband

Schaubild I, 4.30: Klassifikation von Kooperationsformen
[Quelle: Most, 1986, S. 23, mit eigenen Veränderungen]

[94] Die vertikale Kooperation bezieht sich demgegenüber auf die Gestaltung der Marktbeziehungen zur Vor- oder Nachstufe [Kap. I, 421 und 422]. Gleichwohl hat die horizontale Kooperation auf der Einzelhandelsebene Auswirkungen in vertikaler Hinsicht.

verbundene Delegation von Funktionen kann an beauftragte Mitglieder vorgenommen werden oder zum Einsatz einer von allen getragenen zentralen Institution führen. Letzteres ist die Regel bei formal organisierten umfassenden Kooperationen [Schaubild I, 4.30].

Eine Voraussetzung für das Zustandekommen kooperativen Verhaltens besteht darin, daß die Einzelhändler aus der Zusammenarbeit eine bessere Verwirklichung ihrer individuellen Zielsetzungen erwarten. Kooperation stellt unter den Beteiligten ein wettbewerbsmeidendes Verhalten dar. Dagegen besteht nach außen hin bei den meisten Kooperationen die Absicht, die Wettbewerbsposition der Mitglieder gegenüber den unbeteiligten Konkurrenten zu verbessern. Der Wettbewerb wird also auf eine andere Ebene verlagert. Die Ziele der gemeinschaftlichen Aufgabenstellung richten sich auf Kostensenkung oder Ertragssteigerung der Beteiligten in Verbindung mit verschiedenen qualitativen Zielsetzungen, wie Sicherheit, Machtgewinn u. a..

Die in die Kooperation einbezogenen Aufgaben können sich auf *beschaffungs-* und *absatzseitige* sowie auf *innerbetriebliche* Leistungsbereiche der Unternehmen erstrecken. Dabei ist die Unternehmungsführung als Kernfunktion von der Kooperation auszuklammern, damit die wirtschaftliche und rechtliche Selbständigkeit der Beteiligten erhalten bleibt. Allerdings zeigt sich bei intensiven, formal institutionalisierten Kooperationsformen, daß die Managementzentrale, die sich mit dem Gemeinschaftsziel identifiziert, häufig Machtausweitung gegenüber den Mitgliedern anstrebt, um auf deren Unternehmungsführung zugunsten des Gemeinschaftsziels Einfluß auszuüben.

Kooperatives Verhalten ist auf der *Absatzseite* in jedem der Aktionsbereiche möglich. Die speziellen absatzpolitischen Zielsetzungen können sich auf eine *Erweiterung* der Aktionsmöglichkeiten richten, indem die gemeinschaftliche Aufgabenerfüllung bestimmte Aktionsmittel überhaupt erst einsetzbar macht. Hierdurch wird das akquisitorische Potential der gesamten kooperierenden Gruppe verbessert (Beispiel: gemeinsame Parkplatzanmietung zur Verbesserung der Standorte). Eine fast gegensätzliche Zielsetzung besteht in *handlungseinschränkenden* Absprachen, die neutralisierenden absatzpolitischen Wettbewerb verhindern sollen (Beispiel: Sortimentsabsprachen standortlich benachbarter Händler). Schließlich kann Kooperation eine *Rationalisierung* des Absatzprozesses bezwecken, indem Betriebsmittel und Personal gemeinschaftlich eingesetzt werden (Beispiel: kooperative Nutzung von Auslieferungsfahrzeugen). Diese Form ist für den Einzelhandel, der starken Beschäftigungsschwankungen unterliegt, eine Möglichkeit der gleichmäßigen Kapazitätsausnutzung, sofern eine beschäftigungspolitisch ausgleichende Kombination von Einzelhändlern gefunden werden kann, denen ein gemeinschaftlicher Faktoreinsatz im Absatzbereich möglich ist.

In bezug auf die Konsumenten kann absatzseitige Kooperation *verdeckt* oder *offen* durchgeführt werden. Bei offengelegter Kooperation verzichten die Beteiligten auf einen individuellen akquisitorischen Effekt zugunsten der Gruppe. Dieses Verhalten ist nur dann sinnvoll, wenn die kooperierenden Unternehmen in ihren Images eine gewisse Konvergenz erreichen, da andernfalls im Zusammenhang mit den kooperativen Maßnahmen gegenseitige negative Irradiationseffekte auftreten könnten.

Kooperation im *innerbetrieblichen* Leistungsbereich bezweckt eine *Rationalisierung,* die den Mitgliedern auf dem Wege einer Kostensenkung zu einer besseren

Wettbewerbsposition verhelfen soll. Beispiele sind Betriebsvergleiche unter den Kooperierenden als betriebswirtschaftliche Analysehilfe für das Betriebsgeschehen, gemeinschaftlicher Einsatz von Datenverarbeitungsanlagen oder Personalschulung.

Auf der *Beschaffungsseite* richtet sich Kooperation einerseits gegen konkurrierende Großunternehmen des Einzelhandels, die aufgrund ihres Nachfrageumfangs Wettbewerbsvorteile erzielen. Andererseits ist sie als Reaktion auf Konzentrationsprozesse und Kartellierung im Herstellerbereich eine Form der countervailing power, mit der ein Machtausgleich in bezug auf die Lieferanten stattfindet. Die beschaffungsseitige Kooperation stellt i. d. R. eine vertikale Rückwärtsintegration dar, da sie mit einer Übernahme von Großhandelsfunktionen verbunden ist. Die wesentlichen Zielsetzungen der Beschaffungskooperation bestehen darin, durch *Bündelung* der *zersplitterten Nachfrage* günstige Einkaufspreise und -bedingungen zu erreichen. Gleichzeitig wird mit ihr durch Zentralisierung der Aufgabenerfüllung eine *Risikostreuung* und *Rationalisierung* der Beschaffungsprozesse angestrebt. Eine Grenze der Beschaffungskooperation bildet die Sortimentspolitik der Mitglieder, da Unternehmen, die absatzseitig im Wettbewerb stehen, sich durch Deckungsgleichheit ihrer Sortimente eines wesentlichen Wettbewerbsmittels begeben würden.

Abschließend kann festgestellt werden, daß kooperatives Verhalten im innerbetrieblichen Bereich und auf der Beschaffungsseite des Einzelhandels stärkere Bedeutung gewonnen hat als auf der Absatzseite, da die mit der Kooperation verbundene Gleichrichtung der Maßnahmen dort eher akzeptiert werden kann. Auf der Absatzseite dagegen besitzt die wettbewerbliche Abhebung der einzelnen Unternehmen stärkeres betriebspolitisches Gewicht.

43 Faktoren des Produktes

431 Methodologische Grundlagen der Produkttypologie und -klassifikation

Wird davon ausgegangen, „... daß jede Warengattung einen gesonderten Komplex absatzwirtschaftlicher Operationen auf ihrem Weg vom Produzenten zum Konsumenten“ [Leitherer, 1961, S. 111] erfordert, dann wird insb. angesichts der zunehmenden Vielfalt der Warenwelt die Notwendigkeit einer differenzierenden Betrachtungsweise deutlich. Für die meisten marktpolitischen Analysen ist demzufolge ein produktorientierter Bezug und damit eine Relativierung der Aussagen unumgänglich. Daher müssen die *Produkteigenarten* als *strukturelle Bedingungsfaktoren* innerhalb des *Aktionsrahmens* der Einzelhandelsunternehmung gesehen werden.

Die in der Literatur unternommenen Versuche, die Produktmerkmale in das Konzept der Marktlehre einzubeziehen, schwanken methodologisch gesehen zwischen den Extremen einer stark *generalisierenden* und einer *individualisierenden* (an einzelnen Warenarten ausgerichteten) Betrachtung [Knoblich, 1965, S. 691], die beide auf ihre Weise in den Aussagemöglichkeiten begrenzt sind. Aus diesem Dilemma bieten Klassifikationen und Typologien einen Ausweg. Sie ermöglichen es, die Produktwelt in einer dem jeweiligen Untersuchungszweck angemessenen Form zu ordnen und aus dieser Strukturerhellung heraus Aktionsmöglichkeiten für den Unternehmer sichtbar zu machen.

Klassifikationen sind ebenso wie Typologien Methoden der morphologischen Betrachtungsweise. Während durch *Klassifikation* strenge *hierarchisch gegliederte Systeme* entstehen, ermöglicht die *Typologie weichere* und damit der *Wesensbeschreibung* des Untersuchungsgegenstandes angemessenere *Strukturierungen* [Schaubild I, 4.31].

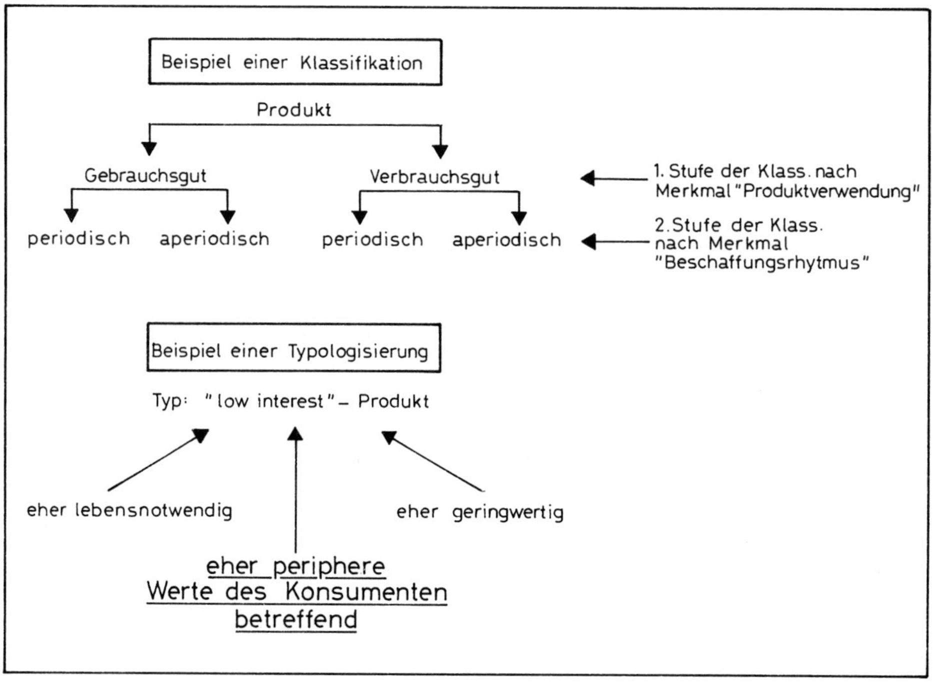

Schaubild I, 4.31: Klassifikation und Typologisierung in Produktbeispielen

Die Typologie ist insofern das anspruchsvollere Verfahren, das im folgenden vorrangig behandelt werden soll[95]. Die Darstellung beschränkt sich darauf, die wichtigsten formalen Aspekte für den typologischen Umgang mit Warenmerkmalen und allgemeinen materiellen Systematisierungskriterien zu erörtern; abschließend werden einige besonders aussagefähige und in der Literatur häufig benutzte Produkttypen vorgestellt.

Für die typologisierende Analyse der Warenwelt sind verschiedene Grundschritte notwendig, nämlich

(1) die *Inventur* von Warenmerkmalen und ihrer Ausprägungen sowie *Diskussion* ihrer marktpolitischen Konsequenzen,
(2) *Auswahl* der Merkmale und *Kombination* ihrer Ausprägungen zu brauchbaren Produkttypen, für die umfassende und allgemeingültige marktpolitische Aussagen zu treffen sind.

---

[95] Vgl. allgemein zur typologischen Methode Knoblich, 1969b; Algermissen, 1976, S. 27ff.

Mit einem derartigen Instrumentarium können konkrete Produkte, die als individuelle Merkmalsbündelungen Aktionsrahmenfaktoren des Einzelhandels darstellen, hinsichtlich ihrer Merkmalsstruktur analysiert und bestimmten Produkttypen zugeordnet werden.

Zu (1): Die Aufgaben der *Wareninventur* und *-ordnung* wurden in den Anfängen der Theorienbildung eher stofflich technisch interpretiert und bildeten den Gegenstand von Material- und Warenkunden. Bedingt durch Veränderungen des Produktcharakters im Verlauf der Marketingentwicklung wird für die Wareninventur zunehmend ein Bezug zur Theorie des Konsumentenverhaltens notwendig, der im Rahmen produktpolitischer Theorien hergestellt wird[96].

In *formaler* Hinsicht sind bei der Analyse von Produktmerkmalen unterschiedliche Ausprägungsarten zu unterscheiden[97]. Es gibt monopolare, bipolare und polypolare Merkmalsausprägungen, Merkmale also, die in ein-, zwei- oder vieldimensionaler Ausprägung in Erscheinung treten. In der Produkttypologie hat die Gruppe der bipolaren Merkmale die größte Bedeutung. Innerhalb dieser Gruppe unterscheidet man *alternierend bipolare* Merkmale eines Produktes, deren Ausprägungen in zwei oder mehreren genau bestimmbaren Abstufungen auftreten, ohne einen Nullwert zu erreichen (Beispiel: organische/anorganische Produkte). Die Mehrzahl dieser Merkmale hat dagegen *intensitätsmäßig abgestufte Ausprägungen,* die eine kontinuierliche Spannungsreihe zwischen zwei Extremen bilden und einen Nullwert erreichen können (Beispiel: hochwertiges ... geringwertiges Produkt). In diesen Fällen entsteht bei der Warenanalyse die Aufgabe, das Kontinuum von Ausprägungen in zweckentsprechende Staffelungen der Merkmalsausprägungen aufzuteilen.

Eine weitere Unterscheidung der Merkmale betrifft ihre Beurteilbarkeit. Während *objektiv* beurteilbare Merkmale eine eindeutige, intersubjektiv nachprüfbare Erfassung ihrer Ausprägungen zulassen (Beispiel: Aggregatzustand), sind *subjektiv* beurteilbare Merkmale von individuellen Werturteilen und Verhaltensweisen abhängig (Beispiel: Modeabhängigkeit). Die Problematik der Produktanalyse beruht darauf, daß der größere Teil von Merkmalen subjektiver Natur ist. Eine Objektivierungsmöglichkeit liegt in der Feststellung statistischer Häufungen von Werturteilen und Verhaltensweisen in bezug auf die zu analysierenden Merkmale.

Im Verhältnis der Merkmale zueinander bestehen *Interdependenzbeziehungen* unterschiedlicher Intensität (Problem der Korrelation von Merkmalen). Die intensivste Interdependenzstufe wird bei obligatorischer Verknüpfung der Merkmalsausprägungen erreicht (Beispiel: verschiedene chemische Verbundeigenschaften eines Stoffes). Ein anderer Aspekt der Merkmalsbeziehung richtet sich auf ihre *Rangstufung.* Elementare Merkmale können auf einer höheren Ebene zu derivativen Merkmalskomplexen zusammengefügt sein und damit eine übergeordnete Position einnehmen (Beispiel: derivatives Merkmal „Transportkostenempfindlichkeit" als Kombination aus den Elementarmerkmalen „Gewicht" und „Wert").

In *materieller* Hinsicht bestehen in der Literatur diverse Versuche der Merkmalssystematisierung. Für den vorliegenden Zweck, nämlich Produkte als Aktionsrah-

[96] Vertiefende Lektüre zur Typologie der Waren vgl. Holton, 1958, S. 53—56; Knoblich, 1969b; Murphy, Enis, 1986, S. 24—42.

[97] Vgl. zu der formalen Untersuchung von Merkmalsausprägungen Petersen, 1955, S. 111; Tietz, 1960, S. 40ff.

menfaktoren des Einzelhandels zu untersuchen, ist die in Schaubild I, 4.32 vorgenommene Einteilung der Produktmerkmale als geeignet.

Die *Eigenmerkmale* der Produkte sind wareninhärente Eigenschaften einer Produktart, die ihr per se anhaften und ihre Stofflichkeit und Gestalt betreffen. Für den Einzelhandel können in dieser Merkmalsgruppe u. a. Aggregatzustand, Gewicht und Sperrigkeit, Empfindlichkeit gegen Temperatur oder Licht und Qualitätskonstanz relevant werden. Sie betreffen überwiegend Überbrückungsfunktionen des Warenstroms. Die Ausprägungen von Eigenmerkmalen sind meist objektiv beurteilbar und mit physischen oder chemischen Maßgrößen meßbar.

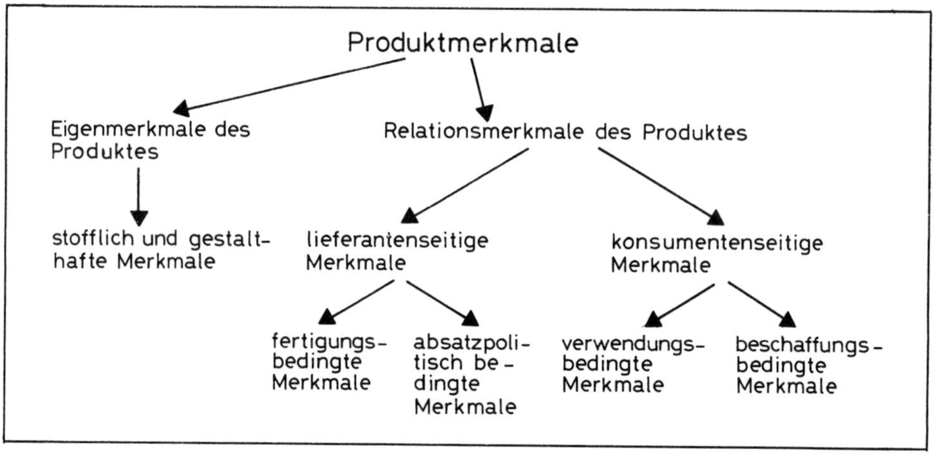

Schaubild I, 4.32: Produktmerkmale[98]

Relationsmerkmale dagegen resultieren aus dem Verhältnis eines Objektes zu seiner sozialen Umwelt. Sie sind den Produkten durch ein bestimmtes Verhalten der mit ihnen umgehenden Personen beigegeben. Im Vergleich zu den inhärenten Eigenschaften unterliegen sie stärkeren Wandlungen und sind oft situationsbedingt. Je nach Marktseite unterscheidet man unter den Relationsmerkmalen Herkunfts- oder Hinkunftsmerkmale. Aus der Sicht des Einzelhandelsunternehmens führt das zu einer Einteilung in *lieferantenseitige,* d. h. von Herstellern und Großhändlern abhängige, und *konsumentenseitige* Merkmale. Erstere entstehen aus fertigungsbedingten Verhaltensweisen (Beispiel: Massenhaftigkeit und zeitliche Schwankungen der Produktion) und aus absatzpolitischen Maßnahmen der Lieferanten (Beispiele: Markierung, Verpackung, werblicher Vorverkauf, Preisfestlegung). Zwischen den produktinhärenten und fertigungsbedingten Eigenschaften sind Wechselwirkungen zu berücksichtigen, da die Entwicklung der Fertigungsverfahren die Stofflichkeit und Gestalt der Produkte nachhaltig beeinflußt. Hieraus entstehen Überlappungen beider Merkmalsgruppen. Die konsumentenseitigen Merkmale haben insb. für die Absatzpolitik des Einzelhandels starke aktionsrahmenbildende Kraft. Es handelt sich um verwendungsbedingte Merkmale (Beispiele: Dringlichkeit oder Modeabhängigkeit des Bedarfs, Wertigkeit im Rahmen des Haushaltsbudgets) und um beschaffungsbedingte Merk-

[98] Vgl. die Unterscheidung von Eigen- und Relationsmerkmalen bei Knoblich, 1969b, S. 51.

male (Beispiele: Periodizität oder Informationsverhalten bei der Beschaffung). Diese Produkteigenschaften sind zum großen Teil nur subjektiv beurteilbar und müssen als soziale Tatbestände unter Berücksichtigung bestimmter Zielgruppen statistisch durch Häufigkeitsmessungen objektiviert werden. So sind z. B. die Ausprägungen des Merkmals Wertigkeit nur in bezug auf das Haushaltsbudget einer einkommensmäßig homogenen Konsumentenzielgruppe zu beurteilen. Für Relationsmerkmale ist also Vorsicht in der Verallgemeinerung marktpolitischer Aussagen geboten!

Zu (2): Die Untersuchung des Produktes als Aktionsrahmenfaktor des Einzelhandels enthält über die Analyse einzelner Merkmale hinaus eine *kombinatorische* Aufgabe, wenn dem komplexen Eigenschaftencharakter eines Produktes entsprochen werden soll. Hierbei besteht der wissenschaftliche Zweck des typologischen Verfahrens darin, zwischen marktpolitischen Phänomenen und Produkten als Merkmalskombinationen Wirkungszusammenhänge aufzudecken (Beispiel: Bei „convenience goods" bestehen engere regionale Absatzreichweiten als bei „shopping goods".). Je nach Aussageabsicht sind hier die *induktive* und *deduktive* Vorgehensweise zu unterscheiden. Bei einer Induktion (zunehmende Abstraktion) geht man von einem konkreten Produkt aus und analysiert seine Merkmalskombination für seine Einordnung in einen Typus, um die für diesen Typus vorfindbaren Erkenntnisse auf den konkreten Fall zu übertragen[99]. Bei einer Deduktion (abnehmende Abstraktion) werden in einem kombinatorischen, theoriengeleiteten Prozeß Merkmalskombinationen gesucht, die in bezug auf einen bestimmten marktpolitischen Sachverhalt gleichgerichtet reagieren, und als Typus in diesem Kontext benannt[100]. Diesem Typus werden im Anwendungsfall konkrete Produkte zugeordnet.

Es können so viele *Produkttypen* gebildet werden, wie *wissenschaftliche Fragestellungen* bestehen. In produktorientierten Theorien sind für einzelne marktpolitische Aspekte Typen bereitgestellt worden, auf die zurückgegriffen werden kann. Wenn diese bereits entwickelten Produkttypen angewendet werden sollen, so ist allerdings *jeweils* zu prüfen, unter welcher Fragestellung sie gebildet wurden, da es sich i. d. R. um *Partialtypen* handelt, die *nur* für *spezielle* Zusammenhänge geeignet sind. Eine unreflektierte Anwendung von Produkttypen könnte zu falschen Aussagen führen.

432 Diskussion ausgewählter Produktmerkmale und -typen

Die Kenntnis einiger in der Literatur verbreiteter Produktmerkmale und Typen bzw. Klassifikationen ist für marktpolitische Studien hilfreich[101]. Aufgrund der geringen literarischen Aufarbeitung des Beschaffungsmarketing finden sich weit überwiegend

[99] Beispiel: Milch ist als häufig beschafftes, geringwertiges Verbrauchsgut ein „convenience good". Für Milch ist eine enge Absatzreichweite anzunehmen, es sei denn, sie wird im Verbund mit anderen Produkten gekauft.

[100] Beispiel: Enge regionale Absatzreichweiten bestehen bei Produkten mit hoher Beschaffungsbequemlichkeit (derivatives Merkmal). Sie kennzeichnen sich als Verbrauchsgüter durch häufige Beschaffung und Geringwertigkeit (elementare Merkmale). Sie werden als „convenience goods" bezeichnet.

[101] Die methodologisch anspruchsvolle Typenbildung gibt es insgesamt seltener als klassifikatorische Ansätze.

absatzpolitisch orientierte Produktanalysen. Hier wiederum basieren die meisten typologischen Arbeiten auf konsumentenseitigen Relationsmerkmalen, was auf die literarische Schwerpunktbildung im Bereich des Konsumentenverhaltens zurückzuführen ist. Die vorliegenden Untersuchungen spiegeln insofern verhaltenstheoretische Erkenntnisprozesse wider, als die Entdeckung und Verbreitung theoretischer Konstrukte des Konsumentenverhaltens auf Produkttypologien und -klassifikationen angewendet werden. Daher besteht ein enger theoretischer Zusammenhang zwischen Umweltfaktoren des Aktionsrahmens (hier Marktbeziehungen zu Konsumenten) und Relationsmerkmalen der Produkte.

4321 Konzepte im Zusammenhang mit der Produktbedeutung für den individuellen Konsumenten

Als tragende Merkmale für Produkttypologien und -klassifikationen wurden in der Reihenfolge der Nennung in der Marketingliteratur entwickelt[102]:

(1) akzeptierter Beschaffungsaufwand,
(2) wahrgenommenes Risiko,
(3) product involvement und wahrgenommene Wichtigkeit des Produktkaufs.

Diese Merkmale sind relativ komplexe, psychische Konstrukte des Konsumentenverhaltens, die sich auf Produkte beziehen. Sie hängen alle mit der Bedeutung eines Produktes für den Konsumenten zusammen, wenngleich die Einordnung in das psychische System des Konsumenten eine jeweilig andere ist, und haben eine hohe Aufklärungskraft in bezug auf produktbezogenes Markthandeln von Anbietern und Nachfragern. Zur Konkretisierung von Produkttypen werden ihre Ausprägungen elementaren Produktmerkmalen zugeordnet, die in einem theoretisch und empirisch nachweisbar engen Zusammenhang stehen. Es ist einigermaßen verwirrend, daß alle Merkmale auch inhaltlich zur Beschreibung der von Copeland [1923] kreierten Typen der *„convenience-"*, *„shopping-"* und *„specialty goods"* herangezogen wurden und diese insofern im Laufe der Literaturentwicklung in ihrem Bedeutungsgehalt verändert wurden.

Zu (1): Der *akzeptierte Beschaffungsaufwand* ist die zentrale typenleitende Variable in der Theorie von Copeland, die auch von der Definitions Committee der AMA[103] 1948 zur Definition von convenience-, shoping- und specialty-goods übernommen wurde. Copeland und in seiner Folge Holton [1958, S. 53—56] und viele

---

[102] Einen sehr guten Überblick gängiger Klassifikationen von Produkten geben Murphy, Enis, 1986, S. 24—42.

[103] *Convenience goods:* „those consumers' goods which the consumer usually purchases frequently, immediately, and with a *minimum of effort*".
Shopping goods: „those consumers' goods which the customer, in the process of selection and purchase, characteristically compares on such bases as suitability, quality, price and style".
Specialty goods: „those consumers' goods on which a significant group of buyers characteristically insists and for which they are willing to make a special purchasing effort".
American Marketing Association: Report of the Definitions Committee. In: J of M, Vol. 13 [1948], No.2, S. 202—217.

andere legen nahe, daß sich der akzeptierte Beschaffungsaufwand, der mehr oder weniger als ein Konglomerat aus verschiedenen Komponenten der psychischen und physischen Mühe des Beschaffungsvorgangs (Zeit, Geld, Anstrengung für Preis- und Qualitätsvergleiche) aufgefaßt wird, in Relation zu den erwarteten Beschaffungsvorteilen (Ausnutzung möglicher Preis- und Qualitätsdifferenzen) ergibt. Diese Aussage ist nichts weiter als die Anwendung eines ökonomischen Kalküls auf das Beschaffungsverhalten der Konsumenten [Schaubild I, 4.33 A].

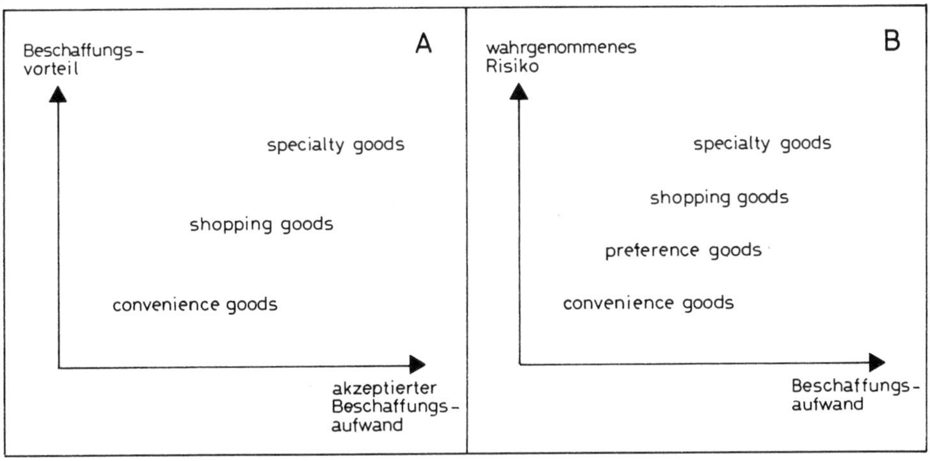

Schaubild I, 4.33: Produkttypologien
A: Basis von Copeland [1923] und andere; B: nach Murphy, Enis [1986, S. 25]

Die Beiträge unterscheiden sich in der Operationalisierung der vorgeschlagenen Größen. Hinsichtlich ihrer Aussagekraft zur Strukturierung der Warenwelt ist leicht einzusehen, daß eine generelle und dauerhaft gültige Zuordnung von Produkten nicht möglich, sondern eher situativ zu bestimmen ist[104], insb. auch in Relation zur Einschätzung der Konsumenten. Erst wenn raum- und zeitbezogene Häufigkeiten für ihre Einschätzung vorliegen, kann eine Zuordnung erfolgen.

Zu (2): Im Anschluß an R. A. Bauer [1960, S 389ff] wird von verschiedenen Autoren das *wahrgenommene Risiko,* d. h. die subjektive Einschätzung der Konsequenzen aus einem Beschaffungsfehler, in produkttypologische Betrachtungen eingeführt[105]. Dazu werden finanzielle (Wert und Preis), psychologische (Selbstwert), physische (Sicherheit), funktionale (Gebrauchsfähigkeit) und soziale (Prestige) Risiken unterschieden [Jacoby, Kaplan, 1972, S. 382ff]. Das wahrgenommene Risiko wird von Murphy, Enis [1986, S. 25ff] neben dem Beschaffungsaufwand als Produktmerk-

[104] Die Relativität der Zuordnung zeigt sich an folgenden Thesen:
— Je höher das Einkommen, je mehr werden Produkte zu convenience goods (erwartete Vorteile aus Preisgewinnen gering in Relation zum Haushaltsbudget)
— Je homogener Produkte, je mehr Status von convenience goods (erwartete Qualitätsdifferenz gering)
— Je weniger Preisdifferenz im Handel (Einführung der Preisbindung), desto eher Status von convenience goods.

[105] Vgl. Übersicht der Autoren bei Murphy, Enis, 1986, S. 31ff, insb. S. 31.

mal aufgenommen, um damit die Typen der convenience-, shopping- und specialty-goods inhaltlich neu zu bestimmen und mit dem preference good eine weitere Kategorie hinzuzufügen. Diese umfaßt Produkte, bei denen aufgrund von Marketingmaßnahmen zwar die Wahrnehmung von Konsumrisiken gegenüber convenience goods erhöht wird, die Konsumenten aber notfalls aufgrund ausgeprägter Beschaffungsbequemlichkeit zu Substitutionen bereit sind [Schaubild I, 4.33B].

Die Merkmalskategorie „wahrgenommenes Risiko" korrespondiert mit dem „Beschaffungsvorteil" aus älteren Ansätzen, soweit das Bewußtsein von einem nicht ausgenutzten Vorteil als wahrgenommenes Risiko interpretiert werden kann. Dennoch ist der theoretische Hintergrund dieses Produktmerkmals ein anderer. Unter Bezug auf die verschiedenen Risikoarten können weitere Elementarmerkmale zur Anwendung und Konkretisierung der Produkttypen herangezogen werden.

Zu (3): Jüngere Literaturbeiträge betonen die Bedeutung des „ego involvement" als typenbestimmendes Produktmerkmal[106]. Darunter wird der Bezug eines Objektes zu zentralen Werten und Interessen eines Individuums verstanden [Day, 1970, S. 45]. Als Produktmerkmal hängt das involvement ab von der *Anzahl* der von einem Produkt betroffenen Werte eines Konsumenten, der *Zentralität* der Werte und der *Beziehung* des Produktes zu diesen Werten [Tyebjee, 1979, S. 99]. Die Relativität dieses Merkmals hinsichtlich der Konsumenten ist wiederum offensichtlich. In der Literatur wird die weitreichende Relevanz des ego involvements für verschiedene marktpolitische Fragestellungen betont. Ein deutlicher Zusammenhang besteht zum akzeptierten Beschaffungsaufwand, der mit zunehmendem involvement steigt, da insb. Qualitätsdifferenzen sensibler wahrgenommen werden. Insofern kann in dem Involvementkonzept wiederum eine Variante der Produkttypologisierung nach convenience-, shopping- und specialty-goods gesehen werden. In einer speziell an diesem Merkmal orientierten Typologie wird nach *Involvement-* und *Trivialprodukten* unterschieden. Während das Involvementkonzept auf einer wertbezogenen Bedeutung des Produktes beruht, beinhaltet die *wahrgenommene Wichtigkeit* als Produktmerkmal eher kognitive Bedeutungselemente [Bloch, Richins, 1983, S. 69—81]. Im übrigen bestehen zwischen den Konzepten starke Ähnlichkeiten.

4322 Erweiterung produkttypologischer Überlegungen auf die gesellschaftliche Produktbedeutung

Die Ausdehnung von Produktanalysen auf gesellschaftliche Aspekte resultiert aus einem erweiterten Marketingverständnis. Der Markt vermittelt Produkte in ihrer Eigenschaft einer individuellen, unmittelbaren Bedürfnisbefriedigung. Entsprechend wird diese Seite der Produktwelt in den Mittelpunkt der Marketingstrategien gestellt. Demgegenüber richten sich gesellschaftliche und umweltpolitische Überlegungen gerade auf solche Produkte, die langfristigen Verbrauchernutzen vermitteln. In diesem Sinne entwickelt Kotler ein Modell für die Einteilung von Produkten in vier verschiedene Typen [Schaubild I, 4.34]. Damit verbindet er seine Forderung nach einem erweiterten Marketingdenken, das durch kollektive Artikulationen der Verbraucher-

[106] Vgl. Day, 1970, S. 45; den Bezug zwischen involvement und Produktklasse stellt Bloch, 1981, S. 61—65, in meßtheoretischer Hinsicht her.

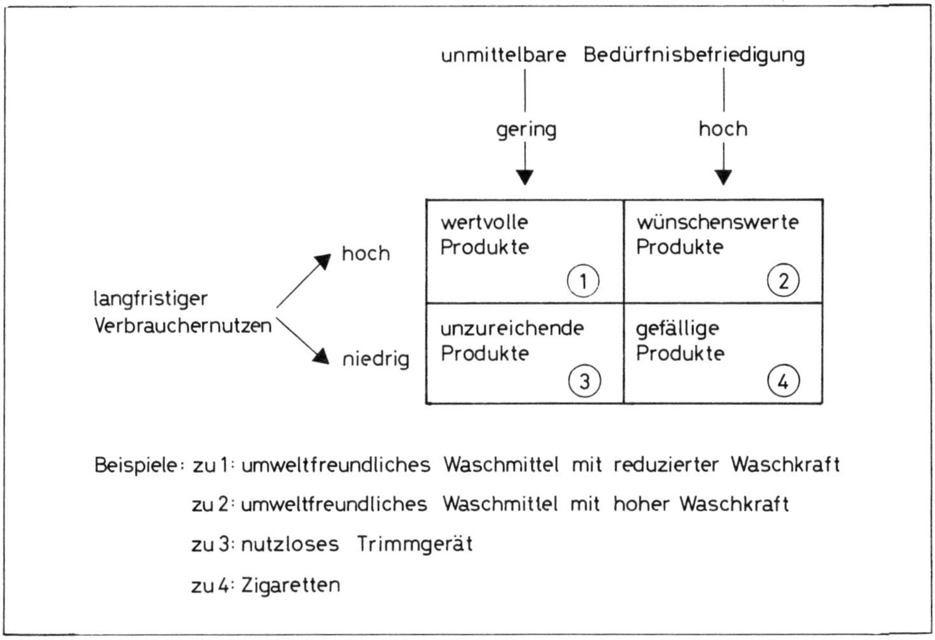

Schaubild I, 4.34: Erweiterte Produkttypologie auf eine gesellschaftliche Dimension
[Quelle: Kotler, 1972, Übers. v. 1982, S. 68]

und Umweltorganisationen nach Produkten mit langfristigem Verbrauchernutzen unterstützt werden müßte.

An diese typologisierenden Gedanken Kotlers knüpft Arndt [1978, S. 102f] explizit an mit seiner Unterscheidung zwischen kurz- und langfristiger Bedürfnisbefriedigung. Er ergänzt diese Ausführungen aber durch die zusätzliche Einteilung in *individuelle, private* Bedürfnisse und *kollektive* Bedürfnisse, die von großen Verbrauchergruppen gemeinsam getragen werden und nicht durch individuelle Kaufakte zu befriedigen sind. Mit dieser Bedürfniseinteilung korrespondiert eine entsprechende Produkttypologie.

Die von Kotler und Arndt angebotenen bedürfnisorientierten Produkttypologien geben Anlaß, die bisherige Konzentration des Marketingdenkens auf den Bereich der Befriedigung kurzfristiger, privater Bedürfnisse zu erkennen und zu überwinden.

44 Faktoren der Handelsunternehmung

Die Betriebswirtschaftslehre und die Marketinglehre im besonderen beziehen sich i. d. R. auf den Industriebetrieb — ein Erbe aus der Zeit der Industrialisierung und Ausdruck der besonderen Bedeutung dieses Wirtschaftssektors. Zum Verständnis des Handelsmarketing ist daher die Sicht auf die unternehmerischen Spezifika des Handels von besonderem Interesse, die den *innerbetrieblichen Aktionsrahmen* charakterisieren.

441 Handel als Dienstleistungsunternehmen?

Der Handel ist Marktmittler und führt sein Warenangebot einer höheren Konsumreife zu, indem er Überbrückungsfunktionen des Waren-, Kommunikations- und Wertstroms erfüllt. Obwohl er nach amtlicher Statistik dem tertiären, also dem Dienstleistungssektor zugerechnet wird, bestehen Meinungsverschiedenheiten über seinen Leistungscharakter. Der Umgang mit Sachgütern stellt eine materielle Basis seiner Tätigkeit dar, die einige Autoren dazu führt, ihm den Dienstleistungscharakter gänzlich abzusprechen [Meyer, A., 1986, S. 61ff], bzw. ihm eine Mittelstellung zwischen Sach- und Dienstleistungsunternehmen einzuräumen [u. a. Algermissen, 1976, S. 9f]. Demgegenüber wird er von vielen Autoren auch als Dienstleistungsunternehmen charakterisiert [u. a. Heskett, 1988][107].

Zum besseren Verständnis dieser Zuordnungsproblematik ist kurz auf das Wesen von Dienstleistungen einzugehen. Die vielfachen Definitionen unterscheiden sich primär nach dem Phasenbezug der Leistungserstellung [Schaubild I, 4.35].

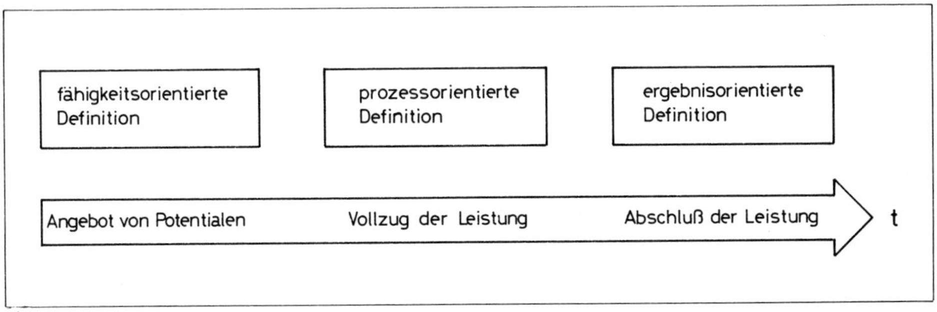

Schaubild I, 4.35: Phasenbezug der verschiedenen Definitionsansätze für Dienstleistungen [Quelle: Corsten, 1986, S. 18 mit eigenen Änderungen]

Ein diese Sichtweisen integrierender Vorschlag wird u. a. von A. Meyer [1987, S. 26ff][108] gemacht. Die von ihm als konstitutiv angesehenen Merkmale der Dienstleistung beziehen sich auf je eine der genannten Phasen:

(1) Immaterialität der angebotenen Leistung (auch als Intangibilität bezeichnet),
(2) direkte Bedarfsdeckung durch die Leistungserstellung,
(3) Integration eines externen Faktors.

Zur Überprüfung der Frage nach dem Dienstleistungscharakter des Handels soll von diesen Merkmalen ausgegangen werden:

Zu (1): Der Dienstleister bietet eine Leistungsfähigkeit an, die noch nicht realisiert und insofern immateriell ist, „... d. h. nicht sichtbar, nicht greifbar, nicht übertragbar, ohne eigene raum-zeitliche materielle Existenz“ [Meyer, A., 1987, S. 28].

---

[107] Diese Sichtweise ist insofern von Interesse, als die sich etablierende Dienstleistungs-BWL neue Impulse für die Theorie des Handelsmarketing setzen könnte.

[108] Zur vertiefenden Lektüre vgl. weiterhin George, 1977, S. 85ff; Upah, 1980, S. 60f; Oehme, 1983, S. 337f; Scheuch, 1982, S. 63ff; Bateson, 1985, S. 52.

Dieses Merkmal trifft für den Handel insoweit zu, als er mit seinem Laden eine Leistungsfähigkeit für den Warenbeschaffungsbedarf seiner Kunden bereitstellt. Er bietet zwar auch Waren an, damit verbunden aber die von ihm originär zu erbringenden Leistungen, mit denen die Beschaffungsakte der Kunden gestaltet werden. Besonders deutlich wird diese Leistungskomponente im Personaleinsatz, bei Verkauf und Service.

Zu (2): Während bei Sachleistungen die Bedarfsdeckung durch bereits erstellte Objekte erreicht wird, erfolgt sie bei Dienstleistungen *unmittelbar* im Erstellungsprozeß durch die direkte Einwirkung des Leistungspotentials auf den externen Faktor. Dadurch ist keine Vorratsproduktion möglich. Dieses auch als uno actu-Prinzip bezeichnete Merkmal trifft i. d. R. auf den Residenzhandel, nicht dagegen auf den Versandhandel zu. Die Leistung der Beschaffungsunterstützung wird in unmittelbarem Kontakt mit den Konsumenten bei Inanspruchnahme der bereitgestellten Kapazitäten vorgenommen. Eine bedenkenswerte Abweichung zu vielen anderen Dienstleistungen liegt allerdings darin, daß die Bezahlung seiner Dienstleistungen überwiegend *nach* Inanspruchnahme in *Verbindung* mit dem *Produktkauf* erfolgt, während bei anderen Dienstleistungen i. d. R. *vor* dem Leistungsprozeß eine vertragliche Verpflichtung des Kunden hergestellt wird. Das uno actu Prinzip wird in seiner strikten Auslegung eines zeitlichen und räumlichen Zusammentreffens bei der Leistungserstellung durch den Einsatz von überbrückenden Medien (Beispiele: Telefon, BTX) aufgeweicht.

Zu (3): Zur endgültigen Erstellung von Dienstleistungen ist die Integration eines *externen Faktors* in Gestalt einer Sache oder einer Person notwendig, über die der Dienstleister nicht autonom verfügen kann und an der die Dienstleistung als Veränderungsprozeß vorgenommen wird. Leistungen in Zusammenhang mit internen Faktoren werden dagegen als Erstellungsleistung bezeichnet. Im Handel ist eine derartige Integration der Konsumenten als externem Faktor gegeben, was im Residenzhandel seinen sichtbaren Ausdruck darin findet, daß sie während ihrer Anwesenheit gewissermaßen als Bestandteil des Ladens dessen funktionale und erlebnishafte Qualitäten beeinflussen.

Die Überprüfung der konstitutiven Merkmale zeigt, daß der Handel die wesentlichen, derzeit üblicherweise angenommenen Eigenschaften eines Dienstleistungsunternehmens erfüllt. Daraus können wesentliche Erkenntnisse über seine Spezifika gewonnen werden. Er operiert allerdings auch mit Sachgütern auf Sachgütermärkten. Es ist insofern wichtig, seinen *Doppelcharakter* als *Dienst-* und *Sachleister* zu erkennen[109]. Aus diesem Doppelcharakter resultiert eine hohe Komplexität der Aufgabenstellung des Handels [Rosenberger, 1981, S. 328f]. Als Ansatzpunkte für Marketingaktivitäten entstehen zwei verschiedene Marktebenen, nämlich die Produktebene und die Dienstleistungsebene, die teilweise miteinander verbunden werden.

---

[109] Dieser doppelseitige Sachverhalt wird besonders an dem oben erwähnten handelsüblichen Zahlungsmodus deutlich, bei dem es sich scheinbar um eine Sachgüterpreisstellung handelt, die aber neben dem Produktpreis einen Durchschnittspreis für die Leistungsbereitstellung umfaßt.

442 Innerbetriebliche Funktionalbereiche und Leistungsfaktoren des Handelsunternehmens

Das Handelsunternehmen vermittelt in seiner hauptamtlichen Tätigkeit Waren zwischen Hersteller und Verwender, wodurch seine marktseitigen Bereiche innerbetrieblicher Grundfunktionen *(Beschaffungs-* und *Absatzmarketing)* ausgeprägte Bedeutung haben. Je nach Dominanz der Beschaffungs- oder Absatzseite werden herkunfts- und hinkunftsorientierte Handelsunternehmen unterschieden.

Die *Leistungsproduktion* findet in zwei Stufen statt, nämlich zum einen im Rahmen der Erstellung der *Leistungsbereitschaft,* wozu auch die Lagerhaltung gezählt werden kann, und zum anderen mit der *Leistungsrealisierung* im Kontakt zu dem externen Faktor. Eine weitere Grundfunktion stellt die *Finanzierung* dar, die wesentlich von den Warenbewegungen beeinflußt ist. Neben diesen Grundfunktionen sind *Informations-* und *Personalwesen* als Querschnittsfunktionen zu berücksichtigen. Alle Dispositionen dieser innerbetrieblichen Funktionalbereiche wirken gegenseitig rahmenbildend.

Waren, Personal und Betriebsmittel bilden die *internen Leistungsfaktoren.* Einflüsse der Faktorausstattung auf die Marktpolitik bestehen darin, daß mit ihr eine bestimmte Leistungsbereitschaft und damit eine Begrenzung möglicher Aktivitäten vorgegeben ist. Die Wahl absatz- und beschaffungswirtschaftlicher Maßnahmen erfolgt u. a. unter Aspekten der quantitativen und qualitativen Kapazitätsausnutzung.

Die Stellung der *Ware* als Leistungsfaktor des Einzelhandels ist umstritten, da sie eine Zwischenstellung einnimmt zwischen durchlaufenden Fremdleistungen, wie sie bei reinen Dienstleistungen vorliegen, und zwischen den in den Leistungsprozeß ein-

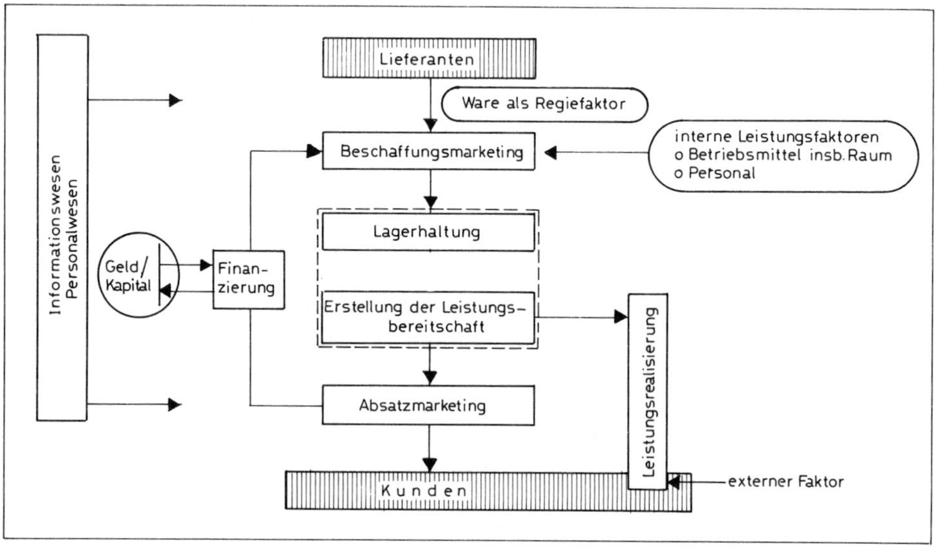

Schaubild I, 4.36: Leistungsfaktoren und innerbetriebliche Funktionalbereiche einer Handelsunternehmung [Quelle: Anregung von Rathmell, 1974, S. 7]

gehenden Werkstoffen, wie sie bei Produktionsbetrieben existieren[110]. Innerhalb des Faktors *Betriebsmittel* haben im Einzelhandel der *Raum* und die standortliche Festlegung des Ladens besondere Bedeutung neben technischen Einrichtungen wie Fuhrpark, Kühl- und Lagereinrichtungen, Verkaufsaggregate, EDV und Kassensysteme. Insgesamt ist im Einzelhandel eine Tendenz *zunehmender Anlageintensität* zu verzeichnen, die angesichts vorherrschender Nachfrageschwankungen absatzpolitische Probleme des Beschäftigungsausgleichs aufwirft, vor allem angesichts mangelhafter Lagerfähigkeit der betrieblichen Leistungen. Die hohe Bedeutung des Faktors *Personal* ergibt sich bei Dienstleistungsunternehmen generell aus dem Kontakt mit den Konsumenten, wenngleich dieser je nach Verkaufsgestaltung unterschiedlich intensiv ist. Das Personal tritt in Ein- und Verkauf, Service und Beschwerdepolitik in Interaktionsbeziehungen mit den Marktpartnern. Schwankungen in der Gestaltung dieser persönlichen Interaktionen machen Maßnahmen der Qualitätssicherung zu einer wichtigen Aufgabe des Management. Im Personaleinsatz ist nicht nur die Kompetenz der Mitarbeiter von Bedeutung, sondern ihre Funktion als Übermittler des betrieblichen Wertesystems bzw. der Unternehmenskultur. Die steigende Beachtung dieser Seite des Personaleinsatzes ist aus den sich ändernden Werten einer zunehmend an Dienstleistungen orientierten Gesellschaft zu verstehen[111].

In engem Zusammenhang mit der Faktorausstattung steht die *Kostenstruktur.* Je nach Faktormodell wird die Kosteneigenschaft der Ware im Handel unterschiedlich interpretiert. Ich sehe die Ware als Regiefaktor und unterscheide — ihrer besonderen Stellung im System der Leistungsfaktoren entsprechend — *Warenkosten* einerseits und *Betriebs* oder *Handlungskosten* andererseits. Je nach Betriebsform machen die Warenkosten 60—90 % der Gesamtkosten aus [Barth, 1988, S. 74], was die große kostenwirtschaftliche Bedeutung des Beschaffungsmarketing, insb. der Beschaffungspreise und -konditionen belegt. Innerhalb der Handlungskosten haben die Personalkosten einen relativ hohen Anteil mit ca. 50—60 % (einschl. Unternehmerlohn)[112]. Zur Reduktion der Personalkosten dient einerseits die Entwicklung neuer Verkaufsverfahren (seinerzeit die Selbstbedienung und derzeitig der Einsatz von Kommunikationsmedien, wie PC-gestützter Verkauf oder Teleshopping). Andererseits werden im Bereich der Personalpolitik Maßnahmen der Arbeitsteilung und Differenzierung des Personaleinsatzes sowie der Teilzeitbeschäftigung zum Ausgleich von Beschäftigungs-

---

[110] Für die Stellung der Ware im Faktormodell des Einzelhandels bestehen folgende drei Ansichten, von denen hier exemplarisch jeweils ein Vertreter angeführt wird: 1) Gutenberg bezeichnet den Handelsbetrieb als reinen Dienstleistungsbetrieb und sieht demzufolge die Ware als Fremdleistung an [Gutenberg, 1984, S. 143ff]. 2) Buddeberg versucht die Sonderstellung der Ware zu berücksichtigen, indem er sie als „Regiefaktor" bezeichnet, der sich zwischen Herstellungs- und Verwendungsbereich in der Regie des Handels befindet [Buddeberg, 1959, S. 52]. Nach 3) Henzler ist das Modell der Faktorkombination konsequent auf den Handelsbetrieb zu übertragen. Die Ausklammerung der Ware entspricht „dem technischen Prozeß im Handelsbetrieb" aber nicht „seinem wirtschaftlichen Wesen, denn die Waren... sind mit den Dienstleistungen ... zu einer zwar komplexen, aber ganzheitlichen Handelsleistung untrennbar verbunden" [Henzler, 1962, S. 146; Barth, 1988, S. 74].

[111] Ein amerikanischer Manager sagt: „Your people are as much of your product in the consumer's mind as any other attributs of that service". Zitiert in Czepiel, Solomon, Surprenant, Goodman, 1986, S. 3.

[112] Quelle: Sundhoff (Hrsg.), 1980, S. 20.

schwankungen eingesetzt. Der Druck der Personalkosten hat zu einer Polarisierung der Betriebsformen geführt: in preisaggressiven Betriebsformen wird durch quantitative und qualitative Personalreduktion eine Strategie der Kostenführerschaft angestrebt, während qualitativ-leistungsorientierte Betriebsformen eine Intensivierung des Personaleinsatzes als Wettbewerbsvorteil nutzen.

5 Ziele und Werte in Handelsunternehmen

51 Grundfragen der Ziel- und Wertforschung

Die Entwicklung von Theorien über das Marketingverhalten von Unternehmen erfordert eine Diskussion über *Werte* und *Ziele,* soweit die Betriebswirtschaftslehre als explikative Wissenschaft Erklärungen über unternehmerisches Verhalten liefern will oder als praktisch-normative Wissenschaft Gestaltungsempfehlungen in bezug auf Ziele der Praxis intendiert. Auch eine Marketinglehre in kritisch-normativer Absicht hätte sich mit herrschenden Werten und Zielen auseinanderzusetzen. Insofern sind Ergebnisse der empirischen Wert- und Zielforschung prinzipiell von hoher Bedeutung, da falsche Annahmen über die Praxis zu irrelevanten Problemlösungen führen könnten. Demgegenüber werden Ziele oft methodologisch unreflektiert behandelt, wobei unklar bleibt, ob dahinter eine Vermutung über reales Verhalten oder die Postulierung wünschenswerten Verhaltens steckt.

Für die empirische Zielforschung werden gerade in den 80er Jahren evidente Defizite beklagt [Fritz, 1986, S. 100], wohingegen die Wertforschung in Gestalt der Wirtschaftsethik und der Unternehmenskultur starke Beachtung fand. Im Rahmen der *Handelsbetriebslehre* ist die *empirische Wert-* und *Zielforschung* noch weit *weniger entwickelt* als in der allgemeinen, industriebezogenen Betriebswirtschaftslehre[1]. Die Erklärung, daß in der Handelspraxis explizit Zielbildungsprozesse oft wenig ausgepragt sind, ist m. E. nur ein wenig plausibles Argument für diese Theorienlücke. Eher ist nachvollziehbar, daß die empirische Zielforschung mit relativ großen methodischen Problemen verknüpft ist. Ein weiteres Forschungsprogramm ist also notwendig, das die Ermittlung von Zielinhalten und -beziehungen von Situationsabhängigkeiten und Wirkungen der Zielbildung beinhalten müßte [Fritz, 1986, S. 100].

52 Zielbildungsprozesse

Ziele können definiert werden als „... Aussagen oder Vorstellungen über angestrebte Zustände, die durch Handlungen hergestellt werden sollen“ [Kubicek, 1981, S. 458]. Diese Handlungen sind damit Mittel zur Zielerreichung. In rationalen Planungsprozessen werden Ziele zum steuernden Ausgangspunkt des Handelns genommen und bestimmen damit Mittel und Wege des Handelns. Demgegenüber gibt es Planungsprozesse mit umgekehrter Sequenz[2], indem das Ziel zum Endpunkt der Planung wird.

---

[1] In den gängigen Lehrbüchern zur Handelsbetriebslehre und zum Handelsmarketing wird die unternehmerische Zielbildung selten thematisiert. Empirische Zielforschungen für den Handel wurden vorgelegt von Klein-Blenkers, 1971; Kunt, 1975; Fritz et al., 1985, S. 375ff.

[2] Zur Unterscheidung der strategischen Planungsprozesse in „end-way-means“- oder „means-way-end“-Sequenzen vgl. Hayes, 1985, S. 111—119. Sehr anschaulich ist in diesem Zusammenhang auch das Sprichwort „Der Weg entsteht im Gehen“.

Bei der *Analyse* von *Zielbildungsprozessen* wird in der moderneren Unternehmenstheorie eine pluralistische Betrachtungsweise entwickelt, die das Mitwirken verschiedener Interessengruppen anerkennt[3]. Verhaltensorientierte Ansätze bestreiten die Existenz von Zielen der Unternehmung, sondern gehen davon aus, daß nur Individuen Ziele für sich selbst und für die Unternehmung formulieren können. Hier werden nach weit verbreiteter, koalitionstheoretischer Auffassung die autorisierten Ziele für die Unternehmung als das *Ergebnis* von *Verhandlungsprozessen* betrachtet, das von den Interessen der Teilnehmer und deren Verhandlungsmacht (formell und informell) bestimmt wird. Je nach Unternehmensverfassung und Organisation haben jeweils andere Personen die formale Verhandlungsmacht. Da zwischen den Teilnehmergruppen Interessenkonflikte bestehen, kann die Zielbildung auch als Prozeß der *interpersonalen Konflikthandhabung* begriffen werden. Darüber hinaus wird Zielbildung nicht nur als Konfliktaustragungsprozeß bei gegebenen Zielen der Verhandlungspartner, sondern zusätzlich auch als *intrapersoneller Konfliktlösungsprozeß* definiert, innerhalb dessen die Teilnehmer selbst noch Ziele entwickeln [Hauschildt, 1981, S. 138f]. Ein Interessenausgleich mit externen Gruppen wird nach marktwirtschaftlicher Auffassung über den Markt vollzogen. Soweit der Markt diese Funktion nicht hinreichend erfüllt — und hier gehen die Einschätzungen weit auseinander — entsteht die Notwendigkeit anderer Interessenausgleichsformen (z. B. Verhandlungen), mit denen gewährleistet wird, daß in die Zielbildung der Unternehmung auch Ziele für externe Gruppen (z. B. nicht marktfähiger Konsumenteninteressen) eingebracht werden [Kubicek, 1981, S. 463].

Speziell im Einzelhandelsbereich halte ich drei Formen der Zielbildung für typisch: Im *mittelständischen Einzelhandel* besteht mit dem Eigentümerunternehmer häufig noch in einer Person ein autokratisches Willensbildungszentrum. Die geringe Formalisierung des Zielbildungsprozesses führt oft zu einer informellen, emotional begründeten Einflußnahme mitarbeitender Familienangehöriger oder enger Bekannter, langjähriger Mitarbeiter oder Lieferanten [Treis, 1981, S. 39], ohne daß aber eine gesellschaftliche Verpflichtung zur Einbeziehung konfliktärer Interessen interner oder externer Gruppen ernsthaft in Erwägung gezogen würde. Dagegen ist mit *filialisierten Großunternehmen* des Einzelhandels meist eine Trennung von Kapitaleignern und Geschäftsführung verbunden, wobei der Delegation von Entscheidungsbefugnis entsprechend ein kollektiver, mehrstufiger Zielbildungsprozeß stattfindet. Typisch für den Handel ist die durch Filialisierung bedingte regionale und organisatorische Eigenständigkeit der Verkaufsstellenebene in der Zielbildung. Die dritte Form findet sich bei *genossenschaftlichen Unternehmensverbänden,* wo die Managementzentrale und die Genossen als Eigentümerunternehmen *polare* Hauptwillenszentren der Zielbildung darstellen.

[3] Bei der traditionellen monistischen Betrachtungsweise wird dagegen von der Vorstellung ausgegangen, daß die Unternehmung von einem einzigen Willenszentrum geleitet wird, dem auch abweichende private Ziele der Teilnehmer untergeordnet sind.

53 Merkmale von Zielsystemen

In der betriebswirtschaftlichen Literatur ist es üblich, von der Normvorstellung eines mehrstufigen Zielsystems auszugehen, wobei unterstellt wird, daß zwischen Ober- und Unterzielen jeweils Zweck-Mittel-Relationen herstellbar sind. Nach dem Prinzip einer Zielpyramide [Schaubild I, 4.37] werden Bereichsziele verschiedener Stufungen abgeleitet und in den unteren Ebenen zu operationalen, kurzzeitlich determinierten Zielvorgaben für einzelne Arbeitsbereiche formuliert, um die Mitarbeiter zu zielgerichtetem Handeln im Sinne der Unternehmungsleitung zu veranlassen (Beispiel: Das Oberziel „Umsatzerweiterung“ wird in die konkrete Zielsetzung numerisch vorgegebener Verkaufsleistungen per Zeitperiode umgesetzt.). Eine Konkretisierung der oberen Unternehmungsziele zu operationalen Bereichsvorgaben ist unumgänglich, da in den unteren Ebenen der Organisation der Handlungshorizont der Mitarbeiter ressortgebunden und nicht an der Gesamtunternehmung orientiert ist.

Schaubild I, 4.37: Formalisierte Zielpyramide
[Quelle: Becker, 1988, S. 27, mit eigenen Veränderungen]

Eine Operationalisierung im Sinne eindeutiger Meßvorschriften umfaßt Festlegungen des *Zielinhaltes* und seiner *Meßindikatoren,* des *Zielausmaßes* und der *Zielperiode.* Dem Zielsystem sind formalisierte Vorschriften zum Unternehmenszweck und Wertgrundsätze übergeordnet.

Das Zielsystem einer Einzelhandelsunternehmung ist weiterhin durch *neutrale, komplementäre* und *konkurrierende* Beziehungen zu charakterisieren [Schaubild I, 4.38]. Neutrale Ziele können unabhängig voneinander realisiert werden. Komple-

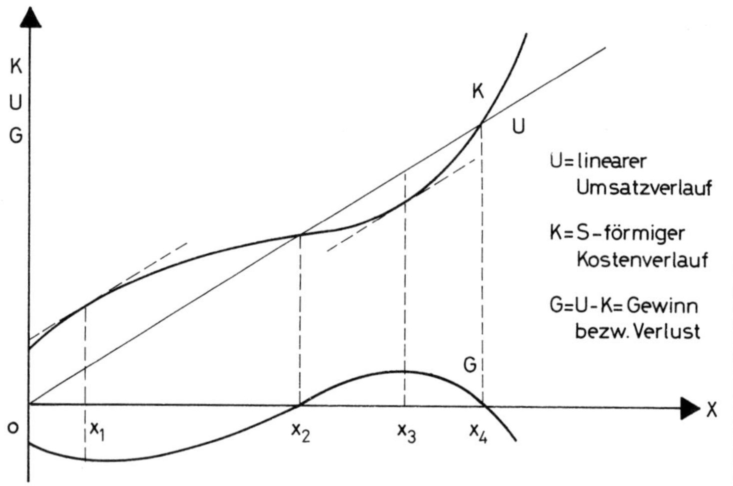

Bereich $o < x < x_1$ → Zielsetzung U und G konkurrierend, da U↑ und G↓
" $x_1 < x < x_2$ → " U " G komplementär, " U↑ " G↑
" $x_2 < x < x_3$ → " U " G " " U↑ " G↑
" $x_3 < x < x_4$ → " U " G konkurrierend " U↑ " G↓

Schaubild I, 4.38: Konkurrierende und komplementäre Beziehungen zwischen Unternehmenszielen am Beispiel von Umsatz und Gewinn

mentarität liegt vor, wenn durch die Erfüllung des einen Ziels ein anderes positiv beeinflußt wird (Beispiel: Erhöhung der Lagerumschlagsgeschwindigkeit → Verbesserung der Liquidität). Bei Konkurrenzbeziehungen kann ein Ziel nur auf Kosten des anderen erreicht werden (Beispiel: Erhöhung der Lagerumschlagsgeschwindigkeit → schlechtere sortimentspolitische Bedarfsdeckung). Bei der Entwicklung eines Zielsystems liegt die Hauptproblematik in der Beseitigung von Zielkonflikten, um ein widerspruchsloses Handeln herbeizuführen.

Die Grundlage der Konfliktlösung bildet die Aufstellung von *Prioritäten* in der *Zielerreichung,* mit der Hauptziele und verschiedene Abstufungen von Nebenzielen unterschieden werden. Als Lösungswege für Zielkonflikte werden drei Möglichkeiten vorgeschlagen [Hauschildt, 1980, Sp. 2419ff]:

(1) Prioritätenkonzept,
(2) Nebenbedingungskonzept,
(3) monistisches Nutzenkonzept.

Zu (1): Im *Prioritätenkonzept* wird das als wichtigstes erkannte Ziel unter Vernachlässigung aller übrigen Ziele *allein* maximiert oder minimiert. Damit nähert sich das Zielsystem dem monistischen, jedoch wird jene Zielalternative ausgewählt, die für die vernachlässigten die nächstbeste Lösung ergibt. Dieser Weg wird eingeschlagen, wenn von mehreren positiv korrelierenden Zielen eines leicht operationalisierbar ist. In diesem Sinne ist z. B. die häufig in der Praxis anzutreffende Orientierung an

Umsatzzielen zu verstehen, deren Realisation leicht überprüfbar ist und von denen eine enge Verbundenheit zu den eigentlichen Gewinnzielen angenommen wird[4].

Zu (2): Im *Nebenbedingungskonzept* werden Haupt- und Nebenziele *simultan* zu einem *multivariablen* System verbunden. Dabei wirkt sich bei einem graduell erreichbaren Ziel die Berücksichtigung konkurrierender Ziele in einer Senkung des Anspruchsniveaus aus, da die maximale Erreichung zugunsten eines anderen reduziert werden muß. Kategoriale Ziele dagegen, die keine abgestuften Ausprägungen haben, gehen als explizite Nebenbedingungen in das Zielsystem ein (Beispiel: Liquidität).

Zu (3): Im *monistischen Nutzenkonzept* werden die konkurrierenden Ziele in der Art einer *Nutzenfunktion* zusammengefaßt. Hier besteht die Schwierigkeit, alle Ziele auf eine einheitliche Nutzendimension zurückzuführen. Die Nutzenfunktion ist zudem nicht operational, da letztlich jedes Verhalten des Unternehmers als Nutzensteigerung interpretiert werden kann. „Der Umstand, daß die Nutzenrechnung bei der post factum erfolgenden Analyse immer aufgeht, beruht ... darauf, daß man dem Maximum-Axiom der Ökonomik — der Behauptung, daß jedes Individuum danach strebe, seinen individuellen Nutzen zu maximieren — durch tautologische Formulierung den Chrakter einer empirischen Aussage nahm" [Albert, 1954, S. 72f].

Für die Lösung von Zielkonflikten ist der zweitgenannte Weg wohl der gängigste. Er führt zu einem multivariablen Zielsystem als Kompromißlösung aus verschiedenen Interessen innerhalb einer Unternehmung.

Da Ziele einen zukünftigen Zustand beschreiben, wird ihre Formulierung unter *unsicheren Erwartungen* vorgenommen. Für die Prognose der Zielerreichung können Wahrscheinlichkeitswerte vorliegen oder gänzlich fehlen. Diese unterschiedlichen Entscheidungssituationen müssen bei der Entwicklung eines Zielsystems berücksichtigt werden.

54 Inhaltliche Zielfestlegungen — Ergebnisse der empirischen Zielforschung

Im Mittelpunkt inhaltlicher Zieldiskussionen steht traditionell die Frage nach der *Dominanz* des *Gewinnziels.* Diese wurde bis zu jüngster Zeit in der Wirtschaftstheorie für marktwirtschaftliche Systeme vorausgesetzt und vor dem Hintergrund funktionierender Märkte als *systemimmanentes Prinzip* legitimiert. Die jüngere empirische Zielforschung öffnet den Blick für prinzipielle Unterschiede der Zielinhalte zwischen den Unternehmen und für den inhaltlichen Wandel von Unternehmenszielen — hier insb. für die abnehmende Tendenz der Gewinndominanz. So scheinen Unternehmensgröße, Konkurrenzsituation, gesellschaftliches Umfeld und konjunkturelle Lage wichtige situative Faktoren zu sein, mit denen die Annahme der Gewinndominanz historisch einzuschränken ist [u. a. Fritz et al., 1985, S. 379]. Für mittelständische Eigentümerunternehmer weist Kunt [1975, S. 111ff] noch auf den Einfluß von Lebens- und Tätigkeitsphase hin. Genauere Diagnosen zur Bedeutung des Gewinnziels sind mit größeren Schwierigkeiten verbunden, da viele der in empirischen Untersu-

---

[4] Die Problematik dieser Annahme geht aus Schaubild I, 4.38 hervor.

chungen *neben* dem Gewinn genannten Ziele durchaus auch als Ausfluß des Gewinnziels interpretierbar sind, sei es als Ersatzkriterien (z. B. Umsatz, Kosten) oder als strategisches Mittel (z. B. Wachstum, Marktanteil) [Kubicek, 1981, S. 461f]. Immerhin scheint jedoch die Annahme realistisch zu sein, daß in erwerbswirtschaftlichen Unternehmen zwar grundsätzlich Gewinn angestrebt wird, dieser jedoch ein Ziel *neben* anderen darstellt, das in unterschiedlicher sachlicher und zeitlicher Ausprägung verfolgt wird.

Dies gilt auch für den Handel [Fritz u. a., 1985, S. 388ff; Kunt, 1975, S. 121]. „The ability to survive is the ability to earn sufficient profit" [Mc Farland, 1964, S. 105]. Für die Festlegung eines *befriedigenden Gewinnstandards* werden als *interne* Maßstäbe oft Vorjahresgewinne der eigenen Unternehmung oder *externe* Vorgaben vergleichbarer Mitanbieter oder des Branchendurchschnitts herangezogen [Schmidt-Sudhoff, 1967, S. 103]. Im mittelständischen Einzelhandel mit Eigentümerunternehmern bestehen gewinnorientierte Zielsetzungen in der Ausprägung des Einkommensstrebens[5]. Traditionsbedingte Normen eines standesgemäßen Einkommens geben den sozialen Bezugspunkt für die Bestimmung des Gewinnstandards. Neben diesen *absoluten* Formen des Gewinnstrebens bestehen *relative* Ausprägungen mit den auf den Kapitaleinsatz bezogenen Rentabilitätszielen. In Großbetrieben des Einzelhandels wird bei einer Trennung von Geschäftsleitung und Eigentümern aus der Gruppe der Kapitaleigner das Streben nach Eigenkapitalrentabilität als Renditeanspruch an die Unternehmungsleitung herangetragen. Die *Konkretisierung gewinnorientierter Zielfestlegungen,* die kurzfristige Steuerungsfunktionen für die Leistungserstellung ausüben, hat von dem Charakter des Handelsunternehmens als Mehrproduktunternehmen mit Dienstleistungscharakter auszugehen. Die Ziele werden entsprechend nach Produkten, Produktgruppen oder Abteilungen differenziert und im Rahmen der Leistungsfähigkeit des Rechnungswesens als Bruttospannenbeträge, als Deckungsbeiträge oder als Ziffern der direkten Produktrentabilität (DPR) vorgegeben.

Vielfach werden im Einzelhandel *primär Umsatzziele* verfolgt, die auf verschiedene Zeitperioden bezogen sein können. Sie haben gegenüber den gewinnorientierten Zielsetzungen den Vorteil einfacher und kurzfristiger Überprüfbarkeit, allerdings besteht die Gefahr, daß die Umsatzorientierung zu Lasten der Rentabilität geht. Das erklärte Primat des Umsatzstrebens als Unternehmensziel gilt insb. bei Betriebsformen, die das Prinzip des „hohen Umsatzes bei kleinem Nutzen" verfolgen. Umsatzstreben wird vor allem dann von Managern aus persönlichen Karriereinteressen in die Unternehmung hineingetragen, wenn ihre Aufstiegschancen und Bezüge von Umsatzerfolgen abhängig gemacht werden [Leibenstein, 1960, S. 279f]. In filialisierten Einzelhandelsunternehmen ist diese Haltung z. B. oft bei Filialleitern anzutreffen. Zwischen den Abteilungsleitern einer Unternehmung kann sich das persönliche Umsatzstreben für die ihnen zugeordneten Warenressorts in einem innerbetrieblichen Wettbewerb um die Zuweisung der Verkaufsflächen auswirken.

Umsatzziele werden als *absolute* wertmäßige Größen auf den *Gesamtumsatz* oder auf einzelne *Produktgruppen* bezogen. Die Differenzierung der Zielvorgaben

[5] „Das einkommenswirtschaftliche Prinzip erschöpft sich grundsätzlich in der Erzielung eines ausreichenden Einkommens für den Inhaber und seine Familie. Es beherrrscht die Geschäftsführung insbesondere in den Kleinbetrieben der Industrie, des Handwerks, des Handels usw." [Bidlingmaier, 1964, S. 58f].

nach Produktgruppen ist bei breiteren heterogenen Sortimenten für die Steuerung der Unternehmungspolitik unumgänglich. So muß z. B. zwischen saisonabhängigen Waren eine Ausgleichspolitik vorgenommen werden, um zu starke Umsatzschwankungen der Unternehmung zu verhindern.

Bei *relativem* Umsatzstreben wird der Umsatz zu einer externen oder internen Größe in Beziehung gesetzt. Als *externer* Bezugspunkt gilt der Umsatz des relevanten Gesamtmarktes. Mit dieser Zielformulierung wird die Stellung des Einzelhandelsunternehmens im Markt gegenüber seinen Konkurrenten bzw. sein *Marktanteil* in die unternehmenspolitische Konzeption einbezogen. Sofern die Konkurrenzumsätze als konstant angenommen werden können, ist das Marktanteilsstreben mit dem absoluten Umsatzstreben identisch. Die Steigerung der Marktanteile ist im Einzelhandel eine für junge wettbewerbsaktive Betriebsformen typische Haltung, die in etablierte Absatzmärkte einzudringen suchen. Bei branchenübergreifenden breiten Sortimenten müssen die Marktanteilsziele nach Produktgruppen differenziert werden. Als Gesamtmarkt gilt das Kaufkraftpotential für eine Produktgruppe innerhalb der betrieblichen Absatzreichweite, die i. d. R. lokal begrenzt ist (Ausnahme: Versandhandel). Bei qualitativer Marktsegmentierung, mit der eine Absatzbeschränkung auf bestimmte Ausschnitte eines Produktgruppenmarktes vorgenommen wird, ist der Bezugsmarkt entsprechend eingeschränkt.

Ein großer Teil der relativen Umsatzziele stellt Bezüge zwischen Umsatz und *internen* Rechnungsgrößen der Einzelhandelsunternehmung dar. Bezieht man den Umsatz auf das eingesetzte Kapital, so richtet sich die Zielformulierung auf die Kapitalumschlagshäufigkeit. Da im Einzelhandel ein wesentlicher Kapitalanteil im Warenlager gebunden ist, hängt diese Zielsetzung eng mit Problemen der Lagerwirtschaftlichkeit zusammen. Andere relative Umsatzziele erfassen die Umsatzwirtschaftlichkeit der Einsatzfaktoren Raum, Personal und Waren, wie z. B. Umsatz in Beziehung zu Verkaufsflächen, zum Verkaufspersonal, zum Wareneinsatz pro Periode u. ä.. Mit derartigen Zielvorgaben wird der für den Umsatz notwendige Faktoreinsatz im Sinne einer Verbesserung der Wirtschaftlichkeit gesteuert. Soweit eine unterschiedliche Faktorinanspruchnahme durch einzelne Produktgruppen vorliegt, wird dabei eine Differenzierung nach Produktgruppen erforderlich (Beispiel: unterschiedliche Raumbeanspruchung durch den Umsatz von sperrigen und nicht-sperrigen Produkten).

Im Einzelhandel gilt — wie in allen Unternehmungen — die *Sicherung* der *Liquidität* als kategoriale Zielsetzung, mit der ein Gleichgewicht zwischen Einnahme- und Ausgabeströmen postuliert wird, um die Zahlungsfähigkeit zu erhalten. Die Sicherung der Liquidität ist im Einzelhandel vorrangig ein Problem der Einnahme- und Ausgabedispositionen im Faktorbereich Ware [Buddeberg, 1959, S. 91ff]. Besondere Schwierigkeiten der Liquiditätsvorsorge bestehen bei solchen Einzelhandelsunternehmen, die in Beschaffung oder Absatz starken saisonalen Schwankungen ausgesetzt sind und sich auf der Marktgegenseite keine finanziellen Ausgleichsmöglichkeiten schaffen können.

Weitere Unternehmensziele im Einzelhandel sind nicht unmittelbar quantifizierbar, wie z. B. Streben nach *Sicherheit, Macht, Unabhängigkeit, sozialem Ansehen* oder nach *Konsumentenversorgung* und *Angebotsqualität.* Sie richten sich in engerem Sinn auf die beschaffungs- und absatzseitigen Warenmärkte, auf die Kapitalgeber und auf das weitere soziale Umfeld der Unternehmung. Diese Ziele werden in den

Betriebsformen des Einzelhandels je nach Wirtschaftsmentalität in unterschiedlichen Ausprägungen und Intensitäten verfolgt. Der traditionelle kleinbetriebliche Einzelhandel, der gegenüber den modernen Betriebsformen eine Verteidigungshaltung einnimmt, ist eher um Sicherheit und Unabhängigkeit seines Marktbestehens bemüht [Kunt, 1975, S. 121], während Großbetriebe und Kooperationsformen Machtbestrebungen im Sinne der aktiven Beeinflussung des Wettbewerbsgeschehens auf den Beschaffungs- und Absatzmärkten zeigen. Das Unabhängigkeitsstreben richtet sich im Einzelhandel vorrangig auf die Kapitalgeber und Lieferanten. Es wird im Falle vertikaler Kooperationen zugunsten einer besseren wirtschaftlichen Position des einzelnen zurückgestellt. Im Zusammenhang mit dem sozialen Ansehen sind Bestrebungen hinsichtlich des Unternehmensimage relevant, das als qualitative Komponente die Basis der Marktgeltung darstellt.

Der inhaltliche Katalog von Unternehmenszielen kann nicht erschöpfend behandelt werden und nur einen Überblick einiger wesentlicher Zielaspekte vermitteln, zumal über den Einzelhandel bisher nur Ansätze einer empirischen Zielerhebung vorliegen. Die Bereichsziele, die sich aus den oberen Zielkategorien der Unternehmung in den mittleren und unteren Ebenen der Zielpyramide für die Absatz- und Beschaffungspolitik ableiten lassen, sind so vielfältig, daß an dieser Stelle eine gesammelte Übersicht verwirrend wäre. Sie werden besser innerhalb der einzelnen beschaffungs- und absatzwirtschaftlichen Aktionsbereiche behandelt.

55 Wertbildungsprozesse und Unternehmenskultur

Mit dem unternehmerischen Zielsystem sind Werte eng verbunden. Diese können als *grundlegende explizite* oder *implizite Konzeptionen* des *Wünschenswerten* definiert werden [Raffée, Wiedmann, 1985, S. 555]. Sie stellen eher *langfristig beständige* Kriterien dar, mit denen die in Zielen angestrebten zukünftigen Zustände positiv ausgezeichnet werden [Heinen, 1985b, S. 995]. Die Mitglieder einer Unternehmung tragen ihre individuellen Werthierarchien in die Organisation hinein, die sich dann in Zielverhandlungen begegnen. Darüber hinaus entwickelt sich in einem historischen Prozeß für die Unternehmung als Ganzes ein normativer Grundkonsens, der die Denk- und Verhaltensmuster prägt und sich in Symbolen, Mythen und Riten vermittelt. Dieses sozusagen verselbständigte und einzelne Mitglieder überdauernde Wertesystem wird auch als Unternehmenskultur[6] bezeichnet. Sie wird durch unternehmensspezifische Sozialisationsprozesse weitergegeben und ist mehr oder weniger ausgeprägt. Für Zielbildungsprozesse ist die eher individualistische, personenbezogene Sicht der Koalitionstheorie um den Gesichtspunkt dieser unternehmensbezogenen Wertbasis zu ergänzen. Hieraus entsteht u. U. der Effekt einer Harmonisierung und Konfliktverdrängung, der sicher hinsichtlich seiner Folgen unterschiedlich bewertet wird [Dülfer, 1988, S. 14].

Zwischen Unternehmung und Umwelt bestehen verschiedene Wertaustauschbeziehungen. Durch das Markthandeln werden Werte der Unternehmung mit Werten

[6] Vertiefende Lektüre zur Unternehmenskultur vgl. u. a. Ebers, 1985; Dill, 1987; Dülfer, 1988.

ihrer Märkte und der Gesellschaft in weiterem Sinne konfrontiert. Reaktionen wie Markterfolg bzw. -mißerfolg oder öffentliche Kritik führen zur Festigung oder Hinterfragung von Werten innerhalb des Unternehmens. Werte des Umfeldes gelangen auch informell über die Sozialisationsprozesse der Organisationsmitglieder in die Unternehmung hinein.

Für den Einzelhandel als Unternehmenskategorie mit Dienstleistungscharakter stellen Wertbildungsprozesse wichtige Managementaspekte dar[7]. Die personenintensive Kundennähe führt an der Basis zu Austauschvorgängen mit Kunden, bei denen eine verordnete Standardisierung im Sinne formaler Wertprinzipien erschwert ist. Wirksamer ist ein Wertkonsens als gemeinsame Basis. Allerdings wird in diesem Zusammenhang vor einem technokratisch verstandenen „Werte-Drill" gewarnt [Heinen, Dill, 1986, S. 205].

56 Wertbildung und gesellschaftliche Verantwortung

Die Wertbildung in Unternehmen wirft gerade auch in Begegnung mit ihren Märkten ethische Probleme der gesellschaftlichen Verantwortung auf. Dies bedeutet, das eigene Handeln (Tun oder Unterlassen) zu vertreten und für die Folgen des Handelns sowie die Beweggründe, die zu diesem Handeln geführt haben, vor sich selbst — d. h. also den Kerngruppen der Unternehmung — und Dritten einzustehen. Gesellschaftliche Verantwortung besteht im Umgang der Menschen mit den Menschen, sei es gegenüber sich selbst, gegenüber anderen sowie gegenüber allem, was zum Menschsein gehört, d. h. auch der Welt als Inbegriff der kosmischen Natur. Somit umfaßt der Begriff der Verantwortung die Beziehung zu sich selbst (*individualethische* Verantwortung), die Beziehung zum anderen (*personalethische* Verantwortung) und die Beziehung zur Umwelt (*umweltethische* oder *ökologische* Verantwortung) [Rich, 1984, S. 56ff]. Der Umgang mit Verantwortung erfordert die *Bewertung* und die *Zurechnung* einer Handlung. Die in einem Kulturraum zu einer bestimmten Zeit vorherrschenden Werte stellen den moralischen Maßstab für die ethische Bewertung einer Handlung dar. Angesichts des gesellschaftlichen Wertewandels einerseits und der Ausdifferenzierung von Wertstrukturen in Subkulturräumen andererseits wird allerdings die Problematik und Vieldeutigkeit dieses moralischen Maßstabs deutlich.

Die Frage der Zurechenbarkeit einer Handlung betrifft ihre Rahmenbedingungen, und zwar die zur Verfügung stehenden Mittel und die Handlungsfreiheit. „Verantwortung resultiert als Konsequenz aus der auf Willensfreiheit basierenden individuellen Entscheidungsmöglichkeit und der damit einhergehenden Zurechnungsfähigkeit. Aufgrund dessen muß der Entscheidungsträger als Verursacher die Folgen seiner Entscheidung übernehmen" [Melz, 1987, S. 86].

Unter dem Aspekt der Handlungsfreiheit sind in der Entwicklung der bundesdeutschen Marktwirtschaft erst in jüngerer Zeit zunehmend ethische Fragen für Unternehmen entstanden. Im Prinzip ist nämlich nach systemethischer Auffassung

[7] Die Firma benetton ist derzeitig ein Beispiel für die bewußte, als Managementaufgabe verstandene Entwicklung von Unternehmenskultur, in der das Element des Wertes „Jugendlichkeit" eine große Bedeutung hat.

marktwirtschaftlicher Ideologen ein funktionierender Wettbewerb soweit *handlungseinschränkend,* daß der Markt als eine Art „ethischer Waschanlage“ funktionieren könnte, indem er das *dosierte* Maß an unternehmerischem Eigennutz mit positiver Wirkung für alle Beteiligten versieht. Die unternehmerischen Handlungsspielräume sind nun in dem Maße in der Bundesrepublik ausgeweitet, wie Marktmacht entstanden ist; die Ansammlung von Machtpotentialen beeinträchtigt die gewünschten Marktmechanismen und tangiert damit die systemethischen Grundlagen. Diese werden ausgehöhlt, und es erwächst den Mächtigen ein Handlungsspielraum, der individualethische Probleme und damit die Frage nach gesellschaftlicher Verantwortung aufwirft. Dies gilt in starkem Maße auch für den Handel aufgrund seiner Kooperations- und Konzentrationsentwicklung.

In diesem Buch werde ich normative Gesichtspunkte gesellschaftlicher Verantwortung innerhalb der einzelnen Darstellungen der Aktionsbereiche und insb. in der Konfrontation des Marketing mit verbraucherpolitischen Aspekten behandeln [Kap. V].

II Absatzwirtschaftliche Aktionsanalyse des Einzelhandels

Bei der Darstellung der Aktionsbereiche verwende ich ein einheitliches Aufbauschema [Schaubild II, 1], um damit eine strukturgleiche Analyse zu gewährleisten. Einleitend nehme ich für jeden Aktionsbereich in einem grundlegenden Kapitel Begriffserläuterungen vor und stelle in unternehmensübergreifender Perspektive die empirische Relevanz für den Einzelhandel und die von diesen Aktivitäten betroffenen Interessengruppen dar. Dem Kapitel über die *Grundlagen* folgt eine Erläuterung der für den jeweiligen Aktionsbereich spezifischen Rahmenfaktoren, Ziele und Aktionselemente, die unter dem Begriff *Aktionsfeld* zusammengefaßt sind.

Das Kernkapitel bildet jeweils die Analyse der *Aktionsprinzipien,* die den Versuch darstellt, über eine bloße instrumentale Beschreibung der Marktpolitik hinauszugelangen. Diese Prinzipien eines Aktionsbereichs können in ihrem Verhältnis zueinander unter- und übergeordnet sein und komplementäre, neutrale oder konkurrierende Beziehungen haben. Auf derartige Beziehungen weise ich hin, verzichte jedoch auf eine Kombination. Bei der Darstellung eines Aktionsbereichs werden Festlegungen in anderen Aktionsbereichen als Rahmenfaktoren betrachtet. Mit diesem Vorgehen werden Verbindungen zwischen den Aktionsbereichen aufgezeigt, ohne allerdings dabei schon die Marketing Mix-Problematik lösen zu können, die simultane Prinzipienkombinationen unter den Aktionsbereichen voraussetzt.

Die folgende absatzwirtschaftliche Aktionsanalyse gilt für den *gesamten* Einzelhandel. Durch die Einbeziehung von Aktionsrahmenfaktoren zeige ich die Bedingungen für die Anwendbarkeit der Aktionen auf. Damit lassen sich die absatzpolitischen Handlungsmöglichkeiten den heterogenen Erscheinungsformen des Einzelhandels zuordnen. Bei mehrstufigen Konzentrations- und Kooperationsformen des Einzel-

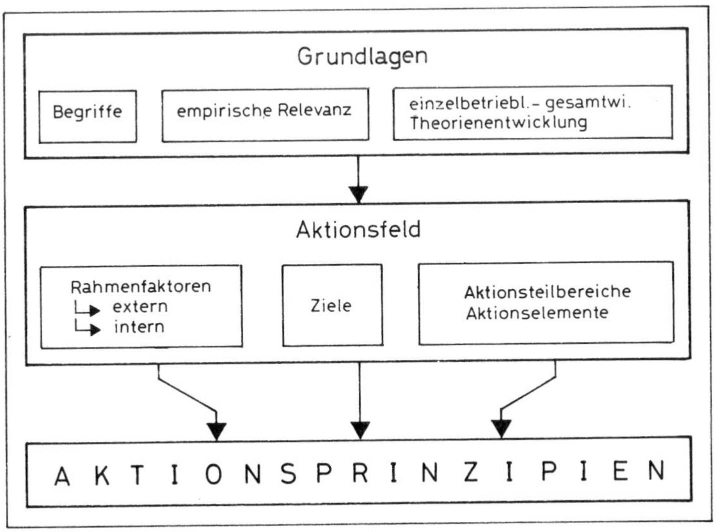

Schaubild II, 1: Struktur der Aktionsanalyse einzelner Aktionsbereiche handels bestehen mehrere Willenszentren in der Absatzpolitik. So können sowohl die Zentralen als auch die Verkaufsstellen über Absatzaktivitäten entscheiden. Für die Kooperationsformen ist eine zunehmende Funktionsverlagerung auf die Zentralen feststellbar[1]. In der folgenden Darstellung werden beide Willenszentren berücksichtigt und wechselseitig als Rahmenfaktoren behandelt. Mit der Einbeziehung der Zentralen, die zugleich großhändlerische oder sogar produktionswirtschaftliche Aufgaben erfüllen, erweitert sich auch der speziell einzelhändlerische absatzpolitische Handlungsspielraum erheblich, da ihnen überregionale und kapitalintensive Aktionsmöglichkeiten offenstehen. Sind in einer Einzelhandelsunternehmung oder Organisationsform zwei marktaktive Willenszentren vorhanden, entstehen innerbetriebliche Probleme der Koordination und Durchsetzung der Strategien. So entwickeln die Zentralen von Kooperationsformen ein Sanktionsierungssystem aus innerorganisatorischen absatzpolitischen Maßnahmen, um ihre externe Marktpolitik bei den Mitgliedern durchzusetzen. Diese eigenständige Problematik bleibt im folgenden als internes Organisationsproblem ausgeschlossen, so daß lediglich marktgerichtete Aktivitäten Gegenstand der Analyse bilden.

---

[1] „Hier entstehen in der für die Zwecke der Mitglieder geschaffenen Organisation neue Zentren der unternehmungspolitischen Willensbildung, die nicht nur die an sie delegierten Aufgaben eigenständig planen, durchführen und kontrollieren, sondern auch ihrerseits die einzelbetrieblichen Dispositionen der Mitglieder zu steuern versuchen" [Kleinen, 1968b, S. 183f].

1 Absatzseitige Standortpolitik

11 Grundlagen der Standortpolitik

Begriffe

Der Standort einer Unternehmung soll hier als räumliche Basis der betrieblichen Leistungserstellung verstanden werden. In enger Auslegung könnte dies die punktuelle Lagebestimmung eines Betriebes sein; dabei würde allerdings zu wenig ersichtlich, daß der Standort in bezug auf die Flächen und ihre Qualitäten innerhalb der Beschaffungs- und Absatzreichweite einer Unternehmung gesehen werden muß[1]. Er definiert sich aus den *Wechselbeziehungen* zwischen Unternehmung und raumbedingter ökonomisch relevanter Umwelt[2]. Nicht entscheidungsrelevant sind für die Standortpolitik sog. betriebsindividuelle Ubiquitäten. Hierbei handelt es sich um Gegebenheiten, die an allen zu berücksichtigenden Orten in gleicher oder zumindest ähnlicher Ausprägung bestehen, so daß sie von einem Unternehmen in der Standortpolitik vernachlässigt werden können.

Die Standortpolitik hat Entscheidungen über die räumliche Gestaltung des Betriebsgeschehens zum Inhalt. Sie wird in der allgemeinen betriebswirtschaftlichen Literatur vielfach als konstitutive Unternehmensentscheidung begriffen. Tatsächlich hat gerade die Entscheidung der Standortwahl oft strukturgebenden Charakter für das *gesamte* unternehmerische Geschehen. Allerdings kann für die Mehrzahl der Handelsbetriebe eine starke *Orientierung* der *Standortpolitik* an *Gesichtspunkten* des *Absatzmarktes* festgestellt werden, die aus der Dominanz regionaler Zielgruppenbestimmung beim Residenzhandel resultiert (anders beim Distanzhandel). Dieser Sachverhalt spricht für die primäre Einordnung der Standortpolitik als absatzwirtschaftlicher Aktionsbereich. Die relativ langfristige Festlegung des betrieblichen Geschehens und damit konstitutive Wirkung der Standortwahl relativiert sich durch die Notwendigkeit von Standortanpassungen bei sich ändernden raumwirtschaftlichen Umweltgegebenheiten oder durch laufende Standorterweiterungen bei filialisierenden Handelsunternehmen.

Absatzpotential

Zentrale Überlegungen zur Standortpolitik betreffen das standortlich bedingte *Absatzpotential,* dessen Grundlagen daher einer kurzen Erläuterung bedürfen. Das Absatzpotential wird als Ausdruck der Umsatzmöglichkeit eines Einzelhändlers innerhalb seines Absatzgebietes verstanden. Innerhalb der Absatzpotentialanalyse müssen demnach die für einen Warenkreis relevanten, mit *Kaufkraft* versehenen *Bedarfe* in einem Gebiet unter *Abzug* der *Konkurrenzversorgung* geprüft werden. Das setzt eine

---

[1] Zur Unterscheidung von punktueller und flächenhafter Betrachtung vgl. Uherek, 1967, S. 33; Oehme, 1983, S. 99.

[2] Ähnlich sieht Wotzka, 1970, S. 32, den Einzelhandelsstandort in einem „... komplexen Beziehungsgefüge, das die räumliche Lage eines Einzelhandelsbetriebes zu seiner wirtschaftlich relevanten Umwelt kennzeichnet".

Abgrenzung des Marktgebietes unter Berücksichtigung der *Absatzreichweite* einer Unternehmung voraus. Die Absatzreichweite ist im Einzelhandel grundlegend von der Art der Verkaufsorganisation bestimmt. Bei Handelsformen nach dem Distanz- und Domizilprinzip[3] (Versandhandel und Haustürverkauf), die in eigener wirtschaftlicher Disposition die Raumüberbrückung zu den Konsumenten hin leisten, ist die Festlegung der Absatzreichweiten eine Frage der eigenen Aktionsradien. Da diese Arten der Raumüberbrückung dazu führen, daß die Standortwahl weitgehend unabhängig von dem örtlich bedingten Absatzpotential ist, werden sie im folgenden nicht berücksichtigt.

Die Einzelhandelsunternehmen verkaufen überwiegend nach dem Residenzprinzip (Ladenhandel), wobei die Konsumenten die Raumüberbrückungsleistungen zwischen ihren Wohnsitzen und den Einkaufsorten selbst übernehmen. Die Absatzreichweite bestimmt sich hier aus den *Beschaffungsradien* der Konsumenten. Sofern der Residenzhandel die gekauften Waren am Konsumort ausliefert, entlastet er die Konsumenten von dem Warentransport und kann durch diesen Beitrag eine Ausdehnung ihrer Beschaffungsradien herbeiführen.

Bei einem Einzelhandelsunternehmen in einer von Mitanbietern *isolierten* Lage, das den Bedarf des umliegenden Marktgebietes versorgt, ist der Beschaffungsradius der potentiellen Kunden bzw. die Absatzreichweite von der *eigenen Attraktionskraft* abhängig. Die absolute Absatzreichweite wird durch jene räumliche Grenze gebildet, an der die weitestentfernten Konsumenten angesiedelt sind, die sich noch dem Unternehmen zuwenden. Einfache Entfernungsmaße stellen Kilometer oder Wegezeiten dar. Aussagekräftiger ist jedoch die *wirtschaftliche Entfernung* als kombiniertes Maß der Zeit-Kosten-Entfernung zwischen Einzelhandelsstandort und Konsumentenwohnort, denn die Ausdehnung des Absatzgebietes ist keine Frage der räumlichen Entfernung, sondern der Möglichkeit, diese zu überwinden [Christaller, 1933, S. 56]. An die Stelle der geographischen Entfernung werden andere Entfernungsmaße gesetzt, wie z. B. die zeitliche, die wirtschaftliche oder die subjektive Entfernung [Schöler, 1981, S. 28ff]. Als wirtschaftliche Entfernung bezeichnet Schöler die zwischen zwei Punkten mit den Transportkosten bewertete geographische Entfernung. In diesem Ausdruck finden alle Faktoren Berücksichtigung, die auf die wirtschaftlichen Bedingungen der Raumüberbrückung Einfluß nehmen. Dazu gehören insbesondere die *Transportverhältnisse* und die *Transportkosten-* und *Transportzeitempfindlichkeit* der zu befördernden Produkte[4]. Durch diesbezügliche Unterschiede zwischen den Produktgruppen innerhalb des Sortiments eines Einzelhändlers können die wirtschaftlichen Entfernungen zu den Konsumorten bei gleicher geographischer Distanz jeweils verschieden sein. (Beispiel: Die wirtschaftliche Entfernung ist bei Schmuck geringer als bei Lebensmitteln.) Das für das Kaufverhalten letztendlich ausschlaggebende Entfernungsmaß ist die subjektive Entfernung, d. h. die von dem Konsumenten geschätzte Entfernung. Sie sollte standortpolitisch berücksichtigt werden, soweit sie von der objektiven Entfernung abweicht. Wahrnehmungspsychologische Untersuchungen zei-

[3] Vgl. die Erläuterung dieser Begriffe in Kap. II, 43.

[4] Die Transportkostenempfindlichkeit eines Produktes drückt sich je nach Basis der Transportkostenberechnung in einem Quotienten von Gewicht bzw. Raumvolumen und Wert aus. Die Transportzeitempfindlichkeit ergibt sich aus der Wertminderung eines Produktes während der Transportzeit.

Attraktionskraft eines Handelsunternehmens

gen, welche Bedingungen eine Über- oder Unterschätzung von Entfernungen hervorrufen[5].

Innerhalb des gesamten Absatzgebietes eines Einzelhandelsunternehmens sinkt mit zunehmender Entfernung von einem Standort nach allen Seiten hin die Wahrscheinlichkeit, mit der sich die Konsumenten zu dem dort ansässigen Unternehmen orientieren. Gleichzeitig wächst die Wahrscheinlichkeit, mit der sie sich umliegenden Mitanbietern zuwenden. Für eine differenzierte Betrachtung des Einzugsgebietes ist ein Darstellungsmodell üblich, in dem um einen Standort herum *Orte gleicher Einkaufswahrscheinlichkeiten* verbunden werden (sog. *Isowahrscheinlichkeitslinien*), die sich in ihren Werten und Ausformungen nach den Entfernungen innerhalb des Marktgebietes und nach der Lage und Attraktivität der Konkurrenten bemessen[6] [Schaubild II, 1.1]. Damit wird es möglich, die Absatzreichweite nicht nur als absolute äußerste Grenze der Markteinwirkung zu beurteilen, sondern als differenzierte relative Größe in Werten bestimmter Einkaufswahrscheinlichkeiten zu erfassen. Das Marktgebiet kann auf dieser Grundlage in primäre, sekundäre, tertiäre ... Zonen eingeteilt werden, aus denen mit zunehmender Entfernung zum Standort abnehmende Prozentsätze des Absatzpotentials zu erwarten sind[7].

---

[5] Vgl. die Literaturübersicht bei Schöler, 1981, S. 41ff.

[6] „It (retail trading area, Anm. d. Verf.) is comprised of a series of *demand gradients* or zones reflecting varying customer-sales potentials. It should be noted that these *demand gradients* are probabilistic in the range 0 to 1“ [Gist, 1968, S. 154].

[7] „Das Einzugsgebiet darf allerdings nicht als kompakter Raum aufgefaßt werden, denn es setzt sich zusammen aus einer Reihe aneinandergrenzender Zonen, wobei der Besucheranteil nach jeder Richtung mit zunehmender Entfernung vom Geschäft abnimmt“ [Nauer, 1970, S. 161].

Die prozentuale Aufteilung des gesamten Einzugsgebietes nach Zonen wird unterschiedlich gehandhabt. Applebaum, 1966, S. 127, nimmt z. B. eine Dreiteilung vor, bei der vom Gesamtabsatzpotential auf das primäre Absatzgebiet 60 % und auf die sekundäre Zone 25 % entfallen. Die räumliche Herkunft des Restumsatzes wird als tertiäres Gebiet bezeichnet.

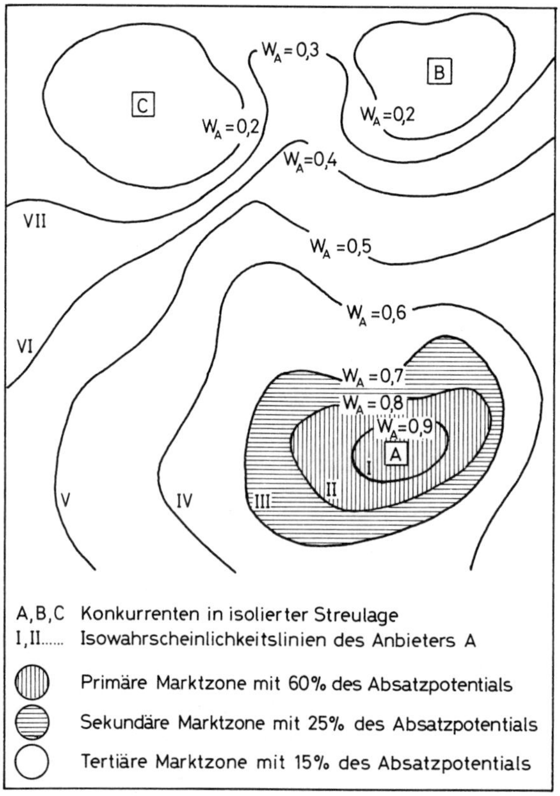

Schaubild II, 1.1: Gliederung eines Absatzgebietes nach Isowahrscheinlichkeitslinien

Sofern sich ein Standort in einem *agglomerativen* Zentrum (Beispiele: Haupt- und Nebenzentren einer Stadt, shopping center) befindet, das einer interlokalen Verflechtung unterliegt, ist zur Feststellung des betriebsindividuellen Absatzpotentials von den überörtlichen Gegebenheiten auszugehen, da die Unternehmungen in Agglomerationslage an der Anziehungskraft des Zentrums *partizipieren.* Die regionale Reichweite eines Zentrums bestimmt sich aus seiner Attraktivität als Einkaufs- und Aufenthaltsort für die Konsumenten. Diese wird u. a. beeinflußt von Breite und Tiefe des Warenangebots, Attraktionsträgern verschiedener Art, wie z. B. Kultur- und Verwaltungseinrichtungen, dem atmosphärischen Erlebniswert, von den wirtschaftlichen Entfernungen zwischen Zentrum und den dispersen Wohnorten und von der Lage und Anziehungskraft anderer Einkaufsorte. All diese Gegebenheiten veranlassen die zu- und abfließenden Pendlerbewegungen, die aus Berufs-, Ausbildungs-, Vergnügungs- und Einkaufsgründen entstehen, und bestimmen infolgedessen die kaufkraftmäßige interlokale Verflechtung des Zentrums. Aus der Summe der ansässigen Bedarfsträger zuzüglich bzw. abzüglich der Pendler und multipliziert mit der ihnen für Einkäufe zur Verfügung stehenden Kaufkraft ergibt sich das einzelhandelsrelevante

---

Zu den Verfahren der Informationsgewinnung über die regionale Beschaffungsorientierung von Konsumenten (z. B. Verfahren des „customers spotting“) vgl. Geßner, 1977, S. 156ff.

Attraktivität agglomerativer Standorte in Einkaufspassagen

Gruppenabsatzpotential eines Zentrums[8]. Diese Größe muß durch kleinräumige betriebsorientierte Überlegungen unter Abzug der Konkurrenzumsätze in das betriebsindividuelle warenrelevante Absatzpotential transformiert werden.

Die Ermittlung eines Einzel- oder Gruppenabsatzpotentials kann eine *diagnostische* Aufgabe sein, wenn bereits angesiedelte Unternehmen ihr Absatzgebiet und das darin enthaltene, für sie relevante Absatzpotential untersuchen wollen. Dagegen besitzt die Ermittlung *prognostischen* Charakter bei der Planung von Standorten für eine einzelne Unternehmung oder geschlossene Einkaufszentren. Die Regionalforschung stellt zahlreiche Techniken zur Verfügung, mit denen Marktgebiete erforscht werden können, z. B. durch direkte Felduntersuchungen, durch analoge Anwendung empirischer Erfahrungen und Hypothesenbildungen über Gesetzmäßigkeiten von Raumstrukturen.

Empirische Relevanz

Standortpolitische Entscheidungen von Handelsbetrieben haben eine hohe *einzel- und gesamtwirtschaftliche* sowie *gesellschaftliche Relevanz.* Handelsbetriebliche Autoren wiesen schon früh darauf hin, daß die einzelwirtschaftliche Leistungsfähigkeit von Distributionsbetrieben im Vergleich zu Produktionsbetrieben weit mehr von der richtigen Standortwahl abhängt [u. a. Seyffert, 1932, S. 151ff; Zopp, 1965, S. 195ff][9]. Diese hohe empirische Relevanz der Standortpolitik resultiert primär aus ihren ertragswirtschaftlichen Konsequenzen. Das Handelsunternehmen legt mit dem Standort sein Marktsegment in regionaler Hinsicht fest und beeinflußt von daher als Aktionsrahmenfaktor alle absatz- und beschaffungspolitischen Aktionsmöglichkeiten. Mit dem Standort entstehen gegenüber den Mitbewerbern unterschiedlich ausgeprägte räumliche Präferenzen der Konsumenten, die — wie unten zu zeigen sein wird — um so stärker werden und sich damit absatzpolitisch um so einschneidender auswirken, je weniger die Anbieter nicht-räumliche Präferenzen entwickeln können und je höher die Transferkosten in einem Gebiet sind. Ertragswirtschaftlich erweist sich der Standort gegenüber den Mitanbietern zudem als schwer imitierbarer und damit als ein zur absatzwirtschaftlichen Abhebung geeigneter Handlungsbereich [Gist, 1968, S. 132f; Ruppmann, 1968, S. 23]. Unter diesen primär ertragswirtschaftlichen Perspek-

---

8 A_G = Gruppenabsatzpotential
B_i = ansässige Bedarfsträger
K_i = Kaufkraft der ansässigen Bedarfsträger
P_z = zufließende Pendler
K_z = Kaufkraft der zufließenden Pendler
P_a = abfließende Pendler
K_a = Kaufkraft der abfließenden Pendler

$$A_G = \sum_{i=1}^{n} B_i K_i + \sum_{z=1}^{m} P_z \cdot K_z - \sum_{a=1}^{r} P_a \cdot K_a$$

wobei

n = Gesamtzahl der Bedarfsträger
m = Gesamtzahl der zufließenden Pendler
r = Gesamtzahl der abfließenden Pendler

Einzelabsatzpotential = Gruppenpotential − Konkurrenzabsatzpotential

$$A_B = A_G - A_K$$

9 „The importance of store location to a retailer cannot be overestimated. ... a poor location can be such a liability that even the most able merchant is unable to overcome it" [Berman, Evans, 1986, S. 188].

tiven ist die Standortentscheidung als räumliche Festlegung von Marktinvestitionen für den Residenzhandel i. d. R. kaum revidierbar ohne erhebliche Markteinbußen. Dieser Gesichtspunkt wird in dem Maße wichtiger, wie Marktinvestitionen zum Aufbau von Kundenloyalität allgemein als Überlebensstrategie im Wettbewerb an Bedeutung gewinnen.

Die *gesamtwirtschaftliche Relevanz* der händlerischen Standortpolitik ergibt sich zunächst aus ihrem Beitrag zur *räumlichen Distribution* der Produkte [Kap. I, 21]. Mit den Handelsstandorten wird der Rahmen für die Raumüberbrückungsleistungen der beteiligten Unternehmen gesetzt und damit zugleich der Versorgungsgrad von Regionen bestimmt [Geßner, 1977, S. 143ff]. Dieser ermittelt sich aus den Chancen von Bedarfsträgern, nach Überwindung definierter ökonomischer Entfernungen ihre Bedarfe decken zu können. Konflikte zwischen privatwirtschaftlich orientierter Standortpolitik und räumlichen Versorgungserwartungen der Konsumenten können zu dem Phänomen der *Unterversorgung* von Regionen führen, wie es insb. für dünnbesiedelte ländliche Regionen, aber auch für Neubaugebiete diskutiert wird [Beeskow, Finck, 1979; auch Kap. V, 24 dieser Arbeit].

Andere *regionalwirtschaftliche* Aspekte von Standortansiedlungen des Handels betreffen

- Folgekosten der Verkehrserschließung (Belastung mit Infrastruktureinrichtungen),
- Kaufkraftbewegungen,
- Veränderungen im Gewerbeaufkommen der Gemeinden und
- Auswirkungen auf das Angebot von branchenspezifischen Ausbildungsplätzen.

Insbesondere mit den Kaufkraftbewegungen verbinden sich *ökologische* Folgeprobleme, indem Versorgungs- und Entsorgungskapazitäten bereitgestellt werden müssen und das Verkehrsaufkommen beeinflußt wird. Zudem unterstützen Kaufkraftbewegungen die gesellschaftlich wichtigen kulturellen Entwicklungsmöglichkeiten von Regionen. So richten sich zentrale regionalpolitische Interessen auf die Konkurrenz der Städte untereinander, der Städte mit städtischen Subzentren oder mit Einkaufszentren am Rande oder außerhalb von Siedlungsgebieten[10].

Einzelbetriebliche Theorienentwicklung

Die einzelbetriebliche Forschung zur Standortlehre, die auf eine langjährige und umfangreiche nationalökonomische Forschungstradition im Bereich der Landwirtschaft und Industrie zurückgreifen konnte[11], hat sich inzwischen selbst so *differenziert* entwickelt, daß einige Hinweise auf besonders *relevante Literaturrichtungen* sinnvoll sind. Die Fragestellung der einzelbetrieblichen Standortlehren richten sich überwiegend auf die *optimale Standortwahl* eines Betriebes, wobei es einerseits um grundsätzliche Erkenntnisse über den Zusammenhang von räumlicher Umwelt und Be-

[10] Dieser Problematik widmen sich die Beiträge von Eick, Haller, 1978; Geßner, 1982. Vgl. auch das von Trommsdorff 1988 herausgegebene Jahrbuch der FfH mit dem Schwerpunktthema: Standortfragen.

[11] Vgl. Literaturübersichten zur Standortlehre bei Uherek, 1967, S. 39ff; Behrens, K. Chr., 1971, S. 3ff; Schiebel, 1979, S. 233—246; Müller-Hagedorn, 1984, S. 100ff.

triebsgeschehen und andererseits um Verfahren der ökonomischen Standortauffindung geht. Da zwischen den Wirtschaftssektoren erhebliche Unterschiede der zu berücksichtigenden standortlichen Tatbestände bestehen, sind die einzelbetrieblichen Beiträge überwiegend auf die Spezifika bestimmter Wirtschaftszweige bezogen [Behrens, K. Chr., 1965, S. IX; von Böventer, 1979, S. 25ff].

Die für den Betrieb bestehenden Probleme der Standortbewertung und Standortwahl werden in der *handelsbetrieblichen Standortlehre* mit verschiedenen Methoden bearbeitet, die sich grob in *heuristische* und *mathematisch-exakte* Bewertungs- und Entscheidungsverfahren einteilen lassen. Erstere gehen von mehr oder weniger umfangreichen realitätsnahen *Katalogen* von *Standortfaktoren* aus, mit denen die Umwelt in ihrer Standortrelevanz gekennzeichnet werden kann[12]. Auf dieser Basis gibt es Ansätze, bei denen eine tendenzielle Zuordnung bestimmter standortlicher Merkmalsausprägungen zu bestimmten Ausprägungen von Betriebsmerkmalen vorgenommen wird, um auf induktivem Weg zu generellen *erklärenden Aussagen* über Gesetzmäßigkeiten in der Standortwahl bestimmter Handelsbetriebe zu gelangen[13]. Diese generalisierenden Aussagen sollen dann den Handelsunternehmen Richtlinien für die Auswahl geeigneter Standorte geben (Aussagenbeispiel: Apotheken mit einem Umsatzvolumen von x DM siedeln sich i. d. R. in Nachbarschaftslagen mit einer Einwohnerzahl von y Familien an.). Generalisierende Annahmen einer Übertragbarkeit von Standortproblemen liegen auch der Analogmethode von Applebaum [1966, S. 127—141] zugrunde. Standortfaktorenkataloge werden als Grundlage für *Handlungsempfehlungen* in Verbindung mit Standortzielen zur Bewertung der Standorteignung benutzt und zu Entscheidungsverfahren für die Standortwahl ausgebaut. Derartige Möglichkeiten der Beurteilung von standortlichen Vor- und Nachteilen für ein Einzelhandelsunternehmen bieten *Punktwertverfahren,* mit denen eine Quantifizierung der Standortmerkmale erreicht wird[14]. In aufwendigeren Verfahren werden Standortvergleiche durch die Erstellung von standortlichen *Anforderungs-* und *Bedingungsprofilen* durchgeführt[15].

In anderer Weise werden mit *mathematisch-exakten Standortmodellen* standortliche Bewertungs- und Entscheidungsprobleme behandelt[16]. In ersten einfachen quantitativen Ansätzen wird versucht, *partielle* Einflüsse von Standortfaktoren und daraus ableitbaren Standorterlösen funktional zu erfassen. Die untersuchten Teilfragen beziehen sich z. B. auf die Bestimmung von *Marktgebietsgrenzen*[17] oder die *Kon-*

---

[12] Vgl. zum Beispiel den besonders ausführlichen Standortfaktorenkatalog bei Nauer, 1970, S. 44f.

[13] Vgl. die Vorgehensweise von Behrens, K. Chr., 1965, S. 77ff; weiterhin Ruppmann, 1968, S. 69ff. Generalisierende Aussagen zur empirischen Relevanz von Standortfaktoren durch empirische Überprüfung im Lebensmittelhandel vgl. Scholz, H.-W., 1979, insb. S. 43ff.

[14] Vgl. die „Standortkalkulation" bei Behrens, K. Chr., 1965, S. 67ff; das „Standortgruppenverfahren", „Rangreihenverfahren" und „Stufenwertzahlverfahren" bei Wurth, 1970, S. 18ff; vgl. auch Müller-Hagedorn, 1984, S. 103ff.

[15] Zu den Profilmethoden vgl. u. a. Wotzka, 1970, S. 128ff und Uphoff, 1978.

[16] Eine Übersicht quantitativer Lösungsansätze zur betrieblichen Standortwahl geben Bloech, 1970; Müller-Merbach, 1970, Sp. 1160-1168 und speziell handelsbetrieblich Liebmann, 1971, S. 98ff; unter Berücksichtigung empirisch angewendeter Methoden ders., 1969, S. 225—247; Scholz, H.-W., 1979.

[17] Vgl. z. B. die Gravitationsmodelle von Reilly, 1953 (1. ed. 1931); Converse, 1949, S. 379—384; Huff, 1964, S. 34ff.

kurrenzwirkung benachbarter Mitanbieter [Nelson, 1958]. Ihnen ist entgegenzuhalten, daß die angenommenen eindeutigen funktionalen Beziehungen zwischen bestimmten Standortvariablen in der Realität nicht so streng gegeben sind[18] und die behandelten Teilaspekte im weiteren einer Einordnung in ein standortliches Gesamtkonzept bedürfen.

Einen *integrativen* Ansatz bieten insb. die Verfahren, die das Problem der Standortwahl als *Investitionsentscheidung* auffassen[19]. Methodisch stützt sich dieses Vorgehen auf bereits entwickelte Modelle für optimale Investitionsentscheidungen [Gümbel, 1969, S. 195—223; Wurth, 1970, S. 48ff]. Dabei werden die kosten- und ertragswirtschaftlichen Komponenten in den standortbedingten Ausgaben und Einnahmen im Zeitablauf berücksichtigt und zur Vergleichbarkeit für alle untersuchten Standorte auf einen Zeitpunkt bezogen.

Eine Verbindung zwischen heuristischen und mathematisch-exakten Ansätzen zur Standortproblematik besteht in zweierlei Hinsicht. Die heuristischen Verfahren sind notwendige Vorstufen zur Datengewinnung für die Modellrechnung. Sie stellen darüber hinaus bei konkreten quantitativ ermittelten Standortentscheidungen eine ergänzende Entscheidungshilfe aus nicht in die Berechnung eingegangenen qualitativen Faktoren dar.

12 Aktionsfeld der Standortpolitik

Ziele

Die grundlegende Zielsetzung der einzelbetrieblichen Standortpolitik besteht darin, die *Standortbedingungen* als absatzpolitisch relevante Merkmale einer potentiellen Leistungsstätte und die *betrieblich gesetzten Anforderungen* an die Standorteigenschaften *bestmöglich* miteinander in *Einklang* zu bringen. Dabei sind als Ausgangssituationen denkbar [Schaubild II, 1.2]:

- die Suche nach einem Standort mit adäquaten Bedingungen für ein primär fixiertes Leistungsgefüge,
- die primäre Entscheidung für einen Standort mit bestimmten Bedingungen, an die das absatzpolitische Leistungsgefüge eines Betriebes mit den daraus folgenden Standortanforderungen angepaßt werden soll (weniger häufig vorkommend),
- die aktive Veränderung von Standortbedingungen in Richtung auf die Anforderungen.

Die vorgetragene Interpretation des absatzpolitisch optimalen Standortes ist angesichts der relativ geringen Flexibilität der Standortpolitik in der Zielsetzung um einen *zeitlichen Stabilitätsfaktor* zu erweitern[20]. Diese Langzeitperspektive stellt sich

18 Vgl. hierzu die engagierte Kritik bei Wotzka, 1970, S. 114ff.

19 Vgl. das anschauliche Fallbeispiel zur Standortplanung im Einzelhandel mit Methoden der Investitionsrechnung von Müller-Hagedorn, 1975, S. 230ff.

20 „Der *optimale Standort* eines Einzelhandelsbetriebes stellt sich dar als das Beziehungsgefüge einer betrieblichen Leistungsstätte, das die gemäß der Zielsetzung bestmögliche Entsprechung

Betrieb (Standortanforderungen)	Zielerreichung	Standort (Standortbedingungen)
gegeben →	mögliche und zulässige Standorte	→ Entscheidung (Standortwahl, Standorterweiterung)
Entscheidung ← (Standortanpassung)	mögliche und zulässige Gestaltungselemente des Betriebstyps	← gegeben
gegeben →	Veränderung der Standortbedingungen (Standortgestaltung)	← gegeben

Schaubild II, 1.2: Ausgangssituationen für Standortentscheidungen

allerdings angesichts einer dynamischer werdenden Umwelt zunehmend schwieriger dar. „... in a dynamic retailing environment such as ours, the life span of most retail locations and facilities is relatively short-lived" [Redinbaugh, 1976, S. 150].

Aktionsrahmen

Der Aktionsrahmen wird zunächst für die Standortpolitik unter gegebenen Standortanforderungen betrachtet, anhand derer die Bedingungen einer Leistungsstätte beurteilt werden. Er ergibt sich in diesem Fall aus dem *absatzpolitischen Leistungsgefüge* der Einzelhandelsunternehmung. Die hier relevanten Rahmenfaktoren sind im wesentlichen Festlegungen in den absatzpolitischen Aktionsbereichen Verkaufsgestaltung, Produkt- und Sortimentspolitik, Kundenservice und Preispolitik. Hervorragende Bedeutung hat daneben die *Betriebsgröße,* die hinsichtlich der Tragfähigkeit eines Standortes in einem bestimmten Verhältnis zum Absatzpotential stehen muß. Die absatzseitige Standortpolitik des Einzelhandels steht weiterhin unter der begrenzenden Wirkung der *Einsatzfaktoren* Betriebsmittel (insb. Raum), Personal, Waren und deren jeweiligen Kosten, soweit diese örtlich differenziert sind[21].

Ein zentraler Einfluß geht von dem *Raumangebot* in quantitativer und qualitativer Hinsicht aus. Die örtlich bedingte Knappheit dieses Faktors resultiert aus der geringen Mobilität im Angebot bestehender Räumlichkeiten und in der begrenzten Möglichkeit von Erweiterungen. Wesentliche Restriktionen gehen von dem *Bau-* und

von Standortbedingungen und Standortanforderungen beinhaltet (*Optimalisierungsbedingung*). Der Einzelhandelsunternehmer wird sich dabei nur zwischen jenen Orten (i.e.S.) oder für den Ort entscheiden, an dem (denen) die Optimalitätsbedingungen für das Anforderungs- und Bedingungsgesamt auch langfristig als gesichert erscheint (*Stabilitätsbedingung*)" [Wotzka, 1970, S. 113f].

[21] „Bleiben die betrieblichen Ansprüche an die örtliche Ausstattung mit den betreffenden Beschaffungsgütern nach Menge und Qualität in engen Grenzen, so stellen diese Einsatzgüter für den einzelnen Betrieb ‚Ubiquitäten' dar, auch wenn es sich objektiv nicht um solche handelt; erst von einer bestimmten quantitativen und qualitativen Bedarfsgrenze ab verlieren sie auch betriebsindividuell ihren Ubiquitätencharakter" [Behrens, K. Chr., 1971, S. 53]. Empirische Daten zu geschäftslagenabhängigen Kosten vgl. Institut für Handelsforschung an der Universität zu Köln, 1986.

Planungsrecht des Bundes, der Länder, Städte und Gemeinden aus. Insbesondere wurden Expansionsrestriktionen für den großflächigen Einzelhandel (Bruttogeschoßfläche über 1.500 qm) durch die Novellierung der Baunutzungsverordnung (BauNVO vom 15.9.1977) geschaffen. Damit soll einer wildwüchsigen Ansiedlung von Einzelhandelsunternehmen entgegengewirkt werden, die Zielen der Raumordnung und Landesplanung oder der gewünschten städtebaulichen Entwicklung und Ordnung entgegenstehen. Qualitätsdifferenzen des Faktors Raum resultieren vor allem aus der Lage zu Kundenwohnsitzen, Passanten, Mitanbietern, Attraktionsträgern und Transportverhältnissen, die weiter unten als Orientierungsprinzipien behandelt werden und hier nur hinsichtlich ihrer kostenmäßigen Auswirkungen relevant sind. Neben diesen grundstücksbezogenen Aspekten des Faktors Raum sind gebäudebezogene zu berücksichtigen, die bei der Nutzung bestehender Gebäude im Zusammenhang mit deren Alter und Zustand, Fassadengestaltung, Raumaufteilung u. ä. für die Standortentscheidung wichtig werden.

Mit den beschriebenen Qualitätsdifferenzen des Faktors Raum sind *Wertdifferenzen* verbunden, die sich in den Grundstückspreisen und den effektiven bzw. kalkulatorischen Mieten deutlich widerspiegeln. Bei Berücksichtigung von Passantenstrom und verkehrstechnischer Erreichbarkeit kann man als Gesetzmäßigkeit ableiten, „... daß die Mietkosten eines Geschäftsraumes horizontal mit zunehmender Entfernung von der Straßenfront und vertikal mit zunehmender Entfernung vom Erdgeschoß abnehmen“ [Behrens, K. Chr., 1965, S. 59]. Daneben sind auch Bevölkerungsdichte und Ortsgröße als absatzpotentialorientierte Komponenten unterschiedlicher Mietforderungen erkennbar. Bei Einkaufspassagen und erlebnisorientierten Agglomerationsformen des Handels, die durch gemeinschaftliche Marketingmaßnahmen für diesen Standort zur „Einkaufsadresse“ werden, steigen die Mietkosten mit dem Standortimage. Vergleicht man die Mieten zwischen Haupt- und Nebenverkehrslagen in verschiedenen Ortsgrößen nicht absolut, sondern in Relation zu den erreichbaren Umsätzen pro qm, um damit die Möglichkeit intensiverer Geschäftsflächennutzung in besseren Lagen in die Betrachtung einzubeziehen, so ist empirisch zwar eine Abmilderung des Mietgefälles festzustellen, jedoch bleiben ortsbedingte Unterschiede bestehen [Nauer, 1970, S. 121].

Diesem örtlich variierenden Angebot des Faktors Raum und seines Preises stehen differenzierte *Anforderungen* der standortsuchenden Einzelhandelsunternehmen gegenüber. Grundsätzlich müssen Quantität und Qualität des Raumes und die daraus resultierenden Umsatzmöglichkeiten immer in Relation zu den *Raumkosten* gesehen werden. Bei einem Sortiment aus sperrigen Produkten mit entsprechend großem Verkaufsflächenbedarf (Beispiel: Möbel) gewinnen die Raumkosten erhöhte Bedeutung und lassen u. U. absatzpolitische Orientierungsprinzipien in den Hintergrund treten. Die Verfolgung einer konsequenten Niedrigpreispolitik erlaubt oft nur geringe Raumkosten. Das zeigt sich z. B. bei Discountern, die Baulichkeiten minderer Ausstattungsqualität in Nebenlagen als Standort bevorzugen. Vielfach ist eine Orientierung an Transportverhältnissen, wie sie in Vorortgebieten und zwischenstädtischen Zentren für Autokunden vorliegt, von dem Gesichtspunkt niedriger Raumkosten begleitet.

Aufgrund der hohen Arbeitsintensität der Handelsleistung und des hohen Anteils der Löhne und Gehälter an den Handlungskosten könnte der *Personaleinsatz* rahmenbildende Wirkung entfalten. Als Standortanforderung wird der Bedarf an ausführender Arbeit nur für Großbetriebe quantitativ fühlbar, die aber ihren Standort — mit Ausnahme des Distanzhandels — schon wegen des Absatzpotentials in einer Entfernung vom Siedlungsgebiet wählen, die für ihre Arbeitnehmer annehmbar ist. Als qualitative Anforderungen sind im Einzelhandel im Bereich ausführender Arbeit einfache, wenig spezielle Qualitätsmerkmale vorherrschend, so daß die Beschaffung von Personal in dieser Hinsicht kaum ins Gewicht fällt. Das Faktorangebot an Personal für objektbezogene ausführende Arbeit ist daher für die meisten Handelsunternehmen als weitgehend ubiquitär anzusehen. Dies gilt sowohl quantitativ als auch qualitativ.

Die Löhne und Gehälter differieren regional nach Ortsgrößenklassen erheblich, so daß hieraus eine gewisse Standortabhängigkeit des Einsatzfaktors Arbeit abgeleitet werden könnte. Dieser Einfluß auf die Standortwahl schwächt sich ab, wenn das regionale Gefälle der Personalkosten in Relation zum Umsatz pro Person gebracht wird, da auch die Verkaufsleistungen in größeren Orten besser werden. Ein höheres Lohn- und Gehaltsniveau bietet i. d. R. auch Partizipationsmöglichkeiten an höherer Kaufkraft einer Region, wodurch Personalkostennachteile einen ertragswirtschaftlichen Ausgleich finden können. Damit erweist sich der Personaleinsatz für den Einzelhandel als nur geringfügig standortweisend [Nauer, 1970, S. 125].

Die *Ware* gilt dann als begrenzender Rahmenfaktor, wenn sie an einem Standort nicht ausreichend erhältlich ist. Ständige Verbesserungen in der Transport- und Konservierungstechnik schaffen so günstige Versorgungsmöglichkeiten, daß derartige Restriktionen in der Standortpolitik an Bedeutung verlieren. Allerdings bleiben die Kosten der Warenbeschaffung als Beschränkung der absatzseitigen Standortpolitik für verschiedene Einzelhandelsunternehmen wirksam.

Eine kostenseitige Begrenzung der Standortpolitik kann schließlich auch durch regionale Unterschiede in der Höhe von Steuern und Abgaben bzw. in den von Regierungen oder Gebietskörperschaften gewährten offenen oder versteckten Subventionen oder Vergünstigungen (z. B. Investitionshilfen) erfolgen.

Aktionsteilbereiche und Aktionselemente

Aus den verschiedenen Ausgangssituationen der Standortpolitik [Schaubild II, 1.2] definieren sich die drei *Aktionsteilbereiche* der *Standortwahl, -anpassung* und *-gestaltung*[22]. Ein zusätzlicher Teilbereich kann in der Standorterweiterung gesehen werden. Da in ihm Elemente der Standortwahl enthalten sind, werden beide in dem Begriff Standortsuche zusammengefaßt.

Aktionselemente der Standortpolitik stellen die *exogenen Bedingungen* dar, die ein Standort hinsichtlich des dort erreichbaren Absatzpotentials liefert. Als umweltbezogene Komponenten sind sie für ein Unternehmen bei der Standortsuche (Standortwahl und Standorterweiterung) wählbar und können im Rahmen der Standortgestaltung nur beschränkt verändert werden. Unter diesem Aspekt der aktiven Beeinflussungsmöglichkeiten unterscheiden sich die Aktionselemente der Standortpolitik

[22] Die beiden ersten Aktionsteilbereiche entsprechen den genetischen Kriterien der Standortentscheidung nach Schiebel [1984, S. 211ff]. Er unterscheidet Standortgründung, Standorterhaltung und Standortliquidation.

von den betrieblich meist weitergehend disponiblen Elementen anderer Aktionsbereiche. Als Aktionselemente, die aus dem Absatzpotential ableitbar sind, ergeben sich im wesentlichen die warenspezifische Kaufkraft der Bedarfsträger, die in Form ansässiger *Kundenhaushalte* oder als *Passanten* in Erscheinung treten, weiterhin die *Mitanbieter, Attraktionsträger* verschiedenster Art und die *Transportverhältnisse* im Marktgebiet.

Im Rahmen der Standortanpassungspolitik kann die Unternehmung auch die aus dem betrieblichen Leistungsgefüge abzuleitenden *Standortanforderungen* verändern, um sich den standortlichen Gegebenheiten anzupassen. Aktionselemente sind dabei aus *allen Aktionsbereichen* abzuleiten, wie etwa Preis, Sortiment oder Kundenservice. Für diese Möglichkeiten der Standortanpassung durch absatzpolitische Maßnahmen ist hier nur ein exemplarischer Hinweis auf ihre standortliche Relevanz möglich, da sie primär anderen Aktionsbereichen zuzuordnen sind.

13 Aktionsprinzipien der Standortpolitik

Die *Komplexität* der Aufgabe einer simultanen Abstimmung zwischen Standortanforderungen und -bedingungen wird durch die Formulierung von Aktionsprinzipien *reduziert.* Aktionsprinzipien werden bei gegebenen Standortanforderungen als typische *Orientierungen* der Einzelhandelsunternehmen an bestimmten Standortbedingungen interpretiert; mit ihnen kann die Zahl der möglichen und sinnvollen Aktionen eingeschränkt werden. Im Fall der Standortgestaltung und — anpassung beziehen sich die Aktionsprinzipien auf die *Veränderungsmöglichkeiten* der Standortbedingungen oder -anforderungen.

Eine absatzpolitische Standortorientierung wird zum primären Aktionsprinzip der Standortpolitik, wenn sie für ein Unternehmen vorrangige Bedeutung hat. Die betriebsspezifische Gewichtung von Orientierungsmöglichkeiten führt dann weiter zu sekundären, tertiären ... Prinzipien, die untereinander konkurrierende, neutrale oder komplementäre Beziehungen haben können und zu einem kompatiblen Rangsystem zusammengefügt werden müssen.

Die Beobachtung der Praxis zeigt, daß Einzelhandelsunternehmen häufig in Lagen zu finden sind, die mit Hilfe des standorttheoretischen Instrumentariums nicht zu erklären sind. Ein Grund liegt in der *Traditionsgebundenheit*[23] vieler Standorte, die trotz sich verändernder Umweltbedingungen beibehalten werden. Eigentum an Grundstücken und Gebäuden führt z. B. dazu, Einzelhandelsunternehmen in einer Lage zu belassen, die aufgrund einer veränderten Bedingungskonstellation für ihre Anforderungen über- oder unterqualifiziert ist, wobei oft mangelhafte Erfassung inner- und außerbetrieblicher Informationen die negativen Konsequenzen nicht deutlich werden läßt. Dagegen können sich neu niederlassende Unternehmen mangels eines ihren Anforderungen entsprechenden räumlichen Angebots oft nicht den theoretisch geeigneten Standort aussuchen.

[23] Vgl. zur Tradition als Standortfaktor Seyffert, 1972, S. 264; Buddeberg, 1959, S. 170; Nieschlag, Dichtl, Hörschgen, 1988, S. 374.

131 Orientierung an Faktoren des Absatzpotentials als Prinzipien der Standortwahl

1311 Kundenwohnsitze

Bei der Wahl seiner Standorte orientiert sich der Einzelhandel grundsätzlich an der *Zahl* und *Kaufkraft* der für ihn erreichbaren *Bedarfsträger.* Eine prägnante Form der Orientierung ist dabei die Wahl eines Standortes in Nachbarschaft von Kundenwohnsitzen. Diese Entscheidung stellt darauf ab, daß ein dort ansässiges Einzelhandelsunternehmen von den umliegenden Konsumenten geplant zum Einkauf aufgesucht wird (*Nachbarschaftsläden*). Für eine solche Standortwahl, die eine starke räumliche Marktsegmentierung erbringt, müssen zur Konzipierung der Absatzpolitik sozio-ökonomische und demographische Daten über die im Absatzgebiet ansässigen Haushalte erhoben werden, die zeitraumbezogene Informationen über Bedarfsstruktur und -intensität, Kaufkraftausstattung und Einkaufsverhalten, insb. auch deren Beschaffungsreichweite liefern.

Ein dieser speziellen Bedingungslage angepaßtes Bündel von Standortanforderungen liegt tendenziell für Unternehmen vor, die ihr Angebot in einem festen Ladenlokal nach dem Residenzprinzip erbringen und ein Sortiment führen, das vor allem geringwertige Güter des allgemeinen täglichen Bedarfs (convenience goods) enthält, die sich zusätzlich durch eine hohe Einkaufsfrequenz bei geringen Einkaufsmengen und -werten je Einkaufsakt auszeichnen. Dabei ist zu beachten, daß diese Eigenschaften nicht nur warenimmanent sind, sondern den Produkten von den Konsumenten teilweise durch ihr Verhalten, insb. durch Verbundkäufe im Rahmen der Gestaltung ihrer Einkaufsakte [Kap. I, 42181] beigegeben werden[24].

Ökonomisches Verhalten vorausgesetzt, versuchen die Konsumenten tendenziell bei jedem Einkaufsakt, den Quotienten aus Beschaffungsertrag (Verwendungsqualität der gekauften Produkte und Beschaffungsqualität) und Beschaffungsaufwand (Produktpreis und subjektive Beschaffungskosten) zu maximieren. Das führt bei den oben dargestellten Wareneigenarten und den sie bedingenden Einkaufsgewohnheiten zu *engen Beschaffungsradien,* da die Belastungen mit subjektiven Beschaffungskosten bei zunehmender Entfernung schnell steigen (hohe Transportkostenempfindlichkeit der Produkte). Für ein Einzelhandelsunternehmen bedeuten diese geringen Einkaufsentfernungen eine deutliche Einschränkung seines Einzugsgebietes, so daß zur Erreichung eines betriebsspezifischen Mindestabsatzpotentials in der Regel eine hohe Konzentration von Haushalten im Absatzgebiet erforderlich ist. Eine gewisse Ausdehnung der Absatzreichweite ist durch Warenauslieferungen zu erreichen, mit denen der Konsument vom Warentransport entlastet wird. Bei kleinen Einkaufsmengen geringwertiger Produkte haben Preisersparnisse für die Konsumenten im Verhältnis zu den Transferkosten relativ wenig Bedeutung, so daß Versuche, durch eine niedrige Preisstellung zu einer Ausweitung des Absatzgebietes zu gelangen, i. d. R. geringen Erfolg haben[25]. Dagegen besteht eher die Möglichkeit, bei starken räumlichen Präfe-

---

[24] Zu dem Zusammenhang von Produkteigenschaften und Beschaffungsreichweite der Haushalte vgl. Schöler, 1981, S. 14ff.

[25] Hält man den Einkaufsertrag konstant, so würde ein Konsument an den Randzonen des Absatzgebietes die ihm näherliegende Einkaufsquelle zu Gunsten eines entfernter ansässigen Ein-

renzen für Einkaufsbequemlichkeit das „Monopol der Nähe" zu nutzen und entsprechend den Kaufkraftverhältnissen die Preislagen an der Obergrenze des monopolistischen Bereichs der Preisabsatzfunktion zu fordern[26].

Aus der Lage innerhalb von Wohngebieten und dem angegebenen Warenkreis, der in kurzfristigen Einkaufsfrequenzen von den Konsumenten beschafft wird, ergibt sich eine hohe Wahrscheinlichkeit für die Entstehung einer festen *Stammkundschaft*. Daraus folgt als absatzpolitische Konsequenz die Betonung stammkundengeeigneter Maßnahmen. Das durch den engen Absatzradius begrenzte Absatzpotential erlaubt nur Unternehmungen mit vergleichsweise geringer Kostenbelastung, also meist nur kleiner bis mittlerer Betriebsgröße, eine Ansiedlung an Kundenwohnsitz-orientierten Standorten.

Sobald die Haushalte eine andere Beschaffungspolitik betreiben und bei Haushaltsbevorratung längerfristige Einkaufsfrequenzen in Verbindung mit größeren Produktmengen und damit höheren Werten pro Einkaufsakt realisieren, dehnt sich ihr Beschaffungsradius aus. Entsprechend kann die Absatzreichweite einer Einzelhandelsunternehmung in Wohngebieten eine Ausweitung erfahren. Allerdings werden nun auch Preisdifferenzen zu den umliegenden Konkurrenten wichtiger, da die Preisersparnisse pro Einkaufsakt mehr zu Buche schlagen, so daß auch eine Umorientierung der Haushalte zu entfernteren, preiswerteren Einkaufsquellen möglich ist. Insgesamt lockern sich also durch eine längerperiodische und pro Einkaufsakt umfangreichere Beschaffungspolitik der Haushalte die Absatzgrenzen der an Kundenwohnsitzen orientierten Standorte[27].

Für Einzelhandelsunternehmen *ohne festes Ladenlokal* (Beispiel: Straßen- oder Markthandel) ist ein *stationärer* oder *mobiler* Standort denkbar, der ebenfalls haushaltsnahe gewählt wird. Über den Kreis der oben angegebenen Waren hinaus führen sie bei nicht-ständigem Angebot auch Güter des mittel- und langfristigen Bedarfs, wenn Impulskäufe induziert werden können [Behrens, K. Chr., 1965, S. 132ff]. Sofern ein Standortturnus zwischen verschiedenen Wohngegenden möglich ist (Beispiel: Markthandel), begrenzt sich das Absatzpotential nicht auf ein Gebiet, so daß diesen Einzelhändlern in ihrer Betriebsgröße absatzseitig nicht in dem Maße Beschränkungen auferlegt sind wie haushaltsnahen Unternehmungen mit festem Ladenlokal.

Mit zunehmender Absatzreichweite der Einzelhandelsunternehmen, die in Abhängigkeit von der Verkaufsgestaltung und den geführten Waren in Verbindung mit dem Einkaufsverhalten der Konsumenten zu sehen ist, verliert das Standortprinzip der Kundenwohnsitz-Orientierung an Bedeutung. Im Extremfall zeigt sich dieser Tatbestand beim Versandhandel, der wegen seiner Verkaufsgestaltung überregional weite Absatzgebiete besitzt und an die Lage der Kundenwohnsitze nicht gebunden ist.

---

zelhandelsunternehmens nur aufgeben, wenn die dort zu erlangende Preisersparnis pro Einkaufsakt höher wäre als die Differenz zwischen den subjektiven Beschaffungskosten [Behrens, K. Chr., 1965, S. 2]. Unter der Annahme eines durchschnittlichen Einkaufswertes je Einkaufsakt von 10 DM würden bei einer 10 %-Preissenkung des gesamten Warenangebots nur jene Konsumenten zusätzlich angezogen, deren Differenz an subjektiven Beschaffungskosten in bezug zu konkurrierenden Anbietern nicht höher als 1,— DM ist.

[26] Zur doppelt geknickten polypolistischen Preisabsatzfunktion mit monopolistischem Bereich vgl. Gutenberg, 1984, S. 243ff.

[27] Empirische Ergebnisse zum räumlichen Verhalten der Konsumenten referiert Schöler, 1981, S. 53ff.

1312 Passanten

Neben einer bedarfsorientierten Standortwahl in der Nähe der Kundenwohnsitze besteht auch die Möglichkeit, den Bedarfsträgern die Absatzleistungen beim Passieren der Betriebsstätte zu präsentieren. In Abgrenzung zu den an Attraktionsträgern orientierten Standorten gehe ich bei der Passantenorientierung davon aus, daß der mit Kaufkraft ausgestattete *Passantenstrom heterogen* und *ungerichtet* ist und sich für die Passanten nicht genau angeben läßt, aus welchen Gründen sie den Weg, der diesen Standort berührt, gewählt haben[28]. Untersuchungen über Passantenströme richten sich bislang vor allem auf den quantitativen Aspekt und begründen das mit der These, daß bei einer heterogenen Zusammensetzung mit zunehmender Zahl passierender potentieller Kunden auch die Zahl der tatsächlichen Kunden steigt. Erst in neuerer Zeit bemüht man sich um eine qualitative Aufschlüsselung der Passantenströme, um inhaltsreichere Aussagen über die an solchen Standorten vorliegenden Bedingungen machen zu können[29].

Für den Residenzhandel ist die Bedingungslage eines passantenorientierten Standortes günstig, soweit er für die Bekanntmachung seines Angebots auf direkte visuelle und gelegentlich auch akustische Kontakte mit den Konsumenten angewiesen ist. Das gilt für ein Sortiment, das den Konsumenten zu *Reizkäufen* mit *spontaner Unternehmenswahl* veranlaßt [Kap. I, 4219]. Dazu gehören impulskaufgeeignete Produkte, wie z. B. Blumen, Tabakwaren, Geschenkartikel u. ä.. Eine Passantenorientierung ist weiterhin auch wünschenswert bei Produkten, für die i. d. R. *Suchkäufe* mit *Reizelementen* bei *offener Unternehmenswahl* vorgenommen werden. Charakteristika sind hier mangelnde Standardisierbarkeit (Beispiel: Schmuck) oder schnelle innovatorische Veränderungen in einem Produktbereich (Beispiele: Modeartikel, Bücher), bei denen durch Schaufenster vermittelte Kontakte zwischen Produkt und Konsument eine hohe akquisitorische Bedeutung erlangen. Der Trend zum erlebnisorientierten „Einkaufsbummel", bei dem sich die Konsumenten durch derartige Reize zum Kauf stimulieren lassen, erhöht die Bedeutung des Passantenstroms als Orientierungsprinzip der Standortwahl.

Bei reiner Passantenorientierung besteht das angezielte Marktsegment überwiegend aus *Gelegenheitskunden,* die eine spontane Unternehmenswahl bei Reizkäufen oder Suchkäufen mit Reizelementen vornehmen. Hieraus ergeben sich für die Absatzpolitik Konsequenzen im Mitteleinsatz. Gelegenheitskunden erfordern flexible situationsbedingte Maßnahmen und machen Marktinvestitionen zur Erhaltung von Kundenbeziehungen unnötig. Ein Beispiel sind flexible Preisaktivitäten, die aufgrund

---

[28] Zu einer anderen Systematik gelangen Autoren, die zur Passantenorientierung verschiedene Arten von Kundenströmen rechnen, die auf mehrere Ursachen zurückzuführen sind. So unterscheiden z. B. Golden, Zimmerman [1980, S. 116]:
— „shared business" (von Mitanbietern verursachter Kundenstrom)
— „suscipient business" (von Attraktionsträgern verursachter Kundenstrom)
— „generative business" (selbst generierter Kundenstrom).
Ich trenne diese verursachenden Faktoren und leite daraus verschiedene Standortorientierungen ab.

[29] Zu den Verfahren der Passantenanalyse vgl. Nauer, 1970, S. 150ff. Über empirische Ergebnisse der Passantenanalyse in der City referieren Schneider, Wagner, 1983, S. 39ff.

der direkten Kommunikationskontakte schnell und wirksam realisiert werden können.

Bei Einzelhandelsunternehmen ohne festes Ladenlokal besteht die Möglichkeit, sich dem zeitlich unterschiedlichen Verlauf der Passantenströme anzupassen und z. B. in der Form des „fliegenden Händlers" gerade zum entsprechenden Zeitpunkt hoher Passantenfrequenz einen Standort zu wählen.

Die erreichbare *Betriebsgröße* hängt bei Passantenorientierung von der *Passantendichte* bzw. *-frequenz* ab. Ist das Marktsegment allein auf Gelegenheitskunden abgestellt, so kann selbst bei hoher Passantendichte nur ein vergleichsweise niedriges Absatzpotential erzielt werden, das kleine bis mittlere Betriebsgrößen bedingt. In der Regel besteht jedoch bei Passantenorientierung auch Stammkundschaft, die das Unternehmen zumindest in eine geplant offene Unternehmenswahl beim Kauf einbezieht. In diesen Fällen erweitert sich das Absatzpotential in dem Maße, wie die Unternehmung Kunden aus eigener Kraft anzieht. Gleichzeitig verringert sich die Bedeutung der Passantenorientierung als primäres Standortprinzip.

1313 Mitanbieter

Für die Wahl eines Standortes ist die *Zahl* und *Art* der im Einzugsgebiet bereits angesiedelten *Mitanbieter* bedeutend, da sie die Höhe des betrieblichen Absatzpotentials entscheidend mitbestimmt. Als Mitanbieter sind in diesem Zusammenhang nicht nur die Unternehmen relevant, die gleichartige Leistungen anbieten, sondern alle Handelsbetriebe, die den zukünftigen Umsatzerfolg des standortsuchenden Unternehmens positiv oder negativ beeinflussen können, auch wenn ihr Leistungsprofil von dem geplanten eigenen weitgehend abweicht[30]. Die Analyse der Mitanbieter muß vor allem die Relationen zwischen dem eigenen Sortiment und dem standortlich bereits vorhandenen oder zu erwartenden Warenangebot prüfen, wobei die Formen substitutiver, komplementärer und neutraler Beziehungen in jeweils verschieden starken Ausprägungen mit entsprechend fließenden Übergängen zu unterscheiden sind. Weiterhin müssen die betriebsgrößenbedingten Versorgungskapazitäten der Mitanbieter und die Prinzipien ihrer Zielgruppenorientierung festgestellt werden, um Überschneidungen mit der selbst in Aussicht genommenen Zielgruppe erkennen zu können.

Im Bereich substitutiver Beziehungen kann die Wettbewerbsintensität auf einfache Weise geschätzt werden, indem das Absatzpotential des Absatzgebietes der vorhandenen Einzelhandelsfläche gegenübergestellt und mit der durchschnittlichen Flächenleistung der betreffenden Branche verglichen wird [Oehme, 1983, S. 114f]. Die Wettbewerbsintensität ist in dieser Sichtweise eine lediglich quantitativ angelegte Orientierungshilfe des Soll-Ist-Vergleichs für Flächenproduktivität, die qualitative Faktoren der Attraktionswirkung außer acht läßt[31].

[30] Vgl. hierzu auch die Ausführungen zum Wettbewerb im Einzelhandel in Kap. 42312 dieser Arbeit; weiterhin Überlegungen bei Golden, Zimmermann, 1980, S. 117ff; Schöler, 1981, S. 112ff. 1981, S. 112ff.

[31] Sofern zwei Standorte bei Wahlentscheidungen hinsichtlich ihrer Wettbewerbslage miteinander verglichen werden sollen, eignet sich die Gegenüberstellung ihrer Sättigungsindices, die wie folgt berechnet werden [James, Walker, Etzel, 1981, S. 94f]:

Für die positiven bzw. negativen Absatzwirkungen von Mitanbietern werden zwei Fälle unterschieden. Geht man von der Situation eines isolierten Standortes aus, so ist die Veränderung des betriebsindividuellen Absatzpotentials durch hinzutretende Mitbewerber in Relation zu dem entstehenden Gruppenpotential zu sehen. Bleiben weitere Bewerber an einem Standort *ohne Einfluß* auf das erreichbare Absatzpotential, so liegt Absatzkonkurrenz vor. Bewirken sie dagegen eine *Steigerung* des Gruppenabsatzpotentials, so entsteht damit eine gegenseitige Absatzförderung unter den Anbietern. Diese Fälle der Absatzwirkungen von Mitanbietern bilden die Grundlage für die an Mitanbietern orientierten Standortprinzipien der

(1) Konkurrenzevitation,
(2) Angebotsagglomeration.

Zu (1): Bei Absatzkonkurrenz bleibt die Attraktionskraft eines Einkaufsortes bei Hinzutreten von Mitanbietern im wesentlichen konstant, da sich die Zahl der angesprochenen Bedarfe und die Größe des Einzugsgebietes nicht verändern. Der Umsatz eines zusätzlichen Anbieters geht zu Lasten des Absatzpotentials, das der bisherige Alleinanbieter an diesem Standort erreicht hat. Damit besteht die Gefahr, daß für beide Unternehmen kein tragfähiges individuelles Absatzpotential mehr verfügbar ist, was eine Standortpolitik der *Konkurrenzevitation,* d. h. der *Konkurrenzmeidung* (auch *Streulage*) nahelegt.

Das Prinzip der Konkurrenzevitation tritt zwischen Einzelhandelsunternehmen auf, die weitgehend identische Sortimente anbieten, da durch einfache Addition des Warenangebots die gemeinsame Attraktion nicht vergrößert wird und daher ein fixiertes standortlich erreichbares Marktvolumen zwischen ihnen aufgeteilt werden müßte. Verallgemeinert man diesen Gesichtspunkt, so gewinnt das Prinzip für alle Einzelhändler an Bedeutung, die *standardisierte* Sortimente führen, da diese keine warenseitige Konkurrenzabhebung ermöglichen. Ein extremes Beispiel bieten Apotheken, für die wegen hoher Standardisierung ihrer Sortimente eine konkurrenzbezogene Streulage besonders augenfällig ist.

Weiterhin tendieren Unternehmen mit Sortimenten, die enge Absatzgebiete bedingen, zu dem Prinzip der Konkurrenzevitation. Bei Waren, die von den Konsumenten in *kurzfristigen Einkaufsfrequenzen* beschafft werden, ist selbst bei Vertiefung des Warenangebots durch einen weiteren Anbieter und dem daraus resultierenden Vorteil größerer Auswahl nur schwer eine Überwindung der Beschaffungsbequemlichkeit zu erreichen, die das Gruppeneinzugsgebiet in relevanten Ausmaßen vergrößern könnte. Hier wird deutlich, daß zwischen dem Prinzip der Kundenwohnsitz-Orientierung und der Konkurrenzevitation Komplementarität besteht.

Die Suche nach räumlichen Monopolstellungen verlangt insbesondere aus preispolitischen Gründen eine Standortwahl nach dem Prinzip der Konkurrenzevitation.

$$S = \frac{K \cdot U}{F}$$

S = Sättigungsindex für einen Standort
K = Anzahl der Konsumenten in dem Absatzgebiet
U = durchschn. Ausgaben eines Konsumenten in der betreffenden Branche in einer Zeiteinheit
F = vorhandene Einzelhandelsfläche in dem Absatzgebiet

Hier bestehen die standortlichen Anforderungen darin, Preiswettbewerb durch die Schaffung räumlicher Präferenzen zu vermeiden. Gegen dieses Bemühen richtet sich allerdings die Konkurrenz von Betriebsformen, die auf die Funktion der Raumüberbrückung spezialisiert sind (Distanzhandel, Handel nach dem Domizilprinzip).

Zu (2): Der entgegengesetzte Fall einer Erweiterung des gemeinsamen Absatzpotentials durch Hinzutreten von Mitanbietern wird als *Agglomerationseffekt* bezeichnet [Behrens, K. Chr., 1965, S. 39]. Er basiert auf einer Verstärkung der Attraktionskraft, die zu einer räumlichen Ausdehnung des ursprünglichen Absatzgebietes und/oder zu einer Erschließung neuer Bedarfe durch die Konkurrenten innerhalb des Absatzgebietes führt[32]. Branchengleiche Konkurrenten mit unterschiedlichem Sortenangebot vertiefen das an einem Standort angebotene Sortiment und bieten damit erhöhte Auswahl (*branchengleiche Angebotsagglomeration*). Bei Waren, die der Konsument erst nach einigem Informationsaufwand kauft (shopping goods), entsteht hierdurch eine Verringerung des Wege- und Zeitaufwandes. Für ihn bedeutet das eine Verminderung des Beschaffungsaufwandes bei gleichbleibendem Beschaffungsertrag, die ihm eine Ausdehnung des Beschaffungsradius' ermöglicht und damit zugleich eine größere Absatzreichweite der standortgebundenen Handelsunternehmen bewirkt. Die Ansiedlung branchenfremder Einzelhandelsunternehmen (*branchenfremde Angebotsagglomeration*) hat den Effekt einer Verbreiterung des am Standort angebotenen Sortiments und erbringt vermehrte additive Kaufmöglichkeiten. Sie gibt dem Konsumenten die Gelegenheit des „one-stop-shopping", mit der bei gleichbleibendem subjektiven Beschaffungsaufwand der Beschaffungsertrag pro Einkaufsakt erhöht werden kann. Auch hieraus resultiert bei Ausdehnung der Beschaffungsradien eine Erweiterung des Gruppeneinzugsgebietes. Darüber hinaus ergibt sich eine Erhöhung des Gruppenabsatzpotentials durch das Ansprechen mehrerer im Absatzgebiet vorhandener Bedarfe, die bisher nicht oder an anderen Standorten gedeckt wurden[33].

---

[32] Die Anbieter partizipieren bei Vorliegen eines Agglomerationseffektes gegenseitig von ihrer Attraktionskraft. Als Meßziffer dieser Größe („generative power") schlägt Nelson einen Quotienten (A) vor, der im Zähler die Verkaufsakte an jene Kunden angibt, die ein Unternehmen speziell für diesen Einkauf gewählt haben (V_p) und im Nenner die Gesamtzahl der Verkaufsakte eines Anbieters pro Periode enthält (V_g):

$$A = \frac{V_p}{V_g}$$

[Nelson, 1958, S. 66]. Die Grenzen dieses Meßverfahrens liegen darin, daß die „generative power" über die Befragung von Konsumenten nur für existierende Einzelhandelsunternehmen, nicht aber für Standortplanungen ermittelt werden kann; darüber hinaus ist die Anziehungskraft eines Standortes nur ungenügend auf Mitanbieter und Attraktionsträger zu schlüsseln.

[33] Eine quantitative Abschätzung des absatzstimulierenden Effektes zweier benachbarter sortimentsergänzender Einzelhandelsunternehmen unternimmt Nelson mit seiner „rule of retail compatibility", die in umfangreichen empirischen Studien verankert ist: „Two compatible business located in close proximity will show an increase in business volume directly proportionate to the incidence of total customer interchange between them, inversely proportionate to the ratio of the business volume of the larger store to that of the smaller store, and directly proportionate to the sum of the ratios of purposeful purchasing to total purchasing in each of the two stores" [Nelson, 1958, S. 66].

Behrens, K. Chr., 1965, S. 44, erfaßt diese Regel in folgender Formel:

$$\Delta U = Q(U_G + U_K) \cdot \left(\frac{P_G}{U_G} + \frac{P_K}{U_K}\right) \cdot \frac{U_K}{U_G}$$

Soweit es gelingt, mit der Handelsagglomeration atmosphärisch ein Einkaufserlebnis zu schaffen, entsteht für die Konsumenten ein zusätzlicher Beschaffungsertrag, aufgrund dessen sie eine Erweiterung des Beschaffungsradius' akzeptieren. Dieser Effekt wird insb. bei Einkaufspassagen, -galerien und shopping malls ausgenutzt.

Der Agglomerationseffekt aus einer steigenden Anzahl von Mitanbietern ist für ein Unternehmen so lange vorteilhaft, wie die Umsatzverluste aus dem bisherigen Absatzpotential durch Umsatzsteigerungen aus dem Anteil am zusätzlichen Gruppenabsatzpotential überkompensiert werden, da bis zum Ausgleich der Umsatzveränderung (*Agglomerationsgrenze*) das individuelle Absatzpotential steigt [Schaubild II, 1.3].

Für das standortsuchende Einzelhandelsunternehmen machen diese Zusammenhänge eine Analyse der gegenwärtigen und zukünftigen Konkurrenzsituation notwendig, um die bestehenden Standortbedingungen und ihre möglichen Veränderungen bestimmen zu können. Eine Standortselektion nach dem Prinzip der Absatzagglomeration erfolgt vorrangig aus sortimentspolitischen Anforderungen. Für Produkte, bei denen die Konsumenten einen *großen psychischen Beschaffungsaufwand* auf sich zu nehmen bereit sind, bieten branchengleiche Mitanbieter die notwendigen Vergleichsmöglichkeiten. Das schlägt sich in erhöhter Attraktivität der Unternehmungsgruppe und in erweitertem Gruppenabsatzpotential nieder. Dazu gehören selten oder sogar nur einmalig zu beschaffende Güter mit hoher Wertigkeit oder hohem ego involvement für den Konsumenten. Insbesondere bei wenig standardisierten Produkten und Sortimenten entfaltet eine branchengleiche Agglomeration eine hohe akquisitorische Wirkung (Beispiel: Modeartikel, Antiquitäten). Das Prinzip branchenungleicher Agglomeration ist vor allem für Unternehmen wichtig, die *enge* und *tiefe Sortimente* führen und zur Errichtung eines Mindestabsatzpotentials ein weites Absatzgebiet benötigen, das sie aus eigener Kraft nicht erreichen. Diese Tendenz wird um so stärker, je *geringwertiger* die Produkte (Beispiel: Spezialgeschäft für Damenstrümpfe) und je *spezialisierter* die angesprochenen Bedarfe (Beispiel: Musikalienhandlung) sind. Die Standortwahl in einem Agglomerationsgebiet kann wegen der Irradiation von Imageelementen der benachbarten Unternehmen in der Vorstellung der Konsumenten zu absatzpolitischen Vor- bzw. Nachteilen der einzelnen Läden führen[34].

ΔU = Umsatzzunahme für beide Einzelhandelsunternehmen
Q = Verhältnis, in dem die Käufer die einzelnen Einzelhandelsunternehmen besuchen
U_G = Gesamtumsatz des größeren Einzelhandelsunternehmens
U_K = Gesamtumsatz des kleineren Einzelhandelsunternehmens

$\frac{P_G}{U_G}$ = Prozentualer Anteil der geplanten Käufe an den Gesamtkäufen im größeren Einzelhandelsunternehmen

$\frac{P_K}{U_K}$ = Prozentualer Anteil der geplanten Käufe an den Gesamtkäufen im kleineren Einzelhandelsunternehmen

Zu kritischen Anmerkungen vgl. Nauer, 1970, S. 116.

[34] Diese Imagepartizipation kann als ein Spezialfall des in der Literatur als Prinzip der Standortorientierung behandelten Herkunfts-Goodwill aufgefaßt werden [Behrens, K. Chr., 1965, S. 45].

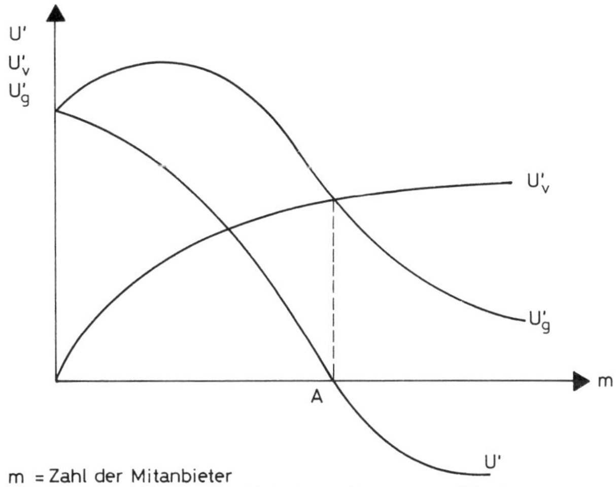

m = Zahl der Mitanbieter
U'_v = Umsatzverlustrate am bisherigen Absatzpotential eines Unternehmens X
U'_g = Umsatzsteigerungsrate am Zuwachs des Gruppenabsatzpotentials
U' = $U'_g - U'_v$ = Nettozuwachsrate des Umsatzes von X
A = Agglomerationsgrenze

In der Darstellung der Agglomerationsgrenze wird angenommen, daß ein Unternehmen mit zunehmender Mitanbieterzahl an seinem Standort degressiv steigende Umsatzverlustraten erleidet. Seine Umsatzsteigerungsrate am Zuwachs des Gruppenabsatzpotentials verläuft zunächst steigend und dann fallend. Das Unternehmen erreicht die Agglomerationsgrenze in jenem Punkt (A), wo die Nettozuwachsrate des Umsatzes den Wert 0 erreicht, da mit weiteren Mitanbietern Umsatzverluste entstehen würden.

Schaubild II, 1.3: Agglomerationsgrenze

Die Möglichkeit der Konsumenten, in Agglomerationslagen Preis- und Leistungsvergleiche vorzunehmen, erbringt für Unternehmen, die als Preisstellungsprinzipien generelle oder differenzierte Preisunterbietung betreiben, eine Profilierungsmöglichkeit in preislicher Hinsicht, die eine solche Lage bevorzugen läßt, soweit es die Standortkosten erlauben. Die individuelle Betriebsgröße in einer Anbieteragglomeration bleibt weitgehend unbestimmt, muß sich jedoch im Rahmen der notwendigen und möglichen Versorgungskapazität für das Gruppenabsatzgebiet bewegen.

Eine systematische Anwendung der Agglomerationsprinzipien erfolgt bei der Komposition von Gemeinschaftswarenhäusern und geplanten Gewerbezentren, wie z. B. Einkaufspassagen in der City oder shopping centers „auf der grünen Wiese" hinsichtlich Branchen, Betriebsformen und -größen[35].

[35] In der Literatur wird begrifflich oft die Unterscheidung zwischen gewachsenen traditionellen Einkaufszentren und geplanten künstlichen shopping centers gemacht [Falk, 1975, S. 34]. Unter dem shopping center versteht Falk, 1975, S. 39, die „... als Einheit geplante, errichtete, verwaltete und von den Institutionen betrieblicher Willensbildung gemeinschaftlich betriebene räumliche

1314 Attraktionsträger

Für Einzelhandelsunternehmen bilden die örtlich vorhandenen Attraktionsträger eine weitere Orientierungsmöglichkeit bei der Standortwahl. Es handelt sich hierbei um *wirtschaftliche, soziale, politische* oder *kulturelle Einrichtungen,* die Versorgungs-, Verwaltungs-, Unterhaltungs- und Vermittlungsleistungen anbieten. Die Nähe zu Attraktionsträgern schafft den Konsumenten die Möglichkeit, ihre Einkäufe mit anderen Aktivitäten zu verbinden. Zudem haben verschiedene Attraktionsträger selbst eine bedarfsstimulierende Wirkung (Beispiel: Gesundheitsprodukte in der Nähe zu Fitness-Einrichtungen). Die Absatzchancen des Einzelhandels bestehen bei diesem Standortorientierungsprinzip darin, sich auf die Zielgruppe der Attraktionsträger und ihre Bedürfnissituation zum Zeitpunkt des dortigen Aufenthaltes einzustellen.

Die Attraktionsträger sind hinsichtlich ihrer Absatzwirkung für ein Einzelhandelsunternehmen nach quantitativen, qualitativen und zeitlichen Aspekten ihrer Anziehungskraft zu typisieren. In *quantitativer* Hinsicht interessiert die Stärke ihrer „generative power", durch die sich für einen in ihrem Kraftfeld liegenden Händler die Absatzreichweite entsprechend ausdehnt. Er partizipiert also an der Attraktionswirkung, die an dem von den Attraktionsträgern induzierten Passantenstrom meßbar ist. In *qualitativer* Hinsicht ist die Zusammensetzung des Stroms potentieller Kunden des Attraktionsträgers zu berücksichtigen. So gibt es mehr oder weniger heterogene und homogene Passanten- bzw. Bedarfsträgerstrukturen (Beispiele: öffentliche Verwaltungsgebäude wie Einwohnermeldeamt einerseits und Schulen andererseits). Bei relativ homogener Zusammensetzung ist eine Schlüsselung der Bedarfsträger nach demographischen und sozio-ökonomischen Struktur- und Verhaltensmerkmalen wichtig, um daraus für den benachbarten Händler die Konsumentenzielgruppe abzuleiten. Weiterhin ist in *zeitlicher* Hinsicht der Besucherrhythmus bei den standortlich ansässigen Attraktionsträgern von Interesse, der sich auf die Einzelhandelsunternehmen in räumlicher Nähe überträgt und dort Probleme der Beschäftigungsschwankungen auslöst. Dabei können Attraktionsträger unterschieden werden, die einen

— kontinuierlichen,
— arhythmisch schwankenden und
— rhythmisch saisonal, monatlich, wöchentlich oder täglich schwankenden

Passantenstrom induzieren. Ein anderer zeitlicher Aspekt bezieht sich auf die Besuchshäufigkeit der einzelnen potentiellen Kunden. In den extremen Ausprägungen dieses Merkmals führen einmalige Besuche zu einer Gelegenheitskundschaft, während periodisch häufige Besuchsrhythmen eine Stammkundschaft für die benachbarten Einzelhandelsunternehmen begründen können.

Die Orientierung an den Attraktionsträgern eines Standortes wird nur für einige Handelsunternehmen zum tragenden Prinzip der Standortwahl. Dagegen nutzen viele Einzelhandelsunternehmen die Information über die Zusammensetzung des durch Attraktionsträger induzierten Besucherstroms als *sekundäres* Standortwahlprinzip im

Konzentration von vorwiegend Einzelhandelsbetrieben sowie ergänzenden, sonstigen dienstleistungs- und handelsorientierten Handwerksbetrieben, ggf. verbunden mit administrativen Einrichtungen". Vgl. zu der Thematik der shopping centers weiterhin Beck, 1978; Falk (Hrsg.), 1982; Dawson, 1983.

Rahmen einer Passantenorientierung [Behrens, K. Chr., 1965, S. 19ff]. In erlebnisorientierten Einzelhandelsagglomerationen wird oft eine Mischung der Orientierungen an Mitanbietern und Attraktionsträgern vorgenommen, zumal letztere oft einen wesentlichen Beitrag zum atmosphärischen Einkaufserleben bieten können. Die Gastronomie hat z. B. in Passagen und innerstädtischen Einkaufszentren vielfach die Bedeutung von Kundenmagneten [Schneider, Wagner, 1983, S. 66].

Zum primären Standortprinzip wird die Orientierung an Attraktionsträgern, wenn das Standortanforderungsprofil im Bereich des Sortiments von Waren bestimmt wird, die den am Attraktionsort entstehenden Bedarf befriedigen können. Die Unterschiedlichkeit der Attraktionsträger mit ihrem Besucheraufkommen bedingt ein *heterogenes* Erscheinungsbild in den Sortimenten. Den speziellen Bedarfsanlässen gemäß sind sie i. d. R. *eng* und *relativ flach.* Vielfach handelt es sich um impulskaufgeeignete Produkte des generellen Bedarfs, mit denen spontan auftretende Bedürfnisse direkt vor Ort befriedigt werden (Beispiel: Süßigkeiten, Getränke), oder um spezielle, von den Attraktionsträgern geprägte Produkte (Beispiel: Souvenirs, Devotionalien). Sofern durch regelmäßige Besucher des Attraktionsträgers Dauerkundschaft entsteht, finden sich erweiterte kundenorientierte Sortimentszusammenstellungen, die nicht nur situationsbedingte Bedarfe der abgeleiteten Zielgruppe befriedigen (Beispiel: Sortiment für allgemeinen Studentenbedarf in der Nähe von Universitätsgebäuden).

Bei der Orientierung an Attraktionsträgern variiert die erreichbare Betriebsgröße mit dem von ihnen induzierten Absatzpotential. Dieses ist i. d. R. gering und nur mit Standortanforderungen kleiner Betriebsgrößen vereinbar. Für die Verkaufsgestaltung stellt sich teilweise das Problem der Beschäftigungsschwankungen, das durch Flexibilität hinsichtlich Ladenöffnungszeiten und Verkaufskapazitäten und gelegentlich durch mobile Standorte gelöst wird.

1315 Transportverhältnisse

Die Transportverhältnisse sind wegen der Notwendigkeit der Raumüberbrückung für Personen und Sachen zwischen den Standorten der Einzelhandelsunternehmen und den Konsumorten von entscheidender Bedeutung für die *Absatzreichweite* der Anbieter. Beim Handel nach dem *Residenzprinzip* bestimmt sich die Größe seines Einzugsgebietes nach dem Beschaffungsradius seiner Kunden. Für die Raumüberbrükkungsleistungen sind subjektive Einschätzungen wirtschaftlicher Entfernungen maßgebend. Je nach Produktart haben die Beschaffungsaufwendungen unterschiedlich starken Einfluß. Sie setzen sich aus den Fahrkosten, der subjektiv zu bewertenden Wegezeit und der subjektiv empfundenen Unbequemlichkeit der Raumüberbrückung zusammen.

Zur Erreichung des standortlich gebundenen Einzelhandels stehen den Konsumenten verschiedene *öffentliche* und *private* Verkehrsmittel zur Verfügung. Um die Standortqualität der Einzelhandelsläden in bezug auf die mit den Verkehrsmitteln gegebenen Transportverhältnisse zu beurteilen, müssen diese nach verschiedenen *Leistungs-, Zeit-* und *Kostenkriterien* analysiert werden, mit denen die Transportmodalitäten und Beschaffungsaufwendungen der Konsumenten zu erfassen sind. Öffentliche Verkehrsmittel unterliegen einer *räumlichen* und *zeitlichen Gebundenheit* des Einsatzes. Zu ihrer Beurteilung müssen für ein Marktgebiet die Dichte des Verkehrsmittelnetzes, Häufigkeit der Verbindungen, Grad der Kapazitätsauslastung, Schnelligkeit, Fahrkomfort und Fahrpreis berücksichtigt werden. Ferner spielen dann die fußläufigen Entfernungen zu den Haltestellen eine Rolle. Private Verkehrsmittel sind für die Konsumenten dagegen *frei disponibel*[36]. Die Standortqualität der Einzelhandelsläden ergibt sich hier aus der Lage zu dem Straßen- und Parkplatzsystem. Um die Zeit- und Bequemlichkeitskomponente dieser Transportart zu erfassen, müssen die Verkehrskapazitäten in Relation zur örtlichen Verkehrsdichte beachtet werden. Mit den Verkehrsflächenbelastungen für fließenden und ruhenden Verkehr ergeben sich durchschnittlich mögliche Reisegeschwindigkeiten und Parkplatzmodalitäten für Kraftfahrzeugbenutzer.

Eine Orientierung an Transportverhältnissen ist für Unternehmungen mit *engen* Einzugsgebieten, die von den Konsumenten zu Fuß aufgesucht werden, von *geringer* Bedeutung. Damit schließen kundenwohnsitz-orientierte Standorte die Realisierung dieses Prinzips weitgehend aus. Dagegen müssen alle Einzelhandelsunternehmen, die *weitere* Absatzgebiete ansprechen wollen, die Orientierung an Transportverhältnissen *zumindest* als *sekundäres* Standortprinzip in Betracht ziehen. Für primär passantenorientierte Unternehmen besteht die Notwendigkeit, nicht nur die Erreichbarkeit ihrer Standorte für Fußgänger zu prüfen, sondern auch großräumiger die Verkehrsmittel zu berücksichtigen, die von ihren Kunden vorher benutzt werden. Bei Unternehmen, die ihren Standort an Autopassanten orientieren, liegt implizit schon eine Ausrichtung an den Verkehrsverhältnissen vor. Auch agglomerationsorientierte Unternehmen sind wegen der tendenziell größeren Gruppenabsatzgebiete auf gute verkehrstechnische Erreichbarkeit angewiesen und benutzen die Transportverhältnisse als sekundäres Standortwahlprinzip. Großbetriebe des Einzelhandels, die aufgrund ihrer Sortimente eine Agglomeration mit anderen Händlern nicht benötigen, stellen hohe Anforderungen an ein Mindestabsatzpotential, die nur bei großen Absatzreichweiten zu realisieren sind. Bei ihnen kann die Orientierung an den Transportverhältnissen zum vorrangigen Standortprinzip werden.

Die Orientierung an Transportverhältnissen in Verbindung mit weiträumigen Absatzgebieten wird von einem Standortanforderungsprofil gestützt, das im Einkaufsverhalten der Zielgruppe durch größere Beschaffungsmengen und -werte bei relativ geringer periodischer Beschaffungshäufigkeit gekennzeichnet ist. Eine schematische einseitige Zuordnung dieses Verhaltens zum Warentyp „shopping good" ist nicht möglich, da bei verbesserten Konservierungs- und Lagertechniken der Haushalte und bei rationellerer Beschaffungspolitik auch Güter der Kategorie „convenience good" in größeren Mengen und längeren Einkaufsperioden gekauft werden.

Die Konsumentenzielgruppe bestimmt mit ihrem Motorisierungsgrad und ihren Einkaufsgewohnheiten die spezifische Ausrichtung der Standortwahl auf private und öffentliche Verkehrsmittel. Diese Transportalternative für den Einkauf prägt wesentlich die Standortkonkurrenz zwischen City und Stadtrandlage „auf der grünen Wiese", die eine wechselnde Entwicklung genommen hat: Lange Zeit boten die *Stadtregionen* für beide Orientierungen attraktive Bedingungen, da hier ein konzentriertes

---

[36] Zum Vergleich öffentlicher und privater Verkehrsmittelarten vgl. Wotzka, 1970, S. 174f; Müller, W., 1970, S. 220—290.

Angebot öffentlicher Verkehrsmittel und ein dichtes und wenig belastetes Straßennetz für private Kraftfahrzeugbenutzer in Verbindung mit ausreichenden Parkgelegenheiten zur Verfügung stand. Insbesondere das Warenhaus profitierte von dieser Anziehungskraft der Citylage. Mit dem Anwachsen der Städte und der fortschreitenden Trennung in den städtischen Funktionen Arbeit, Wohnen, Freizeit und Versorgung in den 70er Jahren entstand ein Berufs-, Wirtschafts- und Einkaufsverkehr, der wegen zunehmender Benutzung privater Kraftfahrzeuge die Verkehrswege der Innenstädte immer stärker belastete und bei den gegebenen Ladenöffnungszeiten und dem weitgehend starren Termin des Arbeitsschlusses die Attraktivität der City aufgrund wachsender Wegwiderstände sinken ließ[37]. Das Verkehrsproblem der Innenstädte verschärfte sich noch durch die Tatsache, daß nur ein geringfügiger Prozentsatz des Verkehrsaufkommens dem fließenden Verkehr zugerechnet werden kann. Der überwiegende Teil der in der Stadt befindlichen Fahrzeuge ist von den meist berufstätigen Dauerparkern, dem haltenden Wirtschaftsverkehr für Belieferungen und von den meist einkaufenden Kurzparkern abgestellt [Wotzka, 1970, S. 171].

Damit konnten die Innenstädte die bei autogerechten Standorten gestellten Anforderungen an die Flächen für den ruhenden und fließenden Verkehr immer weniger erfüllen. Das wirkte sich für den Einzelhandel in einem Attraktionsverlust der innerstädtischen Standorte aus. Als Folge entstanden vornehmlich verkehrsorientierte Einzelhandelsunternehmen in *Vorortzentren* und *zwischenstädtischen Zentren* (Beispiele: nicht-integrierte shopping centers wie Ruhrpark, Rhein-Main-Taunus-Zentrum). Diese Konkurrenzentwicklung zwischen City und „grüner Wiese" hat wesentlich zur Krise des Warenhauses beigetragen.

Durch verschiedene städtische Maßnahmen der Verkehrsplanung und Stadtsanierung wird in jüngerer Zeit eine Revitalisierung der Städte betrieben, wobei u. a. die verkehrstechnische Lage der Innenstädte verbessert wird, um damit auch für die dort ansässigen Einzelhandelsunternehmen die Transportbedingungen günstiger zu gestalten (Beispiel: Fußgängerzonen mit umliegenden Parkhäusern). Die Handlungsmöglichkeiten sind insofern begrenzt, als die nur schwer zu bewältigenden Probleme des Individualverkehrs in den Städten eine stärkere Nutzung des öffentlichen Personenverkehrs erfordern, der aber bisher gemäß empirischer Ermittlungen [Bundesarbeitsgemeinschaft der Mittel- und Großbetriebe des Einzelhandels (Hrsg.), 1984] als Alternative zur Einkaufsfahrt mit dem Pkw noch nicht voll akzeptiert wird. Allerdings wirkt sich als unterstützender Trend zur Innenstadt der Bedarf nach freizeitgestaltenden Einkaufserlebnissen aus [o. V., asw-Report, 1987, S. 26ff].

132 Prinzipien der Standortanpassung und -gestaltung

Die Bedingungen eines Standortes unterliegen im Zeitablauf Veränderungen, die in jedem Orientierungsbereich auftreten können. Die zunehmende *Umweltdynamik* macht dieses Problem der Standortumwertungen für den Einzelhändler drängender

[37] Zum Attraktionsverlust der Städte vgl. die empirische Untersuchung der Bundesarbeitsgemeinschaft der Mittel- und Großbetriebe des Einzelhandels, BAG (Hrsg.), 1984.

[Brandenburg, 1985, S. 25ff]. Berger [1978, S. 5] sieht in den Veränderungen der Standortbedingungen ein wesentliches Element der „store erosion". Für ein Handelsunternehmen ist eine diesbezügliche Ursachenanalyse wichtig, um Veränderungen der Standortqualitäten danach einordnen zu können, ob es sich um regionale, lokale oder punktuelle bzw. situative oder strukturelle Abweichungen von den Ausgangsbedingungen der Standortwahl handelt.

Dem Einzelhändler stehen bei Standortumwertungen folgende Handlungsmöglichkeiten zur Verfügung:

(1) Abstimmung der Standortanforderungen auf die sich ändernden Bedingungen (Standortanpassung),
(2) Beeinflussung der Standortbedingungen (Standortgestaltung)
   — einzelbetrieblich
   — gemeinsam mit anderen Unternehmen oder sonstigen Institutionen.

Die eindeutige Zuordnung eines konkreten Maßnahmenbündels zu den oben abgegrenzten Bereichen ist zwar problematisch, da sie sich gegenseitig beeinflussen; jedoch kann die vorgenommene Systematisierung einer überschaubaren Darstellung dienen.

Zu (1): Der Aktionsteilbereich der *Standortanpassung* ist im Vergleich zu den unter (2) zu nennenden Maßnahmen elastischer zu handhaben, indem hier eine Ausrichtung der übrigen absatzwirtschaftlichen Aktionsbereiche auf die geänderte Bedingungskonstellation erfolgt. Diese Anforderungsanpassung stellt im Rahmen der *kurzfristig* einsetzbaren absatzpolitischen Aktionsmittel eine ständige Reaktion auf Änderungen in den Standortbedingungen dar (Beispiele: Bedarfsänderung → Sortimentsänderung; Veränderung der Transportverhältnisse → Einsatz eines Warenauslieferungssystems). Darüber hinaus können auch die den Betriebstyp konstituierenden Absatzprinzipien soweit korrigiert werden, daß die Unternehmung *strukturell* den geänderten Standortbedingungen entspricht. So kann ein Einzelhändler unter Beibehaltung seines bisherigen Standortes durch eine grundlegend geänderte Absatzpolitik erfolgreich ein neues Marktsegment ansprechen. Eine getrennte Darstellung aller Aktionsmöglichkeiten innerhalb des Prinzips der Anforderungsanpassung erscheint nicht notwendig, da diese im Rahmen der anderen Aktionsbereiche behandelt werden.

Zu (2): Der Aktionsteilbereich der *Standortgestaltung* richtet sich auf eine Beeinflussung des standortlichen Bedingungsgefüges. Dazu kann im Rahmen einer eher reaktiven Standortpolitik bei einer sich negativ auswirkenden Qualitätsänderung (Standortumwertung) die Erhaltung der Standortoptimalität angestrebt werden. Eine eher *aktive* Standortpolitik richtet sich darauf, „Standorte zu machen", d. h. also mit eigenen, aus Standortanforderungen abgeleiteten Zielsetzungen die Bedingungsfaktoren des Standortes zu verändern.

Die Maßnahmen der Standortgestaltung können von einem Einzelhandelsunternehmen allein oder gemeinsam mit anderen verfolgt werden: Der *einzelbetriebliche* Handlungsspielraum hängt von den Einflußmöglichkeiten ab und steigt i. d. R. mit wachsender Unternehmensgröße. Ein Beispiel bieten autoverkehrsorientierte Unternehmen, die zur Verbesserung der Transportverhältnisse den Bau von eigenen Parkplätzen und Zufahrten betreiben oder für ihre Kunden Parkgebühren übernehmen.

Die *gruppenbetriebliche* Standortgestaltung setzt — wie alle kooperativen Maßnahmen — ein Mindestmaß an Interessenidentität voraus. Diese wird um so eher gegeben sein, je mehr die gemeinsam unternommenen Anpassungsmaßnahmen alle Kooperationsmitglieder gleichermaßen begünstigen.

Regionale Veränderungen der Bedingungslage stellen wegen der nahezu gleichartigen Wirkung auf alle in diesem Bereich angesiedelten Einzelhandelsunternehmen ein günstiges Feld für gemeinsame Aktionen dar. Von den Unternehmen selbst getragene Maßnahmen zur Verbesserung der Transportverhältnisse sind z. B. die gemeinsame Errichtung und Nutzung von Parkplätzen oder Parkhäusern und die Gründung von Parkgemeinschaften zur Erstattung von Parkgebühren. Eine Verbesserung der Standortbedingungen im Bereich der Mitanbieter besteht in kooperativer Gestaltung der Absatzpolitik. So kann z. B. im Aktionsbereich der Sortimentsgestaltung eine Abstimmung der Betriebssortimente auf ein optimal zusammengesetztes Standortsortiment hin erfolgen, um die akquisitorischen Möglichkeiten einer Agglomeration auszuschöpfen [Wotzka, 1970, S. 385]. Auch die gemeinsame Errichtung von Attraktionsträgern zur Erhöhung der Passantenfrequenz ist möglich.

Die oben beschriebene Problematik der *City-Entwicklung* hat eine Fülle von Gemeinschaftsaktivitäten hervorgerufen, mit denen eine Erhaltung und Ausdehnung des zentralstädtischen Einzugsgebietes (Makromarktgebietes) angestrebt wird, die für das einzelne Unternehmen die Bedingungslage verändert. So werden Fördervereine oder Einzelhandelsgemeinschaften gegründet, die eine Art kooperatives City-Management zur Wiederbelebung städtischer Funktionen betreiben[38].

Ein wichtiger Aspekt der aktiven gruppenbetrieblichen Standortgestaltung bezieht sich auf das *Standortimage,* d. h. also die Formung kongruenter Einstellungen der Konsumenten zu einem Standort [Henseler, 1977, S. 146]. Durch die Entwicklung von Standortimages werden „Einkaufsadressen“ gemacht. Dieses Konzept ist insb. auf Einkaufspassagen und -galerien anzuwenden, die mit einem gemeinsamen Management betrieben werden, oder auch auf Cities in bezug auf die Konsumenten des Makro-Marktgebietes.

Alle Kooperationen der Standortgestaltung werfen die *free-rider-Problematik* auf, indem die Ergebnisse des kooperativen Handelns *allen* Unternehmen in einer Agglomerationslage unabhängig von ihrer Beteiligung zugute kommen [Schöler, 1981, S. 326ff]. Aktivitäten zur Einschränkung dieses Effektes sind ein wichtiger Faktor des Bestandes von Aktionsgemeinschaften.

Betriebliche Gemeinschaftsaktionen zur Verbesserung von Standortbedingungen tangieren oft öffentliche Interessen. Die Einbeziehung kommunaler Entscheidungsträger und — soweit parallele Interessen vorliegen — auch die Anregung von komplementären öffentlichen Maßnahmen ist ein wesentlicher weiterer Handlungsbereich gruppenbetrieblicher Standortgestaltung[39]. Derartige unterstützende Maßnahmen bestehen in der

---

[38] Zur vertiefenden Lektüre über kooperative Einzelhandelsgemeinschaften in den Cities vgl. Schöler, 1981, S. 264—340; o. V., asw-Report, 1987, S. 26—35.

[39] Zu dieser Einflußnahme sind die Einzelhandelsbetriebe in einer pluralistischen Gesellschaftskonzeption zwar legitimiert; der Umfang ihres Einflusses muß jedoch auch kritisch hinterfragt werden. Siehe dazu auch Körber, 1971, S. 118—144.

— Gestaltung des Verkehrs (Verkehrswege- und Verkehrsmittelplanung mit der gemeinsamen Errichtung und Instandhaltung von Parkhäusern, mit der Einführung von park-and-ride-Systemen[40] und der Abgrenzung und Gestaltung von Fußgängerzonen,
— Gestaltung des Angebots kommunaler Leistungen (Errichtung und Unterhaltung von Freizeit- und Kulturinstitutionen).

133 Prinzipien der Standorterweiterung

Die bisherigen Betrachtungen richteten sich auf die Wahl eines *einzigen* Standortes einer Einzelhandelsunternehmung. Für den Residenzhandel ist mit dem örtlichen Beschaffungs- und Absatzpotential die Unternehmensgröße weitgehend festgelegt. Expansionsbestrebungen können nur durch dezentrale Leistungserstellung im Rahmen von Filialisierungsprozessen realisiert werden. Diese sind mit Standorterweiterungen[41] verbunden. Während die Problematik der Filialisierung mit ihren ursächlichen Hintergründen als Markt- und Wachstumsstrategie abgehandelt wird [Kap. IV, 41], sind hier lediglich einige standortliche Folgeaspekte zu betrachten. Aufgrund des starken Unternehmenswachstums im Handel ist der Aktionsteilbereich der Standorterweiterung inzwischen von hervorragender Bedeutung.

Standorterweiterungen sind eine Kette von einzelnen Standortwahlentscheidungen, für die gleiche Orientierungsprinzipien gelten, wie sie vorangehend analysiert wurden. Ein wesentlicher Unterschied besteht darin, daß die einzelne Standorterweiterungsentscheidung in bezug zu den bereits realisierten und den geplanten Standorten gesehen werden muß, so daß sich die folgenden Überlegungen auf die innere Verkettung von Standortentscheidungen reduzieren können. In diesem Zusammenhang ist die Unterscheidung in

(1) multiple Standorterweiterung und
(2) funktionale Standorterweiterung

von Nutzen [Uherek, 1962, S. 32ff].

Zu (1): Bei *multipler* Standorterweiterung erfolgt die Leistungserstellung und -verwertung je als *Gesamtheit* an den getrennten Standorten. Zwischen den Betriebsstätten bleibt nur eine Leistungsverbindung auf höchster Managementebene erhalten. Die Gründe für derartige multiple Standorterweiterungen liegen im Residenzhandel immer im Absatzbereich aufgrund seiner stärkeren Absatzorientierung. Die im ein-

---

[40] Mit dem park-and-ride-System wird eine Verbindung in der Benutzung privater und öffentlicher Verkehrsmittel geschaffen. Diese soll das Verkehrsaufkommen der privaten, flächenextensiven Fahrzeuge in den Innenstädten reduzieren, indem an den City-Rändern auf Zugängerstraßen Auffangparkraum geschaffen wird und schnelle attraktive Verbindungen zur Stadtmitte durch Massenverkehrsmittel mit kurzer Haltepunktfolge hergestellt werden.

[41] Uherek, 1962, S. 32ff, und Behrens, K. Chr., 1965, S. 217ff, gebrauchen in diesem Zusammenhang den Begriff der *Standortspaltung* im Gegensatz zur Standorteinheit. Dagegen wird argumentiert, es handele sich nicht um die Spaltung eines Standortes, sondern um die Aufgliederung des Gesamtbetriebes in Teilbetriebe an verschiedenen Standorten. Vgl. dazu Alewell, 1967, S. 185; Wotzka, 1970, S. 362.

zelnen zu realisierenden Orientierungsprinzipien folgen aus der Art der zugrundeliegenden Filialisierung. Bei regionaler Differenzierung des gleichen Leistungsangebots wird eine Addition identischer Standortentscheidungen vorgenommen. Dagegen erfordert eine Betriebsformendiversifikation bei unterschiedlichem Leistungsangebot entsprechend variierende Standortbedingungen. Der Bezug zwischen den Standorten ist ein Problem der strategischen Unternehmensentwicklung und berührt Fragen der regionalen Repräsentanz als Ausdruck der Wettbewerbsstärke und der regionalen Risikostreuung.

Zu (2): Die *funktionale* Standortspaltung ist die weit häufigere Form der Standorterweiterung, bei der eine räumliche Arbeitsteilung zwischen den standortlich getrennten Teilbetrieben stattfindet. Hierbei werden Teile der Leistungserstellung und -verwertung an getrennten Standorten vollzogen, um für die betrieblichen Teilfunktionen Verwaltung, Lagerhaltung, Beschaffung und Absatz die jeweils adäquaten Standorte wählen zu können und *Rationalisierungsmöglichkeiten* aus den voneinander unabhängig zu bestimmenden Größeneinheiten der Leistungsstätten zu nutzen. Im allgemeinen werden aus absatzwirtschaftlichen Gründen die Erfordernisse einer Dezentralisierung und aus beschaffungswirtschaftlichen und innerbetrieblichen Gründen die Vorteile einer Zentralisierung realisiert.

Die absatzseitige Aufgliederung der Standorte kann — der multiplen Standorterweiterung vergleichbar — mit gleichartigen oder im Leistungsangebot differenzierten Verkaufsstellen erfolgen. Die Zielsetzungen bestehen auch hier in einer Überwindung lokaler Marktgrenzen im Sinne eines *Unternehmungswachstums* oder in einer *Diversifizierung* des absatzwirtschaftlichen Leistungsangebots. Darüber hinaus ist eine Standorterweiterung für die Ausübung einzelner absatzwirtschaftlicher Funktionen möglich, um eine *qualitativ bessere* oder *kostengünstigere* Versorgung der Konsumenten zu erreichen. So richten die Versandhäuser teilweise Auslieferungsläger für eine schnellere Belieferung ein. Unter kostenwirtschaftlichen Aspekten werden z. B. Musterräume für raumextensive Güter von Stammhäusern räumlich entfernt an kostengünstigere Standorte verlegt.

Neben dieser absatzseitigen Standorterweiterung wird ferner eine räumliche Trennung der Leistungsstätten für Verwaltung, Lagerhaltung und Beschaffung vornehmlich aus Kostengründen vorgenommen. Dies führt dann zur Errichtung von Zentralverwaltungen, Einkaufszentralen, Zentrallägern, die jeweils solche Gebiete mit Betriebsleistungen versorgen, für die die Leistungserstellung am kostengünstigsten erfolgt. Die Standortwahl solcher zentralen Einrichtungen kann nach dem Schema von Standortanforderungen und -bedingungen durchgeführt werden.

Da bei der funktionalen Standorterweiterung eine Abstimmung der dezentralen Leistungserstellung notwendig ist, stellt hier der räumliche Bezug zwischen den Betriebseinheiten eine besondere Anforderung an die Standortplanung. Es sind bei Personal- und Warenbewegungen logistische Probleme zu lösen[42]. Neue Informationstechnologien erleichtern eine Dezentralisierung der Leistungserstellung durch die Verbesserung und Verbilligung raumloser Übermittlung von Informationen.

---

[42] Zur vertiefenden Lektüre vgl. Ihde, 1972.

2 Absatzseitige Sortimentspolitik

21 Grundlagen der Sortimentspolitik

Begriffe

Unter Sortiment soll in Anlehnung an Gümbel die auf einen *Zeitpunkt* bezogene *gedankliche Auswahl* und *Kombination* jener *Objekte* verstanden werden, die ein Unternehmen im *Markt verwertet*[1]. Marktobjekte des Einzelhandels sind primär *Waren* des Konsumgüterbereichs. Zusätzlich bietet der Handel Dienste an. Dies sind zum einen *an Waren gebundene Dienstleistungen,* wie z. B. Reparaturen, die hier nicht dem Aktionsbereich Sortiment, sondern dem Kundenservice zugeordnet werden. Zum anderen gibt es *Dienste,* wie z. B. Versicherungsleistungen, Kursangebote, die als *selbständige Marktobjekte* anzusehen sind. Der institutionelle Handel betreibt zunehmend eine derartige Erweiterung seines Angebots und diversifiziert damit in das Dienstleistungsgewerbe hinein. Ich beziehe diese Dienste in die Betrachtung ein, wenngleich der Schwerpunkt der Sortimentsuntersuchung auf den Waren als Marktobjekte liegen soll[2].

Mit dem Definitionsbestandteil *„gedankliche* Auswahl und Kombination" wird zum Ausdruck gebracht, daß neben dem physischen auch das verbale und bildhafte Angebot der Waren in Form von z. B. Musterkatalogen dem Sortiment zugeordnet ist, soweit es den Konsumenten zur Auswahl unmittelbar zugänglich gemacht wird. Damit gehört also neben dem örtlich präsenten Lagersortiment auch das sog. Bestellsortiment zum Angebot eines Einzelhandelsunternehmens[3]. Weiterhin ist ein Sortiment als *gleichzeitiges* Angebot von Produkten zu definieren, so daß der Sortimentsbegriff auf einen Zeitpunkt hin bezogen werden muß. Sortimentspolitik stellt sich demnach als gedankliches Auswählen von Marktobjekten aus einem universellen Güter- und Dienstleistungsbestand dar[4], die im Zeitablauf als Angebotssequenzen dem Absatzmarkt präsentiert werden [Schaubild II, 2.1].

Zwischen *Lagerhaltung* und Sortimentsgestaltung bestehen so enge Wechselwirkungen, daß praktische Entscheidungen meist beide Bereiche tangieren. Dennoch soll hier eine Abgrenzung vorgenommen werden, indem die Auswahl und Kombination von Produkten der Sortimentspolitik zugeordnet wird, während der Gesichtspunkt der „wert- und/oder mengenmäßigen Vorrätigkeit"[5] als Problem der Lagerhaltung hier ausgeklammert bleibt.

---

[1] Vgl. Gümbel, 1963, S. 53ff. Auf ihn beziehen sich die meisten der nachfolgenden Publikationen.

[2] Ähnlich verfährt auch Müller-Hagedorn, 1984, S. 145.

[3] Bei Einzelhändlern allerdings, die aufgrund von Branchenkatalogen weitgehend alle Bestellungen ihrer Konsumenten realisieren können (Beispiel: Buch- und Schallplattenhandel, Apotheken), ist der Sortimentsbegriff als praktische Konvention auf das physische Warenangebot zu beschränken, da nur in diesem Bereich eine eigenständige Auswahlleistung der Händler vorliegt.

[4] Der in der Literatur übliche Begriff des Total- oder Universalsortiments [u. a. Gümbel, 1963, S. 60; Flach, 1966, S. 26] ist genau genommen ein Widerspruch in sich.

[5] Anders dagegen Gissinger, 1964, S. 14, der die vorrätige Menge einer Ware als Sortimentsdimension betrachtet.

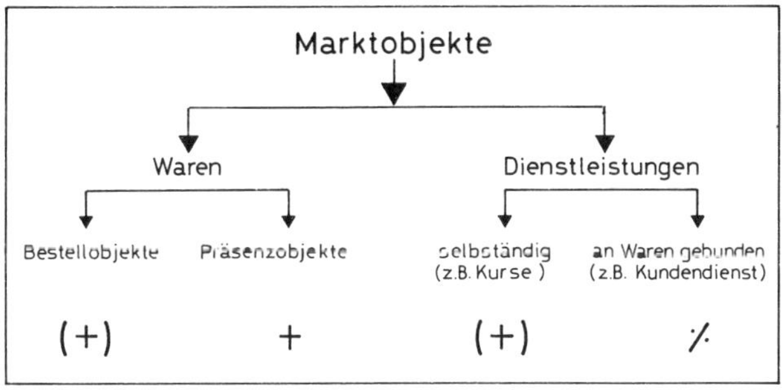

Schaubild II, 2.1: Gegenstand des Sortimentsbegriffs

Empirische Relevanz

Die zentrale Bedeutung der Sortimentspolitik für den Einzelhandel zeigt sich allein darin, daß sie — historisch gesehen — bei der Entwicklung der Betriebsformen verschiedentlich als konstituierendes Merkmal fungiert hat (Beispiele: Warenhaus, Boutique). Eine hohe Bedeutung wird ihr auch in den funktionsorientierten Handelsbetriebslehren zugesprochen, in denen sie als qualitative Überbrückungsfunktion oder Warenumgruppierungsfunktion ausgewiesen ist [Seyffert, 1972, S. 10; Behrens, K. Chr., 1972]. Buddeberg gibt ihr die Bedeutung einer *Kernfunktion* [Buddeberg, 1959, S. 28, 54]. Ähnlich äußert Tiburtius, daß in der Zusammenfassung von Waren zu einem „Sortiment" die *grundlegende Leistung* eines Handelsbetriebes bestehe. Der Handel ermögliche den Herstellern die technische Spezialisierung und den Verbrauchern eine bedarfsgerechte Güterkombination. Damit unterstütze er durch entsprechende Sortimentspolitik seine Marktpartner bei der Lösung ihrer Produktions- und Bedarfsdeckungsprobleme [Tiburtius, 1958, S. 15f]. In der neueren Literatur zum Handelsmarketing wird die grundlegende Bedeutung der Sortimentspolitik als Gestaltungsparameter zur Schaffung akquisitorischen Potentials ähnlich eingeschätzt [Böcker, 1978, S. 16].

Die sortimentspolitischen Leistungen des Einzelhandels sind für seine Marktpartner und damit für seine eigene Existenz um so wichtiger, je *spezialisierter* und *bedarfsferner* einerseits das Angebotsprogramm der Lieferanten ist und je mehr *Nutzen* die Konsumenten andererseits bei der Beschaffung ihrer Produkte aus einer geeigneten Warenvorauswahl ziehen. Um ihre Beschaffungsmühen möglichst niedrig zu halten, suchen die Konsumenten Vergleichsmöglichkeiten bei dem Einkauf *eines* Produktes oder brauchen Unterstützung bei der Beschaffung *mehrerer* Produkte in einem Einkaufsgang. Die Bedeutung der Sortimentsleistungen für den Konsumenten ist in den einzelnen Warenbereichen sehr verschieden und hängt daneben von dem Anforderungsprofil des Marktsegments ab, das ein Einzelhändler ansprechen will. Diese Unterschiede kommen dadurch zustande, daß produkt- und segmentspezifische Differenzen in den Transaktionskosten [Kap. I, 134] durch den Verbund von Warenangeboten entstehen. Auf ihnen basieren unterschiedliche Grade akquisitorischer Wirkungen, die mit der Sortimentspolitik zu erzielen sind.

Mit der Sortimentspolitik der Einzelhandelsunternehmen werden in der Distribution Prozesse der *zwischenbetrieblichen Arbeitsteilung* und *-vereinigung* organisiert.

Die dabei zugrunde liegenden Ordnungsprinzipien wechseln im Zeitablauf. Allgemein ist im Einzelhandel seit längerem eine sortimentspolitische Umstellungstendenz zu beobachten, indem in vielen Bereichen die ehemals stärkere Orientierung an beschaffungswirtschaftlichen und innerbetrieblichen Faktoren durch eine mehr absatzwirtschaftliche Ausrichtung abgelöst wird und zudem neben den Waren selbständige Dienstleistungen angeboten werden. Das heißt, daß insgesamt die absatzpolitische Relevanz der Sortimentspolitik zugenommen hat, was ich auf folgende Entwicklungen zurückführe:

(1) Entstehung und Verbreitung des Markenwesens der Hersteller,
(2) Differenzierung des gesamtwirtschaftlichen Güterangebots.

Zu (1): „Der entscheidende Wesenszug der Sortimentsbildung ist bis in die Mitte des vorigen Jahrhunderts die Beschaffungsorientierung... Das Wissen um die Bezugsquellen, das Finden und Sichern der Beschaffungswege, die Kenntnis der Waren und ihrer stofflichen Eigenheiten sind die zentralen sortimentspolitischen Fragen, da das Problem des Absatzmarktes, das Aufsuchen der kaufkräftigen Nachfragezentren im Vergleich zur Beschaffung einfacher war" [Gümbel, 1963, S. 18]. Durch die Ausbreitung des Markenwesens wurde das Auffinden der Beschaffungsquellen zunehmend unkomplizierter. *Funktionsverlagerungen* auf die *Hersteller* durch Vorverpackung der Produkte, Qualitätsgarantie, Markierung und Sprungwerbung sowie ggf. auch durch die Preisgestaltung machten die Produkte konsumreifer und verringerten die ursprünglichen Anforderungen an die Leistungen des Handels. Damit erweiterte sich der Kreis von Händlern, die diese Produkte führen konnten. Gleichzeitig gewannen damit wettbewerbliche Gesichtspunkte des Absatzes bei der Warenzusammenstellung an Bedeutung. Auch konnten gesetzliche und traditionsbestimmte Beschränkungen der Sortimentspolitik gelockert werden, die ehemals zur Sicherung sachverständiger Produktbehandlung die technologisch begründeten Branchengrenzen gefestigt hatten.

Zu (2): Die Aufgabe der Sortimentspolitik ergibt sich wesentlich aus dem Warenpotential in einer Wirtschaft. Auf der Grundlage der Markenpolitik von Hersteller und Handel hat sich das *Warenvolumen* in der Bundesrepublik in gewaltigen Dimensionen *erweitert.* Man nimmt an, daß es zu Beginn des 20. Jahrhunderts nur ca. 1000 Konsumgüter gab [Tietz, 1985a, S. 305]. Demgegenüber wurden in den 70er Jahren allein 250.000 Sorten Lebensmittel geschätzt. Mit dieser Ausweitung von differenzierten Konsummöglichkeiten stieg die Bedeutung des Selektionsprinzips, das mit der Sortimentsgestaltung des Handels als gatekeeper wahrgenommen wird. Allerdings geht mit der quantitativen Vielfalt eine gewisse qualitative Vereinheitlichung einher. Die angebotenen Markenerzeugnisse verlieren in vielen Branchen an Profil, so daß insgesamt die Austauschbarkeit größer wird. Dieses Phänomen schmälert nun wiederum den akquisitorischen Effekt der Selektionsentscheidung.

Im Zuge dieser Entwicklungen findet eine erhebliche *Umstrukturierung* und *Erweiterung* der Handelssortimente statt. Die ursprünglichen Branchengrenzen werden überschritten[6], neue sortimentspolitische Grundsätze treiben die „Dynamik der Be-

[6] Das Produkt Zahnpasta z. B., das ursprünglich lediglich in Apotheken angeboten wurde, ist inzwischen in Drogerien, Friseurläden, Warenhäusern und im non-food-Sortiment von Supermärkten und Lebensmittelgeschäften erhältlich.

triebsformen“ voran und rufen wiederum Assimilationsprozesse hervor. Es besteht insgesamt ein starker Trend zur Ausweitung des Leistungsangebots, der generell auf das handelstypische Bestreben zurückzuführen ist, Kundenkontakte umsatzwirtschaftlich auszunutzen. Dadurch kommt eine zunehmende wettbewerbliche Überschneidung von Handelssortimenten zwischen den Betriebsformen und ihren Betrieben zustande. Zudem finden mit der Aufnahme von Dienstleistungen wie z. B. der Konsumfinanzierung [Kap. II, 6] wettbewerbliche *Übergriffe* in den *Dienstleistungssektor* statt[7]. Es ist fraglich, wie weitgehend sich Ausmaß und Berechtigung dieser Entwicklung unter einzelwirtschaftlich rationalen Gesichtspunkten vertreten und kontrollieren lassen. Ein Urteil darüber ist deshalb schwierig, weil aufgrund der kosten- und ertragsmäßigen Verbundenheit einzelner Produkte in den Handelssortimenten eine Zurechnung zusätzlicher Gewinne auf die Bestandteile eines erweiterten und umstrukturierten Sortiments kaum durchführbar ist.

Die zunehmenden Sortimentsüberschneidungen, die eine Vervielfältigung des Angebots einzelner Produkte im Einzelhandelsangebot auslösen, sollten auch unter *gesamtwirtschaftlicher Perspektive* betrachtet werden. Sie könnten sich als eine Quelle gesamtwirtschaftlicher *Wertevergeudung* herausstellen, wenn sich damit die distributiven Kosten- und Ertragsverhältnisse der Gesellschaft verschlechtern [Schreiterer, 1960, S. 107; Jaster, 1963, S. 79]. Unter Berücksichtigung des weiter oben entwickelten Aspektes, daß produktionstechnisch homogene Produkte in den Sortimenten der Händler eine Heterogenisierung erfahren, kann dieses Problem auch in die Frage nach der *gesamtwirtschaftlich optimalen distributiven Produktdifferenzierung* umgedeutet werden[8].

Eine Stellungnahme hierzu kann aufgrund mangelhafter Operationalisierbarkeit nur Tendenzen in den Einflußfaktoren aufzeigen. Die gesamtwirtschaftlichen Erträge der distributiven Produktdifferenzierung bestehen in der Besserstellung der Konsumenten bei der Beschaffung ihrer Produkte (Beschaffungsqualität). Dieser Vorteil resultiert im wesentlichen aus der größeren Einkaufsbequemlichkeit (Verringerung der bewerteten subjektiven Beschaffungsmühen und -zeiten). Er erfährt allerdings eine deutliche Begrenzung in zunehmenden Problemen der Transparenz über die Erhältlichkeit von Produkten.

Die distributive Produktdifferenzierung verursacht auf der anderen Seite zusätzliche gesamtwirtschaftliche Kosten. Die Beschaffungskosten des Handels steigen durch die Vervielfältigung der Distributionswege für ein Produkt, die Lagerhaltung wird notgedrungen größer, so daß mehr Zinsen für das im Lager gebundene Kapital aufzubringen sind und die Wertminderungen für Verlust und Schwund zunehmen. Insgesamt werden zudem mehr Personal und Kapazitäten an Lager- und Verkaufsraum sowie Einrichtungen benötigt, so daß mit höheren Personalkosten, Mieten und Abschreibungen zu rechnen ist.

---

[7] Vgl. z. B. den derzeitigen Trend von Integrationsformen des Handels in den Bereich der Finanzdienstleistungen [o. V., Neckermann 1985, S. 166ff].

[8] „Schließlich werden die Produkte im Handel sowohl räumlich und zeitlich als auch durch die Art der gebotenen Dienstleistungen differenziert. Wir sprechen hier von einer ‚distributiven Produktdifferenzierung'“ [Fiuczynski, 1960, S. 26].

22 Sortimentsstruktur und Methoden der Erfassung

Die Komplexität des sortimentspolitischen Entscheidungsproblems hat vielfältige Bemühungen um ein begriffliches Instrumentarium hervorgerufen, mit dem Handelssortimente hinsichtlich ihrer Strukturen durchdrungen und aufgeschlüsselt werden können. Eine solche Strukturerhellung ist für praktische und theoretische Zwecke notwendig und dient Sortimentsplanungen und -kontrollen, zwischenbetrieblichen Sortimentsvergleichen oder Rationalisierungsmaßnahmen im Beschaffungs- und Lagerwesen. Als Strukturierungsaspekte werden im folgenden unterschieden:

(1) warenwirtschaftliche Gliederung des Sortiments durch Klassifikation,
(2) Festlegung der Breiten- und Tiefendimension,
(3) Bildung von Teilsortimenten nach betrieblichen Funktionen.

Zu (1): Die Handelsunternehmen gliedern ihre Sortimente durch ein Klassifikationsverfahren, um damit eine Strukturerhellung zu erreichen. Daraus entstehen *Sortimentspyramiden.* Zur formalen Kennzeichnung der verschiedenen Sortimentsebenen ist in der Literatur das folgende Begriffssystem von Seyffert [1972, S. 65; Marzen, 1984, S. 178] verbreitet:

Sortiment	(alle Warenbereiche),
Warenbereich	(Warengattungsgruppe),
Warengattung	(Warenartengruppe),
Warenart	(Artikelgruppe),
Artikel	(Sortengruppe),
Sorte.	

In diesem Begriffssystem stellt die Sorte die kleinste und die am genauesten nach Merkmalen spezifizierte Sortimentseinheit dar[9]. Sie werden zu Artikeln zusammengefaßt. Man unterscheidet Ein- oder Mehrsortenartikel, deren Sorten entweder ein oder mehrere Merkmale haben (Beispiel: Größen, Farben, Mengen). Durch sukzessive Zusammenfassung von Waren gelangt man auf jeder Sortimentsebene zu umfangreicheren, aber weniger genau spezifizierten Warenkomplexen. Eine tiefere Auffächerung, die mehr Sortimentsebenen entstehen ließe, ist selbstverständlich möglich.

Zur Ausfüllung des formalen Sortimentsgerüsts ist die Entwicklung *materieller* Klassifikationskriterien notwendig; es müssen also konkrete Einteilungsmerkmale der Waren gefunden und deren Prioritäten festgelegt werden, um danach die Sortimentsebenen inhaltlich auszufüllen.

Der Katalog in Schaubild II, 2.2 gibt einen Überblick möglicher materieller Kriterien mit Anwendungsbeispielen aus zwei Warenbereichen.

Eine Gegenüberstellung nur dieser beiden Warenbereiche macht deutlich, daß es nicht möglich ist, die formal bestimmten Sortimentsebenen für alle Warenbereiche nach gleichen materiellen Kriterien zu untergliedern, da je nach Eigenarten eines Bereiches *andere Warenunterscheidungen* notwendig werden oder bei gleichen Merkmalen zumindest *andere Prioritäten* gesetzt werden müssen. So stellt z. B. der Bedarfs-

[9] Es ist allerdings darauf hinzuweisen, daß in der Praxis die Begriffe ‚Sorte' und ‚Artikel' oft umgekehrt benutzt werden [Marzen, 1984, S. 177].

Sortimentsebene	Klassifizierung von zwei Warenbereichen			
	Merkmale	Beispiel	Merkmale	Beispiel
I Warenbereich	Bedarfsbereich	Bekleidung	Bedarfsbereich	Rauchen
II Warengattung	Bedarfsart	Schuhe	Bedarfsart	Zigaretten
III Warenart	Bedarfsträger	Damen	Rohstoff/Herkunftsgebiet	Virginiatabak
IV Artikel	Verwendungszweck, Hersteller, Material, Form	Abendschuh, Marke X, Wildleder mit hohem Absatz	Verarbeitungsart, Hersteller	Filter, Marke X
V Sorte	Farbe, Größe		Menge	10-Packung

Schaubild II, 2.2: Beispiele für die Klassifizierung von Sortimenten

träger im Bekleidungssektor ein verhältnismäßig hochrangiges Klassifizierungsmerkmal dar, während er beim Rauchbedarf so gut wie entfällt.

Die unterschiedlichen materiellen Gliederungsanforderungen der Warenbereiche erschweren den zwischenbetrieblichen Vergleich von Sortimentsstrukturen zu statistischen Zwecken und die allgemeingültige Formulierung sortimentspolitischer Strukturprinzipien. Die hierarchische Gliederung eines jeden Warenbereichs und damit die Schlüsselung der Sortimente ist letztlich nur von Warenspezialisten zu entscheiden.

Die *warenwirtschaftliche Automatisierung* hat die Forderung nach generellen Warenklassifikationssystemen allerdings als Problem des zwischenbetrieblichen Warenverkehrs aktualisiert. Dazu wurde 1977 das System der Europäischen Artikelnummern (EAN) etabliert, das von der CCG (Centrale für Coorganisation) verwaltet wird und eine gesamteuropäische Artikelidentifikation erlaubt. Die Artikelnummern werden in maschinenlesbaren Symbolen (Strichcodes) dargestellt und an den Produkten angebracht [CCG, 1979].

Zu (2): Für die Charakterisierung von Sortimentsstrukturen haben sich die Begriffe *Sortimentsbreite* und *-tiefe* eingebürgert. Damit wird die Sortimentspyramide auf ein 2-dimensionales Matrizensystem zurückgeführt. Als Bezugspunkt der Breiten- und Tiefendimension wird in der Literatur — der primären Absatzorientierung der Einzelhandelstätigkeit entsprechend — das *Kaufwahlverhalten* der *Konsumenten* vorgeschlagen. Danach wird die Sortimentsbreite als Angebot *additiver* Kaufmöglichkeiten verschiedener Waren und die Sortimentstiefe als Angebot *alternativer* Kaufmöglichkeiten zur Auswahl zwischen ähnlichen Sorten definiert. In dieser Terminologie besteht eine Ungenauigkeit darin, daß nur tendenziell und bezogen auf durchschnittliche Konsumwünsche bestimmbar ist, welche Produkte bei den Käufern eine Auswahl für den gleichen Konsumzweck darstellen und daher der Tiefendimension zugerechnet werden können. Je konkreter nämlich eine Kaufabsicht ist, desto kleiner stellt sich für den Konsumenten der Kreis der alternativen Auswahlprodukte und da-

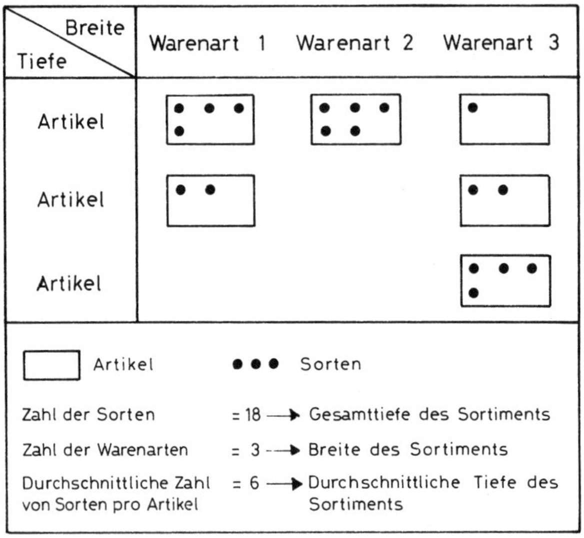

Schaubild II, 2.3: Beispiel einer Sortimentsstruktur in der Breiten- und Tiefendimension

mit die Tiefendimension dar [Gümbel, 1963, S. 62f]. So wird ein Konsument, der ein Spiel kaufen will, wesentlich mehr Kaufalternativen (Sortimentstiefe) finden als ein Konsument, der speziell ein Schachspiel sucht. Zusätzlich zum subjektiv empfundenen Kaufwahlverhalten wird deshalb auf die „Artverwandtschaft" der Konsumgüter abgestellt [Müller-Hagedorn, 1984, S. 149]. Danach wird die Sortimentstiefe aus artverwandten Produkten definiert, die alternative Kaufmöglichkeiten bieten. Hinter der gleichen zahlenmäßigen Tiefe zweier Sortimente können sich ganz unterschiedliche qualitative Strukturen verbergen, die z. B. entweder aus wenigen Artikeln mit vielen Sorten oder aus vielen Artikeln mit wenigen Sorten bestehen. Außerdem können für die Artikel der Warenart andersartige Sorten geführt werden. Daraus ergibt sich, daß die Sortimentstiefe zwar zahlenmäßig erfaßbar ist, daß jedoch hinter diesen Zahlen verschiedene Qualitäten von Auswahlmöglichkeiten für die Konsumenten stehen [Schaubild II, 2.3].

Zu (3): Das Sortiment muß zu Steuerungs- und Kontrollzwecken *Bewertungen* unterzogen werden, um die Vorteilhaftigkeit von Sortimentsteilen zu erkennen. Dazu ist es zweckmäßig und empfehlenswert, die Bildung von Teilsortimenten an Zielgrößen des Unternehmens und speziell der Sortimentspolitik durchzuführen. Dazu werden qualitative Kriterien verwendet, die einer inhaltlichen Bestimmung der Teilsortimente dienen [Schaubild II, 2.4] und quantitative Kriterien, die eine rechnerische Durchleuchtung der Sortimentsteile nach ihren Erfolgsbeiträgen ermöglichen, wobei sich die Analyse auf die in der Vergangenheit erzielten Erfolgsbeiträge oder auf die Prognose zukünftiger Beiträge beziehen kann.

Die Begriffe *Bestell-* und *Lagersortiment* kennzeichnen die Präsenz des Sortiments. Diese tangiert ertragswirtschaftlich die Attraktionswirkung des Sortiments und wirkt sich kostenwirtschaftlich insb. auf die Warenkosten aus. Nach dem Schwerpunkt der handelsbetrieblichen Tätigkeit werden inhaltlich die Bereiche des *Kern-*

qualitative Kriterien:	Teilsortimente	
- nach Präsenz	Bestellsortiment	Lagersortiment
- nach Schwerpunkt-fachlicher Positionierung	Kernsortiment (Pflichtsortiment), definiert Sortimentsmitte	fakultatives Sortiment, Zusatzsortiment (Erweiterung der Sortimentsmitte), ähnlich Randsortiment
- nach zeitlicher Zugehörigkeit	Standardsortiment (Basissortiment)	Saisonsortiment

Schaubild II, 2.4: Qualitative Kriterien für die Bildung von Teilsortimenten

oder *Grundsortiments* und des *Rand-* oder *Zusatzsortiments* unterschieden. Mit dieser Aufteilung wird i. d. R. die schwerpunktmäßige Verteilung der Umsätze gekennzeichnet, dagegen kann die Gewinnzuordnung anders gelagert sein, da mit Randsortimenten u. U. hohe Nettogewinne zu erreichen sind. Solche Bestandteile des Randsortiments, die besondere Attraktionswirkung für das gesamte Warenangebot entfalten sollen, werden als *Akquisitionssortiment* bezeichnet.

	Definition	andere Bezeichnungen
1. Umsatz	Absatzmenge x Verkaufspreis	Umsatzkraft
2. Spanne	a) Betragsspanne = absolute Differenz von Umsatz (bereinigt um MwSt und Wareneinstand der abgesetzten Artikel) b) prozentual als Abschlagspanne c) prozentual als Aufschlagspanne	Warenrohertrag Bruttoertrag Ertragskraft Varianten: Stück-, WG-, Betriebsspanne
3. Umschlag-häufigkeit	$\frac{\text{Umsatz (EK)}}{\text{durchschn. Warenbestand (bewertet)}}$	Umschlaggeschwindigkeit
4. Brutto-Rentabilität	$\frac{\text{Aufsschlagspanne x Wareneinsatz (EK)}}{\text{durchschn. Warenbestand (EK)}}$ $= \frac{\text{Warenrohertrag}}{\text{durchschn. Warenbestand}}$ $= \frac{\text{Umsatz ./. Wareneinsatz}}{\text{Umsatz (EK)}} \quad \frac{\text{Umsatz (EK)}}{\text{durchschn. Warenbestand}}$ = Aufschlagspanne (%) Umschlaghäufigkeit	Brutto-Rentabilitätskraft Brutto-Nutzen MwSt = Mehrwertsteuer EK - Einkaufspreis
5. Netto-Rentabilität	$\frac{\text{Deckungsbeitrag}}{\text{durchschn. Warenbestand}} \times 100$ oder $\frac{\text{Deckungsbeitrag}}{\text{beanspruchte Verkaufsfläche}} \times 100$	

Schaubild II, 2.5: Kriterien zur Beurteilung der Vorteilhaftigkeit einzelner Sortimentsteile
[Quelle: Müller-Hagedorn, 1984, S. 152; ähnlich Barth, 1980, S. 61ff]

Nach zeitlicher Zugehörigkeit werden *Standard-* und *Saisonsortimente* unterschieden. Erstere können kontinuierlich geführt werden, soweit sie nicht durch Nachfrageverschiebungen oder Angebotsänderungen veralten. Dagegen setzen sich Saisonsortimente aus Waren zusammen, die einen periodischen Sortimentswechsel innerhalb eines Geschäftsjahres erfordern. Dieser kann auf wetterabhängigen oder konventionsbedingten Bedarfsrhythmen beruhen (Beispiele: Oberbekleidung, Festartikel) oder durch jahreszeitliche Angebotsänderungen zustande kommen (Beispiel: Obst). Als quantitative Bewertungskriterien sind die in Schaubild II, 2.5 dargestellten Kennzahlen üblich. Ein enger Zusammenhang zwischen Sortiments-, Preis- und Finanzierungspolitik wird deutlich.

Als Ausgangspunkt einer Sortimentsanalyse werden i. d. R. Umsatzbeiträge, Spannen oder Deckungsbeiträge zugrundegelegt. Die Produkte werden dann unter Verwendung von Konzentrationsmaßen (Lorenzkurve) in eine Reihung ihrer Beiträge zu diesen Zielgrößen gebracht, um festzustellen, wieviel Prozent der Zielgröße mit wie vielen Produkten erarbeitet werden. Danach erfolgt eine Bildung von Teilsortimenten *(ABC-Analyse)* [Schaubild II, 2.6][10].

Soweit in einer Handelsunternehmung ein Engpaßfaktor besteht (Beispiele: Kapital, Raum, Betriebsmittel, Personal) ist der Erfolgsbeitrag der Produkte mit der Inanspruchnahme dieses Engpaßfaktors zu relativieren (Nettorentabilität, Schaubild II, 2.5), um dessen Nutzung in die Bewertung der Teilsortimente einzubringen.

Diese Form der Sortimentsbewertung stellt zwar ein einfach handhabbares Instrument zur Sortimentssteuerung und -kontrolle dar, ist allerdings in seiner Aussagekraft für Sortimentsentscheidungen zu problematisieren: Eine ganz wesentliche Einschrän-

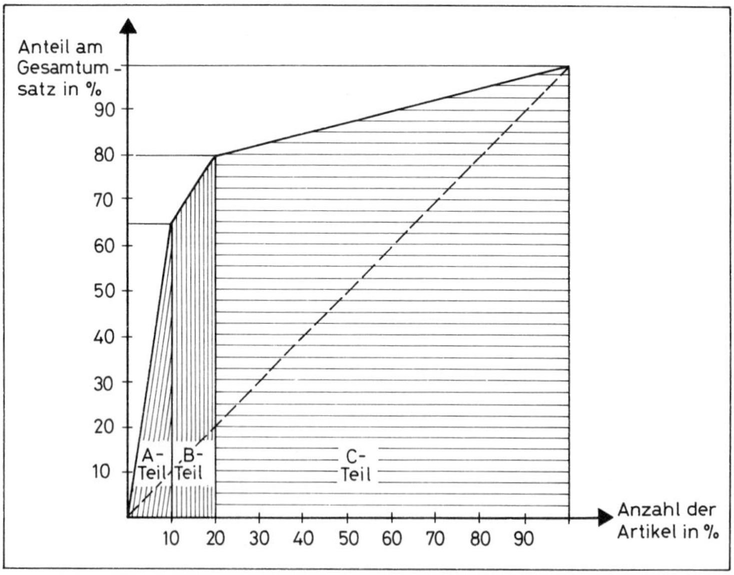

Schaubild II, 2.6: ABC-Analyse für die Darstellung der Umsatzstruktur eines Sortiments

[10] Bei umsatzorientierten ABC-Analysen wird das Teilsortiment A auch als „Schnelldreher“ und das Teilsortiment C als „Langsamdreher“ bezeichnet.

kung entsteht durch die *kosten-* und *ertragswirtschaftliche Verbundenheit* der Produkte eines Sortiments. Es genügt nicht, den partiellen Erfolgsbeitrag eines Produktes allein zu berücksichtigen, sondern zusätzlich sind seine negativen und positiven Ausstrahlungseffekte zu anderen Produkten des Sortiments zu beachten. Sogenannte „Langsamdreher" des Randsortiments, die zunächst ertragswirtschaftlich als negativ eingeschätzt werden, können z. B. eine hohe Frequenzfunktion, d. h. ein hohes Maß an Kundenkontakt besitzen [Oehme, 1983, S. 174] und zugleich viele komplementäre Umsatzeffekte bei anderen Produkten auslösen. Diese *Verbundbeziehungen* sind ein *zentrales Element* der *Sortimentspolitik,* die ja gerade in ihrer kombinatorischen Aufgabe darauf abstellt, sie optimal zu nutzen[11]. Zur Nutzung von Verbundbeziehungen stellt sich das Informationsproblem ihrer Ermittlung nach Art und Intensität[12]. Große Fortschritte in der Informationsbasis sind durch die Analyse von Sortimentsverbunden mittels scanning zu erzielen, wobei durch artikelgenaue Datenerfassung an den Kassen Ausstrahlungseffekte zwischen den Teilsortimenten festgestellt werden können [Kucher, 1985, S. 10ff].

Im Rahmen des strategischen Marketing ist mit der *Produkt-* bzw. *Sortimentsportfolio-Analyse* ein neues Konzept der Sortimentsdiagnose und -bewertung entstanden. Hier werden die Sortimentseinheiten nach Erfolgs- und Risikofaktoren strategischen Geschäftsfeldern zugeordnet, die dann als Grundlage einer zieladäquaten Sortimentsproportionierung und einer differenzierten Marktbearbeitungsstrategie dienen[13].

23 Aktionsfeld der Sortimentspolitik

Ziele

Die Sortimentspolitik bestimmt die unternehmerische Tätigkeit des Einzelhandels nach ihrem *Inhalt.* Im Bereich mittelständischer Eigentümerunternehmer des Handels hat für die Sortimentspolitik daher die Verfolgung *persönlicher* oder *sozialer* Interessen an dem Umgang mit Produkten eine gewisse Bedeutung. So werden insb. in Freizeit- und Sportbranchen persönliche Hobbys und die in diesem Zusammenhang erworbenen Kompetenzen genutzt (Beispiel: Surf- und Segelsortimente) und ausgelebt. In der sog. alternativen Handelsszene sehen die Inhaber kleiner Läden in der Verbreitung bestimmter Produkte oft einen sozialen und ökologischen Auftrag (Beispiel: Bio-Läden). In einem marktwirtschaftlichen System können diese persönlichen oder sozialen Interessen allerdings nur verfolgt werden, wenn gleichzeitig ein Mindestgewinn zum Überleben der Unternehmung im Wettbewerb gesichert ist.

Demgegenüber werden die sortimentspolitischen Ziele im Handel — unabhängig von der Sachbezogenheit des Sortimentsgegenstandes — überwiegend als konkrete

---

[11] Die Verbundenheit von Produkten ist daher verschiedentlich in einer Spezialliteratur untersucht worden. Vgl. die Klassifikationen von Erscheinungsformen des Angebots- und Nachfrageverbunds bei Engelhardt, 1976; Böcker, 1978; Müller-Hagedorn, 1978b, S. 181ff; empirisch-statistische Meßprobleme insb. bei Merkle, E., 1981.

[12] Vgl. auch Kap. II, 5331 zur Preispolitik.

[13] Zur Portfolioanalyse und hier insb. deren Anwendung auf Handelssortimente vgl. Wehrle, 1981, S. 36ff; Weis, 1985, S. 80ff; Rusche, 1986; auch Kap. IV, 22.

Ausprägungen von unternehmerischen *Umsatz-* und *Gewinnzielen* interpretiert, wobei die Produkte lediglich als *Spannenträger* gelten[14]. Während das Denken in Umsatzzielen eine sortimentspolitische Orientierung an *Bruttospannen* bewirkt, impliziert das Denken in Gewinnzielen eine Orientierung an *Nettospannen* (Deckungsbeiträge). Bezogen auf den *Absatzmarkt* dient die Sortimentspolitik primär der *Kundenselektion* und soll hier den Auswahl- und Verbundbedarf der gewünschten Kundenklientel befriedigen. Dabei kann sie einerseits als reaktive Marketingstrategie dem tradierten Auswahl- und Verbundbedarf entsprechen und andererseits als aktive Marketingstrategie diesen zu beeinflussen und damit Kaufgewohnheiten zu ändern versuchen. In wettbewerblich hart umkämpften Märkten steht oft der Zielaspekt im Vordergrund, bestehende Kundenbeziehungen entweder durch Anregung von Wiederholungskäufen oder von komplementären Käufen zu nutzen und zu erweitern. Dieses Bestreben führte in der Vergangenheit zu ausufernden Sortimentsstrukturen.

Gegenüber *Wettbewerbern* erfolgt mit der Sortimentspolitik eine Abgrenzung. Teilsortimente können dazu benutzt werden, mit Wettbewerbern in einen Verdrängungswettbewerb einzutreten. So wird mit Randsortimenten eine wettbewerbliche Überlegenheit gegenüber Händlern ausgespielt, bei denen die entsprechenden Produkte zum Kernsortiment gehören. In Produktbereichen, in denen die Hersteller auf eine hohe betriebsunspezifische Distributionspolitik drängen (z. B. Lebensmittel), stellt die *Profilierung* und eindeutige *Marktpositionierung* von Sortimenten eine wichtige Zielgröße dar [Oehme, 1983, S. 188].

Innerbetriebliche sortimentspolitische Ziele richten sich auf die *warenbedingte Faktorinanspruchnahme* und ihren kostenmäßigen Niederschlag. Dem Sortiment soll damit eine Struktur gegeben werden, die einen ökonomischen Vollzug der Handelsleistung ermöglicht. Die Sortimentspolitik ist zudem als wesentliche Steuerungskomponente des *Kapitalbedarfs* anzusehen, steht also in Wechselwirkungen zu finanzwirtschaftlichen Zielen.

Aktionsrahmen

Für die Sortimentspolitik als Kernbereich absatzpolitischer Aktivitäten besteht aufgrund ihrer umfassenden Auswirkung auf die Einzelhandelsunternehmung auch ein vielseitiger Aktionsrahmen[15]. Als *externer* Faktorkomplex des Absatzmarktes erweist sich insb. die *Einkaufsgestaltung* der *Konsumentenzielgruppe,* in deren Rahmen Dispositionen über Art und Anzahl der pro Einkaufsakt beschafften Produkte und über die Geschäftswahl getroffen werden. Die *Mitanbieter* beeinflussen die Sortimentspolitik durch die produktbedingten zahlreichen wettbewerblichen Beziehungen, deren Intensität sich in der Nähe ihrer Kundensegmente ausdrückt.

Die Wettbewerbskomponente ist in den vergangenen Jahrzehnten stärker geworden, seit sich die *rechtlichen warenbezogenen Zulassungsbeschränkungen* zu den

[14] Hierin kommt das geringe Interesse der Unternehmer an Gebrauchswerten der Ware zum Ausdruck, das Marx wie folgt beschreibt: „Seine Ware (Ware des Unternehmers, Anm. d. Verf.) hat für ihn keinen unmittelbaren Gebrauchswert. Sonst führte er sie nicht zu Markt. Sie hat Gebrauchswert für andere. Für ihn hat sie unmittelbar nur den Gebrauchswert, Träger von Tauschwert und so Tauschmittel zu sein" [Marx, 1971, S. 100].

[15] Zu den Rahmenfaktoren der Sortimentspolitik vgl. Holme, 1984, S. 29ff.

Märkten gelockert haben. Zudem wirkt die Belieferungspolitik der *Hersteller* als Steuerungsfaktor des sortimentspolitischen Wettbewerbs auf Einzelhandelsebene. Die Verschärfung des Diskriminierungsverbots [2. Novelle des GWB, § 26,2] hat die Möglichkeiten einer wettbewerbsbeschränkenden Handelsbelieferung begrenzt. Die sortimentspolitischen Aktivitäten werden zudem dadurch gesteuert, daß die Lieferanten mit konsumgerichteten Maßnahmen den Absatzmarkt gestalten.

Innerbetrieblich sind der Realisierung absatzpolitischer Prinzipien der Sortimentsgestaltung gewisse Grenzen durch die *Faktor-* und *Kapitalausstattung* gesetzt. Insbesondere für bedarfsträger- und problemorientierte Sortimentsausrichtungen bestehen innerbetrieblich oft erhebliche Widerstände, da derartige Produktkombinationen i. d. R. heterogene Anforderungen an die Leistungserstellung im Personal- und Betriebsmitteleinsatz stellen. Eine optimale Ausnutzung der Kapazitäten wird somit fraglich, und ertragswirtschaftliche Vorteile im Absatz können durch kostenwirtschaftliche Nachteile überkompensiert werden.

So beschränken persönliche Interessen und Sachkenntnis der *Unternehmungsleitung* und des *Personals* das Sortiment in quantitativer und qualitativer Hinsicht. Dieser Gesichtspunkt hat bei kleineren Unternehmen aufgrund geringerer Möglichkeit der Arbeitsteilung mehr Gewicht als bei größeren; er verliert jedoch allgemein an Bedeutung wegen der absatzpolitisch zunehmenden Vorleistungen der Hersteller in Form von Verpackung, Markierung und Werbung. Eine Umgehung des Engpaßfaktors Personal, mit der absatzpolitisch wünschenswerte Sortimentierungen durchgesetzt werden können, ist teilweise durch Delegation warenbedingter Leistungen an dienstleistende Unternehmen (Beispiel: Werkstätten) möglich. Die *Betriebsmittel* beeinflussen die sortimentspolitischen Dispositionen um so mehr, je spezialisierter die warenbedingten Anforderungen sind (Beispiel: spezielle Serviceeinrichtungen). Aufgrund geringer Warenmanipulationen sind derartige technische Begrenzungen der Sortimentspolitik im Handel weit geringer als in der Industrie.

Der Sortimentspolitik werden weiterhin innerbetriebliche Restriktionen durch dominante Prinzipien anderer *absatzwirtschaftlicher Aktionsbereiche* auferlegt. Sofern ein Unternehmen z. B. das Prinzip strenger Niedrigpreispolitik verfolgt (Beispiel: Discounter), ist eine Einschränkung des Warenangebots auf Produkte vorzunehmen, für die günstige Beschaffungsgelegenheiten bestehen und für die eine Leistungsreduktion und damit zusammenhängend eine Senkung der Handlungskosten möglich ist. Seitens der *Verkaufsgestaltung* führt die Realisierung des Selbstbedienungsprinzips [Kap. II, 452] zu einer sortimentspolitischen Ausrichtung auf verkaufstechnisch problemlose Artikel. Als konstituierendes Betriebsformenmerkmal der Selbstbedienungsläden hatte es in seiner Anfangszeit eine starke produkttechnische Reglementierung der Sortimentspolitik zur Folge, da die Entwicklung problemloser Waren noch nicht genügend fortgeschritten und verbreitet war. Ähnliches gilt für das Versandprinzip, das eine Einschränkung des Sortiments auf versandfähige Erzeugnisse voraussetzt. Die strukturgebende Wirkung für das Sortiment geht in dem Maße verloren, wie die Versandeignung der Produkte und die verkehrlichen Versandbedingungen verbessert werden.

Der Sortimentsaufbau wird auch durch *Festlegungen der Beschaffungspolitik* beeinflußt, wobei unterschiedliche Gesetzmäßigkeiten des Absatz- und Beschaffungsbereichs Kompromißlösungen erfordern. Während eine Orientierung an externen Absatzbedingungen i. d. R. eine differenzierte Sortimentspolitik begünstigt, wird von der Beschaffungsseite her meist eine stärkere Homogenität der Wareneigenschaften gefördert, mit der die Beschaffungsbedingungen erleichtert und größere Bestellmengen mit entsprechender Senkung der Beschaffungskosten möglich werden. Innerhalb des Sortimentstyps einer Hinkunftsorientierung haben Erfordernisse des Absatzes Vorrang. Herkunftsorientierung dagegen[16] räumt den beschaffungswirtschaftlichen Bedingungen eine stärkere Stellung ein. Sie kann in solchen Warenbereichen verwirklicht werden, wo die Konsumenten eine u. U. nicht bedarfsgerechte Sortimentierung akzeptieren und ggf. akquisitorische Nachteile gegenüber der Konkurrenz mit anderen absatzpolitischen Mitteln ausgleichbar sind.

Zwischen Beschaffung und Absatz bildet die *Lagerhaltung* einen zeitlichen und quantitativen Ausgleich. Beide Bereiche beeinflussen die Lagerwirtschaftlichkeit gleichermaßen, so daß eine absatzpolitische Begrenzung durch Prinzipien der Lagerhaltung immer auch in Verbindung mit der Beschaffungspolitik gesehen werden muß. Der Lagerumschlag der Produkte ist für den Einzelhandel eine wesentliche Komponente ertrags-, kosten- und finanzwirtschaftlicher Auswirkungen. Der sich darin ausdrückende Zusammenhang von Umsatzentwicklung und durchschnittlichem Lagerbestand der Erzeugnisse hat zweifellos einen hohen Steuerungswert für die absatzorientierte Sortimentspolitik, wenngleich eine ursächliche Beziehung wegen ungenügender Abgrenzbarkeit zu anderen Einflußfaktoren wie etwa Preispolitik oder Werbung nur schwer herstellbar ist.

Aktionsteilbereiche und Aktionselemente

Der vorrangige Aktionsteilbereich der absatzwirtschaftlichen Sortimentspolitik besteht in dem *inhaltlichen Aufbau* des Warenangebots. Er betrifft insb. das Kernsortiment eines Handelsunternehmens und damit den Schwerpunkt seiner Tätigkeit. Für den inhaltlichen Aufbau gibt es Orientierungsprinzipien. Mit der inhaltlichen Sortimentsbestimmung verbindet sich die Festlegung der *Sortimentsdimensionen,* da inhaltliche Gestaltungsprinzipien bestimmte Dimensionen erfordern und umgekehrt.

Im chronologischen Ablauf einer Sortimentsplanung wird ein Einzelhandelsunternehmen bei der Unternehmensgründung und im Rahmen seiner weiteren strategischen Marketingplanung umrißartig ein Rahmensortiment festlegen, das vorwiegend seine Breitendimension betrifft und folglich Leitideen bzw. Orientierungsprinzipien für die oberen Ebenen der Sortimentspyramide bis etwa zur Spezifikationsebene der Warenarten erfaßt. Im operativen Planungsbereich wird dann innerhalb des Rahmensortiments über Artikel und Sorten des Detailsortiments entschieden[17].

Da die Sortimentspolitik eine zeitliche Abfolge von Sortimenten zum Inhalt hat [Marzen, 1984, S. 180], ist in der zeitlichen Dimension über die *Zugehörigkeit* der *Produkte* im *Zeitablauf* zu entscheiden. Die Möglichkeit oder Notwendigkeit einer Veränderung von Sortimenten in der Zeit sind je nach Warenbereich unterschiedlich.

Aktionselemente der Sortimentspolitik sind die Produkte und Teilsortimente.

---

[16] Die Herkunftsorientierung wird als inhaltliches Sortimentsprinzip im Rahmen der Beschaffungspolitik [Kap. III, 221] behandelt.

[17] Rahmen- und Detailsortiment unterscheidet Gümbel, 1963, S. 92 und 164f. Gümbel selbst betont, daß die Grenzen zwischen Rahmen- und Detailsortiment und den ihnen entsprechenden Planungsstufen fließend sind [S. 165].

24 Aktionsprinzipien der Sortimentspolitik

Mit der Gestaltung des Sortimentsinhalts legt ein Einzelhändler seine *Stellung* im *Branchengefüge* der Distributionswirtschaft fest und bestimmt damit weitgehend den Charakter seiner Tätigkeit. Für die Warenzusammenstellung stehen ihm verschiedene absatzpolitische *Orientierungsprinzipien* zur Verfügung. Eine klare Entscheidung bei der Prinzipienwahl dient dem zielstrebigen Betriebsgeschehen und mildert die gerade im Handel bestehende Gefahr einer Kunden und Lieferanten gegenüber zu nachgiebigen, auswuchernden Sortimentsentwicklung. Diese Gefahr ist im Handel größer als in verschiedenen industriellen Wirtschaftssektoren, da die betriebliche Tätigkeit technisch weniger eng an die vorhandenen Einsatzfaktoren gebunden ist.

Die Orientierungsprinzipien stehen untereinander in Über- und Unterordnungsverhältnissen und können konkurrierende, komplementäre und neutrale Beziehungen haben. Die primären übergeordneten Prinzipien betreffen Entscheidungen über den groben *Sortimentsaufbau,* während die untergeordneten Prinzipien auf die *Detaillierung* des Sortiments anwendbar sind. Die Warenzusammenstellung erfolgt nach einer Mischung der Orientierungsprinzipien in einer festzulegenden Reihenfolge. Bei relativ kleinen Sortimenten kann u. U. die gleiche Prinzipienfolge für alle Bereiche eingesetzt werden. Umfangreichere Warenangebote erfordern dagegen für den Aufbau ihrer Teilsortimente oft die Verwendung unterschiedlicher Prinzipienfolgen. Neben den absatzorientierten Prinzipien sind die beschaffungsorientierten zu berücksichtigen, die in Kap. III, 22 behandelt werden [Schaubild II, 2.7].

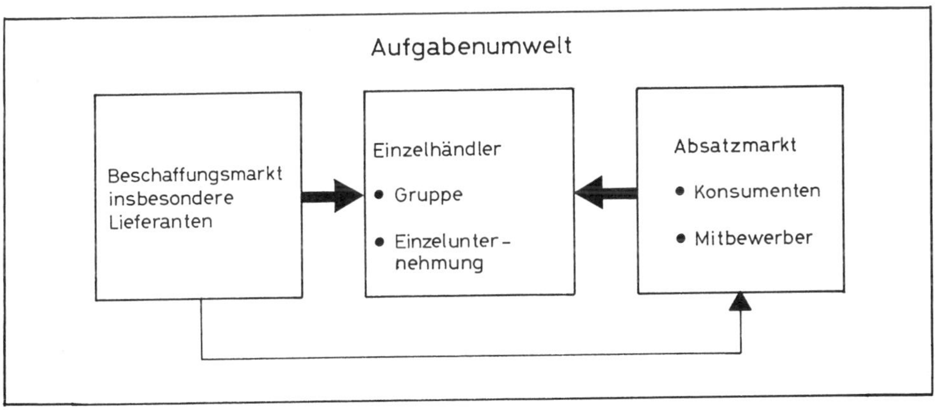

Schaubild II, 2.7: Inhaltliche Orientierungen der Sortimentspolitik

241 Orientierungsprinzipien des Absatzmarktes als Aufbaukriterien

2411 Bedarf

Die verschiedenen Prinzipien der Sortimentsorientierung am Bedarf sollen bestimmte Ausschnitte aus dem Bedarfsgesamt der Konsumenten selektieren und auf das Warenangebot des Einzelhändlers lenken. Die vielfältigen Möglichkeiten bilden ein wesentliches innovatorisches Potential der Einzelhandelsunternehmung, mit dem versucht wird, vorhandene Bedarfe nicht lediglich zu decken, sondern durch die Art der Produktkombination auch zu formen und zu stimulieren. Als Prinzipien können die Orientierungen an

(1) Bedarfsarten,
(2) Erlebnis- und Beschaffungskomplexen und
(3) Bedarfsträgern, hier insb. auch life style

unterschieden werden[18] [Schaubild II, 2.8].

Zu (1): Ein Sortimentsaufbau nach *Bedarfsarten* ist in reiner Form gegeben, wenn ein Bedarfsausschnitt für *alle* relevanten Konsumenten relativ *vollständig* abgedeckt wird. Die Bedarfe werden hier — im Gegensatz zur Definition von Erlebniskomplexen — nicht in ihrem Entstehungszusammenhang, sondern in Vereinzelung und in engem Bezug zu bestimmten Produkten oder Produktgruppen gesehen. Dabei können die Bedarfsarten unterschiedliche Interpretationsweiten erhalten (Beispiel: Hosenbedarf — Oberbekleidungsbedarf). Dementsprechend beinhalten die in der Praxis nach diesem Prinzip aufgebauten Sortimente sehr unterschiedlich abgegrenzte Warenausschnitte. Wird der an Bedarfsarten ausgerichtete Sortimentsaufbau in reiner

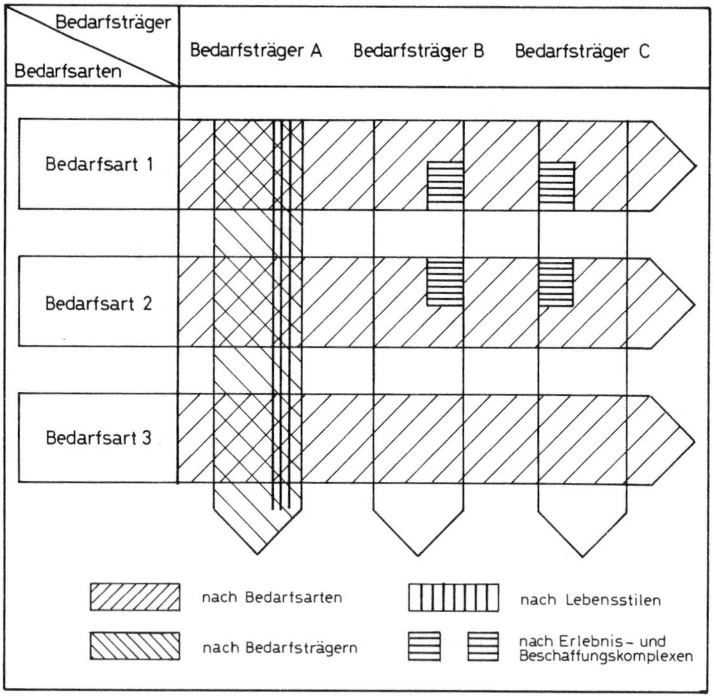

Schaubild II, 2.8: Bedarfsorientierungen der Sortimentspolitik

[18] Schäfer, 1966, S. 303, unterscheidet bei der Hinkunftsorientierung den Aufbau nach Bedarfsart, Bedarfsträger und Bedarfsanlaß. M. E. kann letzterer in die Kategorien der Bedarfsarten und Erlebniskomplexe integriert werden. Vgl. auch Flach, 1966, S. 141.

Form durchgeführt, so enthält er eine große Auswahl *substitutiver* Güter und führt zu einer *wenig strukturierten Kundenselektion.* Demzufolge ist er akquisitorisch wirksam vor allem bei Produkten des standardisierten Massenbedarfs anzuwenden, deren Nachfrage keine starken sozialen Differenzierungen aufweist und wo dem möglichst vollständigen Produktangebot innerhalb des relevanten Bedarfsausschnitts große Bedeutung beigemessen wird (Beispiele: Arzneimittel, Haushaltswaren). Die Bedarfsartenorientierung ist das konventionelle primäre Aufbauprinzip vieler Kaufhäuser, Spezial- und Fachgeschäfte.

Zu (2): Der Ansatzpunkt für das Verständnis von *Erlebniskomplexen* liegt in der bereits zitierten These von Abbott, daß Konsumenten nicht Güter, sondern befriedigendes Erleben suchen. Der Bedarf wird hier nach Erlebnisbereichen zusammengefaßt, die durch einen Komplex *komplementärer* Produkte zu befriedigen sind. Die Formulierung von Erlebnisbereichen bezieht sich nicht auf den Bedarf nach einzelnen Produkten oder additiven Produktgruppen, sondern auf *Aktivitäten,* wie z. B. „Freizeitgenuß", „Schönsein", „zeitgemäßes Wohnen" oder „do it yourself". Diese sortimentspolitische Ausrichtung wird auch als Angebot von *Systemen* oder *Problemlösungen*[19] bezeichnet. Der Übergang zu einer weitgefaßten Bedarfsartenorientierung ist fließend.

Einer Sortimentsorientierung an Erlebniskomplexen liegt die Zielsetzung zugrunde, komplementäre Produktbeziehungen, die für den Konsumenten in einem Erlebniszusammenhang stehen, akquisitorisch zu nutzen. Das geschieht, indem der Händler durch sein Warenangebot die Einkaufswege der Konsumenten für die Zusammenstellung der für einen Erlebniskomplex notwendigen Produkte vermindert und ihnen die Warenkombination durch eine entsprechende Vorselektion erleichtert. Weiterhin dient diese Sortimentsorientierung einer Bedarfsweckung, wenn den Konsumenten für vorhandene Erlebniskomplexe mögliche Erweiterungen des zu ihrer Befriedigung notwendigen Produktkreises vor Augen geführt werden und dadurch Anschlußkäufe entstehen. Ein wesentliches Element der Sortimentsbildung nach Erlebniskomplexen ist eine *gleichgerichtete gefühlshafte Ausstrahlung,* die i. d. R. durch den Einsatz anderer absatzpolitischer Instrumente unterstützt wird [Küthe, 1980, S. 97]. Dieser absatzpolitische Effekt der Bedarfsweckung ist bei einer an Erlebniskomplexen orientierten Sortimentspolitik ungleich größer als bei einer Bedarfsartenorientierung, da bei der Präsentation von Erlebnisbereichen die spätere Bedarfssituation der Konsumenten simuliert werden kann. Die Einführung von Produktinnovationen ist in diesem Sinne bei komplementären Produkten oft leichter durchzuführen.

Das absatzpolitische Problem bei der Anwendung dieses bedarfsorientierten Gestaltungsprinzips besteht darin, attraktive Erlebnisbereiche der Konsumenten zu erkennen bzw. zu kreieren. Marktrisiken derartiger *innovatorischer* Möglichkeiten der Sortimentspolitik ergeben sich aus dem habitualisierten Beschaffungsverhalten der Konsumenten [Kap. I, 4219], das bei unkonventionellen Sortimentszusammenstel-

[19] „Es werden nicht mehr Waren in Vereinzelung angeboten, sondern Verfahren, Systeme, ja zuletzt immaterielle Güter: ‚Sei schön durch ...'. ... Dieser Absatzgedanke führt nicht nur zur Bildung von Warenfamilien, sondern zu einer Neuordnung des Sortiments" [Bergler, G., 1957, S. 137]. Dieses ältere Zitat beweist, daß das Prinzip des erlebnisorientierten Sortiments bereits seit längerem bekannt ist, wenngleich es erst in jüngster Zeit aufgrund seiner starken Verbreitung als Erscheinung der verfeinerten „Überflußgesellschaft" diskutiert wird.

lungen überwunden werden muß. Die Verbreitung der nach Erlebnisbereichen aufgebauten Sortimente löst konventionelle Branchengrenzen immer mehr auf, so daß sich die Transparenz hinsichtlich der Produkterhältlichkeit und Abteilungsbildung verschlechtert. Eine innovatorische Sortimentszusammenstellung ist demzufolge auch mit einem erhöhten Informationsaufwand für die Konsumenten verbunden. Dies gilt insb. in Produktbereichen, die langperiodisch oder sogar nur einmalig beschafft werden und für die folglich keine Stammkundschaft aufgebaut werden kann.

Neben dem an Erlebnisbereichen orientierten Bedarfsverbund bildet die Produktverbundenheit in der Einkaufssituation der Verbraucher *(Beschaffungsverbund)* ein inhaltlich ähnliches Gestaltungsprinzip der Sortimentspolitik. Es bezieht sich auf Ähnlichkeiten der Produkte in bezug auf Einkaufsverhalten und -erwartungen der Konsumenten, wie etwa *Häufigkeit* und *Zeitökonomie* des *Einkaufs* oder Art des erwarteten *Beschaffungserlebens.* Mit diesem Prinzip entstehen im Einzelhandel Sortimentsstrukturen, in denen bestimmte Typen des Beschaffungsverhaltens der Konsumenten berücksichtigt sind. Hieraus erklärt sich u. a. die Wandlung nachbarschaftlicher Lebensmittelgeschäfte zu Gemischtwarenläden, die kurzperiodisch gekaufte problemlose Haushaltswaren und Drogerieartikel in ihre Sortimente aufnehmen. Der Aspekt des freizeitlichen Beschaffungserlebens gilt z. B. als Strukturprinzip für Boutique-Sortimente, die ergänzend mit freizeitgestaltenden Nebenleistungen angeboten werden.

Zu (3): Bei einer *Bedarfsträgerorientierung* des Sortiments ist das Warenangebot auf die *Bedarfsgestalt* einer anvisierten *Konsumentenzielgruppe* abgestimmt. Hier bestehen zwischen den Produkten — im Gegensatz zu einer Orientierung an Erlebniskomplexen — neben komplementären und substitutiven auch *neutrale* Produktbeziehungen, deren verbindende Komponente nur auf dem Bedarfsgesamt eines Konsumententyps beruht. Die absatzpolitische Zielsetzung richtet sich auf die Erfassung einer in einem oder mehreren Merkmalen *homogenen Konsumentenzielgruppe,* so daß mit jedem angesprochenen Konsumenten Umsätze in verschiedenen Kategorien seiner Bedarfsgestalt getätigt werden können. Mit der sortimentspolitischen Orientierung an Bedarfsträgergruppen wird die Basis für einen konzentrierten und qualitativ auf die Bedarfsanforderungen abgestimmten Einsatz des absatzpolitischen Instrumentariums geschaffen. Hierin liegt eine bedarfslenkende Attraktivität dieses Orientierungsprinzips. Gleichzeitig stellt es die Grundlage für die Entfaltung einer *„in-group-Atmosphäre“* am Einkaufsort dar.

Kriterien für die *Klassifizierung* von *Bedarfsträgern* sind aus der Darstellung der marktlichen Segmentierungsproblematik bekannt [Kap. I, 4212]. Es handelt sich um demographische und sozio-ökonomische Merkmale, wie z. B. Geschlecht, Alter, Beruf oder Einkommen. Sie haben für die Bedarfsträgerauswahl unterschiedliche Selektierungsstärke und entsprechend unterschiedliche Strukturwirkung für den Sortimentsaufbau. So bleibt eine auf Einkommensschichten bezogene Sortimentsorientierung relativ allgemein (Beispiel: Kleinpreisgeschäfte), während eine Berufsorientierung den Sortimentsaufbau weit stärker eingrenzt (Beispiel: Studentenshop). Je mehr Bedarfsträgermerkmale herangezogen werden, desto enger und homogener wird der Kundenkreis, für den ein Sortiment strukturiert ist. Damit steigen die Möglichkeiten einer konzentrierten Konsumentenansprache, jedoch wachsen auch die Risiken aus der *einseitigen* Abhängigkeit von einer kleinen Konsumentenzielgruppe.

Orientierung an Lebensstilen

Orientierung an Lebensstilen

Wird die Bedarfsträgerorientierung in reiner Form angewendet, so enthält das Sortiment alle in den Bedarfskreis der Zielgruppe fallenden Produkte (Beispiel: „Alles für die werdende Mutter"). Häufiger wird sie kombiniert mit einer an Bedarfsarten oder Erlebniskomplexen orientierten Sortimentsgestaltung, wobei diese dann eine enge Auslegung in Richtung auf die Anforderungen der anvisierten Bedarfsträger erhalten (Beispiel: Oberbekleidung für männliche Twens). Diese *Prinzipienkombination* macht zahlreiche Aufbauformen für Sortimente möglich.

Im Zusammenhang mit der Orientierung an Bedarfsträgern stellt die Sortimentierung nach Lebensstilen[20] („life-style-retailing") eine zunehmend diskutierte Variante dar. Dieses Konzept richtet sich auf eine Marktpositionierung der Händler durch Orientierung an bestimmten Werten und Lebensformen ihrer Zielgruppen. Derartige Sortimente sind oft klein und enthalten ausgewählte Attribute des betreffenden Lebensstils. In Verbindung mit atmosphärischer Präsentation und Verkaufsstellengestaltung schaffen sie Bedingungen fast Club-artiger Freizeitbeschäftigung beim Einkauf. Mit den Lebensstilsortimenten gewinnt der Handel die stärkste Ausprägung eines gatekeeper.

Vorangehend ist ersichtlich geworden, daß die *Bedarfsorientierung* der Sortimentspolitik in *vielfältiger* Weise angewendet werden kann und dem Einzelhandel verschiedene ertragswirtschaftliche Vorteile bietet. Aus ihr erwächst ein heterogenes Erscheinungsbild der auffindbaren Sortimentsstrukturen. Die verbreitete Vorstellung, daß die Bedarfsorientierung der Sortimente für den Konsumenten beschaffungswirtschaftlich vorteilhaft sei, ist nur mit Einschränkung zu bestätigen. Diese Orientierungsformen lassen so viele Auslegungsmöglichkeiten von Bedarfszusammenhängen und so viele Arten der Bedarfsträgerbildung zu, daß starke Überschneidungen in den Sortimenten des Einzelhandels zustande kommen, deren mögliche Nachteile bereits unter dem Aspekt der „distributiven Produktdifferenzierung" diskutiert wurden [Kap. II, 21].

2412 Mitanbieter

Da die Einzelhändler mit der Festlegung ihrer Sortimente auch den Kreis ihrer Wettbewerber bestimmen, muß die Berücksichtigung der Mitanbieter als Orientierungsform angesehen werden. Sie kann allerdings nur als *sekundäres* Gestaltungsprinzip gelten, da aus ihr keine Strukturideen für die Sortimentierung, sondern nur Korrekturen primärer Gestaltungsprinzipien erfolgen. Die Orientierung an Mitanbietern kann den interspezifischen Wettbewerb zwischen Betriebs- oder Integrationsformen betreffen oder sich auf Unternehmen der gleichen Betriebs- oder Integrationsform beziehen.

Wettbewerb besteht zwischen jenen Einzelhändlern, die mit verwandten Sortimenten oder Sortimentsteilen gleiche oder sich partiell überlagernde Marktsegmente ansprechen. Die Wettbewerbsbeziehungen sind aufgrund vielfältiger Segmentierungen der Einzelhandelsmärkte äußerst intransparent. Wettbewerb bedeutet hier in en-

[20] Vertiefende Literatur zum Lebensstilkonzept vgl. Banning, 1987; in Anwendung auf den Handel vgl. Blackwell, Talarzyk, 1983, S. 7—27; Bielefeld, 1987, S. 82—90.

gerem Sinn das Anbieten von sortimentspolitischen Vorteilen gegenüber den Mitanbietern. Allerdings ist die Bestimmung von Sortimentsvorteilen schwierig, da keine eindeutigen Maßstäbe existieren und nur eine subjektive Interpretation aus der Sicht der angezielten Marktsegmente erfolgen kann. Sortimentsvorteile erstrecken sich auf eine möglichst *umfassende Auswahl* in den Artikeln oder Warenarten, auf eine hohe Einkaufsbequemlichkeit durch die sortimentspolitische Ermöglichung *vieler additiver Käufe* in einer Unternehmung, auf eine *bedarfsträger-* oder *problemgerechte* bzw. *erlebnisreiche Vorselektion* des Warenangebots, deren Attraktivität auf einer adäquaten und stimmigen Bedarfsentsprechung beruht und schließlich auf der *Einmaligkeit* und *Originalität* der angebotenen *Produkte.*

Folgende an Mitanbietern orientierte Prinzipien der Sortimentspolitik sind zu berücksichtigen:

(1) positive Abhebung gegenüber den Mitanbietern in einem oder mehreren sortimentspolitischen Vorteilsaspekten,
(2) Anpassung an gegebene Standards und
(3) Wettbewerbsmeidung durch gegenseitige Abstimmung oder Ergänzung.

Zu (1): Eine positive *Abhebungspolitik* durch große Auswahl in einzelnen Warenarten und Artikeln verfolgen viele Kaufhäuser, Fach- und Spezialgeschäfte. Sie ist in jenen Warenbereichen wettbewerbspolitisch vorteilhaft, in denen die Konsumenten eine umfangreiche systematische Sortierung honorieren. Im Wettbewerb richtet sich diese Form der Abhebungspolitik vorrangig auf die sog. *kritischen Sortimentsbereiche*[21]. Dabei handelt es sich um Warenarten, die von den Konsumenten beim Vergleich der Einkaufsquellen als Beurteilungsmaßstäbe der Gesamtsortimente benutzt werden, indem sie von der Auswahl in diesen Bereichen auf die Qualität des Gesamtsortiments schließen lassen. Durch diese Verhaltensweise kann ein Unternehmen mit partiell großer Auswahl nur in dem kritischen Sortimentsbereich unter Ausnutzung unvollständiger Informationsfähigkeit und -willigkeit der Konsumenten den Anschein der guten Gesamtsortierung erwecken[22]. Diese kritischen Sortimentsbereiche werden somit zum Kernpunkt wettbewerblicher Abhebungspolitik.

Verfolgt ein Unternehmen sortimentspolitischen Wettbewerb mit dem Vorteilsaspekt der Einkaufsbequemlichkeit durch viele additive Käufe, so folgt daraus notwendig eine hohe Anzahl von Wettbewerbern in vielen Branchen. Dieses Prinzip ist ein konstitutives Merkmal von z. B. Warenhäusern und Kleinpreisgeschäften, die in ihrer Gründungsphase gleichzeitig bewußt auf große Auswahl verzichtet haben. Dagegen betreiben Boutiquen vorrangig Wettbewerb mit dem Sortimentsvorteil einer bedarfsträger- und problemorientierten bzw. erlebnisreichen Vorselektion des Angebots. Dieses Sortimentsprinzip bindet die anvisierten Zielgruppen relativ stark an ein Unternehmen und ist als Abhebungsstrategie in solchen Warenbereichen geeignet, wo die Konsumenten insb. eine geistige Entlastung bei der Beschaffung und soziale Differenzierung durch eine spezielle Ausrichtung des Warenangebots suchen.

Bei den sortimentspolitischen Bemühungen um Abhebung von den Konkurrenten ist die Gefahr der *Imitation* eigenständiger Konzepte im Vergleich zur Produkt-

[21] Tietz, 1985a, S. 313, spricht in diesem Zusammenhang von Zeigerwaren.

[22] Einen Merkmalskatalog von Waren, die häufig dem kritischen Sortimentsbereich angehören, gibt Gümbel, 1963, S. 176.

gestaltung relativ groß, da eine Sortimentsidee keinen rechtlichen Schutz genießt und ihre Realisierung durch Wettbewerber keine langfristigen Forschungs- und Entwicklungsarbeiten, sondern nur die Anknüpfung von Beschaffungskontakten erfordert.

Eine Absicherung dauerhafter inhaltlicher Unterscheidung im Sortiment wird durch *Exklusivbelieferungsverträge* erreicht, mit denen für den betreffenden Sortimentsbereich eine Art lokaler Monopolstellung aufgebaut werden kann. Diese Strategie ist akquisitorisch besonders wirksam in Branchen des Individualbedarfs, in denen gesicherte Einmaligkeit bzw. Seltenheit der Produkte von den Konsumenten stark honoriert wird (Beispiel: exklusive, modische Oberbekleidung). Abhebungsbestrebungen im Sektor der Massengüter werden häufig durch die Entwicklung von Eigenmarken verfolgt.

Zu (2): Anpassung ist ein konformes sortimentspolitisches Verhalten, mit dem ein Unternehmen versucht, an Marktsegmenten der Mitanbieter zu partizipieren. Sie dient der *Neutralisierung* von sortimentspolitischen *Vorteilen* der Wettbewerber und wird als Prinzip der Sortimentsgestaltung um so handlungsbestimmender, je mehr sich ein Einzelhandelsmarkt den Bedingungen der Marktvollkommenheit annähert. Im Betriebsformenwettbewerb führt dieses Prinzip zu Assimilationserscheinungen, wobei sich junge Betriebsformen nach anfänglicher sortimentspolitischer Abhebung den älteren Betriebsformen durch den Versuch anpassen, sortimentspolitische Wettbewerbsnachteile auszugleichen, die ursprünglich bewußt in Kauf genommen worden waren (Beispiel: qualitative Aufwertung des Sortiments von Kleinpreisgeschäften). Gleichzeitig passen sich in diesem Assimilationsprozeß alte Betriebsformen den sortimentspolitischen Prinzipien der neueren an.

Die Gefahr einer unkontrollierten Anpassung an Sortimente der Mitanbieter besteht darin, daß die eigene Sortimentskonzeption *verwässert* wird und die akquisitorischen Vorteile einer differenzierenden Marktsegmentierungspolitik verlorengehen. Dieser Effekt einer Uniformierung von Sortimenten wird derzeitig insb. für den Lebensmittelbereich beklagt [u. a. Kuhn, H. E., 1985, S. 34ff].

Zu (3): Die sortimentspolitische *Abstimmung* bzw. *Ergänzung* ist ein Prinzip der Konkurrenzmeidung mit dem Ziel der gegenseitigen Markterhaltung, indem Segmentierungsgrenzen im Markt respektiert werden. Diese Strategie ist darin begründet, daß Händler untereinander in Teilbereichen ihrer Sortimente Vorteile, die ohnehin nur schwer aufzuholen wären, jeweils unangetastet lassen und sich statt dessen auf andere Warengebiete konzentrieren. Derartige Sortimentsstrukturen wirken vereinzelt unvollständig und stellen nur im Verbund mit Sortimenten einer Händlergruppe eine in sich abgestimmte Einheit dar. Man findet dieses Prinzip der Abstimmung z. B. bei Läden, die an einem Standort eine branchenungleiche Agglomeration bilden.

2413 Konsumgerichtetes Verhalten der Lieferanten

Die Lieferanten — und hier insb. die Hersteller von Markenwaren — beeinflussen die Konsumenten mit einem differenzierten Spektrum von Marketingaktivitäten, um die Nachfrage auf ihre Produkte zu lenken oder neu zu wecken. Sofern sie nicht durch eigene Organe an die Verbraucher direkt absetzen, wirken die Lieferanten mit ihrer konsumgerichteten Absatzpolitik indirekt auf die inhaltlichen Sortimentsentscheidungen der Einzelhändler ein, indem der Erfolg dieser Aktivitäten über die *Umschlagshäufigkeit* und/oder *Preishöhe* der Produkte in die Ertragserwartungen des Einzelhandels eingeht. Darüber hinaus sind nicht exakt meßbare Effekte der *Imageirradiation* zwischen Produkt und Laden in die Dispositionen einzubeziehen. Da diese Zusammenhänge in allen Marktaktivitäten der Lieferanten gegeben sind und hier keine Gesamtanalyse ihrer Verbraucherbeeinflussung verfolgt werden kann, wird die Orientierung am konsumgerichteten Lieferantenverhalten mit einigen speziellen Beispielen erläutert.

Der Einzelhändler steht vor der Entscheidung,

(1) in sein Sortiment bevorzugt stark vorverkaufte Markenartikel aufzunehmen, die keine besondere Verkaufsunterstützung mehr erfordern, oder
(2) eher solche Produkte zu führen, für die ihm selbst die Aufgaben der Markterschließung und -erhaltung verbleiben.

Bei der Darstellung dieser Handlungsalternative wird davon abgesehen, daß teilweise durch den „pull"-Effekt der Lieferantenmaßnahmen nur eine geringe sortimentspolitische Dispositionsautonomie erhalten bleibt.

Zu (1): Die sortimentspolitische Orientierung an *stark vorverkauften Markenartikeln* weist dem Einzelhändler mit der Wahl dieser Produkte zugleich eine bestimmte Aufgabenteilung mit dem Lieferanten zu. Bei dem Markenartikel-Absatzsystem übernehmen die Hersteller händlerische Distributionsaufgaben durch Markierung, Qualitätsprüfung und -garantie, Verpackung, Preisstellung (hier nur noch über die Preisempfehlung), Werbung und Disposition über die Warenpräsentation im Laden mit eigenen Reisenden. Verkaufsfördernde Aktionen der Hersteller für ihre Markenartikel bilden oft einen wesentlichen Listungsaspekt, da von ihnen Steigerungen der Umschlagshäufigkeit erwartet werden.

Hier liegt ein deutlicher Interessenkonflikt des Händlers. Einerseits eröffnen ihm die Absatzaktivitäten der Hersteller *Entlastungen* von eigenen produktbezogenen Absatzaktivitäten und geben ihm die Möglichkeit, bei einer an absatzpolitisch *problemlosen* Markenartikeln orientierten Produktzusammenstellung seine Marktaktivitäten *verkaufsstellenbezogen* einzusetzen. Andererseits *erschwert* ein Sortiment, das aus verbreiteten, gut vorverkauften Markenartikeln zusammengesetzt ist, die *Profilierung* des Einzelhandelsunternehmens gegenüber seinen Mitanbietern. Die Entwicklung eigenständiger Marketingkonzeptionen im Handel hat diesen Aspekt in vielen Handelsorganisationen deutlich verstärkt [Oehme, 1983, S. 151ff].

Zu (2): Ein Einzelhändler, der die anzubietenden Produkte zum Ausgangspunkt seiner eigenen Absatzaktivitäten machen will, um eine produktbezogene Profilierung zu erreichen, richtet seine sortimentspolitischen Entscheidungen eher auf Produkte, deren Lieferanten ihm einen großen Teil der konsumgerichteten Aufgaben überlassen. Dieses Prinzip führt zum Angebot von Eigenmarken oder von sog. „weißen Waren" [Kap. II, 332]. Das Extrem für diese Orientierung bildet das Markengeschäft[23], dessen Sortiment sich nur aus Eigenmarken zusammensetzt.

---

[23] Schäfer, 1950, S. 128ff. Eine dem Schäfer'schen Markengeschäft nahekommende Konzeption wird z. B. bei den Filialen des Kaffeehandels verwirklicht.

242 Synopse von Auswahlkriterien für einzelne Produkte

Vorangehend sind mit den Orientierungsprinzipien des Absatzmarktes zentrale Aufbaukriterien behandelt worden, mit denen strategische Leitlinien der Sortimentspolitik ihrem Inhalt nach festgelegt werden. Die inhaltliche Auswahlentscheidung für die Aufnahme eines Produktes paßt sich in diesen Rahmen ein, erfaßt aber weitere Kriterien, die eine *Konkretisierung* der *Auswahlentscheidung* erbringen. Dazu existieren in der Praxis *Checklisten,* mit denen die Produkteignung umschrieben wird. Sie entsprechen den betrieblichen Zielen und den durch vorhandene Ressourcen gesetzten Möglichkeiten. Die folgende Synopse von Kriterien gibt dazu einen systematischen Überblick [Schaubild II, 2.9].

1. Einpassung in die absatzwirtschaftlichen Aufbaukriterien
   - Bedarf
   - Mitanbieter
   - Konsumentengerichtete Aktivitäten der Lieferanten
2. Einpassung in die beschaffungswirtschaftlichen Aufbaukriterien
3. Quantitativ-ökonomische Orientierungskriterien
   - direkte und indirekte Umsatzbeiträge
   - direkte und indirekte Kostenbeiträge
   - Spannen, Deckungsbeiträge
   - Inanspruchnahme von Ressourcen
4. Orientierungskriterien des Marketingeinsatzes
   - persönliche Beratungsbedürftigkeit
   - Werbebedürftigkeit
   - Preislagen
   - Qualitätslagen
   - Anforderungen an das Produkthandling wie z.B. Konservierung, Produktpräsentation, Recycling
   - Eignung für Absatzmethoden

Schaubild II, 2.9: Auswahlkriterien für einzelne Produkte

Darin finden sich in Block 3 als quantitativ-ökonomische Orientierungsprinzipien Elemente jener Kennzahlen, die für die Strukturbewertung der Sortimente verwendet wurden. Die in Block 4 genannten Orientierungsprinzipien des Marketingeinsatzes zeigen die enge Verflochtenheit der Sortimentspolitik mit den übrigen Instrumenten des Marketingmix. Die Anwendung derartiger Checklisten hat lediglich *heuristischen* Wert für die inhaltliche Gestaltung des Sortiments [Oehme, 1983, S. 175; Tietz, 1985a, S. 317ff]. Damit ist noch nichts über das Urteils- und Entscheidungsverhalten des Handels ausgesagt; dieses umfaßt darüber hinaus die Wahrnehmung, Kategorisierung und mentale Informationsverdichtung der Kriterien sowie ihre Verknüpfung zu sortimentspolitischen Entscheidungsregeln[24].

243 Prinzipien der Sortimentsdimensionierung

Die im folgenden zu entwickelnden Grundsätze der Sortimentsdimensionierung beziehen sich auf Handlungstendenzen in der *Sortimentsbreite* und *-tiefe.* Die hierzu erforderlichen Aussagen greifen die vorangehend behandelten inhaltlichen Orientierungsprinzipien wieder auf und führen zu einer vertieften Darstellung ihrer Auswirkungen.

Es sei angenommen, daß ein Handelsunternehmen mit gegebenen Raum- und Personalkapazitäten den gewinngünstigsten Umsatz erreichen will. Über die Entscheidungen einer Rahmenorientierung des Sortimentsaufbaus hinaus stellt sich dabei das Problem der richtigen Dimensionierung des Sortiments in der Breite und Tiefe. Angesichts der Vielzahl von Artikeln und Sorten und der entsprechend vielfältigen Auswahlmöglichkeiten wird die Schwierigkeit dieser Aufgabe deutlich. Verbreitert ein Betrieb z. B. sein Sortiment nur um einen Artikel, der in je drei verschiedenen Größen, Farben und Herstellermarken geführt werden soll, so vergrößert sich sein Sortiment bereits um 27 neue Sorten, die zusätzlich Verkaufsfläche beanspruchen und das Lager belasten.

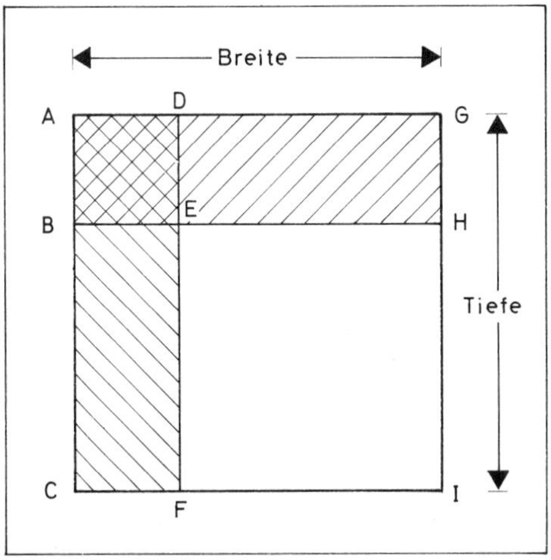

Schaubild II, 2.10:
Grundformen der Sortimentsdimensionierung
[Quelle: Marzen, 1984, S. 181]

---

[24] Dazu hat H. H. Bauer, 1980, eine verhaltenstheoretische Analyse vorgelegt, die sich zwar auf die Aufnahme *neuer* Produkte bezieht, jedoch hinsichtlich ihrer Aussage zu Entscheidungsverfahren auf die allgemeinere Auswahlsituation übertragbar erscheint.

2431 Idealtypische Grundformen der Sortimentsdimensionierung

Bei aller Vielfalt von Sortimenten können doch einige idealtypische Grundformen unterschieden werden, die von den Betriebsformen des Handels realisiert werden [Schaubild II, 2.10].

Die Breite umfaßt der vorangegangenen Definiton zufolge den Umfang der additiven Kaufmöglichkeiten. Wenn das gesamte verfügbare Angebot an Warenarten als Bezugspunkt angenommen wird, so kann darin in einer vergleichenden Sortimentsanalyse ordinal bestimmt werden, welche Sortimente als breit oder schmal gelten sollen. Die Tiefe definiert sich aus den Auswahlmöglichkeiten alternativer Produkte des verfügbaren Warenangebots. Typologisch ergeben sich folgende Grundformen und Zuordnungen zu Betriebsformen:

ACGI:	breites, tiefes Sortiment	(Warenhaus),
ACFD:	schmales, tiefes Sortiment	(Spezialgeschäft),
ABGH:	flaches, breites Sortiment	(Verbrauchermarkt),
ADBE:	schmales, flaches Sortiment	(Erlebnishandel, Boutique).

Ausgehend von diesen Grundformen sind verschiedene Strategien der Sortimentsveränderung zu unterscheiden, die im Schaubild II, 2.11 systematisch dargestellt sind.

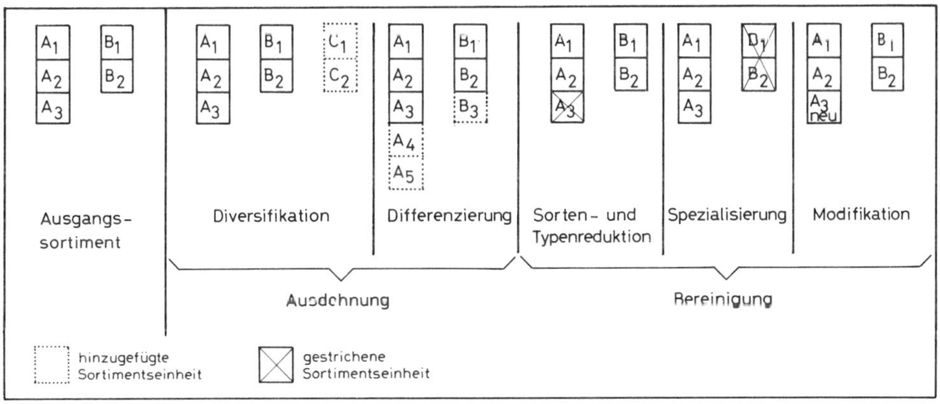

Schaubild II, 2.11: Strategien der Sortimentsveränderung [Quelle: Hansen, Leitherer, 1984, S. 84]

Diese Prinzipien werden im folgenden zunächst unter *Umsatz-* und anschließend unter *Kostengesichtspunkten* diskutiert. Eine Schwierigkeit der Betrachtung resultiert daraus, daß die umsatzbezogenen Aspekte der Sortimentstiefe und -breite in ihrer wertmäßigen Ausprägung von Einflüssen der Preisstellung nicht zu trennen sind, die erst in einem weiteren Kapitel behandelt werden. Aus methodischen Gründen gehe ich im folgenden von konstanten Preisen aus, um die Preiswirkung damit zu neutralisieren.

2432 Sortimentstiefe: Differenzierung und Ausdünnung

Den höchsten Umsatz für einen bestimmten Artikel erreicht ein Unternehmen, wenn dessen Sortierung[25] der Bedarfsstruktur des Marktsegments entspricht, so daß alle Kaufabsichten der Konsumentenzielgruppe in irgendeiner Form befriedigt werden können. *Bedarfsentsprechung* heißt nicht, daß eine völlige Sortimentsanpassung an bestehende Bedarfe des Segments erzielt werden müßte, da ein Betrieb auch sortimentspolitische Bedarfslenkung betreiben kann. Das geschieht, indem entweder noch nicht vollständig konkretisierte Bedarfe durch das Warenangebot in eine bestimmte Richtung gelenkt werden oder indem ein Kunde, der mit konkretisierten Kaufabsichten das Geschäft betritt, aufgrund der gebotenen Warenauswahl zu einem Bedarfswechsel veranlaßt wird.

Bei guter sortimentspolitischer Entsprechung zwischen den Sorten eines Artikels und der Bedarfsstruktur der Konsumentenzielgruppe würde ein Unternehmen — *seiner absatzpolitischen Ausrichtung entsprechend* — bestmögliche Umsätze in diesem Artikel erzielen, da eine derartig ideale Sortierung die in Frage stehenden Bedarfsträger der Zielgruppe anziehen würde und Kundenanfragen gut befriedigt werden könnten (Bereich der *Idealsortierung*). Darüber hinausgehende Sortimentsvertiefungen erhöhen die Attraktionswirkung nicht wesentlich und erbringen i. d. R. nur geringe Nachfragezuwächse, die durch reine Impulskäufe zustande kommen oder mit Konsumenten erzielt werden, die nicht zu dem anvisierten Marktsegment gehören. Diese Vertiefungen führen zu nicht erwünschten Ladenhütern (Bereich der *Übersortierung*). Dagegen bewirkt eine Verflachung abnehmende Kundenanfragen aufgrund sinkender Attraktivität der Sortierung und verursacht sog. Nichtverkäufe, bei denen ein Kunde seine Kaufabsichten nicht in dem vorgesehenen Laden realisiert (Bereich der *Untersortierung*)[26]. Je mehr Nichtverkäufe vorkommen, desto wahrscheinlicher ist eine mangelhafte Abstimmung zwischen der Sortimentspolitik und den übrigen absatzpolitischen Maßnahmen, mit denen bei den Konsumenten offensichtlich falsche sortimentsbezogene Erwartungen geweckt werden. Nichtverkäufe können allerdings auch eine vorübergehende Erscheinung bei ungewohnten Sortimentsinnovationen sein.

Die Grenzen zwischen den Bereichen der umsatzorientierten Unter-, Ideal- und Übersortierung sind aus verschiedenen Gründen nicht genau zu ermitteln. Diese Unsicherheit erklärt sich daraus, daß die Attraktionswirkung der Sortierung auf die Anzahl der Kundenanfragen nicht exakt bestimmbar ist und das anvisierte Marktsegment fließende Übergänge zu anderen aufweisen kann. Schließlich ist der Anteil der Kaufabsichten, die befriedigt werden bzw. aufgrund mangelnder Auswahl unbefriedigt bleiben, nicht genau feststellbar, weil dem Händler vor allem bei Anwendung

---

[25] Unter „Sortierung" ist die Zusammenstellung von Sorten eines Artikels zu verstehen.

[26] Mit der Über- bzw. Untersortierung wird der Überschuß bzw. Fehlbestand an Sorten in Hinblick auf die Nachfragestruktur bezeichnet. [Bürgi, 1949, S. 72ff; Jaster, 1963, S. 36ff; Marzen, 1984, S. 182f]. Die Sortimentskontrolle hinsichtlich der Über- bzw. Untersortierung wird an Ladenhütern und Nichtverkäufen vorgenommen. Dabei entsteht in Hinblick auf die Lagerpolitik das Problem einer exakten Verursachungsanalyse, da diese in ähnlichen Erscheinungsformen auch durch falsche Lagerhaltung entstehen können. Für Ladenhüter entwickelt Gümbel, 1963, S. 196ff, mit der „Kennziffer des Sortimentsgrades" ein Instrument zur Analyse der Fehlerverursachung.

des Selbstbedienungs- oder des Versandprinzips die ursprünglichen Kaufabsichten der Konsumenten gar nicht bekannt werden.

Ein Einzelhandelsunternehmen muß i. d. R. im Rahmen seiner Differenzierungsstrategie eine Auswahl unter den ihm potentiell verfügbaren Sorten eines Artikels vornehmen. Soll dieses Problem unter Umsatzgesichtspunkten gelöst werden, so ergeben sich Anhaltspunkte für die Entscheidung aus der *Verteilung* der *Nachfragepräferenzen* auf die zur Verfügung stehenden Sorten innerhalb des Marktsegments. Dazu muß die wahrscheinliche Nachfrage der Konsumentenzielgruppe nach den einer Unternehmung maximal verfügbaren Sorten als 100 angenommen werden, um dann jeder Sorte ihren Präferenzanteil in bezug auf die Gesamtnachfrage zuzuordnen. Es ergeben sich hieraus sog. *Popularitätskurven* für die Sorten eines Artikels, deren Verlauf je nach Präferenzverteilung auf die Sorten unterschiedlich steil ist[27] [Schaubild II, 2.12a; II, 2.12b].

Beispiel: Für den Artikel Herrenhosen Marke X wird die Popularitätskurve für die nach dem Merkmal Größe (gemessen an Beinlänge) differenzierten Sorten A, B... festgestellt. Die erwartete Gesamtnachfrage der Konsumentenzielgruppe wird für den Artikel mit 100 angesetzt (Gesamtfläche der diskreten Verteilung). Die Popularität der Sorten drückt sich in dem Anteil an der Fläche aus. Besteht die Tendenz zu unendlicher Teilbarkeit eines Sortenmerkmals, so läßt sich die diskrete Verteilung zu einer stetigen Funktion approximieren.

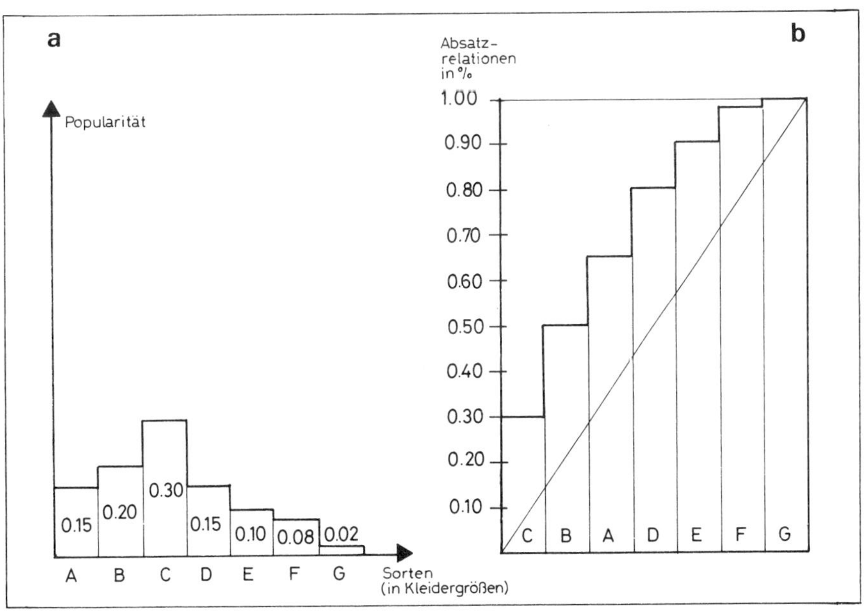

Schaubild II, 2.12a: Popularitätskurve für die Sorten eines Artikels
Schaubild II, 2.12b: Kumulierter Absatz eines nach Popularität sortierten Artikels

Die umsatzorientierte Auswahl unter den Sorten eines Artikels nimmt ein Händler entlang dieser Popularitätskurven vor, indem er von den populärsten Sorten aus-

[27] Vgl. die ähnliche Konzeption bei Gist, 1968, S. 258ff.

geht und sukzessive solche heranzieht, die weniger populär sind. In der Realität wird er dieses Verhalten zwar anstreben, jedoch aus verschiedenen Gründen nur ungenau verwirklichen können. Schwierigkeiten ergeben sich hierbei zunächst hinsichtlich der Informationsgewinnung für die Popularitätsverteilung innerhalb eines Marktsegments. Relativ gute Voraussetzungen bestehen für solche Sortenmerkmale, an die ein Konsument aus gebrauchstechnischen Gründen gebunden ist (Beispiel: Konfektionsgrößen), so daß die Verteilung der Popularität aus objektiv feststellbaren Eigenschaften der Konsumentenzielgruppe bereits ex ante bestimmbar ist. Dagegen bietet die Festlegung einer Popularitätsverteilung bei Sortenmerkmalen, die für den Konsumenten frei wählbar sind (Beispiel: Geschmacksmerkmale), weit größere Schwierigkeiten. Während hier bei Standardgütern im Laufe der Zeit zumindest Erfahrungswerte gesammelt werden können, ist bei ständig wechselnden Sortenmerkmalen eine Voraussicht oft nicht möglich.

Abgesehen von dieser Schwierigkeit in der Informationsbeschaffung besteht ein weit größeres Problem darin, daß die Umsatzentwicklung in einem Artikel nicht lediglich als partielles Verteilungsproblem seiner Sorten und ihrer Popularität gesehen werden kann. Vielmehr sind akquisitorische Effekte zu berücksichtigen, die aus einer Beeinflussung des Konsumentenverhaltens unter Einbeziehung von Verbundwirkungen entstehen.

Eine Sortimentsvertiefung kann in bezug auf ihre Umsatzauswirkungen Substitutions-, Partizipations- und Bedarfssteigerungseffekte haben[28]. Bei allen Sortenmerkmalen, die den Konsumenten Entscheidungsalternativen lassen, bedeutet die Aufnahme einer neuen Sorte, daß ein Teil der Nachfrage von den bereits geführten Produkten abgezogen wird *(Substitutionseffekt).* Dadurch wird der mengenmäßige Umsatz zwar nicht erhöht, jedoch eine Umsatzsicherung gegenüber der Konkurrenz erreicht, indem durch die Substitutionsvorgänge eine genauere und bessere Bedarfsentsprechung für den bisherigen Kundenkreis zu erzielen ist. Eine Umsatzerhöhung tritt dann ein, wenn bei den bisherigen Kunden der Ge- und Verbrauch eines Artikels durch simultanen Konsum mehrerer Sorten verstärkt wird *(Bedarfserweiterungseffekt)* oder neue Konsumenten gewonnen werden, die von den Mitanbietern abgezogen werden *(Partizipationseffekt).*

Für die Umsatzentwicklung (U) eines Artikels in Abhängigkeit von der Sortimentsvertiefung (S) gemäß der Popularität seiner Sorten ist ein Verlauf wahrscheinlich, bei dem mit zunehmender Aufnahme neuer Sorten zunächst eine Zone steigender und anschließend eine Zone fallender Umsatzzuwachsraten (U') durchlaufen wird, die sich schließlich gegen Null entwickeln [Schaubild II, 2.13].

Dieser Kurvenverlauf erklärt sich einerseits aus der quantitativen Verteilung der Sortenpopularität, aufgrund derer die Vertiefung von populären zu unpopulären Sorten fortschreitet. Eine zusätzliche, diesen Umsatzverlauf bestimmende Komponente ist die Attraktionswirkung der Auswahl, indem die Auswahlverbesserung zunächst stark steigende und dann nachlassende Attraktionskraft ausübt. Dabei ist in der ersten Phase der Partizipationseffekt weit größer als der Substitutionseffekt; im weiteren Verlauf läßt der Partizipationseffekt nach, während die Substitutionsvorgänge innerhalb der Nachfrage aus der eigenen Kundschaft stark zunehmen. Den Phasen des

[28] Gutenberg [1984, S. 545ff] unterscheidet in diesem Zusammenhang nur den Substitutions- und Partizipationseffekt.

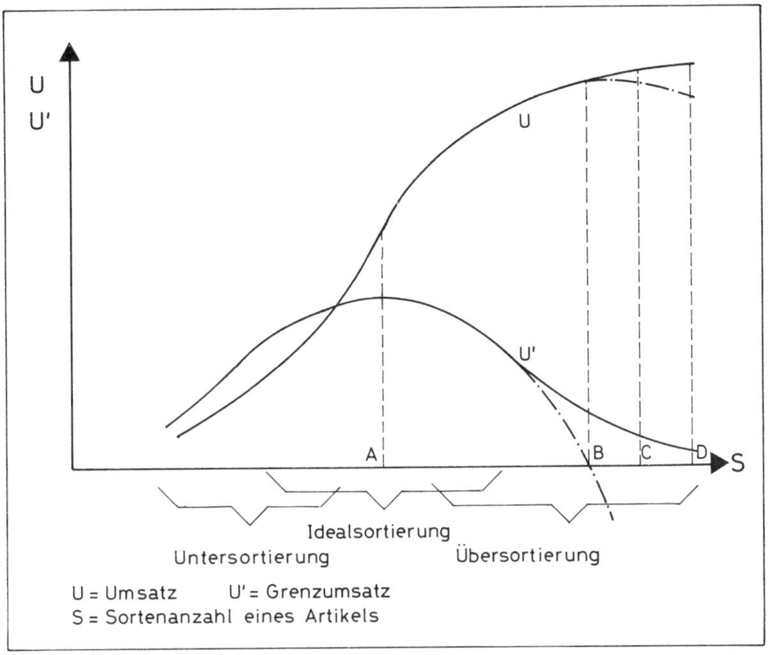

Schaubild II, 2.13: Umsatzentwicklung eines Artikels in Abhängigkeit seiner Sortierung

Umsatzverlaufs können die Bereiche der Unter-, Ideal- und Übersortierung nur tendenziell zugeordnet werden; sicherlich fällt der Wendepunkt (A) der Umsatzkurve jedoch in den Abschnitt der Idealsortierung. Im Punkt C ist der höchstmögliche Umsatz mit der Konsumentenzielgruppe erreicht. Die weiteren wenigen Umsatzakte werden mit Konsumenten benachbarter Marktsegmente erzielt. In D wird die verfügbare Sortenanzahl des Artikels erreicht. Gelegentlich wird durch Sortenzunahme auch ein abfallender Umsatz ausgelöst (gestrichelter Kurvenverlauf). Diese Entwicklung tritt dann ein, wenn eine große Auswahl die Konsumenten verwirrt und dadurch das Sortiment an Attraktivität einbüßt. In diesem Fall entsteht ein Umsatzmaximum (B).

Im Rahmen dieser generell vermutbaren Umsatzentwicklung eines Artikels in Abhängigkeit seiner Vertiefung *variiert* der Kurvenverlauf je nach *Eigenschaften* des *Artikels* und des angezielten *Marktsegments.* Konkrete Kenntnisse hierüber, aus denen Konsequenzen für die Sortimentsdimensionierung zu ziehen wären, bestehen im Erfahrungsschatz der Disponenten nur ungenau [Gist, 1968, S. 262], weil den einzelnen sortimentspolitischen Aktivitäten kaum die entsprechenden Auswirkungen kausal zuzuordnen sind[29]. Es kann also nur versucht werden, einige Tendenzen herauszustellen:

Bei *Artikeln* mit *steilen Popularitätskurven* ist im Vergleich zu flachen die anfängliche Progression und die folgende Degression der Umsatzzuwächse stärker ausgeprägt, so daß mit relativ wenigen Sorten zu Beginn der Sortimentsvertiefung bereits

[29] Der Einsatz von Scannerkassen überwindet einige dieser Schwierigkeiten, da die Umsatzverteilungen damit artikelgenau erfaßt werden können [Simon, Sebastian, Kucher, 1982, S. 572].

der Hauptumsatz erzielt wird. Artikel, deren Nachfrage von *Bequemlichkeit* bestimmt ist und bei denen den Konsumenten eine Sortensubstitution leicht möglich ist, erreichen die kritische Schwelle degressiver Umsatzzuwächse relativ schnell. Dies gilt für einen großen Teil der convenience goods. Die Grenze verschiebt sich dagegen bei hochwertigen Produkten, insb. jenen des persönlichen und individuellen Bedarfs, wo die *Attraktivität* der *Auswahl* vorrangig ist.

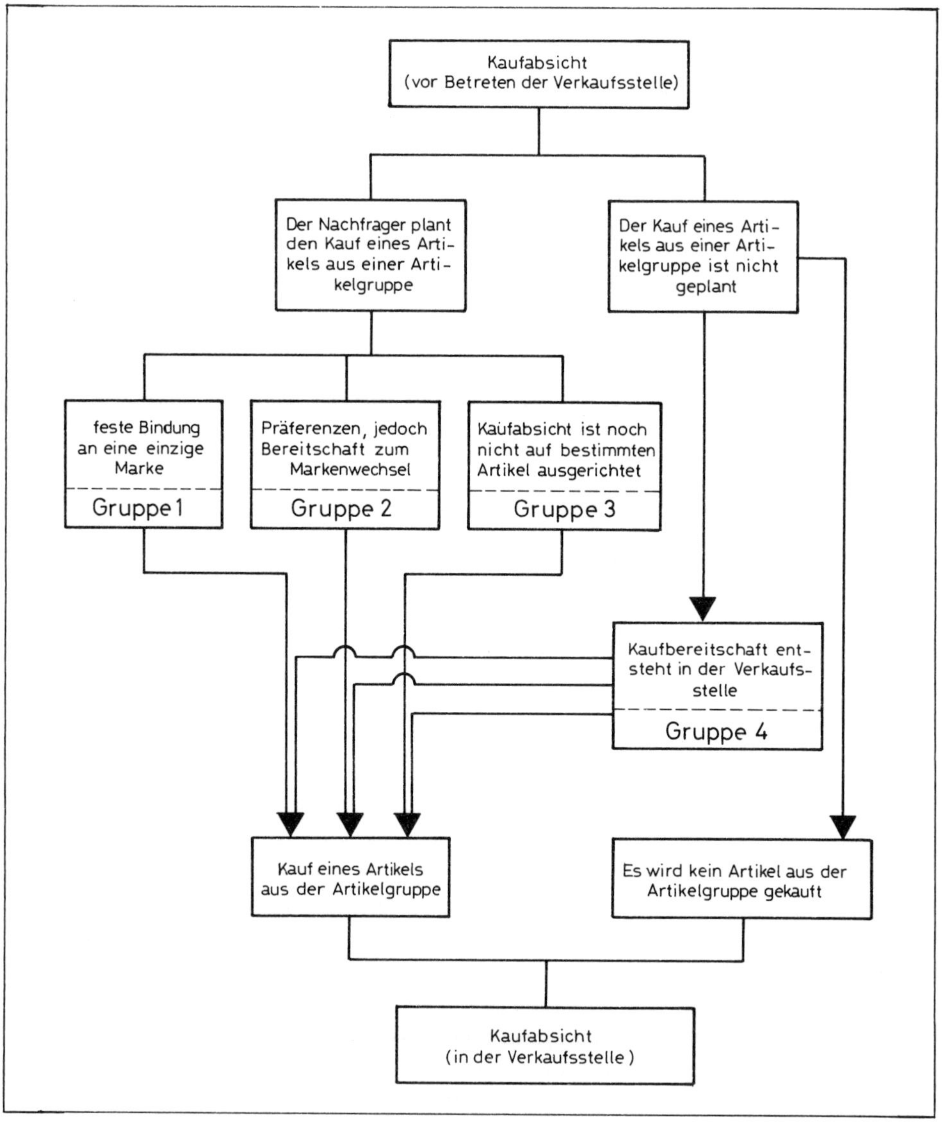

Schaubild II, 2.14: Nachfragertypen für den Nachweis von Reaktionen auf Sortimentsdifferenzierungen [Quelle: Müller-Hagedorn, Heidel, 1986, S. 45]

Zur Analyse des *Kundensegments* in diesem Zusammenhang bieten Müller-Hagedorn und Heidel [1986, S. 44ff] einen interessanten Lösungsansatz an, indem sie vier Konsumententypen auf der Basis ihrer Kaufabsicht gemäß ihrer wahrscheinlichen Reaktion auf eine Sortimentsvertiefung unterscheiden [Schaubild II, 2.14].

Der Totaleffekt alternativer Sortimentstiefe ergibt sich danach erst aus der Addition der Reaktionen dieser Konsumententypen. Müller-Hagedorn und Heidel [1986, S. 50f] gelangen daraus zu folgendem hypothetischen Schluß: „Die Wirkung der Sortimentstiefe auf den Absatz ist um so weniger gegeben, je schwächer die Markenbindung ist, je austauschbarer die einzelnen Artikel von den Konsumenten beurteilt werden, je mehr es dem Handelsbetrieb gelingt, schon mit einer geringen Auswahl Präferenzen zu schaffen, und je geringer das Bedürfnis der Konsumenten, Vergleiche anzustellen, ausgeprägt ist".

Bisher wurde eine Beschränkung auf die umsatzorientierte Betrachtung der Sortimentstiefe bei *einem* Artikel vorgenommen. Der Einzelhändler muß jedoch auch die Sortimentstiefe der *unterschiedlichen Artikel* und *Warenarten* untereinander abstimmen. Die Konsumenten schließen i. d. R. von der Auswahl in einem Bereich auf andere und setzen Erfahrungen bezüglich der Auswahl eines Artikels in Erwartungen an die Auswahl bei anderen Artikeln um. Aufgrund dieses Erlebniszusammenhangs kann eine falsche Proportionierung dazu führen, daß in einem Artikel, der im Vergleich zu der gebotenen Durchschnittsauswahl untersortiert ist, Nichtverkäufe vorkommen, die sich dann auch in benachbarten Sortimentsbereichen negativ auswirken. Die Tiefendimensionierung des Gesamtsortiments muß diese Zusammenhänge berücksichtigen und *verbundene Erwartungen* der Konsumenten an die Auswahl gleichmäßig zu erfüllen suchen.

Diese Forderung gilt für das Kernsortiment. Anders ist es dagegen im Zusatzsortiment, in dem eine Untersortierung von den Konsumenten akzeptiert wird, da dieser Sortimentsbereich nicht der Haupttätigkeit eines Einzelhandelsunternehmens zugerechnet wird. Im Zusammenhang der Sortierung mehrerer Artikel ist auch der *unterschiedliche Informationsstand* der Konsumenten zu berücksichtigen. Während in den kritischen Sortimentsbereichen eine umfangreiche Auswahl notwendig ist, genügt bei Artikeln, über die nur wenig Warenkenntnis besteht, eine geringere Sortierung. Auf diese Artikel übt der kritische Sortimentsbereich dann eine positive Irradiationswirkung aus.

Die vorangegangenen rein umsatzorientierten Überlegungen zur Gestaltung der Tiefendimension müssen im Sinne einer gewinnorientierten Sortimentspolitik um *kostenwirtschaftliche* Aspekte ergänzt werden. Die in bezug auf die Sortimentstiefe variablen Kosten steigen mit zunehmender Vertiefung progressiv, da i. d. R. Lagerzinsen, ggf. Bestellkosten, ggf. Abschreibungen infolge Modewechsels, Wertminderungen durch Verderb und Schwund eine steigende Tendenz haben. Die Progression der variablen Kosten verläuft je nach Produktart unterschiedlich; sie ist z. B. bei modischen und verderblichen Gütern besonders stark. Je früher und stärker die Kostenprogression einsetzt, um so geringer wird die gewinnmaximale Sortimentstiefe. Weiterhin hat ein Unternehmen mit Kosten zu rechnen, die in Hinblick auf die Vertiefung eines Artikels wegen geringer qualitativer Elastizität des Faktoreinsatzes, d. h. wegen einseitiger Verwendbarkeit relativ fix sind. Das trifft z. B. bei Kosten für Personen und Einrichtungen zu, die speziell nur für einen Artikel vorhanden sind. Zur optimalen Nutzung dieses in bezug auf die Sortierung fixen Faktoreinsatzes besteht bei den betreffenden Artikeln eine besondere Tendenz zur Sortimentsvertiefung (Effekt der Kostendegression). Eine solche artikelbezogene Spezialisierung der Einsatzfaktoren ist im Handel jedoch selten. Sie kommt im Bereich der Serviceleistungen vor, wenn Spezialmaschinen oder Fachleute für einen Artikel eingesetzt werden müssen, oder u. U. im Verkauf bei technisch komplizierten Produkten, die besonders schwierige Beratungsleistungen für den Kunden erfordern[30].

2433 Sortimentsbreite: Diversifizierung und Spezialisierung

Die Breite eines Sortiments ergibt sich — wie oben gezeigt — im Ansatz bereits aus den Strukturprinzipien bei den ersten sortimentspolitischen Grundentscheidungen. Dennoch stellen sich einem Einzelhandelsunternehmen hinsichtlich der Dimensionierung seines Sortiments im *Detail* ständig neue Entscheidungssituationen hinsichtlich Art und Ausmaß einer Sortimentsverbreiterung (Diversifizierung) bzw. Spezialisierung. Wie in dem vorangehenden Kapitel sollen zunächst umsatz- und dann kostenorientierte Gesichtspunkte mit ihren qualitativen Hintergründen berücksichtigt werden.

In der Breitendimension des Sortiments werden den Konsumenten vornehmlich additive Kaufmöglichkeiten geboten. Die Attraktionswirkung liegt in der damit verbundenen Einkaufsbequemlichkeit, die mit dem Schlagwort *„alles unter einem Dach"* umschrieben werden kann. Unter umsatzbezogenen Aspekten ist jene Zusammenstellung von Warenarten bzw. Artikeln am günstigsten, die den Bedarfszusammenhängen und den Einkaufsgewohnheiten der Konsumentenzielgruppe am besten entspricht und die Erwartungen befriedigt, die ein Unternehmer mit dem Einsatz seines gesamten absatzpolitischen Instrumentariums auslöst. Signale für eine unangepaßte Breitenproportionierung ergeben sich aus einer hohen Anzahl von Nichtverkäufen in bestimmten Artikeln und Warenarten *(Unterdimensionierung)* oder aus Ladenhütern und einem überdurchschnittlich langsamen Lagerumschlag *(Überdimensionierung).* Im Gegensatz zur Sortimentsgestaltung in der Tiefe werden diese Kontrollziffern nicht auf einzelne Sorten, sondern auf ganze *Artikel* oder *Warenarten* bezogen. Die Anwendungsschwierigkeiten sind jedoch dieselben wie bei der optimalen Gestaltung der Sortimentstiefe. Bei innovatorischen Sortimentszusammenstellungen müssen Habitualisierungen im Einkaufsverhalten der Konsumenten überwunden werden. Zu Beginn einer sortimentspolitischen Innovation können bzw. müssen also derartige negative Anzeichen als vorübergehende Anfangsschwierigkeiten hingenommen werden.

Eine Sortimentsverbreiterung löst *Partizipations-* und *Bedarfserweiterungseffekte* aus, während die Substitutionswirkungen innerhalb der eigenen Kundschaft gering sind. Entsprechend richten sich die umsatzbezogenen Zielsetzungen darauf, entweder neue Kunden für die zusätzlichen Sortimentsbereiche zu gewinnen und damit das ursprüngliche Marktsegment auf Kosten der Mitanbieter zu erweitern oder alte Kunden zu Anschlußkäufen zu veranlassen. Häufiger wird mit einer Sortimentsverbreiterung

---

[30] Gümbel, 1963, S. 206, nennt als Beispiel für diesen Problembereich den Einsatz eines Dekorateurs, der die Vertiefung im Gardinensortiment zur Folge hat, um seine Arbeitskraft voll auszunutzen.

die zweitgenannte Zielsetzung angestrebt, bei der Umsatzerhöhungen durch größere Einkaufswerte pro Kunde mit einem gleichbleibenden Marktsegment erreicht werden sollen. Ein Händler hat hier weniger Marktwiderstand als bei der Gewinnung neuer Kunden zu überwinden und kann die bereits getätigten Marktinvestitionen in Aufbau und Intensivierung von Kundenbeziehungen besser ausnutzen.

Partizipations- und Bedarfserweiterungseffekte sind um so einfacher zu erzielen, je zahlreicher und intensiver die *Beschaffungs-* und *Bedarfskomplementarität* zwischen den neu aufzunehmenden Produkten und dem bisherigen Sortiment sind, da der Umsatz der neuen Produktgruppen dann um so stärker durch das bestehende Angebot gestützt wird. Für eine Sortimentseinengung (Spezialisierung) gilt das konträre Prinzip. Demzufolge muß bei einer geplanten Eliminierung eines Artikels immer darauf geachtet werden, welche Umsatzeffekte er innerhalb des Gesamtsortiments induziert hat.

Bei begrenzten Kapazitäten stellen sich einem Unternehmen mit der Breiten- und Tiefendimensionierung *Handlungsalternativen* in bezug auf die *umsatzorientierte Kapazitätsausnutzung.* Umsatzauswirkungen und Kapazitätsbeanspruchung der Dimensionsveränderungen müssen daher in der Sortimentsbreite und -tiefe *simultan* berücksichtigt werden. Sofern bei ausgelasteten Kapazitäten eine Verbreiterung nur mit einer Verflachung in bestehenden Sortimentsteilen durchzuführen ist, sind demnach die zu erwartenden Umsatzeinbußen aus der geringeren Sortierung mit der Umsatzerweiterung aus den neu aufzunehmenden Artikeln und Warenarten unter Bezug auf die Kapazitätsauswirkungen zu vergleichen. Aus diesem Zusammenhang ergibt sich generell, daß eine Sortimentsvertiefung zugunsten einer -verbreiterung um so eher möglich ist, je stärker die *mengenmäßige Nachfragebesetzung* für die Sorten innerhalb der Konsumentenzielgruppe ist. Beispielsweise können Einzelhandelsunternehmen in dicht besiedelten Gebieten oder verkehrsreicher Akkumulationslage aus diesem Grunde große Sortimentstiefe besser realisieren als Einzelhändler in ländlicher Einzellage mit geringem Absatzpotential in den einzelnen Artikeln. Unter Berücksichtigung der Kapazitätswirkung sind grundsätzlich jene Produkte für eine Sortimentsverbreiterung geeignet, die nur in *wenigen Sorten* im Markt existieren oder so *steile Popularitätskurven* innerhalb der Konsumentenzielgruppe haben, daß bereits mit wenigen Sorten ein hoher Umsatz erreicht werden kann. Dieser Gesichtspunkt spielt bei der Gestaltung des Randsortiments eine bedeutende Rolle [Schaubilder II, 2.15a; II, 2.15b].

Die umsatzorientierte Sortimentsdimensionierung unter simultaner Berücksichtigung von Breite und Tiefe wird in den Schaubildern II, 2.15a und II, 2.15b noch einmal graphisch verdeutlicht. Schaubild II, 2.15a zeigt die gleichzeitige Abhängigkeit des Umsatzes von unterschiedlichen Kombinationen der Sortimentsbreite und -tiefe. Die Höhenlinien gleicher Umsätze U1, U2...U5 werden in die Ebene projiziert und in Schaubild II, 2.15b als Isoumsatzkurven U1, U2...U5 in dem zweidimensionalen Feld aus Sortimentsbreite und -tiefe dargestellt. Dabei wird angenommen, daß der Idealbereich der Sortierung sich zwischen U2 und U4 erstreckt, wobei U3 im Wendepunkt der Umsatzkurven liegt.

Die Kapazitätslinie wird durch die Verbindung aller Kombinationspunkte der Sortimentsbreite und -tiefe gleicher Kapazität entwickelt. Sollen nur die Kombinationspunkte im Idealbereich der Sortierung realisiert werden, so sind nur die Punkte zwischen P2 und P4 bzw. P6 und P8 relevant.

Werden bei der Gestaltung der Sortimentsbreite schließlich die *kostenmäßigen* Auswirkungen berücksichtigt, so kann auf parallele Überlegungen zur Sortimentstiefe

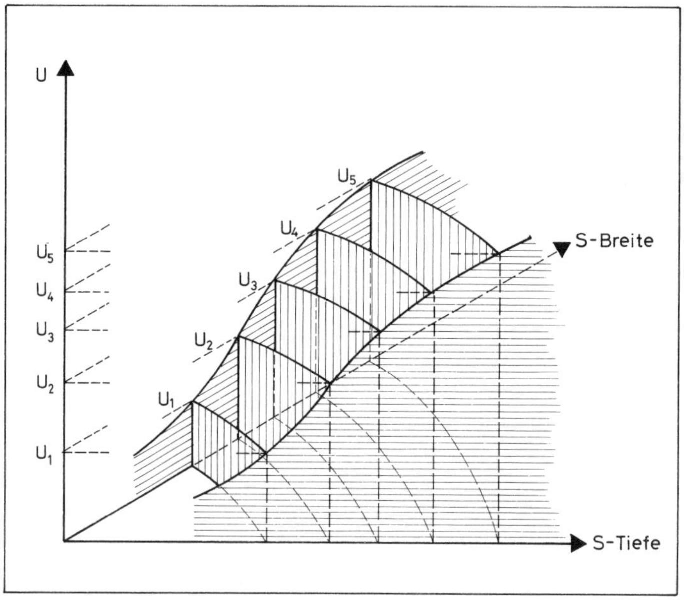

Schaubild II, 2.15a: Dreidimensionale Darstellung der Umsatzentwicklung in Abhängigkeit von Sortimentsbreite und -tiefe

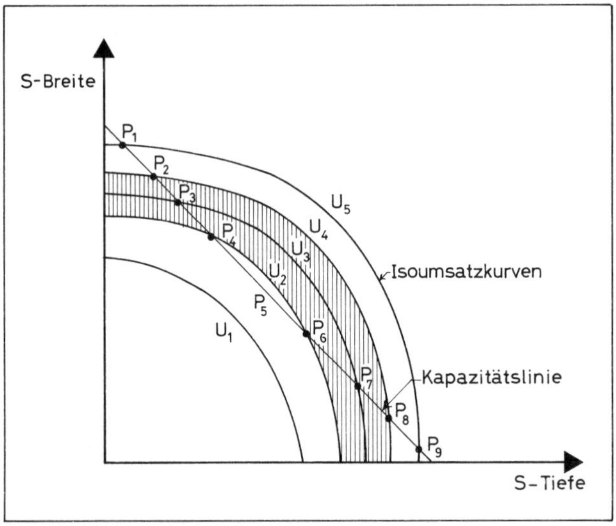

Schaubild II, 2.15b: Isoumsatzkurven in Abhängigkeit von Sortimentsbreite und -tiefe

verwiesen werden. Hier ist in ähnlicher Form zu klären, wie die fixen und variablen Kosten der Einsatzfaktoren die Gestaltung der Sortimentsdimension in Richtung auf die Verbreiterung bzw. Spezialisierung beeinflussen. Alle Einsatzfaktoren mit hoher qualitativer Elastizität, d. h. vielfältiger Verwendbarkeit, unterstützen eine Sortimentsverbreiterung, solange unausgelastete Kapazitäten vorhanden sind[31]. Dazu gehören z. B. Service- und Verkaufspersonal mit breitem und wenig spezialisiertem Fachwissen, ferner Räume und Mehrzweck-Einrichtungen.

Faßt man Bemühungen um ein gutes Ladenimage bei dem Marktsegment als *Investitionen* im *Markt* auf, so ist auch daraus unter dem Aspekt der Kostendegression eine Tendenz zur Sortimentsverbreiterung abzuleiten. Sie wird um so stärker, je mehr Aufwendungen für die Beziehungen zum Kunden geleistet worden sind. Sortimentsverbreiterungen bewirken eine bessere Ausnutzung der auf einen Kunden entfallenden Marktinvestition, sofern sie zu höheren Umsätzen pro Kunde beitragen. Deutlich ist dieser Zusammenhang beim Universalversandhandel zu beobachten, der bei der Kontaktanbahnung hohe Aufwendungen pro Kunde aufzubringen hat und daher bemüht ist, durch Sortimentsverbreiterungen die Bestellwerte seiner Konsumenten zu erhöhen[32].

244 Prinzipien zeitlicher Sortimentsdispositionen

Die vorangehende Betrachtung der Sortimentspolitik bezieht sich auf einen *Zeitpunkt* der Sortimentsgestaltung. Schwankungen und Verschiebungen der Produktmärkte machen allerdings sequentielle Sortimentsdispositionen für einen *Zeitablauf* notwendig. Die diesbezüglichen Problemstellungen entstehen aus der Art der Marktbewegungen. Es erscheint zweckmäßig, hier die folgenden Formen zu unterscheiden:

(1) saisonale Marktschwankungen, darunter insb. auf der Basis von Modezyklen,
(2) Marktverschiebungen, darunter insb. auf der Basis von Produktlebenszyklen.

Die zeitlichen Dispositionsaufgaben stellen sich in beiden Fällen in zwei Problemkreisen, nämlich in der zeitlichen Abstimmung unter den Artikeln eines Sortiments und in der Festlegung der Zeitpunkte für die Aufnahme und Eliminierung von Produkten im Verlauf ihrer Marktentwicklung. Diese Dispositionen müssen bei Saisonsortimenten in kurzfristigeren Abständen vorgenommen werden als bei Standardsortimenten.

2441 Saisonale, insb. modebedingte Marktschwankungen

Saisonale Schwankungen sind jahreszeitlich bedingt und verursachen quantitative und qualitative Bewegungen in der Nachfrage. Dazu gehören z. B. wetterbedingte

[31] „Mit abnehmendem Grad der Spezialisierung solcher Einrichtungen werden sich die expansiven Tendenzen von der Sortimentstiefe mehr zur Sortimentsbreite verschieben (z. B.: Verpackungsmaschinen)" [Gümbel, 1963, S. 210].

[32] „Ein weiterer gewichtiger Grund für die Sortimentserweiterung im Universalversandhandel ist darin zu sehen, daß die Gewinnung neuer Kunden mit relativ hohen Kosten verbunden ist". Diese werden erst dann tragbar, wenn die Kunden „... einen Großteil ihres gesamten Bedarfs bei ihrem Versandhaus decken. Dies ist zweifellos um so eher möglich, je breiter und repräsentativer das Angebot ist" [Geppert, 1969, S. 135ff].

Sportarten, wie z. B. Surfen und Skilaufen. Im Rahmen der Sortimentspolitik müssen diese Umsatzbewegungen der Produkte in die Dispositionen einbezogen werden, um eine *zeitlich ausgeglichene Proportionierung* des Sortiments zu erreichen. Diese Problematik ist für den Einzelhandel besonders wichtig, da aufgrund mangelnder Speicherfähigkeit der Handelsleistung Beschäftigungsschwankungen nicht aufgefangen werden können und die Kapazitätsausrichtung an den Beschäftigungsspitzen erfolgen muß[33].

Bei der Zusammenstellung des *Gesamtsortiments* kann das Prinzip der *zeitlichen Kompensation* angewendet werden, wenn eine Umsatznivellierung innerhalb des Gesamtsortiments erreicht werden soll, indem Produkte mit gegenläufigen Umsatzbewegungen aufgenommen werden. Die Realisierung dieses Prinzips ist nur im Rahmen einer inhaltlich in bezug auf die Konsumentenzielgruppe vertretbaren Warenordnung möglich. Dabei sind Unternehmen mit breiten Sortimenten im Vorteil, da hier für den inneren zeitlichen Ausgleich eine breitere Basis vorliegt. Bei arhythmischen Bewegungen und der damit verbundenen Ungewißheit ihres Eintritts ist die Anwendung des Prinzips zwangsläufig eingeschränkt.

Mit der saisonalen Bewegung der Nachfrage verbindet sich bei vielen Produkten eine modische Abhängigkeit. Der Wirkungsbereich der Mode dehnt sich innerhalb der Warenwelt ständig aus, so daß ehemalige Standardsortimente des Handels in Saisonsortimente umgewandelt werden, deren geschmackliche Attribute saisonal wechseln (Beispiele: Unterwäsche, Sportbekleidung, Accessoires). Dabei ist allerdings gleichzeitig eine Lockerung des „Modediktats" in der Weise festzustellen, daß simultan mehrere gruppenbezogene Ausprägungen einer Mode existieren.

Die Modezyklen sind zeitlich eng an die Jahreszeiten gekoppelt, wenn sie auch oft über mehrere Perioden hinweg existieren. Dennoch verbleibt sortimentspolitisch für den zeitlichen Einstieg des Einzelhandels ein Spielraum. Die Ausbreitung der Mode erfolgt in sozialer und räumlicher Perspektive in zeitlichen Sequenzen. Aus der strategischen Bestimmung der Marktsegmente ist dementsprechend im Modebereich der Zeitpunkt der Modeübernahme für den Händler abzuleiten. Wenn er das Segment der modebewußten Innovatoren bedienen will, so übernimmt er damit die in geschmacklicher Hinsicht risikoreiche Rolle des modischen gatekeeper und steigt zu einem frühen Zeitpunkt in einen Modezyklus ein. Damit verbunden ist die qualitative Selektion modischer Neuigkeitsattribute seiner Produkte. Unter den Innovatoren befindet sich ein hoher Anteil von modebewußten Konsumenten, die parallel zu Modeschwankungen ihre Produkte auswechseln. Entsprechend sind Sortimente erfolgreich, deren modische Neuigkeitsattribute extreme Ausformungen annehmen. Dagegen sind bei Marktsegmenten mit einem gemäßigten modischen Verhalten qualitative Reduktionen der geschmacklichen Modeattribute angebracht, da diese u. U. geeignet sind, eine Modesaison zu überdauern.

Hinsichtlich der Produkteliminierung bestehen bei Saisonsortimenten die Möglichkeiten des Schlußverkaufs am Ende einer Saison oder der Übernahme in das verkaufsneutrale Lagersortiment bis zum erneuten Angebot in einer weiteren Saison.

[33] „Während bei kontinuierlicher Beschäftigung die Möglichkeit besteht, die betrieblichen Faktoren so aufeinander abzustimmen, daß eine optimale Leistungserstellung gewährleistet wird, ist die Abstimmung beim Auftreten von Absatzschwankungen schwieriger und erfordert größeren Mitteleinsatz" [Kalussis, 1960, S. 137].

Solche Entscheidungen sind von Lagerhaltungsdispositionen und von absatzpolitischen Einschätzungen des zukünftigen Modeverlaufs abhängig. Führt ein Einzelhändler Produkte mit exponierten modischen Merkmalen, so erfordert diese Strategie einen saisonalen Sortimentswechsel. Dagegen sind Produkte mit abgemilderten modischen Eigenschaften eher geeignet, eine Saison zu überdauern.

2442 Marktverschiebungen auf der Basis von Produktlebenszyklen

Ein wichtiger Verursachungsfaktor von Marktverschiebungen sind *Produktlebenszyklen,* die auf einzelne Produkte oder auf ganze Branchen bezogen werden können [Porter, 1984, S. 208ff]. Seit man die Bedeutung der Lebenszyklen von Produkten bzw. Branchen erkannt hat, wird dieser Aspekt bei der Beurteilung und Gestaltung von Sortimenten im Zeitablauf herangezogen. In Altersstrukturanalysen werden die Lebenserwartungen und umsatzmäßigen Entwicklungschancen von Produkten bzw. Teilsortimenten entsprechend ihrer Situation im Lebenszyklus prognostiziert und in ihren gegenseitigen Zusammenhang gestellt. Dies veranschaulicht das Schaubild II, 2.16, in dem beispielhaft die *Altersstruktur* eines Sortiments gezeigt wird, wobei die Anzahl der Artikel und ihre in Umsatzeinheiten gemessenen Beiträge für sechs Jahre vorausgeschätzt werden.

Auf der Basis altersbezogener Sortimentsanalysen ergeben sich strategische Überlegungen hinsichtlich der an Marktphasen orientierten Relationen der Teilsortimente und ihrer strategischen Nutzung, um nach einem Ausgleichsprinzip die ertrags- und kostenwirtschaftlichen Entwicklungen der Produkte zu kompensieren. Ein methodisches Konzept der Sortimentsplanung, das diese Aspekte berücksichtigt, besteht mit der Sortiments-Portfolioanalyse, die wegen ihres aktionsbereichsübergreifenden Charakters in Kap. IV, 22 behandelt wird.

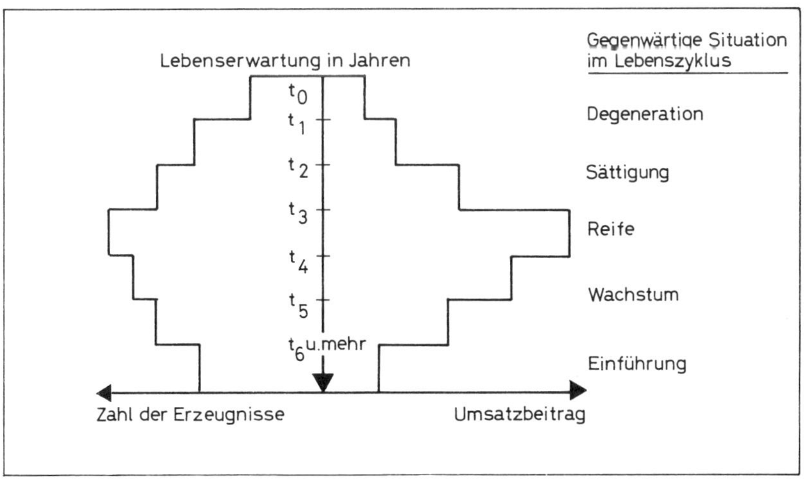

Schaubild II, 2.16: Altersstruktur eines Sortiments

In bezug auf einzelne Produkte können Sortimentsprinzipien aus dem Zeitpunkt der Aufnahme und Eliminierung im Verlauf ihrer Lebenszyklen abgeleitet werden. Ein Einzelhändler kann z. B. die Strategie verfolgen, Produkte in möglichst *frühen* Phasen ihres Lebenszyklus' zu führen, um damit das Image eines *innovationsfreudigen gatekeeper* zu erzielen und gleichzeitig gegenüber der Konkurrenz eine diesbezügliche Abhebungspolitik zu betreiben. Diese Handlungsweise bietet die Möglichkeit, an *Innovationsrenten* während der Markteindringung zu partizipieren, die von den Konsumenten bei verschiedenen Produkten für Neuigkeitsattribute bezahlt werden. Dagegen ist die frühzeitige Produkteinführung mit *hohen Marktrisiken* verbunden und erfordert i. d. R. einen *verstärkten Einsatz* marktpolitischer Aktivitäten für die *kommunikative Verbreitung* der Innovation. Derartige Belastungen und Risiken des Fehlschlags umgehen Unternehmen, die Produkte erst in späteren Lebensphasen übernehmen. Die Anforderungen, die mit einer Innovationsübernahme verbunden sind, müssen im einzelnen nach Eigenschaften der Produktinnovationen bewertet werden, wie etwa nach dem *Grad* der enthaltenen *Neuerung,* nach der *Kompatibilität* der Ware mit *Normen* und *Gewohnheiten* der Konsumentenzielgruppe oder nach dem *Wertumfang* des innovatorischen Objektes. Innerhalb ihrer Degenerationsphase werden Produkte häufig von Unternehmen mit Niedrigpreisstellung übernommen, so z. B. von Discounthäusern oder Niedrigpreisgeschäften. Ihr Verhalten beruht wesentlich darauf, daß in dieser Phase durch die „trading down"-Politik der Hersteller günstige Aufkäufe der Produkte möglich sind, mit denen die vorrangige Präferenz der Konsumentenzielgruppen für niedrige Preisstellung befriedigt werden kann.

Angesichts einer *Verkürzung* von *Produktlebenszyklen* und damit einer Dynamisierung des Warenangebots ist die Problematik der Lebenszyklus-bezogenen Sortimentsgestaltung zu einem aktuellen und zentralen Problem geworden. Untersuchungen zum Akzeptanzverhalten des Handels gegenüber Innovationen haben dazu verhaltenstheoretische und empirische Aufschlüsse erbracht und die Adoptionsrate und -dauer in Abhängigkeit verschiedener Verhaltensdeterminanten aufgeklärt[34]. Generell ist festzustellen, daß die händlerische Position in der Innovationsentwicklung einer Wirtschaft um so maßgeblicher wird, je mehr Innovationen entwickelt werden und je mehr die Händler dadurch zum selektierenden Engpaß der Innovationsakzeptanz werden.

Bei der Bestimmung des *Eliminierungszeitpunktes* der Produkte sind für Gebrauchsgüter u. U. Verpflichtungen aus Serviceleistungen und Ersatzbeschaffungsansprüchen der Konsumenten zu berücksichtigen (Beispiele: Geschirr, Möbel), die ein Einzelhandelsunternehmen längerfristig binden und so eine rechtzeitige Eliminierung aus dem Sortiment erschweren. Das gilt insb. für Läden mit Fachgeschäftscharakter, deren absatzpolitische Konzeption derartige Listungen einschließt. Daher besteht für diesen Handelstyp die erhöhte Gefahr einer Sortimentsaufblähung mit den Folgen eines verlangsamten Lagerumschlags. Die zunehmenden Verkürzungen der Lebenszyklen von Produkten[35] bringen dem Einzelhandel demgemäß zwar eine Umsatzpar-

[34] Vgl. dazu die Monographien von Bauer, H. H., 1980; Pfeiffer, 1981.

[35] Allgemein wird eine laufende Verkürzung des Lebenszyklus' von Produkten festgestellt. In dynamischen Branchen, wie z. B. der Elektronik, ist die Lebensdauer eines Produktes schon kürzer als seine Entwicklungszeit [Bullinger, 1989, S. 16]. Bei Mikroprozessoren liegt die Lebensdauer bereits unter 2 1/2 Jahren [Meffert, 1988, S. 58].

tizipation an der mit ihnen intendierten Bedarfssteigerung; gleichzeitig allerdings entstehen ihm Kostensteigerungen durch erhöhte Produkt- und Ersatzteilläger und durch u. U. frühzeitige Entwertung von Lagerbeständen, so daß er dieser Entwicklung letzthin mit zwiespältigem Interesse gegenübersteht.

3 Absatzseitige Produktpolitik, insb. Eigenmarkenpolitik

31 Grundlagen der Produktpolitik

Begriffe

Unter Produktpolitik soll jener Komplex unternehmerischer Handlungsmöglichkeiten der absatzpolitischen Marktbildung und -beeinflussung verstanden werden, der sich auf die *physischen Eigenschaften* eines Produktes einschließlich seiner *Verpackung* und *Markierung* bezieht[1]. Zur Abgrenzung gegenüber dem Aktionsbereich Kundenservice [Kap. II, 8] werden produkterhaltende Aktivitäten nach dem Verkaufsakt, wie z. B. Reparaturen, nicht erfaßt. In der funktionsorientierten Handelsbetriebslehre wird die Produktpolitik der Qualitätsfunktion zugeordnet, mit der qualitative Spannungen zwischen Erzeugung und Verbrauch aufgehoben werden, oder sie wird gesondert als Manipulationsfunktion ausgewiesen.

Empirische Relevanz

Der *ursprüngliche* Aufgabenkreis des Handels umfaßte die hauptamtliche Distribution der Waren mit einer „handelsüblichen" Veränderung durch *Manipulations-* oder *Veredelungsleistungen,* wie z. B. Mischen, Sortieren, Reinigen, Veredeln oder Verpacken, mit denen die Waren während des Distributionsprozesses *konsumreifer* gemacht wurden. Derartige Aktivitäten des Einzelhandels haben in den letzten 100 Jahren ständig an Bedeutung verloren, da sie herstellerseitig zunehmend in den Produktionsprozeß integriert wurden. Seit der Industrialisierung vollzogen die Hersteller in Verbindung mit der Entwicklung des industriellen Markenwesens einen den Handel entlastenden produktions- und absatzwirtschaftlichen Rationalisierungsprozeß, den Hirsch als *„Zug zum fertigen Produkt"* bezeichnet hat [Kap. I, 212].

Anstelle dieser ursprünglichen Manipulationsaufgaben bekam der Aktionsbereich Produktpolitik mit der Entwicklung des *Eigenmarkenwesens* eine andere Bedeutung[2]. Der Einzelhandel weitete im Rahmen einer *Rückwärtsintegration* sein ursprüngliches Tätigkeitsfeld aus, indem er als Markeneigner auftrat und mit der Eigenmarkenbildung eigenständige Produktgestaltungsaufgaben übernahm[3]. Diese Entwicklung ging im wesentlichen von den Konzentrations- und Kooperationsformen des Handels aus, die institutionell und absatztechnisch die notwendigen Vorausset-

[1] Synonym zur Produktpolitik — allerdings auch mit kleinen Abweichungen — werden die Begriffe „Produktgestaltung", „Produktplanung" und „Produktentwicklung" verwendet. In der Literatur wird der industriellen Produktpolitik meist die Programmpolitik als Teilbereich zugeordnet, die als Parallelbereich zur Sortimentspolitik des Einzelhandels zu betrachten ist. Die anderen Schwerpunkte in der Einzelhandelstätigkeit lassen eine Trennung beider Aktionsbereiche sinnvoll erscheinen.

[2] Eigen- oder Handelsmarken sind markierte Leistungen des Handels, die durch die Anwendung eines gesamten Marketingmix-Konzeptes entstehen. In seiner ursprünglichen Fassung bezieht sich der Begriff Marke nur auf das formale Kennzeichen [Matt, 1988, S. 5f].

[3] Vertiefende Lektüre zu den Entstehungsgründen der Handelsmarken vgl. Hartl, 1960, S. 17—30; Metzler, 1967, S. 87—143; Poth, 1973; Schott, 1974; Meffert, Bruhn, 1983a, S. 278—294 und 1983b, S. 340—346; Huber, 1988, S. 31ff.

zungen besaßen und wurde durch die Aufhebung der Preisbindung beschleunigt. Die Verbreitung des Eigenmarkenwesens vollzog sich insb. in den 70er Jahren und diente sowohl als Instrument des Wettbewerbs zwischen den Betriebsformen des Handels wie auch zwischen Hersteller- und Handelsunternehmen [Meffert, Bruhn, 1983a, S. 280].

Ein weiterer Höhepunkt entstand mit der Entwicklung der sog. *no names* (auch Gattungsmarken, generics) seit Ende der 70er Jahre[4]. Es handelt sich dabei um das Produktgruppenangebot von Handelsunternehmen, das durch einfache Gestaltung und reduzierte Marketingaktivitäten eine deutliche Preisunterbietung gegenüber sonstigen Markenerzeugnissen ermöglicht. Aufgrund einheitlicher Gestaltung (Beispiel: Farbe) läßt es eine eindeutige Identifizierung zu, zumal diese Produkte nur in den Läden des Markeneigners erhältlich sind und der Konsument die no names auch ohne Markennamen mit dem anbietenden Handelsunternehmen als Qualitätsgaranten in Verbindung bringt (Beispiel: „Die Weißen", Vertriebsgesellschaft bei Leibbrand). Der Handel nutzt mit dieser spezifischen Markengestaltung im Wettbewerb gegenüber den Herstellermarken jene Distributionsvorteile, die sich aus seiner kundennahen Stellung im Marktweg ergeben. Daraus resultieren harte Auseinandersetzungen mit der Markenartikelindustrie[5]. Eine Variante des Ursprungskonzeptes ist mit der Einführung von Gattungsbezeichnungen entstanden (Beispiel: die SPARsamen der Spar)[6]. Diese Entwicklung deutet auf ein trading up in Richtung klassischer Handelsmarkenkonzepte hin.

Die Markenpolitik ist ein die einzelnen Aktionsbereiche übergreifender Problemkomplex des Handelsmarketing. Sie wird hier im wesentlichen jedoch nur in ihren *produktpolitischen* Elementen dargestellt. Die Eigenmarkenbildung des Handels kann nicht mehr allein als qualitative Spannungsüberbrückung zwischen Produktion und Verbrauch interpretiert werden. Sie stellt einen weitergehenden Eingriff in die Produktionssphäre dar. Mit ihr wird also der ursprüngliche und hauptamtliche Aufgabenbereich des Einzelhandels überschritten. In der folgenden Darstellung sollen nur Spezifika des Handels im Rahmen seiner produktpolitischen Aktivitäten behandelt werden, weil hinsichtlich allgemeinerer Probleme der Produktpolitik auf eine umfangreiche, dem Herstellerbereich gewidmete Literaturtradition verwiesen werden kann[7].

---

[4] Als Erfinder der no names gilt das Filialunternehmen Carrefour mit seinen „produits libres", die 1976 im Markt eingeführt wurden.

[5] Die Verbreitung der verschiedenen Markenwaren ist zwischen den Branchen sehr unterschiedlich fortgeschritten. Im Lebensmittelbereich haben sich zwischen Beginn der 50er und 80er Jahre Hersteller- und Handelsmarken auf Kosten anonymer Waren ausgebreitet (von 33 % auf 77 % Marktanteil). Dabei erreichten Herstellermarken 45 % und Handelsmarken 32 %, wovon 5 % Gattungsmarken entstanden, die sich hauptsächlich zu Lasten der klassischen Handelsmarken ausbreiteten [Huber, 1988, S. 32].

Zur empirischen Entwicklung des Markenwesens in Europa und den USA vgl. Nielsen, 1984, S. 362–368.

[6] Unlogischerweise werden auch sie in der Literatur unter dem Begriff no names diskutiert.

[7] Vertiefende Lektüre zur Produktgestaltung vgl. Chmielewicz, 1967; Kapferer, Disch, 1967; Kawlath, 1969; Sabel, 1971; Siegwart, 1974, Hamann, 1975; Klöcker, 1981; Hansen, Leitherer, 1984; Koppelmann, 1987a; Brockhoff 1988.

32 Aktionsfeld der Produktpolitik

Ziele

Wird Produktpolitik im Sinne einer *Veredelung* und *Pflege industriell erzeugter Waren* betrieben, so unterliegt sie den generellen Zielsetzungen, Produkte für den Verkaufsakt vorzubereiten und diesen damit zu rationalisieren (Beispiel: maschinelles Vorverpacken für Selbstbedienung), Produktqualitäten zu erhalten und zu pflegen oder Wertsteigerungen durch Erhöhung der Konsumreife zu erzielen. Bei rohstoffnahen Erzeugnissen dienen Sortierungs- und Mischvorgänge zudem der Aufbereitung diffuser Qualitäten zu Standardqualitäten, auf deren Grundlage eine gezielte Produkt- und Preisdifferenzierung vorgenommen werden kann (Beispiel: Handelsklassen für Eier).

Im Zusammenhang mit der *Eigenmarkenpolitik* entwickelte sich für die Produktpolitik des Handels ein differenziertes Zielkonzept, wobei im historischen Verlauf eine deutliche Zielveränderung von den klassischen Handelsmarken . ihrer Anfangsphase bis hin zu den Gattungsmarken festzustellen ist[8].

Unter den *ökonomischen* Zielsetzungen hat die *Spannensicherung* in dem Maße zunehmende Bedeutung, wie der Preiswettbewerb intensiver wird. Die handelseigenen Produkte werden im Hinblick auf eine preispolitische Immunisierung gegen Mitanbieter und Hersteller als Träger einer autonomen Preispolitik entwickelt. Häufig ergeben sich bei Handelsmarkenerzeugnissen höhere Nettospannenerträge als bei aktionierten Markenartikeln, weil günstigere Einstandspreise durchgesetzt werden können und niedrigere Handlungskosten entstehen [Meffert, Bruhn, 1984a, S. 38; Falk, Wolf, 1986, S. 292]. Insbesondere die Gattungsmarken werden zur *Umsatzsteigerung* durch Erschließung preisempfindlicher Marktsegmente verwendet.

Die *vorökonomischen, psychographischen* Ziele können gemäß ihrer vorrangigen Orientierung an Wettbewerbern, Konsumenten, Lieferanten und Organisationsmitgliedern unterschieden werden. Die ersten Handelsmarkenentwicklungen sind wesentlich aus dem Machtkonflikt zwischen Hersteller und Handel entstanden und dienten dem Ziel der *Emanzipation* von der Marktmacht der Markenartikelhersteller, insb. solange durch Preisbindung die Preisautonomie des Handels eingeschränkt war. Insofern stellt die Handelsmarkenbewegung ein Konzept der countervailing power dar. Zunehmend wurden die Handelsmarken dann absatzpolitisch als Mittel der *Profilierung* und *Differenzierung* gegenüber Wettbewerbern sowie der *Stärkung* des *Ladenimages* und der *Ladenloyalität* bei den Konsumenten eingesetzt. Das Bestreben, ein produktpolitisches Leistungspotential zu demonstrieren, ist in jenen Warenbereichen ausgeprägt, in denen nicht durch Exklusivverträge mit den Herstellern eine Individualisierung des Angebots möglich ist und damit nur solche Waren geführt werden können, die auch den Mitbewerbern zugänglich sind. Dieses Ziel erfuhr in dem Maße eine Verstärkung, wie die Hersteller — teilweise bedingt durch Umsatzansprüche, teilweise durch Veränderungen der Rechtsgrundlage (Diskriminierungsverbot) — zunehmend eine betriebsformenübergreifende Distribution betrieben haben und dadurch eine Homogenisierung der Sortimente eingetreten ist. Mit der Lei-

---

[8] Vgl. auch empirische Zieluntersuchungen für die Entwicklung von Handelsmarken von Berekoven, Bernkopf, 1981; Meffert, Bruhn, 1984a, S. 128ff.

stungsprofilierung verbindet sich das Ziel, in den Sortimenten Lücken zu schließen, die von den Herstellern noch nicht durch Markenerzeugnisse gefüllt sind, um geschlossene und bedarfsgerechte Sortimente anbieten zu können.

Zu Beginn der Handelsmarkenbewegung wurden handelseigene Markenprodukte auch zur *Preisprofilierung* benutzt und waren entsprechend auf einem niedrigen Qualitätslevel angesiedelt. Ein neuerer Trend verweist auf eine gewisse Polarisierung zwischen dem klassischen Handelsmarkenbereich, der stärker auf Ziele des Qualitätswettbewerbs ausgerichtet ist [Sauerland, 1982, S. 52] und den Gattungsmarken, die deutlich der Preisunterbietung dienen, um damit die Wettbewerbsfähigkeit gegenüber „Billiganbietern“ (insb. Discounter) zu erhalten [Meffert, Bruhn, 1984a, S. 176].

Organisationsinterne Zielsetzungen der Zentralen von Kooperationsformen bestehen in der *Integrationsförderung* unter den Mitgliedern, wobei die organisationseigenen Produkte den Mitgliedern eine gemeinschaftliche Exklusivität sichern. Weitere beschaffungspolitische Zielsetzungen, die sich an das Verhalten der Lieferanten knüpfen, sind im Bereich der Beschaffungspolitik [Kap. III, 31] darzustellen.

Aktionsrahmen

Die besondere Handlungskonstellation des Einzelhandels erbringt gerade in dem Aktionsbereich Produktpolitik stark einschränkende *interne* Rahmenfaktoren. Das Einzelhandelsunternehmen ist ein *Vielproduktunternehmen,* dessen absatzpolitische Kräfte entsprechend aufgesplittert sind, so daß der spezielle Einsatz in der Gestaltung seiner Erzeugnisse i. d. R. weniger konzentriert ist als bei den Herstellern. Zudem werden eigene Markenwaren gewöhnlich *exklusiv* über die *eigenen Verkaufsstellen* vertrieben und sind daher in ihrer Marktverbreitung begrenzt; hier besteht allerdings die Möglichkeit, die eigenen Produkte besonders zu fördern. Die Durchsetzungsmöglichkeiten im Markt hängen eng mit dem Faktor der *Organisations-* und *Unternehmensgröße* zusammen. Aufgrund der überwiegenden Absatzbindung der Erzeugnisse an eigene Verkaufsstellen[9] ist die Entwicklung und Gestaltung von Produkten erst bei regional übergreifenden Handelsunternehmen und -organisationen ökonomisch sinnvoll. Das lokal beschränkte Absatzpotential eines einzelnen Händlers bietet nämlich i. d. R. nicht genügend Umsatzmöglichkeiten, um produktpolitische Investitionen auszunutzen. Weitere unternehmensbedingte Rahmenfaktoren ergeben sich im Zusammenhang mit der *Organisation* der *Produktentwicklung:* Soweit diese von den Einzelhandelsunternehmen selbst betrieben wird, stellen produktspezifische Managementeinrichtungen, wie etwa Marktforschung sowie Forschung und Entwicklung beschränkende Handlungsbedingungen dar. Sie werden allerdings mit zunehmender vertikaler Diversifikation des Handels in den Produktionssektor erweitert. Soweit der Handel seine Eigenmarkenbildung an Vertragshändler delegiert, liegt der Handlungsrahmen in den *Beschaffungsmodalitäten,* die auf eine beschaffungswirtschaftlich quantitative und qualitative Sicherung gerichtet sein müssen. Die daraus erwachsende Problematik wird im Rahmen der Beschaffungspolitik erörtert.

---

[9] Gelegentlich findet sich auch ein abweichendes Verhalten. So ist die GEG z. B. als eine der ersten seinerzeit dazu übergegangen, einige Eigenmarken auch durch andere Handelsgruppen zu vertreiben [Rock, Wieczorek, 1970, S. 396].

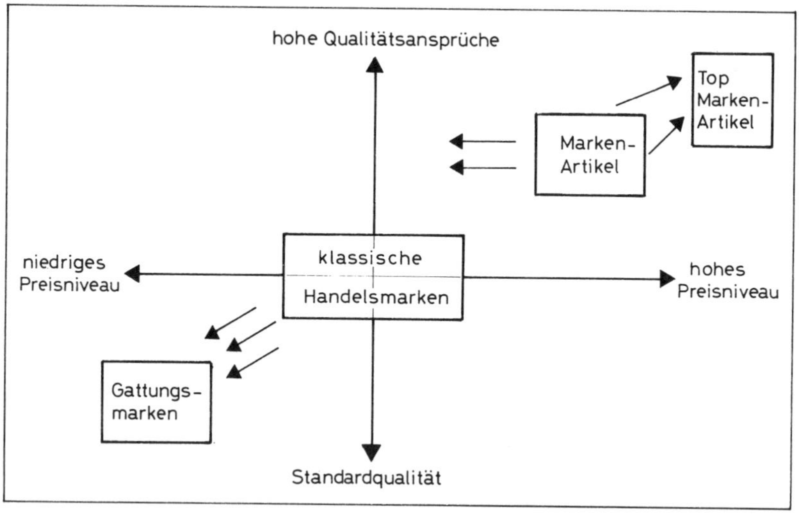

Schaubild II, 3.1: Marktpositionierung von Markentypen
[Quelle: Meffert, Bruhn, 1984a, S. 193]

Das *externe* Handlungsfeld wird wesentlich durch die *Hersteller* als *Lieferanten* und Markenkonkurrenten beeinflußt. Als Lieferanten unterstützen und fördern sie die Eigenmarken, indem sie zur Auslastung ihrer Kapazitäten ihre Produkte zweigleisig als Hersteller- und Handelsmarkenerzeugnisse vertreiben. Dabei erscheinen kurzfristige Vorteile des Kapazitätseffektes oft so vorrangig, daß die damit verbundenen prinzipiellen Gefahren einer dauerhaften Markenkonkurrenz in den Hintergrund treten. Hinsichtlich der *Hersteller* als *Konkurrenten* ergeben sich Hinweise aus dem Verhältnis zwischen Hersteller- und Handelsmarken. Empirische Beobachtungen zeigen zur relativen Marktpositionierung von Handelsmarken, daß sie im allgemeinen weniger innovativ und auf relativ problemlose Produktbereiche beschränkt sind und eher in mittleren und unteren Qualitätslagen einer Produktgattung als klassische Handelsmarken und Gattungsmarken angeboten werden [Schaubild II, 3.1].

Bezogen auf die *Lebenszyklen* von Produktgattungen entwickeln Meffert, Bruhn den in Schaubild II, 3.2 wiedergegebenen Ablauf von Markenentwicklungen, in dem die Handelsmarkenprodukte als Imitationen erfolgreicher Herstellermarken im Stadium technischer Ausgereiftheit erscheinen.

Zu erklären ist diese Positionierung der Handelsmarken durch die betrieblichen Bedingungen angestammter Tätigkeit des Handels und durch die Geschichte der horizontalen und vertikalen Wettbewerbsmotive der Handelsmarkenentwicklung. Insofern könnten sich diese Wettbewerbsbeziehungen zwischen Hersteller- und Handelsmarken mit einer erneuten konzentrationsbedingten Ausweitung der institutionellen Bedingungen des Handels verändern.

Weitere Konkurrenzfaktoren bestehen auf horizontaler Marktebene mit der *Markenpolitik anderer Handelsunternehmen.* Im Wettbewerb zwischen konkurrierenden Betrieben und Betriebsformen ergibt die Eigenmarkenpolitik Ansatzpunkte für die institutionelle Präferenzschaffung und stellt somit eine Basis für preispolitische Maßnahmen her. Hier zweifeln allerdings Meffert, Bruhn [1984b, S. 490] grundsätzlich

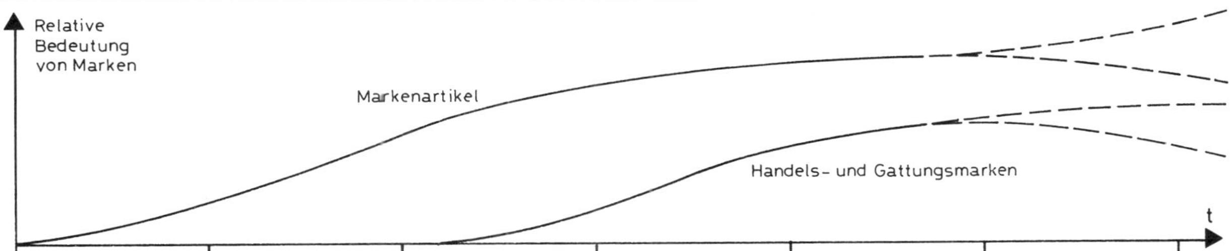

Marken-aufbau	Marken-absicherung	Marken-differenzierung	Marken-imitation	Marken-spaltung	Marken-polarisierung
● Aufbau von Marken durch Innovation und Bedarfsweckung	● Stabilisierung der Marke und Ausbau von Wettbewerbsvorteilen (Markentreue)	● Differenzierung von Marken durch Produktgestaltung: Zusatznutzen	● Imitation erfolgreicher Markenartikel durch Gattungsmarken	● Starke Marktanteilsverluste und Austritt von schwachen Marken	● Überleben starker Markenartikel (Topmarken)
● Aufgeschlossenheit des Handels	● Gute Deckungsspannen	● Größere Eigenständigkeit des Handels und erste Handelsmarken	● Technologische Ausgereiftheit von Produkten	● Intensiver Preiswettbewerb zwischen den Marktteilnehmern	● Durchsetzung von Handels-/Gattungsmarken auf Standard-Qualitätsniveau im unteren Preissegment
● Orientierungs- und Qualitätssicherungsfunktion	● Breite Distribution und Durchsetzung im Markt	● Stärkeres handelsbezogenes Marketing	● Kampf zwischen den Betriebsformen durch Markenpolitik	● Rationalisierung und Kostenmanagement	● Marktaustritt von Hersteller- und Handelsunternehmen mit Kostennachteilen
● Gute Handelsspannen	● Kampf um die Marktführerschaft	● Häufigeres Markenwechseln	● Marktanteilsverluste von Markenartikeln	● Stabilisierung des Marktführers	● Gewinne mit Markenartikeln

Schaubild II, 3.2: Entwicklung von Hersteller- und Handelsmarken im Lebenszyklus von Produktgattungen [Quelle: Meffert, Bruhn, 1984b, S. 492] an der dauerhaften Eignung von Gattungsmarken für eine Einkaufsstättenprofilierung.

Der Wettbewerb zwischen Herstellermarken, klassischen Handelsmarken und Gattungsmarken wird im wesentlichen durch das *Akzeptanzverhalten* der *Konsumenten* entschieden. Dieses wird produktgruppen- und personenspezifisch unterschiedlich eingeschätzt: Es wird derzeitig davon ausgegangen, daß die Konsumenten Gattungsmarken insb. bei low-interest-Produkten akzeptieren, für die ein hohes Preisbewußtsein besteht [Meffert, Bruhn, 1984b, S. 485f]. Demgegenüber scheinen sie für high-interest-Produkte mit hohen Qualitätsansprüchen eher Herstellermarken zu präferieren, während klassische Handelsmarken im Mittelbereich liegen. Damit spiegelt das derzeitige Akzeptanzverhalten die oben bereits angesprochene Marktpositionierung der Markengattungen in ihrer historischen Entwicklung wider[10]. Es bildet für die Markenpolitik eines einzelnen Händlers ein wichtiges Beurteilungsraster. Für zukünftige Entwicklungen wird aus dem dualen Marktverhalten der Konsumenten eine Polarisierung der Marken und damit eine Gefährdung der klassischen Handelsmarken in ihrer Mittellage abgeleitet[11].

Das externe Aufgabenumfeld der Produktpolitik wird durch einen komplexen *Rechtsrahmen* geprägt. Dazu gehören zur Sicherung und fairen Gestaltung des *Wettbewerbs* Rechtsvorschriften des GWB und UWG, soweit sie sich auf produktpolitische Maßnahmen beziehen (Beispiel: irreführende Herkunfts- und Garantieangaben). Eine sehr bedeutungsvolle Gruppe gesetzlicher Regelungen betrifft explizit die Gestaltung und Förderung des innovatorischen Wettbewerbs. Vorschriften zum Schutz von Erfindungen sollen technische und geschmackliche Innovationen vor Imitation schützen und damit fördern (PatentG, GebrauchsmusterG, GeschmMG) und ermöglichen die Eintragung eines bestimmten Zeichens zur Identifikation des betreffenden Produktes (WarenzeichenG). Weitere Regelungen dienen dem *Schutz* des *Konsumenten.* In einer Fülle von Einzelgesetzen werden mit produktpolitisch relevanten Bestimmungen die Ziele verfolgt, die Konsumenten vor Schäden infolge unzureichender Informationen (Beispiel: TextilkennzeichnungsG), infolge gefährlicher Produkte oder infolge geschädigter Umwelt (Beispiel: WaschmittelG, diverse Gesetze zur Entsorgung) zu schützen und Schadensfälle zu regulieren (Recht der Produzentenhaftung) [Schneider, B., 1985; Esser, 1988].

Aktionsteilbereiche und Aktionselemente

Die Produktpolitik umfaßt als Teilbereiche die *Produktqualitäten* in engerem Sinn, die *Verpackung* und die *Markierung* als Kennzeichnung der Produkte im Rahmen der Eigenmarkenpolitik. In den folgenden Ausführungen wird der Teilbereich der konzeptionellen Qualitätsgestaltung als typisches Aufgabenfeld der Hersteller ausgeklammert[12]. Dieses Vorgehen entspricht auch der häufigen Praxis, die Eigenmarken-

[10] Vgl. Huber, 1988, S. 76ff und die dort angegebenen empirischen Untersuchungen; vgl. auch den Überblick zu empirischen Untersuchungen über das Markenverständnis der Verbraucher bei Henning-Bodewig, Kur, 1988.

[11] Vgl. Huber, 1988, S. 75f. Zur Wahrnehmung der Markenarten in den USA vgl. die empirischen Ergebnisse von Rosen, 1984, S. 64—80.

[12] Dazu kann auf die umfangreiche Literatur zur industriellen Produktpolitik verwiesen werden. Vgl. Fußnote 7 in Kap. II, 31.

entwicklung auf die konzeptionelle Gestaltung der Verpackung und Markierung zu beschränken, wobei wesentliche Aufgaben der Qualitätspolitik auf die Beschaffungsseite verschoben werden [Kap. III, 3].

Gestaltungselemente des Aktionsbereichs sind Material, Form, Farbe und Oberflächengestaltung sowie Symbol, Text und Bild.

33 Aktionsprinzipien der Produktpolitik

331 Prinzipien der Verpackungsgestaltung des Handels

3311 Verpackung in verschiedenen Kontaktsituationen mit den Konsumenten

Unter Verpackung ist allgemein jede *Umhüllung* der Ware zu verstehen[13]. Häufig wird der speziellere Begriff der Packung als Umhüllung nur einer Verkaufseinheit eines Produktes untergeordnet. Die Packung begleitet das Produkt meist als fester Bestandteil vom Erzeuger bis hin zum Konsumort des Verwenders, während die sog. Umverpackung nur auf Zwischenstrecken des Marktweges als Transportschutz größerer Wareneinheiten dient [Schaubild II, 3.3][14].

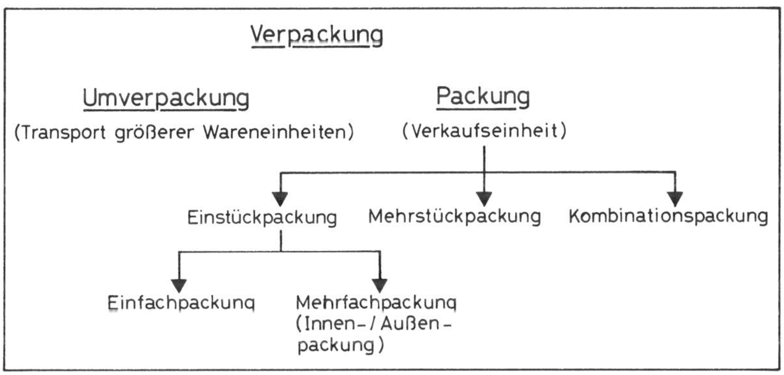

Schaubild II, 3.3: Verpackungsbegriffe [Quelle: Deuss, 1985, S. 23]

Die Verpackung kann ihren Inhalt verhüllen, wenn er nicht gesehen werden soll, und ihm zugleich Aufmerksamkeit verschaffen und in seinem Erlebnisgehalt erhöhen oder verfremden. Diese dialektischen Funktionen von Verhüllung und Demonstration machen einen spannungsvollen Wesensbestandteil der Verpackung aus[15].

[13] Vertiefende Literatur zur Verpackung vgl. Somogyi, 1973; Debrunner, 1977; Knödel, 1978; Ritter, 1980; Bauer, U. (eher technologisch orientiert),1981; Medeyros, 1982.

[14] Vgl. die ausführliche begriffliche Diskussion bei Deuss, 1985, S. 19ff.

[15] Diese Dialektik bringt die Kunst von Christo zum Ausdruck, der seit 1961 die Welt verpackt, um zu zeigen, wie sie ist [Cullen, Volz, 1984, S. 147f].

Die Produktverpackung erfüllt verschiedene Funktionen für Hersteller, Handel und Konsumenten. In ihrer historischen Entwicklung hat sie sich von Funktionen im Rahmen des Transports und der Warenwirtschaft stärker in Richtung konsumentenbezogener Funktionen bewegt[16]. Diese sollen in den folgenden Ausführungen im

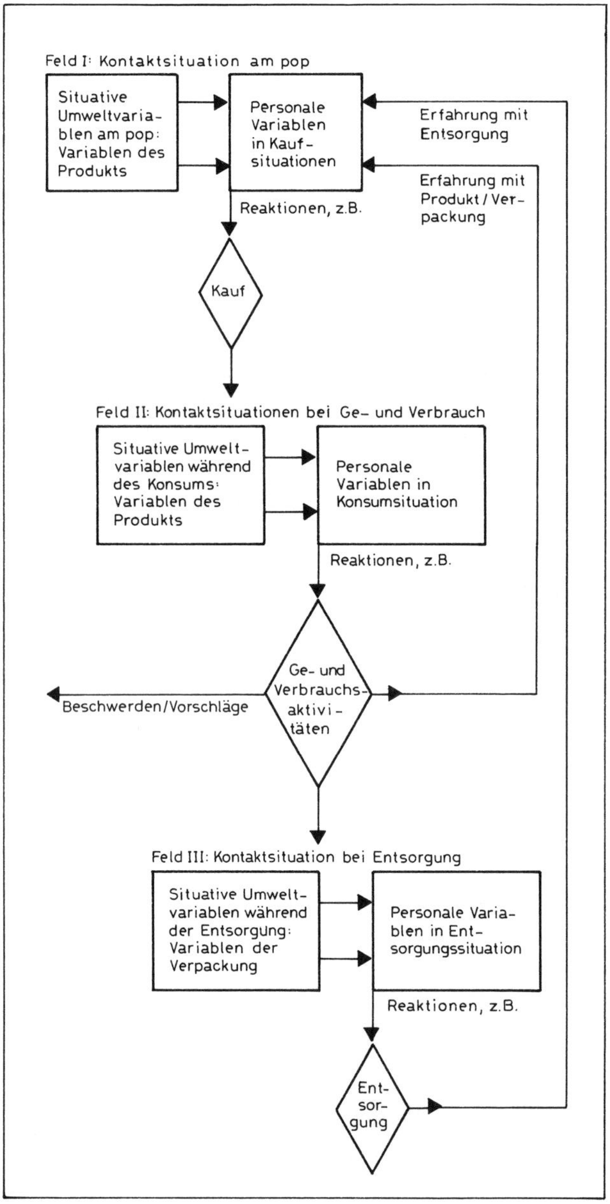

Schaubild II, 3.4:
Kontaktsituationen zwischen Verpackung und Konsument

[16] Vgl. die historische Entwicklung der Verpackung bei Hansen, Leitherer, 1984, S. 93–96.

Vordergrund stehen. Die Komplexität der konsumgerichteten Funktionsstruktur wird ersichtlich, wenn die Verpackung in einem 3-Phasen-Modell verschiedener *Kontaktsituationen* mit den Konsumenten betrachtet wird, aus denen ein *Spannungsfeld* von Anforderungen aus *Kauf, Ge-* und *Verbrauch* sowie *Entsorgung* entsteht.

Das Schaubild II, 3.4 zeigt die Abfolge der drei Kontaktsituationen, die jeweils durch situative Umweltvariablen und spezifische personale Variablen der Konsumenten gekennzeichnet sind. Das Spannungsfeld zwischen Kauf, Ge- und Verbrauch sowie Entsorgung ergibt sich gerade daraus, daß alle drei Kontaktsituationen hinsichtlich ihrer Umweltvariablen und ihrer personalen Variablen unterschiedlich sind und von der Verpackung ausgehende Stimuli entsprechend anders erlebt werden. Darauf beruht die Komplexität der Gestaltungsaufgaben von Verpackungen.

3312 Gestaltungsprinzipien für die Verkaufsfunktionen am point of purchase

In Zusammenhang mit dem Verkauf sind bei der Verpackungsgestaltung Aspekte der Rationalisierung und der Akquisition zu berücksichtigen. Angesichts einer zunehmenden Regalplatzknappheit in den Verkaufsräumen des Handels gewinnt die *Raumausnutzung am point of purchase* (pop) ständig an Bedeutung. Ein Einzelhandelsunternehmen muß daher durch die graphische Gestaltung und Formgebung der Verpackungen eine optimale Ausnutzung der Regalflächen ermöglichen, d. h. eine bestimmte akquisitorische Verkaufswirkung der Eigenmarken-Produkte mit möglichst geringer Platzbeanspruchung erreichen[17]. Weitere rationalisierende Gestaltungsprinzipien für den Verkauf richten sich auf die *Entlastung* des *Verkaufspersonals,* mit der die Produktivitätskennziffer „Umsatz pro geleisteter Verkäuferstunde" zu verbessern ist. Mögliche Ansatzpunkte bieten z. B. Aktivitäten der Preisauszeichnung, Regalauffüllung oder Kundenberatung, die durch entsprechende Verpackungsgestaltung rationalisiert werden können.

Prinzipien, die sich auf die *akquisitorische Verkaufsfunktion* der Verpackung beziehen, orientieren sich an den Konsumenten in der Einkaufssituation. Sie haben insb. in dem System der Selbstbedienung Bedeutung erlangt, da hier die Verpackung die beratende und kaufanreizende Funktion des Verkäufers wahrzunehmen hat [Kap. II, 452]. Die Verpackung hat während der Konfrontation mit dem Konsumenten am Einkaufsort je nach dessen *Kaufsituation* [Kap. I, 4219] unterschiedliche akquisitorische Wirkungsmöglichkeit. Ihr Einfluß ist gering bei genau vorher geplantem Kauf („specifically planned purchase"), bei dem die Konkretisierung eines Bedürfnisses bis hin zu einem speziellen Produkt bereits vor dem Einkauf abgeschlossen ist. Diese Kaufart findet sich insb. bei solchen Produkten, die werblich gut vorverkauft sind; daraus folgt ein funktionaler Zusammenhang zwischen Werbung und Verpackungsgestaltung. Ist in einer Kaufsituation die Bedürfniskonkretisierung nur bis zur Warengattung fortgeschritten („generally planned purchase"), besteht also Unentschlossenheit des Konsumenten am Einkaufsort, ist er den Reizen verschiedener Verpackungen ausgesetzt. Diese gewinnen damit einen erheblichen Einfluß auf die Kaufent-

[17] Die Bemühungen um eine optisch wirksame und gleichzeitig raumsparende Verpackungsgestaltung für den Verkauf werden als „facing" bezeichnet. Die in diesem Zusammenhang entstehenden logistischen Probleme der Verpackung werden behandelt von Knödel, 1978, S. 24ff.

scheidung. Beim reinen Impulskauf schließlich geht sogar der Kaufanreiz ganz wesentlich von der Verpackung selbst aus. Mit zunehmendem Impulskaufverhalten gewinnt die Verkaufsfunktion der Verpackung an akquisitorischer Wirkungsmöglichkeit.

Die Verpackung dient als Träger von Informationen über das Produkt und soll durch Selbstpräsentation am Einkaufsort Kaufanreize ausüben. Die Gestaltung für diese Aufgabe folgt weitgehend werbepsychologischen Erkenntnissen, was in der angewandten Werbepsychologie vielfach zu einer Gleichbehandlung von Packung und Werbemittel geführt hat. Die Gestaltung der Verpackung umfaßt die Problembereiche der *inhaltlichen Aussagen* und ihrer Vermittlungsformen.

Zu den *inhaltlichen Aussagen* gehört zunächst der umfangreiche Bereich der *Sachinformationen* über Produktherkunft und -inhalt, Preis usw. [Schaubild II, 3.5], die überwiegend thematisch vermittelt werden.

		Info-Teil		
Warensorte			Kennzeichnung	• Bestandteile
				• Zusammensetzung
Menge	• Volumen			• Behandlungsverfahren
	• Gewicht			• Zusatzstoffe
				• Vitamine
Preis	• Gesamt			• Kalorien
	• pro Einheitsmenge			
			Hinweise für Diabetiker	
Haltbarkeit	• Herstellungs-Datum			
	• Abpack-Datum		Zubereitung	• Art
	• spät. Verk.-Datum			• Zeitbedarf
	• Haltbarkeit über		Verwendungsmöglichkeiten / Rezepte	
	• Verkaufsdatum			
			Aufbewahrung / Behandlungs-Vorschriften	
Garantie				
Kontaktadresse			Besondere Packungsfunktion(en) inkl. Umweltfreundlichkeit	
Herkunft	• Hersteller			
	• Land, Region		Verkaufsförderungs-„Info"	
			Produktgeschichtliches (und übriges)	

Schaubild II, 3.5: Informationsraster über Informationsbedürfnisse beim Kauf und nach dem Kauf [Quelle: Widmer, 1986, S. 24]

Sie dienen der Qualitätstransparenz der Konsumenten. Soweit es um die Preisgabe von für den Anbieter nachteiligen Informationen geht, geraten hier Verbraucherinteressen und Anbieterziele erheblich in Konflikt, so daß zum Schutz der Konsumenten in einigen Ländern für Produktbereiche wie Nahrungsmittel oder Pharmazeutika in starkem Umfang gesetzliche Informationspflichten eingeführt wurden. Daneben wurden auf überbetrieblicher Basis zahlreiche Gütezeichen[18] entwickelt, mit denen die Anbieter die Informationsfunktion der Packung positiv nutzen, indem den Konsumenten die Einhaltung definierter Qualitätsnormen des Produktes signalisiert wird (Beispiel: Wollsiegel). In gleicher Absicht erfolgt die Nutzung guter Warentestergebnisse als Packungsaufschrift.

Weitere inhaltliche Aussagen umfassen *emotionale Erlebniskategorien.* Erlebnisse, wie z. B. Gesundheit, Frische, Sparsamkeit, Erotik, können in verschiedenen sog. *„looks"* ausgedrückt werden, die sich bei der Verpackung multisensorisch durch Stoff und Oberflächenstruktur, Geruch, Form- und Farbgebung, graphische Gestaltung, Verwendung von Symbolen und Bildern vermitteln lassen. Hier handelt es sich vornehmlich um unthematische Informationen, die von den Konsumenten unreflektiert und anmutungshaft erlebt werden[19]. Die Bedeutung verschiedener Erlebniskategorien wandelt sich mit den Wertetrends einer Gesellschaft und ist zudem gruppenbedingt sehr unterschiedlich. Studien zum Wertewandel zeigen zunehmende Bedeutung kritischer Rationalität beim Einkauf [Windhorst, 1985, S. 53], die auch als Erlebniswert aufgefaßt werden kann. In diesem Sinne stellen dann die no names-Artikel des Handels eine Variante von Erlebnisträgern dar, die einem Strang gesellschaftlicher Werteentwicklung entsprechen.

Die Gestaltungsprinzipien für die Informationsvermittlung der Eigenmarken-Verpackung beruhen wesentlich auf wahrnehmungspsychologischen Gesichtspunkten. Angesichts der kurzen Kontaktdauer und der Reizüberflutung am point of purchase ist das Prinzip der *Aktivierung* wichtig, das als Voraussetzung für die Wahrnehmung und Aufnahme von Sachinformationen gilt. Aufgrund des angespannten Verhältnisses zwischen Informationsangebot und -aufnahmekapazität am pop muß *Informationsvereinfachung* als Handlungsprinzip beachtet werden. Für den Informationskontext gelten die Prinzipien der *Kongruenz* und *Kontinuität* [Brückner, 1967, S. 127ff]. Kongruenz kann vereinfachend als *Grundsatz* der *Einheitlichkeit* aufgefaßt werden. Er besagt, daß geschlossene Produkterlebnisse vermittelt werden müssen und bezieht sich auf die gegenseitige Abstimmung zwischen den Teilbeschaffenheiten eines Produktes, wie etwa zwischen Verpackung und Inhalt oder zwischen den verschiedenen Verpackungselementen. Das Prinzip umfaßt auch die Deckungsgleichheit in den Gestaltungskonzeptionen des Ladens, der Handelswerbung und der Verpackung der Eigenmarken-Produkte[20]. Diese Deckungsgleichheit ist wegen des sog. „Ringschlusses der Werbung" zu beachten, also der Aktualisierung gespeicherter Informationen seitens des Ladenbildes oder der Werbung beim Anblick einer gestaltungsähnlichen Verpackung. Das Prinzip der Kontinuität richtet sich auf eine gewisse *Gestaltungseinheitlichkeit* im *Zeitablauf.* Es verhilft dem Konsumenten zu einer schnelleren Orientierung bei der Wahrnehmung der Eigenmarken-Erzeugnisse innerhalb der Produktfülle am Einkaufsort. Mit ihm wird zudem die Gefahr von Fremdheitserlebnissen vermieden, die insb. im Bereich der unthematischen Informationen bei abrupten Gestaltungsveränderungen auftreten kann.

---

[18] Vgl. zur Verbraucherinformation durch Gütezeichen Gruber, 1987.

[19] Vgl. zur anmutungshaften Verpackungsgestaltung Medeyros, 1982.

[20] Von Holzschuher, 1969, S. 348, fordert z. B. Kongruenz bei der Farbgebung. „Die Farbe in den Werbemitteln muß mit der wesenhaften Farbe des Werbeobjektes und den auf der Packung erscheinenden Farben harmonisieren."

3313 Gestaltung der Verpackung für ihre Ge- und Verbrauchsfunktionen

Bei formbeständigen Produkten muß die Verpackung i. d. R. für den Ge- und Verbrauch des Produktes entfernt werden. In diesem Fall schließt sich an den Kauf sogleich die Entsorgungsphase an. Dagegen begleitet bei Schüttgütern oder Produkten mit flüssigen Substanzen die Verpackung den Inhalt und wird damit wesentlicher Bestandteil des Produktes während des Konsumaktes. In diesem Fall muß in ihrer Gestaltung ein Kompromiß gefunden werden zwischen den Anforderungen des „shelf appeal“ für die Selbstpräsentation am Einkaufsort und den Ge- und Verbrauchsbedürfnissen.

Die Funktion des *Informationsträgers* bleibt bei solchen Produkten während des Ge- und Verbrauchs erhalten, jedoch werden aufgrund der unterschiedlichen häuslichen Kontaktsituation andere Informationen wichtig, wie z. B. Gebrauchshinweise [Schaubild II, 3.5]. Diese werden teilweise thematisch, teilweise unthematisch durch Gestaltungselemente der Packung vermittelt (Beispiel: Handlungssteuerung für die Packungsöffnung durch Farben).

Während des Ge- und Verbrauchsprozesses werden Erwartungen realisiert, die durch die Informationen am pop erweckt wurden. Teilweise latente (d. h. nicht wahrnehmbare) Produktqualitäten werden in evidente umgewandelt. Dieser Prozeß zunehmender Transparenzentwicklung hinsichtlich des Produktinhalts gestaltet sich nach Stärke und Geschwindigkeit unterschiedlich und ist abhängig von personellen Eigenschaften der Verwender, wie z. B. Lernbereitschaft oder ego involvement, und von Produkt- bzw. Verpackungsmerkmalen. So werden z. B. Wirkungen von Kosmetika erst nach langen Verbrauchszeiten und nur unvollkommen evident. Je geringer die Transparenzentwicklung im Verlauf des Ge- und Verbrauchs ist, desto stärker entfaltet sich dauerhaft die Irradiationswirkung zwischen Packung und Inhalt. Aus der Realisierung von Erwartungen, die mittels der Verpackung als Informationsträger geweckt werden, resultiert Zufriedenheit bzw. Unzufriedenheit mit dem Produkt. Soweit also Wiederkäufe für eine Unternehmung Bedeutung haben, stellt die Abstimmung der mit einer Verpackung geweckten Erwartungen auf die Ge- und Verbrauchssituation nach dem Kauf ein wichtiges Prinzip dar, um Produktzufriedenheit zu erreichen[21]. Diese Nachkaufzufriedenheit wird zunehmend von Unternehmen als Problem gesehen und aufgegriffen [u. a. Bruhn, 1982a; Hansen, Schoenheit, 1987, S. 12ff].

Die Packung ist weiterhin eigenständiger *Qualitätsbestandteil* von Produkten in den Dimensionen gebrauchstechnischer, sozialer und ästhetischer Qualitäten [Kap. I, 42161]. *Gebrauchstechnisch* können bei Eigenmarkenerzeugnissen mit beliebig teilbaren Substanzen mit der *Verpackungsgröße* die Verbrauchsdauer und Beschaffungshäufigkeit beeinflußt werden. Durch größere Verpackungseinheiten ist in Verbindung mit entsprechenden Preisvorteilen vor allem bei nachfrageelastischen Produkten eine *Verbrauchssteigerung* zu erreichen (Beispiel: Familien-Eispackungen). Mit kleinen Packungsgrößen stellen sich die Händler auf demographische Veränderungen wie z. B. die Zunahme von Single-Haushalten ein. Eine weitere gebrauchstechnische

[21] Dieser Gesichtspunkt betrifft auch die verbreitete Technik von irreführenden Packungsgrößen (Mogelpackungen) [u. a. Baumgarten, 1985].

Qualitätsdimension stellt die *Verbrauchswirtschaftlichkeit* dar, mit der sich die Forderung der Konsumenten nach vollständigem und sparsamen Verbrauch des Inhalts verbindet. Demgegenüber steht der Aspekt einer Steigerung des Verbrauchstempos durch unwirtschaftlich funktionierende Verpackungen (Beispiel: Lippenstifte, deren Haltevorrichtung den völligen Verbrauch der Stiftmasse unmöglich machen). Derartige Praktiken gehören in den Bereich der Obsoleszenzpolitik der Anbieter und sind unter Gesichtspunkten des Konsumenteninteresses zu kritisieren.

Insbesondere bei Gütern des täglichen Bedarfs bilden *Konsumerleichterungen* durch Handlichkeit, einfachen Zugang zum Verpackungsinhalt und leichte Entnahmemöglichkeit gebrauchstechnische Qualitätsbestandteile. Darüber hinaus hat sich die Verpackung in hauswirtschaftlichen Produktbereichen, wie z. B. Kochen und Reinigen, zur *Bequemlichkeit* und *Arbeitsentlastung* als *built-in-service-Träger* entwikkelt. Die zunehmende Berufstätigkeit der Frau und Freizeitbestrebungen haben zunächst die Wertschätzung derartiger Entlastungsformen erhöht und mit der Verpakkung eine rationalisierende Industrialisierung personalintensiver Arbeitsvorgänge vorangetrieben (Beispiel: tischfertig verpackte Mahlzeiten)[22]. Gegenläufige Werttendenzen sind mit Gesundheits- und Umweltorientierungen entstanden, die aufgrund gesundheitlich und ökologisch negativer Nebenwirkungen dieses built-in-service-Trends zu einer Rückintegration der Servicefunktionen führen [Hansen, U., 1986, S. 8ff].

In hochentwickelten Industriegesellschaften wächst die Bedeutung *ästhetischer* und *sozialer* Verpackungsqualitäten in vielen Produktbereichen. Die allgemein festzustellende stärkere Betonung der geschmacklichen Seite des Konsums — verbunden mit bedarfsverfeinernden Elementen — hat sich auch auf den Verpackungssektor ausgeweitet. Der zur Selbstverständlichkeit gewordene Besitz von Konsumgütern erfährt durch Verpackungen eine soziale Differenzierung und ästhetische Sublimierung.

3314 Gestaltung der Verpackung für ihre Entsorgungsfunktionen

Die Verpackung ist in zweifacher Hinsicht in Umweltdiskussionen involviert. Sie nimmt Ressourcen in Anspruch und verursacht Abfälle, ist also *Ressourcennutzer* und *Abfallträger.* Die diesbezügliche Diskussion ist von fachlichen Unsicherheiten und ideologischen Kontroversen geprägt. Der Diskussion liegen komplizierte und unsichere Berechnungen von Ökobilanzen für Verpackungsmaterialien und Entsorgungssysteme (Ein- und Mehrwegbehälter, Recycling) zugrunde. Die Prognosen über Ressourcenentwicklungen und Umweltbelastungen sind äußerst kontrovers[23]. Trotz dieser derzeitigen Unsicherheiten ist unter den Konsumenten mit einer Diffusion umweltorientierter Werte, insb. auch in bezug auf das Verpackungswesen, zu rechnen.

[22] In den USA wurde bereits der Begriff der *„kitchenless society"* für diesen Trend geprägt.

[23] Zur Problematik Verpackung und Ökologie vgl. Kroppenstedt, 1986, S. 65—68; Burghold, 1988, S. 171ff. Vgl. auch die Kontroverse zwischen Mack, 1984, S. 928ff und Joepen, 1984, S. 25—27. Zur Produktpolitik im allgemeineren ökologischen Zusammenhang vgl. Oertel, 1982, insb. S. 76ff.

Dies wird unterstützt durch die Informations- und Erziehungsarbeit von Verbraucher- und Umweltorganisationen.

Die Entsorgungsproblematik entsteht in der letzten Kontaktsituation des 3-Phasen-Modells [Schaubild II, 3.4]: die Verpackung erscheint als Abfall, der zu beseitigen ist. Der Erlebniswert der Verpackung endet also hier mit der negativ erlebten Notwendigkeit, sie als Müll bzw. Abfall zu entfernen. Diverse Entsorgungseinrichtungen stellen in dieser Phase situative Umweltvariablen dar. Als spezifische personale Variablen sind einerseits Umweltbewußtsein und Umweltverantwortlichkeit als Werthaltungen und auf der anderen Seite Bequemlichkeitsstreben zu bedenken. Ein umweltbewußter Konsument wird vor allem in der Entsorgungsphase starke Dissonanzerlebnisse entwickeln. Er erlebt, wie Verpackungen, die positive Erlebnisqualitäten entfaltet haben mögen, zu umweltbelastendem Abfall werden. Soweit daraus intentionale Handlungseffekte entstehen, wird er Entsorgungsaktivitäten (z. B. Sortieren von Müll) unternehmen. Der in der Verpackung enthaltene Vorteil eines built-in-service für den Ge- und Verbrauch wird durch *Entsorgungsmühen,* zu denen er sich unter ökologischen Wertaspekten verpflichtet fühlt, z. T. kompensiert. Der negative Erlebniseffekt im Zusammenhang mit Abfallbeseitigung wird bei einem ökologisch sensibilisierten Marktsegment als selbständiger Erfahrungswert in den nächsten Kaufvorgang eingehen und die Verhaltensrelevanz der Verpackung in dieser Phase stärken. Bei Verbrauchsgütern des kurzfristig-periodischen Bedarfs ist der Zeitablauf in diesem Phasenmodell bedeutungsvoll. Die von der Verpackung verursachten Dissonanzen sind nämlich den positiven Ge- und Verbrauchserlebnissen nachgelagert. Daher ist der Wunsch nach Dissonanzreduktion u. U. noch während des Kaufaktes lebendig und kann die Produktwahl entscheiden.

Dem umweltbewußten Konsumenten stehen als Handlungsmöglichkeiten die Vermeidung umweltbelastender Verpackungen in quantitativer und qualitativer Hinsicht und die Abfallverwertung durch Sortieren zur Verfügung. Dem entsprechen als entsorgungsorientierte Gestaltungsprinzipien der Verpackungspolitik:

- Verwendung umweltschonender Verpackungssysteme,
- Reduktion von Verpackungsmaterialien,
- Information der Konsumenten über Abfallverwertungsmöglichkeiten auf der Verpackung,
- Trennung von Materialien zur Erleichterung der Abfallsortierung.

332 Prinzipien der Markenanwendung und -gestaltung

3321 Funktionen und Arten der Marken

Mit dem Begriff der *Marke* in seiner ursprünglichen Bedeutung (auch *Markierung, Markenzeichen*) wird das Kennzeichen eines Produktes oder einer Dienstleistung (Markenobjekt) als Grundlage für seine Identifikation und Unterscheidung von Mitanbietern beschrieben [Huber, 1988, S. 10; Matt, 1988, S. 7].

Den Funktionen von Marken und ihrem Wandel ist eine umfangreiche ökonomische und juristische Literatur gewidmet[24]. Für die Handelsmarke unterscheide ich folgende Funktionskomplexe:

(1) Kommunikationsfunktionen,
(2) Qualitätsfunktionen,
(3) wettbewerbliche Schutzfunktion,
(4) Rationalisierungsfunktion.

Zu (1): Die Primärfunktion der Marke besteht darin, eine *Identifikation* von Produkten zu ermöglichen. Das bedeutet Individualisierung und Abhebung einerseits und Verbindung von Gleichem andererseits. Die ursprüngliche Herkunftsidentifikation bei den ersten Handelsmarken ist im Verlauf der Markengeschichte durch zunehmend sachbezogene Identifikation ersetzt worden, wobei allerdings im Handel ein starker Trend in Richtung einer Herkunftsorientierung als Verweis auf den Markenträger erhalten blieb. Die Markierung dient in dieser Form dem Verbraucher gegenüber als eine *chiffrierte Visitenkarte* des Einzelhandels für einen leistungsfähigen Einkaufsort. Über diese Identifikationsaufgabe hinausgehend ist die Marke als Träger weiterer Botschaften einsetzbar und strategisch bedeutsam. Sie hat im Prinzip immer die Funktion einer *Leistungssymbolisierung* und kann zusätzlich zur *Erlebnisvermittlung* eingesetzt werden, indem sie bestimmte emotionale Reize aussendet. Die Marke ermöglicht zudem einen *Imagetransfer* zwischen verschiedenen Produkten.

Zu (2): Mit der Markierung ist untrennbar eine — wenn auch teilweise nur in gewissen Bandbreiten einhaltbare — Forderung nach *Qualitätskonstanz* verbunden, weil ohne diese der Identifizierungseffekt sinnlos wäre. Zumindest sehen die Konsumenten in der Marke ein *Leistungsversprechen* und Ausdruck einer *Qualitätsgarantie.* Die Marke als Sinnbild eines Leistungsversprechens ist angesichts der allgemeinen Entfremdung von Käufer und Verkäufer und der abnehmenden Warenkenntnis bei den Verbrauchern für die Entwicklung und Stabilisierung eines Vertrauensverhältnisses immer wichtiger geworden. Allerdings ergeben sich hier Grenzen aus der Markenüberflutung, die fast schon als „Markenhypertrophie" bezeichnet werden kann. Die Möglichkeiten, Qualitätsschwankungen wahrzunehmen und zugleich das mit der Marke verbundene Leistungsversprechen zu kontrollieren, sind für den Konsumenten aufgrund beschränkter Qualitätsinformationen begrenzt. Daraus erwächst unter rein akquisitorischen Gesichtspunkten für den Markeneigner ein Spielraum für die Qualitätsgestaltung. Wird die Marke selbst zum Qualitätsindikator, reduziert sich die Qualitätswahrnehmung noch weiter, so daß die Marktreagibilität bei Nichteinhaltung des Qualitätsversprechens gering ist.

Zu (3): Mit der *Schutzfunktion* wird die Wettbewerbsposition der Marke im Markt gefestigt. Sie beruht auf rechtlichen Regelungen (WarenzeichenG). Dieser Schutz verschafft dem Markeneigner einen monopolistischen Bereich für eine Marke, indem er sie gegenüber mißbräuchlicher Nachahmung weitgehend absichert.

Zu (4): Die Marke bewirkt bei allen Marktbeteiligten *Rationalisierungseffekte.* Sie erlaubt durch die Identifizierbarkeit der Produkte Wiederholungskäufe und entla-

---

[24] Vgl. einen Literaturüberblick bei Henning-Bodewig, Kur, 1988, S. 4ff. In der juristischen Literatur dient die Funktionenlehre insb. der Entscheidung über die Ausgestaltung des rechtlichen Schutzes. Vgl. u. a. Beier, F.-K., 1986, S. 225—236.

stet somit von einem dauerhaften Prüfzwang. Als weitere Entlastung wirkt sich bei den Käufern der oben angesprochene Transfer von Qualitätsurteilen innerhalb von Markenfamilien aus.

Diese prinzipiell möglichen Funktionen von Marken sind je nach Markenart unterschiedlich ausgeprägt. Die Synopse von Markenarten und ihren Ausprägungen [Schaubild II, 3.6] ergibt gleichzeitig die Grundlage für Aktionselemente und -prinzipien dieses Aktionsteilbereichs der Produktpolitik.

Art und Anzahl der Markeneigner:	Art des Markenobjektes:	Anzahl der mit einer Marke gemeinschaftlich gekennzeichneten Produkte:	Inhaltlicher Bezug:	Verwendung wahrnehmungs bezogener Markierungsmittel:	Horizontale Reichweite im Absatzgebiet:	Qualitätklassen:
Hausmarke	Produktmarke	Einzelmarke, auch Mono-Erzeugnismarke	Firmenmarke (Esprit)	optische Marke (Bild, Wort geschrieben, Buchstaben, Zeichen)	lokale Marke	Primärmarke
Gemeinschaftsmarke (Kendo, Gruppe expert)	Dienstleistungsmarke	Produktgruppenmarke auch Markenfamilie (Range)	Phantasiemarke (Schloß Königstein, Edeka)	akustische Marke (Wort gesagt, Melodie)	regionale Marke	Sekundärmarke
		Gattungsmarke (Privileg, Schaper)			nationale Marke	
		Sortimentsmarke auch Global-, Dachmarke (Cornelia, Stüssgen)			internationale Marke (benneton)	

Schaubild II, 3.6: Merkmale für die Ordnung von Handelsmarken

Die Marke stellt in ihrem juristischen Gehalt ein schützbares Recht an einer Produktkonzeption dar, das einzelnen Unternehmen oder einem Unternehmensverbund gehören kann. Aus diesem Tatbestand wird die auch wirtschaftlich relevante Einteilung der Markenarten nach ihren *Inhabern* abgeleitet. Entsprechend werden Hausmarken einzelner, lokal begrenzt arbeitender Groß- und Einzelhändler von Gemeinschaftsmarken der Kooperations- und Konzentrationsformen der Verbände und sonstiger Handelskollektive unterschieden[25].

Die *Anzahl* der mit einer Marke *gemeinschaftlich gekennzeichneten Produkte* begründet eine weitere Ordnung der Erscheinungsformen, die sich daran ausrichtet, ob ein einzelnes Produkt, eine Produktfamilie oder das gesamte Eigenmarkensortiment eine bestimmte Kennzeichnung tragen. In diesem Sinn können Einzel-, Produktgruppen- und Sortimentsmarken unterschieden werden.

Nach *Art* des *Markenobjektes* gibt es Produkt- und Dienstleistungsmarken. Unter dem Aspekt des *inhaltlichen Bezugs* ist eine Einteilung in Firmen- und Phantasie-

[25] Hausmarken werden verschiedentlich als Individualmarken bezeichnet [vgl. u. a. Metzler, 1967, S. 50f]. Dieser Begriff ist wegen seiner Nähe zu der produktbezogenen „Einzelmarke" problematisch und wird daher vermieden.

marken vorzunehmen. Die Firmenmarke weist auf den Namen des Händlers bzw. einer Markengemeinschaft hin, während die Phantasiemarke einen beliebigen Verweis schafft[26].

Die äußere Erscheinung der Marke orientiert sich an den Formen der sinnlichen Wahrnehmung. Nach der *Verwendung wahrnehmungsbezogener unterschiedlicher Markierungsmittel* nimmt sie im wesentlichen optische oder akustische Gestalt an. Dabei gehören Bilder oder Symbole und Farben zu den rein optischen und Erkennungsmelodien oder -rhythmen zu den rein akustischen Mitteln, während Wort- oder Zahlenzeichen auf beiden Wegen kommunizierbar sind. Am weitesten sind Wortmarken bei den handelseigenen Markenerzeugnissen verbreitet, da sie den üblichen Kommunikationswegen am besten angepaßt sind und sich optisch und akustisch den Beteiligten exakt und leicht reproduzierbar einprägen, sofern sie nicht zu lang und kompliziert sind.

Ein letztes Ordnungskriterium bildet die *horizontale Reichweite* im *Absatzgebiet* mit den Ausprägungen lokaler, regionaler, nationaler und internationaler Eigenmarken; ihre Anwendung ergibt sich aus der räumlichen Marktausdehnung der Handelsunternehmung bzw. Markengemeinschaft.

Durch Kombination von Ausprägungen dieser Markenmerkmale entstehen Handlungstypen für die strategische Entwicklung der Markenpolitik. Schaubild II, 3.7 zeigt die beiden zentralen handlungsrelevanten Merkmale und die daraus abgeleiteten Markentypen [Matt, 1988, S. 174ff].

Anzahl der unter einer Marke zusammengefassten Produkte / Inhaltlicher Bezug	Einzelmarke	Produktgruppenmarke	Globalmarke
Firmenmarke			Prinzip Imagetransfer zwischen Firma und Produkt
Firmenmarke als Dachmarke (Phantasiemarke als Untermarke)		Prinzip Doppelmarkierung	
Phantasiemarke	Prinzip Einzelförderung	Prinzip Imagetransfer zwischen Produkten	

Schaubild II, 3.7: Handlungstypen der Markenwahl [Quelle: Widmer, 1986, S. 24]

[26] Metzler, 1967, S. 49. Die nicht auf die Firma bezogenen Marken werden in der Literatur teilweise in Sach- und Phantasiemarken eingeteilt. Danach haben Sachmarken einen inhaltlichen Bezug zum Produkt, während Phantasiemarken frei erfunden sind. Diese Unterscheidung ist nicht immer leicht zu treffen. Daher wird hier darauf verzichtet.

3322 Prinzipien der Markenwahl

33221 Prinzipien des Imagetransfers

Die Marke, mit der mehrere Produkte unter einem Namen zusammengefaßt werden, ist ein zentrales Mittel des *Imagetransfers*[27]. Dieser dient dazu, durch Irradiationseffekte die Bekanntheit und positive Marktgeltung zu verbreitern und damit die Marktinvestitionen für die Schaffung von Images im Sinne eines *immateriellen Ressourcentransfers* auf mehrere Objekte zu verteilen. Dieser Aspekt ist um so wichtiger, je mehr Marktinvestitionen von der Unternehmung geleistet werden. Außerdem können durch die konzentrierte Marktbearbeitung kostengünstigere Verfahren (Beispiel: Erstellung einheitlicher Werbemittel) und *Degressionseffekte* in den *Absatzkosten* ausgenutzt werden.

Der Imagetransfer beruht auf einer *Reizgeneralisierung.* Er ist in positivem wie in negativem Sinne als Goodwill- bzw. Badwillübertragung möglich. Empirische Erkenntnisse über die psychologischen Hintergründe dieser Übertragungsvorgänge sind notwendig, um daraus ableiten zu können, welche Objekte für einen Imagetransfer geeignet sind und welche Transferbedingungen geschaffen werden müssen.

Hinsichtlich der *Transferrichtung* kann entweder die Übertragung eines Markenimages auf hinzukommende Objekte beabsichtigt werden, um diese daran partizipieren zu lassen, oder es kann ein Ziel in der Rückwirkung hinzukommender Objekte auf die bestehende Marke liegen, wie z. B. Modernisierung des Markenimages durch Hinzunahme technologisch neuartiger Markierungsobjekte.

Als Formen des Imagetransfers sind zu unterscheiden:

(1) Imagetransfer zwischen handelseigenen Markenprodukten,
(2) Imagetransfer zwischen handelseigenen Markenprodukten und Handelsfirma,
(3) Imagetransfer zwischen handelseigenen und herstellereigenen Markenprodukten.

Zu (1): Es wird durch Produktgruppenmarkierung ein Produktzusammenhang visualisiert, um damit Markenfamilien zu schaffen. Als Grundvoraussetzung gilt, daß die zu vermittelnden Botschaften für die betroffenen Waren miteinander harmonisieren. Dies kann ein übergreifendes Qualitätsversprechen oder ein Erlebniswert, wie z. B. das Versprechen eines bestimmten Lebensstils sein[28]. Die Markteinführung neuer Produkte wird durch die Einbettung in einen solchen Markenzusammenhang erleichtert. Der Imagetransfer zwischen den Produkten einer Markenfamilie führt gleichzeitig zu einer Verfestigung der Markenimages. Dieser Aspekt ist wichtig, da die Konsumenten dazu neigen, den Umfang der Verbreitung eines Namens als Qualitätsindikator zu werten (Mitläufereffekt). Nun ist die Marktverbreitung im institutionellen (weniger im räumlichen) Sinn bei Handelsmarken ohnehin begrenzt, da sie

[27] Vgl. Simon, 1985a, S. 200ff; vertiefende Lektüre zum Markentransfer vgl. auch Hätty, 1989.

[28] Aus einer Auswertung empirisch orientierter Beiträge zu den Bedingungen eines erfolgreichen Imagetransfers zwischen Produkten entnimmt Matt folgende Faktoren: Kompatibilität der Produktimages (Distanz der Positionierungen im Imageraum), technologische Affinität, Ähnlichkeit in den Kriterien für die Markenwahl der Konsumenten, Ähnlichkeit in den Konkurrenz- und Preissituationen [Matt, 1988, S. 186ff, und die dort angegebene Literatur].

meist nur exklusiv in den eigenen Läden vertrieben werden. Dieser bei einer Markenbildung nachteilig wirkende Tatbestand kann durch eine produktbezogene *Kontakthäufung* zwischen Marke und Verbraucher bei Anwendung der Produktgruppenmarkierung zumindest abgemildert werden.

Zu (2): Die Verwendung einer *Firmenmarke* schafft einen engen *Verweisungszusammenhang* und damit einen Imagetransfer zwischen *Produkt* und *Markeneigner.* Ihre Zielsetzung besteht in einer Anbindung des Produktimage an das bestehende Ladenimage und damit in einer Ausnutzung des Firmen-Goodwill für den Produkterfolg. Umgekehrt wird eine Profilierung des Ladenimage durch das Image der eigenen Marke und damit eine Absetzung von Konkurrenzunternehmen angestrebt. Im Gegensatz zur Industrie verwendet der Handel überwiegend Firmenmarken. Die Marktleistung der Hersteller konkretisiert sich nämlich in ihren Produkten, so daß sie mit ihren Marken meist Produktdifferenzierung betreiben. Bei den Händlern dagegen stellt sich die Konkretisierung ihrer Distributionsleistungen in Form der Ladenpersönlichkeit dar, so daß sie mit der Markierung ihrer eigenen Erzeugnisse vorwiegend eine *Ladendifferenzierung* anstreben [Hartl, 1960, S. 44].

Eine gegenseitige positive Irradiation zwischen Firmen- und Markenimage kommt nur zustande, wenn „... beide einem gemeinsamen psychologischen Grundtypus mindestens in entscheidenden Dimensionen zugehörig sind, d. h. die mit der Firmenpersönlichkeit verbundenen psychologischen Grundqualitäten müssen in Korrespondenz zu den psychologischen Qualitäten der dazugehörigen Produkte bzw. Marken stehen" [Bergler, R., 1963, S. 89].

Die Einbeziehung des Firmennamens in die Marke bewirkt gegenüber Sortimentsmarken eine Risikoverstärkung im Sinne einer Badwill-Übertragung, da bei Mißlingen eines Produktes nicht nur die Markenfamilie, sondern das Ansehen der Unternehmung insgesamt gefährdet ist. Andererseits können dabei die absatzpolitischen Bemühungen in konzentrierter Form auf die gesamte Distributionsleistung der Unternehmung einschließlich der Markenleistung gerichtet werden.

Die no names können als Markenfamilien hier insoweit einbezogen werden, wie durch bestimmte Zeichen und Symbole Identifizierungsbedingungen entstehen, durch die der Konsument auf der Grundlage seiner Markenerfahrung den Angebotsort als Markenträger zuordnet.

Zu (3): Ein Imagetransfer entsteht auch bei zweigleisigem Vertrieb der Hersteller, wenn die Identifikation von Hersteller- und Handelsmarkenerzeugnissen im ganzen oder in Teilbereichen ersichtlich wird. Kenntnisse der Konsumenten über die Baugleichheit von Produkten werden auch — unkontrolliert von den betroffenen Herstellern und Händlern — durch neutrale Verbraucherinformationen verbessert. Hier entsteht die Gefahr, daß insgesamt das Vertrauen in das Qualitätsversprechen von Marken generell bei den Konsumenten gemindert wird.

33222 Prinzip der Einzelförderung

Eine Einzelförderung wird durch eine Einzel- bzw. Erzeugnismarkierung ermöglicht. Diese bildet die Voraussetzung für die Schaffung *eigenständiger, prägnanter Produktimages* und stellt die Grundlage für eine exakte Abstimmung der absatzwirtschaftlichen Aktionen auf die Produkteigenarten her. Produktbereiche, in denen eine solche Profilierung von Eigenmarken eine Rolle spielt, sind dem Individualbedarf und dem differenzierten Massenbedarf, weniger dagegen dem konformen Massenbedarf (Beispiel: Zucker) zuzuordnen. Bei einer Erzeugnismarkierung *zersplittert* sich die Verwendung des *absatzwirtschaftlichen Budgets.* Das kann aufgrund der Warenvielfalt in einem Handelssortiment dazu führen, daß der Bekanntheitsgrad der Marken zu gering bleibt. Daher können sich meist nur finanzstarke Einzelhandelsunternehmen die Unterhaltung mehrerer Erzeugnismarken innerhalb ihres Sortiments mit Erfolg leisten.

Das Prinzip der Einzelförderung ist in seiner reinen Form nur mit Phantasiemarken möglich, da ein Bezug zu existenten Namen nicht hergestellt werden soll. Mit der Entwicklung von Phantasiemarken entsteht die Aufgabe der inhaltlichen und formalen Markengestaltung.

33223 Prinzip der Doppelmarkierung

Die Vorteile der vorangehend beschriebenen Markierungsprinzipien lassen sich weitgehend durch eine Doppelmarkierungsstrategie verbinden, indem die Produkte unter einer *Dachmarke* im Sinne des Imagetransfers zusammengefaßt und gleichzeitig durch *Untermarken* individualisiert werden. Die Dachmarke ist i. d. R. eine Firmenmarke, in die langfristig investiert werden kann, um alle Eigenmarkenerzeugnisse daran partizipieren zu lassen. Demgegenüber erlaubt die Untermarke eine individuelle Förderung und Entwicklung produkteigener Erlebniswerte. Gerade für den Handel mit seiner institutionellen Marktpräsenz einerseits und seinem Vielproduktangebot andererseits ist das Prinzip der Doppelmarkierung sinnvoll, weil es diese *Dualität* zum Ausdruck bringt. Sofern allerdings das Sortiment sehr heterogen ist, kann diese Strategie problematisch werden, weil sie dann das Firmenimage u. U. verwässert.

3323 Prinzipien der Markengestaltung

Das Problem der Gestaltung einer geeigneten Marke für die eigenen Produkte tritt nur bei *Phantasiemarken* auf, wenn man von dem Regelfall ausgeht, daß eine Firmenmarke bereits besteht[29]. Als Vorgehensweise für die Gestaltung neuer Marken kommen in Frage:

- die Neuentwicklung,
- der Transfer aus dem Ausland innerhalb eines Konzerns,
- Rückgriff auf eigene Markenreserven und
- Kauf von Markenrechten.

In der Literatur bestehen verschiedene *Merkmalskataloge,* mit denen die Anforderungen an einen idealen Markennamen beschrieben werden[30]. Sie werden als

[29] Zur vertiefenden Lektüre für die Entwicklung von Markennamen vgl. die Monographie von Herstatt, 1985.

[30] Beispielsweise schlägt Hartmann folgende Merkmale und Gewichtungsfaktoren (G) vor, wobei jedes Merkmal fünf Bewertungsstufen erhält: 1) Originalität (G 2); 2) Sprachbezogenheit

Suchvorgabe und als *Bewertungsschema* benutzt, wobei allerdings unter gestaltpsychologischen Gesichtspunkten ein allein analytisches Punktwertverfahren auf dieser Basis nicht ausreicht[31].

Jede Marke enthält Informationen, die bei Konfrontation mit dem Verbraucher Kommunikationsprozesse auslösen. Ein Grundprinzip bei der Konzipierung einer Marke ist *einfache Wahrnehmbarkeit* und *Reproduzierbarkeit.* Einfachheit bedeutet aber nicht unbedingt eine Beschränkung auf wenige Buchstaben oder Zeichen, sondern wird durch den Aufbau von prägnanten „Gesamtgestalten" erreicht, die einen „Wahrnehmungszerfall" verhindern und mit dem Zeichenrepertoire des Empfängers reproduziert werden können. Weiterhin ist die *Auslösung* von *Klang-* und *Bildassoziationen* anzustreben, die dem *gewünschten Produkterleben gleichgerichtet* sind. Das muß nicht mit der Forderung nach akustischem Wohlklang oder bildlicher Wohlgefälligkeit übereinstimmen [Hartmann, V., 1966, S. 88]. Hier ist vielmehr gemeint, daß unter Berücksichtigung von Klang- und Bildgesetzlichkeiten eine Hinführung auf akquisitorisch wirksame Produkteigenschaften erzielt wird. Ein grundsätzliches Prinzip jeder Markengestaltung ist auch ihre *eindeutige Abhebung* von *anderen Marken,* durch das sie ihre Funktion erfüllt, Produkte identifizierbar zu machen.

Das akquisitorische Potential der Marke kann zuweilen durch ihre Fähigkeit verbessert werden, in expliziter oder impliziter Form einen *inhaltlichen Verweisungszusammenhang* zwischen dem spezifischen *Bedürfnis* der *Zielgruppe* und der *Befriedigungsmöglichkeit* durch das *Produkt* zu stiften und damit eine psychische Affinität der Konsumenten zu dem betreffenden Produkt herzustellen. Derartige Verweisungen können in Richtung auf Materialbestandteile der Produkte zielen, ihren Verwendungszusammenhang assoziieren oder durch erhöhende und positiv aufgeladene Worte den besonderen Produktwert zum Ausdruck bringen. Gebräuchlich sind gerade im Handel auch die in die Markenkonzeption einzubeziehenden *inhaltlichen Verweisungen* auf den *Einkaufsort* der *Produkte,* da Eigenmarken meist nur in Läden des Markeneigners vertrieben werden[32]. Schließlich muß eine Marke in *räumlicher, zeitlicher* und *produktbezogener Hinsicht flexibel* und *anpassungsfähig* gehalten werden. Dieses Prinzip ist unterschiedlich wichtig je nach räumlicher Ausdehnung der Markengeltung, nach angestrebter zeitlicher Wirksamkeit und nach Anzahl der unter ihr vertriebenen Produkte. Je umfangreicher der Wirkungsbereich der Marke in diesen drei Richtungen ist, desto verwaschener wird meist die Markenkonzeption sein müssen.

(G 1); 3) Produkt-, Verwendungs- oder Herkunftsbezogenheit (G 2); 4) Kurzsilbigkeit (G 2); 5) Aussprechbarkeit (G 2); 6) Wohlklang (G 1); 7) Wertsuggestion (G 1); 8) Werbliche Verwertbarkeit (G 2); 9) Überräumlichkeit (G 2); 10) Überzeitlichkeit (G 1) [Hartmann, V., 1966, S. 80]. Vgl. auch die Synopse von Anforderungskatalogen bei Huber, W., 1969, S. 184f; Herstatt, 1985, S. 47ff.

31 Es werden vom Konsumenten „... nicht einzelne Bestandteile eines Wortes oder eines Zeichens aufgefaßt, sondern nur ein Gesamteindruck. Der Gesamteindruck kann bei fast identischem Bestand an Einzelheiten sehr verschieden sein, wie er auch sehr ähnlich sein kann, wenn keine der Einzelheiten übereinstimmen. Es kommt vielmehr darauf an, welchen Charakter die jeweilige Verbindung der Einzelheiten dem Gesamteindruck verleiht" [Hartmann, K. D., 1957, S. 711].

32 Beispiel: Marke „Cornelia" der Cornelius Stüssgen-Filialbetriebe. Hier zeigt sich, daß ein fließender Übergang zwischen Firmen- und Phantasiemarke besteht.

4 Verkaufsgestaltung

41 Grundlagen der Verkaufsgestaltung

Begriffe

Unter Verkaufsgestaltung wird hier der marktorientierte Einsatz *institutioneller* und *personeller Organe* für die *Überführung der Produkte* in den *Konsumenten-Markt* verstanden[1]. Die Verkaufsorgane werden nur unter der Fragestellung ihrer marktbeeinflussenden Wirkung, nicht dagegen in bezug auf die innerbetriebliche Gestaltung ihres Einsatzes untersucht. Der Verkaufsprozeß umfaßt in weitestem Sinne die Vorgänge der Kontaktanbahnung zum Kunden, die Warendarbietung, Verkaufsverhandlung und -abschluß, das Inkasso sowie die Warenübermittlung. Damit sind zugleich Teilaspekte der Kommunikation, der physischen Warentransaktion und der Abwicklung des Zahlungsverkehrs angesprochen.

Die Verkaufsgestaltung in dieser begrifflichen Konzeption bringt *Abgrenzungsschwierigkeiten* gegenüber den Aktionsbereichen Werbung und Kundenservice mit sich. *Werbung* ist eine Form der Kommunikation mit den Abnehmern, die nicht an einen Organeinsatz gebunden ist, sondern mit unpersönlichen Kommunikationsmedien vorgenommen wird. Überschneidungen der Begriffe Verkaufsgestaltung und Werbung ergeben sich im Einzelhandel insbesondere bei Werbemaßnahmen innerhalb des Ladens (Beispiel: Lautsprecheransagen) und bei der Schaufenstergestaltung. Diese Aktivitäten erfüllen zwar die Bedingungen des unpersönlichen Medieneinsatzes, sind aber institutionell an die Verkaufsstelle gebunden. Ihre Zuordnung zur Werbung ist begriffslogisch nicht eindeutig, sondern nur nach pragmatischen Gesichtspunkten zu treffen.

Der Aktionsbereich *Kundenservice* ist in seinem instrumentellen Charakter ebenso wie die Verkaufsgestaltung weitgehend an einen Organeinsatz gebunden. Im Gegensatz zu der Verkaufsgestaltung werden hier Nebendienste erbracht, die nicht direkt der Überführung von Waren an die Abnehmer während des Verkaufsprozesses zuzurechnen sind. Verschiedene Leistungen allerdings sind einer sachlich exakten Einordnung in einen der beiden Aktionsbereiche nur schwer zugänglich, so daß auch diese begriffliche Abgrenzung subjektive Interpretationsmöglichkeiten für den Betrachter offen läßt.

Empirische Relevanz

Die Organisation der Verkaufsgestaltung löst bei einem Einzelhandelsunternehmen starke strukturgebende Wirkungen aus und schafft in der Betriebsformenbildung diverse Merkmale mit Dominanzcharakter, die für andere Bereiche der Absatzpolitik

[1] Ähnlich verstehen Nieschlag, Dichtl, Hörschgen, 1988, S. 368, unter der Verkaufsgestaltung die Gesamtheit der unternehmensinternen und -externen Kräfte und Einrichtungen, die sich für die fraglichen Betriebe, ob in abhängiger oder unabhängiger Position, um die Anbahnung und Abwicklung von Aufträgen bemühen. Goehrmann, 1984, S. 19, verwendet den weiteren Begriff „Verkaufsmanagement“ und bezieht neben der Planung und Steuerung auch die Kontrolle des Verkaufs ein.

rahmenbildend sind (Beispiel: Selbstbedienungsladen). Dieser Gesichtspunkt verleiht dem Aktionsbereich erhebliche empirische Relevanz.

Abgesehen vom Versand- und Ambulanzhandel stellt die Gestaltung des *point of purchase* (pop) in seiner personellen und sachmittelbezogenen akquisitorischen Wirkung den zentralen absatzpolitischen Ansatzpunkt der Verkaufsgestaltung dar. Als Konfrontationsort zwischen Einzelhändler und Konsumenten ist er wesentlicher Bestandteil des Händlerimage bzw. der „Ladenpersönlichkeit"[2]. Die zunehmende Verlagerung der Kaufentscheidung an den Einkaufsort, die durch Steigerung des Reizkaufverhaltens bedingt ist, vergrößert seine akquisitorische Bedeutung.

Die direkte Kontaktierung mit den Konsumenten am point of purchase ermöglicht dem Einzelhandel das *persönliche Verkaufsgespräch* als Kommunikationsform, das in seiner marktbeeinflussenden Wirkung eine überragende Bedeutung hat und für ihn eine wesentliche Komponente seiner gatekeeper-Position darstellt [Kap. I, 2324]. Im Vergleich zur unpersönlichen Marktbearbeitung ist der persönliche Verkauf als Form der „face-to-face-Kommunikation" pro Informationskontakt zwar wesentlich teurer, gleichzeitig jedoch auch effektiver[3], da sich der Verkäufer (Informationssender) auf die Person des Kunden (Informationsempfänger) und dessen Bedarfssituation individuell einstellen und die Verkaufsargumentation (Informationsabgabe) auf die erhaltenen „feedbacks" abstimmen kann[4]. Durch neue Medientechni-

Persönliche Kommunikation beim tele-shopping

[2] Die Bedeutung der Verkaufsgestaltung wird in verschiedenen tragenden Imageelementen wie z. B. Einrichtung (facilities), Geschäftsatmosphäre, Freundlichkeit und Kompetenz des Personals, Übersichtlichkeit des Angebots deutlich (vgl. verschiedene Imageprofile bei Müller, Beeskow, 1982, S. 400ff). Allerdings sind hier Betriebsformenunterschiede zu berücksichtigen.

[3] Zur Bedeutung des persönlichen Verkaufs vgl. Rosenberger, 1982, S. 156ff, der von empirischen Ergebnissen der Stiftung Warentest berichtet.

[4] Zur persönlichen Kommunikation in kleinen Gruppen vgl. auch Kroeber-Riel, 1984, S. 495ff.

ken (insb. Bildschirmtext) verwischen sich die Unterschiede zwischen persönlicher und unpersönlicher Kommunikation.

Neben der personellen Ausstattung des point of purchase entfaltet der dort installierte *Sachapparat* marktbeeinflussende Wirkungen. Mit verschiedenen Elementen seiner Gestaltung werden kaufanreizende Impulse vermittelt, die den Konsumenten bezüglich des Kaufaktes in günstiger Prädisposition treffen und damit starke akquisitorische Einflußmöglichkeiten haben.

Innerhalb der personellen und sachmittelbezogenen Komponenten des Verkaufs wird der Einsatz personeller Organe ständig zugunsten von Sachmitteln zurückgedrängt. So stellte schon Wiswede „... eine zunehmende Versachlichung und Anonymisierung der Kaufhandlung" fest [Wiswede, 1965, S. 272; auch Schoch, 1969, S. 19ff]. Dabei ist sowohl an eine stärkere Distanz in den individuellen Verkäufer-Käufer-Beziehungen als auch an eine Zunahme unpersönlicher Verkaufsformen wie Selbstbedienungs-, Automaten- und Versandverkauf und neuerdings auch Teleselling zu denken. Bei dieser Verschiebung zwischen personellen und institutionellen Organen werden Verkaufsfunktionen z. T. auf den Konsumenten abgewälzt (Beispiel: Warenselektion bei der Selbstbedienung), z. T. im Sinne einer Rationalisierung durch Maschineneinsatz wahrgenommen (Beispiel: automatische Warenverpackung) oder durch andere absatzpolitische Aktivitäten substituiert (Beispiel: Substitution persönlicher Beratung durch werblichen Vorverkauf der Produkte und durch produktgestalterische Maßnahmen, mit denen die verkaufsbezogene Problemlosigkeit der Produkte erhöht wird)[5].

Bei dieser global feststellbaren Verschiebung zwischen persönlichem Verkauf und dem Einsatz institutioneller Organe bestehen allerdings große waren- und betriebsformenbedingte Entwicklungsunterschiede. Der Verkäufereinsatz bleibt in jenen Warenbereichen erhalten, wo die Konsumenten die Hilfestellung der Verkäufer beim Einkauf brauchen und wo nachhaltige Einflüsse auf die Kaufentscheidung zu erwarten sind. Zudem bilden Ausformung und Bedeutung des personellen und institutionellen Organeinsatzes betriebsformenkonstituierende Merkmale, an die sich spezifische Verbrauchererwartungen knüpfen, so daß dem einzelnen konkreten Unternehmen aufgrund seiner Betriebsformenzugehörigkeit bestimmte Normen gesetzt sind (Beispiel: qualifiziertes Personal im Fachgeschäft).

42 Aktionsfeld der Verkaufsgestaltung

Ziele

Die Aktivitäten der Verkaufsgestaltung richten sich darauf, einen *geeigneten personellen* und *institutionellen Apparat* für die Kontaktierung der Konsumenten, ihre Konfrontation mit dem Warenangebot und die Abwicklung des Geschäftsverkehrs mit den Kunden aufzubauen und akquisitorisch wirksam einzusetzen. Dieser Aktionsbereich ist eng mit der Verwirklichung institutionenbezogener Marktziele verbunden. Der Einzelhandel, der als Dienstleister institutionelle Marktpräsenz verfolgt,

---

[5] Zur Externalisierung von Handelsfunktionen vgl. Tenbensel, 1987, S. 23.

kann mit der Verkaufsgestaltung langfristig Ziele der *Marktpositionierung* verfolgen. Die Gestaltung des personellen und institutionellen Verkaufsapparates ist direkt mit der Vermittlung von *Unternehmenskultur* verbunden. Somit ist dieser Aktionsbereich vor allem geeignet, eine *langfristige Kundensegmentierung* und *-bindung* zu erreichen.

Im einzelnen bestehen akquisitorische Ziele in der Beeinflussung der *Beschaffungsqualität* des Warenangebotes. Damit sind Regelungen über die *Formen* der *Aufgabenverteilung* zwischen Handel und Konsument verbunden, die gleichzeitig *kostenwirtschaftliche* Zielimplikationen haben. Die Verkaufsgestaltung ist besonders von dem im Einzelhandel verbreiteten Phänomen ausgeprägter Beschäftigungsschwankungen betroffen. Daher liegt ein wichtiger Zielkomplex in der flexiblen *Anpassung* der *Verkaufsbereitschaft* an wechselnde Markterfordernisse. Dieses Ziel hat ertrags- und kostenwirtschaftliche Aspekte und ist zudem eng mit anderen Funktionalbereichen der Handelsunternehmung, wie insb. mit der Personalpolitik verbunden.

Eine weitere Konkretisierung der Ziele wird in der Darstellung der Aktionsteilbereiche vorgenommen.

Aktionsrahmen

Für die Errichtung des Verkaufsapparates wirkt sich die *Unternehmensgröße* als *interner* rahmenbildender Faktor aus, indem einerseits die Größenordnungen des Umsatzes für seine Dimensionierung maßgeblich sind und andererseits die Möglichkeiten der *Faktorbereitstellung* und des arbeitsteiligen *Einsatzes* seine Gestaltung beeinflussen [Tenbensel, 1987]. Unter den Betriebsfaktoren bildet das *Personal* hinsichtlich Beschaffungsmodalitäten und flexiblem Arbeitseinsatz bei Beschäftigungsschwankungen einen wichtigen Rahmenfaktor, der vor allem auch über seine hohe Kostenwirksamkeit Einfluß gewinnt. Die Hinwendung zu sachmittelintensiven Verkaufsformen gibt dem Faktor der *Kapitalverfügbarkeit* erhöhte Bedeutung.

Die Gestaltung des Verkaufsapparates steht in wechselseitiger Abhängigkeit zu anderen *absatzpolitischen Aktionsbereichen.* So werden die Anwendungsmöglichkeiten verschiedener verkaufsorganisatorischer Prinzipien von den im Rahmen der Sortiments- und Produktpolitik beeinflußten Wareneigenschaften (Beispiele: Selbstbedienungs- oder Versandeignung) bestimmt. Preisprinzipien korrespondieren mit der Verkaufsausstattung aus Kosten- und Akquisitionsgründen.

Von der *Absatzseite* her sind als *externe Faktoren* insb. die räumliche Ausdehnung der Konsumentenzielgruppe und ihre Anforderungen an die Beschaffungsqualität des Warenangebots einflußreich, die wesentliche Bedeutung für die Einkaufsstättenwahl haben [Heinemann, 1976, S. 168ff; Kap. I, 4218]. *Beschaffungswirtschaftliche* Aktionsrahmenfaktoren entstehen von seiten der Hersteller insb., soweit diese ihr Interesse an Präsentation und persönlichem Verkauf auf einzelne Händler richten. Hier ergeben sich häufig strategische Differenzen, die durch Zielkonflikte ausgelöst werden (Beispiel: Interesse des Herstellers an produktgruppenbezogener Firmenplazierung, Interesse des Händlers an bedarfsorientierter Plazierung; Tietz, 1984, S. 61). Unter den *rechtlichen Rahmenfaktoren* ist die Regelung der Ladenöffnungszeiten ein gravierender Aspekt. Für den Handel wird dadurch die zeitliche Nutzungsmöglichkeit des Verkaufsapparates beeinflußt. Die Ladenöffnungszeiten tangieren Fragen des

Wettbewerbs und des Mittelstandes, des Arbeitnehmerschutzes und der Verbraucherpolitik sowie die Infrastrukturpolitik der Städte und werden daher immer wieder in der Bundesrepublik kontrovers und heftig diskutiert[6]. Die Verkaufsgestaltung wird schließlich auch wesentlich von *medientechnischen Entwicklungen* beeinflußt, die sich auf die Handlungsbedingungen für Kontaktanbahnung, Warenpräsentation und Verkaufsabwicklung auswirken[7].

Aktionsteilbereiche und Aktionselemente

Ein Aktionsteilbereich stellt im Residenzhandel die *Ladengestaltung* dar mit ihren Elementen der internen und externen Raum- und Flächengestaltung. Ein anderer Aktionsteilbereich ist der Einsatz von *Verkaufsorganen.* Diese werden als Aktionselemente im folgenden vorgestellt:

Der Verkaufsgestaltung eines Einzelhändlers werden alle Organe zugeordnet, die in die Warenübermittlung zu den Konsumenten einbezogen sind. Damit werden neben den Angestellten der Unternehmung auch selbständige Markthelfer, Organe der Hersteller — soweit sie in den Verkauf eingeschaltet sind — und Marktveranstaltungen berücksichtigt. Die zum Einsatz gelangenden Verkaufsorgane sind so vielgestaltig, daß eine Übersicht durch die Benennung der absatzwirtschaftlich bedeutsamsten Unterscheidungsmerkmale und ihrer Ausprägungen erforderlich ist. Der Definition des Aktionsbereichs entsprechend bezieht sich die folgende Übersicht nur auf *Organe* des *Außendienstes,* die einen unmittelbaren persönlichen oder unpersönlichen Kontakt zu den Konsumenten haben und damit eine *direkte* akquisitorische Wirkung erzielen. Hingegen werden Organe des Innendienstes mit indirekter Marktbeeinflussung wie etwa Abteilungen für Auftragsabwicklung, Versand oder Fakturierung hier vernachlässigt[8].

Die Verkaufsorgane des Einzelhandels können nach der *Struktur* des *Faktoreinsatzes* geordnet werden. Danach bestehen personelle Organe (Beispiele: ladengebundenes Verkaufspersonal, Reisende, Vertreter, Propagandisten, Sammelbesteller) und institutionelle Organe, bei denen der Schwerpunkt des Faktoreinsatzes bei den Betriebsmitteln liegt. Zu ihrer Funktionsfähigkeit werden diese ergänzend mit Personal kombiniert (Beispiele: Schauräume, Verkaufsstellen, Automaten, Auslieferungsläger). Das Einteilungskriterium ist insb. für Fragestellungen hilfreich, die sich auf die Kostenstruktur des Verkaufsapparates beziehen.

Ein weiteres Merkmal bildet der *Grad* der *rechtlichen* und *ökonomisch-faktischen Bindung* eines Verkaufsorganes an das Einzelhandelsunternehmen und die damit zusammenhängende Weisungsbefugnis. Es hat differenzierte und kaum meßbare Abstufungen. In seiner rechtlichen Ausprägung leitet sich dieses Merkmal bei institutionellen Einrichtungen aus Eigentum oder vertraglich gesicherten Nutzungsansprüchen ab, während bei Personen die vertragliche Gestaltung des Arbeitsverhältnisses maßgeblich ist. Repräsentanten wie das ladengebundene Verkaufspersonal und Reisende sind als weisungsgebundene Angestellte fest in das Verkaufssystem einer Unternehmung integriert. Organe wie Vertreter oder Sammelbesteller dagegen betätigen sich als selbständige Markthelfer oft nur ausschnittweise für den Händler und sind dann weniger stark in sein Verkaufssystem eingebunden[9]. In dem Merkmal ökonomisch-faktischer Bindung ist eine Dimension des

---

[6] Vgl. dazu die Monographien von Piepenbrock, 1984; Schmidt, Kayser, 1986 sowie Gröner, Köhler, 1987.

[7] Vgl. insb. zu den Auswirkungen von Bildschirmtext auf den Handel Schäfer, H. L., 1981; Hofstetter, 1983.

[8] Demgegenüber wird bei der Einteilung der Organe des Innen- und Außendienstes auch ein organisatorisch-räumliches Kriterium verwendet: danach gehören zur Innenorganisation die zentralen, im Stammhaus arbeitenden Absatzeinrichtungen, während die außerhalb des Stammhauses arbeitenden dezentralen Absatzorgane dem Außendienst zugerechnet werden [Schäfer, E., 1966, S. 321].

[9] Die übliche strenge Trennung zwischen Vertreter- und Reisendeneinsatz ist angesichts der sehr unterschiedlichen vertraglichen Bindungsmöglichkeiten des Vertreters allein nicht sehr aussa-

Weisungsanspruches an Verkaufsorgane berücksichtigt, die sich über die vertraglichen Bindungen hinaus auf die wirtschaftlichen Abhängigkeitsverhältnisse bezieht.

Nach der *Zahl* ihrer *Träger* können einzelbetrieblich, kooperativ bzw. mehrbetrieblich und überbetrieblich eingesetzte Verkaufsorgane unterschieden werden. Die Konstruktion der kooperativen Trägerschaft eines Organs kommt zustande, wenn seine Kapazität durch einen einzelnen Händler nicht ausgelastet würde und wenn bei kooperativem Einsatz die Beteiligten Kostenersparnisse bzw. absatzwirtschaftliche Ertragssteigerungen erzielen können. Überbetriebliche Organe werden von übergeordneter Stelle, wie z. B. Verbänden, eingesetzt. Sie sind im Vergleich zu Organen mit kooperativer Trägerschaft von den einzelnen Unternehmen weitergehend verselbständigt. Derartige Organe sind Marktveranstaltungen wie Mustermessen und Ausstellungen, die eine gesamte Branche betreffen oder noch über diese hinauswirken.

Die absatzwirtschaftlich wichtigste Einteilung der Verkaufsorgane betrifft ihre *Funktionsausübung* im *Verkaufsprozeß*. Sie werden innerhalb der Aufgabenbereiche der Kontaktanbahnung, Warendarbietung, Abwicklung von Verkaufsverhandlungen, des Inkassos und der Warenübermittlung einfach- bis multifunktional eingesetzt und haben damit unterschiedliche Tätigkeitsschwerpunkte bei der Gestaltung des Kommunikations-, Waren- und Wertstroms zwischen Händler und Konsument. So dienen z. B. institutionelle und personelle Organe wie Ausstellungsräume und Propagandisten nur der Kontaktanbahnung und Warendarbietung, dagegen Auslieferungsläger oder Verkaufsfahrer nur der Warenübermittlung. Demgegenüber nimmt das ladengebundene Verkaufspersonal meist einen weit umfangreicheren Aufgabenkreis wahr.

Berücksichtigt man schließlich *räumliche* und *zeitliche Aspekte des Organeinsatzes,* so können einerseits nach der Mobilität stationäre und ambulante Organe und andererseits nach der Kontinuität permanent und temporär eingesetzte Organe unterschieden werden.

43 Aktionsprinzipien der Kontaktanbahnung zwischen Konsument und Einzelhandelsunternehmen

Jede Kaufhandlung bedingt zwischen Käufer und Verkäufer einen Kontakt. Dieser kann auf Initiative der einen oder anderen Partei in *persönlicher* oder über eine Distanz hinweg in *unpersönlicher* Form zustande kommen [Schaubild II, 4.1].

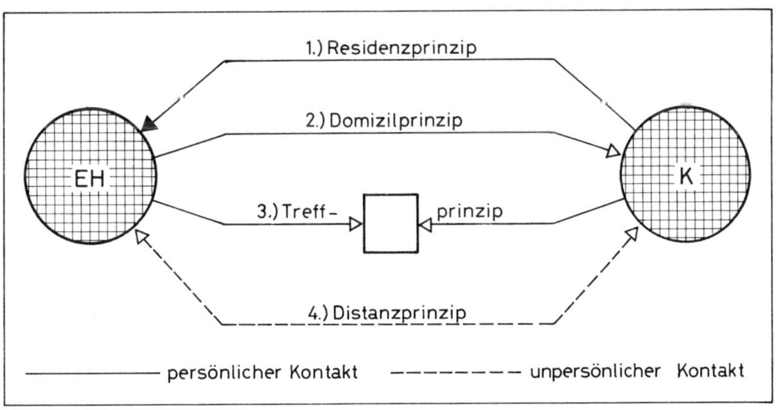

Schaubild II, 4.1: Formen der Kontaktanbahnung zwischen Konsument und Einzelhandelsunternehmen

gekräftig. Insbesondere der Einfirmenvertreter steht hinsichtlich seiner ökonomischen Position dem Reisenden nahe. Zum Vergleich zwischen Reisenden und Handelsvertreter vgl. Dichtl, Raffée, Niedetzky, 1981.

Als Kontaktformen sind zu unterscheiden, das

(1) Residenzprinzip,
(2) Domizilprinzip,
(3) Treffprinzip und
(4) Distanzprinzip.

Bei dem Residenzprinzip kommt auf Initiative des Kunden hin ein Zusammentreffen beider Parteien am Angebotsort, also an der „Residenz“ des Handels zustande, das Domizilprinzip besteht in einer vom Händler initiierten persönlichen Kontaktierung des Kunden an dessen Wohnort, während das Treffprinzip auf einem beiderseitig eingeleiteten Zusammenkommen an einem dritten Ort beruht. Im Gegensatz zu diesen persönlichen Kontaktformen steht das Distanzprinzip mit der Einschaltung unpersönlicher Kommunikationsmedien, aufgrund derer eine räumliche Trennung zwischen Anbietern und Nachfragern verbleiben kann[10].

Zu (1): Im Einzelhandel überwiegt — im Gegensatz zu Hersteller und Großhandel — die Anwendung des *Residenzprinzips* bei der Kontaktanbahnung mit den Kunden. Es beinhaltet eine *ständige Zentrierung* absatzwirtschaftlicher Aktivitäten der Warenpräsentation, Bedienung und Verkaufsstellengestaltung am Ort des Einzelhändlers. Die überragende Bedeutung dieses Prinzips folgt daraus, daß die Konsumenten beim Einkaufen persönliche Warenbesichtigung und -vergleiche vornehmen, was bei umfangreichen Sortimenten und Pflegeleistungen an der Ware nur vor Ort möglich ist, weiterhin suchen sie soziale Kontakte mit dem Einkaufspersonal oder anderen Kunden bzw. werten den Einkauf als Erlebnis.

Aus der Anwendung des Residenzprinzips folgt, daß der Einzelhandel von den Besuchsrhythmen seiner Kunden innerhalb des Tages- und Wochenablaufs abhängig ist und wegen der zeitlichen Unaufschiebbarkeit des Leistungsvollzuges teilweise starken Beschäftigungsschwankungen unterliegt. Betriebspolitische Möglichkeiten der Lösung dieses Problems bestehen in nur begrenztem Maße darin, die Schwankungsintensitäten durch ausgleichende absatzpolitische Maßnahmen zu beeinflussen oder den Faktoreinsatz flexibel zu halten, wie es durch verstärkten Einsatz von Teilzeitbeschäftigung und durch Flexibilisierung der Arbeitszeiten geschieht.

Zu (2): Durch ambulanten Einsatz des Verkaufspersonals wird von einigen Betriebsformen des Einzelhandels das *Domizilprinzip* angewendet. Es wird teilweise mit dem Prinzip der Warenpräsentation durch Inspektion gekoppelt, indem mit Verkaufsfahrzeugen begrenzte Warensortimente für den Verkauf am Ort des Kunden mitgeführt werden *(ambulanter Handel).* Das Domizilprinzip mit direkter Warenübermittlung ist für den Handel im wesentlichen nur für convenience goods geeignet[11]. Seine Anwendung wird vor allem in dünn besiedelten ländlichen Gebieten begünstigt, in denen die Raumüberbrückung zu zentralen Standorten des Handels für die Konsumenten zu beschwerlich oder zeitraubend wäre oder bei Konsumenten, die

[10] Die Unterscheidung von Distanz- und Residenzprinzip ist in der Literatur stark verbreitet [Behrens, 1962a, S. 140f]. Das Domizilprinzip bleibt aufgrund seiner geringeren Bedeutung häufig unberücksichtigt. Anders Ruppmann, 1968, S. 96f. Das Treffprinzip wurde hier in diese Prinzipienkette neu aufgenommen.

[11] Anders bei Herstellern, die im Rahmen eines Direktvertriebssystems das Domizilprinzip anwenden (Beispiele: Elektrolux, Vorwerk, AMC, Tupperware u. a.).

per Katalogversand nicht erreichbar sind. Es ist jedoch zu erwarten, daß dieses Prinzip auch in solchen städtischen Wohngegenden zunehmend Verbreitung findet, die schlecht mit nachbarschaftlichen Einzelhändlern versorgt sind. Die Konsumenten decken im Zuge einer Einkaufsrationalisierung den Haushaltsbedarf in längeren zeitlichen Abständen und entsprechend größeren Mengen in weiter entfernt liegenden Einkaufszentren. Dadurch entsteht ein Bedarf an einem bequem erreichbaren nachbarschaftlichen Angebot von Frischwaren, der nach dem Domizilprinzip z. B. durch Verkaufsfahrzeuge sinnvoll befriedigt werden kann.

In selteneren Fällen verwendet der Einzelhandel das Domizilprinzip in Verbindung mit dem Beschreibungs- oder Musterprinzip der Warenpräsentation, wobei eine Auslieferung oder Zusendung der Ware zu späterem Zeitpunkt erfolgt (Beispiel: Haushaltsbesuche von *Handelsvertretern*). Diese Verkaufsform ist pro Kundenkontakt im Faktoreinsatz aufwendig und lohnt sich daher nur dann, wenn hohe Umsatzwerte pro Kundenkontakt — sei es durch einen Großauftrag oder durch die Gewinnung von Dauerkunden — erzielt werden können.

Domizilprinzip

Zu (3): Das *Treffprinzip* als eine Zwischenform von Residenz- und Domizilprinzip stellt die Kontaktanbahnung durch wechselnden Organeinsatz an dritten Orten dar, wobei sowohl Käufer als auch Verkäufer Aktivitäten der Raumüberbrückung übernehmen. Es kann sich hier z. B. um die einzelbetriebliche oder kooperative Organisation von Wanderausstellungen und -vorführungen (Beispiele: Modeschauen; Hausfrauenparties mit Verkaufsaktionen) oder um die Teilnahme an überbetrieblichen Veranstaltungen wie Märkten (Beispiel: Wochenmarkt für landwirtschaftliche Erzeugnisse), Verbrauchermessen (Beispiel: Antiquitätenmesse) und Ausstellungen (Beispiel: Hausfrauenausstellungen für hauswirtschaftliche Erzeugnisse) handeln. Die mit dieser Kontaktform verbundenen Zielsetzungen bestehen allgemein in einer verstärkten temporären Marktbearbeitung. In den Fällen kooperativer oder überbetrieblicher Veranstaltungen soll zudem die Attraktion einer Angebotsagglomeration für die Mobilisierung der Kundenbedarfe ausgenutzt werden. Diese Kontaktform hängt wesentlich von der infrastrukturellen Entwicklung des Messe- und Ausstellungswesens ab.

Zu (4): Neben den genannten persönlichen Kontaktprinzipien besteht das *Distanzprinzip,* das auf der Basis des schriftlichen oder fernmündlichen Anbietens und Bestellens angewendet wird. Der Handel überbrückt die Distanz zum Käufer durch immaterielle Warenpräsentation (Beispiele: Prospekte, Kataloge, telefonisches Angebot) und durch postalischen Versand bzw. eigene Auslieferung der Ware. Das Distanzprinzip ist insofern *obligatorisch komplementär* zum *Beschreibungsprinzip* der *Warenpräsentation* und zum *Bringprinzip* des *Warentransfers.* Es bedingt den Verzicht auf persönliche Kundenbeeinflussung durch den Einsatz von Verkaufsorganen, auf materielle Warenpräsentation und sonstige Attraktionswirkungen am point of purchase. Das führt zu einer Substitution von Verkaufsorganen durch unpersönliche Kommunikationsmedien, d. h. also einer Verlagerung von Aktivitäten der Verkaufsgestaltung zur Werbung[12]. Ein akquisitorischer Ausgleich für den Mangel an persönlicher Käuferbeeinflussung wird in der Praxis der Generalversandhäuser vielfach auch durch Einräumung von Teilzahlung, Niedrigpreisstellung oder durch Aktivitäten des Nachkaufservice vorgenommen.

Der Verkauf nach dem Distanzprinzip konnte sich erst in der zweiten Hälfte des 19. Jahrhunderts entwickeln, als die notwendigen postalischen und kommunikationstechnischen Voraussetzungen dafür bestanden, die industriellen Bedingungen für die Produktion standardisierbarer und damit über Distanz absetzbarer Güter geschaffen waren und geeignete Verpackungsverfahren zur Verfügung standen. Die Anwendung des Prinzips ist inzwischen in warenbezogener Hinsicht nur noch geringfügig begrenzt. Allerdings gibt es Produkte, die sich besonders gut eignen und andere, die spezielle absatzpolitische Probleme aufwerfen [Geppert, 1969, S. 111]. Gute Realisierungsmöglichkeiten sind für das Distanzprinzip bei standardisierten Produkten gegeben, die gut beschreibbar oder bildnerisch darstellbar, wenig erklärungsbedürftig bzw. gut vorverkauft und servicearm sind und für den Versand eine geringe Transportzeit- und Transportkostenempfindlichkeit aufweisen. Medientechnische Verbesserungen in der Warenpräsentation erweitern den Kreis geeigneter Produkte. Die Transportkostenempfindlichkeit verliert als Merkmal der Versandeignung dadurch an Bedeutung, daß Produkte in einem Sortimentszusammenhang stehen und die Konsumenten meist verschiedene Produkte pro Auftrag bestellen. Sofern die Merkmale

---

[12] Die werblichen Konsequenzen des Distanzprinzips werden im Aktionsbereich Werbung näher erläutert [Kap. II, 7].

nicht erfüllt sind, können durch absatzpolitisch flankierende Maßnahmen, wie z. B. Einräumung von Umtauschrechten, Einrichtung von verbrauchernahen Auslieferungslägern und Servicestationen oder Festlegung von Mindestbestellwerten Schwierigkeiten aus den Anforderungen der Produkte aufgefangen werden. Eine neuere Entwicklung des Distanzprinzips ist mit dem „teleshopping" entstanden, wobei die Konsumenten für den Einkauf von ihrem Wohn- und Arbeitsbereich aus elektronische, audio-visuelle Medien wie z. B. Bildschirmtext benutzen. Es handelt sich hier um interaktive, elektronische Kommunikationsprozesse, bei denen die Nutzung von Einkaufsinformationssystemen, Bestell- und Bezahlmöglichkeiten angeboten wird. Allerdings ist die Verbreitung derzeit aufgrund deutlicher Akzeptanzprobleme im privaten Konsumbereich noch gering[13].

tele-sex-shopping

Als Zielgruppe sind mit dem Distanzprinzip insb. jene Konsumenten ansprechbar, für die Bequemlichkeit in der Raumüberbrückung und der Warenauswahl oder zeitliche Freizügigkeit durch Umgehung der Ladenschlußzeiten große Bedeutung haben; in anderen Fällen ist der Wunsch nach absoluter Anonymität im Einkauf ausschlaggebend. Weitere Konsumentenmerkmale ergeben sich bei *Generalversandhäusern* erst aus der Verbindung des Distanzprinzips mit der Niedrigpreisstellung und der Einräumung von Teilzahlungskrediten. *Spezialversender* suchen dagegen mit der Anwendung des Distanzprinzips oft Zielgruppen mit speziellen Bedarfen auf, die wegen der großen räumlichen oder zeitlichen Streuung ihrer Träger örtlich nicht ausreichend befriedigt werden können (Beispiele: exklusive Geschenkartikel; periodischer

[13] Zu den Auswirkungen der „Neuen Medien" auf Konsumentenverhalten und Handelsstruktur vgl. Raffée, Jacobs, 1986, S. 568—574; Raffée, Fritz, Jugel, 1988, S. 235—262.

oder aperiodischer Sonderbedarf für Weihnachts- oder Trauungsartikel; spezialisierte Hobbyprodukte; Naturprodukte).

Viele Einzelhandelsunternehmen verwenden Residenz-, Distanz-, Treff- und Domizilprinzip in *Mischformen,* um die mit ihnen verbundenen ertrags- und kostenwirtschaftlichen Vor- und Nachteile auszugleichen. So kann ein Einzelhändler mit stationärer Verkaufsstelle seinen Stammkunden durch Katalog- oder Telefonverkauf die mit dem Distanzprinzip verbundenen Bequemlichkeiten verschaffen. Diese zusätzliche Verkaufsform ist vor allem im Bereich bekannter Markenwaren des täglichen bis periodischen Bedarfs durchführbar. Das Telefonmarketing gewinnt zunehmende Bedeutung im Zusammenhang mit dem Bemühen um individualisierte Kundenpflege[14].

Der *Versandhandel,* der das Distanzprinzip als konstituierendes Betriebsformen-Merkmal verwirklicht, hat vielfach unter Anwendung des Domizil- oder Residenzprinzips zusätzliche Verkaufsformen in dem Bestreben entwickelt, die mit der Distanz gegebenen akquisitorischen Nachteile auszugleichen. Eine *Verbindung* mit dem *Domizilprinzip* wird vollzogen, wenn Vertreter und Reisende für die Gewinnung von Kundenkontakten eingesetzt werden und weitere Verkaufsprozesse bei erfolgreicher Anbahnung einer Kundenbeziehung auf der Basis des Distanzprinzips stattfinden (sog. *Vertreterversand*).

Eine andere Ausprägung des Domizilprinzips hat der Versandhandel mit dem Verkaufssystem durch *Sammelbesteller* geschaffen (indirekte oder zweistufige Kontaktanbahnung). Es handelt sich hier um Konsumentenorgane, die nebenberuflich auf Provisionsbasis zur Kontaktanbahnung, Auftragssammlung und Abwicklung des Zahlungsverkehrs eingesetzt werden. Damit sollen informelle, soziale Beziehungen dieser Personen für die Kunden- und Auftragsgewinnung ausgenutzt werden. Sammelbesteller nehmen also im kommunikativen Bereich die Funktionen eines „opinion leader" wahr, der das Handelsunternehmen durch „Mundwerbung" fördert. Gleichzeitig tragen sie zu einer Rationalisierung in der Geschäftsabwicklung durch die Zentrierung von Aufträgen und Zahlungen bei. Die Attraktivität dieses indirekten Kontaktvorgangs ist aus der Sicht der Versender sehr geschrumpft, da der Endverbraucher im allgemeinen weniger auf fremde Geschäftshilfe angewiesen ist und Sammelbesteller insofern an Werbewirksamkeit verlieren.

Das Distanzprinzip kann außerdem mit dem Verkauf nach dem *Residenzprinzip* ergänzt werden, indem zusätzlich zum Katalogangebot das Sortiment in *Kataloggeschäften* und *Agenturen* bzw. *Schauläden* zur Information der Konsumenten präsentiert oder sogar zum Verkauf in *stationären Verkaufsstellen* angeboten wird. In der Geschichte des Versandhandels ist eine Ausweitung dieses Prinzips seit den vergangenen zwei Jahrzehnten zu beobachten[15]. Damit wird die Sortimentsausdehnung auf problemvolle Produkte ermöglicht, die nur in Ergänzung mit direkten Kontakten zu den Konsumenten verkauft werden können. Zudem stellen stationäre Verkaufsstellen ein elastisches Instrument für kurzfristige Korrekturen der Warenpolitik dar, indem z. B. Ladenhüter durch Verkaufsförderungsmaßnahmen abgesetzt werden können.

---

[14] Vgl. zum Telefonmarketing Weber, M. R., 1984; Birkel, 1985, S. 410— 416.

[15] Der Quelle-Inhaber Schickedanz erläutert hierzu: „Als die Kunden die Waren vorher sehen wollten, errichteten wir Agenturen. Als die Kunden dann enttäuscht waren, daß sie die gezeigten und probierten Waren nicht gleich mitnehmen konnten, erbauten wir Kaufhäuser" [zitiert nach Weber, W., 1964, S. 41].

Eine Mischung von Residenz- und Distanzprinzip wird auch dadurch erreicht, daß *Versand-* und *Residenzhandel* miteinander *kooperieren,* wobei ersterer die persönlichen Kundenkontakte des Partners ausnutzen kann, während letzterer sein Sortiment ohne Kapitalbedarf und eigene Risiken erweitert. Voraussetzungen für diese Kooperationen bestehen in sich überdeckenden Marktsegmenten und überschneidungsfreien Sortimenten der Kooperationspartner.

44 Aktionsprinzipien der Warenpräsentation

Die Prinzipien der Warenpräsentation beziehen sich auf die Kontaktformen zwischen Ware und Käufer[16]. Sie haben enge Komplementarität zu den vorangehend behandelten Verkaufsprinzipien der Kontaktanbahnung zwischen Einzelhändler und Konsument. Gleichzeitig besteht ein starker Zusammenhang zu der Problematik der Warenplazierung, die jedoch wegen ihrer engen Verbundenheit zur Verkaufsstellengestaltung in Kap. II, 46 behandelt wird.

Ein geeignetes Einteilungskriterium für die Formen der Warenpräsentation bildet der *Abstraktionsgrad* des *Angebots.*

Hier sind einerseits die *materiellen* Präsentationsformen durch

(1) Inspektion und
(2) Muster bzw. Probe
und andererseits die *immateriellen* Präsentationsformen durch
(3) Beschreibung bzw. Abbildung

zu unterscheiden.

Zu (1): Die Präsentation durch *Inspektion* ist eine konkrete Vorstellung der Ware, die anschließend den Kauf des vorgeführten Objektes ermöglicht. Im Vergleich zu den anderen Präsentationsformen verursacht sie die höchsten Lager- und Verkaufsraumkosten und bindet auch mehr Kapital in den Lagervorräten, da alle Verkaufsobjekte vorrätig sein müssen. Die Präsentation durch Inspektion ist bei *nicht standardisierbaren Produkten* notwendig, bei denen die Konsumenten auf eine Besichtigung der unterschiedlich gestalteten Kaufobjekte wertlegen. In Zeiten handwerklicher Fertigungsverfahren, als gleichbleibende Produktqualitäten nicht garantiert werden sollten und konnten, war sie die einzig mögliche Form. Eine originale Präsentation ist weiterhin bei *anprobebedürftigen Produkten* des persönlichen Bedarfs üblich, soweit die Kunden eine genaue Abstimmung auf ihre persönlichen Erfordernisse wünschen. Verbreitung hat sie weiterhin in Produktbereichen, deren Qualitätsbestandteile in Form, Farbe, technischen Details usw. in *starker Differenzierung* angeboten werden und den Konsumenten in den einzelnen Abweichungen nicht so vorstellbar oder beschreibbar sind, daß ein ausreichender Kaufanreiz entstehen könnte. Aus verkaufspsychologischen Gründen wird sie auch für Produkte angewendet, bei denen auf eine *Absatzsteigerung* durch *Impulskäufe* spekuliert wird, da der direkte Warenkontakt unmittelbar bedürfnisbildend wirkt.

[16] Vgl. zu den Prinzipien der Warenpräsentation Leitherer, 1988, S. 8ff.

Zu (2): Die Präsentation durch *Muster* bzw. *Probe* ist als Vorlage eines repräsentativen Teils einer Warengattung zu verstehen, den der Käufer nicht direkt erwerben kann. Diese Form der Warenkontaktierung erfordert einen *hohen Standardisierungsgrad* der *Produkte,* da Abweichungen des Kaufobjektes von dem vorgelegten Repräsentationsstück nur in gewissen Toleranzgrenzen vertretbar sind[17]. Sie wird in Verbindung mit dem Domizil- und Treffprinzip angewendet, soweit das Mitführen der originalen Kaufobjekte zu aufwendig wäre und die Kontaktaufnahme nur der Information und Warenbestellung dienen soll. Im Residenzhandel erfolgt eine Warenpräsentation durch Muster bei *sperrigen Produkten,* um die Verkaufsraumkosten in Grenzen zu halten (Beispiel: Möbel). Weiterhin wird eine Präsentation durch Muster oder Probe bei *Bestellsortimenten* realisiert. Diese werden zur Kapitalentlastung und Minderung der Warenrisiken in jenen Warenbereichen geführt, wo die Konsumenten Lieferfristen in Kauf nehmen können und daher keine hohen Attraktivitätsverluste aus der verzögerten Lieferbereitschaft entstehen. Gleichzeitig müssen die Einsparungen an Lagerkosten in einem angemessenen Verhältnis zu den Bestell- und Transportkosten stehen (Beispiel: Klaviere).

Zu (3): Präsentation durch *Beschreibung* oder *Abbildung* erfolgt losgelöst vom konkreten Präsentationsobjekt in Schrift-, Bild- oder Zeichenform. Bei der Anwendung dieses Präsentationsprinzips werden Produktinformationen durch Surrogatinformationen ersetzt [Kap. I, 42152]. Es erfordert über die Standardisierbarkeit hinaus eine *relativ leichte Beschreibbarkeit* der *Produkte* und setzt bei den Konsumenten die Fähigkeit voraus, die Informationen über ein Produkt in Produktvorstellungen umzusetzen. Während dieses Prinzip im Residenzhandel lange Zeit selten angewendet wurde, um den Konsumenten den Warenkontakt zu ermöglichen, führt die Entwicklung neuer Medien zu erweiterten Gestaltungsmöglichkeiten und Verbesserungen, die in Verbindung mit Rationalisierungswünschen im Einsatz des Verkaufspersonals zunehmend genutzt werden. In diesem Sinne werden Mischformen der Bedienung entwickelt, in denen Phasen des Verkaufsvorganges videogestützt mit einer Warenpräsentation durch Beschreibung oder Abbildung verbunden werden, wie z. B. Einsatz von Videofilmen, Bildplatten, Bildschirmtext [Waldbach, 1984, insb. S. 230ff; Kullmann, 1985, S. 186ff].

45 Aktionsprinzipien der Bedienungsform

Mit den Prinzipien der Bedienungsform wird nach vollzogener Kontaktanbahnung die *Aufgabenverteilung* zwischen *Handelspersonal* und *Konsument während* des *Verkaufsprozesses* bestimmt. Der anfallende Aufgabenkreis ist je nach Charakter eines Kaufs unterschiedlich und mehr oder weniger umfangreich. Er kann in weitestem Fall die Interpretation und Konkretisierung eines Konsumentenbedürfnisses, die Vorlage und Auswahl der in Frage kommenden Produktalternativen, physische Veränderungen an der Ware, den innerbetrieblichen Warentransport, Verpackung und Abwicklung des Inkassos umfassen.

[17] Vgl. zu der Entwicklung des Musterverkaufs Shaw, 1964, S. 52f.

Gemäß Art und Umfang des Personaleinsatzes für die Erfüllung der Aufgaben kann eine abgestufte Reihe verschiedener Bedienungsformen gebildet werden. Nimmt man die Einschaltung des Personals in den Auswahl- und Entscheidungsprozeß der Konsumenten als Einteilungskriterium, so kann *Fremdbedienung* als ein Prinzip betrachtet werden, bei dem ein Verkäufer den Wünschen eines Kunden entsprechend geeignete Produkte aus einem diesem nicht zugänglichen oder ersichtlichen Sortiment selektiert, vorlegt und erklärt. *Selbstbedienung* [Kap. II, 452] kennzeichnet sich dagegen dadurch, daß der Konsument ohne Unterstützung des Verkaufspersonals angesichts des Warenangebots seine Bedürfnisse bis zum Stadium der Produktwahl eigenständig konkretisiert und die anschließende Entnahme aus dem Regal selbst vornimmt[18]. Das Prinzip der *Vorwahl* stellt eine Mischform dar, bei der die Konsumenten angesichts eines ihnen zugänglichen Warenangebots selbst auswählen und bei Bedarf das Verkaufspersonal zu Rate ziehen. Neben diesen Hauptkriterien treten die Regelungen über die Verteilung der übrigen Aufgaben als weitere Kennzeichnung der Bedienungsform hinzu[19]. Die Bedienungsprinzipien werden von den Unternehmungen des Einzelhandels teils *einheitlich* im gesamten Warenangebot realisiert (totale Vorwahl, Selbst- oder Fremdbedienung), teils nach Warenbereichen *unterschiedlich* verwendet (partielle Vorwahl, Selbst- oder Fremdbedienung; Beispiel: Fremdbedienung im Frischwarensortiment für Obst, Gemüse und Schlachtwaren, Selbstbedienung im übrigen Lebensmittelsortiment).

Es ist allgemein üblich, die Diskussion um die Bedienungsformen nur in Hinblick auf den Handel nach dem Residenzprinzip zu führen. Zweifellos haben sie hier die größte absatzpolitische Bedeutung, jedoch sind einige Problemstellungen auch bei anderen Formen der Kontaktanbahnung relevant. Dabei besteht eine obligatorische Komplementarität zwischen dem Distanzprinzip und Formen der Selbstbedienung, während das Domizilprinzip mit Elementen der Fremdbedienung verbunden ist. Das Residenzprinzip kann mit allen Bedienungsformen vereinbart werden.

451 Persönlicher Verkauf

4511 Theoretische Grundlagen

Die Forschung zur Verkaufsgestaltung ist im Bereich des *persönlichen Verkaufs* weit fortgeschritten, allerdings in ihrer vielfältigen Verzweigung wenig integriert. Neben Beiträgen aus dem Marketingbereich besteht hierzu eine besondere Zuwendung von seiten der Psychologie, Mikro-Soziologie und Sozialpsychologie. Diese sehen in der

[18] Diese Abgrenzung zwischen Fremd- und Selbstbedienung entspricht der von Bidlingmaier, der dem Kriterium der Warenübergabe bzw. -entnahme konstitutive Bedeutung beimißt: „Soweit diese Funktion jeweils vom Verkaufspersonal übernommen wird, liegt eindeutig (totale) Fremdbedienung vor. Die entscheidende Zäsur tritt ein, wenn an die Stelle der Warenübergabe durch Verkaufskräfte die Warenentnahme durch die Kundschaft tritt" [Bidlingmaier, 1963, S. 590; vgl. auch Falk, Wolf, 1986, S. 267ff].

[19] Unter Einbeziehung weiter Bedienungskriterien kommt Jones zu einer differenzierteren Einteilung der Bedienungsformen. Er unterscheidet: salon selling, departmental selection, preselection, self-selection, self-service [Jones, 1967, S. 97].

persönlichen Kommunikation und Beeinflussung eine zentrale Fragestellung ihres Erkenntnisobjektes, die sich ohne weiteres auf die Situation des persönlichen Verkaufs übertragen läßt, wenngleich hier durchaus auch Hemmschwellen zu bestehen scheinen, die neben methodologischen Transferproblemen u. U. auch auf Bedenken gegenüber ökonomischer Erkenntnisnutzung beruhen können. So erklärt es sich, daß längere Zeit der persönliche Verkauf in der Marketingliteratur eher aus einem laienhaften und durchaus manchmal fehlleitenden psychologischen Verständnis heraus behandelt wurde. In diesem Sinne hat sich eine ältere pragmatisch orientierte Gruppe von Beiträgen zum persönlichen Verkauf mit *Merkmalsanalysen* für *erfolgreiche Verkäuferpersönlichkeiten* (demographische Merkmale und psychische Eigenschaften) und mit Verkaufstechniken befaßt[20]. Der Verkaufserfolg wurde in Abhängigkeit von der Begabung erfolgreicher „Verkaufskanonen" gesehen [Schaubild II, 4.2].

Forschungsparadigma / Zeitauffassung	einseitig V ⟶ K	dyadisch V ⟷ K
strukturell	Verkäuferpersönlichkeit	Beziehungsmuster zwischen V u. K, z.B. • relative Machtpotentiale • relative Persönlichkeitsmerkmale
prozessual	AIDA-Verlauf S-R-Verlauf	Wechselseitige Veränderungsprozesse in einer Abfolge von Situationen

Schaubild II, 4.2: Typologie von Theorien des persönlichen Verkaufs

Eine *einseitige* Sicht der Verkaufsvorgänge findet sich auch in der älteren Marktpsychologie, die in einem traditionell individuenzentrierten Ansatz entweder eine anbieter- oder nachfragerspezifische Analyse von Verhaltensweisen vorgelegt hat, d. h. also entweder nur Verkaufspsychologie oder nur Psychologie des Konsumentenverhaltens war. Bonoma, Bagozzi, Zaltman [1978, S. 51] bezeichnen diese Forschungsperspektive auch als „unit paradigm" des Marktverhaltens. In diesem Sinne sind insb. Beiträge entstanden, die den Verkaufserfolg auf das Verhalten der Verkäufer zurückführen, wobei z. T. in behavioristischer Tradition ein Stimulus-Reaktionsschema (S → R) oder ein mechanistisches, einseitiges Phasenkonzept (Beispiel: AIDA-Regel[21]) verfolgt wird, das den Verkaufsprozeß in verschiedene, vom Käufer zu durchlaufende psychische Stadien einteilt und als Grundlage für die Entwicklung standardisierter Verkaufsgespräche dient.

---

[20] Vgl. den Übersichtsaufsatz von Lamont, Lundstrom, 1977, und die dort angegebene Literatur.

[21] Die AIDA-Regel bezieht sich auf die vier psychischen Phasen: attention, interest, desire, action.

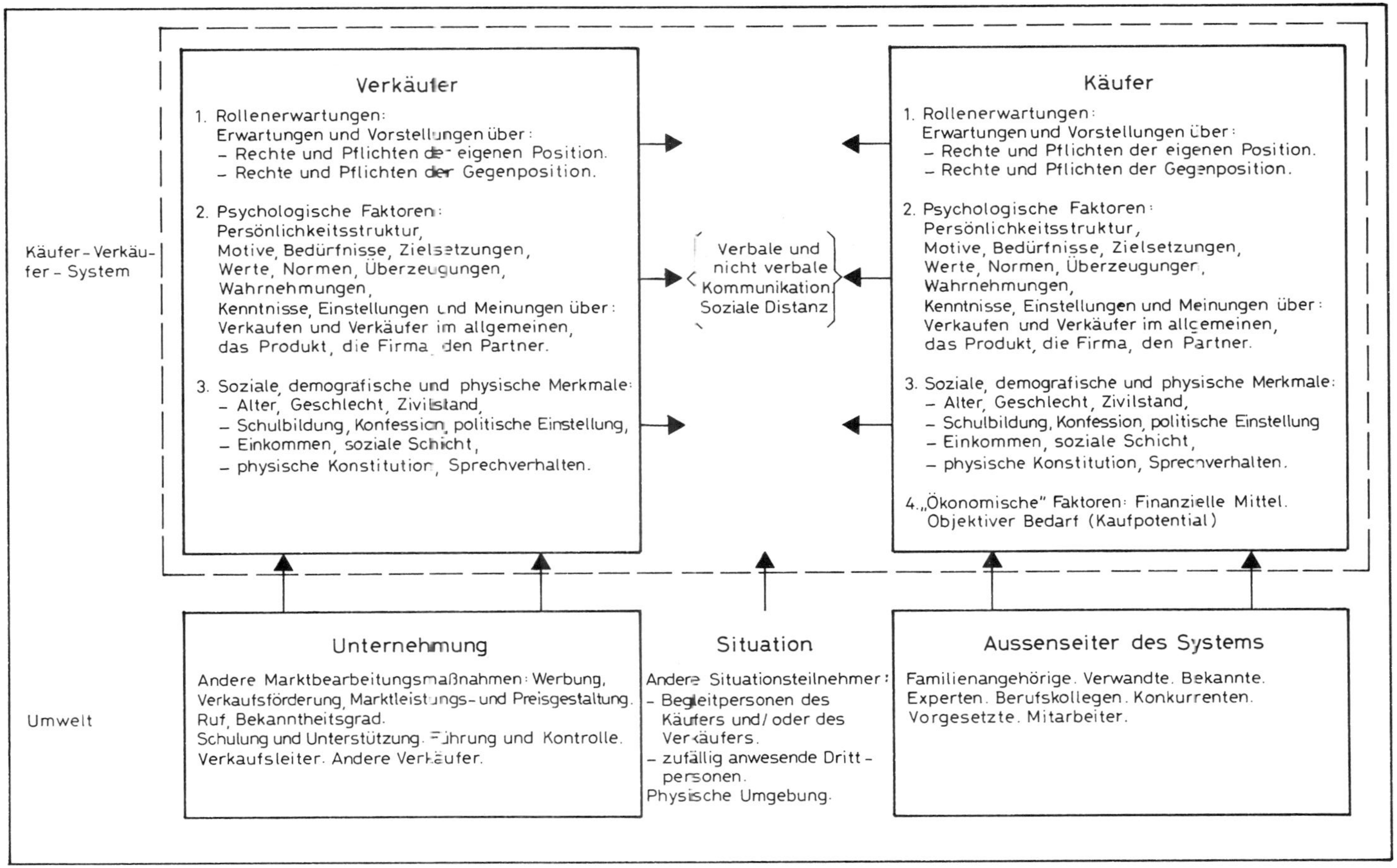

Schaubild II, 4.3: Relationales Determinantensystem des persönlichen Verkaufs [Quelle: Schoch, 1969, S. 119].

Diese einseitig orientierten Forschungsansätze erweisen sich für solche Marktsituationen als unzureichend, in denen Verkäufer und Konsument in direktem Kontakt sowohl agieren wie reagieren, d. h. sich gegenseitig beeinflussen. Die stärkere Berücksichtigung interdependenter Marktverhältnisse hat zu einem *dyadischen* Forschungsparadigma geführt, das eine Fülle von *Austauschtheorien* hervorgebracht hat. Angewendet auf den persönlichen Verkauf wird der Markterfolg in weitestem Sinne auf Merkmale von Käufern und Verkäufern und deren Verhaltensweisen sowie auf Merkmale der jeweils wechselseitigen sozialen Abhängigkeit zwischen den Marktpartnern zurückgeführt. Die zahlreichen Ansätze sind hier nur andeutbar[22]. Sie enthalten insgesamt Analysen verschiedener Elemente in sozialen Situationen, die deren Ablauf beeinflussen. Hilfreich ist hier eine Unterscheidung der Ansätze nach einer zeitlichen Perspektive in

1) strukturelle und
2) prozessuale Austauschtheorien.

Zu (1): Strukturelle Austauschtheorien analysieren die Wirkung der Beziehungsmuster zwischen den Beteiligten, wie z. B. Merkmale der Käufer und Verkäufer in Relation zueinander oder die Machtbeziehungen zwischen den Beteiligten. Diese Ansätze werden als *dyadische Relationskonzepte* bezeichnet. Ihnen liegt ein statisches Interaktionsverständnis zugrunde. Handlungsempfehlende Zielsetzungen dieser Konzepte richten sich darauf, Strukturmerkmale von Verkäufern und Käufern in optimaler Weise einander zuzuordnen. Empirische Untersuchungsergebnisse wie u. a. von Schoch [1969] führen zu einem relationalen Determinantensystem, indem Rollenerwartungen der Beteiligten, Persönlichkeitsmerkmale und Merkmale der Situation aufeinander bezogen werden [Schaubild II, 4.3].

Verkäufer und Käufer treten sich mit bestimmten *Rollenerwartungen* hinsichtlich der *eigenen* und der *Gegenposition* gegenüber[23]. Sie beruhen auf sozialen Ansprüchen an Verhalten und Attribute von Menschen in den Positionen der Kaufenden und Verkaufenden. Diese Positionen sind nicht generell normiert, sondern unterscheiden sich u. a. nach Betriebsformenzugehörigkeit eines Verkäufers und der sozialen Gruppenzugehörigkeit eines Käufers (Beispiel: unterschiedliche Rollenerwartungen zwischen Verkäufer und Käufer bei einem Pelzkauf in einem Spezial- oder Kleinpreisgeschäft). Diese sozialen Rollenerwartungen strukturieren die Verkaufssituation vor. In dem Maße, wie *Konsistenz* der Rollenerwartungen in bezug auf die eigene Position und die des Partners besteht, ist eine wirksamere Interaktion zwischen Verkäufer und Käufer möglich. Ein gewisser Toleranzbereich für abweichende Verhaltensweisen und Erscheinungsformen ist dabei vertretbar.

Innerhalb dieses Rahmens aus allgemein definierten Rollen bringt jeder Beteiligte seine *Persönlichkeit* in den Interaktionsprozeß ein. Dazu gehören seine psychische Struktur, seine Kenntnisse, Meinungen, Einstellungen und Überzeugungen und des weiteren seine sozio-ökonomischen, demographischen und physischen Merkmale. Die Wahrscheinlichkeit positiver Verkaufserfolge ver-

---

[22] Vgl. die umfangreiche Theorienübersicht im Problemzusammenhang des Verkaufs von Engels, Timaeus, 1983, S. 344—401; Müller, G. F., 1983, S. 626—735.

[23] „Zu jeder Stellung, die ein Mensch einnimmt, gehören gewisse Verhaltensweisen, die man von dem Träger dieser Position erwartet; zu allem, was er ist, gehören Dinge, die er tut und hat; zu jeder Position gehört eine soziale Rolle" [Dahrendorf, 1974, S. 32f].

stärkt sich, sobald diese Merkmale der Partner als miteinander *verträglich* erlebt werden[24]. Die Forderung nach verträglich strukturierten Persönlichkeitsmerkmalen bei Käufern und Verkäufern meint nicht Gleichheit, sondern schließt auch deutliche Unterschiede zwischen ihnen ein, soweit daraus eher eine Erfüllung der Rollenerwartungen an den Partner ermöglicht werden kann. So sollte z. B. die soziale Distanz zwischen Verkäufern und Käufern gewisse Grenzen zwar nicht überschreiten; verschiedentlich aber scheint es, daß Konsumenten solche Verkäufer vorziehen, die einer höher oder niedriger rangierenden sozialen Gruppe als sie selbst angehören [Tucker, 1964, S. 70f]. Im Rahmen des Merkmals „Kenntnisse" haben mehrere empirische Studien den Zusammenhang zwischen der Relation der Fachkompetenzen von Käufer und Verkäufer und erzielten Kaufabschlüssen nachgewiesen [Grunert, 1985, S. 112ff, und die dort angegebene Literatur]. Teilweise wird sogar davon ausgegangen, daß die Fachkompetenz größere Bedeutung hat als die sonstigen Merkmalsrelationen.

Käufer und Verkäufer treffen sich in einer bestimmten *sozialen Situation,* die ihrerseits den Verlauf des Verkaufsprozesses beeinflußt. Sie bestimmt sich aus *situationsinternen* Faktoren [Oxenfeldt, 1966, S. 552f], wie z. B. der Anwesenheit dritter Interaktionspartner, den physischen Merkmalen des Verkaufsortes oder den Imagequalitäten der Einzelhandelsunternehmung, die in erheblichem Ausmaß auf die Einstellung des Kaufenden zu seinem Partner und zu den Kaufobjekten irradiieren können. Auf die Verkaufssituation wirken darüber hinaus *situationsexterne* Faktoren, die aus der Einbeziehung der Interaktionspartner in ihre jeweilige soziale Umgebung resultieren. So ist der Käufer z. B. prädisponiert durch Werbeeinflüsse, Empfehlungen und Ratschläge seiner Umwelt, vor deren Wertvorstellungen er sich mit seinem Kauf rechtfertigen muß. Positiv für den Verlauf des Verkaufsprozesses wirkt sich hier ein Verhalten des Verkäufers aus, das dem Käufer hinsichtlich des Kaufobjektes eine möglichst große Übereinstimmung mit seinen Rollen in anderen sozialen Systemen vermittelt[25]. Die Möglichkeiten hierzu sind allerdings aufgrund mangelhafter Informationen über den Käufer meist gering.

Zu (2): Prozessuale Austauschtheorien dagegen beruhen auf einem *dynamischen* Interaktionsverständnis. Dieses entspricht dem Wesen einer Interaktion im Sinne einer Wechselseitigkeit viel mehr. Hier wird für die Interaktion als charakteristisch angesehen, daß zwei oder mehr Personen auf der Grundlage eigener Zielvorstellungen durch ihr individuelles Verhalten im Ablauf eines Austauschprozesses aufeinander reagieren und modifizierend auf die soziale Situation einwirken. Unter dem Aspekt unterschiedlicher Intensität wechselseitiger Einwirkungen (V_{r-n}) auf individuell geplante Verhaltensweisen (V_{p1-n}) bilden Jones und Gerard [1967] vier Interaktionstypen, die auch für die Unterscheidung im Verkaufsgespräch hilfreich sind [Schaubild II, 4.4]:

— Pseudointeraktion, Interaktionsritual (Beteiligte verhalten sich vornehmlich nach eigenen Plänen),
— asymmetrische Interaktion (einseitige Beeinflussung),

[24] „There is considerable evidence to suggest that it is crucial for store management to select salespeople whose characteristics match or parallel those of the customers whom they are to serve. The tendency toward meaningful interaction among people has been shown to increase when the persons have similar characteristics, interests, backgrounds, tastes and so on. When such similarity or matched parallelism exists, there results in turn a greater sharing of meaning and a greater likelihood for a sale to take place" [Markin, 1971, S. 517].

[25] Vgl. Schoch, 1969, S. 136. Mit diesem Verhalten wird versucht, kognitive Dissonanzerscheinungen bei dem Käufer zu reduzieren.

Persönlicher Verkauf als relationales Determinantensystem

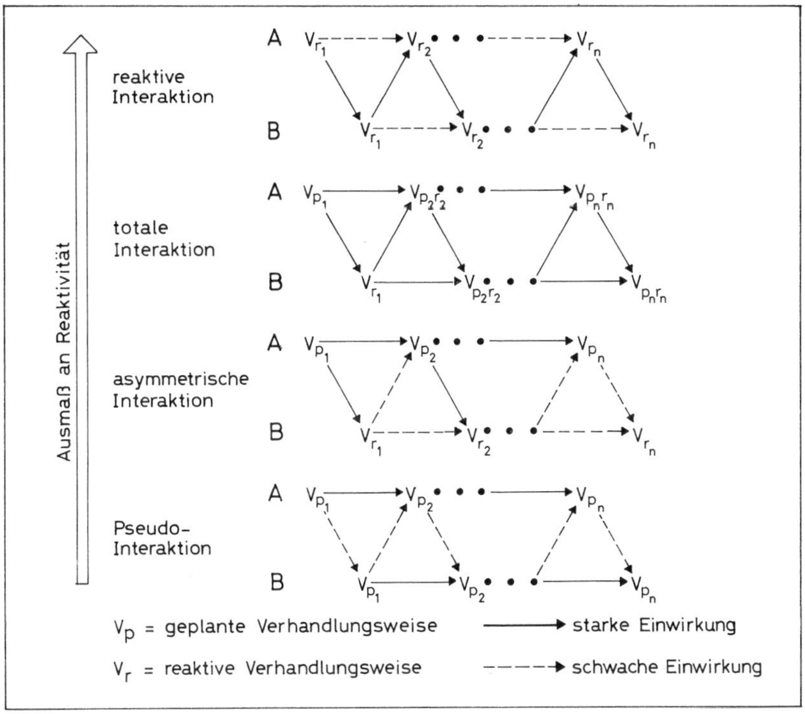

Schaubild II, 4.4: Grundtypen sozialer Interaktion
[Quelle: Müller, G. F., 1983, S. 658 in Anlehnung an Jones, Gerard, 1967].

— totale Interaktion (Mischung von planvollen und reaktiven Verhaltensweisen),
— reaktive Interaktion (Beteiligte reagieren primär aufeinander ohne wesentliche eigene Ziele).

Ein wesentliches Anliegen psychologischer Untersuchungen von Interaktionsprozessen besteht darin, psychische Mechanismen bzw. Determinanten für den Prozeßverlauf und -ausgang zu finden. Dabei wurde in einer Fülle von Beiträgen die Interaktion sowohl als Problemlösungs-, Verhandlungs-, Lern- wie auch als Konflikthandhabungsprozeß aufgefaßt und entsprechend theoretisch abgehandelt. Unter den verschiedenen Analyseansätzen haben folgende Determinanten wiederkehrende Bedeutung und jeweils einen partiellen Erklärungs- bzw. Prognosewert:

— Belohnungs- und Bestrafungserwartungen der Beteiligten (z. B. lerntheoretisch orientierte Bekräftigungstheorie, u. a. Homans, 1974);
— Wahrnehmungsprozesse, z. B. Reduktion von Unsicherheit über die soziale Situation durch Ursachenzuschreibung bei den Interaktionspartnern (Attributionstheorie, u. a. Kelley, 1978);

— kognitive Verarbeitung der Interaktionsbedingungen, z. B. Dissonanzbewältigung (Dissonanztheorie, u. a. Festinger, 1957, Irle, 1975); Streben nach distributiver Gerechtigkeit (Equity-Theorie, u. a. Walster et al, 1978); empfundenes Kaufrisiko (u. a. Bauer, R. A., 1960).

Wesentliche Einsichten in Interaktionsprozesse bietet auch die eher therapeutisch und individualpsychologisch ausgerichtete Transaktionstheorie (T.A.)[26]. Hier werden verschiedene Ich-Zustände des Menschen unterschieden, die während einer Interaktion in Beziehung zueinander treten können [Schaubild II, 4.5].

Die Transaktionstheorie zeigt, daß in einer sozialen Situation gleichzeitig offene und verdeckte Kontakte zwischen den verschiedenen Ich-Zuständen der Beteiligten durch verbale und nonverbale Kommunikation bestehen. Sie legt besonderes Gewicht auf nonverbale Kommunikationsprozesse.

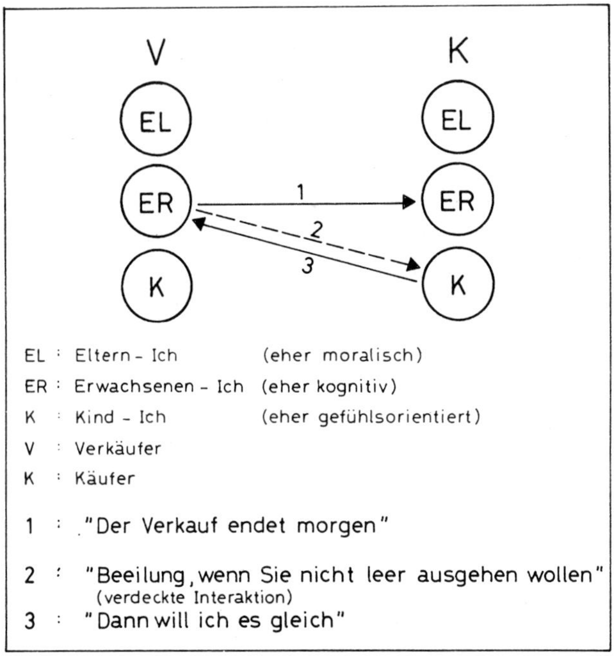

Schaubild II, 4.5: Beispiel einer Interaktion nach der Transaktionstheorie [Quelle: Rogoll, 1987, S. 38].

[26] Begründer der Transaktionstheorie (T.A.) war Berne, der mit seinem Buch „Spiele der Erwachsenen" [1975] auch unter psychologischen Laien berühmt wurde. Zur Einführung in die Transaktionstheorie vgl. Rogoll, 1987.

4512 Aufgaben und Ziele

Die Ziele, die eine Handelsunternehmung mit dem persönlichen Verkauf verbindet, ähneln stark dem in der Literatur zur Kommunikationspolitik weit entwickelten Zielsystem für die *Werbung* [Kap. II, 72], so daß hier ein entsprechender Verweis mit Angaben über Abweichungen sinnvoll ist. Zusätzlich kann in diesem Aktionsbereich ein *Informationsgewinnungsziel* verfolgt werden, indem Verkäufer in der Funktion als Marktforscher genutzt werden und Informationen verarbeiten, die von den Kunden in den Verkaufsprozeß eingehen. Da der Verkauf gemäß der dynamischen Interaktionsbetrachtung ein wechselseitiger Prozeß ist, können die Kommunikationsziele, wie sie für die Werbung bekannt sind, in einer anderen Dynamik und in individualisierter Form verfolgt werden. Dazu ist es wichtig, neben den *Zielen* der *Organisation* auch die *Ziele* der *beteiligten Personen* zu berücksichtigen. Dieser Aspekt des Zielbezugs unter den Akteuren hat im face-to-face-Kontakt selbstverständlich weit mehr Bedeutung als in anderen Marketingbereichen, wenngleich dieser Sachverhalt in der Literatur wenig berücksichtigt wird[27].

Die vielfältigen *Ziele der Kunden* umfassen Sachziele, wie z. B. Informationsgewinnung, Risikominderung, Entlastung von Bewertungs- und Entscheidungsvorgängen, Hilfe zur Bedarfsreflexion oder Verbesserung von Preisen und Konditionen. Daneben bestehen Beziehungsziele, wie z. B. Machtdemonstration, Status und Prestige oder soziale Kontakte. Diese Ziele treten je nach Gruppenzugehörigkeit der Konsumenten, nach Kaufabsicht und Einkaufsstätten sowie nach Konkretisierungsgrad der Bedürfnisse in unterschiedlicher Zusammensetzung und Ausprägung auf.

Demgegenüber steht das persönliche *Zielsystem* des *Verkäufers*, das internalisierte Organisationsziele der Unternehmung und eigene Ziele umfaßt. Hierzu gehören einerseits eigenständige Vermittlungs- und Beeinflussungsziele als Sachziele, die mit Einkommens- und Karrierezielen verbunden sind; andererseits verfolgen Verkäufer ebenfalls Beziehungsziele, die sich auf Kunden oder Kollegen und Vorgesetzte richten können.

Eine wesentliche gestalterische Aufgabe des persönlichen Verkaufs besteht in der Beeinflussung und Abstimmung dieser drei Zielsysteme.

4513 Gestaltungsprinzipien

45131 Einsatz und Ausbildung des Verkaufspersonals

Aus den relationstheoretischen Ansätzen ist ersichtlich, daß die Merkmale von Käufer und Verkäufer in ihrem gegenseitigen Bezug Einfluß auf Verlauf und Ausgang des Verkaufsgesprächs nehmen. Daraus ergibt sich das Einsatzprinzip der *klientalen Abstimmung* des Verkäufereinsatzes, das sowohl in demographischer (Beispiel: Alter) wie in sozio-ökonomischer oder psychographischer Hinsicht (Beispiele: Gruppenzugehörigkeit, Einstellungen, Werte) und nach Verhaltensmerkmalen angewendet

---

[27] Zu den verschiedenen Zielkomplexen des persönlichen Verkaufs vgl. Schwab, 1982, S. 64ff.

werden kann[28]. Dieses Prinzip der klientalen Abstimmung wird bereits bei der Verkäufereinstellung realisiert und — soweit organisatorisch möglich — durch selektiven und differenzierten Einsatz weiter verfolgt (Beispiel: klientaler Einsatz von Reisenden, Differenzierung nach Abteilungen oder im Rahmen des shop-in-the-shop-Konzeptes). Wenn ein Einzelhändler ein strategisches Marktsegmentierungskonzept anwendet [Kap. IV, 31], sind die darin zugrunde gelegten Segmentierungskriterien komplementär auf den Verkäufereinsatz zu übertragen.

Durch die Gestaltung des *Anreizsystems* und die *Verkäuferschulung* kann das Prinzip des klientalen Verkäufereinsatzes unterstützt werden. So wirkt sich die Art des Anreizsystems deutlich auf die persönlichen Zielsetzungen und damit auf die Kompatibilität mit den Kundenzielen aus. Hohe umsatzbezogene Provisionen fördern z. B. den kurzfristigen Umsatzwillen, u. U. zu Lasten von eher langfristigeren nachkauforientierten Sachzielen oder von Image- und Loyalitätszielen. Deckungsbeitragsorientierte Provisionen unterstützen das Spannendenken der Verkäufer, das am weitesten mit den Sachzielen der Kunden kollidieren kann.

Die persönlichen Struktur- und Verhaltensmerkmale bieten unterschiedliche Ansatzpunkte für Verkäuferschulungen. Insbesondere kann die fachliche und soziale Kompetenz verbessert werden: Die Bedeutung der *Fachkompetenz* ist — wie oben bereits angemerkt — verschiedentlich nachgewiesen worden. Eine relativ neue Variante bietet die EDV-Unterstützung des Verkaufs. Dadurch wird einerseits die Fachkompetenz durch Computerintelligenz verbessert, andererseits besteht allerdings die Gefahr, daß die Verkäufer selbst bei EDV-Anwendung hinsichtlich ihrer originären Fachkenntnisse und ihrer flexiblen Anpassungsfähigkeit an die Informationswünsche der Kunden einbüßen. Die *soziale Kompetenz* beinhaltet die Fähigkeit der Selbst- und Fremdwahrnehmung im Interaktionsprozeß und einen der Interaktionssituation angemessenen verbalen und nonverbalen Kommunikationsstil. In Hinblick auf Einstellungen und Werte sollten die Verkäufer im Sinne einer corporate identity auf ihre Rolle als Kontaktpersonen mit den Kunden vorbereitet und trainiert werden[29].

45132 Gestaltung des Kommunikationsprozesses[30]

Als Gestaltungselemente des Verkaufs als Kommunikationsprozeß sollen unterschieden werden:

(1) Ablauf des Prozesses,
(2) Inhaltliche Aussagen,
(3) Kommunikative Umsetzung.

Aus der Verbindung dieser Elemente ergibt sich der

(4) Verkaufsstil.

---

[28] Ein entsprechendes Problem besteht im Interviewereinsatz. Diesbezügliche empirische Forschungen sind direkt übertragbar [Friedrichs, 1979, S. 215ff].

[29] Zur fachlichen und methodischen Fortbildung des Beratungs- und Verkaufspersonals vgl. Lübke, 1985a, S. 213ff.

[30] Vgl. zur vertiefenden Lektüre Weisbach, 1982; Watzlawick, Beavin, Jackson, 1985.

Zu (1): Ein Verkaufsvorgang vollzieht sich in *verschiedenen Phasen.* Aussagen dazu sind nicht mechanistisch zu verstehen (AIDA-Regel), sondern können nur *typische Phasenfolgen* kennzeichnen und mit Gestaltungsempfehlungen versehen. Weggemann [1985, S. 61] schlägt vor, die Phasen eines Beratungsprozesses[31] nach den Stufen eines *Entscheidungsprozesses* zu gliedern. Damit ist der Kauf in seiner extensiven, rationalen Ausprägung angesprochen mit entsprechend umfangreichen Zielen und Rollenerwartungen des Käufers hinsichtlich des Verkäufers [Schaubild II, 4.6]. Andere Kaufarten kennzeichnen sich durch eine gekürzte Phasenabfolge mit reduzierten Erwartungshaltungen der Interaktionspartner.

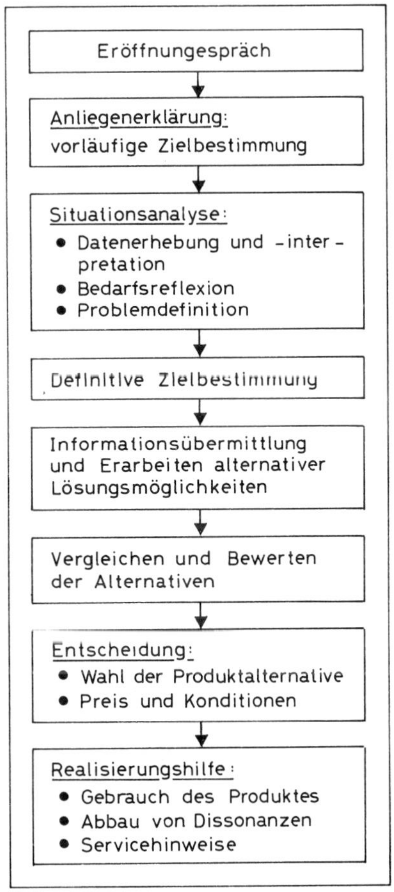

Schaubild II, 4.6: Modell einer Entscheidungsberatung [Quelle: Weggemann, 1985, S. 63 mit Änderungen]

Jede dieser Phasen erfordert ihre *eigenen Interaktionsmuster,* die insb. aus der jeweiligen Situation der Kunden im Bedarfskonkretisierungsprozeß resultieren. Dazu

[31] Der Beitrag von Weggemann bezieht sich auf Verbraucherberatung durch neutrale Verbraucherorganisationen, ist aber auf den persönlichen Verkauf weitgehend zu übertragen.

sind phasenbezogene Kommunikationsregeln in der Literatur entwickelt worden [u. a. Beier, U., 1978, S. 112—121].

Eine umstrittene Frage im Personaleinsatz bezieht sich auf die *Standardisierung* von *Verkaufsgesprächen.* Mit ihr kann ein Einzelhändler größere Kontroll- und Einflußmöglichkeiten über die Kommunikation seines Verkaufspersonals mit den Konsumenten gewinnen. Die damit verbundene Schematisierung widerspricht aber der gruppendynamisch gebotenen Abstimmung auf die individuelle Verkaufssituation. Eine Kompromißlösung besteht in der Festlegung von Rahmenverkaufsgesprächen, die einen nur groben Abriß der möglichen Verkaufsargumente geben. Zur genaueren Abstimmung auf den einzelnen Käufer können Verzweigungen innerhalb des Rahmengesprächs vorgesehen werden.

Zu (2): Mit der Gestaltung der *inhaltlichen Aussagen* werde ich mich ausführlicher im Rahmen der Werbung beschäftigen [Kap. II, 7341]. Hier sind zwar ähnliche Grundprinzipien anzuwenden, allerdings unterscheidet sich die Situation ganz wesentlich aufgrund der *Vielfalt* und *Individualisierbarkeit* der *Aussagen* im persönlichen Verkauf. Es stellt sich aus der Sicht des Verkäufers für die Aussagenplanung die Frage, welche Informationen zu welchen Zeitpunkten den Verkaufsvorgang in gewünschter Weise beeinflussen. Zur Entwicklung von diesbezüglichen Kommunikationsregeln sind verschiedene Theorieelemente dynamischer Interaktionstheorien anzuwenden, was hier nur exemplarisch gezeigt werden kann:

Hinsichtlich der Entscheidung über Art und Anzahl von Sachaussagen bietet das Konstrukt des *empfundenen Kaufrisikos* einen plausiblen Ansatz dafür, den Informationsbedarf zu lokalisieren und damit die Nützlichkeit von Sachaussagen über den Kaufgegenstand zu bemessen [Grunert, 1985, S. 112ff]. Diese inhaltliche Planung der zu vermittelnden Informationen setzt branchenspezifische Kenntnisse über die vom Käufer empfundenen Risiken voraus. Dieser Ansatz hilft, den Kunden bedarfsgerechte Informationen zu vermitteln.

Im Zentrum gegenseitiger Beeinflussungspotentiale stehen *bekräftigungstheoretische* Konstrukte, wie die Belohnungs- oder Gratifikationswerte von Informationen [Homans, 1974]; sie dienen dazu, mit der Aussagengestaltung eine erwünschte kognitive Verarbeitung und Aktivierung zu erreichen. So zeigt in diesem Zusammenhang das Prinzip der distributiven Gerechtigkeit, wie in der Aussagengestaltung die Belohnungswerte in Balance gehalten werden müssen. Alle diesbezüglichen Ansätze stellen den *Nutzen* für den *Kunden* in den Vordergrund der Argumentation.

Exemplarisch werden hierzu fünf Kommunikationsregeln von Homans [1974, S. 32f] gezeigt:

1. Wenn in der Vergangenheit das Verhalten eines Menschen durch eine bestimmte Reizsituation (die Handlungen eines anderen Menschen) belohnt worden ist, dann ist die Wahrscheinlichkeit, daß er gleiches oder ähnliches Verhalten wieder zeigt, um so größer, je ähnlicher die gegenwärtige der früheren Situation ist.
2. Je öfter eine Person innerhalb eines bestimmten Zeitabschnitts das Verhalten einer anderen Person belohnt, desto häufiger wird die andere dieses Verhalten zeigen.
3. Je wertvoller für eine Person das Verhalten einer anderen Person ist, desto häufiger wird sie das durch die andere Person belohnte Verhalten zeigen.
4. Je öfter eine Person durch das Verhalten einer anderen belohnt worden ist, desto geringer wird für sie der Wert jeder weiteren Einheit jenes Verhaltens.
5. Je stärker der Grundsatz der gerechten Verteilung von Belohnungen zum Nachteil einer Person verletzt wird, desto wahrscheinlicher wird sie emotionales Verhalten in Form von Zorn und Ärger zeigen.

Verkaufsargumentation

Zur Aussagenabfolge ergeben sich Hinweise aus der *Attributionstheorie* über den Prozeß der ursächlichen Zuschreibung und Bewertung von Interaktionsergebnissen. Daraus entwickelte sich z. B. die foot-in-the-door-Strategie, nach der einem kleineren Verhandlungszugeständnis aufgrund einer positiven Einstellungszuschreibung die Bereitschaft zu einem größeren Zugeständnis folgt.

Vor allem im Zusammenhang mit Entscheidungsschritten während des Verkaufsprozesses stellen *Konsistenztheorien* grundlegende Regeln für die Aussagengestaltung zur Verfügung. Sie besagen im Ansatz, daß Dissonanzen in kognitiven Systemen des Käufers, die insb. bei Entscheidungsschritten auftreten, nach dem Prinzip der kognitiven Konsistenz durch eine entsprechende Aussagengestaltung abgebaut werden sollten. Als Aussagestrategien lassen sich hieraus sowohl Beschwichtigung wie Unterstützung einer aktiven Konfliktbearbeitung ableiten. Diesbezügliche Bemühungen sind besonders für die Erreichung von Nachkaufzielen wichtig und können die Vorwegnahme von Nachkaufdissonanzen umfassen.

Zu (3): Die *kommunikative Umsetzung* der Aussagen umfaßt *verbale* und *nonverbale* Mittel. Vergleichbar mit der werblichen Gestaltung gilt auch hier das vorherrschende *Prinzip* der *Entsprechung* zwischen verwendeten Zeichen und dem Zeichenrepertoire der Gesprächspartner. Dies führt zu einer *geplanten Abstimmung* des Sprachstils auf die Fähigkeiten und Gewohnheiten der Zielgruppe, was nicht Sprachgleichheit bedeutet. Wenn z. B. im Bereich komplizierter Gebrauchsgüter oft eine technische und für Laien schwer verständliche Expertensprache verwendet wird, so kann dieses Kommunikationsverhalten auf einer ungewollten Verletzung des Abstimmungsprinzips beruhen oder als geplantes Mittel der Einschüchterung zur Demonstration überlegener Fachkompetenz eingesetzt werden.

Neben der verbalen Kommunikation werden Aussagen auch durch eine Fülle *nonverbaler Kommunikationsmittel* transportiert, wie z. B. durch Gestik, Mimik, Körperhaltung, Blickverlauf, Tonfall. Die nonverbale Kommunikation hat in den letzten Jahren verschiedene Wissenschaften (Ethnologie, Anthropologie, Soziologie, Psychologie, Linguistik) zunehmend beschäftigt[32], wobei die Deutung ihrer sozialen Funktionen in der Interaktion im Vordergrund steht (Beispiel: positive Korrelation zwischen Blickkontakt und Einschätzung der Glaubwürdigkeit des Kommunikators).

Die nonverbalen Kommunikationsmittel sind besonders geeignet, *Emotionen* als aktivierende Elemente und Informationen über die interpersonelle Beziehung zu vermitteln. Sie können Sachaussagen unterstützen oder auch konträre Wirkungen entfalten. Für solche Konfliktfälle konnte experimentell verschiedentlich nachgewiesen werden, daß den nonverbalen Aussagen von den Rezipienten mehr Glauben geschenkt wurde, was zumindest ihre hohe Bedeutung unterstreicht [Engels, Timaeus, 1983, S. 378]. Daraus ergibt sich als Gestaltungsempfehlung, die nonverbale Kompetenz der Verkäufer durch Schulungen zu verbessern und damit für die Verkaufsziele einzusetzen [Bonoma, Felder, 1977, S. 170].

Zu (4): Die vorangehend genannten Gestaltungselemente verbinden sich zu *Verkaufsstilen.* In der Literatur gibt es verschiedene Ansätze zur Typologisierung von

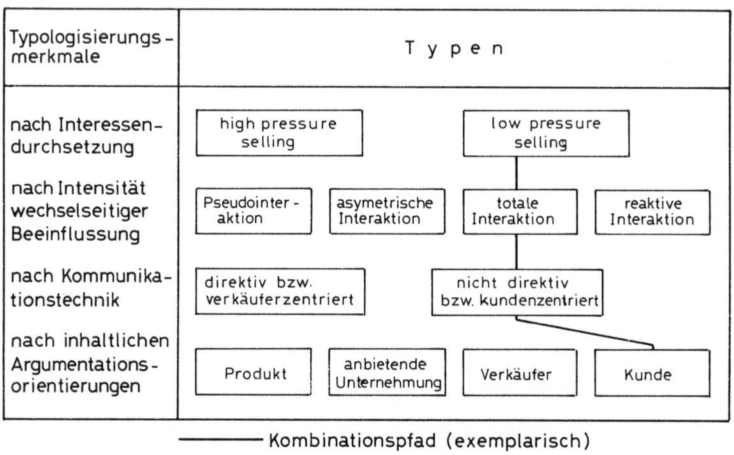

Schaubild II, 4.7: Typologien von Verkaufsgesprächsstilen

[32] Vgl. eine Übersicht verschiedener Ansätze bei Ochmann, 1981. Als vertiefende Lektüre zur nonverbalen Marktkommunikation sind insb. Weinberg, P., 1986a, und Klammer, 1989, geeignet.

Verkaufsgesprächen. Die wissenschaftliche Aussageabsicht richtet sich dabei darauf, für bestimmte Verkaufssituationen Verkaufsstile als *komplexe kommunikative Gestalten*[33] zu empfehlen [Schaubild II, 4.7]

Diese Typologien sind in verschiedenen theoretischen Zusammenhängen entwikkelt worden, jedoch lassen sich einige Zuordnungen machen. Ein *high pressure selling,* in dem Anbieterinteressen auch gegen das eigentliche Kundeninteresse angestrebt werden, entspricht eher einer asymmetrischen Interaktion zugunsten des Verkäufers. Sein Kommunikationsstil ist eher direktiv und die Argumentationsinhalte werden sich mehr auf Qualitäten beziehen, die anbieterzentriert bestimmt sind, sei es das Produkt, die Anbieterorganisation oder der Verkäufer selbst. Demgegenüber steht ein *low pressure selling,* in dem Anbieterinteressen längerfristig in gemäßigter Form unter Abwägung des beidseitigen Interesses verfolgt werden. Das low pressure selling wird eher mit kundenorientierten Argumenten durchgeführt, die dessen Nutzen des Verkaufsobjektes beleuchten. Es wird eine totale Interaktion mit nicht direktiven bzw. kundenzentrierten Kommunikationstechniken vorherrschen. In den 80er Jahren findet man zunehmend eine Empfehlung zum low pressure selling mit seinen entsprechenden argumentativen und kommunikativen Elementen. Hier schlagen sich u. U. ganz allgemeine antiautoritäre gesellschaftliche Tendenzen nieder als eine Komponente von Wertwandlungen. Weitere Begründungen dieser Empfehlungen resultieren aus Veränderungen der Marktsituationen in Richtung auf Käufermärkte, die eine stärkere Kundenzentrierung zur Erhaltung von Kundenloyalität ökonomisch vorteilhaft erscheinen lassen. Unter dieser ökonomischen Perspektive sind deutliche Anwendungsdifferenzierungen angebracht: So entspricht die Strategie des high pressure selling mehr den Läden mit Laufkundschaft, die nicht an einer dauerhaften Vertrauensbeziehung zu ihren Kunden interessiert sind. Die Strategie des low pressure selling wird überwiegend im Geschäftsverkehr mit der Stammkundschaft angewendet, da hier die Zielsetzung der Kundenerhaltung ein gewisses Regulativ für die Berücksichtigung der Kundeninteressen darstellt.

452 Selbstbedienung

Selbstbedienung ist ein mechanisiertes Verkaufsverfahren, das dem Einzelhandel einen entpersönlichten Massenabsatz ermöglicht. Es ist mit einer *Übertragung* von *Absatzfunktionen* auf *Hersteller* und *Konsumenten* verbunden. Einerseits werden Teile der qualitativen und quantitativen Überbrückungsfunktionen des Warenstroms, der Informations- und Beratungsfunktionen auf die Produkt- und Verpackungsgestaltung der Hersteller zurückverlagert, andererseits werden die Konsumenten an der Wahrnehmung der Informationsfunktion stärker beteiligt.

Das Prinzip der Selbstbedienung wird im allgemeinen auf den Residenzhandel bezogen und verbindet sich bei ihm mit einer Warenpräsentation durch Inspektion.

---

[33] Eine Gestalt ist eine Ganzheit von Gestaltungselementen. Verkaufsgesprächsstile wurden von Böcker, 1983, S. 88ff, getestet. Sie beziehen sich auf Verkaufsgespräche zwischen Herstellerreisenden und Marktleitern im Handel, sind jedoch m. E. auf die Verkaufssituation mit Konsumenten übertragbar.

Eine Form der Selbstbedienung liegt allerdings auch im Distanzhandel vor, wobei der Konsument die Produkte aus einem Warenkatalog — gleichsam wie aus einem imaginären Regal — ungeleitet vom Verkaufspersonal selbst wählt. Die folgenden Ausführungen schließen diese Form der Selbstbedienung aus.

Unter informationstheoretischen Aspekten ist Selbstbedienung als *„one way"-Kommunikation* zu betrachten. Ihr liegt eine Selbstpräsentation der Kaufobjekte zugrunde, wobei diese als Sender Informationen über sich selbst abgeben [Kap. I, 42152]. Selbstbedienung hat somit einerseits die Nachteile von „one way"-Kommunikation, die insb. in einer mangelhaften Abstimmbarkeit der Information auf die individuellen Bedürfnisse der Informationsempfänger bestehen. Andererseits ist aber das Zeichenrepertoire eines Produktes für die Vermittlung von Informationen vielfältiger als bei persönlicher „two way"-Kommunikation, da es sich auf alle Wahrnehmungsarten — so auch auf taktile und olfaktorische Wahrnehmung — erstreckt. Hierauf beruht die Attraktionswirkung eines unmittelbaren Kontaktes mit dem Kaufobjekt[34]. Ein Produkt erfüllt seine Informationsfunktionen in dem Bereich wahrnehmbarer evidenter Produktqualitäten. Daneben verbleibt ein Teil nicht kommunikationsfähiger, latenter Eigenschaften, die dem Käufer durch die Selbstpräsentation der Produkte bei Anwendung des Selbstbedienungssystems nicht vermittelt werden können.

Selbstbedienung wurde vor ca. 60 Jahren als neue Verkaufsform in den USA entwickelt. In Deutschland kam sie erst in den fünfziger Jahren im Lebensmittelhandel zum Durchbruch, indem sie zum konstituierenden Merkmal des Selbstbedienungsladens als neuer Betriebsform des Einzelhandels wurde[35], sie hat sich seitdem äußerst schnell verbreitet und auch in anderen Branchen und Betriebsformen Anwendung gefunden[36]. Das Selbstbedienungsprinzip gehört zu den Innovationen, die den Handel am tiefgreifendsten revolutioniert haben [auch Tietz, 1983, S. 598].

Die Selbstbedienungsbewegung entstand aus einem *Rationalisierungsdruck* auf die Verkaufsmethoden des Einzelhandels. Ein ständig steigendes und differenzierteres Warenangebot war rationell und zeitökonomisch an die Konsumenten zu verteilen, wobei steigende Personalkosten berücksichtigt werden mußten. Im Vergleich zum Produktionsbereich bildete der Einzelhandel einen gesamtwirtschaftlichen Rationalisierungsengpaß, was Mc Nair noch 1958 wie folgt beschrieb: „Goods are manufactured by horsepower but distributed by manpower"[37].

---

[34] „Die wachsenden Erfolge der Verkaufsautomaten und Selbstbedienungsgeschäfte können u. a. auf die Faszination zurückgeführt werden, die von der gezielten Darbietung der Ware ausgeht und die unter Umständen den potentiellen Käufer in eine Art Entrückungszustand versetzt" [Ellinger, 1966, S. 275].

[35] Herbert Eklöh entwickelte 1940 die ersten Selbstbedienungsläden in der Bundesrepublik. Die Zahl der Selbstbedienungsläden nahm in zwei Jahrzehnten von 1951 bis 1970 von 39 auf 86398 zu. Danach nahm die Anzahl der SB-Läden bis 1981 (63765) bei steigenden Verkaufsflächen ständig ab [Tietz, 1983, S. 600].

Vertiefende Lektüre zur historischen Entwicklung der Selbstbedienung vgl. Stehlin, 1955, S. 15—64; Pusch, 1967, S. 209—235.

[36] Die starke Verbreitung des Selbstbedienungsprinzips in verschiedenen Betriebsformen des Einzelhandels führt dazu, daß es nicht mehr als konstitutives Betriebsformenmerkmal des Einzelhandels angesehen werden kann.

[37] Feststellung von Mc Nair auf der Bostoner Konferenz über Warenverteilung von 1958, zit. nach Schulz-Klingauf, 1960, S. 10.

Die Selbstbedienung ist ein geeignetes Prinzip, die Verkaufsvorgänge zu *mechanisieren* und *kostensparend* umzugestalten. Einerseits werden die Verkaufsfunktionen aufgespalten und auf unterschiedlich qualifiziertes Personal verteilt („Taylorisierung des Einzelhandels", Seyffert). Andererseits werden Funktionen auf Hersteller und Konsumenten verlagert. Die Hersteller integrieren mit Verpackung, Markierung und Werbung Verkaufsfunktionen des Handels in das Produkt, während die Konsumenten Funktionen innerhalb der Verkaufsstätten, wie z. B. Auswiegen (bei Frischobst) oder innerbetrieblichen Transport des Produktes übernehmen.

Der Vorteil der Selbstbedienung liegt in einer Erhöhung der *Personalproduktivität* (gemessen am Umsatz pro beschäftigter Person). Daraus resultiert eine erhebliche Senkung des Personalkostenanteils am Umsatz, die dadurch verstärkt wird, daß qualifiziertes Verkaufspersonal teilweise durch Hilfskräfte ersetzt werden kann[38].

Die Auswirkungen auf die *Flächenproduktivität* (gemessen am Umsatz pro qm Geschäftsraum) sind nicht so eindeutig zu ermitteln und hängen von verschiedenen organisatorischen Begleitumständen ab. Einerseits ist die Flächennutzung extensiver durch die größere Platzbeanspruchung für die Warenpräsentation. Andererseits wird der Kundendurchlauf dadurch beschleunigt, daß sich die Kunden gleichzeitig bei der Warenauswahl bedienen können und Wartezeiten allenfalls an den Kassen auftreten. Im allgemeinen erfordert Selbstbedienung einen stärkeren *Raum-* und *Betriebsmitteleinsatz* im Verkauf, so daß die Mieten, Abschreibungs- und Kapitalkosten höher als bei Fremdbedienung zu veranschlagen sind. Zudem bestehen bei Selbstbedienung — insb. in SB-Warenhäusern — die erhöhten Probleme des Ladendiebstahls und des Betruges mit vertauschten Preisauszeichnungen, die z. T. erhebliche Verluste durch Inventurdifferenzen verursachen[39]. Im *Endergebnis* zeigen diese Gesichtspunkte des kostenwirtschaftlichen Verfahrensvergleichs zwischen Selbst- und Fremdbedienung, daß einem höheren Fixkostenblock bei Anwendung der Selbstbedienung niedrigere variable bzw. intervallfixe Kosten gegenüberstehen, so daß sich ein Verfahrenswechsel erst jenseits einer im einzelnen zu bestimmenden Umsatzhöhe lohnt.

Die Einführung der Selbstbedienung hat neben kostenwirtschaftlichen auch *ertragswirtschaftliche* Aspekte. Sie erzeugt akquisitorische Wirkungen, sofern die Konsumenten die mit ihr verbundenen veränderten Komponenten des Verkaufsvorganges gegenüber der Fremdbedienung als Vorteil empfinden. Derartige Vorteile sind z. B. unmittelbares Warenerlebnis, angenehme Auswahl, bequemes, ungehindertes Kaufen und Aussuchen, kein Warten, Zeitersparnis, kein Kaufzwang. Die mit der Selbstbedienung verbundene direkte Konfrontation mit dem Warenangebot dient den Konsumenten vielfach als ein die Erinnerung stützender Ersatz für Einkaufslisten und verschafft ihnen damit mehr Einkaufsbequemlichkeit. In diesem Zusammenhang spekuliert der Einzelhandel sehr erfolgreich auf Absatzsteigerungen durch Zunahme von Impulskäufen.

---

[38] Die Erhöhung der Personalproduktivität kann empirisch als abgesichert gelten und wird in der Literatur allgemein als Vorteil der Selbstbedienung anerkannt. Vgl. die empirische Gegenüberstellung von Selbst- und Fremdbedienung vom Institut für Handelsforschung an der Universität zu Köln, 1970, S. 38f.

[39] Hohe Diebstahlsziffern weisen handliche Kleinwaren auf, wie z. B. Lebensmittel, Kosmetika, kleinteilige Spiel- und Schreibwaren, Tonbänder und Kassetten [Zöllner, 1977, S. 97ff und 163]. Vgl. auch allgemein zum Problem Ladendiebstahl Kalleicher, 1984.

Die Realisationsmöglichkeiten kosten- und ertragswirtschaftlicher Vorteile der Selbstbedienung hängen von verschiedenen Rahmenfaktoren ab, die ihrerseits *branchen-* und *betriebsformenbedingte Unterschiede* in der Ausbreitung der Selbstbedienung hervorgerufen haben. Die Anwendung von Selbstbedienung erfordert bestimmte *Merkmale* des *Produktangebots* wie etwa Verkaufsfertigkeit, verkaufstechnische Problemlosigkeit, Unempfindlichkeit gegen Berührung durch Kunden und geringe bis mittlere Wertigkeit[40]. Die beiden erstgenannten Produktmerkmale sind die Voraussetzung dafür, den Kunden bei der Warenauswahl sich selbst überlassen zu können. Die beiden letztgenannten Merkmale richten sich auf die Begrenzung von Diebstahls- und Verderblichkeitsrisiken, die durch den direkten Warenkontakt der Kunden entstehen. Diese Produkteigenschaften sind teils produktimmanent, teils unterliegen sie den Dispositionen von Hersteller und Handel. So sind Verkaufsfertigkeit und Unempfindlichkeit vielfach eine Frage der Verpackungs- und Konservierungstechnik. Der Grad der erreichbaren Problemlosigkeit hängt von der Evidenz der Informationen ab, die ein Produkt über sich selbst ausstrahlen kann. Er ergibt sich ferner aus dem Bekanntheitsgrad bei den Konsumenten, der durch werblichen Vorverkauf zu erhöhen ist.

Neben den Produktmerkmalen bestimmen sich die Anwendungsmöglichkeiten der Selbstbedienung aus den unterschiedlichen *Präferenzen* der *Konsumenten* gegenüber der Bedienungsform. Die spezifischen Merkmale der Selbst- und Fremdbedienung können von verschiedenen Konsumentenzielgruppen in gleichen Warenbereichen je nach Einstellung zum Einkauf als Vor- und Nachteile erlebt werden. So kann z. B. die Anonymität des Kaufs bei Selbstbedienung als Vorteil des ungestörten Produktkontaktes und der autonomen Entscheidungsfindung, als Nachteil des sozialen Kontaktmangels oder als Defizit persönlicher Verkaufsinformation empfunden werden[41]. Somit ist die akquisitorische Wirkung eines Bedienungssystems jeweils nur in bezug auf die warenbedingten Anforderungen des jeweiligen Marktsegments abzuschätzen.

Das Selbstbedienungssystem ist auch von den *Betriebsgrößen-* und *Kapitalverhältnissen* im Einzelhandel abhängig. Aufgrund seiner höheren Kapitalintensität gegenüber der Fremdbedienung sind größere Verkaufsstelleneinheiten in der Anwendung begünstigt, da sie Kostendegressionseffekte ausnutzen können. Da mittelständische Einzelhändler oft das notwendige Anfangskapital für Betriebsgründungen nicht aufbringen können, hat die Konzentrations- und Kooperationsbewegung durch die mit ihr verbundene Stärkung der Kapitalkraft im Einzelhandel einen Aufschwung der Selbstbedienung erbracht.

453 Sonder- und Mischformen der Bedienung

Eine weitgetriebene Sonderform der Selbstbedienung ist der *automatische Verkauf*, der zusätzlich einen mechanisierten Inkassovorgang einschließt und durch Einschal-

[40] Vgl. den ausführlichen Katalog von Warenmerkmalen, die die Eignung für Selbstbedienung beeinflussen, bei Knoblich, 1969b, S. 155.

[41] Vgl. zum Verkaufsgespräch als Informationsquelle des Konsumenten und zum generellen Informationsdefizit Grunert, 1984, S. 102ff. Vgl. zudem Kap. I, 42152; Kap. V, 232.

tung von Aushändigungsautomaten ohne jegliches Verkaufspersonal durchgeführt wird. Im Residenzhandel wird er vielfach ergänzend zu anderen Verkaufsformen betrieben (*„zweiter Laden vor der Tür“*); er stellt jedoch auch als konstitutives Betriebsformenmerkmal das alleinige Bedienungssystem des *vollautomatischen Ladens* und der *Automatenstraße* dar, die allerdings bisher noch keine starke Verbreitung gefunden haben. Der vollautomatische Laden beruht im Prinzip auf einer Warenpräsentation durch Attrappen oder gegen Zugriff geschützte Warenmuster und auf einer elektronisch gesteuerten Warenausgabe, Kaufpreisberechnung und Abwicklung des Inkassos. Automatenstraßen bestehen aus einer Addition einzelner Warenautomaten.

Dem Automatenverkauf liegt als weitergehende Zielsetzung der Selbstbedienung die Mechanisierung des manuellen Verkaufsvorgangs zugrunde. Die vollständige Ausschaltung des Verkaufspersonals macht eine Umgehung der Ladenschlußzeiten und damit eine zeitlich ausgedehntere Auslastung der Kapazitäten möglich. Den *Rationalisierungsvorteilen* in bezug auf Personaleinsparung und zeitliche Betriebsmittelnutzung steht als wesentlicher Nachteil der Leistungsfähigkeit die *Störanfälligkeit* bei nicht sachgemäßer Benutzung der Konsumenten und die erhöhte *Diebstahlsgefahr* gegenüber.

Der wichtigste *akquisitorische Anreiz* des Automatenverkaufs liegt in der Überbrückung der Ladenschlußzeiten [auch Tietz, 1983, S. 606]. Das erweist sich allein daraus, daß z. Zt. der überwiegende Teil der Zielgruppen aus sog. „gefangenen“ Kunden besteht, die im Zeitpunkt des Kaufaktes keine andere Versorgungsquelle finden.

Akquisitorische Nachteile ergeben sich aus den starken absatzpolitischen Restriktionen, die dieses Verkaufssystem dem Einzelhandel auferlegt. Alle Formen des Automatenverkaufs verhindern den direkten Kontakt der Käufer mit der Ware vor dem Inkasso. Damit sind die Möglichkeiten der Bedarfsbeeinflussung geringer als bei allen anderen Bedienungssystemen. Ein weiteres Problem besteht insb. bei Betriebsformen, die den automatischen Verkauf als einzige Verkaufsform anwenden, in den Einschränkungen des Sortiments.

Bei den Mischformen zwischen Fremd- und Selbstbedienung (*Vorwahl* bzw. *„preselection“*) wird gegenüber der reinen Fremdbedienung eine Entlastung des Verkaufspersonals herbeigeführt, indem die Kunden während des Auswahlvorgangs sich selbst überlassen bleiben. Sie erhalten Zugang oder zumindest Einblick in das Warenangebot, so daß sie sich selbst eine Übersicht über die in Frage kommenden Produktalternativen verschaffen können und damit einen Teil der Bedürfniskonkretisierung selbst durchführen. Das Verkaufspersonal steht zur Beratung oder Anprobe und Warenentnahme zur Verfügung (Beispiele: Vorwahl bei Oberbekleidung, Schuhen, Hausratswaren). Die in dieser Weise gemischten Bedienungsformen machen gegenüber der Selbstbedienung eine raumsparende Warenpräsentation u. U. sogar nur durch Muster möglich und verringern gegenüber der Fremdbedienung die Personalkosten. Ihr akquisitorischer Vorteil besteht in der Verbindung von Warenauslagen mit der ihnen eigenen Attraktionswirkung und in der zusätzlichen persönlichen Beeinflussung.

Eine auf Branchenbedingungen abgestimmte Vielfalt von Mischformen der Bedienung entsteht durch die sehr dynamische Entwicklung neuer Medien, die in dem

Verkaufsprozeß phasenweise eingesetzt werden können[42]. Der *„mediale Verkäufer"* enthält Rationalisierungspotential wegen der Reduktion des Personaleinsatzes und bietet mit fortgeschrittener Technik neben Kompetenz auch zunehmend Individualisierung in der Informationsvermittlung an Kunden, wobei Hemmschwellen bei den Benutzern und Defizite der sozialen Interaktion durch entsprechende Einbindung in die Phasen der persönlichen Bedienung gemindert werden können. Der Medieneinsatz im Verkauf bietet gleichzeitig Möglichkeiten der Informationsbeschaffung durch Auswertung der Informationskontakte [Heiner, 1983, S. 603].

46 Aktionsprinzipien der Verkaufsstellengestaltung

Überlegungen zur Verkaufsstellengestaltung richten sich im wesentlichen auf den *Laden* des *Residenzhandels* und umfassen Probleme des *Raumdesigns* sowie der *Aufteilung* und *Anordnung* verschiedener *funktionaler Raumzonen* für Kundenverkehr, Waren und Arbeitsverrichtungen des Verkaufspersonals. Grundsätzlich besteht diese Problematik zwar für alle Prinzipien der Warenpräsentation und Bedienungsform, jedoch ist ihre absatzwirtschaftliche Bedeutung mit der zunehmenden Anwendung der Selbstbedienung und Warenpräsentation durch Inspektion gestiegen, da diese Prinzipien dem Faktor Raum stärkere akquisitorische Aufgaben zuweisen[43].

Die Ziele der Verkaufsstellengestaltung richten sich auf die

(1) Imageprofilierung,
(2) Vermittlung von Beschaffungsqualität (Beschaffungserleichterung, Erlebnisqualität),
(3) Bedarfssteigerung und Bedarfslenkung,
(4) Wirtschaftlichkeit des Faktoreinsatzes.

Zu (1): Die Gestaltung des Ladenraumes leistet einen wesentlichen Beitrag zum *Image* und in weiterem Sinne auch zur corporate identity eines Handelsunternehmens, da den Konsumenten mit ihm die ersten und umfassend erlebbaren Eindrücke von einem Unternehmen vermittelt werden. Daher sind imagebildende Ziele in diesem Bereich von besonderer Bedeutung.

Zu (2): Ferner beeinflußt der Einzelhandel mit der Ladengestaltung die *Beschaffungsqualität* der von ihm angebotenen Produkte und wirkt dadurch auf die Kaufentscheidungen der Konsumenten ein. Infolgedessen bilden Verminderung der physischen und psychischen Beschaffungsmühe und Verschönerung des Beschaffungserlebens kundengerichtete Ziele. So ist z. B. die physische Beschaffungsmühe der Kunden zu verringern, indem für kurze und bequeme Einkaufswege innerhalb des Ladens und gute Warentransportmittel gesorgt wird. Geistige Erleichterung kann in übersichtlicher, bedarfsgerichteter Warenanordnung oder in informativen Orientie-

---

[42] Vgl. zu den Möglichkeiten des mediengestützten Verkaufs Waldbach, 1984; Kullmann, 1985, S. 185ff; Hansen, K., 1986, S. 234ff.

[43] Als vertiefende Lektüre zur Verkaufsstellengestaltung vgl. Dähne, 1977; Baumgartner, 1981; Müller, H., 1982; Schiebel, 1984, S. 211ff.

Beschaffungserlebnis durch Ladengestaltung

rungshilfen bestehen. Das Beschaffungserleben wird durch eine Umgebung hergestellt, die dem Kunden in sozialer und ästhetischer Hinsicht entspricht und ihn emotional positiv stimuliert[44]. In diesem Sinn wird auch zunehmend bei der Verkaufsstellengestaltung ein „Erlebnisangebot" präsentiert, das während des Einkaufs vielfältiges Freizeiterleben vermitteln soll. Dieses Konzept der erlebnisorientierten Einkaufsstättengestaltung wird derzeitig in Polarisierung zum sog. preisorientierten Versorgungshandel als Erfolgskonzept stark propagiert[45]. Dies folgt den allgemeinen Marketingentwicklungen von Produkten, wo ebenso zunehmend psychologische Qualitäten zur Marktpositionierung verwendet werden. Jeweils zugrunde liegt die systematische Nutzung der Wirkungen emotionaler Aktivierung.

Zu (3): Die Verkaufsstellengestaltung dient weiterhin der *Bedarfssteigerung* und *Bedarfslenkung* auf gewinngünstige Produkte, indem durch die Anordnung von Waren und Displays die Kundenzirkulation innerhalb des Ladens beeinflußt wird und

---

[44] „Not only do we (consumer, Anm. d. Verf.) want him (retailer, Anm. d. Verf.) to provide those wares — we want him to present them in a manner that attracts us and makes it possible for us to select and purchase them with a minimum of time and effort, and some enjoyment to boot" [schon Copeland, 1967, S. 152].

[45] Vgl. zur erlebnisorientierten Einkaufsstättengestaltung Donovan, Rossiter, 1982, S. 34ff; Konert, 1986, insb. S. 238ff; Weinberg, P., 1986b, S. 97ff.

Impulskäufe stimuliert werden[46]. Die Bedarfssteigerung und -lenkung kann sich zu dem Ziel der Beschaffungserleichterung *inkompatibel* verhalten, indem einerseits dem Konsumenten auf dem Wege zu seinem Kaufobjekt möglichst viele Produkte zur Bedarfsanregung gezeigt werden sollen, andererseits aber eine Beschaffungserleichterung durch Verkürzung der innerbetrieblichen Kundenwege beabsichtigt wird[47] (Beispiel: Anordnung der Frischwarenabteilungen in den entfernten Ecken von Supermärkten). Kompromißlösungen bei der Realisierung beider Zielsetzungen müssen unter Abwägung ihrer akquisitorischen Wirksamkeit gesucht werden.

Zu (4): Neben den kundengerichteten Zielen ist die Verkaufsstellengestaltung unter dem innerbetrieblichen Aspekt einer raumbezogenen *Wirtschaftlichkeit* des *Faktoreinsatzes* zu betreiben (Beispiele: Ausnutzung von Verkaufseinrichtungen oder Rationalisierung der Arbeitsverrichtungen des Verkaufspersonals). Ihre Berücksichtigung erfordert bei Inkompatibilität mit kundengerichteten Zielen eine Einschränkung der verkaufstechnisch optimalen Lösung bei der Verkaufsstellengestaltung[48].

461 Einteilung des Verkaufsraumes in Funktionszonen

Der *Verkaufsraum* besteht aus Zonen, die von Kunden, Personal und Waren in verschiedenen Funktionen des Verkaufsvorgangs genutzt werden. Dazu gehört die *Zone* des *Kundenverkehrs,* der *Warenpräsentation* (Angebotsfläche) und der *Verkaufsabwicklung* (Verkaufstheke, Kasse, Packtisch). Daneben sind Zonen für *verkaufsvorbereitende* und *-begleitende Aktivitäten* notwendig, die z. T. der Bereitstellung allgemeiner Serviceleistungen dienen (Beispiele: Kinderbeschäftigung, Telefonzellen) und z. T. branchenspezifisch bedingt und direkt in die Abwicklung des Verkaufs einbezogen sind (Beispiel: Umkleidekabinen im Textilhandel)[49]. Die genannten Funktions-

---

[46] Daß bereits Ende des 19.Jahrhunderts mit der Entwicklung des Warenhauses erlebnisorientierte Gestaltungskategorien bei der Ladengestaltung angewendet wurden, zeigt die belletristische Schilderung eines Pariser Warenhauses durch Zolà: „Als unvergleichlicher Meister aber erwies sich Mouret bei der inneren Ausgestaltung der Ladenräume. Er erhob es zum Gesetz, daß kein einziger Winkel des ‚Paradieses der Damen' verödet bleiben dürfe. Überall sollte Geräusch, Gedränge, Leben herrschen. Dieses Gesetz brachte er auf jegliche Weise zur Anwendung. Zunächst sollte man beim Hereinkommen fast erdrückt werden, man mußte von der Straße her den Eindruck gewinnen, als sei hier ein Aufstand ausgebrochen; und dieses Gedränge erzielte er dadurch, daß er im Eingang die Ladenhüter unterbrachte, Kästen und Körbe, die von spottbilligen Artikeln überquollen" [Zolà, o. J., S. 220].

[47] Eine uneingeschränkte Politik der Lenkung des Kundenstromes wurde von den Warenhäusern anfangs ihrer Entwicklung verfolgt: „Je länger der Warenhausunternehmer eine Person in seinem Haus festhält, desto größer sind seine Chancen... So bringt er die lebhaftesten Verkaufsstellen in einem oberen Stockwerk oder in einem entlegenen Teil des Parterres unter, damit sie das Publikum nicht erreichen kann, ohne zahlreiche Abteilungen zu passieren" [Lux, 1910, S. 171].

[48] Die genannten, an Kunden und Faktoreinsatz orientierten Zielsetzungen der Verkaufsstellengestaltung faßt Jones wie folgt zusammen: „The objectives of store layout are (1) to bring customers and merchandise together so that the greatest gross margin per square foot of floor space is produced in a given time and (2) to arrange the performance of the operations in the space so that expenses are at an optimum amount" [Jones, 1967, S. 87].

[49] Gérard unterscheidet ähnlich die Funktionszonen in Angebotsfläche, Verkaufsfläche, Kundenfläche und sonstige Flächen [Gérard, 1963, S. 2f].

zonen bilden reine Basisbereiche eines Verkaufsraumes, die sich zu kombinierten Zonen überlappen, sofern keine räumliche Funktionstrennung während des Verkaufsprozesses besteht.

Ein grundlegendes Problem der Ladengestaltung richtet sich darauf, den zur Verfügung stehenden Verkaufsraum in die erforderlichen Funktionszonen aufzuteilen und dabei eine *quantitative Proportionierung* zu erreichen, die zu einer optimalen Raumausnutzung führt[50]. Je nach Branche und Art der Verkaufsmethode sind die quantitativen Relationen zwischen den Funktionszonen unterschiedlich anzusetzen. Für vergleichbare Betriebe haben sich in der Praxis Erfahrungswerte herausgebildet, die den einzelnen Unternehmen als Orientierungsgrößen zur Verfügung stehen.

Ein weiterer grundlegender Gestaltungsaspekt bezieht sich auf die *optimale Anordnung* der Zonen innerhalb des Verkaufsraumes, mit der eine flüssige, raumausnutzende Kundenzirkulation und ein wirtschaftlicher Arbeitsablauf für das Personal angestrebt wird. Die hier entstehenden zahlreichen Detailprobleme, wie z. B. Richtung und Kapazität der Kundenverkehrswege innerhalb des Ladens[51], die Lage der Kundenattraktionspunkte oder die Anordnung zentraler Einrichtungen wie Kassen und Packtische müssen gemeinsam mit spezialisierten Innenarchitekten gelöst werden, da neben ökonomischen auch raumtechnische und ästhetische Aspekte zu berücksichtigen sind.

462 Plazierung der Produkte in der Warenpräsentationszone

Die Anordnung der Produkte in der Warenpräsentationszone ist eine Teilproblematik der Verkaufsraumgestaltung. Für Einzelhandelsunternehmen, die das Selbstbedienungsprinzip anwenden, bildet sie allerdings das Kernstück der Verkaufsstellengestal-

[50] „Store layout, then involves the thoughtful *apportionment of space* within the store among customers, merchandise, and personnel in order to achieve the profit goals of the enterprise" [Gist, 1968, S. 231].

[51] Praktisches Beispiel eines Problems:
Alternativen für die Anordnung von innerbetrieblichen Kundenverkehrswegen bilden die Gitter- und Winkelanlage.

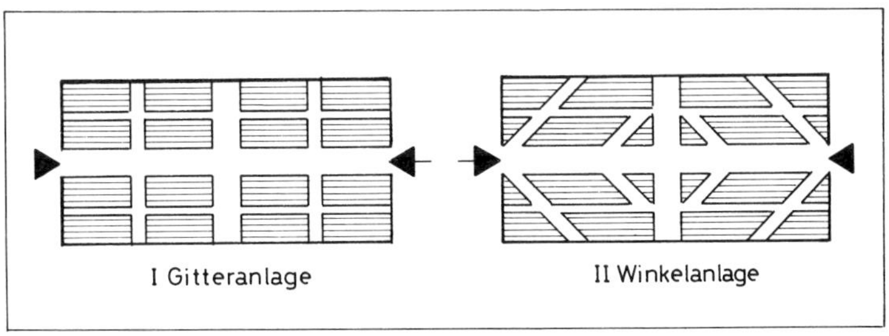

Schaubild II, 4.8: Anlagen innerbetrieblicher Kundenverkehrswege

Die Gitteranlage ist kostengünstiger in bezug auf die Einrichtungsgegenstände und ergibt mehr Ausstellungsfläche; mit der Winkelanlage wird dagegen dem Kunden bessere Warenübersicht verschafft und der Anreiz zu seitlichen Abzweigungen vergrößert [Gist, 1968, S. 237f; Markin, 1971, S. 233f].

tung. Da i. d. R. bei Selbstbedienung der Absatzerfolg von dem unmittelbaren Kontakt zwischen Ware und Kunden abhängt, stellt die *Kontaktwahrscheinlichkeit* eines Produktes an einem Standort eine wichtige Richtgröße der Warenplazierung dar[52].

4621 Quantitative Flächenzuweisung

Die Plazierung des Sortiments im Verkaufsraum erfordert Entscheidungen über die quantitative Darbietung der Produkte. Mit der Variation der Ausstellungsfläche[53] sind Aufmerksamkeitswirkung und Kaufstimulierung zu beeinflussen, die die Produkte mit ihrer Mengenanordnung bei den Konsumenten auslösen sollen. Dabei ist mit der Ausdehnung der Warenpräsentationsfläche für ein Produkt ein degressiv steigender Umsatzverlauf bis zu einem Stagnationspunkt anzunehmen [Schaubild II, 4.9]. Die Umsatzzunahme hängt im einzelnen von verschiedenen Merkmalen des Angebots ab[54]. Bei gegebenem Raum, der bis zur Kapazitätsgrenze seiner Ausstellungsfläche ausgelastet ist, kann die Flächenbeanspruchung eines Produktes nur auf

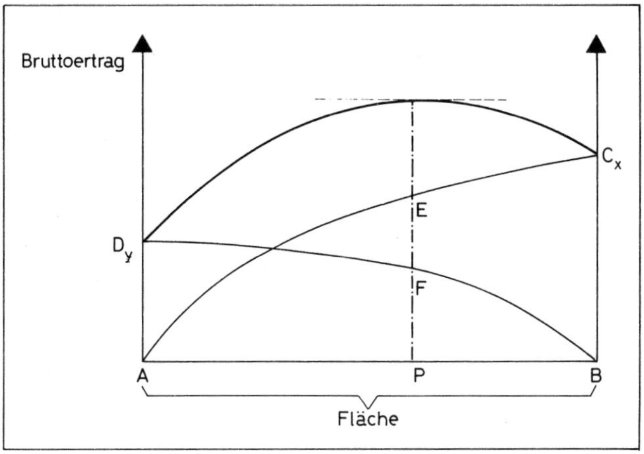

Zur Veranschaulichung des Problems wird in Schaubild II, 4.9 die Verteilung einer für zwei Produkte x und y homogenen Warenpräsentationsfläche AB gezeigt, deren Bruttoerträge maximiert werden sollen. In dem Schaubild stellen ACx und BDy die Bruttoertragskurven der Produkte x und y in Abhängigkeit von ihren Ausstellungsflächen dar. DyCx ist die Addition der Bruttoertragskurven von x und y. In ihrem Maximum wird die ertragsgünstigste Aufteilung der Fläche zwischen den Produkten erreicht. In diesem Punkt P sind die Grenzerträge von x und y gleich.

Schaubild II, 4.9: Aufteilung der Warenpräsentationsfläche zwischen zwei Produkten [Quelle: Cairns, 1963, S. 44 mit Veränderungen].

[52] Wahrscheinlichkeit, mit der ein Kunde im Verkaufsraum den Standort eines Produktes berührt.

[53] Um sprachliche Mißverständnisse zu vermeiden, wird im folgenden von Flächen der Warendarbietung gesprochen, obwohl wegen der Drei-Dimensionalität genauer der Ausstellungsraum gemeint ist.

[54] Vermutlich wird z. B. bei lebensnotwendigen Gütern die Stagnationsgrenze des Umsatzes bei Ausdehnung der Ausstellungsfläche relativ schnell erreicht, während sie bei impulskaufgeeigneten Angeboten u. U. erst relativ spät eintritt.

Kosten eines anderen ausgedehnt werden. Hier entsteht ein Optimierungsproblem in der Weise, daß durch *Flächensubstitution* unter den Produkten eine *größtmögliche gesamte Raumproduktivität* angestrebt wird. Als Maßgröße können unter Vernachlässigung der Handlungskosten die pro qm zu erwirtschaftenden Bruttospannen in der Zeiteinheit herangezogen werden.

Diese stark vereinfachte Problemstruktur kann für die Vielzahl von Produkten, die in einem Verkaufsraum angeboten werden sollen, mit Methoden des Operations Research (speziell: Programmierung) gelöst werden. Dabei wird die quantitative Flächenzuweisung in groben Umrissen für Abteilungen und Produktkomplexe und in der Feinverteilung für einzelne Produkte vorgenommen. Allerdings ist die Informationsbeschaffung über die Verläufe der Bruttoertragskurven für die Praxis sehr aufwendig; zudem treten viele komplizierende Tatbestände auf, wie z. B. die unterschiedliche Wertigkeit der Flächen oder die ertragswirtschaftliche Verbundenheit der Produkte. Daher werden theoretisch exakte, der Realität angenäherte Lösungsverfahren für das Problem der optimalen Flächenaufteilung bisher kaum angewendet. Der Praxis stehen für die Flächenverteilung empirische Richtwerte zur Verfügung, die bei Anwendung einfacher Regeln zu Näherungslösungen an eine optimale quantitative Flächennutzung führen [Markin, 1971, S. 245ff].

Wird das Problem der quantitativen Flächenaufteilung im *Zeitablauf* gesehen, so müssen insb. bei Saisonsortimenten Nachfrage- und Angebotsschwankungen berücksichtigt werden, die das Gleichgewicht der optimalen Flächenaufteilung stören und eine *flexible Anpassungspolitik* erfordern. Die Einzelhandelsunternehmen verhalten sich bei Nachfrageschwankungen meist *prozyklisch,* indem die Verkaufsflächenzuweisung an die Nachfrage quantitativ angepaßt wird. Bei Angebotsschwankungen wird die Flächenverteilung davon abhängig gemacht, wie schnell ein Lagerbestand geräumt werden soll. Unternehmen, die starken saisonalen Angebots- und Nachfrageschwankungen ausgesetzt sind, haben durch den ständigen Prozeß quantitativer Raumsubstitution oft erhebliche Umräumungskosten, die durch flexible Einrichtungen gemindert werden können.

4622 Qualitative Flächenzuweisung

Die einem Einzelhandelsunternehmen zur Verfügung stehende Warenpräsentationszone ist nicht — wie oben vereinfachend angenommen — homogen, sondern hinsichtlich ihrer Kontaktwahrscheinlichkeiten und Umsatzpotentiale *unterschiedlich wertvoll.* Daraus folgt das Problem der qualitativen Flächenzuweisung an die Produkte, die in Verbindung mit der quantitativen Zuweisung insgesamt zu einem Optimum der Raumproduktivität führen muß. In der Praxis wird hier versucht, die Angebotsfläche *pauschal* in *Wertzonen* einzuteilen, indem nach einem Vergleich der durchschnittlich zu erwartenden platzbedingten Umsatzpotentiale eine Wertreihe der Plätze gebildet wird (Standortwertkonzept)[55]. Als Verursachungsfaktor für unterschiedliche Standortwertigkeiten wird das räumliche Kundenverhalten herangezogen, das

[55] Hierbei kann sich ein Einzelhändler an Erfahrungswerten vergleichbarer Unternehmen orientieren oder experimentell durch Platzverschiebungen der Produkte und Messung der Umsatzveränderungen eine eigene Wertskala seiner Warenpräsentationsfläche ermitteln.

durch Kundenlaufstudien ermittelt wird. Danach zeigen Kunden im Raum eine Rechtstendenz und eine Wandtendenz [Dähne, 1977, S. 33]. Hinsichtlich des Regals werden unterschiedliche Kontaktwahrscheinlichkeiten z. B. durch die Tendenzen zur Blick- und Grifforientierung nach rechts und durch eine mittige Regalbeachtung hervorgerufen [Tietz, 1985a, S. 439]. Diese pauschal auf Kontaktwahrscheinlichkeiten und Umsatzpotentiale bezogene Festlegung von Wertzonen ist aus zwei Gründen *problematisch:* Zum einen hat jeder Platz seine speziellen Raumqualitäten und jedes Produkt seine speziellen Raumanforderungen, so daß genau genommen jeder Platz für jedes Produkt unterschiedlich wertvoll ist. Zum anderen hat die Anordnung der Produkte im Raum Rückwirkungen auf die Wertigkeit der Plätze, indem sie ihrerseits den Kundenverkehr und damit die Umsatzmöglichkeiten eines Platzes beeinflußt[56]. Bei einer pauschalen Flächenaufteilung in Wertzonen wird dieser Sachverhalt vernachlässigt.

Die räumliche Anordnung der Produkte ist ein *innerbetriebliches Standortproblem.* Ich werde daher im folgenden in Anlehnung an die Analyse betrieblicher Standorte die qualitativen Merkmale innerbetrieblicher Standorte und die prinzipiellen Standortorientierungen einzelner Produkte gemäß ihrer unterschiedlichen Standortanforderungen darstellen. Als mögliche absatzpolitische Orientierungen des innerbetrieblichen Standorts sind

(1) die Lage zum Kundenverkehr und
(2) die Lage zu anderen Produkten

relevant. Diese Orientierungen werden durch die innerbetrieblichen Aktionsrahmenfaktoren der platzbedingten Faktorbeanspruchung begrenzt.

Zu (1): In einem Verkaufsraum entstehen bestimmte Richtungen, Dichte und Geschwindigkeiten qualitativ unterschiedlich zusammengesetzter *Kundenströme.* Zu ihrer Betrachtung sollen zunächst die verkehrsbeeinflussenden Attraktionswirkungen der Produkte vernachlässigt werden. Die *Richtung* des Kundenverkehrs wird dann durch die Lage der Ein- und Ausgänge, kundenanziehender Dienstleistungseinrichtungen (Beispiele: Restaurant, Kindergarten) und Verkaufseinrichtungen (Beispiele: Kassen, Packtische) beeinflußt. Nach dem Merkmal der *Geschwindigkeit* kann ruhender und mehr oder weniger schnell fließender Kundenverkehr unterschieden werden. In der Nähe von zentralen Verkaufseinrichtungen oder von Fremdbedienungsabteilungen entsteht z. B. viel ruhender Verkehr, während in den Verbindungswegen zwischen Eingang und Rolltreppe schnell fließender Kundenverkehr herrscht. Unterschiede in der *Dichte* des Kundenverkehrs resultieren aus der Entfernung zum Eingang. Sowohl in der horizontalen wie in der vertikalen Ausdehnung des Raumes bei mehreren Etagen werden die Raumzonen mit zunehmender Entfernung vom Eingang verkehrsschwächer [Nystrom, 1930, Vol. 2, S. 224ff]. Verstärkte Kundenfrequenz entsteht auch an Verkehrszentren (Beispiele: Rolltreppen, Fahrstühle) und in der Nähe der kundenanziehenden Dienstleistungs- und Verkaufseinrichtungen. In

[56] Diese Vermischung von Ursachen und Wirkungen vermindert auch den Wert der empirischen Kundenlaufstudien, die immer auf einer bestimmten Warenanordnung beruhen. Experimentelle scannergestützte Versuche mit Warenplazierungen verbessern die Informationsmöglichkeiten über Standortwerte.

den kleineren Raumdimensionen des Regals bestimmt sich die Stärke des Kundenkontaktes aus der Griff- und Sichthöhe und der Seitenlage der Plätze.

Die Verkehrsdichte bildet den vorrangigen Aspekt der Flächenzuweisung für Produkte. Verhält sich ein Einzelhändler dabei nach dem Prinzip der *Orientierung* am *Kundenverkehr,* so wird er versuchen, einerseits dessen raumbedingten Verlauf *auszunutzen,* andererseits ihn jedoch durch die Warenanordnung so zu *lenken,* daß eine günstige Verkehrsverteilung über den gesamten Raum erreicht wird. Das geschieht durch folgende Plazierung der Produkte, wobei nicht alle Merkmale gleichzeitig erfüllt sein müssen [ähnlich Gist, 1968]:

Produkteignung für eine Plazierung innerhalb des Kundenverkehrs	**Produkteignung für eine Plazierung außerhalb des Kundenverkehrs**
- Produkte mit Reizkaufcharakter (typ. Impulskaufgüter, Innovationen nicht annoncierte Sonderangebote	- Produkte mit Suchkaufcharakter - hohe Dringlichkeit des Bedarfs - hohe Attraktivität des Angebots
- geringwertig	- hochwertig
- problemlos mit kurzen Einkaufszeiten	- problemvoll mit langen Einkaufszeiten
- kleine Ausstellungsfläche pro Artikel	- große Ausstellungsfläche pro Artikel
- Produkte mit Massenbedarfscharakter	- Produkte für spezielle Bedarfe

Die am Kundenverkehr orientierte Verteilung der Produkte erfolgt zunächst danach, wieviel *Mühe* dem Konsumenten für die Beschaffung innerhalb des Ladens zugemutet werden kann. Eine solche Bereitschaft besteht im allgemeinen bei Produkten mit Suchkaufcharakter; sie steigt mit der Höhe der Einkaufswerte, mit zunehmender Dringlichkeit des Bedarfs und mit der Attraktivität des Angebots. Das ermöglicht auch die Plazierung besonders annoncierter Angebote mit stärkerer Attraktionswirkung an entlegenen Orten. Bei Produkten dagegen, für die der Bedarf erst durch das Angebot konkretisiert werden soll, also Impulskaufgütern, Innovationen oder nicht annoncierten Sonderangeboten, ist die zu erwartende Beschaffungsmühe der Konsumenten so gering, daß diese Waren in den raumbedingten Kundenverkehr hineingelegt werden müssen. Die Verteilung entsprechend der *Einkaufsdauer* ergibt sich dadurch, daß lange Einkaufshandlungen verkehrsreiche Zonen zu sehr blockieren würden und ohnehin besser an entlegenen Plätzen ungestört durchgeführt werden sollten. Produkte mit großen *Ausstellungsflächen* — durch Sperrigkeit des einzelnen Gutes oder durch umfangreiche Sortierung bedingt — würden in verkehrsgünstigen Zonen die Plätze zu einseitig belegen und sollten daher in entlegenen Zonen untergebracht werden. Das gleiche gilt für Produkte des *speziellen Bedarfs.* Innerhalb des Verkehrsstroms müssen dagegen möglichst viele *allgemein interessierende Waren* gefördert werden, um die hier passierende Kundschaft vielseitig anzusprechen.

Zu (2): Als Orientierung bei der innerbetrieblichen Standortwahl für ein Produkt ist weiterhin die räumliche Lage innerhalb des Sortiments maßgeblich, die negative oder positive Umsatzeinflüsse ausüben kann. Solche Überlegungen richten sich auf die *räumliche Anordnung* von *Produkten, Produktgruppen* oder *Abteilungen* in der *engeren* und *weiteren Entfernung zueinander.*

Die Lage zu entfernteren Produkten ist hinsichtlich Art und Dichte des durch sie entstehenden Durchgangsverkehrs wichtig. Produkte mit Suchkaufcharakter und besonderer Attraktionswirkung werden z. B. in weite Entfernung zum Eingang gelegt, damit möglichst viele Abteilungen von dem durch sie induzierten Durchgangsverkehr profitieren, wobei dessen qualitative Struktur zu berücksichtigen ist.

Für die Plazierung innerhalb des engeren nachbarlichen Produktbereichs haben fast alle Prinzipien Gültigkeit, die auch bei der Bestimmung des Sortimentsinhalts benutzt werden, nämlich eine *hinkunftsseitige Orientierung* an Bedarfsarten, Erlebniskomplexen, Bedarfsträgern und deren Lebensstilen und eine *herkunftsseitige Orientierung* an dem Herkunftsgebiet, Material oder der Verarbeitungsweise der Produkte und Herstellern [Schaubild II, 4.10].

Hinkunfts-orientierung	Herkunfts-orientierung	Orientierung am Faktoreinsatz	Orientierung an organisatorischen Aspekten
• Bedarfsart	• Herkunftsgebiet	• Personal	• Abteilungsbildung
• Erlebniskomplex	• Material oder Verarbeitungsweise	• Betriebsmittel	• Kostenstellen
• Bedarfsträger und Lebensstile	• Hersteller	• Raum	

Schaubild II, 4.10: Warenplazierung als Problem der Warengruppenbildung

Für die Anwendung dieser Prinzipien gelten ähnliche Überlegungen wie für die Sortimentspolitik [Kap. II, 241 und III, 221]. Eine nach Bedarfsarten angeordnete Warenpräsentation ermöglicht den Konsumenten einen informativen Überblick über die für einen speziellen Bedarf in Frage kommenden Produktalternativen. Bei einer an Erlebniskomplexen orientierten Warenanordnung werden komplementäre Produktbeziehungen eines Problem- oder Erlebniszusammenhangs ausgenutzt, indem die Konsumenten an die Erfordernisse komplexer Konsumsituationen erinnert und zu Anschlußkäufen veranlaßt werden. Diese Form der Warenanordnung findet in der Praxis zunehmende Verbreitung. Sie bietet emotionale Aktivierungsmöglichkeiten, indem sie die Möglichkeit schafft, reale Gebrauchs- und Verwendungssituationen zu demonstrieren. Die Orientierung an Beschaffungszusammenhängen hat relativ geringe Bedeutung für die Warenplazierung. Das Prinzip wird z. B. realisiert, indem eilig gekaufte Produkte zusammen in die Nähe des Eingangs verlegt werden. Eine Warenpräsentation nach Bedarfsträgern führt zu Standortlagen mit homogenem Kundenverkehr (Beispiel: sog. „basement“ mit Niedrigpreisartikeln in amerikanischen Warenhäusern). Hierdurch wird die Voraussetzung geschaffen, innerhalb des Verkaufsraumes eine Kundensegmentierung vorzunehmen, was durch Maßnahmen des interior design, d. h. interner Raumgestaltungsfaktoren der Einkaufsstätte [Kap. II, 463], unterstützt werden kann. Die Attraktionswirkung derartiger, im Kundenverkehr homogener Standorte beruht auf sozial-psychischen Verstärkungseffekten innerhalb einer Gruppe.

Das Primat hinkunftsorientierter Prinzipien bei der Warenplazierung hat die Bedeutung der Herkunftsorientierungen eingeschränkt. Vereinzelt verbinden sich herkunftsorientierte Aspekte, wie z. B. Länderherkunft mit absatzpolitischer Attraktion, weil die Konsumenten entsprechende Informationen suchen. Verschiedentlich entsteht eine Herkunftsorientierung auch durch Förderung der Hersteller, die ihre Produktfamilien in geschlossenen Gruppen plaziert haben möchten (Beispiel: Diät-Sortiment eines Lebensmittelherstellers). In derartigen Fällen wird die Warenplazierung oft zu einem dominanten Verhandlungsgegenstand zwischen Hersteller und Handel.

Eine Kombination hinkunfts- und herkunftsorientierter Prinzipien der Warenanordnung findet im Rahmen von Zweitplazierungen und Sonderdisplays statt. Diese werden häufig als kooperative Aktionen mit Herstellern zur kurzfristigen Bedarfsaktivierung durchgeführt.

Die Realisierung absatzorientierter Prinzipien der Warenanordnung wird innerbetrieblich und organisatorisch dadurch eingeschränkt, daß die jeweils platzbedingte Faktorbeanspruchung und die daraus resultierenden Kosten sowie die organisatorischen Konsequenzen berücksichtigt werden müssen. Dabei sind arbeits-, einrichtungs- und raumtechnische Faktoren einzubeziehen.

Hinsichtlich des *Personaleinsatzes* steht die Warenanordnung unter der Zielsetzung, die Anlieferungs- und Verkaufsarbeit rationell und qualitativ effektvoll zu gestalten (Beispiele: Regalfüllung, Regalentnahme bei Fremdbedienung, Wege der Verkäufer von den Abteilungen zum Packtisch)[57]. Mit Hilfe von Arbeitsstudien ist zu ermitteln, welche Produkte welche Arbeitsgänge wie häufig benötigen, um unter arbeitstechnischen Aspekten eine günstige Flächenzuweisung zu erreichen. Damit können unnötige Aktivitäten vermieden und andere verkürzt oder zu ökonomischen Arbeitssequenzen verbunden werden[58]. Durch die Anordnung der Produkte zueinander werden für die Verkäufer Verantwortungsbereiche geschaffen, die ihrer qualitativen und quantitativen Betreuungskapazität anzupassen sind. Bei verkaufstechnisch komplizierten Produkten muß oft eine herkunftsorientierte Anordnung gewählt werden, um für die Verkäufer beratungstechnisch homogene Aufgabenbereiche zu schaffen.

Die Warenpräsentationsflächen unterscheiden sich in Merkmalen ihrer *einrichtungs-* und *raumtechnischen Qualitäten.* Sie bieten unterschiedliche Voraussetzungen für die Montage von Verkaufseinrichtungen wie z. B. Kühltruhen, Vitrinen oder Serviceapparaten und haben verschiedene Licht- oder Geräuschqualitäten. Diese Merk-

---

57 „In any store there is a continuous process of receiving goods, distributing them to the selling area, selling them, and delivering them to the customer. These operations should be so arranged that the least amount of movement of the merchandise occurs and there is no wasted space in performing the operations“ [Jones, 1967, S. 91].

58 Konopa, 1962/63, S. 45—49, 60. Gist gibt in diesem Zusammenhang ein sehr anschauliches Beispiel für die arbeitsökonomischen Auswirkungen eines Standortwechsels verschiedener Abteilungen unter den Gesichtspunkten ihrer Umschlagshäufigkeit einerseits und ihrer Entfernung von Kasse und Packtisch andererseits [Gist, 1968, S. 240ff].

male sind den Anforderungen der Produkte entsprechend zu beurteilen und können u. U. als unabdingbare Verkaufsvoraussetzungen hohe Stellenwerte bei der Verteilung der Plätze im Raum gewinnen (Beispiel: Verkauf von Textilien an Plätzen mit Tageslicht). Für die Gruppierung der Produkte zueinander bedeuten gemeinsame Anforderungen an technische Einrichtungen u. U. eine nachbarschaftliche Plazierung.

Die Warenanordnung hat *organisatorische* Konsequenzen für die Bildung von Kompetenzbereichen im Verkauf. Werden aus absatzseitigen Gründen verschiedene Ordnungsprinzipien gleichzeitig verfolgt, so entstehen organisatorische Probleme durch die Überschneidung von Verantwortungsbereichen. Zudem muß eine Koordination mit dem Einkauf erfolgen, die erschwert wird, sofern beide Seiten unterschiedlich gegliedert sind (Beispiel: Einkauf nach Warenherkunfts- und Verkauf nach Bedarfsgesichtspunkten). Schließlich sind auch die Möglichkeiten des *rechnerischen Kontrollwesens* z. T. abhängig von der Warenanordnung im Verkauf und verursachen somit organisatorisch bedingte Beschränkungen. Verkaufs- und Lagerhaltungsstatistik sowie die kurzfristige Erfolgsrechnung zur Sortimentskontrolle z. B. werden komplizierter durch differenzierte Warengruppierungen im Verkaufsraum und Mehrfachplazierungen der Produkte.

463 Raumdesign

Das Raumdesign bietet multisensorischen Instrumentaleinsatz, wie z. B. die Art der Warenauslage, Form- und Farbgebung der Raumelemente und Einrichtungsgegenstände, Bilder, Pflanzen, Beleuchtung, Musik, Temperatur, Gerüche bis hin zu Showeinlagen (live oder in Form von Videovorführungen); neben diesen internen Gestaltungsfaktoren ist die externe Ladenfrontgestaltung zu berücksichtigen.

In Hinblick auf den Faktoreinsatz ist mit der Raumgestaltung die positive Beeinflussung der *Funktionserfüllung* und *Arbeitsplatzqualität* verbunden, wie z. B. durch Flexibilität der Einrichtungsgegenstände, leichte Handhabung der Regale bei der Füllung und Entnahme oder einfache Pfleglichkeit des Raumes. Absatzseitige Zielrichtungen bestehen insb. darin, eine dem Warenangebot entsprechende und seine Eigenschaften verstärkende Atmosphäre[59] zu schaffen und den Konsumentenzielgruppen eine angemessene und kaufanreizende Umgebung zu vermitteln[60].

Eine atmosphärische, erlebnisstiftende Wirkung entsteht durch *gestalthaften* Einsatz der raumschaffenden Designinstrumente, die sich zu gleichgerichteten Anmutungsleistungen verbinden. Eine Konkretisierung dieses Ansatzes erfordert die Definition von „Gestalten" und deren Umsetzung in ein multisensorisches Instrumentarium. Derartige Gestalten sind ableitbar aus Konzepten der Lebensstilforschung

[59] „The term ‚atmospherics' has been used to describe the conscious efforts of retailers to create buying environments to produce specific emotional effects in buyers" [James, Walker, Etzel, 1981, S. 103].

[60] Donovan, Rossiter, 1982, S. 34ff, insb. S. 56, weisen die große Bedeutung emotionaler Beeinflussungen durch die Verkaufsraumgestaltung in den beiden Dimensionen „arousal (arousing-sleepy)" und „pleasantness (pleasant-unpleasant)" empirisch nach. Das Kaufverhalten wird in folgenden Aspekten beeinflußt: Enjoyment of shopping, time spent, willingness to talk to sales personnel, willingness to spend more money than planned, likelihood of returning.

Erlebnishandel

[Blackwell, Talarzyk, 1983, S. 7ff] oder der Forschung zum Wertewandel [Silberer, 1987, S. 332—352]. Lebensstile oder Wertetrends können in Erlebniswerte umgesetzt werden[61].

Mit dem Konzept der *Erlebnisorientierung* sind im Einzelhandel in den letzten Jahren viele neuartige Fach- und Spezialgeschäfte, Filial- und Franchisesysteme entstanden, die sich in den differenzierten Erlebniswelten der hochentwickelten sog. „Multi-Options-Gesellschaft"[62] positionieren. Für die großbetrieblichen Verkaufsstellen der Generalanbieter, wie z. B. den Warenhäusern, die mit dem „Alles-unter-einem-Dach-Versprechen" die Mehrheit der Konsumenten ansprechen wollen, sind Erlebnisorientierungen durch die Bildung von *„shop-in-the-shops"* zu realisieren, mit denen eine Auflösung der monotonen Warendarbietung erreicht werden soll[63] (Beispiel: Twenmoden-Boutique im Warenhaus; „Käse-aus-Holland"-Stand im Supermarkt). Dabei werden auf der Basis einer an Erlebniskomplexen und/oder Bedarfs-

[61] Zur Umsetzung in Erlebniswerte durch Ladengestaltung vgl. Konert, 1986, S. 238ff.

[62] „Eine Multi-Options-Gesellschaft ist also eine Gesellschaft der pluralistischen Ziele, der fragmentierten Bedürfnisse und der widersprüchlichen Sehnsüchte" [Gerken, 1987, S. 43].

[63] Vgl. zum interior design des Verkaufsraumes Markin, 1971, S. 222f. Es besteht zu dieser Problematik auch eine Fülle praktischer Literatur. Vgl. u. a. Menninger, 1964.

Daß diese Idee des shop-Konzepts nicht ganz neu ist, beweist ein Ausspruch von Mahlberg, mit dem er das Warenhaus „... als eine Nebeneinanderschaltung von Spezialgeschäften" gestaltet wissen will (1929). Zit. nach Steinhart, 1933, S. 23.

Ausdrucksformen
in Raumdesign
und Warenplazierung

Ausdrucksformen in Raumdesign und Warenplazierung

trägern orientierten Warenanordnung durch raumbegrenzende Dekorationsmittel verschiedene *Erlebnisparzellen* innerhalb des Verkaufsraumes geschaffen. Diese sollen dem Konsumenten Eindrücke von den Produkten in der ihnen angemessenen Konsumatmosphäre vermitteln und verstärken damit die kaufanreizende Wirkung des Warenangebots. Eine Auflösung des Ladens in bedarfsträger-orientierte „shops“ bewirkt eine Kundensegmentierung innerhalb des Raumes. Dadurch wird eine differenziertere und genauere Ansprache der bisherigen Zielgruppe möglich; u. U. ist durch diese Technik auch der bisherige Kundenkreis zu erweitern. Ein Problem entsteht dann allerdings aus der notwendigen Integration dieser „shops“ zu einem harmonischen Gesamtimage der Verkaufsstelle.

Zur Weiterentwicklung der Erlebnisvermittlung richtet sich ein Trend des Handelsmarketing dahin, shops mit Informations- und Vergnügungsveranstaltungen zu verbinden, um durch *Didaktik* und *entertainment* [Gerken, 1987, S. 76] einen Überbau für den materiellen Produktkonsum zu schaffen.

Neben diesen vorwiegend akquisitorischen Vorteilen hat das „shop“-Konzept verschiedene ungünstige, meist kostenwirtschaftliche Auswirkungen durch die i. d. R. notwendige Verbreiterung des Sortiments, durch Mehrfachpräsentation der Produkte, vielfach erhöhte Anforderungen an das Verkaufspersonal, erschwertes Kostenrechnungs- und Bestellwesen. Verschiedentlich wird in diesem Bereich eine enge Zusammenarbeit mit den Lieferanten realisiert, die derartige „shops“ für ihre Produkte gestalten, aufstellen und oft auch mit Personal ausstatten. Eine Gefahr besteht hier in einer zu großen Überfremdung des Ladens.

Mit dem Raumdesign der Verkaufsstelle ist eine absatzpolitische Problematik angesprochen, in der sich technische, ästhetische, psychologische und ökonomische Gestaltungsprinzipien verbinden. Für die Wahrnehmung der Aufgaben des Ladenbaus und der architektonischen Innenausgestaltung hat sich ein eigenständiges Gewerbe etabliert, das als Absatzhelfer des Einzelhandels fungiert.

5 Absatzseitige Preispolitik

51 Grundlagen der Preispolitik

Begriffe

Der Preis stellt das *monetäre Äquivalent* („Entgelt“) für die vom Einzelhandel angebotenen Waren und die mit ihnen verbundenen distributiven Leistungen dar. Er bezieht sich immer auf ein durch Menge und Qualität zu definierendes Leistungsbündel.

$$p = \frac{\text{Entgelt}}{\text{Quantität und Qualität eines Leistungsbündels}}$$

Zur Abgrenzung des Aktionsbereichs ist es üblich, nur die Festlegung des Preiszählers der Preispolitik zuzuordnen und mit dem Preisnenner die enge Verbundenheit mit anderen Aktionsbereichen zu erfassen. Allerdings weist Diller [1985, S. 21] darauf hin, daß gerade mit der Variation des Preisnenners indirekte Preispolitik betrieben wird (Beispiel: Preisdifferenzierung auf der Grundlage verschiedener Packungsgrößen). Demgegenüber soll hier die Preispolitik nur jene Aktivitäten der Marktbildung und Marktbeeinflussung umfassen, die sich auf die Preisforderungen für qualitativ und quantitativ festgelegte Waren und mit ihnen verbundene distributive Leistungen richten[1]. Dabei ist es für die grundsätzliche Definition unerheblich, ob ein Unternehmen gegebene Marktpreise von der Vorstufe oder den Konkurrenten übernimmt oder aktiv selbst ermittelt. Monetäre Äquivalente für Finanzierungsleistungen werden hier ausgeklammert und dem Aktionsbereich Absatzfinanzierung [Kap. II, 6] zugerechnet.

Empirische Relevanz

Die Frage nach der Relevanz der Preisgestaltung für die Absatzpolitik des Einzelhandels wird in der Literatur heftig diskutiert, wobei die Perspektive *wettbewerblicher Funktionsfähigkeit* von Märkten im Vordergrund steht[2]. Im Verlauf der letzten 30 Jahre haben sich hier aufgrund von Umorientierungen im Marketingeinsatz des Handels die diesbezüglichen Einschätzungen verändert. In den 50er und 60er Jahren wurde eine gewisse *Trägheit* im Einsatz dieses wettbewerblichen Instruments festgestellt, die darauf verweist, daß ihm innerhalb der absatzpolitischen Gesamtkonzeption gegenüber dem Qualitäts- und Werbungswettbewerb eine geringere Bedeutung als Attraktionsfaktor der Marktbildung und -beeinflussung eingeräumt wurde[3]. Niedrigpreisstrategien wurden nicht als beherrschend betrachtet. Inzwischen hat sich der

---

[1] Zu unterscheiden sind grundsätzlich „Angebotspreise“, die vom Anbieter gefordert werden, „Nachfragepreise“, die vom Nachfrager geboten werden und „Marktpreise“, die vom Markt akzeptiert sind.

[2] Vgl. im allgemeineren Zusammenhang die Ausführungen über die Wettbewerbssituation im Einzelhandel, Kap. I, 4231.

[3] Vgl. u. a. Humbel, 1958, S. 20f; Müller-Beilschmidt, 1954, S. 50 und Markin, 1971, S. 423.

Schwerpunkt der preispolitischen Szene im Handel verlagert. Es sind *gleichberechtigt* nebeneinander

(1) Präferenzstrategien und Preisträgheit sowie
(2) preisdominante Strategien und Preiskampf

festzustellen. Dieser Zustand eines deutlichen Nebeneinanders konträren Preisverhaltens wird als *duale Marktentwicklung* bezeichnet und ist hier schon verschiedentlich angesprochen worden. Ich werde die Relevanz beider Preisstrategien im folgenden kurz begründen.

Zu (1): Für *Präferenzstrategien* und *Preisträgheit* sprechen verschiedene Argumente:

— *Unvollkommenheitsfaktoren des Einzelhandelsmarktes*
Die Vielfalt der Produkte und ihre Differenzierung durch Kombination mit individuellen Handelsleistungen schaffen ein heterogenes Angebot, das für die Konsumenten schwierig durchschaubar und in seiner Qualitäts-Preis-Mengenrelation nur schwer beurteilbar ist. Die Verbindung der Waren mit individuellen Handelsleistungen segmentiert die Einzelhandelsmärkte und schafft räumliche, persönliche, zeitliche und sachliche Präferenzen bei der Produktnachfrage. Das Vielproduktangebot der Einzelhändler löst bei den Konsumenten Interdependenzen in der Beschaffung der Produkte aus, wodurch die Nachfragereaktionen auf Preisveränderungen *einzelner* Produkte undurchschaubar werden. Soweit diese Komponenten gegeben sind, muß die Nachfrageelastizität der Konsumenten bei Preisveränderungen gering eingeschätzt werden [Theisen, 1960, S. 35]. Im Sinne des Gewinnstrebens ist es durchaus vernünftig, wenn unter diesen Umständen ein Einzelhändler zur Auslastung seiner Kapazitäten eine Umsatzerweiterung durch Qualitätswettbewerb, wie z. B. durch Sortimentsvergrößerungen, eher durchführt als durch Preisreduktionen.

— *Preisbarrieren bei Verlassen des monopolistischen Bereichs der Preisabsatzfunktion bei polypolistischer Konkurrenz*
Die Unvollkommenheit der Märkte bewirkt, daß jedem Anbieter innerhalb des gesamten Preis-Leistungsgefüges monopolistische Bereiche (Marktnischen) zur Verfügung stehen, innerhalb derer er ohne starke Nachfrage- oder Konkurrenzreaktionen Preise verändern kann[4]. Die Stärke der wettbewerblichen Beziehungen unter den Einzelhändlern richtet sich nach der räumlichen, sozio-ökonomischen und demographischen Nähe ihrer Marktsegmente.
Soweit *polypolistische* Konkurrenzverhältnisse vorliegen, können Trägheitsmomente in der Preisstellung aus der Preisbarriere bei *Verlassen* des *monopolistischen Bereichs* resultieren, die sich aus dem spezifischen, sprunghaften Verlauf der Grenzerlöskurve bei geknickter Preis-Absatzfunktion ergibt[5]. Preisstellungen

[4] Dieser monopolistische Bereich bildet nach der Konzeption von Gutenberg innerhalb der doppelt geknickten Preisabsatzfunktion den nachfrageunelastischeren Teil [Gutenberg, 1984, S. 238ff].

[5] Der hemmende Einfluß, den der monopolistische Bereich auf Preissenkungen ausübt, wird einmal von der Form und Lage der Absatzkurve und zum anderen von der Form und Lage der Kostenkurve bestimmt. Gutenberg weist für verschiedene Fälle nach, daß bei Preissenkungen innerhalb des monopolistischen Bereiches zunächst Gewinnminderungen (entstehen), die überwun-

innerhalb der monopolistischen Bereiche bedeuten, daß das generelle Preis-Leistungsgefüge zwischen den Einzelhändlern aufrecht erhalten wird und das preispolitische Verhalten der Unternehmen erstarrt.

— *Ungewißheit von Konkurrenzreaktionen in Oligopolsituationen*
Bei zirkularen Interdependenzbeziehungen in *Oligopolsituationen* besteht bei Preisstellungen außerhalb des monopolistischen Bereichs im Einzelhandel in starkem Maße *Ungewißheit* über die *Konkurrenzreaktionen.* Aufgrund des differenzierten Vielproduktangebots der Mitanbieter ist nur schwer abzuschätzen, mit welchen Nachfrageauswirkungen bei ihnen zu rechnen ist und mit welchen Preisaktivitäten sie angesichts der Möglichkeit des kalkulatorischen Ausgleichs innerhalb ihrer Sortimente reagieren werden. Preiskämpfe für einzelne Waren führen zudem wegen des kalkulatorischen Ausgleichs nicht zu dem üblicherweise angestrebten Ergebnis einer Marktverdrängung von Konkurrenten, sondern u. U. nur zu einem für alle beteiligten Unternehmen nachteiligen Preisverfall.

— *Zunehmende Bedeutung des Qualitäts- und Prestigeeffekts des Preises und des Erlebniswertes von Einkaufsakten*
Während die vorangehend behandelten Aspekte eher Rückzugsargumente aus dem Preiswettbewerb bilden, stellen diese Effekte eine Identität zwischen Preis- und Leistungsentwicklung her, indem Preise keine Begrenzung für präferenzschaffende Maßnahmen erbringen, sondern selbst dazugehören. Das bereits verschiedentlich erwähnte duale Konsumentenverhalten gibt der Nachfrage finanziellen Raum für die selektive Realisierung dieser Effekte.

Zu (2): Dominanz in der *Preispolitik* wird im allgemeinen dann angenommen, wenn preisliche Entscheidungen rahmenbildend für die Unternehmenspolitik sind [Klawitter-Kurth, 1981, S. 19]. Da diese Wirkung insb. eintritt, wenn durch die Preispolitik für die Gestaltung anderer Aktionsbereiche Beschränkungen im Sinne einer Leistungsreduktion entstehen, wird der Begriff der Preisdominanz i. d. R. auf Niedrigpreispolitik bezogen.

Folgende Faktoren begründen die Preisdominanz und die sich verstärkende Bedeutung, mit der eine zunehmende empirische Relevanz der Preispolitik einhergeht:

— *Innovatorischer Betriebsformenwettbewerb*
Neue Betriebsformen entfalten oft einen *innovatorischen Wettbewerb,* bei dem aufgrund eines stark gesenkten Kostenniveaus so weitgehende Preissenkungen möglich sind, daß die Trägheitsbarrieren des unvollkommenen Marktes mit Erfolg überwunden werden können[6]. Derartige neu in den Markt eintretende Unternehmen halten sich oft nicht an bestehende wettbewerbliche Gruppennormen und zwingen dadurch auch den übrigen Einzelhandel zu defensiver preispolitischer Aktivität.

---

den werden müssen, bevor die Aussicht besteht, eine neue, gewinngünstigere Situation erreichen zu können. Diese Gewinnminderungen stellen eine Art Barriere dar, die erst übersprungen werden muß, wenn Unternehmen mit Hilfe von Preissenkungen ihre Gewinnsituation verbessern wollen [Gutenberg, 1984, S. 264ff].

[6] Auf die Bedeutung dieses innovatorischen Wettbewerbs weist insb. Rhein, 1960, S. 72, hin.

Es sind zwei Ausprägungen des innovatorischen Wettbewerbs zu unterscheiden, die allerdings in einem Unternehmen kombiniert angewendet werden können: Verschiedene Einzelhändler betreiben *Leistungsreduktionen* in Verbindung mit Preisunterbietung. Sie schaffen damit zwar innovatorische Preis-Leistungsrelationen, diese stellen jedoch nicht unbedingt eine Durchbrechung des bestehenden Gefüges dar. Der Ausdruck der wirtschaftlichen Qualität [Kap. I, 4214], der eine Relation aus Waren- und Beschaffungsqualitäten einerseits und Preisen und Beschaffungskosten der Konsumenten andererseits beinhaltet, bleibt im Vergleich zu traditionellen Angeboten gleich; es werden nur Konsumenten angezogen, denen diese neue Zusammensetzung der wirtschaftlichen Qualität besser entspricht. Demgegenüber stehen Unternehmen, die durch *innerbetriebliche Rationalisierung* auf der Basis innovatorischer Faktorkombinationen generelle Preisunterbietung betreiben können, ohne das übliche Leistungsniveau wesentlich zu reduzieren. Diese Form des innovatorischen Wettbewerbs beeinflußt den traditionellen Einzelhandel weit mehr, da mit ihr eine Durchbrechung des bestehenden Preis-Leistungsgefüges verbunden ist.

— *Preisunterbietung auf der Basis von Beschaffungsvorteilen*
Die Konzentrations- und Kooperationsbewegung im Handel hat auf der Beschaffungsseite *Nachfragemachtpotentiale* erbracht, mit denen große Einkaufsvorteile erzielt werden. Zusätzlich haben Großbetriebsformen durch Internationalisierung ihrer Beschaffung *günstige Beschaffungsmöglichkeiten* in *Niedrigpreisländern* entwickelt. Da die Einstandspreise den weitaus stärksten Block der variablen Kosten bilden, entsteht auf diese Weise im Handel eine machtbedingte Kostendegression bei zunehmender Betriebsgröße. Diese bewirkt — dem Erfahrungskurveneffekt im Industriebereich entsprechend -Wettbewerbsvorteile mit zunehmenden Marktanteilen und erlaubt Wachstumsstrategien durch Niedrigpreisstellung. In diesen größenbedingten Beschaffungspreisdifferenzen ist m. E. der stärkste Impuls für die Ausbreitung der Preisdominanz im Handel zu sehen.

— *Aufhebung der Preisbindung und Nutzung der Preisempfehlung*
Die vertikale Preisbindung, die bis 1973 in der Bundesrepublik erlaubt war, stellte eine starke Behinderung einer aktiven Preispolitik auf Einzelhandelsebene dar, so daß mit ihrer *Aufhebung* ein *starker Impuls* für *preisdominantes Verhalten* einherging[7]. Die gebundenen Preise waren fremdbestimmt und auf die Konkurrenzsituation unter Produzenten bezogen, nicht jedoch auf die Wettbewerbsverhältnisse im Einzelhandel und die speziellen Stellungen der Produkte in den Handelssortimenten. Vielmehr handelte es sich um eine pauschale Preisgestaltung für die Einzelhandelsleistungen, die sich der direkten Marktbewertung durch den Konsumenten entzog. Sofern die Hersteller zur Erweiterung ihrer Marktanteile überhöhte Spannen gewährten, bildeten sie stabilisierende „Ertragsoasen“, die auch Grenzbetrieben des Einzelhandels u. U. noch eine Existenz gewährten. Die oft positiv bewertete Orientierungsfunktion gebundener Preise, durch die sich die

[7] Über die Auswirkungen der vertikalen Preisbindung und -empfehlung für Hersteller, Verbraucher und verschiedene Interessengruppen des Einzelhandels ist eine umfangreiche Diskussion geführt worden. Zur vertiefenden Lektüre vgl. Eichhorn, 1982, S. 249—262 (Preisbindung); Schenk, 1982, S. 263—278 (Preisempfehlung).

Markttransparenz erhöhen soll, kann nicht als Vorteil geltend gemacht werden, da diese Preise die Wettbewerbssituation im Einzelhandel nicht wiedergegeben haben und insofern nur eine Scheinorientierung leisteten.

Die derzeitig erlaubte Preisempfehlung hat demgegenüber eher eine den Preiswettbewerb stimulierende Wirkung, indem sie von preisaktiven Händlern als Vergleichspreis zur Demonstration der Preisgünstigkeit verwendet wird.

— *Partielle Preissensitivität bei dualem Marktverhalten*
Die Konsumenten entwickeln bei dualem Marktverhalten *partiell* starke *Preissensitivität,* so daß — begrenzt auf bestimmte Produktbereiche — Preiswettbewerb lohnend wird.

Einzelbetriebliche Theorienentwicklung[8]

Die betriebswirtschaftliche Lehre von der Preispolitik ist in ihren überwiegenden Bestandteilen in enger Anlehnung an die *mikroökonomische Preistheorie* entwickelt worden[9]. Diese intendierte die *Erklärung* von *Preisbildungsprozessen* und dabei die Ermittlung von *Gleichgewichtszuständen* des Preisgeschehens; sie bediente sich dazu vorwiegend modellanalytischer, mathematischer Methoden. In der klassischen Preistheorie wurde den Marktpartnern beim Güteraustausch i. d. R. ein gewinn- bzw. nutzenmaximierendes Verhalten unterstellt. Diese Annahme machte die Anwendung marginalanalytischer Erklärungsmodelle möglich, in denen Grenzkosten und Grenzerlöse als Grundlage für die Preisbildung herangezogen werden können. Weiterhin wurden überwiegend Modellösungen für Einproduktunternehmen unter den Prämissen des vollkommenen Marktes angeboten[10]. In moderneren Weiterentwicklungen der betriebswirtschaftlichen Anwendung mikroökonomischer Theorieansätze wurden die genannten Restriktionen zwar vereinzelt aufgehoben und damit partielle Realitätsannäherungen geschaffen[11], trotzdem wurde ihnen weiterhin Modellplatonismus und mangelnde Hilfestellung für Preisentscheidungen vorgeworfen.

---

[8] Vgl. die Literaturübersicht zur Preistheorie bei Wied-Nebbeling, 1976, S. 583—586.

[9] Vgl. u. a. Gutenberg, 1. Aufl., 1955. Durch Übernahme und Ausbau der mikroökonomischen Preistheorie ist bei Gutenberg im Vergleich zu den Darstellungen der anderen absatzpolitischen Instrumente ein methodischer Bruch festzustellen. Vgl. weiterhin Jacob, 1971.

[10] Zu den Bedingungen des vollkommenen Marktes gehören das Maximumprinzip in den Verhaltensweisen der Marktteilnehmer, unendlich große Reaktionsgeschwindigkeit bei allen Anpassungsvorgängen, vollkommene Markttransparenz und die Homogenitätsbedingung, d. h. das Nichtvorhandensein von Präferenzen [Gutenberg, 1984, S. 185]. Die Vollkommenheitsbedingungen werden allerdings nicht einheitlich interpretiert. So zählt Ott beispielsweise die Maximumbedingung und die unendlich große Anpassungsgeschwindigkeit nicht dazu [Ott, 1979, S. 33f].

[11] Seit den zwanziger Jahren hat sich die Preistheorie — bedingt durch die differenzierte Entwicklung empirischer Industriemärkte — auch dem Phänomen der Marktunvollkommenheit zugewendet. Daraus entwickelte sich die Theorie der monopolistischen Konkurrenz, in der die Frage nach der Existenz von Gleichgewichtspreisen bei verschiedenen Verhaltensweisen der Anbieter auf unvollkommenen Märkten zwischen Monopol und Konkurrenz behandelt wurde (Begründer Sraffa, Robinson und Chamberlin).

Gelegentlich wurde — beeinflußt durch empirische Untersuchungen des Unternehmerverhaltens — die Gewinnmaximierung als Zielsetzung revidiert und mit anderen Zielsetzungen ausgetauscht oder ergänzt (Beispiele: Vollkostenprinzip, Maximierung des Umsatzes oder der Kapitalrentabilität). Andere Autoren haben sich in bezug auf die Nachfrager Problemen atypischer Preis-

Andere Ansätze der Preislehre sind im Rahmen der *Einzelhandelsforschung* entstanden. Hier gab es sog. Preisbildungstheorien, die den Anspruch hatten, Preisbildungsprozesse im Handel zu erklären[12]. Die verschiedenen Varianten wurden in der *Konkurrenz-* und der *Kalkulationstheorie* zusammengefaßt. Kontroversen hinsichtlich ihrer Gültigkeit haben zu der Einsicht geführt, daß Erklärungsansätze beider Theorien Teilaspekte verschiedener, nebeneinander bestehender Preisbildungsprozesse im Einzelhandel liefern können[13]. Differenzierte Beiträge zur Preispolitik im Handel wurden mit einem typologischen Ansatz von Theisen [1960] und einem annähernd aktionsanalytischen Ansatz von Moeller-Herrmann [1968] vorgelegt.

Neue theoretische Impulse entstanden mit der Entwicklung der *Marketingwissenschaft* durch eine *verhaltenswissenschaftliche Fundierung* der Preistheorie, die sich insb. seit Ende der 70er Jahre vollzog[14]. Sie brachten eine Fülle von Erkenntnissen über Wahrnehmungs- und Beurteilungsphänomene von Preisen durch die Nachfrager und führten insofern zu einer empirischen Konkretisierung des Konzeptes der Preisabsatz- bzw. Preisresponsefunktion[15]. Darüber hinaus sind empirisch fundierte Gestaltungsempfehlungen zu verschiedenen Einzelproblemen der Preisgestaltung entstanden, die z. T. eine hohe Praxisrelevanz erreicht haben.

Im Rahmen verhaltenswissenschaftlich orientierter Marketingansätze zur Preispolitik hat eine erneute theoretische Beschäftigung mit Preisproblemen des Handels insb. in den 80er Jahren eingesetzt[16]. Diese Marketingperspektive auf den Handel entspricht der zunehmenden Bedeutung, die dieser für die Preisentstehung von Konsumgütern gewonnen hat. Neue technologische Möglichkeiten der empirischen Preiswirkungsforschung, wie sie insb. mit scanning entwickelt wurden, haben die empirische Basis der Erkenntnisgewinnung verbessert[17].

Bei der Entwicklung einer Theorie der Preispolitik für den Handel bleibt allerdings die Schwierigkeit, die Preispolitik für ein interdependentes und äußerst vielfältiges Warenangebot zu behandeln, bei dem die Überschaubarkeit der Kosten- und Ertragssituation erheblich beeinträchtigt ist. Zudem stellt sich für den Unternehmer

---

reaktionen zugewendet, die durch verschiedene Formen sozialpsychischen Verhaltens wie z. B. durch Prestigekonsum begründet sind [vgl. u. a. Leibenstein, 1966, S. 231ff].

Besondere Relevanz für den Einzelhandel hat eine Entwicklung von Modellen, in denen die Preisbildung für Mehrproduktunternehmen bei verbundener Produktion und Nachfrage behandelt werden [u. a. Ott, 1960, S. 1ff]. Ott hat die vorherrschende Beschränkung der Preistheorie auf Einproduktunternehmen geradezu als „crux" ihrer Anwendung auf den Einzelhandel bezeichnet [ebenda, S. 3].

12 Vgl. die Darstellung dieser Preisbildungstheorien bei Hoppmann, 1952, S. 366—371 und Sundhoff, 1953, S. 161—165.

13 „Betrachtet man die Kalkulations- und die Konkurrenztheorie nicht als zwei sich ausschließende, miteinander konkurrierende Theorien, sondern als komplementär, so führt dieser Aspekt zu nichts anderem als zu der Einsicht, daß sich in der Preisbildung im Einzelhandel Elemente der Monopolpreisbildung und der Konkurrenzpreisbildung mischen ..." [Ott, 1960, S. 9].

14 Dazu gehören im deutschen Raum insb. Diller, 1977a, 1985, und Simon, 1976, 1982a; weiterhin Gabor, 1977, und Monroe, 1979.

15 Dabei verfolgte Kaas [1977] eine statisch-kurzfristige und Simon [1976] eine dynamisch-langfristige Perspektive.

16 Vgl. Müller-Hagedorn, 1984, S. 171ff; Diller, 1985, S. 271ff. Zu allgemeineren verhaltenswissenschaftlichen Grundlagen der Preisforschung vgl. Feider, 1985.

17 Vgl. zur Bedeutung der Scannertechnik für die Preisforschung Huppert, 1981, S. 153ff; Kucher, 1985.

der Preis nicht nur als einfache numerische Größe dar, sondern hat eine differenzierte Struktur, deren ökonomischer und sozialpsychologischer Ausdrucksgehalt verschiedene preispolitische Handlungsansätze ergibt.

Gemäß dieser Anforderungen an die handelsbetriebliche Preislehre enthält die folgende Darstellung vielfältige preispolitische Handlungsprinzipien, die unter bestimmten Ziel- und Rahmenkonstellationen angewendet werden. Auf exakte modellanalytische Lösungen für die Preisfestlegungen wird dabei verzichtet.

52 Aktionsfeld der Preispolitik

Ziele

Das Einzelhandelsunternehmen ist als Dienstleister im Markt präsent und gleichzeitig mit der Vielfalt seiner Produkte in viele Produktmärkte eingebunden. Diese Konstellation führt dazu, daß die Preisaktivitäten zwar auf die situativen Bedingungen der verschiedenen Produktmärkte ausgerichtet sind und dabei produktspezifische Preisziele verfolgt werden, insgesamt jedoch integrierte, auf das Sortiment bzw. die Unternehmung bezogene Zielsetzungen[18] vorherrschen. Diese *integrierende, institutionelle* Sicht ist typisch für Handelsunternehmen. Ein weiteres Charakteristikum des händlerischen Preiszielsystems besteht in einer starken *Polarisierung langfristiger* und *kurzfristiger* Aktivitäten. Insbesondere ist das Tagesgeschehen preispolitisch lebendig wie in kaum einem anderen Wirtschaftszweig. Unter Berücksichtigung dieser Besonderheiten ergibt sich eine 4-Felder-Matrix [Schaubild II, 5.1] für den Aufbau eines preispolitischen Zielsystems des Handels. Für jedes dieser Felder kann die im Schaubild II, 5.2 vorgestellte Zielstruktur angenommen werden.

Zu dem sich in dieser Weise bildenden Zielsystem sollen im folgenden einige exemplarische Anmerkungen gemacht werden:

Zu lau: Bei gewinnorientierter Unternehmenspolitik folgt die Preisgestaltung *langfristig* der unternehmerischen Zielsetzung, mit den Periodenumsätzen eine *Ge-*

Sachbezug / Fristigkeit	Unternehmen	Produkte/Produktgruppen Leistungen
langfristig	lau	lap
kurzfristig	kuu	kup

Schaubild II, 5.1: Bezugssystem für die Entwicklung von Preiszielen

[18] Vgl. die ausführliche Zieldiskussion für die Preispolitik in allgemeinerem Zusammenhang bei Diller, 1985, S. 25ff.

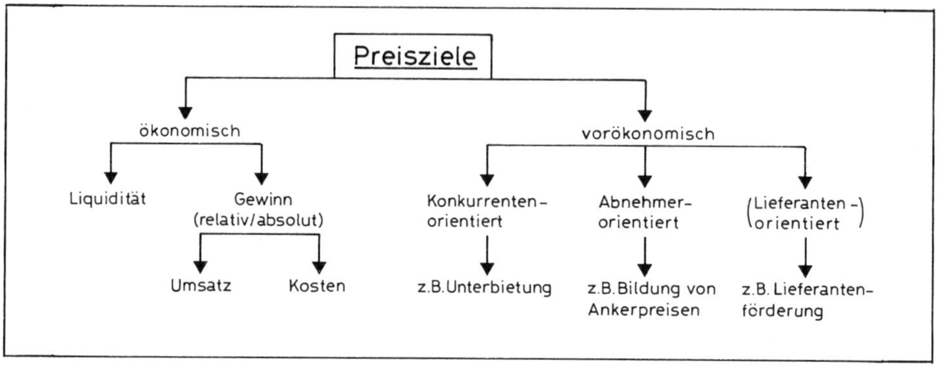

Schaubild II, 5.2: Klassifizierung von Preiszielen

samtkostendeckung einschließlich eines *Gewinns* zu erreichen. Dieser kann als Zielvorgabe im Sinne des Angemessenheitsprinzips betriebsindividuell bzw. an Branchennormen orientiert festgelegt oder im Sinne des reinen erwerbswirtschaftlichen Prinzips einer Maximierung entgegengeführt werden. Der Realisierung dieses Prinzips steht allerdings im Handelsunternehmen die große Anzahl der Variablen seiner Gewinnfunktion entgegen und dabei insb. die Vielfalt substitutiver und komplementärer Beziehungen zwischen den Produkten seines Sortiments, deren Erfassung allein aus Wirtschaftlichkeitsüberlegungen heraus eine gewinnmaximale Preisermittlung wenig realisierbar erscheinen läßt. Mit der Preisstellung verbindet sich aufgrund ihrer Einnahmewirkung weiterhin die finanzwirtschaftliche Zielsetzung der *Liquiditätserhaltung.*

Unter den vorökonomischen Zielen ist die Gestaltung des *Preisimages* eines Unternehmens von vorrangiger Bedeutung, soweit es bei den Konsumenten eine wesentliche Determinante der Einkaufsstättenwahl darstellt. Dies gilt insb. für Unternehmen, die an langfristigen Beziehungen zu ihrer Stammkundschaft interessiert sind.

Zu kuu: Kurzfristige, unternehmensorientierte Preisziele werden unter Berücksichtigung wechselnder Marktsituationen formuliert. So folgen z. B. Schlußverkäufe unter Ausnutzung saisonaler Nachfrageschwankungen kurzfristigen Zielen der Nachfragemobilisierung und der Lagerräumung in bezug auf die gesamte Unternehmung. Zur Gestaltung und Beeinflussung lokaler Marktsituationen kann auch die *Verdrängung* eines *Konkurrenten* angestrebt werden bei kurzfristiger Aufgabe des Ziels der Gewinnerwirtschaftung.

Zu lap: Im Rahmen dieser allgemeinen unternehmenspolitischen Preiszielsetzungen werden mit der *Preisstellung langfristig* ganz unterschiedliche Preisziele für *einzelne Produkte, Produktgruppen* oder *Nebenleistungen* simultan verfolgt. Der Preisforderung für ein Produkt kann z. B. in bezug auf die Nachfrage langfristig eine spezielle akquisitorische Funktion für andere Produkte gegeben werden. Die Preisforderung kann der Ausübung sozialpsychologischer Effekte oder der Signalisierung bestimmter qualitativer Imagekomponenten dienen.

Zu kup: Ein wesentliches Handlungsfeld der Preispolitik liegt im Handel in der *kurzfristigen* Preisgestaltung für *einzelne Produkte oder Leistungsbereiche.* Die Entfaltung wechselnder kurzfristiger Attraktionswirkungen zur ständigen Nachfragestimulierung wird im Handel als zentrales absatzpolitisches Preisziel in wechselnden Produkt- und Leistungsbereichen angestrebt. Dieses Ziel verbindet sich oft mit der kurzfristigen Ausnutzung von günstigen Beschaffungssituationen. In Bezug auf die innerbetriebliche Situation kann ein kurzfristig gesetzter Produktpreis u. U. Zielen der Lagerräumung oder des temporären Beschäftigungsausgleichs dienen, um damit eine Nachfragelenkung auf unterbeschäftigte Leistungsbereiche zu erreichen.

Insgesamt muß also unter Berücksichtigung vielfältiger Einzelziele bei den Preisforderungen für Waren und distributive Leistungen ein *differenziertes Preisgefüge* im *Zeitablauf* erstellt werden, das als Ganzes den allgemeinen unternehmenspolitischen Zielsetzungen entspricht.

Aktionsrahmen

Voraussetzung jeder preispolitischen Aktivität ist die Möglichkeit zur selbständigen und freien Festsetzung von Preisforderungen, die allerdings durch externe und interne Rahmenfaktoren eingeschränkt wird. Im Bereich der *außerbetrieblichen Marktfaktoren auf der Absatzseite* sind Eigenschaften der Konsumentenzielgruppen und hier insb. Kaufkraft und Preisverhalten [Kap. I, 4217] relevant, das in den Preiselastizitäten (auch Preisresponse) der Nachfrage seinen Ausdruck findet[19]. Diese können auf einzelne Produkte, Produktbeziehungen untereinander, Produktgruppen oder das gesamte Warenangebot einer Unternehmung bezogen werden. Die Wettbewerbssituation als Einflußfaktor ist durch die Zahl und Verhaltensweisen der Mitanbieter gekennzeichnet, die sich um gleiche oder benachbarte Marktsegmente bemühen [Kap. I, 423]. Auf der *Beschaffungsseite* stellen die Beziehungen zu den Lieferanten und insb. deren Preisverhalten wesentliche Marktfaktoren für die Preispolitik dar, insb. da die Einstandspreise den wesentlichsten Kostenfaktor bilden. Weiterhin kann die Preispolitik durch Preisvorschriften (z. B. Höchst- oder Mindestpreise) oder durch Wettbewerbsregeln verschiedener Instanzen beeinflußt werden. Derartige Instanzen sind staatliche Behörden oder Verbände von Einzelhändlern und Lieferanten[20]. Für Einzelhändler, die einer Kooperationsform angeschlossen sind, besteht mit der Zentrale eine weitere willensbildende Instanz, deren Preisempfehlungen oft obligatorischen Charakter annehmen[21].

Die preispolitischen Verhaltensweisen werden durch einen *rechtlichen Rahmen* determiniert, der sich aus Gesetzen, Verordnungen und Verwaltungsvorschriften zusammensetzt. So sind im GWB Regelungen über wettbewerbsbeschränkendes Preisverhalten, wie z. B. preisbezogene Kartellabsprachen oder vertikale Preisbindung[22] getroffen. Im UWG geht es vor allem um Irreführungen durch Preisstellungen (z. B.

---

[19] Vgl. die Ausführungen zum Preisverhalten Kap. I, 4217 dieser Untersuchung.

[20] Besondere Bedeutung hat das sog. „Berliner Gelöbnis" von 1984 gewonnen, in dem Handels- und Herstellerverbände zur Sicherung des Leistungswettbewerbs gemäß § 28 GWB Wettbewerbsregeln aufgestellt haben, die auch die Preispolitik betreffen [Baudenbacher, 1986, S. 941—956].

[21] Vgl. zur Preisbindung bei kooperativem Warenabsatz Vollmer, 1986.

[22] Mit dem Zweiten Gesetz zur Änderung des GWB von 1973 wurde die vertikale Preisbindung für Markenartikel mit Ausnahme von Verlagserzeugnissen abgeschafft. Dagegen sind Preisempfehlungen des weiteren zulässig.

Lockvogelpreise) aber auch um die Regelung der Aus- und Schlußverkäufe. Preisklarheit und Preiswahrheit werden durch die Verordnung über Preisangaben geregelt, während das Gesetz über Preisnachlässe (RabattG) und die Zugabeverordnung das Rabatt- und Zugabewesen beschränken[23].

Rahmenfaktoren sind weiterhin solche *Wareneigenschaften,* die das Preisverhalten der Konsumenten beeinflussen (Beispiele: Qualitätstransparenz, Notwendigkeit des Bedarfs, Wertigkeit, Innovationsgehalt oder Komplementarität bzw. Substitutionalität zu anderen Produkten); daneben müssen Eigenschaften berücksichtigt werden, die sich auf die Leistungsinanspruchnahme beim Einzelhändler auswirken (Beispiele: Verderblichkeit, Beratungsbedürftigkeit).

Den wichtigsten *innerbetrieblichen* Aktionsrahmenkomplex bildet die Kostensituation der Unternehmung, da langfristig kein Preisansatz unterhalb der durchschnittlichen Gesamtkosten (Einstandskosten zuzüglich Handlungskosten) möglich ist. Die große Bedeutung des kalkulatorischen Ausgleichs läßt im Einzelhandel die Selbstkostendeckung der einzelnen Waren zugunsten einer gesamten oder Produktgruppen-orientierten Umsatz/Kostenbetrachtung zurücktreten. Zudem erschwert der hohe Anteil von Gemeinkosten an den Handlungskosten im Einzelhandel die Kostenträgerrechnung. Neuere EDV-gestützte Methoden der Kostenerfassung tragen zur Verbesserung der Informationsgrundlagen für die Preiskalkulation bei[24].

Weiterhin wirken *Festlegungen* aller *absatzpolitischen Aktionsbereiche* als innerbetriebliche Rahmenfaktoren unter ertrags- und kostenwirtschaftlichen Aspekten auf die Preispolitik ein. Dies gilt insb. bei einer dominierenden Präferenzpolitik, bei der durch andere Aktionsbereiche Bedingungen für die Preisgestaltung gesetzt werden [Klawitter-Kurth, 1981, S. 115]. Ertragswirtschaftlich sind Preisforderungen im Sinne eines kongruenten Marketing Mix auf das Niveau aller Aktionsbereiche abzustellen, während unter kostenwirtschaftlicher Perspektive alle absatzpolitischen Aktivitäten in der Preisstellung abgegolten werden müssen. Neben diesem grundsätzlichen Zusammenhang mit anderen absatzpolitischen Aktionsbereichen können zahlreiche Einzelbeziehungen festgestellt werden, die für die Preisstellung rahmenbildend sind. So ist etwa mit dem Standort ein Einflußfaktor gegeben, der die Preispolitik über die lokale Wettbewerbssituation beeinflußt; Sortimentstiefe und -breite wirken sich auf die Konzipierung verbundener Warenpreise aus, während innerhalb der Verkaufsgestaltung z. B. die Anwendung des Distanzprinzips die Preiskontinuität tangiert.

Aktionselemente

Ein vorrangiges *Aktionselement* der Preispolitik bildet die *Preishöhe* für Waren und distributive Leistungen, die in Verbindung mit den Absatzmengen zu betrachten ist. Unter Berücksichtigung des Vielproduktangebots der Einzelhändler stellt sich die Aufgabe, ein Gefüge von Preisen zu schaffen, die zueinander in zieladäquater Relation stehen. Neben der Preishöhe kann mit der Preisstellungsmethode die *Struktur*

---

[23] Zur Problematik der rechtlichen Regelungen des Preiswettbewerbs und ihrer wirtschaftspolitischen Implikationen vgl. Sölter, 1984.

[24] Vgl. das Konzept der Erfassung der „Direkten Produkt-Rentabilität (DPR)", das im Institut für Selbstbedienung und Warenwirtschaft zur besseren Zurechnung von Handlungskosten entwikkelt wurde [Behrends, 1988, S. 6—17].

des *Preises* als weiteres Aktionselement aufgefaßt werden. In dieser Hinsicht bestehen direkt zu fordernde Endpreise neben indirekten Preisstellungen, bei denen ein Grundpreis mit Zu- oder Abschlägen (Rabatte, Zugaben) verbunden wird. Dem Einzelhändler bieten sich weitere Handlungsmöglichkeiten mit der *Art* der *Preispräsentation,* die auf die Erzielung optischer oder sozialpsychologischer Effekte und auf die innerbetriebliche Organisation der Preisstellung ausgerichtet ist. Preise entfalten ihre Wirkungen innerhalb zeitlicher Preisverkettungen und sind nicht losgelöst von den vorangehenden und folgenden Preisen zu betrachten. Daher kann der *zeitliche Preisverlauf* als gesonderter Handlungsgegenstand der Preispolitik erfaßt werden.

53 Aktionsprinzipien der Preispolitik

531 Orientierungsprinzipien im Überblick

Grundsätzliche Preisorientierungen bilden wichtige strategische Entscheidungen in dem Aktionsbereich. Den Ausführungen dieses Kapitels liegen folgende, in Schaubild II, 5.3 genannte Orientierungsprinzipien zugrunde:

Die *Kostenorientierung* ist eine angebotszentrierte Preisstellung. Sie bezieht sich auf den Werteinsatz des anbietenden Unternehmens. Eng damit zusammenhängend ist eine Leistungsorientierung der Preisstellung, sofern Kosten als Indikator für den Leistungseinsatz betrachtet werden. Die Kostenorientierung soll in der Preispolitik der Praxis als Kosten-plus-Gewinn-Methode stark verbreitet sein [Simon, 1976, S. 90]. Sie ist sehr einfach zu handhaben und bietet den Praktikern eine gewisse, wenn auch nur *scheinbare* Sicherheit einer begründeten Preisfestlegung, wenn sie über wenig Marktkenntnisse verfügen.

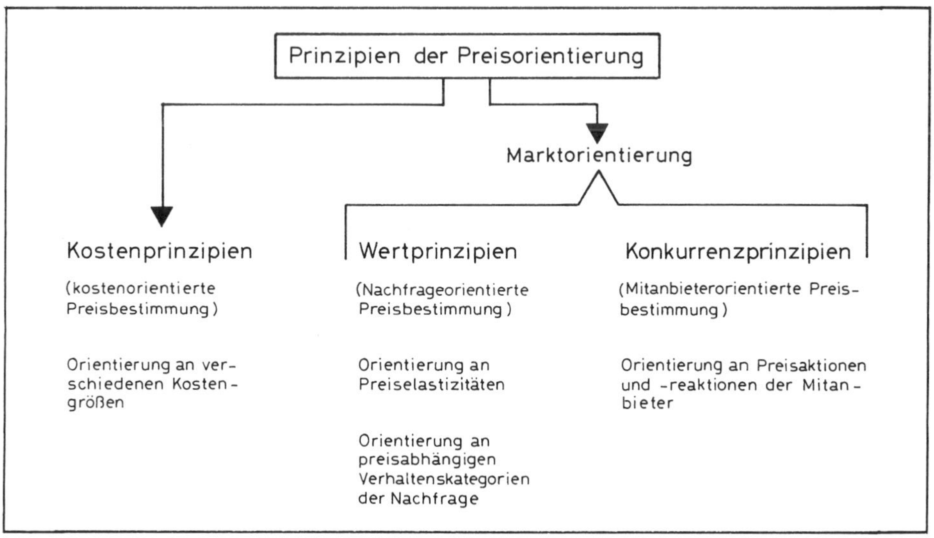

Schaubild II, 5.3: Prinzipien der Preisorientierung

Marktzentrierte Preisorientierungen bestehen mit den *Wert-* und *Konkurrenzprinzipien.* Die Anwendung dieser Prinzipien ermöglicht eine situative Ausschöpfung von Marktpotentialen. Von ihnen gewannen aufgrund zunehmender Kenntnis des Preisverhaltens von Abnehmern die Prinzipien nachfrageorientierter Preisbestimmung in den letzten Jahren an Bedeutung. Ihnen liegt die fundamentale Erkenntnis zugrunde, daß für die Preisstellung der *„wahrgenommene Wert“* des Produktes ausschlaggebend sein sollte [Kotler, 1982a, S. 406]. Die Nachfrageorientierung wird praktisch simultan mit der Konkurrenzorientierung angewendet. Die Trennung dieser Prinzipien ist möglich, wenn für die nachfrageorientierten Prinzipien direkte Konkurrenzreaktionen vernachlässigt werden.

532 Prinzipien der Kostenorientierung

Kostenorientierung in der Preisstellung besagt, daß die als Äquivalent zu den Handelsleistungen anfallenden Kosten für die Preise ausschließlich maßgeblich oder zumindest stark mitbestimmend sind[25]. Die konsequente Anwendung dieser Preisstellungsform erfordert die objektive Analyse *kausaler Beziehungen* zwischen *Kosten* und *Leistungen,* wobei zusätzlich Kriterien der Operationalität, d. h. der instrumentellen Tauglichkeit der Kostenrechnung und der Quantifizierbarkeit aller Kostenfaktoren erfüllt sein müssen.

Bei *ausschließlich* kostenorientierter Preisstellung wird den Kosten eine *preisbegründende Funktion* gegeben und von einer Berücksichtigung der Markteinflüsse auf den Preis abgesehen. Dabei muß vorausgesetzt werden, daß eine Unternehmung ihre Preise autonom festsetzen kann. Es handelt sich um die Realisierung des Kostenverursachungsprinzips, das auf den Stückerfolg des einzelnen Artikels abzielt.

Eine kostenorientierte Preisstellung in *abgeschwächter Form* liegt dann vor, wenn den Kosten eine *preismitbestimmende* oder *begrenzende Funktion* zugewiesen wird. Hier stellen sie bei primär marktorientierter Preisstellung nach dem Kostentragfähigkeitsprinzip eine *sekundäre* Dispositionsgrundlage dar.

Die *Ermittlung kostenorientierter Preise* erfolgt in der Preiskalkulation, mit der die Kosten der Handelstätigkeit unter Berücksichtigung eines Gewinnaufschlags auf die Kostenträger verteilt werden[26]. Kostenträger stellen die Waren in Verbindung mit den in sie eingehenden distributiven Leistungen dar. Leistungen, die während des Umsatzaktes getrennt von den Waren erbracht werden, können als selbständige Kostenträger aufgefaßt werden, sofern sie den Konsumenten gesondert in Rechnung gestellt werden. Die verursachungsgemäße kostenorientierte Preisstellung erfordert eine Kostenzurechnung entsprechend dem Faktorge- oder -verbrauch.

Nach dem Kostenverlauf bei schwankender Kapazitätsausnutzung werden *beschäftigungsfixe* und *-variable* Kosten unterschieden. Erstere bestimmen sich nicht durch die tatsächliche Leistungsmenge, sondern durch den erwarteten Beschäftigungsumfang. Da dem Einzelhandel bei schwankender Nachfrage eine auf Spitzen-

---

[25] Vertiefende Lektüre zur Kostenorientierung in der Preispolitik vgl. Diller, 1985, S. 150ff.

[26] Vertiefende Lektüre zu den Grundlagen der Kostenrechnung allgemein vgl. Kilger, 1988; zur Kostenrechnung im Handel Henning u. a., 1976.

leistungen ausgerichtete Betriebsbereitschaft aufgezwungen wird, ist der Anteil von beschäftigungsfixen Kosten an den Handlungskosten überaus groß. Die beschäftigungsvariablen Kosten verändern sich mit den Umsätzen und den dazu erforderlichen Leistungsmengen. Von ihnen entsteht nur ein geringer Anteil als *Einzelkosten* einer Ware. Überwiegend fallen — bedingt durch den Leistungsverbund innerhalb des Sortiments oder einzelner Teilbereiche — in bezug auf die Ware beschäftigungsvariable *Gemeinkosten* an.

Die Preiskalkulation kann auf *Vollkosten-* oder *Teilkostenbasis* erfolgen. Erstere erfordert neben der Verrechnung von Einzelkosten auch eine Verteilung aller Gemeinkosten auf die Kostenträger durch Schlüsselungen, von deren Genauigkeit die Brauchbarkeit der Ergebnisse abhängt. Mit konstanten Gewinnaufschlägen wird das starre Vollkostenprinzip eingesetzt, während bei variablen Gewinnaufschlägen das flexible Vollkostenprinzip zur Anwendung gelangt, das mit der Variation der Gewinnaufschläge eine Komponente marktorientierter Preisstellung enthält.

In der Praxis des Einzelhandels werden als *traditionelle Methoden der Preiskalkulation* auf *Vollkostenbasis*

(1) die Divisionskalkulation,
(2) die Zuschlags- oder Stufenkalkulation und
(3) die Kostenstellenkalkulation

angewendet[27].

Zu (1): Bei der *Divisionskalkulation* als primitivster Kalkulationsform werden sämtliche Handlungskosten der Unternehmung in einer Kalkulationsquote zusammengefaßt und der Ware proportional zu ihren Einkaufspreisen zugerechnet. Die Kalkulationsquote wird aus Istwerten der Vergangenheit gewonnen und kann als Handlungsaufschlag auf die Einkaufspreise und als Handlungsabschlag von den Verkaufspreisen errechnet werden[28]. Die Preisstellung eines Produktes ergibt sich dann — ungeachtet seiner individuellen Leistungskombination und Kostenbeanspruchung — aus den Einstandspreisen und den künstlich proportionalisierten Handlungskosten zuzüglich eines Gewinnanteils. In der *Äquivalenzziffernrechnung,* die eine verfeinerte Form der Divisionskalkulation darstellt, wird die unterschiedliche Kostenverursachung von Warengruppen in Äquivalenzziffern berücksichtigt. Das setzt allerdings Sortimente mit verwandten Produkten voraus (Beispiel: Krawattenfachgeschäft).

Zu (2): Eine differenziertere Methode ist die *Zuschlags-* bzw. *Stufenkalkulation,* die im Vergleich zur Divisionskalkulation eine genauere Kostenerfassung zuläßt. Die Gesamtkosten werden in Einzel- und Gemeinkosten aufgeteilt, wobei möglichst viele Kosten als Einzelkosten erfaßt und auf die Kostenträger direkt zugerechnet werden. Im Anschluß daran sind die Gemeinkosten geschlüsselt zuzuschlagen.

Eine wesentliche Problematik besteht in der Wahl einer geeigneten Bezugsgröße für die Gemeinkostenzuschläge. Sie wird so ermittelt, daß die zuzurechnenden Gemeinkosten möglichst proportional zu ihr anfallen. Häufig wird die Belastung mit direkten Kosten als Maßstab für die Gemeinkostenschlüsselung angenommen und damit eine Proportionalität von Einzel- und Gemeinkosten unterstellt. Diese Annahme führt nur dann zu praktikablen Ergebnissen, wenn der Gemeinkostenanteil an den Gesamtkosten relativ niedrig ist.

---

[27] Vertiefende Lektüre zu den Verfahren der Preiskalkulation vgl. Hummel, Männel, 1986, S. 268ff.

[28]

$$\text{Handlungsaufschlag} = \frac{\text{Handlungskosten} \cdot 100}{\text{Umsatz zu Einkaufspreisen}}$$

$$\text{Handlungsabschlag} = \frac{\text{Handlungskosten} \cdot 100}{\text{Umsatz zu Verkaufspreisen}}$$

Die Zuschlagskalkulation ermöglicht es, die für die Ware zu erbringenden unterschiedlichen Leistungen durch entsprechende Kostenbelastungen zum Ausdruck zu bringen. Eine künstliche Proportionalisierung der Gemeinkosten läßt sich auch hier nicht umgehen.

Zu (3): Die *Kostenstellenkalkulation* ist eine verfeinerte Zuschlagskalkulation. Die Bildung von Kostenstellen kann an organisatorisch ausgebildeten Abteilungen (Abteilungskalkulation) oder an Warengruppen (Gruppenkalkulation) orientiert sein. Die Gemeinkosten werden unter dem Aspekt ihrer Zurechenbarkeit auf die Kostenstellen in generelle und spezielle Gemeinkosten (Einzelkosten der Kostenstelle) eingeteilt. Mit der Kostenstellenkalkulation wird eine Erweiterung der direkten Kostenzurechenbarkeit erreicht, indem zusätzlich zu den Einzelkosten der Ware ein Teil der Handlungsgemeinkosten als Einzelkosten der Kostenstellen den Produkten gemäß ihrer Beanspruchung zugeordnet werden. Allerdings ist eine willkürliche Schlüsselung der generellen Handlungsgemeinkosten, die keiner Kostenstelle direkt zurechenbar sind, auch hier notwendig.

Mit zunehmender Verfeinerung der Kalkulationsmethoden ist eine genauere Berücksichtigung der Leistungs- und Kostenunterschiede innerhalb des Warensortiments und damit auch eine kostenorientierte und differenzierte Preisstellung möglich. In der Kostenträgerrechnung auf Vollkostenbasis sind jedoch *systemimmanente Fehler* enthalten, die einer *Verwirklichung* des *Kostenverursachungsprinzips* bei der Preisstellung grundsätzlich *entgegenstehen* [Riebel, 1985, S. 235ff]. Die Fehler ergeben sich daraus, daß — bedingt durch den starken Leistungsverbund des Sortiments — variable Gemeinkosten entstehen, die durch Schlüsselung künstlich einzelnen Kostenträgern zugerechnet werden müssen. Vor allem aber ist die Proportionalisierung und Zurechnung der beschäftigungsunabhängigen Kosten ein logisch widersprüchliches Unterfangen. Sie werden dabei so behandelt, als ob sie für jede Leistungseinheit entstehen, während sie in Wirklichkeit für die Betriebsbereitschaft des gesamten Unternehmens oder bestimmter Abteilungen aufgewendet werden und mit den Kostenträgern ursächlich nicht in Verbindung stehen.

Da im Einzelhandel in ausgeprägter Form Mehrproduktunternehmen mit starken Beschäftigungsschwankungen vorliegen, ist der Kostenansatz für die Gewinnung von Schlüsselgrößen besonders problematisch. Mit der Gemeinkostenschlüsselung kann bewußt oder unbewußt die Preisstellung beeinflußt werden[29]. Sofern in ihr bestimmte Marktsituationen bereits vorweggenommen sind, handelt es sich um eine verdeckte marktorientierte Preisstellung. Diese systemimmanenten Mängel der Vollkostenrechnung lassen sich nicht durch eine wie auch immer gestaltete Verbesserung der Preiskalkulation beseitigen.

Ist eine Preisstellung zu durchschnittlichen Selbstkosten bereits aufgrund der Unmöglichkeit einer verursachungsgemäßen Kostenzurechnung schwierig, so trägt sie insb. durch die *Vernachlässigung* der *Marktseite* gewinn- und beschäftigungspolitische Gefahren in sich. Eindeutige Aussagen können in dieser Hinsicht nur mit Kenntnis der speziellen Verläufe von Durchschnittskosten- und Preisabsatzfunktionen gemacht werden. Es besteht jedoch praktisch die Gefahr, daß sich Tendenzen zur Unterbeschäftigung einer Unternehmung oder einzelner Teilbereiche durch anwachsende Gemeinkostensätze und entsprechend hohe Preisstellung verstärken, während

---

[29] „Je mannigfaltiger ein Betrieb ist, je ausgeprägter die innerbetriebliche Leistungsverflechtung und je differenzierter seine Gemeinkostenverrechnung ist, desto weniger sind die Auswirkungen der einzelnen Gemeinkostenschlüssel auf die Preiskalkulation und sonstige Dispositionen zu übersehen“ [Riebel, 1964, S. 575].

bei absatzbedingt günstiger Beschäftigungsentwicklung mit relativ niedriger Preisstellung auf eine marktmögliche Kostenüberdeckung verzichtet wird.

Die Frage der beschäftigungspolitischen Lenkung durch kostenorientierte Preise hat zu der Entwicklung von Kalkulationsmethoden auf *Grenzplankostenbasis* geführt[30]. Dabei wird in der Unterbeschäftigung teilweise auf eine Deckung der fixen Kosten verzichtet, während bei Überbeschäftigung eine Überkostendeckung durch den Preis erreicht werden soll. Damit wird eine Nivellierung der betriebsindividuellen Umsatzschwankungen beabsichtigt, die ein Unternehmen oder einzelne Leistungsbereiche in günstige Beschäftigungslagen bringt. Als praktische Rechenverfahren sind in diesem Zusammenhang die Kalkulation mit Grenzkostenquoten (Kosten bezogen auf Umsatzschichten), die Partialkalkulation und die Prozentualkalkulation entwickelt worden, die mit unterschiedlicher Genauigkeit die Beschäftigungsabhängigkeit der Kosten erfassen.

Die Anwendung dieser Verfahren stößt allerdings bei dem Einzelhandel als typischem Mehrproduktunternehmen insb. wegen seiner starken *Beschäftigungsschwankungen* auf kaum überwindbare Schwierigkeiten[31]. Ein logisch nicht lösbares Problem beruht darauf, daß die Grenzplankostenkalkulation für einzelne Artikel Konstanz des übrigen Angebots voraussetzt. Diese aber ist durch die absatzbedingte Verbundenheit des Sortiments nicht realisierbar. Zudem ist die Festlegung von Beschäftigungsmaßstäben im Einzelhandel überaus problematisch. *Kurzfristige, unvorhersehbare* Beschäftigungsschwankungen verändern darüber hinaus die Kalkulationsgrundlage ständig und machen eine kostenrechnerische Erfassung sehr aufwendig. Eine beschäftigungsoptimale Lenkung der Unternehmung ist schließlich — wie theoretisch nachgewiesen wird — auch bei dieser Kalkulationsbasis nur in Ausnahmefällen zu erreichen (Schnitt der Preis-Absatzfunktion im Minimum der Durchschnittskostenkurve). Somit wird es verständlich, daß die Preisstellung zu Grenzkosten im Einzelhandel keine praktische Bedeutung erlangt hat.

Die angeführten Schwierigkeiten ausschließlich kostenorientierter Preisstellungsmethoden einerseits und die realistische Einschätzung der Bedeutung marktlicher Tatbestände andererseits haben dazu geführt, der Kostenrechnung für die Preispolitik eine andere Aufgabe zuzuweisen. Kostenorientierung der Preisstellung wird danach so interpretiert, daß der Kostenträgerrechnung für die primär marktorientierte Preisstellung nur eine *mitbestimmende* und *begrenzende* Funktion gegeben wird. Auf dieser Einschätzung beruht die Deckungsbeitragsrechnung und ihre Stellung im Rahmen der Preispolitik.

Die *Deckungsbeitragsrechnung* geht von gegebenen Marktpreisen der Produkte aus und ermittelt in einer retrograden Rechnung ihre Deckungsbeiträge, die als Überschüsse der Erlöse über bestimmte *Teilkosten* der Deckung von Fixkosten dienen. Dabei wird auf nicht ursachgemäße Schlüsselung der Gemeinkosten möglichst verzichtet[32]. Neben der einfachen sog. *Blockkostenrechnung* gibt es verfeinerte Ver-

---

[30] Zur Grenzplankostenrechnung vgl. Kilger, 1988, S. 69ff; speziell zur Kostenträgerrechnung auf Grenzplankostenbasis S. 605ff.

[31] Zu der Problematik der Preisstellung zu Grenzkosten im Einzelhandel vgl. die ausführliche Darstellung bei Theisen, 1960, S. 53—63.

[32] Auf eine Darstellung der verschiedenen, im Rahmen der Deckungsbeitragsrechnung entwickelten Verfahren mit ihrer Problematik muß hier verzichtet werden. Einen speziell auf den Handel bezogenen Überblick gibt Hecker, 1968, S. 98ff; vgl. weiterhin Tietz, 1980, S. 253—300.

fahren der *stufenweisen Fixkostendeckungsrechnung.* Bei ihnen werden nach Maßgabe einer Bezugsgrößen-Hierarchie alle Kosten dort als Einzelkosten erfaßt, wo sie als solche entstehen, und den Bezugsobjekten zugeordnet, so daß in Abstufungen Deckungsbeiträge zu den verschiedenen Fixkostenschichten sichtbar werden[33].

Mit der Deckungsbeitragsrechnung wird von der *progressiven* Preiskalkulation zur Ermittlung allein kostenbestimmter Preise zur *retrograden* Preiskalkulation übergegangen. Sie erhält jedoch preisbeeinflussende Funktionen in verschiedener Hinsicht. So können mit ihr bei marktorientierter Preisstellung verschiedene *Preisuntergrenzen* der Produkte festgestellt werden. Für die Politik des kalkulatorischen Ausgleichs stellt sie den kostenwirtschaftlichen Hintergrund her, mit dem die notwendige *Kompensation* zwischen Kostenüber- und -unterdeckungen innerhalb des Sortiments

Verkaufsabteilungen	I				II			
Artikelgruppen	A		B		C		D	
Artikel Absatzmengen	a_1 x_{a1}	a_2 x_{a2}	b_1 x_{b1}	b_2 x_{b2}	c_1 x_{c1}	c_2 x_{c2}	d_1 x_{d1}	d_2 x_{d2}
Nettoumsatz ./. Einzelkosten der Artikel	u_{a1} k_{a1}	u_{a2} k_{a2}	u_{b1} k_{b1}	u_{b2} k_{b2}	u_{c1} k_{c1}	u_{c2} k_{c2}	u_{d1} k_{d1}	u_{d2} k_{d2}
I Deckungsbeiträge der Artikel	DB_{a1}	DB_{a2}	DB_{b1}	DB_{b2}	DB_{c1}	DB_{c2}	DB_{d1}	DB_{d2}
./. Einzelkosten der Artikelgruppen	K_A		K_B		K_C		K_D	
II Deckungsbeiträge der Artikelgruppen	DB_A		DB_B		DB_C		DB_D	
./. Einzelkosten der Verkaufsabteilungen	K_I				K_{II}			
III Deckungsbeiträge der Verkaufsabteilungen	DB_I				DB_{II}			
./. Einzelkosten der Gesamtumsatzleistung der Unternehmung	K_U							
IV Periodenerfolg	E							

[33] *Schaubild II, 5.4:* Beispiel einer Deckungsbeitragsrechnung auf Einzelkostenbasis [Quelle: Hecker, 1968, S. 151 mit Veränderungen]

transparent wird. Zudem bietet sie die kostenorientierte Entscheidungsgrundlage bei marktmöglichen Preis-Mengenalternativen der Produkte[34].

Derartige Funktionen kann die Deckungsbeitragsrechnung nur bei einer differenzierten Kostenstellen- und Kostenträgerrechnung erfüllen. Diese ist aber insb. in Kleinbetrieben des Einzelhandels schwer zu verwirklichen, wenn dabei das Kriterium der Wirtschaftlichkeit und Praktikabilität in der Rechnungserstellung berücksichtigt wird. In pauschalisierter Form ist das Rechnen mit Deckungsbeiträgen dem Einzelhandel in Form seines Spannendenkens allerdings nicht fremd[35].

Zusammenfassend kann festgestellt werden, daß eine kostenorientierte Preisstellung in ihrer strengen Form nicht anwendbar ist. Die Spezifika des Einzelhandels *erschweren* die *ursachgemäße Zurechnung* von *Kosten* und *Leistungen* in besonderem Maße und bedingen *mangelhafte Operationalität* des dafür erforderlichen Rechnungswesens. Noch schwerwiegender sind *marktbedingte Fehlleitungen,* die durch eine Vernachlässigung der Marktseite in der Preisstellung hervorgerufen werden. Die Kostenorientierung als preismitbestimmende oder begrenzende Dispositionsgrundlage stellt dagegen ein notwendiges Korrektiv bei einer Marktorientierung der Preisstellung dar. Diese ist Gegenstand der folgenden Abschnitte.

533 Prinzipien der Nachfrageorientierung

Bei der nachfrageorientierten Preisstellung bildet die *Preisbereitschaft* der Nachfrager für ein Produkt oder eine Produktgruppe das Primat des Preisansatzes. In den Preisen wird ihre vom Markt abgeleitete *Kostentragfähigkeit* berücksichtigt, die sich im Zusammenhang mit dem wahrgenommenen Wert ergibt, den die Konsumenten einem Produkt oder einer distributiven Leistung beimessen. Dabei haben Kostengesichtspunkte als Aktionsrahmenkomplex soweit eine Bedeutung, als die Preise des Gesamtsortiments langfristig nicht unterhalb der durchschnittlichen Vollkosten angesetzt werden dürfen. Die differenzierten Zielsetzungen der nachfrageorientierten Preisstellung finden zusammengefaßt ihren Ausdruck darin, daß das vorhandene Kaufkraftpotential für die spezifischen unternehmerischen Zwecke möglichst günstig ausgenutzt werden soll.

5331 Preis- und Kreuzpreiselastizitäten als Instrumentarium der marktorientierten Preisstellung

Für die marktorientierte Preisstellung bilden die Nachfragereaktionen der Konsumenten auf Preisveränderungen (auch Preisresponse) die dominierende preisbegründende Komponente. Sie werden für einen Gesamtmarkt oder einzelne Teilbereiche in

[34] Vgl. praktische Beispiele bei Schneider, J., 1968, S. 59ff.

[35] „Die Spannenrechnung und das Spannendenken in Handelsbetrieben gehen von dem gleichen Grundgedanken aus wie das Rechnen mit Teilkosten und Deckungsbeiträgen. Nur bilden die Warenkosten eine zu niedrige Teilkostenbasis, als daß hinreichend genaue Ergebnisse erzielt werden könnten" [Hecker, 1968, S. 112f].

Preiselastizitäten ausgedrückt. Das Preisverhalten der Konsumenten wurde bereits eingehend erläutert [Kap. I, 4217], so daß hier eine zusammenfassende Systematisierung der möglichen Ausprägungen genügt [Schaubild II, 5.5].

	Preisverhalten der Nachfrage in bezug auf ein Produkt (Preiselastizitäten)	Preisverhalten der Nachfrage in bezug auf mehrere Produkte (Kreuzpreiselastizitäten)
preisdifferentes Verhalten	- Preis als Aversion auslösende Kaufbarriere (Preiselastizität der Nachfrage negativ, $\varepsilon > \|-1\|$ elastische Nachfrage $\varepsilon < \|-1\|$ unelastische Nachfrage) - Preis als Qualitätsindikator (Preiselastizität positiv) - Preis als soziale Teilqualität eines Produktes (Preiselastizität positiv)	- komplementäres Verhalten (Kreuzpreiselastizität negativ) - substitutives Verhalten (Kreuzpreiselastizität positiv)
preisindifferentes Verhal-	- Preiselastizität 0	- Kreuzpreiselastizität 0

Schaubild II, 5.5: Preis- und Kreuzpreiselastizitäten

Diese Verhaltensformen überlagern sich z. T. in der Nachfrage nach einem Produkt, wobei die Werte der Preiselastizitäten von dem Kräfteverhältnis der sie auslösenden Preiseffekte abhängen: Für ein Einzelhandelsunternehmen sind nicht die Preis- und Kreuzpreiselastizitäten der Gesamtnachfrage eines Marktes, sondern die seiner *betriebsindividuellen Nachfrage* relevant. Zwischen beiden bestehen oft erhebliche Unterschiede. So ist z. B. bei Produkten des lebensnotwendigen, täglichen Bedarfs die Preiselastizität des Gesamtmarktes gering, während der einzelne Händler bei Preismaßnahmen u. U. mit starken Reaktionen rechnen kann. Umgekehrt wird eine relativ elastische Gesamtnachfrage für ein Produkt durch persönliche Bindungen des Konsumenten an eine Einzelhandelsunternehmung starrer. Ähnliche Unterschiede ergeben sich hinsichtlich der Kreuzpreiselastizitäten, die aufgrund des Beschaffungsverbundes der Konsumenten innerhalb eines Sortiments betriebsindividuell anders sein können als bei der Gesamtnachfrage.

Da eine Einzelhandelsunternehmung Produkte in Verbindung mit distributiven Leistungen absetzt, besteht die Frage nach dem *Preisverhalten hinsichtlich* dieser *Leistungen.* Soweit sie unlösbar in das Produkt eingehen, richtet sich das Preisverhalten der Konsumenten auf den Gesamtkomplex aus Produkt und Leistungen, wobei sich Leistungsänderungen in einer Verschiebung der Preis-Absatzfunktion eines Produktes ausdrücken. Werden Leistungen dagegen gesondert angeboten, bestehen für sie die gleichen preisgerichteten Verhaltensweisen wie für Produkte. Zusätzlich treten komplementäre und substitutive Beziehungen zwischen Produkten und Leistungen auf und begründen negative und positive Kreuzpreiselastizitäten zwischen ihnen (Beispiel für Komplementarität: positive Produktmengenänderungen bei Transportpreissenkungen; Beispiel für Substitutionalität: negative Produktmengenänderungen bei Reparaturpreissenkung, da Produktlebensdauer erhöht wird).

In enger Verbindung zur Preiselastizität steht im Handel das Konstrukt der Spannenelastizität[36]. Während die Preiselastizität Veränderungen des Umsatzes bei Preisveränderungen bzw. des Gewinns unter Einbeziehung der Kosten zum Ausdruck bringt, entspricht die Spannenelastizität dem verbreiteten Denken in *Bruttospannen* als Zielgröße. Prozentuale Warenpreisänderungen bedeuten entsprechend der Relation von Einkaufs- zu Verkaufspreisen eine stärkere prozentuale Handelsspannenveränderung. Soll bei Preissenkungen der Bruttospannenertrag mindestens erhalten bleiben, so muß die Preiselastizität der Nachfrage für ein Produkt entsprechend größer sein als die Spannenelastizität, um die prozentuale Bruttospannenreduktion auszugleichen[37]. *Je geringer (höher) die Spannenanteile an den Verkaufspreisen der Produkte sind, desto größer (geringer) müssen die für positive Veränderungen der Bruttospannenerträge erforderlichen Preiselastizitäten der Nachfrage sein.*

Preis- und Kreuzpreiselastizitäten sowie Spannenelastizitäten sind als Instrumentarium der Preisstellung für den Handel praktisch schwer zugänglich. Zur groben Orientierung ist die Nutzung allgemeiner empirischer Ergebnisse für die Gesamtnachfrage von Produkten möglich. Sie muß allerdings auf betriebsindividuelle Gegebenheiten transponiert werden, insb. durch den schwer verallgemeinerbaren Sortimentszusammenhang und die Verbindung der Produkte mit betriebsspezifischen Lei-

---

[36] Die Spannenelastizität drückt das Verhältnis zwischen relativer Mengenänderung zu relativer Spannenänderung aus.

[37] Für diesen Zusammenhang hat Müller-Beilschmidt eine Gleichung entwickelt, in der die Mindestgröße für die Preiselastizität der Nachfrage festgestellt wird, wenn bei einer Produktpreissenkung ein konstanter Bruttospannenertrag erreicht werden soll. Vgl. die Ableitung bei Müller-Beilschmidt, 1954, S. 23ff.

$$\varepsilon_p = -\frac{p_1}{p_2 - c}$$

εp = Preiselastizität der Nachfrage, p_1 = ursprünglicher Verkaufspreis, p_2 = veränderter Verkaufspreis, c = Einkaufspreis

Beispiel: Wird ein Warenpreis von 10 DM um 10 % auf 9 DM gesenkt, so bewirkt das bei einem Einkaufspreis von 8 DM und einer Bruttospanne von 20 % eine Spannenreduktion um 50 %. Es muß folgende Preiselastizität der Nachfrage bestehen, damit der Einzelhändler bei der Preisveränderung den gleichen Bruttospannengesamtertrag erreicht:

$$\varepsilon_p = -\frac{10}{9-8} = -10$$

Aus der ermittelten Preiselastizität ergibt sich, daß die erforderliche Mengenänderung bei einer 10 % Preisänderung 100 % beträgt. Die erforderliche Spannenelastizität (ε_s) ist nur

$$\varepsilon_s = -\frac{100}{50} = -2$$

stungen. Weiterhin kann eine ex ante-Bestimmung aufgrund von *Erfahrungen* mit *früher durchgeführten Preisänderungen* vorgenommen werden, wobei scanner-Daten hilfreich sind. Die Preiselastizitäten können schließlich auch mit *experimentellen Erhebungen* ermittelt werden, wofür insb. bei mehreren Einkaufsstätten gute Bedingungen bestehen. Allerdings sind für beide Vorgehensweisen Prognosen dadurch erschwert, daß sich Kaufkraft und Verhalten der Zielgruppen sowie Faktoren des eigenen Angebots — insb. durch Umfang und Schwankungen des Sortiments — ändern können [Barth, 1988, S. 183]. Somit sind die Disponenten häufig auf *allgemeine Faustregeln* und auf grobe betriebsindividuelle Orientierungspunkte angewiesen, die sich im Lauf der Zeit aus ihrem Erfahrungsschatz ergeben. Faustregeln für die Schätzung von Preiselastizitäten sind z. B. die Substitutions- und Komplementaritätsregeln [Humbel, 1958, S. 71f]:

Substitutionsregel: Die Preiselastizität der Nachfrage nach einem Produkt ist um so größer (kleiner), je leichter (schwerer) es durch andere ersetzt werden kann. Dies gilt sowohl für Produkte des eigenen Sortiments als auch für das Angebot der Konkurrenz (Triffin'sche Koeffizienten). Leichte Substituierbarkeit besteht für relativ homogene Produkte und Leistungen.

Komplementaritätsregel: Die Preiselastizität der Nachfrage nach einem Produkt wird um so größer (kleiner), je weniger (mehr) Komplemente in der Nachfrage eine Rolle spielen. Viele und intensive komplementäre Beziehungen senken also die Preiselastizität.

Weitere Schätzwerte für das Preisverhalten der Konsumenten werden aus relevanten Eigenschaften der Zielgruppe und aus produkttypologischen Merkmalen abgeleitet. Dabei sind über die generellen Produktmerkmale hinaus auch solche wesentlich, die sich auf die spezifische Stellung eines Produktes im Angebot eines Einzelhändlers beziehen[38].

5332 Prinzipien zur Preishöhe

Das zentrale Problem der Preispolitik stellt sich mit der marktadäquaten Festlegung der Preishöhe für Produkte und Leistungen unter Berücksichtigung der unternehmerischen preispolitischen Zielsetzungen. Aufgrund der Vielfalt des händlerischen Angebots ist die Aufgabe der Preisstellung sehr komplex. Daher haben sich in der Praxis verschiedene Handlungsregeln als heuristische Orientierungen herausgebildet, die zu einer rationellen Lösung dieser Aufgabe auch bei großer Informationsunsicherheit beitragen.

Der Schwerpunkt der Preispolitik liegt in der Anwendung des *Kompensationsprinzips.* Diese hat teils strukturgebenden Charakter, teils ist sie auch Ablaufpolitik, die sich an wechselnden Marktsituationen orientiert. Eine vielseitig diskutierte Variante stellt innerhalb der kompensatorischen Preisstellung der *Verkauf unter Einstandspreisen* dar, dem daher ein besonderer Abschnitt gewidmet werden soll. Zur Festlegung der längerfristigen Preisstruktur eines Sortiments wird im Zusammenhang mit der Sortimentspolitik die *Preislagenpolitik* eingesetzt. Ebenfalls längerfristig an-

[38] Derartige Orientierungsmöglichkeiten werden im folgenden Kapitel behandelt.

gelegt ist die *Preisdifferenzierung,* mit der eine Einzelhandelsunternehmung Aspekte der Marktsegmentierung durch die Preisstellung verfolgt.

53321 Ausgewählte Handlungsregeln

Die Handlungsregeln orientieren sich implizit an den Preis- und Kreuzpreiselastizitäten der Produkte und Leistungen und den sie begründenden Verhaltensformen der Nachfrager. Sie bauen auf der gängigen Praxis einer Kosten-plus-Kalkulation auf [Simon, 1982a, S. 412]. Die Marktorientierung der Preisstellung drückt sich also in der nachfrageadäquaten *Differenzierung* der *Aufschläge* aus.

Als Handlungsregel bezüglich der *Preiselastizitäten* wird empfohlen:

- Je höher (niedriger) die Preiselastizität der Nachfrage, desto niedriger (höher) der Aufschlag auf die variablen Kosten und desto niedriger (höher) der Verkaufspreis [Barth, 1988, S. 191]. Eine Konkretisierung dieser Regel findet sich in folgenden Sätzen [Simon, 1982a, S. 412ff]:
    - Aufschlagsatz um so höher (niedriger) je absolut niedriger (höher) der Preis. Hier wird tendenziell davon ausgegangen, daß die Preiselastizität mit der absoluten Höhe des Preises steigt.
    - Aufschlagsatz um so geringer (höher) je größer (niedriger) die Umschlagsgeschwindigkeit.
      Hier wird tendenziell davon ausgegangen, daß höhere Umschlagsgeschwindigkeiten mit häufigerer Beschaffung und damit sensitiverer Preisreaktion einhergeht.
    - Niedrige Aufschläge bei „politisch-sensiblen“ Produkten (Beispiel: Milch). Hier wird tendenziell davon ausgegangen, daß bei „politisch-sensiblen“ Produkten die Preiswahrnehmung und damit die Preiselastizität besonders ausgeprägt ist.

Als Handlungsregel bezüglich der *Kreuz-Preiselastizitäten* wird empfohlen:

- Der gewinnoptimale Preis liegt im Verhältnis zum Preis ohne Berücksichtigung des Sortimentsverbunds ceteris paribus um so niedriger (höher)
    - je mehr (weniger) komplementäre Produkte vorhanden sind,
    - je höher (niedriger) die Kreuz-Preiselastizitäten von den Komplementen sind,
    - je höher (niedriger) die Umsätze mit den Komplementen sind,
    - je weniger (mehr) substitutive Produkte vorhanden sind,
    - je niedriger (höher) die Kreuz-Preiselastizitäten zu den Substituten sind,
    - je niedriger (höher) die Umsätze mit den Substituten sind.

Diese Regeln haben angesichts der Komplexität der Preisfindungsaufgaben im Handel ihren heuristischen Wert. Implizit erfüllen sie als elastizitätsorientierte Kalkulationsweise die Handlungsempfehlungen, die aus der Amoroso-Robinson-Relation ableitbar sind.

53322 Kompensatorische Preisstellung

Die kompensatorische Preisstellung stellt für den Einzelhändler mit seinem Vielproduktangebot ein tragendes Preisprinzip dar. Im Gegensatz zu einer am einzelnen Produkterfolg orientierten Preisstellung wird dabei der *Gesamterfolg* des Sortiments zugrunde gelegt. Die Preisansätze für die einzelnen Produkte richten sich — ungeachtet ihrer individuellen Kostenverursachung — nach der Marktsituation. Etwaige Verluste bei bestimmten Produkten werden durch die Gewinne anderer ausgeglichen. Über den *rechnerischen Spannenausgleich* hinaus besteht eine weitere Zielvorstellung darin, die *Nachfrageverbundenheit* der *Produkte auszunutzen* und durch die kompensatorische Preisstellung unter ihnen akquisitorische Wirkungen zu entfalten, die zu einer gegenseitigen Nachfragestützung führen. Die kompensatorische Preisstellung erlaubt wegen der Möglichkeit flexibler Marktanpassung weit stärker eine wirksame Beschäftigungspolitik als die streng kostenorientierte Preisstellung.

Im Rahmen der kompensatorischen Preisstellung wird gemäß unterschiedlicher Preisansätze zwischen *Ausgleichsträgern* und *-nehmern* unter den Produkten unterschieden. Ausgleichsträger sind Waren, „... deren Absatzerträge je Mengeneinheit des Artikels über einem noch näher zu bestimmenden Grenzwert (z. B. Durchschnittskosten je Mengeneinheit des Artikels) liegen" [Gümbel, 1963, S. 212], während die Absatzerträge der Ausgleichsnehmer diesen Grenzwert nicht erreichen.

Als Grenzwert gilt in der Praxis z. T. der Einstandspreis zuzüglich eines pauschalen Betriebskostensatzes. Horacek schlägt dagegen als Grenzwert die vollen Stückkosten vor [Horacek, 1950, S. 17—19]. Da nur variable Kosten einem Produkt zugerechnet werden dürfen, ist dieser Grenzwert nicht korrekt. Die theoretisch exaktere Grenzziehung muß vielmehr bei den variablen Kosten vorgenommen werden. Ermittlungsschwierigkeiten legen nahe, daß man sich aus Gründen der Operationalität auf die *Einzelkosten* (Einstandskosten + Handlungseinzelkosten) beschränkt. Jedes Produkt, dessen Preisansatz diese Kosten übersteigt, trägt zur Deckung der Gemeinkosten bei und wird dabei um so mehr zum Ausgleichsträger, je schneller sein Um-

Schaubild II, 5.6: Ausgleichsnehmer und -träger in der Kompensationskalkulation schlag ist. Gelegentlich ist eine Differenzierung der Ausgleichsnehmer und -träger nach *verschiedenen Graden* nützlich [Schaubild II, 5.6].

Die kompensatorische Preisstellung kann unter *Zeit-* und *Sachaspekten* vorgenommen werden [Schaubild II, 5.7]. Zeitlich ist zwischen einer Simultan- und Sukzessivkompensation zu unterscheiden. Letztere betrifft die dynamische Preispolitik und wird in dem entsprechenden Kapitel [II, 535] behandelt. Im Prinzip gleicht aber die zeitliche Kompensation der sachlichen insofern, als jeweils eine *ganzheitliche* Sicht auf die Erwirtschaftung von Deckungsbeiträgen vorliegt, die in einem Fall zwischen Produkten und in einem anderen Fall zwischen Perioden ausgeglichen werden. In sachlicher Hinsicht ist über Sorten, Artikel, Abteilungen oder Filialen als Bezugspunkt der Kompensation zu disponieren.

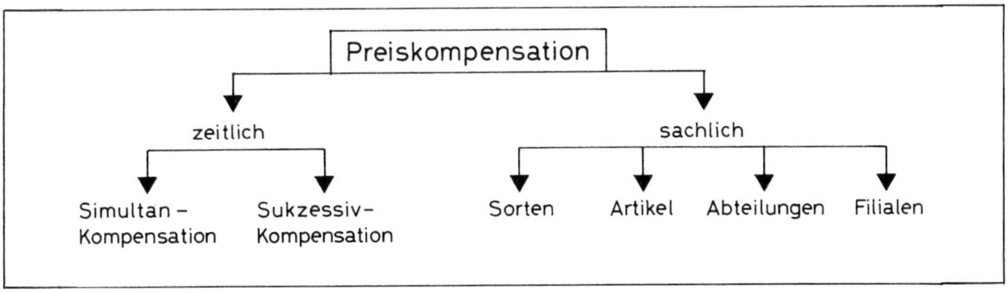

Schaubild II, 5.7: Arten der Preiskompensation

Diese Arten der Preiskompensation werden in zeitlicher und sachlicher Hinsicht kombiniert angewendet.

Die zentrale Aufgabe der kompensatorischen Preisstellung besteht darin, den Produkten des Sortiments bei verschiedenen Zielvorstellungen die Positionen eines Ausgleichsnehmers oder -trägers zuzuweisen. Dazu entstehen folgende Entscheidungsprobleme:

— Funktion der Preisstellung im Kontext des Sortiments
  • Irradiation auf das Preisimage der Einkaufsstätte oder das Gesamtsortiment,
  • Absatzförderung gezielter Komplemente,
  • Mobilisierung von Kaufkraft für das betreffende Produkt,
  • Erwirtschaftung von Deckungsbeiträgen für andere Produkte.
— Höhe der Preisstellung
  • Ausgleichsnehmer 1., 2. Grades,
  • Ausgleichsträger 1., 2. Grades.
— Sachlicher Anwendungsbereich
  • verschiedene Produktmerkmale.
— Dauer der Preisstellung
  • längerfristig (Strukturentscheidungen),
  • kurzfristig (Ablaufentscheidungen).

Aus der Kombination von Ausprägungen dieser Entscheidungsfelder werden im folgenden unter Anschauung realer Preisbildungsprozesse verschiedene Preistypen abgeleitet. Hierbei soll vor allem der Funktionsaspekt der Preisstellung in logischer

Verbindung mit den anderen Merkmalen verfolgt werden. In der Literatur, die sich umfangreich insb. mit Formen der Niedrigpreispolitik im Handel befaßt, sind z. T. *andere* Unterscheidungen und Bezeichnungen üblich. In der Praxis sind im einzelnen neben diesen Typen auch Vermischungen zu finden. Ich unterscheide[39]:

(1) Schlüssel- oder Leitartikel (Konkurrenzartikel),
(2) Zugartikel („loss leader"),
(3) Sonderangebote und
(4) Kompensationsartikel.

Zu (1): Die Vorstellung von der Preisgünstigkeit eines Einzelhandelsunternehmens entsteht bei den Verbrauchern häufig nur an den Preisen weniger Produkte, die als *Schlüssel-* oder *Leitartikel* bezeichnet werden[40]. Eine derartige Bildung des Preisimages beruht darauf, daß sich die Konsumenten von Preisinformationen und -vergleichen entlasten, indem sie die *Preise einzelner Produkte* zum *Beurteilungsmaßstab* des *Gesamtsortiments* machen. Lerntheoretisch findet in diesen Fällen eine Reizgeneralisierung statt, indem das Urteil über einen Preis auf andere Bereiche übertragen wird [Müller-Hagedorn, 1984, S. 215ff]. Da Schlüsselartikel auch zum Vergleich von Konkurrenzangeboten herangezogen werden, bezeichnet man sie auch als *Konkurrenzartikel.* Ein Einzelhändler kann durch gezielte niedrige Preisstellung in derartigen preiskritischen Sortimentsbereichen das Image der Preisgünstigkeit seines Gesamtangebots aufbauen und damit Irradiationswirkungen zwischen Schlüsselartikeln und Sortiment bewirken [*„key item pricing"*, Bliss, 1952, S. 42]. Diese Nutzung von Schlüsselartikeln setzt voraus, daß die Konsumenten der Zielgruppe dieselben Artikel dauerhaft zur Imagebildung heranziehen[41]. Die preisliche Schlüsselfunktion von Produkten im Sortiment bedingt sich aus relativ *konstanten* Verhaltensweisen der Konsumenten, so daß ihre Träger entsprechend dauerhaft als Niedrigpreisartikel eingesetzt werden können.

Der Niedrigpreisansatz bei Schlüsselartikeln wird in verschiedenen Abstufungen vorgenommen. Eine Unterkostendeckung, mit der solche Produkte zu Ausgleichsnehmern werden, ist problematisch, wenn innerhalb des Sortiments viele Substitute existieren, deren Absatz dadurch sinkt. Sie lohnt sich insb. beim Aufbau einer regelmäßig kaufenden Stammkundschaft, innerhalb derer der Irradiationseffekt auf das Gesamtsortiment dauerhaft wirksam werden kann und ein Verlustausgleich entsteht.

Als preispolitische Schlüsselartikel fungieren vorrangig Produkte, bei denen die Konsumenten eine ausreichende Preis- und Qualitätstransparenz haben und sich preisbewußt verhalten. Diese Voraussetzungen sind häufig in dem Bereich des lebensnotwendigen Bedarfs gegeben[42], der täglich bis kurzperiodisch gedeckt wird. Eine Schlüsselfunktion haben weiterhin oft Produkte mit aufgedruckten Preisempfehlungen, an denen die Preiswürdigkeit des Einzelhandelsangebots durch Unterbietung

---

[39] Vertiefende Lektüre zu den verschiedenen Arten der Niedrigpreisstellungen im Handel mit z. T. abweichenden Bezeichnungen vgl. Schüller, 1988, S. 28ff.

[40] Vgl. zur Preispolitik für Schlüssel- bzw. Leitartikel auch Moeller-Herrmann, 1968, S. 294ff.

[41] Empirische Untersuchungen zur Bildung von Preisimages führen allerdings z. T. noch zu kontroversen Ergebnissen [Simon, 1982a, S. 37].

[42] Es wurde bereits darauf hingewiesen, daß dieses Produktmerkmal an den spezifischen Verhaltensweisen und Kaufkraftverhältnissen der Konsumentenzielgruppe relativiert werden muß.

augenscheinlich gemacht werden kann, ohne daß Preiskenntnis der Konsumenten vorausgesetzt werden müßte.

Zu (2): Während Schlüsselartikel eine umfassende Irradiationswirkung der Preisgünstigkeit auf das Sortiment entfalten und in dieser Funktion preispolitisch längerfristig eingesetzt werden, dienen *Zugartikel* („loss leader", Lockvogel) eher *kurzfristig* zur *Erhöhung der Kundenfrequenz* und zur *akquisitorischen Förderung* ihrer *speziellen Komplemente.* Als Ausgleichsnehmer kalkuliert, sollen sie Anschlußkäufe gewinnbringender komplementärer Produkte bewirken, die ihrerseits die Verluste an dem Zugartikel überkompensieren müssen. Dieses Prinzip des Zugartikelangebots ist so lange für den Einzelhandel vorteilhaft, wie die Verluste bzw. entgangenen Gewinne an den Zugartikel durch die zusätzlichen Deckungsbeiträge der Komplementärverkäufe ausgeglichen werden.

Zugartikel sind als Lockvogelangebote Gegenstand heftiger *rechtlicher* Diskussion[43]. Hier geht es insb. darum, Irreführungen der Konsumenten zu verhindern, die im Zusammenhang mit dem Ziel der Kundenmobilisierung angenommen wird, wenn Einzelhändler zur Vermeidung von Verlusten bewußt eine Mengenbegrenzung vornehmen und durch persönlichen Verkaufseinsatz versuchen, die Nachfrage der angelockten Kunden auf gewinnbringende Artikel umzuleiten und damit zu manipulieren[44] (auch *bait-leader*-Politik).

Das Zugartikel-Prinzip ist im Einzelhandel sehr verbreitet. Hinsichtlich der Auswahl geeigneter Produkte besteht die Forderung, daß ein Zugartikel innerhalb eines Sortiments wenig *Substitutionsbeziehungen,* dagegen *viele* und *intensive Komplementärbeziehungen* zu anderen Produkten haben sollte. Daraus folgt, daß Einzelhändler mit breiten Sortimenten bessere Voraussetzungen besitzen als Fachhändler mit tiefen Sortimenten. Über die Frage der direkten Preiselastizitäten von Zugartikeln besteht in der Literatur keine einheitliche Meinung. So wird gefordert, daß eine unelastische Nachfrage günstig sei, um die Verluste an den Zugartikeln nicht zu hoch werden zu lassen. Dagegen wird eingewendet, daß in diesem Fall auch die akquisitorische Wirkung auf die Komplemente nicht groß sein könnte und demzufolge eher Zugartikel mit elastischen Preisreaktionen der Nachfrage erforderlich seien[45].

Die Frage nach geeigneten Zugartikeln kann generell und isoliert nicht beantwortet werden. Je höher der Stückverlust an einem Zugartikel und je größer seine Preiselastizität ist, desto höhere gewinnbringende Effekte müssen bei den Komplementen sichergestellt sein, sei es, daß diese pro Stück hohe Deckungsbeiträge erbringen oder daß aufgrund starker Kreuzpreiselastizitäten große Mengenwirkungen erzielt werden. Da Zugartikel Anschlußkäufe ihrer Komplemente hervorrufen sollen, eignen sich bei

---

[43] Zur vertiefenden Lektüre vgl. Jetzer, 1979. In der juristischen Literatur wird dieser Preistyp als Lockvogelwerbung bezeichnet. Aus Gründen der instrumentalen Aktionsbereichssystematik soll dem nicht gefolgt werden.

[44] Dieser Einwand der Manipulation wird auch nicht durch das Argument entkräftet, daß der akquisitorische Effekt des Zugartikels keine — etwa der Werbung vergleichbare — erhöhten Distributionskosten verursache, sondern für den Konsumenten immerhin partielle Preisbegünstigungen entstehen. Vgl. diese Diskussion des Zugartikels bei Humbel, 1958, S. 102ff.

[45] Vaile, Grether und Cox, 1952, S. 447, fordern: „The ideal leader ... enjoys both a highly elastic general demand and a high degree of cross elasticity of demand, and does not compete closely with other items in the dealer's assortment and so destroy sales opportunities instead of creating them".

gebrauchstechnischem Nachfrageverbund vorrangig Produkte, die Initialkäufe zur Befriedigung eines Grundbedarfs anregen, während der Zusatzbedarf gewinnbringend kalkuliert wird (Beispiel: Fotoapparat als Grundbedarf, Ausrüstungsgegenstände und Filme als Zusatzbedarf). Damit derartige Anschlußkäufe in dem eigenen Laden auch tatsächlich sichergestellt sind, werden Zugartikel gelegentlich in sog. *Kopplungsgeschäften* an das Angebot ihrer Kompensationsartikel gebunden.

Zu (3): Eine Niedrigpreisstellung besteht auch bei *Sonderangeboten.* Diese liegen gemäß der hier verfolgten Terminologie vor, wenn vorrangig ein *Verkaufseffekt* für die *preislich niedrig gestellten Produkte selbst* und erst sekundär eine akquisitorische Wirkung für das Gesamtsortiment angestrebt wird. Demzufolge sind Sonderangebote selten Ausgleichsnehmer, sondern meist Ausgleichsträger niederen Grades, die zwar nur geringfügige Stückdeckungsbeiträge abwerfen, dabei aber durch ihre hohe Umschlagsgeschwindigkeit u. U. eine beträchtliche Gesamtkostendeckung erreichen. Als besonderes Merkmal des Sonderangebots ist seine *Kurzfristigkeit* zu betrachten[46], die eine schnelle Nachfragemobilisierung durch die „Faszination der günstigen Gelegenheit" [Scherhorn, 1964, S. 50] bewirken soll.

Mit der Niedrigpreisstellung von Sonderangeboten verbinden sich kosten- und marktorientierte Zielaspekte. Häufig werden sie für einen *kurzfristigen Beschäftigungsausgleich* eingesetzt, indem leere Verkaufskapazitäten durch vorübergehende Zusatzgeschäfte genutzt werden. Dazu eignen sich insb. die Randbereiche des Sortiments, wo größere sortimentspolitische Gestaltungsfreiheit besteht. Hier können günstige Beschaffungsgelegenheiten in Anspruch genommen werden, um Produkte speziell für den Zweck des Sonderangebots einzukaufen, ohne daß auf der Absatzseite eine zu große Substitutionskonkurrenz innerhalb des eigenen Sortiments entsteht. In anderer Weise dient die Niedrigpreisstellung von Sonderangeboten dem *beschleunigten Verkauf* von *potentiellen Ladenhütern,* um zusätzliche Kosten (Kapitalbindung, Kosten des Lagers, Schwund, Verderb) zu vermeiden oder die Liquiditätslage zu verbessern. Neben diesen eher kurzfristigen Zielen dienen Sonderangebote auch der *Bildung* von *Preisimages* für die Einkaufsstätte. Während — wie oben gezeigt — Schlüsselartikel längerfristig Preisgünstigkeit demonstrieren, stellen *wechselnde kurzfristige Sonderangebote* in ihrer *Addition* eine andere Technik dar, die Leistungsfähigkeit in preislicher Hinsicht unter Beweis zu stellen. Diller [1985, S. 279] weist aufgrund empirischer Befunde sogar darauf hin, daß für das Image der Preisgünstigkeit die *Anzahl positiver Preiserlebnisse* von wesentlicher Bedeutung ist.

Eine schnelle Nachfragemobilisierung durch Sonderangebote kann insb. bei speziellen impulskaufgeeigneten Produkten ausgelöst werden. Bei kontinuierlich geführten Produkten liegt ein Problem der Sonderangebotspolitik darin, daß Stammkunden ihre Bedarfe auf Vorrat decken, so daß mit Beendigung des Sonderangebots ein Nachfragerückgang für das betreffende Produkt eintritt. Diese negative Wirkung ist dann gemildert, wenn Produkte elastischer Gesamtnachfrage gewählt werden, für die eine Ge- oder Verbrauchssteigerung durch die Niedrigpreisstellung beim einzelnen

---

[46] Sonderangebote und Sonderveranstaltungen sind gesetzlich seit einer Neuordnung von 1986 in den §§ 7 und 8 UWG geregelt und stark eingeschränkt. Gemäß § 7 Abs. 2 UWG wird als Kriterium des Sonderangebots u. a. angesehen, daß es *ohne zeitliche Begrenzung* angeboten werden muß. Diese juristische Definition steht der praktischen Handhabung entgegen, wobei zwar die Kurzfristigkeit nicht angekündigt, jedoch faktisch gegeben ist.

Konsumenten erwartet werden kann (Beispiel: Süßwaren). Ein anderer negativer Effekt von Sonderangeboten entsteht vor allem bei höherwertigen Gebrauchsgütern mit einer Verärgerung jener Stammkunden, die das betreffende Produkt bereits vorher zu normaler Preisstellung angeschafft haben. Daher ist in diesem Produktbereich die Flexibilität der Sonderangebotspolitik eingeschränkt und eine Verlagerung auf Randgebiete des Sortiments angebracht.

Die Niedrigpreisstellung bei Sonderangeboten ist ein konstituierendes Prinzip des Discountgeschäftes, während der gesamte übrige Einzelhandel sie als ständig begleitendes Absatzprinzip in mehr oder weniger ausgeprägter Form verwendet. In größerem Umfang wird sie hier vorübergehend bei Sonderveranstaltungen betrieben.

Zu (4): Den verschiedenen Prinzipien der Niedrigpreisstellung an Schlüssel- bzw. Leitartikeln, Zugartikeln oder Sonderangeboten steht eine *Hochpreisstellung* für *Kompensationsartikel* gegenüber, mit der hohe Deckungsbeiträge erwirtschaftet werden. Der Einzelhändler kann entweder sein gesamtes übriges Sortiment, das er nicht zur Demonstration seines preispolitischen Wettbewerbsstrebens heranzieht, als Ausgleichsträger benutzen, oder einzelne Teilbereiche in entsprechend deutlicherem Ausmaß in diesem Sinne einsetzen. Dazu eignen sich Produkte, bei denen die Konsumentenzielgruppe ein geringes Preisbewußtsein entwickelt, sich preisindifferent verhält oder sogar mit Nachfragesteigerungen auf Preiserhöhungen reagiert. Ein relativ starres, betriebsindividuelles Preisverhalten der Nachfrage kann i. d. R. erwartet werden, wenn geringe Preis- und Qualitätstransparenz besteht, sei es, daß diese für die Konsumenten objektiv schwierig erreichbar ist, oder daß der Informationsaufwand für Preis und Produktvergleiche gescheut wird und damit für Entlastungen von Beschaffungsmühen höhere Produktpreise hingenommen werden.

Wenn die Konsumenten bei Qualitätsunsicherheit den *Preis als Qualitätsindikator* verwenden, entsteht der *Qualitätseffekt* des *Preises*[47], der positive Nachfragereaktionen bei Preiserhöhungen auslöst und soweit zu einer Hochpreisstellung ausgenutzt werden kann, wie er innerhalb der Konsumentenzielgruppe die Wirkung des Preises als Kaufbarriere überkompensiert. Der Qualitätseffekt des Preises ist besonders in jenen Produktbereichen ausgeprägt, bei denen eine unzureichende Produktqualität für die Konsumenten hohe Risiken des Ge- und Verbrauchs begründet[48]. Derartige Risiken können direkt aus dem Konsum des betreffenden Produktes resultieren (Beispiel: Gesundheitsgefährdung durch bestimmte Lebensmittel) oder sich auf den Konsum komplementärer Produkte beziehen. So erklärt sich eine Hochpreisstellung von Produkten, die als Zusatzartikel eine hochwertige Grundausstattung ergänzen, oder von Pflegeartikeln, mit der die Gebrauchsfähigkeit der Haushaltsausrüstung garantiert werden soll.

Hochpreisstellungen sind weiterhin bei Produkten möglich, bei denen der *Preis* als *soziale Teilqualität* angesehen wird und einen die Nachfrage positiv beeinflussenden *Prestigeeffekt* (auch als Vebleneffekt bezeichnet) auslöst[49]. Dieses Nachfragever-

---

[47] Vgl. zum Preis als Qualitätsindikator und den strategischen Implikationen Diller, 1982a, S. 60—89; Simon, 1982a, S. 344—360; Curry, Riesz, 1988, S. 36—51.

[48] „To reduce the risk of choosing a product of significantly poorer quality, the consumer chooses the higher-price brand" [Shapiro, 1968, S. 24].

[49] Vgl. zum Preis als soziale Teilqualität die Wiederauflage des klassischen Werkes von Veblen, 1986; weiterhin Adlwarth, 1983.

Merkmale \ Preistyp	Schlüsselartikel bzw. Konkurrenzartikel	Zugartikel	Sonderangebote	Kompensationsartikel
I Ziele	Demonstration von preispolitischem Wettbewerbswillen, Irradiation auf das Preisimage des Gesamtsortiments	Absatzförderung spezieller Komplemente	Zusatzgeschäft des Niedrigpreisartikels für: - Beschäftigungsausgleich - Vermeidung späterer zusätzlicher Kosten - Liquiditätsförderung - Irradiation auf das Preisimage des Sortiments	Erwirtschaftung von Deckungsbeiträgen zur Kompensation der Niedrigpreisstellung bei Schlüssel- oder Zugartikel
II Preisstellung	Ausgleichsnehmer bzw. Ausgleichsträger niederen Grades	Ausgleichsnehmer, gelegentlich Ausgleichsträger niederen Grades	meist Ausgleichsträger niederen Grades	Ausgleichsträger höherer Grade
III Dauer der Preisstellung	eher längerfristig	kurzfristig, gelegentlich längerfristig	kurzfristig	eher längerfristig
IV Anwendungsmerkmale	- hohe betriebsindividuelle Preiselastizität der Nachfrage - hohe Preis- und Qualitätstransparenz bei den Konsumenten - hohes Preisbewußtsein der Konsumenten - Produkte des lebensnotwendigen Bedarfs - preisempfohlene Produkte	- Initialkaufartikel mit vielen, intensiven Komplementärbeziehungen innerhalb des Sortiments - Produkte mit wenigen Substitutionsbeziehungen innerhalb des Sortiments	- hohe Preiselastizität der Gesamtnachfrage - impulskaufgeeignete Produkte - Produkte mit wenigen Substitutionsbeziehungen innerhalb des Sortiments - Produkte des Randsortiments - Ladenhüter	- komplementäre Anschlußartikel von Zugartikeln - starre negative betriebsindividuelle Preiselastizität bzw. positive Preiselastizität - geringe Preis- und Qualitätstransparenz bei den Konsumenten - geringes Preisbewußtsein bzw. Preis als Prestigefaktor - hohe Risikokomponente bei qualitativen Fehlkäufen für Konsumenten - Produkte des lebensverfeinernden persönlichen Bedarfs

Schaubild II, 5.8: Typologische Anordnung von Handlungsprinzipien zur Festlegung der Preishöhe halten tritt in jenen Produktbereichen auf, die eine starke Komponente der Lebensverfeinerung aufweisen und für demonstrativen — d. h. nach außen sichtbaren — Konsum geeignet sind. Der Prestigeeffekt kann sich auch auf den Laden des Einzelhändlers beziehen, indem der hohe Produktpreis für das Prestige des Beschaffungsortes bezahlt wird.

Eine andere Ausprägung des fremdgeleiteten und prestigeorientierten Konsums, die Hochpreisstellung zuläßt, liegt in dem *Snobverhalten.* Es besteht in negativen Nachfragereaktionen auf den zunehmenden Konsum eines Produkts durch andere Konsumenten[50]. Der Snobeffekt macht die Nachfrage unelastischer, als sie normalerweise wäre, da bei Preissenkungen ein Rückgang der snobistischen Nachfrage in Erwartung einer allgemeinen Nachfragesteigerung entsteht.

Die beschriebenen Möglichkeiten der kompensatorischen Niedrig- und Hochpreisstellungen innerhalb des Sortiments werden durch *flankierende Maßnahmen anderer Aktionsbereiche* vorbereitet und unterstützt. So müssen beispielsweise Sonderangebote werblich bekannt gemacht werden, um den erwünschten Attraktions- und Verkaufserfolg herbeizuführen. Bei Kompensationsartikeln, deren Hochpreisstellung auf dem Qualitätseffekt des Preises beruht, wird durch Produktpolitik die Qualitätstransparenz verringert und gleichzeitig den Konsumenten durch werbliche oder persönliche Beeinflussung Angst vor Ge- und Verbrauchsrisiken suggeriert. Ebenso ist der Veblen- oder Snobeffekt als Basis einer Hochpreisstellung durch Markenpolitik, Werbung oder persönliches Verkaufsgespräch zu steigern. Zusammenfassend zeigt das Schaubild II, 5.8 die typologische Anordnung von Handlungsprinzipien zur Festlegung der Preishöhe.

53323 Spezielle Aspekte des Verkaufs unter Einstandspreis

Der Verkauf unter Einstandspreis gehört in das Thema der Preiskompensation. Er hat faktisch eine große Bedeutung und wird als extreme Variante der Kompensation unter verschiedenen Interessenstandpunkten heftig diskutiert[51]. Der Verkauf unter Einstandspreis soll immer dann vorliegen, wenn der geforderte Einzelhandelspreis unterhalb des Verkaufspreises der Lieferanten zuzüglich der direkt zurechenbaren Bezugskosten und der Verbrauchssteuern liegt [Diller, 1979, S. 7]. Verkäufe unter Einstandspreisen sind wettbewerbsrechtlich in der Bundesrepublik erlaubt, sofern sie in der Intention des Preisstellers nicht gegen Bestimmungen des UWG verstoßen (z. B. Umgehung der ZugabeVO, Irreführung der Konsumenten, unsittlicher Verdrängungs- oder Vernichtungswettbewerb). Allerdings richten sich Diskussionen un-

[50] „Mit dem Snob-Effekt meinen wir das Ausmaß, in dem die Nachfrage nach einem Konsumgut infolge der Tatsache *abnimmt,* daß auch andere das gleiche Gut konsumieren (bzw. ihren Konsum dieses Gutes steigern). Darin drückt sich das Streben nach Exklusivität aus, das Streben, anders zu sein, mit der ‚großen Masse' nichts zu tun zu haben. ... wir sollten vielleicht den Unterschied betonen, den wir zwischen Snob- und Veblen-Effekt machen: Jener ist eine Funktion des Konsums anderer Wirtschaftssubjekte, dieser ist eine Funktion des Preises des betreffenden Gutes" [Leibenstein, 1966, S. 236].

[51] Zur vertiefenden Lektüre vgl. Diller, 1979, S. 7—12; Blattberg, Eppen, Lieberman, 1981, S. 116ff; Schneider, K.-H., 1982; Schüller, 1988, S. 41ff; vgl. weiterhin eher unter rechtlichen Gesichtspunkten Sack, 1988, S. 1—31.

ter Händlern, Verbrauchern und Herstellern auf eine Einschränkung zur Vermeidung dysfunktionaler Wirkungen.

Der Verkauf unter Einstandspreis wird entweder als *Sonderangebot* zum beschleunigten Absatz der entsprechenden Ware vorgenommen, um damit Kosten aus Verderb oder Veralten zu verhindern, oder er dient als *loss leader* zur Anlockung von Kunden und der Anregung von Verbundkäufen. Die eigentlichen wettbewerblichen Probleme werden in dem letztgenannten Bereich gesehen. Hier beklagen Hersteller, daß die Handelsunternehmen mit dieser Preisstellungspraxis an dem Produktimage *„schmarotzend" partizipieren* und gleichzeitig eine Imageschädigung bewirken. Sie warnen vor der allgemeinen Gefahr des *Preisverfalls* bei Absenkung des mittleren Preisempfindens (Ankerpreis). Kleinere Händler geben als ihre Benachteiligung zu bedenken, daß einerseits ihre *Einstandspreise* mangels Nachfragemacht *höher* lägen und sie andererseits Verluste aus Verkäufen unter Einstandspreisen *weniger* gut *kompensieren* könnten. Für Verbraucher wird die verstärkte Gefahr der *Irreführung* und der *Verringerung* von *Markttransparenz* angeführt. Außerdem wird der *Verlust* der *Allokationsfunktion* des Preises als dysfunktionaler Effekt für den Wettbewerb befürchtet.

Diese Argumente gelten im Prinzip grundsätzlich für die Kompensationskalkulation, verschärfen sich allerdings in der extremen Variante des Verkaufs unter Einstandspreis, mit der die Spannweite der Kompensation stark ausgedehnt wird. Eine rechtliche Einschränkung ist allerdings aufgrund fehlender Kontrollmechanismen schwer durchführbar. Es besteht keinerlei Transparenz über das sehr differenzierte Gefüge von Preisen und Rabatten zwischen Hersteller und Handel.

53324 Preislagen zur Strukturierung des Preisgefüges

Das Prinzip der Preislagenbildung [„price lining", Gabor, 1977, S. 143ff] hängt eng mit der Warenpolitik des Einzelhandels zusammen und wird daher des öfteren in der Literatur im Bereich der Sortimentsgestaltung dargestellt [u. a. Gümbel, 1963, S. 184ff]. Mit der Bildung von Preislagen (auch Preisklassen oder -stufen) werden kontinuierlich gestreute Preisreihen innerhalb des Warenangebots auf *wenige Preisschwerpunkte* reduziert, zwischen denen damit merkliche *Preissprünge* entstehen. Sie dienen der *Strukturierung* und *Vereinfachung* des unübersichtlichen Preis- und Qualitätsgefüges in den Sortimenten des Einzelhandels. Die Preislagenbildung setzt die Möglichkeit gleichartiger Preisstellung bei unterschiedlichen Waren voraus, was nur bei unvollkommenen Märkten gegeben ist [Gutenberg, 1984, S. 239ff].

Die Preislage kann eine *punktuelle Preisfestlegung* (Beispiel: Angebot um ca. 30 DM) oder ein *Preisintervall* sein, das durch den niedrigsten und höchsten Preis fixiert ist (Beispiel: Angebot zwischen 30 und 40 DM). Der Begriffsinhalt der Preislage läßt sich in zweifacher Weise von einer *Produkt-* oder *Preisvorstellung* her bestimmen [Gümbel, 1963, S. 184f]. In produktbezogener Interpretation besteht eine enge Verbindung zu dem Begriff der Qualitätslage. Hier werden die substitutiven Varianten einer Produktart nach verschiedenen Qualitätslagen zusammengefaßt und mehreren Preislagen zugeordnet (Beispiel: Fotoapparate mit verschiedenen optischen Leistungen). Eine Preislage ist dann durch den Preisbereich fixiert, innerhalb dessen eine bestimmte Qualitätslage einer Produktart in verschiedenen Varianten angeboten wird. Diese Preislagenbildung setzt voraus, daß die Qualitätsdimensionen einer Produktart in dem eindimensionalen Ausdruck einer Qualitätslage zusammengefaßt und abgestuft werden können.

Geht die Preislagenbildung primär von einer Preisvorstellung aus, so werden für das Warenangebot verschiedene Preisschwerpunkte gebildet, denen bestimmte Produktgruppen zugeordnet sind. Dabei ist der enge Zusammenhang zwischen Preis- und Qualitätslage aufgehoben, und es können verschiedenartige Produkte unter einer Preislage zusammengefaßt sein (Beispiel: Diverser Geschenkbedarf im Angebot von ca. 5,— oder ca. 8,— DM).

Die Preislagenbildung ist u. a. eine Folgeerscheinung des Konsumentenbedürfnisses nach *Orientierungshilfen* für die Produktwahl. Bei der Konkretisierung von Bedarfen zieht der Konsument nicht alle im Markt angebotenen Produkte heran, sondern nur jenen Warenausschnitt, der dem dafür bereitgestellten Haushaltsbudget in etwa entspricht. Diese am Preis orientierte Vorauswahl der Kaufobjekte ist nicht immer ein bewußt gesteuerter Prozeß, sondern kann auch nach habitualisierten Verhaltensmustern ablaufen. Sowohl die Produktwahl als auch die Geschäftswahl sind in dieser Weise von einem groben Preisraster beeinflußt, der sich aus vergangenen Preiserfahrungen der Konsumenten ergibt. Die Praxis des Einzelhandels nützt dieses Orientierungsbedürfnis der Konsumenten aus und unterscheidet die Spannweite des Angebots i. d. R. nach wenigen, meist oberen, mittleren und unteren Preislagen. Diese Einteilung bezieht sich zunächst auf einzelne Produktbereiche. In der Addition der Gesamtsortimente erwächst daraus eine preislagenorientierte Differenzierung von konkreten Unternehmungen lokaler Märkte bzw. von Betriebsformen. Die Preislagenabstufungen sind im Hinblick auf die hinter den Preislagen in absoluter Höhe stehenden Preise in den Betriebsformen unterschiedlich. So kann die obere Preislage eines Kleinpreisgeschäftes durchaus der unteren Preislage eines Fach- oder Spezialgeschäftes in der absoluten Höhe entsprechen [Schaubild II, 5.9].

Durch ein auf Strukturierung gerichtetes Anbieter- und Nachfragerverhalten entsteht auf lokalen Einzelhandelsmärkten ein *generelles Preislagengefüge,* das zu *längerfristiger Konstanz* neigt. Es stellt für den einzelnen Händler einen Aktionsrahmenfaktor dar. Die betriebsindividuelle Preislagenbildung kann sich in diesen Rahmen einfügen oder ihn durchbrechen. Selbst bei einer Einpassungspolitik verbleibt den

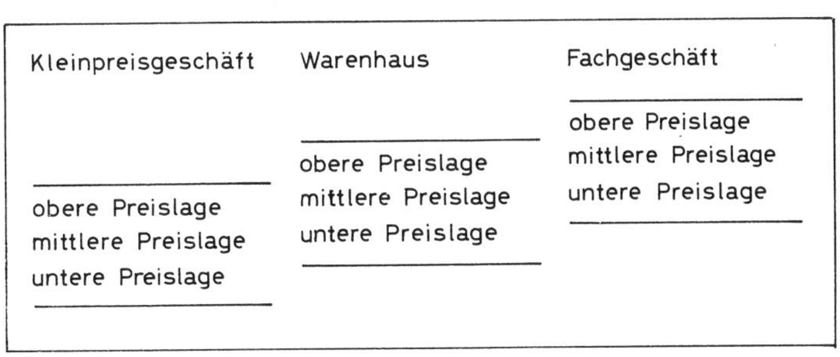

Schaubild II, 5.9: Preislagenstrukturen verschiedener Betriebsformen des Einzelhandels

Einzelhändlern allerdings ein Handlungsspielraum, da das generelle Preislagengefüge nur in groben Umrissen Festlegungen vorgibt.

Die *betriebsindividuelle Preislagenbildung* wird unter verschiedenen marktorientierten und innerbetrieblichen Zielsetzungen verfolgt. Sie ist eine wesentliche Komponente prägnanter Ladenimages und dient somit einer gezielten Konsumentenselektion. Sie bietet eine Vereinfachungsmöglichkeit für den persönlichen Verkauf, da der Prozeß der Warenvorlage durch die Preislagenstaffelung des Angebots abgekürzt werden kann: „Der Verbraucher kann durch Vorwahl der Preisklasse seine Kaufwünsche präzisieren und sich ... auf einen Qualitäts- und Mengenvergleich zwischen Artikeln derselben Preisklasse beschränken“ [Fiuczynski, 1962, S. 295]. Merkliche Preissprünge innerhalb des Angebots können den Konsumenten Entscheidungshilfen bei der Produktwahl bieten[52]. Die Preislagenbildung stellt eine Möglichkeit dar, die Sortimentstiefe zu beschränken, indem bei der Produktzusammenstellung aus dem Kreis der möglichen Angebotsalternativen Schwerpunkte nach den geplanten Preislagen gebildet werden [Gümbel, 1963, S. 186ff]. Bei punktueller Preislagenfestlegung entstehen durch die Beschränkung der Wertansätze im Sortiment organisatorische Vorteile im Rechnungswesen, in der Lagerhaltung, im Ein- und Verkauf [Moeller-Herrmann, 1968, S. 302f].

Bei der betriebsindividuellen Preislagenkonzipierung sind Entscheidungsprobleme hinsichtlich der *Anzahl* der Preislagen, der *Preissprünge* zwischen ihnen und der *Ausdehnung* der *Preislagenintervalle* zu lösen. Die *Anzahl* der *Preislagen* muß so festgelegt werden, daß einerseits zwar der vereinfachende und strukturierende Effekt erzielt wird, andererseits jedoch genügend abgestufte Wahlmöglichkeiten erhalten bleiben. In der Literatur werden gewöhnlich drei bis fünf Normalpreislagen vorgeschlagen[53], die den Orientierungserfordernissen der Konsumenten entsprechen sollen. Diese Norm ist in ihrer Allgemeingültigkeit allerdings schwer vertretbar, da Situationsunterschiede berücksichtigt werden müssen, die sich aus Produktmerkmalen und den Strukturen der Konsumentenzielgruppen ergeben.

Die konkrete Ermittlung der *Preissprünge* folgt den Gesichtspunkten der kompensatorischen Preisstellung. Der kalkulatorische Ausgleich wird hier zwischen den Produkten der Preislagen vollzogen. Grundsätzlich lockern sich in den oberen Preislagen die Beziehungen zwischen Produktqualität und Preis [Gutenberg, 1984, S. 242]. Der Preis tritt als kaufentscheidender Faktor zurück, da sich das Kaufinteresse mehr auf die Produktbeschaffenheit richtet [Schaubild II, 5.10].

---

[52] „It is assumed that when price ‚lines' are established, it is the easier for the customer to reach a decision among several alternatives when the prices of those alternatives are substantially different than where there are but small degrees or shades of difference in such prices“ [Gist, 1968, S. 390].

[53] Die Autoren stützen sich vorwiegend auf Filene. Dieser geht davon aus, daß der Durchschnittskonsument zwischen drei Preislagen unterscheiden kann und schlägt dementsprechend als Normalpreislagen die

— obere Normalpreislage,
— Hauptpreislage,
— untere Normalpreislage

vor. Zwischenpreislagen erscheinen ihm ggf. als möglich und sinnvoll [Filene, 1927, S. 24f]. Vgl. auch in der amerikanischen Literatur Gist, 1968, S. 390 und Markin, 1971, S. 468.

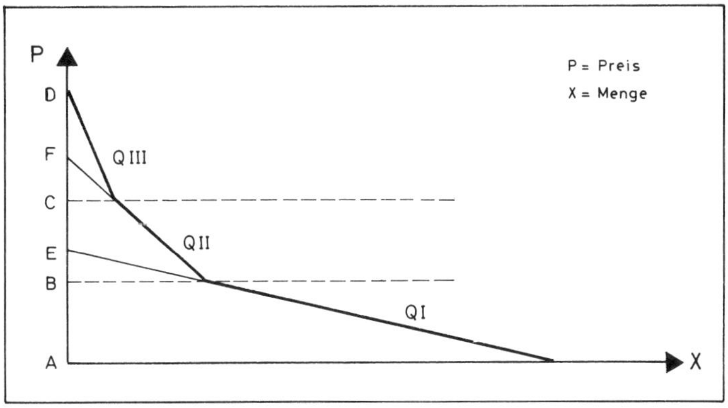

Schaubild II, 5.10: Qualitätslagen-orientiertes Preisverhalten der Konsumenten

Nimmt man an, daß eine Produktart in drei Qualitätslagen angeboten wird, so sind die in Schaubild II, 5.10 dargestellten Preis-Absatzfunktionen denkbar.

Die Qualitätslagen QI, QII, QIII mit ihren unterschiedlichen Preiselastizitäten der Nachfrage sind in den drei Preisbereichen AB, BC und CD marktrelevant. Preise, die in den Überschneidungszonen FC und EB realisiert werden können, beruhen auf mangelnder Qualitätstransparenz und auf subjektiven Bewertungsgrundlagen der Konsumenten.

Hieraus erklärt sich, daß von den unteren zu den oberen Preislagen i. d. R. progressiv steigende absolute Preissprünge gesetzt werden, mit denen die Kostenveränderungen noch überkompensiert werden. Die oberen Qualitätslagen dienen bei relativer Preisunempfindlichkeit der Nachfrage als Ausgleichsträger höheren Grades, während die unteren Qualitätslagen bei relativer Preisempfindlichkeit der Nachfrage scharf kalkuliert werden [Humbel, 1958, S. 32].

Wenn die *Preislagen als Intervalle* festgelegt werden, ergibt sich zusätzlich die Frage nach ihrer Ausdehnung. Auch diese nimmt in den oberen Qualitätslagen wegen der relativen Preisunempfindlichkeit der Nachfrage zu. Setzt man für jedes Preisintervall den Durchschnittspreis, so entspricht dieses Verhalten den progressiv ansteigenden Preissprüngen.

Die Handlungsmöglichkeiten betriebsindividueller Preislagenbildung sind von der *Qualitätstransparenz* in den *Produktbereichen* beeinflußt. Produktbereiche, in denen nur subjektiv erlebbare Qualitätsunterschiede überwiegen, lassen einen großen betriebsindividuellen Handlungsspielraum zu, da das generelle Preislagengefüge diffus ist (Beispiel: modische Damenoberbekleidung). Je mehr dagegen objektiv feststellbare Qualitätsmerkmale bestehen, desto genauer ist i. d. R. das generelle Preislagengefüge ausgeprägt (Beispiel: technische Geräte). Da die einzelnen Anbieter sich oft scheuen, es zu durchbrechen, besteht die Tendenz, in qualitäts- und mengenpolitische Maßnahmen auszuweichen. Beispielsweise wird versucht, ein Produkt durch geringfügige Produktveränderungen in höhere Preis- und Qualitätslagen zu lancieren, es durch gleichzeitiges Angebot unter verschiedenen Markennamen in mehreren Preislagen zu führen oder es durch Gewichtsregulierung der Verpackungseinheiten auch bei Veränderungen der Herstellkosten in einer Preislage zu halten [Fiuczynski, 1962, S. 299f].

53325 Preisdifferenzierung

Wenn auf einem Einzelhandelsmarkt für Produkte oder Leistungen Marktsegmente unterschiedlicher Preisbereitschaft bestehen, eröffnet sich dem Einzelhandelsunternehmen die Möglichkeit der Preisdifferenzierung[54]. Sie liegt vor, wenn weitgehend einheitliche Produkte und Leistungen zu unterschiedlichen Preisen abgesetzt werden. In der Literatur bestehen unterschiedliche Auffassungen über den Begriff der Preisdifferenzierung, die sich im wesentlichen an der Interpretation der *Einheitlichkeit* festmachen. Diese wird teilweise an dem Produkt selbst, teilweise auch an den Kosten als Wertgrundlage der Preisforderung gemessen. Soweit strenge Einheitlichkeit der Produkte gefordert wird, ist der Begriff der Preisdifferenzierung sehr eng[55]. Werden dagegen geringfügige Differenzierungen der Produkte zugelassen, die dann relativ größeren Preisunterschieden gegenüberstehen, so erweitert sich der Begriff[56]. Dieser Auffassung folgend soll Preisdifferenzierung vorliegen, wenn *Produkte gleicher Art* und *Qualität* in Verbindung mit *gleichen* oder *geringfügig differierenden Leistungen* bzw. *Kosten planmäßig* zu *unterschiedlichen Preisen* abgesetzt werden, wobei die *Preisunterschiede* die ggf. zugelassenen Leistungs- bzw. Kostenunterschiede *überwiegen*[57]. Ein wesentlicher Bestandteil dieser Definition der Preisdifferenzierung ist die Planmäßigkeit des Verhaltens, mit der die Marktsituation bewußt in die differenzierte Preishöhengestaltung eines Produktes einbezogen wird. Die Anwendung des Begriffes der Preisdifferenzierung ist für den Einzelhandel deshalb problematisch, weil er auf die Kombination von Produkten und Leistungen abgestellt werden muß, die weit schwieriger faßbar ist als die materiellen Unterschiede an Produkten.

Die Anwendung der Preisdifferenzierung setzt für das betreffende Produkt einen unvollkommenen Gesamtmarkt voraus, der dem Unternehmen einen monopolistischen Spielraum beläßt. Andernfalls könnten für Produkte und Leistungen gleicher Art nicht unterschiedliche Preise realisiert werden [Gutenberg, 1984, S. 343; Wittlage, 1965, S. 19]. Diese Bedingung ist im Einzelhandel i. d. R. erfüllt. Weiterhin muß der Gesamtmarkt grundsätzlich und mit vertretbaren Kosten in Teilmärkte (Segmente) aufspaltbar sein, in denen unterschiedliche Preisbereitschaften bestehen. Man unterscheidet zwischen *horizontaler Marktaufteilung,* bei der ein Gesamtmarkt in homogene Käuferschichten mit gleicher Wertschätzung für Produkte oder Leistungen zerlegt wird, und *vertikaler Marktspaltung,* bei der auf den Teilmärkten jeweils Käufer mit verschiedenen Wertschätzungen vorhanden sind, jedoch zwischen den Teil-

---

[54] Vertiefende Lektüre zur Preisdifferenzierung *allgemein* vgl. Schultes, 1963; Ellinghaus, 1964; Wittlage, 1965; Schmid, 1965; Simon, 1982a, S. 375ff; Diller, 1985, S. 220ff und *speziell* für den Einzelhandel Theisen, 1960, S. 79—95.

[55] „Man spricht von Preisdifferenzierung, wenn ein Anbieter im Rahmen seines Wirtschaftsplanes in der Periode, auf die sich die Planung bezieht, das gleiche Gut verschiedenen Käufern bzw. Käufergruppen zu verschiedenen Preisen anbietet" [Schneider, E., 1961, S. 142].

[56] „It is the comparison of price differentials with cost differentials which counts ... A seller practices price discrimination if the related prices which he charges for his different products or to his different customers are not in line with the relative costs of making these products or serving these customers" [Machlup, 1952, S. 136].

[57] Die Präzision dieser Definition wird durch die mangelhafte Meßbarkeit der Leistungen vermindert. Soweit Kosten zur Bestimmung des Sachverhalts der Preisdifferenzierung herangezogen werden, muß mangels Zurechenbarkeit der Gemeinkosten eine Beschränkung auf Einzelkosten des Produktes und der mit ihm kombinierten Leistungen vorgenommen werden.

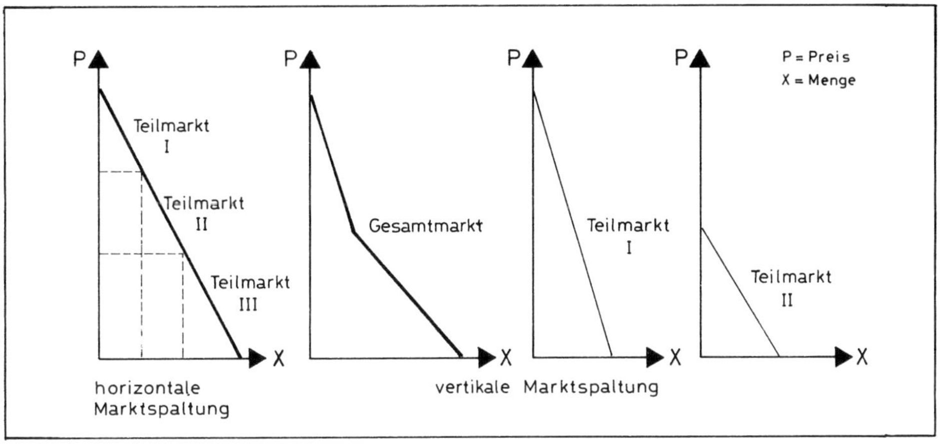

Schaubild II, 5.11: Formen der Marktspaltung bei Preisdifferenzierung

märkten unterschiedliche Preiselastizitäten der Nachfrage bestehen [Gutenberg, 1984, S. 341f] [Schaubild II, 5.11].

Die Marktspaltung kann *informell* durch Selbsteinschätzung der Konsumenten oder durch *formale* Regelung des Anbieters erfolgen. Je besser eine *Isolierung* zwischen den Teilmärkten gelingt, desto wirksamer ist eine Preisdifferenzierung durchzuführen. Dabei müssen die *Kosten* der *Marktaufspaltung* allerdings als negative Erfolgskomponenten berücksichtigt werden.

Mit der Preisdifferenzierung verfolgt ein Einzelhändler vornehmlich die Zielsetzung, auf dem betrieblichen Gesamtmarkt eines Produktes *Konsumentenrenten* abzuschöpfen und damit seinen Gewinn zu erhöhen. Dies wird dadurch realisiert, daß er jenen Konsumenten höhere Preise abverlangt, die bei einheitlicher Preisstellung das Produkt unterhalb ihrer persönlichen Wertschätzung kaufen würden. Bei sozialen Zielsetzungen können diese Konsumentenrenten durch entsprechend niedrige Preisstellung an kaufkraftschwache Teilmärkte weitergegeben werden. Die Preisdifferenzierung dient weiterhin *umsatz-* oder *beschäftigungspolitischen* Zielsetzungen. Da sie Umsatzausdehnungen ermöglicht, wird sie insb. von Unternehmen mit hohen Fixkostenanteilen, wie sie im Einzelhandel in bezug auf die Handlungskosten vorliegen, für eine zusätzliche Kapazitätsausnutzung verwendet [Schmid, 1965, S. 105f].

Es gibt in der Literatur eine Fülle von Klassifizierungen der Preisdifferenzierung[58]. Die hier relevanten Formen sind die

(1) regionale Preisdifferenzierung,
(2) personelle Preisdifferenzierung,
(3) quantitative Preisdifferenzierung und
(4) zeitliche Preisdifferenzierung.

Letztere wird im Zusammenhang des zeitlichen Preisverlaufs behandelt [Kap. II, 535]. Die Preisdifferenzierung wird unter bezug auf die im Einzelhandel übliche Me-

[58] Eine umfangreiche Zusammenstellung findet sich bei Schmid, 1965, S. 108f.

thode der direkten, generellen Preisforderung dargestellt. Hinweise auf andere Preisstellungsmethoden, die zur Realisierung von Preisdifferenzierungen geeignet sind, finden sich im anschließenden Kapitel.

Zu (1): Soweit im Residenzhandel nach dem Holprinzip verfahren wird, ist eine *regionale Preisdifferenzierung* nur bei filialisierten Unternehmungen mit dezentralisierten Standorten möglich. Hier liegt Preisdifferenzierung bei *vertikaler* Marktspaltung vor, wenn die lokalen Marktsituationen gemäß den unterschiedlichen Preiselastizitäten der Nachfrage durch Ortspreisdifferenzen ausgenutzt werden und diese größer sind als die beschaffungsseitigen Transportkostenunterschiede. Die Trennung der Teilmärkte ist wegen der engen Beschaffungsradien der Konsumenten leicht herzustellen.

Zu (2): Die *personelle Preisdifferenzierung* richtet sich auf die unterschiedliche individuelle Belastbarkeit der Konsumenten und erfordert eine *horizontale* Marktspaltung in homogene Käufergruppen. Dabei sind Merkmale zu ermitteln, die mit den persönlichen Wertschätzungen der Nachfrager für ein Produkt und mit ihrer Preisbereitschaft in direktem Zusammenhang stehen. Diesen Merkmalen entsprechend müssen Angebotsmethoden gefunden werden, die zu der angestrebten Marktspaltung führen. Die Schwierigkeit liegt dabei aber darin, daß der Einzelhandel i. d. R. ein generelles Angebot an eine anonyme Konsumentenschaft richtet.

Die anwendbaren personellen Merkmale sind aus der Darstellung der Marktsegmentierung bekannt [Kap. I, 4213]. Für objektiv bestimmbare und leicht zugängliche Merkmale wie etwa Alter oder Geschlecht als demographische und Beruf oder Vereinszugehörigkeit als sozio-ökonomische Merkmale läßt sich gelegentlich eine formale Anbieterregelung vornehmen, die ggf. mit Berechtigungsscheinen durchgeführt wird (Beispiel: Buchpreisermäßigung für Studenten). Die Anwendungsmöglichkeiten dieser offenen Form der Preisdifferenzierung sind allerdings beschränkt, da der diskriminierende Effekt für die benachteiligten Konsumenten zu negativen akquisitorischen Wirkungen führen kann.

Diese Gefahr wird bei einer personellen Preisdifferenzierung vermieden, die auf flankierenden absatzpolitischen Maßnahmen aufbaut und eine Selbsteinschätzung der Konsumenten zur Folge hat. Bei persönlichkeitsbedingten subjektiven Segmentierungsmerkmalen hat der Einzelhändler ohnehin nur diese Möglichkeit der Marktspaltung. Derartige marktspaltende Maßnahmen beruhen darauf, gleiche Produkte mit unterschiedlichen Leistungsniveaus anzubieten und dafür eine überkompensierende Preisdifferenzierung vorzunehmen (Beispiel: gleiche Produkte werden aufgrund geringfügiger Serviceunterschiede zu deutlich höheren Preisdifferenzen angeboten). Die Gefahr einer Fluktuation zwischen den Teilmärkten ist dabei nicht zu vermeiden.

Zu (3): Bei *quantitativer Preisdifferenzierung* werden die Produktpreise nach Verkaufsmengen gestaffelt. Dabei müssen definitionsgemäß die mit zunehmenden Mengeneinheiten verbundenen Leistungsminderungen der Mengenumgruppierung und die entsprechenden Kosteneinsparungen geringer als die Preissenkung sein.

Die quantitative Preisdifferenzierung kann auf der Grundlage einer horizontalen Marktspaltung durchgeführt werden, wobei vorausgesetzt wird, daß bei Großabnehmern eine höhere Preiselastizität der Nachfrage besteht als bei Kleinabnehmern. Diese Annahme ist allein schon deswegen berechtigt, weil die Käufer größerer Mengen einen umfangreicheren Beschaffungsradius und damit mehr Beschaffungsalternativen haben.

In der Praxis des Einzelhandels sind jedoch die Mengenunterschiede i. d. R. nicht so groß, daß sich damit eine Marktspaltung durch quantitative Preisdifferenzierung herbeiführen ließe. Vielmehr werden für geringfügige Mengenunterschiede Preisstaffelungen vorgenommen [„multi unit pricing" oder „multi pack pricing", Gabor, 1977, S. 147ff], dic bci identischen Kunden Verbrauchssteigerungen hervorrufen sollen. Hier liegt keine Marktspaltung und somit auch keine echte Preisdifferenzierung vor. Für diese Form der quantitativen Preisstaffelung eignen sich insb. geringwertige Verbrauchsgüter, die täglich bis kurzperiodisch eingekauft werden und eine hohe Preiselastizität der Gesamtnachfrage haben (Beispiel: 1 Zitrone 0,50 DM; 5 Zitronen 2,00 DM). Sie wird je nach vorgesehener absatzpolitischer Zielsetzung so festgelegt, daß progressiv, proportional oder degressiv sinkende Stückpreisverläufe bei steigenden Verkaufsmengeneinheiten entstehen[59].

5333 Prinzipien zur Preisstellungsmethode

Vorangehend wurden implizit *generelle* und *direkte* Preise als gängigste Preisstellungsmethoden des Einzelhandels zugrunde gelegt. Dem sind als Alternativen die *in-*

Preis-stellungs-methoden	individuell	generell
direkt	Aushandeln von Nettopreisen Anwendung: bei Produkten der individuellen Fertigung oder des individuellen Bedarfs x	Forderung von Nettopreisen Anwendung: bei gering- bis mittelwertigen Produkten bei undifferenzierter Beanspruchung der Handelsleistung durch die Konsumenten xxxx
indirekt	Aushandeln von Zu- und Abschlägen bei Bruttopreisen Anwendung: – bei Großabnehmern, wichtigen Stammkunden – bei hochwertigen Produkten xx	Forderung von Bruttopreisen mit Zu- und Abschlägen Anwendung: – bei hochwertigen Produkten – bei differenzierter Beanspruchung der Handelsleistung durch die Konsumenten – in Form von Abschlägen für allgemeine Akquisitationsförderung generell anwendbar xxx

Zeichen: x = sehr selten, xx= selten, xxx=häufig, xxxx= sehr häufig

Schaubild II, 5.12: Preisstellungsmethoden

[59] Zu den verschiedenen Berechnungsmethoden vgl. Moeller-Herrmann, 1968, S. 318ff.

dividuellen und *indirekten* Preisstellungsmethoden gegenüberzustellen. Das Schaubild II, 5.12 zeigt die möglichen Kombinationen dieser Preisstellungsmethoden und ihre vornehmlichen Anwendungsbereiche.

53331 Generelle und individuelle Preisstellungsmethode

Bei genereller Preisstellungsmethode werden einheitliche oder differenzierte Preise allgemeingültig und ohne direkte Einflußmöglichkeiten einzelner Käufer festgelegt. Daneben besteht die individuelle Preisstellungsmethode als *ursprüngliche* Form der Preisforderung *(„Feilschen“),* die derzeitig nur noch in wenigen Branchen angewendet wird. Hier ergeben sich Preise als Ergebnisse *individuellen Aushandelns* zwischen Einzelhändlern und Konsumenten. Im Idealfall ist auf diese Weise eine vollkommene personelle Preisdifferenzierung zu erreichen.

Der Rückgang der individuellen Preisstellungsmethode im Einzelhandel resultiert aus Rationalisierungserfordernissen der Massendistribution bezüglich der Verkaufsform (Selbstbedienung, Vereinfachung des persönlichen Verkaufs) und der Betriebsführung (Lagerhaltung, Rechnungswesen). Einen entscheidenden Beitrag hat weiterhin die Entwicklung des Markenwesens in Verbindung mit empfohlenen oder gebundenen Endverbraucherpreisen geleistet. Der Gesetzgeber hat im Sinne des Verbraucherschutzes und zum Zweck der Preisüberwachung mit der Einführung der Preisauszeichnungspflicht (seit 1915) den Einzelhandel zunehmend zu genereller Preisfestlegung gezwungen, die ein individuelles Preisaushandeln nur noch unterhalb dieser Festlegung ermöglicht.

53332 Direkte und indirekte Preisstellungsmethode

Die Unterscheidung zwischen direkter und indirekter Preisstellungsmethode richtet sich auf die *Struktur des Preises.* Während bei direkter Preisstellungsmethode ein *Nettopreis* gefordert wird, beruht die indirekte Preisstellungsmethode auf einem *Bruttopreis,* von dem aus Zu- oder Abschläge vorgenommen werden.

Die *Nettopreisforderung* wird im Einzelhandel — im Gegensatz zu Industrie und Großhandel — als absatzpolitische Preisstellungsmethode am häufigsten verwendet. Sie ist für Kundenbeziehungen geeignet, die sich durch zahlreiche, im einzelnen *wertmäßig unbedeutende* Umsatzakte und durch *undifferenzierte* Beanspruchung der Einzelhandelsleistung kennzeichnen. In diesen Fällen reicht die einfach und schnell zu handhabende, allerdings wenig differenzierende Methode der direkten Preisstellung aus.

Die *Bruttopreisstellung* kann indirekt durch Zu- und Abschläge flexibel gestaltet werden. Sie wird daher insb. bei Kundenbeziehungen eingesetzt, die in bezug auf Wert und Leistungsbeanspruchung *stark differieren.* Zudem ermöglicht sie oft auch eine *Umgehung* von *Preisvorschriften* der *Lieferanten.* Weitere Gesichtspunkte ihrer Anwendung beziehen sich auf die Optik der Preispräsentation und werden im anschließenden Kapitel behandelt.

Die Entwicklung genereller Preisforderungen hat die indirekte Preisstellungsmethode gefördert, da mit ihr die Nachteile der generellen Preisforderungen in verschiedener Hinsicht ausgeglichen werden können, ohne daß deren Vorteile gänzlich aufgegeben werden müssen. Bei genereller Bruttopreisstellung können die Zu- und Abschläge individuell ausgehandelt oder generell festgelegt werden. Im allgemeinen legen die Einzelhändler zumindest die maximal zu gewährenden Abschläge generell fest und kalkulieren sie im Bruttopreis ein. Soweit die Zu- und Abschläge individuell ausgehandelt werden, ergibt sich eine Form personeller Preisdifferenzierung, die weniger offenbar wird als bei genereller Preisstellung und daher bei den Konsumenten weniger den Eindruck der Diskriminierung hervorruft.

Die wichtigsten Aktionselemente der indirekten Preispolitik stellen *Rabatte* und *Zugaben* dar. Insbesondere die Zugabe wird nicht immer der Preispolitik zugeordnet. Sie verbessert das Preis-Leistungsverhältnis durch ein Produktzugeständnis und kommt damit einer Preissenkung gleich. Daraus wird ihre Zurechnung zur Preispolitik abgeleitet [Moeller-Herrmann, 1968, S. 367]. Zugaben werden teilweise von den Herstellern unmittelbar mit ihren Produkten verbunden (Beispiel: Glas zur Aperitifflasche); hier interessieren jedoch nur die vom *Einzelhandel selbst* veranlaßten Zugaben. Neben Rabatten und Zugaben wird in der Literatur teilweise der *Skonto* als weiteres Aktionselement der indirekten Preispolitik genannt [Vormbaum, 1960b, S. 137], da seine Wirkung der des Rabattes entspräche. Der Skonto betrifft jedoch als Differenzbetrag zwischen Ziel- und Barpreis eines Produktes die Zahlungsweise der Konsumenten und wird daher hier der Absatzfinanzierung [Kap. II, 6] zugeordnet.

Die folgenden Ausführungen richten sich damit nur auf die

(1) Rabattpolitik und
(2) Zugabepolitik

des Einzelhandels als Formen der indirekten Preispolitik.

Zu (1): Die *Rabatte* als Nachlässe von Bruttopreisen bilden ein differenziertes Gestaltungsspektrum mit einer Vielzahl von Rabattarten. Gemäß der *Leistungsgrundlage* bestehen *einerseits Leistungsrabatte,* mit denen der Einzelhandel den Konsumenten ein Entgelt für nicht in Anspruch genommene Handelsleistungen gewährt; die erzielten Kostenvorteile werden damit ganz oder teilweise weitergegeben (Beispiele: Mengenrabatt, Vorsaisonrabatt). Die Leistungsrabatte können dazu verwendet werden, die Leistungsinanspruchnahme durch die Konsumenten nach beschäftigungspolitischen Gesichtspunkten zu lenken. *Andererseits* gibt es *Wettbewerbs-* oder *Anreizrabatte,* die keine Leistungsgrundlage haben, sondern auf eine erhöhte akquisitorische Wirkung abzielen (Beispiel: persönliche Sonderrabatte). Verschiedene Rabattarten enthalten gleichzeitig eine Leistungs- und Wettbewerbskomponente, so daß nur noch eine schwerpunktmäßige Zuordnung möglich ist.

Nach dem *Gegenstand* der *Rabattvergabe* bestehen Entscheidungsalternativen zwischen *Geld-* und *Sachrabatten* (Natural-, Warenrabatt). Im Gegensatz zur Zugabe sind Sachrabatte mit der Produktart des zugrundeliegenden Umsatzaktes identisch. Sie werden insb. als Mengenrabatte vergeben. Da eine angemessene Teilbarkeit des Produktes erforderlich ist, beschränkt sich die Anwendung des Sachrabattes im Einzelhandel auf relativ geringwertige Produkte. Sie bietet im Vergleich zum Geldrabatt die Möglichkeit einer im Rabattgegenstand selbst begründeten Umsatzsteigerung.

Nach dem *Zeitpunkt* der *Rabattvergabe* unterscheidet man Rabatte, die sofort nach jedem Umsatzakt *(Sofortrabatt)* oder erst zu späteren Zeitpunkten für eine Umsatzperiode *(Bonus)* gewährt werden. Letzterer richtet sich in seiner Zielsetzung auf eine Bindung der Kunden an das Einzelhandelsunternehmen. Da die Kundenbeziehungen im Einzelhandel überwiegend anonym sind und keine Umsatzfortschreibungen pro Kunde stattfinden, hat sich für diese Rabattart im Einzelhandel als besondere Organisationsform das *Rabattmarkenwesen* herausgebildet, das sporadische Anwendung findet [Most, 1986, S. 257].

Für die Rabattvergabe bestehen verschiedene *Berechnungsmethoden,* die einerseits nach praktikablen Berechnungserfordernissen und andererseits nach ihrer marktlichen Wirkung auszuwählen sind. Als Alternativen bieten sich *absolute* oder *prozentuale Rabatte* an, die mit den Bruttopreisen variieren. Daneben bestehen die Möglichkeiten, individuell differenzierte, generell gestaffelte oder generell einheitliche Rabatte zu gewähren. Je hochwertiger die Berechnungsgrundlage eines Rabattes ist, desto eher lohnen sich derartige Rabattdifferenzierungen.

Bei der Rabattvergabe des Einzelhandels bildet das *Gesetz über Preisnachlässe* (RabattG) einen wesentlich beschränkenden Aktionsrahmenfaktor[60]. Aus der großen Zahl und Verschiedenheit der genannten Rabattarten erlaubt das Rabattgesetz dem überwiegenden Teil des Einzelhandels nur die Vergabe von Bar- und Mengenrabatten sowie Sondernachlässen. Derzeitig wird im Sinne einer Entbürokratisierung und Preisflexibilisierung die Aufhebung des Rabattgesetzes diskutiert [Most, 1986, S. 256], wodurch diese Form indirekter Preisstellung wieder mehr Bedeutung bekäme. Insbesondere stellt die Rabattgewährung eine leicht handhabbare Durchsetzungstechnik für die verschiedenen Arten der Preisdifferenzierung dar. Allerdings besteht Gefahr, daß damit ein weiteres Element des Verlustes von Preistransparenz geschaffen wird.

Zu (2): Die *Zugabe* wird von Gutersohn und Lisowsky definiert als „... das bei Kauf oder kaufähnlichen Geschäften oder anderen Rechtsgeschäften erfolgende Hinzugewähren eines vom ursprünglichen Vertragsgegenstand verschiedenen Gutes, ohne daß diese Verbindung in einer zusätzlichen Preisstellung zum Ausdruck kommt" [Gutersohn, Lisowsky, 1955, S. 5]. Die Zugabe dient der Förderung des Basisgeschäftes. Sie ist somit quasi *loss leader* mit der *Preisstellung Null* [Humbel, 1958, S. 90], deren Kosten den durch sie geförderten Umsatzträgern zuzurechnen sind. Ihr Attraktionseffekt bei den Konsumenten beruht auf dem scheinbaren Geschenkcharakter[61]. Als Zugaben eignen sich insb. Produkte, die wenige sonstige substitutive Beziehungen innerhalb des Sortiments haben.

---

[60] Gesetz über Preisnachlässe (RabattG) von 1933 mit Änderungen vom 2.3.1974. Das Rabattgesetz wurde wegen der Auswüchse des Rabattwettbewerbs im Einzelhandel geschaffen. Es hatte zudem eine mittelstandschützende Funktion, indem den Großunternehmen wie Warenhäusern, Einheits- und Kleinpreisgeschäften und Konsumgenossenschaften die Gewährung von Barzahlungsnachlässen verboten wurde (§6 RabattG). Dieses Verbot wurde durch das Bundesverfassungsgericht mit einem Beschluß vom 11.4.1967 (BGBl. I 626) aufgehoben. Das Rabattgesetz gilt nur für Waren und gewerbliche Leistungen des „täglichen Bedarfs" (§1 RabattG). Nach herrschender Rechtsauffassung ist dieser Begriff weit auszulegen und bezieht alle Güter der industriellen Massenproduktion ein. Vgl. zum Rabattgesetz Most, 1986, S. 254ff.

[61] Lewis, 1945, S. 229, spricht treffend von einer „illusion of getting something for nothing".

Die Praxis des Zugabewesens ist durch die Zugabeverordnung[62] wesentlich eingeschränkt. Mit ihr spricht der Gesetzgeber ein generelles Verbot mit Ausnahmeregelungen aus, um damit dem Mißbrauch des Zugabewesens zum Schutz des Wettbewerbs entgegenzutreten[63]. Unter dem Gesichtspunkt verbraucherpolitischer Interessen stellen Zugaben eine Technik der Preisverschleierung dar. Die Versorgungslage der Konsumenten verschlechtert sich dadurch, daß Zugaben, für die häufig gar kein Bedarf besteht, die Kaufobjekte verteuern.

5334 Prinzipien der Preispräsentation

Eine zentrale Erkenntnis empirischer Preisverhaltensforschung besteht darin, daß die *Preiswahrnehmung* und *nicht reale Preise* für die Preisreaktion des Konsumenten maßgeblich sind. Hieraus entstehen weitreichende Handlungsmöglichkeiten für die Preispräsentation, die lediglich mit dem Ziel verfolgt werden, bei den Konsumenten die Wahrnehmung des Preises psychisch zu beeinflussen, d. h. positive Wirkungen zu verstärken und negative Wirkungen abzuschwächen bzw. zu verschleiern. Es ist evident, daß gerade auf diesem Gebiet die Gefahr der Irreführung und Täuschung des Konsumenten naheliegt und insofern durch gesetzliche Regelungen zur Gestaltung von Preisangaben[64] Einschränkungen zum Schutz der Verbraucher geschaffen werden [Most, 1986, S. 182ff].

Als Gestaltungsprinzipien der Preispräsentation sind zu unterscheiden:

(1) die Ausnutzung wahrnehmungspsychologischer Zahleneffekte,
(2) die Gestaltung und Plazierung von Preisauszeichnungen und
(3) die Schaffung von Vergleichspreisen.

Zu (1): In einer kontinuierlichen Preisskala üben die Zahlen verschiedene psychische Wirkungen aus, die den Konsumenten in seiner objektiven Preiswahrnehmung beeinflussen[65]. Die Einzelhandelspraxis versucht, derartige Wirkungen in der Preispräsentation auszunutzen[66], wie statistische Erhebungen über die Häufigkeit bestimmter Endziffern belegen. Allerdings stützen sich diese Preisstellungen oft nur auf *Zahlenmythen* und *vulgärpsychologische* Erklärungen psychischer Zahleneffekte. Eine größere Bedeutung haben in diesem Zusammenhang jedoch *Preisschwellen* und *gebrochene Preise* erlangt. Dabei wird davon ausgegangen, daß in jeder Preisskala die geraden Preise sog. Preisschwellen bilden, in deren Bereich die Nachfrage unelastischer reagiert als bei den nur geringfügig niedrigeren gebrochenen Preisen *(„odd*

[62] ZugabeVO von 1932 mit letzter Änderung vom 22.10.1987.

[63] In der ZugabeVO wird der Begriff der Zugabe weiter als wirtschaftsüblich gefaßt. Zugabe ist danach auch eine „Zuwendung nur gegen ein geringfügiges, offenbar nur zum Schein verlangtes Entgelt" und soll auch dann vorliegen, „... wenn zur Verschleierung der Zugabe eine Ware oder Leistung mit einer anderen Ware oder Leistung zu einem Gesamtpreis angeboten, angekündigt oder gewährt wird" (§1 Abs. 1, Satz 2 und 3 ZugabeVO).

[64] Verordnung über Preisangaben vom 10.5.1973 mit Änderungen von 1976.

[65] Harper, 1966, S. 281, erklärt, daß „... some prices are preferable to others because they have more ‚appeal' to customers".

[66] Da bei diesem Prinzip die Preishöhenveränderungen minimal sind, kann es in den Zusammenhang der optischen Preispräsentation einbezogen werden.

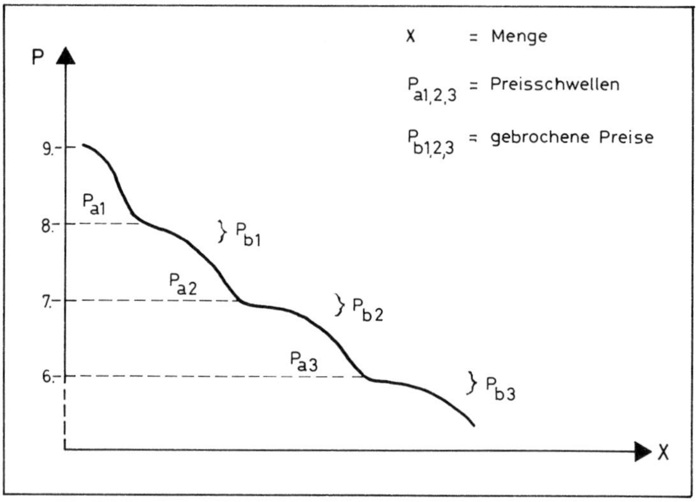

Schaubild II, 5.13: Preisschwellen und gebrochene Preise

prices")[67]. Je höher der absolute Wert eines Produktes ist, desto größer wird der Abstand zwischen den Preisschwellen und desto stärker kann die nach unten abweichende absolute Differenz des gebrochenen Preises sein [Moeller-Herrmann, 1968, S. 290] (Beispiel: statt 1,— DM Preisforderung zu 0,99 DM; statt 700,— DM Preisforderung zu 695,— DM; statt 2.000,— DM Preisforderung zu 1985,— DM). Schaubild II, 5.13 veranschaulicht die durch Preisschwellen bedingten Diskontinuitäten der Preis-Absatzfunktion.

Für die Annahme von Preisschwellen und für den dadurch bedingten absatzpolitischen Effekt von gebrochenen Preisen werden mehrere Erklärungen gegeben, deren Zutreffen von verschiedenen Merkmalen des Konsumentenverhaltens (Beispiel: Sparsamkeit) und von spezifischen Produktbedingungen abhängt. Eine zentrale Erklärung bezieht sich auf die *Art der Kodierung* bei der Informationsverarbeitung von Preisstimuli. Die Konsumenten kodieren unter Entlastungsgesichtspunkten im dekadischen System (Beispiel: statt 9,90 DM → 9,00 DM)[68]. Dadurch wird der gebrochene Preis der nächst niedrigen Preisschwelle als zugehörig erlebt. Weiterhin ist zu vermuten, daß gebrochene Preise auch der *Selbsttäuschung* der Konsumenten Vorschub leisten. Ist die Kaufabsicht beispielsweise durch ein selbstgesetztes Preislimit begrenzt, so wird u. U. ein kurz vor der nächst höheren Preisschwelle liegender Preis noch akzeptiert. In anderen Fällen vermitteln gebrochene Preise den Konsumenten u. U. den Eindruck *exakter Kalkulation* und geben ihnen bei der Kaufentscheidung das Gefühl wirtschaftlicher Haushaltsführung.

Da das Prinzip des gebrochenen Preises Preisgünstigkeit signalisieren will, ist es nur in Bereichen anwendbar, wo der Preis als Kaufbarriere empfunden wird. Wie aus

[67] Während in der Praxis gebrochene Preise sehr verbreitet sind, gibt es nur wenige Untersuchungen über die damit zu erzielenden Wirkungen auf das Preisverhalten. Müller, Bruns, 1984, S. 175ff, konnten die Existenz der Preisschwellen im Nahrungsmittelbereich empirisch nachweisen. Eine weitere Bestätigung ergeben Untersuchungen von Kaas, Hay, 1984, S. 333—346.

[68] Vgl. erste empirische Untersuchungen von Kaas, Hay, 1984, S. 342.

den angeführten Begründungsversuchen hervorgeht, ist dabei die Anwendung des Prinzips auf *autonome* psychische Vorgänge beim Nachfrager abgestellt. Ergänzende Überlegungen richten sich auf die *anbieterinduzierten* Wirkungen dieses Prinzips für die Nachfrager. Wird berücksichtigt, daß Preisurteile in Relation zu gespeicherten Preisen entstehen, könnten Preisschwelleneffekte durch das Anbieterverhalten zustande kommen. Wenn nämlich das System gespeicherter Preisinformationen die reale Preisstruktur widerspiegelt, reagiert das *relativ* gebildete Preisurteil auf zögerlich und selten gesetzte glatte Preise um so heftiger. Kaas und Hay vermuten hier einen Fall von „self fullfilling prophecy" [Kaas, Hay, 1984, S. 345], der durch empirische Forschungen schwerlich aufzudecken ist[69].

Zu (2): Nachdem die Preisauszeichnung vom Gesetzgeber für die zum Verkauf ausgelegten Produkte vorgeschrieben ist[70], besteht mit der *Ausgestaltung* der *Preisauszeichnung* ein weites Feld für die optische Preispräsentation und die damit beabsichtigte Manipulation psychischer Wahrnehmungseffekte. Den Zielen der Preishöhengestaltung entsprechend werden Preisauszeichnungen in bezug auf Plazierung und Gestaltung durch optische oder verbale Etikettierung[71] auffallend oder zurückhaltend vorgenommen, um damit jeweils die Signalwirkung des Preises zu verstärken oder abzuschwächen.

Zu (3): Bei der Schaffung von Vergleichspreisen wird die Funktion des Ankerpreises für das Preisurteil ausgenutzt. Der geforderte Preis wird in Verbindung mit anderen Preisen präsentiert, um damit die relative Preiswahrnehmung und -beurteilung im Anbieterinteresse positiv zu steuern. Derartige Preisstimuli sind [Diller, 1985, S. 99]:

- *Preise anderer Produkte.* Ankerpreise dieser Art werden durch nachbarschaftliche Warenplazierung mit preislich höher gestellten Substituten erreicht. Beispielsweise finden sich Handelsmarken in dieser Absicht häufig in der Nähe qualitativ vergleichbarer Herstellermarken.
- *Preisgegenüberstellungen mit Vergangenheitspreisen.* Diese Technik wird bei Preissenkungen angewendet, die positiver erlebt werden, wenn bei den Konsumenten die Relation zu früheren Preisen aktiviert wird. Hier sind allerdings erhebliche rechtliche Einschränkungen vorgenommen worden (Verbot der „Werbung mit Preisgegenüberstellungen").

---

[69] Ähnlich auch schon Shapiro, 1968, S. 18f: „The most common type of psychological pricing, i. e., pricing just below the round number, is a circular process, with the store acclimating the customer to expect it, and the customer responding over time so that the stores continue that mode of pricing".

[70] Vgl. PreisauszeichnungsVO von 1969. Sie dient der Preisklarheit und Preiswahrheit im Sinne des staatlichen Verbraucherschutzes. Einige Ausnahmen, wie z. B. für Kunstgegenstände, sind vom Gesetzgeber zugelassen. Geringfügige polizeiliche Kontrollen der Einhaltung und niedrige Bußgelder im Falle einer Übertretung vermindern allerdings die Wirksamkeit der Verordnung.

Das folgende Zitat wirft ein Licht auf die hier üblichen Praktiken: „Die Unterlassung der Preisangabe hängt mit der auch von manchen Verkaufspsychologen empfohlenen Methode zusammen, die prospektiven Kunden zunächst einmal auf den Geschmack zu bringen, nicht zu früh über den Preis zu sprechen, sondern andere, mit dem Abschluß zusammenhängende Teilentscheidungen herbeizuführen und den Kunden dann in eine Sackgasse gehen zu lassen, aus der er wegen des Preises allein schließlich nicht mehr herauskommt" [Scheele, 1968, S. 216].

[71] Empirischer Nachweis für den Einfluß derartiger Preishervorhebungen bei Diller, 1982a, S. 1—10.

— *Preisempfehlungen auf der Verpackung.* Die Signalisierung des vom Hersteller vorgeschlagenen Preises gestattet eine Relativierung der eigenen Preisforderung. Dabei werden teilweise mit den sog. *„Mondpreisen"* sogar Scheinalternativen geschaffen, indem fingiert hohe Bruttopreise angegeben werden, um die Attraktionswirkung eines scheinbaren Preisvorteils auszunutzen[72].

534 Prinzipien der Konkurrenzorientierung

In den bisherigen Ausführungen wurden Aspekte der Mitanbieter weitgehend vernachlässigt und die primär an den Nachfragern orientierten Preisaktivitäten des Einzelhandels untersucht. Allerdings ist in den Annahmen über den Verlauf der betriebsindividuellen Preis-Absatzfunktionen die Wettbewerbssituation schon *implizit* enthalten.

Eine direkte Orientierung an Mitanbietern wird insb. in *oligopolähnlichen* Situationen mit Elementen *unvollkommener Märkte* relevant, die im Einzelhandel meist gegeben sind. Will ein Unternehmen hier über sein Marktsegment hinaus auf Kosten seiner Mitanbieter Umsatzerweiterungen durch Preisveränderungen erzielen, so hat es bei Verlassen seines monopolistischen Bereichs die potentiellen *Reaktionen der Mitanbieter* in seine Preisdispositionen einzubeziehen. Als nähere Konkurrenten sind dabei nur jene Einzelhändler zu betrachten, die bei den eigenen Kunden für ein Produkt oder eine Produktgruppe zum „evoked set" gehören. Die Abschätzung der Konkurrenzreaktionen ist in der Praxis des Einzelhandels mit gewissen Schwierigkeiten verbunden, da notwendige Informationen über die Mitanbieter, wie z. B. die Kostensituation, die Stellung der betreffenden Produkte innerhalb des Sortiments und die Zielsetzungen für diese Produkte kaum präzise erhältlich sind. Bei einer Preisveränderung nach oben sind i. d. R. weniger Konkurrenzreaktionen zu erwarten als bei einer Preisunterbietung [Humbel, 1958, S. 106], da Preiserhöhungen den Marktanteil der Mitanbieter nicht gefährden.

Die Orientierung an Mitanbietern wird im folgenden geordnet nach

(1) wettbewerblichem Verhalten und
(2) konformem Verhalten.

Zu (1): Eine *Abhebung* von der *Konkurrenz* durch *aktive Preisunterbietung* kann sich in ihrer Zielsetzung auf eine Marktanteilserweiterung für ein *spezielles* Produkt oder auf eine *generelle* Marktanteilserweiterung für das Unternehmen beziehen. Letztere läßt die Entscheidung offen, welche Produkte für die Unterbietungsstrategie

[72] Um dem der indirekten Preisstellung zugrunde liegenden „... rein psychologisch bedingten und nur so verständlichen Streben des Verbrauchers nach Nachlässen vom offiziellen Preis entsprechen zu können, begann der Handel, an seinen Hersteller-Lieferanten den Wunsch heranzutragen, spezielle Brutto-Verkaufslisten zu drucken". Dabei wurden die dem Hersteller vom Handel selbst vorgeschlagenen Bruttopreise weit über dem tatsächlichen Ladenverkaufspreis festgesetzt, „... um anhand dieser Preislisten dem Käufer nachweisen zu können, wie vorteilhaft er in diesem Ladengeschäft bedient werde" [Schade, 1965, S. 158]. Selbstbeschränkungsempfehlungen, wie das „Berliner Gelöbnis" von 1984 zwischen Hersteller und Handel, hatten u. a. den Verzicht auf Mondpreistechniken zum Inhalt, um derartigen Mißbräuchen entgegenzuwirken.

ausgewählt werden. Besondere akquisitorische Wirksamkeit entfaltet eine Preisunterbietung bei *Schlüsselartikeln* des Sortiments (auch als *Konkurrenzartikel* bezeichnet), die von den Konsumenten vorrangig für einen Angebotsvergleich herangezogen werden und eine hohe Irradiationswirkung auf das Gesamtsortiment haben. In diesem Produktbereich ist allerdings auch die Wahrscheinlichkeit von Konkurrenzreaktionen besonders groß; durch sukzessive Preisunterbietungen kann ein Preisverfall entstehen, ohne daß sich letztlich an den Relationen der Marktanteile etwas ändert (sog. *„footballing of prices"*). Die Gefahr derartig kumulierender Preisunterbietungen ist im Einzelhandel wegen der Möglichkeit des kalkulatorischen Ausgleichs relativ groß, da die Anbieter in einem begrenzten Sortimentsteilbereich eine längerfristige Preissetzung sogar unter den variablen Einzelkosten aufrecht erhalten können. Da Schlüsselartikel aus sortimentspolitischen Gründen nicht aufgegeben werden können, wird ein solcher genereller Preisverfall meist von den beteiligten Einzelhandelsunternehmen vermieden, indem für eine Abhebungspolitik durch Preisunterbietung eher Produkte aus dem *Randsortiment* verwendet werden, die im Falle eines generellen Preisverfalls leicht aus dem Sortiment eliminiert werden können. Allerdings ist Preisunterbietung in diesem Bereich wegen seiner geringen Irradiationswirkung auf das Gesamtsortiment auch akquisitorisch weniger wirksam.

Konkurrenzreaktionen werden durch die Taktik des *rotierenden loss leaders* oder *Sonderangebots* (Wettbewerb durch „Nadelstiche") mit kurzfristig wechselnder Preisunterbietung vermieden, der die Konkurrenten wegen des schnellen Wechsels nicht folgen, so daß kein Preisverfall in einzelnen Produktbereichen zu befürchten ist. Zur Umgehung von Konkurrenzreaktionen sind weiterhin *verschleierte Preisunterbietungen* durch *indirekte Preisstellungsmethoden* mit Rabatten und Zugaben geeignet.

Aktive Preisunterbietungen mit kämpferischer Absicht dienen dazu, Konkurrenten aus einem speziellen Produktbereich oder gänzlich aus dem Markt zu drängen[73]. Diese Preispolitik erfordert eine im Vergleich zu den Mitbewerbern deutlich bessere Kosten- und Liquiditätslage. Weiterhin sind jene Einzelhändler im Vorteil, die eintretende Verluste in dem vom Preiskampf betroffenen Produktbereich durch kalkulatorischen Ausgleich besser auffangen können. In dieser Hinsicht sind filialisierte Unternehmen, die einen lokalen Verlust regional ausgleichen können, sowie Unternehmen mit breiten, flachen oder diskontinuierlichen Sortimenten (Beispiel: Discountgeschäft) in günstigerer Position und daher häufiger auch die Initiatoren von Preiskämpfen. Ihnen gegenüber sind Einzelhändler mit tiefen, schmalen Sortimenten in zweifacher Hinsicht gefährdet, da sie nur geringe kalkulatorische Ausgleichsmöglichkeiten haben und zudem durch Niedrigpreisstellung des umkämpften Artikels die Umsätze der hier zahlreichen Substitute zurückgehen. Bei Preisunterbietung mit Kampfabsichten muß sichergestellt werden, daß nach Ausscheiden des Konkurrenten die zuströmende Nachfrage gedeckt werden kann und dabei eine bessere Gewinnsituation entsteht als vor dem Preiskampf.

Zu (2): Neben den verschiedenen wirtschaftsfriedlichen oder -kämpferischen wettbewerblichen Aktionen werden *konforme Verhaltensweisen* unter den Mitanbietern angewendet, die der Minderung des Preiswettbewerbs dienen. Sie kommen zu-

---

[73] Eine in dieser Hinsicht aggressive Form stellt die generelle Preisunterbietung dar, bei der die Konsumenten die Zusicherung einer Preisdifferenzerstattung bekommen, falls sie billigere Produkte bei den Mitanbietern finden.

stande, sofern die Mitglieder einer Anbietergruppe daraus im einzelnen einen größeren Vorteil erwarten als aus isolierter, wettbewerblicher Preispolitik. Es gibt zahlreiche Organisationsmöglichkeiten konformer Aktivitäten und daraus resultierende Intensitätsgrade. So bestehen formelle Preisabsprachen[74] neben informeller Solidarisierung verschiedener Ausprägung.

Für das Zustandekommen konformer Verhaltensweisen[75] sind kleinere Gruppen begünstigt, in denen preisliche *Reaktionsverbundenheit* besteht und die Vermeidung der daraus resultierenden Gefahren eine starke Motivationsgrundlage bildet. Derartige Oligopolsituationen sind — wie bereits gezeigt — im Einzelhandel häufig. Die Bildung von *Gruppenkohäsion* wird gefördert, wenn die Gruppenmitglieder viele gemeinsame Probleme haben und Parallelinteressen verfolgen. Diese Voraussetzungen sind in unorganisierten Gruppen wichtiger als in organisierten. Sie sind im Einzelhandel aufgrund verschiedenartiger qualitativer, räumlicher und persönlicher Präferenzbildungen nur wenig erfüllt. Dagegen ist hier die Möglichkeit persönlicher Kommunikation für die Entwicklung konformen Verhaltens günstig. Der relativ leichte Marktzugang im Einzelhandel und damit verbunden die Gefahr des Außenseiterwettbewerbs stellt allerdings ständig eine Quelle von Gruppenkonflikten und Störfaktoren dar[76]. Je weniger Vorteile das konforme Gruppenverhalten den einzelnen bringt, desto höher ist die Gefahr des Zerfalls bei Auftreten neuer Konkurrenten. Starke Gruppen können dagegen versuchen, einen Außenseiter zu verdrängen oder ihn zu einer Integration in die Gruppe zu veranlassen.

Konformes Verhalten kann *ohne Rangdifferenzierung* in einer Gruppe zustande kommen, indem die Mitglieder nach bestimmten Normen und Regeln handeln (Beispiel: branchenübliche Spannenaufschläge), so daß eine gegenseitig angepaßte Entwicklung der Preisforderungen entsteht. Ein Verstoß ist mit mehr oder weniger starken Sanktionen belegt. Häufiger findet jedoch eine interne Rollendifferenzierung statt, die einem Unternehmen die Rolle des Anführers und den anderen die Rolle der Gefolgschaft gibt. Die Anerkennung von *Preisführerschaft*[77] ist für die Mitglieder der Gruppe ein Mittel, ihre Preisziele einfacher und sicherer zu erreichen. Die Rolle des Preisführers fällt nicht zwingend dem marktmächtigsten oder dem am kostengünstigsten arbeitenden Unternehmen zu. Dagegen fördern meist geringe Kenntnisse über die eigene Kosten- und Marktsituation eine Orientierung an jenen Konkurrenten, von denen ein besseres Informationssystem erwartet wird[78].

---

[74] Horizontale Preisabsprachen sind allerdings nach § 1 GWB unzulässig.

[75] Vgl. die gruppendynamisch orientierte Untersuchung von Krusche, 1961, S. 32ff.

[76] Zur Problematik des Marktzugangs im Einzelhandel vgl. Wolf, 1971.

[77] „Preisführerschaft ist eine situationsabhängige Beziehung zwischen miteinander in kommunikativer Verbindung stehenden Unternehmen, die sich in ihrer Angebotspreispolitik derart gegenseitig beeinflussen, daß ein oder mehrere Anbieter einen erheblich stärkeren Einfluß ausüben als die übrigen Mitglieder der Anbietergruppe. Die konkrete Erscheinungsform ist stets durch interne und externe Eigenarten der beteiligten Unternehmenspersonen, Unternehmen und der Anbietergruppe als Ganzheit geprägt [Specht, 1971, S. 98].

[78] Preisführerschaft ist im Einzelhandel empirisch schwer nachweisbar, da die vielfältigen Konkurrenzbeziehungen und differenzierten Leistungsverhältnisse das Erscheinungsbild undurchsichtig machen. Eine ältere, allerdings zu einseitige Auseinandersetzung um diesen Problemkreis in der Literatur hat schon mit der „Richtungsflügeltheorie" stattgefunden, in der den Großunternehmen des Handels und den Genossenschaften die Rolle der Preisführer zugewiesen wurde (Fall der do-

535 Prinzipien zum Preisverlauf

Die bisher behandelten Prinzipien der Preispolitik beziehen sich auf einen Zeitpunkt. Demgegenüber wird im folgenden der *Dispositionszeitraum* berücksichtigt, um damit Prinzipien des Preisverlaufs zu erkennen. Diese Problematik ist mit dem zeitlichen Werbeeinsatz vergleichbar, der allerdings in der Literatur weit häufiger behandelt wird. Der Problemtransfer wird deutlich, wenn man — den Gedanken Oehmes [1982, S. 232f] folgend — Niedrigpreisstellungen aufgrund ihrer akquisitorischen Wirkung als eine Art Werbebudget auffaßt, das in zeitlicher Hinsicht periodisch verteilt werden muß.

Die Prinzipien des zeitlichen Preisverlaufs sind in Schaubild II, 5.14 zusammengestellt.

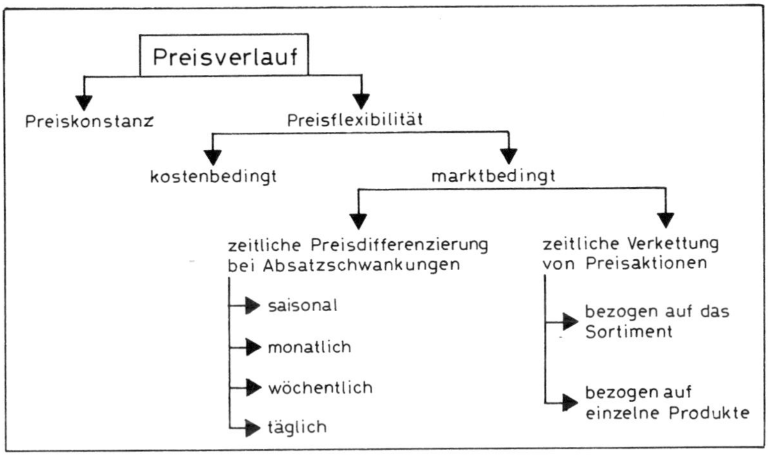

Schaubild II, 5.14: Prinzipien des zeitlichen Preisverlaufs

5351 Preiskonstanz

Das Prinzip der Preiskonstanz wird in der Literatur im Zusammenhang mit der Preisdynamik selten berücksichtigt. Preiskonstanz ist jedoch ein zeitraumbezogenes Handlungsprinzip des Preisverlaufs, wenn ihr eine *bewußte* Entscheidung und nicht nur ein habitualisiertes Verhalten zugrunde liegt. Das Prinzip der Preiskonstanz richtet sich auf eine möglichst anhaltende Preisstabilität. Es kann als durchgängiges Unternehmensprinzip angewendet werden oder nur Teilbereiche des Sortiments betreffen[79]. Das Prinzip der Preiskonstanz ist geeignet, den Konsumenten das Gefühl zuverlässi-

minierenden Preisführerschaft, die auf teilmonopolistischen Marktstellungen beruht). Eine differenzierte Analyse hat Specht, 1971, vorgelegt, in der er Faktoren nachweist, die verschiedene Formen der Preisführerschaft im Einzelhandel begünstigen oder verhindern. Vgl. weiterhin Oehme, 1983, S. 286ff.

[79] Oehme, 1982, S. 231, grenzt hier die Normalkalkulation von der Angebotskalkulation ab (temporäre Niedrigpreisstellung).

ger gleichbleibender Preis- und Qualitätsverhältnisse zu vermitteln. Dabei ist der Irradiationseffekt des Preises auf die Qualität der Produkte und Leistungen wichtig. Der *kontinuierlich gehaltene Preis* wird als Indiz einer *gleichbleibenden Qualität* erlebt. Innerbetrieblich bewirkt die Preiskonstanz gegenüber der Preisflexibilität eine Vereinfachung und Verbilligung des Rechnungswesens [Moeller-Herrmann, 1968, S. 273], Kosteneinsparungen bei der Preisauszeichnung und Erleichterungen des persönlichen Verkaufs. Preiskonstanz bietet darüber hinaus eine Orientierungshilfe für die Einkaufsdispositionen des Einzelhändlers.

Das Prinzip der Preiskonstanz kann nur bei solchen Produkten angewendet werden, deren Beschaffungs- und Nachfragekonstellation einigermaßen beständig ist. Es eignet sich für Märkte, auf denen ein ausgeprägtes *generelles* Preis- und Qualitätslagengefüge besteht, das der einzelne Anbieter nicht durchbrechen will. Bei veränderten Kostensituationen kann die Preiskonstanz dabei durch Qualitäts- und Mengenpolitik aufrechterhalten werden. Die Einzelhändler wenden derzeitig das Prinzip insb. auf ihre *Eigenmarkenerzeugnisse* an und weisen diesen damit eine ertragsstabilisierende Funktion zu. Dagegen wurden sie in ihrer Entwicklungsphase zur flexiblen Preisunterbietung herangezogen [Kap. II, 332]. Die veränderte Preisstrategie bei Eigenmarkenerzeugnissen beruht einerseits darauf, daß sie zunehmend als qualitativer Leistungsbeweis für ein Einzelhandelsunternehmen benutzt werden und damit auch die positive Irradiationswirkung aus gleichbleibenden Preisen wichtiger wird. Andererseits ist darin eine Folge fortschreitender Aufhebung der Preisbindung für Herstellermarkenwaren zu sehen, die für flexible Preisunterbietung aufgrund ihrer Konkurrenzsituation besser geeignet sind[80].

Der *Distanzhandel* versucht, eine auf die *Kataloggültigkeit* ausgedehnte Preiskonstanz zu erreichen, da die Angebotspreise aus akquisitorischen Gesichtspunkten den Charakter von Festpreisen annehmen sollen. Das gilt auch für Produkte, die variierenden Angebots- und Nachfragebedingungen unterliegen. Diese besondere Problematik der Preispolitik hat im Distanzhandel die Eröffnung von Ladengeschäften gefördert, wo am Ende einer Angebotssaison eine flexible, auf die Marktsituation abgestimmte Preispolitik betrieben werden kann.

5352 Preisflexibilität

Das Prinzip der Preisflexibilität ist durch *häufige Variation* der Preisforderungen gekennzeichnet, die kosten- und marktbedingte Anlässe haben kann. Die *kostenbedingte* Preisflexibilität resultiert aus einer kostenorientierten Preiskalkulation. Sie kommt durch variierende Kostensituationen zustande, die durch Aufschlagskalkulation an die Konsumenten weitergegeben werden. Dieses Prinzip ist insb. bei Beschaffungspreisschwankungen für naturnahe Erzeugnisse relevant. Allerdings ist seine Anwendung durch die Akzeptanz der Nachfrager begrenzt.

Die *marktbedingte* Preisflexibilität richtet sich darauf, Marktpotentiale über mehrere Perioden hinweg mit der Preisstellung auszunutzen. Sie soll hier im Mittelpunkt

[80] Broichhausen, 1968, S. 137, stellt für verschiedene Produktbereiche fest, daß „... seit Fortfall der Preisbindung die Ladenpreise für Herstellermarken in den Strudel nach unten geraten, während sie für Eigenmarken relativ konstant bleiben". Vgl. auch Sölter, 1984, S. 92f.

der Betrachtung stehen. Als Formen der marktbedingten Preisflexibilität unterscheide ich die *zeitliche Preisdifferenzierung,* die durch Absatzschwankungen *vom Markt her gesteuert* wird, und die *zeitliche Verkettung* von *Preisaktionen,* die als Problematik der Zeitbestimmung von Preisveränderungen *betrieblich autonom verfügt* werden.

53521 Zeitliche Preisdifferenzierung bei Absatzschwankungen

Bedingt durch Absatzschwankungen entstehen periodisch unterschiedliche Preiselastizitäten der Nachfrage. Zeitliche Preisdifferenzierung liegt vor, wenn der Gesamtmarkt einer Periode gemäß dieser Elastizitätsdifferenzen planvoll in zeitlich begrenzte Teilmärkte aufgespalten wird und gemäß den Nachfragesituationen zeitlich unterschiedliche Preise erhoben werden, die nur unwesentlich durch Leistungs- bzw. Kostenunterschiede im Angebot begründet sind.

Eine Zielsetzung der zeitlichen Preisdifferenzierung richtet sich darauf, aus den zeitbedingt unterschiedlichen Nachfragesituationen Konsumentenrenten abzuschöpfen. Dem liegt der Gedanke eines *sukzessiven* (auch kumulativen) *kalkulatorischen Ausgleichs* zugrunde, durch den die Erfolge aus einer nachfrageintensiven Marktphase die Verluste anderer Phasen kompensieren [Schmitz, 1968, S. 19ff]. Weiterhin wird mit der zeitlichen Preisdifferenzierung eine *zeitliche Nachfragelenkung* zum *Ausgleich* von *Beschäftigungsschwankungen* verfolgt. Die Nachfrage soll durch unterschiedliche Preishöhen zu verschiedenen Zeitpunkten derart gelenkt werden, daß Beschäftigungsengpässe vermieden und Leerkapazitäten infolge von Leerlaufzeiten abgebaut werden können. Die gleichmäßige Kapazitätsauslastung ist insb. wegen der auf Spitzenbelastungen ausgerichteten Betriebsbereitschaft des Einzelhandels und der dadurch verursachten hohen Fixkostenintensität von großer Bedeutung. Dennoch ist die Beschäftigungskontinuität nicht als Selbstzweck, sondern als Teilziel des Gewinnstrebens zu betrachten. Demnach wird sie nur so weitgehend verfolgt, wie sich dadurch die Gewinnlage verbessert.

Vormbaum [1960b, S. 85] schreibt der zeitlichen Preisdifferenzierung zur Beschäftigungsnivellierung im Einzelhandel geringere Bedeutung zu als in der Industrie, da Beschäftigungsschwankungen besser durch die händlerische Sortimentspolitik ausgeglichen werden könnten. Ohne Zweifel eignet sich die Sortimentspolitik zum Ausgleich saisonaler Schwankungen sehr gut; dagegen hat die Preispolitik bei kürzerfristigen Schwankungen den Vorteil größerer Flexibilität im Einsatz.

Die Planung zeitlicher Preisdifferenzierung basiert darauf, daß aufgrund regelmäßig wiederkehrender, antizipierbarer Ereignisse Absatzschwankungen auftreten. Hier sind nach Schwankungsrhythmus im Einzelhandel

- saisonale,
- monatliche,
- wöchentliche und
- tägliche

als zeitliche Preisdifferenzierungen zu unterscheiden.

Bei Waren, deren *saisonbedingte Schwankungen* sich auf Nachfragerhythmen begründen, ist während des Saisonhochs die Nachfrage wegen der Dringlichkeit des Be-

19.95
SCHLUSS-
VERKAUF
19.95
SCHLUSS-
VERKAUF
19.95
SCHLUSS-
VERKAUF
19.95

darfs sehr unelastisch. Gegen Ende der Saison läßt sie je nach Produktart kontinuierlich oder sprunghaft nach. Mit einer zeitlichen Preisdifferenzierung wird ein kumulativer kalkulatorischer Ausgleich herbeigeführt, indem während des Saisonhochs Überschüsse erwirtschaftet werden, mit denen ein Verlustausgleich für das Saisontief möglich ist. Sinkende Preisstellung im Saisonausklang dient der Belebung der abnehmenden Nachfrage. Bei *modischen Produkten,* die am Ende einer Saison unverkäuflich sind und nicht auf Lager genommen werden können, müssen in der zeitlichen Preisdifferenzierung die verminderten Wertschätzungen der Konsumenten und die Restlaufzeit des modischen Bedarfs berücksichtigt werden, damit bis zum Saisonende der Lagervorrat möglichst günstig abgesetzt werden kann. Bei Produkten, die auf Lager eine Saison überdauern können, wird die Preisdifferenzierung von den zukünftigen Kapital- und Lagerkosten beeinflußt.

In einigen Branchen des Einzelhandels besteht mit dem gesetzlich geregelten *Saisonschlußverkauf* eine institutionalisierte Form der zum Saisonende üblichen Niedrigpreisstellung[81]. Sie bietet die Gelegenheit der Lagerräumung, der Liquiditätsverbesserung für Neueinkäufe und des Beschäftigungsausgleichs durch Umsatzbelebung während des Saisontiefs. Eine Gefahr besteht hinsichtlich dieses Ziels darin, daß durch Hinauszögern der Nachfrage kurz vor dem Ausverkaufszeitpunkt ein Beschäftigungstief entsteht, dem eine starke Beschäftigungsspitze während der Veranstaltung folgt. Daraus resultiert u. a. das Bestreben der Einzelhändler, Sommer- und Winterschlußverkäufe durch verschiedene indirekte Maßnahmen vorzuverlegen[82].

Die Ursachen *monatlicher* Schwankungen liegen wesentlich in Lohn- und Gehaltszahlungen, während *Wochen-* und *Tagesrhythmen* insb. infolge der Arbeitszeitregelungen auftreten. Für diese kurzfristigen Schwankungen ist eine beschäftigungsausgleichende Politik besonders wichtig, da wegen der geringen Elastizität einiger Betriebsfaktoren eine intensitätsmäßige oder quantitative Anpassung der Betriebskapazität erschwert ist. Der Erfolg einer Veränderung des zeitlichen Einkaufsverhaltens hängt davon ab, wie weitgehend die Konsumentenzielgruppe zeitlich frei disponieren kann und wie stark ihre zeitlichen Einkaufspräferenzen ausgeprägt sind. Die Forcierung von Sonderangeboten zu umsatzschwachen Zeiten stellt eine Möglichkeit dar, das zeitliche Einkaufsverhalten zu beeinflussen.

53522 Zeitliche Verkettung von Preisaktionen

Ein überaus wichtiges Thema für den Einzelhandel stellt der zeitliche Zusammenhang von Preisveränderungen dar. Ähnlich wie für die Werbung erhebt sich die Frage nach *Häufigkeit* und *Dauer, Höhe* und *Gegenstand* von *Preisveränderungen* als Marktstimuli[83]. Eine zentrale Bedeutung hat hier die dynamische Entwicklung der Absatzwirkungen bzw. der Preisresponse bei aufeinander folgenden Preisveränderun-

---

[81] Das Recht über Sommer- und Winterschlußverkäufe ist in § 7 UWG im Rahmen der Sonderveranstaltungen geregelt.

[82] Vgl. zu dieser verbreiteten Praxis die rechtlichen Implikationen bei Berndorff, 1986.

[83] „Doing a little price cutting every period or a large amount of price cutting in the two peak periods“ [Cowley, Green, 1975, S. 8].

gen[84]. Die zeitliche Verkettung ergibt sich als sukzessive Veränderung der Elastizitäten auf der Grundlage vorangehender Preise, die den Bezugspunkt oder „Preisanker" bilden, soweit sie entweder dem Konsumenten im einzelnen bekannt sind oder sich für Produktgattungen ein mittleres Preisempfinden herausgebildet hat. Diese Ankerpreise sind nicht starr, sondern verschieben sich durch Preiserfahrungen. Somit muß der Einzelhändler in seinen Entscheidungen über Häufigkeit, Dauer, Höhe und Gegenstand temporärer Preisveränderungen den Bezug zu den Ankerpreisen bzw. zum mittleren Preisempfinden berücksichtigen. Empirische Untersuchungen über diese Wirkung von Preisänderungen sind von zentraler Bedeutung für die Entwicklung von Gestaltungsempfehlungen. Es stellen sich hier folgende Fragen:

- Welcher Typ von Ankerpreisen wird in welchen Kaufentscheidungen von den Konsumenten verwendet?
- Wie verändern sich Ankerpreise bzw. mittlere Preisempfindungen bei Preissenkungen und -erhöhungen (Anpassungsgeschwindigkeit und -ausmaß)?

Logischerweise ist anzunehmen, daß die Ankerpreise für eine bestimmte Marke um so niedriger sein werden, je häufiger *temporäre Preissenkungen* durchgeführt werden und je stärker sie sind [Kucher, 1985, S. 257]. Die „Politik der Nadelstiche" schmälert also die langfristige Geschäftsbasis aufgrund der Senkung des Ankerpreises bzw. des mittleren Preisempfindens. Wenn der Einzelhandel Preissenkungen als beliebtes Mittel benutzt, um Kundenfrequenz zu stimulieren und die eigene Leistungsfähigkeit zu beweisen, führt die Reduktion des Ankerpreisniveaus zu einer Abnutzung der gewünschten Effekte. *Rotierende „Nadelstiche"* könnten diese sukzessive Reduktion der Absatzwirkung verhindern, jedoch entsteht hier das Dilemma, daß alle Wettbewerber bevorzugt jene Produktbereiche für ihre Preisreduktionen selektieren, wo Vorstellungen von Ankerpreisen existieren, da andernfalls die Wirkung ihrer Maßnahme gering wäre.

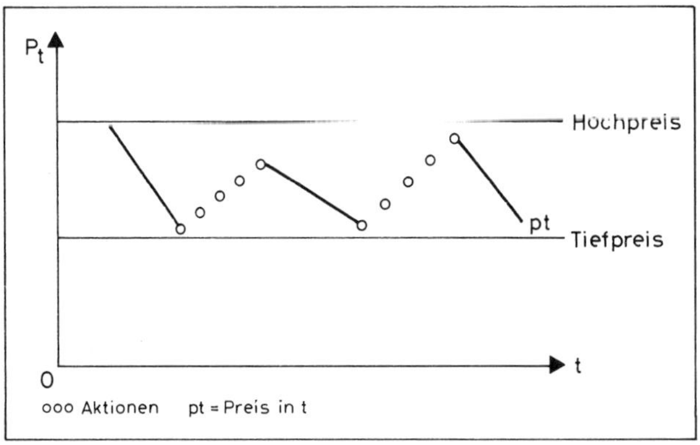

Schaubild II, 5.15:
Beispiel einer pulsierenden Preisstrategie bei überproportionaler Nachfragereaktion [Quelle: Simon, 1982a, S. 277]

[84] Zur vertiefenden Literatur vgl. Kucher, 1985, insb. S. 88ff.

Für das Einzelhandelsunternehmen ist der Zusammenhang von *Preissenkung* und *Preiserhöhung* wichtig. Teilweise wird in der Literatur eine Asymmetrie in der Weise unterstellt, daß positive Preisabweichungen einen relativ größeren Nutzeneffekt erzielen als negative Preisabweichungen schaden [Kucher, 1985, S. 237]. Daraus wird der Vorschlag *pulsierender Preisabfolgen* abgeleitet, die innerhalb der Bandbreite von Hoch- und Tiefpreisen wechseln.

Das Schaubild II, 5.15 zeigt das Beispiel einer solchen Strategie für den Fall, daß sich die Nachfragereaktion bei zunehmenden Preisänderungen überproportional verändert und insofern kleine Steigerungsschritte und große Absenkungsschritte opportun sind. Die *Pulsationsstrategie* ermöglicht regelmäßige Preissenkungen mit den gewünschten positiven Umsatz- und Preisimageeffekten, bei denen der Ankerpreis nicht kontinuierlich gesenkt, sondern auf einem höheren Niveau erhalten wird.

Das Ankerpreiskonzept legt nahe, die Effekte der Preiserhöhung und -senkung längerfristig über mehrere Perioden hinweg zu betrachten. Es sind hier abnehmende Absatzwirkungen anzunehmen [Simon, 1982a, S. 231]. Während die erste Nachfragereaktion auf eine Preisveränderung in bezug zum Ankerpreis heftig sein wird, verringert sich die Wirkung längerfristig wegen der Verschiebung des Ankerpreises [Schaubild II, 5.16].

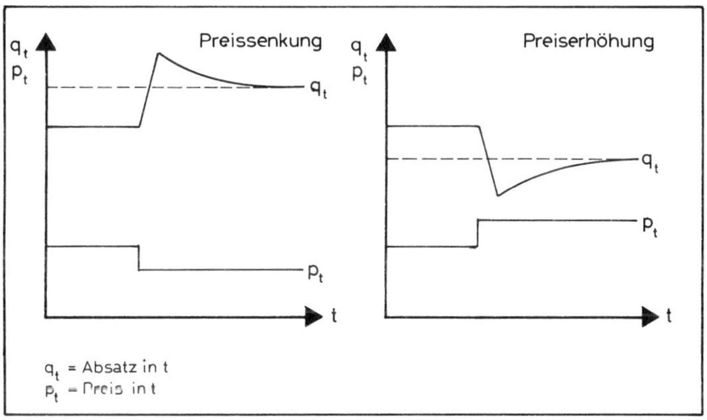

Schaubild II, 5.16:
Beispiele dynamischer Nachfragereaktionen auf Preisveränderungen (carry over-Modell) [Quelle: in Anlehnung an Simon, 1982a, S. 231]

Aus diesem längerfristigen Preisreaktionsmuster folgt unternehmenspolitisch, daß nicht bereits aus *unmittelbaren* Absatzwirkungen preispolitische Schlußfolgerungen für zukünftige Entwicklungen gezogen werden sollten, sondern *zeitliche Verkettungen* von Preisaktionen zu berücksichtigen sind. Märkte und Produkte unterscheiden sich hinsichtlich der dynamischen Nachfragereaktionen so weitgehend, daß über übertragbare empirische Parameterschätzungen erschwert sind [Simon, 1982a, S. 237].

6 Absatzfinanzierung[1]

61 Grundlagen der Absatzfinanzierung

Begriffe

Der Aktionsbereich Absatzfinanzierung umfaßt Maßnahmen, mit denen der *zeitliche Verlauf* des *Wertstroms* zwischen Einzelhändler und Kunden geregelt wird. Aus Sicht des Einzelhandels ist Absatzfinanzierung stets *aktive Finanzierung* im Sinne einer Kapital*ver*schaffung und aus Sicht seiner Kunden passive Finanzierung im Sinne einer Kapital*be*schaffung[2]. Absatzfinanzierung liegt immer dann vor, wenn einem Kunden des Einzelhandels im Zusammenhang mit dem Absatz der Einzelhandelsleistung[3] unter Einflußnahme des Einzelhandels eine Leistung zur Verfügung gestellt wird, bevor der Kunde die entsprechende Gegenleistung erbracht hat und damit eine Kreditbeziehung entsteht.

Damit kann Absatzfinanzierung in einem ersten Schritt als aktive, auf die Kunden des Einzelhandels beschränkte und im *Zusammenhang* mit dem *Absatz* der *Einzelhandelsleistung* stehende *zweckgebundene Finanzierung* charakterisiert werden. Da die Kunden des Einzelhandels überwiegend Verbraucher sind, die die Einzelhandelsleistung einer konsumtiven Verwendung zuführen, ist Absatzfinanzierung im wesentlichen Konsumfinanzierung.

Erst durch die *Einflußnahme* des Einzelhandels im Sinne einer aktiven Gestaltung dieser Kreditbeziehungen wird Absatzfinanzierung in einem zweiten Schritt zum *absatzpolitischen Aktionsbereich.* Dabei variieren Art und Umfang seiner Einflußnahme mit der Funktion, die er im Zusammenhang mit diesen Kreditbeziehungen ausübt. Der Einzelhandel fungiert nur in Teilbereichen der Absatzfinanzierung als autonomer Kreditgeber, während er in anderen mit Kreditinstituten und entsprechend spezialisierten Finanzdienstleistungsunternehmen kooperiert, die ihm nicht nur geeignete Refinanzierungsmittel zur Verfügung stellen, sondern zum Teil in seinem Interesse selbst die Kreditgeberfunktion übernehmen. Daher kann sich die Einflußnahme des Einzelhandels sowohl auf die *Kreditgewährung* selbst, als auch auf die *Gestaltung kooperativer Beziehungen* sowie die *Bereitstellung* von Krediten und verwandten Finanzdienstleistungen seiner Kooperationspartner beziehen. Vor diesem Hintergrund besteht die distributive Leistung des Einzelhandels darin, die Beschaffungstätigkeit seiner Kunden in seinem Einflußbereich durch das Angebot bzw. die Vermittlung spezifischer Finanzierungsmöglichkeiten zu erleichtern und dadurch die Attraktivität seines Gesamtangebots zu erhöhen.

In der Marketing-Literatur wird der Aktionsbereich Absatzfinanzierung oft gänzlich vernachlässigt [u. a. Gutenberg, 1984] oder nur am Rande erwähnt [u. a. Küthe,

---

[1] Dieses Kapitel habe ich zusammen mit meinem Mitarbeiter P. Löschner überarbeitet.

[2] Vgl. hierzu auch die Abgrenzung der „aktiven" von der „passiven" Finanzierung bei Hahn, 1983, S. 39 und Vormbaum, 1986, S. 25. Der Begriff der passiven Finanzierung ist mit dem klassischen Finanzierungsbegriff identisch „... und sieht das Wesen der Finanzierung in der Kapitalbeschaffung" [Hahn, 1983, S. 39].

[3] Vgl. Ahlert, 1972, S. 8 und 15, der ebenfalls den „Absatzkredit" einer Unternehmung in einen sachlichen „Zusammenhang mit dem Absatz ihrer Betriebsleistung" stellt.

1980, S. 138; Oehme, 1983, S. 30]. In einigen Publikationen werden nur einzelne Teilaspekte der Absatzfinanzierung aufgegriffen [u. a. Nieschlag, Dichtl, Hörschgen, 1988, S. 263 und 358ff] oder überwiegend vertrags- bzw. kredittechnische Eigenschaften einzelner Elemente beschrieben [Tietz,1985a, S. 380ff], ohne daß *absatzpolitische Implikationen* thematisiert würden.

Verschiedene Autoren ordnen Teilbereiche dessen, was hier als Absatzfinanzierung angesprochen ist, anderen Aktionsbereichen zu. Häufig wird der Bereich Absatzfinanzierung im Rahmen der Entgeltpolitik als Konditionen- oder indirekte Preispolitik behandelt. Diese Vorgehensweise kommt der handelsbetrieblichen Praxis entgegen, in der Liefer- und Zahlungsbedingungen, die bestimmte Formen der Absatzfinanzierung beinhalten, als Einheit im Rahmen der Konditionenpolitik geregelt werden und nur finanzwirtschaftlich oder organisatorisch aufwendigere Finanzierungen als separater Bereich gelten.

Abweichend davon wird hier definitionsgemäß und im Sinne einer instrumental homogenen Aktionsbereichsbildung *jeder Zahlungsaufschub,* der einem Kunden des Einzelhandels bei Inanspruchnahme einer Leistung gewährt wird, als Absatzfinanzierung aufgefaßt [auch Leitherer, 1974a, S. 70ff]. Dem widerspricht scheinbar die weiter oben vorgenommene Einordnung des Barzahlungsrabatts in die indirekte Preispolitik [Kap. II, 51]. Diese Auffassung begründet sich jedoch darauf, daß sich der Barzahlungsrabatt des Einzelhandels als Wettbewerbsrabatt von seiner ursprünglichen Konzeption als Finanzierungsmaßnahme weitgehend entfernt hat.

Realgeschichtliche Entwicklung und empirische Relevanz

Die Entwicklung dieses Aktionsbereichs des Einzelhandels ist in Verbindung mit der Konsumfinanzierung von Industrie und Kreditwirtschaft zu betrachten. In den Anfängen der Industrialisierung waren die absatzinteressierten *produzierenden Unternehmen* und *Einzelhändler* die *Hauptträger* der Konsumfinanzierung, da die Banken diesen Geschäftszweig aus risikopolitischen und ertragswirtschaftlichen Gründen ablehnten. Die damals stark ausgeprägte Kreditfunktion diente der Förderung des Massenkonsums durch Notfinanzierung kaufkraftschwacher Konsumentengruppen. Sie wurde zunächst in der traditionellen Form des Anschreibens und des offenen Buchkredits und später in der neueren Form der Teilzahlungsfinanzierung betrieben, die den Massenabsatz industriell gefertigter, höherwertiger Konsumgüter ermöglichen sollte. Das Ausmaß der Kreditfunktion wird durch die Ereignisse einer um 1900 durchgeführten Enquête ersichtlich, nach der in verschiedenen Handelszweigen bis zu 3/4, in manchen sogar 9/10 aller Verkäufe „auf Borg" vorgenommen wurden [Hirsch, 1925, S. 235f]. In dieser Zeit verbreiteten sich auch die Kredithäuser oder Bazare als neue Betriebsformen des Einzelhandels, deren konstitutives Merkmal in der Teilzahlungsfinanzierung bestand[4].

Eine weitere Phase der Konsumfinanzierung kennzeichnet sich durch den *Beginn der bankmäßigen Organisation,* die zunächst durch einzelne Industrieunternehmen und durch Einzelhandelskooperationen getragen war. Neben herstellereigenen Banken entstanden Teilzahlungsinstitute kooperierender Einzelhändler mit der Aufga-

---

[4] Bis 1914 gab es ca. 1500 Kredithäuser im deutschen Einzelhandel [Hallermann, 1965, S. 141].

benstellung, den Absatz ihrer Mitglieder durch Kreditvergabe zu fördern und dafür geeignete Wege der Kapitalbeschaffung zu suchen[5].

In den späten 50er Jahren erreichte die Konsumfinanzierung ein neues Stadium, als die Kreditwirtschaft unter Führung der *Banken* und *Sparkassen* begann, sich auch im Konsumentenkreditgeschäft verstärkt dem privaten Kunden zuzuwenden. Diese Entwicklung führte aus Bankensicht zu einer *Aufspaltung* des *Konsumfinanzierungsmarktes:* In einem *konsumentengerichteten Teilmarkt* fungieren sie gegenüber den Konsumenten als Beschaffungshelfer, indem sie durch Anschaffungsdarlehn, Teilzahlungskredite, Einräumen eines Kreditrahmens in laufender Rechnung Konsumfinanzierung betreiben. In einem *unternehmensgerichteten Teilmarkt* üben sie durch Refinanzierungsmaßnahmen bei Hersteller und Handel Funktionen eines Absatzhelfers aus[6].

Die bankmäßige Entwicklung der Konsumfinanzierung hat für den Einzelhandel eine ambivalente Wirkung. Einerseits bedeutet die Übernahme der Finanzierungsfunktion durch Kreditinstitute für ihn eine kapitalmäßige Entlastung. Die kaufwilligen Konsumenten werden mit Kaufkraft ausgestattet, so daß sich die Umsatzmöglichkeiten des Einzelhandels erhöhen. Dieser Effekt ist insb. für kleine Einzelhändler wichtig, die aus eigener Kraft keine Konsumfinanzierung betreiben könnten. Andererseits gehen jenen Einzelhändlern, die Kreditgewährung als absatzpolitisches Instrument einsetzen, akquisitorische Wirkungsmöglichkeiten verloren.

Die neuere Entwicklung im Bereich Konsumfinanzierung ist im wesentlichen durch die zunehmende *Verbreitung zahlungs-* und *kredittechnischer Innovationen* gekennzeichnet. So gewinnen im Bereich kurzfristiger Finanzierung *Geld-* und *Kreditkarten* an Bedeutung, die deren Inhabern nicht nur zur *Teilnahme* am *unbaren Zahlungsverkehr* legitimieren, sondern ihnen zum Teil auch neue *Möglichkeiten* der *Kreditinanspruchnahme* eröffnen. Im Bereich mittel- und langfristiger Finanzierung verbreiten sich Formen des *Leasing,* das — wie noch zu zeigen sein wird — je nach Vertragsgestaltung ein Finanzierungssurrogat oder eine bestimmte Form der Finanzierung darstellt.

Insgesamt ist im Konsumfinanzierungsbereich eine starke Tendenz zur *Differenzierung* des *Leistungsangebots* zu beobachten, die auch auf Einzelhandelsebene zunehmend erkennbar wird. Diese Entwicklung erlaubt dem Einzelhandel eine immer zielgruppenadäquatere und damit akquisitorisch wirksamere Gestaltung des Aktionsbereichs Absatzfinanzierung, woraus letztlich auch die steigende Bedeutung des Aktionsbereichs selbst resultiert.

Die Entwicklung der Konsumfinanzierung korrespondiert mit dem *Funktionswandel,* dem sie seit den Anfängen der Industrialisierung unterworfen war. Sie hatte ursprünglich die Funktion der *Notlagenfinanzierung* und entwickelte sich darüber hinaus zunehmend zu einer *Finanzierung* des *gehobenen Lebensstandards.* Eine wei-

---

[5] Die bankmäßige Organisation der Konsumfinanzierung durch kooperierende Einzelhändler begann 1926 mit der Gründung der Kundenkredit GmbH, Königsberg, durch W. Kaminsky. Schwierigkeiten derartiger Institutionen entstanden insb. daraus, daß sich die Kreditbanken weigerten, die notwendigen Refinanzierungsmittel zur Verfügung zu stellen [Schmidt-Wegenast, 1969, S. 129].

[6] Einen Überblick über die geschichtliche Entwicklung der Konsumfinanzierung geben u. a. Reifner, 1979, S. 116—147, und Hadding, 1980, S. 33—37.

tere Funktion der Konsumfinanzierung richtet sich darauf, das *Bequemlichkeitsbedürfnis* der Konsumenten im *Abrechnungsverkehr* mit den Einzelhändlern zu befriedigen [Fricke, 1971, S. 75]. Im Zusammenhang mit dieser Entwicklung fand ein Wandel von streng warengebundener Finanzierung zu freier disponierbarer Waren- und Geldkreditierung statt. Den Veränderungen der Konsumfinanzierung entsprechend, wandelte sich bei den Konsumenten allmählich das Image der Kreditbeanspruchung. Sie verlor zunehmend das „Odium des Borgens" [Leitherer, 1974a, S. 72] und gewann — unterstützt durch stimulierende Werbemaßnahmen der Absatz- und Kreditwirtschaft — das Image wirtschaftlich-moderner Haushaltsführung [Hallermann, 1965, S. 136; Ahlert, 1972, S. 143].

Gesamtwirtschaftlich bewirkt die Konsumfinanzierung quantitative und qualitative *Veränderungen* der *Konsumgüternachfrage,* die ihrerseits die *konjunkturelle* und *strukturelle Wirtschaftsentwicklung* beeinflussen. Die konjunkturellen Wirkungen der Konsumfinanzierung stehen in engem Zusammenhang mit der Nettokreditaufnahme[7], d. h. der Differenz zwischen aufgenommenen und zurückgezahlten Krediten einer Periode sowie kreditinduzierten Veränderungen der Spar- und Konsumquote[8]. Es ist davon auszugehen, daß die Konsumfinanzierung Konjunkturschwankungen verstärkt und somit eine destabilisierende Wirkung hat[9]. So schwankt der kreditfinanzierte Konsum sowohl in Aufschwung- als auch in Abschwungphasen prozyklisch und in sehr viel größerem Ausmaß als die allgemeinen Konjunkturbewegungen. Die Strukturwirkungen resultieren überwiegend aus einer Umschichtung der Nachfrage in Richtung hochwertiger, langlebiger Konsumgüter[10]. Dieser Effekt wird allerdings abgeschwächt durch die zunehmende Gewährung von Barkrediten und Kreditierungen in laufender Rechnung, die auch zur Finanzierung von Gütern des täglichen Bedarfs sowie Dienstleistungen verwendet und in zunehmendem Maße mittels Geld- und Kreditkarten in Anspruch genommen werden können.

Für den *einzelnen Konsumenten* beinhaltet das zunehmende Konsumfinanzierungsangebot von Einzelhandel, Industrie und Kreditwirtschaft die Möglichkeit, die *individuelle Kaufkraft zeitlich* zu *konzentrieren* und damit eine gewisse Unabhängigkeit vom laufenden Einkommen zu gewinnen [Holzscheck, Hörmann, Daviter, 1982, S. 412]. Mit wachsendem finanziellen Wohlstand werden immer weniger Einkommensteile für Güter des täglichen Bedarfs und laufende Belastungen ausgegeben, wo

---

[7] Holzscheck, Hörmann, Daviter, 1982, S. 415, weisen im Rahmen einer empirischen Untersuchung darauf hin, daß die Aussagefähigkeit der Nettokreditaufnahme zur Bestimmung des Konjunktureinflusses der Konsumfinanzierung allerdings begrenzt ist, da nur jener schwer zu quantifizierende Anteil der konjunkturwirksamen Konsumgüternachfrage ausschließlich der Konsumfinanzierung zugerechnet werden kann, der ohne die Möglichkeit der Kreditierung mangels anderer geeigneter Finanzierungsquellen — insb. Ersparnissen — nicht zustande gekommen wäre.

[8] Zur Definition und zur gesamtwirtschaftlichen Bedeutung von Spar- und Konsumquote vgl. stellvertretend für viele andere Stobbe, 1975, insb. S. 44.

[9] Zur Begründung vgl. Holzscheck, Hörmann, Daviter, 1982, S. 419—434; sowie schon Lutz, 1954, S. 79ff und Persson, 1955, S. 70ff, insb. S. 76.

[10] In der empirischen Untersuchung von Holzscheck, Hörmann, Daviter [1982, S. 123, Tabelle D IV 3/1] werden in der Reihenfolge ihrer Bedeutung als Hauptverwendungszwecke von Konsumentenkrediten (ohne Kredite in laufender Rechnung) vor allem Anschaffungen von Personenkraftwagen (neu und gebraucht), Möbel und Einrichtungsgegenständen sowie Haushalts- und Unterhaltungselektronik genannt.

durch die *Ratenzahlkapazität*[11] der privaten Haushalte tendenziell steigt und die Konsumenten in die Lage versetzt werden, auch relativ hochpreisige Gebrauchsgüter im Wege der Kreditierung vor ihrer endgültigen Bezahlung zu nutzen. Als Vorteil kann dabei in einigen Konsumbereichen die mit der Gebrauchsgüternutzung verbundene objektive und subjektive Kostenersparnis durch vorzeitige Haushaltsrationalisierung angesehen werden (Beispiele: Senkung der Betriebskosten durch die Nutzung energiesparender Haushaltsgeräte; Einsparung von in Kosten bewerteter Zeit und Mühe für Fußwege bei Anschaffung eines Autos).

Die Konsumfinanzierung bietet den Konsumenten die Möglichkeit, Ansparprozesse quasi durch *„Absparprozesse"* zu ersetzen, und damit die Befriedigung ihrer Bedürfnisse flexibler auf tatsächliche oder erwartete Veränderungen des Marktes abzustimmen. So haben Holzscheck, Hörmann, Daviter [1982, S. 408] im Rahmen ihrer empirischen Untersuchung eine positive und hochsignifikante Korrelation zwischen Kaufspontanität und Kreditfinanzierung des Konsums festgestellt. Insofern kann Konsumfinanzierung — auch im Bereich höherwertiger Gebrauchsgüter — zu einer *Verkürzung* von *Kaufentscheidungsprozessen* führen. Daraus resultiert allerdings für den Konsumenten sowohl das *Risiko* des *„Fehlkaufs"*[12] wie auch die Gefahr einer *leichtfertigen Zukunftsbelastung* durch Zins- und Tilgungsverpflichtungen und damit eines *„overbuying"*. Dies gilt um so mehr, je stärker Bedarfe durch Marketingaktivitäten stimuliert werden und je mehr gleichzeitig die Kreditinanspruchnahme erleichtert wird. Somit enthält die Absatzfinanzierung als absatzpolitisches Instrument für die Konsumenten über die wirtschaftlich sinnvolle Nutzung hinausgehend die Gefährdung einer konsumtiven Fehllenkung.

Angesichts der wachsenden Anzahl verschuldeter Haushalte bei steigender Pro-Kopf-Verschuldung[13] ist die Konsumfinanzierung in zunehmendem Maße auch zum *verbraucherpolitischen Problemfeld* geworden, das sowohl in der verbraucherpolitischen Literatur als auch in der Praxis der verbraucherpolitischen Institutionen mehr und mehr Beachtung findet [Kap. V, 22].

62 Aktionsfeld der Absatzfinanzierung

Ziele

Mit den verschiedenen Formen der Absatzfinanzierung sind unterschiedliche *absatzpolitische Ziele* zu erreichen[14]. Der Einzelhändler verfolgt mit Absatzfinanzierung im allgemeinen das Ziel der *Umsatzsteigerung,* die auf *mehreren* Wegen zustande kom-

---

[11] Unter Ratenzahlkapazität ist die Fähigkeit des privaten Haushalts zu verstehen, bestimmte Teile des Einkommens für andere Dinge als Güter des täglichen Bedarfs und laufende Belastungen verwenden zu können [Holzscheck, Hörmann, Daviter, 1982, S. 406].

[12] In diesem Zusammenhang ist u. a. nachgewiesen worden, daß Konsumenten bei kreditfinanzierten Spontankäufen überdurchschnittlich häufig mit dem Kaufobjekt unzufrieden sind [Holzscheck, Hörmann, Daviter, 1982, S. 448f].

[13] Zum Ausmaß der Verschuldung kreditnehmender Haushalte vgl. Holzscheck, Hörmann, Daviter, 1982, S. 57—65.

[14] Zu den Zielen der Absatzfinanzierung vgl. Fricke, 1971, S. 94—97, S. 182—195 und Ahlert, 1972, S. 147—158.

men kann: Durch akquisitorisch wirksame Finanzierungsvorteile sind Konsumenten von konkurrierenden Anbietern abzuziehen; ein Einzelhändler kann auch von Bedarfsvorverlagerungen profitieren oder Konsumenten neu gewinnen, die ohne ein Finanzierungsangebot nicht in der Lage wären, ein Produkt zu kaufen. Ferner können bei dem bestehenden Kundenkreis durch die kaufenthemmende Wirkung der Absatzfinanzierung Bedarfserweiterungen erzielt werden[15].

In Branchen mit periodisch stark schwankendem Absatz kann Konsumfinanzierung zur *zeitlichen Beeinflussung* der Nachfrage eingesetzt werden. Weiterhin sind verschiedene Formen der Konsumfinanzierung dafür geeignet, eine *längerfristige* und *intensive Bindung* der Konsumenten herbeizuführen und damit Stammkundschaft zu gewinnen oder zu erhalten[16]. Die Absatzfinanzierung bietet als Nebenfunktion Marktinformationen über den Kundenkreis und macht damit eine gezielte Kundenansprache möglich (Beispiel: direkte Werbung aufgrund des Adressenmaterials von Kreditkunden). Neben diesen absatzpolitischen Zielsetzungen, mit denen Absatzfinanzierung zur Förderung des Warenabsatzes eingesetzt wird, können auch *finanzwirtschaftliche Ziele* in der Weise verfolgt werden, daß zusätzliche Gewinne durch die Bemessung des Kreditentgelts angestrebt werden. Zwischen beiden Zielsetzungsgruppen besteht i. d. R. ein widersprüchliches Verhältnis.

Aktionsrahmen

Der *außerbetriebliche* Aktionsrahmen der Absatzfinanzierung ergibt sich vorrangig aus jenen Merkmalen der *Konsumentenzielgruppe,* die ihre Nachfrage nach Finanzierungsmitteln beim Einzelhandel beeinflussen. Dazu gehören Einkommen und Liquiditätsreserven, Konsumgüterbedarf und Einstellungen zur Inanspruchnahme von Krediten. Die stärkste Nachfrage nach Finanzierungsmitteln besteht in Konsumentengruppen *mittlerer Einkommenslagen*[17], da bei geringem Einkommen die tragfähige Verschuldungsgrenze sehr niedrig ist und Empfänger höherer Einkommen nur in kleinem Maße auf Finanzierungshilfen des Einzelhandels angewiesen sind. Durch neuere Formen der Absatzfinanzierung, die vornehmlich der Zahlungsbequemlichkeit der Konsumenten dienen, verschiebt sich allerdings der Kundenkreis. *Liquiditätsreserven,* die nicht zweckgebunden sind, stellen bei den Haushalten gegenüber dem Kreditangebot des Einzelhandels substitutive Finanzierungsmöglichkeiten für Produktkäufe dar, die nach Aspekten der Zinshöhe oder der zukünftigen Liquiditätssicherung verglichen werden.

Die Einwirkung *gegenwärtiger Kaufkraftverhältnisse* auf die Nachfrage nach Finanzierungsmitteln wird von den *Erwartungen* über zukünftige Entwicklungen beeinflußt. Bei Erwartung steigender Einkommen nimmt die Ausgabenneigung und damit zugleich die Kreditnachfrage zu. Im umgekehrten Fall neigen die Konsumenten bei

---

15 „The necessity of making immediate payment is often a psychological impediment" [Davidson, Doody, 1966, S. 717].

16 „Credit tends to tie customers to a store on a relatively more permanent basis than that upon which cash business rests" [Gist, 1968, S. 419]. Vertiefende Lektüre zur Kreditierung als Instrument der Absatzsicherung vgl. Böttcher, 1973.

17 Vgl. auch Hallermann, 1965, S. 125 und die empirischen Belege bei Holzscheck, Hörmann, Daviter, 1982, S. 60ff.

Annahme kurzfristiger vorübergehender Verschlechterung ihrer wirtschaftlichen Situation dazu, die entstehenden Lücken ihres Budgets durch Kreditnachfrage auszugleichen, während erst bei Erwartung anhaltender Verschlechterungen die Inanspruchnahme der Konsumfinanzierung eingeschränkt wird. Derartige Bewegungen der Kreditnachfrage gelten in verstärktem Maße bei einkommenselastischen Produkten [Hallermann, 1965, S. 136ff]. Die Erwartung von Preiserhöhungen verursacht i. d. R. eine erhöhte gegenwärtige Verschuldungsneigung und umgekehrt. Neben der gegenwärtigen und erwarteten Kaufkraftsituation ist die Nachfrage nach Konsumfinanzierung von allen Faktoren berührt, die den *Bedarf* an Konsumgütern auslösen. Beispielsweise schafft die Lebenssituation jungverheirateter Ehepaare i. d. R. starken Bedarf an Haushaltseinrichtungen, der eine hohe Beanspruchung an Finanzierungshilfen nach sich zieht[18].

Die Absatzfinanzierung wird von Aktivitäten der konkurrierenden *Einzelhändler,* der *Hersteller, Kreditinstitute* und *Leasinggesellschaften* als *Mitanbieter* von Finanzierungsmöglichkeiten beeinflußt. Das Finanzierungsangebot von Herstellern und Einzelhändlern setzt branchen- bzw. betriebsformengemäße Normen, die als Richtpunkte des konkurrenzorientierten Verhaltens zu berücksichtigen sind. Die Kreditinstitute und Leasinggesellschaften schaffen den Konsumenten Substitutionsmöglichkeiten bei der Finanzierung ihrer Produktkäufe und wirken damit auf die *Preiselastizität* der *Nachfrage* nach *Finanzdienstleistungen* beim Einzelhandel ein.

Die Bedingungslage der Absatzfinanzierung ist produktspezifisch unterschiedlich, da die *Produkteigenschaften* die Höhe des Finanzierungsbetrages und die Organisationsmöglichkeiten der Finanzierung erheblich beeinflussen. Beispielsweise sind *Wert* und *Nutzungsdauer* der Produkte für die Besicherung und die Festlegung von Laufzeiten und Fälligkeitsstrukturen wichtig, während die *Häufigkeit* des *Einkaufs* die Beziehungen zwischen Konsument und Einzelhändler und damit die organisatorischen Finanzierungsregelungen berührt. Die *Einkommenselastizität* der *Produkte* ist wesentlich für die durch Absatzfinanzierung zu erreichende Bedarfserweiterung.

Wegen des erhöhten Kapitalbedarfs durch Absatzfinanzierung ist *innerbetrieblich* insb. die *Finanzlage* der Unternehmung rahmenbildend. Sie bestimmt sich u. a. aus internen Finanzierungsmöglichkeiten und aus externen eigenen oder fremden Finanzierungsquellen bei Lieferanten oder Banken. Im Hinblick auf die Lieferanten ergibt sich für den Einzelhändler ein enger Zusammenhang zwischen Beschaffungs- und Absatzfinanzierung, die sich somit gegenseitig bedingen. Für die Kreditgewährung auf breiter Basis ist weiterhin eine entsprechende *technische* und *personelle Ausrüstung* erforderlich, um eine rationelle Abwicklung der administrativen Arbeiten (Beispiele: Kreditwürdigkeitsprüfungen, Kontenführung, Erstellung periodischer Abrechnungen, Zahlungskontrollen) zu sichern. Mit der Absatzfinanzierung entstehen spezielle Risiken, wie etwa Ausfallrisiken aus der Nichterfüllung der Finanzierungsverträge oder Terminrisiken aus der nicht fristgerechten Vertragserfüllung, Geldentwertungsrisiken, die den realen Wert der Forderungen betreffen oder Risiken der Geldverteuerung, d. h. der Kostenerhöhung bei der Fremdkapitalbeschaffung. Aus der *finanzwirtschaftlichen Risikopolitik,* die in den Rahmen allgemeiner risikopoliti-

[18] Vgl. Fricke, 1971, S. 85, sowie die korrespondierenden empirischen Ergebnisse bei Holzscheck, Hörmann und Daviter, 1982, S. 62f, die ermittelten, daß junge Haushalte zu 62 %, mittlere zu 52 % und ältere weit unterdurchschnittlich zu 33 % Kredite in Anspruch nehmen.

scher Grundsätze der Einzelhandelsunternehmung eingepaßt ist, ergibt sich für den absatzpolitischen Einsatz des Aktionsbereichs Absatzfinanzierung eine wichtige Rahmenbedingung[19].

Aktionsteilbereiche und Aktionselemente

Ein Aktionsteilbereich der Absatzfinanzierung besteht in der *Angebotsform* mit ihren verschiedenen organisatorischen Elementen, die an der Art und Weise orientiert sind, wie Finanzdienstleistungen an die Konsumenten herangetragen werden. Weiterhin wird die Absatzfinanzierung durch den Aktionsteilbereich der *Finanzierungsmodalitäten* ausgestaltet. Zu seinen Elemtenten gehören der Finanzierungsbetrag, der in Relation zu den zugrundeliegenden Warenverkäufen bemessen wird, das Finanzierungsentgelt nach Höhe und Art der Berechnung, die Laufzeit und — in Verbindung damit — die Fälligkeitsstruktur sowie die Besicherung.

63 Arten der Absatzfinanzierung

Um ein Strukturbild der im Einzelhandel praktizierten Absatzfinanzierung herzustellen, können die Aktionselemente als Merkmale und die mit ihnen realisierbaren Gestaltungsprinzipien als deren Ausprägungen zusammengestellt und kombiniert werden. Demgegenüber werden in der *Praxis* des Einzelhandels Arten der Absatzfinanzierung unterschieden, die sich während der historischen Entwicklung dieses Aktionsbereichs herausgebildet haben und wegen ihrer praktischen Bedeutung zunächst zu erläutern sind. Dazu gehören — unterteilt nach der *Fristigkeit*[20], mit der die verschiedenen Arten der Absatzfinanzierung dem Konsumenten üblicherweise zur Verfügung stehen:

im Bereich der kurzfristigen Absatzfinanzierung:
(1) Anschreibe- und offener Buchkredit,
(2) Zielverkauf,
(3) Kreditierung im Rahmen des unbaren Zahlungsverkehrs;

im Bereich der mittel- und langfristigen Absatzfinanzierung:
(4) klassisches Abzahlungsgeschäft,
(5) ie- und drittfinanzierte Abzahlungsgeschäfte,
(6) Leasing und Mietkauf[21].

Zu (1): Anschreibe- und offene Buchkredite [Spannagel, 1982, S. 3f] werden den Konsumenten zur kurzfristigen Finanzierung verschiedener wiederkehrender Käufe geringwertiger Produkte i. d. R. ohne Besicherung zur Verfügung gestellt. Beide Kreditarten führt der Einzelhandel in eigener Regie durch. Meist werden Art und Termin der Rückzahlung unbestimmt gelassen und keine Kreditentgelte erhoben. Diese Art der Kreditierung setzt im allgemeinen ein besonderes Ver-

---

[19] Zu den Risiken aus der Absatzfinanzierung vgl. bereits Oberparleiter, 1955, S. 138ff.

[20] Hinsichtlich der Abgrenzung zwischen kurz-, mittel- und langfristiger Finanzierung lassen sich keine festen Regeln angeben. Man spricht allerdings üblicherweise bei Laufzeiten bis zu 6 oder 12 Monaten von kurzfristiger, bei Laufzeiten von mindestens 6 Monate bis zu 4 Jahren von mittelfristiger und bei längeren Laufzeiten von langfristiger Finanzierung. Vgl. u. a. Vormbaum, 1986, S. 34f.

[21] Vgl. hierzu den — allerdings ungegliederten — Überblick bei Spannagel, 1982, S. 3, der inhaltlich alle oben genannten Arten der Absatzfinanzierung enthält, terminologisch jedoch zum Teil erheblich abweicht, sowie Tietz, 1985a, S. 380f, der sich auf Spannagel bezieht, Leasing und Mietkauf jedoch unberücksichtigt läßt.

trauensverhältnis zwischen Konsument und Einzelhändler voraus und stärkt die Ladenloyalität. Die offenen Buchkredite werden auf Kontokorrentbasis abgewickelt, während das Anschreiben formlos erfolgt.

Als besondere Variante des offenen Buchkredits ist das *Monatskonto* anzusehen, das dem Kunden des Einzelhandels erlaubt, sämtliche Einkäufe eines Monats zu einem bestimmten Termin in einer Summe zu bezahlen. Monatskonten eignen sich auch für den Abrechnungsverkehr im Zusammenhang mit dem Einsatz handelseigener Kreditkarten [Spannagel, 1982, S. 4; Tietz, 1983, S. 675].

Zu (2): Mit dem *Zielverkauf* wird dem Kunden eine Zielfrist für die Bezahlung des Rechnungspreises eingeräumt, der als Zielpreis die Kreditgebühren enthält. Bei Barzahlung wird ein *Skonto* gewährt, der als prozentualer Abschlag vom Zielpreis berechnet wird. Insofern ist der Skonto einerseits ein Preisnachlaß für verfrühte Zahlung [Vormbaum, 1986, S. 325], andererseits ein Entgelt des Käufers für die Kreditleistung des Verkäufers bei Ausnutzung der Zielfrist. Da zwischen der Leistungserstellung des Verkäufers und der Verfügungsgewalt des Käufers gelegentlich eine zeitliche Diskrepanz entsteht (Beispiel: Gütertransport beim Distanzhandel), hat sich die Gewährung einer *Kassafrist* herausgebildet, innerhalb derer eine Zahlung als Barzahlung angesehen wird[22]. Erlangt der Käufer vor Ablauf der Kassafrist Verfügungsgewalt über die Leistung, entsteht für ihn bis zu deren Ende eine unentgeltliche Kreditierung der Kaufpreissumme. Die Voraussetzungen und Höhe der Skontobemessung unterliegen den Bestimmungen des Rabattgesetzes.

Eine Sonderform des Zielverkaufs stellt die *terminfixe Stundung* dar. Bei dieser Form des Zielverkaufs wird bereits zum Zeitpunkt des Kaufvertragsabschlusses zwischen Konsument und Einzelhändler die Stundung des Rechnungsbetrages bis zu einem im voraus festzulegenden Termin vereinbart[23]. Der Zielpreis entspricht in diesem Fall dem um einen prozentualen oder absoluten Kreditaufschlag erhöhten Barzahlungspreis. Die Kreditfristen liegen im allgemeinen zwischen drei und sechs Monaten[24].

Zielgeschäfte haben im Einzelhandel auf der Absatzseite weit geringere Bedeutung als auf der Beschaffungsseite. In bestimmten Marktbereichen, insb. beim Verkauf hochwertiger Gebrauchsgüter, können sie jedoch eine sinnvolle Ergänzung des sonstigen Instrumentariums der Absatzfinanzierung darstellen.

Zu (3): Die *Kreditierung* im Rahmen des *unbaren Zahlungsverkehrs* hat in den letzten Jahren in dem Maße zugenommen, wie die Kunden des Einzelhandels dazu übergegangen sind, ihre Einkäufe per Scheck bzw. Geld- oder Kreditkarte zu bezahlen und damit Kreditvorgänge unterschiedlicher Fristigkeit auszulösen. *Geld-* und *Kreditkarten* sind Identifikationsausweise, die deren Inhaber — i. d. R. nach erfolgter Kreditwürdigkeitsprüfung — legitimieren, am unbaren Zahlungsverkehr teilzunehmen und/oder kurzfristige Kredite in Anspruch zu nehmen. Karten, die mit elektronisch les- und beschreibbaren Sektoren ausgestattet sind, erlauben zudem die Teilnahme am elektronischen Zahlungsverkehr.

Geldkarten werden ausschließlich von Kreditinstituten herausgegeben und zeichnen sich vor allem durch die Dominanz ihrer *Zahlungsverkehrsfunktion* aus. Da die auf dem Magnetstreifen gespeicherten Daten eine selektive Kommunikation zwischen dem Karteninhaber und elektronischen Medien erlauben (automatische Legitimationsprüfung), sind Geldkarten als Bedienungsmedium für point-of-sale-Terminals (pos) einsetzbar, soweit technische Einleseprobleme gelöst sind *(Kommunikationsfunktion).*

Bei *Kreditkarten* ist — über die Zahlungsverkehrsfunktion hinausgehend — die *Kreditfunktion* ausgeprägter. Kreditkarten werden von unabhängigen oder von branchengetragenen Kreditkartenorganisationen[25] sowie von einzelnen Unternehmen (sog. Kundenkarten) herausgegeben. Sie gestatten dem Karteninhaber, bargeldlos einzukaufen oder Dienstleistungen in Anspruch zu nehmen.

---

[22] Beispiel einer Zahlungsbedingung mit Kassafrist: 8 Tage 2 % Skonto oder 30 Tage netto.

[23] Hahn, 1983, S. 304, spricht in diesem Zusammenhang von einer unter Zinsberechnung vorgenommenen vereinbarten Stundung.

[24] Vgl. Hahn, 1983, S. 304. Clevenz, 1986, S. 11, weist darauf hin, daß die terminfixe Stundung in dem von ihm untersuchten Bereich Unterhaltungselektronik und Elektrohausgeräte bei Fristen zwischen fünf und sechs Monaten ohne Aufschlag erfolgt.

[25] Eine handelseigene Kreditkarte, die von der Hauptgemeinschaft des Deutschen Einzelhandels (HDE) und dem Deutschen Hotel- und Gaststättenverband (Dehoga) gemeinsam entwickelt wurde, (Deutsche Kreditkarte, DKK), befindet sich zur Zeit in der Einführungsphase.

Schließt sich ein Einzelhändler einer Kreditkartenorganisation an, werden die Kreditfunktion, die administrativen Aufgaben und die Kreditrisiken gegen Zahlung einer Umsatzprovision vom Kartenherausgeber getragen [Priewasser, 1981, S. 130—136; Pischulti, 1985, S. 18ff].

Im Zusammenhang mit der zunehmenden Verbreitung elektronisch lesbarer Geld- und Kreditkarten wird zur Zeit diskutiert, welche Rationalisierungseffekte von der Einführung eines *point-of-sale-Zahlungssystems* (kurz: *pos-System*) zu erwarten wären. Den Ausgangspunkt der Überlegungen bildet die Tatsache, daß elektronisch lesbare Geld- und Kreditkarten in Verbindung mit geeigneten Lesegeräten zu einer erheblichen Verkürzung des Kassiervorgangs und damit zu Kosteneinsparungen im Personalbereich führen können. Ein bequemes und damit für den Konsumenten attraktives pos-System könne, so wird argumentiert, eine Zunahme des unbaren Zahlungsverkehrs und damit eine Reduzierung der kostenintensiven Bargeld- und Schecktransaktionen (Personal- und Versicherungskosten) bewirken und zur Verkürzung von Wertstellungszeiten (Vermeidung von Zinskosten) beitragen [Gerke, Oehler, 1987, S. 157—166].

Zu (4): Das *klassische Abzahlungsgeschäft* ist *Bestandteil eines Kaufvertrages* über eine oder mehrere *bewegliche Sachen,* der zwischen Einzelhändler und Kunden abgeschlossen wird und u. a. die Vereinbarung enthält, daß der Kaufpreis nicht in einer Summe, sondern zu im voraus festzulegenden Terminen *in regelmäßigen Raten* zu entrichten ist [ähnlich Reich, 1979, S. 36]. Bei dieser Form der Absatzfinanzierung, die vor allem im Zusammenhang mit dem Absatz relativ hochwertiger und langlebiger Gebrauchsgüter von Bedeutung ist, bietet der Einzelhandel seine Leistungen nicht zum Barzahlungspreis, sondern zu einem um das Finanzierungsentgelt sowie alle sonstigen im Zusammenhang mit der Finanzierung stehenden Kosten erhöhten *Teilzahlungspreis* an, wobei der nach Abzug der eventuell vor Lieferung zu leistenden *Anzahlung* verbleibende *Rückzahlungsbetrag* vom Kunden des Einzelhandels nach Lieferung in mindestens zwei annähernd gleich hohen *Rückzahlungsraten* abzuzahlen ist [Reich, 1979, S. 36f; Scholz, F. J., 1983, S. 38ff]. In einigen Marktbereichen (Beispiele: Kraftfahrzeuge, Unterhaltungselektronik und Möbel) kann die Anzahlung des Abzahlungskäufers häufig auch ganz oder teilweise durch die *Inzahlungnahme* von Gebrauchsgegenständen durch den Einzelhandel ersetzt werden.

Abzahlungsgeschäfte und einige den Abzahlungsgeschäften verwandte Rechtsgeschäfte unterliegen — zum Schutz der Konsumenten — grundsätzlich den Regelungen des Abzahlungsgesetzes (AbzG). Es schreibt vor, daß Abzahlungskäufer, die nicht als Kaufleute in das Handelsregister eingetragen sind, in der Vertragsurkunde über die wesentlichen Kreditbedingungen unterrichtet werden müssen, wozu insb. der Barzahlungspreis, der Teilzahlungspreis, der Rückzahlungsplan sowie die Angabe des effektiven Jahreszinses gehören[26]. Abzahlungsgeschäfte mit dem oben genannten Personenkreis werden zudem erst wirksam, wenn der Abzahlungskäufer (hier: der private Einzelhandelskunde) seine das Abzahlungsgeschäft begründende Willenserklärung gegenüber dem kreditgebenden Einzelhändler nicht innerhalb einer Woche (Widerspruchsfrist) widerruft.

Zu (5): Im Gegensatz zum klassischen Abzahlungsgeschäft betreibt der Einzelhandel *re-* und *drittfinanzierte Abzahlungsgeschäfte* grundsätzlich in enger Kooperation mit der Kreditwirtschaft. Ein *refinanziertes Abzahlungsgeschäft* liegt immer dann vor, wenn ein klassisches Abzahlungsgeschäft durch einen der Kreditwirtschaft angehörenden Dritten refinanziert wird. Das *drittfinanzierte Abzahlungsgeschäft* ist dagegen dadurch gekennzeichnet, daß ein mit dem Einzelhandel kooperierender Dritter (eine Bank, eine Sparkasse oder ein Teilzahlungsinstitut) mit dem Einzelhandelskunden im Interesse und unter Mitwirkung des Einzelhändlers einen dem klassischen Abzahlungsgeschäft entsprechenden *Ratenkreditvertrag* abschließt. Dieser dient der kreditfinanzierten Bezahlung einer Einzelhandelsleistung und sieht i. d. R. die *Auszahlung* des Finanzierungsbetrages *an den Einzelhändler* vor[27].

Bei *dauerhafter Kooperation* werden Art und Umfang der Zusammenarbeit zwischen dem Einzelhändler und dem mit ihm kooperierenden Kreditinstitut häufig in einer *Rahmenkreditverein-*

---

[26] Vgl. § 1a AbzG; die Berechnung des effektiven Jahreszinses richtet sich nach § 4 der Verordnung zur Regelung der Preisangaben (PAngVO).

[27] In der juristischen Literatur wird in diesem Zusammenhang häufig von einem „finanzierten Abzahlungsgeschäft" oder einem „finanzierten Abzahlungskauf" gesprochen; vgl. stellvertretend für viele andere Scholz, F. J., 1983, S. 127ff; Löhr, Simon, 1985, S. 61ff; Magoulas, 1985, S. 267ff. Der hier gewählte Terminus „drittfinanziertes Abzahlungsgeschäft" bringt zum Ausdruck, daß diese Form des Abzahlungsgeschäftes von einem Dritten, der nicht Partner des Kaufvertrages ist, finanziert wird.

barung grundsätzlich geregelt. Die Hauptgegenstände einer solchen Rahmenkreditvereinbarung sind neben der Beschreibung der zu (re-)finanzierenden Abzahlungsgeschäfte die Festlegung des maximalen (Re-)Finanzierungsvolumens und der (Re-)Finanzierungskonditionen sowie die Einigung über die von der jeweiligen Besicherung abhängige Rückhaftungsverpflichtung des Einzelhändlers.

Hinsichtlich ihrer *akquisitorischen Wirkung* stehen refinanzierte Abzahlungsgeschäfte nur bei *stiller Abtretung* der Forderungen und Rechte des Einzelhändlers aus den refinanzierten Abzahlungsgeschäften an das mit ihm kooperierende Kreditinstitut dem klassischen Abzahlungsgeschäft gleich. Bei stiller Abtretung tritt das Refinanzierungsinstitut dem Konsumenten gegenüber nicht in Erscheinung [Scholz, F. J., 1983, S. 12], so daß die Kreditgewährung als Einzelhandelsleistung wahrgenommen wird. Bei *offener Abtretung* dagegen entspricht die akquisitorische Wirkung des refinanzierten Abzahlungsgeschäftes eher der des drittfinanzierten Abzahlungsgeschäftes: Hier wie dort hat der Konsument sämtliche Rückzahlungsraten an den Kooperationspartner des Einzelhändlers und nicht an diesen selbst zu entrichten[28]. Es wird offenkundig, daß allein das Kreditangebot, nicht aber die Kreditgewährung selbst als distributive Leistung des Einzelhandels anzusehen ist.

Aus *finanzwirtschaftlicher Perspektive* ist der Vorteil von re- und drittfinanzierten Abzahlungsgeschäften gegenüber dem klassischen Abzahlungsgeschäft vor allem in der weitaus geringeren *Liquiditätsbelastung* des Einzelhandelsbetriebes zu sehen. Ferner bedeutet diese Form der Kooperation mit der Kreditwirtschaft bei entsprechender Vertragsgestaltung eine weitgehende Entlastung von einigen eher bankspezifischen Aufgaben (wie z. B. Bonitätsprüfung, Kreditüberwachung etc.), wodurch die mit der Kreditgewährung verbundenen *administrativen Kosten* im Einzelhandelsbetrieb z. T. erheblich reduziert werden können.

Aus Sicht des Einzelhandels und der Kreditwirtschaft hat das drittfinanzierte Abzahlungsgeschäft gegenüber allen anderen Formen des Abzahlungsgeschäftes vor allem den Vorteil der *rechtlichen Trennung* von *Kauf-* und *Ratenkreditvertrag.* Der Einzelhandelskunde erteilt dem mit dem Einzelhändler kooperierenden Kreditinstitut mit Unterzeichnung des Ratenkreditvertrages ausdrücklich den Auftrag, den *gesamten* Finanzierungsbetrag an den Einzelhändler auszuzahlen. Auf diese Weise kann der Einzelhandelskunde weder ein *kaufvertragliches Zurückbehaltungsrecht*[29] noch ein *Rückforderungsrecht*[30] in bezug auf ausstehende bzw. bereits gezahlte Rückzahlungsraten ausüben, während die *Verpflichtung zur Ratenzahlung* auch bei berechtigten Einwendungen aus dem Kaufvertrag in jedem Fall bestehen bleibt[31].

Zu (6): Der Begriff *„Leasing"* bezeichnet im allgemeinen eine dem *Mietvertrag ähnliche Vereinbarung* , die einen Leasinggeber dazu verpflichtet, einem Leasingnehmer für einen bestimmten Zeitraum ein Investitionsgut bzw. ein langlebiges Gebrauchsgut zu überlassen, für dessen *Nutzung* der Leasingnehmer pro rata temporis ein der *Miete vergleichbares Entgelt* zu entrichten hat, das *„Leasingrate"* genannt wird und die Anschaffungs- oder Herstellungskosten sowie die Gewinnmarge und die Finanzierungskosten des Leasinggebers anteilig enthält. Leasing ist als Finanzierung von produktiven Investitionsobjekten stärker verbreitet als im Bereich des Konsums. Für das Kon-

[28] Auch wenn der Konsument beim drittfinanzierten Abzahlungsgeschäft Schuldner eines Kreditinstitutes ist, darf diese Kreditform nicht mit den direkten oder vermittelten Konsumentenkrediten der Kreditwirtschaft verwechselt werden, die weder grundsätzlich zweckgebunden sind [Reich, 1979, S. 5] noch in direktem Zusammenhang mit dem Absatz einer Einzelhandelsleistung stehen. Auch rechtlich gilt die Kreditvermittlung durch den Einzelhandel nicht als eine der professionellen Kreditvermittlung vergleichbare gewerbliche Maklertätigkeit [Hadding, 1980, S. 75ff].

[29] Die Rechtsgrundlage für die Aussetzung der Rückzahlungsraten bildet das Zurückbehaltungsrecht (bezüglich der geschuldeten Leistung) gemäß § 273 BGB.

[30] Nach § 1 Abs. 2 AbzG sind im Falle eines berechtigten Rücktritts des Abzahlungskäufers beide Vertragspartner verpflichtet, die empfangenen Leistungen (die Abzahlungssache bzw. die Rückzahlungsraten) zurückzugeben.

[31] Die Rechtsprechung folgt heute allerdings häufig dem Grundsatz der „Nicht-Schlechterstellung" von Käufern im Rahmen drittfinanzierter Abzahlungsgeschäfte gegenüber „normalen" Abzahlungskäufern und betrachtet das drittfinanzierte Abzahlungsgeschäft unter bestimmten Voraussetzungen als Einheit aus Kauf- und Darlehnsvertrag. Vgl. Magoulas, 1985, S. 265—292, insb. S. 270f; Löhr, Simon, 1985, S. 61—114, insb. S. 70ff sowie die dort angegebene Literatur.

sumgüterleasing (auch Privatleasing) eignen sich mobile, langlebige, hochpreisige und marktgängige, also auch mehrmals „vermietbare" Gebrauchsgüter[32].

Mit dem Begriff *Finance-* oder *Finanzierungsleasing* werden *mittel-* bis *langfristige* Leasingverträge bezeichnet, die grundsätzlich während eines vertraglich bestimmten und von der zu erwartenden *Nutzungsdauer* des Leasinggutes abhängigen Zeitraumes — der sog. *Grundmietzeit — unkündbar* sind. Werden die Anschaffungs- oder Herstellungskosten, die Gewinnmarge und die Finanzierungskosten des Leasinggebers durch die vom Leasingnehmer während der Grundmietzeit zu entrichtenden Leasingraten gedeckt, liegt ein *Vollamortisationsvertrag* („full-pay-out-leasing") vor; andernfalls wird von einem *Teilamortisationsvertrag* („non-full-pay-out-leasing") gesprochen [Hermann, 1984, S. 12f]. Ein wesentliches Kennzeichen des Finanzierungsleasing besteht ferner darin, daß die sich aus dem Mietrecht ergebende *Vermieterhaftung* des *Leasinggebers*[33] weitestgehend ausgeschlossen wird. Auch nehmen Leasinggeber beim Finanzierungsleasing nur in sehr begrenztem Maße Einfluß auf die Auswahl eines dem Nutzungsinteresse des Leasingnehmers entsprechenden Leasingobjektes [Hermann, 1984, S. 14]. Das *technische Investitionsrisiko* ist also sowohl in der vorvertraglichen Phase als auch während der Vertragslaufzeit allein vom Leasingnehmer zu tragen.

Da die zu erwartende Nutzungsdauer des Leasinggutes bei allen Formen des Finanzierungsleasing die Grundmietzeit überschreitet, das Leasinggut mithin auch noch nach Ablauf der Grundmietzeit verwertbar bleibt, wird bei Vollamortisationsverträgen häufig eine *Anschlußmietoption* und/oder eine *Kaufoption* des Leasingnehmers bzw. bei Teilamortisationsverträgen ein *Andienungsrecht* (Verkaufsoption) des Leasinggebers vereinbart, wonach der Leasingnehmer entweder das Recht hat, das Leasinggut nach Ablauf des Vertrages weiter zu mieten, oder berechtigt bzw. verpflichtet ist, das Leasinggut bei Vertragsablauf in Abhängigkeit von seinem tatsächlichen Restwert zu einem dem kalkulierten Restwert entsprechenden Optionspreis zu kaufen[34].

Diese optionale Vielfalt wird allein dadurch erreicht, daß der Leasinggeber bis zum Ende der Grundmietzeit rechtlicher und wirtschaftlicher Eigentümer des Leasinggutes bleibt, der Leasingnehmer sich also erst gegen Ende der Vertragslaufzeit für oder wider den Kauf des von ihm genutzten Leasingobjektes entscheiden muß. Das Finanzierungsleasing ist demnach als *Nutzungsfinanzierung* einzuordnen, die hinsichtlich ihres Finanzierungsgegenstandes zur Miete und bezüglich ihrer Finanzierungseigenschaft zu den weiter oben besprochenen Finanzierungsarten in substitutiver Beziehung steht [Stoppok, 1981, S. 11 u. 16; Hermann, 1984, S. 14].

Unter *Operating-Leasing* wird in der Literatur dagegen ziemlich einheitlich die *kurzfristige* Vermietung von Investitions- bzw. konsumtiven Gebrauchsgütern verstanden, wobei sich die Kurzfristigkeit sowohl auf die *Gesamtlaufzeit* der Verträge als auch auf die vorgesehenen *Kündigungsfristen* beziehen kann [Stoppok, 1981, S. 12; Westphalen, 1984, S. 37]. Aus Sicht des Leasingnehmers ist das Operating-Leasing demnach nicht als Finanzierungsalternative, sondern als *Finanzierungssurrogat* anzusehen[35].

Eine *atypische* Form des Leasing stellt der sog. Mietkauf dar. Ein *Mietkauf* liegt immer dann vor, wenn einem Mieter bzw. Leasingnehmer in einem Miet- oder Leasing-Vertrag — und hier kommen hinsichtlich der Laufzeit auch Operating-Leasing-Verträge in Betracht — eine *unwiderrufliche Kaufoption* eingeräumt wird, die ihn berechtigt, das Miet- bzw. Leasingobjekt nach einer bestimmten Frist unter voller Anrechnung der bisher geleisteten Miet- bzw. Leasingraten käuflich

---

[32] Zur „Leasingfähigkeit" mobiler und immobiler Wirtschaftsgüter vgl. insb. Feinen, 1984, S. 3—7.

[33] Nach § 536 BGB ist der Vermieter verpflichtet, die Mietsache „... in einem zu dem vertragsgemäßen Gebrauche geeigneten Zustande zu überlassen und sie während der Mietzeit in diesem Zustande zu erhalten".

[34] Die Gestaltung von Finanzierungsleasing-Verträgen, insb. die Festlegung der Grundmietzeit sowie die Vereinbarung von Kauf- und/oder Mietverlängerungsoptionen, Andienungsrechten etc., ist sehr stark durch steuerrechtliche Regelungen beeinflußt, auf die an dieser Stelle nicht näher eingegangen werden kann. Es sei daher auf den Beitrag „Leasing im Steuerrecht" von Müller und Stoppok, 1981 sowie den Überblick über die verschiedenen Möglichkeiten der Vertragsgestaltung von Leasingverträgen bei Vormbaum, 1986, S. 373—399 verwiesen.

[35] Das Operating-Leasing ist also eher als Alternative zum Kauf anzusehen, bei der sich das wirtschaftliche Fehlentscheidungsrisiko des Leasingnehmers lediglich auf die bis zum nächsten Kündigungstermin entfallenden Leasingraten bezieht [Wöhe, Bilstein, 1986, S. 193f].

zu erwerben. Wird die Kaufoption ausgeübt oder auszuüben beabsichtigt[36] ist der Mietkauf als *verdecktes Abzahlungsgeschäft* anzusehen, das den Regelungen des Abzahlungsgesetzes unterliegt [Scholz, F. J., 1983, S. 207].

Die Organisation von Leasinggeschäften beruht häufig auf einer Kooperation zwischen Einzelhandel und Leasinggesellschaften [Dinnendahl, 1981, S. 73—93]. Der Einzelhandelskunde schließt — je nach Vertragsgestaltung — mit dem Einzelhändler oder durch dessen Vermittlung mit der Leasinggesellschaft einen Leasingvertrag ab und bekommt das seinem *Nutzungsinteresse* entsprechende Leasingobjekt mit der von ihm gewünschten Fristigkeit von der Leasinggesellschaft zur Verfügung gestellt. Das Absatzinteresse des Einzelhändlers wird dadurch gewahrt, daß er das Leasinggut nicht direkt an seinen Kunden, sondern an die mit ihm kooperierende Leasinggesellschaft verkauft. Sein Leasinggeschäft wird also zum *Bargeschäft* [Otto, 1986, S. 24]. Viele Leasinggesellschaften arbeiten nicht nur mit Einzelhändlern, sondern in einem vergleichbaren Verfahren auch und besonders mit Herstellern zusammen, deren Absatzinteresse dem der Einzelhändler gleichgerichtet ist. So kommt es nicht selten vor, daß Leasinggesellschaften bei den Herstellern zu Großkunden aufsteigen, denen zum Teil erhebliche Mengenrabatte zugestanden werden. Aufgrund dieser Tatsache sind Leasinggesellschaften gelegentlich in der Lage, den Konsumenten über den Einzelhandel sehr verbilligte oder gar kostenlose Leasingangebote zu unterbreiten, ohne selbst auf ihren Ertrag verzichten zu müssen[37]. Vor diesem Hintergrund kann auch eine Kooperation zwischen Hersteller, Handel und Leasinggesellschaften eine akquisitorisch wirksame Ergänzung des Instrumentariums der handelsbetrieblichen Absatzfinanzierung darstellen.

64 Aktionsprinzipien der Absatzfinanzierung

641 Prinzipien der Angebotsform

Dem Einzelhändler stehen verschiedene *Angebotsformen* der Absatzfinanzierung zur Verfügung, mit denen die Inanspruchnahme durch die Konsumenten und die damit zu erreichende akquisitorische Wirkung beeinflußt werden kann. Ihre Anwendung ist wesentlich von den zugrundeliegenden Warenverkäufen und von der absatzpolitischen Bedeutung abhängig, die der Einzelhändler dem Aktionsbereich beimißt.

Die absatzpolitischen Aktivitäten der Absatzfinanzierung können *fallweise* oder *generell* geregelt werden. Bei dem Prinzip genereller Regelung werden die Finanzierungsmodalitäten nach der akquisitorischen Wirksamkeit und der liquiditätsmäßig-finanziellen sowie technisch-organisatorischen Belastung des Einzelhandelsunternehmens zentral geplant und in *allgemeinen Grundsätzen* festgelegt. Dies führt zu einer durchgängigen Selektion der Konsumenten, die mit Finanzdienstleistungen versorgt werden sollen. Eine Differenzierung nach Kundengruppen oder Warenarten ist möglich. Generelle Regelungen sind notwendig, soweit ein Einzelhändler Absatzfinanzierung in verstärktem Maße betreibt und somit am Gesamtumsatz ein großer Finanzierungsanteil besteht, der in der Abwicklung vereinfacht werden muß und einer zentra-

[36] Die Absicht, die Kaufoption auszuüben, kann als gegeben angesehen werden, wenn vertraglich vereinbart wurde, daß das Eigentum an dem Miet- bzw. Leasingobjekt nach Ablauf einer bestimmten Miet-/Leasingzeit auf den Mieter/Leasingnehmer übergehen soll oder die Konditionen des Vertrages (Miet-/Leasingrate und Optionspreis) so bemessen sind, daß der Mietkauf für den Mieter/Leasingnehmer nur dann wirtschaftlich sinnvoll ist, wenn er das Objekt nach einer bestimmten Laufzeit käuflich erwirbt [Hadding, 1980, S. 42f; Westphalen, 1984, S. 42].

[37] Dies wird besonders beim sog. *„Null-Leasing“*, einer Sonderform des Finanzierungsleasing, deutlich, bei dem die Summe aus Anzahlung, Raten und Kaufoptionspreis exakt dem Barzahlungspreis entspricht [Bech, 1987, o. S.].

len Steuerung bedarf. Generelle Regelungen müssen auch für jene Sachverhalte eingeführt werden, die dem Einzelhändler im Rahmen kooperativer Beziehungen zu Kreditinstituten und Leasinggesellschaften als Bedingungen für eine Zusammenarbeit auferlegt werden. Mit fallweisen Regelungen kann eine *individuelle Anpassung* der Finanzierungsmodalitäten an die Erfordernisse der einzelnen Kundenbeziehungen und damit eine persönliche Differenzierung vorgenommen werden. Fallweise Regelungen, die in die Entscheidung der Verkäufer gestellt werden, sind bei kleinen Finanzierungsvorgängen mit Kunden möglich, zu denen persönliche Kontakte bestehen, so daß die Verkäufer die persönliche Situation und Bedeutung der Kunden abschätzen können. Bei größeren Finanzierungsvorgängen mit wichtigen Kunden werden fallweise Regelungen von der Geschäftsleitung getroffen.

Die Prinzipien der *formellen* und *informellen* Regelungen beziehen sich auf das Ausmaß vertraglicher Vereinbarungen über die Finanzierungsmodalitäten. Ein Entscheidungsspielraum besteht dabei insb. hinsichtlich des Kreditlimits bei laufenden Finanzierungsvorgängen mit einem Kunden sowie hinsichtlich der Laufzeit und der Fälligkeitsstruktur. Mit informellen Regelungen werden den Konsumenten zukünftige Dispositionsfreiräume belassen, die sie ihrer Situation entsprechend ausnutzen können. Informelle Gestaltung ist nur bei kurzfristigen und niedrigwertigen Finanzierungsvorgängen möglich. Zudem müssen die Konsumenten im einzelnen bekannt sein oder — bedingt durch die Strukturmerkmale der Konsumentenzielgruppe — die anfallenden Risiken gering sein. Eine Gefahr der informellen Regelung liegt darin, daß unkontrolliert hohe Außenstände entstehen, die aus Kulanzgründen nicht mit hinreichendem Nachdruck eingefordert werden können. Mit einer formellen Finanzierungsgestaltung ist dagegen die finanzielle Belastung des Einzelhändlers besser unter Kontrolle zu halten. Sie wird notwendig, wenn Absatzfinanzierung auf breiter Basis mit einer anonymen Kundschaft durchgeführt wird, und wenn im einzelnen umfangreiche langfristige Finanzierungsgeschäfte vorzunehmen sind. Eine Anpassung an individuelle Kundensituationen kann dabei durch eine Lockerung der Vertragsüberwachung erreicht werden, die im Rahmen kooperativer Beziehungen zu Kreditinstituten und Leasinggesellschaften mit den Vertragspartnern des Einzelhandels abzustimmen ist.

Das Kreditkartensystem stellt eine Möglichkeit dar, die absatzpolitischen Funktionen des informellen Anschreibe- und offenen Buchkredits auf formeller Basis zu übernehmen. Die zunehmende Anonymität zwischen Einzelhändler und Kunden gibt dieser Form der Absatzfinanzierung wegen ihrer einfachen formellen Handhabung günstige Einsatzmöglichkeiten.

Weitere Prinzipien der Angebotsform betreffen den *warenbezogenen Dispositionsspielraum,* der den Konsumenten bei der Kreditinanspruchnahme hinsichtlich der Produktauswahl belassen wird. In diesem Zusammenhang ist die *warengebundene* von der *ungebundenen Absatzfinanzierung* (Waren- bzw. Geldkredit) zu unterscheiden. Bei der warengebundenen Finanzierung bezieht sich der Finanzierungsvorgang auf die im Einzelfall vom Einzelhandelskunden nachgefragten Waren. Damit kann die Bonitätsprüfung und die Abstimmung der Finanzierungsmodalitäten für jede Kaufsituation erfolgen. Der warengebundenen Finanzierung sind neben dem traditionellen Warenkredit (alle Formen des Abzahlungsgeschäftes sowie Zielverkauf) auch die verschiedenen Formen des Leasing zuzurechnen. Dagegen kann die Absatzfinanzierung auch derartig gestaltet werden, daß der Konsument zu kreditierten Käufen für das gesamte Sortiment des Einzelhändlers berechtigt wird *(Zwischenform aus Waren- und Geldkredit).* Dabei wird der Konsument in Höhe seines Kreditlimits mit zusätzlicher frei disponibler Kaufkraft ausgestattet; sie bietet ihm zudem eine bequeme bargeldlose Abrechnungsmöglichkeit. Auf diese Weise kann die kaufhemmende Wirkung der preislichen Kaufbarriere zeitlich hinausgeschoben und damit eine Bedarfserweiterung erzielt werden. Ferner werden vorübergehende Kaufkraftengpässe überwunden und durch das Kreditverhältnis die Einkaufsstättentreue der Konsumenten erhöht. Diese Art der Absatzfinanzierung ist daher bei Waren sinnvoll, die kurz- bis mittelperiodisch gekauft werden und somit die Bildung von Stammkundschaft ermöglichen. Geeignete Organisationsformen stellen der Anschreibe- und offene Buchkredit und das Kreditkartensystem eines einzelnen Unternehmens dar.

Der Dispositionsspielraum der Konsumenten erweitert sich, wenn sich der Einzelhändler einem Absatzfinanzierungssystem kooperierender Einzelhändler, eines Kreditinstituts oder einer sonstigen Organisation anschließt. Hier ist vor allem an die Kreditierung im Rahmen des unbaren Zahlungsverkehrs zu denken. Der Konsument ist dabei berechtigt, bei allen Vertragshändlern des Systems Kreditleistungen in Anspruch zu nehmen *(beschränkter Geldkredit).* Der Effekt der Stammkundenbindung bei den Kreditnehmern wird in dem Maße geschmälert, wie Einzelhändler mit substitutiven Sortimenten an dem Absatzfinanzierungssystem beteiligt sind. Es kann jedoch auch ein akquisitorisch wirksamer Partizipationseffekt durch Imageirradiation unter den angeschlossenen Vertragspartnern zustandekommen. Die akquisitorische Wirkung hängt von der *qualitativen Struktur* der Vertragspartner und darüber hinaus von der Verbreitung des Absatzfinanzierungssystems ab. Eine kleine Organisation bietet dem Konsumenten u. U. einen zu geringen Dispositionsspielraum, während bei einer großen, stark verbreiteten Organisation die akquisitorischen Wirkungen für den einzelnen beteiligten Einzelhändler vermindert werden. Für den Anschluß an ein Absatzfinanzierungssystem sind neben diesen absatzpolitischen Überlegungen insb. kostenwirtschaftliche und organisatorische Aspekte maßgebend. Absatzfinanzierung wird in dieser Form vor allem mit Kreditkartensystemen von kooperierenden Einzelhändlern, Kreditinstituten und Kreditkartenorganisationen durchgeführt.

642 Prinzipien der Angebotsgestaltung

Die Prinzipien der Angebotsgestaltung beziehen sich auf die akquisitorisch wirksame Gestaltung der Finanzierungsmodalitäten, die durch Variation der Aktionselemente

(1) Finanzierungsbetrag,
(2) Finanzierungsentgelt,
(3) Laufzeit und Fälligkeitsstruktur und
(4) Besicherung

erreicht werden kann. Im folgenden soll versucht werden, die einheitlichen Grundsätze darzustellen, auf denen die heterogenen Finanzierungsarten des Einzelhandels basieren.

Zu (1): Der *Finanzierungsbetrag* kann bei Anschreibekrediten, bei offenen Buchkrediten bzw. Monatskonten und bei Kreditkarten als Limit festgelegt werden, das einem Konsumenten während einer Periode eingeräumt wird. Bei Abzahlungsgeschäften und Finanzierungsleasing-Verträgen bemißt sich der Finanzierungsbetrag als Restbetrag aus Kaufpreissumme und geforderten Anzahlungssätzen. Die Höhe dieser Anzahlungssätze wird i. d. R. prozentual zum Kaufpreis eines Produktes festgelegt. Im Rahmen kooperativer Beziehungen zu Kreditinstituten und Leasinggesellschaften ergeben sich die jeweiligen Anzahlungssätze aus der zugrundeliegenden Rahmenvereinbarung und können dann vom Einzelhandel nicht frei variiert werden [Dinnendahl, 1981, S. 75—82; Scholz, F. J., 1983, S. 21—24].

Bei der Festlegung des Finanzierungsbetrages sind die gegenläufigen Interessen der Sicherheit und der Absatzförderung zu berücksichtigen. Nach *Sicherheitserwägungen* muß der revolvierende Kreditrahmen für laufende Käufe im Verhältnis zu der geschätzten Kaufkraft der Konsumenten bemessen werden, um dadurch die Kreditrückzahlung sicherzustellen. Anzahlungen dienen bei Ratenkrediten und Finanzierungsleasing-Verträgen als Kompensation der wirtschaftlichen Entwertung des Kaufobjektes bis zur ersten Kredit- oder Leasingrate. Da der Wert beim Übergang vom Neu- zum Gebrauchtgut progressiv abnimmt, wird die Anzahlungsforderung gemäß dem erwarteten Ausmaß dieser überproportionalen Wertminderung hoch bemessen. Bei Abzahlungsgeschäften gilt die Anzahlung zudem als Garantie des Kaufwillens der Kreditnehmer [Böttcher, 1973, S. 119].

Dagegen stehen *akquisitorische Erwägungen* bei der Bemessung des Finanzierungsbetrages. Die Erweiterung des Kreditlimits für laufende Käufe kann über die Erhöhung gegenwärtiger Kaufkraft eine Bedarfssteigerung bewirken. Von einer Erniedrigung (Erhöhung) der Anzahlungsbeträge bei Kredit- und Leasingverträgen ist eine Steigerung (ein Rückgang) des durch Absatzfinanzierung induzierten Absatzes zu erwarten, da mit den Anzahlungsbeträgen die *Kaufkraftgrenze* beeinflußt wird, die für den Erwerb eines Produktes bzw. (beim Leasing) für dessen mittel- bis langfristige Nutzung anfänglich vorhanden sein muß. Anzahlungsbeträge stellen daher ein wesentliches Wettbewerbsmittel im teilzahlungsfinanzierten Absatz dar, das in seinem Einsatz konjunkturempfindlich ist. In diesem Zusammenhang ist auch der Umstand von Bedeutung, daß Anzahlungen in einigen Bereichen des Einzelhandels durch Inzahlungnahme von Gebrauchsgütern erbracht werden können[38].

Zu (2): Das *Finanzierungsentgelt* setzt sich aus *Zinsen* einschließlich *Risikoprämie, Provisionen* und *Gebühren* zusammen. Für bankmäßig organisierte Kredite gibt es seit Aufhebung der Zinsverordnung (April 1967) eine freie Gestaltung des Kreditentgeltes. Diese beeinflußt bei Substitutionsverhältnissen zwischen den durch Banken und Einzelhandel vergebenen Krediten die Aktionsmöglichkeiten des Einzelhandels. Er ist bei der Absatzfinanzierung gegenüber den Banken wettbewerblich benachteiligt, da er i. d. R. aufgrund geringer Spezialisierungsmöglichkeiten höhere Verwal-

---

[38] Für den Zeitraum zwischen Hereinnahme eines gebrauchten Gutes (dem Einkauf) und dessen Wiederverkauf steht die Kreditwirtschaft dem Einzelhandel häufig im Wege der „Einkaufsfinanzierung" mit kurzfristigen Krediten zur Verfügung [Scholz, F. J., 1983, S. 17f]. Den sich aus dieser Einkaufsfinanzierung ergebenden Liquiditätsvorteilen stehen jedoch Rentabilitätsnachteile gegenüber, die in die Gesamtkalkulation einbezogen werden müssen.

tungskosten und durch teurere Refinanzierungsquellen höhere Finanzierungskosten zu tragen hat.

Bei der Bemessung des Finanzierungsentgeltes muß die *Preiselastizität* der durch *Absatzfinanzierung induzierten Nachfrage* berücksichtigt werden. Darunter ist die relative Mengenänderung der durch Absatzfinanzierung ermöglichten Nachfrage nach einem Produkt im Verhältnis zur relativen Veränderung des Finanzierungsentgelts zu verstehen, wobei der Einfluß des Produktbarpreises auf die Nachfrage vernachlässigt wird. In älteren Untersuchungen wurde von einer erheblichen Preisunelastizität ausgegangen [Schnutenhaus, 1961, S. 546; Hallermann, 1965, S. 211]. Dieser Erfahrungstatbestand wurde daraus erklärt, daß die Haushalte die wirtschaftliche Zukunftsbelastung geringer als die Gegenwartsbelastung einschätzen und die monatlich anfallenden Kreditentgelte im Haushaltsbudget ohnehin wenig fühlbar sind. Insbesondere bestand in diesem Bereich häufig eine starke Preisintransparenz, da sich die Konsumenten die effektive Belastung der prozentual auf den Monat berechneten Kreditentgelte nicht genügend klar machten[39].

In den letzten Jahren gibt es allerdings Hinweise auf eine zunehmende Preiselastizität in diesem Bereich[40], die sich in der Zukunft zu einer allgemeinen Tendenz verstärken könnte. Hier wirkt sich die seit 1985 eingeführte Verschärfung der Informationspflichten durch die Einführung der Preisangabenverordnung (PAngVO) und die damit einhergehende Verbesserung der Markttransparenz aus[41].

Bei Finanzierungsleasing-Angeboten ist die Preistransparenz hinsichtlich des Finanzierungsentgelts weit geringer. Dies gilt insb. dann, wenn die Leasingraten auch Dienstleistungsentgelte enthalten, wie das beim Teil- oder Full-Service-Leasing der Fall ist. Für einen direkten Vergleich mit einer Kreditfinanzierung sind daher nur Net-Leasing-Verträge geeignet. Leasingangebote sind insgesamt sehr viel schwieriger zu bewerten als entsprechende Kreditfinanzierungen, weil ein dem effektiven Jahreszins entsprechender, allgemein anerkannter Beurteilungsmaßstab fehlt. Dies ist darauf zurückzuführen, daß bei Finanzierungsleasing-Verträgen zum Zeitpunkt des Vertragsabschlusses noch gar nicht alle wirtschaftlich relevanten Einflußfaktoren (z. B. Restmarktpreis des Leasinggutes nach Ablauf der Grundmietzeit) bekannt sind. Le-

[39] Aus der Untersuchung von Holzscheck, Hörmann, Daviter, 1982, S. 135, geht hervor, daß insb. „... Personen, die ohnehin hinsichtlich anderer Merkmale wie Einkommen und Schulbildung oder Zugehörigkeit zur Arbeiterschaft unterprivilegiert sind, auf dem Kreditmarkt auch das höchste Risiko tragen, in Ermangelung der Kenntnis des geeigneten Preisbeurteilungsmaßstabes (des effektiven Jahreszinses, Anm. d. Verf.), Kredite zu überhöhten Konditionen abzuschließen".

[40] Vgl. hierzu auch Beier, Jacob, 1987, S. 89 sowie die dort genannte Literatur.

[41] *Beispiel:* In einem Katalog aus dem Versandhandel [Katalog des Otto Versand, Frühling/Sommer 1988, S. 562D] werden in übersichtlicher Weise alle Finanzierungsmodalitäten für einen Abzahlungskauf („Einkaufskredit") incl. des effektiven Jahreszinses genannt:

„Einkaufskredit"

Kaufpreis (Barzahlungspreis):	DM 400,–
Kreditbetrag:	
Laufzeit:	9 Monate
Zinssatz:	5 % absolut
Bearbeitungsgebühr:	./.
Ratenkaufpreis (Teilzahlungspreis):	DM 420,–
Tilgung:	DM 46,67 mtl.
eff. Jahreszins:	12,6 % p. a.

diglich die während der Grundmietzeit vom Leasingnehmer zu tragende Liquiditätsbelastung ist einem direkten Vergleich zugänglich.

Beispiel: Vergleich Finanzierungsleasing versus Kreditfinanzierung[42]

	Leasing	Kreditfinanzierung	
		Kredit A	Kredit B
Finanzierungsmodalitäten:			
Kaufpreis:	DM 20.000,–	DM 20.000,–	DM 9.000,–
Anzahlung ((25 %):	DM 5.000,–	DM 5.000,–	DM ./.
Finanzierungsbetrag:	DM 15.000,–	DM 15.000,–	DM 9.000,–
kalk. Restwert (45 %):	DM 9.000,–	./.	./.
Laufzeit:	24 Monate	24 Monate	36 Monate
1. Monatsrate	DM 276,–	DM 674,–	DM 277,–
2.—24. Monatsrate	DM 276,–	DM 686,–	DM 284,–
eff. Jahreszins:	./.	9,49 % p. a.	8,8 % p. a.
Berechnung des kum. Finanzierungsentgelts:			
Summe der Raten:	DM 6.624,–	DM 16.452,–	DM 10.217,–
+ kalk. Restwert (45 %)	DM 9.000,–	./.	./.
= Gesamtaufwand	DM 15.624,–	DM 16.452,–	DM 10.217,–
– Finanzierungsbetrag	DM 15.000,–	DM 15.000,–	DM 9.000,–
kum. Finanzierungsentgelt:	DM 624,–	DM 1.452,–	DM 1.217,–
+ Kosten Kredit B	DM 1.217,–		
= kum. Finanzierungsentgelt für Leasing und Kredit B	DM 1.841,–		

Vergleicht man das Leasingangebot in unserem Beispiel mit der Kreditfinanzierungsvariante A, wird ersichtlich, daß die durch Ratenzahlungen entstehende Liquiditätsbelastung (Summe der Raten) beim Leasing deutlich geringer ausfällt als bei der Finanzierung. Dies ist deshalb nicht verwunderlich, weil die Leasingraten sich auf den nach Abzug der Anzahlung *und* des kalkulierten Restwertes verbleibenden Betrag (hier DM 6.000,—) beziehen, während bei der Finanzierung der volle Finanzierungsbetrag (hier DM 15.000,—) als Bezugsgröße dient. Nur in bezug auf die Refinanzierung sind die Finanzierungsbeträge identisch. Dennoch ist diese Art der Vergleichsrechnung in der Leasingpraxis üblich[43]. Auch sagt das kumulierte Finanzierungsentgelt beim Leasing wenig aus, weil für den Fall, daß das Leasingobjekt nach Ablauf des Vertrages nicht zum kalkulierten Restwert veräußert werden kann, die negative Differenz vom Leasingnehmer erstattet werden muß bzw. eine positive Differenz mit max. 75 % des Mehrerlöses dem Leasingnehmer zufließt, wodurch eine erhebliche Abweichung hinsichtlich der Gesamtkosten entstehen kann.

Wird davon ausgegangen, daß das Leasinggut am Ende der 24-monatigen Laufzeit vom Leasingnehmer erworben werden soll (denn nur dann ist ein Vergleich mit einer Kreditfinanzierung sinnvoll), ist die Preisgünstigkeit beider Finanzierungsalternativen zu beurteilen. Auf den ersten Blick scheint die Finanzierungsvariante A — gemessen am kumulierten Finanzierungsbetrag — sehr viel teurer, das Leasing also preisgünstiger zu sein. Der wesentliche Unterschied besteht je-

[42] Beispiel: Leasingvertrag: Angebot der ALD Autoleasing D GmbH in Hamburg vom 24.3.1986; Kreditfinanzierung: Angebot der V.A.G. Kredit Bank GmbH in Braunschweig vom 7.10.1987. Die Angebote wurden von den Verfassern selbst eingeholt und auf Basis eines angenommenen Kaufpreises von DM 20.000,— umgerechnet.

[43] Vgl. stellvertretend für viele andere Bech, 1987.

doch darin, daß der Kreditnehmer mit der Zahlung der letzten Rate aller Finanzierungsprobleme entledigt ist, während der Leasingnehmer noch eine Abschlußzahlung in Höhe von DM 9.000,— (oder mehr) zu bezahlen hat, die am Ende der Laufzeit finanziert werden muß. Diese Finanzierung, die wir Anschlußfinanzierung nennen wollen, kann prinzipiell durch einen Ansparprozeß oder durch einen Absparprozeß in Form eines Anschlußkredites erfolgen. Wird der kalkulierte Restwert angespart, entsteht dem Leasingnehmer in unserem Beispiel theoretisch während der gesamten Laufzeit des Leasingvertrages eine zusätzliche Liquiditätsbelastung in Höhe von DM 375,— (DM 9.000,—/24 Mon.). Wird die zu zahlende Leasingrate addiert, hat der Leasingnehmer effektiv DM 651,— pro Monat aufzubringen, also nur unwesentlich weniger als bei Kredit A. Wird der kalkulierte Restwert nicht angespart, sind die vielgepriesenen Liquiditätsvorteile des Leasing nur von kurzer Dauer[44]. Die verbleibenden DM 9.000,— können dann nur durch einen Kredit finanziert werden. Da der Kaufoptionspreis in unserem Beispiel den während der Grundmietzeit „getilgten" Betrag um 50 % übersteigt, ist eine dem *Leasing vergleichbare Liquiditätsbelastung* (DM 277,—) nur bei einer ebenfalls um 50 % erhöhten Laufzeit von 36 Monaten möglich (Kredit B). Addiert man das für Leasing und Kredit B zu entrichtende Finanzierungsentgelt, so ist das Leasing insgesamt etwa um ein Viertel teurer als die Kreditfinanzierung (Kredit A)[45]. Das Finanzierungsleasing ist daher für den Konsumenten nur dann attraktiv, wenn das Finanzierungsentgelt zusammen mit den Kosten für die notwendige Anschlußfinanzierung niedriger ist als das Finanzierungsentgelt für eine Kreditfinanzierung mit gleicher Laufzeit, wobei allerdings zu berücksichtigen ist, daß sich die Laufzeit durch die Kombination von Leasing und Anschlußfinanzierung erheblich verlängert und über die zu erwartenden Kosten der Anschlußfinanzierung nur spekuliert werden kann.

Ein effektiver Jahreszins läßt sich also zusammenfassend weder für den Fall, daß das Leasinggut nach Ablauf der Grundmietzeit an den Leasinggeber zurückgegeben wird (Nutzungsfinanzierung) noch für den Fall, daß es anschließend erworben wird (Leasing als Kredit) berechnen. Die einzige Ausnahme stellt das sogenannte Null-Leasing dar, bei dem der Leasingnehmer während der Grundmietzeit überhaupt kein Finanzierungsentgelt zu entrichten hat.

Der *Handlungsspielraum* für die Festlegung des Finanzierungsentgelts liegt für den Einzelhandel zwischen unentgeltlicher und entgeltlicher Finanzierung, wobei letztere in bezug auf die verursachten Kosten verschiedene unter- und überdeckende Grade erreichen kann. Eine Preiskalkulation für Finanzdienstleistungen ist wegen Schwierigkeiten bei der Erfassung und Zurechnung von Kreditkosten und Umsatzwirkungen problematisch. Das gilt insb. für kleinere Einzelhandelsunternehmen, die keine klare Abgrenzung zwischen Kredit- und Barverkauf vornehmen.

Werden bei *entgeltlicher* Absatzfinanzierung *kostenüberdeckende* Entgelte erhoben, so sollen damit finanzwirtschaftliche Gewinne erzielt werden. In der Kompensationskalkulation werden diese durch Absatzfinanzierung induzierten Käufe zu Ausgleichsträgern. Hohe Finanzierungsentgelte können in Ansatz gebracht werden, wenn die Konsumentenzielgruppe sich bei der Nachfrage nach Finanzierungen preisindifferent oder relativ preisunelastisch verhält und damit nur geringfügige akquisitorische Verluste entstehen. Dieses Verhalten liegt vor, wenn die Konsumenten über die tatsächliche Belastung durch Finanzierungsentgelte und über sonstige Finanzierungsquellen wenig aufgeklärt sind, wenn eine starke Einkaufsstättentreue besteht oder das der Finanzierungsnachfrage zugrundeliegende Kaufobjekt eine hohe Attraktion ausübt.

44 So hebt auch Hermann, 1984, S. 98, hervor, daß sich der Leasingnehmer am Ende der Laufzeit eines Teilamortisationsvertrages — und um einen solchen handelt es sich in unserem Beispiel — "... mit einer liquiditätsgefährdenden Abschlußzahlung konfrontiert sehen muß".

45 Vgl. auch Vormbaum, 1986, S. 386, der zu dem Schluß gelangt, daß das Leasing — gemeint ist das Finanzierungsleasing — im Regelfall teurer ist als alle übrigen Finanzierungsarten.

Kreditkonditionen

Weiterhin kann ein Einzelhändler mit *hohen Finanzierungsentgelten* beabsichtigen, seine Konsumentenzielgruppe zur Inanspruchnahme von Finanzdienstleistungen Dritter und zur Barzahlung zu veranlassen, um sich selbst von den mit der Absatzfinanzierung verbundenen Liquiditätsbelastungen frei zu halten *(Abwehrkonditionen).* Diese Strategie ist nur möglich, wenn aufgrund eines hohen akquisitorischen Potentials gewährleistet ist, daß die Zielgruppe nicht zu konkurrierenden Einzelhändlern abwandert.

Bei *unentgeltlicher* oder *kostenunterdeckender* Absatzfinanzierung ist eine Kompensation der ungedeckten Kreditkosten durch kreditbedingte Umsatzsteigerungen mit entsprechenden Kostendegressionen möglich [Duncan, Phillips, 1967, S. 627]. Andernfalls müssen die ungedeckten Kreditkosten auf alle Käufer durch Anhebung des Produktpreises überwälzt werden. Zur Beurteilung dieser Strategie sind die negativen akquisitorischen Wirkungen aus der allgemeinen Produktpreiserhöhung und die daraus resultierenden Absatzeinbußen den positiven akquisitorischen Effekten bei den kreditbeanspruchenden Kunden gegenüberzustellen. Wie sich beide Effekte entwickeln, hängt von der Preiselastizität der betroffenen Produktnachfrage und der Preiselastizität der Nachfrage nach Krediten und verwandten Finanzdienstleistungen ab.

Niedrige Finanzierungsentgelte können die Nachfrage nach Produkten, die mit einer begleitenden Finanzierung angeboten werden, erhöhen und zusätzliche Anschlußbarkäufe bewirken. Da mit einer Zunahme der Barkäufe keine weiteren Verluste aus Unterdeckungen der Finanzierungskosten entstehen, ist dieser Effekt absatzpolitisch besonders vorteilhaft. Er wird generell bei breiten Sortimenten eher als bei schmalen erreicht und wird speziell bei finanzierten Produkten mit vielen komplementären Beziehungen innerhalb des Sortiments wirksam. Eine Absatzmengenänderung durch Senkungen des Finanzierungsentgelts ist durch Mobilisierung neuer Konsumentengruppen möglich, die ein Produkt ohne diese vergünstigte Finanzierungsmodalität kaufkraftbedingt nicht erwerben könnten. Dieser Effekt tritt allerdings selten ein, da Veränderungen der Finanzierungsentgelte wenig Einfluß auf die Kaufkraftsituation ausüben. Dagegen kann eine Partizipation an den Kunden der Mitanbieter erreicht werden, wenn diese die Finanzierungsentgelte bei verschiedenen Anbietern vergleichen und die ermittelten Abweichungen zum wesentlichen Kriterium ihrer Einkaufsstättenwahlentscheidung erheben. In der Regel haben allerdings andere absatzpolitische Merkmale des Angebots in der Kaufortentscheidung größeres Gewicht. Aus den genannten Gründen ist das akquisitorische Potential aus niedrigen Finanzierungsentgelten eher als gering einzuschätzen.

Im Sinne der Forderung nach Preisklarheit ist die *unentgeltliche* Absatzfinanzierung — soweit sie den Barzahler belastet — negativ zu beurteilen, da sie den Konsumenten keine kostenbegründeten Entscheidungsalternativen hinsichtlich der Inanspruchnahme von Finanzierungsleistungen beläßt.

Zu (3): Mit der *Laufzeit* wird i. d. R. zugleich die *Fälligkeitsstruktur* der im Zusammenhang mit einer Finanzierung zu leistenden Zahlungen festgelegt, wobei die Fälligkeitstermine für Finanzierungsentgelte und Tilgungen zeitlich auseinanderfallen können. Bei *Abzahlungsgeschäften* und beim *Leasing* wird mit der Festlegung der Laufzeit und der Fälligkeitsstruktur zugleich die *Höhe* der einzelnen Rückzahlungs- bzw. Leasingraten bestimmt. Diese können kontinuierlich oder diskontinuierlich in gleicher oder unterschiedlicher Höhe gestaltet werden. Für die Konsumenten bildet die Höhe der Ratenzahlungen neben den Anzahlungssätzen das *wichtigste Entscheidungskriterium* für oder wider die Finanzierung, da mit ihnen über die laufende Belastung des Haushaltsbudgets disponiert wird[46]. Daher haben Laufzeiten und Rückzahlungsmodalitäten bei Krediten bzw. Ratenhöhe und Fälligkeitstermine bei Leasingverträgen hohe absatzpolitische Bedeutung. Insbesondere bei Konsumenten, die infolge eines geringen Einkommens hohe Ratenzahlungen nicht aufbringen könnten oder ihre tragbare Verschuldungsgrenze durch andere Verpflichtungen bereits annähernd erreicht haben, kann eine Förderung des Absatzes nur durch Fristverlängerungen und entsprechend niedrigere Raten erreicht werden. Durch Fristverlängerungen wird die Kaufbarriere des Barpreises abgeschwächt, da zukünftige Belastungen mit zunehmender zeitlicher Entfernung in der Budgetdisposition der Haushalte abnehmende Bedeutung haben.

Aus Gründen der Sicherheit sollten bei Warenkrediten die Laufzeit und die Abfolge von Rückzahlungsraten der voraussichtlichen Lebensdauer und dabei dem Verlauf der wirtschaftlichen Wertminderung des Kaufobjektes angepaßt werden, damit die Forderungen im Falle der Nichterfüllung durch den Kreditnehmer aus dem Restwert des Produktes realisiert werden können [Scholz, F. J., 1983, S. 86]. Bei Teilzah-

---

[46] Vgl. Schimanski, 1958, S. 44; Hallermann, 1965, S. 214, sowie Holzscheck, Hörmann, Daviter, 1982, S. 406, die darauf hinweisen, daß die Fähigkeit, Raten zu zahlen von dem nach Abzug der laufenden Belastungen verbleibenden freien Einkommensrest abhängt, den sie als „Ratenzahlkapazität" bezeichnen.

lungskrediten, die nicht an bestimmte Warenkäufe gekoppelt sind, muß sich der Einzelhändler bei einer an Sicherheit orientierten Ratenbemessung vor allem an dem Kaufkraftspielraum ausrichten, der dem Kreditnehmer für die Ratenzahlung zur Verfügung steht.

Bei revolvierenden Krediten werden den Konsumenten kontinuierliche Kreditmöglichkeiten für laufende Käufe zur Verfügung gestellt, um damit Kunden dauerhaft an die Einkaufsstätte zu binden. Rückzahlungen und erneute Kreditinanspruchnahme werden entweder in das freie Ermessen des Konsumenten gestellt oder durch periodische Abrechnungen geregelt. Diese garantieren dem Einzelhändler einen zeitlich disponierbaren Liquiditätsrückfluß.

Zu (4): Die *Besicherung* von Absatzfinanzierungsgeschäften erfolgt durch *personelle* und *materielle Sicherheiten.* Das Ausmaß der Besicherung ist einerseits von Art und Umfang des Absatzfinanzierungsvorganges, andererseits aber auch von der Risikobereitschaft des betreffenden Unternehmens sowie kostenspezifischen und akquisitorischen Aspekten abhängig. Die Bedeutung der Besicherung ergibt sich aus der Tatsache, daß die *Bonität* eines potentiellen Kredit- oder Leasingnehmers nur schwer zu beurteilen ist. Denn im Rahmen der vorvertraglichen *Bonitätsprüfung,* die im Einzelhandel i. d. R. in Zusammenarbeit mit der SCHUFA (Schutzgemeinschaft für allgemeine Kreditsicherung) erfolgt, kann zwar die *Zahlungsfähigkeit* abgeschätzt werden; Aussagen über die Zahlungswilligkeit sind jedoch stets nur sehr eingeschränkt möglich.

Als *personelle Sicherheiten* werden alle nachrangigen *Verpflichtungen Dritter* bezeichnet, die auf die vertragsgemäße Erfüllung aller Zahlungsverpflichtungen des Kredit- oder Leasingnehmers gerichtet sind. Im Einflußbereich des Einzelhandels kommen als persönliche Sicherheiten vor allem *persönliche Mitverpflichtungen* (z. B. des Mitkäufers oder Mitbestellers) und *Bürgschaften* in Betracht.

Unter *materiellen Sicherheiten* sind dagegen alle *geldwerten Rechte* an *Sachen* oder sonstigen *Vermögenswerten* (z. B. Forderungen) zu verstehen, die im Falle der Nichterfüllung eines Finanzierungsvertrages *verwertbar* sind. Kredite, die auf dem Kauf von Gebrauchsgütern basieren, können durch *Eigentumsvorbehalt* als kaufvertragliche Regelung besichert werden, der zufolge der Einzelhandel bis zur völligen Bezahlung des Kaufpreises Eigentümer der Kaufobjekte bleibt. Da für die Forderungsrealisierung der wirtschaftliche Restmarktwert des gebrauchten Gutes ausschlaggebend ist, hängt die Qualität dieser Besicherungsform eng mit den Vereinbarungen über Laufzeit und Fälligkeitsstruktur zusammen. Der Eigentumsvorbehalt ist im Bereich des Abzahlungsgeschäfts die am weitesten verbreitete Besicherungsform [Scholz, F. J., 1983, S. 84]. Bei drittfinanzierten Abzahlungsgeschäften tritt die *Sicherungsübereignung* an die Stelle des Eigentumsvorbehalts. Daneben kommt auch der *Lohn- bzw. Gehaltsabtretung*[47] empirische Bedeutung zu. Sicherungsinstrumente, die den Arbeitgeber oder sonstige Dritte, die nicht Partner des Vertrages sind, in ein Kreditverhältnis einbeziehen, sind allerdings in Zeiten stärkeren Wettbewerbs im Einzelhandel aus akquisitorischen Gründen nur begrenzt einsetzbar. Eine eigene Kategorie stellt die Besicherung durch *Rechte aus Versicherungsverträgen* dar. So kann

[47] Die Lohn- und Gehaltsabtretung spielt vor allem im Ratenkreditgeschäft der Banken sowie im Zusammenhang mit drittfinanzierten Abzahlungsgeschäften eine bedeutende Rolle. Vgl. Holzscheck, Hörmann, Daviter, 1982, S. 230ff.

das Risiko der *Zahlungsunfähigkeit* des Kreditnehmers durch den Abschluß einer *Restschuldversicherung (RSV)* minimiert werden.

Da die Besicherung im Rahmen der Absatzfinanzierung für die Einzelhandelskunden nicht nur mit Beschränkungen hinsichtlich der Verfügungsgewalt über den Finanzierungsgegenstand, sondern auch mit Kosten verbunden ist, die in der Mehrzahl der Fälle direkt oder indirekt vom Konsumenten zu tragen sind und damit die Gesamtkosten seiner Finanzierung beeinflussen, sind bei der Entscheidung über das Ausmaß der Besicherung Sicherungsvorteile und mögliche akquisitorische Nachteile gegeneinander abzuwägen.

7 Absatzwerbung

71 Grundlagen der Absatzwerbung

Begriffe

Werbung ist in ihrer wirtschaftlichen Aufgabenstellung als eine Kommunikationsform zu betrachten, die in vielfältiger Weise auf die Bedürfnisse, Einstellungen oder Verhaltensweisen der Menschen in ihrer Eigenschaft als Bedarfsträger einwirkt. Absatzwerbung wird als ein *absatzwirtschaftlichen Zwecken* dienendes Einwirken auf die *aktuellen und potentiellen Kunden* durch den Einsatz *spezifischer Kommunikationsmittel*[1] aufgefaßt [ähnlich Müller-Hagedorn, 1984, S. 221]. Das Begriffselement „Kunden" macht eine Abgrenzung zu den Begriffen „public relations" und „corporate identity" möglich. Diese nämlich sind ebenfalls Kommunikationsstrategien, die dem Begriff „Firmenwerbung" nahekommen könnten, jedoch als allgemeine Meinungsbildung einer Institution innerhalb ihrer Umweltbeziehungen gelten und sich im Falle der corporate identity darüber hinaus noch nach innen richten.

Durch die Einschränkung des Begriffes Werbung auf die Anwendung spezieller Kommunikationsmittel erfolgt eine Abgrenzung gegenüber den übrigen absatzpolitischen Aktionsbereichen, die durch verschiedene akquisitorische Effekte ebenfalls die Konsumenten beeinflussen. Damit wird die Last der Begriffsbestimmung allerdings auf die Definition der Kommunikationsmittel verlagert[2]. Hier soll eine Begrenzung auf *unpersönliche Kommunikationsmittel* vorgenommen und damit die Beeinflussung durch direkte „face-to-face-Kontakte" (Beispiel: Verkaufsgespräche) ausgeschlossen werden. Werbegeschenke bleiben unberücksichtigt, da sie nicht *nur* als Kommunikationsmittel eingesetzt werden. In der Literatur ist eine Beschränkung auf *einseitig* wirkende Kommunikationsmittel üblich. Die technologische Entwicklung interaktiver Medien, wie z. B. BTX, macht diese rigide Einschränkung problematisch.

Gerade für den Handel sind Beeinflussungsmaßnahmen mit unpersönlichen Kommunikationsmitteln wichtig, die am *point of purchase* eingesetzt werden, wie z. B. displays oder Schaufenstergestaltung. Diese sind aufgrund ihres Einsatzes im Laden eng mit dem Aktionsbereich Verkaufsgestaltung und speziell mit Entscheidungen der Ladengestaltung verbunden. Soweit sie der Werbung zugeordnet werden, hat sich in der Literatur eine Unterscheidung von Media- und point of purchase (pop)-Werbung eingebürgert. Im Falle des als Werbeträger umstrittenen Schaufensters dienen die dort ausgestellten Produkte — im Gegensatz zur Bedarfsdeckung bei der Warenpräsentation im Regal — primär als Kommunikationsmittel, so daß eine Zuordnung zur Werbung berechtigt ist. Werbemaßnahmen von Hersteller und Handel am point of purchase werden in der Literatur teilweise auch dem gesonderten Bereich der *Verkaufsförderung* zugeordnet. „Zunächst ist es die Werbung am Orte des Verkaufs, ... die ... einen wichtigen Teilbereich der Verkaufsförderung bildet" [Richter, 1968, S. 129]. Die widersprüchliche Auslegung der Verkaufsförderung bzw. der sales

---

1 „Advertising is any paid form of nonpersonal presentation and promotion of ideas, goods or services by an identified sponsor" [American Marketing Association, 1948, S. 205].

2 Unterschiede in der Auffassung dessen, was der Werbung zuzurechnen ist, müssen insb. bei der Beurteilung von Werbekostenanalysen berücksichtigt werden.

promotion in der deutschen und amerikanischen Literatur und starke Überschneidungen zu Werbung, Kundenservice und Verkaufsgestaltung geben Veranlassung dazu, diesen Begriff trotz seiner derzeitig starken Verbreitung in Theorie und Praxis hier nicht aufzunehmen[3].

Werbung wird verschiedentlich als *zwangsfreie* Einwirkung [Behrens, K. Chr., 1963, S. 14] oder *freiwillige, selbstgewollte* Beeinflussung [Seyffert, Bd. 1, 1966b, S. 7] interpretiert. Diese Auffassung ist psychologisch nicht haltbar, da ichfern erlebte und damit nicht willentlich aufgenommene Werbebotschaften ausgeklammert wären. Diese Definition wäre zudem kryptonormativ, weil sie die freiwillige Aufnahme von Werbung postuliert und die Werbung von gesellschaftlich kritisierten Tatbeständen entproblematisiert [Mähling, 1983, S. 11].

Jede Werbeaktivität ist ein *Kommunikationsprozeß,* dessen formale Struktur unter Benutzung des kommunikationstheoretischen Aussagesystems wie in Schaubild II, 7.1 veranschaulicht werden kann[4]:

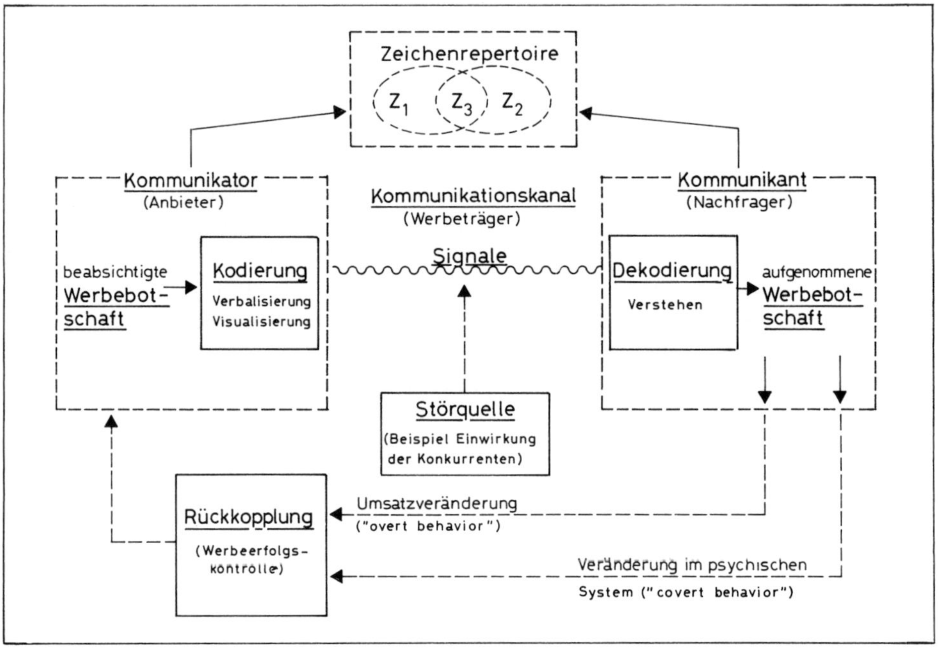

Schaubild II, 7.1: Werbung als Kommunikationsprozeß

Gemäß Schaubild II, 7.1 stellt sich die Werbung in der kommunikationstheoretischen Terminologie wie folgt dar: Die Unternehmer als Kommunikatoren formulieren gemäß ihrem Werbeziel eine Werbebotschaft. Diese wird in bedeutungstragende Signale kodiert und mit Hilfe eines Kommunikationskanals (Werbeträger) an die Nachfrager (Kommunikanten) gesendet, die ihrerseits eine Rückwandlung der Signale in die Werbeaussage vornehmen müssen. Die Aufnahme der Werbebot-

[3] Auf die starken Überschneidungen der Begriffe „sales promotion“ bzw. „Verkaufsförderung“ mit Werbung weisen auch hin Cristofolini, 1982, S. 440 und Zenk, 1982, S. 450.

[4] In Anlehnung an Haselhoff, 1970, S. 164. Vgl. zu den kommunikationstheoretischen Grundlagen weiterhin Mai, D., 1971, S. 232ff; Meyer-Dohm, Kuhlmann, 1972, S. 53ff.

schaft setzt also voraus, daß die Signale von den Kommunikanten physisch empfangen werden, die Möglichkeit und Bereitschaft zur Dekodierung besteht und die Nachricht dementsprechend verstanden wird. Der Empfang der ausgesendeten Signale wird allerdings durch Störquellen innerhalb des Kommunikationskanals während der Übertragung der Signale häufig beeinträchtigt. Daher muß bei der Kodierung der Werbebotschaft ein ausreichender Grad an Redundanz verwirklicht werden, durch den auch bei Verlust oder Veränderung von Signalen der Empfang der Botschaft noch gesichert ist. Weiterhin muß für die richtige Dekodierung eine ausreichende Übereinstimmung zwischen den Zeichenrepertoires (Z) der Kommunizierenden vorhanden sein. Die aufgenommene Werbebotschaft setzt bei den Empfängern Lernprozesse und damit Einstellungs- und/oder Verhaltensänderungen in Gang, die durch Werbeerfolgskontrollen (Rückkopplung) für den Kommunikator indirekt überprüfbar sind.

Der hier einstufig geschilderte werbliche Kommunikationsvorgang wird innerhalb des Konsumbereichs durch informelle Kommunikationsnetze auf andere Kommunikanten ausgedehnt, indem Erstempfänger die Werbebotschaft in einem mehrstufigen Informationsprozeß weiterleiten [Kap. I, 42152]. Dieser Sachverhalt ist in Schaubild II, 7.2 dargestellt.

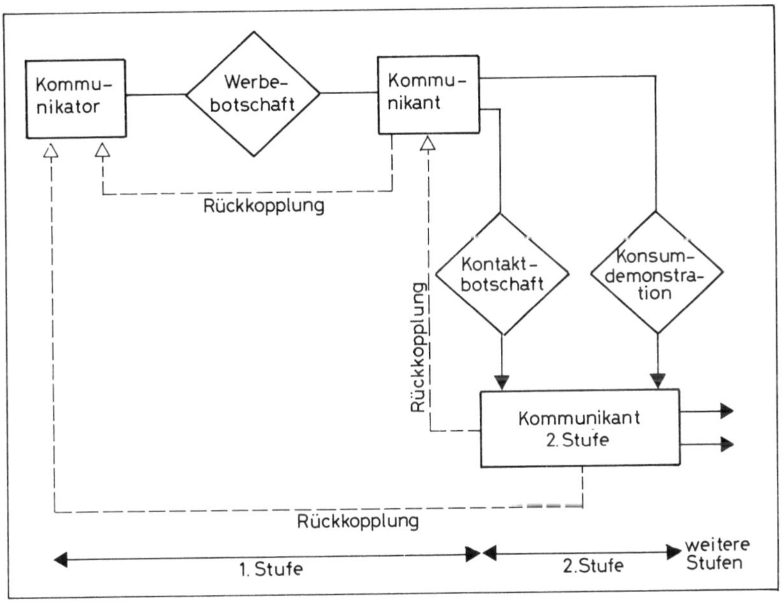

Schaubild II, 7.2: Modell mehrstufiger Kommunikation

Auf der Grundlage dieser einfachen Kommunikationsmodelle lassen sich unter Berücksichtigung von Struktur- und Verhaltensweisen des werblichen Kommunikationssystems — wie unten zu zeigen sein wird -Aktionsprinzipien für die Werbung des Einzelhandels ableiten. Dazu wird das kommunikationstheoretische Aussagensystem mit sozial-psychologischen Erkenntnissen über das Informations-, Wahrnehmungs- und Lernverhalten der Konsumenten verbunden.

Empirische Relevanz

Die Werbung hat für den Einzelhandel nach Art und Bedeutung eine *unterschiedliche* und *schwankende Entwicklung* genommen. Die Anfänge der kapitalistischen Werbung werden auf Aktivitäten der ersten Warenhäuser zurückgeführt[5]. In der Folgezeit wuchs die Markenartikel-Werbung der Industrie unter Einsatz der sich entwikkelnden Massenkommunikationsmedien zu einem machtvollen Instrument der Bedarfsbeeinflussung. Gleichzeitig damit ging die Bedeutung des Einzelhandels für die kommunikative Verbreitung des Warenangebots zurück. Erst in den letzten Jahrzehnten ist eine zunehmende werbliche Aktivität in vielen Teilbereichen des Einzelhandels zu verzeichnen, für die verschiedenartige Ursachen benannt werden können:

— Auf der Grundlage der Kooperations- und Konzentrationsbewegung im Handel haben sich neue, durch *Absatzreichweite* und *Betriebsgröße* bedingte Handlungsmöglichkeiten eröffnet, indem eine Einschaltung auch überregionaler Kommunikationsmedien möglich ist.
— Mit der Entwicklung der *Handelsmarken* ist ein neuer Gegenstand des werblichen Interesses gegenüber industriellen Markenwaren entstanden.
— Abgesehen von dem Eigenmarkensortiment hat sich eine zunehmende Sortimentsüberschneidung im Einzelhandel und damit eine Homogenisierung des Warenangebots entwickelt. Diese weist der händlerischen Werbung in verstärktem Maße die Aufgabe einer *psychischen Ladendifferenzierung* zu.
— Die starken Integrationsformen des Handels haben ihre Machtposition den Herstellern gegenüber genutzt, um *Werbezuschüsse* für ihre Werbung zu bekommen und damit ihre Budgets zu vergrößern[6].
— Viele Märkte erreichten in den letzten Jahren den *Zustand annähernder Sättigung*. Dabei steigt die Bedeutung des Wettbewerbs um einen nicht mehr wesentlich wachsenden Bedarf, der sehr weitgehend mit Kommunikationsinstrumenten ausgetragen wird.
— Dem Einzelhandel steht — mit Ausnahme des Versandhandels — neben der Werbung als weitere Kommunikationsform der persönliche Verkauf zur Verfügung. Mit der Entpersönlichung des Verkaufsaktes durch die Verbreitung des Selbstbedienungsprinzips gewinnt die Werbung daher auch als unpersönliche Kommunikation mit den Konsumenten an Bedeutung. Sie ist somit auch als Mittel der *Substitution arbeitsintensiver Kommunikationsverfahren* zu verstehen.
— Schließlich bekommt die Werbung des Einzelhandels durch die Verlagerung kommunikativer Aktivitäten an den *point of purchase* andere Akzente. Diese Entwicklung begründet sich daraus, daß die Konsumenten ihre Kaufentscheidungen in vielen Produktbereichen an den point of purchase verlegen. Zudem besteht mit zunehmender Beanspruchung der klassischen Massenkommunikationsmedien die Gefahr einer Neutralisierung werblicher Einflußmöglichkeiten. Der point of purchase wird wegen der unmittelbaren Einwirkung auf den Konsumenten während der Einkaufssituation sowohl von Herstellern wie von Einzelhändlern als wirksa-

---

[5] Vgl. Weinberg, G.-M., 1970, S. 16f und die dort angegebene Literatur.

[6] Bormann, 1985, S. 48 schätzt die Werbekostenzuschüsse für 1984 auf ca. 6 % der Handelswerbung. Derartige Zahlen sind allerdings vor dem Hintergrund sehr unterschiedlicher Werbekostenberechnungen mit Vorsicht zu behandeln.

mer Ansatzpunkt werblicher Aktivitäten angesehen[7]. Allerdings setzt die beschränkte Kapazität des point of purchase für kommunikative Zwecke dieser Entwicklung enge Grenzen.

Die dargestellten Tendenzen weisen also auf einen Bedeutungszuwachs der Werbung innerhalb der Absatzpolitik des Einzelhandels hin und führen gleichzeitig zu einem Ausbau seiner Stellung im Rahmen der werbenden Wirtschaft. Der Handel gilt inzwischen als — wenn auch noch zum Teil verkannter — Werberiese [Bormann, 1985, S. 48ff; Heuer, 1986, S. 10] und die Entwicklungen der oben aufgeführten Trends sprechen dafür, daß sich seine Position eher noch verstärken wird.

Demgegenüber scheint der Werbung im mittelständischen Einzelhandel, und hier insbesondere im Bereich der Fachhandelsgeschäfte, eine eher untergeordnete Bedeutung beigemessen zu werden und entsprechend die Werbeplanung insbesondere in Hinblick auf die Datenbasis noch rudimentären Charakter zu haben[8]. Dadurch wird der Mitteleinsatz in diesem Bereich unwirtschaftlicher als er nach dem derzeitigen Stand werbewissenschaftlicher Kenntnis zu sein brauchte. Die geringen Betriebsgrößen erlauben i. d. R. nicht den Einsatz eigener Werbungsspezialisten. Offensichtlich macht der mittelständische Handel aber auch von dem Dienstleistungsangebot der Werbeagenturen wenig Gebrauch, weil er dazu die planerischen Unterlagen oft nicht in ausreichender Form vorlegen kann, die Werbeaktivitäten sehr kurzfristig auf „day-to-day-basis" erfolgen [Dunn, Barban, 1982, S. 173] oder weil er bei den Agenturen Verständnis für seine spezifischen werblichen Handlungsbedingungen vermißt [Gilson, Berkman, 1980, S. 220f], bzw. weil die Einsicht in die Notwendigkeit eines geplanten Einsatzes der Werbung zu gering ist.

Theorienentwicklung

Der Werbung wurde als wesentlicher Kommunikationsform innerhalb wirtschaftlicher und außerwirtschaftlicher Bereiche ein *umfangreiches Schrifttum* in *verschiedenen* wissenschaftlichen *Disziplinen* gewidmet[9]. Schaubild II, 7.3 zeigt die Einordnung der hier zu behandelnden Spezialproblematik in den Gesamtzusammenhang der vorliegenden Werbeliteratur und ermöglicht damit eine Orientierung für die im folgenden notwendig werdenden Verweise.

Der überwiegende Teil aller Beiträge behandelt die Industriewerbung. Der Einzelhandel wurde dagegen trotz seines erheblichen Anteils an den Gesamtwerbeaufwendungen der Wirtschaft erst spät und sehr wenig berücksichtigt[10]. Diese Vernachlässigung führt Kropff [1961, S. 255] im wesentlichen darauf zurück, daß die Einzelhandelswerbung insbesondere in ihren mittelständischen Formen weit weniger Presti-

[7] Das zunehmende Interesse am point of purchase zeigt sich in einer Fülle insbesondere praxisorientierter Aufsatzbeiträge über die werblichen Gestaltungsmöglichkeiten am Verkaufsort.

[8] Vgl. die empirische Untersuchung von Barth, Theis, 1986, S. 208ff. Die Werbekosten hatten im Facheinzelhandel 1985 einen Anteil von 0,44—3,6 % am Absatzvolumen [Philippi, 1986, S. 156].

[9] Vgl. den bibliographischen Überblick bei Kästing, 1972, unter Mitarbeit von Schiller bis Anfang der 70er Jahre; Schönenborn, Engau, Deuss, 1983. Für die amerikanische Literatur haben Lipstein, Mc Guire, 1978, eine hervorragend übersichtliche Bibliographie erstellt.

[10] Vgl. die Literaturübersicht über die auf den Einzelhandel bezogenen deutschen Beiträge bei Weinberg, G.-M., 1970, S. 10f.

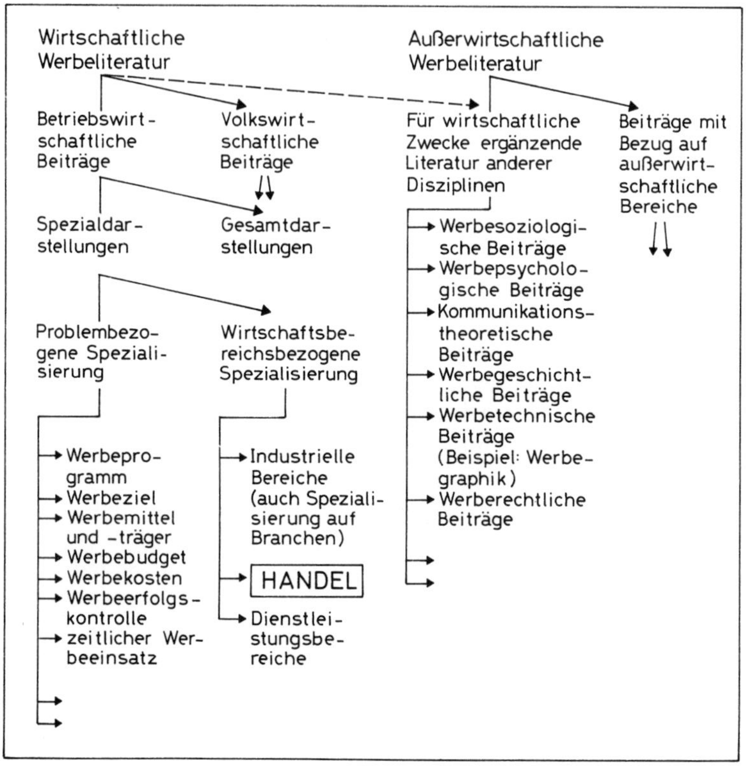

Schaubild II, 7.3: Systematik der Werbeliteratur

ge genießt als die Markenartikelwerbung, was in Wechselwirkung zu der methodisch wenig reflektierten Werbepraxis des Einzelhandels steht. Die großbetriebliche Handelsentwicklung der letzten Jahrzehnte hat ebenfalls wenig eigenständige Forschungsanstöße gebracht, vielmehr hat man sich wohl eher auf die Transfermöglichkeiten aus dem industriellen Bereich verlassen.

In der folgenden Darstellung der Absatzwerbung werde ich die werberelevanten Besonderheiten des Handels in den Mittelpunkt stellen. Für eine geschlossene Problemübersicht ist allerdings eine kurze Ergänzung um allgemeinere Sachverhalte der Werbung unumgänglich. Wie bei der Darstellung der anderen Aktionsbereiche wird die Erfolgskontrolle als Problem der Marketingforschung nicht behandelt, obwohl gerade im Bereich der Werbung ein hoher theoretischer Erkenntnisstand erreicht worden ist und durch den Scannereinsatz im Handel neue handelsspezifische Möglichkeiten der Informationsgewinnung entstanden sind[11].

Die Werbung ist ein absatzpolitischer Aktionsbereich, um den es in der Literatur besonders heftige *Auseinandersetzungen* unter *ökonomischen, gesellschaftspolitischen*

[11] Vgl. die Übersicht zur Werbewirkungsforschung bei Steffenhagen, 1984, S. 77ff. Zum Einfluß der Scannertechnologie auf die Möglichkeiten der Werbewirkungsforschung vgl. Litzroth, 1986, S. 212ff; Simon, 1985b, S. 201—216, insb. S. 212ff.

und *kulturkritischen* Aspekten gegeben hat[12]. Längsschnittuntersuchungen signalisieren für die letzten 30 Jahre eine Verschlechterung des Meinungsumfeldes für die Werbung, insb. eine negative Einschätzung ihrer Glaubwürdigkeit [Müller, S., 1984, S. 320].

Ein großer Teil der Werbungskritik hat Elemente einer *allgemeineren Konsum-* und *Kulturkritik* und ist postindustrielle Kapitalismuskritik schlechthin. Klassifizierungsversuche der Kritik müssen unter dem Aspekt gesehen werden, daß die inhaltliche Ausfüllung der kritischen Argumentation ein breites Meinungsspektrum abbildet. Folgende Kritikbereiche werden im allgemeinen unterschieden:

— *Kosten der Werbung:* Die Höhe der Werbungskosten wird unter der Perspektive kritisiert, daß sie über höhere Preise auf die Nachfrage abgewälzt werden.
— *Umfang der Werbung:* Ausmaß und Verbreitung der Werbung werden kritisiert.
— *Methoden und Aussagen der Werbung:* Inhalte und Vermittlungsmethoden der Werbung werden in verschiedener Hinsicht problematisiert, z. B. rechtlich, psychologisch, linguistisch oder medienpolitisch.
— *Wirkungen der Werbung:* Dieser Bereich ist am vielfältigsten und umfangreichsten. Er umfaßt volkswirtschaftliche Argumente, indem der Werbung wettbewerbshindernde und konzentrationsfördernde Effekte nachgesagt werden, da sie den Marktzugang erschwere und Großunternehmen begünstige. Oder es werden negative Sozialisationswirkungen der Werbung und ihre konsumverstärkenden und bedarfsformenden oder sogar manipulativen Einflüsse beklagt.

Derartige Kritikpunkte müssen im einzelnen differenziert behandelt werden. Insgesamt läßt sich aber wohl sagen, daß sich die Werbung im Laufe ihrer Entwicklung zu einer Sozialtechnik entwickelt hat, mit der die Nachfrage zunehmend an Erfordernisse des Angebots angepaßt werden kann. Eine Verleugnung dieser Einschätzung, die oft von Werbepraktikern und -wissenschaftlern selbst zu hören ist, würde die Produktivität des eigenen Arbeitsfeldes in Zweifel ziehen. Zunehmend entsteht bei einer Differenzierung und Diversifizierung des Angebots innerhalb einer steigenden Anzahl von Angebotsvarianten eine wachsende *objektive Homogenität,* aus der sich für die Werbung die Aufgabe einer *psychischen* Angebotsdifferenzierung im Sinne einer wettbewerblichen Positionierungspolitik stellt. Dazu werden zunehmend Erlebniswerte in Verbindung mit Produkten und Einkaufsstätten produziert[13].

---

[12] „... there is hardly any other area of economic activity where the gulf between speaking well and speaking ill of an industry is as wide as in the case of advertising" [Firestone, 1967, S. 21]. Vgl. auch die Monographien zur Kritik an der Werbung von Grunert, Stupening, 1981; Mähling, 1983.

[13] „Sah Wirtschaftswerbung lange Zeit hindurch ihre Aufgabe darin, sachliche Eigenschaften des Produkts, die der Befriedigung von Bedürfnissen dienen, in Werbe-Aussagen zu übersetzen und entsprechende Informationen argumentativ an den Verbraucher zu vermitteln ..., so beginnt nun das Erzeugnis, wie es in den Lagern der Produzenten gestapelt wird, zum bloßen Rohstoff für die Ware zu werden. *Es ist die Werbung selbst, die Waren aus Objekten produziert, die nur noch für den Techniker ‚Fertigerzeugnisse' sind*" [Brückner, 1967, S. 53].

72 Aktionsfeld der Absatzwerbung

Ziele

Kein Aktionsbereich ist in der Marketingliteratur hinsichtlich der Zielanalyse so gut erschlossen wie die Werbung. Daher kann auf verschiedene Zielkataloge zurückgegriffen werden[14], wobei oft nicht ganz klar wird, ob diese mit praktisch-normativer oder empirisch-analytischer Aussageabsicht präsentiert werden. Über die Zielplanung im Handel gibt es wenig aktuelles empirisches Material, so daß die folgenden Ausführungen eher auf theoretischen Ableitungen beruhen. Für die Zielplanung ist der Bezug zur Erfolgskontrolle wichtig. Ohne eine inhaltliche Übereinstimmung mit meßbaren Erfolgskriterien bleibt die Zielplanung unkontrollierbar und insofern unverbindlich. Es ist üblich, die Werbeziele nach ökonomischen und vorökonomischen Zielgrößen zu unterscheiden [Schaubild II, 7.4]. Letztere beinhalten alle Prozesse, die den eigentlich intendierten ökonomischen Zielen als psychische conditio sine qua non vorgelagert sind.

Als allgemeine Zielkategorien der *Umsatzbeeinflussung* können Umsatzexpansion mit den Unterfällen der Markteinführung und Markterweiterung sowie Umsatzerhaltung und Umsatzverlagerung in zeitlicher und sachlicher Hinsicht unterschieden werden[15]. Sie sind als werbliche Bereichsziele nach Zielhöhe, Periode, Umsatzträgern und Konsumentenzielgruppen näher zu spezifizieren. Durch eine Unterscheidung neuer und alter Produkte als Umsatzträger kann eine weitere Aufspaltung der werblichen Umsatzziele erreicht werden, wobei allerdings der Bezugspunkt für dieses Unterscheidungskriterium genauer festzulegen wäre. Umsatzbezogene Konkurrenzaspekte drücken sich in Marktanteilszielen aus.

Kostenorientierte Werbeziele richten sich vor allem darauf, die Leistungsinanspruchnahme der Betriebe durch die Konsumenten im Sinne von Kostenersparnissen zu beeinflussen. Hier sind auch Ziele der zeitlichen Umsatzlenkung einzuordnen, soweit sie kostenwirtschaftliche Hintergründe haben. Neben der Anpassung der Nachfrage an Beschaffungsrhythmen des Einzelhandels sollen z. B. Umsatzschwankungen ausgeglichen werden, um eine gleichmäßigere Kapazitätsauslastung zu erreichen [Weinberg, G.-M., 1970, S. 48ff]. Weiterhin ist durch Werbung eine absatzrationalisierende Beeinflussung der Bedarfsdeckungsformen bei den Konsumenten im Sinne einer Lenkung der Leistungsinanspruchnahme nach Ressourcengesichtspunkten zu erzielen.

Im *Vorfeld* dieser umsatz- und kostenorientierten Zielsetzungen richtet sich die Werbung auf die Steuerung konkurrenz- oder konsumentengerichteter Beeinflussungsprozesse. Dabei wirken die auf die Konkurrenz bezogenen Ziele der Abhebung

---

[14] Vgl. zu den Werbezielen die Monographie von Anton, 1972; weiterhin Reim, 1986, S. 41ff.

[15] Andere umsatzorientierte Zielsysteme: Gutenberg, 1984, S. 372ff, unterscheidet als Werbeziele die Erhaltung und Sicherung eines bereits erreichten Absatzes, Stabilisierung, Steigerung des Absatzvolumens und Einführung neuer Erzeugnisse bzw. Erschließung neuer Markträume Seyffert, 1966b Bd. 2, S. 1542, nennt als Werbeziele Marktgewinnung, Marktbehauptung und Marktbeherrschung; Behrens, K. Chr., 1963, S. 51f, unterscheidet Umsatzexpansion, Umsatzerhaltung, Umsatzreduktion und Ziele der Nachfragelenkung im Zeitablauf. Eine primäre Umsatzorientierung in der werblichen Zielsetzung hat Klein-Blenkers, 1970, S. 62f, auch für die Werbepraxis des Facheinzelhandels festgestellt.

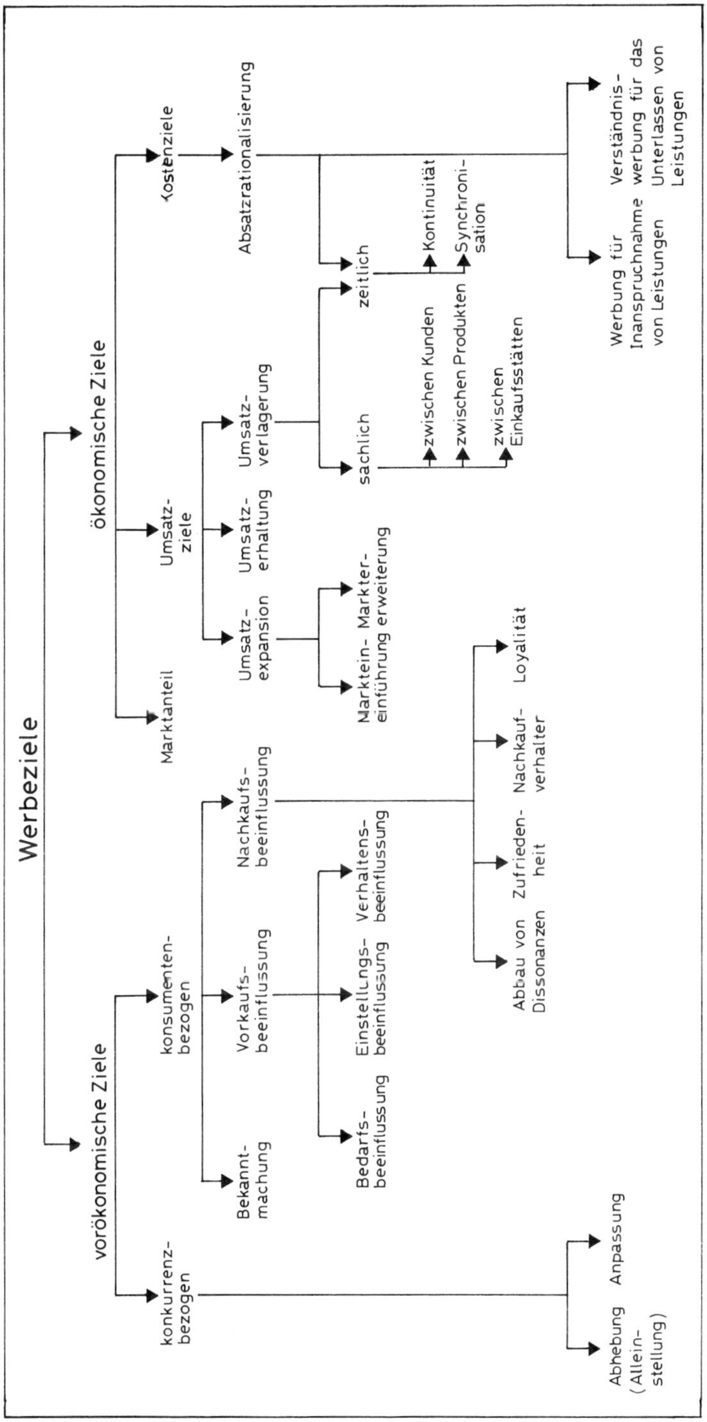

Schaubild II, 7.4: Werbeziele

und Anpassung indirekt über die psychische Beeinflussung der Nachfrager. So ist das Ziel der Alleinstellung eine Positionierungsstrategie, die sich in der Einstellung der Konsumenten vollzieht. Die Analyse und Klassifikation der bei den Konsumenten einzuleitenden Prozesse basiert auf theoretischen *Werbewirkungsmodellen* und erfaßt die Beeinflussung all jener Determinanten, die in die Aufnahme und Verarbeitung von Informationen hineinwirken. In diesem Zusammenhang werden oft für die Zielplanung die sog. Stufenmodelle der Werbewirkung[16] herangezogen. Aufgrund der überzeugenden Kritik an der Annahme eines stufenweisen Verarbeitungsprozesses von Werbebotschaften unterscheide ich nur die *Bekanntmachung* als *Wahrnehmungsprozeß* sowie *Beeinflussungsziele* in der *Vor-* und *Nachkaufphase.* In der Vorkaufsphase kann es entweder darum gehen, Bedarfe bzw. Anforderungen qualitativ zu beeinflussen oder die Einstellung zur Eignung des Angebots für die Deckung eines Bedarfs zu verändern. Dies führt zu Zielen der Verhaltensbeeinflussung, die das Informationsverhalten, die Einkaufsstättenwahl oder den Produktkauf betreffen können. Die Nachkaufbeeinflussung wird erst in den letzten Jahren überhaupt als Zielbereich erkannt und ernstgenommen. Hier hat insb. die Dissonanztheorie die Zielperspektiven auf die Situation der Konsumenten nach dem Kauf gelenkt. Das unternehmerische Interesse an dieser dem Kauf folgenden Phase resultiert aus dem wettbewerblichen Kampf um den Kunden auf Märkten mit geringen Wachstumsraten. Sie dient letztendlich dem Aufbau von Loyalität und der Entwicklung von informellen Kommunikationsnetzen unter zufriedenen Kunden.

Bei einem Vergleich von Werbezielen der Hersteller und Händler sind einige grundlegende Unterschiede feststellbar, die allerdings nur in ihrer tendenziellen Zuordnung zu den beiden Bereichen Gültigkeit beanspruchen können: Das Wesen der Herstellerwerbung bestimmt sich aus dem Ziel der Produktförderung, während der Handel mehr seine institutionelle Präsenz als Werbeziel zugrunde legt bzw. zumindest eine Mischung aus produkt- und institutionsbezogenen Zielen verfolgen muß. Im übrigen ist das Zielspektrum der Handelswerbung wesentlich weiter. Der Handel verbindet aktuelle tagespolitische Ziele mit langfristigen Perspektiven, und er verfolgt lokale und regionale bzw. überregionale Zielräume gleichzeitig; demgegenüber fehlt bei den Herstellern i. d. R. die tagespolitische und lokale Dimension der Werbung.

Aktionsrahmen

Externe Rahmenfaktoren der *Absatzmärkte* ergeben sich für die Werbung wesentlich aus dem *Informationsverhalten* ihrer *Zielgruppen* [Kap. I, 4215]. Dazu gehören Möglichkeiten der Erreichbarkeit durch Kommunikationsmittel sowie Determinanten der Wahrnehmung und Verarbeitung von Informationen. Weiterhin sind Strukturen *informeller Kommunikationsnetze* zwischen den Konsumenten zu berücksichtigen, die der Einzelhändler in seine werblichen Dispositionen einbeziehen kann. Je nach Reichweite absatzpolitischer Aktivitäten erstreckt sich das werbliche Umfeld auf lokale Märkte einer Einkaufsstätte oder auf regionale bzw. überregionale Gebiete einer filialisierten Handelsinstitution. Entsprechend mehrschichtig sind die *Wettbewerbsverhältnisse* zu sehen. Neben den *anderen Einzelhändlern* bestimmen vor allem die

[16] Vgl. die Zusammenstellung und Kritik an Stufenmodellen der Werbewirkung bei Kroeber-Riel, 1984, S. 604ff.

Hersteller als *Kooperationspartner* oder als *Konkurrenten* den kommunikativen Wettbewerb um die beschränkten Informationsaufnahmekapazitäten der Konsumenten.

Aus der *Makroumwelt* entsteht mit dem großen und vielfältigen Sektor der *Werbewirtschaft* (Medien, Agenturen) ein Rahmenkomplex von Handlungsfaktoren, der die Werbemöglichkeiten beeinflußt und kontrolliert: Es ist kein Zufall, daß sich dieser wirtschaftspolitisch so machtvolle und gleichzeitig so viel kritisierte Sektor mit dem Zentralausschuß der Werbewirtschaft (ZAW) gut organisiert hat. Dieser dient der Unterstützung und Kontrolle seiner Mitglieder, politischer Repräsentanz und Lobbying sowie der Öffentlichkeitsarbeit.

Öffentliche Kritik an der Werbung hält den *rechtlichen Rahmen* in Diskussion, der zwischen grundgesetzlichen Prinzipien der Meinungsfreiheit [Drettmann, 1984] einerseits und der Aufrechterhaltung eines leistungsfähigen Wettbewerbs und vor allem dem Schutz der Konsumenten andererseits steht. Rechtliche Begrenzungen der Werbung werden ergänzt durch Einrichtungen der Werbeselbstkontrolle des ZAW, die diesen anfälligen Bereich vor Auswüchsen schützen soll.

Erhebliche Änderungspotentiale entstehen für die Werbung mit der Entwicklung „neuer Medientechniken", wie Bildschirmtext, Satelliten- und Kabelfernsehen oder Videotext. Sie beeinflussen das Kommunikationsverhalten der Konsumenten und die Kommunikationsmöglichkeiten der Anbieter und verschieben die Wettbewerbsstruktur zwischen Hersteller und Handel einerseits und Betriebsformen des Handels andererseits [Burghold, 1984, S. 245ff]. Neue Technologien wie Scanning verändern ganz entscheidend die Informationsbasis der Werbung durch neue Methoden der Marktforschung, wie z. B. scannergestützte Konsumentenpanel.

Unter den *unternehmensinternen* Rahmenfaktoren hat die *Betriebsgröße* zentrale Bedeutung. So beeinflußt das Umsatzvolumen die Auswahl der mit unterschiedlichen Fixkostenbelastungen verbundenen Werbeverfahren. Weiterhin bestimmt die mit der Betriebsgröße eng zusammenhängende Absatzreichweite der Einzelhandelsunternehmung den Werbeeinsatz[17]. Insofern verändert sich der qualitative und quantitative Alternativenraum der Werbung mit der Betriebsgröße. Damit verbunden steigt die Effizienz des Werberessourceneinsatzes. Da die Werbung die Aufgabe hat, über das Leistungsangebot einer Unternehmung zu kommunizieren, steht sie in einer besonders engen Beziehung zu allen übrigen *absatzpolitischen Aktionsbereichen*. Die speziellen distributiven Leistungen des Einzelhandels, die in Verbindung mit einem vorwiegend fremden, umfangreichen Warenangebot in direktem institutionellen Kontakt mit den Konsumenten zu erbringen sind, geben der Handelswerbung — im Vergleich zur Herstellerwerbung — eine wesentlich andere inhaltliche Ausrichtung. Sie steht in einem engen substitutiven Verhältnis zum persönlichen Verkauf als Kommunikationsform. Insbesondere wird die kommunikative Aufgabe der Werbung auch durch die Form der Kontaktierung (Residenz- versus Versandhandel) und durch den Charakter der Preispolitik bestimmt. In der amerikanischen Literatur unterscheidet man diesbezüglich den Typus des „promotional store", der mit hohem Werbeaufwand kurzfristig agressive Preisstrategien durchsetzt und den Typus des „class store" oder „carriage trade store", der wesentlich weniger und eher langfristig loyalitätsstiftende Werbung betreibt [Dunn, Barban, 1982, S. 613ff].

---

[17] Auf die besondere Bedeutung der Absatzreichweite als Rahmenfaktor der Einzelhandelswerbung weist Weinberg, G.-M., 1970, S. 76ff, hin.

Aktionselemente

Aktionselemente[18] der Einzelhandelswerbung stellen die allgemein aus der Werbetheorie bekannten Gegenstände der Werbeplanung dar. Danach muß in einer alle Werbeaktivitäten umgreifenden Entscheidung das *Werbebudget* festgelegt werden. Mit der Frage, für was geworben werden soll, ergeben sich die *Werbeobjekte* als Aktionselemente. Die Auswahl von *Werbesubjekten,* bzw.Werbeadressaten, erfolgt in enger Verbindung mit der allgemeinen Zielgruppenfestlegung. Die Aussage über die Werbeobjekte muß in eine *Werbebotschaft* gefaßt werden und durch *Werbemittel* und *-träger* an die Werbesubjekte herangetragen werden. Schließlich sind Dispositionen über den *zeitlichen Einsatz* der Werbung zu treffen [Schaubild II, 7.5].

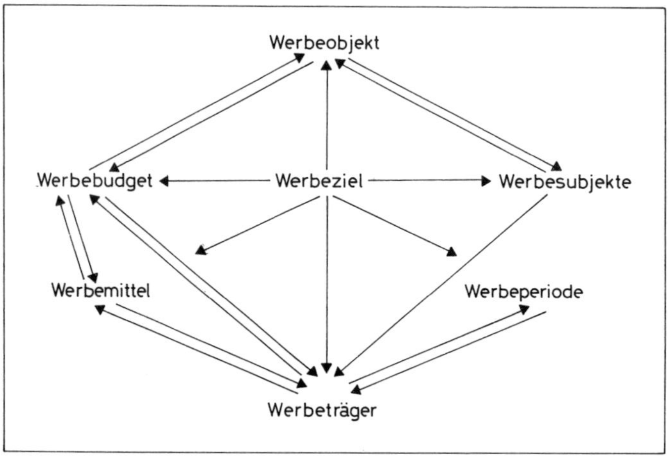

Schaubild II, 7.5: Elemente der Einzelhandelswerbung

73 Aktionsprinzipien der Absatzwerbung

731 Prinzipien der Werbebudgetierung

Die Werbebudgetierung ist der generellen Problematik der Absatzbudgetierung unterzuordnen. Planungen der Etats werden im übrigen in allen Aktionsbereichen durchgeführt. Theorie und Praxis sind allerdings im Werbebereich besonders weit entwickelt, was sich hier auch in einer Fülle von Literatur niedergeschlagen hat[19]. Der Grund mag darin liegen, daß im Aktionsbereich Werbung im Vergleich zu beispielsweise persönlichem Verkauf oder Ladengestaltung eine flexibler zu disponierende unmittelbare Beziehung zwischen Kosteneinsatz und Wirkung besteht. Die Festlegung des Werbebudgets kann als *originäre* Entscheidung betrieben werden und insofern dem Bedarf dieses Aktionsbereichs Rechnung tragen [Schaubild II, 7.6].

[18] Vgl. die Zusammenstellung von Werbeelementen bei Edler, 1966, S. 46ff.
[19] Vgl. u. a. Korndörfer, 1965; Pudenz, 1978 und Zentes, 1982, S. 2207ff.

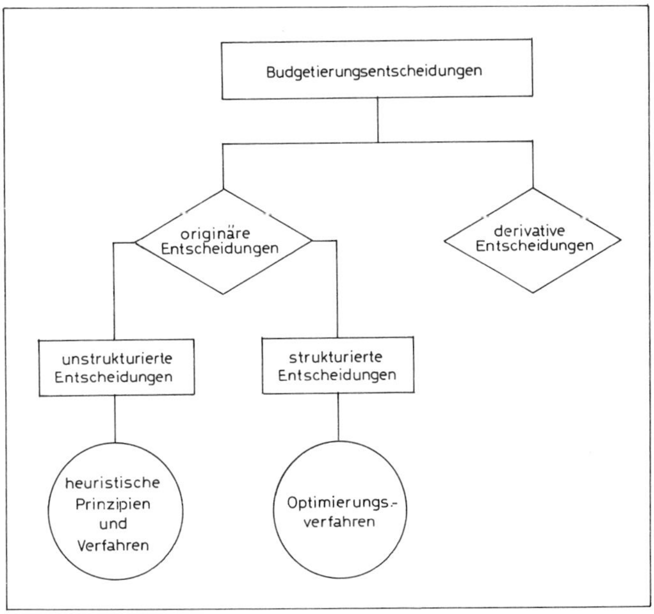

Schaubild II, 7.6: Entscheidungsverfahren der Werbebudgetierung [Quelle: Zentes, 1982, S. 2203]

Dagegen wird die Höhe des Werbebudgets oft auch als *derivative* Entscheidung festgelegt und als Residualgröße betrachtet, die nach Abzug sonstiger als notwendig erachteter Marketingausgaben übrig bleibt [Zentes, 1982, S. 2208]. Diese äußerst werbepassive Handhabung wird abhängig gemacht von dem Erfolg der vergangenen Periode (all-you-can-affort-Methode) oder von der Liquiditätssituation. Es ist unmittelbar einleuchtend, daß diese Vorgehensweise, die im übrigen recht verbreitet ist, keinen marktgerechten Werbeeinsatz ermöglicht und insofern hier nicht weiter verfolgt wird.

Mit der Differenzierung nach originärer oder derivativer Werbebudgetentscheidung hängt eng die Werbephilosophie einer Unternehmung zusammen: Werbung kann nämlich als *Kostenverursacher* oder als *Investition* betrachtet werden [Kaufman, 1980, S. 116f]. Manager, die in der Werbung nur einen Kostenverursacher sehen, denken in kurzfristigen Markterfolgen und behandeln den Werbeeinsatz als flexible Manövriermasse (Tendenz zu derivativer Entscheidung). Dagegen fassen Manager die Werbung als Marktinvestition auf, wenn sie für ihren Werbeeinsatz eine längerfristige, über mehrere Perioden hinwegführende Verteilung der Erfolge erwarten. Werbung ist in diesem Sinne eine psychische Investition in den potentiellen Kundenkreis, die nicht mehr als kurzfristig variierbar angesehen werden kann (Tendenz zu originärer Entscheidung). Diese Auffassung schlägt sich in einigen dynamischen Budgetierungsmethoden nieder, in denen mehrperiodige „carry-over-Effekte" berücksichtigt werden. Im Vergleich beider Ansätze sind kurzfristig angelegte, an Kosten orientierte Methoden weit mehr verbreitet. Der Grund mag darin liegen, daß — im Vergleich zu

Investitionen im Sachgüterbereich — die Ertragszurechnung noch wesentlich schwieriger ist.

Die Werbebudgetierung umfaßt Entscheidungen über die *Höhe* des Werbeetats und über seine *Verteilung*. Sie stellt damit ein *Dimensionierungs-* und ein *Allokationsproblem* dar. Beide Problemdimensionen sind aber, wie zu zeigen sein wird, nicht ganz zu trennen, da einige Dimensionierungsverfahren Allokationsentscheidungen voraussetzen.

Höhe des Werbebudgets

Das Spektrum der Budgetierungsmethoden ist so weit wie das der zugrundeliegenden Entscheidungsprobleme. Je nach Struktur des Aktionsrahmens und nach Quantität und Qualität der entscheidungsrelevanten Informationen liegen Entscheidungssituationen mit unterschiedlichen Strukturierungsgraden vor. Bei gut strukturierten Entscheidungssituationen bestehen soweit Kenntnisse über Werbewirkungszusammenhänge, daß die Anwendung *quantitativer Optimierungsverfahren* möglich wird. In der Regel liegen aber schlecht strukturierte Entscheidungssituationen mit einer unzulänglichen Informationsbasis vor. Dieser Entscheidungsbedingung entsprechend werden *heuristische Prinzipien* und Verfahren angewendet, die *Richtwertfunktionen* erfüllen.

Die oben beschriebene Komplexität des werblichen Aufgabenfeldes im Handel fördert hier die Beliebtheit derartiger Heuristiken. Sie entstehen als Faustregeln aus einer festen Bindung der Budgethöhe an Bezugsgrößen:

(1) Starre Bindung an Bezugsgrößen der Vergangenheit
intern
Umsatz (percentage-of-sales-method; sales-per-unit-method)
Gewinn (percentage-of-profit-method)
Kostenarten (percentage-of-cost-method)
extern
Werbekosten der Konkurrenz (competitive-parity-method)
Marktanteil (share-of-the-market-method)
(2) Starre Bindung an Bezugsgrößen der Zukunft
(3) Orientierung an Werbezielen (objective-and-task-method)

Zu (1): Die Verfahren der Budgetaufstellung, bei denen eine *starre Bindung* an *Bezugsgrößen* der *Vergangenheit* vorgenommen wird, haben den Vorteil einer leichten Handhabung und sind daher in der Praxis des Einzelhandels auch stark verbreitet. Einwendungen gegen diese Methoden bestehen allerdings insofern, als ein sachlogischer Zusammenhang zwischen den zukünftigen Werbeaufwendungen und den genannten Bezugsgrößen nicht herstellbar ist. Die starre Orientierung an vergangenen *Umsätzen* verstärkt den bereits vorhandenen Trend der Unternehmensentwicklung; sie ist insb. dann nicht anwendbar, wenn die Marktziele der Unternehmung auf eine Veränderung der Entwicklung abgestellt sind.

Bei einer Orientierung an dem *Gewinn* der vergangenen Periode wird von der Vorstellung ausgegangen, daß dieser eine Art Fond darstellt, aus dem die zukünftigen Werbeaufwendungen geleistet werden können. Dabei bleiben zukünftige Markterfordernisse unberücksichtigt, die ihrerseits über den Erfolg der Werbeaufwendungen entscheiden. Dieser Einwand gilt auch für eine Bindung an die *eigene Kostensituation,* wie z. B. die Handlungs- oder Absatzkosten der vergangenen Periode.

Das Wesen der *Konkurrenzorientierung* basiert auf dem Grundgedanken der werblichen Beeinflussung der Wettbewerbsrelationen. Ihr liegt die Hoffnung auf eine Relativierung des Werbebudgets zur Steuerung der eigenen Wettbewerbsposition zugrunde. Bezugsgrößen sind Werbekosten der Wettbewerber oder Marktanteile (Beispiel: der auf den Umsatz bezogene Werbeaufwand in Relation zum Marktanteil). Ohne Zweifel ist die Berücksichtigung der Konkurrenten ein wichtiger Aspekt der Budgetierung, da Markterfolg immer in Beziehung zu Wettbewerbern stattfindet. Soweit allerdings die Werberelationen in starren Prozentsätzen festgelegt werden, ist damit nur eine reaktive bzw. defensive Strategie möglich. Im übrigen stellt sich im Handel ein großes Anwendungsproblem mit der Vielfalt der Werbeobjekte, die eine Vergleichbarkeit erschwert. Zudem sind diese Methoden auch mit erhöhten Informationsproblemen verbunden. Werden aus Informationsgründen Branchendurchschnittszahlen für die Werbekosten verwendet, so bleiben individuelle Konkurrenzpositionen völlig unberücksichtigt. Ein eher gesamtwirtschaftliches Problem entsteht aus der Konkurrenzorientierung daraus, daß ein kumulativer Werbewettbewerb entstehen kann, der gesamtwirtschaftlich unerwünschte Kompensationseffekte erbringt.

Zu (2): Starre Bindung an *Bezugsgrößen* der *Zukunft* ist aus Informationsgründen im wesentlichen auf interne Planungsdaten (Umsatz, Gewinn) beschränkt. Die Problematik dieser Verfahren besteht in der Festlegung der Prozentsätze, aus denen sich die Höhe des Werbebudgets in Relation zu der gewählten Bezugsgröße ergibt. Übernimmt man diese Prozentsätze aus der Vergangenheit, so liegt dem eine ungerechtfertigte Fortschreibung unternehmensinterner und -externer Datenkonstellationen zugrunde.

Zu (3): Die Aufstellung des Werbebudgets auf der Grundlage der *Werbeziele* entspricht logisch der *funktionalen Beziehung* zwischen *Werbebedarf* und *Budgethöhe.* Dieses Verfahren erfordert eine operationale Festlegung von Werbeteilzielen, die Ermittlung der dafür notwendigen Werbeverfahren und ihrer Kosten. Das Werbebudget ergibt sich aus der Addition der festgestellten Teilkosten. Das Budget muß hier also simultan mit seiner Verteilung bestimmt werden, da die operationale Ziel- und Verfahrensplanung nur in Teilbereichen vorzunehmen ist. Die auf diese Weise ermittelten Werbebudgets sind u. U. wegen ihrer Höhe nicht realisierbar, so daß mehrfache Revisionen vorgesehen werden müssen.

Zur Unterstützung zielorientierter Budgetierungsverfahren wurde von Little [1977, S. 201ff] das *EDV-gestützte Modellkonzept* (AdBudg) des Decision-Calculus entwickelt. Es definiert die Werbewirkung als Marktanteilsbeeinflussung und basiert auf subjektiven Managementschätzungen über Werbewirkungsfunktionen, die im Dialog mit dem Computer in das Modell eingehen [Schaubild II, 7.7]. Es stellt eine Entscheidungshilfe („Intelligenzverstärker") dar, indem es durch wiederholte Anwendung in produktiver Weise Erfahrungen nutzt und Lernprozesse in Gang setzt.

Angesichts methodischer Unzulänglichkeit der starr an Bezugsgrößen gebundenen Verfahren und der praktischen Schwierigkeiten der zielorientierten Verfahren der Werbebudgetierung bestehen praktikable Kompromißlösungen darin, die Budgethöhe an eine Bezugsgröße der Vergangenheit zu binden und durch Werte aus der werb-

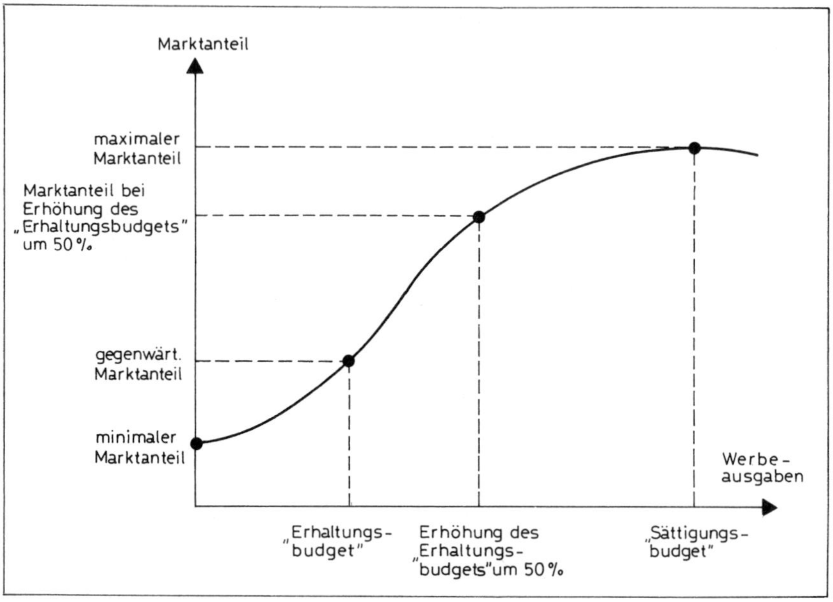

Schaubild II, 7.7: Möglicher Verlauf einer „AdBudg"-Werbewirkungsfunktion

lichen Zielorientierung zu korrigieren. Damit wird einerseits die Budgetierung in den Rahmen der vorgegebenen Unternehmenssituation flexibel eingepaßt, andererseits wird die für zukünftige Erfordernisse notwendige Abweichung in realistischer Weise berücksichtigt.

Verteilung des Werbebudgets

Sofern Aufstellung und Verteilung des Werbebudgets nicht in einem simultanen Planungsprozeß erfolgen, stellt die *Verteilung* eines global vorgegebenen Etats eine weitere Aufgabe der Werbebudgetierung dar. Dabei ist eine *zeitliche* Aufspaltung des Gesamtetats auf Teilperioden und eine *sachliche* Zuordnung auf Werbeobjekte, Werbemittel und -träger und auch auf Werbesubjekte vorzunehmen. Diese Gesichtspunkte müssen sukzessive und in einer den Unternehmensgegebenheiten entsprechenden Rangfolge berücksichtigt werden. Die Verteilung des Werbeetats kann teilweise nach den gleichen Orientierungsprinzipien erfolgen, wie sie für die Aufstellung des Gesamtbudgets verwendet werden, wobei die vorgenannte kritische Beurteilung gleichermaßen gilt. Beispielsweise kann ein Einzelhändler den Werbeetat auf Abteilungen oder Zielgruppen gemäß der zwischen ihnen bestehenden Umsatz-, Gewinn- oder Kostenrelationen der Vergangenheit verteilen. Die Etatzuweisung nach Werbeträgern kann sich auf der Grundlage des vorliegenden statistischen Erhebungsmaterials an dem allgemeinen Konkurrenzverhalten orientieren. Weiterhin ist auch die Verwendung zielorientierter Verteilungsschlüssel möglich. Dazu bilden die in den nachfolgenden Abschnitten dargestellten Aktionsprinzipien zur Festlegung der Werbeobjekte, Werbesubjekte und der Gestaltung des Werbeverfahrens eine geeignete qualitative Entscheidungsgrundlage.

Die heuristischen Methoden der Werbebudgetierung werden ebenso häufig angewendet wie kritisiert. Demgegenüber sind eine Fülle von *Optimierungsmodellen* entstanden, die der Eigengesetzlichkeit der Werbung als Marketinginstrument partiell besser gerecht werden können, jedoch große Anwendungsschwierigkeiten erbringen. Dics gilt besonders für den Handel wegen des geringen Strukturierungsgrades der zugrundeliegenden Entscheidungssituationen. Das Schaubild II, 7.8 [Tietz, Zentes, 1980, S. 250ff] gibt einen Überblick der in der Literatur vorgeschlagenen Modelle.

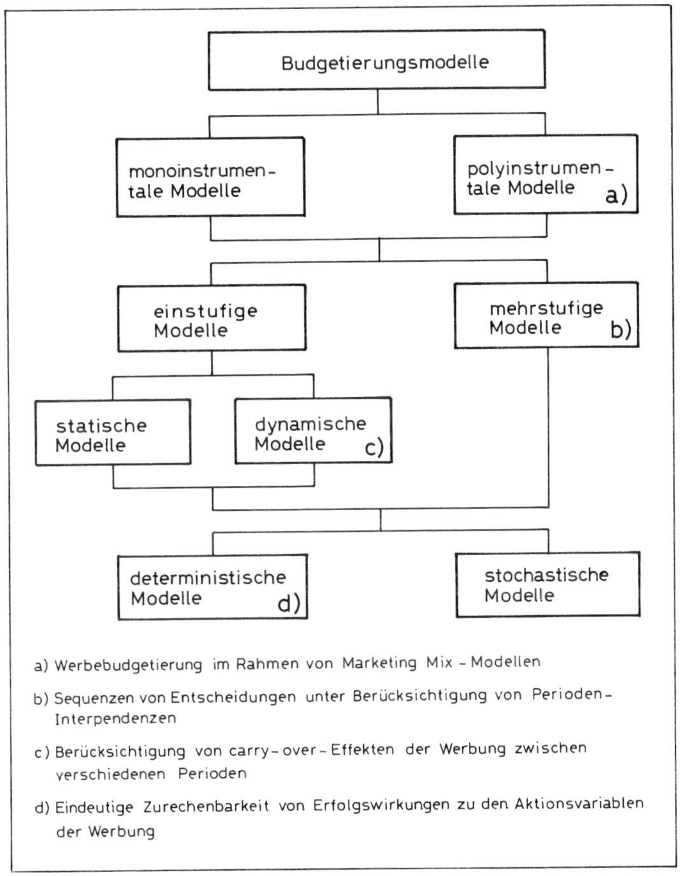

Schaubild II, 7.8: Typologie von Optimierungsmodellen zur Werbebudgetierung [Quelle: Tietz, Zentes, 1980, S. 291]

Wird abschließend die empirische Relevanz der vorgestellten Methoden im Handel betrachtet, so ist festzustellen, daß im Grundansatz weitgehend eine zielökonomische, dynamische Auffassung fehlt und eher vergangenheitsorientiertes Denken vorherrscht, wobei eine gemischte Anwendung heuristischer Prinzipien erfolgt. Insbesondere wird von zwei Vorgehensweisen berichtet: Vielfach scheinen Branchendurchschnittswerte für den Werbekostenanteil an den Gesamtkosten oder an den Umsätzen als Grundlage genommen zu werden und in Verbindung mit den eigenen diesbezüglichen Werten aus der Vergangenheit als Richtwerte zu dienen, wobei dann die Zuweisung zu den Abteilungen differenziert erfolgt [Haight, 1976, S. 114f]. Umgekehrt wird auch von den Ansprüchen der Abteilungen ausgegangen, die sich wiederum an Branchendurchschnitten und eigenen Vergangenheitswerten orientieren können, und dann eine u. U. mehrstufige Entscheidung über den auf diese Weise zustandekommenden Gesamtetat gefällt. Selbstverständlich bestehen Unterschiede in den Budgetierungsverfahren zwischen den Betriebsformen und -größen des Handels. Speziell für den Fachhandel ergibt eine Untersuchung von Barth und Theis [1986, S. 208ff] derzeitig noch das Bild rudimentärer, insb. aber *nur* vergangenheitsorientierter Budgetplanungen.

732 Prinzipien bei der Festlegung der Werbeobjekte

Werbeobjekte sind nach Behrens die „... immateriellen und materiellen Gehalte (Substrate) der mit der Werbung verfolgten Zwecke" [Behrens, K. Chr., 1963, S. 55 (im Orig. hervorgehoben)]. Die differenzierte Struktur des Waren- und Leistungsangebots macht diesen Bereich werblicher Planung im Einzelhandel besonders schwierig. Für die Auswahl der Werbeobjekte ergeben sich als Handlungsalternativen:

(1) das Einzelhandelsunternehmen als individuelle absatzpolitische Institution (allgemeine Institutionenwerbung),
(2) einzelne distributive Leistungen als langfristig wirksame Merkmale des Einzelhandelsunternehmens (leistungsbezogene Institutionenwerbung),
(3) die Produkte (Produktwerbung) und
(4) die kurzfristigen speziellen Verkaufsförderungsmaßnahmen (Verkaufsförderungswerbung, Sonderangebotswerbung, Preiswerbung)[20].

Zu (1): Für den Einzelhandel als Dienstleister hat die *Institution* als Werbeobjekt im Vergleich zur Industrie weit größere Bedeutung, weil einerseits ein direkter institutioneller Kontakt zwischen Einzelhändler bzw. seinem Laden und dem Konsumenten besteht, der im Industriebereich nur indirekt durch die Produkte bzw. die Marke erreichbar ist. Andererseits wirkt die Verkaufsstelle bei einem Angebot überwiegend fremder, meist auch bei der Konkurrenz erhältlicher Produkte als akquisitorischer Ausweis der eigenen Marktleistung und als Vollzugsort des Werbezieles[21]. Der Name

[20] In der amerikanischen Literatur werden „product" und „institutional advertising" unterschieden, die jeweils inhaltlich die erstgenannten und letztgenannten Kategorien umfassen und wie folgt unterteilt werden [Mandell, 1974, S. 8ff, 628ff]:

Institutional advertising: patronage institutional advertising; public relations institutional advertising; public service institutional advertising (S. 10f).

Product advertising: regular price advertising; sale advertising; clearance advertising (S. 630).

[21] Nieschlag, 1959, S. 26, weist darauf hin, „... daß die Werbung des Handels wegen der Breite der Sortimente in aller Regel nicht ‚Produktwerbung' sein kann, sondern vorwiegend ‚Firmenwerbung' sein muß". Eine empirische Untersuchung von Barth und Theis, 1986, S. 210, hat ergeben, daß zwei Drittel der Fachhändler diese Notwendigkeit der Institutionenwerbung erkennt.

des Unternehmens wird bei der allgemeinen Institutionenwerbung gleichsam als Marke für ein bestimmtes distributives Leistungsangebot verbreitet. Mit der Institutionenwerbung beeinflußt der Händler seine institutionelle Positionierung im Markt und prägt seine gatekeeper-Stellung für bestimmte Beschaffungsbedarfe der Konsumenten, indem er sich in das „evoked set“ der erinnerten Einkaufsstätten seiner Zielgruppe einbringt.

Zu (2): Eine *leistungsbezogene Institutionenwerbung* liegt vor, wenn einzelne distributive Leistungen als Merkmale des Einzelhandelsunternehmens zu Werbeobjekten gewählt werden (Beispiele: Warenauswahl, Möglichkeit des kreditierten Kaufs, Service). Damit werden die werblichen Aussagen über die Unternehmung konkretisiert, so daß eine Profilierung des Ladenimages und zugleich auch eine Distanzierung von konkurrierenden Images erreicht werden kann. Die Festlegung leistungsbezogener Werbeobjekte hat sich einerseits an den Schwerpunkten des realisierten Leistungsbündels der Unternehmung selbst zu orientieren. Sie erfolgt andererseits unter akquisitorischen Gesichtspunkten nach dem Leistungsbild der Konkurrenten und nach den Prioritäten der anzusprechenden Konsumentenzielgruppe bei ihrer Unternehmenswahl (erwartete benefits). Dabei bestehen branchen- und betriebsformenbedingte Unterschiede.

Zu (3): In der *Produktwerbung* stehen einzelne Produkte oder Produktgruppen als Werbeobjekte im Vordergrund. Sie ist im Einzelhandel insofern *auch* Institutionenwerbung, als der Angebotsort der Produkte ersichtlich gemacht werden muß. Die Produktwerbung ist im Einzelhandel für solche Waren eingeschränkt, die auch von unmittelbaren Konkurrenten geführt werden, da in diesem Fall der Absatz der Mitanbieter mitgefördert würde. Daher wird Produktwerbung insb. für eigene Markenerzeugnisse und für Waren mit Alleinvertriebsrechten angewendet. Eine Ausnahme besteht mit dem Versandhandel, der bei seinem gesamten Angebot die physische Warenpräsentation durch werbliche Kommunikation ersetzen muß. Mit der Ausbreitung der Eigenmarken im Handel wächst auch die Bedeutung der Produktwerbung.

Sobald mehrere Produkte als potentielle Werbeobjekte zur Verfügung stehen, stellt sich die Frage einer geeigneten *Auswahl.* Dabei sind *direkte,* auf das betreffende Objekt bezogene und *indirekte* Werbewirkungen zu berücksichtigen. Ein Einzelhandelsunternehmen, das *umsatzorientierte* Zielsetzungen verfolgt, wird jene Produkte als Werbeobjekte bevorzugen, die eine hohe *Werbeelastizität*[22] haben und damit starke direkte Umsatzerfolge durch Werbung erreichen. Exakte Informationen über diese Kennziffer sind allerdings schwer zu ermitteln, zumal eine periodische Abgrenzung längerfristiger Werbewirkungen und eine Isolierung des Werbeerfolgs gegenüber anderen absatzpolitischen Maßnahmen notwendig wäre. Die Nutzung von scanning und Auswertung von Scannerdaten verbessert allerdings die Informationsmöglichkeiten ganz wesentlich. Im übrigen können produkttypologisch Merkmale festgestellt werden, die Anhaltspunkte für Näherungslösungen liefern[23]. Mit der Pro-

---

[22]
$$\text{Werbeelastizität} = \frac{\text{relative Umsatzänderung}}{\text{relative Änderung des Werbeaufwandes}}$$
Gutenberg, 1984, S. 457.

[23] Vgl. Knoblich, 1969b, S. 176. Seitz, 1971, S. 147f, diskutiert diese Frage unter dem Begriff der „advertisability“ eines Produktes.

duktwerbung werden auch Umsatzwirkungen bei anderen Bestandteilen des Sortiments erreicht. Unter diesem Gesichtspunkt der *Wirkungsinterdependenz* sind solche Produkte als Werbeobjekte zu bevorzugen, durch deren Werbung innerhalb des eigenen Sortiments viele komplementäre Anschlußkäufe und wenig Substitutionsprozesse ausgelöst werden[24]. Geeignet sind weiterhin Produkte, für die mit der Werbung eine enge psychische Beziehung zum Ladenimage geschaffen werden kann, so daß durch diesen Irradiationseffekt eine positive Umsatzwirkung für das Gesamtsortiment erreicht wird.

Sofern mit der Werbung *gewinnorientierte* Zielsetzungen verfolgt werden, sind bei der Auswahl der Werbeobjekte deren Deckungsbeiträge ausschlaggebend. Dieses Auswahlprinzip berücksichtigt auch die produktbedingten Einflüsse auf die Kapazitätsauslastung und die daraus abzuleitenden Kostenwirkungen der Produktwerbung. Die Auswahl der Werbeobjekte erfolgt nach modifizierten Kriterien, wenn neben Gewinn oder Umsatz auch *vorökonomische, psychographische* Zielsetzungen in die Werbeplanung eingehen. So kann beispielsweise die werbliche Eignung eines Produktes für den Zweck einer speziellen Profilierung des geplanten Ladenimage maßgeblich werden.

Ein gesondertes Auswahlprinzip besteht mit der Berücksichtigung von *Testergebnissen* für Produkte. Ein für den Handel interessanter Effekt der Warentests besteht darin, daß positive Testergebnisse weit größere Umsatzveränderungen bewirken als negative [Raffée, Fritz, 1984, S. 312]. Dieser „positiv-asymmetrische Umsatzeffekt" beeinflußt die Wahl der Werbeobjekte und veranlaßt den Handel dazu, ihn durch werbliche Herausstellung der positiv beurteilten Produkte noch zu verstärken.

Bei der Produktwerbung besteht mit der *Zusammenstellung verschiedener Produkte* zum Objekt einer Werbeaktion eine weitere Aufgabe. Die diesbezüglichen Aktionsmöglichkeiten sind mit den *Gestaltungsprinzipien* für den *inhaltlichen Sortimentsaufbau* vergleichbar. Ein Einzelhändler kann z. B. zur umfassenden und systematischen Orientierung der Konsumenten verschiedene Produkte in einer Werbemaßnahme nach Bedarfsarten anordnen (Beisiel: Kataloge als „Konsumlexika" des Versandhandels). Für eine stärker emotionalisierende Bedarfsbeeinflussung eignet sich dagegen eine an *Erlebniszusammenhängen* orientierte Zusammenstellung der Produkte (Beispiel: Prospekt mit dem Thema: „Schöner Wohnen").

Zu (4): Bei der *Verkaufsförderungswerbung* (auch *Sonderangebotswerbung* oder *Preiswerbung*) werden kurzfristige absatzpolitische Maßnahmen wie z. B. Verkaufsdemonstrationen und insb. kurzfristige Preisstrategien als Werbeobjekte verwendet. Derartige Maßnahmen sind meist an bestimmte Produkte geknüpft, so daß diese werblich annonciert werden müssen und damit *auch* Produktwerbung vorliegt. Da die Werbeobjekte aus den Dispositionen anderer Aktionsbereiche entstehen, hat die Verkaufsförderungswerbung vornehmlich *Hilfsfunktionen* bei der *Realisierung* der in

---

[24] Die indirekte Umsatzwirkung der Werbung kann durch den Koeffizienten der

$$\text{Kreuzwerbeelastizität} = \frac{\text{relative Umsatzänderung Produkt 1}}{\text{relative Änderung des Werbeaufwands Produkt 2}}$$

ausgedrückt werden. Es sind dann solche Produkte als Werbeobjekte geeignet, die innerhalb des Sortiments viele (wenige) Beziehungen hoher positiver (negativer) Kreuzwerbeelastizität haben.

den betreffenden *Aktionsbereichen* festgelegten *absatzpolitischen Ziele*[25]. Diese richten sich auf eine schnelle Bedarfsmobilisierung bei Gelegenheits- und Stammkunden und damit auf kurzfristige Umsatzsteigerungen. Für die Werbung ergibt sich dabei die spezielle Zielsetzung, eine schnelle und effektvolle Kommunikation der vorgesehenen Maßnahmen zu erreichen[26].

Die nach Werbeobjekten gegliederten Formen der Werbung werden im Einzelhandel je nach Branche und Betriebsform in unterschiedlichem Ausmaß realisiert[27]. Die folgende stichwortartige Zuordnung gibt zusammenfassend einige Anhaltspunkte. Umkehrbare Argumente für die Anwendung der einen oder anderen Form der Werbung werden nur einmal angeführt.

Bevorzugte Realisierung der allgemeinen bzw. leistungsbezogenen Institutionenwerbung:

- Umfangreiches Sortiment, in dem die einzelnen Produkte so geringe Umsatzanteile erreichen, daß bei einer produktspezifischen Aufteilung des Werbebudgets im einzelnen nur geringe Werbeerfolge erzielt würden,
- Sortiment aus Produkten mit geringer Qualitäts- und Preistransparenz, bei denen während der Kaufentscheidung das Ladenimage stark irradiierend auf die Qualitäts- und Preisbeurteilung der Konsumenten einwirkt (Beispiel: Juwelen),
- Sortiment aus Produkten, deren Eigenschaften werblich schwer zu vermitteln sind (Beispiel: komplizierte technische Geräte),
- Unternehmen mit geringer sortimentspolitischer Differenzierung zu den Mitanbietern,
- Unternehmen, die eine starke gatekeeper-Position der fachlichen Kompetenz aufbauen wollen,
- Unternehmen mit Erlebnischarakter,
- Unternehmen in Stadien der Markteinführung.

Bevorzugte Realisierung der Produktwerbung:

- Sortiment aus einem hohen Anteil an Eigenmarkenerzeugnissen oder Produkten mit Alleinvertriebsrechten, durch die eine werbliche Individualisierung des Ladenimage erreicht werden soll,
- Sortiment aus vielen stark innovationshaltigen Produkten,
- Unternehmen, die durch die Anwendung des Distanzprinzips ihr Produktangebot nur werblich präsentieren können.

Bevorzugte Realisierung der Verkaufsförderungswerbung:

- Diskontinuierliches Sortiment, das Anlaß zu Gelegenheitskäufen bietet (Beispiel: Discountgeschäft),
- Unternehmen mit kurzfristig eingesetzten Preis- und sonstigen Verkaufsförderungsmaßnahmen (Beispiele: Verbrauchermarkt, Niedrigpreisgeschäft; Lebensmittel, Drogerieartikel).

Zusammenfassend ist im Handel eine deutliche Zunahme der Verkaufsförderungswerbung zu verzeichnen, die mit den kurzfristigen Preisunterbietungsstrategien zusammenhängt [Kap. II, 52]. Warnende Stimmen sprechen bereits von der „Droge" der kurzfristigen Kundenmobilisierung durch Sonderangebote. Ein weiterer Trend zur stärkeren Institutionenwerbung geht insb. von der Entwicklung abnehmender Sortimentsdifferenzierung und zunehmender Erlebnisorientierung im Handel aus.

---

[25] Es wäre systematisch unrichtig, die mit den Verkaufsförderungsmaßnahmen verbundenen Ziele der Werbung zuzuordnen. In dieser Weise betrachtet G.-M. Weinberg, 1970, S. 107ff, z. B. die preispolitischen Ziele des Sonderangebots als Werbeziele.

[26] Zu den psychologischen Effekten der Preiswerbung vgl. die empirische Untersuchung von Diller, 1982b, S. 1ff.

[27] Einige Anhaltspunkte ergeben sich aus einer empirischen Untersuchung von Einzelhandelsannoncen bei G.-M. Weinberg, 1970, S. 116ff; auch Barth, Theis, 1986, S. 208ff.

733 Prinzipien bei der Definition und Auswahl der Werbesubjekte

Die Auswahl der Werbesubjekte, d. h. jener Einzelpersonen oder Personenmehrheiten, die umworben werden sollen, folgt ganz allgemein unter ökonomischen Gesichtspunkten der Zielsetzung, den Werbeeinsatz in quantitativer Hinsicht auf besonders *werbeelastische Zielgruppen* zu lenken, um damit einen hohen Werbeerfolg zu erreichen. Die Auswahl soll weiterhin bei heterogenen Konsumentengruppen durch eine Marktsegmentierung eine *qualitativ differenzierte* und *adäquate Zielgruppenansprache* ermöglichen[28]

An die Kriterien für die Auswahl der Werbesubjekte sind verschiedene *Anforderungen* zu stellen. Sie müssen für die Werbegestaltung in der Weise relevant sein, daß die mit ihnen zu erreichende Differenzierung der Zielgruppen deutlich den *Einsatz quantitativ* und *qualitativ unterschiedlicher Werbeaktivitäten* erlaubt. Weiterhin müssen die Auswahlkriterien praktisch nutzbar sein, so daß die Zielgruppen der Werbung mit den vorgegebenen streutechnischen Möglichkeiten der Werbemittel und -träger auch tatsächlich erreicht werden können. Schließlich ist bei der Differenzierung nach werblichen Zielgruppen darauf zu achten, daß die aus ihr resultierenden kosten- und ertragswirtschaftichen Effekte in einem angemessenen Verhältnis zueinander stehen und keine zu starke Aufsplitterung des Werbebudgets zustande kommt.

Als Kriterien für die Auswahl der Werbesubjekte ist auf die *Typologisierungskriterien* für die *Träger konsumrelevanter Entscheidungen* zurückzugreifen [Kap. I, 4212]: Diese werden nach demographischen, sozio-ökonomischen, psychographischen und verhaltensbezogenen Merkmalen unterschieden. Sie werden angewendet, soweit sie Anhaltspunkte für das werblich relevante Informations- und Kaufverhalten der Konsumenten bieten. Eine weitere Kriteriengruppe bilden die *Funktionen,* die die Werbesubjekte bei der Erfüllung der Werbebotschaft übernehmen sollen. Es handelt sich um die Funktionen des *Kaufs,* des *Konsums* und der *kommunikativen Weiterleitung* der Werbebotschaft, die jeweils in einer Gruppe von Werbesubjekten einzeln oder kombiniert auftreten können. Angesichts der großen Bedeutung, die der Verbreitung von Werbebotschaften innerhalb des Konsumbereichs durch Mundwerbung (word-of-mouth-advertising) zukommt, ist auf das Merkmal der kommunikativen Weiterleitung als Phänomen der Meinungsführerschaft bei der Auswahl der Werbesubjekte besonderes Augenmerk zu legen. Der Begriff der Werbeelastizität ist nämlich nicht nur auf die Veränderung des Produkt- und Einkaufverhaltens der Zielgruppen bei primärer Werbung anzuwenden, sondern insb. auch auf die Diffusionsrate der Werbebotschaft, die mit der Ansprache einer Werbezielgruppe erzielt wird. Die Auswahl von Werbesubjekten nach dem Prinzip der Meinungsführerschaft dient sowohl der Steuerung des Medieneinsatzes wie der Gestaltung der Werbeaussagen, da für die Weiterleitung der Werbebotschaft eine entsprechende Versorgung mit Argumenten notwendig ist. So scheinen Meinungsführer Dateninformationen zu bevorzugen [Küthe, 1980, S. 165].

Eine eher situativ geartete Gruppe von Merkmalen der Werbesubjekte erfaßt die bestehenden *Kauf-* und *Kommunikationsbeziehungen* zu Produkten bzw. Einkaufsstätten. Derartige Merkmale beeinflussen insb. die *inhaltliche* Werbegestaltung. In Anlehnung an Haight [1976, S. 350ff] können hier folgende Beziehungssituationen

[28] Zur Marktsegmentierung für segmentspezifische Werbepolitik vgl. die Dissertation von Kuhn, W., 1984.

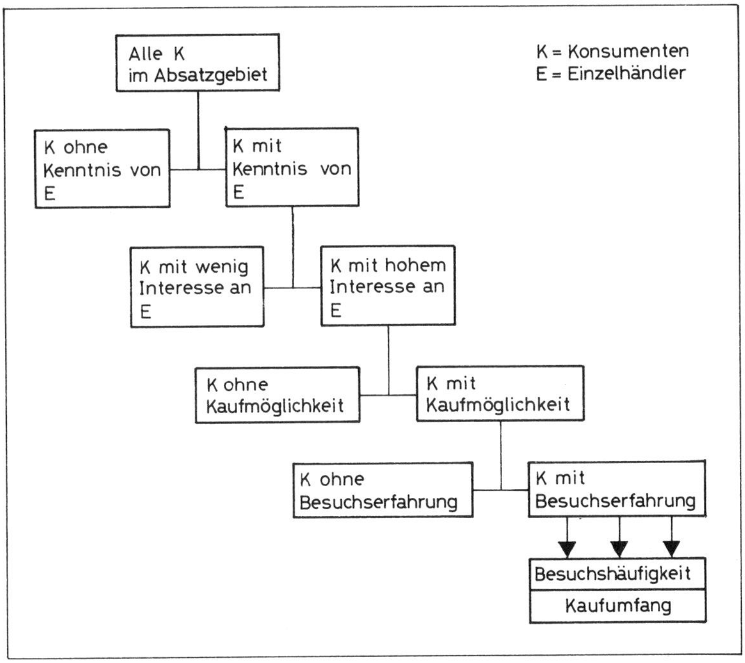

Schaubild II, 7.9: Klassifizierung von Werbesubjekten nach situativen Kauf- und Kommunikationsbeziehungen

zwischen Konsumenten (K) und Einkaufsstätten (E) unterschieden werden [Schaubild II, 7.9].

Im Anwendungsfall ist die Umsetzung der Klassifizierungsvorschläge von Werbesubjekten für eine zielgruppenorientierte Werbeansprache nur sehr begrenzt zu verwirklichen und im einzelnen von dem Medieneinsatz abhängig. Das Vordringen der Direktwerbung — gerade auch auf Einzelhandelsebene — bietet gute Voraussetzungen für eine selektive Zielgruppenansprache.

734 Prinzipien bei der Gestaltung des werblichen Kommunikationsverfahrens

Das werbliche Kommunikationsverfahren stellt eine „spezifische Wirkkombination von Werbebotschaft, Werbemittel und Werbeträger" [Edler, 1966, S. 60] dar. Die Gestaltungsprinzipien bezüglich dieser drei Elemente können nicht unabhängig voneinander entwickelt werden, da sie in enger kosten- und ertragswirtschaftlicher Beziehung zueinander stehen. So ist die Gestaltung der Werbeaussage in Verbindung mit kommunikativen Umsetzungsmöglichkeiten bei der Werbemittelgestaltung vorzunehmen, während diese wiederum in engem Zusammenhang zu der durch die Werbeträger bedingten Streuung steht.

In der Werbeliteratur zum Einzelhandel werden verschiedentlich *generelle* Aussagen über die Relevanz bestimmter Kommunikationsverfahren, insb. des Werbemittel-

und Werbeträgereinsatzes, für diesen Wirtschaftsbereich gemacht. Derartige Beurteilungen sind aber problematisch, da sowohl für die Werbekosten als auch für die -erträge Quantifizierungsschwierigkeiten auftreten. Wenn i. d. R. allein von den Kosten des Werbemittel- und Werbeträgereinsatzes ausgegangen wird[29], so entsteht ein zu einseitiges Bild. Zudem liegen innerhalb des Einzelhandels so starke betriebsformen- und branchenbedingte Unterschiede vor, daß globale Beurteilungen wenig Aussagewert haben.

7341 Festlegung der Werbeaussage

Aus den Dispositionen über die auf Werbeobjekte und -subjekte bezogenen werblichen Teilziele ergibt sich eine Rahmenkonzeption für die Gestaltung der Werbeaussage, innerhalb derer zu entscheiden ist, welche Informationen über die Werbeobjekte gegeben werden sollen, um die gewünschten psychischen Prozesse und Verhaltensweisen der Konsumenten zu erreichen. Es geht hierbei zunächst nur um die Frage, *was* inhaltlich über das Werbeobjekt ausgesagt werden soll, während Festlegungen darüber, *wie* die Werbebotschaft gestaltet werden soll, in Verbindung mit der Wahl der Werbemittel getroffen werden. Diese als inhaltliche und formale Ebene zu kennzeichnenden Gestaltungsbereiche verbinden sich durch eine beiden zuzuordnende Zwischenebene in folgender Weise:

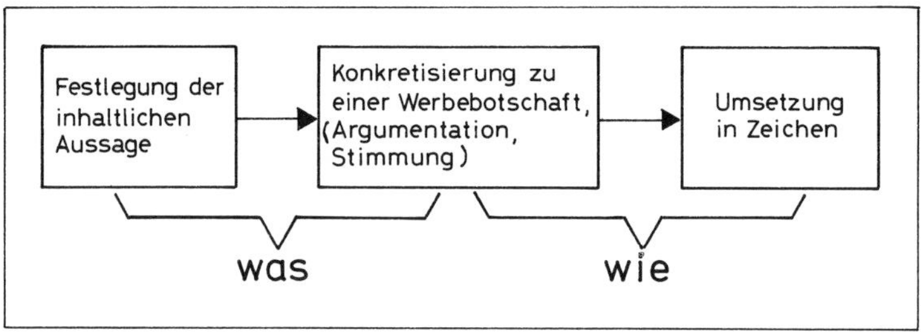

Schaubild II, 7.10: Entwicklung von Werbeaussagen

Über die inhaltliche Entwicklung von Werbeaussagen und ihre Konkretisierung in Werbebotschaften ist im Rahmen praktischer Werbegestaltung sowie aus theoretischer Kenntnis psychologischer Beeinflussungsgesetzmäßigkeiten heraus eine Fülle von Regeln entstanden, die zur Effizienz werblicher Beeinflussung beitragen sollen. Da sie sehr stark in den Bereich kreativer Gestaltungsprozesse hineinreichen und zudem wenig handelsspezifisch sind, sollen hier nur einige *präskriptive Grundorientierungen* als Handlungsprinzipien in Verbindung mit Verweisen auf Spezialliteratur

[29] Beispielsweise sind Aussagen, die auf werbestatistischem Material basieren, vorwiegend kostenorientiert.

dargestellt werden[30]: Sie entsprechen weitgehend den in Kap. I, 42151 genannten Leitprinzipien des Informationsverhaltens.

Als Grundprinzip gilt die *Unterordnung der Werbeaussage unter die Marketingziele* [Leven, Müller-Hagedorn, 1981, S. 12]. Diese zunächst fast selbstverständlich anmutende Forderung bedarf besonderer Beachtung, da die Entscheidung über die Werbeaussagen oft mit Beteiligung verschiedener Personengruppen (innerhalb der Handelsunternehmung, zusätzliche externe Berater) entsteht, so daß zu ihrer Realisierung eine Fixierung von den aus Marketingzielen abgeleiteten qualitativen Basiselementen im Rahmen einer copy strategy sinnvoll ist, die für alle Beteiligten die Einpassung in die Marketingstrategie deutlich und erinnerbar macht. Dies ist besonders für filialisierte Handelsunternehmen von Bedeutung. Eine konsequente Zielorientierung bedeutet, daß in der Werbeaussage nur jene Informationen enthalten sein sollten, die eine Unternehmung von sich bzw. ihren Leistungen am Markt wirklich vermitteln will.

Demgegenüber besteht ein weiteres Handlungsprinzip darin, den Konsumenten *zielgruppengerichtet Vorteile* zu versprechen bzw. *Nutzen* in Aussicht zu stellen *(consumer benefits)*. Das Spektrum möglicher Kriterien ergibt sich bei der Institutionenwerbung des Handels aus der zielgruppenorientierten Analyse der Einkaufsstättenwahl, der bekanntlich — soweit sie als extensiver Entscheidungsprozeß zustande kommt — die verschiedenen Elemente des Qualitätsurteils über Einkaufsstätten zugrunde liegen [Kap. 42182]. Mögliche Werbeaussagen können sich demnach auf verschiedene funktionale Qualitäten, wie z. B. Erreichbarkeit, Warenauswahl, Umtauschmöglichkeiten usw., auf soziale, ästhetische und erlebnisorientierte Qualitäten sowie auf gesellschaftliche Qualitäten beziehen. Die zunehmende Erlebnisorientierung in der Marketinggestaltung des Handels hat sich auch in der Werbeaussagengestaltung niedergeschlagen [Weinberg, P., 1986b, S. 97f]. Legt man das Einstellungskonstrukt als wichtigste Determinante des Konsumentenverhaltens und in diesem Zusammenhang die means-end-Analyse [Kap. 42162] zugrunde, so kann die Werbeaussage entweder bei der *Wahrnehmung* der Qualitätselemente des Werbeobjektes oder bei ihrer *Wertschätzung* durch die werbliche Zielgruppe ansetzen[31]. Im ersten Fall werden Teileigenschaften des Werbeobjektes thematisiert *(selling points)*, im zweiten Fall werden Wertungen aktualisiert oder beeinflußt z. B. durch Heranziehen von Referenzgruppen oder durch Bezugnahme auf Verhaltensnormen.

Ein wichtiger werblicher Grundsatz richtet sich auf eine *Begrenzung der Vorteile*, die versprochen werden, um damit Eindeutigkeit zu erzielen und der beschränkten Informationsverarbeitungskapazität der Konsumenten zu entsprechen. Bei der Darstellung mehrerer Vorteile ist in der gestalterischen Konkretisierung der Werbeaussage eine Vorteilshierarchie aufzubauen, für die ebenfalls die Kriterienanalyse des Qualitätsurteils herangezogen werden kann.

In bezug auf die Konkurrenz wird als Handlungsprinzip die *Einzigartigkeit des versprochenen Vorteils (USP → unique selling proposition)* für die Bestimmung von

[30] Vgl. die Arbeiten von Kroeber-Riel, hier insb. Kroeber-Riel, Meyer-Hentschel, 1982, zur Steuerung des Konsumentenverhaltens durch Werbung; weiterhin zur Bestimmung der Werbeaussagen die Beiträge von Oelker, 1979; Leven, Müller-Hagedorn, 1981, S. 11—26.

[31] Die Einstellung wird auch von Oelker, 1979, S. 83ff, zum Ansatzpunkt der Werbeaussage gewählt.

Werbeaussagen gefordert. Diese Regel des werblichen Alleinstellungsversuchs im Markt ist theoretisch ohne weitere Begründung plausibel, allerdings oft schwer realisierbar. Funktionale Qualitäten der Einkaufsstätten werden z. T. als selbstverständlich vorausgesetzt (z. B. Frische des Sortiments) und eignen sich dann nicht für eine Werbung mit dem USP. Die im Handel sehr verbreitete Werbung mit dem Preis läuft für den einzelnen Händler Gefahr, den USP zu verfehlen und nur preisliche Anspruchshaltungen bei den Konsumenten zu produzieren. In Ermangelung USP-stiftender Funktionsqualitäten werden für den Handel zunehmend Erlebnisqualitäten als Werbeaussagen vorgeschlagen.

Für die Konkretisierung der Werbeaussage gilt als weithin anerkannntes, tragendes Grundprinzip die gezielte *Auslösung einer Aktivierung*. „Ohne Aktivierung passiert nichts. Aktivierung ist eine notwendige Voraussetzung für alle psychischen Prozesse" [Kroeber-Riel, 1984, S. 46]. Zur Auslösung von Aktivierung können in der Werbung folgende drei Gruppen von Reizen verwendet werden [Kroeber-Riel, Meyer-Hentschel, 1982, S. 64ff]:

- emotionale Reize (z. B. Ansprache fundamentaler sexueller Bedürfnisse durch erotische Darstellung),
- gedankliche Reize (z. B. Auslösung von kognitiven Überraschungen durch Widersprüche),
- physische Reize (z. B. Auslösung von Erregung durch eher formale Gestaltungsqualitäten, wie Farbe, Helligkeit, Lautstärke).

Die Werbetheorie betont die Überlegenheit emotionaler Reize für die Erzeugung von Aktivierungswirkungen und befaßt sich daher vorrangig mit Techniken emotionalisierender Beeinflussung (Beispiel: emotionale Konditionierung). Da diese besonders geeignet sind, gegen Mitanbieter zu immunisieren, findet im Rahmen zunehmender Informationskonkurrenz eine ständige Steigerung von Emotionalisierungsreizen in der Werbung statt. Gerade dieser Aspekt des Werbeeinsatzes ist einer kritischen Betrachtung zu unterziehen, da es sich um Beeinflussungstechniken handelt, die von den Betroffenen nicht durchschaut werden [Kap. V, 22].

Ein abschließend zu erwähnendes Handlungsprinzip der Werbeaussagengestaltung erfaßt die Regulierung des *Konfliktes* zwischen *verhaltenssteuernden Vorteilversprechen* und *Zufriedenheit nach* dem *Kauf*. Die Berücksichtigung der Nachkaufphase ist ein Aspekt, der im Marketing erst sehr spät Fuß gefaßt hat und mit dem Ziel der Erhaltung von Kundenloyalität verbunden wird, das aus ökonomischen Gründen insb. in Phasen der Marktsättigung eine Rolle spielt. Wenn Werbung einerseits Markthandlungen bei den Konsumenten auslösen soll (Produktkauf, Einkaufsstättenwahl) und insofern durch das Versprechen eines USP aktivieren muß, so sind andererseits Dissonanzen nach dem Kauf und Unzufriedenheiten bei enttäuschten Erwartungen zu berücksichtigen. Dies gilt vor allem für jene Einzelhandelsunternehmen, die als Institutionen dauerhaft Kunden an sich binden wollen.

Emotionale Reize in der Schaufensterwerbung

Preis als Vorteilsversprechen in der Schaufensterwerbung

7342 *Kommunikative Umsetzung der Werbeaussagen durch Auswahl und Gestaltung der Werbemittel*

Die Werbeaussagen müssen für den werblichen Kommunikationsprozeß in Zeichen umgesetzt werden; wodurch sich die inhaltliche Gestaltungsproblematik mit der Werbemittelverwendung verbindet. Diese enthält die Frage nach der Wahl von Werbemitteln und ihrer Gestaltung.

Wahl von Werbemitteln unter gestalterischen Gesichtspunkten

Gestalterisch interessierende Aspekte der Werbemittelverwendung sind

(1) Art und Anzahl der mit Werbemitteln erreichbaren Sinneswirkungen und
(2) Kontaktsituation mit den Werbesubjekten, die durch die verwendeten Werbeträger vermittelt wird.

Zu (1): Die Werbemittel erreichen die Konsumenten über unterschiedliche *Sinneswirkungen.* Dementsprechend besteht eine Einteilungsmöglichkeit nach visuellen (schriftlichen und bildlichen), akustischen (rhetorischen und musikalischen), olfaktorischen, geschmacklichen und haptischen Werbemitteln[32]. Nach den Kombinationsmöglichkeiten der mit einem Werbemittel zu erzielenden Sinneswirkungen läßt sich eine Rangreihe von *unisensorischen* bis zu *multisensorischen* Werbemitteln bilden. Innerhalb dieser Werbemittelkategorien bestehen weitere werbetechnische Auswahlaspekte im Hinblick auf die gebotenen Gestaltungsmöglichkeiten. So werden z. B. bei Farbanzeigen gewisse Mindestanforderungen an die Qualität von Druckverfahren und Papier gestellt.

Zu (2): Die Werbemittel werden an die Werbesubjekte *direkt* (z. B. Werbebrief) oder durch die *Einschaltung von Werbeträgern* herangeführt (z. B. Anzeige über den Werbeträger Zeitung), die ihrerseits teils wählbar, teils mit der Wahl der Werbemittel vorgegeben sind. Durch die Arten von Werbeträgern werden unterschiedliche *Kontaktsituationen* mit den Werbesubjekten geschaffen, die wiederum bei der Auswahl der Werbemittel unter gestalterischen Gesichtspunkten berücksichtigt werden müssen. Derartige Komponenten der Kontaktsituation bestehen mit dem *Image* des Werbeträgers, der zu erwartenden *Kontaktdauer* und *-häufigkeit* mit den Werbemitteln, der *psychischen Situation* des Werbesubjektes und der *physischen* und *sozialpsychischen Umgebung,* in der ein Werbekontakt stattfindet. Diese bestimmt sich u. a. aus den Konkurrenzeinflüssen während der Kontaktsituation, die simultan von dem Werbeträger überbracht werden.

Kontaktsituationen können in *häuslicher Atmosphäre* (Beispiele: Werbebrief, Katalog, BTX), im *allgemeinen Straßenverkehr* (Beispiele: Plakat, Verkehrsmittelanschläge) sowie am *point of purchase* außerhalb oder innerhalb des Ladens (Beispiele: Schaufensterdekoration und Außendisplay; Bildplatte, gedrucktes Displaymaterial und Lautsprecheransage im Laden) zustande kommen. Die überragende Stellung des

[32] Vgl. Behrens, K. Chr., 1963, S. 70f. Beispiele für Werbemittelarten, bei denen die genannten Sinneswirkungen dominieren: visuell-schriftlich (Werbebrief), visuell-bildlich (Plakat), akustisch-rhetorisch (Rundfunkspot), akustisch-musikalisch (Werbeschallplatte), olfaktorisch (parfümierter Prospekt), geschmacklich und haptisch (Probesendung).

Ladens als Werbeträger des Einzelhandels ergibt sich aus der dort vorhandenen emotionalen Grundstimmung des Konsumenten zum Kauf, also zum unmittelbaren Vollzug der Werbebotschaft. Die im Laden gegebene akute Kaufmöglichkeit besteht außerdem unter Ausschluß von Konkurrenzeinwirkungen.

Die intendierte Werbeaussage bedingt eine *Auswahl* der Werbemittel gemäß der unterschiedlichen gestalterischen Umsetzungsmöglichkeiten. So wird z. B. eine umfangreiche Sachinformation über das Produktangebot häufig in häuslicher Atmosphäre durch schriftliche Werbemittel besser aufgenommen (Beispiel: Katalog). Dagegen kann eine appellative Kurzinformation, die eine emotionale Aktivierung hervorrufen soll, bildlich in kurzen Kontaktsituationen vermittelt werden (Beispiel: Plakat). Für den Residenzhandel haben Schaufensterdekorationen u. a. wegen ihrer vielseitigen und längerfristigen Wirkungsmöglichkeiten besondere Bedeutung als Werbemittel.

Gestaltung von Werbemitteln

Die Gestaltung der Werbemittel erfolgt entsprechend der beabsichtigten Werbeaussage nach Prinzipien, die von der *Werbepsychologie*[33] in *Verbindung* mit *werbetechnischen Disziplinen,* wie z. B. Werbelinguistik, Werbegraphik, Werbemusiklehre, Werbephotographie, Werbefilm- und Dekorationslehre entwickelt werden. Diese Disziplinen wenden jeweils ihre *eigenen Gestaltungsregeln* an, um Werbeaussagen in Reizkonfigurationen umzusetzen. Grundsätzliche Einschätzungen von Werbewirkungen haben in den letzten Jahren vor allem zu einer besonderen Berücksichtigung nonverbaler Signalsysteme in der Werbung geführt. Speziell im Vergleich zwischen bildlicher und textlicher Informationsaufnahme und -verarbeitung wird Bildern eine stärkere Emotionalisierungswirkung und ein besserer Lerneffekt nachgesagt [u. a. Weinberg, P., 1986a, insb. S. 163].

Als umfassendes Handlungsprinzip der Gestaltung von Werbemitteln gilt der Grundsatz der *Entsprechung zwischen verwendeten Zeichen* und *Zeichenrepertoire* der *Zielgruppe* und somit der Abstimmung auf Wahrnehmungs- und Verarbeitungs(Decodierungs)-Prozesse. Beispielsweise werden Farben oder Klänge zielgruppenbezogen durchaus unterschiedlich wahrgenommen.

Ein weiteres allgemeines Handlungsprinzip richtet sich darauf, *Kongruenz* zwischen den *Teilbeschaffenheiten* der *Werbeelemente* zu erreichen. „... der psychische Wirkweg soll in den einzelnen Phasen der Aufnahme des Werbemittels ungebrochen und in unveränderter Form auf das Werbeziel verlaufen" [Spiegel, 1970, S. 53]. So muß z. B. der semantische Gehalt von Texten mit der Anmutungsqualität der Typographie oder der verwendeten Farben harmonisieren.

Besondere Bedeutung hat für den Handel das *Prinzip* der *Kontinuität,* das in zeitlicher und sachlicher Hinsicht besteht[34]. So sind die Sinnesqualitäten der Werbemittel im *Zeitablauf* so zu gestalten, daß Vertrautheitserlebnisse entstehen, wodurch sich die Chancen für eine thematische oder unthematische Zuwendung der Werbesubjekte erhöhen [Brückner, 1967, S. 135f]. In *sachlicher Hinsicht* erfordert das Kontinuitätsprinzip, daß gleichzeitig in verschiedenen Werbemitteln identitätsstiftende

[33] Zur vertiefenden Lektüre vgl. Kroeber-Riel, Meyer-Hentschel, 1982.

[34] Die Prinzipien der Kongruenz und Kontinuität sind bereits für die Verpackungsgestaltung genannt worden [Kap. II, 331].

Gestaltungselemente verwendet werden. Kontinuität ist für den Handel deswegen wichtig, weil er in jeglicher Werbung institutionell präsent ist (Bezug zum Einkaufsort). Daher tritt er immer erkennbar als Kommunikator in Erscheinung und muß mit der Einhaltung von Kontinuität seine Glaubwürdigkeit und Verläßlichkeit[35] als wichtige Voraussetzung der Werbeakzeptanz fördern.

Eine Werbeaktion hat sich i. d. R. gegen eine Informationskonkurrenz (kommerzieller oder auch nichtkommerzieller Art) zu behaupten. Daraus resultiert das grundlegende Prinzip der Berücksichtigung des Werbeumfelds. Gestaltpsychologisch sind daraus Grundsätze der *Gestaltprägnanz* und *-festigkeit* als Ausdruck der Durchsetzungsfähigkeit gegenüber der werblichen Umwelt abzuleiten.

Neben diesen inhaltlichen konkretisierenden Gestaltungsentscheidungen sind *formale* Aspekte zu beachten. Dazu gehören insb. *Umfang* (Beispiele: Anzeigenformat, Länge eines Fernsehspots) und *Plazierung* des Werbemittels innerhalb eines Werbeträgers (Beispiele: Reihenfolge in Funkmedien, Seitenplatz in Printmedien). Bei Entscheidungen über den *Werbemittelumfang* sind die mit ihm verbundenen trade-off-Beziehungen zwischen der Reizstärke eines Werbemittels als Ertragsfaktor und der Kostenentwicklung maßgebend. Werbepsychologische Untersuchungen zu solchen Wirkgesetzen haben eine positive Korrelation, jedoch keine eindeutig festen Relationen zwischen Größe und Werbewirkung ermittelt [Jacobi, 1970, S. 448; Klenger, Krautter, 1972, S. 72]. Erschwerend wirkt sich dabei aus, daß der Umfang des Werbemittels im Verhältnis zur gleichzeitig mit dem Werbeträger vermittelten Konkurrenzwerbung berücksichtigt werden muß. Für den Einzelhandel hat G. M. Weinberg [1970, 178ff] in diesem Zusammenhang festgestellt, daß zwar branchen- und betriebsformenbedingte Unterschiede im Umfang der verwendeten Werbemittel bestehen, die sich aus den Spezifika der Werbeobjekte und den zur Verfügung stehenden Werbeetats ergeben, daß jedoch innerhalb dieser Einzelhandelsgruppen eine starke konkurrenzorientierte Anpassung zu beobachten ist.

Die *Plazierung* beeinflußt die Wirkung eines Werbemittels dadurch, daß die Aufnahme seiner Sinnesreize durch die Werbesubjekte von seiner Einbettung in die gestalterische Umgebung innerhalb des Werbeträgers abhängt. So beeinflußt z. B. im Bereich der Printmedien die Seitenplazierung die Aufmerksamkeitswirkung aufgrund des Blickverhaltens [Wiele, 1981, S. 109ff], und die Art des Umfeldes wirkt sich auf die Aufnahmebereitschaft aus (Reaktanzmeidung durch die Einbettung in ein redaktionelles Umfeld).

Abschließend zu der inhaltlichen und formalen Gestaltungsproblematik möchte ich zusammenfassend in Hinblick auf die institutionelle Einzelhandelswerbung einige mir wesentlich erscheinende tendenzielle Vergleichsaspekte mit der Markenartikelwerbung zur Diskussion stellen [Schaubild II, 7.11]. Dabei ist natürlich zu berücksichtigen, daß in beiden Bereichen jeweils große Unterschiede in den Handlungsbedingungen und -formen bestehen.

Die These von den eingeschränkten Entwicklungsmöglichkeiten des USP im geistig-seelischen Anforderungsbereich gegenüber der Markenartikelwerbung ist diskussionsbedürftig. Wenn im Rahmen der bereits mehrfach erwähnten Handelspolarisierung durchaus mehr Qualität dieser Art, insb. Erlebnisqualität in einem Teilbereich des Einzelhandels entwickelt und durch Werbung mitge-

---

[35] Die Glaubwürdigkeit des Kommunikators beeinflußt nachweislich die Akzeptanz einer Werbebotschaft.

Markenartikelwerbung	Einzelhandelswerbung als Institutionenwerbung
• Eigenleben des Produktes in der Werbung	• ständige institutionelle Präsenz in der Werbung
	• Mischform von Produkt- und Institutionenebene
• Bezugnahme auf unmittelbare Möglichkeiten der Bedürfnisbefriedigung als Nutzen	• Bezugnahme auf mittelbare Möglichkeiten der Bedürfnisbefriedigung als Nutzen
	• Bei hoher Komplexität des Werbeobjektes weniger Möglichkeiten für die Entwicklung von USP im geistig-seelischen Anforderungsbereich
	• eingeschränkt in der Auswahl von Werbemitteln

Schaubild II, 7.11: Vergleich der Handlungsbedingungen für die Werbegestaltung zwischen Markenartikel und institutionellem Einzelhandel

staltet wird, so bleiben jedoch die kreativen, gestalterischen Freiheiten immer noch begrenzter als bei den meisten Produkten. Die fast schon beliebige Kopplung von Leistungsvorteilen mit Erlebniswerten (Beispiel: Abenteuererlebnisse in der Zigarettenwerbung) sind für die institutionelle Handelswerbung eingeschränkter. Dennoch wird der Handel in dieser Richtung noch weitere Entwicklungen durchmachen.

7343 Streuung der Werbeaussage

Um die Werbeaussage an die Konsumenten heranzuführen, müssen die *Arten* der *Werbestreuung* (Zielung[36], Häufigkeit, Zeitpunkt) und die *Streuwege*[37] ermittelt und

[36] Nach der Zielung sind Zufalls- und Auswahlstreuung zu unterscheiden. Letztere besteht wiederum in verschiedenen Abstufungen der Zielgenauigkeit.

[37] Für die Werbestreuwege des Einzelhandels wird folgende begriffliche Klassifizierung verwendet:

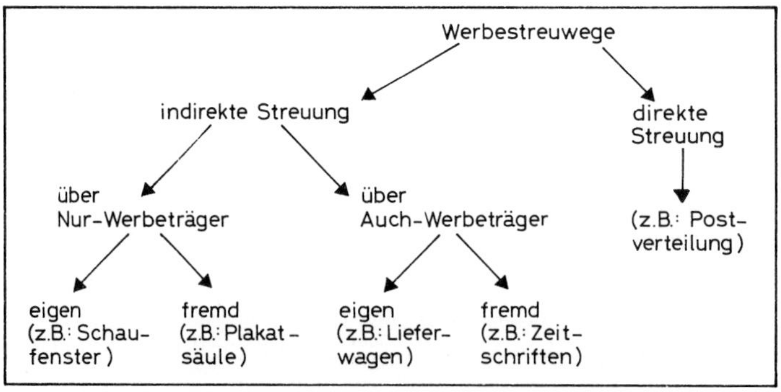

Schaubild II, 7.12: Werbestreuwege

Ein indirekter Streuweg liegt danach vor, wenn die Verbreitung eines Werbemittels über einen Werbeträger vermittelt wird und daher von dessen Streufeld abhängig ist. Bei direktem Streuweg kann eine Unternehmung über die Verbreitung des Werbemittels frei disponieren.

festgelegt werden. Bei der Verwendung von fremden Werbeträgern als Streumedien kann auf die statistischen Analysen der Media-Forschung zurückgegriffen werden. Darüber hinaus muß eine Unternehmung eigene quantitative und qualitative Untersuchungen der Werbemittel und -träger anstellen, um die individuellen und für eine zielgerechte Streuung notwendigen Informationen über die Werbemedien zu erhalten.

Unter streutechnischen Gesichtspunkten beziehen sich die Anforderungen, die an den Werbemittel- und Werbeträgereinsatz gestellt werden, auf folgende Kriterien [Behrens, K. Chr., 1963, S. 96]:

(1) räumliche Reichweite,
(2) quantitative und qualitative Reichweite,
(3) Kosten.

Zu (1): Unter der *räumlichen Reichweite* versteht man das geographische Streufeld eines Werbeträgers. Neben Werbeträgern, die flächenförmig verteilt sind (Beispiel: Zeitungen), gibt es solche, die das Streufeld streckenförmig abdecken (Beispiel: Verkehrsmittel) und andere, die punktuell von einem Standort aus selbst die Werbesubjekte anziehen (Beispiel: Filmtheater) oder mit Passanten Kontakte erzielen (Beispiel: Plakatsäule). Bei der pop-Werbung beschränkt sich das Streufeld des inneren Ladenbereichs auf Konsumenten, die bereits eine Ladenwahl getroffen haben. Dagegen umfaßt das Streufeld bei Werbeträgern an der Außenfront des Ladens zusätzlich Passanten und solche Konsumenten, die bei einer Akkumulationslage durch Mitanbieter oder durch Attraktionsträger angezogen werden.

Bei der Werbestreuung muß in räumlicher Hinsicht eine möglichst günstige Übereinstimmung zwischen den Gebietsgrenzen der Zielgruppen und den Verbreitungsgebieten der Werbeträger erreicht werden. Sofern für die Verbreitung einer Werbebotschaft mehrere Werbeträger nebeneinander verwendet werden, sind Überschneidungen mit entsprechender Mehrfachansprache der Konsumenten nicht zu vermeiden und oft auch erwünscht.

Die *Absatzreichweiten* im *Einzelhandel* bilden ein *durchgreifendes Auswahlkriterium* für die Verwendung von Werbeträgern und geben der Einzelhandelswerbung dadurch ihr typisches Erscheinungsbild[38]. Werbemittel, die an überregional streuende Träger gebunden sind (Beispiele: Fernsehspots, Anzeigen in Zeitschriften) können nur vom Versandhandel und von überregional filialisierten Konzentrations- und Kooperationsformen des Handels verwendet werden. Diese betreiben verschiedentlich durch die Zentrale eine überregionale Firmenwerbung und ergänzen sie mit lokaldifferenzierter Produkt- und Verkaufsförderungswerbung der Verkaufsstellen.

Für Nachbarschaftsläden sind wegen ihrer lokal eng begrenzten Absatzreichweiten die Möglichkeiten der Verwendung fremder Werbeträger sehr eingeschränkt, da diese i. d. R. weiträumigere oder anders gelagerte Verbreitungsgebiete haben. Derartige Einzelhändler betreiben daher häufig Direktwerbung mit Postwurfsendungen, die bei den kleinen Absatzgebieten in der Verteilung nicht aufwendig sind und eine

[38] „Die Erreichung einer Übereinstimmung zwischen dem Verbreitungsgebiet eines Werbeträgers und einem kleinräumigen Absatzgebiet und die Vermeidung einer unnötige Kosten verursachenden und gleichzeitig werblich irrelevanten Überdeckung stellt das eigentliche Problem bei der Werbeträgerauswahl des Aushändigungshandels dar" [Weinberg, G.-M., 1970, S. 199].

genaue räumliche Abstimmung ermöglichen. Einzelhändlern mit weiterer lokaler bis regionaler Reichweite stehen unter streutechnischen Gesichtspunkten dagegen wesentlich mehr geeignete Werbeträger zur Verfügung. Soweit ihre Standorte an Mitanbietern, Attraktionsträgern oder Passanten orientiert sind, gewinnt die Außenfrontwerbung am point of purchase erhebliche Bedeutung.

Zu (2): Mit der *quantitativen* Reichweite wird der durch eine Werbeaktion innerhalb eines Streugebiets erreichbare Mengenausschnitt aus der Gesamtbevölkerung bezeichnet. Dabei ist der Werbeträgerkontakt eine notwendige, aber nicht hinreichende Bedingung für einen Kontakterfolg des Werbemittels. Als Kriterium der Werbeträgerauswahl ist die quantitative Reichweite für Einzelhandelsunternehmen von Bedeutung, die per *Zufallsstreuung* eine *Massenumwerbung* innerhalb ihres Absatzgebietes betreiben wollen. Dieses Werbeverhalten ist z. B. für die Firmenwerbung bei Warenhäusern und Generalversandhäusern möglich, die damit eine breite, relativ unspezifizierte Konsumentenschaft ansprechen wollen. Im Rahmen der Produktwerbung kann sie insb. für Güter des Massenbedarfs angewendet werden.

Dagegen stellt die *qualitative* Reichweite den durch einen Werbeträger erreichbaren *gruppenspezifischen* Konsumentenausschnitt dar. Sie muß bei *Auswahlstreuung* nach demographischen, sozio-ökonomischen oder persönlichkeitsspezifischen Gesichtspunkten mit der gewählten Werbezielgruppe abgestimmt werden (Anwendungsbeispiele: Firmenwerbung des Facheinzelhandels; Produktwerbung für Güter des Spezialbedarfs). Je spezifizierter die Zielgruppen eines Einzelhandelsunternehmens sind, desto geringer wird die Auswahl unter den zieladäquat streuenden, fremden Werbeträgern. Dabei hat die Abstimmung zwischen qualitativer Reichweite und Werbezielgruppe umso mehr Bedeutung, je *teurer Streuverluste pro Kontakt* mit nichtrelevanten Konsumenten sind (Beispiele: Katalog, auch bereits Kundenzeitschrift mit relativ hohen Herstellkosten pro Stück). Um die Werbesubjekte vollständig zu erreichen, kann eine simultane oder sukzessive Kombination von qualitativ unterschiedlich streuenden Werbeträgern eingesetzt werden. Mit einem Sukzessivprogramm sucht der Versandhandel z. B. durch Kuponwerbung über breit streuende Werbeträger Interessenten, denen auf Anfrage hin Katalogmaterial zugeschickt wird [Geppert, 1969, S. 181]. Informationen über quantitative und qualitative Reichweiten von Wer-

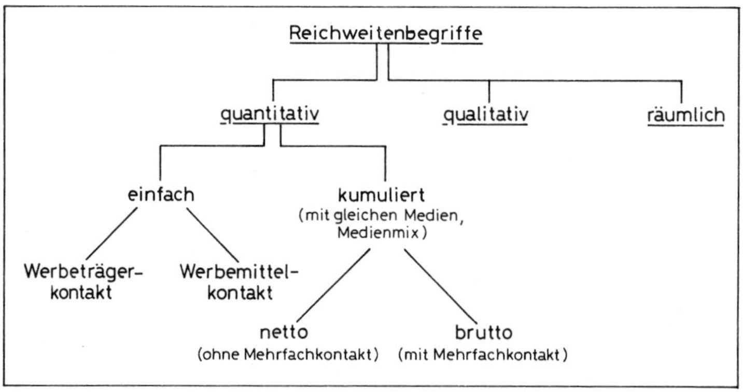

Schaubild II, 7.13: Reichweitenbegriffe

beträgern liefern Medienanalysen, die von den Medien selbst und übergeordneten Institutionen (insb. die Arbeitsgemeinschaft Media-Analyse e. V.) angeboten werden.

In der Regel setzt eine Unternehmung pro Periode ein Werbemittel mehrere Male hintereinander oder einen Mix von Werbemitteln gleichzeitig ein. Daraus entsteht die *kumulierte Reichweite,* die entweder *netto* oder *brutto* (ohne oder mit Mehrfachkontakten) berechnet wird [Schaubild II, 7.13].

Die unterschiedlichen Verläufe von kumulierten Nettoreichweiten können im Rahmen eines Verfahrensvergleichs mit Hilfe einer break even-Analyse betrachtet werden [Schaubild II, 7.14].

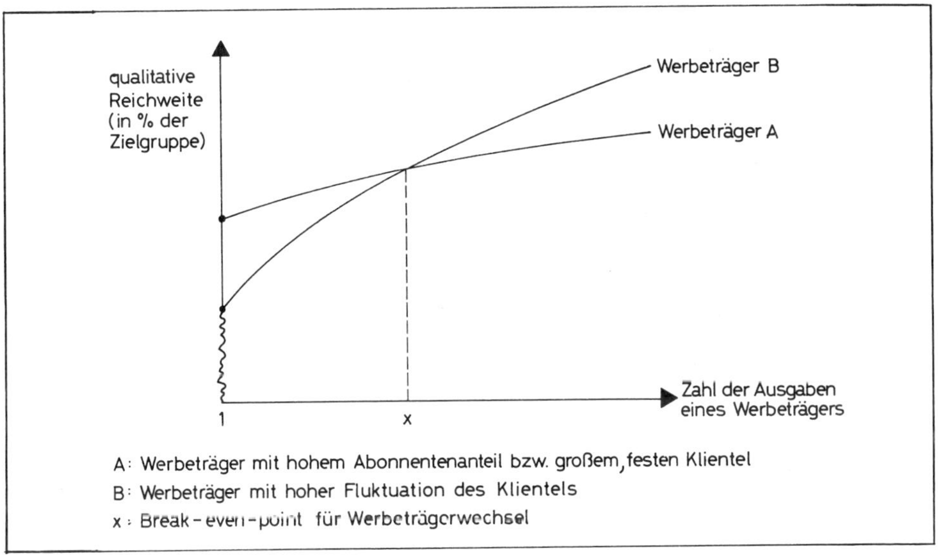

Schaubild II, 7.14: Werblicher Verfahrensvergleich auf der Grundlage kumulierter Nettoreichweiten

Zu (3): Als Kriterium der Verfahrenswahl im Werbemittel- und Werbeträgereinsatz sind neben den genannten ertragswirtschaftlichen Faktoren weiterhin die *Kosten* zu berücksichtigen, wobei hier *Gestaltungs-* und *Streukosten* der Werbung kombiniert sind. Ihre Erfassung bereitet Schwierigkeiten, soweit Aktivitäten, die im Zusammenhang mit der Werbung erbracht werden, in ihrer Kostenverursachung nicht eindeutig zurechenbar sind, wie z. B. beim Einsatz von Auch-Werbeträgern. Vor allem aber ist angesichts der vielschichtigen und periodisch nicht exakt abgrenzbaren Werbewirkungen die Wahl eines output-Faktors als Bezugsbasis für einen kostenorientierten Verfahrensvergleich schwierig. Im folgenden wird die Anzahl von Kontakten mit der Zielgruppe als Basis gewählt[39], wobei *qualitative Kontaktunterschiede* zwischen den Werbeverfahren *vernachlässigt* werden.

[39] Z. B. bei Printmedien der sog. Tausend-Leser-Preis (Preis der Anzeige pro 1000 Leser der Zeitung); bei dem Werbefernsehen Preis auf Sekundenbasis in Relation zur Einschaltquote in einer Sendezeit.

Im Werbemittel- und Werbeträgereinsatz entstehen *verfahrensfixe* und *-variable* Kosten. Fix ist z. B. ein Teil der Gestaltungskosten, wie Entwurf- oder Klischeekosten. Variable Werbekosten verändern sich mit dem quantitativen Einsatz des Verfahrens und der dadurch beeinflußbaren Entwicklung der Kontaktmengen, wie z. B. Vervielfältigungs- und Verteilungskosten. Die Möglichkeiten für die quantitative Variation eines Werbeverfahrens hängen von den technischen Bedingungen des Werbemittel- und Werbeträgereinsatzes ab. Es gibt kontinuierlich zu variierende Verfahren (Beispiel: Verteilung von Werbebriefen) und Verfahren, bei denen eine Einsatzvariation nur über Intervalle und damit bei stufenförmigem Kostenverlauf möglich ist (Beispiel: Variation der Anschlagstellen bei der Plakatwerbung).

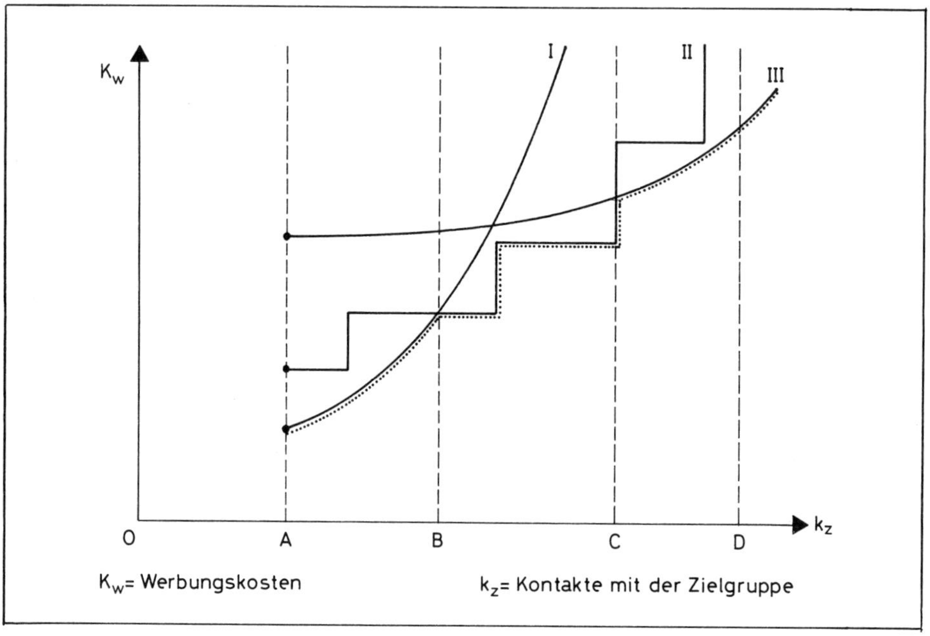

Schaubild II, 7.15: Kostenorientierter Vergleich verschiedener Werbeverfahren

Bei einem kostenorientierten Verfahrensvergleich kann für die Vorgabemengen von Werbekontakten mit der Zielgruppe der jeweils günstigste Werbemittel- und Werbeträgereinsatz festgestellt werden. In Schaubild II, 7.15 stellen die Kurven I, II und III Kostenverläufe verschiedener Werbeverfahren dar. Das Verfahren II kann nur diskontinuierlich variiert werden. Der Bereich OA gibt die Kontaktmenge mit der Zielgruppe an, die ohne Werbung besteht. Die Umhüllungskurve (punktierte Linie) der drei Funktionen zeigt das jeweils günstigste Verfahren für die quantitativen Kontaktvorgaben in den Bereichen AB, BC und CD.

Die Aussagefähigkeit von Werbekosten-Vergleichen ist um so geringer, je qualitativ unterschiedlicher die Verfahren und je weniger vergleichbar daher ihre output-Faktoren sind.

735 Prinzipien des zeitlichen Einsatzes der Absatzwerbung

Zeitliche Festlegungen des Werbeeinsatzes (timing) beziehen sich darauf, für die Konfrontation der Werbesubjekte mit den Werbebotschaften einen der Werbewirkung nach *optimalen Zeitpunkt* zu bestimmen. Damit stellt sich die Frage der zeitlichen Verteilung des Werbebudgets. Bei eigenen Werbeträgern, die dauerhaft im Einsatz sind, reduziert sich die Problematik auf den Gestaltungsrhythmus, während im übrigen auch die Terminplanung der Werbestreuung zu bestimmen ist.

Die Prinzipien für den zeitlichen Werbeeinsatz orientieren sich vornehmlich an dem *Bedarfsverlauf* bei den Konsumentenzielgruppen oder an dem zeitlichen *Werbeverhalten* der *Konkurrenten.* Ein weiterer Gesichtspunkt ergibt sich aus der *zeitlichen Verfügbarkeit* der *Werbeträger* und den zeitlichen Schwankungen in der Anzahl und Qualität von Kontakten, die von den einzusetzenden Werbeträgern bei den Zielgruppen erreicht werden [Hörschgen, 1967, S. 86ff]. Derartige Schwankungen begründen sich je nach Werbeträgerart aus verschiedenen zeitlichen Komponenten des betreffenden Konsumentenverhaltens (Beispiele: jahreszeitlich schwankende Besuchsfrequenz von Filmtheatern; wöchentlich schwankendes Leseverhalten bei Tageszeitungen).

Die Berücksichtigung der Zeit in der Werbung bezieht sich zum einen auf die Wahl des *Zeitpunktes* für eine *einzige Werbeaktion* und zum anderen auf die *zeitliche Verkettung* sich *wiederholender Werbekontakte.* Dabei kann jeweils eine auf ein *individuelles* Werbesubjekt gerichtete Fragestellung behandelt bzw. eine *aggregierte* Betrachtungsebene gewählt werden. Die zeitliche Problematik hat enge Beziehungen zu den Werbeinhalten.

7351 Zeitliche Anpassung an die psychische Dynamik des Konsumentenverhaltens

Ohne Zweifel hängt die Werbemittelwirkung von situativen Faktoren des Konsumentenverhaltens ab. Daraus ergeben sich angesichts der Werbezielsetzungen Handlungsprinzipien für den zeitlichen Einsatz einer Werbeaktion. Wird davon ausgegangen, daß die Werbung in der Situation akuter Bedarfsentwicklung besonders positive Chancen hat, wahrgenommen zu werden und kaufauslösend zu wirken, dann ist die Orientierung des Medieneinsatzes an diesem Zeitpunkt wünschenswert. Allerdings gibt es nur wenige Branchen, in denen individuelle Bedarfsanlässe zeitlich erkannt und gezielt berücksichtigt werden können (Beispiel: Adressen für Familienereignisse, wie Geburten oder Eheschließungen). Die zeitliche Anpassung an die psychische Dynamik enthält ein Erkennungs- und ein Streuproblem. Gelegentlich verbinden sich Bedarfsanlässe mit räumlichen Aufenthalten der Konsumenten, so daß beide Probleme gleichzeitig gelöst werden können (Beispiel: Sportwerbung bei sportlichen Ereignissen). Soweit Bedarfe sich jahreszeitlich entwickeln, entfällt die Schwierigkeit der Ermittlung individueller Bedarfsanlässe. Es entsteht die Fragestellung aggregierter zeitlicher Anpassung, die im folgenden Kapitel behandelt wird.

Ein gesondertes zeitliches Problem des Werbeeinsatzes ist auf die Unterscheidung von Vorkauf- und Nachkaufwerbung zurückzuführen. Die Nachkaufwerbung, die das Ziel des Dissonanzabbaus und der Kundenbindung verfolgt, kann zeitlich gezielt durch Direktwerbung auf der Grundlage einer Kunden- und Verkaufskartei eingesetzt werden. Es ergibt sich zwischen Vorkauf- und Nachkaufwerbung ein nacheinandergeschalteter Werbemix aus Maßnahmen der Medienwerbung und der Direktwerbung.

7352 Zeitlicher Werbeeinsatz bei Absatzschwankungen

Eine aggregierte Form der zeitlichen Werbeanpassung entsteht aus der Berücksichtigung von Absatzschwankungen, wobei jeweils der Werbeeinsatz auf den antizipierten Umsatzverlauf bezogen wird. Bei Absatzschwankungen gibt es die Prinzipien des *pro-* oder *antirhythmischen* Werbeeinsatzes. Diese Alternativen gelten prinzipiell sowohl für die unregelmäßig verlaufenden konjunkturellen Bewegungen als auch für die rhythmisch wiederkehrenden saisonalen, monatlichen und wöchentlichen Schwankungen des Einzelhandels, wenngleich die Voraussetzungen und Möglichkeiten der Anwendung durchaus unterschiedlich sind[40]. Tagesschwankungen können unberücksichtigt bleiben, weil die dafür erforderliche zeitliche Elastizität des Werbeeinsatzes kaum gegeben ist. Im Rahmen dieser gegensätzlichen Strategien ist weiterhin zu klären, mit welchem *zeitlichen Abstand* zum Umsatzverlauf die Werbemaßnahmen einzusetzen sind, um die beabsichtigte Werbewirkung zu erreichen [Schaubild II, 7.16].

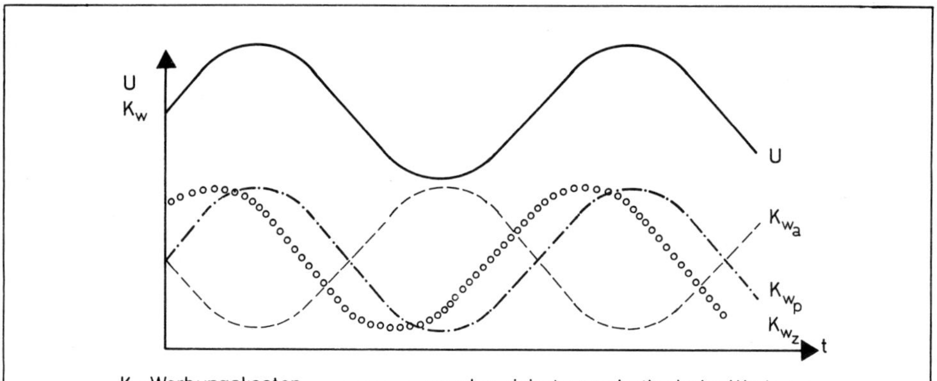

Schaubild II, 7.16: Zeitlicher Werbeeinsatz bei Absatzschwankungen

Mit dem Prinzip der *antirhythmischen* Werbung, die dem Umsatzverlauf entgegengerichtet ist, wird vorrangig eine Nivellierung zeitlich ungleichmäßiger Absatzmengenverteilung angestrebt [Brunner, 1962, S. 91]. Damit sollen i. d. R. durch stärkere Kontinuität in der Kapazitätsauslastung *kostensenkende* Wirkungen erzielt wer-

[40] Vgl. zur Anpassung der Werbung an Absatzschwankungen auch Reim, 1986, S. 108ff.

den. Ein derartiges Vorgehen bedingt, daß im Nachfragetief eine so hohe Werbeelastizität besteht, daß mit dem antirhythmischen Werbeeinsatz ein die Kostensteigerung überkompensierender Umsatzzuwachs erzielt wird. Dieser ist zwar über eine stärkere Bedarfspartizipation an dem Absatzpotential der Konkurrenten zu erreichen, jedoch müssen zusätzlich meist auch Umsatzimpulse aus einer Bedarfsformung entstehen. Die Werbebeschränkung während des Nachfragehochs bedeutet, daß ein bewußter Verzicht auf zusätzliche Umsatzausweitungen vorgenommen wird, um die Schwankungsamplitude aus beschäftigungspolitischen Gründen abzuflachen.

Das Ziel einer *prorhythmischen* Werbung besteht darin, den vorhandenen Nachfrageverlauf bei positiven Tendenzen möglichst auszunutzen und zusätzliche Nachfrage auf den eigenen Betrieb zu lenken. Einer werblichen Umsatzbeeinflussung während des Tiefs wird aufgrund einer zu niedrigen Werbeelastizität geringe Bedeutung beigemessen. Diese Konstellation entsteht, wenn werbliche Bedarfsformung allein nicht ausreicht. In der Praxis beruht ein prorhythmisches Verhalten in der Wirtschaftspraxis häufig nur auf einer unreflektierten Anpassung des Werbebudgets an den Umsatzverlauf.

Solange sich die Mehrzahl der Mitanbieter eindeutig pro- oder antirhythmisch verhält, ist mit der Wahl unter diesen primär *nachfrageorientierten* Strategien gleichzeitig eine *konkurrenzbezogene* Entscheidung gefällt. Ein gleichgerichtetes Verhalten der Anbieter bewirkt, daß in werbeintensiven Phasen die Kontaktqualität der Werbeträger aufgrund einer starken Reizüberflutung der Konsumenten nachläßt und daher auch der Werbeerfolg des einzelnen Unternehmens abnimmt [Hörschgen, 1967, S. 100ff]. Dennoch wird ein mit den Konkurrenten zeitlich gleichgerichtetes Werbeverhalten oft dazu benutzt, um deren Erfolge schnell zu neutralisieren. Zudem ist davon auszugehen, daß sich im zeitlichen Verlauf das Werbeverhalten der Anbietermehrheit und das Informationsverhalten der Konsumenten teilweise gegenseitig bedingen, so daß dann eine zeitliche Isolierung von der Konkurrenz aus diesem Grund nicht sinnvoll wäre.

Für die Anwendung der pro- und antirhythmischen Einsatzprinzipien in der Werbung bestehen bei den genannten *Schwankungsarten unterschiedliche Bedingungen.* Die *konjunkturellen* Zyklen überdauern die meist nur kurz- bis mittelfristige Werbeplanung des Einzelhandels. Es wird jedoch faktisch ein prozyklischer Werbeeinsatz erreicht, wenn die Einzelhändler ihre Werbebudgets kurzfristig an den Umsatzverlauf anpassen. Die Reduktion der Werbung während des konjunkturellen Tiefs ist marktpolitisch allerdings auch damit zu begründen, daß bei kaufkraftbedingtem Nachfragerückgang in Verbindung mit der psychischen Kaufstimmung der Konsumenten während einer Depressionsphase die *Werbeelastizität* gering eingeschätzt werden muß[41]. Zudem erlaubt die Kosten- und Ertragssituation während eines Konjunkturtiefs insb. kleinen Einzelhändlern oft nicht noch zusätzliche Werbeaufwendungen für eine antizyklische Werbung. Absatzpolitische Aktivitäten, die in solchen Phasen oft als akzidentell betrachtet werden, fallen den Einsparungsmaßnahmen am ehesten zum Opfer.

---

[41] „Die Krisenerscheinung läßt die Konsumenten kaufkraftbewußter werden und damit gewinnt der Aktionsbereich Preis gegenüber dem der Werbung als Stimulanz der Nachfrage" [Leitherer, 1988, S. 69].

Saisonale, monatliche und *wöchentliche* Umsatzschwankungen sind zeitlich voraussehbar und werden durch die im Einzelhandel vorherrschende kurz- bis mittelfristige werbliche Planung berücksichtigt[42]: Von saisonalen Schwankungen sind vor allem Einzelhandelsunternehmen mit schmalen und einseitig saisonabhängigen Sortimenten betroffen. Monatliche und wöchentliche Umsatzschwankungen bestehen dagegen im gesamten Einzelhandel in einer beschäftigungspolitisch so nachteiligen Form, daß ihre Nivellierung ein allgemeines absatzpolitisches Problem darstellt. Sie lohnt sich immer dann, wenn die Kosteneinsparungen aus dem Nivellierungseffekt die mit der zusätzlichen Werbung verbundenen Kosten überkompensieren [Brunner, 1962, S. 91]. Dabei muß jeweils im einzelnen geprüft werden, inwieweit die Schwankungsursachen werblich beeinflußbar sind. Soweit Umsatzschwankungen auf kurz- bis mittelfristigen *Kaufkraftveränderungen* (Beispiele: zusätzliche Einkommen durch 13. Monatsgehälter; Termine für Gehalts- und Lohnzahlungen) beruhen, ist eine Nivellierung nur möglich, wenn die Haushalte werblich zu einer zeitlichen Veränderung ihrer Einkommensdispositionen oder ihrer Zahlungsweise veranlaßt werden können. Da dieser Prozeß für ein einzelnes Unternehmen i. d. R. zu aufwendig ist, wird bei kaufkraftbedingten Schwankungen vorherrschend eine prorhythmische Werbestrategie angewendet, mit der Kaufkraftspitzen auf die eigene Unternehmung gelenkt werden sollen[43]. Auch Schwankungen in der *Bedürfnisentwicklung,* die *naturbedingte* oder *feste, konventionsbedingte* Ursachen haben (Beispiele: Wetter, Feste), kann ein Unternehmen i. d. R. werblich kaum beeinflussen. Dagegen bestehen Möglichkeiten, das *gewohnheitliche Bedarfsdeckungsverhalten* zu verändern und damit einen gewissen Ausgleich zu schaffen. So können die Konsumenten z. B. dazu veranlaßt werden, saisonale Bedarfe schon vorzeitig zu decken, sofern in den Haushalten ausreichende Lagermöglichkeiten bestehen. Bei wöchentlichen Schwankungen ist zusätzlich zu klären, ob innerhalb der Zielgruppe die Berufstätigkeit genügend zeitliche Dispositionsmöglichkeiten beläßt, um eine zeitliche Verlagerung der Einkäufe zu erreichen. Der Trend zur Arbeitszeitflexibilisierung wird hier bessere Handlungsbedingungen schaffen.

Bei der zeitlichen Bedarfsformung durch antirhythmische Werbung entsteht eine Gefahr daraus, daß die Konsumenten nicht in der Situation *akuter Bedürfnisspannung* angesprochen werden und daher nur *ungenügend* für die Aufnahme der Werbebotschaft prädisponiert sind. Es ist daher oft sinnvoll, derartige Werbeappelle durch andere akquisitorische Maßnahmen zu verstärken[44].

---

[42] Empirische Untersuchungen zum zeitlichen Werbeverhalten des Einzelhandels hat G.-M. Weinberg, 1970, S. 206—228, durchgeführt. Er hat den saisonalen, monatlichen und wöchentlichen Werbeeinsatz bei Anzeigen, Hörfunk und Fernsehen geprüft. Danach scheint insgesamt ein prorhythmisches Verhalten vorzuherrschen.

[43] Diesen Standpunkt vertritt Hörschgen, 1967, S. 61, sehr entschieden, indem er die Möglichkeit einer werblichen Einflußnahme auf die zeitliche Einkommensdisposition gänzlich auszuschließen scheint.

[44] Beispielsweise hat die Migros in Verbindung mit antirhythmischer Werbung zum Ausgleich von Monats- und Wochenschwankungen ein Experiment mit einem Gratistag durchgeführt. Dabei wurde am Ende eines jeden Monats der Tag des schwächsten Umsatzes festgestellt. Sämtliche Einkaufsrechnungsbeträge dieses Tages bis zu 10 Franken wurden gegen Vorlage des Kassenbons zurückgezahlt. Nach einigen Monaten wurde eine deutliche Nivellierung der Umsatzschwankungen erreicht [Gasser, 1960, S. 10f].

7353 Zeitliche Verkettung einer Werbekampagne

Wenn für ein Werbeobjekt gegenüber einer Zielgruppe eine Abfolge von Werbemaßnahmen eingesetzt wird, so entsteht das streutechnische Problem der zeitlichen Verkettung bzw. der zeitlichen Verteilung der Werbemittelkontakte. Die entsprechenden inhaltlichen Gestaltungsanforderungen sind mit dem Prinzip der zeitlichen Kontinuität bereits angesprochen worden. Bezüglich der zeitlichen Verkettung sind Entscheidungen über die *Häufigkeit* und die *zeitlichen Abstände* zwischen den Werbeexpositionen zu fällen. Zusammenhänge zwischen Häufigkeit der Werbekontakte und Werbeerfolg sind in verschiedenen Werbewirkungsfunktionen erfaßt worden. Es handelt sich um die Frage, was bei den Werbesubjekten durch Wiederholungen von Werbestimuli erreicht werden kann. Die Interpretation der Wirkgrößen muß je nach Werbeziel unterschiedlich vorgenommen werden (Beispiel: eher kognitive oder eher affektive Wirkgrößen). Als Wirkungskurven werden in Analogie zu üblichen Lernkurven vornehmlich konkave Verläufe zugrunde gelegt, d. h. degressiv steigende Effekte bei zunehmender Kontaktzahl [Wimmer, R. M., 1980, S. 15]. Gemäß der sog. *Abnutzungsthese (wear-out-hypothesis)* wird sogar nach einer bestimmten Kontaktzahl eine Minderung der Werbewirkungen befürchtet, wenn durch Wiederholungen Reaktanzeffekte entstehen[45]. Dies führt zu der Annahme eines S-förmigen Werbewirkungsverlaufs. Werbewirkungsfunktionen dieser Art abstrahieren von der Zeit und damit von dem Zeitraum-bezogenen Effekt des Vergessens. Nun ist aber der Prozeß der Auf-

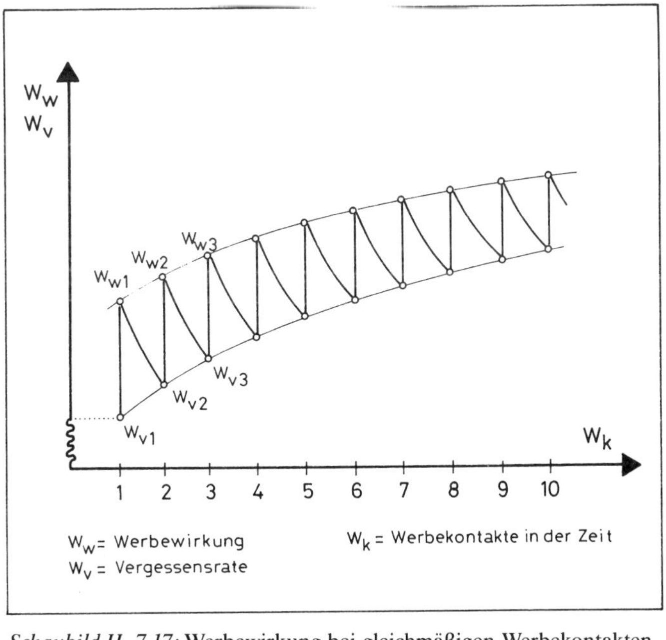

Schaubild II, 7.17: Werbewirkung bei gleichmäßigen Werbekontakten unter Berücksichtigung der Vergessensrate

[45] Wear-out-Effekte wurden in der Literatur verschiedentlich diskutiert [Mayer, Däumer, Rühle, 1982, S. 132ff] und in Frage gestellt [Wimmer, R. M., 1980, insb. S. 176].

nahme von wiederholt dargebotenen Reizen nicht unabhängig von der Vergessensrate zu betrachten, die ihrerseits zeitabhängig ist. Die Werbewirkung ist also in bezug auf Kontakthäufigkeit und zeitlicher Verteilung unter Berücksichtigung der Vergessensrate zu ermitteln. Graphisch gesehen entstehen dabei Wirkungsfunktionen mit sägezahnähnlichem Aussehen [Schaubild II, 7.17]. Die Aussagemöglichkeiten über den Zusammenhang von zeitlicher Verteilung der Kontakte und Werbewirkung sind insgesamt eher mager einzuschätzen. Der Verlauf von Werbewirkungsfunktionen in der Zeit ist von einer Vielzahl weiterer, schlecht eleminierbarer Faktoren abhängig, wie z. B. Gestaltung der Werbebotschaft, Art der eingesetzten Medien, Werbeobjekt u. a. [Schweiger, 1980, S. 165f].

Für die Werbenden entsteht bezüglich der zeitlichen Verteilung des Werbebudgets die Frage nach den Abständen der Werbeimpulse unter Berücksichtigung der Werbewirkungseffekte. Als Handlungsstrategien ergeben sich folgende typische Prinzipien in bezug auf ein identisches Budget [Schaubild II, 7.18]:

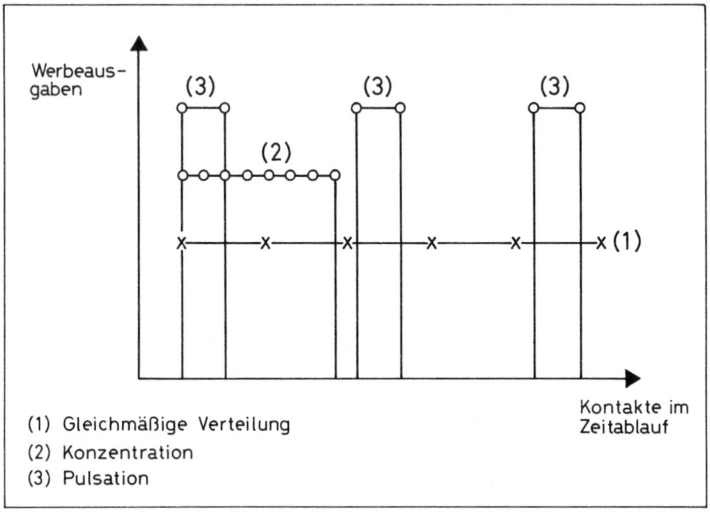

Schaubild II, 7.18: Handlungsstrategien der zeitlichen Werbeverkettung

(1) Gleichmäßige Verteilung innerhalb einer Periode,
(2) Konzentration auf einen kurzen Zeitraum innerhalb einer Periode,
(3) Systematischer Wechsel von werbeintensiven und werbeschwachen Phasen innerhalb einer Periode (Pulsation).

Die beiden erstgenannten Strategien wurden von Zielske 1959 und 1978 experimentell untersucht [Zielske, Henry, 1980, S. 7ff], und er gelangte zu dem Ergebnis, daß die konzentrierte Strategie zwar zu höherer Werbewirkung aber auch zu dauerhaft höheren Vergessensraten führt. Diverse Kritiken [u. a. Trommsdorff, 1981, S. 2ff] haben gezeigt, daß die externe Validität dieser weithin stark beachteten Experimente gering ist, so daß die Verläufe der Werbewirkungskurven eher als exemplarisch einzuschätzen sind. Im einzelnen hängt die Entscheidung über diese beiden

Handlungsalternativen konzentrierter oder gleichmäßig verteilter Werbeimpulse von der Art der beabsichtigten Werbewirkungen (eher kognitiv oder eher affektiv) einerseits und von vielfältigen situativen Rahmenfaktoren andererseits ab, wie zum Beispiel der Schwierigkeit des Lernstoffes, der gefühlsmäßigen Situation der Umworbenen, der Struktur der Kaufrhythmen oder auch der Konkurrenzwerbung. So wird konzentrierte Werbung tendenziell eher in Einführungssituationen zur Überwindung von Marktwiderständen bei schwierigem Lernstoff eingesetzt werden; dagegen erscheint eine gleichmäßige Verteilung der Werbung eher zur Erhaltung der Marktpräsenz angebracht zu sein.

Die positiven Ergebnisse der dritten Strategie betont Simon [1982b, S. 352ff; 1983, S. 60ff]. Die Pulsation besteht in einer rhythmischen Verteilung von Werbeschüben. Die positive Wirkung beruht auf einer asymmetrischen Absatzreaktion auf Werbeveränderungen, und zwar reagieren die Werbesubjekte stärker auf die Werbesteigerung als auf die Werbeabschwächung. Dieser Effekt läßt sich psychologisch aus der *Adaptionsniveautheorie* erklären [Simon, 1983, S. 60]. Soweit er wirklich immer greift, ist diese Strategie der gleichmäßigen Verteilung der Werbeimpulse überlegen. Allerdings stellt Simon selbst die Frage nach der *dauerhaften* Wirkung von Pulsationsstrategien bei verbreiteter Anwendung [Schaubild II, 7.19].

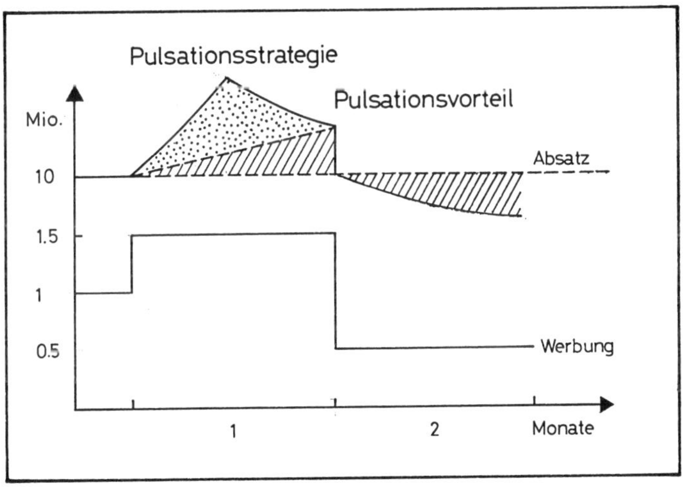

Schaubild II, 7.19: Pulsationsstrategie der zeitlichen Verkettung von Werbemaßnahmen [Quelle: Simon, 1983, S. 61]

Die Fragestellung der zeitlichen Verkettung ist auf die Abfolge werblicher Aktivitäten bei *verschiedenen Zielgruppen* auszudehnen, wenn informelle Kommunikationsvorgänge innerhalb des Konsumbereichs in die Betrachtung einbezogen werden. Bei der Marktverbreitung eines Produktes oder einer Unternehmung bestehen unter den Konsumentengruppen *Phasenverschiebungen* in der Aufnahme und Erfüllung der Werbebotschaften. Diese Verschiebungen kann eine Unternehmung u. U. durch eine *gruppenspezifisch differenzierte Folge* von Werbeaktivitäten berücksichtigen, um die informelle Kommunikation für sich auszunutzen. Die gruppenspezifische zeitliche Verkettung innerhalb einer Werbekampagne bedingt i. d. R. auch eine auf die Gruppenerfordernisse abgestimmte, differenzierte Wahl der Werbemittel und ihrer inhaltlichen und formalen Gestaltung.

So hat es sich als sinnvoll erwiesen, Bedarfsberater und Meinungsführer in einer vorgezogenen speziellen Werbeaktion vorab z. B. von einem neuen Produkt oder einer Verkaufsstelleneröffnung zu informieren, damit sie bei Einsetzen der Allgemeinheitsumwerbung bereits über das ihre Stellung im Kommunikationsprozeß begründende Wissen verfügen und es verbreiten können[46].

736 Kooperation in der Absatzwerbung

Soweit zwischen Einzelhändlern und ihren Marktpartnern gemeinsame absatzpolitische Interessen bestehen, eignet sich die Werbung für eine Kooperation[47], da dieser Aktionsbereich unter organisatorischen und absatzpolitischen Aspekten wegen seines *akzidentellen* Charakters aus einer Unternehmung leicht ausgegliedert werden kann. Eine Schwierigkeit ergibt sich dabei allerdings mit der Verteilung der Kosten, für die mangels geeigneter Erfolgsmaßstäbe der kooperativen Werbung (auch Kollektivwerbung) meist nur unzureichende Beteiligungsschlüssel unter den Kooperierenden gefunden werden können [Wülfing, 1966, S. 1278]. Entsprechend ihrer vielfältigen Erscheinungsformen liegen der kooperativen Werbung verschiedene Zielsetzungen zugrunde. Grundsätzlich kann das einzelne Unternehmen mit der Kooperation eine günstigere Kostensituation seiner Werbeaktivitäten anstreben. Insbesondere für mittelständische Einzelhändler ist dabei oft maßgeblich, daß ihnen durch Kooperation Werbemittel und -träger zugänglich werden, die sie aufgrund hoher Fixkosten oder ungeeigneter Streufelder allein nicht nutzen könnten (Beispiel: Fernsehspots). Ertragswirtschaftlich bietet die kooperative Werbung den Beteiligten die Möglichkeit, Verteidigungs- oder Angriffsziele gegenüber gemeinsamen Konkurrenten durchzusetzen und Bedarfsbeeinflussungen vorzunehmen, die der Einzelne nicht leisten könnte.

Aus der *Stufenzugehörigkeit* der Kooperierenden ergeben sich die Formen der horizontalen Kollektivwerbung unter Einzelhändlern und der vertikalen Kollektivwerbung zwischen Einzelhändlern und Herstellern oder Großhändlern. Ein weiteres Unterscheidungskriterium bildet die *Bekanntgabe* der *Beteiligten* als Träger einer gemeinsamen Werbeaktion. Danach bestehen als Ausprägungen die anonyme Gemeinschaftswerbung und die namentliche Sammelwerbung. Aus einer Verbindung dieser Merkmale lassen sich folgende Prinzipien der werblichen Kooperation ableiten:

(1) horizontale Gemeinschaftswerbung,
(2) horizontale Sammelwerbung,
(3) vertikale Gemeinschaftswerbung und
(4) vertikale Sammelwerbung.

---

[46] Vgl. die Ausführungen in Kap. I, 42152, insb. Schaubild I, 4.12.

[47] Vertiefende Lektüre zur allgemeinen Problematik der kooperativen Werbung vgl. Hedinger, 1978; Berndt, R., 1985, S. 1—7.

Zu (1): Die gemeinschaftliche Werbeaktion unter Einzelhändlern gibt es je nach Werbeobjekten in unterschiedlichen Gruppierungen. Als *Produktwerbung* bezieht sie sich auf Produktgattungen und dient dazu, im allgemeinen Wettbewerb der Anbieter um die Kaufkraft der Konsumenten Bedarf auf eine Branche zu lenken. Sie ist daher für Fach- und Spezialhändler mit schmalen Sortimenten typisch (Beispiel: Werbung der Floristen für Blumen). Der Werbeerfolg der Gruppe verteilt sich je nach Marktanteil unterschiedlich auf die Beteiligten, die untereinander in *enger substitutiver* Konkurrenz stehen. Das einzelne Unternehmen muß daher bei der Beurteilung seiner Ertrags- und Kostensituation auch die werblich beeinflußte Veränderung seiner *relativen* Gruppenposition berücksichtigen.

Die kooperative *Institutionenwerbung* ist ein Instrument des interspezifischen Betriebsformenwettbewerbs, mit dem das Bedarfsdeckungsverhalten der Konsumenten auf bestimmte Betriebsformen gelenkt werden soll. Diese Form der Gemeinschaftswerbung wird häufig auf überregionaler Verbandsebene organisiert (Beispiel: Werbung für den Kauf im Fachhandel). Eine andere Ausprägung der gemeinschaftlichen Institutionenwerbung besteht mit dem werblichen Zusammenschluß von Einzelhändlern auf der Grundlage von Standortkooperationen (Beispiele: Einkaufszentren; Einkaufspassagen; Ladenpächter eines Gemeinschaftswarenhauses). Dabei versuchen Unternehmen in Akkumulationslage, die regionale Kaufkraftverteilung zu ihren Gunsten zu beeinflussen, indem sie für die Attraktivität ihres Standortes als Einkaufsgebiet werben.

Gemeinschaftliche Werbeaktionen können schließlich auch mit dem Ziel einer die Distribution rationalisierenden Konsumentenerziehung durchgeführt werden. Die zeitliche Bedarfsformung zum Ausgleich von Beschäftigungsschwankungen, die ein einzelnes Unternehmen nur schwer erreicht, kann mit Gemeinschaftswerbung der betroffenen Einzelhändler eher durchgesetzt werden. Allerdings wird der dafür notwendige Zusammenschluß konkurrierender Anbieter hier besonders schwierig sein.

Zu (2): Das Prinzip der *horizontalen Sammelwerbung* wird unter Einzelhandelsunternehmen mit *komplementären* Sortimenten als Produktwerbung angewendet, wenn verschiedene Produkte eines Bedarfs- oder Erlebniszusammenhangs als Werbeobjekte zusammengefaßt zur wirkungsvolleren Bedarfsstimulierung präsentiert werden sollen (Beispiel: Thematische Schaufensterdekoration mit Leihprodukten anderer, namentlich genannter Einzelhändler). Wie für die Produktwerbung eines einzelnen Unternehmens gilt auch hier, daß die Sammelwerbung nur für Produkte sinnvoll ist, für die im lokalen Bereich eine gewisse Monopolstellung besteht. Eine institutionelle, horizontale Sammelwerbung kann sich auf gemeinsame distributive Leistungen einer Einzelhandelsgruppe beziehen, für deren Inanspruchnahme eine namentliche Bekanntgabe notwendig ist (Beispiel: Parkgemeinschaft). In beiden Ausprägungen erbringt das gemeinschaftliche, namentliche Auftreten für die Beteiligten eine gegenseitige Irradiation zwischen ihren Ladenimages.

Zu (3): Das Prinzip der *vertikalen Gemeinschaftswerbung* für Produkte liegt vor, wenn der Einzelhandel an einer mehrere Wirtschaftsstufen umfassenden Werbung für Produktgattungen beteiligt ist. Sie kann z. B. auf Verbandsebene zwischen Herstellern und Facheinzelhändlern zustande kommen. Als Institutionenwerbung ist die vertikale Gemeinschaftswerbung nur relevant, wenn die dabei zusammengefaßten, anonym bleibenden Unternehmen verschiedener Wirtschaftsstufen für die Umworbenen als *Gruppe* von Interesse sind. Das ist der Fall bei *institutionell mehrstufigen Kooperationsformen,* wie z. B. den Freiwilligen Ketten, die als vertikaler Zusammenschluß von Groß- und Einzelhändlern namentlich auftreten können. Die anonym bleibenden Mitglieder profitieren von der werblichen Imagebildung für die Gesamtinstitution.

Zu (4): Die *vertikale Sammelwerbung* hat als werblicher Zusammenschluß zwischen Markenartikelherstellern und Einzelhändlern große praktische Bedeutung. Die Hersteller benutzen diese Form der Zusammenarbeit häufig, um die Einzelhändler als Absatzmittler ihrer Produkte zu gewinnen, sie in die Strategie ihrer Konsumentenbeeinflussung einzubeziehen und insb. den point of purchase als wesentlichen Werbeträger für sich zu nutzen[48]. Großbetriebsformen des Handels fordern diese Art des Zusammenwirkens in der Werbung zur Kostenabwälzung, und viele der betroffenen Hersteller beklagen diesbezüglich Machtmißbräuche [Dunn, Barban, 1982, S. 620].

Bestehen *enge Verbindungen* zwischen Hersteller und Einzelhändler, wie z. B. bei *Ausschließlichkeitsverträgen,* so werden in der vertikalen Sammelwerbung Produkte und Einkaufsquellen als gegenseitig positiv irradiierende Werbeobjekte herausgestellt. Bei der Auswahl, Gestaltung und Streuung von Werbemitteln werden überregionale und lokale Aktivitäten der Partner in sachlicher und zeitlicher Hinsicht miteinander koordiniert. Beispielsweise führen die Hersteller in ihrer überregionalen Produktwerbung die Einzelhändler als Einkaufsquelle an; die Einzelhändler ergänzen diese Werbung in lokal begrenzten Werbemitteln, wobei gemeinschaftlich die Prinzipien der zeitlichen und sachlichen Kontinuität realisiert werden können. Die Verteilung der gestalterischen und streutechnischen Aufgaben muß an den personellen Möglichkeiten der Beteiligten ausgerichtet werden, während bei der Kostenverteilung machtpolitische Gesichtspunkte maßgeblich sein dürften.

Für *ubiquitär* vertriebene Markenartikel ist die vertikale Sammelwerbung dadurch eingeschränkt, daß dem Produktinteresse der Hersteller das Sortimentsinteresse der Einzelhändler gegenübersteht, das ein zu einseitiges Engagement in der werblichen Kooperation ausschließt. Hier ist die vertikale Sammelwerbung oft von einem Kampf der Hersteller um den point of purchase getragen[49]. Der Einzelhändler wird bei gewinnorientierter Zielsetzung für Aktivitäten der vertikalen Sammelwerbung jene Produkte bevorzugen, bei denen die daraus zu erwartende Absatzmengenbeeinflussung in Verbindung mit den Nettospannen unter Abzug des eigenen Anteils an den Werbekosten am günstigsten ist.

---

[48] „Some manufacturers use cooperative advertising (vertikale Sammelwerbung, Anm. d. Verf.) to ‚buy‘ distribution. They use it to recruit new outlets, to meet competition. Manufacturers depend on retailers, to carry their products — and to sell them — but many retailers refuse to carry products that are not supported by cooperative money. Sometimes dealers carry several brands of a product but display and promote only the one with the cooperative fund behind it“ [Dunn, Barban, 1982, S. 622].

[49] Soweit die Hersteller die Gestaltung und Kosten des Werbematerials allein übernehmen, liegt keine vertikale Sammelwerbung vor.

8 Kundenservice[1]

81 Grundlagen des Kundenservice

Begriffe

Kundenservice bzw. Kundendienst wird in der Literatur sehr unterschiedlich definiert[2]. Weitgehende Einigkeit besteht darüber, daß es sich um einen Aktionsbereich mit *Dienstleistungscharakter* handelt. Kundenservice wird zudem i. d. R. als *Nebenleistung* interpretiert, die der Förderung der Hauptleistung des Handels, d. h. also der Vermittlung von Waren, dient[3]. Eine Abgrenzung zwischen Haupt- und Nebenleistung ist keineswegs immer eindeutig zu treffen, woraus Überschneidungen zu anderen Aktionsbereichen entstehen[4].

Als weitere, in der Literatur kontrovers diskutierte Definitionsmerkmale des Kundendienstes gelten:

(1) Unentgeltlichkeit der Leistung,
(2) über den branchen- oder betriebsformenüblichem Rahmen hinausgehende Leistung,
(3) ausschließlich nach dem Kauf erbrachte Leistung,
(4) Freiwilligkeit der Leistung.

Zu (1): Dieses Abgrenzungsmerkmal beinhaltet nur die Formen der *direkten* und *indirekten Preisstellung*[5] und ist damit nicht trennscharf. Aufgrund unterschiedlicher Berechnungsverfahren für gleiche Serviceleistungen würde die Interpretation des Aktionsbereichs inhaltlich inkonsistent.

Zu (2): Als weiteres Merkmal gilt häufig, daß Art und Umfang der Leistung das *branchen- oder betriebsformenübliche Maß überschreiten* müssen und somit von den Konsumenten als zusätzliches „Entgegenkommen" empfunden werden. In dieser Auffassung wird Kundendienst als „Dienst am Kunden" interpretiert. Zu seiner exakten Abgrenzung wäre dabei allerdings eine Bestimmung des Branchenüblichen kaum sachlich zu ermöglichen. Zudem führt diese Auffassung dazu, die Maßnahmen aller Aktionsbereiche, sofern sie einen üblichen Leistungsanspruch übertreffen, dem Service zuzurechnen, so daß die Aktionsbereichssystematik aufgelöst würde[6]. Aus diesen Gründen wird Kundendienst hier wertneutral interpretiert, wodurch Nebenleistungen auf jedem Qualitätsniveau — auch unterhalb des Branchenüblichen — einbezogen werden. Damit wird allerdings eine dem *allgemeinen Sprachempfinden stark zuwiderlaufende Begriffsregelung* getroffen.

Zu (3): Als drittes Merkmal findet sich die Begrenzung von Serviceleistungen auf die *Nachkauf-Phase* [Ahlert, 1984, S. 171]. In Wissenschaft und Praxis wird dem after-sale-service zwar steigende Bedeutung zugewiesen, jedoch würde eine solche zeitliche Eingrenzung von Serviceleistungen die Vielfalt erbrachter Nebenleistungen des Einzelhandels vor und während des Kaufs willkürlich ausklammern.

---

1 Dieses Kapitel habe ich zusammen mit meinem Mitarbeiter Kurt Jeschke überarbeitet.

2 Vgl. zu den Ursachen der Begriffsheterogenität Ahlert, 1984, S. 170f.

3 Zur Begriffsbestimmung und Abgrenzung von Haupt- und Nebenleistung vgl. Hammann, 1974, S. 136ff; Gerstung, 1978, S. 27ff.

4 So kann der Kundenservice seinen Charakter einer Nebenleistung verlieren, indem er zur Hauptleistung des Einzelhandelsunternehmens wird. Beispiel: Der Radio- und Elektro-Fachhandel, der primär Wartungs- und Instandsetzungsleistungen anbietet und nur noch Produkte des Ersatz- und Zusatzbedarfs verkauft.

5 Vgl. zu den alternativen Formen der Preisstellung von Serviceleistungen Gerstung, 1978, S. 278ff und die dort angegebene Literatur.

6 So werden z. B. niedrige Preise, günstige Kreditgewährung, gute Warenpflege, besondere Beratungsleistungen in der Praxis oft dem Kundendienst zugeordnet, o. V., Einzelhandelsberater, 1988, S. 317].

Zu (4): Vielfach wird die *Freiwilligkeit* von *Serviceleistungen* im *juristischen* und nicht im *ökonomischen* Sinne als konstitutives Merkmal verstanden. Damit würde der Kundenservice allein jene Leistungen umfassen, auf die dem Kunden kein vertraglich gewährter Rechtsanspruch zusteht. Auf diese Weise soll eine Abgrenzung zur Konditionen- und Garantiepolitik erzielt werden, die dann alle vertragsrechtlichen Ansprüche der Kunden auf spezielle Leistungen des Handelsunternehmens beinhaltet [Bennewitz, 1968, S. 76ff]. Das Kriterium der Freiwilligkeit enthält eine ähnliche begriffliche Problematik wie das der Unentgeltlichkeit. Durch unterschiedliche Anwendung der Vertragsgestaltung müssen materiell gleiche Leistungen mal dem einen, mal dem anderen Bereich zugeordnet werden. Daher werden hier auch die Konditionen, soweit sie vertraglich verbindliche Nebenleistungen darstellen, als Kundenservice interpretiert[7].

Der Aktionsbereich Kundenservice enthält demgemäß alle *freiwillig erbrachten* und *vertraglich fixierten Nebenleistungen,* die den Warenabsatz des Einzelhandels *vor, während* und *nach dem Kauf* begleiten. Die unvermeidbare Unbestimmtheit in der Interpretation der Nebenleistungen bedingt, daß sie gegenüber den anderen Aktionsbereichen den Charakter eines *Residualbereichs* absatzpolitischer Aktivitäten erhalten.

Empirische Relevanz

In der Beurteilung der empirischen Relevanz des Aktionsbereichs als akquisitorisches Instrument der Marktbildung und -beeinflussung müssen verschiedene komplementäre und divergierende Faktoren berücksichtigt werden. Insgesamt ist eine *polarisierende* Entwicklung zwischen *serviceintensiven* und *servicereduzierenden* Betriebsformen festzustellen. Diese Tendenz wird zum einen nachfrageseitig durch jenes Konsumentenverhalten unterstützt, das man mit dem Begriff des „neuen Konsumenten“ erfaßt [Szallies, 1987, S. 318ff; Rohleder, Schmidt, 1987, S. 38]. Es kennzeichnet sich durch eine betriebsformen- und produktspezifische Differenzierung in der Serviceerwartung und -nutzung. Einerseits besteht eine *Anspruchsreduktion* im Serviceleistungsbereich zugunsten niedriger Produktpreise. Andererseits entwickeln sich *höhere Serviceerwartungen,* die ganz unterschiedlich motiviert sind und diverse Serviceleistungen betreffen. So führt zunehmende Komplexität langlebiger und erklärungsbedürftiger Gebrauchsgüter bei höherer Haushaltsausstattung zu wachsender Serviceorientierung. Weiterhin entstehen durch zunehmende Umweltsensibilisierung steigende Anforderungen an Entsorgungsleistungen. Durch diese Beanspruchungen der Serviceleistungen des Einzelhandels intensivieren und verlängern sich die Beziehungen zu den Konsumenten in der Nachkaufphase[8]. Schließlich wachsen diesem Marketinginstrument auch Potentiale durch zunehmende Freizeitorientierung bei der Beschaffung zu, die den Service während des Kaufs aufwerten.

Angebotsseitig entsteht auf dieser Basis in Verbindung mit wachsendem Konkurrenzdruck zwischen den serviceanbietenden Unternehmen ein den Preiswettbewerb ergänzender und ablösender *Servicewettbewerb.* Dieser wird vor allem durch die Fähigkeit der segmentspezifischen Servicegestaltung, der Servicekompetenz und damit

[7] Mit dieser begrifflichen Regelung entfällt die Konditionenpolitik als eigenständiger Bereich. Sie wird ohnehin ebenso umstritten und widersprüchlich interpretiert wie der Kundenservice. Da Konditionen praktisch als vertragliche Festlegungen aller Begleitumstände der Verkaufsleistung und ihrer Abgeltung erfaßt werden, erstrecken sie sich inhaltlich auf fast alle Aktionsbereiche des Einzelhandels.

[8] Vgl. dazu Levitt, 1983, S. 87, und sein Konzept des relationship-management.

Wachsende Serviceorientierung

dem Spezialisierungsgrad der Einzelhandelsunternehmen beeinflußt [Rohleder, Schmidt, 1987, S. 38]. Die Handlungsmöglichkeiten sind vielfältig und weisen — soweit sie an die Ware anknüpfen — branchenbedingt erhebliche Unterschiede auf. Diese Vielfalt ist auch das Ergebnis einer hohen Innovationsbereitschaft des serviceleistenden Einzelhandels, der das Serviceangebot in dem Bemühen um Abhebung von der Konkurrenz mit Originalität und Individualität ständig neu gestaltet.

Parallel zu dieser Entwicklung treten neue Betriebsformen und Betriebe des Einzelhandels auf, die in Verbindung mit einer Niedrigpreisstrategie eine Reduktion des Serviceangebots vornehmen und bewußt eine einschränkende Absetzung von den Branchennormen herbeiführen[9]. Sie schaffen eine betriebsformenbedingte Differen-

[9] Vgl. Gerstung, 1978, S. 98ff; Küthe, 1980, S. 144f sowie Tietz, 1983, S. 568ff, der diesbezüglich von einer Diskontorientierung der Unternehmen spricht.

zierung im Angebot an Serviceleistungen, die den Konsumenten ihren unterschiedlichen Anforderungen entsprechende Wahlmöglichkeiten bieten. Allerdings führt diese Entwicklung dazu, daß parallel zu dem Anwachsen der Serviceorientierung auch der Umfang des self-service bzw. der häuslichen Dienstleistungsproduktion zunimmt[10].

Die Entwicklung eines Serviceangebotes ist hinsichtlich der Einsatzfaktoren durch *steigende Qualitätsanforderungen* sowie *anwachsende Servicekosten* gekennzeichnet[11]. Besonders im Bereich des kapitalintensiven technischen Service finden sich aus diesen Gründen Substitutionen von Handelsleistungen seitens der Hersteller, indem diese über produkt- und servicepolitische Maßnahmen ihre Abhängigkeit vom Einzelhandel reduzieren[12]. Andererseits schafft sich der Einzelhandel betriebsformenspezifisch zunehmend Kapazitäten für Serviceleistungen, um seine Marktmacht gegenüber den Herstellern auszubauen[13].

82 Aktionsfeld des Kundenservice

Ziele

Für eine Einzelhandelsunternehmung verbindet sich mit dem Kundenservice als *generelle* Zielsetzung die *Förderung* der *Hauptleistung,* die eine Ausrichtung auf einzelne Produkte (Markentreue) oder auf die generelle Kundenbeziehung (Einkaufsstätten-Treue) haben kann. Teilweise stellen Nebenleistungen eine unabdingbare Voraussetzung für die Erschließung neuer Absatzbeziehungen dar, teilweise dienen sie der Stabilisierung von Dauerbeziehungen zu einer Stammkundschaft, aus der Wiederholungs- und Anschlußkäufe erwartet werden. Die Förderung der Hauptleistung drückt sich in ökonomischen Umsatz- und Gewinngrößen des Warenverkaufs aus. Sie werden durch die Erleichterung und Verschönerung des Beschaffungsvorgangs und durch Nachkaufhilfen, wie z. B. wirtschaftliche und ggf. gefahrlose Funktionsfähigkeit der Produkte erreicht.

Neben dem kundendienstübergreifenden Ziel der Absatzförderung sind kundendienstspezifische Ziele zu formulieren, um konkrete Steuerungsgrößen für diesen Aktionsbereich zu gewinnen [Meffert, 1982, S. 10ff]. Hier handelt es sich zum einen um ökonomische Ziele, wie die *Ertrags-* und *Kostenwirtschaftlichkeit* des Kundenservice, zum anderen um *psychographische* Ziele, die sich auf das Kundendienstimage

---

[10] Vgl. die empirische Untersuchung zum „self-service-customer" von Bateson, 1985, S. 50ff sowie die transaktionskostentheoretisch orientierten Ausführungen zur Haushaltsproduktion von Garhammer, 1988, S. 65, 68, 77.

[11] So sind z. B. bei technisch komplexen Gebrauchsgütern regelmäßig hohe Investitionen in Service-Technologie und Mitarbeiterschulungen vorzunehmen, um ein hohes Qualitätsniveau der Serviceleistungen aufrechtzuerhalten [Weber, M. R., 1983, S. 38f].

[12] Im Rahmen produktgestalterischer Maßnahmen werden zunehmend servicearme Ersatzteilkonstruktionen sowie Wegwerfprodukte entwickelt. Darüber hinaus übernehmen die Hersteller verstärkt selbst technische Kundenserviceleistungen, um eine zuverlässige und preiswerte Funktionsfähigkeit der Produkte unabhängig von Händlern sicherzustellen [Nieschlag, Dichtl, Hörschgen, 1988, S. 220].

[13] So werden gerade im Versandhandel zunehmend betriebseigene Serviceabteilungen installiert.

und die -zufriedenheit beziehen[14]. In Hinblick auf Zufriedenheit/Unzufriedenheit mit Serviceleistungen lassen sich spezielle Kundendienstniveauziele ableiten, die in Qualitätsstandards wie z. B. Kundendienstzuverlässigkeit und -schnelligkeit ihren Ausdruck finden.

Ein interessanter und wichtiger Aspekt stellt sich mit dem psychischen *Einfluß* der *Kundendienstzufriedenheit* auf die *Einschätzung* der *Hauptleistung.* Empirische Untersuchungen [u. a. Westbrook, 1981, S. 80f] haben gezeigt, wie stark die Zufriedenheit mit spezifischen Serviceleistungen sowie mit dem Servicepersonal das generelle Zufriedenheitsniveau der Konsumenten bezüglich eines Einzelhandelsunternehmens bestimmen [Kap. I, 421.101].

Aktionsrahmen

Unter den *unternehmensexternen* Rahmenfaktoren ist absatzseitig die Marktsituation der Einzelhandelsunternehmung von Bedeutung. Sie findet vor allem in dem *Anspruchsniveau* der *Zielgruppe,* d. h. deren Kundendiensterwartungen, -image und -zufriedenheit und in den *betriebsformen-* und *branchenbedingten Leistungsnormen* des Servicewettbewerbs ihren Ausdruck[15]. In Teilbereichen der Servicepolitik bilden weiterhin die Einrichtungen der *Hersteller* und dienstleistenden *Absatzhelfer* aktionsbeeinflussende Begrenzungen. Insbesondere für den warengebundenen Service sind *rechtliche* Determinanten von Bedeutung, wie z. B. die Regelung der Rechtsverhältnisse nach einem Produktkauf[16]. Der Händler steht hier vertragsrechtlich zwischen Konsument und Lieferant.

Unternehmensintern ist der Kundenservice als Nebenleistung von Art und Umfang der *Hauptleistung* abhängig [Mollberg, 1983, S. 50]. Warenbezogene Serviceleistungen werden um so notwendiger, je langlebiger, hochwertiger, komplizierter, störanfälliger und entsorgungsbedürftiger die angebotenen Waren sind. Anforderungen von Servicemaßnahmen an den Einsatz von *Betriebsfaktoren,* wie z. B. Fachpersonal, Einrichtungen, Räume, Ersatzteilläger beeinflussen die Gestaltung des Kundenservice in kapazitätsmäßiger und kostenwirtschaftlicher Hinsicht. Dabei können durch kooperative Maßnahmen die Aktionsmöglichkeiten erweitert werden.

Die Gestaltung des Aktionsbereichs steht weiterhin in enger wechselseitiger Beziehung mit den *Aktionsprinzipien* der *Absatzpolitik,* insb. der Verkaufsorganisation, Sortiments- und Preispolitik. So stellt z. B. die Realisierung des Distanzprinzips Anforderungen an eine überregionale Kundendienstorganisation. Tiefe und Breite des Sortiments beeinflussen den Grad an Homogenität warenabhängiger Anforderungen an den Kundenservice, während die Preisgestaltung den Rahmen für Umfang und Qualität der tragbaren Serviceleistungen setzt.

---

[14] Vgl. zu den Kundendienstzielen Gerstung, 1978, S. 228ff; Mollberg, 1983, S. 13ff; Tietz, 1985a, S. 385.

[15] Die Leistungsnormen sind teilweise informell vorgegeben und z. T. in Form branchenspezifischer allgemeiner Geschäftsbedingungen kodifiziert.

[16] Zu den rechtlichen Rahmenfaktoren des Kundenservice vgl. Ahlert, Flocke, 1982, S. 241ff; Tietz, 1985a, S. 384f.

Aktionsteilbereiche und Aktionselemente

Der Kundenservice enthält den Aktionsteilbereich der *Angebotsgestaltung,* der sich aus verschiedenen Elementen von Leistungsarten und ihren qualitativen Niveaus zusammensetzt. Der weitere Aktionsteilbereich ist die *Angebotsform* mit ihren Elementen verschiedener organisatorischer Regelungen.

83 Arten von Serviceleistungen

In der Praxis hat sich die Unterscheidung von diversen Leistungsarten herausgebildet[17]. Sie werden im folgenden auf der Grundlage der sie kennzeichnenden Merkmale kurz vorgestellt:

Das Merkmal der *Warenbezogenheit*[18] führt zu einer Unterscheidung in warenabhängige und warenunabhängige Serviceleistungen. Die warenunabhängigen Serviceleistungen des Einzelhandels sind generell auf den Kunden gerichtet und sollen seine Beschaffungstätigkeit verschönern und erleichtern (Beispiele: Kinderhort, Parkplätze).

Im Mittelpunkt der warenabhängigen Nebenleistungen kann sowohl ein *Produkt* wie auch der *Kunde* stehen[19]. Sie sollen die Ingebrauchnahme des Produktes durch den Kunden, die Erhaltung und Verbesserung der Gebrauchstauglichkeit des Produktes und die Entsorgung ermöglichen (Beispiele: Installation, Reparatur, Wartung, Pflege, Gebrauchsberatung). Die warenabhängigen Nebenleistungen können darüber hinaus nach dem *Grad* ihrer *Bindung* an den *Warenabsatz* eingeteilt werden. Sie bilden eine Art Kuppelprodukt mit der Hauptleistung des Warenabsatzes, wenn sie mit dieser dem Umfang nach korrespondieren und mit ihr zusammen zwangsläufig erbracht werden müssen (Beispiel: Inspektionsleistungen). Bei Formen lockerer Warenbindung ist zwar ein inhaltlicher Bezug, jedoch keine strenge Parallelentwicklung zwischen Haupt- und Nebenleistung gegeben (Beispiel: Einräumung von Umtauschmöglichkeiten). Durch die Bindung an die Waren sind die Gestaltungsmöglichkeiten des Aktionsbereichs so weit vorgegeben, daß gegenüber warenunabhängigen Nebenleistungen eine stärkere betriebsübergreifende Leistungsnormierung zustande kommt. Der Dienstleistungscharakter warenabhängiger und -unabhängiger Serviceleistungen kann hinsichtlich des Merkmals der *Leistungsart* differenziert werden. Das führt zu der Unterscheidung von Verrichtungs- und Bereitstellungsleistungen [Gerstung, 1978, S. 116].

Nach dem *Grad der Freiwilligkeit* können unter formal-juristischem Aspekt vertraglich bedingte und freiwillig zu erbringende Serviceleistungen unterschieden werden. Die ökonomische Ausprägung dieses Merkmals schließt faktischen Zwang durch informelle wettbewerbliche Branchennormen ein.

Bei dem Merkmal des *Zeitpunktes* der Leistungserstellung gilt der Kauf als Orientierungsgröße. In der Literatur wird meist eine Dreiteilung der Merkmalsausprägungen vorgenommen, indem in Nebenleistungen vor, während und nach dem Kauf unterschieden wird (pre-, at- und after-sale service). Hier ist zu berücksichtigen, daß Leistungen des after-sale service (Bei-

---

[17] Es existiert eine Vielzahl von Klassifikationsansätzen zur Strukturierung von Serviceleistungen. Vgl. dazu die Auflistung und Kommentierung von Lovelock, 1983, S. 11, die sich jedoch auf die amerikanische Literatur bezieht, sowie Gerstung, 1978, S. 109ff; Meyer, A., 1985, S. 99f.

[18] Das Merkmal der Warenbezogenheit steht in engem Zusammenhang mit der üblichen Unterscheidung in *technischen* und *kaufmännischen* Kundendienst. Diese begriffliche Einteilung ist trotz ihrer Gebräuchlichkeit nicht sehr aussagekräftig, da mit ihr nur eine Abspaltung eines speziellen Teilgebietes (der warenbezogenen Nebenleistungen an technischen Produkten) und nicht eine gleichgewichtige Aufgliederung des Aktionsbereichs erreicht wird. Vgl. zu weiterer Kritik Gerstung, 1978, S. 110f.

[19] Diese Differenzierung entspricht auch der Systematisierung *sach-* und *personenbezogener* Dienstleistungen.

spiel: Nachkauf-Beratungen) im Fall des Wiederkaufs den Charakter eines pre-sale service erhalten können.

Nach dem *Ort* der *Leistungserstellung* können Serviceleistungen unterschieden werden, die am Sitz des Einzelhandelsunternehmens, am Konsumort, d. h. beim Kunden oder am Ort einer Drittinstitution erbracht werden. Hier ist aus der Verkaufsgestaltung eine Übertragung des Residenz- bzw. Domizilprinzips möglich.

Aus der Kombination der genannten Merkmale läßt sich eine Typologie von Serviceleistungen im Einzelhandel erstellen, die dem Schaubild II, 8.1 zu entnehmen ist. Auf dieser Grundlage lassen sich wesentliche Schlußfolgerungen für die Gestaltung des Kundenserviceprogramms ziehen.

Merkmale und Ausprägungen / Erscheinungsformen		Installation	Unterweisung	Inspektion	Wartung	Reparatur	Ersatzteilhaltung	Umtausch	Aufbewahrung	Änderung	Tel. Bestellung	Zustellung	Parkplätze	Kinderhorte	Geld zurück	Restaurant	Entsorgungseinrichtg.
Merkmalsart	Merkmalsausprägung																
Warenbezug	Warenabhängig	•	•	•	•	•	•	•		•							•
	Warenunabhängig								•		•	•	•	•	•	•	
Leistungsart	Verrichtung	•	•	•	•	•		•		•	•	•			•		
	Bereitstellung						•		•				•	•		•	•
Zeitpunkt der Leistungserstellung	vor dem Kauf										•						
	beim Kauf		•														
	nach dem Kauf	•	•	•	•	•	•	•	•	•		•			•		
	unabhängig vom Kauf												•	•		•	
Ort der Leistungserstellung	beim Händler		•	•	•	•	•	•	•	•	•		•	•	•	•	•
	beim Kunden	•	•	•	•	•					•	•					
	Drittinstitution		•	•	•	•	•	•		•							
Rechtlicher Anspruch des Kunden	vertraglich vereinbart	•	•	•	•	•											
	freiwillig erbracht						•	•	•	•	•	•	•	•	•	•	•

Schaubild II, 8.1: Ausgewählte Merkmale zur Typologie der Serviceleistungen des Einzelhandels [Quelle: in Anlehnung an Gerstung, 1978, S. 117]

84 Aktionsprinzipien des Kundenservice

841 Prinzipien der Angebotsgestaltung

Die Entscheidung eines Einzelhandelsunternehmens für oder gegen das Angebot von Kundendienstleistungen kann als strategische Grundsatzentscheidung interpretiert werden, die vornehmlich durch die jeweilige Betriebsform determiniert ist[20]. Entscheidungen zugunsten eines Serviceangebotes führen zu der Aufgabe, ein Kundenserviceprogramm bzw. Kundenservice-Profil festzulegen, das je nach Gestaltungsform Ausdruck einer *„low-service"*- oder *„full-service"-Strategie*[21] des Einzelhandelsunternehmens sein kann. Das Kundenserviceprogramm ist an den Anforderungen der Konsumentenzielgruppe auszurichten[22]. Dabei haben die mit dem Dienstleistungscharakter verbundenen Merkmale des zeitlich unregelmäßigen Nachfrageanfalls, der Integration des Kunden als externem Faktor sowie der mangelhaften Standardisierbarkeit und Massenproduktion [Meyer, A., 1987, S. 33f] personenbezogener Serviceleistungen einen wesentlichen Einfluß auf die Servicegestaltung.

Im Rahmen der Gestaltung des Serviceprogramms müssen *kosten-* und *ertragswirtschaftliche* Aspekte für die erforderlichen Einsatzfaktoren berücksichtigt werden. Serviceleistungen verursachen hauptsächlich Gemein- und Fixkosten, deren verursachungsgerechte Zuordnung auf einzelne Leistungsbereiche schwierig ist [Gerstung, 1978, S. 238ff; Mollberg, 1983, S. 120ff]. Aufgrund des Dienstleistungscharakters sind kostenwirtschaftlich wünschenswerte Rationalisierungspotentiale gerade bei warenabhängigen Serviceleistungen mit direktem Kundenkontakt nur begrenzt vorhanden[23]. Die ertragswirtschaftliche Seite der Serviceleistungen ist durch das Problem der Trennung und Zurechnung ökonomischer und außerökonomischer Erfolge des Kundendienstes gekennzeichnet [Gerstung, 1978, S. 240ff].

Die Planung des Kundenservice-Profils erfordert die folgenden, sich gegenseitig bedingenden Teilentscheidungen[24]:

(1) Kombination der Serviceleistungen nach Art und Anzahl,
(2) Festlegung des qualitativen Niveaus der Serviceleistungen.

Zu (1): Die Serviceleistungen sind durch spezifische substitutionale oder komplementäre Beziehungen gekennzeichnet. Substitutionsmöglichkeiten bestehen *einerseits*

[20] Vgl. Gerstung, 1978, S. 98ff. Tietz, 1983, S. 568f, diskutiert die Entscheidungen zum Kundenserviceprogramm vor dem Hintergrund strategischer Ansätze der *Betriebstypenprofilierung*.

[21] Vgl. zu den Strategiealternativen Meffert, 1987, S. 97 sowie Borkel, 1987, S. 24, der zwischen der Kosten- und Differenzierungsstrategie unterscheidet.

[22] Vgl. Weber, M. R., 1983, S. 38. Zur Abgrenzung einzelner Kundendienstsegmente vgl. Meffert, 1987, S. 96. Darüber hinaus kann der Service auch als strategisches Instrument der Marktsegmentierung Verwendung finden, indem differierende Serviceanforderungsprofile der Konsumenten zur Segmentierung des Absatzmarktes genutzt werden [Gilmour, 1977, S. 141ff].

[23] Vgl. Chase, 1978, S. 138ff. Meyer, A., 1987, S. 33f, verweist z. B. darauf, daß personenbezogene Dienstleistungen wie das Servicegespräch nur auf Kosten der Qualität standardisierbar sind.

[24] Vertiefende Literatur zu den strategischen Anforderungen und Gestaltungskriterien des Serviceprogramms vgl. Gerstung, 1978, S. 246ff; Meyer, A., 1985, S. 104ff; Shostack, 1984, S. 135ff; Shostack, 1987, S. 34ff. Meffert, 1987, S. 96f, spricht hinsichtlich der Bestimmung des Kundenserviceprogramms in quantitativer, qualitativer und zeitlicher Hinsicht vom Aktivitätsniveau der Kundendienstpolitik.

hinsichtlich ihrer *generellen* akquisitorischen Wirkungen zur Förderung des Warenabsatzes [Meyer, A., 1985, S. 104], die dem Einzelhandelsunternehmen entsprechende Gestaltungsspielräume eröffnen. Dabei folgt die Zusammenstellung des Kundenservice-Profils den allgemeinen Zielsetzungen der Kundenpolitik. Sofern diese vorrangig auf Laufkundschaft ausgerichtet ist, wird das Unternehmen den Schwerpunkt seiner Servicepolitik zur Kaufstimulierung der Konsumenten auf Nebenleistungen *vor* dem Kauf legen; dagegen bieten Serviceleistungen *nach* dem Kauf ein wirkungsvolles Instrument für eine Politik der Pflege und Erhaltung einer Stammkundschaft.

Zwischen einigen Serviceleistungen bestehen *andererseits spezielle* Substitutionsmöglichkeiten, die nicht aus ihrer allgemeinen akquisitorischen Wirkung für den Warenabsatz sondern aus gleichen Funktionen resultieren. Beispiele bietet der Bereich warenbezogener Serviceleistungen für technische Gebrauchsgüter. Hier können Leistungen, die einem Gebrauchsschaden vorbeugen (Beispiel: Schulung der Konsumenten im Gebrauch, Inspektion und Wartung) gegen Leistungen substituiert werden, die aus dem eingetretenen Schadensfall erwachsen (Beispiel: Reparatur, Versorgung mit Ersatzteilen, Stellung von Ersatzgeräten während der Reparaturzeit) [Bennewitz, 1968, S. 107ff]. Trägt ein Einzelhandelsunternehmen aus Garantiegewährung alle Kosten der Nebenleistungen, sind für die Entscheidungsfindung die mit Wahrscheinlichkeiten eines Produktschadens gewichteten Kosten der Schadensbeseitigung den regelmäßig anfallenden Kosten für vorbeugende Maßnahmen gegenüberzustellen. Für die Alternative des Produktschadens ist — soweit *nur* ökonomische Aspekte berücksichtigt werden — ein akquisitorischer Verlust als negative ertragswirtschaftliche Komponente zu berücksichtigen. Diese wirkt sich um so stärker aus, je unzufriedener der Konsument durch eine Störung der Ge- oder Verbrauchstauglichkeit des Produktes ist, und je mehr aktuelle oder potentielle Kunden von ihm durch negative Mundwerbung informiert werden. Aus diesem Zusammenhang resultiert ein intensiver Abstimmungsbedarf zwischen dem Kundenservice und dem Aktionsbereich Beschwerdepolitik [Kap. II, 9], um aktiv mit bestehender Kundenserviceunzufriedenheit umzugehen. Neben den Substitutionsmöglichkeiten zwischen bestimmten Serviceleistungen lassen sich aus ihrer jeweiligen Funktion (z. B. Reparaturleistungen und Ersatzteilhaltung) oder aus dem Anforderungsprofil der Konsumentenzielgruppe (z. B. Warenzustellung und gesonderte Verpackung) *komplementäre* Beziehungen herleiten.

Die Serviceleistungen unterscheiden sich in der *Breite* ihrer Wirkungsweise. Sie dienen der Förderung eines speziellen Produktes, einer Produktgruppe oder des Gesamtabsatzes einer Unternehmung. Bei Sortimenten, die wenig warenbezogenen Kundenservice erfordern, müssen die Einzelhändler notwendig auf generelle absatzfördernde Serviceleistungen ausweichen, wenn mit diesem Aktionsbereich Präferenz- und Imageziele erreicht werden sollen. Soweit hier jedoch freie Entscheidungsmöglichkeiten bestehen, ist bei einer Aufteilung des Servicebudgets unter Umsatzgesichtspunkten zu versuchen, die speziell warenbezogenen Serviceleistungen auf Produkte zu konzentrieren, die als *dauerhafte Umsatzträger* der Unternehmung viele *komplementäre* Beziehungen zu dem Gesamtsortiment aufweisen und deren Förderung durch Kundenservice somit umfangreiche Anschlußkäufe hervorruft. Bei warenunabhängigen Serviceleistungen ist die Wirkungsbreite in bezug auf die erreichbare Konsumentenzielgruppe zu überprüfen. Beispielsweise wird eine Caféteria einen größeren Teil der Zielgruppe ansprechen als ein Aufenthaltsraum für Kinder. Hier müssen die mit den verschiedenen Serviceleistungen erreichbaren Präferenz- und Zufriedenheitszuwächse bei den Untergruppen des Marktsegments unter Berücksichtigung ihres Anteils am Gesamtumsatz der Unternehmung gegeneinander abgewogen werden.

Zu (2): Die Zusammenstellung des Kundenservice-Profils erfordert neben der Auswahl der anzubietenden Leistungen auch die Festlegung ihrer *qualitativen Niveaus* [Gerstung, 1978, S. 249ff]. Im Sinne einer Kundenorientierung müssen sie prinzipiell den qualitativen Anforderungen der Konsumentenzielgruppe angepaßt werden. Besondere Planungsanforderungen resultieren bei Serviceleistungen mit Kundenbezug (Beispiel: Beratungsgespräch) daraus, daß der Kunde die Qualität des Leistungsergebnisses durch seine Beteiligung an der Leistungserstellung mitbestimmt[25] und darüber hinaus auch noch sein Qualitätsurteil über die Serviceleistung von seinem eigenen Verhalten abhängig macht [Bruhn, 1982b, S. 205ff; Zeithaml, Berry, Parasuraman, 1985, S. 35]. Daraus entsteht für die Qualtitätsplanung das Problem, ein konstantes Leistungsniveau als Ausdruck gesetzter Qualitätsstandards zu realisieren.

Das Qualitätsniveau der am Produkt oder am Kunden vollzogenen Verrichtungsleistungen (Beispiele: Installation, Wartung, Reparatur, Gebrauchseinweisung) ist von der qualitativen Beschaffenheit der eingesetzten Betriebsfaktoren abhängig[26] und hier insb. von der fachlichen Qualifikation und Motivation der Service-Mitarbeiter [Upah, 1980, S. 69; Bateson, 1985, S. 54], die somit bezüglich der Kundendienstzufriedenheit der Konsumenten eine Schlüsselrolle einnehmen. Diese basiert darauf, daß sie das hohe Risikoempfinden der Kunden bei intangiblen Serviceleistungen (z. B. Beratungs- oder Unterweisungsgespräch) reduzieren [Davis, Guiltinan, Jones, 1979, S. 20]. Außerdem nimmt das Service-Personal für die Einzelhandelsunternehmen die wichtige Position eines gatekeeper für Kundeninformationen ein [George, 1977, S. 90]. Es kann Informationen bezüglich der Kundendiensterwartungen, des Kundendienstimages, der Kundendienstzufriedenheit sowie der generellen Zufriedenheit mit den Leistungen des Einzelhandelsunternehmens *unmittelbar* entgegennehmen.

Die Heterogenität der Serviceleistungen bedingt, daß zahlreiche *eigenständige Qualitätskriterien* bestehen, die hier nicht im einzelnen behandelt werden können. Nur im Bereich des *warenbezogenen* Kundenservice für technische Gebrauchsgüter ergeben sich als relativ allgemeingültige qualitative Merkmale die zeitliche und räumliche Erreichbarkeit (Kundendienstbereitschaft), der Kontaktstil (Kundendienstatmosphäre) sowie die Präzision (Kundendienstzuverlässigkeit) und Schnelligkeit (Kundendienstzeit) der Serviceleistungen [Gerstung, 1978, S. 251; Meffert, 1987, S. 94]. Das Niveau dieser qualitativen Merkmale wird vor allem durch Entscheidungen zur Kundendienstorganisation des Einzelhandels bestimmt[27]. Je dichter das Angebot an Serviceleistungen ist, desto schneller und räumlich bequemer können die Kunden

---

[25] Dieser Effekt resultiert aus der Integration des externen Faktors bei Dienstleistungen [Garhammer, 1988, S. 87].

[26] So z. B. der technischen Ausstattung einer Reparaturwerkstatt oder dem Ausbildungsniveau der Service-Mitarbeiter.

[27] Vgl. Gerstung, 1978, S. 260ff; Lovelock, 1983, S. 18 sowie die von Meffert, 1987, S. 100f, diskutierten Aspekte zur innerorganisatorischen Ausgestaltung des Kundenservice.

versorgt werden. Das akquisitorische Potential, das sich aus der *Schnelligkeit* ergibt, ist von der Dringlichkeit der Nachfrage nach Serviceleistungen abhängig (z. B. hohe Dringlichkeit bei der Reparatur von Gefrierschränken). Die *räumliche Bequemlichkeit* resultiert aus den persönlichen Wegen und Warentransporten, die ein Konsument für die Inanspruchnahme einer Serviceleistung auf sich nehmen muß. Die Gestaltungsmöglichkeiten sind in diesem Punkt stark von Produkteigenschaften geprägt. So ist der Bequemlichkeitsfaktor akquisitorisch um so wirksamer, je transportempfindlicher ein servicebedürftiges Produkt ist. Hohe Bequemlichkeit wird durch die Einrichtung mobiler Kundendienste oder durch Abholung jener Produkte geboten, deren Serviceleistungen stationär eingerichtete Kundendiensttechnik am Ort des Händlers oder einer Drittinstitution beanspruchen. Für Einzelhandelsunternehmen mit überregionaler Reichweite besteht ein weiterer Gestaltungsfaktor mit der Zahl und räumlichen Verteilung von Kundendienststützpunkten, soweit dem Konsumenten der Transport servicebedürftiger Produkte überlassen wird.

Die absatzpolitisch wünschenswerte Gestaltung der Leistungsbereitschaft hat ihre Grenzen in der aufzubringenden Kapazität des Serviceapparates und seiner Kosten [Gerstung, 1978, S. 253]. Schnelligkeit von Reparaturleistungen erfordert beispielsweise größere Ersatzteillager, sofern ein Einzelhändler nicht mehr auf der Basis der Ersatzteilbelieferung nach Bestellung arbeiten kann. Bequemlichkeit erfordert u. U. eine kostenungünstigere Leistungserfüllung, wenn bei dezentralisierten Kundendiensteinrichtungen die Kapazitäten nicht ausreichend ausgelastet werden können oder aufgrund schlechterer maschineller Ausstattung arbeitsintensivere Verfahren zur Anwendung kommen.

Für das Qualitätskriterium der *Präzision* bestehen akquisitorische Bedeutungsunterschiede je nach Anforderungsprofil der Konsumentenzielgruppe und der Produktart. Sie bemessen sich in warenbezogener Sicht aus den Folgen, die mit dem Versagen eines Produktes verbunden sind, wie z. B. den Kosten der Reparatur oder Ersatzbeschaffungen, der Unfallgefährdung für Menschen und Sachen (Beispiel: Auto) oder sonstiger materieller und immaterieller Ausfallschäden (Beispiel: Verderb von Gefriergut bei Ausfall einer Eistruhe). Die Konsumenten können bei unzureichender Qualitätstransparenz die Produktschäden oft nicht auf ihre eigentlichen Ursachen zurückführen und daher nicht zwischen schlechter Leistungserfüllung oder Produktfehlern unterscheiden. Daher kann bei Annahme des letzteren Falles u. U. das akquisitorische Potential des Einzelhändlers leiden, weil ihm schlechte Beratungsleistungen beim Kauf des Produktes vorgeworfen werden.

842 Prinzipien der Angebotsform

Vor dem Hintergrund servicestrategischer Überlegungen kann ein Einzelhandelsunternehmen seine Nebenleistungen segmentspezifisch anbieten und damit die Inanspruchnahme durch die Konsumenten regeln[28]. Dabei sind die folgenden Angebotsprinzipien denkbar:

[28] Gerstung [1978, S. 252ff] spricht in diesem Zusammenhang von einer selektiven Servicepolitik.

Die Marktbildung und -beeinflussung durch Kundenservice kann anhand der Prinzipien *genereller* oder *fallweiser Regelungen* erfolgen. Bei der Festlegung genereller Richtlinien werden für alle Kundenbeziehungen Art und qualitatives Niveau der zu erbringenden Serviceleistungen und des dafür zu fordernden Preises vorbestimmt und einheitlich disponiert. Generelle Regelungen sind unabdingbar für Nebenleistungen, deren Inanspruchnahme vom Einzelhandel nicht gesteuert werden kann. Hierbei handelt es sich vornehmlich um Leistungen des pre-sale-service, wie z. B. Parkplätze, Rolltreppen oder Fahrstühle. Sie haben den Nachteil, daß unbedeutende Kunden den Serviceapparat zu Lasten wichtiger Stammkunden zu sehr in Anspruch nehmen können. Dagegen ermöglichen fallweise Regelungen (Beispiel: die fallweise Gewährung von Umtauschrechten) eine individuelle Differenzierung des Leistungsangebotes, wobei die persönlichen Kontakte und eine entsprechende Ausgestaltung der internen Kontaktfaktoren [Meyer, A., 1985, S. 105] des Verkaufspersonals (Beispiele: Kleidung, Auftreten, Kommunikationsverhalten) zu den Kunden genutzt werden können. Innerhalb des Freiraums fallweiser Serviceregelungen wird die Schlüsselstellung des Servicepersonals deutlich. So können die Servicemitarbeiter die absatzpolitischen Entscheidungen der fallweisen Regelung durch persönliche Präferenzen stark beeinflussen.

Für einige Serviceleistungen gibt es einen Handlungsspielraum mit den alternativ zu wählenden Prinzipien des *selbsttätigen Angebots* oder des *Angebots* auf *Verlangen* der *Konsumenten* [Berekoven, 1966, S. 321]. Kundenservice wird bei selbsttätigem Angebot zu einem offiziellen absatzpolitischen Instrument der Marktbeeinflussung und zu einem allgemeinen imagebildenden Faktor. Es besteht die Möglichkeit der Bedarfsweckung bei Konsumenten, die eine Serviceleistung von sich aus nicht erwartet hätten. Damit verbunden ist jedoch das Problem, daß erst einmal realisierte Serviceniveaus nicht ohne erheblichen akquisitorischen Schaden (Abwanderung der Kunden, negative Mundwerbung) für das Einzelhandelsunternehmen reduzierbar sind. Das Angebot auf Verlangen ist dagegen flexibel in bezug auf unterschiedliche Anforderungen der Konsumentenzielgruppe und verhindert, daß Nebenleistungen unnötig erbracht werden. Sofern sie pauschal in den Warenpreis einkalkuliert werden, müssen allerdings Konsumenten, die sie nicht in Anspruch nehmen, die entstehenden Kosten mittragen.

Ein Einzelhandelsunternehmen kann in verschiedenen Nebenleistungsbereichen zwischen den Prinzipien des *standardisierten* und des *differenzierten Serviceangebotes* wählen, wobei den Konsumenten zu einer identischen Hauptleistung entweder gleiche Nebenleistungen oder nebeneinander verschiedene Alternativen von Serviceleistungen generell angeboten werden (z. B. Verkauf des gleichen Produktes in der Selbst- oder Fremdbedienungsabteilung einer Unternehmung). Eine differenzierte Kundenservicepolitik ist nur sinnvoll, wenn gleichzeitig eine direkte oder indirekte Preisstaffelung vorgenommen wird. Damit ist im Gegensatz zu dem Prinzip des fallweisen Angebotes eine generelle Differenzierung des Serviceangebotes zu erreichen, die den Konsumenten transparente Wahlmöglichkeiten schafft [Gerstung, 1978, S. 257] und negative akquisitorische Effekte ausschließt. Ein Einzelhändler kann in dieser Form eine bedarfsadäquate Differenzierung seines bestehenden Marktsegments oder eine Erweiterung auf Konsumenten herbeiführen, die wegen abweichender Serviceangebote und Preisstellungen bisher andere Betriebsformen aufgesucht haben. Die Anwendung des Prinzips eines differenzierten Serviceangebotes ist einerseits durch organisatorische Probleme bei der Aufspaltung der Serviceleistungen und ihrer Inanspruchnahme begrenzt, andererseits kann es aus absatzpolitischen Gründen im Sinne einer einheitlichen Imagebildung nicht beliebig ausgedehnt werden. Diese beiden Aspekte führen wahrscheinlich dazu, daß im Einzelhandel vorrangig nach dem Prinzip des standardisierten Serviceangebotes verfahren wird.

Kundenservice kann nach den Prinzipien des auf *Käufer beschränkten* oder *unbeschränkten Angebotes* erbracht werden. Diese Handlungsalternative ist nicht ohne den Aspekt der Preisstellung zu klären. So werden oft gewinnbringende Serviceleistungen uneingeschränkt angeboten, um damit zusätzliche Verdienstmöglichkeiten zu realisieren (Beispiel: uneingeschränkt angebotener Fotoentwicklungsdienst eines Fotofachgeschäfts)[29]. Eine Beschränkung auf Käufer ist nur für Nebenleistungen nach dem Kauf möglich[30]. Sie wird insb. dann realisiert, wenn die Nebenleistungen nicht kostendeckend kalkuliert sind, sondern von der Hauptleistung des Warenabsatzes mitgetragen werden. Ein uneingeschränktes Angebot kann allerdings bei dieser Kalkulationsform der Gewinnung neuer Kunden dienen. Die Beschränkung der Serviceleistungen auf Käufer wenden Einzelhändler gelegentlich als Boykottmaßnahme gegen Kunden von servicereduzierenden Betriebsformen an, um die Hersteller zur Einhaltung einer sie begünstigenden selektiven Absatzpolitik zu zwingen. Das Prinzip hat seine Grenzen in organisatorischen Problemen der Kundenidentifizierung.

Speziell für Serviceleistungen nach dem Kauf bestehen gewisse Gestaltungsmöglichkeiten mit den Prinzipien der *formellen* und *informellen Regelung.* Ein Einzelhändler geht zum Zeitpunkt des Verkaufs formell, d. h. vertraglich festgelegte Verpflichtungen ein, soweit damit bei den Konsumenten durch Zusicherung einer langfristigen Gebrauchsqualität der Produkte und durch Verminderung des Kaufrisikos verkaufsfördernde Wirkungen erzielt werden können [Koppelmann, 1987b, S. 117]. Das ist i. d. R. bei hochwertigen und komplizierten Gebrauchsgütern der Fall. Mit dem Bereich informeller Regelungen beläßt er sich einen Freiraum für flexibel gestaltbare Kulanzmaßnahmen, die er situationsabhängig in Abschätzung ihrer absatzpolitischen Wirkungen vornehmen kann.

843 Prinzipien der Leistungsträgerschaft

Die Wahl des Trägers der Kundenserviceleistungen ist eine von dem Einzelhandelsunternehmen zu fällende kundendienstpolitische Grundsatzentscheidung. Sie wird im wesentlichen bestimmt durch

- Kostenwirtschaftlichkeit der Leistungserstellung,
- Freiheit bzw. Unabhängigkeit bezüglich der Gestaltung von Art, Struktur und Qualitätsniveau des Kundenserviceprogramms sowie
- leistungsartenspezifische Anforderungen [Meffert, 1987, S. 97].

---

[29] Auf gewinnbringenden Serviceleistungen beruht auch das Konzept des Kundenservice als Profit-Center. Dahinter verbirgt sich der Ansatz, die Kundendienstabteilung mit eigener Umsatz-, Kosten- und Ergebnisverantwortung zu führen [Döhle, 1983, S. 232; Mollberg, 1983, S. 209ff].

[30] So nehmen Konsumenten häufig die Vorkauf-Beratungen von Fachhändlern in Anspruch, um anschließend die jeweiligen Produkte im preisgünstigeren Fachmarkt zu erwerben.

Die Prinzipien der Leistungsträgerschaft stellen das Einzelhandelsunternehmen vor die Wahl, Nebenleistungen eigenbetrieblich, fremdbetrieblich oder in Form kooperativer Zusammenarbeit zu erstellen. Sowohl die fremdbetriebliche wie auch kooperative Trägerwahl kann sich auf vor- (Hersteller, Großhandel), neben- (Einzelhandel) oder nachgelagerte (Verwender) Stufen des Kundendienstkanals beziehen.

Das Problemfeld der Trägerwahlentscheidung des Einzelhandels ist bislang nur unzureichend theoretisch durchdrungen. Insofern soll hier der Versuch gemacht werden, die Trägerwahl im Rahmen des transaktionskostentheoretischen Ansatzes [Kap. I, 2322] zu diskutieren. Die Entscheidung eines Einzelhandelsunternehmens für oder gegen eine der drei Trägeralternativen wird aus der Perspektive der Transaktionskostentheorie nur an dem Effizienzziel *minimaler Transaktionskosten* der *Serviceerstellung* ausgerichtet[31]. Transaktionskosten treten in Abhängigkeit der Transaktionsphasen, d. h. der Vorvertrags-, Abschluß- und Durchführungsphase zu erstellender Serviceleistungen auf und lassen sich in Anbahnungs-, Vereinbarungs-, Kontroll- und Anpassungskosten differenzieren. Die jeweilige Kostenhöhe und damit letztlich die Trägerwahlentscheidung wird durch die Bedingungskonstellation der Eigenschaften und Infrastruktur einer Transaktion bestimmt. Für die Serviceträgerwahl sind hierbei insb. die Unsicherheit und Komplexität der Rahmenfaktoren[32], der Schwierigkeitsgrad der Qualitätskontrolle fremdbetrieblich oder kooperativ erbrachter Nebenleistungen sowie die Wettbewerbsintensität zwischen Fremdanbietern relevant.

Die *eigenbetriebliche* Erstellung von Serviceleistungen weist den Vorteil auf, daß dem Einzelhandelsunternehmen die Möglichkeit einer ständigen Planung, Steuerung und Kontrolle der Servicegestaltung verbleibt und es so unmittelbar auf Veränderungen der marktlichen Umwelt, d. h. des Servicewettbewerbs und/oder des Anforderungsprofils der Konsumenten reagieren kann [Gerstung, 1978, S. 267]. Die Eigenerstellung setzt jedoch voraus, daß das Unternehmen über die notwendigen Ressourcen an Betriebsfaktoren (qualifiziertes Fachpersonal, Servicetechnologie) und Finanzkraft verfügt. Diese Voraussetzungen gelten vor allem für warenbezogene Serviceleistungen zur Erhaltung der Gebrauchstauglichkeit technisch komplexer und hochwertiger Produkte. Kann das Einzelhandelsunternehmen diese Bedingungen nicht erfüllen, gilt es, die Alternativen des Fremdbezugs sowie der kooperativen Leistungserstellung zu überprüfen und anhand der anfallenden Transaktionskosten mit den Kosten der Eigenerstellung zu vergleichen.

Im Rahmen der *fremdbetrieblichen* Erstellung von Serviceleistungen werden bestimmte Leistungsfunktionen vom Einzelhandelsunternehmen vertraglich auf rechtlich und wirtschaftlich selbständige, jedoch kosten- und qualitätsspezifisch leistungsfähigere Hersteller, Vertragshändler oder Dienstleistungsunternehmen übertragen. Dies kann gegenüber den Konsumenten offen oder verdeckt erfolgen[33]. Aus Sicht des Transaktionskostenansatzes entstehen dem Einzelhandelsunternehmen dadurch An-

---

[31] Dabei werden die Erstellungskosten für Serviceleistungen zunächst vernachlässigt [Gümbel, 1985, S. 269]. Es ist unproblematisch, die Ergebnisse aus der Transaktionskostenanalyse um die Differenz der Erstellungskosten bei Eigen- oder Fremdleistung zu ergänzen.

[32] Vgl. die Ausführungen zu den damit verbundenen Informations- und Prognoseproblemen zur Servicepolitik bei Lo, 1982, S. 31.

[33] So wird das Geschäftsstättenimage des Fachhandels aus Sicht der Kunden nicht zuletzt durch die Kompetenz eigenständig erbrachter Serviceleistungen geprägt.

bahnungskosten in Form der Suche, Beschaffung und Verarbeitung von Informationen über mögliche Vertragspartner und Vertragskonditionen[34]. Mit dem Vertragsabschluß zur Regelung der Fremderstellung treten zusätzlich Vereinbarungs- bzw. Kontraktkosten als Ergebnis des Verhandlungsprozesses zwischen Einzelhandels- und Fremdunternehmen auf. Im Rahmen der Fremdvergabe von Serviceleistungen hat das Einzelhandelsunternehmen qualitative und quantitative Leistungsvorgaben zu setzen. Das damit verbundene Risiko mangelhafter Leistungsqualität und die Gefahr der Kundenabwanderung durch Unzufriedenheit mit dem Service führt zu dem Erfordernis ständiger Leistungskontrollen. Diese verursachen Kontrollkosten, die bei erheblichen Leistungsabweichungen — gemessen an dem Markterfordernis — zu Anpassungskosten i. S. einer Modifikation ausgehandelter Vertragsbedingungen führen können[35]. Je unsicherer die Umwelt-, d. h. Rahmenfaktoren der Kundenservicepolitik, und je höher die Qualitätsanforderungen des Einzelhandelsunternehmens an die Leistungserstellung sind, desto größer werden die Kontroll- und Anpassungskosten der Fremderstellung. Diese Einflußgrößen bedingen bei qualitativ anspruchsvollen Serviceleistungen mit wechselndem Anforderungsprofil tendenziell eine Entscheidung zugunsten der Eigenerstellung.

Als dritte Trägerwahlalternative besteht für das Einzelhandelsunternehmen die Möglichkeit, Serviceleistungen kurz- oder langfristig *kooperativ* mit einem oder mehreren Unternehmen zu erstellen. Dies erfolgt dann, wenn weder die kooperierenden Unternehmen selbst noch Fremdbetriebe in der Lage sind, die Nebenleistungen kostengünstig in erforderlichem Umfang und der notwendigen Qualität zu erstellen. Die Kooperation kann *vertikal,* d. h. vor allem mit Herstellerunternehmen, oder *horizontal,* d. h. mit Einzelhandelsunternehmen, erfolgen. Beide Kooperationsformen sind wie die Fremderstellung sowohl mit umfangreichen Anbahnungs- und Vereinbarungskosten hinsichtlich der Vertragsgestaltung, als auch mit Kontroll- und ggf. Anpassungskosten zur Sicherung einer angemessenen Leistungsqualität verbunden. Wie bei der Fremderstellung steigt auch hier die Höhe der Kontroll- und Anpassungskosten mit dem Grad der Unsicherheit und Komplexität servicepolitischer Rahmenfaktoren sowie der Notwendigkeit intensiver Qualitätskontrollen und macht so die Trägerwahlentscheidung des Einzelhandelsunternehmens vor allem von den Eigenschaften bzw. Anforderungen der jeweiligen Serviceleistung abhängig.

Im Rahmen der *horizontalen* Kooperation verpflichten sich mehrere branchengleiche Einzelhandelsunternehmen vertraglich dazu, Service z. B. in Form technischer Kundendienstleistungen in gemeinsam betriebenen Kundendienstwerkstätten zu erstellen. Damit läßt sich vor allem das mit der unregelmäßigen Servicenachfrage verbundene Problem der Spitzenlast bzw. der Servicekapazitätsvorhaltung für alle beteiligten Unternehmen effizienter gestalten[36]. Allerdings sind zwangsläufig nur solche Nebenleistungen kooperationsgeeignet, die nicht unmittelbar an den Ort und den

---

[34] Diese Transaktionskosten werden um so niedriger ausfallen, je größer die Nachfragemacht des Einzelhandels, d. h. je intensiver der Wettbewerb zwischen den Fremdunternehmen ist.

[35] Zwischen den Transaktionskosten der Vereinbarung und Anpassung besteht ein „trade-off“ derart, daß die Antizipation potentieller Anpassungsmaßnahmen und ihre Aufnahme in das Vertragswerk höhere Kontraktkosten verursacht [Picot, 1982, S. 272].

[36] Vgl. Lovelock, 1983, S. 17. Das Argument des Ausgleichs von Beschäftigungsschwankungen im Servicebereich führt nach dem traditionellen „make-or-buy“-Ansatz zu einer unmittelbaren Bejahung der Servicekooperation, da bei hoher Kapazitätsauslastung die anteiligen Fixkosten pro

Zeitpunkt der Hauptleistungserfüllung gebunden sind. Darüber hinaus müssen die kooperierenden Einzelhändler einen vergleichbaren Qualitätslevel für die Erfüllung ihrer Serviceleistungen anstreben und die Kosten der Leistungserstellung über einen einfachen Verteilungsschlüssel zwischen den beteiligten Unternehmen umlegen können.

In zunehmendem Maße weiten Markenwarenhersteller ihre warenbezogenen Serviceaktivitäten aus, um ihren Markteinfluß auf der Konsumentenebene zu verstärken und die Qualität ihrer Erzeugnisse zu sichern. Dabei werden verschiedene Formen der *vertikalen* Kooperation mit dem Einzelhandel entwickelt, wie z. B. Schulung der Kundendiensttechniker des Handels, Erleichterungen bei der Unterhaltung von Ersatzteillagern oder Beihilfen für die Anschaffung von Servicetechnologie.

Fällt die Trägerwahlentscheidung zugunsten der fremdbetrieblichen oder kooperativen Serviceleistungserstellung aus, so muß das Einzelhandelsunternehmen die damit einhergehenden Kosteneinsparungen der Eigenerstellung den anfallenden Transaktionskosten der jeweiligen Trägeralternativen gegenüberstellen. Die mit kurz- oder langfristigen vertraglichen Bindungen einhergehende servicepolitische Inflexibilität und der Anspruch der Einzelhandelsunternehmen, auf Marktveränderungen schnell und flexibel reagieren zu können, führt dazu, daß Serviceleistungen mit einem hohen Kontroll- und Anpassungsbedarf primär eigenerstellt und solche, bei denen Qualitätseinbußen nicht zu befürchten sind, eher fremdbetrieblich oder kooperativ erstellt werden.

Serviceleistung sinken. Der Transaktionskostenansatz kommt hier zu weniger eindeutigen Aussagen, da vor allem Vereinbarungskosten (Bestimmung qualitativer Leistungsstandards), Kontroll- und Anpassungskosten zur Servicequalität bei komplexen Serviceleistungen den Produktionskostenvorteil kompensieren können [Gümbel, 1985, S. 165; Anderson, Weitz, 1986, S. 15].

9 Beschwerdepolitik

91 Grundlagen der Beschwerdepolitik[1]

Begriffe

Im Mittelpunkt der Beschwerdepolitik des Einzelhandels stehen die Konsumentenbeschwerden [Kap. 421.102]. Diese sind Artikulationen von Unzufriedenheit, die auf Konsumprobleme mit Produkten oder Dienstleistungen hinweisen sollen, um Problemlösungen zu erzielen. Reklamationen sollen als Sonderfall der Beschwerde aufgefaßt werden. Sie liegen vor, wenn mit der Beschwerde kaufrechtliche Ansprüche bezüglich eines Produktes oder einer Dienstleistung bestehen. Während sich Beschwerden auf die Vorkauf-, Kauf- und Nachkaufphase beziehen können, entstehen Reklamationen allein in der Nachkaufphase.

Unter Beschwerdepolitik soll die Marktbildung und -beeinflussung durch den aktiven Umgang mit Konsumentenbeschwerden verstanden werden. Als eigenständiger Aktionsbereich ist sie Ausdruck einer zielorientierten Planung, Realisation und Kontrolle aller Maßnahmen, die eine Unternehmung im Zusammenhang mit Konsumentenbeschwerden ergreifen kann [Wimmer, F., 1985, S. 233]. Einer aktiven Beschwerdepolitik liegt die Philosophie zugrunde, Beschwerden als *Chancen* für das Unternehmen zu begreifen, subjektive Unzufriedenheiten der Konsumenten wahrzunehmen, zu bearbeiten und Vorkehrungen für ihre zukünftige Vermeidung zu treffen [Hansen, Schoenheit, 1986a, S. 24].

Es ist des weiteren zu klären, welche Formen der Beschwerden im Rahmen der Konzeption einer unternehmerischen Beschwerdepolitik zu berücksichtigen sind. Die Konsumenten artikulieren ihre Unzufriedenheit als Beschwerden bei den Anbietern (Hersteller oder Händler), Drittinstitutionen (insb. Verbraucherorganisationen) oder als Mundwerbung gegenüber anderen Konsumenten. Als Alternative verleihen sie ihrer Unzufriedenheit durch Abwanderung Ausdruck. Inhalt der Beschwerdepolitik sind nicht nur die an das Unternehmen gerichteten Beschwerden, sondern *alle* genannten Aktivitäten unzufriedener Konsumenten, da mit der Beschwerdepolitik gerade die Wahl unter diesen Handlungsalternativen beeinflußt werden soll.

Der Aktionsbereich weist in dieser Konzeption Überschneidungen mit anderen unternehmerischen Tätigkeitsbereichen auf. Zum einen ist die Wahrnehmung von Unzufriedenheit als Teilausprägung der Beschwerdepolitik im Grunde eine Form der Marktforschung als Informationsermittlung über den Markt. Zum anderen bestehen im Zusammenhang mit der Beschwerdebearbeitung erhebliche Überschneidungen zu dem Aktionsbereich Service. Dies trifft für die Beschwerderegulierung zu, die sich insb. mit warenbezogenen Nachkaufservice-Aktivitäten überlappt, soweit diese als Reaktionen auf Unzufriedenheiten erfolgen. Diese Nähe zum Aktionsbereich Service stellt sich auch organisatorisch ein, indem häufig serviceleistende Mitarbeiter als zentrale Einrichtung für Nachkaufbetreuung und somit auch als Beschwerdeadresse angesehen werden. Ich behandele beide Aktionsbereiche trotz dieser Überschneidungen

[1] Dieses Kapitel habe ich zusammen mit meinem Mitarbeiter Kurt Jeschke erarbeitet.

getrennt und eigenständig, um sie in ihren jeweiligen Forschungstraditionen als ganzheitliche Problemkomplexe zu erhalten.

Empirische Relevanz

Empirische Untersuchungen über den Stand der Beschwerdepolitik in der Bundesrepublik zeigen, daß die unternehmerische Aufgeschlossenheit auf diesem Gebiet noch wenig ausgeprägt ist [Riemer, 1986, S. 186]. Insbesondere in der Wahrnehmung von Beschwerden konnten Schwachstellen diagnostiziert werden. Viele Unternehmen sehen in einem geringen Beschwerdeaufkommen den Beweis für eine zufriedenstellende Marketingpolitik und halten Beschwerden in diesem Sinne von sich fern [Fornell, 1982, S. 480]. Im Rahmen der Beschwerdeabwicklung werden häufig fundamentale Fehler begangen[2]. Darüber hinaus wird das Informationspotential der Beschwerden nur in geringem Maße und häufig unsystematisch für das Einzelhandelsmarketing genutzt[3]. Erklärungen für diese eher *reaktiven* oder sogar *ignoranten Beschwerdestrategien* liegen auf der Hand. Der Umgang mit Beschwerden erfordert oft den Kontakt mit eigenen Fehlern. Daraus folgen psychologische Hemmnisse in der Entgegennahme und weiteren Bearbeitung von Beschwerden, für deren Überwindung eine Unternehmensphilosophie erforderlich wäre, die in Beschwerden eine positive Chance begreift. Eine weitere Akzeptanzbarriere liegt darin, daß die Ertragswirkungen einer Beschwerdepolitik quantitativ schwer greifbar sind, während die Kosten überschätzt werden. Vor allem bestehen in der Praxis Bedenken hinsichtlich einer Kostenexplosion aus „unberechtigten" Beschwerdefällen.

Dagegen haben in den USA viele Unternehmen eine aktive Beschwerdepolitik entwickelt und angewandt, was in der Wortprägung eines neuen Managementstils: *„management by complaint handling"* seinen Ausdruck findet. Wenn auch beide Länder nicht unmittelbar vergleichbar sind, gibt es doch Anzeichen dafür, daß in der Bundesrepublik ebenfalls die empirische Relevanz dieses Aktionsbereichs wächst und sich entsprechend die unternehmerische Einsicht in die Bedeutung der Beschwerde verbreitet[4]:

Auf vielen Märkten besteht die Situation *geringer* oder sogar *negativer Wachstumsraten* mit einer entsprechend hohen Wettbewerbsintensität. Diese Marktverhältnisse führen dazu, daß die Kundenbindung gegenüber der Kundenneugewinnung große strategische Bedeutung erhält und lenken die unternehmerische Aufmerksamkeit auf den Aspekt der Kunden(un)zufriedenheit und Erhaltung der Geschäftsloyalität. Zudem werden die Unternehmen mit *steigender Kritikbereitschaft* der Konsumenten konfrontiert [Hansen, Schoenheit, 1987, S. 14ff]. Dazu gehört einerseits Kritik von individuellen unzufriedenen Konsumenten, andererseits kollektive Kritik von

---

[2] Vgl. dazu die beispielhaften Ausführungen unzulänglicher Reklamationsbearbeitung im Handel bei Stopp, 1987, S. F10, F12 sowie Leicher, 1982, S. 342.

[3] So ergab eine empirische Untersuchung des Beschwerdeaufkommens und der Beschwerdepolitik im Möbeleinzelhandel von Hansen, Niestrath, Thieme, 1983, S. 546ff, daß eine systematische Analyse der Konsumentenbeschwerden nur in einer relativ geringen Anzahl von Unternehmen des Möbeleinzelhandels durchgeführt wird.

[4] Vgl. die kulturvergleichende Studie zu dieser Fragestellung von Hansen, Schoenheit, 1986c, S. 445ff.

Verbraucherorganisationen, die auf ganz verschiedenen Wegen die Unternehmungen erreichen. Eine wichtige Rolle nehmen hier die Medien ein, die eine Diffusion und Verstärkung des Kritikpotentials herbeiführen bis hin zu imagezerstörenden Skandalen, wie sie in den letzten Jahren verschiedentlich insb. im Umweltbereich stattgefunden haben.

Das Konzept der aktiven Beschwerdepolitik hat besondere Relevanz für den Handel[5]. Dies haben einzelne Handelsunternehmen in einer Art Vorreiterrolle in herausragender Weise demonstriert. Die spezifische Handelsrelevanz ist aus verschiedenen Gründen heraus erklärbar:

Die institutionelle Marktpräsenz des Handels und die damit verbundene persönliche Kontaktbeziehung zum Konsumenten — abgesehen vom Distanzhandel — macht ihn zur *unmittelbaren Beschwerdeadresse* [Hansen, 1979, S. 118f; Jacoby, Jaccard, 1981, S. 21]. Der Einzelhandel bietet den Konsumenten leichtere Orientierungsmöglichkeiten und damit bequemere Beschwerdewege mit wesentlich geringeren Kommunikationsbarrieren als dies seitens der Hersteller gegeben ist. Aufgrund seiner institutionellen Marktpräsenz richtet der Handel seine *Marktinvestitionen* überwiegend auf die Gestaltung seines *Firmenimage.* Entsprechend ist er bei seinen Kunden um Firmenloyalität bemüht, während Hersteller häufig Markenloyalität anstreben. Eine aktive Beschwerdepolitik ist insofern effizient, als Wirkungen einzelner Maßnahmen auf das *Institutionenimage irradiieren* und somit eine umfassende Vertrauensbasis erzielen. Umgekehrt können partielle, unausgeräumte Unzufriedenheiten aus einzelnen Kaufakten aufgrund von negativer Mundwerbung größere Abwanderungsbewegungen und damit Verluste des Gesamtumsatzes mit den verlorenen Kunden bewirken. Daraus folgt, daß die Beschwerdepolitik um so wichtiger für eine Unternehmung ist, je größer die Umsatzbewegungen pro Kunde sind.

Der Handel ist erwiesenermaßen die erste Beschwerdeadresse[6] für Konsumprobleme aller Art. Insofern werden durch die Entgegennahme, Weiterleitung und Bearbeitung von Beschwerden die Vermittlungsfunktionen zwischen Hersteller und Konsument erweitert. Dabei kann eine gezielte Beschwerdepolitik des Handels seine Machtposition als gatekeeper im Marktweg verstärken.

Theorienentwicklung

In den 80er Jahren haben sich in der Bundesrepublik — wesentlich beeinflußt durch amerikanische Theorienentwicklungen — die Konsumentenzufriedenheit und das Beschwerdeverhalten als Forschungsgebiete durchgesetzt [Ergebnisse in Kap. I, 421.10]. Für beide lag der Forschungsimpuls ganz wesentlich in einem Interesse an dem Nach-

---

[5] Vgl. u. a. das nur diesem Thema gewidmete Sonderheft des J of R [1981]. Nach Oliver, 1981, S. 43, führt die Situation des Einzelhandels im Marktweg, d. h. „... the unique interactions of product mix, clientele, store personnel, and other factors" zu ‚einzigartigen', von Herstellern grundsätzlich verschiedenen Anforderungen hinsichtlich der Realisation des Zufriedenheitsziels und der Ausgestaltung der Beschwerdepolitik im Einzelhandel.

[6] So stellte Bruhn, 1982a, S. 6, in einer empirischen Untersuchung fest, daß sich 80 % bis 90 % der Konsumenten zunächst beim Händler beschweren. Auch Weinhold, Baumgartner, 1981, S. 80, kommen zu vergleichbaren Ergebnissen. Allerdings differenzieren die Konsumenten im Fall von Produktunzufriedenheit kaum zwischen der Verantwortung des Einzelhandels und der Hersteller.

kaufverhalten der Konsumenten, obwohl Beschwerden sich nicht ausschließlich auf Nachkaufprozesse beziehen. Dieses Interesse an der Frage, wie befriedigend die Konsumergebnisse wirklich für den Verbraucher sind und welche Handlungsmöglichkeiten ihm bei unbefriedigenden Ergebnissen zur Verfügung stehen, wurden von theoretischen Überlegungen zur Verbraucherpolitik angeregt. Zwar bestanden mit der Einstellungs-, Bedürfnis- und Wahrnehmungsforschung bereits im Rahmen der Theorie des Konsumentenverhaltens deutliche Zusammenhänge zum Konstrukt „Zufriedenheit", jedoch war darin der Bezug zur Nachkaufsituation nicht deutlich hergestellt. Die Entwicklung der Zufriedenheitsforschung ist nicht unwidersprochen geblieben; insb. schwierige Meßprobleme führten zu Zweifeln an der Ergiebigkeit dieses psychischen Konstruktes [Kaas, Runow, 1986, S. 79ff].

Zusätzlich entstanden dann Forschungen über die Diagnose des unternehmerischen Beschwerdeverhaltens bzw. handlungsweisende Konzeptionen einer Beschwerdepolitik oder eines Beschwerdemanagements [Riemer, 1986]. Bis dahin wurden Fragen der handelsgerichteten (Un-) Zufriedenheit der Konsumenten und unternehmensseitiger Reaktionen im Rahmen der Theorien des Kundenservice behandelt [Melcher, 1972, S. 52ff; Gerstung, 1978, S. 229].

92 Aktionsfeld der Beschwerdepolitik

Ziele

Die vielfältigen Ziele der Beschwerdepolitik können nach ihrer kommunikativ/psychographischen und ökonomischen Ausrichtung differenziert werden:

Der langfristige Erfolg eines Einzelhandelsunternehmens bemißt sich daran, inwieweit es ihm gelingt, seine Kunden zufriedenzustellen[7]. Die unternehmerische Beschwerdepolitik nimmt hierbei eine Schlüsselstellung ein. Sie hat einerseits zum Ziel, auf artikulierte sowie nicht artikulierte Konsumentenunzufriedenheit derart zu reagieren, daß bestehende Unzufriedenheit abgebaut, bzw. *Zufriedenheit wiederhergestellt* wird. Für diese Zielsetzung ist es von hoher Bedeutung, daß zufriedengestellte Beschwerdeführer eine besonders große Markentreue entwickeln [Goodman, Malech, Marra, 1987, S. 173]. Zum anderen sollen die in Beschwerden enthaltenen Informationen bezüglich der Schwächen innerhalb der Handelsleistungen sowie der Sortimentsstruktur identifiziert und genutzt werden, um *zukünftiger Unzufriedenheit vorzubeugen* [Wimmer, F., 1985, S. 234; Riemer, 1986, S. 23].

Die Schaffung von Zufriedenheit bezüglich einzelner Geschäftskontakte steht in unmittelbarem Zusammenhang mit dem Ziel, ein *kundennahes Unternehmensimage* zu entwickeln oder aufrechtzuerhalten. Unter risikotheoretischen Gesichtspunkten wird durch aktive Beschwerdepolitik *Kundensicherheit* aufgebaut und die Vertrauenswürdigkeit der gatekeeper-Position gestärkt, was insb. für risikobelastete, wie z. B. innovationsträchtige Branchen von Bedeutung ist (Beispiel: Sportbranche). Ein weiteres psychographisches Teilziel richtet sich auf die *Beeinflussung* der *Mundwer-*

[7] Hier wird ein Marketingverständnis unterstellt, das die Kundenorientierung eines Einzelhandelsunternehmens als Bemühen um die Erzeugung von Kundenzufriedenheit versteht [Kotler, 1977, S. 18].

bung, d. h. vor allem die Förderung positiver und die Verhinderung negativer Mundwerbung, wobei die Bedeutung dieses Ziels daraus ersichtlich wird, daß die Konsumenten mit ihrer Mundwerbung größere Glaubwürdigkeit genießen als die Werbung durch Anbieter [Goodman, Malech, Marra, 1987, S. 180].

Die genannten kommunikativ/psychographischen Ziele stellen eine notwendige Voraussetzung zur Realisation der ökonomischen Zielgrößen dar. Geht man davon aus, daß durch eine kulante Beschwerdebearbeitung ein unzufriedener Kunde von der Abwanderung abgehalten wird, so rechnet sich dieses Ziel als *Erhaltung* des durch ihn *erwirtschafteten Periodendeckungsbeitrags*[8]. Weitere Ertragsziele richten sich auf die *Vermeidung* von *Opportunitätskosten,* die dadurch entstehen, daß unzufriedene Kunden andere Reaktionsformen, wie z. B. negative Mundwerbung ergreifen (entgangener Umsatz oder Kosten für die Regulierung von Schäden). Weitere Opportunitätskosten sind in den Kosten der Neugewinnung eines Kunden zu sehen. Schließlich liegt ein wichtiges ertragswirtschaftliches Ziel in der *Ausnutzung zufriedengestellter Kunden* als *Akquisiteure* durch positive Mundwerbung[9]. Unter Berücksichtigung des Informationsaspektes von Beschwerden kann ein weiteres Ziel in der *Ausnutzung* der in *Beschwerden enthaltenen Informationen* bestehen. Eine ertragswirtschaftliche Quantifizierung dieses Ziels ist schwierig und allenfalls über die Kosten für eine alternative Marktforschung möglich. Beschwerden sind nutzbar als *Informationen* über den *Markt* und als *Kontrollinformationen* über die Qualität der Personalleistungen[10]. In beiden Nutzungsvarianten ist die Qualität der Informationen in Abhängigkeit von ihrer Repräsentativität als Zufriedenheitsindikator für die Konsumentenzielgruppe zu sehen. Der Kontrollaspekt hat insb. für filialisierende Händler Bedeutung, soweit die Marktleistung quantifizierende Qualitätskontrollen aufgrund ihres Dienstleistungscharakters ermöglicht.

Diesen Ertragszielen der Beschwerdepolitik stehen Kostenziele gegenüber. Bei den Beschwerdekosten ist zwischen den fixen Bereitschaftskosten der Beschwerdebearbeitung und den variablen Kosten pro Fallbearbeitung zu unterscheiden.

Aktionsrahmen

Bereits in den Ausführungen zur empirischen Relevanz der Beschwerdepolitik für den Handel wurde festgestellt, daß er als erste Beschwerdeadresse der Konsumenten wesentliche, diesen Aktionsbereich begünstigende Voraussetzungen erfüllt. Hier ist insb. sein Doppelcharakter als warenvermittelnder Dienstleister ausschlaggebend, aufgrund dessen produkt- und dienstleistungsbezogene Beschwerden bei ihm eingehen. Dennoch führen heterogene externe und interne Determinanten der Markt- und Unternehmenssitutation zu einer Vielzahl beschwerdepolitischer Gestaltungsalternativen:

---

[8] Stückdeckungsbeitrag pro Besuch multipliziert mit der Besuchshäufigkeit. Beide Größen können durch verstärkte Unternehmensloyalität sogar noch gesteigert werden.

[9] Die drei Ertragsziele der Beschwerdepolitik müssen relativiert werden in bezug auf die Erfolgsrate bei der Verhinderung von Abwanderungen.

[10] Dieser Nutzenaspekt kann jedoch schnell zu einer Schadensgröße werden, und zwar dann, wenn die Mitarbeiterkontrolle zu einem Klima der Beschwerdeunterdrückung führt.

Unter den *unternehmensinternen Rahmenfaktoren* bildet das betriebliche *Wertesystem* des Einzelhandelsunternehmens in zweifacher Hinsicht eine generelle Handlungsgrundlage für die Beschwerdepolitik. Zum einen stellt die *grundsätzliche Haltung* zum *Kunden* als Wertprinzip auf jeder Mitarbeiterebene eine wichtige Voraussetzung dar [Heumann, 1982, S. 145; vgl. auch Kap. V]. Die in jüngerer Zeit immer wieder als grundsätzliches Erfolgskonzept gelobte Kundennähe [u. a. Peters, Waterman, 1984] ist für den Handel als Dienstleister wegen des engen Kundenkontaktes von besonderer Bedeutung. Zum anderen ist für die Beschwerdepolitik auch die *grundsätzliche Werthaltung* zur *Beschwerde* und damit auch zu möglichen *Fehlern* des *Personals* handlungsbestimmend. In diesem Zusammenhang haben wir bei unserem interkulturellen Vergleich bundesdeutscher mit us-amerikanischen Unternehmen in einem eher sanktionsträchtigen negativen Umgang mit Mitarbeiterfehlern eine wesentliche Akzeptanzbarriere für die Einführung aktiver Beschwerdestrategien entdeckt [Hansen, Schoenheit, 1986c, S. 445ff].

Mit zunehmender *Unternehmensgröße* steigt die Wahrscheinlichkeit einer systematisch strukturierten und institutionalisierten Beschwerdebearbeitung. Dies ist darauf zurückzuführen, daß mit wachsender Kundenzahl tendenziell der Beschwerdeanfall und damit ein Zwang zur Arbeitsteilung und Koordination in der Beschwerdebearbeitung steigt. Darüber hinaus entwickelt sich häufig erst mit zunehmender Betriebsgröße der Einzelhandelsunternehmen der finanzwirtschaftliche Spielraum, um Kosten der Implementation und laufenden Beschwerdebearbeitung tragen zu können. Bei *Filialisierungen* und *Kooperationen* entstehen organisationale Konsequenzen für die Beschwerdepolitik durch ein hohes Maß an Koordinationsleistungen, insb. wenn eine Handelsorganisation mit ihrer Beschwerdepolitik einheitlich im Markt auftreten will.

Unter den *absatzpolitischen Aktionsbereichen* beeinflussen insb. die *Verkaufsgestaltung* und die Sortiments- und Produktpolitik die Gestaltungsmöglichkeiten einer aktiven Beschwerdepolitik. Im Rahmen der strukturgebenden Wirkungen der *Verkaufsgestaltung* spielen die Prinzipien der Kontaktanbahnung, Warenpräsentation und Bedienungsform eine wichtige Rolle. So bestehen beispielsweise grundsätzlich verschiedene Anforderungen hinsichtlich der Beschwerdepolitik im Residenz- und Distanzhandel [Witt, 1987, S. 545]. Die unterschiedliche Kontaktanbahnung führt zu entsprechend anderen Unzufriedenheitspotentialen im Rahmen der Angebotspräsentation und -struktur, der Kontaktierung, dem Warenverkauf und Warentransport[11]. Außerdem wird von den Versandhäusern die Beschwerdepolitik wegen des Mangels an physischer Warenpräsentation auch aus risikoreduzierenden Gründen zur Verstärkung der Konsumentensicherheit aktiv betrieben. Die Ausgestaltung der Beschwerdepolitik im Residenzhandel ist wiederum davon abhängig, welche Bedienungsform das Einzelhandelsunternehmen aufweist. So besitzt die Fremdbedienung im Fachhandel den großen Vorteil der direkten persönlichen Kommunikation zwischen Verkaufspersonal und Kunden. Unzufriedenheit mit spezifischen Dienst- oder Sachleistungen kann damit schon während des Verkaufs- oder Beratungsgesprächs vom Kunden artikuliert und seitens des Verkaufspersonals entgegengenommen bzw. abge-

[11] So ist es nicht verwunderlich, daß in der Einzelhandelspraxis gerade die Versandhandelsunternehmen eine aktive Beschwerdepolitik betreiben [Meurer, 1985, S. 283ff].

wendet werden. Im Fall der Selbstbedienung bestehen für den unzufriedenen Konsumenten größere Beschwerdebarrieren. Ein unmittelbarer Ansprechpartner ist häufig nicht erreichbar.

Im Zusammenhang mit der *Produkt-* und *Sortimentspolitik* entstehen produktspezifische Determinanten des Beschwerdeverhaltens der Konsumenten. Hier ist also der Frage nachzugehen, wie die Eigenschaften der gelisteten Produkte (Beispiele: technische Komplexität, Erklärungsbedürftigkeit, Serviceintensität) die Beschwerdeneigung der Konsumenten bestimmt, welche Produktprobleme durch sie in der Ge-, Verbrauchs- und Entsorgungsphase zu erwarten sind, ob Irradiationen auf weitere Sortimentsbereiche auftreten können und welche Konsequenzen daraus für die Behandlung und Nutzung artikulierter Beschwerden resultieren. Beschwerden erfolgen i. d. R. eher bei langfristigen, hochwertigen Gebrauchsgütern [Hansen, Niestrath, Thieme, 1983, S. 540f] während Unzufriedenheit mit Gütern des täglichen Bedarfs verstärkt zu Abwanderung und negativer persönlicher Kommunikation führt [Riemer, 1986, S. 192]. Daraus folgt, daß die Unzufriedenheit mit Gütern des täglichen Bedarfs möglichst unmittelbar und relativ kulant abzubauen ist. Eine Beschwerdepolitik bezüglich langfristiger Gebrauchsgüter erfordert vor allem durch die mit ihnen verbundenen Nebenleistungen umfangreichere organisatorische Anpassungen in Form einer entsprechenden institutionellen Ausgestaltung der Beschwerdepolitik [Riemer, 1986, S. 191ff] bzw. ihre Integration in die innerbetrieblichen Abläufe, wie z. B. Zusammenarbeit zwischen der Beschwerde- und Kundendienstpolitik.

Unter den *unternehmensexternen Rahmenfaktoren* sind Konsumenten und Konkurrenten innerhalb der engeren absatzseitigen Aufgabenumwelt handlungsrelevant. Zum *Beschwerdeverhalten* der *Konsumenten* können grundlegende Erkenntnisse der Beschwerdeforschung angewendet werden [Kap. 421.10202. Spezifika der Konsumentenzielgruppen sind als personenbezogene Determinanten des Beschwerdeverhaltens zu berücksichtigen. Interessante Aspekte ergeben sich für jene Beschwerden, die sich auf die vom Handel erbrachten Dienstleistungen beziehen[12]. Dienstleistungen charakterisieren sich bekanntlich durch die drei Merkmale

— Immaterialität der angebotenen Leistung,
— direkte (simultane) Bedarfsdeckung durch die Leistungserstellung,
— Integration des externen Faktors.

Alle drei Merkmale sind bei personen- und sachbezogenen Dienstleistungen unterschiedlich stark ausgeprägt und nehmen einen entsprechenden Einfluß auf das Beschwerdeverhalten der Konsumenten. Die Immaterialität und Faktorintegration von Dienstleistungen (z. B. im Beratungsgespräch des Fachhandels) führen dazu, daß der Konsument einerseits ein hohes Risiko hinsichtlich der Beurteilung der Dienstleistungsqualität empfindet, und dadurch u. U. relativ unsicher hinsichtlich der Beurteilung mangelhafter Leistungen ist. Zum anderen bewirkt das Kriterium der Faktorintegration, daß der Konsument seine Unzufriedenheit nicht allein dem Verkaufspersonal oder Service zuordnen kann und somit die Eindeutigkeit der Ursachenattribuierung bei Unzufriedenheit abnimmt [Hill, 1986, S. 311ff]. Beide Faktoren können be-

---

[12] Vgl. zum Dienstleistungscharakter des Handels Kap. I, 441. Zur Übertragung der Beschwerdeforschung auf Dienstleistungsunternehmen wird als vertiefende Lektüre empfohlen Stauss, 1989, S. 41ff.

wirken, daß dienstleistungsbezogene Unzufriedenheiten eher zu Abwanderung und negativer persönlicher Kommunikation, als zu einer Beschwerde gegenüber dem Unternehmen führen. Diese Tendenz wird noch dadurch verstärkt, daß im Fall personenbezogener Dienstleistungen aufgrund der Simultanität von Leistungserstellung und Bedarfsdeckung eine nachträgliche Problembeseitigung in Form des Umtauschs oder der Problembehebung nicht möglich ist und der Konsument unter diesen Umständen den Beschwerdenutzen eher gering einschätzt. Dienstleistungsbezogene Beschwerden führen so zu spezifischen beschwerdepolitischen Anforderungen, die insb. die Beschwerdestimulierung und -fallösung betreffen.

Die Bedeutung der *Konkurrenten* erwächst im Rahmen der Beschwerdepolitik daraus, wie die Konsumenten Möglichkeiten des Einkaufsstättenwechsels wahrnehmen. Darüber hinaus stellt die Beschwerdepolitik der Konkurrenten einen weiteren Rahmenfaktor dar, indem sie bei den Konsumenten das allgemeine Erwartungsniveau für den Erfolg von Beschwerden und damit die erreichbare Beschwerdezufriedenheit beeinflußt. Dieser Aspekt bewirkt die Abnutzung von Wettbewerbsvorteilen durch aktive Beschwerdepolitik und stellt ein ernstzunehmendes Gegenargument in der akquisitorischen Beurteilung dar.

Im Rahmen der beschaffungsseitigen Aufgabenumwelt bestehen mit den *Lieferanten* in der Weise Rahmenbedingungen, daß der Handel erste Anlaufadresse für produktbezogene Beschwerden ist, auch wenn sie von den Herstellern zu verantworten sind. In Fällen von Reklamationen entstehen für den Konsumenten zunächst vertragsrechtliche Ansprüche an den Händler als Kaufpartner, die dieser dann gegen seine Lieferanten geltend macht. Sowohl für die Beschwerderegulierung wie auch für den Informationsfluß der Beschwerden entstehen Kooperationserfordernisse zwischen den Handelsunternehmen und ihren Lieferanten.

Aus der Makroumwelt sind *gesetzlich geregelte Problemlösungsformen* für die Beschwerdepolitik zu berücksichtigen, mit denen der Einzelhandel seinen Gewährleistungsverpflichtungen im Rahmen der Beschwerdefallösung nachzukommen hat. Es handelt sich hierbei um die im BGB bzw. AGB geregelten Problemlösungsformen „Wandlung, Minderung, Ersatz, Nachbesserung und Schadensersatz". Auch die Regelungen zur Produkthaftung für Schäden, die den Konsumenten aus fehlerhaften Produkten entstehen, die im Rahmen der europäischen Rechtsangleichung kürzlich in der Bundesrepublik verschärft wurden, beeinflussen die Beschwerdepolitik. Diese Rechtsnormen sind teilweise im Rahmen des Verbraucherschutzes das Ergebnis des generellen *verbraucherpolitischen Aktivitätsniveaus.* Daneben wirken Verbraucherorganisationen als Drittinstitutionen für Beschwerdeführer auf die Beschwerdepolitik des Handels ein, indem sie vermittelnd in Einzelfällen der Beschwerderegulierung eingreifen und dabei auch stellvertretend Rechte des Verbrauchers wahrnehmen. Darüber hinaus können sie Unzufriedenheitspotentiale mobilisieren und — durch Medien verstärkt — kollektiv Beschwerde führen, was für den Handel imagepolitisch von Bedeutung ist.

Aktionsteilbereiche und Aktionselemente

Die Beschwerdepolitik erfolgt in drei Aktionsteilbereichen, deren Struktur den Ablauf einer effizienten Beschwerdebearbeitung widerspiegelt [Schaubild II, 9.1]:

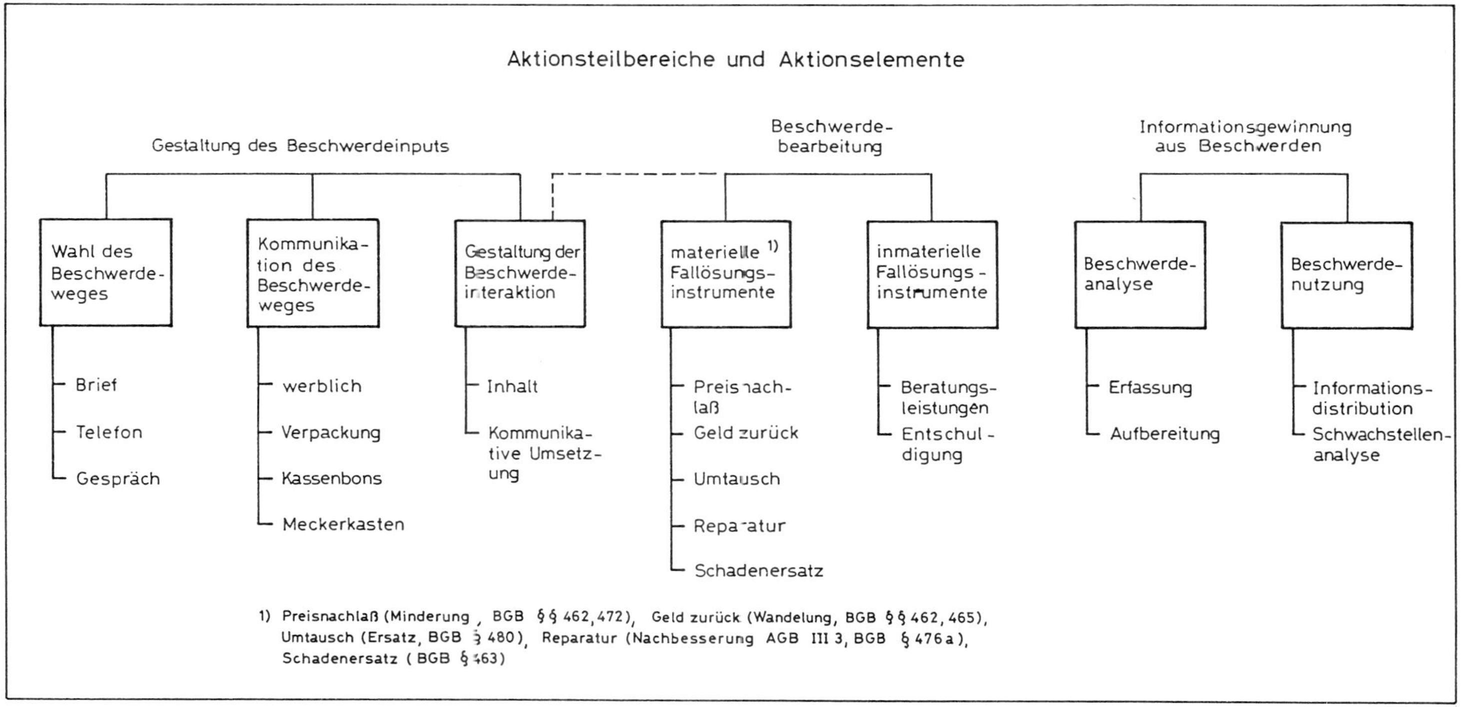

Schaubild II, 9.1: Beschwerdepolitik

— Gestaltung des Beschwerdeinputs,
— Beschwerdebearbeitung, Beschwerdefallösung,
— Informationsgewinnung aus Beschwerden.

Die Gestaltung des *Beschwerdeinputs* umfaßt die Umsetzung von Verbraucherunzufriedenheit in unternehmensbezogene Beschwerden. Im Rahmen der Beschwerdebearbeitung geht es um die Annahme und Lösung von Beschwerdefällen. Sie dient der Herstellung individueller Konsumentenzufriedenheit. Die *Beschwerdefallösung* ist eng mit Nachkaufservice-Aktivitäten verbunden [Hansen, Niestrath, Thieme, 1983, S. 539]. Dieser Aspekt verweist auf das Problem der institutionellen Aufgabenverteilung, insb. zwischen den Aktionsbereichen Beschwerdepolitik und Kundenservice. Der Beschwerdebearbeitung folgt der Bereich der *Beschwerdeinformationsgewinnung,* soweit mit der Beschwerdepolitik auch vorbeugende Nutzung der Informationen zur Vermeidung genereller Unzufriedenheit im Markt berücksichtigt wird.

93 Aktionsprinzipien der Beschwerdepolitik

931 Prinzipien der Gestaltung des Beschwerdeinputs

9311 Prinzipien der Beschwerdestimulierung

Aktive Beschwerdepolitik verfolgt das Ziel, möglichst viel Unzufriedenheit in unternehmensbezogene Beschwerden umzusetzen. In der Literatur hat man dieses Ziel auch als Beschwerdemaximierung bezeichnet, was allerdings in vielen Ohren der Praktiker ungewohnt und dissonant klingen muß, wenn nicht der explizite Bezug zu einem gegebenen Maß an Unzufriedenheit hergestellt wird. Diese Kanalisierung von Unzufriedenheit in unternehmensbezogene Beschwerden wird mit dem Prinzip der *Beschwerdestimulierung* verfolgt. Seine Gestaltung ergibt sich aus der Anwendung von Kenntnissen aus der Beschwerdeverhaltensforschung, die sich zur Aufdeckung von Beschwerdebarrieren eignet. Der Einsatz von stimulierenden Mitteln ist den produkt- und zielgruppenspezifischen Unterschieden wahrgenommener Barrieren anzupassen. Zu berücksichtigen sind verschiedene Maßnahmen der Vereinfachung von Beschwerdewegen, die Motivation zur Beschwerde bei Unzufriedenheit und die kundenorientierte Beschwerdeinteraktion.

Das Prinzip der Beschwerdestimulierung wirft das Problem „unberechtigter" Beschwerden auf. Unternehmen neigen dazu, die Berechtigung aus technischen oder kaufmännischen Sachnotwendigkeiten abzuleiten und denken insofern unternehmensbezogen. Soweit den Beschwerden Unzufriedenheit und damit nicht erfüllte Erwartungen zugrunde liegen, erscheinen sie demgegenüber auch als *Problem fehlgeleiteter Erwartungen* und fordern nach kundenorientiertem Marketingverständnis Aufklärungsaufgaben heraus. Oft entstehen gerade durch Werbung oder Verkaufsgespräche übersteigerte Erwartungen, die Unzufriedenheiten verursachen. Es gibt auch Beschwerden, die trotz Zufriedenheit von den Kunden aus verschiedenen ökonomischen und psychologischen Gründen geäußert werden und damit in der Tat unberechtigt sind. Diese Fälle sog. *Querulanten* bilden bei Anwendung des Prinzips der

Beschwerdestimulierung ein Problem. Sofern sie für die Beschwerdebearbeitung nicht auszusondern sind, besteht unter ökonomischen Gesichtspunkten die Aufgabe, sie als verlorene Kosten dem Nutzen der Beschwerdepolitik gegenüberzustellen und hier ein Optimum anzustreben.

9312 Prinzipien zentraler oder dezentraler Gestaltung des Beschwerdeinputs

Die Handlungsalternative zentraler oder dezentraler Regulierung des Beschwerdeinputs stellt sich im Handel auf zwei Ebenen, nämlich auf der Verkaufsstellenebene und bei filialisierten Unternehmen auf der Ebene der Zentralverwaltung. Nach dem Prinzip der *Dezentralisierung* kann das Beschwerdeaufkommen

— nach sachlichen Zuständigkeiten differenziert und
— nach Problemumfang hierarchisch gestaffelt

entgegengenommen werden. Damit ist zu erreichen, daß alle Mitarbeiter ein kundenorientiertes Problembewußtsein entwickeln, Kundenunzufriedenheit verursachungsgemäß bearbeitet wird und das Beschwerdegeschehen in die sonstigen Marktkontakte integriert werden kann. Gerade im Handel (abgesehen vom Distanzhandel) bestehen *breit* angelegte *Basiskontakte* zwischen Personal und Konsument, die von den Kunden auch als Beschwerdeanlaufstellen genutzt werden. Die Dezentralisierung erfordert Regelung der Zuständigkeiten und Schaffung von Kompetenzen im Umgang mit Beschwerden bei allen kundennahen Mitarbeitern. Das Prinzip ist insofern nachteilig, als Regelungen der Zuständigkeiten *schwer* nach außen zu *publizieren* sind und damit u. U. für Kunden intransparent bleiben. In psychologischer Hinsicht entsteht ein Problem daraus, daß die Konfrontation der Mitarbeiter mit selbstverursachten Fehlern die Gefahr der *Verdrängung* und *Unterdrückung* von Beschwerdetatbeständen mit sich bringt. Dezentralisierte Beschwerdekontakte sind zudem *schwer kontrollierbar* und verursachen Schwierigkeiten bei der innerbetrieblichen Kanalisierung von Beschwerden.

Bei der Anwendung des Prinzips *zentraler Beschwerdeinputs* verkehren sich diese Vor- und Nachteile. Es wird realisiert durch die Schaffung von Beschwerdeanlaufstellen, wie z. B. Verbraucherabteilungen, Kundenberatungsstellen und Serviceabteilungen [Kap. V, 53], die nach außen und innen als Ohr am Kunden deklariert werden. Dies erlaubt nach außen eine eindeutige Publizität und reduziert durch die Möglichkeit der Personalisierung der beratenden und helfenden Instanz die psychischen Beschwerdebarrieren. Die stellvertretende Entgegennahme von Beschwerden durch eine zentrale Abteilung verhindert das psychische Verdrängungsproblem, ermöglicht Kontrollen und vereinfacht innerbetriebliche Beschwerdewege. Inwieweit es dabei gelingt, die durch Beschwerde artikulierten Verbraucherinteressen in den unternehmerischen Entscheidungsprozeß einfließen zu lassen, wird sowohl von der *hierarchischen Einordnung* als auch den damit verbundenen abteilungsspezifischen Einflußrechten [Hansen, Stauss, 1985, S. 163ff] determiniert.

Eine besondere Gestaltungsaufgabe hinsichtlich der Organisation zentraler Beschwerdeanlaufstellen besteht bei der Vertriebslinienpolitik großer und diversifizierter Einzelhandelskonzerne [Thieme, 1987, S. 195]. Die für den Konsumenten häufig als eigenständige Betriebsform erscheinenden differenzierten Vertriebslinien führen dazu, daß in diesen Fällen eine Dezentralisierung und Aufgabenverteilung mittels vertriebslinien-spezifischer Beschwerdeanlaufstellen erforderlich ist. Sie sind durch eine übergeordnete, der Unternehmenszentrale verantwortliche Abteilung zu koordinieren.

9313 Prinzip einer Kundenzentrierung in der Beschwerdeinteraktion

Die Beschwerdeinteraktion ist Bestandteil des Beschwerdeinputs und hat darüber hinaus Elemente der Beschwerdebearbeitung, insb. in der Anwendung immaterieller Fallösungsinstrumente. Überwiegend sind psychologische Grundlagen aus der Verkaufskommunikation [Kap. II, 451] übertragbar, wenngleich spezifische Interpretations- und Anwendungsüberlegungen notwendig sind aufgrund der besonderen psychischen Situation, die aus dem Beschwerdetatbestand resultiert. Ähnlich wie bei dem Verkauf sind zur Gestaltung von Beschwerdeinteraktionen strukturelle Bedingungen (insb. Merkmalsrelationen zwischen Beschwerdeführer und Beschwerdeadressat) und Prozeßdeterminanten (Ablauf der Kommunikation, inhaltliche Argumentation, kommunikative Umsetzung) zu berücksichtigen. Erhöhte Anforderungen entstehen aus der oft starken emotionalen Betroffenheit der Parteien.

Das Prinzip der Kundenzentrierung wird hier besonders herausgestellt, weil es mit dem Prinzip der Beschwerdestimulierung korrespondiert. Demgegenüber finden sich in der Praxis häufig Beschwerdeinteraktionen, die zur Beschwerdeunterdrückung als Prozesse der Zuständigkeitsabwehr, der gegenseitigen Schuldzuweisung oder der einseitigen Machtausübung gestaltet werden. Die Kundenzentrierung erfordert, daß in der inhaltlichen Argumentation auf die psychische Unzufriedenheitssituation der Kunden eingegangen wird. Vielfältige Grundlagen ergeben sich u. a. unter risiko-, attributions- oder dissonanztheoretischen Aspekten. In der kommunikativen Umsetzung bedeutet Kundenzentrierung, daß dem Konsumenten die Chance wechselseitiger Beeinflussung eingeräumt wird.

932 Prinzipien der Beschwerdebearbeitung

Eine grundlegende Entscheidung zur Beschwerdebearbeitung bezieht sich auf die Handlungsprinzipien der *generellen Anerkennung* oder *Fallprüfung* [Schaubild II, 9.2].

Diese Basisentscheidung ist in Abhängigkeit von Art und Umfang der anfallenden Beschwerden zu treffen. Tendenziell wird eher das Prinzip *genereller Anerkennung* verwirklicht, wenn Probleme bei der Berechtigungsprüfung bestehen (z. B. bei Beratungsgesprächen) oder Bagatellkosten der Beschwerderegulierung zu erwarten sind (Beispiel: Produktersatz bei niedrigwertigen Produkten). Neben diesen abzuwägenden Fragen der beschwerdepolitischen Kostenwirtschaftlichkeit ist zu berücksichtigen, daß dieses Prinzip imagepolitische Vorteile hat, indem sich das Einzelhandelsunternehmen als kundenorientiert positioniert, insb. wenn nachhaltige Irradiationsef-

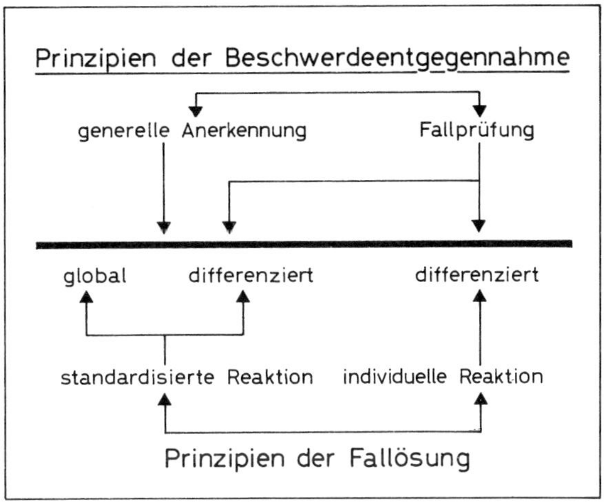

Schaubild II, 9.2: Prinzipien der Beschwerdebearbeitung

fekte bei umfangreichen Kundenkontakten zu erwarten sind. Die generelle Anerkennung von Beschwerden führt allerdings zu dem Problem, daß auch *ungerechtfertigte Ansprüche* erfüllt werden.

Mit dem Prinzip der *Fallprüfung* wird diesem Problempunkt vorgebeugt. Im Rahmen einer Beschwerdefallprüfung wird anhand spezieller Prüfkriterien (Käufer/Nicht-Käufer[13], Beschwerdeinhalt, Verantwortlichkeit sowie formale Kriterien wie z. B. gewährte Garantiefristen) eine Selektion der gerechtfertigt zu bearbeitenden Beschwerden vorgenommen [Riemer, 1986, S. 228]. Der Vorteil einer Fallprüfung besteht darin, daß neben dem Erkennen unberechtigter Forderungen erste Hinweise auf die ggf. zu lösende Beschwerdeursache gewonnen und damit Maßnahmen der Beschwerdefallösung vorbereitet werden können. Andererseits ist eine strenge Fallprüfung insofern problematisch, als sie die Kontaktaufnahme des Konsumenten erschwert und so das Ziel der Beschwerdestimulierung konterkarieren kann.

Nach Entgegennahme und ggf. Prüfung der Beschwerden schließt sich die Beschwerdefallösung an. Die Rahmenbedingungen der Fallösung werden im wesentlichen durch den Beschwerdeinhalt bzw. -bezug, die Bedeutung des Kunden sowie betriebsformen- oder branchentypische Fallösungsstandards vorgegeben. Ähnlich wie für den Servicebereich lassen sich als Prinzipien der Fallösung nach Regelungsgehalt die *standardisierte* und die *individuelle Reaktion* unterscheiden, wobei erstere mit dem Prinzip genereller Anerkennung korrespondiert und letztere das Prinzip der Fallprüfung voraussetzt [Schaubild II,92]. Für unkomplizierte, häufiger wiederkehrende oder ohne großen Aufwand zu regulierende Beschwerden sind standardisierte Reaktionsmuster zu entwickeln, die einerseits die Verwaltungsaufgaben gering halten und andererseits die Arbeitszeit verkürzen. Diese Rationalisierungseffekte erbringen Kostenvorteile und Marktchancen, da schnelle Bearbeitung oft wichtig ist, um Beschwerdezufriedenheit zu erzielen und den Zeitraum für mögliche negative Mund-

[13] So z. B. durch den verlangten Nachweis des Kassenbons bei produktbezogener Unzufriedenheit [Kendall, Russ, 1982, S. 246].

werbung zu reduzieren. Die Unternehmung muß allerdings bei der Anwendung dieses Prinzips hinnehmen, daß unterschiedliche Kundenerwartungen sowohl über- wie unterschritten werden können. Dem ist entgegenzuwirken, wenn im Rahmen der Standardisierung keine *globalen Beschwerdebearbeitungsregeln,* sondern *segmentspezifische Differenzierungen* vorgegeben werden. Als Segmentierungskriterien werden der Umsatz mit einem Kunden als ökonomischer Erfolgsfaktor oder die Einschätzung seiner Bedeutung als opinion leader (Mundwerbung) herangezogen. Voraussetzung ist die Möglichkeit der Identifikation von Segmentkriterien bei der Beschwerdeentgegennahme. Moralische Bedenken sind bei einer derartigen Differenzierung insofern anzumelden, als die Kundenansprüche auf Zufriedenstellung dann offenbar unterschiedlich wichtig genommen werden.

Individuelle Reaktionen werden ohne Vorregelung in persönlicher Abstimmung mit dem Beschwerdeführer entwickelt. Im Rahmen einer aktiven Beschwerdepolitik sollten sie aufgrund hoher Regulierungskosten auf Fälle komplizierter, selten auftretender oder ökonomisch bedeutsamer Beschwerden beschränkt bleiben.

Angesichts einer Vielzahl von materiellen und immateriellen Reaktionsmöglichkeiten (Aktionselementen) zur Fallösung, die teilweise untereinander substituierbar sind, entsteht Bedarf nach Auswahlprinzipien. Konflikttheoretisch interpretiert weist die Beschwerde den Charakter eines durch unterschiedliche Handels- und Verbraucherinteressen bedingten *Austauschkonfliktes* auf [Lilge, 1984, S. 23; Meyer, D., 1988, S. 444]. Die Beschwerdeabwicklung des Handels wird somit zu einem Konfliktlösungsfall, um bestehende Konfliktpotentiale abzubauen.

Beschwerdebearbeitung als Konfliktlösungsprozeß

Zur Beschwerdefallösung können Konfliktlösungstypen entwickelt werden [Steffenhagen, 1975, S. 138—148; Glasl, 1980, S. 329ff; Häflinger, 1981, S. 170ff]. Sie sollen als Prinzipien der *ursächlichen Problemlösung,* der *Konfliktüberdeckung durch Kompensationszahlungen* und der *Beeinflussung von Beschwerdedeterminanten* kurz dargestellt werden: Der Wiederherstellung von Zufriedenheit mit der ursächlichen Unternehmensleistung ist vorrangig Bedeutung beizumessen (Beispiele: Reparatur, Produktersatz). Bei komplizierten, komplexen Beschwerdefällen erfordert dieses Prinzip einen gemeinsamen Problemlösungsprozeß, der für beide Konfliktpartner mit Lerneffekten verbunden ist und seitens des Handels für eine starke Loyalitätsbindung genutzt werden kann. Demgegenüber gibt es Fälle, in denen eine Ursachenbeseitigung nicht möglich oder erwünscht ist (Beispiel: Dienstleistungen), so daß die Beschwerdehandhabung über Kompensationszahlungen (Beispiel: Preisnachlaß) vorgenommen werden muß. Diese Form der Beschwerdebearbeitung stellt nur eine Quasilösung des Konfliktfalles dar. Zwar wird Zufriedenheit mit der Beschwerdelösung herbeigeführt, der Konflikt mit der ursächlichen Unternehmensleistung aber nur überdeckt. Die Beeinflussung der Beschwerdedeterminanten setzt nicht bei dem Beschwerdetatbestand selbst, sondern bei vorgelagerten Faktoren an. Dazu gehört insb. die Korrektur von Erwartungshaltungen, die in engem Zusammenhang mit der Entwicklung von Unzufriedenheit stehen.

Beschwerde als Konfliktlösungsprozeß

933 Prinzipien der Informationsgewinnung

Die Informationsgewinnung aus Beschwerden umfaßt zum einen die systematische *Analyse* der eingehenden Beschwerden hinsichtlich ihres informatorischen Gehalts und zum anderen die *Beschwerdenutzung*. Prinzipien der Beschwerdeanalyse richten sich auf die *Zeitintervalle (kontinuierlich / diskontinuierlich / fallweise)* und auf den *Umfang (umfassend / selektiv)*. Eine kontinuierliche Datenauswertung, d. h. die unmittelbar an den Zeitpunkt der Beschwerdeartikulation anknüpfende Analyse, weist den Vorteil auf, daß sich das Einzelhandelsunternehmen laufend auf einem aktuellen Stand bezüglich der Schwerpunkte und Trends artikulierter Unzufriedenheit befindet und so unmittelbar marketingpolitische Schlußfolgerungen ziehen kann. Im Fall eines hohen Beschwerdeaufkommens ist eine kontinuierliche Beschwerdeanalyse allein EDV-gestützt bei entsprechenden Rationalisierungseffekten realisierbar. Das Prinzip diskontinuierlicher Datenauswertung (z. B. im Quartalsabstand) bietet sich dann an, wenn der Beschwerdeanfall relativ gering und die Beschwerdeinhalte im Zeitablauf relativ konstant sind. Beide Prinzipien machen es erforderlich, daß Merkmale festgelegt und der Beschwerdeanalyse und Dateninterpretation zugrundegelegt werden. Je nach Auswertungsinteresse ist dieser Merkmalskatalog möglichst umfassend, d. h. auf alle erzielbaren Beschwerdedaten[14] auszurichten oder selektiv aufzubauen. Eine selektive Datenauswertung kann dann von Interesse sein, wenn das Einzelhandelsunternehmen nur ganz spezifischen und inhaltlich eingegrenzten Fragestellungen nachgehen will. Die Nutzung der Beschwerdeinformationen erfordert die Weitergabe an die zuständigen Entscheidungszentren im Einzelhandel oder an die Lieferanten. Hier können die gleichen Prinzipien angewendet werden, wie sie bereits für die Beschwerdeanalyse besprochen worden sind.

[14] Dazu gehören Daten zur Person des Beschwerdeführers und zu den Kategorien Produkt/Dienstleistung, Problemursache und Unternehmensreaktion.

III Beschaffungswirtschaftliche Aktionsanalyse des Einzelhandels

1 Besonderheiten des marktpolitischen Bereichs Beschaffung im Vergleich zum Absatz

Die Aufgabe des Einzelhandelsunternehmens besteht darin, Waren von einer Vor- zur Nachstufe weiterzuleiten und sie durch Kombination mit Leistungen konsumreifer zu machen. Beschaffung ist dabei das Verfügbarmachen aller für diese Aufgabe notwendigen Betriebsfaktoren der Leistungserstellung, nämlich Waren und Leistungen, Betriebsmittel einschließlich Standort, Arbeitskräfte und Kapital. Als *Objekte* der *Beschaffung* werden im folgenden aber nur die *Handelswaren* in Verbindung mit *Lieferantenleistungen* dargestellt, da sie im Zusammenhang mit dem Warenabsatz einen geschlossenen Problemkreis bilden und die Beschaffung der übrigen Faktoren aufgrund ihrer speziellen Fragestellungen und Methoden Sonderdarstellungen erfordert. *Damit werden hier nur jene Aktivitäten erfaßt, die sich auf die Lieferanten des Warensortiments einschließlich der damit verbundenen Leistungen und auf die Hilfsorgane zur Beschaffung der Waren richten.*

In der Marketinglehre und -forschung wurde lange Zeit die Beschaffungsseite gegenüber dem Absatz vernachlässigt. Dies gilt für den Handel derzeitig immer noch weitgehend, während für den Bereich des industriellen Beschaffungsmarketing zunehmend Beiträge entstanden sind[1]. Gründe für die langanhaltende Vernachlässigung liegen u. U.

(1) in der Ansicht, die Beschaffung sei komplementär zum Absatz zu verstehen,
(2) in der These vom allgemeinen Primat des Absatzes.

Zu (1): In *überbetrieblicher* Sicht stellen Beschaffung und Absatz den gleichen Prozeß dar, nämlich eine stufenweise Umgruppierung der Waren von der Produktion in Richtung auf den Konsum. Von diesem überbetrieblichen Standpunkt aus spricht man von Absatzwirtschaft, Absatzweg, -mittler, -helfer und meint damit Sachverhalte, die — einzelbetrieblich gesehen — sowohl Absatz- als auch Beschaffungsaspekte umfassen [Schäfer, E., 1981, S. 18]. Daraus wird die Behauptung abgeleitet, die Beschaffung einer Unternehmung sei dem Absatz der vorgelagerten Unternehmung in der Problemstruktur gleich[2]. Die Darstellung der Beschaffungspolitik müßte dann al-

[1] Vorläufer für die Entwicklung einer eigenständigen Beschaffungslehre war Sandig, 1935; vgl. neuere Beiträge von Treis, 1974, S. 249ff; Lippmann, 1978; Grochla, Schönbohm, 1980; Berg, 1981; Hammann, Lohrberg, 1986; Biergans, 1986; Harlander, Platz, 1989. Zum strategischen Beschaffungsmarketing vgl. Arnold, 1982. Zur Beschaffungspolitik des Handels vgl. Mertens, 1986.

[2] „... einer weit vorstoßenden Verkaufsorganisation des Anbieters entspricht zumeist ein gering entwickeltes Einkaufswesen der Nachfrager et v. v. Diese Tatsache deutet darauf hin, daß es sich im Grunde um ein und dieselbe Aufgabe handelt,die lediglich organisatorisch in verschiedener Weise gelöst wird; das eine Mal vorwiegend durch das Verkaufswesen des einen Betriebes, das andere Mal vor allem durch das Einkaufswesen der Betriebe der nächsten Stufe“ [Schäfer, E., 1981, S. 18].

lein aus Analogieschlüssen zur Absatzlehre zu entwickeln sein. Diese Sichtweise ist für eine einzelbetriebliche Analyse nicht aufrechtzuerhalten, da Ziele, Rahmenfaktoren und Aktionsmöglichkeiten einer Unternehmung beschaffungsseitig anders sind als absatzseitig. Selbst wenn begrifflich in der Aktionsbereichssystematik eine gewisse Spiegelbildlichkeit hergestellt werden kann, so sind die Inhalte doch in vieler Hinsicht verschieden.

Zu (2): Die moderne Konzeption der Unternehmensführung ist in ihren Normvorstellungen am *Absatzmarketing* orientiert, eine Grundhaltung, „... die sich mit einer konsequenten Ausrichtung aller unmittelbar und mittelbar den Markt berührenden Entscheidungen an den Erfordernissen und Bedürfnissen der Verbraucher bzw. Abnehmer (Marketing als Maxime) ... umschreiben läßt“ [Nieschlag, Dichtl, Hörschgen, 1988, S. 8]. Damit haben sich die beschaffungswirtschaftlichen Aktivitäten weitgehend an den Absatzgegebenheiten einer Unternehmung zu orientieren. Der Beschaffung selbst wird geringere Bedeutung beigemessen als dem Absatz.

Diese Einstellung mag tendenziell für viele *distribuierende* absatzorientierte Betriebsformen zutreffen, die im Einzelhandel überwiegen. Bei *kollektierenden* Händlern dagegen, wie dem Aufkaufhandel (Beispiel: Antiquitäten-Einzelhandel), besteht grundsätzlich eine stärkere Beschaffungsorientierung. Abgesehen davon ist aber auch nicht gesagt, daß mit der marktlichen Orientierung in der einen oder anderen Richtung die Problematik der Aktivitäten konform geht. Ein primär absatzorientierter Betrieb kann nämlich z. B. auf erhebliche Beschaffungsprobleme stoßen, gerade weil ihm von der Absatzseite her feste Direktiven vorgegeben sind. Daher ist in jedem Fall eine theoretische Beschäftigung mit Problemen der Beschaffung wichtig.

Während die vorangehenden Argumente eher *struktureller* Natur sind, entwickelt sich das wissenschaftliche Problemverständnis auch aus *situativen Faktoren* des Forschungsfeldes. Hier sind auf vielen Märkten absatzseitig Käufermarktsituationen festzustellen, die im Sinne des Engpaßdenkens das Primat des Absatzmarketing verstärken. Allerdings führt ein derzeitig oft hoher Wettbewerbsdruck auf der Absatzseite auch zu einem Handlungsdruck auf der Beschaffungsseite, der dort eine entsprechende Aktivierung hervorruft. Diese direkte Druckübertragung gilt besonders für den Handel, da er Vermittler zwischen Beschaffungs- und Absatzmärkten ist und insofern im Vergleich zur Industrie die Möglichkeit einer problemausgleichenden Produktionsgestaltung fehlt. Zusätzlich erhält die Beschaffungsproblematik auf vielen Märkten durch die seit Jahren anhaltende Konzentrations- und Kooperationsbewegung im Handel eine neue und gewichtige Problemqualität. Erwerb und Umgang mit Nachfragemacht bilden vielfach die Basis für die Entwicklung des beschaffungsseitigen Instrumentariums[3].

Ziele der Beschaffung

Die Ziele der Beschaffung haben als derivative Bereichsziele im Verhältnis zu allgemeinen Unternehmenszielen Mittelcharakter. In ihrer Differenziertheit können sie nur im Zusammenhang mit den Aktionsbereichen dargestellt werden. Daher sollen hier nur einige sozio-ökonomische Leitziele genannt werden. Sie richten sich auf das

[3] Vgl. zur Problematik der Nachfragemacht OECD, 1981; Niestrath, 1983; Lademann, 1986.

nachgelagerte Kundensegment, auf die Lieferanten, die Mitnachfrager oder auf den eigenen innerbetrieblichen Bereich.

Kundengerichtete Ziele der Beschaffung bestehen darin, die Warenbereitstellung in qualitativer, quantitativer und zeitlicher Hinsicht zu sichern. Dabei verbleiben soweit Spielräume, wie ein Händler die Bedarfsdeckung seiner Kunden beeinflussen kann. Die zahlreichen Zielsetzungen gegenüber den *Lieferanten* können auf das Streben zurückgeführt werden, ein den betrieblichen Erfordernissen möglichst gut angepaßtes Waren- und Leistungsbündel zu günstigen Preisen und Lieferbedingungen zu erhalten. Dies kann kürzer- oder längerfristiger orientiert sein und führt im ersten Fall meist zur Wahrnehmung oder Erzwingung jeglicher Vorteile („harte Einkaufspolitik"). Längerfristig wird es in abgemilderter Form verfolgt und mit der Zielsetzung dauerhafter Lieferantenbeziehungen gekoppelt. Bezüglich der allgemeinen Verhandlungsposition im Beschaffungsmarkt kann Macht- und Unabhängigkeitsstreben gegenüber den Lieferanten verfolgt werden. Es kann aber auch das Bemühen um Vertrauen und Vorzugsbehandlung innerhalb eines Partnerschaftsverhältnisses zwischen Lieferanten und Einzelhändler vorherrschen.

Im Hinblick auf die *Mitnachfrager* gibt es Zielalternativen zwischen kooperativer Gleichschaltung der Beschaffung, die gleichzeitig einen Machtgewinn gegenüber den Lieferanten bezweckt, und konkurrierender Absetzung, die bis zu Ausschließlichkeitsverträgen mit den Lieferanten führen kann. Für den *eigenen Betrieb* wird eine Ökonomisierung der direkt und indirekt mit der Beschaffung verbundenen Aktivitäten angestrebt (Beispiel: Auslastung bestehender Kapazitäten der Einkaufsorganisation). Dazu gehört das Bemühen um kostengünstige Warenbeschaffung und der mittelbar davon betroffenen Aktivitäten.

Aktionsfeld der Beschaffung

In ihren Rahmenbedingungen unterscheidet sich die Beschaffungspolitik vom Absatz insb. durch andere und weit *differenziertere Marktverhältnisse* [Schaubild III, 1.1].

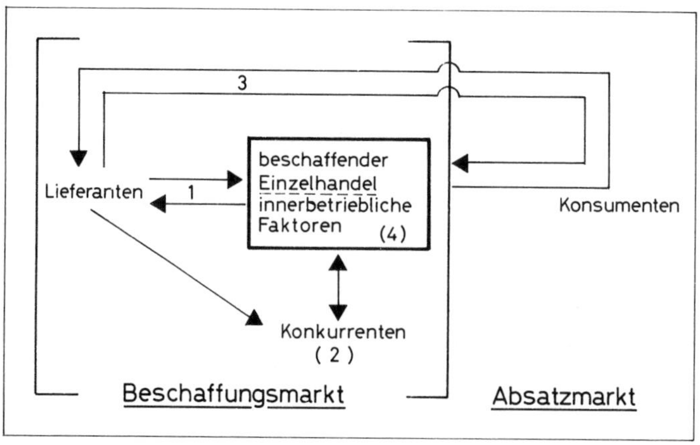

Schaubild III, 1.1: Rahmenfaktoren der Beschaffung

Während auf der Absatzseite als Marktpartner nur die Ebene der Konsumenten zu betrachten ist, müssen beschaffungsseitig die *liefernden Betriebe* [Schaubild III, 1.1, Element 1] auf den verschiedenen Ebenen des Großhandels und der Produktion berücksichtigt werden. Damit ergibt sich gegenüber der Absatzpolitik als zusätzliches Entscheidungsfeld der Einsatz der vertikal geschalteten Marktorgane, d. h. die Wahl der Beschaffungswege. Die Marktbeziehungen resultieren aus *Struktur* und *Verhalten* der sich *gegenüberstehenden Marktseiten*. Auch in dieser Hinsicht liegen differenziertere Ausprägungen als im Absatz vor, wo das Marktseitenverhältnis einer kollektiven Behandlung der Nachfrager durch die Anbieter vorherrscht[4]. Im Beschaffungsbereich sind dagegen alle Marktseitenverhältnisse gegeben, nämlich zusätzlich die kollektive Behandlung der Anbieter durch die Nachfrager und die gegenseitig singuläre Beziehung zwischen beiden Parteien. In diesen drei Marktsituationen unterscheidet sich das Aktions- und Reaktionsgefüge der Beteiligten ganz wesentlich, so daß auch aus diesem Grunde in der Beschaffungspolitik differenziertere Rahmenfaktoren bestehen.

Die Beziehungen zu den Lieferanten sind weiterhin dadurch geprägt, daß diese in aktiver Form das Marktgeschehen durch ein differenziertes Spektrum von handelsgerichteten Maßnahmen beeinflussen. Wie oben behandelt [Kap. I, 423] haben die Hersteller als Abwehr- oder Verteidigungsstrategie gegenüber der Marktmacht des Handels diese Marketingmaßnahmen wesentlich ausgebaut und in ihren Einsatzformen differenziert. Dazu gehören: Gestaltung von Produkt und Verkaufssortiment, Vertriebsorganisation, Handelsumwerbung, Handelsfinanzierung und Preispolitik. Sie müssen in die Darstellung der beschaffungswirtschaftlichen Aktionsbereiche des Handels eingearbeitet werden. Wesentlich mehr als im Absatz sind die beschaffungsseitigen Marktbeziehungen des Einzelhandels vertraglich institutionalisiert.

Innerhalb der *Konkurrenz* [Schaubild III, 1.1, Element 2] sind auf den Beschaffungsmärkten stärker als im Absatzbereich die Betriebsgrößenunterschiede zwischen den Einzelhändlern einflußgebend. Hier ist nur an die scharfen und existentiellen Auseinandersetzungen zwischen Großbetriebsformen und mittelständischem Einzelhandel im Rahmen der Preis- und Mengenpolitik zu erinnern, die einen wesentlichen Grund für die Kooperations- und Konzentrationsbewegung darstellen. Mitnachfrager auf dem Beschaffungsmarkt können Einzelhändler, Großhändler und Integrationsformen verschiedener Branchen sein.

Ein weiterer externer Faktorkomplex der Beschaffung besteht schließlich mit der Organisation der Märkte, d. h. der Methode des Marktverkehrs zwischen Anbietern und beschaffenden Unternehmen und den zur Verfügung stehenden allgemeinen Markteinrichtungen. Dazu gehören Marktveranstaltungen wie Messen, Börsen, Auktionen und Ausstellungen, die den Märkten ganz wesentlich das Gepräge geben, sowie selbständige Absatz- und Beschaffungshelfer. Im Vergleich zur Absatzseite ist der Verkehr auf den Beschaffungsmärkten stärker in diesen Formen organisiert.

Faktoren der *Absatzmarktseite* [Schaubild III, 1.1, Element 3] sind in zweifacher Hinsicht unmittelbar für den beschaffungsseitigen Aktionsrahmen bestimmend, da sie in die Beziehungen zu den Lieferanten eingreifen. Neben den direkt auf den Einzelhandel gerichteten Absatzaktivitäten der Lieferanten sind für den beschaffenden

---

[4] Vgl. die Wiedergabe der Marktseitenverhältnisse von Theisen, 1970, S. 38—44, in Kap. I, 42231.

Einzelhändler auch deren Maßnahmen auf der Konsumentenebene handlungsbestimmend, da sie auf ihn zurückwirken. Es handelt sich z. B. um Sprungwerbung, Markierung, Preisempfehlung oder Verkaufsveranstaltungen, mit denen das Kundensegment des Händlers so beeinflußt wird, daß durch die entstehenden *pull-Effekte* sein Absatz und damit auch seine Beschaffungsaktivitäten betroffen werden. Ebenso gehen in die Lieferbeziehungen die *eigenen Absatzaktivitäten* und die Position gegenüber den Konsumenten ein. Die Lieferanten, die an dem Marktschicksal ihrer Produkte bis zu den Konsumenten hin interessiert sind, bemessen die Eignung des einzuschaltenden Einzelhändlers nach Größe und Eigenschaft des Marktsegmentes, das über ihn zu erreichen ist [Hansen, P., 1972, S. 145f]. Entsprechend bringt der Einzelhändler in den Verhandlungen mit einem Lieferanten seine Absatzstellung ins Spiel. Er kann zudem gegenüber den Lieferanten an Akquisitionspotential gewinnen, wenn er darüber hinaus bereit ist, bei der Entwicklung und Verwirklichung produktspezifischer Marketingaktionen zu kooperieren, wie z. B. durch zeitliche und sachliche Abstimmung seiner eigenen lokalen Werbung mit der überregionalen Produktwerbung eines liefernden Herstellers. Umgekehrt fließen in die Beschaffungsbeziehungen auch Kooperations- und Unterstützungsangebote für den Absatzmarkt ein[5].

Der *innerbetriebliche* Rahmen [Schaubild III, 1.1, Element 4] ergibt sich ganz wesentlich aus dem organisatorischen Hintergrund des betreffenden Unternehmens. Viele Beschaffungsprozesse sind kollektive Entscheidungsprozesse, die von mehreren Personen im sog. *„buying center"* getroffen werden. Diese Personen haben verschiedene Rollen bei der Beschaffung und verbinden in unterschiedlicher Weise die unternehmerischen Beschaffungsziele mit ihren persönlichen Zielen. Es ist ganz wesentlich das Verdienst von Webster, Wind [1972] und Sheth [1974], diese Zusammenhänge verhaltenswissenschaftlich erhellt zu haben. Auf den Handel angewendet stellt sich eine wichtige Frage mit der Dimensionierung des buying center und der organisatorischen Beteiligung von Verkauf und Einkauf. Wichtige innerbetriebliche Determinanten des buying center bilden die Ressourcen, in deren Rahmen sich die Beschaffungsdispositionen vollziehen müssen. Dazu gehören z. B. die Möglichkeiten der *Lagerhaltung,* die sich in den Zeit- und Mengenentscheidungen der Bestellpolitik konkretisieren. Häufiger als im Absatzbereich, wo das Residenzprinzip vorherrscht, ist die Aktionsfähigkeit auf den Beschaffungsmärkten von der *Kapazität* und *Reichweite* des *eigenen Organeinsatzes* abhängig. Aufgrund der im Handel meist hohen Kapitalbindung der im Lager befindlichen Waren ist auch die *finanzwirtschaftliche Basis* der Unternehmung beschaffungspolitisch relevant und bildet für die beschaffungswirtschaftlichen Entscheidungen in qualitativer, quantitativer und zeitlicher Hinsicht Beurteilungsmaßstäbe.

Schließlich wirken sich die *bereits getroffenen Dispositionen* im *Absatzbereich* und die Beschaffungsdispositionen untereinander rahmenbildend aus. Die Absatzaktivitäten legen je nach Marktorientierung des Einzelhändlers die Beschaffungspolitik mehr oder weniger fest; es bestehen im einzelnen zwischen allen absatz- und beschaffungswirtschaftlichen Aktionsbereichen Querverbindungen, so daß zahlreiche Abhängig-

---

[5] Schätzungen von Bormann, 1985, S. 48, zeigen, daß die Werbekostenzuschüsse der Industrie an den Handel inzwischen das Ausgabenvolumen des Handels für Publikumszeitschriften übersteigen.

keiten möglich sind (Beispiel: Discountprinzip wirkt sich beschaffungsseitig auf die Waren- und Preispolitik sowie auf die Einkaufsorganisation aus).

Gehaltvolle Aussagen zum Beschaffungsmarketing können nur in bezug auf spezifische *Beschaffungsobjekte* und damit bei Differenzierung nach verschiedenen *Entscheidungssituationen* gemacht werden. Gemäß Robinson, Faris und Wind [1967, S. 14] hat sich folgende typologische Unterteilung von Kaufsituationen durchgesetzt:

- Erstkauf (new task),
- modifizierter Wiederholungskauf (modified rebuy),
- reiner Wiederholungskauf (straight rebuy).

Das Schaubild III, 1.2 zeigt für diese drei Unterscheidungsmerkmale jeweils drei Ausprägungen, die zu der Typologisierung der Beschaffungssituationen herangezogen werden.

Charakteristische Merkmale / Beschaffungssituation	Neuheit des Problems	Informationsbedarf	Berücksichtigung neuer Alternativen
Erstkauf	hoch	maximal	viele ("important")
modifizierter Wiederholungskauf	mittel	mäßig	begrenzt
reiner Wiederholungskauf	niedrig	gering	keine

Schaubild III, 1.2: Typologisierung von Beschaffungssituationen

2 Beschaffungsseitige Sortimentspolitik

21 Aktionsfeld der Sortimentspolitik

Begriffe

Das Sortiment ist in beschaffungsseitiger Perspektive die *Produktauswahl,* die ein Unternehmen *aus* dem *Lieferantenmarkt bezieht.* Es unterscheidet sich inhaltlich vom Absatzsortiment um jene Warenbestandteile (verkaufsneutrales Sortiment), die beschafft, aber noch nicht dem Verkauf präsentiert werden, weil sie z. B. spekulativer Vorratshaltung dienen, der Reifung oder anderer handelsüblicher Veredelungs- und Pflegeleistungen bedürfen. Zwischen Beschaffungs- und Absatzsortiment können also zeitliche Verschiebungen bestehen. Auf den *Zeitablauf* bezogen richtet sich die beschaffungsseitige Sortimentspolitik auf die *Festlegung* der *Nachfragesequenzen* in den *Beschaffungsmärkten.*

Beschaffungs- und absatzseitige Aspekte sind eng miteinander verzahnt. Daher wird vor einer zu starken Abtrennung des „Warenbeschaffers" vom Absatz in der Praxis oft gewarnt [u. a. Werdin, 1986, S. 2]. In dieser Abhängigkeit zwischen Absatz und Beschaffung erwachsen auf beiden Seiten je nach Branche und Betriebsform unterschiedliche Handlungsspielräume. So sind z. B. Unternehmen mit standardisierten Fach- und Spezialsortimenten aufgrund absatzpolitischer Anforderungen in ihrer beschaffungsseitigen Sortimentspolitik relativ stark eingeschränkt, während Discounter bei der Realisierung von Gelegenheitskäufen einen weit größeren Sortimentsspielraum bei der Beschaffung haben.

Ziele

Soweit die Warenbeschaffung an absatzpolitischen Prinzipien orientiert ist, besteht die *Zielsetzung* der beschaffungsseitigen Sortimentspolitik in einer bestmöglichen Erfüllung absatzseitiger Anforderungen. Originäre beschaffungspolitische Ziele richten sich dagegen darauf, das potentielle Warenangebot in qualitativer Hinsicht möglichst günstig auszunutzen und durch die Art der Warenselektion die Beschaffungsmodalitäten positiv zu beeinflussen. In diesem Sinne dient sie der Erleichterung der Beschaffungsprozesse, einer günstigen Verlagerung der Beschaffungsrisiken auf die Lieferanten und einer Verstärkung der eigenen Machtposition in den Lieferantenbeziehungen.

Aktionsrahmen[1]

Die beschaffungsseitige Sortimentspolitik bewegt sich im Rahmen externer Faktoren der Beschaffungsmärkte, die sich aus der Konstellation der Lieferanten und Mitnachfrager und aus der Organisation der Märkte bestimmen. Aufgrund zahlreicher vertraglicher Festlegungen in den Lieferanten-Händlerbeziehungen sind die Beschaf-

---

[1] Vgl. zu den Einflußfaktoren der Sortimentspolitik auf der Beschaffungsseite ausführlicher Holme, 1984, S. 43ff.

fungspotentiale i. d. R. eingeschränkt. Die Aktionsmöglichkeiten hängen weiterhin wesentlich von der Betriebsgröße und der daraus resultierenden Marktmacht, von der beschaffungsrelevanten Faktorausstattung einschließlich der Kapitalverhältnisse der beschaffenden Unternehmung und von der Organisation der Beschaffungsprozesse ab. Der Charakter sortimentspolitischer Beschaffungsdispositionen ist schließlich auch von den Eigenarten der Beschaffungsobjekte wie z. B. von dem Standardisierungsgrad, dem jahreszeitlichen Aufkommen oder der Wertigkeit der Erzeugnisse beeinflußt.

Aktionsteilbereiche und Aktionselemente

Aktionsteilbereiche der Sortimentspolitik bestehen in der *inhaltlichen Kombination* der *Beschaffungsobjekte* und in Dispositionen über den *Zeitablauf* der *Beschaffungssequenzen.* Die Sortimentspolitik enthält strategische Entscheidungen über den Sortimentsaufbau, mit denen der grobe Rahmen betrieblicher Tätigkeit längerfristig abgesteckt wird, und Detailentscheidungen, die auf der operativen Ebene getroffen werden und kurzfristig den vorgesteckten Rahmen inhaltlich ausfüllen. Mit den inhaltlichen Festlegungen sind Probleme der *Sortimentsdimensionierung* in der Breite und Tiefe eng verbunden.

In diesen drei Teilbereichen bilden die Produkte und Produktgruppen als Beschaffungsobjekte die Aktionselemente.

22 Aktionsprinzipien der Sortimentspolitik

221 Orientierungsprinzipien des Beschaffungsmarktes als Aufbaukriterien

Die Orientierungsformen der beschaffungsseitigen Sortimentspolitik stellen Aktionsprinzipien dar, die teils in bezug auf den strategisch-inhaltlichen Sortimentsaufbau und teils im Ablauf operativ festzulegender Dispositionen angewendet werden und zudem gleichzeitig die Sortimentsdimensionen betreffen[2].

2211 Orientierung an der Warenordnung der Vorstufen

Beschaffungspolitische Prinzipien der Sortimentsorientierung werden befolgt, wenn die Warenordnungen der Vorstufen übernommen werden und der Einzelhändler keine prinzipiellen Warenumgruppierungsaufgaben in Richtung auf spezielle Absatzmarkterfordernisse mehr durchführt. Diese Formen des Sortimentsaufbaus stellen Herkunftsorientierungen dar, die an

(1) produktionsbedingte oder
(2) distributionsbedingte Warenordnungen

[2] Komplementär sind die Orientierungsprinzipien auf der Absatzseite zu berücksichtigen [Kap. II, 241].

anknüpfen können. Erstere ergeben Orientierungsprinzipien nach Herstellungsgebiet, Herstellungsmaterial und Verarbeitungsweise der Waren. Diese Prinzipien werden je nach Art der Beschaffungsorganisation entweder von Herstellern oder Großhändlern übernommen. Sofern die Vorstufe bereits eine bedarfsgerechtere Sortimentierung leistet, verliert die Herkunftsorientierung des Einzelhandels ihre produktionsbedingte Ordnung und bezieht sich nur auf die distributive Warenordnung des Beschaffungsmarktes.

Zu (1): Der Sortimentsaufbau nach *Herstellungsgebieten, Herstellungsmaterial* und *Verarbeitungsweise* der Produkte ist überwiegend als tradierte Form der Einzelhandelsspezialisierung zu betrachten [Seyffert, 1972, S. 58f]. In Zeiten, in denen die räumliche Mobilität gering war und die Produkte weniger konsumreif in den Handel gelangten, bildeten diese Prinzipien eine notwendige Arbeitsvoraussetzung für den Handel. Sie verlieren aufgrund der technischen Entwicklungen in der Produktion, im Verkehrs- und Kommunikationswesen ständig an Bedeutung und werden zugunsten der stärker erforderlichen Hinkunftsorientierung zunehmend aufgegeben.

Eine Orientierung an Herstellungsgebieten besteht für inländische Erzeugnisse vornehmlich bei Spezialversendern, die aufgrund des Distanzprinzips eine genügend große Kundengruppe für eine derartige Spezialisierungsrichtung erreichen können. Innerhalb des Residenzhandels ist dieses Prinzip bei inländischen Produkten kaum

Herkunftsorientierter Sortimentsaufbau

anwendbar, da es absatzseitig nicht tragfähig ist. Dagegen hat sich für ausländische Waren das Kolonialprinzip des hanseatischen Importhandels noch teilweise erhalten, das vom Einzelhandel übernommen wird, ohne daß dieser eine weitere Warenumgruppierung durchführt (Beispiel: Chinawaren). Sortimentierungen nach Herstellungsmaterialien (Beispiel: Leder- oder Korbwaren) oder Verarbeitungsweisen (Beispiel: Strickwaren) sind als Orientierungsprinzipien zu verstehen, die aus der Nähe des Handels zum Handwerk entstanden sind. Derartige Sortimente enthalten Produkte für verschiedenste Verwendungszwecke und Konsumentengruppen und sind daher hinsichtlich der Entfaltung von Absatzmarktbeziehungen sehr heterogen.

Alle drei Prinzipien der Herkunftsorientierung weisen in dem jeweiligen Orientierungskriterium *Beschaffungshomogenität* auf und erbringen damit dem Einkaufspersonal den Vorteil stärkerer Spezialisierungsmöglichkeiten als bei hinkunftsorientierten Sortimenten. Sie erhalten sich insb. in solchen Bereichen, in denen noch komplizierte, pflegeintensive Wareneigenarten oder schwer zugängliche Beschaffungsmärkte bestehen. Verschiedentlich bilden sie allerdings nur noch ein Relikt aus tradierten Branchenformierungen, die ihre ursprüngliche ökonomische Berechtigung immer mehr verlieren.

Der Sortimentsaufbau nach herkunftsorientierten Prinzipien kann nur unter der Voraussetzung realisiert werden, daß er absatzseitig von den Konsumenten akzeptiert wird. Da in diesen Sortimenten die Produkte nicht in adäquate substitutive und komplementäre Bedarfszusammenhänge gestellt werden, bieten sie u. U. Unbequemlichkeit für die Konsumenten, sofern diese bei der Beschaffung eines Produktes Vergleichsmöglichkeiten suchen oder in einem Einkaufsakt Anschlußkäufe tätigen wollen. Die Herkunftsorientierung kann sich erhalten, solange die Warenbereiche derartiger Sortimente vom konkurrierenden Einzelhandel nicht in bedarfsgerechtere Sortimente übernommen werden (Beispiel: Korbwaren des Wohnbereichs werden von Möbelgeschäften geführt) und die Konsumenten an tradierten Sortimentsformen durch Habitualisierung des Einkaufs festhalten.

Zu (2): Die Herkunftsorientierung an *distributionsbedingten Warenordnungen* der Vorstufe wird insbesondere von kleinen Einzelhändlern realisiert, die ihre Produkte von einem Sortimentsgroßhändler beziehen. Sie verfahren dabei nach dem Prinzip des „alles-, bzw. möglichst-vieles-unter-einem-Dach-Kaufens". Dieses Verhalten kann darin begründet sein, daß den Einzelhändlern nur wenige Lieferquellen aufgrund geringer eigener Beschaffungsaktivitäten oder geringer Attraktivität zur Verfügung stehen oder daß durch den Beschaffungsverbund bei einem Lieferanten Bezugskosten gespart und Rabattvorteile erzielt werden sollen. Die Sortimente derartiger Händler neigen in Inhalt und Dimensionierung zu einer *Deckungsgleichheit* mit dem Warenangebot ihrer Lieferanten. Dabei entstehen beschaffungsseitige Gefahren aus zu großer Abhängigkeit von wenigen oder sogar nur einem Lieferanten. Absatzseitig kann die Attraktivität und Originalität des Warenangebots leiden, wenn nicht gleichzeitig die Bedarfe der Konsumentenzielgruppe genügend berücksichtigt werden.

2212 Orientierung an dem handelsgerichteten Absatzverhalten der Lieferanten

Die Lieferanten setzen ein *differenziertes Spektrum* von *Absatzaktivitäten* ein, mit denen sie die sortimentspolitischen Beschaffungsdispositionen des Einzelhandels zu beeinflussen versuchen. Die Bedeutung, die diesen Absatzaktivitäten der Lieferanten als Orientierungsprinzipien beigemessen werden muß, ist eng mit der unternehmensinternen Konstellation des beschaffenden Einzelhändlers verbunden, so daß beide Orientierungsbereiche in ihrem Entscheidungszusammenhang kaum zu trennen sind. Diese Verbundenheit resultiert — gratifikationstheoretisch gesehen — daraus, daß unterstützende Marketingaktivitäten für den beschaffenden Händler um so eher als Belohnung empfunden werden, je weniger er selbst in der Lage ist, die entsprechenden Leistungen zu erbringen. Die Aktivitäten der Lieferanten richten sich auf die beiden Marktebenen der Einzelhändler und Konsumenten. Letztere sind wegen ihrer stärkeren absatzpolitischen Wirksamkeit im Rahmen der absatzseitigen Sortimentspolitik behandelt worden. Die folgenden Ausführungen werden nach den absatzpolitischen Aktionsbereichen der Lieferanten geordnet, wobei nur beispielhafte Erläuterungen hinsichtlich ihrer sortimentspolitischen Konsequenzen für den Einzelhandel möglich sind, da andernfalls eine absatzpolitische Aktionsanalyse der Lieferanten erfolgen müßte[3].

Die Lieferanten beeinflussen im Rahmen ihrer *Produkt-* und *Verpackungsgestaltung* die Durchführung der Beschaffungs- und Lagerhaltungsprozesse im Handel, z. B. durch Markierung, raumökonomische Form- oder Verpackungsgestaltung oder bestellmengengerechte Umkartons. Somit können in den Produkten verschiedenartige Formen einer Beschaffungsrationalisierung für den Einzelhandel verwirklicht sein, die unter dem Zielaspekt einer Ökonomisierung der Distribution die Warenselektion beschaffungsseitig beeinflussen[4]. Eine Form der Beschränkung beschaffungswirtschaftlicher Dispositonsautonomie des Einzelhandels durch *sortimentspolitische* Maßnahmen der Lieferanten liegt vor, wenn er zur Abnahme von markenmäßig zusammengefaßten Teilsortimenten oder Produktgruppen veranlaßt wird. Solche Produktbündelungen werden von den Lieferanten nach produktionstechnischen oder absatzpolitischen Gesichtspunkten zusammengestellt (Beispiel: „Du darfst"-Sortiment von Unilever). Oehme weist darauf hin, daß im Rahmen innovativer Markenartikelstrategien eine starke Tendenz zur Markenfamilie auf Herstellerseite besteht [Oehme, 1983, S. 153], die im Handel als geschlossene Programmeinheit angeboten werden soll. Der Vorteil auf Herstellerseite liegt in einer Partizipation der zu einer Familie gehörenden Produkte an einer erfolgreichen Marktposition und damit in einer besseren Ausnutzung von Marktinvestitionen. Für den Handel besteht die Gefahr einer Einschränkung seiner beschaffungspolitischen Dispositionsautonomie, insb. wenn starke Lieferanten große Markenfamilien mit der Androhung von Nichtbelieferung durchsetzen.

---

3 Vertiefende Lektüre zu der handelsgerichteten Absatzpolitik der Hersteller vgl. Hansen, P., 1972, S. 158—245; Dingeldey, 1975; Kirsch, 1987; Bergmann, 1988.

4 „... a reseller looks at a product in terms of costs of handling ... rather than use or consumption" [Rathmell, 1969, S. 328]. Vgl. auch die neuere Entwicklung der DPR-Rechnung (Direkte Produktrentabilität) im Handel [Behrends, 1988, S. 6—17].

In den sortimentspolitischen Warendispositionen findet weiterhin die *Verkaufsgestaltung* der Lieferanten Berücksichtigung, mit der die Warentransaktionen durch Verträge und durch den Einsatz von Personen und Institutionen geregelt werden. Im Rahmen dieses Aktionsbereichs wird über die Verteilung wesentlicher Leistungen im Austauschprozeß der Waren disponiert, aufgrund derer die Selektion der Beschaffungsobjekte je nach betrieblichen Anforderungen stattfindet. So richten sich die Warendispositionen nach den diesbezüglichen Leistungen des Lieferantenaußendienstes, der für den Einzelhandel als Beschaffungshelfer Funktionen der Information und Entlastung von Beschaffungsaufgaben wahrnimmt. Weiterreichende Entlastungsformen bestehen mit dem sog. „leased department" [Weiß, 1961, S. 14ff; Fulop, 1964, S. 57ff] und dem „rack jobbing" [Falk, Wolf, 1986, S. 89], bei denen die sortimentspolitischen Beschaffungsaktivitäten sowie wesentliche Bereiche der Verkaufsgestaltung durch Regalplatzvermietung gänzlich an die Lieferanten delegiert werden.

Für den Einzelhandel, der letztlich am Spannenertrag der geführten Produkte interessiert ist, stellt die lieferantenseitige *Preisstellung* in ihren differenzierten Erscheinungsformen ein zentrales Orientierungsprinzip dar. Vielfältige Rabattarten der Lieferanten wirken sich auf die Sortimentsdispositionen aus. So führen z. B. artikelbezogene Mengenrabatte der Lieferanten zu einer Vertiefung der Händlersortimente in dem betreffenden Produktbereich, während Umsatzwertrabatte einen sortimentspolitischen Spielraum entsprechend der Breite und Tiefe des gesamten Lieferantensortiments belassen. Die Preisorientierung der Sortimentspolitik kann sich allerdings nicht auf die Einstandspreise beschränken, sondern muß die potentiell zu erwirtschaftenden Nettospannen der Produkte in Verbindung mit ihrer Umschlagsgeschwindigkeit berücksichtigen [Hansen, P., 1972, S. 229].

Weitere Leistungen der Lieferanten bestehen mit der *Waren-* und *Anlagenfinanzierung* ihrer Abnehmer. Ihre Berücksichtigung bei der beschaffungsseitigen Sortimentspolitik steht in engem Zusammenhang mit den innerbetrieblichen Kapitalverhältnissen und ist im übrigen von dem warenbedingten Kapitalbedarf innerhalb der Distributionsprozesse abhängig. Mit der Warenselektion, die auf der Finanzierungsbereitschaft und den Finanzierungsmodalitäten der Lieferanten beruht, wird der finanzwirtschaftliche Ausgleich einer Einzelhandelsunternehmung reguliert[5]. Eine weitgehende Entlastung von warenbedingter Kapitalbindung des Einzelhandels wird von den Lieferanten insb. durch das Angebot von Kommissionssortimenten bewirkt.

Die Entscheidungsträger sortimentspolitischer Beschaffungsdispositionen unterliegen dem *werblichen* Einfluß ihrer Lieferanten. Dieser richtet sich inhaltlich auf den ökonomischen Beitrag der Produkte zu den Unternehmenszielen der Abnehmer, wie z. B. vorgebliche Umschlagsgeschwindigkeit, Problemlosigkeit in der Handhabung, leichte Verkäuflichkeit. Darüber hinaus bilden Argumente der handelsgerichteten Lieferantenwerbung Orientierungspunkte der Beschaffung, mit denen berufsspezifische Verhaltensweisen und persönliche Motivationen der in den Beschaffungsprozeß einbezogenen Personen angesprochen werden. Damit wird versucht, die Subjektivität der Disponenten im Sinne der Lieferanteninteressen zu lenken und auszunutzen.

---

[5] Aufgrund der engen Verbundenheit zu Finanzierungsaspekten werden nähere Erläuterungen in dem Aktionsbereich Beschaffungsfinanzierung [Kap. III, 6] gegeben.

2213 Orientierung an den absatzseitig festgelegten Warenplänen

Die absatzseitig festgelegten Warenpläne des Einzelhändlers stellen für die sortimentspolitischen Beschaffungsdispositionen einen Orientierungsrahmen dar, der je nach Konkretisierungsgrad eine unterschiedliche Determinierung der Beschaffung bewirkt. Die Skala abgestufter Konkretisierungsgrade der Warenpläne wird im folgenden in drei Ebenen eingeteilt[6], die generell für ein Gesamtsortiment oder für Teilbereiche gelten können. Danach bestehen

(1) sortenmäßig,
(2) artikelmäßig und
(3) warenartenmäßig

festgelegte Warenpläne. Orientierungen an ihnen können im Rahmen der beschaffungsseitigen Sortimentspolitik als Handlungsprinzipien aufgefaßt werden.

Zu (1): Der Warenplan ist bis zur Ebene der *Sorten* genau durch die Absatzerfordernisse spezifiziert und der Beschaffung strikt vorgegeben. Diese Konstellation besteht im Einzelhandel selten, da i. d. R. unter den Beschaffungsobjekten noch Substitutionen vorgenommen werden können. Hierin liegt ein wesentlicher Unterschied zwischen Handelswaren und Materialien für Produktionsprozesse, die aufgrund technischer Erfordernisse eher bis ins Detail für die Beschaffung spezifiziert sein müssen. Eine genaue Sortenfestlegung wird bei hinkunftsorientierter Sortimentspolitik für Warenbereiche durchgeführt, bei denen die Konsumenten keine Substitution vornehmen können oder wollen und das Fehlen einer Sorte zu Nichtverkäufen und erheblichen akquisitorischen Verlusten führt (Beispiele: standardisierte und gut vorverkaufte Markenartikel wie Zigaretten; Ersatzteile). Derartige genaue Spezifikationen der Warenpläne lassen der Beschaffung in sortimentspolitischer Hinsicht keinen Entscheidungsspielraum.

Zu (2): Häufiger enthalten Warenpläne zwar eine genaue Fixierung der *Artikel,* jedoch keine konkreten Festlegungen der Sorten. Hier werden den Einkäufern lediglich absatzseitig bestimmte *Anforderungsprofile* für die Sortenauswahl vorgegeben, so daß der beschaffungswirtschaftlichen Sortimentspolitik gewisse Freiräume verbleiben. Innerhalb dieser Anforderungsprofile sind verschiedene Merkmalsfestlegungen zu unterscheiden. So gibt es unabdingbare Merkmale, an die sich der Beschaffende strikt halten muß (Beispiel: Kleidergrößen). Daneben bestehen variierbare Merkmale, deren Ausprägungen gegenseitig substituiert werden können, wobei allerdings absatzseitig festzulegende Prioritäten die Substitutionsmöglichkeiten einengen können (Beispiel: Farben). Je flacher die Popularitätskurven eines Sortenmerkmals im Absatz verlaufen [Kap. II, 2432], desto besser werden die Substitutionsmöglichkeiten für die Beschaffung. Schließlich gibt es auch Merkmale, die absatzseitig keine Festlegungen erfordern. Im Rahmen dieser belassenen Freiheitsräume können bei der Warenauswahl die beschaffungsseitigen Sortimentsorientierungen berücksichtigt werden, um damit beschaffungs- und absatzpolitisch gleichermaßen optimale Sortimentsentscheidungen zu fällen. In der Realität allerdings ist das Problem der beidseitig optimal abgestimmten Warenauswahl in exakter Weise kaum zu lösen, da Informationen

---

[6] Vgl. die Ausführungen zur Sortimentsstruktur in Kap. II, 22.

über Beschaffungs- und Absatzverhältnisse in der benötigten Form nicht erhältlich sind, Quantifizierungsschwierigkeiten hinsichtlich der Eignungswerte der Produkte bestehen und angesichts der Vielfalt möglicher Sortenalternativen der Berechnungsaufwand für eine eindeutige Entscheidungsfindung zu groß wäre. Man hilft sich mit sukzessiver Annäherung an günstige Lösungen in Anknüpfung an Erfahrungswerte aus dem Beschaffungs- und Absatzbereich.

Diese Konkretisierungsstufe der Warenpläne stellt für die beschaffungspolitischen Sortimentsdispositionen des Einzelhandels die übliche Orientierungsform dar. Sie ist absatzseitig vertretbar, wenn der Konsumentenbedarf in nicht eindeutiger Konkretisierung an den Einzelhandel herangetragen wird und ist beschaffungsseitig notwendig, wenn Produkte durch Modeeinfluß und schwankende Fertigungsverhältnisse in variierenden Merkmalen angeboten werden.

Zu (3): Ein noch weiterer Beschaffungsspielraum besteht, wenn auch die *Artikelebene nicht vollständig spezifiziert* wird. Hier können vergleichsweise die Gegebenheiten des beschaffungsseitigen Warenangebots in stärkerer Form ausgenutzt werden, und es ist eine noch bessere Anpassung an die Eigendynamik der Beschaffungsmärkte möglich. Die oben beschriebenen Formen der Orientierung an externen Komponenten der Beschaffungsmärkte treten primär in Erscheinung. Eine derartige Handlungskonstellation in bezug auf die absatzseitige Sortimentspolitik kann verschiedene Begründungen haben. Sie wird grundsätzlich eher in Rand- als in Kernsortimenten angewendet, da in ihnen mehr absatzpolitische Experimentiermöglichkeiten bestehen[7]. Sie ergibt sich generell für Warenbereiche, in denen die Konsumenten wenig konkretisierte Bedarfe haben und eine Artikelsubstitution für einen Bedarfszweck möglich ist (Beispiel: Geschenkbedarf). Ein unspezifizierter Warenplan ergibt sich weiterhin aus einer Sortimentskonzeption für billige Gelegenheitskäufe, bei der die Konsumenten dem niedrigen Angebotspreis den Vorrang vor einer sachgerechten Warenordnung geben. Hier muß der Beschaffungsspielraum zur Wahrnehmung günstiger Beschaffungssituationen weit bemessen sein (Beispiel: Sortimente nach dem Discountprinzip; off-price-Systeme). Von der Angebotsseite her ist diese Konzeption in solchen Produktbereichen notwendig, in denen eine starke innovatorische Tätigkeit entfaltet wird (Beispiel: Spielwaren) oder Seltenheit des Angebots eine Spezifizierung des Bedarfsplanes nicht zuläßt (Beispiele: Antiquitäten, Gebrauchtwaren).

Die Koordination von Beschaffung und Absatz innerhalb der Warenpolitik erfordert eine fortlaufende Korrektur der Entscheidungsprozesse. Absatzseitige Vorgaben werden hinsichtlich ihrer Beschaffungsmöglichkeiten geprüft und ggf. revidiert, um die Beschaffungsbedingungen mit ihnen vereinbaren zu können. Umgekehrt werden originäre beschaffungsseitige Sortimentsvorschläge auf ihre absatzseitige Eignung hin getestet und modifiziert. In diesem *mehrstufigen Koordinationsprozeß* ist die betriebsindividuelle Organisation von Beschaffung und Absatz von Bedeutung[8]. Sind beide

---

[7] Ein anschauliches Beispiel bietet derzeitig das akquisitorisch wirksame Zusatzsortiment des Kaffeehändlers Tschibo, das keinerlei Bezug zu dem Kernsortiment hat und allein auf der Basis beschaffungswirtschaftlicher Opportunitäten zusammengestellt wird, um zu günstigen Preisen anbieten zu können.

[8] Zu den verhaltenswissenschaftlichen Grundlagen des Gruppenentscheidungsprozesses von Einkaufskomitees im Handel, insb. bei der Aufnahme von Neuprodukten, vgl. Bauer, H. H., 1980, S. 341ff. Die Erforschung kollektiv-prozessualer Aspekte des Beschaffungsverhaltens in Organisa-

Funktionen in einer Hand oder in gleichrangigen Organisationsebenen vereinigt, ist eine gleichzeitige Berücksichtigung beider Marktseiten der Sortimentspolitik gewährleistet (Beispiel: Warenarten-bezogene Abteilungsbildung mit Einkaufs- und Verkaufsfunktion). Bei einem Über- oder Unterordnungsverhältnis muß dagegen sichergestellt sein, daß die innerbetriebliche Organisationskonzeption der primären Marktorientierung der Sortimentspolitik entspricht, gleichzeitig aber der untergeordnete Bereich seine Anliegen dabei genügend durchsetzen kann.

222 Prinzipien der zeitlichen Sortimentsdispositionen

Unter dem Aspekt des Zeitablaufs in der Sortimentspolitik müssen durch beschaffungswirtschaftliche Flexibilität die Veränderungen der Beschaffungs- und Absatzmärkte koordiniert werden. Die Überlegungen richten sich hierbei auf die Frage, wie *lange* im *voraus* die Sortimentsbestandteile in welcher Spezifikation festgelegt werden können oder müssen, was Gümbel als *Vordispositionsgrad"* der einzelnen Artikel oder Sortimentsteile[9] bezeichnet. Es bestehen für den Einzelhandelsunternehmer in warenpolitischer Hinsicht zwei gegenläufige Prinzipien. Einerseits ist bei qualitativen Beschaffungs- oder Absatzmarktschwankungen und -verschiebungen eine möglichst *große Flexibilität* erforderlich, um kurzfristige Anpassungsmöglichkeiten zu haben und das Risiko wirtschaftlicher Entwertung der Waren während des Vordispositionszeitraums gering zu halten (Beispiel: modische Produkte). Andererseits geht das Bestreben dahin, durch *langfristige Bindungen* für eine Sicherung der Warenbezüge zu sorgen. Die eingreifenden Handlungsmöglichkeiten sind Festlegung der Bestelltermine[10], Spezifikationsgrad der Bestellungen zum Zeitpunkt der Einkaufsverträge, Modalitäten für Nachbestellungen und vertragliche Rücktrittsregelungen für den Beschaffenden.

---

tionen bezieht sich häufig auf das „buying center"-Modell von Webster, Wind [1972], das diese allerdings für die industrielle Beschaffung entwickelt haben, jedoch durchaus auf den Handel übertragen wird. Vgl. auch Sauer, 1982, S. 64ff.

[9] „Ein vor allem für konkurrenzwirtschaftliche oder konjunkturelle Gesichtspunkte wesentliches Sortimentsmerkmal ist der *Vordispositionsgrad der einzelnen Artikel* bzw. Sortimentsteile. Damit ist jene Zeitspanne gemeint, die erforderlich ist, um eine bestimmte Ware im Sortiment anbieten zu können" [Gümbel, 1963, S. 78].

[10] Aufgrund des stärkeren sachlichen Bezugs zur Preispolitik wird das Bestellwesen dort erläutert [Kap. III, 54].

3 Beschaffungsseitige Produktpolitik

31 Aktionsfeld der Produktpolitik

Begriffe

Unter Produktpolitik wird die Marktbildung und -beeinflussung durch die *Gestaltung* der *physischen Eigenschaften* eines Produktes einschließlich seiner *Verpackung* und *Markierung* verstanden. Als Aktionsbereich der Beschaffungspolitik ist sie darauf gerichtet, die *Anbieter aktiv* in ihren *Produktdispositionen* zu *beeinflussen*. Im Gegensatz zur Sortimentspolitik wird hier also nicht lediglich eine Selektion aus dem vorhandenen Warenangebot, sondern eine qualitative Beeinflussung oder Neugestaltung der Produkte vorgenommen. Da jede produktpolitische Maßnahme in sich beschaffungs- und absatzseitige Aspekte verbindet, ist eine Trennung beider Bereiche schwierig. Innerhalb des Aktionsbereichs ist zwischen den produktpolitischen Aktivitäten bei dem Bezug fremder unmarkierter oder markierter Handelswaren und bei der Eigenmarkenpolitik zu unterscheiden[1]. Mit den Aufgaben der Produktpolitik verbinden sich verschiedene Formen der *Rückwärtsintegration*, durch die der Einzelhandel über seine ursprünglichen distributiven Funktionen hinaus in die Produktionssphäre eindringt.

Ziele

Soweit der Einzelhandel Produktpolitik aus vornehmlich absatzpolitischen Interessen verfolgt, hat der Aktionsbereich beschaffungswirtschaftlich eine untergeordnete Funktion und dient der *Durchsetzung* von *Absatzzielen* durch eine entsprechende Beeinflussung der Lieferanten. Darüber hinaus werden mit dem Aktionsbereich aber auch *originäre beschaffungswirtschaftliche Ziele* verfolgt, die sich auf die distributive Arbeitsteilung zwischen beiden Parteien im Sinne einer Ökonomisierung der Beschaffungsprozesse richten. Der Eigenmarkenbildung liegen neben den absatzpolitischen Interessen ganz wesentlich auch Macht- und Unabhängigkeitsbestrebungen des Einzelhandels gegenüber seinen Lieferanten zugrunde. Sie ist in diesem Sinn ein Instrument der countervailing power[2], mit dem der Handel der Vorherrschaft des Herstellermarkenwesens zu begegnen sucht[3]. So können mit den Handelsmarken Lücken in den Sortimenten ausgefüllt werden, die u. U. durch Segmentierungsprogramme bzw. Diskriminierungstechniken der Hersteller entstehen [Nieschlag, Dichtl, Hörschgen, 1988, S. 186; Marzen, 1985, S. 259].

Gesamtwirtschaftlich stellt diese Form des vertikalen Machtausgleichs ein gewisses Korrektiv für monopolartige Machtstellungen auf der Herstellerseite dar, was insb. für seine erste historische Entwicklungsphase gilt [Huber, 1969, S. 203]. Da die

---

[1] Vgl. die absatzseitigen Aspekte der Handelsmarkenpolitik in Kap. II,3.

[2] Der Begriff „countervailing power“ umschreibt einen durch Macht induzierten Prozeß der Gegenmachtbildung auf der anderen Marktseite [Galbraith, 1952].

[3] Nach Hartl, 1960, S. 17, war die Abwehr von Herstellermarken insb. in der Eigenmarkenentwicklung bis zum 2. Weltkrieg sogar ein tragendes Ziel. Auch Poth, 1973, S. 13, sieht die Handelsmarke in erster Linie als Ergebnis des Machtkampfes zwischen Industrie und Handel.

Produktion von Eigenmarken vielfach von kleinen Erzeugern übernommen wird, die sich marktpolitisch gegenüber industriellen Großbetrieben nicht durchsetzen können, entfaltet die Eigenmarkenpolitik des Einzelhandels eine konzentrationshemmende Wirkung im Produktionsbereich. Allerdings geraten die kleinen Hersteller von Handelsmarken-Erzeugnissen oft gänzlich unter den wirtschaftlichen Einfluß des Handels, der dabei wieder die Position des Händlerverlegers übernimmt, wie sie der Großhandel bis in das 19. Jahrhundert hinein innehatte[4].

Aktionsrahmen

Die Rahmenbedingungen für die Entwicklung beschaffungswirtschaftlicher Strategien der Produktpolitik hängen beim *Bezug fremder Handelswaren* von den Beschaffungswegen und von den verschiedenen Machtkonstellationen auf den Beschaffungsmärkten ab. Soweit über den selbständigen Großhandel beschafft wird, ist eine Beeinflussung der Produktpolitik weitgehend ausgeschlossen. Bei Direktbezug von den Herstellern sind die Voraussetzungen für die Durchsetzung produktpolitischer Dispositionen bei einem Marktseitenverhältnis ungünstig, bei dem die beschaffenden Einzelhändler von den Anbietern als Kollektiv betrachtet werden. Hier legen die Anbieter i. d. R. die qualitativen Eigenschaften ihrer Produkte autonom fest, und den nachfragenden Händlern verbleibt nur die Möglichkeit der Auswahl unter den ihnen erreichbaren Alternativen. Bei umgekehrter Machtkonstellation mit einem Machtvorsprung auf der Nachfrageseite hat der Handel dagegen Einflußmöglichkeiten und kann den Herstellern u. U. Prinzipien seiner Produktpolitik vorschreiben. Im Falle eines gegenseitig singulären Marktseitenverhältnisses werden produktpolitische Konzeptionen oft Gegenstand eines Verhandlungsprozesses. Durch Zusammenarbeit können die einzelnen nachfragenden Einzelhändler dieses Marktseitenverhältnis erreichen, indem sie ihre Nachfrage organisiert zusammenfassen. Sie treten damit aus der kollektiven Betrachtung durch die Lieferanten heraus und erzwingen eine singuläre Marktbeziehung oder können sogar bestimmenden Einfluß gewinnen. Die Kooperations- und Konzentrationsbewegung des Handels hat diese Einwirkungsmöglichkeiten auf die industrielle Produktion sehr gefördert und der beschaffungsseitigen Produktpolitik starke praktische Bedeutung verliehen.

Bei dem *Bezug* von *Eigenmarkenprodukten* hängen die beschaffungsseitigen Dispositionen der Produktpolitik von der Ausformung der Lieferantenbeziehungen ab. Soweit die Eigenmarkenproduktion auf vertraglicher Basis mit den Herstellern durchgeführt wird, treten beide Parteien in singuläre Marktbeziehungen, in denen sich die Durchsetzungsmöglichkeiten für eigene Produktkonzeptionen nach dem Machtvorsprung der einen oder anderen Seite richten. Bei kapitalmäßigen Bindungen der Hersteller werden die produktpolitischen Dispositionsmöglichkeiten eine Frage des finanziellen Abhängigkeitsgrades.

[4] Sölter, 1961, S. 360, bezeichnet die Fertigung von Handelsmarken als „verschämte Lohnfertigung". Treis, 1981, S. 64, spricht von „Lohnindustriellen". Beispiele bringt Geisbüsch, 1964, S. 85f.

Aktionsteilbereiche und Aktionselemente

Aktionsteilbereiche der beschaffungsseitigen Produktpolitik ergeben sich — der Absatzseite vergleichbar — aus der *Qualitätsgestaltung* i. e. S., *Verpackung* und *Markierung* mit ihren jeweiligen gestalterischen Elementen. Darüber hinaus bildet hier auch die *Beeinflussung* der *Produktionsprozesse* einen Ansatzpunkt für produktpolitische Aktivitäten.

32 Aktionsprinzipien der Produktpolitik

321 Rationalisierung der Beschaffungsprozesse durch Produkte

Verschiedene Aktionsprinzipien der beschaffungsseitigen Produktpolitik richten sich darauf, mit den Produkten eine Rationalisierung des Bestellwesens, Transports, Warenumschlags bis hin zur Lagerhaltung zu erreichen. Diese Rationalisierungsmaßnahmen können den Lieferanten gegenüber mit der Formulierung von Einkaufsvorschriften durchgesetzt werden, sofern entsprechende Einflußmöglichkeiten bestehen. *Transportrationalisierende Grundsätze* der Verpackungsgestaltung folgen den raumökonomischen Aspekten einer optimalen Nutzung des Laderaums von Transportmitteln. So kann mit der Verpackungsform und -festigkeit die Stapelfähigkeit der Produkte beeinflußt werden. Die Verpackungsnormung vereinfacht in Hinblick auf übliche Stapelplattengrößen den *Transport-*, *Lade-* und *Umschlagsverkehr*[5]. Für die Rationalisierung der *Lagerhaltung* gelten ähnliche Prinzipien wie für den Transport. Sie werden um so schwerwiegender, je geringer der spezifische Wert (quantitative bzw. qualitative Raumeinheit pro Wert) der Ware ist.

Bei vielen Produkten bestehen auch in der Alternative der Ein- oder Mehrwegverpackung transportbezogene Gestaltungsprinzipien. Zusätzliche Kosten der Leergutverwaltung haben den Handel zur Befürwortung von Einwegverpackungen veranlaßt. Dieses Primat transportrationalisierender Aspekte wird derzeitig aufgrund dringender ökologischer Probleme des wachsenden Verpackungsmülls und eines entsprechenden gesellschaftspolitischen Drucks korrigiert werden müssen [Kroppenstedt, 1986, S. 65].

In naturnahen Produktbereichen mit schwankenden Qualitäten bilden insb. die zweckmäßigen Stufungen der unregelmäßig anfallenden Qualitäten zu Standards Gegenstand der Einkaufsgrundsätze. Allgemeine Qualitätsstandards sollen das Angebot durch bessere Vergleichsmöglichkeiten transparenter machen und das *Bestellwesen* erleichtern, indem fallweise Qualitätsvereinbarungen durch generelle ersetzt werden können. Um diese Ziele zu erreichen, ist ein möglichst branchenumgreifender Geltungsbereich notwendig, so daß die Durchsetzung qualitativer Warenstandards vorwiegend zum kollektiven Anliegen von Betriebsgruppen oder Fachverbänden wird.

---

[5] Beispielsweise konnte mit der sogenannten „Düsseldorfer Palette“ als Ergebnis einer Verpackungsnormierung die Leistung im Freistapellager um 30 % erhöht werden [Becker, 1986, S. 16].

322 Qualitätssicherung

Die Produktpolitik ist beschaffungsseitig im Kern ein Problem der Qualitätssicherung[6]. Es tritt aus absatzwirtschaftlichen Gründen insb. für Eigenmarkenerzeugnisse auf, bei denen weitgehende Kontinuität in qualitativer und zeitlicher Hinsicht gefordert wird; hat jedoch in gemilderter Form auch Gültigkeit für unmarkierte Produkte oder Herstellermarkenwaren. Der Bereich der Qualitätssicherung hängt eng mit der Lieferantenpolitik zusammen.

Aktionsmöglichkeiten der Qualitätssicherung richten sich auf die Organisation der *Produktionsbeeinflussung und -kontrolle* bei den Herstellern, die im folgenden nach zunehmenden Intensitätsgraden dargestellt wird[7]:

(1) Qualitätskontrolle,
(2) Einflußnahme auf Verpackung und Markierung,
(3) Durchsetzung eigener Produktkonzeptionen,
(4) Beeinflussung der Produktionsverfahren für die Realisierung eigener Produktkonzeptionen sowie
(5) eigene Produktkonzeption und Produktion.

Zu (1): Soweit der Handel seine gatekeeper-Funktion im Warenweg ernst nimmt, stellt sich die Aufgabe der Qualitätskontrolle immer dann, wenn er qualitative Vermittlungsleistungen (insb. Beratung) erbringt, und zwar sowohl für eigene wie für fremde Markenerzeugnisse. Selbstverständlich erfordert die Vielfalt von Beschaffungsgütern eine Selektion der einer Qualitätssicherungspolitik zu unterziehenden Produkte. Hammann, Lohrberg [1986, S. 122ff] schlagen als Selektionsprinzip den Anteil der wertmäßig wichtigsten Beschaffungsgüter vor, der mit Hilfe der ABC-Analyse ermittelt werden soll[8].

Qualitätskontrollen beziehen sich nach Hammann, Lohrberg [1986, S. 131] auf das (Nicht-)Vorhandensein von zugesicherten Eigenschaften (qualitatives Merkmal) und auf das Ausmaß zugesicherter Eigenschaften (quantitatives Merkmal). Die Kontrolle setzt die Festlegung von Stichprobenumfängen und die Formulierung von Standards sowie Toleranzgrenzen voraus. Qualitätskontrollen können mit entsprechender Kostenkonsequenz auf die Lieferanten übertragen und in standardisierten Lieferantenprotokollen organisiert werden.

Zu (2): Ein Einzelhandelsunternehmen bezieht in diesen Fällen seine Eigenmarkenerzeugnisse von Herstellerunternehmen, ohne wesentlichen Einfluß auf die Produktkonzeption auszuüben. Seine Markenprodukte stellen lediglich äußerlich veränderte *Duplikate* von Herstellererzeugnissen dar, und sein produktpolitischer Einfluß richtet sich dementsprechend nur auf Dispositionen über die *Markierung* und ggf. *Verpackung*. Eine derartige passive Gestaltungsstrategie setzt keine starken und langfristigen Bindungen zwischen Herstellern und Händlern voraus und gewährt demzufolge einen flexiblen Beschaffungsspielraum für die Wahl der Lieferanten. Sie wird insb. bei sog. Kampfmarken und bei no names [Kap. II, 31] angewendet; bei ihnen

---

[6] Zum Problem der Qualitätssicherung vgl. in allgemeinerem Zusammenhang Kocher, 1989.

[7] Demgegenüber unterscheidet Treis, 1981, S. 63, als Intensitätsgrade der Qualitätsbeeinflussung: Qualitätsplanung, -steuerung und -prüfung.

[8] Vgl. zu diesem Bewertungsinstrument Kap. II, 22.

hat absatzpolitisch das Ziel der Preisunterbietung Vorrang, wobei allerdings zumindest eine ausreichende Qualität der Produkte sichergestellt werden muß, da das Handelsunternehmen eine gewisse Qualitätsgarantie übernimmt [Marzen, 1985, S. 256].

Zu (3): Der Handelsmarkeneigner entwickelt *eigene Produktkonzeptionen* und setzt sie mit der Vergabe von Lasten- oder Pflichtenheften durch, in denen er die geforderten Eigenschaften und ihre Ausprägungen genau spezifiziert. Das setzt innerbetrieblich beim Markeneigner entsprechende Einrichtungen und Personen für die Produktentwicklung voraus. Diese Organisationsform wird angewendet, wenn die Eigenmarkenpolitik zu selbständigen profilierten Leistungen führen soll.

Zu (4): Über die Produktmerkmale hinaus werden den Herstellern auch *Materialien* und *Produktionsweisen* vorgeschrieben. Die Beratung und Überwachung durch den Handel begleitet den betrieblichen Ablauf der Lieferanten von der Beschaffung der Materialien bis hin zur Fertigstellung der Erzeugnisse. Dabei können Basisinformationen auf Ergebnissen von Wertanalysen [Hammann, Lohrberg, 1986, S. 89ff] beruhen, die u. U. zu Vorschlägen über Faktorvariationen führen. Die Beeinflussung der Hersteller von Handelsmarkenerzeugnissen kann auf die Vorschreibung bestimmter Kalkulationsmethoden und den zu erzielenden „angemessenen Gewinn" ausgedehnt werden [Treis, 1981, S. 64] und wird in dieser Weise mit Strategien der „Preissicherung" verknüpft.

Derartige Eingriffe in die Dispositionsautonomie der Hersteller sind nur bei starker Marktposition von Einzelhandelsunternehmen durchsetzbar[9]. Diese brauchen zudem ein produktionstechnisch geschultes Fachpersonal. Faktisch vollzieht sich damit eine starke Integration von Produktions- und Handelsaufgaben unter der Führerschaft des Handels. Dieser kann eine weitgehende Qualitätssicherung seiner Markenerzeugnisse garantieren und auch bei dem Einsatz mehrerer Vertragslieferanten für ein Markenerzeugnis einhalten, da durch die Vorgabe des Know-how der Fertigung eine qualitative Vereinheitlichung der Produkte erreicht wird.

Zu (5): Die höchste Stufe der Qualitätssicherung wird bei einer vollständigen vertikalen Rückwärtsintegration möglich, bei der durch die Errichtung eigener Fertigungsstätten oder durch Kapitalbeteiligung an Herstellerunternehmen eine *Eigenproduktion* der Markenerzeugnisse erfolgt. Da in diesem Fall keine Beschaffung aus dem Markt vorliegt, kann auf eine Darstellung verzichtet werden.

---

[9] Der Handel betont die positive Wirkung eines Erfahrungsaustausches zwischen den Qualitätskontrolleuren und den Betriebsleitern des Lieferanten. Produktionsüberwachungen haben aber auch stark repressiven Charakter: „Andererseits leidet aber die Autorität der Werkmeister und der Produktionsleiter der Hersteller sicherlich darunter, daß Kontrollbeamte der Abnehmer im Betrieb die Produktion untersuchen und gelegentlich sogar den evtl. Entstehungsgründen für Mängelrügen nachgehen" [Geisbüsch, 1966, S. 145].

4 Einkaufsgestaltung

41 Aktionsfeld der Einkaufsgestaltung

Begriffe

Unter Einkaufsgestaltung wird analog zu dem in dieser Untersuchung verwendeten Begriff der Verkaufsgestaltung der Einsatz des *sachlichen* und *personellen Apparates* für die Kontaktierung und Beeinflussung der Lieferanten bei der *Überführung* der *Produkte* aus dem Beschaffungsmarkt zum Einzelhandel verstanden. Der Einkauf als Kernfunktion der Beschaffung erstreckt sich über die Kontaktanbahnung zum Lieferanten, Einkaufsverhandlungen, organisatorische Abwicklung der Warenübermittlung und des Zahlungsverkehrs bis hin zum Wareneingang im Lager und umschließt damit Teilaspekte der physischen Warentransaktion, der Kommunikation und des Wertstroms. Der Aktionsbereich umfaßt im wesentlichen mittel- und langfristige Dispositionen, die für die gesamte Beschaffungspolitik in starkem Maße strukturbildend sind. Die Aktivitäten der Einkaufsgestaltung richten sich *originär* auf den Beschaffungsmarkt und sind als eigenständige beschaffungspolitische Maßnahmen eindeutig von der Absatzpolitik abzugrenzen.

Ziele

Zielsetzungen der Einkaufsgestaltung beziehen sich auf die Erschließung günstiger und gesicherter Beschaffungsquellen. Der Geschäftsverkehr mit den Lieferanten soll zudem durch wirtschaftlichen Einsatz der Organe abgewickelt werden. Gleichzeitig richtet sich die Gestaltung des Einkaufsapparates auf eine akquisitorische Beeinflussung des Beschaffungsmarktes, mit der das Verhalten der Lieferanten nach den händlerischen Interessen gelenkt werden soll.

Aktionsrahmen

Der Ausbau der Einkaufsgestaltung zeigt im allgemeinen an, ob sich ein Einzelhandelsunternehmen mehr beschaffungsaktiv oder -passiv verhalten will. Dabei ist mit der Verkaufsgestaltung der erreichbaren Lieferanten, zu der ein komplementäres Verhältnis bestehen muß, eine wesentliche *externe Rahmenbedingung* gegeben. „Einer weit vorstoßenden Verkaufsorganisation des Anbieters entspricht zumeist ein gering entwickeltes Einkaufswesen der Nachfrager“ [Schäfer, E., 1981, S. 18] und umgekehrt. Weitere Marktbedingungen für die Einkaufsgestaltung ergeben sich aus den Marktseitenverhältnissen zu den Lieferanten, aus der allgemeinen Organisation des Marktverkehrs und den verfügbaren Beschaffungshelfern. Als *marktübergreifende Tatbestände* sind vertragsrechtliche und wettbewerbsrechtliche Vorschriften relevant. Die Einkaufsgestaltung bestimmt sich *innerbetrieblich* weitgehend aus den umsatzbedingten Anforderungen an die Warenbeschaffung. Die Spannweite dieses Faktors wird aus den extrem unterschiedlichen Dispositionsmöglichkeiten kleiner Fachhändler einerseits und der Zentralen mehrstufiger Konzentrations- und Kooperationsformen andererseits deutlch. Schließlich wirken Merkmale der zu beschaffenden

Waren wie z. B. Bemusterbarkeit, Verderblichkeit oder Transportempfindlichkeit stark strukturierend auf den Aktionsbereich ein.

Aktionsteilbereiche und Aktionselemente

Als *Teilbereiche* der Einkaufsgestaltung bestehen die mit der Lieferantenwahl festzulegenden *horizontalen* und *vertikalen Beschaffungswege*, deren *formelle* und *informelle Institutionalisierung* und die *Modalitäten* des *eigenen Organeinsatzes.*

Die *Organe* des Einkaufsapparates bilden *Elemente* des *Aktionsbereichs.* Unter ihnen sind nur jene im Außendienst eingesetzten Personen und Institutionen relevant, die durch direkten Kontakt mit den Lieferanten Marktbeeinflussung ausüben. Hingegen werden jene Organe des Innendienstes, die nur indirekte Marktbeziehungen haben, hier vernachlässigt. Die Systematisierung der Einkaufsorgane kann analog zur Absatzseite vorgenommen werden, wenngleich einige inhaltliche Unterschiede in ihren Ausprägungen bestehen[1]. Von den zum Einsatz gelangenden Marktorganen sind einige ausschließlich beschaffungswirtschaftlich tätig, während andere sowohl Aufgaben im Beschaffungs- wie im Absatzbereich der Betriebe übernehmen.

Das klassifikatorische Schaubild III, 4.1 zu den Einkaufsorganen basiert auf den parallelen Ausführungen über die Verkaufsorgane.

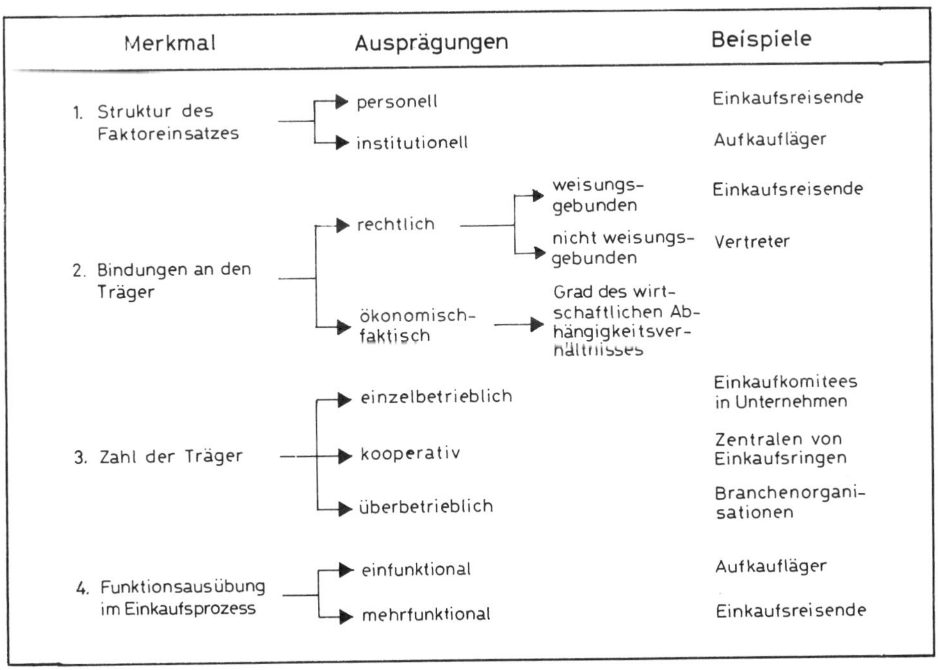

Schaubild III, 4.1: Klassifikation der Einkaufsorgane

---

[1] Daher reichen hier einige kurze Hinweise in Verbindung mit den Ausführungen zu den Verkaufsorganen Kap. II, 42. Vgl. auch die Übersicht über absatz- und beschaffungswirtschaftliche Organe — allerdings in abweichender Systematisierung — bei Schäfer, E., 1981, S. 46—51.

Neben dem Organeinsatz bilden *vertragliche Regelungen* mit den Lieferanten wesentliche Elemente der Einkaufsgestaltung. Die individuelle Vertragsausgestaltung der Marktbeziehungen, die z. T. Abweichungen von den disponiblen Regelungen des BGB und HGB bewirken sollen, besitzt auf der Beschaffungsseite des Einzelhandels weit größere Bedeutung als auf der Absatzseite, wo gegenüber den Konsumenten die Regelungen des BGB überwiegend eine ausreichende rechtliche Grundlage der Marktbeziehungen bilden. Die vertraglichen Regelungen beziehen sich inhaltlich auf alle Bereiche der marktlichen Tätigkeit von Lieferanten und Einzelhändlern und werden hier im einzelnen hinsichtlich ihrer beschaffungs- und absatzpolitischen Bedeutung in den materiell angesprochenen Aktionsbereichen behandelt. Im Rahmen der Einkaufsgestalung interessiert dagegen der mehr *formale Aspekt* der *vertraglich bedingten Institutionalisierung* des *Geschäftsverkehrs* mit den *Lieferanten.*

42 Aktionsprinzipien der Einkaufsgestaltung

421 Wahl der Beschaffungswege

Die Strukturierung der Beschaffungswege ergibt sich aus der Wahl der Lieferanten; dabei wird unter *vertikaler* Lieferanteneinschaltung die unterschiedliche Stufenzugehörigkeit der Hersteller oder Großhändler angesprochen, während mit der *horizontalen* Verzweigung der Beschaffungswege die Auffächerung der Lieferantenstruktur auf einer Marktebene nach Betriebsform und -größe, Branchenzugehörigkeit, Standort oder Merkmalen der Unternehmenspersönlichkeit gemeint ist [Schaubild III, 4.2]. Entscheidungen hinsichtlich der Lieferantenwahl sind insb. auf Käufermärkten zu fällen, wo Produkte in ausreichenden Mengen von verschiedenen Beschaffungsquellen angeboten werden. Wahlfreiheit unter den Lieferanten ist insoweit gegeben, wie

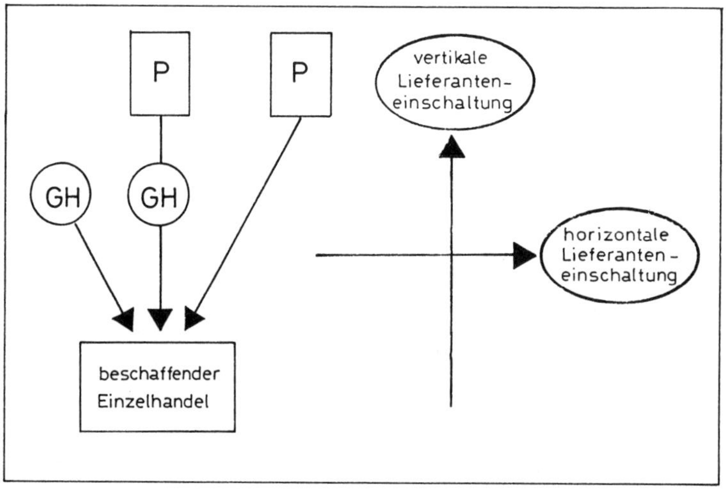

Schaubild III, 4.2: Struktur der Beschaffungsweg-Entscheidungen

diese nicht eine einschränkende Selektionspolitik unter ihren Abnehmern durchführen und vertraglichen Bindungen unterliegen.

4211 Vertikale Lieferanteneinschaltung

Die Einzelhandelsunternehmen können *direkte* und *indirekte Beschaffungswege* (Einkauf direkt beim Hersteller bzw. indirekt bei verschiedenen Großhandelsstufen) einschlagen. Die direkte Beschaffung setzt voraus, daß die Einzelhandelsunternehmen die Leistungen des Großhandels mit dem ihnen zur Verfügung stehenden Einkaufsapparat ausführen oder die Hersteller eine den Einzelhandel betreuende Verkaufsgestaltung haben. Die Entscheidung über einen direkten oder indirekten Einkauf muß auf der Grundlage eines Leistungs- und Kostenvergleichs getroffen werden. Dabei ist jede Beschaffungsalternative nach Umfang und Qualität der Leistungserfüllung durch die Vorstufe und den verbleibenden Eigenleistungen einerseits sowie den daraus resultierenden Einstandspreisen andererseits zu vergleichen[2]. Gleichzeitig müssen Unterschiede in den Beschaffungsrisiken berücksichtigt werden.

Verschiedentlich benutzen Einzelhändler direkte und indirekte Beschaffungswege parallel (mehrgleisiger Bezug). Diese Strategie der *Auftragsspaltung* („order-splitting") kann auf mengenpolitischen Überlegungen beruhen (direkte Beschaffung bei Großmengen, indirekte Beschaffung bei Kleinmengen) oder Gründe der Risikostreuung haben.

Die Wahl der Beschaffungswege erfolgt teilweise in bezug auf die Waren-, Kommunikations- und Wertströme für ein Produkt *gleichzeitig direkt* und *indirekt* (Beispiel: direkte Kommunikation zum Hersteller, indirekter Waren- und Zahlungsweg über den Großhandel) [Hansen, P., 1972, S. 198ff]. Durch diese Verfahren können verschiedene Gesichtspunkte der vertikalen Lieferanteneinschaltung gleichzeitig berücksichtigt werden.

Angesichts der Vielzahl der Einkaufsobjekte und ihrer beschaffungswirtschaftlichen Verbundenheit bildet die Wahl der vertikalen Beschaffungswege im einzelnen ein differenziertes Entscheidungsproblem, zumal verschiedene Angebotsbedingungen bei Großhändlern und Herstellern simultan zu berücksichtigen sind, die weitreichende Auswirkungen auf die Beschaffungspolitik haben [Theisen, 1970, S. 403]. Im allgemeinen ist die *Einschaltung* des *Großhandels* als Form der Arbeitsteilung in der Distribution um so wahrscheinlicher, je *stärker* die *qualitativen, quantitativen, räumlichen* und *zeitlichen Spannungen* zwischen Produktion und Einzelhandel sind. Diese werden von den Eigenmerkmalen und den nachfrage- oder produktionsbedingten Relationsmerkmalen der Waren geprägt[3] und hängen weiterhin von der Struktur und

---

[2] Vgl. hierzu die Ausführungen über die Funktionsverteilung im Marktweg, Kap. I, 21. Grundlegende Erklärungsansätze zu diesem Entscheidungsproblem bietet die Transaktionskostenanalyse [Kap. I, 2322]. Speziell zur Beschaffungswegwahl vgl. Hammann, Lohrberg, 1986, S. 149—162; Mai, A., 1982, S. 180ff.

[3] „... the commodity characteristics ... bear importantly on the channels of distribution" [Revzan, 1961, S. 121f].

Folgende Beispiele können diesen Zusammenhang illustrieren:

Arzneimittel: Produkte der Massenfertigung; differenziertes Angebot mit wenig Substitutionsmöglichkeiten im Sortiment des Einzelhandels (abgesehen von Generika), oft dringend in kleinen

Organisation des Marktes ab. So erfordert die Situation vieler kleiner Marktteilnehmer auf beiden Marktseiten hohe Leistungen bezüglich der Warenumgruppierung und Markterschließung. Diese Leistungen machen i. d. R. die Einschaltung des Großhandels notwendig, sofern die Kontakte nicht durch Marktveranstaltungen organisiert sind. Großunternehmen auf der Hersteller- und/oder Einzelhandelsseite sind eher in der Lage, die Aufgaben des Großhandels zu übernehmen, da sie einerseits eher die Investitionen für den Ausbau des notwendigen Einkaufs- bzw. Verkaufsapparates tragen können und damit andererseits aufgrund der Größenordnung ihres Beschaffungs- bzw. Absatzpotentials eine ökonomisch sinnvolle Funktionserfüllung leisten können. Es ist empirisch erwiesen, daß im Einzelhandel mit wachsender Unternehmensgröße der prozentuale Anteil der Direktbeschaffung zunimmt [Theisen, 1970, S. 401]. Kooperationen unter Einzelhändlern werden u. a. im Zuge einer Rückwärtsintegration gerade mit dieser Zielsetzung vorgenommen.

4212 Horizontale Lieferanteneinschaltung

Neben der Entscheidung zwischen direkten und indirekten Beschaffungswegen hat ein Einzelhändler Wahlmöglichkeiten bei der horizontalen Lieferanteneinschaltung auf der Hersteller- und Großhandelsebene. Derartige Alternativen unter den Lieferanten bestehen in dem Maße, wie gleiche oder substituierbare Waren von ihnen angeboten werden. Die beschaffenden Unternehmen haben dann bei einem Marktseitenverhältnis, in dem die Anbieter einen Machtvorsprung genießen und daher die Preise und Qualitäten des Waren- und Leistungsangebots bestimmen, als vornehmliche Aktionsparameter die Freiheit in der Lieferantenwahl[4]. In dem umgekehrten Marktseitenverhältnis können relativ stärkere Nachfrager (Beispiele: Aufkäufer; Großunternehmen des Einzelhandels, die einen Auftrag zur Eigenmarkenproduktion per Ausschreibung vergeben), sofern sie ihrerseits die Preise und Qualitäten ihrer Nachfrage fixieren, nicht auch noch die Anbieter im einzelnen bestimmen. Diese Nachfrager können nur eine Beschränkung der Lieferanten durch selektive Beschaffungspolitik vornehmen, indem sie entsprechende Anforderungen an die Art ihrer Marktpartner stellen. Bei singulären Marktbeziehungen sind beide Seiten gleichermaßen an der Bestimmung ihrer Marktpartner beteiligt.

Die horizontale Lieferantenwahl kann nach den Kriterienkomplexen

(1) Art,
(2) Anzahl und
(3) Entfernung

Mengen anfallender Massenbedarf, der von den Konsumenten überwiegend nachbarschaftlich gedeckt wird. Daraus folgen ausgeprägte räumliche und zeitliche Überbrückungsfunktionen, Sortiments- und verteilende Quantitätsfunktionen, die den Großhandel notwendig machen. Dagegen *Klaviere:* Produkte der Serien- bis Einzelfertigung; hochwertig; transportempfindlich und sperrig; musterfähig, aperiodischer bis einmaliger Bedarf, für dessen Deckung der Konsument Lieferfristen in Kauf nimmt. Daraus folgen geringfügige quantitative und qualitative Waren- sowie zeitliche Überbrückungsfunktionen. Die Raumüberbrückung übernehmen wegen der Empfindlichkeit meist Spezialspediteure im Auftrag des Herstellers, z. T. durch Streckengeschäft bis zum Konsumenten. Die Einschaltung des Großhandels erweist sich weitgehend als unnötig.

[4] Vgl. zu den Auswirkungen des Marktseitenverhältnisses auf die Lieferantenwahl Theisen, 1970, S. 108ff; Berg, 1981, S. 33f.

vorgenommen werden, wobei letztere mit der Verbesserung der Transport- und Kommunikationstechnik abnehmende Bedeutung hat. Als Aktionsmöglichkeit der Beschaffungspolitik ist die Lieferantenwahl abhängig von Festlegungen in den beschaffungswirtschaftlichen Aktionsbereichen der Sortiments- und Produktpolitik, dem Lieferantenservice, der Preis- und Finanzierungspolitik, mit denen bestimmte Vorgaben in bezug auf das absatzpolitische Verhalten und die Unternehmensstruktur der Anbieter gemacht werden und die somit den Kreis der in Frage kommenden Anbieter beschränken.

Zu (1): Die Auswahl gemäß der *Art* der *Lieferanten* ist ein Segmentierungsproblem aus dem Kreis der nach ihrer warenbedingten Zuständigkeit in Frage kommenden Lieferanten. Wenn vom Großhandel beschafft werden soll, so besteht zunächst die Möglichkeit einer generellen Orientierung mit der Vorauswahl der Lieferanten nach *Betriebsformenzugehörigkeit,* in der sich ihre generellen Leistungskombinationen ausdrücken (Beispiel: Entscheidung für Spezial- oder Sortimentsgroßhandel; lagerhaltenden oder Streckengroßhandel). Auf einer weiteren Konkretisierungsstufe geht es um die *Selektion* der *liefernden Betriebe.* Die Auswahlkriterien, wie z. B. Bonität, terminliche Zuverlässigkeit, Kundenservice, ergeben sich aus den Beschaffungszielen in Verbindung mit Einschätzungen der eigenen personalen und organisationalen Kosten- und Leistungsfaktoren und der Beschaffungssituation. Diese *Relativierung* der anzulegenden Kriterien ergibt sich daraus, daß in den Lieferanten zumindest kurz- bis mittelfristig eine *Ergänzung* der *eigenen Leistungsfähigkeit* gesucht werden muß. Die in der Literatur angebotenen Kriterienkataloge für Lieferantenbewertungen[5] können daher auch nicht mehr als nur erste Checklisten sein. Als Auswahlmethodik werden u. a. Punktwertverfahren („Vendor-Rating-Verfahren") vorgeschlagen. Die für ihre Anwendung erforderlichen Informationen sind ein wesentlicher Bereich der Beschaffungsmarktforschung. Soweit für bestehende Geschäftsbeziehungen frühere Selektionsentscheidungen nur überprüft werden müssen, stellen EDV-gestützte Warenwirtschaftssysteme neue Formen der kontinuierlichen Informationsbeschaffung über die Lieferanten dar, die eine Ökonomisierung der Lieferantenwahl-Entscheidung ermöglichen.

Neben diesen an unternehmerischen Beschaffungszielen orientierten Überlegungen zur Lieferantenwahl beeinflussen persönliche Präferenzen der Einkäufer den Entscheidungsverlauf. Diesen verbleibt innerhalb der vorgegebenen Unternehmensziele ein individueller Entscheidungsspielraum, in dem persönliche Motivationen und Bindungen wirksam werden[6].

---

[5] Eine Übersicht der bei der Lieferantenwahl zu berücksichtigenden Kriterien geben z. B. Zäpfel, 1979, S. 277ff; Berg, 1981, S. 94ff, und Hammann, Lohrberg, 1986, S. 152ff. Sie sind zwar auf die industrielle Beschaffungsproblematik bezogen, lassen sich jedoch auf den Handel übertragen.

[6] Die Hersteller versuchen daher, „... sich möglichst *genaue Kenntnisse über die Entscheidungsträger,* ihre berufsspezifischen Verhaltensweisen und Stellung in der Unternehmenshierarchie sowie über typische persönlichkeitsbezogene Motivationen zu verschaffen, um eine wirksame werbliche Beeinflussung des Regalplatz-Angebots sicherstellen zu können" [Hansen, P., 1972, S. 176]. Neben dieser werblichen Beeinflussung spielen verschiedenste Formen der Korruption und Bestechung eine nicht zu unterschätzende Rolle.

Zu (2): Entscheidungen über die *Zahl* der *Lieferanten*[7] hängen eng mit der vertikalen Lieferantenwahl und der Bestimmung ihrer Art zusammen. Der Bezug von Herstellern bedingt i. d. R. aufgrund ihrer engeren Sortimente eine größere Lieferantenzahl als bei Großhandelsbezug. Auf der Großhandelsebene beeinflußt die sortimentsbezogene Lieferantenauswahl gleichzeitig die Anzahl der Marktpartner, indem entweder mit einer Vielzahl von Spezialgroßhändlern oder wenigen geeigneten Sortimentsgroßhändlern zusammengearbeitet wird. Ein enger Zusammenhang besteht auch zu den Grundsätzen der mengenmäßigen Warendispositionen.

Bei der *Konzentration* auf *wenige Lieferanten* werden aufgrund größerer Beschaffungsmengen Preisvorteile erzielt. Zudem wird die Beschaffung in der Abwicklung einfacher, so daß sich die fixen Bezugskosten verringern. Sofern ein beschaffendes Einzelhandelsunternehmen durch Auftragskonzentration bei seinen Lieferanten eine einflußreiche Stellung gewinnt, können günstigere Konditionen und über das Vertragsverhältnis hinaus bevorzugte Belieferungen erreicht werden. Die Nachteile dieser Strategie liegen in der erhöhten Abhängigkeit von wenigen Lieferanten und den daraus resultierenden Risiken in bezug auf deren Lieferfähigkeit und -bereitschaft. Es besteht die Gefahr, daß sich absatzpolitische Fehlentscheidungen der Vorstufe auf die beschaffenden Einzelhändler übertragen. Ihnen gehen nämlich bei einseitiger Beschaffungsmarktorientierung umfassende Beurteilungs- und Kontrollmaßstäbe aufgrund geringerer Marktkenntnis verloren, oder es verschließen sich ihnen die u. U. erforderlich werdenden kurzfristigen Umstellungsmöglichkeiten. Zudem kann unter einer einseitigen Ausrichtung des Sortiments auch die absatzpolitisch gebotene Originalität des Warenangebots leiden, wenn der Händler die Vielseitigkeit und Dynamik der Marktentwicklungen verfehlen sollte.

Bei dem Prinzip einer *breiten Lieferanteneinschaltung* vertauschen sich die Vor- und Nachteile. Höheren Einstandspreisen und geringerer Einflußmöglichkeit bei den Lieferanten stehen eine bessere Risikostreuung, stärkere Unabhängigkeit, umfangreicherer Marktzugang und größere Originalität des Sortiments gegenüber. Ein breiter Lieferantenkreis kann bei größerer Bedarfsmenge durch gleichzeitig gestreute Bezüge und bei kleinen Bedarfsmengen durch wechselnde Auftragsvergabe erreicht werden. In letzterem Fall werden oft nur sog. Kontaktaufträge mit dem Ziel vergeben, einen breiten Marktanschluß und eine Diversifikation der Beschaffungswege zu erhalten und zu pflegen.

Es gibt Marktverhältnisse, die den beschaffenden Unternehmen kaum Wahlmöglichkeiten bezüglich der Lieferantenzahl belassen. So muß der Aufkaufhandel zur Sicherung seiner Beschaffungsmengen bei zersplitterter Marktstruktur auf der Anbieterseite eine große Zahl von Lieferanten in Kauf nehmen und kann allenfalls bei ausreichendem Angebot und der dafür notwendigen Machtposition eine Lieferantenselektion unter Festlegung von Mindestbezugsmengen vornehmen. Umgekehrt verbleiben kleinen Nachfragern bei Mindestabnahmeverpflichtungen der Anbieter oft nur geringe Entscheidungsmöglichkeiten.

Zu (3): Bei der *Lieferantenwahl* nach *räumlichen Aspekten* ist zu berücksichtigen, daß bei zunehmenden Entfernungen zu den Lieferanten die Transportkosten

---

[7] Zum Problem der Begrenzung der Lieferantenzahl unter dem Gesichtspunkt der Kapazitätsrestriktion vgl. Mai, A., 1982, S. 180ff.

steigen und die Kontaktanbahnung und -pflege erschwert sind, sofern der Markt nicht durch Messen, Ausstellungen u. ä. organisiert ist oder Kontakte über „neue Medien", wie z. B. Bildschirmtext, stattfinden. Außerdem wird die Beschaffung zeitlich weniger flexibel. Die Entscheidungen über die einzuschaltenden Lieferanten hängen um so mehr von den Standorten der Anbieter ab, je stärker die Standortunterschiede sind, je mehr diese kosten- und leistungswirtschaftlich ins Gewicht fallen und je geringer die sonstigen Angebotsdifferenzen sind [Theisen, 1970, S. 384].

4213 Zeitliche Lieferanteneinschaltung

Unter zeitlicher Perspektive ist das Problem der Fristigkeit der Lieferanteneinschaltung zu behandeln. Ein Einzelhändler kann bei Berücksichtigung des Zeitablaufs *Prinzipien* der *lang-* und *kurzfristigen Lieferantenbindung* verfolgen, die eng mit *Prinzipien* der *konstanten* oder *wechselnden Lieferanteneinschaltung* verknüpft sind. Eine langfristige Bindung kann in Form von mehrperiodigen Rahmenverträgen erfolgen. Sie führt i. d. R. zu geringeren Beschaffungskosten als bei fallweiser Bedarfsdeckung [Engelhardt, 1979, S. 362] und ermöglicht als Prinzip der Lieferantentreue den Aufbau funktionsfähiger Marktwegsysteme, bei denen zudem durch Habitualisierung ein Rationalisierungseffekt zustande kommen kann. Absatzseitig tendieren kontinuierlich gehaltene Sortimente aus Standardwaren und Eigenmarken zur konstanten, langfristigen Lieferanteneinschaltung.

Langfristige Bindungen an Lieferanten bedeuten allerdings auch eine Einengung der Entscheidungsspielräume der Folgeperioden [Mai, A., 1982, S. 20]. Die Chancen durch neu in den Markt tretende Lieferanten können nicht berücksichtigt werden oder nur unter Inkaufnahme von Kosten, die bei der Kündigung von langfristigen Verträgen entstehen.

Demgegenüber bietet das Prinzip der kurzfristigen Lieferantenbindung die Vorteile größerer Handlungsspielräume bei wechselnden Marktsituationen. Bei einer Verbindung mit der Politik des häufigen Lieferantenwechsels kann eine kurzfristig gewinnorientierte Beschaffung unter Ausnutzung bzw. Erzwingung von Gelegenheitsvorteilen betrieben werden. Diese Strategien führen Einzelhändler mit Saisonsortimenten durch, um saisonal unterschiedlich unter den Lieferanten verteilte Vorteile des Warenangebots weitgehend auszunutzen[8]. Sie wird weiterhin bei diskontinuierlicher Sortimentsgestaltung nach dem Prinzip der Niedrigpreispolitik angewendet — wie sie bei Discountern vorliegt —, wo die Beschaffung eher Spekulations- bzw. Gelegenheitscharakter hat. Generell findet sich die Strategie der kurzfristigen Lieferantenbindung eher in Rand- als in Kernsortimenten.

Angesichts der weit verbreiteten Tendenz zur Pflege und Förderung bestehender Lieferantenbeziehungen ist anzunehmen, daß in der Praxis das Risiko des Verzichts auf neue Marktchancen geringer bewertet wird als das Risiko eines Versorgungsengpasses [Arnold, 1982, S. 231].

---

[8] „Especially in goods of fashion volatility, a given manufacturer may be ‚very hot' in any one season but ‚very cold' in most seasons. Some buyers try to hop from one such resource to another. Other buyers prefer to patronize consistently those vendors who are consistently good rather than occasionally spectacular" [Wingate, Friedlander, 1963, S. 217].

422 Prinzipien der Kontaktanbahnung zwischen Lieferanten und Einzelhandelsunternehmen

Bei der Beschaffung bestehen für jede Kaufhandlung verschiedene *Kontaktformen* zwischen *Lieferant* und *Einzelhändler,* die analog zur Absatzseite unterschieden werden können [Kap. II, 43]:

(1) Residenzprizip (2) Domizilprinzip (3) Treffprinzip	persönliche Kontaktanbahnung
(4) Distanzprinzip	unpersönliche Kontakanbahnung

Die begriffliche Übertragung auf Sachverhalte der Beschaffungsseite erfolgt aus der Sicht des Einzelhandels. Das bedeutet, daß beim Residenzprinzip der Laden des Einzelhändlers als Bezugspunkt gilt, während das Domizilprinzip durch ein persönliches Zusammentreffen am Ort des Lieferanten gekennzeichnet ist. In enger Verbindung mit diesen Kontaktprinzipien zwischen Lieferant und Einzelhändler stehen die *Formen* des *Warenkontakts,* nämlich Kauf nach Inspektion, Muster bzw. Probe und Beschreibung bzw. Abbildung.

Zu (1): Das *Residenzprinzip* wird in zwei verschiedenen Ausprägungen realisiert. Es dient teilweise den Lieferanten dazu, *erstmalig Geschäftsbeziehungen* zu Einzelhändlern anzuknüpfen. Daneben wird es bei *bestehenden Lieferbeziehungen* angewendet, um den Einzelhandel regelmäßig mit Beratung und Information zu versorgen, Aufträge einzuholen und — soweit die Waren mitgeführt werden — gleichzeitig Auslieferung und Inkasso vorzunehmen. Diese Form der Einzelhandelsversorgung wird insb. für beschränkt lagerfähige Markenwaren durchgeführt, bei denen die Lieferanten einen schnellen Absatz an die Konsumenten unter Kontrolle behalten wollen, und für verderbliche, inspektionsbedürftige Produkte (Beispiel: Frischwaren-Markenartikel). Im Markenwaren-Absatzsystem wird häufig zwischen Herstellern und Großhändlern eine Aufgabenteilung in der Geschäftsabwicklung vorgenommen, die eine Spezialisierung der Organe z. B. nach Kontaktanbahnung und Warenaushändigung erlaubt[9].

Der Einzelhändler verhält sich bei dieser Beschaffungskonzeption *passiv.* Er kann lediglich eine Lieferantenselektion durch Besuchsverbote vornehmen und den Außendienstorganen Anweisungen über den Besuchsmodus (Beispiele: Häufigkeit, Aufgaben) erteilen. Eine solche Beschaffungsstrategie ist ausreichend, wenn feste Lieferantenbeziehungen bestehen, mit denen das mögliche Produktangebot weitgehend ausgeschöpft wird, und wenn der beschaffende Einzelhändler genügend Attraktivität besitzt, um sich auf die Absatzinitiativen der in Frage stehenden Lieferanten verlassen zu können. Diese Situation ist um so eher gegeben, je knapper die Regalplätze im Einzelhandel sind und je mehr die Lieferanten daher persönliche Akquisition betreiben. Das führt nämlich zu verstärktem Personaleinsatz der Lieferanten am point of purchase, wo die Außenorgane als Verkaufsförderer den Produkten best-

[9] Eine Übersicht über die verschiedenen Möglichkeiten der Aufgabenverteilung zwischen Hersteller und Großhandel bei der Einzelhandelsbelieferung gibt Hansen, P., 1972, S. 197ff. Vgl. auch zu dem System industrieller Verkaufsfahrer Schenk, Wölk, 1971, S. 43f.

mögliche Regalplätze an der „Verkaufsfront“ erobern sollen[10]. Der beschaffende Einzelhändler sieht sich in dieser Situation als Ziel widerstreitender und heftiger Wettbewerbsaktivitäten der Lieferanten am point of purchase. Diese verstehen sich zwar als Beschaffungshelfer und Absatzberater der Einzelhändler, jedoch besteht ein erheblicher Konflikt zwischen produktspezifischen Interessen der Außenorgane und sortimentsorientierten Interessen der Einzelhändler.

Zu (2): Ein beschaffungsaktiveres Verhalten des Einzelhandels liegt dagegen mit dem *Domizilprinzip* vor. Hierbei übernimmt er gegenüber Großhandel oder Herstellern die Aufgaben der Markterschließung, indem er sie durch eigene Kontaktierung von der Marktsuche entlastet. Das Domizilprinzip wird mit dem Einsatz eigener Organe oder fremder Beschaffungshelfer durchgeführt. Es stellt für den Einzelhandel — insb. in Käufermarktsituationen — eine relativ seltene Einkaufsform dar und wird in Einzelfällen bei unterschiedlichen Aufgabenstellungen und Bedingungen angewendet:

Das Domizilprinzip kann zur Anknüpfung neuer Geschäftsbeziehungen als *erstmalige Kontaktierung* am Ort des Lieferanten realisiert werden. Nach diesen Bemühungen um eine Geschäftsbeziehung werden die Routinelieferungen dann meist mit dem weniger aufwendigen Residenz- oder Distanzprinzip durchgeführt. Innerhalb *bestehender Lieferbeziehungen* ist die Anwendung des Domizilprinzips in Fällen der *Aufkauftätigkeit* eines Einzelhändlers notwendig (Beispiel: Antiquitäten), wo aufgrund der Wareneigenarten Beschaffung per Inspektion stattfindet und ihm viele kleine Lieferanten mit nur gering entwickelter Verkaufsgestaltung gegenübertreten. Derartige Märkte werden allerdings i. d. R. für die Kontaktanbahnung zwischen Lieferant und Einzelhandel durch Marktveranstaltungen organisiert oder von Großhändlern bearbeitet.

Umgekehrte Marktseitenverhältnisse, die das Domizilprinzip zur Anwendung kommen lassen, liegen mit dem *cash and carry-System* des Großhandels vor[11], bei dem der laufende Geschäftsverkehr am Ort des Lieferanten auf der Basis der Selbstbedienung stattfindet. Der cash and carry-Großhandel wendet sich an kleine und mittelständische Einzelhändler, die bei größenbezogener Abnehmerselektion von Herstellern und Großhändlern Beschaffungsschwierigkeiten haben. Darüber hinaus dient das System den sonstig beschaffenden Einzelhändlern zur kurzfristigen Dekkung ihres Ergänzungsbedarfs [Tietz, 1966, S. 321]. Das Domizilprinzip erbringt in dieser Form zwar einerseits physische Beschaffungsmühen für den Einzelhändler, da er die Raumüberbrückungsfunktion für die Ware übernimmt; andererseits bietet es Entlastung von psychischer Beschaffungsmühe, da ihm am Ort des Großhändlers ein umfangreiches Sortiment präsentiert werden kann und Information und Beratung zuteil werden, die ihm weitgehend eine Beschaffungsmarktforschung ersparen. Zudem kann der cash and carry-Handel nur mit dem Domizilprinzip die Funktion des kostengünstigen Reservelagers für den kleinen Einzelhändler übernehmen, das im Bedarfsfall auf Initiative des Beschaffenden hin kurzfristig in Anspruch genommen

---

[10] Vgl. zu den Maßnahmen der Verkaufsförderung am point of purchase Cristofolini, Thies, 1979; Birkigt, 1983.

[11] Da der cash and carry-Großhandel hier nur unter dem Gesichtspunkt des Domizilprinzips gesehen wird, sind die folgenden Aspekte für seine Beschreibung nicht vollständig. Vgl. ausführlich Schricker, Lehmann, 1976.

wird. Eine derartige zeitliche Flexibilität wäre bei Anwendung des Residenzprinzips aus Kostengründen nicht tragbar.

Die Kontaktierung nach dem Domizilprinzip wird gelegentlich von Großlieferanten durch die Organisation von *Händlermeetings* oder *eigenen Ausstellungen* herbeigeführt. Hierbei werden die im Marktseitenverhältnis als Kollektiv betrachteten Einzelhändler am Ort des Lieferanten über das Warenangebot und die Marketingkonzeption informiert; sie erhalten Gelegenheit zu Diskussion und Absprache gemeinschaftlicher Aktivitäten mit dem Lieferanten. Bei modischen Produkten, die für jede Saison neu gestaltet werden, dient eine Warenpräsentation der Ausmusterung und Vordisposition durch die Einzelhändler.

Zu (3): Weit mehr als im Absatzbereich des Einzelhandels sind die Märkte auf der Beschaffungsseite durch Veranstaltungen wie Großmärkte, Messen und Ausstellungen, Börsen und Auktionen sowie trade marts organisiert, die in vielen Branchen das *Treffprinzip* zu einer wichtigen Kontaktform machen. Derartige Veranstaltungen schaffen eine räumliche und zeitliche Konzentration von Anbietern, die dem Einzelhandel je nach Veranstaltungstyp mehr oder weniger Möglichkeiten bieten, Informationen und Marktübersicht zu gewinnen, Kontakte herzustellen und zu pflegen oder Einkäufe vorzunehmen. Soweit diese Veranstaltungen Funktionen des Großhandels erfüllen, ermöglichen sie teilweise die Anwendung des Prinzips direkter Beschaffungswege. Sie beherrschen die einzelnen Branchenmärkte oft so stark, daß sich die Einzelhändler ihnen kaum entziehen können, da die dort sichtbar werdende Marktentwicklung auch die unorganisierten individuellen Geschäftsbeziehungen stark tangieren[12]. Im Vergleich dieser Veranstaltungsarten werden mit Ausstellungen und Messen im allgemeinen mehr Funktionen des Kommunikationsstroms wahrgenommen und insbesondere Aufgaben für die Diffusion von Innovationen erfüllt, während mit Auktionen und Börsen mehr die Funktionen des Warenstroms erbracht werden. Dabei dienen Warenbörsen dem Warenumschlag mit fungiblen (vertretbaren) Waren, wie z. B. Getreide, Kaffee, NE-Metalle; auf Auktionen werden dagegen Produkte gehandelt, die nicht standardisiert sind und daher präsent sein müssen (Beispiele: Blumen, Fische). Trade marts sind eine relativ neue Form der permanenten Verkaufsausstellung, die gleichermaßen der ständigen Information und Warenvermittlung dient. Sie erfüllen vor allem im Bereich modischer Güter eine wichtige Funktion der Nachorderung kleiner Bestellmengen für den mittelständischen Handel[13].

Zu (4): Das *Distanzprinzip* ist eine unpersönliche Form der Kontaktierung. Zur *Anknüpfung von Geschäftsbeziehungen* stellen schriftliche Anfragen und schriftliche Angebotseinholung die beiden Standardfälle der unpersönlichen Kommunikation dar [Hammann, Lohrberg, 1986, S. 172]. Ein formalisiertes und damit zugleich objektiviertes Verfahren der Angebotseinholung ist die Ausschreibung, die als Kontaktform

---

[12] Beispielsweise können Preise, die auf Auktionen zustande kommen, für Geschäftsabschlüsse außerhalb der Veranstaltungen richtungsweisend sein [Nieschlag, Dichtl, Hörschgen, 1988, S. 417].

[13] Zu den Unterschieden in der Funktionserfüllung überbetrieblicher Veranstaltungen und ihrer Einsetzbarkeit in warentypologischer Hinsicht besteht eine umfangreiche Spezialliteratur. Eine ältere, methodisch interessante typologische Untersuchung für Messen und Ausstellungen liegt von Tietz, 1960, vor. Eine beschreibende Übersicht der Veranstaltungen gibt Seyffert, 1972, S. 471—495. Speziell zu Messen und Ausstellungen vgl. Selinski, 1983; Funke, 1986. Zu trade marts vgl. Sandt, 1976, S. 418—422; Walthard, 1977, S. 529—532.

nur von Großnachfragern für komplexe Beschaffungsprobleme angewendet wird. Sie schafft Vergleichbarkeit der Angebote. Weniger formalisiert sind Anfragen oder Angebotseinholungen, die einem begrenzten Kreis von Lieferanten zugänglich gemacht werden. Diese Verfahren setzen eine ausreichende Bezugsquellenkartei voraus[14]. Sofern sich der Erstkontaktierung durch Distanzprinzip keine persönlichen Verhandlungen anschließen, setzt diese unpersönliche Form der Markterschließung Wareneigenarten voraus, die eine Präsentation durch Beschreibung oder versendbare Muster bzw. Proben zulassen. Neue Kommunikationstechniken verbessern allerdings die Möglichkeiten, über Produkte ohne direkten Kontakt zu kommunizieren.

Das Distanzprinzip stellt weiterhin eine übliche Form der Kontaktierung bei *Routinebeschaffungen* innerhalb bestehender Geschäftsbeziehungen dar, sofern es sich um Produkte handelt, die keiner persönlichen Inspektion durch den Einzelhändler bedürfen. Die Entwicklung automatisierter Bestellsysteme, mit denen Händler und Lieferanten warenwirtschaftlich integriert sind, wird die Routinebeschaffung nach dem Distanzprinzip in Zukunft vereinfachen und beschleunigen [Fehr, Gossen, 1982, S. 84—86; Hansen, K., 1986, S. 227—232].

Vergleicht man das Distanzprinzip mit den persönlichen Kontaktformen, so ist bereits für die Vergangenheit ein deutlicher Bedeutungszuwachs festzustellen. Diese Entwicklung wird sich — wie bereits verschiedentlich sichtbar geworden — im Zusammenhang mit einer Automatisierung der Kommunikationsbeziehungen fortsetzen [Hansen, K., 1986, S. 229]. Es wird zunehmend technologisch möglich sein, face-to-face-Kontakte durch Medienkontakte im Sinne einer Rationalisierung der Beschaffungsfunktionen zu substituieren. Allerdings gibt es derzeitig stark divergierende Einschatzungen uber die sozialpsychologischen Akzeptanzbedingungen bei den potentiellen Anwendern.

423 Prinzipien der vertraglichen Gestaltung von Beschaffungswegen

Die Beziehungen zwischen Lieferanten und Einzelhandelsunternehmen werden durch vertragliche Regelungen gestaltet und institutionalisiert[15]. Wenngleich ein Verhaltenssystem auch auf der Grundlage von Vereinbarungen und habitualisierten Verhaltensformen funktionieren kann, bieten Verträge den Beteiligten mehr Klarheit und Sicherheit. Die vertragliche Ausgestaltung der Marktbeziehungen erfolgt innerhalb eines Rahmens gesetzlicher Regelungen, branchenspezifischer Geschäftsbedingungen von Fachverbänden und nicht kodifizierter Geschäftsusancen. In der Literatur wird dieser Handlungsbereich als Kontraktmarketing bezeichnet.

[14] Die fortschreitende Automatisierung wird auch im Handel eine Verbreitung EDV-gestützter Lieferanten-Karteien mit sich bringen.

[15] Vertiefende Lektüre zur vertraglichen Gestaltung der Marktbeziehungen zwischen Industrie und Handel vgl. Schenk, Wölk, 1971; weiterhin eine von Ahlert 1981 herausgegebene Monographie über vertragliche Vertriebssysteme zwischen Industrie und Handel.

4231 Arten zugrundeliegender Rechtsgeschäfte

Warenbezüge werden meist als *Kaufgeschäfte* und gelegentlich auf *Kommissionsbasis* als *Dienstgeschäfte* organisiert. Für den Kauf sind gemäß den Klauseln, mit denen die Rechte und Pflichten der Vertragspartner hinsichtlich Beschaffenheit der Ware und ihrer Verpackung, Menge, Lieferungs- und Erfüllungszeit, Erfüllungsort, Gefahrtragung, Preis und Zahlungsbedingungen festgelegt werden, zahlreiche verschiedene Vertragstypen zu unterscheiden[16].

In Verbindung mit Warenbezügen gibt es zwischen Lieferant und beschaffendem Einzelhändler Rechtsgeschäfte über *Gebrauchsüberlassungen* (Miete, Lizenzvergabe). Sie bewirken i. d. R. eine stärkere Institutionalisierung der Beschaffungswege, da sie für den Gegenstand der Gebrauchsüberlassung eine kooperative wirtschaftliche Verknüpfung beider Partner herbeiführen.

In *Mietverhältnissen* können sowohl Lieferanten als auch Einzelhändler als Vermieter auftreten. So vermieten die Lieferanten Spezialanlagen für den Absatz ihrer Erzeugnisse, um sich damit Absatzwege über den Einzelhandel zu eröffnen oder zu sichern. Die Einzelhändler werden hierdurch zwar von Anlageinvestitionen entlastet, verpflichten sich aber mit dem Mietvertrag zum Bezug der betreffenden Waren. Umgekehrte Vertragsverhältnisse bestehen mit der Einmietung der Lieferanten in den Einzelhandel [Schenk, Wölk, 1971, S. 38ff]. Bei einem räumlich eng begrenzten Mietsystem nutzen Großhändler oder Hersteller einzelne Regalflächen im Einzelhandel, beschicken diese mit ihren eigenen Waren und übernehmen die Regalpflege. Den Einzelhändlern verbleiben lediglich die Aufgaben des Inkasso und der Abrechnung mit dem Lieferanten (*„rack jobbing“*). Umfangreichere Mietsysteme werden mit dem *„department leasing“* eingegangen, wobei die Einzelhändler den Lieferanten ganze Abteilungen mietweise zur Nutzung und Gestaltung überlassen. Derartige Mietverhältnisse erbringen den Einzelhändlern zwar Entlastung von distributiven Aufgaben, gleichzeitig erwachsen ihnen allerdings Gefahren aus einer Überfremdung des point of purchase, der damit als persönlicher Konfrontationsort zum Konsumenten teilweise fremder Dispositionsgewalt überlassen wird.

Durch *Lizenzvergabe* stellt der Lizenzinhaber seinem Vertragspartner geschützte Produktions- oder Absatzrechte zur Verfügung. Diese Form der Geschäftsbeziehung führt zu einer weitreichenden Institutionalisierung der Beschaffungswege. Besondere Bedeutung hat die beschaffungswirtschaftliche Lizenznahme mit dem *Vertragshändlersystem*[17] und dem *„franchising“*[18] gewonnen. Dabei erhalten die Einzelhändler das

[16] Eine Orientierung über mögliche Vertragsinhalte geben Lippmann, 1980, S. 138ff; Grochla, Schönbohm, 1980, S. 164ff.

[17] „1) Der Vertragshändler (...) handelt in eigenem Namen und auf eigene Rechnung. 2) Er ist a) durch einen auf Dauer gerichteten Vertrag, b) mit einem Hersteller von Markenwaren oder einem von diesem eingesetzten Zwischenhändler (...) verbunden. 3) Er ist zur Förderung des Absatzes der Vertragswaren verpflichtet. 4) Er unterwirft in Erfüllung dieser Pflicht seine Handelsfunktionen und -risiken den Interessen des Herstellers und richtet sein Handelsgeschäft auf den Vertrieb der Vertragswaren aus. 5) Er nimmt durch Verwendung des Herstellerzeichens im Geschäftsverkehr am good will des Herstellers teil und bringt durch sein Auftreten am Markt seine Zugehörigkeit zum Vertriebsnetz des Herstellers zum Ausdruck“ [Ulmer, 1969, S. 189].

[18] „Franchising ist eine Form der vertikalen Kooperation, bei der der Franchisegeber aufgrund langfristiger individualvertraglicher Vereinbarungen rechtlich selbständig bleibenden Franchisenehmern gegen Entgelt das Recht einräumt und die Pflicht auferlegt, genau bestimmte Sach- und/

lizenzierte Privileg, nach der rechtlich geschützten Marketingkonzeption des Lieferanten dessen Sortiment zu vertreiben. Sie verpflichten sich zum Bezug der betreffenden Produkte und zur Einhaltung der mit der Marketingkonzeption verbundenen einzelhändlerischen Leistungen. Franchisenehmer profitieren von dem Markenimage und der vielgestaltigen Absatzunterstützung ihres Lieferanten, die z. B. ein abgerundetes Sortiment, werblichen Vorverkauf und eine Konzeption für die Ladengestaltung umfassen kann. Allerdings besteht die Gefahr, daß die Einzelhändler dabei zu wirtschaftlich abhängigen Verkaufsorganen der Lizenzpartner werden.

Alle Rechtsgeschäfte können je nach Marktseitenverhältnis und Bedeutung der festzulegenden Beziehungen für die marktliche Tätigkeit der Parteien auf der Grundlage *allgemeiner Geschäftsbedingungen* eines der Partner oder durch *fallweises Aushandeln* zustande kommen. Ein relativ großes Unternehmen kann im allgemeinen den von ihm als kollektiv behandelten Marktpartnern seine allgemeinen Geschäftsbedingungen vorschreiben, während bei singulärer gegenseitiger Betrachtung eher Vertragsverhandlungen durchgeführt werden.

4232 Bindungen als Grundelemente vertraglicher Beziehungen

Verträge dienen einer Verhaltensabstimmung unter den Parteien. Daher bilden Bindungen in Form von Pflichten und Rechten, die sich die Marktpartner gegenseitig auferlegen, die Grundelemente vertraglicher Beziehungen [Ahlert, 1985, S. 193]. Sie bedeuten in jedem Fall Einschränkungen der Dispositionsspielräume. Das folgende Schaubild III, 4.3 soll die Fülle von Bindungsmöglichkeiten auf Grundformen reduzieren:

Vertragliche Bindungen beziehen sich auf die unmittelbaren Rechte und Pflichten der Marktwegparteien (Beispiele: Übernahme von Serviceleistungen durch Einzelhändler, Werbemaßnahmen durch Lieferanten), mit denen sie ihre *Handlungsfreiheit gegenseitig beschränken* und die Einhaltung ihrer absatz- und beschaffungswirtschaftlichen Marketingkonzeptionen auf der Marktgegenseite durchsetzen [1—2, Schaubild III, 4.3]. Darüber hinaus beziehen sich vertragliche Bindungen auch auf Verhaltensweisen gegenüber Dritten und beschränken damit die *rechtsgeschäftliche* Handlungsfreiheit [3—8, Schaubild III, 4.3]. Damit dehnt sich der Durchsetzungsanspruch für eigene Marketingkonzeptionen auf weitere Bereiche der Marktwege aus. Die mittelbar Betroffenen können Marktteilnehmer auf der gleichen Stufe (Querlieferungsverbot) oder auf der Vor- bzw. Nachstufe im Marktweg sein. Es gibt hier zum einen sog. *Abschlußbindungen,* die vor allem dazu dienen, die Absatz- bzw. Beschaffungswege gegen Wettbewerbseinflüsse abzuschirmen und Begrenzungen der Marktsegmente festzulegen. Der Partner wird damit in seiner Freiheit beschränkt, Waren oder gewerbliche Leistungen von Dritten zu beziehen (Bezugsbindungen) oder an Dritte abzusetzen (Vertriebsbindungen, Alleinlieferungsbindungen, Verpflichtungen zur Gewährung von Gebietsschutz). Im Falle der Bezugsbindung wird der beschaffende

---

oder Dienstleistungen unter Verwendung von Namen, Warenzeichen, Ausstattung und sonstigen Schutzrechten sowie der technischen und gewerblichen Kenntnisse des Franchisegebers und unter Beachtung des von diesem entwickelten Absatz- und Organisationssystems auf eigene Rechnung an Dritte abzusetzen“ [Ahlert, 1981, S. 87]. Vgl. zum franchising auch Tietz, Mathieu, 1978.

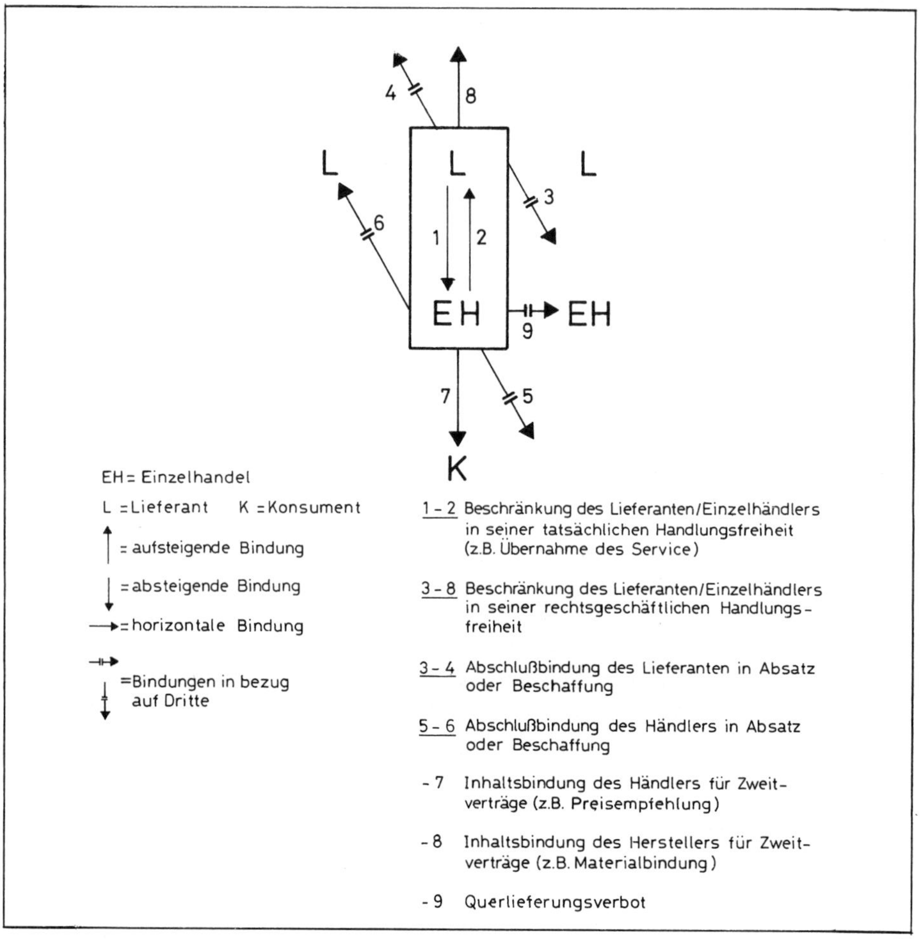

Schaubild III, 4.3: System von vertraglichen Bindungen

Einzelhändler verpflichtet, keine Konkurrenzerzeugnisse zu führen oder zumindest dem Lieferanten ein Mitspracherecht bei sortimentspolitischen Entscheidungen zu gewähren. Bezogen auf den Lieferanten bedeutet eine Absatzbindung eine Beschränkung für die Handelseinschaltung. Für den Einzelhändler liegt darin eine Gewährung von Alleinvertriebsrechten in einem abgegrenzten lokalen Bereich oder gegenüber bestimmten Konkurrenzgruppen; mit diesen Rechten erreicht er sowohl Beschaffungssicherung als auch Absatzexklusivität und Abhebung von seiner Konkurrenz. Bezugs- und Absatzbindungen können als wechselseitige oder als einseitige Verpflichtungen festgelegt werden.

Schließlich gehen die Parteien in der Gestaltung ihrer rechtsgeschäftlichen Handlungsfreiheit auch *Inhaltsbindungen* gegenüber Dritten ein [7—8, Schaubild III, 4.3]. Bei sog. vertikal durchlaufenden Bindungen (z. B. durchlaufend vertikale Preisempfehlung) wird die jeweilige Vorstufe des Geschäftspartners in die Vertragsbeziehung einbezogen. Mit mehrstufigen vertraglichen Regelungen wird die Konstituierung eines in sich geschlossenen Marktweges angestrebt, in dem sich die Beteiligten als Glieder eines Distributionssystems zu einem abgestimmten Verhalten verpflichten.

4233 Typologische Merkmale vertikaler Kooperationssysteme zwischen Industrie und Handel

Vertikale Kooperation ist eine planmäßige Abstimmung der Wirtschaftspläne von mindestens zwei Unternehmen verschiedener Wirtschaftsstufen. Auf der Grundlage der oben angegebenen Bindungsformen entstehen vielfältige Formen von Kooperationen. Sie werden in der Literatur meist als vertragliche „Vertriebssysteme", dagegen nicht als vertragliche Beschaffungssysteme abgehandelt. Dieses Defizit begründet sich daraus, daß vertikale Kooperationssysteme i. d. R. von Herstellern und Großhändlern entworfen und implementiert werden, die eine Koordinierung und Segmentierung der in den Absatz ihrer Erzeugnisse eingeschalteten Marktorgane anstreben. Von Händlern geht keine entsprechende Initiative auf der Beschaffungsseite aus. Sie haben vielmehr die Handlungsmöglichkeit, derartigen von Herstellern angebotenen Kooperationssystemen beizutreten und diese gegebenenfalls mitzugestalten.

Bei der Typologisierung von vertikalen Kooperationssystemen ist ein von Grossekettler [1978, S. 355ff] vorgeschlagenes Verfahren hilfreich [Schaubild III, 4.4]. Er unterscheidet darin die beiden Dimensionen „Zentralisierungsgrad" und „Bindungsgrad". Zentralisierung ist der Überschuß an Weisungsrechten einer der Parteien, d. h. also letztlich die Machtverteilung in einem System. Der Bindungsgrad drückt Umfang, Dauer und Flexibilität der Bindungen aus.

Die Verbindung beider Dimensionen zeigt die Intensitätsskala der Verhaltensabstimmung. Die oben erwähnten Vertragshändler- und Franchisesysteme befinden sich

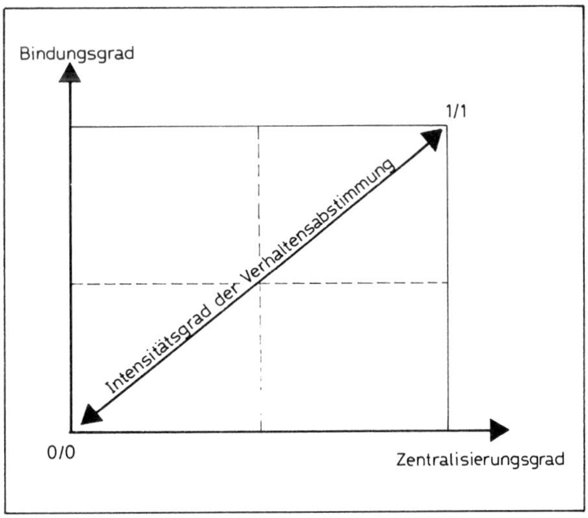

Schaubild III, 4.4:
Typologie vertikaler Kooperationssysteme

in dieser Darstellung als Formen intensiver Verhaltensabstimmung in dem oberen rechten Quadranten der Darstellung.

Das Schaubild III, 4.5 zeigt abschließend exemplarisch die kooperativen Bindungselemente des Franchisesystems, die systemtheoretisch als Anreiz-Beitrags-Struktur aufgefaßt werden können.

	Anreize	Beiträge
Hersteller	1. Keine Investitionskosten für den Aufbau eines eigenen Filialsystems bzw. Reisendenstabes 2. Durchsetzung einer die Handelsstufe umfassenden integrierten Marketingkonzeption	1. Genaue Gebietsabgrenzung zugunsten des Franchise-Nehmers und Vorkehrungen zum Schutz des Gebietes (absoluter Gebietsschutz) 2. Unterstützung des Franchise-Nehmers durch den Franchise-Geber und zwar einmalig (z.B. Schulung, Betriebsaufbau) und laufend (z.B. Marktforschung, Werbung, Fortbildung usw.) 3. Einräumung der Namens-, Waren- und Ausstattungsrechte 4. Sonstige finanzielle Unterstützung
Handel	1. Bessere Wettbewerbschancen - durch die Partizipation am Namen und an der Erfahrung des Herstellers - verbesserte Wettbewerbsposition gegenüber anderen Absatzmittlerorganisationen 2. Existenzsicherung 3. Wachstumschance	1. Pflicht zur Interessenwahrung und Förderung des Absatzes 2. Tätigkeit des Franchise-Nehmers nach einem vom Franchise-Geber vorgeschriebenen Handlungsschema 3. Einhaltung der vom Franchise-Geber vorgeschriebenen Vertriebswege-Konditionen-Sortiments-Werbe- und Produktpolitik 4. Direkte oder indirekte Vergütung des Franchise-Gebers 5. Vertragliches Kontrollrecht des Franchise-Gebers 6. Verpflichtung zur Verwendung bestimmter Gewinnanteile zur Selbstfinanzierung

Schaubild III, 4.5: Anreiz-Beitrags-Struktur des Franchisesystems
[Quelle: Meffert, 1981, S. 104]

424 Habitualisierung des Geschäftsverkehrs

Habitualisierung ist eine *informelle* Institutionalisierung des Geschäftsverkehrs zwischen Lieferanten und beschaffenden Einzelhändlern. Sie kommt dadurch zustande, daß die Verhaltensweisen der Beteiligten durch *internalisierte Normen* gesteuert werden, die aufgrund eines Gewöhnungsprozesses *ohne jeweils erneute Überprüfung* angewendet werden. Habitualisierung verschafft eine Erleichterung der notwendigen Aktivitäten und eine Entlastung von formellen Regelungen der Geschäftsbeziehungen. Sie vermindert allerdings auch die Flexibilität bei Situationsänderungen und die Bereitschaft für kurzfristige Anpassungsmaßnahmen.

Habitualisierung kommt in zweiseitigen Lieferbeziehungen zustande, wenn bei längerfristigem Geschäftsverkehr zwischen den Kontrahenten stillschweigend bestimmte Verhaltensmuster gegenseitig akzeptiert werden, ohne daß darüber offizielle Vereinbarungen getroffen worden sind[19]. Derartige Formen bilden sich oft ohne Wissen der Geschäftsleitungen innerhalb der Kommunikation zwischen den Außenorganen heraus und können dann zu schwer einsehbaren Widerständen gegenüber ökonomisch begründeten Veränderungsvorschlägen für den Geschäftsverkehr führen.

Eine allgemeinere Form der Habitualisierung, die einen branchenbezogenen oder branchenübergreifenden Wirkungsbereich hat, besteht mit branchenspezifischen Geschäftssitten oder allgemeinem Brauchtum. Diese nicht kodifizierten Rechtsnormen werden als Ergänzung vertraglicher Regelungen benutzt und auch gegen Marktpartner geltend gemacht, die sie nicht kennen. Für Außenstehende bilden die formell nicht festgelegten Grundlagen von Geschäftsbeziehungen eine Erschwernis bei der Einarbeitung. Dies gilt insb. für Einkäufer, die oft vielfältigen Branchenmärkten mit unterschiedlichen Geschäftsusancen gegenüberstehen und damit ein umfangreiches Informationsproblem zu bewältigen haben.

425 Prinzipien für den Einsatz personeller Einkaufsorgane

Im Einsatz von Einkaufsorganen bestehen in verschiedenen Aufgabenbereichen Wahlmöglichkeiten zwischen *Selbsterfüllung* von Beschaffungsaufgaben durch *betriebseigene Organe* und *Delegation an selbständige Beschaffungshelfer.* Die Entscheidung zwischen betriebseigenen oder selbständigen Organen ist in kostenwirtschaftlicher Hinsicht einem *qualitativen Verfahrensvergleich* in der Produktion bei unterschiedlicher Kapazitätsauslastung ähnlich. Der Einsatz eigener Organe, der i. d. R. mit relativ höheren fixen und geringeren variablen Kosten belastet ist, wird erst jenseits einer bestimmten Einkaufskapazität kostenwirtschaftlich sinnvoll. Wird diese nicht erreicht, ist die Delegation an selbständige Organe kostengünstiger. Ertragswirtschaftlich ergeben sich für diesen Vergleich zwiespältige Aspekte, die je nach Art der einzusetzenden Organe und ihren Aufgabenkreisen unterschiedliche Bedeutung erlangen. Einerseits kann bei selbständigen Organen ein aus der Arbeitsteilung und -spezialisierung resultierender Vorteil gegenüber betriebseigenen Organen entstehen, sofern diese in breiteren Aufgabenkreisen eingesetzt werden. Durch größere Spezialisierung können selbständige Beschaffungshelfer beispielsweise stärker vertraut sein mit einer Lieferantenregion, den Gegebenheiten einer Marktveranstaltung oder spezifischen Warenarten (Beispiele: ortsansässige Vertreter oder warenkundige Einkaufskommissionäre gegenüber Tourenreisenden). Dagegen kann von dem Einsatz eigener Organe eine bessere Interessenvertretung für die beschaffende Einzelhandelsunternehmung und u. U. ein Prestigegewinn gegenüber den Lieferanten erwartet werden. Zudem ist bei eigenen Organen eine auf die betrieblichen Zwecke abgestimmte Schulung möglich.

---

[19] „That is the fact that the cost of moving goods from one level to the next can be minimized if the transaction can be reduced to a routine (...). (...) it must happen according to rules, and both sides must understand the rules. Even more fundamental is the need for confidence growing out of the established relationship of buyer and seller. Performance on each side rests on the belief that the other side will behave as expected. Out of long acquaintance each becomes a point of reference for habitual behavior by the other“ [Alderson, 1967, S. 39f].

Für betriebseigene Repräsentanten entstehen bei genügend großem Aufgabenkreis Entscheidungsalternativen hinsichtlich ihrer Spezialisierung. Diese kann nach

(1) warenbezogenen,
(2) regionalen sowie
(3) klientalen Prinzipien

und Kombinationen aus ihnen erfolgen.

Zu (1): Eine an *Warenarten* orientierte Zuweisung der Einkaufsaufgaben verschafft den Einkaufsorganen am ehesten Kenntnisse über vorgelagerte Branchenmärkte und Wareneigenarten. Die Anwendung dieses Spezialisierungsprinzips ist in schwierig zugänglichen Produktbereichen sinnvoll, wie etwa bei schwankenden Produktqualitäten (Beispiel: naturnahe Erzeugnisse), bei komplizierten Produkteigenschaften oder bei innovationsreichen Branchen. Sie kann allerdings u. U. dazu führen, daß mehrere Repräsentanten zu einem einzigen Lieferanten Kontakt halten müssen, was sich verhandlungsstrategisch ungünstig auswirkt [Treis, 1970, S. 156ff]. Ein weiterer Nachteil entsteht bei regionaler Streuung der Lieferanten gleicher Warenarten dadurch, daß die Einkaufsorgane weite Gebiete bereisen müssen.

Zu (2): Eine Verteilung der Beschaffungskompetenzen nach *Regionen* sichert die Tätigkeit in einem begrenzten Gebiet, erfordert jedoch von den Repräsentanten erhebliche Warenkenntnis für das gesamte Sortiment, sofern in den Gebieten ein heterogenes Warenangebot nachzufragen ist. Aus dieser Form der Arbeitsteilung entstehen unter den Einkaufsorganen auch Koordinationsschwierigkeiten, wenn regional Überschneidungen in den Warenbereichen vorkommen. Die regionale Spezialisierung der Einkaufsorgane ist sinnvoll, wenn in einem Gebiet komplizierte Beschaffungsverhältnisse besondere regionale Kenntnisse erfordern. Sie wird z. B. von Großnachfragern des Einzelhandels bei direkter Auslandsbeschaffung angewendet.

Zu (3): Bei *klientaler* Spezialisierung wird die Einkaufsorganisation auf bestimmte Eigenschaften der Lieferanten ausgerichtet. Sie strebt eine differenzierte Abstimmung des Organeinsatzes auf die Beschaffungspartner an, mit der günstige Voraussetzungen für die Steuerung der Interaktionen während der Einkaufsverhandlungen geschaffen werden[20]. So ist es z. B. sinnvoll, bei großer Umsatzbedeutung der Lieferanten die Geschäftsleitung selbst oder Einkaufsreisende einzusetzen, um auf diese Weise eine Entsprechung hinsichtlich Ausbildung und Dispositionsvollmacht der Entscheidungsträger bei den Verhandlungspartnern zu erreichen[21].

426 Horizontale Kooperation in der Einkaufsgestaltung

Die Kooperation im Rahmen der Einkaufsgestaltung nimmt eine Schlüsselstellung gegenüber anderen Beschaffungs-Aktionsbereichen ein und hat als Marketingentscheidung strategischen Charakter. Sie umfaßt jede gemeinsame Nutzung von Ein-

[20] Vgl. hierzu die analog anwendbaren Ausführungen über den Verkaufsprozeß, Kap. II, 451.

[21] „... a high status customer may insist on meeting with the salesman's superiors, to restore the equality of status necessary to communication and bargaining“ [Crane, 1965, S. 204]. Diese auf den Verkäufereinsatz bezogene These kann analog auf den Einkäufereinsatz angewendet werden.

kaufsorganen und bildet damit in der Regel Voraussetzung und Grundlage der Zusammenarbeit in anderen beschaffungswirtschaftlichen Aktionsbereichen.

Die kooperative Einkaufsorganisation dient dem Ziel, „... durch die Bündelung des Bedarfs und weiterhin durch die mit einer Spezialisierung der jeweiligen Einkäufer verbundene höhere Markttransparenz Marktmacht zu erlangen" [Geisbüsch, 1964, S. 55]. Dadurch verbessern sich die Chancen für die Durchsetzung kooperativer Ziele in *anderen Aktionsbereichen,* wie z. B. günstigere Bedingungen in der Beschaffungspreispolitik, der Beschaffungsfinanzierung oder dem Lieferantenservice. Gleichzeitig wird mit dem kooperativen Einsatz der Einkaufsorgane eine *Rationalisierung* des *Einkaufsvorganges* angestrebt [Beckmann, 1969, S. 24] und vielfach eine das Beschaffungsergebnis verbessernde Übernahme von Großhandelsfunktionen als Ausgangsbasis für den vorteilhafteren *Direkteinkauf* bei den Herstellern ermöglicht.

Die Kooperation in der Einkaufsgestaltung erfordert von den beteiligten Einzelhändlern je nach Intensität der Zusammenarbeit einen mehr oder weniger starken Verzicht auf eigene Kontakte zum Beschaffungsmarkt und schränkt ihre individuellen Entscheidungskompetenzen ein. Als Bedingung für ihr Zustandekommen ist eine ausreichende *Interessenparallelität* unter den Beteiligten notwendig. Diese besteht um so eher, je mehr Sortiments- und Betriebsformenkonvergenz auf der Absatz- und Beschaffungsseite und damit Gleichartigkeit der anfallenden Beschaffungsaufgaben vorliegt.

Es besteht eine breite Skala von Möglichkeiten, den kooperativen Einsatz von Einkaufsorganen mehrerer Einzelhandelsunternehmen zu regeln und damit den *Intensitätsgrad* der Zusammenarbeit zu steuern. Intensitätsmäßige Abstufungen resultieren aus *Umfang* und *Bedeutung* der von den Beteiligten ausgegliederten und an ein gemeinsames Einkaufsorgan übertragenen Beschaffungsaufgaben. Eine *periphäre* und damit schwache Kooperation liegt vor, wenn nur wenige und im einzelnen für das Betriebsgeschehen unwesentliche Aufgaben delegiert werden (Beispiel: Beschaffungsmarktforschung durch ein gemeinsames Marktforschungsbüro). Dagegen entsteht eine *dominierende* Kooperation, wenn viele zentrale Beschaffungsaufgaben auf ein gemeinsames Organ übertragen werden.

Weitere Intensitätsunterschiede ergeben sich aus der *Häufigkeit* des *Einsatzes* eines gemeinsamen organisatorischen Trägers für Beschaffungsaufgaben. Hier erstrecken sich die Möglichkeiten vom *fallweisen, gelegentlichen* (Beispiel: gelegentlicher Gemeinschaftseinkauf) bis hin zum *generell* geregelten und *laufend* in Anspruch genommenen gemeinsamen Organeinsatz (Beispiel: kooperative Nutzung eines Zentrallagers). In Verbindung zu Umfang und Bedeutung der Kooperation tritt der fallweise Organeinsatz vorwiegend bei periphärer Kooperation auf, während die dominierende Kooperation meist einen generell geregelten Organeinsatz voraussetzt.

Die Form der kooperativen Einkaufsgestaltung und ihre Intensität sind wesentlich von der *Art* des *organisatorischen Trägers* geprägt. Dieser kann *einer* der *beteiligten Einzelhändler* sein, an den die gemeinsam zu erfüllende Beschaffungsaufgabe delegiert wird. Dazu wird i. d. R. jenes Mitglied ausgesucht, das im kooperativen Bereich die größte Sachverständigkeit hat. Die Spezialisierung eines Mitglieds auf bestimmte Beschaffungsaufgaben bringt insb. bei dominierender Kooperation langfristig die Gefahr zunehmender Abhängigkeit der übrigen Mitglieder mit sich. Der organisatorische Träger kann auch ein von allen Mitgliedern geschaffenes *gemeinsames Organ* sein, das den kooperativen Bereich zentral bearbeitet. Die Einrichtung gemeinschaftlicher Einkaufsorgane ist bei dominierender und generell geregelter Kooperation meist unerläßlich. Dabei besteht die Gefahr einer Verselbständigung derartiger Organe und einer eigenmächtigen Kompetenzausdehnung auf anfangs nicht an sie delegierte Bereiche[22]. Ein deutliches Beispiel dafür bieten die Einkaufsgenossenschaften, wo eine Verselbständigung der Zentralen und eine Kompetenzausweitung von der ursprünglich stärker einkaufsorientierten zur verkaufsorientierten Kooperation stattgefunden hat [Schiller, 1967, S. 397—412].

Zusammenfassend ist ein Intensitätsgefälle von der durch gelegentliche Ausübung einer oder weniger periphärer Beschaffungsaufgaben durch ein Mitglied gekennzeichneten schwachen Kooperation in der Einkaufsorganisation bis hin zur generell geregelten Übernahme vieler dominierender Beschaffungsaufgaben durch ein zentrales Organ zu konstatieren. Grundsätzlich gilt dabei, daß die Marktmacht der Gruppe mit steigender Intensität der Kooperation zunimmt.

---

[22] „Hier entstehen in der für die Zwecke der Mitglieder geschaffenen Organisation neue Zentren der unternehmungspolitischen Willensbildung, die nicht nur die an sie delegierten Aufgaben eigenständig planen, durchführen und kontrollieren, sondern auch ihrerseits die einzelbetrieblichen Dispositionen der Mitglieder zu steuern versuchen“ [Kleinen, 1968a, S. 183f].

5 Beschaffungsseitige Preis- und Bestellmengenpolitik

51 Aktionsfeld der Preis- und Bestellmengenpolitik

Begriffe

Der Beschaffungspreis ist das *Entgelt,* das ein Einzelhändler für *Waren* und *distributive Vorleistungen* seiner Lieferanten zu zahlen hat. Da er Produkte i. d. R. zum Zwecke des Spannenertrages kauft, ist der Beschaffungspreis — in Verbindung mit dem Wiederverkaufspreis der Produkte — als Begrenzung der erreichbaren Distributionsspanne von zentraler Bedeutung.

Die Beschaffungspreispolitik umschließt alle Maßnahmen des eigenen Preisangebots sowie der Beurteilung und Beeinflussung lieferantenseitig festgelegter Preisforderungen. Die Beschaffungspreise sind für den Einzelhändler im allgemeinen wenig transparent, da einerseits der Wert der mit ihnen abgegoltenen Waren und Vorleistungen der Lieferanten oft schwer zu quantifizieren und damit schlecht zu vergleichen ist und andererseits die Bestandteile der Preise und ihre Berechnungsmethoden eine weit größere Vielfalt an Rabatten und Sonderkonditionen aufweisen als im Absatzbereich. Die Lieferanten neigen zur Preisverschleierung, „... da in diesem kurzfristig disponierbaren Aktionsbereich entsprechende Maßnahmen der Konkurrenten generell einen vergleichsweise schnellen Ausgleich des erstrebten Vorsprungs auf einem ungünstigen Gesamtniveau bewirken können" [Hansen, P., 1972, S. 225].

Mit der Beschaffungspreispolitik sind die *Beschaffungsmengen* unmittelbar verbunden, da sie einerseits als Bezugsbasis bei der Beurteilung der Preishöhe dienen und andererseits als disponible Größe selbst Bestandteil des untersuchten Aktionsbereichs sind. Speziell im Rahmen der *Bestellmengenpolitik* wird über die Teilmengen der Bestellakte aus einer pro Periode festzulegenden Gesamtmenge entschieden. Sie ist einer der Beschaffungspreis- und -mengenpolitik nachgelagerten spezielleren Entscheidungsebene zuzuordnen. Zusammenhänge bestehen in der Weise, daß Beschaffungspreise und Gesamtbestellmengen in das Kalkül der einzelnen Bestellmenge eingehen und umgekehrt die Gesamtbeschaffungsmengen und -preise von den einzelnen Bestellmengen abhängen[1].

Ziele

Der Einstandspreis der Produkte beeinflußt die Gewinnsituation bzw. die Rentabilität des Einzelhandels entscheidend, da Wareneinstandspreise i. d. R. weit über die Hälfte der Selbstkosten ausmachen[2]. Diesen Sachverhalt drückt bereits das verbreitete Kaufmannswort „im Einkauf liegt der Gewinn" aus. Als *Ziel* der Beschaffungspreispolitik gilt in diesem Sinn vorrangig die *Minimierung* der *Warenkosten* unter Be-

---

[1] Dies gilt insofern, als „... die durch die Bestellmenge zu beeinflussenden Kosten mitbestimmend für die optimale Gesamtbeschaffungsmenge der Periode sind" [Theisen, 1970, S. 431].

[2] Ein einfaches Rechenbeispiel illustriert diese Meinung sehr plastisch: Betrüge der Wareneinstandspreis etwa 60 % von den Selbstkosten, was durchaus realistisch ist, und der Gewinn 10 %, so würde eine Reduktion des Einstandspreises um 1 % schon eine Erhöhung des Gewinns um 6 % bewirken.

rücksichtigung der Nebenleistungen [Grochla, Schönbohm, 1980, S. 76]. Zusätzlich ist in der Zielformulierung für die Beschaffungspreispolitik auch die Absatzseite zu berücksichtigen. Im Zeitpunkt des Wareneinkaufs dürfen die *Beschaffungspreise nicht isoliert* gesehen werden, sondern müssen mit den *realisierbaren Absatzpreisen* und den zu *erwartenden Umschlagshäufigkeiten* der Produkte in Verbindung gebracht werden. Je stärker sich die akquisitorische Wirkung eines Produktes auf dem Absatzmarkt entfaltet, desto größer ist seine Eignung zur Erzielung von Periodendeckungsbeiträgen. Unter diesem Gesichtspunkt ist die Höhe der Beschaffungspreise also zu relativieren, so daß als gewinnorientierte Zielsetzung die *Maximierung* der *Periodendeckungsbeiträge* als Differenz aus den erreichbaren Absatz- und Beschaffungspreisen unter Berücksichtigung der jeweiligen Umschlagshäufigkeit anzustreben ist. Ebenso wie auf der Absatzseite muß dabei zusätzlich noch die sortimentspolitische Verbundenheit der Beschaffungsobjekte berücksichtigt werden, die das Prinzip des kalkulatorischen Ausgleichs auch in der Beschaffungspreispolitik zur Anwendung bringt. Eine weitere Modifizierung erfährt die Zielformulierung der Beschaffungspreispolitik durch die Berücksichtigung der *Kapazitätsauslastungsgrade* in Teilbereichen der Unternehmung. Die Beschaffungspreise müssen demzufolge nach den Deckungsbeiträgen der Produkte pro Engpaßeinheit beurteilt werden.

Bei der Bestellmengenpolitik richtet sich die Zielsetzung auf möglichst *geringe Bestellkosten* einschließlich der Zins- und Lagerkosten (*optimale Bestellmenge*) [Bichler, Lörsch, 1985, S. 73] unter Gewährleistung eines ausreichenden Grades an Verkaufsbereitschaft. Bei konstantem Periodenbedarf wäre die Minimierung der Kosten pro beschaffter Einheit identisch mit der Minimierung der Gesamtbestellkosten.

Aktionsrahmen

Die Preisbildung auf den Warenbeschaffungsmärkten des Einzelhandels ist in Zusammenhang mit den in den Marktwegen vorangehenden und nachfolgenden Transaktionen zu sehen[3]. Die Beschaffungspreise stellen also ein Element in der Verteilung der gesamten Distributionsspanne für ein Produkt dar, die sich als Differenz zwischen Herstellungs- und Verbraucherendpreis aus den Distributionskosten und -gewinnen

[3] „The final price of an article is not a simple thing arrived at as a result merely of the interaction of the forces in play at the point of sale and purchase. It is compounded of a whole system of interlocking price relationships reaching back through the retailer, the wholesaler, the manufacturer, and all the other marketing agents who may have had a hand in the movement of the product to the point of ultimate sale. It is the final fruit of an elaborate price structure complicated by such conditioning and obscuring factors as quantity allowances, credit terms, delivery arrangements, and services rendered at each of the several stages through which the product passes in its often devious and tortous way to the point of final sale“ [Alexander, 1955, S. 71f].

zusammensetzt[4]. Einflüsse auf die Verteilung der Distributionsspanne unter den beteiligten Instanzen und damit zugleich auf die Entstehung der Beschaffungspreise können transaktionskostenanalytisch erklärt werden [Kap. I, 2322].

Die Spannenaufteilung wird in zwei verschiedenen Preisbildungssystemen entweder progressiv vom Herstellerpreis ausgehend in Form von Zu- und Abschlägen (Nettopreisbildungssystem[5]) oder, retrograd vom Verbraucherendpreis ausgehend, in Form von Abschlägen (Bruttopreisbildungssystem) vorgenommen. Diese *Preisbildungssysteme* beeinflussen die Beschaffungspreispolitik des Einzelhandels als *Aktionsrahmen.*

Im *Nettopreisbildungssystem* stellt der Beschaffungspreis ein *Äquivalent* dar, das der Einzelhändler für die *Ware* und die mit ihr *verbundenen Leistungen der Vorstufen* zu zahlen hat. Ausgangspunkt bildet der Einkaufsrechnungspreis als Produkt aus Wa-

---

[4] *Schaubild III, 5.1:* Zusammensetzung der Distributionsspanne

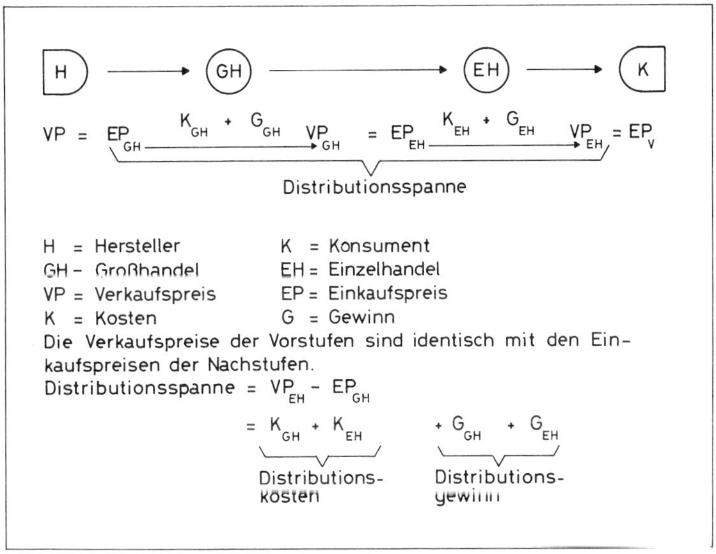

[5] *Schaubild III, 5.2:* Netto- und Bruttopreisbildungssystem

Nettopreisbildungssystem		Bruttopreisbildungssystem	
	Einkaufsrechnungspreis		Endverbraucherpreis (gebunden, empfohlen)
+	Aufschläge (gesonderte Lieferantenleistungen)	./.	Handlungskosten } Stufenrabatt
./.	Abschläge (Rabatte für gesonderte Einzelhandelsleistungen)	./.	Kalkulatorischer Gewinn } Stufenrabatt
=	Einkaufspreis	=	Einstandspreis
+	Bezugskosten	./.	Bezugskosten
=	Einstandspreis (bis Lager Einzelhändler)	=	Kalkulierter Einkaufspreis

renpreis pro Einheit und Bestellmenge. Dieser wird durch Aufschläge für gesondert in Rechnung gestellte Leistungen der Lieferanten (Beispiele: Sortieren, Abgabe von Mindermengen) und Abschläge bzw. Rabatte gemäß Stellung und Leistungen der abnehmenden Einzelhändler (Beispiel: Mengenrabatt) modifiziert. Als Ergebnis entsteht der Einkaufspreis, der in Verbindung mit den Bezugskosten (Fracht- und Rollgeld, Provisionen, Zollgebühren, Verpackungskosten) den Einstandspreis bildet.

Der Einkaufsrechnungspreis wird je nach Preisdifferenzierungsabsichten der Anbieter mehr oder weniger pauschal mit entsprechenden Auf- und Abschlägen berechnet. Bei Preisstellung frei Lager des Händlers schließt er sogar die Bezugskosten ein. Derartige Unterschiede in der Berechnungstechnik erschweren dem Handel den Spannenvergleich und lassen hierfür eher die Einstandspreise geeignet erscheinen.

Für den Händler ergibt sich aus dem Nettopreisbildungssystem die Möglichkeit der autonomen Festlegung seiner Verkaufspreise und damit die Bestimmung freier Kalkulationsspannen (Spanne von unten [Mellerowicz, 1961, S. 5]). Die Höhe des Einkaufsrechnungspreises und das System der ihn modifizierenden Auf- und Abschläge wird durch die zumindest annähernd vorausbestimmte Kalkulationsspanne erheblich beeinflußt.

Bei dem *Bruttopreisbildungssystem* werden von den Herstellern die Preise nicht nur für die jeweils anschließende Stufe des Marktweges festgelegt, sondern Wiederverkaufspreise für mehrere Stufen bis hin zum Konsumenten vorgegeben. Der Einstandspreis des Einzelhändlers wird retrograd durch Abzug des Stufenrabatts (Handlungskosten zuzüglich Gewinn) vom Endverbraucherpreis ermittelt und führt nach Subtraktion der Bezugskosten zum Einkaufspreis. Die Festlegung der Endverkaufspreise kann — soweit rechtlich möglich[6] — als vertikale Preisbindung oder -empfehlung den Verbrauchern durch Werbung oder Packungsaufdruck angekündigt sein oder handelsintern und unverbindlich durch ein Bruttopreislistensystem erfolgen. Hier sind Höchst-, Mindest- und Festpreisfestlegungen zu unterscheiden. Während erstere Preissteigerungen entgegenwirken sollen, dienen Mindestpreise umgekehrt der Eindämmung und Verhinderung eines ungehemmten Preiswettbewerbs bzw. der Preisschleuderei auf der nachgelagerten Stufe. Festpreise sind bei den üblicherweise hoch angesetzten Handelsspannen Ertragsstabilisatoren. Das Bruttopreisbildungssystem kann durchlaufend für den gesamten Marktweg angewendet werden und damit die Groß- und Einzelhandelsstufe tangieren (durchlaufende Preisbindung oder -empfehlung) oder nur in einer Festlegung der Endverkaufspreise des Einzelhandels bestehen (Preisbindung oder -empfehlung der letzten Hand). Soweit die Rechtsverbindlichkeit der Bruttopreisbestimmung nicht durchbrochen wird, ist im ersten Fall keine freie Beschaffungspreisbildung des Einzelhandels möglich, während die Preisbindung und -empfehlung der letzten Hand einen größeren Aktionsspielraum offenläßt.

Die Möglichkeiten einer aktiven oder reaktiven Preis- und Mengenpolitik sind von dem vorliegenden *Marktseitenverhältnis* abhängig. Betrachten die Lieferanten ihre Abnehmer als Kollektiv, so fixieren sie als Anbieter die Preise, und die nachfragenden Händler können nur noch *reaktiv* unter den verschieden strukturierten Preisangeboten auf den Beschaffungsmärkten wählen und sich mengenmäßig anpassen

[6] Die vertikale Preisbindung ist seit dem 1.1.1974 in der Bundesrepublik nur noch bei Verlagserzeugnissen rechtlich zulässig. Unverbindliche Preisempfehlungen sind dagegen unter bestimmten Voraussetzungen erlaubt. Zur vertiefenden Lektüre vgl. Bunte, 1980, S. 75—81.

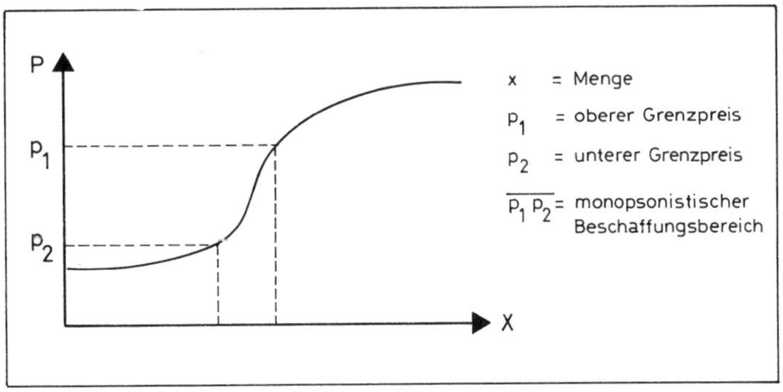

Schaubild III, 5.3: Preis-Beschaffungsfunktion bei kollektiver Behandlung der Lieferanten auf unvollkommenem Markt

[Grochla, Schönbohm, 1980, S. 76]. Abgesehen von einer mengenmäßigen Anpassung in der Gesamtbestellmenge pro Periode stellt sich mit der Festlegung der einzelnen Bestellmengen ein gesondertes Entscheidungsproblem. Im umgekehrten Fall einer stärkeren Stellung des Einzelhändlers ist bei kollektiver Behandlung der Lieferanten eine *aktive* Preispolitik möglich. Die Lieferanten treffen entsprechend den handelsseitig festgelegten Preisen die Entscheidung über die von ihnen anzubietenden Mengen. In dieser Marktsituation sieht sich der beschaffende Einzelhändler einer Preis-Beschaffungsfunktion gegenüber, in der sich die ihm im Markt erhältlichen Mengen zu den von ihm fixierten Preisen ausdrücken. Sie hat bei Unvollkommenheit des Marktes einen relativ unelastischen monopsonistischen Bereich, der durch besondere Präferenzbildung der Lieferanten gekennzeichnet ist [Schumann, 1971, S. 249], [Schaubild III, 5.3].

Im Fall gegenseitig singulärer Betrachtung sind sowohl Preise als auch Mengen Gegenstand von Verhandlungen.

Innerhalb dieser Marktseitenverhältnisse ist die Preisbildung von verschiedenen *Marktkonstellationen* abhängig, die aus den horizontalen Wettbewerbsverhältnissen resultieren. So kann die kollektive Behandlung der Einzelhändler durch die Lieferanten mit monopolähnlichen, oligopolistischen oder sogar polypolistischen Marktsituationen auf der Lieferantenseite verbunden sein. Umgekehrt sind bei kollektiver Behandlung der Lieferanten durch die Einzelhändler auf der Nachfrageseite monopsonähnliche, oligopsone oder auch polypsone Verhältnisse denkbar. Die singuläre gegenseitige Behandlung tritt vor allem in bilateralen Monopolen und Oligopolen auf[7].

Der Preisbildungsprozeß auf den Beschaffungsmärkten wird neben den Marktseitenverhältnissen durch die *einzel-* und *überbetriebliche Organisation* des *Marktverkehrs* beeinflußt. Der branchenspezifische Einsatz von Marktmittlern, überbetrieblichen Veranstaltungen, die Reichweite und Ausprägungen der vorhandenen Einkaufs-

---

[7] Vgl. diese Verbindungen von Marktseitenverhältnissen und Marktformen bei Theisen, 1970, S. 124ff.

Es ist nicht das Anliegen dieser Arbeit, die Preisbildung auf den Beschaffungsmärkten in Modellen dieser verschiedenen Marktkonstellationen zu analysieren. Da die Beschaffungspreisbildung in Abhängigkeit von der Absatzpreisbildung stattfindet, wäre die Theorie mehrstufiger Marktmodelle anzuwenden.

und Verkaufsorgane der Marktpartner und die vertragliche Institutionalisierung der Marktwege wirken sich auf die Markttransparenz und damit zusammenhängend auf die Reagibilität von Angebot und Nachfrage aus.

Innerbetrieblich sind der Beschaffungspreispolitik insb. mit den vorkalkulierten Absatzpreisen und den Handlungskosten für die Leistungserfüllung *Obergrenzen* gesetzt, die allerdings kurzfristig und für einzelne Produkte überschritten werden können. Die kapazitativen Beschränkungen des Einzelhandelsunternehmens (Beispiel: Lager- und Verkaufsfläche) nehmen über die Bestellmengen Einfluß auf die Beschaffungspreise.

Aktionsteilbereiche und Aktionselemente

Auf der Beschaffungsseite bilden *Preis-* und *Bestellmengenpolitik* zwei eng miteinander verbundene Teilbereiche. *Aktionselemente* der Beschaffungspreispolitik sind die *Struktur* und *Höhe* der *Einstandspreise.* Neben der aktiven Einflußnahme auf die Preisforderungen sind dabei auch Wahlentscheidungen unter gegebenen Preisforderungen als Aktivitäten aufzufassen. Die Struktur der Einstandspreise bestimmt sich je nach dem von den Lieferanten gewählten Preisbildungssystem aus verschiedenen Komponenten. Bei Anwendung des Nettopreisbildungssystems handelt es sich um die *Einkaufsrechnungspreise* und die *auf sie bezogenen Zuschläge* und *Rabatte.* Das Bruttopreisbildungssystem enthält als Aktionselemente die *auf* die *Wiederverkaufspreise bezogenen Rabatte.* Da die Rabattarten die wichtigsten Elemente der Beschaffungspreispolitik darstellen und in sehr heterogenen Erscheinungsformen auftreten[8], werden sie im folgenden in einem gesonderten Abschnitt erläutert.

Sofern ein Einzelhändler die Beschaffungspreise nicht beeinflussen kann, bilden die *Beschaffungsmengen* ein Aktionselement dieses Bereiches. Die Gesamtbestellmengen der Produkte (Periodenbedarf) werden von den beschaffenden Einzelhändlern in Verbindung mit der Bestellhäufigkeit in verschiedene *Bestellmengen* (Auftragsgrößen) aufgeteilt. Die Frage der Bestelltermine, die in Zusammenhang mit den Bedarfsmengen, Beschaffungszeiten und dem gewählten Sicherheitsbestand steht, wird als innerbetriebliches organisationstechnisches Problem der Lagerhaltung hier ausgeklammert. Neben den Bestellmengen bildet die *Liefermenge* gelegentlich ein gesondertes Aktionselement, sofern Auftrags- und Auslieferungsgrößen nicht identisch sind (Beispiele: Sukzessivlieferungs- oder Abrufverträge).

52 Rabattarten

Rabatte sind Preisnachlässe, die für die Abgeltung einer Leistung und/oder aus Gründen des wettbewerblichen Anreizes gegeben werden. Dementsprechend werden *Leistungs-* und *Wettbewerbsrabatte* unterschieden. Praktisch ist diese Trennung allerdings kaum zu vollziehen, da die meisten Rabatte hinsichtlich ihrer Art Leistungskomponenten und hinsichtlich ihrer Höhe wettbewerbliche Anreizkomponenten ent-

[8] Nawrocki [1979] ist der Meinung, daß mehr als sechzig Rabatte, Boni und Skonti existieren.

halten. Aus diesem Grunde kann die Unterscheidung nur soweit Praktikabilität beanspruchen, wie eine Zuordnung der Rabatte zu diesen Kategorien von Fall zu Fall schwerpunktmäßig erfolgt. Die *Rabattarten* mit einer *Leistungsgrundlage* können nach *Handelsfunktionen* gegliedert werden, wobei sich allerdings nicht für jede Funktion in der Praxis eine Rabattart herausgebildet hat[9]:

Rabattarten mit einer Leistungsgrundlage	
1) Für Wahrnehmung allgemeiner Handelsfunktionen, z. B.:	Funktions-, Stufen- oder Grundrabatt, Betriebsformenrabatt
2) Für Wahrnehmung räumlicher Überbrückungsfunktionen, z. B.:	Selbstabholerrabatt
3) Für Wahrnehmung zeitlicher Überbrückungsfunktionen, z. B.:	Saison-, Frühbezugs-, Lagerräumungsrabatt
4) Für Wahrnehmung quantitativer Warenfunktionen, z. B.:	Mengen-, Umsatzrabatt, Treuerabatt, Jahresbonus
5) Für Wahrnehmung von Funktionen der Nachfragelenkung, z. B.:	Einführungs-, Muster- oder Werberabatt
Wettbewerbliche Rabattarten	
6) Als Leistungsanreiz, z. B.:	Sonder-, Geheimrabatt

Zu (1): Der *Funktions-* oder *Stufenrabatt* (gelegentlich auch als *Grundrabatt* bezeichnet) soll in *pauschaler* Form die Leistungen entgelten, die eine bestimmte Handelsstufe für den Hersteller vollbringt. Dieser Rabatt stellt also das Entgelt für typische Leistungsbündel dar, die gemäß der Stellung eines Händlers auf der Groß- oder Einzelhandelsstufe zusammengefaßt werden. In der Diskussion um Funktionsrabatte wird der Begriff allerdings in engerer Auslegung nur noch auf die Großhandelsstufe angewendet. Im Rahmen der Vorwärts- und Rückwärtsintegration im Marktweg hat eine Stufenverwischung stattgefunden, welche die ohnehin zweifelhafte Verallgemeinerung der stufentypischen Funktionserfüllung des Handels noch kritischer erscheinen läßt. Das hat sich in der Praxis im Kampf der Integrationsformen — und vor allem der Einkaufsgenossenschaften — um Zubilligung des Großhandelsfunktionsrabattes von den Herstellern ausgewirkt[10]. Bei Unterschieden in der Funktionserfüllung der Einzelhändler wird der Funktionsrabatt mit weiteren Zu- und Abschlägen zu einem Gesamtrabatt verbunden. Eine Preisstellung mit ähnlicher Intention wie der Funktionsrabatt ist die nach Betriebsformen gestaffelte Rabattierung (Beispiel: Fachgeschäft — Warenhaus). Auch hier werden Leistungsbündel pauschal gemäß der Betriebskonstellation in Rechnung gestellt.

Zu (2): Demgegenüber stehen Rabattarten, die im *einzelnen* nach der Funktionserfüllung bemessen werden. Eine mögliche, allerdings seltene Form der Berücksichtigung *räumlicher* Überbrückungsleistungen stellen Selbstabholerrabatte dar, die bei Abholung der Waren vom Lager der Lieferanten in Anspruch genommen werden. In der Regel werden Transportleistungen allerdings mit Frachtkosten berechnet.

Zu (3): Zeitliche Überbrückungsaufgaben übernimmt der Einzelhandel bei gleichmäßiger Belieferung und periodischer Verbrauchernachfrage oder bei periodischer Belieferung und kontinuierlicher Nachfrage. Im ersten Fall wird durch frühzei-

---

[9] Die Rabattbezeichnungen wechseln sehr stark. Der Phantasie sind in der Praxis offensichtlich nur wenig Grenzen gesetzt.

[10] Vgl. zu diesen Auseinandersetzungen Batzer, 1962, S. 54ff; Olesch, 1983, S. 86.

tigen Abruf der Produkte bei den Lieferanten eine Kosten- und Risikominderung in deren Lagerhaltung und eine Liquiditätssicherung erreicht. Dafür werden *Frühbezugsrabatte* in Anspruch genommen. Im Falle periodischer Belieferung bei kontinuierlicher Verbrauchernachfrage ermöglicht der Einzelhandel durch Vordisposition eine günstige Ausnutzung der Betriebsanlagen bei den Lieferanten; speziell bei den Herstellern können durch die Zusammenfassung von Aufträgen durch den Einzelhandel kostengünstigere Produktionsauflagen entstehen. Als Entgelt werden *Vordispositionsrabatte* gefordert. Bei einem Modellwechsel gewähren die Lieferanten dem Einzelhandel gelegentlich *Lagerräumungsrabatte,* um die Marktwege frühzeitig von den älteren Produkten zu befreien.

Zu (4): Ein Entgelt für *quantitative* Warenfunktionen wird durch Mengen- bzw. Umsatzrabatte gegeben, deren Bemessungsgrundlage die Menge oder der Wert der nachgefragten Produkte sein kann. Sachliche Bezugspunkte bilden ein Produkt oder eine Produktgruppe. In zeitlicher Hinsicht werden Rabatte für die Gesamtbestellung bei einem Lieferanten in einer Periode oder für den einzelnen Auftrag gegeben [Schaubild III, 5.4].

Sachbezug / Zeitbezug	verschiedene Produkte	ein Produkt
ein Auftrag	Auftragsrabatt (Wertgrundlage)	Artikelrabatt (Mengen/Wertgrundlage)
eine Bezugsperiode	Umsatzrabatt, Jahresbonus, Treuerabatt (Wertgrundlage)	period. Artikelrabatt (Mengen/Wertgrundlage)

Schaubild III, 5.4: Mengen- bzw. Umsatzrabatte

Die Unterscheidung dieser Varianten ist notwendig, weil jeweils andere Leistungen des beschaffenden Einzelhändlers und damit teilweise korrespondierend andere Kostenersparnisse der Lieferanten darin enthalten sind.

So ist z. B. der *Gesamtbestellwert* einer *Periode* bei einem Lieferanten — unberücksichtigt der einzelnen Bestellmengen — Ausdruck für den gesamten Umfang einer Geschäftsbeziehung. Er wirkt sich bei dem Lieferanten auf die Kontaktierungskosten aus. Diesbezügliche Rabatte werden auch zur Sicherung der Geschäftsbeziehungen gegeben und stellen damit ein Äquivalent für Kosten der Risikominderung dar. Darüber hinaus enthalten sie i. d. R. starke wettbewerbliche Anreizelemente[11].

Artikel- bzw. *Gesamtrabatte* eines *Auftrags* beruhen aus der Sicht der Lieferanten auf der Ausnutzung von Kostendegressionen in der Auftragserlangung und -bearbeitung. Sofern die Auslieferung eines Auftrages in Raten erfolgt, werden diese — z. B.

[11] Aus diesem Grunde ist es in der Literatur strittig, diese Rabatte als Entgelt für quantitative Leistungen anzusehen.

mit der Berechnung von Waggonrabatten — gesondert behandelt. Das tritt ein, wenn ein Einzelhändler Sukzessivlieferungsverträge hat oder eine händlerische Integrationsform bei zentraler Bestellung dezentral an ihre Mitglieder ausliefern läßt. Verschiedentlich werden die genannten Rabattierungsformen bezüglich der quantitativen Umgruppierungsfunktion miteinander gekoppelt. So kann z. B. die Höhe der periodischen Umsatzrückvergütung von den durchschnittlichen Auftragsgrößen abhängig gemacht werden.

Zu (5): Für die Wahrnehmung von Funktionen der *Nachfragelenkung* gibt es analog zu dem heterogenen Leistungsspektrum eine Vielzahl unterschiedlicher Rabattmöglichkeiten. Jede speziell auf die Absatzförderung eines Produktes gerichtete Händleraktivität kann zum Anlaß einer Rabattforderung genommen werden. Im Zusammenhang mit der dynamischen Innovationsentwicklung der Hersteller, die zunehmend Akzeptanzprobleme im Handel verursacht hat [Pfeiffer, 1981], gewinnen Einführungsrabatte besondere empirische Bedeutung. Im Kampf der Hersteller um die Regalplätze im Handel ist vor allem auch ein Spektrum von Rabatten entstanden, das die Plazierung und Förderung des Produktes am point of purchase belohnt.

Zu (6): Neben den primär kosten- und leistungsorientierten Rabattarten gibt es eine Fülle von *Wettbewerbsrabatten*[12], die lediglich Anreizfunktionen haben und in ihrer Vielfalt und Bemessungsgrundlage die Marktmachtverhältnisse widerspiegeln.

Für die Bemessung der Rabattarten stehen verschiedene *Berechnungsmethoden* zur Verfügung[13]. Diese werden als Anwendungstechnik an dieser Stelle erläutert, während Entscheidungen über ihren konkreten Einsatz unter Berücksichtigung ihrer ökonomischen Wirkung als Aktionsprinzipien zu behandeln sind.

Rabatte werden als *prozentuale* oder *absolute Beträge* berechnet (Prozent-, Betragsrabatte). Werden sie als Prozentsätze einer preislichen Bezugsgröße festgesetzt, so bestehen mit dem Netto- oder Bruttopreisbildungssystem die Alternativen eines prozentualen Aufschlags auf den Einkaufspreis oder eines prozentualen Abschlags vom Verkaufspreis. Ein Vergleich der unterschiedlichen Prozentrabatte ist nur durch Umrechnung auf einen einheitlichen Bezugspreis möglich. Absolute Rabatte sind Geldbeträge pro Umsatzeinheit, die unterschiedlich nach Mengen- oder Arteinheiten definiert sein können. Sie ändern sich nicht automatisch mit Wertschwankungen der Bezugsbasen. Damit wirken sie sich auf vertikale Marktbeziehungen *stabilisierend* aus, während prozentuale Rabattsätze Schwankungen der preislichen Bezugsgrößen auf alle Stufen des Marktweges übertragen [Sundhoff, 1953, S. 54f]. Demgegenüber haben prozentuale Rabatte insgesamt den Vorteil wesentlich *leichterer* und *flexiblerer Handhabung.*

Für jede Rabattberechnungsmethode bestehen verschiedene Möglichkeiten der *Rabattstaffelung,* mit denen gemäß den Veränderungen der Bezugsgrundlage eine Höhenregulierung erfolgt. Rabattstaffeln dienen der Anpassung an Kostenverände-

[12] „Unter diesem Namen (Wettbewerbsrabatt, Anm. d. Verf.) tritt er auf keiner Preisliste, kaum in einer Verkaufsverhandlung in Erscheinung, vielmehr nimmt er das Gewand aller nur denkbaren Rabattarten, Sonderpreise und Preiskonzessionen, seien sie offen oder geheim, an" [Gerhardt, 1960, S. 43].

[13] Vertiefende Lektüre zu den Berechnungsmethoden von Rabatten vgl. Seyffert, 1972, S. 594—611.

rungen bei der distributiven Leistungserfüllung, der Anpassung an Marktsituationen oder deren Beeinflussung. Kosten- bzw. leistungsorientierte Rabattstaffeln richten sich z. B. nach Mengen, nach der Länge von Transportwegen, nach dem Zeitpunkt der Auftragsvergabe [Seyffert, 1972, S. 602]. Dagegen werden marktorientierte Rabattstaffelungen nach leistungsunabhängigen Merkmalen der Marktpartner bemessen.

Es werden folgende Staffelungsarten unterschieden[14]:

1) Staffelungsarten der Betragsrabatte

11	Überproportionale Rabattbeträge	(absolut stärker steigend als die Bezugsgröße)
12	Proportionale Rabattbeträge	(gleichmäßig absolut mit der Bezugsgröße steigend)
13	Unterproportionale Rabattbeträge	
131	Prodekursive Rabattbeträge	(absolut geringer steigend als die Bezugsgröße)
132	Fixe Rabattbeträge	(absolut gleichbleibend bei steigender Bezugsgröße)
133	Dekursive Rabattbeträge	(absolut fallend bei steigender Bezugsgröße)

2) Staffelungsarten der Prozentrabatte

21	Progressive Prozentrabatte	(prozentual steigend)
22	Konstante Prozentrabatte	(prozentual gleichbleibend)
23	Degrssive Prozentrabatte	(prozentual fallend)

Diese Staffelungsarten für Betrags- und Prozentrabatte können sich gegenseitig so zugeordnet werden, daß jeweils die gleichen Ergebnisse erzielt werden. Beispielsweise lassen sich überproportional steigende Rabattbeträge in Form progressiver Prozentrabatte ausdrücken. Es ergeben sich folgende *Verbindungen:*

3) Staffelungsarten der Betrags- und Prozentrabatte

31	Überproportionale Rabattbeträge bzw. progressive Prozentrabatte	(absolut und prozentual steigend)
32	Proportionale Rabattbeträge	(absolut steigend und prozentual gleichbleibend)
33	Prodekursive Rabattbeträge bzw. degressive Prozentrabatte	(absolut steigend und prozentual geringfügig fallend)
34	Fixe Rabattbeträge bzw. degressive Prozentrabatte	(absolut gleichbleibend und prozentual stark fallend)
35	Dekursive Rabattbeträge bzw. degressive Prozentrabatte	(absolut und prozentual sehr stark fallend)

Diese Staffeln für Betrags- und Prozentrabatte werden in wertmäßiger gegenseitiger Entsprechung auf der Basis der folgenden Tabelle für eine Umsatzwertreihe dargestellt. Den gemeinsamen Bezugspunkt aller Staffeln bildet der absolute Betrag von 40, der einem Prozentrabatt von 10 entspricht.

In Schaubild III, 5.5 wurde für die Rabattstaffelung ein sich mit der Berechnungsgrundlage stetig verändernder Verlauf angenommen. Praktisch erfolgt die Berechnung von Rabattstaffeln jedoch i. d. R. derart, daß sprunghafte Verläufe entstehen (Ausnahme: konstante Prozentsätze). Für die handelsbetriebliche Praxis haben die Staffelungsarten unterschiedliche Relevanz. Verstärkte Anwendung finden die überproportionalen und proportionalen Betragsrabatte (progressive bzw. konstante Prozentrabatte) sowie innerhalb der Gruppe der unterproportionalen Staffeln außerdem die fixen Betragsrabatte (degressive Prozentrabatte) [Seyffert, 1972, S. 603].

[14] Die folgende Gliederung wird analog zu der Handelsspannengliederung von Seyffert durchgeführt [Seyffert, 1972, S. 603ff].

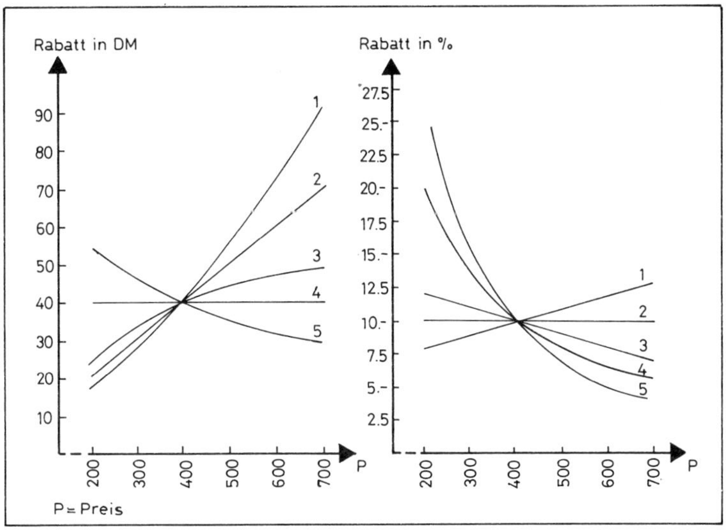

Schaubild III, 5.5: Staffelungsarten von Betrags- und Prozentrabatten bei einer Umsatzwertreihe

53 Aktionsprinzipien der Preispolitik

Bei einer Fülle von Preisgestaltungsformen auf den Beschaffungsmärkten hat ein Händler z. T. die Chance der Preissetzung oder -beeinflussung und z. T. Wahlmöglichkeiten zwischen gegebenen Alternativen. Auch reaktive Wahlentscheidungen haben angesichts der Unvollkommenheit der Beschaffungsmärkte eine hohe marktpolitische Bedeutung.

531 Kosten- und Leistungsorientierung in der Preispolitik

Es soll zunächst angenommen werden, daß ein Einzelhändler bei ihn begünstigenden Beschaffungsmarktverhältnissen die *Beschaffungspreise autonom bestimmen* kann. Bei einer Kostenorientierung wird er die anzubietenden Einkaufspreise so festlegen, daß sie in Verbindung mit den Absatzpreisen pro Stück die Deckung der Handlungskosten einschließlich eines Gewinns ermöglichen. Dazu ist von den approximativ bestimmbaren Preis-Mengenrelationen eines Erzeugnisses auf dem Absatzmarkt als Bezugspunkt auszugehen und durch retrograde Kalkulation unter Abzug der Handlungskosten für die distributive Leistungserfüllung sowie eines Gewinnaufschlags die Kurve der Einkaufspreise zu ermitteln. Damit erhält der Einzelhändler Vorstellungen von verschiedenen Preis-Mengenrelationen, die er bei einer an den Kosten orientierten Beschaffungspreispolitik anbieten kann. Die retrograde Kalkulation ist auf Teilkosten- oder Vollkostenbasis mit jenen Verfahren durchzuführen, die für die progressive Kalkulation bereits dargestellt wurden [Kap. II, 532]. Für sie gelten auch hier die gleichen Kritikpunkte. Von diesen Preis-Mengenrelationen kann der Einzelhändler am Markt jene verwirklichen, die sich mit der ihm vorliegenden Preis-Beschaffungsfunktion seines Lieferantensegments vereinbaren lassen.

Soweit der Einzelhändler eine Aufschlüsselung seiner Preisangebote nach verschiedenen Rabatten vornimmt, um damit ein differenziertes Spektrum von Leistungen und Beschaffungspreisalternativen anzubieten, müssen die Kosten jener Leistungen, die in den Rabatten entgolten werden sollen, aus dem Block der allgemeinen Handlungskosten herausgenommen und gesondert mit den Rabattforderungen abgestimmt werden. Die *Rabattstaffelung* erfolgt bei Kostenorientierung des Preisangebots *gemäß* den *Kostenverläufen* für die *Leistungserfüllung.* Beispielsweise setzen konstante Prozentrabatte eine mit der Bezugsgröße proportional variierende Kostenentwicklung voraus, während dekursive Betragsrabatte den selten zu erwartenden Fall eines abnehmenden Kostenverlaufs bei steigender Bezugsgröße bedingt. Von kostenorientierten Rabattstaffeln wird eine wirtschaftliche Verteilung der Leistungserfüllung auf die Partner eines Marktweges erwartet.

Sobald ein Einzelhändler auf dem Beschaffungsmarkt *gegebenen Preisen* gegenübersteht, muß er sich *mengenmäßig anpassen.* Hier sind bei Kosten- und Leistungsorientierung jene Mengen festzulegen, bei denen mit approximativ vorbestimmten Absatzpreisen der vorgesehene *Stückerfolg* eines Produktes garantiert ist. Weitere Handlungsmöglichkeiten bestehen hinsichtlich der Inanspruchnahme von Rabatten und den ihnen zugrunde liegenden Leistungsalternativen. Derartige Entscheidungen sind in der vorliegenden Marktsituation bei kosten- und leistungsorientierter Beschaffungspreispolitik gemäß einer „make-or-buy“-Problematik zu behandeln[15].

Die Problematik der Kosten- und Leistungsorientierung liegt — ähnlich wie auf der Absatzseite — in der ursachgemäßen Ermittlung produktbezogener Kosten- und Leistungsanteile, die vor allem aus dem Vielproduktangebot des Einzelhandels resultiert. Einwendungen gegen kosten- und leistungsorientierte Preisangebote sind jedoch aus der mangelhaften Berücksichtung der Marktsituation abzuleiten. Ein Einzelhändler, der aktive Beschaffungspreispolitik betreiben kann, vernachlässigt bei einseitiger Kostenorientierung die Marktverhältnisse und die sich aus ihnen ergebenden preislichen Möglichkeiten hinsichtlich der Lieferanten und Mitnachfrager. Insbesondere werden Gesichtspunkte der kompensatorischen Beschaffungspreisstellung nicht beachtet. Der Spannenausgleich nach dem Prinzip der Kostentragfähigkeit muß auch für die Ermittlung bzw. Beurteilung der Beschaffungspreise angewendet werden, da andernfalls die Absatzpreiskompensation auf den Beschaffungsmarkt — unberücksichtigt der dort herrschenden Marktsituation — übertragen würde und damit auch die Absicht des Spannenausgleichs nicht erreicht würde.

Die Kosten- und Leistungsorientierung in der Beschaffungspreisstellung kann daher in abgeschwächter Form nur so verstanden werden, daß durch retrograde Kalkulation *Preisobergrenzen*[16] festgestellt werden, die für eine am Beschaffungsmarkt orientierte Preispolitik Richtpunkte bilden.

---

[15] Demnach müßten z. B. im Falle der Inanspruchnahme eines Selbstabholerrabattes die Kosten der Selbstabholung geringer sein als der durch die Inanspruchnahme des Rabattes erzielbare Preisvorteil. Zur Problematik von make-or-buy-Entscheidungen vgl. Zimmermann, 1978; Ramser, 1979; Männel, 1981; Anderson, Weitz, 1986, S. 3—19, insb. S. 14f.

[16] Zur Problematik von beschaffungsseitigen Preisobergrenzen vgl. Männel, 1975.

532 Marktorientierung in der Preispolitik

Bei Marktorientierung in der Beschaffungspreispolitik wird das Preis- und Mengenverhalten der Lieferanten und Mitnachfrager zum Ausgangspunkt gewählt, um dadurch in den Preisangeboten die Marktsituationen möglichst weitgehend auszunutzen. Die anzubietenden Beschaffungspreise werden nicht unter der Begrenzung festgelegt, daß sie im Absatzpreis pro Artikel einschließlich der Handlungskosten wieder eingebracht werden müssen, sondern es findet nach dem Prinzip der *Kostentragfähigkeit* eine Kompensation in den Preisangeboten statt, in der die spezifischen Beschaffungsmarktverhältnisse berücksichtigt werden können.

5321 Prinzipien der Lieferantenorientierung

53211 Prinzipien bei der Festlegung der Preishöhe

Zunächst ist davon auszugehen, daß ein Einzelhändler aufgrund seiner Marktstellung die *Beschaffungspreise autonom* gegenüber den Lieferanten *bestimmen* kann[17]. Seine Dispositionen sind dann von den vorliegenden Preis-Beschaffungsfunktionen der Produkte geleitet. Da den Einkäufern aufgrund der Unübersichtlichkeit der Beschaffungsmarktverhältnisse darüber selten exakte Informationen zur Verfügung stehen, müssen sie sich an einige Orientierungsregeln halten, die Richtlinien für die Einschätzung der *Preiselastizitäten* des *Produktangebots* geben.

Dazu sind die *Substitutions-* und *Komplementaritätsregeln,* die für die Ermittlung der Nachfrageelastizitäten im Absatzbereich vorliegen, analog anzuwenden [Kap. II, 5331]. So kann angenommen werden, daß die Lieferanten um so unelastischer auf Veränderungen im Beschaffungspreisangebot eines Einzelhändlers reagieren, je weniger Substitutionsmöglichkeiten sie auf der Produktions- und Absatzseite für das betreffende Produkt haben. Je geringer die herstellungstechnische Elastizität ist, desto weniger können die Lieferanten sich mengenmäßig an Preisangebote anpassen. In ähnlicher Weise wirken sich für sie beschränkte Absatzalternativen aus. Umgekehrt erhöhen Substitutionsmöglichkeiten der Lieferanten innerhalb ihrer Produktions- und Absatzverhältnisse die Preiselastizität ihres Warenangebots. Weiterhin ist für den Einzelhändler auch die Komplementaritätsregel anwendbar. Sofern ein Lieferant sein Produkt in einem Absatzverbund mit weiteren Produkten absetzen will, wird er mit zunehmender Zahl und Intensität der Absatzkomplemente auf die Preisangebote der Händler starrer reagieren (Beispiel: Produktfamilien, die im Einzelhandel als geschlossenes Programm angeboten werden sollen). Neben den direkten Preiselastizitäten des Angebots sind *Kreuzpreiselastizitäten* zu berücksichtigen, in denen relative Angebotsmengenänderungen der Lieferanten für ein Produkt bei relativen Preisangebotsänderungen des Einzelhändlers an einem anderen Produkt ausgedrückt werden.

---

17 „Diese Situation ist der Regelfall bei Transaktionen zwischen kleinen Herstellern und großen Handelsunternehmen, angesichts der ständig gewachsenen Nachfragemacht des Handels sehen sich jedoch auch zunehmend größere Hersteller mit diesem Fall konfrontiert“ [Simon, 1982a, S. 392].

Angesichts der unterschiedlichen Preiselastizitäten des Warenangebots kann ein Einzelhändler bei der Beschaffung seines Sortiments das Prinzip des *kompensatorischen Preisangebots* anwenden. Es besteht — analog der absatzseitigen Preiskompensation[18] — in einem gegenseitigen Aufrechnen niedriger und hoher Preisangebote bei verschiedenen Beschaffungsobjekten. Seine Anwendung ist von akquisitorischen Gesichtspunkten der Marktbeeinflussung geleitet. Relativ hohe Preisangebote müssen z. B. bei solchen Produkten gewährt werden, die für eine Lieferbeziehung Leitartikelcharakter haben. Sie erzeugen eine hohe *Lieferantenloyalität* gegenüber dem Einzelhändler und ziehen preisliches Entgegenkommen der Lieferanten bei komplementären Produkten nach sich (Beispiel: Kernartikel aus einer Markenfamilie). Relativ niedrige Preisangebote können dagegen bei preisunelastischem Warenangebot der Lieferanten realisiert werden, bei dem Preiserhöhungen des Einzelhändlers ohnehin keine starken Mengeneffekte hätten. In diesen Fällen wird die Unbeweglichkeit der Lieferantensituation ausgenutzt.

In Verbindung mit dem Prinzip der kompensatorischen Beschaffungspreisangebote bestehen für die Einzelhändler Aktionsmöglichkeiten im Rahmen ihrer *Rabattforderungen*. Diese stellen eine geeignete Technik der *beschaffungsseitigen Preisdifferenzierung* dar, soweit die Festlegung der Rabattforderungen nach Art und Staffelungen abweichend von den Kosten der Leistungserfüllung nach Marktgesichtspunkten vorgenommen wird. Dafür müssen die Beschaffungsmärkte in entsprechende Teilmärkte (Lieferantensegmente) aufgespalten werden, in denen unterschiedliche Preiselastizitäten des Warenangebots vorliegen. Die Zielsetzung der Rabattdifferenzierung richtet sich auf eine Abschöpfung von *„Lieferantenrenten"* durch Ausnutzung der verschiedenen Angebotselastizitäten. Weiterhin kann durch die Rabattforderungen das produktions- und absatzpolitische Verhalten der Lieferanten in einer Weise gelenkt werden, daß es der Leistungsfähigkeit und den marktpolitischen Zielsetzungen des Einzelhändlers am besten entspricht. Dadurch ist der eigene Betrieb zu einer kostengünstigen und ausgeglichenen Beschäftigung seiner Kapazitäten zu führen (Beispiel: Den Mengenrabattstaffeln entsprechend werden die Lieferanten nach den Auftragsvergabemengen differenziert behandelt.).

Wenn ein Marktseitenverhältnis der *gegenseitig singulären Behandlung* vorliegt, findet ein individuelles Aushandeln von Preisen und Beschaffungsmengen statt, dessen Verlauf von den gegenseitigen Machtverhältnissen abhängt[19]. Eine starke Stellung des Einzelhändlers ergibt sich daraus, daß sein Regalplatz für ein Produkt des Lieferanten besonders wichtig ist. Druckmittel zur Durchsetzung der händlerischen Preisvorstellungen sind die Androhung eines Lieferantenwechsels oder die Aufnahme von Eigenmarkenproduktion. Umgekehrt ist die Lieferantenstellung stark, wenn z. B. durch besondere Warenqualitäten oder erfolgreiche Werbung für den Einzelhandel nur unzureichende Produktalternativen vorliegen.

In Preisverhandlungen sind Kenntnisse des Beschaffers über das Beschaffungsobjekt und die ökonomischen Bedingungen seiner Erstellung ein wesentlicher Machtfaktor. Kennt der Einzelhändler die Produktionsverhältnisse und die Preisentwicklungen auf den Vormärkten, so kann er versuchen, die Preisforderungen des Lieferanten in Kosten- und Gewinnbestandteile aufzuschlüsseln, um den Verhandlungs-

[18] Vgl. die Darstellung des kalkulatorischen Ausgleichs in Kap. II, 53322.
[19] Zur Theorie der Preisaushandlung vgl. Simon, 1982a, S. 438ff.

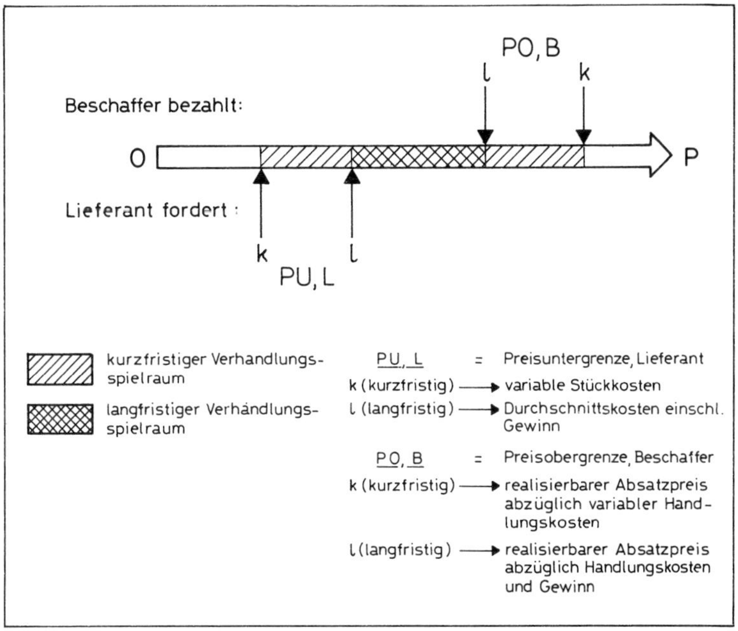

Schaubild III, 5.6: Spielraum bei Preisverhandlungen

spielraum richtig beurteilen zu können und eine Rentenbildung zu erkennen und einzuschränken. Ein methodisches Instrument zur Informationsbeschaffung stellt die *Wertanalyse* dar, mit der die Funktionen eines Beschaffungsobjektes bewertet und deren Kostenverursachung analysiert wird[20]. Aufgrund des hohen informations- und rechentechnischen Aufwandes werden derartige Wertanalysen als Instrumente der Beschaffungspreispolitik nur von Großunternehmen des Einzelhandels für zentrale Beschaffungsobjekte angewendet.

Es hängt im einzelnen von der Stärke der Machtpositionen und von der Politik der Lieferanteneinschaltung ab, welche Verhandlungsspielräume für beide Parteien entstehen. Jede Partei definiert für sich Preisunter- und -obergrenzen. Der Überschneidungsbereich ist der Verhandlungsspielraum. In diesem Rahmen sind bei den unteren Preisforderungen des Lieferanten und den oberen Preisangeboten des Beschaffers Unterschiede zwischen kurz- und langfristigen Verhandlungspositionen zu machen [Schaubild III, 5.6]. Er engt sich langfristig ein. Ein starker Einzelhändler wird bei einer Politik des kurzfristigen Lieferantenwechsels die Preise u. U. bis auf das Niveau der variablen Stückkosten der Lieferanten herabdrücken können, die als absolute Preisuntergrenze nur kurzfristig realisierbar sind [Geisbüsch, 1966, S. 114]. Dagegen fordern langfristige Beziehungen — insb. wenn Eigenmarkenpolitik vorliegt — die Anerkennung einer Preisuntergrenze, mit der für den Lieferanten die Deckung der gesamten Durchschnittskosten einschließlich eines angemessenen Gewinns gesichert ist. Umgekehrt wird ein schwacher Händler kurzfristig auf eine Preisobergrenze gedrückt, in der allenfalls mit dem erwarteten Absatzpreis seine variablen Handlungskosten gedeckt werden können, während langfristig mit der Definition seiner Preisobergrenze angemessene Deckungsbeiträge (Handlungskosten einschließlich Gewinn) zu realisieren sein müßten. Allerdings ist in dieser Definition von Preisgrenzen die kompensatorische Preiskalkulation noch nicht berücksichtigt, die vor allem bei den beschaffenden Einzelhändlern weitere Handlungsspielräume beläßt.

Bei *Verhandlungen* über *Rabatte* ist es von wesentlicher Bedeutung, ob ein Lieferant eine zugrundeliegende Leistung gegebenenfalls selbst erfüllen könnte (Beispiel: Frühbezugsrabatte bei saisonaler Lagerhaltung). In diesem Fall liegt die Obergrenze der Rabattforderung bei den Kosten, die der Lieferant bei Selbsterfüllung aufzuwenden hätte. Diese Preisgrenze verschiebt sich im Sinne der Marktmachtverhältnsse, wenn der Lieferant keine eigenen Möglichkeiten der Leistungsübernahme hat und auf den Händler angewiesen ist (Beispiel: Warenpflege am point of purchase).

Bedingt durch die Konzentrations- und Kooperationsbewegung im Handel und die Entstehung von Nachfragemacht hat sich die Beschaffungspreispolitik zunehmend auf die Verhandlung von Wettbewerbsrabatten verlagert. Damit setzen die marktmächtigen Integrationsformen bei ihren Lieferanten starke Preisbegünstigungen durch. Sie werden oft als Geheim- oder Sonderabmachungen vereinbart, um bei Aufrechterhaltung offizieller Listenpreise direkte Preiskämpfe zu vermeiden. Neben den Wettbewerbsrabatten hat der marktmächtige Handel auch diverse Forderungen nach rabattähnlichen finanziellen Zuwendungen entwickelt, wie z. B. Eintrittsgelder, Listungsgebühren, Regal- und Schaufenstermieten, die allgemein unter dem Stichwort „Anzapfen" zusammengefaßt werden. Es sind hier aus Nachfragemachtpotentialen Verhaltensweisen entstanden, die unter wettbewerbswirtschaftlichen Gesichtspunkten als mißbräuchlich[21] und ihren Ergebnissen nach als unerwünscht mißbilligt werden und bereits 1975 im sog. Sündenregister des Bundeswirtschaftsministeriums[22] angeprangert wurden. Schwerwiegende Diagnoseprobleme sind ein wichtiger Grund dafür, daß durchgreifende Problemlösungen verhindert wurden. Fälle ausbeutender Zuwendungsforderungen werden nämlich selten offiziell bekannt, weil die betroffenen Lieferanten aus Furcht vor Marktanteilsverlusten schweigen.

Auf der Seite der Lieferanten entsteht aufgrund zunehmender Nachfragemacht ein starker Wettbewerbsdruck im Rabattbereich, dem sie durch informell oder formell organisiertes konformes Handeln zu entgehen versuchen. Eine Möglichkeit stellt die Selbstregulierung durch die Aufstellung von Wettbewerbsregeln (nach § 28 GWB) dar[23], eine andere formellere Möglichkeit bietet das Eingehen von Rabattkartellen[24].

---

[20] Darüber hinaus ist bei langfristigen Beziehungen auch ein Einwirken auf Rationalisierungsprozesse zur Kostensenkung bei den Lieferanten denkbar [Geisbüsch, 1966, S. 114]. Zur Methodik und Anwendung der Wertanalyse vgl. auch Stange, 1980; Harlander, Platz, 1989, S. 87.

[21] Man unterscheidet hier Behinderungs-, Diskriminierungs- und Ausbeutungsmißbrauch [Niestrath, 1983, S. 262ff]. Die Operationalisierung der Mißbrauchstatbestände ist äußerst schwierig.

[22] Vgl. o. V., Wettbewerbsverzerrungen, 1975, S. 24—32.

[23] Die in diesem Zusammenhang aufgestellten Wettbewerbsregeln von Spitzenverbänden aus Industrie und Handel („Berliner Gelöbnis" von 1984 und weitere) haben sich als wenig wirksam herausgestellt, da mit ihnen nicht einmal die Verursacherfrage hinreichend geklärt werden kann.

[24] Hier ist eine umfangreiche Diskussion um die wettbewerbsrechtliche Regelung von Rabattkartellen geführt worden. Obwohl Rabattkartelle, die die Rabattgewährung nach Anlaß, Gegenstand und Höhe regeln, den Wettbewerb beschränken, sind sie unter gewissen sachlichen und verfahrenstechnischen Voraussetzungen zulässig (§ 3 GWB). Zu Rabattkartellen vgl. Bunte, 1980, S. 49ff.

Ein Marktseitenverhältnis, bei dem die *Lieferanten* die *Einzelhändler als Kollektiv* behandeln, gestattet diesen nur ein reaktives preispolitisches Verhalten. Die Einzelhändler wählen unter den vorliegenden Warenangeboten mit alternativen Preisforderungen oder Rabattzugeständnissen der Lieferanten die geeigneten aus. Falls auch das nicht möglich ist, verbleibt ihnen nur eine mengenmäßige Anpassung. Die Schwierigkeit, bei dem geschilderten Marktseitenverhältnis günstige Beschaffungspreise zu erreichen bzw. auch die Gefahr von Preisdiskriminierungen sind wichtige Beweggründe für die ständig fortschreitende Kooperations- und Konzentrationsbewegung im Handel. Durch die Bildung von „countervailing power" wird eine günstigere Machtposition im Beschaffungspreiswettbewerb angestrebt, um dadurch den Lieferanten gegenüber in singuläre Verhandlungspositionen zu gelangen und monopolistische Macht auf der Anbieterseite zu neutralisieren. Zum Schutz vor Preisdiskriminierung gegenüber großen Mitnachfragern werden von dem mittelständischen Einzelhandel teilweise sogar die Rabattkartelle der Lieferanten befürwortet.

53212 Prinzipien bei der Festlegung des Preisverlaufs

Die Beschaffungspreispolitik ist eine *Abfolge* von Preis- und Mengenentscheidungen, die jeweils den vergangenen und zukünftigen Preiskonstellationen angepaßt werden müssen. In Analogie zur absatzseitigen Preispolitik ist bei der Analyse des Beschaffungspreisverlaufs zwischen Preiskonstanz und Preisflexibilität zu unterscheiden. Die Anwendung dieser Prinzipien ist eng mit der Lieferantenauswahl und der Sortimentspolitik verbunden und hängt im übrigen weitgehend von den warenbedingten Beschaffungs- und Absatzmarktverhältnissen ab.

Das Prinzip der *Preiskonstanz* wird in Verbindung mit einer Lieferantenkontinuität angewendet. Es entspricht dem Bestreben nach „friedlicher Koexistenz“ zwischen Einzelhändler und Lieferant innerhalb der Marktwege. Häufig liegen langfristige Belieferungsverträge und Kooperationsvereinbarungen vor, die nur mit beiderseitigen Verlusten aufgegeben werden könnten. Das Prinzip konstanter Beschaffungspreise wird weiterhin als Konsequenz aus einem entsprechenden Absatzverhalten angewendet. Das gilt vor allem für Eigenmarkenerzeugnisse, bei denen auf der Absatzseite die Einhaltung von Preiskonstanz besonders wichtig ist.

Demgegenüber verbindet sich mit dem Prinzip der *Preisflexibilität* die Zielsetzung, die sich bietenden Marktverhältnisse jederzeit vollständig auszunutzen. Preisflexibilität auf der Beschaffungsseite wird oft mit der Politik des Lieferantenwechsels verbunden, die eine kurzfristige Ausschöpfung von Wettbewerbsvorteilen erlaubt. Der Einzelhändler nimmt hier die Möglichkeiten von *Gelegenheitskäufen* wahr, die sich z. B. durch Sonderangebote bei Lagerräumungen der Lieferanten, durch gebrochene Preisbindungen oder in Verbindung mit Konkursmassen bieten.

Bei saisonalen Angebotsschwankungen wird durch beschaffungsseitige Preisflexibilität eine Anpassung an die sich verändernde Marktsituation erreicht. Besteht die Möglichkeit der aktiven Preisfestlegung durch den Einzelhandel, so ist durch eine *zeitliche Differenzierung* der *Preisangebote* die schwankende Preiselastizität des Warenangebots auszunutzen. Liegen dagegen gegebene Preisforderungen der Lieferanten vor, so kann ein Einzelhändler mit *Spekulationskäufen* die Preisdifferenzen im Ein- und Verkauf ausnutzen und durch mengenpolitische Anpassung Spekulationsgewinne erzielen. Bei fallenden Preisen werden häufige kleine Bestellmengen geordert, um zukünftige Preisvorteile auszunutzen, während bei steigenden Preisen Großbestellungen getätigt werden, damit durch Lagerung kalkulatorische Werterhöhungen entstehen. Derartige Preisschwankungen und die durch sie zu realisierenden Spekulationsgewinne treten hauptsächlich bei Rohstoffen und naturnahen Erzeugnissen auf und haben daher nur in einigen Branchen des Einzelhandels Bedeutung.

5322 Prinzipien der Orientierung an den Mitnachfragern

Neben den Lieferanten sind bei der Beschaffungspreispolitik auch die Mitnachfrager zu berücksichtigen, soweit unter ihnen Interdependenz besteht und im Rahmen des jeweiligen Marktseitenverhältnisses beschaffungspreispolitische Einflüsse von ihnen ausgehen. Der Interdependenzgrad unter den beschaffenden Einzelhändlern wird dabei indirekt auch von ihren wettbewerblichen Absatzbeziehungen beeinflußt. Bei kollektiver Behandlung der Einzelhändler durch die Lieferanten ist eine Orientierung an Mitnachfragern im Gegensatz zu den beiden anderen Marktseitenverhältnissen nicht notwendig.

Nimmt ein Einzelhändler Erhöhungen seines Beschaffungspreisangebots vor, um ein größeres Warenangebot auf sich zu ziehen, so werden seine Beschaffungskonkurrenten nur bei spürbarem Angebotsrückgang reagieren. Das ist bei oligopsonähnlichen Situationen möglich. Sobald Käufermärkte mit einem starken Angebotsüberhang bei nicht ausgenutzten Produktions- und Lieferkapazitäten der Lieferanten vorliegen, tritt dieser Fall nicht ein, und es besteht ein *wirtschaftsfriedliches Nebeneinander* unter den betreffenden Einzelhändlern. Dagegen kommen *Kampfsituationen* auf, wenn bei Verkäufermarktverhältnissen Warenknappheit herrscht und durch gegenseitiges Preisüberbieten versucht wird, die Beschaffungskonkurrenten bei den Lieferanten auszuschalten. Eine derartige Kampfsituation entsteht vereinzelt, wenn Einzelhändler im Absatzbereich scharf konkurrieren und sich dazu durch höhere Beschaffungspreisangebote von einem bestimmten Produktangebot gegenseitig ausschließen wollen. Ein wichtiges Beispiel bietet hierfür der Beschaffungspreiskampf bei der Vergabe attraktiver Alleinvertriebsrechte.

Abgestimmte Verhaltensweisen der Einzelhändler entstehen dagegen bei der Beschaffungspreispolitik in der Absicht, bestimmte Lieferanten machtpolitisch zu neutralisieren oder starke Mitnachfrager als solidarische Gruppe machtpolitisch einzuschränken. Für den Einzelnen ist eine Solidarisierung grundsätzlich attraktiv, sofern er eine Verbesserung seiner individuellen Situation aus der Verbesserung der Gruppensituation erwarten kann. Es bestehen intensitätsmäßig abgestufte und organisatorisch unterschiedliche Formen des konformen Verhaltens, die von der informellen Solidarisierung bis hin zur formellen Kooperation reichen.

Informelle Solidarisierung liegt vor, wenn sich die beschaffenden Einzelhändler in ihrer Beschaffungspreispolitik ohne Absprachen konform verhalten. Die von den Mitnachfragern angebotenen Preise oder die geforderten Rabatte bilden Richtlinien oder Kontrollwerte des eigenen Preisverhaltens. Dabei kann bei Wahlentscheidungsmöglichkeiten die Berechtigung und Üblichkeit der Lieferantenpreisstellung daraufhin überprüft werden, ob sie auch von den Mitnachfragern akzeptiert wird. Weiterhin bieten z. B. die den Mitnachfragern gewährten Rabatte Argumente bei Preisverhandlungen mit Lieferanten. Preisführerschaften können unter den beschaffenden Einzelhändlern entstehen, wenn von einem Unternehmen angenommen wird, daß es sich aufgrund seiner besseren Marktkenntnis (Beispiel: Wertanalysen) gegenüber den Lieferanten besonders kritisch und marktgerecht verhält. Die oft geringe Preistransparenz auf den Beschaffungsmärkten erschwert allerdings das Zustandekommen informeller Solidarisierung.

Bei *formeller Kooperation* in der Beschaffungspreispolitik wird die Auftragsvergabe der Mitglieder zentralisiert, um dadurch eine starke Verhandlungsposition zu gewinnen. Die Gruppe wird bei den Lieferanten durch ein Mitglied oder durch ein eingesetztes Organ preispolitisch vertreten [Kap. III, 426].

54 Aktionsprinzipien der Bestellmengenpolitik

Gegenüber dem Bereich der Entscheidungen über Beschaffungspreise bzw. Gesamtmengen pro Planperiode kann der Aktionsteilbereich der Bestellmengenbestimmung Eigenständigkeit beanspruchen, da diesbezügliche Dispositionen zu einer nachgelagerten Entscheidungsebene gehören. Beschaffungspreise und Gesamtmengen gehen dabei als Datum in die Bestellmengenpolitik ein. Die große Bedeutung dieses Bereichs folgt aus der Tatsache, daß auf den Beschaffungsmärkten der meisten Produkte ein Marktseitenverhältnis vorliegt, das den Lieferanten die Preisfixierung und den Einzelhändlern die Anpassung der Gesamtbestellmenge und in diesem Rahmen wiederum die Bestimmung der einzelnen Bestell- und Liefermengen ermöglicht. Die breite Behandlung dieser Frage in der Literatur erlaubt hier Verweise auf Spezialbeiträge[25].

Die grundlegende Fragestellung der Bestellmengenpolitik besteht darin, die in bestimmten Rhythmen anfallende Nachfrage in der Höhe eines zu planenden Grades an Verkaufsbereitschaft zu sichern und dafür bei der vorhandenen Lagerkapazität jene Bestellmengen zu ermitteln, die möglichst geringe Beschaffungs- und Lagerhaltungskosten verursachen. Es fallen bestellmengenvariable (von der Größe der Bestellmengen abhängige) und bestellmengenfixe (von der Größe der Bestellmengen unabhängige) Kosten an. Die *optimale Bestellmenge* wird im *Minimum* der *gesamten Bestellkosten* erreicht, die sich durch Aggregation dieser divergierenden Kostenverläufe ergeben.

Wegen der starken formalen Ähnlichkeit zwischen Problemen der optimalen Losgröße und der optimalen Bestellmenge werden beide in der Literatur mit gleichen Methoden bearbeitet[26]. Unter Annahme *einfachster Bedingungen* wird folgendes *Grundmodell* zur Bestimmung der optimalen Bestellmenge herangezogen:

Zu minimieren ist die Summe aus den bestellmengenvariablen Kosten (K_V) und den bestellmengenfixen Kosten (K_F). Zu den bestellmengenvariablen Kosten zählen die unmittelbar mengenabhängigen Warenkosten (K_M) als Produkt aus Einstandspreisen pro Wareneinheiten (q) und Gesamtbedarf der Periode (M), wobei konstante Einstandspreise angenommen werden. Weiterhin gehören zu K_V die Zins- und Lagerkosten der Ware (K_L), die auf den durchschnittlichen wertmäßigen Lagerbestand der Periode bzw. auf das durchschnittlich im Lager gebundene Kapital bezogen werden. Bei Annahme eines konstant verlaufenden Lagerabgangs, der einen Verzicht auf den Sicherheitsbestand ermöglicht, entspricht der durchschnittliche Lagerbestand der Hälfte einer wertmäßigen Bestellmenge. Im Lagerkostensatz (j) werden verschiedene wert- und zeitproportionale Kosten zusammengefaßt wie beispielsweise Raumkosten, Kosten für Lagerverwaltung, Wartung und Warenpflege, Kosten der Qualitätsverluste an der Ware, anteilige Kostensteuern oder Lagerversicherungskosten. Im Zinskostensatz (i) wird das im Lager investierte Kapital berücksichtigt. Die von der Bestellmenge unabhängigen bestellmengenfixen Kosten (K_F) enthalten u. a. Kosten für Bestellformulare, Porto, Kosten der Abrechnung oder Lieferspesen.

In dem auf Differentialrechnung beruhenden deterministischen Grundmodell wird die optimale Bestellmenge für ein Produkt mit den oben angeführten Symbolen wie folgt errechnet:

K = Gesamtbestellkosten der Periode
K_F = Bestellmengenfixe Kosten der Periode
K_V = Bestellmengenvariable Kosten der Periode

[25] Vgl. Kosiol, 1958, S. 287—299; Pack, 1963, S. 465—492; Kottke, 1966; Bichler, Lörsch, 1985, S. 73ff.

[26] Als Ausgangspunkt dient i. d. R. die Beschaffungsformel von Stefanic-Allmayer, 1927, S. 504ff.

K_M = Warenkosten des bewerteten Periodenbedarfs
K_L = Zins- und Lagerkosten der Periode
q = Einstandspreis
M = Periodenbedarf
k_f = Bestellmengenfixe Kosten pro Bestellung
B = Bestellmenge
i = Zinssatz in Prozent
j = Lagerkostensatz in Prozent

(1) $K = K_F + K_V$

(1a) $K = K_F + K_M + K_L$

(2) $K_F = \frac{M}{B} k_f$

(3) $K_M = m \cdot q$

(4) $K_L = \frac{i+j}{100} \cdot \frac{B_q + k_f}{2}$

Daraus folgt:

(1b) $K = \frac{M}{B} k_f + M \cdot q + \frac{i+j}{100} \cdot \frac{B_q + k_f}{2}$

Durch Differenzierung nach B entsteht:

(1c) $\frac{dK}{dB} = -\frac{M\,k_f}{B^2} + \frac{(i+j)\,q}{200} = 0$ (Bedingung 1. Ordnung)

(1d) $\frac{d^2K}{dB^2} > 0$ (Bedingung 2. Ordnung)

(1e) $B_{opt} = \sqrt{\frac{200 \cdot M \cdot k_f}{q(i+j)}}$

In dieser Bestellmengenformel ist vorausgesetzt, daß die Einstandspreise konstant und unabhängig von der Höhe der Bestellmengen sind. *Mindermengenzuschläge* und *Mengenrabatte* verändern jedoch die Einstandspreise mit den Bestellmengen. Um sie in der Bestellmengenformel zu berücksichtigen, ist es notwendig, die Rabattberechnung zur Vereinfachung auf den Einstandspreis (q) und nicht wie es korrekt wäre – auf den Einkaufspreis zu beziehen. Dabei verhindert man eine laufend neue Ermittlung des Lagerkostensatzes, indem die Lagerkosten auf den unrabattierten Einstandspreis bezogen werden, während die Zinskosten für den um den Rabatt verminderten Einstandspreis berechnet werden. Unter Berücksichtigung eines prozentualen Mengenrabatts (r) lautet die Bestellmengenformel wie folgt:

(1f) $$K = \frac{M}{B} k_f + q \cdot \left(1 - \frac{r}{100}\right) \cdot M + \frac{B_q + k_f}{2} \cdot \frac{j}{100} + \frac{q \cdot \left(1 - \frac{r}{100}\right) \cdot B + k_f}{2} \cdot \frac{i}{100}$$

(1g) $$\frac{dK}{dB} = -\frac{M \cdot k_f}{B^2} + \frac{q}{200} \cdot j + \frac{q \cdot \left(1 - \frac{r}{100}\right)}{} \cdot i = 0$$

(1h) $\frac{d^2K}{dB^2} > 0$

$$(1i) \quad B_{opt} = \sqrt{\frac{200 \cdot M \cdot k_f}{q \cdot \left(j + \left[1 - \frac{r}{100}\right] \cdot i\right)}}$$

In der Bestellmengenformel wird ein im einzelnen bekannter und konstant verlaufender Bedarf angenommen, der eine in gleicher Weise verlaufende Konsumentennachfrage voraussetzt. Für den Einzelhandel ist jedoch eine diskontinuierliche bzw. diskrete Verteilung der Nachfrage im Zeitablauf typisch, für die im Zeitpunkt der Beschaffungsdisposition nur bestimmte Wahrscheinlichkeiten bestehen. Es können somit Fehlmengen infolge nicht ausreichender Bestellmengen oder Restbestände anfallen, wenn die beschafften Mengen den Bedarf übersteigen. Zur Verringerung der Fehlmengenkosten (Goodwill-Verlust, Verkaufsverlust) muß ein Sicherheitsbestand im Lager eingeplant werden. Dieser kann um so kleiner gehalten werden, je genauer die Nachfrageschwankungen zu antizipieren sind. Damit wird die Bedarfsermittlung zu einer zentralen Frage der Bestellmengenpolitik[27]. Eine weitere vereinfachende Annahme, die dieser Formel zugrunde liegt, ist der proportional zur Bestellmenge verlaufende Zins- und Lagerkostenabsatz.

Zur realitätsnäheren Ermittlung der optimalen Bestellmenge sind im Rahmen des Operations Research stochastische dynamische Modelle entwickelt worden, in denen diesen Gesichtspunkten Rechnung getragen wird. Diese Modelle haben einen engen Bezug zur Lagerhaltungsproblematik.

In dem Streben zur Verwirklichung der optimalen Bestellmenge lassen sich zwei Aktionsprinzipien der Bestellmengenpolitik erkennen, nämlich wenige Bestellungen bei großer Bestellmenge oder häufige Bestellungen bei entsprechend geringer Bestellmenge.

Das Prinzip *seltener* und *großer Bestellungen* führt zu Preisstellungsvorteilen und zu einer Senkung der bestellmengenfixen Kosten, während andererseits die durch die längere Lagerung bedingten zeitabhängigen Lagerhaltungskosten steigen. Die Sicherheit eines hohen Lagerbestandes verringert zudem die Fehlmengenkosten. Das Prinzip wird daher bevorzugt angewendet, wenn hohe bestellmengenfixe Kosten bestehen, überproportionale Mengenrabattstaffeln gewährt werden und die Lagerhaltungskosten relativ niedrig sind (Beispiel: wenig sperrige, geringwertige Produkte). Es bietet zudem einen Schutz vor Preissteigerungen. Die Vermeidung von Fehlmengenkosten ist insb. bei Produkten wichtig, für die die Sicherung einer hohen Verkaufsbereitschaft akquisitorisch notwendig ist.

Das Prinzip *kleiner häufiger Bestellungen* — im Extremfall das Prinzip des „hand-to-mouth-buying" — führt umgekehrt zu ungünstigen Einstandspreisen und hohen bestellmengenfixen Kosten, andererseits wegen der hohen Lagerumschlagsgeschwindigkeit zu geringen zeitabhängigen Lagerhaltungskosten. Häufige kleine Bestellmengen sind sinnvoll bei niedrigen bestellmengenfixen Kosten, geringen mengenabhängigen Preisvorteilen und hohen Lagerkosten (Beispiel: sperrige, hochwertige Produkte). Das Prinzip ist unabdingbar bei schnell verderblichen Produkten und verschafft die erforderliche Flexibilität bei kurzfristigen Marktänderungen, insb. bei voraussichtlichen Preissenkungen.

---

[27] Da eine Nachfrageprognose für jeden einzelnen Artikel zu aufwendig wäre, ist eine Zusammenfassung zu Gruppen gleicher Bedarfsverläufe sinnvoll, wobei der zukünftige Bedarf eines einzelnen Artikels an Hand seines bisherigen Anteils am Gruppenumsatz gemessen wird. Für jeden Bedarfsverlauf gibt es spezielle Prognosemethoden. Zum Problem der Bedarfsprognose vgl. Bichler, Lörsch, 1985, S. 25—49.

6 Beschaffungsfinanzierung[1]

61 Aktionsfeld der Beschaffungsfinanzierung

Begriffe

Mit der Beschaffungsfinanzierung disponiert das Einzelhandelsunternehmen über den *zeitlichen Verlauf* des dem Warenstrom entgegenfließenden *Wertstroms* zu den Lieferanten. Sie liegt vor, wenn die Leistungen der Lieferanten und die monetären Gegenleistungen der Einzelhändler zeitlich auseinanderfallen. Bei *aktiver* Beschaffungsfinanzierung (Kreditgewährung) erbringt der Einzelhändler die monetären Leistungen vor Empfang der Lieferantenleistungen; bei *passiver* Beschaffungsfinanzierung (Kreditinanspruchnahme) besteht dagegen ein zeitlich umgekehrtes Verhältnis [Schaubild III, 6.1].

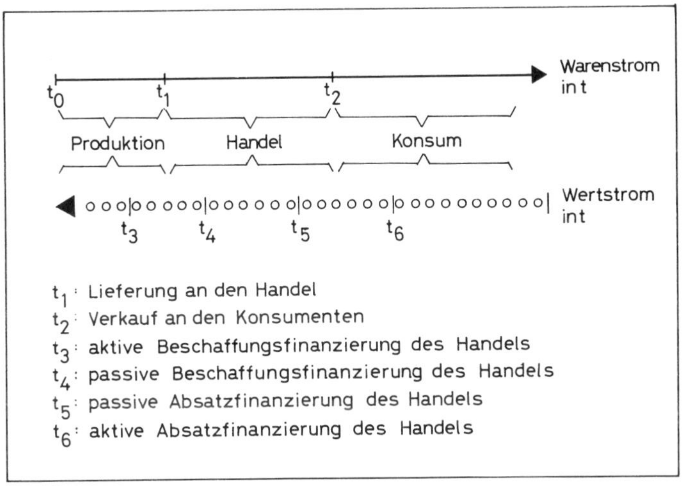

Schaubild III, 6.1: Zeitlicher Verlauf von Waren- und Wertstrom bei der Beschaffungs- und Absatzfinanzierung des Handels

Gegenstand der Beschaffungsfinanzierung sind neben den auf den Umsatzprozeß bezogenen Lieferungen und Leistungen auch Anlagen (insb. Betriebs- und Geschäftsausstattung), die mit den Warentransaktionen zwischen Lieferant und Einzelhandel sachlich in engem Zusammenhang stehen.

Der Aktionsbereich Beschaffungsfinanzierung kann somit als derjenige Ausschnitt aus dem Finanzierungssystem des Einzelhandels bezeichnet werden, der sich allein auf die *finanzwirtschaftlichen Marktbeziehungen* zu den *Lieferanten* bezieht[2]. Diese definitorische Abgrenzung identifiziert die Beschaffungsfinanzierung als einen

---

[1] Dieses Kapitel habe ich zusammen mit meinem Mitarbeiter P. Löschner überarbeitet.

[2] Einen Überblick über die allgemeine Finanzierungsproblematik im Einzelhandel gibt Jaspers, 1969. Zu den spezifischen Finanzierungsproblemen mittelständischer Betriebe im allgemeinen und des mittelständischen Einzelhandels im besonderen vgl. ferner Mosetter, 1965; Kann, 1978; Schiller, 1978; Sprenger, Hinten, Steiner, 1982; Rödl, Winkels, 1983; Günther, 1985.

homogenen Aktionsbereich innerhalb der auf Waren bezogenen Beschaffungspolitik des Einzelhandels.

Hinsichtlich der *Kreditentgelte* steht die Beschaffungsfinanzierung in enger Verbindung zum Aktionsbereich *Beschaffungspreispolitik*. So gehört das Entgelt für die Leistung der Kapitalüberlassung durch die Lieferanten unter systematischen Gesichtspunkten zu der oben entwickelten Preisinterpretation, in der ja auch Entgelte für Nebenleistungen erfaßt sind. Die Zuordnung dieses Ausschnittes der Beschaffungspreispolitik zum hier dargestellten Aktionsbereich erfolgt aus pragmatischen Gründen und trägt seiner Bedeutung und den Besonderheiten seiner beschaffungspolitischen Wirkungen Rechnung.

Ziele

Die *aktive Beschaffungsfinanzierung* stellt eine Form einzelhandelsbetrieblicher *Finanzinvestition* dar. Unter *marktpolitischen Zielaspekten* dient sie der *Akquisition* von *Beschaffungsquellen* und damit der Erweiterung des Beschaffungspotentials. Darüber hinaus kann sie zu der *Bindung* von *Lieferanten* und dem *Zugewinn* von *Einflußmöglichkeiten* auf ihre absatzpolitischen oder sogar produktionswirtschaftlichen Verhaltensweisen führen. Sie wird insb. von Kooperations- und Konzentrationsformen betrieben, deren Unternehmensgröße die entsprechenden Möglichkeiten der Kapitalbereitstellung bietet. Im klein- und mittelbetrieblichen Einzelhandel ist die aktive Beschaffungsfinanzierung dagegen als akquisitorisches Mittel der Marktbildung und -beeinflussung wenig bedeutsam[3].

Insgesamt überwiegt im Einzelhandel jedoch die *passive Beschaffungsfinanzierung*, die der Einzelhandel bei seinen Lieferanten zur Finanzierung der von ihnen bezogenen Waren in Anspruch nimmt. Vor allem im klein- und mittelbetrieblichen Einzelhandel wird mit der passiven Beschaffungsfinanzierung ein erheblicher Teil des in Handelswaren gebundenen Kapitals finanziert[4]. Bei der passiven Beschaffungsfinanzierung besteht eine wichtige Zielsetzung darin, *wirtschaftliche Selbständigkeit* gegenüber den Lieferanten zu bewahren und die Warendisposition nicht zu einseitig von finanzwirtschaftlichen Gesichtspunkten abhängig zu machen.

Die Ziele der Beschaffungsfinanzierung sind Bestandteil des *finanzwirtschaftlichen* Zielsystems der Handelsunternehmung. In diesem Sinne ist der Beitrag zur *Rentabilität* so zu interpretieren, daß bei passiver Beschaffungsfinanzierung die Kosten je Einheit beanspruchten Fremdkapitals möglichst niedrig gehalten werden bzw. bei aktiver Beschaffungsfinanzierung die Erträge aus der Kreditgewährung möglichst hoch sind. Von existentieller Bedeutung ist die Realisierung einer ausreichenden *Liquidität* zu *jedem Zeitpunkt* [Günther, 1985, S. 107]. Da die Einzelhandelsunternehmen teilweise starken Umsatzschwankungen unterliegen, die den Kapitalbedarf kurzfristig stark verändern können, ist das Liquiditätsziel nur unter der Voraussetzung

[3] Demgegenüber weist Kann, 1978, S. 232, in diesem Zusammenhang darauf hin, daß marktmächtige Lieferanten aufgrund ihrer stärkeren Verhandlungsposition oft Vorauszahlungen bei kleineren Abnehmern erzwingen können.

[4] So stellt Hiebeler, 1982, S. 1ff, im Einzelhandel eine — auch und besonders im Branchenvergleich — herausragende Bevorzugung des Lieferantenkredites als Form der passiven Beschaffungsfinanzierung gegenüber Bankkrediten vergleichbarer Laufzeit fest.

hinreichender Flexibilität in bezug auf Kapitalbeschaffung und -verwendung zu erreichen. Das *Sicherheitsziel* ist auf die Erhaltung des Kapitals gerichtet (Verlustausschluß) und steht insofern sowohl zum Rentabilitätsziel als auch zum Liquiditätsziel in konfliktärer Beziehung. Da jede unternehmerische Tätigkeit mehr oder weniger risikobehaftet ist, kann es im Rahmen der Beschaffungsfinanzierung nur darum gehen, die mit der Kreditgewährung und -inanspruchnahme verbundenen Rentabilitäts- und Liquiditätsrisiken gegen die daraus resultierenden Gewinnchancen abzuwägen. Zu den extern determinierten Risiken der Beschaffungsfinanzierung zählen in diesem Zusammenhang insb. das Kreditausfallrisiko infolge Zahlungsunfähigkeit oder Zahlungsunwilligkeit des Lieferanten, das Besicherungsrisiko, das Zinsänderungsrisiko, das Geldwertrisiko sowie bei grenzüberschreitender Beschaffung das Währungsrisiko [Furrer, 1967, S. 67ff; Hiebeler, 1982, S. 11—14].

Vor allem unter Rentabilitäts- und Liquiditätsaspekten kommt der Einschaltung des *Großhandels* in die Marktwege zwischen Hersteller und Einzelhandel eine *finanzwirtschaftliche Pufferfunktion* zu. Übernimmt der Großhandel für bestimmte Handelswaren die Distributionsfunktion und die damit verbundene Lagerung, so führt dies zu einer Verkürzung der Kapitalbindungsfrist beim Hersteller und beim Einzelhändler. Die dem Einzelhandel aus der Einschaltung des Großhandels entstehenden Liquiditäts- und Rentabilitätsvorteile sind dabei — gleiche Zahlungsbedingungen vorausgesetzt — um so größer, je weiter die vereinbarten Auszahlungstermine (Wareneinkauf) in Richtung der erwarteten Einzahlungstermine (Warenverkauf) verschoben werden können[5].

Aktionsrahmen

Die Bedeutung der Beschaffungsfinanzierung für den Einzelhandel ist vor dem gesamtwirtschaftlichen Hintergrund der *konjunkturellen Entwicklung* zu betrachten. So nimmt die Bereitschaft zur Kreditgewährung in Zeiten wirtschaftlichen Wachstums und steigender Unternehmensgewinne sowohl im Einzelhandel als auch bei den Kreditgebern des Einzelhandels tendenziell zu. Die mit der verbesserten Ertragslage einhergehende Zunahme der Kreditwürdigkeit versetzt den Einzelhandel in die Lage, seinen Kapitalbedarf zumindest teilweise durch im Vergleich zum Lieferantenkredit preiswertere Bankkredite zu decken und Entscheidungen über die Form der passiven Finanzierung insgesamt stärker von *Rentabilitätsgesichtspunkten* abhängig zu machen[6]. In rezessiven Konjunkturphasen dagegen wächst die Bedeutung der passiven Beschaffungsfinanzierung in dem Maße, wie der *Liquiditätsaspekt* handlungsbestimmend wird. Rückläufige Erträge mindern die Kreditwürdigkeit des Einzelhandels und damit den Zugang zu alternativen Finanzierungsquellen. Da der Lieferantenkredit häufig ohne größere Formalitäten bewilligt wird, Lieferanten in der Regel geringere Anforderungen an die Kreditwürdigkeit ihrer Kunden stellen und Kreditprolongationen bei Handelskrediten leichter durchsetzbar sind, wird der passiven Beschaf-

[5] Zur vertiefenden Lektüre über die Kreditfunktion der „Großhandlung" vgl. Sundhoff, 1985, S. 42—52.

[6] Ähnlich auch Rödl, Winkels, 1983, S. 68f. Zu den Kosten des Lieferantenkredites vgl. weiter unter Kap. III, 631.

fungsfinanzierung in dieser Konjunkturphase trotz rentabilitätsmäßiger Nachteile häufig der Vorrang eingeräumt[7].

Der dem Einzelhandel im Rahmen der Beschaffungsfinanzierung zur Verfügung stehende *Entscheidungsspielraum* ist auch durch *Struktur* und *finanzwirtschaftliches Verhalten seiner Partner* auf der Beschaffungs- und Absatzseite begrenzt. So nimmt die finanzwirtschaftliche Bedeutung der passiven Beschaffungsfinanzierung in dem Maße zu, wie sich der Einzelhandel entweder veranlaßt sieht, aufgrund einer entsprechenden Nachfrage- bzw. Konkurrenzsituation aus eigenen Mitteln aktive Absatzfinanzierung zu betreiben oder ausgewählten Lieferanten mit aktiver Beschaffungsfinanzierung zur Verfügung zu stehen. Das Erfordernis, aktive Beschaffungsfinanzierung zu betreiben, und die Möglichkeiten, passive Beschaffungsfinanzierung in Anspruch zu nehmen, sind dabei vor allem von den Marktverhältnissen auf der Beschaffungsseite abhängig, die ihrerseits im wesentlichen durch die Kapitalsituation des Lieferantensegments, durch die Angebots- und Nachfragekonkurrenz auf den Beschaffungsmärkten sowie durch Branchenusancen[8] bestimmt werden. Insgesamt ergibt sich die Notwendigkeit, unter den finanziellen und marktlichen Prioritäten auf der Absatz- und Beschaffungsseite abzuwägen.

Die Beschaffungsfinanzierung wird erheblich von *Wareneigenarten* geprägt. Starke *Saisonanfälligkeit* in der Produktion oder in der Konsumentennachfrage verursachen Schwankungen des Kapitalbedarfs in den Marktwegen zwischen Hersteller und Konsument, die dem Handel Aufgaben des finanzwirtschaftlichen Ausgleichs zuweisen. Andere hier wichtige Wareneigenschaften sind *Wert* und durchschnittliche *Lagerumschlagshäufigkeit,* aus denen die Kapitalbindung in den Handelslägern resultiert[9].

Das *Marktseitenverhältnis* zwischen Lieferanten und beschaffenden Einzelhandelsunternehmen entscheidet darüber, ob die Finanzierungsbedingungen noch zu beeinflussen sind oder ob nur aus dem bestehenden Finanzierungsangebot gewählt werden kann. Die passive Beschaffungsfinanzierung wird zudem erheblich von *anderen Kapitalbeschaffungsquellen* geprägt, die sich der beschaffende Händler je nach Betriebsgröße und Rechtsform in unterschiedlicher Weise erschließen kann. Kooperationsformen des Einzelhandels dienen u. a. dazu, die Kapitalbeschaffungsquellen der Mitglieder zu erweitern und damit in finanzieller Hinsicht mehr Unabhängigkeit gegenüber den Lieferanten zu erreichen. Gleichzeitig wird damit die machtstrategische Position zum Aushandeln der Finanzierungsbedingungen mit den Lieferanten verbessert.

---

7 Zur Bedeutung des Lieferantenkredits im Konjunkturverlauf vgl. Kann, 1978, S. 219—241.

8 „In fast allen Branchen hat sich die (...) Usance entwickelt, daß solventen Abnehmern ganz unbeeinflußt davon, ob sie überhaupt einen Kredit benötigen, regelmäßig ein gewisses Zahlungsziel eingeräumt wird, damit sie nach Ablauf der Transportzeit und vor Ablauf der Zahlungsfrist Ware und Rechnung ohne Hast prüfen können“ [Sundhoff, 1985, S. 44].

9 Im Jahre 1986 lag die durchschnittliche Lagerumschlagshäufigkeit im Lebensmittelfacheinzelhandel z. B. bei 13,6, der Lagerbestand je DM 100.000 Absatz bei DM 6.500. Im Radio- und Fernseheinzelhandel (Möbeleinzelhandel) wurde dagegen eine Lagerumschlagshäufigkeit von 3,8 (2,7) und ein Lagerbestand in Höhe von DM 18.200 (21.000) je DM 100.000 Absatz festgestellt. Vgl. Philippi, 1987, S. 143, Tab. 8 sowie die entsprechenden Erläuterungen auf S. 135.

Aktionsteilbereiche und Aktionselemente

Die Aktionsteilbereiche und -elemente der Beschaffungsfinanzierung ähneln in einigen Punkten der Absatzfinanzierung. Dies gilt insb. für die *Kredithöhe,* die *Kassa-* und *Kreditfristen* einschließlich der *Rückzahlungsmodalitäten,* die *Kreditentgelte* und die *Besicherung.* Die Parallelen dürfen jedoch nicht darüber hinwegtäuschen, daß die Gestaltung dieser Elemente im Rahmen der (aktiven) Absatzfinanzierung darauf gerichtet ist, das Finanzierungsproblem privater Haushalte zu lösen, während im Aktionsbereich Beschaffungsfinanzierung sowohl auf Kreditgeber- als auch auf Kreditnehmerseite finanzwirtschaftliche Fragestellungen von Unternehmen berührt sind.

62 Arten der Beschaffungsfinanzierung

Im Geschäftsverkehr zwischen Lieferanten und beschaffenden Einzelhändlern haben sich verschiedene Arten der Finanzierung herausgebildet, deren Anwendung weitgehend von dem zugrundeliegenden Liefergeschäft abhängt. Die *passive Beschaffungsfinanzierung,* die sich auf konkrete Warentransaktionen bezieht, wird durchgeführt als

(1) Zielkauf,
(2) Valutakauf,
(3) Kontokorrentkredit und
(4) Kauf auf Akzeptbasis.

Im Zusammenhang mit den oben genannten Formen der passiven Beschaffungsfinanzierung ist auch das
(5) Kommissionsgeschäft
zu berücksichtigen, das im engeren Sinne zwar nicht als Finanzierungsform anzusehen ist, wohl aber als Instrument der Finanzierungsvermeidung von Bedeutung sein kann.

Die *aktive Beschaffungsfinanzierung* wird, sofern sie in Zusammenhang mit der Beschaffung von Handelswaren erfolgt, grundsätzlich in Form des
(6) Pränumerandokaufs
abgewickelt. Aktive oder passive Beschaffungsfinanzierung, der kein konkretes Warengeschäft zugrunde liegt, wird durch das
(7) allgemeine Betriebsdarlehen
vorgenommen. Sofern es sich dabei um Anlagenfinanzierung handelt, sind auch
(8) Leasing und Mietkauf
möglich. Kredite auf Teilzahlungsbasis kommen im Geschäftsverkehr zwischen Lieferanten und beschaffenden Einzelhändlern zwar gelegentlich als Betriebsmittel- und Anlagenfinanzierung vor, sind aber auch hier wenig ausgeprägt[10].

Zu (1): Das Wesen des *Zielkaufs* wurde bereits im Rahmen der Absatzfinanzierung beschrieben [Kap. II, 6.3]. Auf der Beschaffungsseite kommt dieser Form kurzfristiger Kreditierung vor allem im Zusammenhang mit der Finanzierung von regelmäßig wiederkehrenden Warentransaktionen hervorragende Bedeutung zu. Im Hinblick auf die transportbedingten Zeitdifferenzen zwischen Kaufakt und Warenauslieferung sind Regelungen der *Kassafristen,* innerhalb derer dem Kreditnehmer die Möglichkeit des Skontoabzuges und damit eine zinslose Kreditinanspruchnahme eingeräumt wird, von besonderem Interesse [Wöhe, Bilstein, 1986, S. 210]. Der Fälligkeitstermin für Kassafristen kann nach dem Fakturadatum, nach dem Tag der Warenauslieferung oder der Übergabe der Berechtigungsdokumente festgelegt werden.

---

[10] Teilzahlungskredite werden hauptsächlich im Zusammenhang mit dem Absatz von Gebrauchsgütern an private Haushalte gewährt [Kap. II, 63] und zählen i. d. R. nicht zu den Möglichkeiten der Finanzierung der Betriebe [Vormbaum, 1986, S. 328].

Zu (2): Der *Valutakauf* („seasonal dating") entspricht weitgehend dem Zielkauf. Allerdings wird die Rechnung vordatiert oder mit einem Valutavermerk (einer Wertstellung) versehen, so daß die Kassafrist im Rahmen branchenüblicher Finanzierungsbedingungen den besonderen Erfordernissen individueller Geschäftsbeziehungen angepaßt werden kann. Durch die Valutierung von Handelsrechnungen wird der Zeitpunkt der entgeltlichen Kreditierung in dem Maße in die Zukunft verschoben, wie die Kassafrist verlängert wird[11].

Zu (3): Während die Warenfinanzierung bei Ziel- und Valutakäufen einzelgeschäftsbezogen erfolgt, wird dem Einzelhändler beim *Kontokorrentkredit* von seinem Lieferanten eine individuell zu vereinbarende *Kreditlinie* eingeräumt, innerhalb derer Rechnungsbeträge aus verschiedenen Liefergeschäften in laufender Rechnung kreditiert werden können. Die Basis des Kontokorrentkredits bildet ein beim Lieferanten zu führendes und auf den Namen des jeweiligen Einzelhändlers lautendes *Kontokorrentkonto,* auf dem alle gegenseitigen Forderungen und Verbindlichkeiten aus bestimmten Lieferungen und Leistungen betraglich verbucht und gegeneinander aufgerechnet werden können, wobei zur Vereinfachung des Zahlungsverkehrs i. d. R. ein periodischer Saldenausgleich vereinbart wird [Vormbaum, 1986, S. 304ff].

Zu (4): Beim *Kauf auf Akzeptbasis* werden Warenkäufe gegen Ausstellung von Wechseln finanziert. Diese bieten dem Lieferanten erhöhte Sicherheit gegen Ausfallrisiken und geben ihm die Möglichkeit, seine Forderung durch Diskontierung vorzeitig zu monetisieren.

Zu (5): Beim *Kommissionsgeschäft* handelt der Einzelhändler (Kommissionär) im Auftrag des Lieferanten (Kommittent) in eigenem Namen für Rechnung des Kommittenten[12]. Der Lieferant übergibt die in seinem Eigentum befindliche und zum Verkauf bestimmte Ware dem Einzelhändler in Kommission und finanziert damit bis zum Zahlungseingang bei Verkauf der Waren das in dem jeweiligen Lagerbestand gebundene Kapital. Da der Einzelhändler beim Kommissionsgeschäft mit Fremdeigentum handelt, also selbst gar nicht in Handelswaren investiert, entfällt die Notwendigkeit der Warenfinanzierung. Vor diesem Hintergrund stellt das Kommissionsgeschäft kein Finanzierungsinstrument im klassischen Sinne dar, sondern ein Instrument der Vermeidung passiver Beschaffungsfinanzierung [Schiller, 1978, S. 224].

Zu (6): Der *Pränumerandokauf* (Vorauszahlungsgeschäft) ist eine Form der aktiven Beschaffungsfinanzierung, bei der die Einzelhändler ihren Lieferanten eine Vorauszahlung für eine noch zu erwartende Warenlieferung geben. Ob bzw. inwieweit es dem Einzelhändler im Einzelfall gelingt, gegenüber seinem Lieferanten eine Verzinsung des Vorauszahlungskredites durchzusetzen, hängt einerseits von seinem akquisitorischen Interesse, andererseits aber auch von der Marktstellung seines Lieferanten ab.

Zu (7): Allgemeine Betriebsdarlehen können der Finanzierung des Umlauf- oder Anlagevermögens dienen. Die Lieferanten koppeln ihre Vergabe verschiedentlich an Warengeschäfte, um damit den Warenabsatz sicherzustellen. Die finanzielle Unterstützung bei der Betriebsausstattung kann auch auf die Anschaffung spezieller Einrichtungsgegenstände gerichtet sein, die für die beabsichtigten Warengeschäfte notwendig sind[13]. Finanzierungsverhältnisse zwischen Lieferant und beschaffendem Einzelhändler auf der Basis von Betriebsdarlehen dienen der Sicherung und Erweiterung von Absatz- bzw. Beschaffungswegen und zur Beeinflussung von Marktentscheidungen des Abnehmers bzw. Lieferanten.

Zu (8): Speziell für die Anlagenfinanzierung sind auch *Leasing* und *Mietkauf* möglich, bei denen den beschaffenden Händlern zur Kapitalentlastung Anlagen mietweise zur Verfügung gestellt werden. In der Regel werden dabei ebenfalls Kopplungen an Warengeschäfte vorgenommen. Beim Mietkauf gehen die Anlagen nach Kumulation der Mietzahlungen in Höhe des vereinbarten Prei-

---

[11] Da die Kreditgewährung durch den Lieferanten während der Kassafrist zinslos erfolgt, kann die Valutierung von Handelsrechnungen beim Einzelhandel zu erheblichen Rentabilitätsvorteilen führen. In einigen Branchen sind zinslose Valutierungen mit einer Laufzeit von zwei bis sechs Monaten anzutreffen [Tietz, 1985a, S. 813].

[12] Rechtlich ist das Kommissionsgeschäft ein auf eine Geschäftsbesorgung im Sinne des § 675 BGB gerichteter Vertrag, der im einzelnen den Regelungen der §§ 383—406 HGB unterliegt.

[13] Bei dieser Form der Kreditgewährung wird der Kapitaldienst (Zins und Tilgung) häufig dadurch erbracht, daß der Einzelhändler (Kreditnehmer) bis zur Tilgung des Kredites bei jeder Lieferung des kreditgebenden Lieferanten einen prozentualen Preisaufschlag zu entrichten hat [Vormbaum, 1986, S. 324].

ses an den Leasingnehmer über. Der Mietkauf ist damit in seiner ökonomischen Wirkung dem Ratenkauf ähnlich.

63 Aktionsprinzipien der Beschaffungsfinanzierung

631 Passive Beschaffungsfinanzierung

Im Rahmen der Lehre von der Finanzierungspolitik der Unternehmung sind zahlreiche Grundsätze (sog. „Finanzierungsregeln") aufgestellt worden, mit denen Richtlinien für die Strukturierung des Kapitals (vertikale Finanzierungsregeln) und für die Relation von Bindungsdauer der Vermögensgegenstände und Befristung des Kapitals (horizontale Finanzierungsregeln) gegeben werden[14]. Die hier relevante Fragestellung aus diesem Problemkreis betrifft die Inanspruchnahme von Lieferantenkrediten zur Finanzierung der Waren und der damit eng zusammenhängenden Anlagen. Dabei sollen vorrangig Handlungsalternativen zwischen Lieferantenkredit und anderen Kapitalbeschaffungsquellen diskutiert werden. Folgende Aspekte sind als Aktionselemente zu berücksichtigen:

(1) Höhe des Lieferantenkredits,
(2) Kredit- und Kassafristen,
(3) Kreditentgelt (Kreditzinsen einschl. Risikoprämie und Inkassogebühren,
(4) Kreditsicherheiten.

Zu (1): Die *Höhe* der *Lieferantenkredite* ist *als Gesamtgröße* in Relation zum Eigenkapital und zu den mit ihnen zu finanzierenden Vermögensgegenständen zu sehen. Da potentielle Verluste nur durch eine ausreichende Eigenkapitalbasis aufgefangen werden können, gilt unter dem Aspekt einer risikoentsprechenden Finanzierung, daß ein Einzelhändler um so mehr Eigenkapital für den Warendurchlauf braucht, je ungesicherter die Absatzverhältnisse und je niedriger die Gewinnmargen kalkuliert sind. Eine überhöhte Finanzierung risikoreicher Waren durch Lieferantenkredite kann leicht zur Überschuldung führen[15].

Bei der Inanspruchnahme von Lieferantenkrediten ist der *Verschuldungsgrad bei einzelnen Lieferanten* von Interesse. Sie ist so zu gestalten, daß die *Unabhängigkeit* gegenüber den Lieferanten und damit die *Entscheidungsfreiheit* bezüglich der *Warendispositionen* gewahrt bleibt. Eine Gefährdung durch zu starke wirtschaftliche Abhängigkeit von Lieferanten kann so weit reichen, daß der Einzelhändler sonstige Marktchancen nicht mehr nutzen kann und das beliefernde Unternehmen in seinem Sortimentsbereich alle beschaffungspolitischen Dispositionen in seinem Sinne diktiert. Allerdings sind kapitalschwache Einzelhändler, denen weder genügend Eigenkapital noch andere Möglichkeiten der Fremdkapitalbeschaffung zur Verfügung stehen, oft weitgehend auf Lieferantenkredite angewiesen[16], die wegen des Verkaufs-

[14] Zur kritischen Auseinandersetzung mit diesen Finanzierungsregeln vgl. ferner Härle, 1961; Lipfert, 1969; Schacht, 1971.

[15] „Je höher der Mindestgewinn und je breiter die Eigenkapitalbasis ausfällt, desto höher ist der Schutzwall gegen Überschuldungskonkurs" [Günther, 1985, S. 107].

[16] Dies gilt insb. für den klein- und mittelständischen Einzelhandel, dem aufgrund von Betriebsgröße und Rechtsform der Zugang zu den Kapitalmärkten verschlossen ist. Zu den verschie-

interesses der Lieferanten vor allem in Käufermarktsituationen relativ leicht erhältlich sind [Rödl, Winkels, 1983, S. 13f]. In dieser Situation sollten die Einzelhändler durch Verteilung des Beschaffungspotentials auf viele Lieferanten versuchen, einer zu starken *kreditpolitischen Abhängigkeit* von einzelnen *entgegenzuwirken* und mit der Verteilung ihrer Verbindlichkeiten eine *bessere Streuung* der *Fälligkeitstermine* zu erreichen.

Die Dispositionen über Lieferantenkredite dienen weiterhin der *finanzpolitischen Elastizität* bei der Deckung des zukünftigen Kapitalbedarfs. Durch Inanspruchnahme von Lieferantenkredit kann sich ein Einzelhändler bei seinen Banken (z. B. durch Nichtausnutzung bestehender Kreditlinien) eine Kreditreserve halten, um sich gegen Liquiditätsrisiken bei schwankendem Warendurchfluß abzuschirmen. Er sichert sich durch dieses Vorgehen gleichzeitig einen Freiraum in seinen finanzpolitischen Dispositionen, um z. B. jederzeit günstige, aber nur auf Barzahlungsbasis angebotene Waren beschaffen zu können [Dempewolf, 1970, S. 699].

Zu (2): Die *Kreditfristen,* die zur Finanzierung des Warendurchlaufs mit Lieferantenkrediten notwendig sind, hängen vom Lagerumschlag der Ware ab (Beispiel: Ein dreifacher Umschlag im Jahresdurchschnitt erfordert ein Zahlungsziel von vier Monaten). Sofern ein Einzelhändler Absatzfinanzierung betreibt, verlängern sich die notwendigen Kreditfristen um die Dauer der den Kunden gewährten Zahlungsziele [Schierenbeck, 1980, S. 99f].

Eine genaue zeitliche Abstimmung der gegebenen Kreditfristen und der Bindungsdauer des Warenstroms ist kaum möglich. Die Zahlungseingänge durch Warenverkauf sind im Einzelhandel ungewiß, insb. in Branchen mit schwankender Nachfrage. Eine alleinige Warenfinanzierung durch kurzfristige Lieferantenkredite ist daher unter dem Gesichtspunkt der *Liquiditätssicherung* problematisch. Vielmehr wird empfohlen, für einen Sicherheitsbestand des Warenlagers und für einen Bestand schwer realisierbarer Forderungen langfristige Finanzierungsmittel heranzuziehen [Mosetter, 1965, S. 35]. Die Höhe dieses Anteils ist allgemein schwer zu bestimmen. Sie hängt von den Risiken in den Waren- und Einnahmebewegungen und von den Prolongations- und Substitutionsmöglichkeiten der Lieferantenkredite ab. Je größer die Unsicherheit der Zahlungseingänge ist, desto wichtiger wird eine Liquiditätsreserve in der Warenfinanzierung. Bestehen dagegen gesicherte Prolongationsangebote für Lieferantenkredite oder kurzfristig realisierbare Substitutionsmöglichkeiten durch andere Kapitalbeschaffungsquellen, so kann eher auf langfristige Finanzierung verzichtet werden [Härle, 1961, S. 151]. Soweit ein Einzelhändler gegenüber den Lieferanten eine ausreichend starke Stellung hat, kann er eine Prolongation des Lieferantenkredits oft erzwingen [Hiebeler, 1982, S. 11f].

Die Warenfinanzierung durch Lieferantenkredite kann durch eine von finanzwirtschaftlichen Erwägungen geleitete *Sortimentspolitik* unterstützt werden. Gümbel empfiehlt in diesem Zusammenhang, sortimentspolitische Dispositionen am Prinzip des *„finanzwirtschaftlichen Ausgleichs“* [Gümbel, 1963, S. 228] zu orientieren. Vor diesem Hintergrund unterscheidet er zwischen *kreditwirtschaftlichen Überschußartikeln,* bei denen die für die Tilgung der Lieferantenkredite erforderlichen Verkaufserlöse bereits vor Ablauf der von den Lieferanten gewährten Kreditfristen erwirt-

denen Einflußgrößen auf die Finanzierungssituation mittelständischer Unternehmen vgl. Sprenger, Hinten, Steiner, 1982, S. 15ff.

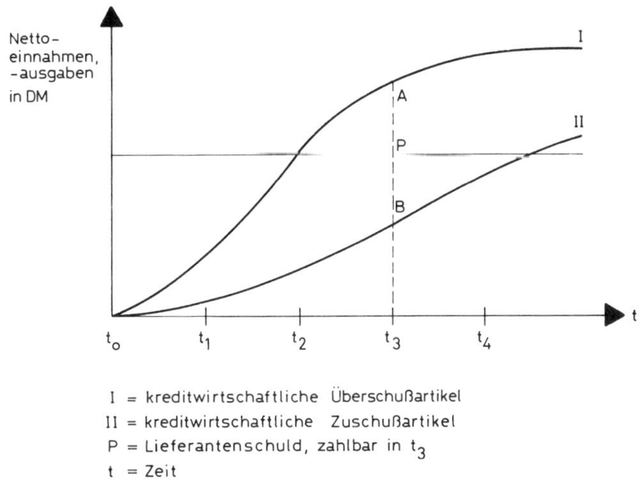

Schaubild III, 6.2: Finanzwirtschaftlicher Ausgleich in der Sortimentspolitik

Schaubild III, 6.2 zeigt die kumulierten Nettoeinnahmen von zwei Artikeln (Einnahmen aus dem Verkauf abzüglich der mit Ausgaben verbundenen direkt zurechenbaren Kosten). Das Produkt I erreicht als Überschußartikel schon in t_2 den erst in t_3 zurückzuzahlenden Betrag der Lieferantenschuld. Sind die Strecken PA und PB gleich, so liegt eine kreditwirtschaftliche Kompensation der Produkte I und II vor.

schaftet werden können und *kreditwirtschaftlichen Zuschußartikeln,* bei denen die gewährten Lieferantenkredite hinsichtlich ihrer Fristigkeit nicht zur Finanzierung des in diesen Artikeln gebundenen Kapitals ausreichen. Bezieht man die mit Ausgaben verbundenen direkt zurechenbaren Kosten in beiden Fällen in die Betrachtung ein, kommt dem kreditwirtschaftlichen Überschußartikel — wie in Schaubild III, 6.2 angedeutet — die Funktion eines finanzwirtschaftlichen Ausgleichsträgers und dem kreditwirtschaftlichen Zuschußartikel die eines finanzwirtschaftlichen Ausgleichnehmers zu [Gümbel, 1963, S. 229]. Beschaffungspolitisch führt dieses Prinzip zu einer Warenauswahl, die eine unter finanzwirtschaftlichen Aspekten ausgewogene Sortimentierung anstrebt.

Werden von den Lieferanten Kredite zur Finanzierung von Anlagen in Anspruch genommen, so ist dabei die Bindungsdauer des mit der Kreditierung verbundenen Warendurchlaufs zu berücksichtigen.

Zu (3): Das wichtigste Element des *Kreditentgelts* sind die *Kreditzinsen.* Ihre Berechnung kann als Abschlag von einem Zielpreis (Bruttoprinzip), als Aufschlag auf einen Barpreis (Nettoprinzip) oder auf Basis eines Jahreszinssatzes erfolgen[17]. Wäh-

[17] Auf- und Abschläge beziehen sich grundsätzlich auf feststehende Kreditfristen und bezeichnen entweder einen absoluten Zinsbetrag oder einen auf den Kaufpreis bezogenen absoluten Prozentsatz, aus dem der Zinsbetrag errechnet werden kann. Da der Zinsbetrag festgelegt ist, nimmt die Jahresverzinsung bei Überschreitung der Kreditfrist ab.

rend im Zahlungs- und Kreditverkehr mit den Konsumenten neben der Zinsberechnung auf Jahreszinsbasis Aufschlagsysteme nach dem Nettoprinzip üblich sind, dominiert auf der Beschaffungsseite insb. im Bereich der Warenfinanzierung das *Bruttosystem,* bei dem der Barpreis aus der Differenz zwischen Zielpreis (Bruttopreis) und Abschlag (Skonto) errechnet wird.

Es bestehen allerdings Diskussionen über die wirtschaftliche Zweckmäßigkeit dieser Berechnungsmethode. Den kreditnehmenden Händlern würde ein Aufschlagsystem größere Transparenz bezüglich des zu erbringenden Entgelts für die Kapitalüberlassung verschaffen. Von den Lieferanten wird dieser Gesichtspunkt gerade unter verkaufspsychologischen Gesichtspunkten als ungünstig betrachtet [z. B. Hubacher, 1951, S. 15]. Der Skonto als Abschlag stellt sich als positive Sanktion bzw. Anreiz für schnellere Bezahlung dar; dagegen ist ein Kreditaufschlag als negative Sanktion für Kreditinanspruchnahme zu werten, wie es seinem eigentlichen Charakter allerdings auch eher entspricht. Gegen die Einführung von Aufschlagssystemen wird gelegentlich angeführt, daß für die Lieferanten eine Eintreibung der Aufschläge schwieriger sei als die Einräumung einer Abschlagsmöglichkeit von Zielpreisen [Hahn, 1962, S. 63]. Dagegen zeigt aber die Praxis, daß eine ähnliche Problematik auch bei Abschlagssystemen besteht. Die Einzelhändler pflegen nämlich bei einer sie begünstigenden Machtstellung häufig trotz Inanspruchnahme des Zahlungsziels noch Skonto abzuziehen und vertrauen dabei darauf, daß die Lieferanten aus absatzpolitischen Gründen keinen Einspruch erheben [Hiebeler, 1982, S. 11f; Rödl, Winkels, 1983, S. 11].

Ein *Kostenvergleich* zwischen dem nach dem Bruttoprinzip gewährten Lieferantenkredit und anderen Finanzierungsformen ist nur im Wege der Ermittlung des dem Skonto entsprechenden *Zinssatzes auf Jahresbasis* möglich. Hierbei ist neben dem *Skontosatz* und dem vereinbarten *Zahlungsziel* auch die in der Praxis üblicherweise zugestandene *Kassafrist* zu berücksichtigen.

Wird beispielsweise angenommen, die Zahlungsbedingungen eines Lieferanten sähen ein Zahlungsziel von 30 Tagen ohne Einräumung einer Kassafrist und einen Skontoabzug von 2 % des Rechnungsbetrages bei Barzahlung vor, so entsprächen die Kosten für die Inanspruchnahme dieses Lieferantenkredits nach untenstehender Formel[18] denen eines Bankkredits mit einem Zinssatz von 24 % p. a.

$$Z_{pa} = \frac{S}{F_z - F_k} \cdot 360$$

Legende: Z_{pa} : Zinssatz p. a.
S : Skontosatz in % des Zielpreises
F_z : Zielfrist (Zahlungsziel)
F_k : Kassafrist
$F_z - F_k$: Skontobezugsspanne

Das Zugeständnis einer Kassafrist von z. B. 10 Tagen hätte zur Folge, daß der Lieferantenkredit dem Einzelhändler bis zum Ablauf der Kassafrist unverzinslich zur Verfügung stünde[19] und in den verbleibenden 20 Tagen *(Skontobezugsspanne)* mit umgerechnet 36 % p. a. zu verzinsen wä-

[18] Eine inhaltlich identische Formel verwenden u. a. Rödl, Winkels, 1983, S. 4; Süchting, 1984, S. 140; Wöhe, Bilstein, 1986, S. 210.

[19] Hahn, 1983, S. 304, unterscheidet in diesem Zusammenhang zwischen dem *„unverzinslichen Lieferantenkredit“*, der nur innerhalb der Kassafrist in Anspruch genommen wird, und dem *„verzinslichen Lieferantenkredit“*, für den in Höhe des Skontosatzes Zinsen zu entrichten sind.

re[20]. Die Barzahlung innerhalb der Kassafrist ist für den Einzelhändler also auch bei Aufnahme eines kurzfristigen Bankkredites i. d. R. kostengünstiger als die Inanspruchnahme eines (verzinslichen) Lieferantenkredites.

In Schaubild III, 6.3 ist der Zusammenhang zwischen Skontosatz, Skontobezugsspanne und Jahresverzinsung graphisch dargestellt. Es zeigt, daß die Kosten des Lieferantenkredits bei gegebenem Skontosatz mit zunehmender Skontobezugsspanne erheblich abnehmen. Dies erklärt nicht nur die weiter oben angedeutete Gepflogenheit der Einzelhändler, bei entsprechender Marktstellung auch nach Ablauf der Kassafrist noch Skonto abzuziehen, sondern auch die Tatsache, daß Zielfristen z. T. erheblich überschritten werden, um dadurch eine Verringerung der Kreditverzinsung zu erreichen[21].

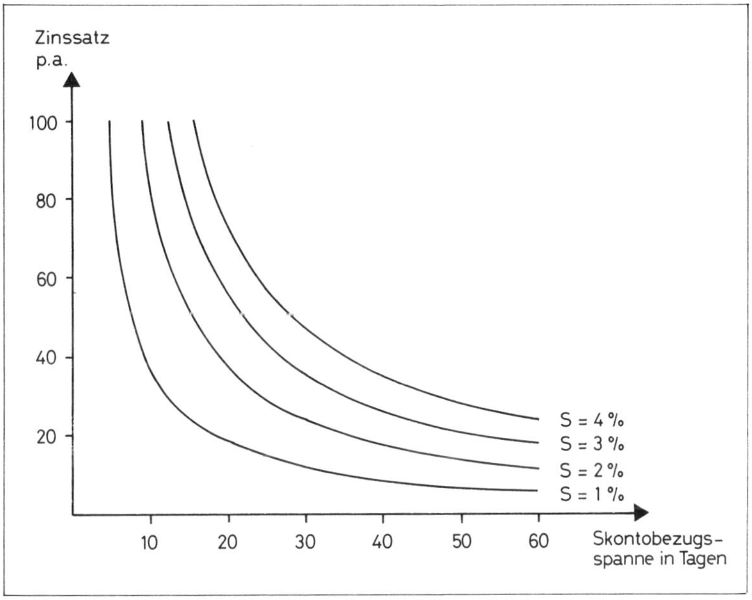

Schaubild III, 6.3: Jahresverzinsung des Lieferantenkredits in Abhängigkeit von Skontosatz und Skontobezugsspanne [Quelle: Wöhe, Bilstein, 1986, S. 211]

[20] Süchting, 1984, S. 140, weist darauf hin, daß der Skontosatz bei der Ermittlung der entsprechenden Jahresverzinsung genau genommen nicht auf den die Zinsen enthaltenden Bruttopreis (Zielpreis), sondern auf den Nettopreis (hier 98 % des Bruttopreises) zu beziehen sei. In unserem Beispiel ergäbe sich hierdurch eine geringfügige Erhöhung des Jahreszinssatzes auf 36,73 % p. a.. Berücksichtigt man auch die unterjährige Zahlungsweise ergibt sich eine noch höhere Jahresverzinsung [Rödl, Winkels, 1983, S. 5].

[21] Vgl. Kann, 1978, S. 206; Hiebeler, 1982, S. 11f. Zahlt der Einzelhändler in unserem Beispiel (10 Tage 2 % Skonto oder 30 Tage ohne Abzug) erst nach 90 Tagen, ermäßigt sich die Jahresverzinsung des Kredits von 36 % p. a. auf 9 % p. a.

Die *Kreditentgelte* werden weiterhin durch die *Risikoprämie* und durch *Inkassogebühren* bestimmt. Großnachfrager, bei denen letztere aufgrund ihrer Unternehmenskonstellation in geringerem Maße anfallen, erhalten zum Ausgleich *Delkredereprovisionen* als Anerkennung für geringere Ausfallrisiken und *Zentralregulierungsrabatte* als Entgelt für Inkassoerleichterungen. Bei Kooperationsformen übernehmen die Zentralen Ausfallbürgschaften für ihre Mitglieder und regulieren den Zahlungsverkehr mit den Lieferanten, um Delkredereprovisionen und Zentralregulierungsrabatte zu erhalten [Schiller, 1978, S. 137ff].

Obgleich die Kreditentgelte je nach Wettbewerbssituation in den Branchen unterschiedlich hoch sind, wird im *Vergleich* zum *Bankkredit* häufig ein erheblicher preislicher Nachteil des Lieferantenkredits festgestellt [Dempewolf, 1970, S. 699]. Dies gilt insb. für Skonti bei der Warenfinanzierung. Wenn kleinere Einzelhändler dennoch häufig Lieferantenkredite in Anspruch nehmen, so ist dieses Verhalten nur zu einem sehr geringen Teil auf mangelnde Kenntnis der eigentlichen Kostenbelastung zurückzuführen. Als Hauptgründe für die Inanspruchnahme von Lieferantenkrediten werden vielmehr die hohe *Bequemlichkeit* in bezug auf die Abwicklung, die *Formlosigkeit* des Kredits, die gegenüber dem Bankkredit sehr viel flexiblere Handhabung bei *Prolongationen,* die stärkere Verhandlungsposition bei Einreden aus dem Grundgeschäft und vor allem der *Mangel an alternativen Finanzierungsquellen* genannt[22].

Die Einzelhändler haben bei sie begünstigenden Machtverhältnissen die Möglichkeit, die Kreditentgelte auszuhandeln oder in ihren Einkaufsbedingungen generell festzulegen. Dies gilt insb. für Großnachfrager, die in Käufermarktsituationen nicht selten in der Lage sind, zu Lasten der Lieferanten völlig überzogene Zins- und Provisionsforderungen durchzusetzen[23].

Zu (4): Die Wahlentscheidungen zwischen Lieferanten- und Bankkrediten sind im Einzelhandel ferner in erheblichem Maße von den unterschiedlichen Ansprüchen der Kreditgeber an die zu fordernden *Kreditsicherheiten* geprägt. Bei geringem Anlagevermögen kann der mittelständische Einzelhandel den hohen realen Sicherheitsforderungen der Banken oft nicht nachkommen. Zudem fehlen verschiedentlich auch die für die *Kreditwürdigkeitsprüfung* der *Banken* erforderlichen Unterlagen des Rechnungswesens. Auch besteht im mittelständischen Einzelhandel oft eine *mangelnde Bereitschaft,* sich derartigen Prüfungen zu unterziehen. Im Gegensatz zu den Banken stellen die Lieferanten i. d. R. weit geringere Anforderungen an die Kreditbesicherung, da sie sich in Hinblick auf die mit dem Kreditgeschäft verbundenen Absatzbeziehungen häufig risikofreudiger verhalten. Für die Warenfinanzierung wird vielfach ein einfacher oder verlängerter Eigentumsvorbehalt vereinbart, der als Sicherheit quasi automatisch mit der Warenlieferung anfällt. Wechselkredite werden wegen ihrer Ausstattung mit scharfen rechtlichen Einlösungsbestimmungen (Wechselstrenge) vom Einzelhandel gemieden und haben daher als Sicherungsform nur geringe praktische Bedeutung[24].

---

[22] Vgl. u. a. Rödl, Winkels, 1983, S. 3. Zu den Finanzierungshemmnissen des klein- und mittelständischen Einzelhandels vgl. auch Schiller, 1978, S. 70ff.

[23] So weist Geisbüsch, 1966, S. 127, unter Bezugnahme auf empirische Untersuchungen darauf hin, daß die durch Großnachfrager geforderten Skontoabzugsmöglichkeiten, Delkredereprovisionen und Zentralregulierungsrabatte in Käufermarktsituationen häufig bei weitem nicht den zugrundeliegenden Leistungen aus dem Zahlungs- und Kreditverkehr entsprechen.

[24] Vgl. Sprenger, Hinten, Steiner, 1982, S. 103 sowie die dort angegebene Literatur.

Die Besicherungsforderungen bilden ein weiteres wesentliches Argument dafür, daß der mittelständische Einzelhandel trotz der Gebührennachteile und der Gefährdung seiner Selbständigkeit *bevorzugt Lieferantenkredite* in Anspruch nimmt [Kann, 1978, S. 98f]. Eine Selbsthilfe zu ihrer Ablösung im Sinne wirtschaftlicher Kapitalbeschaffung stellen *Kreditgarantiegemeinschaften* dar, die durch Bürgschaften die Kreditsicherungsmöglichkeiten ihrer Mitglieder und damit die Kapitalbeschaffungsquellen erweitern [Schiller, 1978, S. 137ff; Süchting, 1984, S. 136]. Verschiedentlich wird auch gefordert, daß die Banken ihre stark an realen Sicherheiten ausgerichteten Beleihungsgrundsätze zu ändern hätten und mehr die Ertragsfähigkeit der Kreditnehmer als Komponente der Kreditfähigkeit berücksichtigen sollten, damit die kreditwirtschaftliche Tätigkeit der Lieferanten eingeschränkt und der entsprechende Kostenanteil in den Verbraucherpreisen gesenkt werden kann.

632 Aktive Beschaffungsfinanzierung

Kreditgewährung an Lieferanten ist *keine einzelhandelstypische Aufgabe.* Sie hat allerdings als Prinzip der finanzwirtschaftlichen Rückwärtsintegration bei Kooperations- und Konzentrationsformen zunehmende Bedeutung erlangt. Durch Vergabe von Anlagen- und Betriebsmitteldarlehen an kleinere Lieferanten sichern sich die Einzelhändler Einflußmöglichkeiten auf deren Produktions- und Absatzverhalten und nehmen damit wieder die überlieferte Position des Händlerverlegers aus dem vergangenen Jahrhundert ein. Die Rückzahlung dieser Darlehen kann mit den nachfolgenden Warenlieferungen gekoppelt werden. Die aktive Lieferantenfinanzierung hat insb. bei der Zusammenarbeit mit Herstellern zur Entwicklung und Produktion von Eigenmarkenwaren Bedeutung erlangt. Die Vorfinanzierung von Waren findet sich bei direkten Beschaffungswegen gelegentlich auch für Saisonprodukte. In Verkäufermarktsituationen können sich die Finanzierungsverhältnisse zwischen liefernden und beschaffenden Unternehmen dergestalt verschieben, daß sich die Händler durch verstärkte Warenvorfinanzierung die Warenbeschaffung sichern.

Bei der Ausgestaltung der Warenvorfinanzierung werden unter *rentabilitätspolitischen* Erwägungen die Höhe des erzielbaren Abschlags vom Warenpreis und bei Vorrang der *liquiditätspolitischen* Erfordernisse die absolute Höhe des Vorauszahlungsbetrages und die Fristigkeit der Kreditierung handlungsbestimmend.

7 Beschaffungswerbung

Der Aktionsbereich Beschaffungswerbung faßt die Maßnahmen der Lieferantenbeeinflussung mit *unpersönlichen Kommunikationsmitteln* zusammen. Seine *empirische Relevanz* ist gering. Offensichtlich scheinen die Beschaffer ihre Versorgungslage im allgemeinen als befriedigend einzuschätzen [Lippmann, 1980, S. 101]. Außerdem überwiegt zwischen den beschaffenden Unternehmen und ihren Lieferanten persönliche Kommunikation, die zur Werbung in einem substitutiven Verhältnis steht. In situativer Hinsicht hängt die werbliche Intensität auf der Beschaffungsseite auch von den akquisitorischen Maßnahmen der Lieferanten ab[1], die in den gegenwärtig vorherrschenden Käufermarktsituationen die Hauptaktivität in den Vormärkten des Einzelhandels entfalten.

Entsprechend der relativ geringen empirischen Relevanz ist der Aktionsbereich auch in der Literatur zum Beschaffungsmarketing wenig behandelt worden[2].

Mit der Beschaffungswerbung kann ein Einzelhändler die *Zielsetzungen* verfolgen, einen speziellen Bedarf zu annoncieren oder sein akquisitorisches Potential ganz allgemein zu fördern, um das Angebot auf sich zu lenken bzw. günstig zu beeinflussen. Als *Aktionselemente* werden — in Anlehnung an die Betrachtung der Absatzwerbung — die Auswahl der *Werbeobjekte* und *-subjekte*, die Gestaltung der *Werbeaussage* und der Einsatz von *Werbemitteln* und *-trägern* unterschieden.

Beschaffungswerbung kann ihrem *Gegenstand* nach *Produkt-* oder *Institutionenwerbung* sein. Bei der ersten Alternative handelt es sich meist um die Suche spezieller Produkte oder Produktgruppen unter genauer Spezifikation des eigenen Bedarfs. Diese Form der Beschaffungswerbung ist weit seltener als die Institutionenwerbung und wird vor allem bei Individualgütern (Beispiel: antiquarische Bücher) oder Produkten mit schwankendem Qualitätsausfall angewendet. Allerdings ersetzen hier oft die organisierten Marktveranstaltungen eine derartige werbliche Kontaktanbahnung. Großnachfrager veranstalten auch selber Ausschreibungen zur Bekanntgabe spezieller Bedarfe. Die beschaffungsseitige Produktwerbung hat überwiegend den Charakter *beschreibender Sachinformation,* um möglichst genau über die Art der gesuchten Objekte aufzuklären. Allerdings können bei starker Konkurrenz unter den Nachfragern auch Situationen auftreten, in denen die Argumentation mit Anreizelementen ausgestattet und emotionalisiert wird, um das Angebot intensiv zu beeinflussen und auf den Betrieb zu lenken. Im Gegensatz zu den Verkäufern, die mit den Eigenschaften ihrer Produkte werben können, müssen die Nachfrager mit den *Vorteilen* argumentieren, die dem Marktpartner *aus* der *Geschäftsbeziehung* zu ihnen erwachsen. Daher enthält Produktwerbung, die über die reine Suchfunktion hinausreicht, *auch* Elemente der Institutionenwerbung [Sundhoff, 1958b, S. 62].

Die beschaffungsseitige *Institutionenwerbung* dient allgemein der Schaffung oder Erhaltung von Vertrauen in die Leistungsfähigkeit des Nachfragenden, um entweder neue Lieferbeziehungen anzuknüpfen oder bestehende zu erhalten. Die werbliche

[1] Beschaffungswerbung „... ergänzt, unterstützt oder ersetzt damit die Marktforschungs- und Werbeaktivitäten der Anbieter“ [Grochla, Schönbohm, 1980, S. 87].

[2] Eine Ausnahme bildet Sundhoff, 1958b, S. 61ff; in der neueren Literatur Lippmann, 1980, S. 99ff.

Argumentation hat die Eignung des Einzelhandelsunternehmens für die Absatzpolitik der betreffenden Lieferanten zum Gegenstand und ist daher in ihren speziellen Ausrichtungen auf deren Absatzerfordernisse abzustimmen[3]. Dazu gehören zunächst Leistungen, die den Lieferanten gegenüber *unmittelbar* erbracht werden. Bei Lieferanten, die an dem weiteren Marktschicksal ihrer Erzeugnisse interessiert sind, bilden Stellung und Verhalten des Einzelhändlers *gegenüber* den *Konsumenten* einen weiteren Komplex von Argumenten. Der Händler wird darauf verweisen, daß er mit seinen Kunden ein für die angesprochenen Lieferanten besonders geeignetes Marktsegment betreut, so daß diese ihre Endverbraucherzielgruppen durch ihn als gate keeper im Marktweg ihrer Produkte am einfachsten und genauesten erreichen. Weitere werbliche Argumente können sich auf die Bereitschaft zur Marketing-Kooperation mit den Lieferanten beziehen.

Die Entscheidung über die *Werbesubjekte* muß in vertikaler und horizontaler Richtung der Beschaffungsmärkte erfolgen. Der einzuschlagende Werbeweg kann sich in *vertikaler* Hinsicht auf die unmittelbar vorgelagerte Lieferstufe beziehen, mit der ein Einzelhändler Warentransaktionen durchführt. Die kommunikative Reichweite kann jedoch auch in wichtigen Beschaffungsfällen durch Überspringen der unmittelbaren Lieferantenstufe bis zum Hersteller ausgedehnt werden, wodurch dem Großhandel die Markterschließungsfunktion von seiten der beschaffenden Betriebe abgenommen wird. Die *horizontale* Ausrichtung der Beschaffungswerbung, die sich in Zusammensetzung und Umfang der Zielgruppe auf den jeweiligen Stufen des Werbewegs ausdrückt, bestimmt sich wesentlich aus der Art der Lieferanteneinschaltung. Der Kreis der zu umwerbenden Lieferanten ist dementsprechend nach Branchen und Betriebsformen unterschiedlich groß und heterogen.

Der Produktionsgüterwerbung vergleichbar wird auch für die Beschaffungswerbung hinsichtlich ihres *Aussagegehalts* eine stärkere Sachbezogenheit angenommen [Sundhoff, 1958b, S. 62]. Eine differenziertere Sichtweise ist allerdings angebracht: Soweit es sich um Produktwerbung handelt, geht Lippmann [1980, S. 101] berechtigt davon aus, daß aufgrund der klaren Vorstellungen von dem Beschaffungsobjekt eine stärkere Tendenz zur Sachlichkeit besteht. Es fehlt hier die psychische Aussageabsicht der Einstellungsveränderung gegenüber dem Objekt. Die Institutionenwerbung ist dagegen anders zu beurteilen. Hier geht es neben der Sachinformation auch um Imagebildung, d. h. um die Erzeugung positiver Einstellungen gegenüber dem Beschaffer. Wenngleich sich der Adressatenkreis aus Experten zusammensetzt, die als Firmenvertreter Ziele der Lieferantenunternehmung zu realisieren haben, so sind daneben persönliche Verhaltenselemente handlungsbestimmend, die in den Argumenten der Institutionenwerbung zu berücksichtigen sind. Eine Kenntnis der personellen Entscheidungsstruktur in den Lieferantenunternehmungen ist eine wichtige Informationsbasis.

Die Beschaffungswerbung kann nach den Prinzipien der *Einzel-* oder *Mehrheitsumwerbung* durchgeführt werden. Die Entscheidung über die Anwendung dieser Alternativen hängt vornehmlich ab von Art und Umfang des anzusprechenden Lieferantensegments, den streutechnischen und kostenwirtschaftlichen Möglichkeiten sei-

[3] Z. B.: „Großmengenbezug, Dauerbedarf, Abnahme des gesamten Anfalls auch bei wechselnder Qualitätsverteilung, zuverlässig und kurzfristig erfolgende Zahlung, Finanzierungshilfen, Sicherung der Existenz des Lieferanten usw." [Sundhoff, 1958b, S. 62].

ner Erfassung durch verfügbare Werbeträger und von den Anforderungen des werblichen Gegenstandes.

Einzelumwerbung erlaubt eine *individuelle* auf die Anforderungen der Lieferanten abgestimmte Argumentation und Aufmachung, verursacht allerdings durch die individuelle Gestaltung des Werbemittels und die Streutechnik relativ *hohe Kosten pro Werbekontakt.* Angesichts der Vielzahl von zu beschaffenden Produkten beschränkt sich die Anwendung im wesentlichen auf Lieferanten, von denen in quantitativer oder qualitativer Hinsicht ein bedeutender Sortimentsanteil bezogen wird. Dies kann gelegentlich auch ein einzelnes Produkt sein, sofern es durch Irradiation auf Laden und Sortiment für den Händler akquisitorisch wichtig ist. Als Medien der Einzelumwerbung stehen persönliche Werbebriefe, Telefonkontakte und — in einem derzeitig noch nicht einzuschätzenden Ausmaß — elektronische Medien, wie z. B. Bildschirmtext mit elektronischem Briefkasten, zur Verfügung.

Für das Prinzip der *Mehrheitsumwerbung* werden als fremde Werbeträger vornehmlich Fachzeitschriften eingesetzt. Bei heterogenem Lieferantenkreis ist allerdings in streutechnischer Hinsicht oft nur schwer eine ausreichende Deckungsgleichheit von anzusprechender und mit dem Werbeträger erreichbarer Zielgruppe zu sichern. Die leichte namentliche Erfaßbarkeit macht in solchen Fällen eine direkte Werbestreuung von Prospekten und sonstigem gedruckten Werbematerial möglich.

8 Lieferantenservice

81 Aktionsfeld des Lieferantenservice

Der Wareneinkauf verbindet sich mit einem Bündel von Nebenleistungen, die in dem Aktionsbereich Lieferantenservice zusammengefaßt werden sollen[1]. Service wird dabei *wertneutral* und nicht im allgemein sprachüblichen Sinn als zusätzliche, das branchen- oder betriebsformenübliche Maß übersteigende Leistung betrachtet. Für das Zustandekommen und die Abwicklung des Geschäftsverkehrs mit den Lieferanten müssen sich die Nebenleistungen der Marktpartner gegenseitig ergänzen. Daher sind innerhalb des Aktionsbereichs neben dem eigenen Nebenleistungsangebot implizit Entscheidungen über die Anforderungen an die lieferantenseitigen Nebenleistungen enthalten.

In den Aktionsbereich Lieferantenservice werden auch *Konditionen* als vertraglich festgelegte Nebenleistungen einbezogen, soweit sie nicht Gegenstand anderer Aktionsbereiche wie insb. der Preis- und Bestellmengenpolitik und der Beschaffungsfinanzierung bilden. Damit wird hier der Inhalt dessen, was man allgemein als Konditionenpolitik bezeichnet, im Sinne einer instrumental homogenen Aktionsbereichssystematik stark eingeschränkt. Die Abgrenzungsproblematik zwischen Haupt- und Nebenleistungen läßt allerdings Überschneidungen zu anderen Aktionsbereichen entstehen und gibt dem Lieferantenservice den Charakter eines *Residualbereichs* beschaffungswirtschaftlicher Aktivitäten.

Serviceleistungen dienen in ihrer akquisitorischen *Zielsetzung* der Erschließung oder Erhaltung von Lieferbeziehungen, wenn ein Einzelhändler sich den Lieferanten gegenüber als Absatzmittler attraktiv zu machen sucht. Die Konditionenregelungen haben daneben auch eine kosten- und risikopolitische Schutzfunktion gegenüber Leistungsansprüchen der Lieferanten innerhalb des Warenverkehrs (Beispiele: Vereinbarungen über Umtauschrechte, Rücktrittsmöglichkeiten, Gewährleistungsansprüche, Garantiezeiten). Eine entsprechende Leistungsreduktion ist um so eher möglich, je stärker das akquisitorische Potential des beschaffenden Einzelhändlers aus seinen sonstigen Aktivitäten bei den Lieferanten ist.

Die Aktionsmöglichkeiten innerhalb des Lieferantenservice werden stark von den vorliegenden *Marktseitenverhältnissen* als *rahmenbildende Faktoren* bestimmt. Soweit die Lieferanten die beschaffenden Einzelhändler als Kollektiv betrachten, können sie die Nebenleistungen generell festlegen, so daß diese den Einzelhändlern vorgegeben sind und ihnen nur eine reaktive Einpassung in die Nebenleistungsanforderungen bzw. -angebote möglich ist. Dabei ist nicht ausgeschlossen, daß den Händlern von einem Lieferanten ein Handlungsspielraum belassen wird, innerhalb dessen sie Wahlmöglichkeiten hinsichtlich der Inanspruchnahme bzw. Erfüllung der festgelegten Nebenleistungen haben. Im übrigen bestehen Anpassungsmöglichkeiten mit der nebenleistungsorientierten Warenpolitik und der Lieferantenwahl, soweit diesbezügliche

[1] Vgl. auch Mai, A., 1982, S. 211ff, die von Lieferantenförderungsmaßnahmen spricht. Im übrigen wird dieser Bereich in der Literatur wenig oder in anderen Problemzusammenhängen behandelt.

Beschaffungsalternativen im Markt existieren[2]. Bei umgekehrtem Marktseitenverhältnis können die beschaffenden Einzelhändler die Modalitäten der Warenbezüge festlegen, wodurch sie ein ihnen adäquates Verhalten der Lieferanten und eine ihren Anforderungen entsprechende Begrenzung ihres Lieferantensegments erreichen. Singuläre Marktseitenverhältnisse gestatten ein individuelles Aushandeln der Serviceleistungen, mit denen eine situationsbedingte Verteilung der Nebenleistungen zwischen den Marktpartnern vorgenommen wird.

Die akquisitorische Wirksamkeit der Nebenleistungspolitik ist weiterhin in Teilbereichen von dem Dienstleistungsangebot der *Markthelfer* abhängig. Ein zunehmendes Potential an Dienstleistungen Dritter macht für die Lieferanten u. U. neue Absatzwege begehbar und verschafft ihnen dadurch gegenüber den Einzelhändlern mehr Unabhängigkeit und eine stärkere Position (Beispiel: das spezielle Dienstleistungsangebot einer Reparaturwerkstätte ermöglicht auch bei hochwertigen, technisch komplizierten Produkten den Absatz über servicereduzierte Discounter).

Die Gestaltung des Aktionsbereichs ist auf der Grundlage *gesetzlicher Regelungen, branchenspezifischer Geschäftsbedingungen* oder *Handelsusancen* vorzunehmen. Diese enthalten Normen über Nebenleistungen der Geschäftspartner aus dem Warenverkehr, die — soweit sie disponibel sind — unter- oder überschritten werden können. Die allgemeine Tendenz zur Regalplatzknappheit verursacht auf den Beschaffungsmärkten Nachfragemacht und damit Käufermarktpositionen, bei denen die generellen Leistungsnormen der Beschaffenden in bezug auf die Marktgegenseite relativ hoch sind.

Die Lieferantenservicepolitik ist innerbetrieblich von der erforderlichen *Faktorausstattung* abhängig und steht in engem Zusammenhang zu der *Beschaffungspreispolitik,* in der die Preise für den Warenbezug und die mit ihm verbundenen Nebenleistungen zwischen den Marktpartnern geregelt werden. Erst die Berücksichtigung des Entgelts für Nebenleistungen schafft die kostenwirtschaftlich begründete Entscheidungsgrundlage für die Dispositionen des Aktionsbereichs. Diese ist um so eher gegeben, je differenzierter die Beschaffungspreisstellung gehandhabt wird. Gleichzeitig besteht zu den *erreichbaren Absatzpreisen* ein Zusammenhang mit der Fragestellung, ob die Kosten der lieferantenbezogenen Nebenleistungen an die Konsumenten weitergegeben werden können.

Für die *Strukturierung* des *Aktionsbereichs* ist eine Ordnung der Nebenleistungen nach beschaffungspolitisch relevanten Merkmalen hilfreich. Aufgrund einer weitreichenden Parallelität mit der absatzpolitischen Kundenservicepolitik ist hier mit kleinen Veränderungen eine Übertragung des Ordnungsschemas möglich [Kap. II, 83], so daß eine kurze Auflistung von Merkmalen und Beispielen ihrer Ausprägungen ausreicht.

Nach dem Merkmal der *Warenbezogenheit* bestehen warenunabhängige Nebenleistungen, die sich auf die allgemeinen Lieferbeziehungen richten (Beispiel: Gewährung von Beratungen in rechtlicher, steuerlicher und betriebsorganisatorischer Hinsicht bei Vertragslieferanten), und warenabhängige Nebenleistungen, die mit unterschiedlicher Intensität an den Warenbezug gebunden sind (Beispiele: feste Bindung

---

[2] Auf diese Verbindung zwischen Nebenleistungspolitik und den Aktionsbereichen Warenpolitik und Einkaufsgestaltung weist Theisen, 1970, S. 471, hin.

bei der Übernahme des Warentransports, lockere Bindung bei der Versorgung der Lieferanten mit Informationen über die Marktentwicklung eines Produktes). In *räumlicher Hinsicht* sind Nebenleistungen zu unterscheiden, die am Ort des Lieferanten, des Einzelhändlers oder des Konsumenten erbracht werden. Nach einem *zeitlichen Merkmal* bestehen Nebenleistungen, die vor oder nach dem Beschaffungsakt anfallen. In Übertragung des absatzpolitischen Begriffs werden hier „pre-, at- und after purchase service" unterschieden. Weiterhin kann die Erfüllung von Nebenleistungen in juristisch-formaler oder ökonomisch-faktischer Hinsicht nach dem *Grad der Freiwilligkeit* betrachtet werden. Das Merkmal der *Leistungsebene* führt zur Unterscheidung von Nebenleistungen, die direkt auf die Partner im Beschaffungsmarkt gerichtet sind und den Kommunikations- und Warenstrom in dem Teilstück des Marktweges zwischen Lieferant und Einzelhändler betreffen, und Nebenleistungen, die indirekt für den Beschaffungspartner bei den Konsumenten erbracht werden (Beispiel: spezielle Verkaufsförderungsmaßnahmen).

82 Aktionsprinzipien des Lieferantenservice

Im folgenden werden einige allgemeine Handlungsprinzipien für die aktive Festlegung von Lieferantenserviceleistungen behandelt. Wegen der Heterogenität der Aktionsmöglichkeiten müssen die Handlungsprinzipien in starker Abstraktion formuliert werden, obwohl sich daraus der Nachteil geringerer Anschaulichkeit ergibt. Ähnlichkeiten zu den Prinzipien der Absatzgestaltung erlauben es, die Ausführungen unter Hinweis auf analoge Anwendbarkeit der dort geschilderten Prinzipien kurz zu fassen [Kap. II, 83].

Im Mittelpunkt des Aktionsbereichs steht die Problematik, das *Lieferantenservice-Profil* nach Art und Umfang in seiner akquisitorischen Zielsetzung auf die Anforderungen der Lieferanten abzustimmen. Dabei hat sie den generellen Prinzipien der Lieferanteneinschaltung zu folgen. Soweit *Lieferantenkontinuität* angestrebt wird, sind solche Serviceleistungen bevorzugt anzubieten, mit denen sich der Einzelhändler eine dauerhafte Bindung im Absatzweg der Lieferanten sichern kann. Dazu eignen sich insb. Nebenleistungen, die von den mitnachfragenden Einzelhändlern kurzfristig nicht übernommen werden können und von dienstleistenden Markthelfern nicht erbracht werden (Beispiel: Pflegeleistungen an einem Produkt, die Spezialeinrichtungen erfordern). Soweit für ihre Erfüllung spezielle, nur für die Produkte eines Lieferanten einsetzbare Betriebsfaktoren notwendig werden, muß für eine vertragliche Absicherung dauerhafter Lieferantenbeziehungen gesorgt werden. Bei *wechselnder Lieferanteneinschaltung* wird dagegen eine kurzfristig wirksame Nebenleistungspolitik verfolgt, die auch auf andere Lieferantenbeziehungen übertragbar ist.

Sofern ein Lieferant eine geschlossene Marketingkonzeption bis hin zum Konsumenten verfolgt, wie es oft bei Markenartikelherstellern zutrifft, reagiert er empfindlich auf alle Maßnahmen, die der Händler in bezug auf die Konsumenten unternimmt. Daher sind Absatzförderungsmaßnahmen in diesen Fällen als akquisitorisch wirksame Elemente des Lieferantenserviceprofils zu betrachten. Je heftiger der Wettbewerb der Lieferanten um den Regalplatz des Handels wird, desto stärker wirken derartige absatzfördernde Nebenleistungen, die dann substitutiv gegen direkte Aktivitäten des Lieferantenservice eingesetzt werden können. In diesem Konzept muß der Händler die Prioritäten in der Marketingkonzeption seiner Lieferanten kennen und nutzen. Ein Bereich, dem derzeitig zunehmende Bedeutung beigemessen wird, ist die Beschwerdepolitik im Rahmen des after-sale-service der Hersteller [Hansen, Schoenheit, 1987; Riemer, 1986]. Eine entsprechende Beteiligung der Händler an der Nachkaufbetreuung der Konsumenten kann somit ein wichtiges Element des Lieferantenserviceprofils werden [Kap. II, 9].

Die Serviceleistungen können nach den Prinzipien der *fallweisen* oder *generellen* Regelung erbracht werden[3]. Wenngleich die Anwendung durch das Marktseitenverhältnis weitgehend vorbestimmt ist, bestehen dennoch gewisse Wahlmöglichkeiten. Mit der fallweisen Regelung kann eine genaue Einpassung der Nebenleistungen in die individuellen Anforderungen einer Lieferbeziehung erreicht werden. Sie wird vor allem bei im einzelnen wichtigen Lieferanten vorgenommen. Generelle Regelungen in Form allgemeiner Einkaufsbedingungen der Einzelhändler tragen zu einer erheblichen Einkaufsrationalisierung bei, indem durch sie die Beschaffungsvorgänge vereinheitlicht und damit überschaubar werden. Sie sind daher sinnvoll bei einer Vielzahl im einzelnen unbedeutender Lieferanten. Der Nachteil einer zu pauschalen Lieferantenservicepolitik ist durch das Prinzip einer *Lieferantensegmentierung* und einer entsprechenden Differenzierung der Nebenleistungsgestaltung aufzuheben. Je nach Leistungsart gewinnen unterschiedliche Kriterien für die Marktsegmentierung an Bedeutung (Beispiele: Umsatzanteile, Entfernungen, Produktgruppen). Diese nach Gruppen differenzierte Nebenleistungspolitik ist auf der Beschaffungsseite leichter durchzuführen als auf der Absatzseite, wo die Marktbeziehungen überwiegend anonym sind.

Für Teilbereiche der Nebenleistungspolitik bestehen Handlungsalternativen mit den Prinzipien der *informellen* oder *formellen Regelung*. Der Bereich informeller Gestaltung umfaßt habitualisierte Verhaltensweisen und situationsbedingte freiwillige Aktivitäten, die flexibel an die Entwicklung der Marktmachtverhältnisse angepaßt werden können. Allerdings werden die Nebenleistungen mit den Lieferanten — im Unterschied zur Absatzseite — vertraglich weit stärker vorbestimmt. Hier weist Geisbüsch [1966, S. 143f] auf ein faktisch sehr drängendes Problem hin, daß sich eine der Parteien, wenn sie einen erheblichen Machtvorsprung gegenüber der anderen hat, auch im Rahmen formeller Regelungen oft Freiräume durch ungenügende Einhaltung der Verträge verschafft.

---

[3] Vgl. zu diesem Problem die Unterscheidung von Standard- und Individualabreden bei Hammann, Lohrberg, 1986, S. 187ff.

IV Integrierte strategische Aktionskonzepte des Einzelhandels

1 Grundlagen des strategischen Handelsmarketing

Die vorangehende Untersuchung der absatz- und beschaffungswirtschaftlichen Aktionsbereiche ergibt einen Überblick der umfangreichen, marktgerichteten Handlungsmöglichkeiten einer Handelsunternehmung. Dabei besteht das wissenschaftliche Anliegen darin, für jeden Aktionsbereich Handlungsprinzipien aus der Konstellation von Rahmenfaktoren und Bereichszielen abzuleiten und damit eine Art Aktionstypologie zu erstellen. Es bedarf nun einer Kanalisierung und Integration dieses Prinzipieneinsatzes für die Entwicklung von Gesamtkonzeptionen der Marktbearbeitung. In diesem Sinne ist das strategische Handelsmarketing zu verstehen.

Begriffe

Die Gestaltung des Marketing ist eine komplexe Aufgabe und umfaßt die zielgerichtete Entscheidung über eine Vielzahl von Aktionsprinzipien der Marktbildung und -beeinflussung. Die Kanalisierung dieser Entscheidungsvielfalt auf bestimmte Ziele hin stellt ein zentrales Problem der Unternehmensführung dar [Becker, 1988, S. 112], das durch die Entwicklung von Unternehmensstrategien gelöst wird. Unter Strategien sind somit *globale* Wege zur Erreichung vorgelagerter Unternehmensziele zu verstehen [Marr, Picot, 1985, S. 544]. Sie haben die Funktion, Leitlinien für die *langfristige, zielgerechte Integration* von Aktionsprinzipien zu bestimmen. Unternehmensstrategien stellen das Bindeglied zwischen langfristigen Zielvorstellungen für die Unternehmung und die Gestaltung marktbildender und -beeinflussender operativer Einzelaktivitäten dar [Becker, 1988, S. 115]. Umgekehrt können allerdings Strategien durch operative Maßnahmen auch verändert und sogar aufgehoben werden. Die Entwicklung von Strategien vollzieht sich in einem Planungsprozeß, der zusammenfassend hinsichtlich seiner *Funktion* als *Kanalisierungsvorgang* und hinsichtlich seiner *Eigenschaften* als *langfristig, komplex* und *integrativ* zu kennzeichnen ist.

Gemäß des hierarchischen Planungsansatzes [Koch, 1982, S. 32ff] werden Entscheidungen über globale, d. h. zeitlich und sachlich sehr umfassende aber wenig detaillierte Maßnahmen von der obersten Leitung des Unternehmens getroffen, während die nachgelagerten Entscheidungsträger auf dieser Basis detailliertere Maßnahmen ausarbeiten und den durch die strategische Globalplanung gesetzten Rahmen konkretisieren. So sind innerhalb einer hierarchisch geordneten Planung unterhalb der strategischen Ebene die taktische und operative Planungsebene angesiedelt. Es ist hervorzuheben, daß die Planungsfristigkeit kein ausreichendes Merkmal strategischer Planung darstellt, denn die Erfolgswirkungsdauer zentral geplanter und detaillierterer, dezentral geplanter Maßnahmen kann durchaus gleich sein (Beispiel: Festle-

[1] Dieses Kapitel habe ich zusammen mit meinem wissenschaftlichen Mitarbeiter Guido Brune erarbeitet.

gung der Basisstrategie einer Filiale; Mietvertrag für einen Standort mit 15-jähriger Bindung).

Innerhalb einer hierarchisch geordneten Planung sind unterhalb der strategischen Ebene die taktische und operative Planungsebene angesiedelt, auf denen in hierarchisch nachgeordneten dezentralisierten Entscheidungsinstanzen eine Detaillierung und Konkretisierung der strategischen Planung in den einzelnen Aktionsbereichen durchgeführt wird [Schaubild IV, 1.1].

Planungsphase	**Planungsträger**	**Detailliertheitsgrad der Maßnahmenplanung**
I. Strategische Planung	Unternehmens-leitung	Planung von Strategien, das sind umfassende Aktionen, die sich global auf das ganze Unternehmen beziehen.
II. Taktische Planung	Leitung der Filialen oder Geschäftsbereiche	detailliertere Planung (z. B. Festlegung der Jahresabsatzmengen)
III. Operative Planung	Abteilungsleitungen unterhalb der Steuerung der Filial- und Geschäftsbereichsleitung	detaillierteste Planung (z. B. monatliche Absatzmengenplanung, Sonderaktionen)

Schaubild IV, 1.1: Phasenschema der hierarchischen Unternehmensplanung
[Quelle: Koch, 1982, S. 82 mit Anpassungen; insb. Vertauschung der Begriffe taktischer und operativer Planung auf der II. und III. Ebene]

Das strategische Marketing ist in den Zusammenhang von Strategien anderer unternehmerischer Bereiche, wie z. B. Finanzierung oder Personalwesen, eingebettet. Sein Stellenwert hängt von dem Prioritätengefälle der unternehmerischen Funktionalbereiche ab. Soweit Marketing als die Führung einer Unternehmung vom Markt her verstanden wird, gewinnt es gegenüber anderen Unternehmensbereichen eine dominante Stellung.

Empirische Relevanz

Strategische Marketingansätze sind bisher weitgehend für Produktionsunternehmen entwickelt und von ihnen realisiert worden. Häufig wurden Händler demgegenüber als typische *„Nicht-Strategen"* bezeichnet, die primär mit dem Tagesgeschäft befaßt sind. Diese Betonung kurzfristiger Marketingaktivitäten ist in der Tat kennzeichnend für den Handelsbereich. Dennoch gibt es gerade im Handel kreative und einzelgängerische Versuche, langfristig haltbare unternehmerische Konzepte zu finden [Bernhardt, Maximow, 1986, S. 569]. Dieser Widerspruch löst sich auf, wenn unterstellt werden kann, daß die Handelsunternehmen oft nicht *explizit* und *bewußt* planen.

Die empirische Relevanz der Entwicklung strategischer Marketingkonzepte könnte einerseits daraus abgeleitet werden, daß Unternehmen mit strategischer Planung nachweislich *mehr Erfolg* haben als Unternehmen ohne strategische Planung. Für diese Aussage fehlt im Handelsbereich entsprechendes empirisches Zahlenmaterial. Weiterhin kann aus den *Bedingungen* unternehmerischer Tätigkeit auf die Notwendigkeit strategischer Planung geschlossen werden. In Richtung stärkerer Planungsnotwendigkeit weist zum einen ein *Anwachsen* der *Betriebsgrößen* im Handel. Dieses vollzieht sich bekanntlich bei Handelskonzernen durch Filialisierung und Diversifizierung. Es ist leicht einsehbar, daß es gerade bei der Führung standortlich getrennter Betriebe einer zusammenfassenden längerfristigen Planungskonzeption bedarf. Ein weiteres Argument ergibt sich mit veränderten Erfordernissen der *Marktpositionierung* unter *höherem Wettbewerbsdruck*. Die wettbewerblichen Marktentwicklungen erfordern einen subtileren Instrumentaleinsatz zur klaren und abgrenzenden Marktpositionierung, was längerfristig und synergetisch angelegte Marktbeeinflussungsstrategien erfordert. Schließlich wird für strategische Marketingplanung die *Dynamisierung* der *Umwelt* angeführt. Aus turbulenten Veränderungen mit sog. Strukturbrüchen in der unternehmerischen Umwelt ergibt sich eine erhöhte strategische Planungsnotwendigkeit, um zukünftige Umweltbedingungen in Hinblick auf eigene Zielsetzungen zu nutzen bzw. zu beeinflussen. Allerdings entstehen bei derartiger Umweltdynamik Prognoseschwierigkeiten, woraus das sog. *Planungsdilemma* resultiert.

Theorienentwicklung

Die Vielfalt und Dynamik strategischer Theorienentwicklung hat in der Betriebswirtschaftslehre in den 70er Jahren eingesetzt[2]. In diesem Zeitraum fand auch eine Annäherung zwischen der Theorie strategischer Unternehmensführung und der Marketingtheorie statt. Sie resultierte daraus, daß nach einer grandiosen wirtschaftlichen Wachstumsphase der Nachkriegszeit erste Anzeichen von Marktsättigungen das Bewußtsein für die Abhängigkeit der Unternehmungen von ihren marktlichen Umfeldern schärfte. Der Inhalt strategischer Theorienkonzepte wandelte sich von einer Orientierung „nach innen" zu einer Orientierung „nach außen" in Hinblick auf eine Anpassung an die Chancen und Risiken der Umwelt. Seit Beginn der 80er Jahre wurden — bedingt durch die Notwendigkeit einer Adaption an restriktive Marktentwicklungen — forciert spezielle Marketingstrategien entwickelt, die gegenüber anderen strategischen Unternehmensbereichen dominant erschienen [Becker, 1988, S. 116]. Umgekehrt gelangten zunehmend Fragen der Unternehmensführung in die strategischen Marketingentscheidungen [u. a. Marr, Picot, 1985].

Damit erklärt sich die derzeitige *Dominanz* marketingstrategischen Denkens im Rahmen der theoretischen Entwicklung von Unternehmensstrategien aus einem *situativen Engpaßdenken* bezüglich der Marktchancenentwicklung[3]. Demgegenüber

---

[2] Vgl. zur theoretischen Entwicklung des strategischen Management Klaus, 1987, S. 50ff.

[3] Auf diesen Zusammenhang läßt sich das Gutenberg'sche Engpaßgesetz der Planung anwenden.

wird dieses Dominanzdenken häufig aus dem ideologisch gewendeten Anspruch eines an Bedürfnissen orientierten Wirtschaftens abgeleitet[4].

Die dynamische Theorienentwicklung im Bereich der Marketingstrategien hat bis heute eine große Bedeutungsvielfalt des Strategiebegriffes und eine Fülle strategischer Konzepte hervorgerufen. Es handelt sich hier zum einen um Ansätze, die eher an *Verfahren* orientiert sind. Dazu gehören Methoden der strategisch relevanten Diagnose (Beispiele: gap-Analyse; Portfolio-Analyse; Entwicklung von Frühwarnsystemen), das Procedere der Strategieentwicklung vor dem Hintergrund planungstheoretischer Modelle und Implementierungsansätze für strategische Planung. Zum anderen gibt es eine Fülle von Konzepten, die sich mit strategischen *Inhalten* befassen. Hier sind verschiedene Ansätze der Definition und Auswahl von Märkten als Tätigkeits- oder Geschäftsfelder im weitesten Sinne und Konzepte von Basisstrategien der Marktbeeinflussung und Marktstimulierung zur Kanalisierung des Marketinginstrumentaleinsatzes entstanden.

Strategische Managementansätze sind zunächst vornehmlich für den industriellen Bereich entwickelt worden. Seit Beginn der 80er Jahre gibt es auch erste Versuche, sie auf den Handel zu übertragen bzw. für diesen eigenständig zu konzipieren[5]. Dabei ist es notwendig, die Besonderheiten der strategischen Handlungsbedingungen gegenüber Industrieunternehmen zu erkennen. Weitere wichtige Impulse können aus einer Erweiterung auf dienstleistungsorientierte Strategieansätze gewonnen werden [Staffelbach, 1988, S. 277ff].

---

[4] Vgl. zu dem Dominanzanspruch des Marketing die theoretischen Überlegungen bei Hansen, Stauss, 1983, S. 77—86.

[5] Vgl. zum strategischen Marketing im Handel Mathieu, 1980, S. 116ff; Drexel, 1981, 1984; Wehrle, 1981, Patt, 1988.

2 Aktionsfeld

21 Ziele und Planungsgrundsätze

Strategien werden — gemäß der oben ausgeführten begrifflichen Grundlagen — als Bindeglied zwischen den Unternehmenszielen einerseits und den operativen Maßnahmen andererseits definiert. Daraus geht deutlich hervor, daß die Formulierung von Unternehmenszielen *außerhalb* der Planung von Marketingstrategien stattfindet [Kap. I, 5]. Insofern kann in diesem Zusammenhang nur eine Zieldiskussion auf der *Metaebene* strategischer Planung geführt werden.

Mit der strategischen Planung ist grundsätzlich das Ziel verbunden, zukünftige Handlungsspielräume zu schaffen und zielorientiert durch Aktionen auszufüllen. Daraus sind folgende *Planungsgrundsätze* abzuleiten[1]:

(1) Langfristigkeit,
(2) Planungsintegrität,
(3) Datenkonformität,
(4) Planungsflexibilität,
(5) Planungsstimulanz,
(6) angemessene Planungszentralität.

Zu (1): Je weiter der Planungshorizont entfernt liegt, desto größer sind die strategischen Handlungsspielräume. Die Grenze dieser prinzipiell wünschenswerten *langfristigen Planungszeiträume* ergibt sich dann, wenn ein Einzelhändler das Prognoserisiko höher einschätzt als das gewonnene Handlungspotential.

Zu (2): Planungsintegrität bedeutet die Ausrichtung aller Teilaktivitäten und Teilentscheidungen in Einzelhandelsunternehmen auf eine einheitliche Totalaussage.

Zu (3): Die *Datenkonformität* stellt sicher, daß alle Teilentscheidungen von den gleichen Voraussetzungen ausgehen und aufeinander abgestimmt sind. Die Abgleichung der Daten muß kontinuierlich erfolgen, um Änderungen der Aktionsrahmenfaktoren des Einzelhandelsunternehmens in der Planung berücksichtigen zu können.

Zu (4): Das Erfordernis der strategischen *Planungsflexibilität* ergibt sich aus der Dynamik der Umweltfaktoren, mit der die Mehrdeutigkeit der Prognosen verbunden ist. Die strategische Planung sollte Handlungs- und Anpassungsmöglichkeiten für den Fall zulassen, daß unvorhergesehene oder zum Planungszeitpunkt als unwahrscheinlich angesehene Ereignisse eintreten.

Zu (5): Der Planungsprozeß sollte so aufgebaut sein, daß er die Leistungsbereitschaft, Verantwortlichkeit und Initiative der Beteiligten weckt und das *Leistungspotential aktiviert.*

Zu (6): Der angemessene *Zentralitätsgrad* der Planung leitet sich als Grundsatz aus einer Kompromißregel der vorangehend erörterten Aspekte ab [Overtheil, 1983, S. 150ff]. Er ist insb. bei filialisierten Handelsunternehmen ein relevantes Problem. Diese verfügen über eine zentrale Unternehmensleitung, die alle Standorte umfaßt. Daneben steuert eine Verkaufsstellenleitung — als der Unternehmensspitze nachge-

[1] Vgl. zu den Grundsätzen 1—5 Koch, 1982, S. 18.

ordnete Planungsinstanz — jede einzelne Filiale dezentral vor Ort. Eine zentralisierte Planung wäre hier zwar vollkommen integrativ, jedoch wäre sie bei der nachgelagerten Planungsinstanz mit einer Herabsetzung der Planungsstimulanz verbunden. Die demotivierende Wirkung dieses strategischen Planungssystems wiegt um so schwerer, als Verkaufsstellenleiter häufig über sehr viel marktnähere Informationen verfügen als die zentrale Planungsinstanz. Außerdem entsteht wegen der längeren Informationswege und infolge des hohen Planungsaufwandes Inflexibilität. Da diese Aspekte sich bei dezentralisierter Planung umkehren, muß ein Kompromiß zwischen Zentralität und Dezentralität in der strategischen Planung zwischen Hauptverwaltung und Filialen gefunden werden.

22 Analyseinstrumente für den Aktionsrahmen

Voraussetzung für die Entwicklung eines strategischen Marketingkonzeptes sind Informationen über die Handelsunternehmung selbst, ihre Wettbewerber, Kunden und Lieferanten sowie die Makroumwelt. Diese Faktoren wurden vorangehend in Kap. I, 4 als interner und externer Aktionsrahmen behandelt und als spezifische Rahmenbedingungen für jeden Aktionsbereich konkretisiert. Die Informationsgewinnung über die Aktionsrahmenfaktoren ist im Prinzip die Aufgabe der Marktforschung und wurde in dieser Monographie nicht behandelt, da sie einen sehr komplexen und nicht besonders handelsspezifischen Teilbereich des Marketing darstellt. Demgegenüber sind im Rahmen des *verfahrensorientierten, strategischen Marketing* einige *Diagnose-* und *Prognosemethoden* für die Situationsanalyse entwickelt worden, die in unmittelbarem Zusammenhang mit dem Entwurf von Marketingstrategien stehen und daher hier kurz in Überblicksform dargestellt werden sollen [Schaubild IV, 2.1]. Die Langfristigkeit und Komplexität strategischer Planung erfordert insb. ein sachlich und zeitlich großräumiges Denken.

Die strategische Situationsanalyse nimmt ihren Ausgangspunkt in der Festlegung und Bewertung unternehmensinterner sog. Schlüsselfaktoren, die von Unternehmen kontrollierbar sind [Hax, Majluf, 1988, S. 182f]. Diese *Potentialanalyse* bildet die Grundlage für eine *Stärken-Schwächenanalyse,* mit der eine relative Bewertung der unternehmerischen Potentialfaktoren gegenüber Wettbewerbern zur Feststellung der unternehmerischen Stärken und Schwächen führt. Mitbewerber treten als Mitnachfrager auf den Beschaffungsmärkten und als Mitanbieter auf den Absatzmärkten in Erscheinung. Das Einzelhandelsunternehmen erhält in dieser Form Hinweise auf Wettbewerbsvor- und -nachteile, die als Grundlage für beschaffungs- und absatzseitige Wettbewerbsstrategien dienen können. Dabei ist es wichtig, neben den Handlungspotentialen der betreffenden Unternehmen im Absatz- und Beschaffungsgebiet weiterreichende Möglichkeiten einzubeziehen, über die filialisierte Händler zusätzlich verfügen (Beispiel: zentralisierter Einkauf). Als Darstellungsform der Stärken-/ Schwächen-Analysen eignen sich Profilmethoden.

Die Ergebnisse der Konkurrenzanalyse fließen neben *Kunden-* und *Lieferantenanalysen* sowie *Makro-Umweltanalysen* in die umfassende Diagnose der *Branchenattraktivität* ein. Gerade für den Handel ist es wichtig, darin die Absatz- *und* Beschaffungsseite zusammenzufassen. Auf die ressourcenbedingte Beeinflussung der Bran-

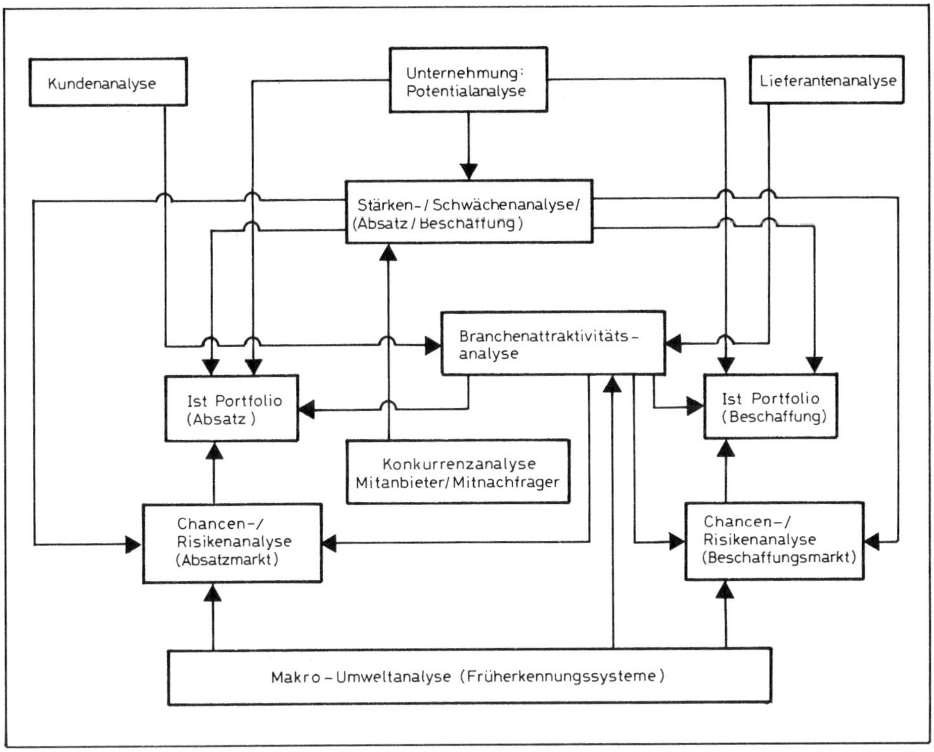

Schaubild IV, 2.1: Strategische Verfahren der Aktionsrahmenanalyse
[Quelle: Anregung von Nieschlag, Dichtl, Hörschgen, 1988, S. 861]

chenattraktivität hat Albach [1978, S. 702ff, insb. S. 709] hingewiesen, wobei er allerdings auch die Verfügbarkeit von Standort, Personal und Betriebsmitteln in seine Überlegungen einbezieht. Besondere strategische Impulse gewinnt die Analyse der Branchenattraktivität durch die Einbettung in die *Makro-Umweltanalyse*, mit der zukünftige Entwicklungen der komplexen und dynamischen Umwelt erfaßt werden. Dazu wird eine Art „Unternehmensradar"-System entwickelt, das die Umwelt nach relevanten Informationen absucht und dabei auch *„schwache Signale"* [Ansoff, 1976, S. 130] erfassen soll, die dann in Hinblick auf Chancen und Risiken für die Unternehmung ausgewertet werden[2]. Neben der Branchenattraktivität bietet sich im Handel auch eine Untersuchung der *Betriebsformenattraktivität* an. Sie zeigt die Stellung der Unternehmung in ihrer spezifischen institutionellen Umwelt.

Aus der Verbindung von Stärken- und Schwächenanalyse einerseits und Branchenattraktivitätsanalyse andererseits wird die *Chancen-/Risikoanalyse* abgeleitet, indem das Zusammentreffen von Stärken und Schwächen mit bestimmten Umweltentwicklungen als besondere unternehmensbezogene Chancen und Risiken interpretiert werden.

---

[2] Zur strategischen Früherkennung vgl. die Aufsatzsammlung bei Raffée, Wiedmann (Hrsg.), 1985, S. 301—462; hier insb. den Übersichtsartikel von Wiedmann, S. 301—348.

Ein zentrales diagnostisches Instrument der Situationsermittlung stellt schließlich die *Portfolioanalyse* dar[3], die im Handel auf der Beschaffungs- und Absatzseite entwickelt werden kann. Hierin werden die Ergebnisse der vorangehend erwähnten Analysen zu einer Gesamtaussage integriert. Ein Vorteil der Portfolioanalyse liegt darin, daß externe Chancen und Risiken als *Marktdimension* und interne Stärken und Schwächen als *Unternehmensdimension* in einem relativ einfachen Untersuchungsraster komprimiert werden können. In diese beiden Dimensionen werden unternehmerische Betätigungssegmente (strategische Geschäftsfelder) zu diagnostischen Zwecken eingeordnet. Im Handel können hier Teilsortimente [Rusche, 1986] oder Betriebsformen bei filialisierten Unternehmen [Drexel, 1981, S. 225ff] zugrunde gelegt werden. Derartige Ist-Portfolios werden als Basis für den Entwurf von Normstrategien verwendet und gewinnen damit Bedeutung für die Entwicklung strategischer Handlungsempfehlungen. Diese können allerdings nur dann gegeben werden, wenn die Faktoren der Unternehmens- und Marktdimensionen in bezug auf bestimmte Strategien als *Erfolgsfaktoren* generalisierend interpretierbar sind.

23 Aktionsteilbereiche und Aktionselemente

Zur Strukturierung des strategischen Marketing wird eine Vierteilung vorgeschlagen. Den ersten Teilbereich bildet das *strategische Geschäftsfeld* als zentrale Planungseinheit, deren Elemente aus den Geschäftsfelddimensionen abzuleiten sind. Ein weiterer Aufgabenkomplex besteht in der Bearbeitung der Geschäftsfelder. Daher sollen *Grundorientierungen* der *Geschäftsfeldbeeinflussung* als zweiter Teilbereich betrachtet werden, der als Elemente die zu kombinierenden Prinzipien der absatz- und beschaffungswirtschaftlichen Aktionsbereiche enthält. In Hinblick auf den *Zeitablauf* entstehen *Strategiepfade* als dritter Aktionsteilbereich, dessen Elemente — quasi in übergreifender Sicht — die kombinierten Geschäftsfelder darstellen. Allem übergeordnet ist der Aktionsteilbereich der *corporate identity-Entwicklung.*

[3] Zur Portfolioanalyse allgemein vgl. Dunst, 1979; in Anwendung auf den Handel vgl. insb. Drexel, 1981; 1984, S. 101—119.

3 Entdeckung strategischer Geschäftsfelder

Eine erste grundlegende Aufgabe der strategischen Marketingplanung stellt die Suche und Auswahl zieladäquater *Geschäftsfelder* als Tätigkeitsbereich[1] und damit die Schaffung *eigenständiger Erfolgspotentiale* zur Zukunftssicherung des Handelsunternehmens dar. Diese Aufgabe kann sich auf die Gründung eines *neuen* oder auf die *Weiterentwicklung* eines bestehenden Unternehmens beziehen. Dabei werden Verkaufsstellen oder Abteilungen als Planungsebenen der Geschäftsfelddefinition gewählt. Für die Abgrenzung eines Geschäftsfeldes wird i. d. R. eine Markt- und eine Angebotsdimension herangezogen. Es stellt somit Ausdruck einer Marktbeziehung in einem zu definierenden Leistungszusammenhang dar. Auf den zentralen Beitrag von Abell [1980] zu dem Thema „defining the business" ist es zurückzuführen, daß die Angebotsdimension weiter in die beiden Bereiche der Funktions- bzw. Leistungserfüllung und der verwendeten Technologien aufgespalten wird und damit die Frage des „was" und des „wie" auf der Angebotsseite erfaßt. Damit sind insgesamt folgende Dimensionen der Geschäftsfeldbestimmung zu unterscheiden [Schaubild IV, 3.1]:

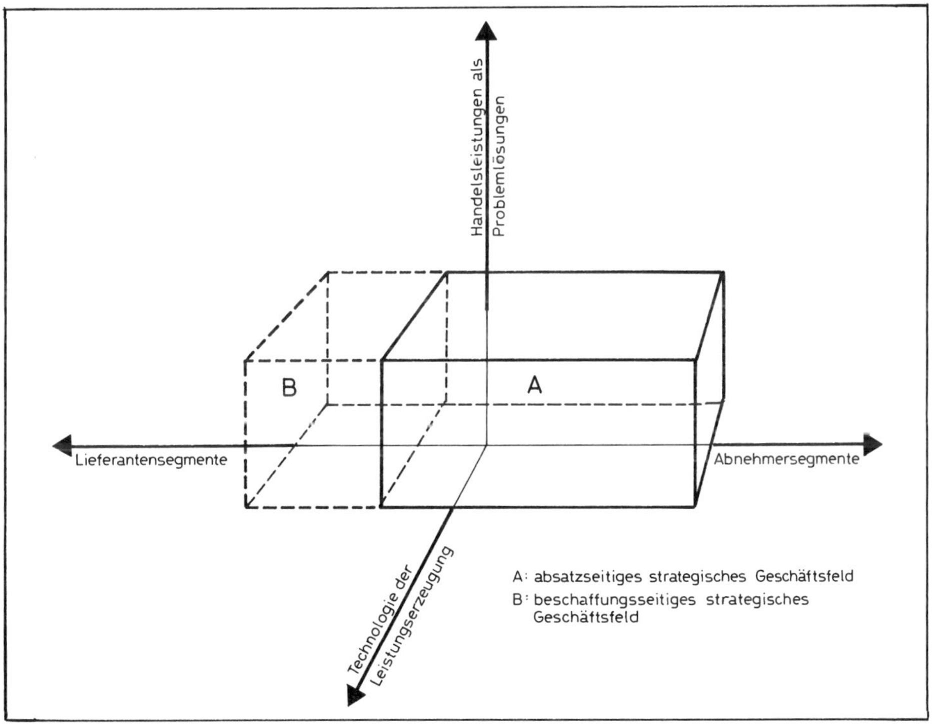

Schaubild IV, 3.1: Positionierung eines strategischen Geschäftsfeldes
[Quelle: Anregung von Nieschlag, Dichtl, Hörschgen, 1988, S. 861]

[1] In der Literatur wird das strategische Geschäftsfeld auch als Geschäftssektor oder Problemlösungsbereich bezeichnet [Koch, 1982, S. 67]. Die amerikanischen Autoren sprechen von „strategic business area" oder „strategic business unit".

— potentielle Abnehmersegmente,
— Funktionserfüllung bzw. Leistungsbereich,
— verwendete Technologien.

Diese Dimensionen werden der Abfolge der nächsten Kapitel zugrunde gelegt. Es ist allgemein üblich aufgrund der primären Absatzorientierung der meisten Industrieunternehmen, für die dieses Konzept vorrangig entwickelt wurde, den Begriff Geschäftsfeld allein auf den *Absatzmarkt* zu beziehen. Im Handel ergibt sich aufgrund seiner doppelseitigen Markteinbindung die zusätzliche Aufgabe einer Bestimmung *beschaffungsseitiger* strategischer Geschäftsfelder, wobei dann die Marktdimension durch Lieferantensegmente definiert wird. Je nach Marktorientierung liegt die Priorität der strategischen Planung auf der beschaffungs- oder absatzseitigen Geschäftsfeldsuche. Vorrangig ist allerdings eine Hinkunftsorientierung von Einzelhandelsunternehmen mit entsprechender Bedeutung der Geschäftsfeldplanung im Absatzbereich. In jedem Fall muß eine enge Beziehung zwischen beiden Marktseiten berücksichtigt werden. Bei Funktionen, die zwischen Beschaffungs- und Absatzmarkt vermitteln, entstehen dadurch z. T. sehr *enge Zusammenhänge* in der Geschäftsfeldplanung.

Die Suche nach strategischen Geschäftsfeldern ist ein *kreativer* Prozeß. Spontane Eingebung und systematische Verfahren der Ideensuche, wie z. B. Kreativitätstechniken, unterstützen diesen Vorgang. Dabei bieten Betriebsformen als Handlungstypen ein *strategisches Raster* der Geschäftsfeldbestimmung. So stellt z. B. die Entscheidung für die Eröffnung einer Boutique im Bekleidungssektor bereits die Umrisse von Leistungs- und Marktdimensionen dar, die bei der Definition des Geschäftsfeldes inhaltlich zu konkretisieren sind.

31 Marktdimension: Prinzipien der Marktsegmentierung

Festlegungen in der Marktdimension sind gleichbedeutend mit einer Zielgruppenbestimmung, d. h. also der Frage, auf wen sich die Marketingaktivitäten richten sollen. Sofern die Idee einer Geschäftsfeldfestlegung nicht am Massenmarkt, sondern nur an einer Auswahl von Abnehmern orientiert ist, kommt die Zielgruppenbestimmung der Problematik der *Marktsegmentierung*[2] gleich. Diese bedeutet ja nichts anderes, als die Aufteilung eines Marktes in Untergruppen von Abnehmern (Absatzmarktsegmentierung) oder Lieferanten (Beschaffungsmarktsegmentierung). Bereits in Kap. I, 4213 und 4221 wurde Marktsegmentierung als automatischer Marktstrukturierungsprozeß oder als Prozeß aktiver unternehmerischer Marktsteuerung dargestellt. Im Zusammenhang mit der Geschäftsfeldbestimmung wird mit der Festlegung der Marktdimension nur die *geplante aktive* Marktsegmentierung angesprochen.

Die Segmentierung umfaßt einen Informationsaspekt der *Identifikation* von Segmenten und einen Aktionsaspekt der *Auswahl* und segmentspezifischen Marktbearbeitung [u. a. Freter, 1983, S. 18]. Während

[2] Vertiefende Literatur zur Marktsegmentierung allgemein vgl. Bauer, E., 1976; Böhler, 1977; Freter, 1983; speziell für den Handel Büttner, 1986.

(1) Identifikation und
(2) Auswahl von Segmenten
die Definition von Geschäftsfeldern inhaltlich bestimmen, führt die segmentspezifische Marktbearbeitung darüber hinaus [Kap. IV, 5]. Die folgenden Ausführungen zeigen die Grundprinzipien der Marktsegmentierung im *Absatzbereich.* Sie sind jedoch weitgehend auf den Beschaffungsbereich übertragbar.

Zu (1): Die Marktsegmentierung dient dem Zweck, aus dem Gesamtmarkt eine Gruppe von Marktpartnern zusammenzufassen und gegen andere abzugrenzen, die in einem oder mehreren für die *Marktbeziehung* wichtigen Merkmalen *homogen* sind. Die Literatur bietet eine Vielfalt von Kriterienkatalogen[3] [eine Übersicht findet sich in diesem Buch bereits in den Schaubildern I, 4.10 und I, 4.26]. Die wichtigste Anforderung und gleichzeitig die größte Schwierigkeit für eine sinnvolle Segmentierung besteht darin, mit den ausgewählten Segmentierungskriterien einen *relevanten* Problembezug herzustellen[4]. In diese Aufgabenstellung findet die ganze Marktverhaltenstheorie Eingang. Hilfreich sind Typologien von Konsumenten[5] und Lieferanten als „vorfabrizierte" Segmentierungskonzepte. Anders als für viele andere Betriebsarten bestehen für den Handel *zwei Bezugsebenen* für die Entwicklung von Segmentierungskriterien. Das sind zum einen die angebotenen Produkte und zum anderen die an die Institution gebundenen Distributionsleistungen [Büttner, 1986, S. 34ff]. Der erforderliche Problembezug der Segmentierung muß beide Ebenen umfassen.

Die Marktsegmentierung dient dazu, die Marktdimensionen eines Geschäftsfeldes zu konkretisieren. Sie stellt darüber hinaus die Basis für die sich anschließende Marktbearbeitung her. Daher müssen die Segmentierungskriterien *operationale Ansatzpunkte* für die Gestaltung der Marktbearbeitungsaktivitäten bieten und einer segmentspezifischen Marketinggestaltung *zugänglich* sein. Dieses Erfordernis kann je nach Marketingmaßnahmen unterschiedlich ausgeprägt sein. Schließlich müssen die Kriterien *meßbar* sein und *wirtschaftlich* bearbeitbare Segmente begründen. Dazu gehört auch, daß sie eine gewisse *zeitliche Stabilität* entfalten.

Zu (2): Die eigentliche Festlegung der Marktdimension eines Geschäftsfeldes vollzieht sich mit der Auswahl einer oder mehrerer Marktsegmente und betrifft die Frage nach der *Marktabdeckung*. Die Auswahl *eines* Segmentes ist die Basis für eine *partielle* Marktabdeckung und erfordert eine konzentrierte Marktbearbeitungsstrategie. Je unbestimmter es definiert ist (Beispiel: Geschlecht) desto großräumiger wird allerdings die Marktabdeckung bis hin zum Massenmarkt. Die Auswahl *mehrerer* Segmente begründet mehrere Geschäftsfelder und hat *differenzierte* Marktbearbeitungsstrategien zur Folge. Ein spezielles Problem des Residenzhandels beruht darauf,

---

[3] In der Theorie zur Marktsegmentierung bestehen gemäß der verwendeten Segmentierungskriterien verschiedene Ansätze [Bauer, E., 1976, S. 73ff; Böhler, 1977, S. 36ff; Freter, 1983, S. 43ff], so z. B. Orientierungen an demographischen und sozio-ökonomischen Merkmalen, an Verhaltensmerkmalen, verschiedenen psychographischen Merkmalen, wie z. B. Einstellungen, Werten oder benefit-Erwartungen. Neuere Entwicklungen beziehen sich auf Lebensstile oder auf Milieus als interdependente Kriterienkomplexe aus sozio-ökonomischen und psychographischen Merkmalen [Becker, Nowak, 1982, S. 247ff].

[4] Zu den Anforderungen an Segmentierungskriterien vgl. Freter, 1983, S. 43f.

[5] Vgl. die Typen-tool-box für die Segmentierung der Konsumenten von Breuer, 1979, S. 145ff, die ihrerseits aus verschiedenen Verlagstypologien abgeleitet wurde.

daß die institutionelle Leistungsebene einer Verkaufsstelle (Beispiel: Ladengestaltung) einer Differenzierung und damit segmentspezifischen Bearbeitung weit weniger zugänglich ist als die Produktebene. Diese Diskrepanz entsteht insb. bei Handelsunternehmen mit einem Vielbranchensortiment.

32 Leistungsdimension

Die Festlegung der Leistungsdimension enthält Ideen zu der Frage, *„was"* dem ausgewählten Marktsegment angeboten werden soll. Hierbei geht es um eine Umsetzung der ein Segment bestimmenden Kriterien in leistungsbezogene Anforderungen oder Probleme. Diese beziehen sich auf eine Produkt- und eine Funktionsebene. Als Konkretisierung der Leistungsdimension erscheinen somit Produkte in Verbindung mit bestimmten distributiven Funktionen, die insgesamt eine Problemlösung für das Marktsegment darstellen[6].

33 Technologiedimension

Wie der Handel die somit definierten Leistungen realisiert, legt er auf der Technologiedimension fest. Technologie wird als bestimmte Kombination von Einsatzfaktoren verstanden und ist in einem Unternehmen sozusagen allgegenwärtig [Porter, 1986, S. 224]. Die Technologie ist für die Definition von Geschäftsfeldern dann wichtig, wenn sie wettbewerbsrelevante Einflüsse auf die Kosten oder auf die Art der Leistungserfüllung ausübt. So kann sich ein Händler in der Autobranche z. B. eine Leistungsverbesserung durch eine neue Diagnose- und Prüftechnologie im Servicebereich verschaffen oder eine kostensenkende Erfolgsbeeinflussung eines Geschäftsfeldes durch ein zeitsparendes Warentransportsystem herbeiführen.

Während die Technologiedimension in dem „defining the business-Modell" von Abell hauptsächlich auf industrielle und damit anlagenorientierte Produktionstechnologien bezogen wird, ist für den Handel aufgrund seines Dienstleistungscharakters eine *erweiternde* Interpretation erforderlich [Heskett, 1988, S. 108ff]. Die Technologieanwendung bezieht sich auf die unternehmerische Infrastruktur, die im Handel große Bedeutung hat (Beispiele: Warenwirtschaftssysteme, Bürotechnologie), sowie auf die einzelnen unternehmerischen Funktionalbereiche. Für die Technologiedimension der Geschäftsfeldbestimmung sind aber eher Technologien maßgeblich, die direkt die Marktleistung betreffen. Der Vielgestaltigkeit dieser Leistungen entsprechend sind hier verschiedene Technologiebereiche relevant, wie z. B. *Sozialtechnologien* (Beispiel: professionelle Interaktion) bei personenorientierten Leistungen oder *Symboltechnologien* als Techniken des „begrifflosen Erkennens" bei der Vermittlung von Leistungen [Wald, 1986, S. 248ff]. Wachsende Bedeutung gewinnen derzeitig *Infor-*

[6] Beispiel: beratungsintensives und didaktisch orientiertes Angebot von Software-Programmen für die Lösung von Schreibproblemen älterer berufstätiger Menschen.

mationstechnologien für die Definition von Geschäftsfeldern im Handel, weil einerseits die Anforderungen an seine Kommunikationsleistungen in unserer Gesellschaft steigen und andererseits in diesem Bereich äußerst dynamische Innovationsprozesse stattfinden.

34 Kombination der Dimensionen

Die Geschäftsfelder werden aus der Kombination der drei Dimensionen Markt, Leistung und Technologie entwickelt. Beschaffungs- und Absatzseite sind unterschiedlich stark miteinander verbunden.

Die genaue Abgrenzung von Geschäftsfeldern bereitet gewisse Probleme. Als Formalkriterium gilt, daß es sich jeweils um eigene Teilmärkte für bestimmte Leistungstypen handeln muß, die in ihren Erfolgsgrundlagen unabhängig von anderen sind. Aufgrund mannigfaltiger unternehmensinterner sowie marktlicher *Interdependenzen* ist dieses Kriterium schwer anwendbar [Schreyögg, 1984, S. 92]. Ähnliche Schwierigkeiten sind bereits aus der Wettbewerbstheorie mit der Abgrenzung des relevanten Marktes bekannt. Für den Handel gilt diese Problematik aufgrund seiner Vielseitigkeit in der Leistungserstellung und Markteinbindung ganz besonders stark.

Wir folgen nicht der Auffassung, daß im Handel allein die Verkaufsstellen als Betriebstypen das Geschäftsfeld ausmachen[7]. Damit wäre die strategische Geschäftsfeldplanung nur für mehrbetriebliche Einzelhandelsunternehmen anwendbar. Demgegenüber stellt unseres Erachtens gerade bei Vielproduktunternehmen, wie sie im Handel gegeben sind, die Abteilungsebene einen wichtigen strategischen Ansatzpunkt dar, insb. da auf dieser Ebene eigenständige Erfolgspotentiale bestehen.

---

[7] Diese Auffassung vertreten u. a. Drexel, 1982, S. 3; Dambmann, 1986, S. 17.

4 Entwicklung von Strategiepfaden

Eine Unternehmung wächst und schrumpft auf Strategiepfaden, die durch *mehrere Geschäftsfelder* führen. Die Richtung dieser Bewegungen kann bestimmt werden, indem — ausgehend von einem bestehenden Geschäftsfeld — in allen drei Dimensionen (Markt, Leistung bzw. Funktion, Technologie) die Ausprägungen „alt" und „neu" unterschieden werden. Die Kombinationen zeigen die grundsätzliche Bewegungsrichtung zu neuen Geschäftsfeldern. So entsteht z. B. ein neues Geschäftsfeld durch eine neue funktionale Problemlösung auf der Basis einer neuen Technologie [Schaubild IV, 4.1].

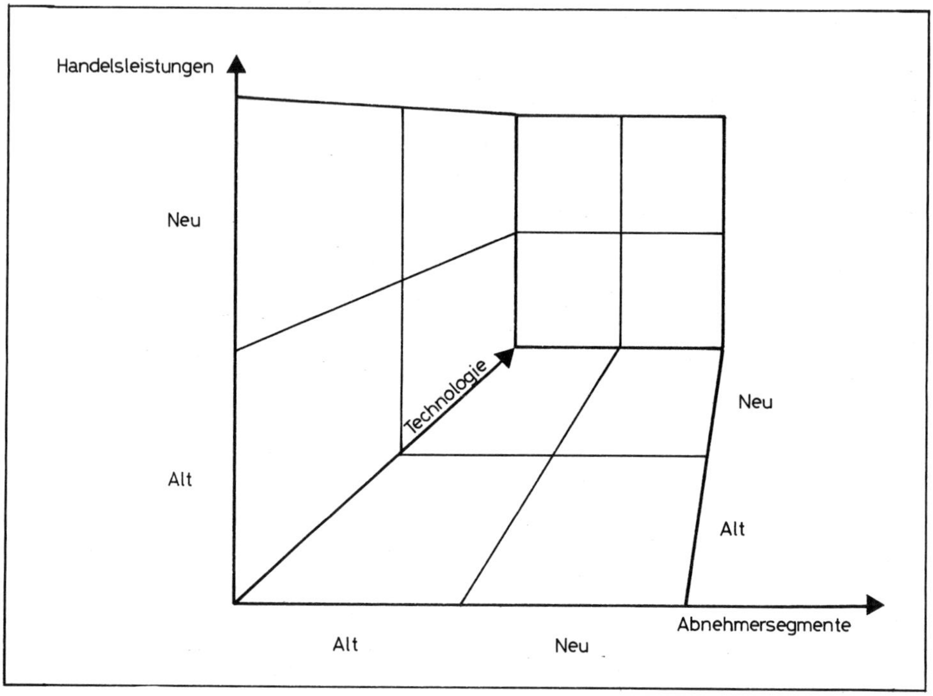

Schaubild IV, 4.1: Planungsrichtungen für die Entwicklung von Geschäftsfeldern

Die Planungskomplexität für ein System strategischer Geschäftsfelder ist zwangsläufig größer als bei der Betrachtung eines einzelnen. Neben die Planungsebene eines einzelnen strategischen Geschäftsfeldes tritt eine *koordinierende* Planungsebene für alle strategischen Geschäftsfelder. Diese soll insb. der Planungsintegrität dienen und ist an dem geschäftsfeldübergreifenden Systemgewinn orientiert, der die Summe der Erträge und Verluste aller strategischen Geschäftsfelder darstellt.

Das folgende Schaubild IV, 4.2 zeigt die verschiedenen Strategiepfade in Übersichtsform:

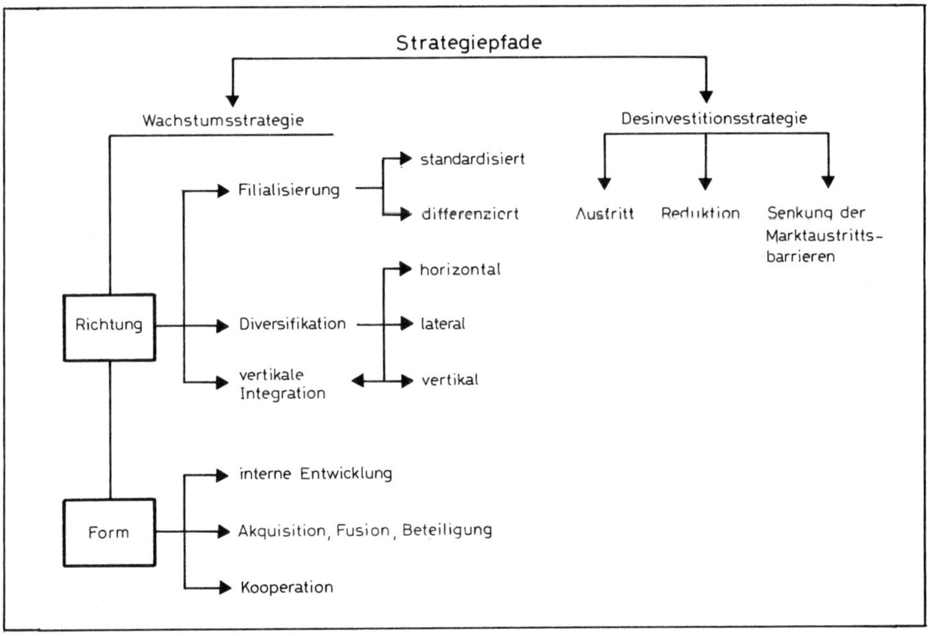

Schaubild IV, 4.2: Strategiepfade des strategischen Marketing

41 Wachstumsstrategien

411 Richtung der Wachstumsstrategien

Mit zunehmender Größe wächst die Gewinnkapazität einer Unternehmung, wobei im einzelnen interne und externe Faktoren des Aktionsrahmens die Größe dieser Effekte beeinflussen. Ein Unternehmen kann durch Größenwachstum seine *relative Wettbewerbsposition* verbessern, soweit es gelingt, *fixe Kostenbestandteile* auf eine *größere Warenmenge* zu verteilen und *Erfahrungsökonomien* zu realisieren. In der Diskussion strategischer Marketingkonzepte hat der Erfahrungskurveneffekt geradezu eine Wachstumseuphorie ausgelöst, indem das Streben nach einem hohen relativen Marktanteil empfohlen wurde, um in den Genuß dieses Effektes zu gelangen und ihn in bezug auf die Konkurrenten als kostenwirtschaftlichen Wettbewerbsvorteil zu nutzen. Gegenüber einer allzu übertrieben hohen Erwartung und einer zu weitgehenden Generalisierung solcher Empfehlung ist allerdings ganz allgemein und insb. in bezug auf den Handel Skepsis angebracht. Im Handel stellen sich die größeren wachstumsbedingten Vorteile mit der *Verhandlungsstärke* gegenüber Lieferanten ein. Die daraus zu erzielende Senkung der Einstandskosten wirkt sich als zentraler Wachstumsimpuls aus. Weitere Wachstumsanstöße resultieren absatzseitig daraus, daß die *Marktinvestitionen* in das Unternehmensimage *besser genutzt* werden. Außerdem kann durch die Verbreitung der Unternehmensbekanntheit als Ausdruck von Kompetenz und Leistungsfähigkeit u. U. die relative Wettbewerbsposition verbessert werden.

Demgegenüber steigen mit dem Unternehmenswachstum die *organisatorischen Koordinations-* und *Steuerungsprobleme* und die damit verbundenen *Kosten.* Die Dezentralität der Leistungserstellung wirft im Residenzhandel in verschärfter Form das Planungsdilemma zwischen integrierender, zentraler bzw. spezifizierender, dezentraler Planung auf [Overtheil, 1983, S. 61ff].

Wachstumschancen können sich ergeben, wenn im Markt Angebotslücken vorhanden sind, bzw. durch den Austritt von Wettbewerbern entstehen oder wenn sich das Absatzpotential des Marktes verändert. Ein Händler, der innerhalb seines bisherigen Marktes wachsen will, hat aufgrund der lokal begrenzten Absatzreichweite im Rahmen des Residenzprinzips nur sehr eingeschränkt die Möglichkeit eines Verkaufsstellenwachstums. Häufig bietet sich daher ein Wachstum durch *Filialisierung* an. Darüber hinaus hat das Einzelhandelsunternehmen die Möglichkeit der *Diversifizierung* und damit des Wachstums durch Erschließung neuer Geschäftsfelder. Soweit es seine eigene Stufe im Marktweg verläßt und Wachstum durch Engagement auf der Hersteller- oder Großhandelsstufe betreibt, liegt eine vertikale Rückwärtsintegration vor.

4111 Marktausdehnung durch Filialisierung

Die Filialisierung eines Händlers bedeutet Wachstum durch die *Vervielfachung* eines bestehenden und insofern bereits getesteten strategischen Geschäftsfeldes. Die einzelnen strategischen Geschäftsfelder eines filialisierten Unternehmens unterscheiden sich im wesentlichen nur hinsichtlich ihrer geographischen Teilmärkte. Die Unternehmensleitung hat zu entscheiden, in welchem Umfang sie die angebotene Handelsleistung an spezifische *Standortbedingungen* anpassen will. Neben das bereits erörtete Problem der Planungszentralität tritt die Entscheidung über die Prinzipien

(1) standardisierte Filialisierung oder
(2) differenzierte Filialisierung [Overtheil, 1983, S. 61ff].

Zu (1): Standardisierung, d. h. ein für alle Filialen einheitliches Marketingprogramm, ermöglicht dem Unternehmen eine relativ schnelle Expansion und die Realisierung eines Kostensenkungspotentials in der Phase des Markteintritts, da eine bereits erprobte Marketingkonzeption im Extremfall unverändert auf neue Standorte übertragen wird. Möglichkeiten der Kosteneinsparung entstehen bei Standardisierung insb. auch durch eine Zentralisierung des Einkaufs bei vereinheitlichten absatzseitigen Anforderungen. Weiterhin gewinnen gerade standardisierte Filialisten mit zunehmender Distributionsdichte die Möglichkeit, institutionelle Präferenzen bei den Konsumenten zu vertiefen. Werden bewußt Gemeinsamkeiten der Filialen entwickelt und in der corporate identity zum Ausdruck gebracht, treten institutionenbezogene *Markierungseffekte* für den Händler auf. Durch die privaten Medien sind für den Handel inzwischen auch in kleineren Regionen Unterstützungsmöglichkeiten der Absatzwerbung durch Funk und Fernsehen hinzugekommen.

Standardisierung bedeutet, daß lokal bedingt unterschiedliche Aktionsrahmenfaktoren ignoriert werden. Dazu gehören insb. die lokalen Wettbewerber und die Konsumentenzielgruppe mit ihren speziellen Präferenzen. Dieses Filialisierungsprinzip wird bei Preis-Mengen-Strategien (Beispiel: Aldi) angewendet, bei denen die Wettbewerbsvorteile allein in der Preisunterbietung gesehen werden und die insofern gegenüber lokalen Unterschieden qualitativer Präferenzen unsensibel sind. Weiterhin findet sich standardisierte Filialisierung bei Einzelhändlern, die regional übergreifende Konsumentengruppen in spezifischen Problembereichen ansprechen (Beispiel: Oberbekleidung für bestimmte Jugendtypen; Alternativkost für ökologisch orientierte Verbraucher). Wenn diese Gruppen auf lokaler Ebene klein dimensioniert sind, ergibt sich mit standardisierter Filialisierung die Möglichkeit einer erweiterten überregionalen Marktabschöpfung bei diesen speziellen Marktsegmenten.

Zu (2): Demgegenüber steht das Prinzip der *Differenzierung* innerhalb eines Filialnetzes, das auch als *standortorientiertes Marketing* bezeichnet wird. Besonderheiten der Abnehmer und Konkurrenten je Filiale begründen die differenzierte Anpassung absatz- und beschaffungsmarktgerichteter Aktivitäten an standortspezifische Erfordernisse. *Grenzen* dürften einer vollkommenen Differenzierung durch kostenwirtschaftliche Effizienzverluste entstehen. Daher kann es empfehlenswert sein, die Handelsleistungen in Bereiche mit großem und geringem Kundenkontakt aufzuteilen. Während sich Bereiche mit geringem Kundenkontakt weitgehend standardisieren ließen, um das entsprechende Kostensenkungspotential auszuschöpfen (Effizienzvorteile), könnte eine Differenzierung in Bereichen mit großem Kundenkontakt die ertragswirtschaftliche Effektivität steigern.

Die Prinzipien der Standardisierung und Differenzierung können *gemischt* und nach dem Grundsatz angewendet werden „soweit möglich Standardisierung (aus Kostengründen), soweit nötig Differenzierung (aus Ertragsgründen)". Die Anwendung dieses Prinzips erfordert eine *korrespondierende* Regelung der Planungszentralität [Overtheil, 1983, S. 180ff]. Möglich sind hier verschiedene organisatorische Regelungen der Mischung zentraler und dezentraler Planungselemente. Zentralisiert werden Standardisierungsentscheidungen, mit denen Markierungseffekte des Filialsystems erreicht werden sollen. Die Unternehmensleitung legt darüber hinaus die verrichtungsbezogene Aufgabenteilung und die den Filialen zugestandenen *Ermessensspielräume* fest. *Warenbezogen* kann dies bedeuten, daß das Kernsortiment der Filialen standardisiert wird, daneben aber im Zusatzsortiment standortspezifische Anpassungen eingeräumt werden. Selbst wenn die zentrale Unternehmensleitung grundsätzlich für alle Verrichtungen und Sortimentsteile zuständig ist, müßte ihr Kompetenzumfang nicht an allen Standorten gleich stark ausgeprägt sein. So könnten innerhalb eines Filialsystems nach der Zentralität des Standorts bestimmte *Standorttypen* gebildet werden, die jeweils einen anderen Zentralisierungs- und Standardisierungsgrad aufweisen.

4112 Leistungsausdehnung durch Diversifikation

Mit einer Diversifikation erschließt sich eine Unternehmung *neue* Geschäftsfelder, die durch eine *eigene Position* in bezug auf Markt-, Leistungs- oder Technologiedimension zu charakterisieren sind. Während sich durch diese Strategierichtung der Leistungsumfang *art-* und *qualitätsmäßig* erweitert, steht bei einer Filialisierung die quantitative Ausdehnung der Angebotskapazität in Verbindung mit größerer Distributionsdichte im Vordergrund. Anlaß zur Diversifikation entsteht oft durch starken

Wettbewerbsdruck und geringe Wachstumsraten in den bisherigen Märkten. Als Hauptziele des Eintritts in neue Geschäftsfelder werden genannt [Drexel, 1981, S. 187]:

— Erschließung neuer Geschäftsfelder mit zukünftig hohen Wachstums- und Erfolgserwartungen,
— verbesserte Ausnutzung vorhandener Ressourcen,
— Erhöhung der unternehmensinternen Stärken und Abbau der Schwächen durch Schaffung von Synergien,
— Risikoausgleich,
— Ausgleich von Beschäftigungsschwankungen und
— Vermeidung ruinöser Konkurrenzkämpfe.

Diversifikation vollzieht sich auf der Ebene neuer *Leistungsbereiche* (Beispiel: zusätzliche Sportart in einem Sportgeschäft) oder neuer *Betriebsformen* als strategische Geschäftsfelder. Richtung und Entfernung der Diversifikationsobjekte schaffen vielfältige Betriebsstrukturen. Hier werden als Prinzipien unterschieden:

(1) horizontale Diversifikation,
(2) laterale Diversifikation,
(3) vertikale Diversifikation.

Die vertikale Diversifikation ist begrifflich identisch mit dem im Handel üblicheren Begriff der vertikalen Integration.

Zu (1): Die *horizontale Diversifikation* umfaßt die Aufnahme von Handelstätigkeiten, die eine inhaltliche Verwandtschaft zu den bisherigen strategischen Geschäftsfeldern aufweist. Aus einer solchen Verbindung können Wettbewerbsvorteile durch unkopierbare positive *Synergieeffekte* entstehen, die das Leistungspotential eines Unternehmens verstärken[1]. Dies kann dann der Fall sein, wenn sich Fähigkeiten, Wissen und Erfahrungen in einzelnen Aktivitäten zwischen den Geschäftsfeldern übertragen lassen. Außerdem gibt es auch Möglichkeiten, bestimmte Aktivitäten zu zentralisieren. Auf diese Weise ließen sich u. U. ökonomische Größenvorteile und eine bessere Kapazitätsauslastung erreichen. Neben diesen Vorteilen sind bei Diversifizierungsüberlegungen natürlich immer auch zusätzliche Kosten zu berücksichtigen, die für den Eintritt in einen neuen Teilmarkt und das Erreichen einer attraktiven Wettbewerbsposition erforderlich sind. Horizontale Diversifikation findet im Handel sehr häufig im Rahmen einer Erweiterung von Leistungsbereichen für bereits vorhandene Kundengruppen statt. Dieser Strategie liegt wesentlich der Gesichtspunkt einer Ausnutzung von Marktinvestitionen in das Firmenimage zugrunde. Er führt zu starken Branchenüberschneidungen im Handel. Sehr verbreitet ist im Handel auch eine horizontale Diversifikation mit verschiedenen Betriebsformen. Damit kann sich eine Handelsunternehmung innerhalb ihres Wachstumsprozesses dem Betriebsformenwandel anpassen[2]. Die Betriebsentwicklung im Handel ist hier vergleichbar mit neuen Produkten in der Industrie [Drexel, 1981, S. 188].

Zu (2): Eine Diversifikation wird als *lateral* bezeichnet, wenn sie einen Einstieg in völlig *fremde* Tätigkeitsgebiete außerhalb des Handels bezweckt. Diese strategische

[1] Zu den verschiedenen Arten von Synergien vgl. Ansoff, 1966, S. 100ff.
[2] Beispiel: Warenhäuser mit der Expansion in den Bereich der Fachmärkte.

Ausrichtung dient vor allem dazu, *freie Unternehmenskapazitäten* oder *finanzielle Ressourcen* des Einzelhandelsunternehmens zu nutzen [Marr, Picot, 1985, S. 548]. Dabei sind *synergetische Effekte* wegen der relativ großen inhaltlichen Entfernung insgesamt geringer ausgeprägt als bei horizontaler Diversifikation und beziehen sich eher auf *administratives* Know-how. Da dieses im Handel allerdings eine große Rolle spielt, sind auch laterale Diversifikationsprozesse ein verbreitetes Phänomen. Hierbei besteht insb. ein Trend zur Diversifizierung in den Dienstleistungsbereich (Beispiele: Touristik, Finanzdienste).

4113 Vertikale Rückwärtsintegration

Durch die Wachstumsstrategie der vertikalen Rückwärtsintegration (vertikale Diversifikation) dehnt das Handelsunternehmen seine Aktivitäten auch auf die vorgelagerten Ebenen des Marktweges aus, wobei grundsätzlich die Hersteller- oder Großhandelsebene in Frage kommt. Wegen der engen Verknüpfung des Beschaffungs- und Absatzmarktes ist die vertikale Diversifikation in der Form der Rückwärtsintegration für den Handel besonders interessant, da er auf diese Weise auch die vorgelagerten Marktstufen seiner Warendispositionen in seinen Entscheidungsbereich integrieren kann. Häufige Ziele für die Integration vorgelagerter Stufen liegen in der

- Reduktion von qualitativen Beschaffungsrisiken,
- besseren Kontrolle des beschaffungswirtschaftlichen Aktionsrahmens,
- Verhandlungsmacht im Marktweg und
- Ausschöpfung von Kostensenkungspotentialen [Drexel, 1981, S. 210f].

Demgegenüber entstehen strategische Probleme im Zusammenhang mit dem Verlust an Handlungsflexibilität und — im Falle der Integration in den Produktionssektor — mit einseitiger Kapitalbindung in Ausschnitten des Sortiments. Durch vertikale Integration entsteht auch der Zwang, vorhandene Kapazitäten ausnutzen zu müssen. Insofern kommt diese Strategie vor allem für große Handelskonzerne und Einkaufsgenossenschaften in Frage. Hier wird sichtbar, daß die Konzentrationsprozesse in einigen Branchen erst die Voraussetzung geschaffen haben, durch vertikale Integration zu wachsen.

Die vertikale Integration stellt eine Verkürzung des Marktweges dar. Dieses Entscheidungsproblem kann unter transaktionskostentheoretischen Gesichtspunkten betrachtet werden. Die Integration bedeutet, daß vormals marktliche Funktionen nun unternehmensintern übernommen werden. Transaktionskostenersparnisse entstehen insb. aufgrund besserer Informations- und Kontrollmöglichkeiten [Schreyögg, 1984, S. 69]. Diese Spareffekte treten vor allem in Erscheinung, wenn marktliche Koordination hohe Transaktionskosten der Vertragsanbahnung und -vereinbarung, -kontrolle und -anpassung verursachen würde. Dies ist im Falle hoher Spezifität und Bewertungsunsicherheit der Leistung und hoher Dynamik der beschaffungsseitigen Umwelt gegeben [Kap. I, 2322].

412 Formen von Wachstumsstrategien

Für den Eintritt in neue Märkte stehen den Handelsunternehmen im wesentlichen folgende Formen von Investitionsstrategien zur Verfügung, die jeweils spezifische Folgen für die *Implementierung* der beabsichtigten Wachstumsstrategien haben [Drexel, 1981, S. 192]:

(1) interne Entwicklung,
(2) Akquisition, Fusion und Beteiligung,
(3) Kooperation.

Zu (1): Die *interne Entwicklung* ist eine Investitionsstrategie mit *eigenen Kräften.* Bei lateraler Diversifikation kann die Allokation freier Kapitalressourcen auch als eine in die Unternehmung hineinverlagerte Abwicklung von Kapitaltransaktionen interpretiert werden, mit der klassische Transaktionen des Kapitalmarktes ersetzt werden, soweit sie niedrigere Transaktionskosten verursacht [Williamson, 1980, S. 187]. Die interne Entwicklung ist im Vergleich zu anderen Formen kapitalintensiver und langwieriger. Soweit sie mit neuen Betriebsgründungen verbunden wird, stellen sich Standorte oft als Engpaßfaktor heraus, dem mit einem aktiven Standortmarketing begegnet wird.

Zu (2): Akquisition, Fusion und *Beteiligung* richten sich auf eine Annexion *vorhandener* Betriebe durch kapitalmäßige Zusammenfassung. Das ganz oder teilweise erworbene Geschäftsfeld muß in die Wachstumsstrategie des Unternehmens integriert werden. Ein Vorteil besteht darin, daß Markteintrittskosten teilweise entfallen. Probleme der Standortbeschaffung werden auf Probleme des Unternehmensankaufs verlagert. Das Phänomen des Betriebssterbens im Handel [Kap. I, 22] hat einen regen Unternehmensmarkt geschaffen und begünstigt diese Strategie. Die Formen der Übernahme unterscheiden sich durch die Stellung der Eigentümer in den erworbenen Unternehmen. Während diese bei Fusion und Beteiligung Miteigentümer werden und damit die Implementation der Wachstumsstrategie mitbestimmen können, werden sie im Falle der Akquisition ausbezahlt.

Zu (3): Kooperationen mit anderen Händlern, aber auch Herstellern, kommen in Betracht, wenn sich bereits vorhandene Stärken und Know-how der beteiligten Unternehmen wettbewerbswirksam ergänzen. Auch aufgrund besonders geeigneter Standorte oder einer entsprechenden Anhängerschaft kann eine Zusammenarbeit zusätzlich sinnvoll sein. Die Kooperation erfordert gegenüber den anderen Formen der Wachstumsstrategien weniger Kapitaleinsatz und weniger Zeitaufwand für die Durchführung. Da die Kooperationspartner rechtlich selbständig bleiben, findet eine Teilung und Begrenzung des Investitionsrisikos statt, und dieses ist insofern relativ begrenzt.

42 Desinvestitionsstrategien

Neben der Entscheidung, durch den Aufbau neuer strategischer Geschäftsfelder zu wachsen, muß auch die Möglichkeit des *Rückzugs* aus bestimmten unternehmerischen Betätigungsfeldern als grundsätzliche Handlungsmöglichkeit zur Erreichung des unternehmerischen Zielsystems Berücksichtigung finden. Die Ursachen für derartige Entscheidungen sind meist in veränderten Rahmenbedingungen eines strategischen Geschäftsfelds zu suchen. Stagnierende oder schrumpfende Märkte können beispielsweise zu einer Erhöhung des Wettbewerbsdrucks führen, dem die Unternehmenseinheit aufgrund fehlender Stärken bzw. Wettbewerbsvorteile nicht mehr standhält. Bevor durch das Halten eines entsprechenden strategischen Geschäftsfelds dem Unternehmen Kosten entstehen, die eine Zielerreichung des Gesamtunternehmens u. U. beeinträchtigen, sollte die Frage einer möglichen Desinvestition bereits im Rahmen der strategischen Planung beantwortet werden.

Führt die Analyse der langfristigen Entwicklungschancen einer strategischen Geschäftseinheit innerhalb der strategischen Planung zur Erwartung hoher *Opportunitätskosten*[3], so stellt sich für die Unternehmensleitung die Frage, ob das Unternehmen mit diesem strategischen Geschäftsfeld im Markt bleiben will oder aus dem Markt austreten soll. Sprechen die Erwartungen gegen Investitionen in den Ausbau der Stärken des strategischen Geschäftsfelds, so bedarf es einer *Reduktion* der Marktaktivitäten, bis schließlich der *Beitrag* des *strategischen Geschäftsfeldes* zum Gesamterfolg des Unternehmens *positiver* ausfällt als der *Beitrag alternativer Ressourcenverwendungen.* Dies kann im Einzelfall mit der *völligen Aufgabe* eines strategischen Geschäftsfelds verbunden sein.

Im Kalkül von Desinvestitionsstrategien stellen die *Marktaustrittsbarrieren* wichtige Faktoren dar, die als *Marktaustrittskosten* interpretierbar sind. Zum einen entstehen Kosten im *Vorfeld* der Desinvestition, die dem Marktaustritt nur *indirekt* zurechenbar sind. So werden z. B. Widerstände des Management in der betreffenden strategischen Geschäftseinheit zu bewältigen sein. Auch Reaktionen des Betriebsrates und — je nach Größe des strategischen Geschäftsfeldes — von Gewerkschaften und politischen Institutionen, mögliche Produktivitätsverluste nach Bekanntwerden des Desinvestitionsvorhabens sowie Verbundeffekte zu anderen Unternehmensteilen sind vorab nur schwer in Ansatz zu bringen und erhöhen die Marktaustrittsbarrieren. Demgegenüber entstehen während der Durchführung der Desinvestition *direkte* Kosten des Marktaustritts, wie z. B. für Sozialpläne, Lagerausverkäufe oder Auflösung vertraglicher Bindungen mit den Lieferanten.

Vor dem Hintergrund relativ *hoher Marktaustrittskosten* kann es unternehmenspolitisch sinnvoll sein, unter Verfolgung einer verlustminimalen Behauptungsstrategie [Meffert, 1985, S. 480], ein strategisches Geschäftsfeld in gewissem Umfang zu *erhalten* und die Aktivitäten darin zu *reduzieren.* Gleichzeitig kann im Rahmen der strategischen Planung rechtzeitig eine *Senkung* der *Marktaustrittsbarrieren* angestrebt bzw. vorbereitet werden. Dies ist u. U. mit Kooperationen oder auch mit der Absprache einer späteren Übernahme geeigneter Ressourcen durch andere Handelsunternehmen zu erreichen, die sich an den entsprechenden Standorten ansiedeln wollen.

---

[3] Unter Opportunitätskosten sollen hier solche Kosten verstanden werden, die dadurch entstehen, daß die Ressourcen des strategischen Geschäftsfelds keiner alternativen Verwendung zugeführt werden.

5 Strategische Konzepte für die Geschäftsfeldbearbeitung

51 Ansatzpunkte für Basisstrategien

Jedes strategische Geschäftsfeld braucht seine eigenständige Strategie zur Bearbeitung bzw. Beeinflussung in Hinblick auf geschäftsfeldspezifische Ziele und Handlungsbedingungen. Die hier zu entwickelnden *Basisstrategien* sind Grundorientierungen des Marketing. Aufgrund der Vielfalt möglicher Basisstrategien im Handel kann es im folgenden nur darum gehen, mögliche *Ansatzpunkte* aufzuzeigen, exemplarisch zu belegen und damit die Handlungsmöglichkeiten zu strukturieren.

Für die Entwicklung von Basisstrategien unterscheiden wir drei Dimensionen [Schaubild IV, 5.1], nämlich:

(1) Marktpartner als Orientierung,
(2) betriebliche Bezugsebenen,
(3) Marktsituationen.

Zu (1): In absatz- und beschaffungsseitigen Geschäftsfeldern sind Abnehmer, Lieferanten und Wettbewerber als Mitanbieter und Mitnachfrager die wichtigsten Partner. Basisstrategien sollten als Grundorientierungen die wichtigsten *Marktbezie-*

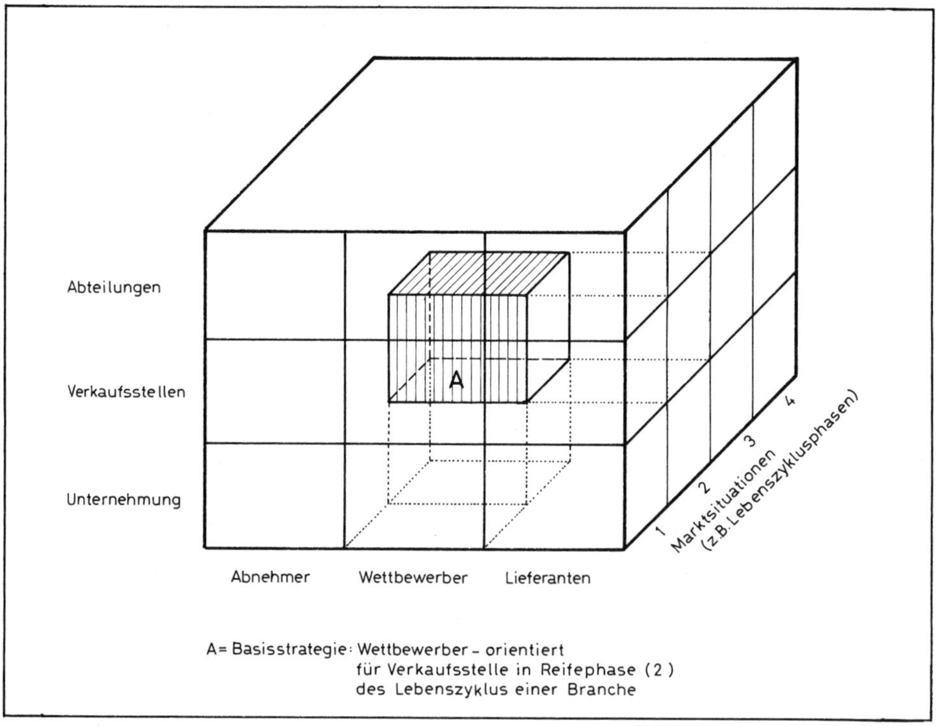

Schaubild IV, 5.1: Bezugspunkte für die Entwicklung von Basisstrategien *hungen* gegenüber diesen Partnern charakterisieren. Das bedeutet eine Konkretisierung dessen, was bereits mit der Geschäftsfeldidee festgelegt wurde.

Gegenüber den *Abnehmern* handelt es sich um die Bestimmung des unverwechselbaren *Profils* einer *wirtschaftlichen Qualität* in Hinblick auf bestimmte Abnehmererwartungen [Kap. I, 4214]. Als charakteristische Basisstrategien werden hier „Preis-Mengen-Strategien" einerseits und diverse Präferenzstrategien andererseits unterschieden [Becker, 1988, S. 154ff]. Jeweils bringt der Einzelhändler in das Geschäftsfeld den Abnehmern gegenüber bestimmte Kompetenzen als gatekeeper ein, wie z. B. Beratungs-, Erlebniskompetenz (Erhöhung der Beschaffungsqualität; Senkung der Beschaffungskosten) oder Preiskompetenz (Senkung des Produktpreises). Damit erreicht er bestimmte Positionierungen in seinem Markt. Gewarnt wird im allgemeinen vor Mittelpositionen ohne spezielle Profilierung („stuck in the middle"). In der Praxis vollzieht sich dementsprechend eine Polarisierung zwischen Händlern dieser beiden Strategietypen [Becker, 1988, S. 199].

Die Abnehmer entscheiden mit ihrem „evoked set", welche Unternehmen sie als *Wettbewerber* betrachten. Den Wettbewerbern gegenüber wird nun die Marktposition als Wettbewerbsvorteil ausgelegt. Wettbewerbsstrategien dienen dem Aufbau oder der Absicherung von Wettbewerbsvorteilen. Hier werden in der Literatur vielfältige Strategietypen unterschieden[1], die z. T. auf der *Inhalts-* und z. T. auf der *Beziehungsebene* angesiedelt sind. So stellen Kampf-, Ausweich- und Rückzugsstrategien, Führer- und Gefolgschaft eher beziehungsorientierte Basisstrategien dar, während die verbreiteten Kategorien der Differenzierung und Kostenführerschaft von Porter eher inhaltlich orientiert sind.

Bei der *Differenzierungs-* oder *Abhebungsstrategie* wird versucht, durch qualitativ unkopierbare Wettbewerbsvorteile eine Alleinstellung und damit einen monopolistischen Spielraum zu erzeugen, innerhalb dessen die Preisempfindlichkeit gesenkt wird. Diese Strategie hat eine enge Affinität zu den abnehmerorientierten Präferenzstrategien. Gerade im Dienstleistungsbereich bestehen deutliche Bedrohungen durch schnelle Nachahmbarkeit. Gewisse Markteintrittsbarrieren liegen in gewachsenen Fähigkeiten und Einstellungen des Personals, Exklusivität von Waren im Sinne besonderer Beschaffungsprivilegien oder unkopierbaren Standort- und Raumqualitäten. *Kostenführerschaft* richtet sich auf den Wettbewerbsvorteil günstiger Kosten, der durch Rationalisierung und Standardisierung der Leistung und ständige Kostenkontrolle erreicht wird. Außerdem erwächst aus dieser Strategie ein starker Wachstumsimpuls, um Erfahrungsökonomien und Verhandlungsstärke zu erreichen. Hier werden Markteintrittsbarrieren durch die Kostenwirtschaftlichkeit eines Unternehmenswachstums auf der Basis standardisierter Filialisierung geschaffen. Die Strategie der Kostenführerschaft hat starke Affinität zu der abnehmerorientierten Preis-Mengenstrategie. Sie ist mit hohem Konkurrenzdruck durch drohende Austauschbarkeit der Leistung verbunden.

Gegenüber den *Lieferanten* richten sich inhaltliche Festlegungen der Basisstrategien — vergleichbar mit der Abnehmerseite — auf eine Positionierung durch bestimmte Kompetenzen als gatekeeper, die Lieferantenpräferenzen schaffen. Beziehungsorientierte Strategiekonzepte charakterisieren Prinzipien des Umgangs mit den

[1] Vgl. u. a. Meffert, 1988, S. 38ff; Porter, 1984, S. 62ff.

Lieferanten, z. B. in bezug auf Macht, Rollenverteilung und Bewältigung von Konflikten.

Für den Erfolg in der Anwendung dieser Basisstrategien ist die richtige Abstimmung mit relevanten Aspekten des strategischen Aktionsrahmens entscheidend.

Zu (2): Die Festlegung von Basisstrategien folgt einem hierarchischen Aufbau. Auf der *Unternehmensebene* schafft das Handelsunternehmen institutionelle Präsenz im Markt und einen alle Aktivitäten integrierenden Bezugsrahmen. Bei mehrbetrieblichen Handelsunternehmen ergibt sich mit den *Verkaufsstellen* eine weitere Bezugsebene. Diese Betriebe können als strategische Ebene der Marktbearbeitung zusammengefaßt werden, soweit sie mit einer einheitlichen Kompetenz ausgestattet sind und die gleiche Marktpositionierung anstreben. Demgegenüber ist bei stark diversifizierenden Verkaufsstellen u. U. das integrierende Dach der Unternehmensleitung ein eher hinderlicher Entwicklungsfaktor für die Geschäftsfeldbearbeitung. Hier ist oft eine strategische Zusammenfassung von Betriebstypen (sog. Vertriebsschienen) als Bezugspunkt der Geschäftsfeldbearbeitung sinnvoll. Wenn Geschäftsfelder auf der *Abteilungsebene* angesiedelt sind, stellt diese die kleinste strategische Bearbeitungseinheit dar. Ein wichtiges strategisches Grundprinzip ist die Koordination aller Bezugsebenen.

Zu (3): Basiskonzepte werden vor dem Hintergrund bestimmter situativer Bedingungskonstellationen entworfen, die ein Geschäftsfeld bzw. einen Markt grundlegend charakterisieren. Diese geben Anhaltspunkte für die Strategiewahl und für die Umsetzung in Marketingprogramme[2]. Derartige Situationen sind Marktschrumpfungen, Marktstagnation und Marktwachstum, wobei die Ursachsenanalyse jeweils wichtig für die strategische Interpretation dieser Zustände ist. Eine evolutorische Variante derartiger situativer Phasenabläufe besteht mit dem Lebenszyklus, der auf Branchen bzw. Branchensektoren oder Betriebsformen anwendbar ist [Kap. I, 224]. Er besteht im Phasenablauf aus typischen Bedingungskonstellationen und damit Erfolgspotentialen von Geschäftsfeldern, aus denen Anwendungsvoraussetzungen für die Basisstrategien der Geschäftsfeldbearbeitung abzuleiten sind.

52 Prinzipien für die Entwicklung von Marketing Mix-Programmen zur Konkretisierung von Basisstrategien

Die Basisstrategien der Geschäftsfeldbestimmung werden innerhalb des Marketing Mix-Programmes umgesetzt. Dieser Prozeß wird im allgemeinen nicht der strategischen Ebene zugeordnet, sondern eher als Aufgabe taktischer oder operativer Planung begriffen. Dementsprechend sollen im folgenden *nur formale strategische Grundprinzipien* für die Entwicklung von Marketing Mix-Programmen dargelegt werden.

---

[2] Strategien für bestimmte Marktsituationen entwickelt Meffert, 1988, S. 53ff und 81ff.

521 Prinzipien der wechselseitigen Abstimmung von Marketingaktivitäten

In dem Marketing Mix werden verschiedene Aktionsprinzipien der einzelnen Aktionsbereiche in Hinblick auf strategische Ziele und Rahmenbedingungen eines Geschäftsfeldes miteinander kombiniert. Dazu müssen zunächst die Beziehungen zwischen den Aktionsmöglichkeiten bekannt sein:

Zwischen den marktpolitischen Aktionen bestehen in bezug auf ihre Zielsetzungen vielseitige substitutionale und komplementäre Zusammenhänge [Beyeler, 1964, S. 35ff]. Bei *Substitutionalität* kann ein Ziel mit verschiedenen Maßnahmen erreicht werden. Je gröber die Zielsetzungen formuliert sind, desto mehr Aktivitäten können ihrer Verwirklichung dienen und desto weiter sind die substitutionalen Beziehungen ausgedehnt. Sofern Marktaktivitäten in intensitätsmäßiger Abstufung des Mitteleinsatzes durchgeführt werden können, sind unter ihnen partielle Substitutionsprozesse möglich (Beispiel: persönlicher Verkauf und Werbung); dagegen kann bei nicht in dieser Weise variierbaren Aktionen nur eine totale Substitution durchgeführt werden. Dieser Fall liegt selten vor. *Komplementäre Maßnahmen* ergänzen und unterstützen sich gegenseitig bei der Erreichung eines Ziels. Die Komplementarität hat *obligatorischen* Charakter, wenn eine Aktivität eine andere bedingt und ohne diese nicht wirksam werden kann (Beispiel: Distanzprinzip und Warenpräsentation durch Beschreibung). Sie ist dagegen *fakultativ*, wenn für die gegenseitige Ergänzung ein frei disponierbarer Spielraum besteht (Beispiel: Prinzip kontinuierlicher Lieferanteneinschaltung und Realisierung von Treuerabatten).

Substitutionale und komplementäre Beziehungen zwischen den Marktaktivitäten resultieren teilweise aus technischen und organisatorischen Bedingungen ihres Vollzugs und sind dann kaum zu verändern. Teilweise beruhen sie auf gewohnheitlichen Erwartungen der betroffenen Marktpartner, so daß eine Einzelhandelsunternehmung mit der Möglichkeit einer extern bedingten Veränderung der Aktionsbeziehungen rechnen muß oder diese durch autonome Dispositionen selbst herbeiführen kann.

Die Kombination der Marketingaktivitäten vollzieht sich auf drei verschiedenen Ebenen [Schaubild IV, 5.2]:

(1) horizontale Aktionskombination,
(2) vertikale Aktionskombination,
(3) diagonale Aktionskombination.

Zu (1): Die Abstimmung innerhalb der Aktionsbereiche *einer Marktseite* wird als *horizontale* Aktionskombination bezeichnet. Sie findet in verschiedenen Subsystemen ihren Ausdruck, die untereinander zu einem umfassenden Gesamtsystem integriert werden müssen. Dabei sind die bereits geschilderten vielfältigen Substitutionalitäts- und Komplementaritätsverhältnisse zwischen den Aktionsprinzipien zu berücksichtigen.

Inhaltliche Kenntnisse darüber vermitteln bereits Literaturbeiträge, in denen die Abstimmung eines Aktionsbereichs auf die als unveränderliche Rahmenbedingung angenommene Gestaltung eines anderen Bereichs angesprochen wird[3]. Weiterhin gibt es Untersuchungen über dyadische wechselseitige Beziehungen zwischen den

---

[3] Vgl. die Ausführungen zu den Aktionsbereichen und die dort angegebene Literatur in dieser Untersuchung.

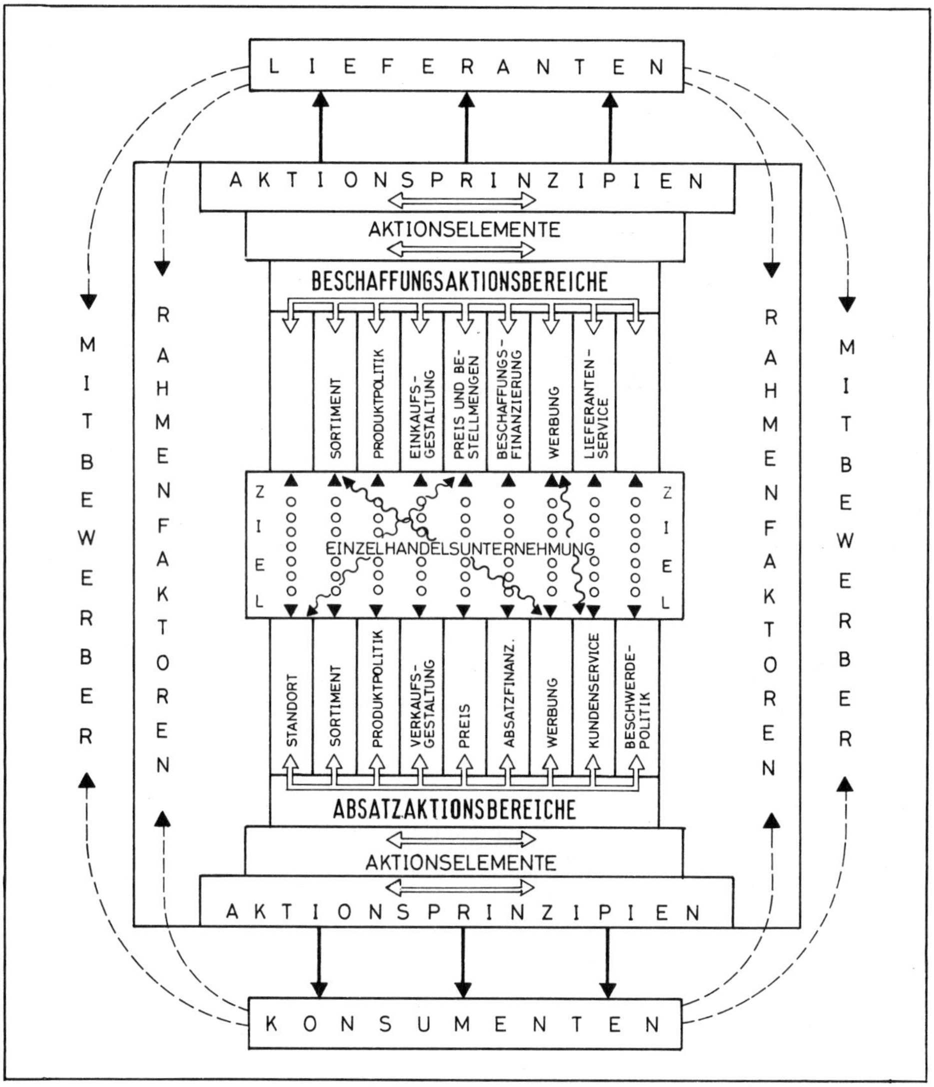

Schaubild IV, 5.2: Wechselseitige Abstimmung von Aktionsprinzipien in einem Marketing Mix

Aktionsbereichen [u. a. Beyeler, 1964, S. 35ff]. Für die inhaltliche Koordinierung aller Aktionsbereiche macht Gist den Versuch, allgemeine materielle Kriterien zu entwickeln, die eine Beurteilungsgrundlage für die Kombination liefern sollen. Er stimmt dabei die Aktivitäten nach Wirkdauer, Kreativitätsgehalt und Abhebungseffekt, Sensitivität des Marktes, innerbetrieblicher Realisationsmöglichkeit und Imitationsgefahr durch die Konkurrenz [Gist, 1968, S. 130ff] untereinander ab.

Zu (2): Die Abstimmung zwischen *Beschaffungs-* und *Absatzseite eines* Aktionsbereichs stellt die *vertikale* Aktionskombination dar, mit der Regelungen des Waren-,

Kommunikations- und Wertstroms innerhalb der Marktwege koordiniert werden. Seiner gatekeeper-Funktion gemäß muß der Einzelhändler die Anforderungen und Wünsche seiner Abnehmer mit denen der Lieferanten in seinen auf beide Marktseiten gerichteten Aktionsprinzipien in Einklang bringen. Diese Forderung ist organisatorisch durch eine entsprechende Regelung der *Kompetenzverteilungen* zwischen *Einkauf* und *Verkauf* abzusichern.

Zu (3): Bei der Abstimmung von Handlungsmöglichkeiten eines absatzseitigen Aktionsbereichs mit denjenigen eines anderen beschaffungsseitigen Bereichs liegt eine *diagonale* Kombination vor. Bei ihr verbinden sich also Komplementarität und Substitutionalität der Aktionsprinzipien mit der *wechselseitigen Abhängigkeit* von *Absatz- und Beschaffungssphäre* zu einem komplexen Wirkungsgefüge. Die diagonale Kombination kann entweder das zwangsläufige Nebenprodukt der vorgenannten beiden Abstimmungsprinzipien sein oder als eigenständiger Dispositionsprozeß des Einzelhändlers organisiert werden. In letzterer Form liegt sie einer sukzessiven Kombination der Marktaktionen in einzelnen Subsystemen zugrunde.

522 Prinzipien der Stufenfolge des Kombinationsprozesses

Die oben dargestellte Unterscheidung der Dispositionsebenen drückt *keine zwangsläufige Stufenfolge* des kombinatorischen Entscheidungsvollzugs aus. Vielmehr ist der strategische Planungsprozeß im Einzelhandel z. B. innerhalb von Branchen, Betriebsformen oder Unternehmensgrößen sehr unterschiedlich. So können es etwa die individuellen Gegebenheiten eines Unternehmens erfordern, einer diagonalen Abstimmung der beschaffungsseitigen Sortimentspolitik auf die absatzseitige Preis- oder Servicepolitik den Vorrang einzuräumen, während die vertikale Kombination preispolitischer Prinzipien oder die horizontale Harmonisierung von Beschaffungssortiment und Lieferantenservice in den Hintergrund treten und keineswegs vor der genannten diagonalen Abstimmung vorgenommen werden können.

Vorschläge in der Literatur, mit denen ein fester Entscheidungsablauf bei der Gestaltung von Marketing Mixes festgelegt werden soll, vernachlässigen diesen Aspekt und führen zu einer sachlich nicht gerechtfertigten Vereinheitlichung des Kombinationsprozesses [Bell, 1966, S. 611ff]. Abgesehen davon, daß die betriebsindividuellen strategischen Ziele und Rahmenfaktoren eine derartige Schematisierung nicht zulassen, bleiben damit auch Ansätze für eine kreative Neuentwicklung von Aktionskombinationen unberücksichtigt, die sich möglicherweise gerade aus einer unterschiedlichen Stufenfolge des Kombinationsprozesses ergeben können.

Für die betriebsindividuelle Festlegung der Stufenfolge gibt das *Dominanzprinzip* eine allgemeine Entscheidungshilfe. Es besagt, daß der Kombinationsprozeß bei dominanten marktpolitischen Aktionsprinzipien seinen Ausgang nehmen muß. Ihnen werden dann obligatorisch komplementäre Prinzipien zugeordnet. Erst in einem weiteren Schritt können schließlich Entscheidungen über substitutionale und freier disponible komplementäre Verbindungen getroffen werden.

Die *Dominanz* eines Aktionsprinzips ist auf *verschiedene Weise* interpretierbar. Sie kann sich an dem *ertrags-* und *kostenwirtschaftlichen Ergebnis* einer Aktion orientieren, das in der Meßzahl der sog. „payoff-ratio“ [Gist, 1968, S. 129f] seinen Ausdruck findet. Zu ihrer Feststellung ist für jedes Aktionsprinzip die Umsatzwirkung zu schätzen und seinem Kosteneinsatz gegenüberzustellen. Dominanz erreichen dann jene Prinzipien mit den höchsten Ergebnisziffern dieser Art. Hinsichtlich der Realisierbarkeit des Ansatzes ist allerdings wiederholt auf verschiedene Meßschwierigkeiten hingewiesen worden, so daß sich die Disponenten meist mit groben Schätzungen zufrieden geben müssen.

In anderer Weise kann sich die Dominanz eines Aktionsprinzips aus dem *innerbetrieblichen Leistungsvollzug* ergeben. Nach dem Ausgleichsgesetz der Planung gewinnt jene Aktivität eine Vorzugsstellung im Dispositonsablauf, bei deren Realisierung ein Engpaßbereich in der Faktorkombination betroffen ist.

Die Betrachtung der Marktwege als soziale Verhaltenssysteme hat die Bedeutung der Machtverhältnisse zwischen den Beteiligten aufgezeigt [Kap. I, 2323]. Hieraus ist abzuleiten, daß sich in der Beziehung von Absatz und Beschaffung die vertikale Kombination nach den *vorherrschenden Machtstrukturen* ausrichten muß. So werden in der Käufermarktsituation bei der Abstimmung der Aktionen für ein Geschäftsfeld die Anforderungen aus dem Absatzbereich gegenüber der Beschaffungsseite Dominanz erreichen.

Neben dieser situationsabhängigen Anwendung des Dominanzprinzips gewinnt eine Einzelhandelsunternehmung bereits generelle Anhaltspunkte aus der von ihr repräsentierten Betriebsformenkonzeption, die sich aus konstitutiven und akzessorischen Merkmalen definiert und in dieser Weise als marktpolitischer Handlungstyp betrachtet werden kann. Im folgenden wird das *Spezialversandhaus* hinsichtlich des Zusammenhangs von Aktionsprinzipien exemplarisch dargestellt:

Das Spezialversandhaus basiert als marktpolitischer Handlungstyp auf den dominierenden Merkmalen des Distanzprinzips und des schmalen, tiefen Spezialsortiments. Bei grundsätzlicher Gewinnorientierung richtet sich sein tragendes *zielbezogenes* Merkmal darauf, einen räumlich breit gestreuten Spezialbedarf zu decken, wobei der Umsatzgröße keine Beschränkungen aus dem lokalen Absatzpotential erwachsen. Merkmal des *Aktionsrahmens* ist u. a. die räumliche Weite der Kundenzielgruppe, woraus sich vielfältige Konkurrenzbeziehungen mit ortsansässigen Facheinzelhändlern ergeben. Ein weiteres Merkmal des Handlungsfeldes bildet die Gestaltung und Verfügbarkeit des Werbe- und Transportwesens.

Das Distanzprinzip als *Handlungsmerkmal* verbindet sich obligatorisch komplementär mit dem Beschreibungsprinzip der Warenpräsentation und dem Bringprinzip des Warentransfers durch postalische Auslieferung[4]. Das bedingt wiederum als inhaltliches Merkmal der Sortimentspolitik die Auswahl beschreibungs- und versandfähiger Produkte. Der *Mangel* an *persönlicher Kommunikation* und *materieller Warenpräsentation* wird akquisitorisch durch verstärkte Werbetätigkeit ausgeglichen. Eine derartige Substitution erbringen Kataloge, mediengestützte Präsentation und sonstige Druckmaterialien, die über das Produktangebot informieren. Weiterhin wird der fehlende Kontakt zwischen Kunde und Produkt im Rahmen des Kundenservice durch großzügige Regelungen von Umtausch- und Rückgaberechten ausgeglichen.

Das Distanzprinzip erfordert für das Marketingkonzept des Spezialversandhauses als übergreifendes Merkmal *Kontinuität* für die Gültigkeitsdauer des Katalogmaterials, da diese Kommunikationsart mit den Konsumenten aus technischen und kostenwirtschaftlichen Gründen nur geringe Flexibilität zuläßt. Daraus leiten sich absatzseitig — im Vergleich zum Residenzhandel — die Prinzipien der Sortiments- und Preiskoninuität ab. Beschaffungsseitig muß dementsprechend das Prinzip der Lieferantentreue verfolgt werden. Durch vertragliche Regelungen wird die sortiments- und

[4] Vertreterversand und eigene Auslieferung bleiben als ergänzende Ausprägungen unberücksichtigt.

preispolitische Sicherung des Warenbezugs erreicht. Auf der Grundlage vertraglich institutionalisierter Lieferantenbeziehungen gewinnen Maßnahmen des Lieferantenservice an Bedeutung.

Das Warenangebot über Kataloge stellt eine relativ *teure Kommunikationsform* pro Kundenkontakt dar. Es wird daher mit vor- und nachbereitenden Formen der Werbung kombiniert, die seinen gezielten Einsatz und seine Wirkung sichern. So spricht das Spezialversandhaus seine Zielgruppe über regionale oder überregionale Fachzeitschriften an, um Kataloginteressenten durch Kuponwerbung ausfindig zu machen. Der Katalogversand wird nachbereitend in seinem Aufforderungswert für Bestellungen durch sog. Nachfaßwerbung unterstützt. Wegen der hohen Kontaktkosten stellt die Erhaltung und Pflege der bestehenden Kundenbeziehungen eine wesentliche Komponente der Marketingkonzeption dar. Sie wird durch intensiven Einsatz des after-sale-service und bei geeignetem Warenangebot auch durch Konsumfinanzierung erreicht.

Nach *unterschiedlichen Inhalten* des *Warenangebots* können für den Handlungstyp „Spezialversandhaus" entsprechende *Untertypen* gebildet werden. Neben den Formen absatzseitiger sortimentspolitischer Orientierung an Bedarfsarten oder Bedarfskomplexen wird häufig eine *beschaffungsseitige Herkunftsorientierung* an Herstellungs- oder Einfuhrgebieten realisiert. Mit dieser sortimentspolitischen Ausrichtung partizipiert der Spezialversender an dem *Herkunfts-Goodwill* als akquisitorischem Faktor einer Ware. Dieser Untertyp des Spezialversandhauses soll der weiteren Betrachtung zugrunde liegen. Als primäres Prinzip der Standortwahl ergibt sich für ihn die Lieferantenorientierung an ortsansässiger Industrie oder an zentralen Umschlagplätzen für Importgüter. Ein sekundäres Standortprinzip bildet die absatzseitige Transportorientierung. Die Nähe zu einer räumlich akkumulierten, homogenen Lieferantenzielgruppe macht auch kleineren Spezialversendern direkte Beschaffungswege möglich. Der Einsatz eigener persönlicher Einkaufsorgane wird durch die Homogenität der Beschaffungsaufgabe erleichtert.

Das am Herkunfts-Goodwill orientierte Warenangebot hat Spezialitätencharakter und erlaubt eine relativ hohe Preisstellung, in der das Sozialprestige oder das Qualitätsimage des Herkunftsgebietes ihren Ausdruck finden. Sie wird durch entsprechende Werbeargumentation unterstützt.

523 Prinzipien des zeitlichen Ablaufs

Die zu kombinierenden Marktaktivitäten haben eine *unterschiedliche Dauer* des *innerbetrieblichen Vollzugs* und der *Marktwirkung*. Diese beiden Komponenten müssen für die *sukzessive* Gestaltung der Aktionskombination nach dem Prinzip einer *zeitlichen Harmonisierung* berücksichtigt werden. Dabei bestehen im *innerbetrieblich-organisationstechnischen* Vollzug der Aktivitäten teilweise starke zeitliche Interdependenzen, die den Ablauf ihrer Realisierung zwingend vorschreiben. Die Harmonisierung ist in *marktpolitischer* Hinsicht eine Vorbedingung dafür, daß die Aktionskombination eine optimale Gesamtwirkung entfaltet. Das gilt zwangsläufig vor allem für jene Aktionsprinzipien, die in einem gegenseitigen Wirkungszusammenhang stehen.

Ein anderer zeitlicher Aspekt bezieht sich auf die *Konstanz* bzw. *Variabilität* in der Gestaltung der Aktionskombination. Auf diesen Problemkreis ist das sozialpsychologische *Prinzip der Kontinuität* anzuwenden, auf das verschiedentlich in der Einzelanalyse der Aktionsbereiche hingewiesen wurde [Kap. II, 735]. Es bringt zum Ausdruck, daß die Gestaltung der Aktionskombination im Zeitablauf darauf gerichtet sein muß, die Identität des Unternehmensimage im Markt zu bewahren und demzufolge einen totalen Strategiewechsel oder auch nur abrupte Stilbrüche in einzelnen Aktionsbereichen zu vermeiden. Entsprechend sind Veränderungen der Aktionskombination nur in kleinen Schritten vorzunehmen, sofern dazu die technischen Realisationsmöglichkeiten gegeben sind.

6 Schaffung einer corporate identity als strategische Aufgabe

Ein zunehmend wichtiges Problem der Marketingstrategie stellt die Schaffung einer corporate identity dar. Darunter ist die Unternehmenspersönlichkeit in ihrer Wirkung gegenüber Umwelt und Mitarbeitern zu verstehen[1]. Das Bedürfnis nach Identität in diesem umfassenden Sinne ist ein Ergebnis von Wirtschaftsbedingungen, die identitätsstiftende Zusammenhänge zerstört haben. Diese Entwicklung hängt eng mit den oben angesprochenen unternehmerischen Wachstumsprozessen zusammen, insb. wenn diese sich durch laterale Diversifizierung vollziehen[2]. Weitere Impulse ergeben sich mit Internationalisierungsprozessen. Tiefere Wurzeln liegen in gesellschaftlichen Entwicklungen des Verlustes von festgefügten Normen und Beziehungsmustern.

Der Handel hat als dienstleistendes Unternehmen institutionelle Marktpräsenz. Insofern ist für ihn die Problematik der corporate identity von besonderer Relevanz. Seine Position wurde verschiedentlich als gatekeeper charakterisiert, der mit seiner Kompetenz Vermittlungsleistungen zwischen Produzenten und Konsumenten erbringt. Für den Aufbau von Marktbeziehungen zu Lieferanten und Abnehmern ist es wichtig, daß er hinsichtlich seiner spezifischen Kompetenzen eine Identifizierbarkeit und Unverwechselbarkeit hat (corporate identity nach außen). Die Leistungen eines jeden Unternehmens werden von seinen Mitarbeitern erbracht. Es ist eine einfache Logik, daß in einer Unternehmung, mit der sich auch die Mitarbeiter identifizieren können, bessere Leistungen erbracht werden, weil gar nicht so viel kontrolliert werden könnte, wie durch eine mit Identifizierung verbundene Verantwortlichkeit für die Sache geleistet wird (corporate identity nach innen). Zudem haben dienstleistende Unternehmen enge Personalkontakte mit der Umwelt. Das Personal vermittelt auf jeder Kontaktebene die Werte des Unternehmens nach außen. Auch aus diesem Grunde ist eine Identität nach innen gegenüber Mitarbeitern wichtig.

Unter einer corporate identity-Strategie ist die *Gestaltung* und *Vermittlung* einer corporate identity zu verstehen. Diese beiden Prozesse sind eng miteinander verbunden, denn die Vermittlung setzt Gestalt voraus und gleichzeitig gestaltet sich corporate identity durch die Vermittlung. Die corporate identity vermittelt sich nach innen über das *Selbstbild* und nach außen über das *Fremdbild* von der Unternehmenspersönlichkeit. In beiden Bereichen wird die corporate identity durch Kenntnisse über die Unternehmung und emotionale Werte wie Vertrauen, Akzeptanz, positive Hinstimmung als prägnante Gestalt geschaffen [Schaubild IV, 6.1].

Die Basis für corporate identity stellt die Unternehmensphilosophie dar, mit der innerhalb des Unternehmens Werte gesetzt werden, und die Unternehmenskultur, in der sich vorhandene Werte in vielfacher Form ausdrücken. Die corporate identity-Gestaltung führt zu einer *Konkretisierung, Gleichrichtung* und *Bewußtmachung* dieser Wertbasis. Beispielsweise sei angenommen, daß in einer Handelsunternehmung

---

[1] Vertiefende Lektüre zum Bereich corporate identity vgl. Birkigt, Stadler, 1985; Wiedmann, Jugel, 1987, S. 186—204.

[2] „Tante Emma" wird wohl kaum corporate identity-Probleme gekannt haben. Demgegenüber wird sich ein lateral differenzierter Handelskonzern, wie z. B. Hussel, schon eher mit corporate identity beschäftigen müssen.

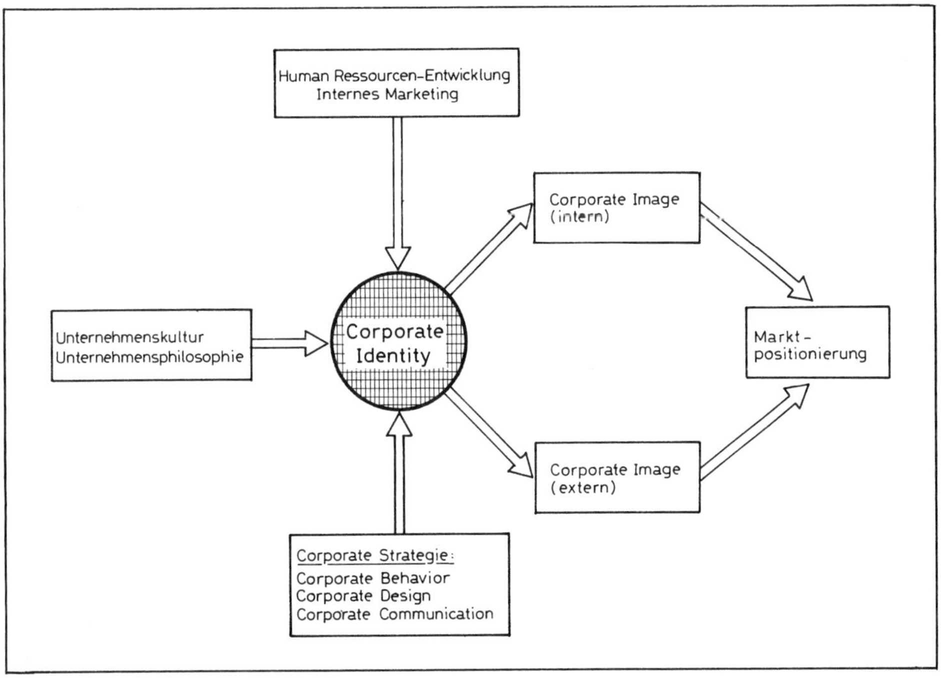

Schaubild IV, 6.1: corporate identity

die „traditionsreiche Qualitätsauffassung" ein Element der Unternehmenskultur wäre. Die Entwicklung einer corporate identity-Strategie würde nun bedeuten, daß alle wahrnehmbaren Attribute und Verhaltensweisen sowie die Kommunikationsformen der Unternehmung auf die Wertbasis abgestimmt wird und diese damit bewußt und lebendig gemacht würde. Aus diesen Ansatzpunkten wird in der Literatur der corporate identity-Strategiemix abgeleitet (corporate design, corporate communication, corporate behavior; Birkigt, Stadler, 1985, S. 22ff).

Ein sehr tiefgreifender Prozeß ist der Bereich des *corporate behavior.* Er kann nicht einfach verordnet werden, sondern muß in einem langen Personalentwicklungsprozeß wachsen. Damit ist eine *Human Ressourcen-Entwicklung* notwendig, mit der Motive, Einstellungen und Fähigkeiten der Mitarbeiter im Sinne der gewünschten Wertbasis beeinflußt werden. Eine schwierige Aufgabe entsteht in solchen Bereichen, wo Wertkonflikte zwischen Unternehmung und Individuen zu lösen sind. Im Sinne einer corporate identity-Strategie ist es wichtig, sie zu bearbeiten und damit Chancen für eine Identifikation der Mitarbeiter zu schaffen. Die Human Ressourcen-Entwicklung besitzt für den Handel wegen seines Dienstleistungscharakters besondere Bedeutung. „Je höher der Wertschöpfungsanteil pro Mitarbeiter ist, desto zentraler wird das Management der Human Ressourcen für den Unternehmenserfolg" [Staffelbach, 1988, S. 282]. In einem neueren theoretischen Ansatz wird diese Aufgabe als *„internes Marketing"* interpretiert. Hier werden die Mitarbeiter als Kunden aufgefaßt, denen mit Marketingmethoden die Arbeitsplätze in der Unternehmung vermittelt werden [Grönroos, 1982; Berry, 1984, S. 271—278]. Es ist naheliegend, daß diese Denkweise hilfreich sein könnte, um im Rahmen einer corporate identity-Strategie das gewünschte Verhalten der Mitarbeiter zu entwickeln. Allerdings sind an dieser Stelle auch die gleichen Zweifel und Bedenken anzumelden, wie sie in bezug auf Manipulationsprobleme des Marketing allgemein zu Recht geäußert werden. Es besteht auch hier die Gefahr einer Instrumentalisierung des angesprochenen Personenkreises zu unternehmerischen Zwecken.

Symbolische Fassadengestaltung

Im Bereich der *corporate communication* sind zwei Kommunikationsebenen zu unterscheiden: Zum einen dient die Kommunikation dem Ausdruck der corporate identity. Sie wird also als *Gestaltungsmittel* eingesetzt, um eine Entsprechung von Kommunikationstyp und Wertbasis zu erzielen. Corporate identity wird *durch* Kommunikation entwickelt. Auf der anderen Ebene geht es um eine Kommunikation *über* corporate identity. Damit ist die *Vermittlung* der corporate identity angesprochen. Die Stoßrichtung zielt auf den Innen- und ganz besonders auch auf den Außenbereich der Unternehmung. Auf dieser Ebene findet eine kommunikative Reflexion der Frage „wer sind wir" statt. Corporate identity-Strategien werden oft nur verkürzt auf dieser Ebene angesetzt und sind dann nichts weiter als ein „window dressing".

Das *corporate design* ist ein vielfältiger Strategiebereich, der die Gestalt aller materiellen Eigenschaften einer Unternehmung erfaßt. Es wäre allzu oberflächlich, wenn — wie es öfter geschieht — sich diese Intention in dem oberflächlichen „Durchstylen" der Briefköpfe und Firmenzeichen beschränken würde. Vielmehr geht es darum, die in Unternehmensphilosophie und Unternehmenskultur angelegte Wertbasis in Gestaltungsprinzipien umzusetzen und diese in dem institutionellen Erscheinungsbild zu verwirklichen. Damit verbunden ist eine Visualisierung der Werte durch bestimmte Symbole, um die kaum greifbare Philosophie des Unternehmens zu materialisieren und die corporate identity attributiv zu veranschaulichen. Im Handel stellen die Verkaufsstellen einen zentralen Ansatzpunkt dar. Eine identitätsmindernde Gefahr liegt in einem zu starken Verfremden durch diverse Aktivitäten der zahlreichen Hersteller, die oft ein großes Interesse entwickeln, an der Gestaltung des point of purchase mitzuwirken.

Die corporate identity-Problematik stellt sich — wie oben angesprochen — insb. für große diversifizierte Handelskonzerne. Wenn der corporate identity ein wichtiger Beitrag für den Unternehmenserfolg zugeschrieben wird, so besteht hier grundsätzlich eine Barriere gegenüber allzu schnellen und wildwüchsigen Diversifizierungsprozessen. Dies gilt insb. für die Diversifizierung durch externes Wachstum. Im übrigen stellt sich die Frage, wie trotz Heterogenität corporate identity-Elemente entwickelt werden können. Dies ist grundlegender eine Frage nach einer gemeinsamen Wertbasis, sozusagen nach dem kleinsten gemeinsamen Nenner, der durch die corporate identity-Strategie zu pflegen und auszubauen wäre. So ist es z. B. durchaus denkbar, daß Vertriebsschienen mit einem Preis-Mengen-Konzept und solche mit präferenzschaffenden Erlebnisstrategien unter dem übergeordneten Dach einer Kundenorientierung vereint werden könnten. Dabei muß natürlich hingenommen werden, daß bei einer schwachen gemeinsamen Wertbasis die corporate identity-Gestalt weniger prägnant wird.

Angesichts einer starken *Umweltdynamik* ergibt sich mit der Schaffung von corporate identity ein besonderes Problemfeld in bezug auf die Anforderungen an *Unternehmensflexibilität.* Die corporate identity hat ein gewisses Beharrungsvermögen und kann sich angesichts von Anpassungsnotwendigkeiten insofern als *dysfunktional* erweisen [Wiedmann, Jugel, 1987, S. 191]. Hier sind geplante und die Wertbasis mit erfassende Prozesse der Unternehmensentwicklung notwendig, die allerdings nicht kurzfristig realisiert werden können.

V Handel und Verbraucherpolitik[1]

In den vorangehenden Kapiteln wurde das Handelsmarketing aus Unternehmenssicht aktionsanalytisch dargelegt. Verbraucherpolitische Aspekte wurden dabei als Aktionsrahmenfaktoren betrachtet. Auf Konfliktfelder zwischen Unternehmens- und Verbraucherinteressen wurde bei der Behandlung der Marketing-Aktionsbereiche zwar verschiedentlich verwiesen, ohne allerdings die Perspektive des marketingtreibenden Handelsbetriebes zu verlassen. Ich verfolge jedoch — wie eingangs dieses Buches bei der Beschreibung des wissenschaftlichen Standortes dargelegt — eine pluralistische Wissenschaftsauffassung, die wie folgt zu kennzeichnen ist:

- Ökonomische und nichtökonomische Folgeabschätzungen werden mit Bezug auf die Interessen aller Marktbeteiligten — also nicht nur aus der Interessenperspektive der Handelsbetriebe — durchgeführt.
- Explizit werden auch handelsbezogene Probleme der Konsumenten als Gegenstand der Marketingwissenschaft berücksichtigt. Es wird intendiert, durch die Bereitstellung entsprechend geeigneter theoretischer und technologischer Aussagen sowie eines methodischen Instrumentariums einen Beitrag zu Problemlösungen zu liefern.

Im folgenden soll dementsprechend das Handelsmarketing aus dem Blickwinkel des verbraucherpolitischen Interesses analysiert werden. Dazu gehe ich nach einer einführenden Darstellung der Verbraucherpolitik zunächst von der verbraucherpolitischen Kritik am Handelsmarketing aus, wie sie derzeitig in der Bundesrepublik geäußert wird. Diese Kritik wird dann auf der Basis verbraucherpolitischer Leitziele anhand verschiedener Dimensionen der Handelsqualität eingeordnet und kommentiert. Dem folgt die Analyse verbraucherpolitischer Handlungsmöglichkeiten, soweit sie sich auf den Handel beziehen. Abschließend wird die Konzeption eines verbraucherzentrierten Handelsmarketing als innovatorischem Reaktionstyp auf verbraucherpolitische Anforderungen entworfen.

[1] Ich danke meinem ehemaligen Mitarbeiter und Kollegen Bernd Stauss für die kritische Durchsicht und konstruktive Überarbeitung dieses Kapitels.

1 Entwicklung und Grundpositionen der Verbraucherpolitik

Die zentrale legitimatorische Grundlage für marktwirtschaftliche Systeme stellt das Theorem der *Konsumentensouveränität* dar. Nach dem deskriptiven Verständnis von Konsumentensouveränität steuert der rationale Verbraucher mit seinen autonomen Kaufentscheidungen Produktions- und Distributionsprozesse. Folglich scheinen die Konsumenten in einer machtüberlegenen Position zu sein, während sich die Anbieter in einer vergleichsweise reaktiven und machtunterlegenen Situation befinden.

Die *faktische* Stellung des individuellen Verbrauchers steht allerdings in erheblichem Widerspruch zu diesem Bild vom Verbraucher als Souverän der Marktwirtschaft. Verbraucher handeln, wie verhaltenswissenschaftliche Forschungsergebnisse vielfach belegen, nicht immer rational, und die Unternehmen sind u. a. aufgrund fortschreitender Konzentrationsprozesse und planmäßig entwickelter Marketingstrategien durchaus in der Lage, die Marktbedingungen ihren Zielen gemäß zu beeinflussen und das Konsumentenverhalten zu steuern.

Zum Ausgleich dieses offensichtlichen Marktungleichgewichtes haben sich in den industrialisierten Ländern marktwirtschaftlicher Prägung differenzierte Formen der *Verbraucherpolitik*[2] entwickelt; ihnen allen ist die generelle Zielsetzung gemein, daß die Marktstellung des Verbrauchers und seine Möglichkeiten zur Interessenartikulation und -durchsetzung gestärkt werden sollen. Allerdings bestehen in der verbraucherpolitischen Praxis und Wissenschaft erhebliche Meinungsunterschiede darüber, auf welcher konzeptionellen Basis dieses Ziel angestrebt werden soll [Stauss, 1980, S. 30ff]. Dementsprechend gibt es wesentliche Differenzen bezüglich der Definition des Verbraucherbegriffs, des verbraucherpolitischen Zielkataloges und der Gewichtung innerhalb des verbraucherpolitischen Instrumentariums.

Anfänglich wurde Verbraucherpolitik in der Bundesrepublik Deutschland primär im Sinne wettbewerbsorientierter Korrektureingriffe des Staates verstanden. Dieses *Wettbewerbsmodell* der Verbraucherpolitik interpretiert das Theorem der Konsumentensouveränität normativ, will also die Konsumenten in die Lage versetzen, die ihnen marktwirtschaftlich zugewiesene Rolle einnehmen zu können. Aufgrund der Annahme, daß funktionierender Wettbewerb Anbietermacht verhindert und zu einem konsumentengerechten Angebot führt, wird die Beseitigung von Marktvermachtung und Wettbewerbsbeschränkungen zur Aufgabe der staatlichen Ordnungspolitik, und Wettbewerbspolitik wird zu einem Synonym für Verbraucherpolitik.

Mit diesem Verständnis eng verbunden ist das *Informationsmodell* der Verbraucherpolitik. Die gewünschte Angebotslenkung durch rationale Kaufentscheidungen setzt voraus, daß die Verbraucher über ausreichende Informationen für eine vernunftbestimmte Marktwahl verfügen; deshalb sollen sie mit anbieterunabhängigen Informationen über das aktuelle Marktgeschehen versorgt werden. Verbraucherinfor-

---

[2] Vertiefende Lektüre zur Verbraucherpolitik vgl. Scherhorn, 1975; Biervert, Fischer-Winkelmann, Rock (Hrsg.), 1978; Rock, Schaffartzik, 1983; Meier, 1984; Mielenhausen (Hrsg.), 1986. Zur Entwicklung des consumerism vgl. Bloom, Greyser, 1981, S. 130—139. Zum Zusammenhang von Marketing und Verbraucherpolitik vgl. den Reader von Hansen, Stauss, Riemer (Hrsg.), 1982.

mationen sollen demnach die Markttransparenz erhöhen und in Verbindung mit Maßnahmen der Verbraucherbildung ein rationales und flexibles Nachfrageverhalten bewirken und auf diese Weise den Wettbewerbsdruck verstärken.

Wettbewerbs- und Informationsmodell der Verbraucherpolitik sind in den letzten Jahren zunehmend kritisiert worden. Man hält eine ausschließliche Orientierung an diesen Modellvorstellungen für ineffizient, u. a. weil sich die Wettbewerbspolitik als unfähig erwiesen habe, den Konzentrationsprozeß — insb. auch im Handel — zu verhindern, und weil die informatorische Grundorientierung nicht nur die Verbraucher überfordere, sondern auch nicht in der Lage sei, sie gegen Erscheinungen wie gesundheitsschädigende Produkte, manipulative Beeinflussung oder Ausnutzung wirtschaftlicher Macht zu schützen. Deshalb wird im Rahmen des *Verbraucherschutzmodells* eine Schwerpunktverlagerung auf Maßnahmen zur Durchsetzung rechtlicher Regelungen zum Schutz des Verbrauchers vor unangemessenen Benachteiligungen gefordert. Im Rahmen des *Gegenmachtmodells* wird eine Stärkung der kollektiven Verbraucherposition durch Förderung von Verbraucherorganisationen angestrebt.

Die Verbraucherpolitik, die seit Mitte der 60er Jahre in der Bundesrepublik betrieben wird, enthält Elemente aus *allen* genannten Modellvorstellungen. Dies belegen auch die verbraucherpolitischen *Ziele,* die staatliche Instanzen, Parteien und Verbraucherorganisationen formuliert haben. Eine Durchsicht solcher Dokumente zeigt, daß die Zielbündel vielfältig, teilweise unsystematisch und je nach verbraucherpolitischer Konzeption unterschiedlich akzentuiert sind [Meier, 1984, S. 123f]. Bezüglich der wesentlichen Zielformulierungen und der zu ihrer Realisierung vorgeschlagenen Mittel unterscheiden sie sich aber nur in Nuancen. Insofern erscheint es gerechtfertigt, exemplarisch auf die weithin akzeptierte Zielkonkretisierung durch die Europäische Gemeinschaft[3] hinzuweisen:

— Schutz der Verbraucher gegen Gefährdung ihrer Gesundheit und Sicherheit,
— Schutz der wirtschaftlichen Interessen der Verbraucher,
— Verbesserung der rechtlichen Stellung der Verbraucher (Beratung, Beistand und Vertretung vor Gericht),
— Verbesserung von Verbraucherinformation, -beratung und -bildung,
— Förderung der Verbrauchervertretung.

Dieser Zielkatalog ist nicht überschneidungsfrei und formuliert z. T. auch als Ziel, was üblicherweise als Instrument der Verbraucherpolitik verstanden wird: Verbraucherschutz, Verbraucherinformation und -beratung, Verbraucherbildung, organisierte Vertretung, organisierte Selbsthilfe. Diese Instrumente sollen in Kap. V, 3 handelsbezogen interpretiert werden.

Entsprechende Zielkataloge der traditionellen Verbraucherpolitik gehen primär von einem *Verbraucherbegriff* aus, der den Verbraucher als Adressat des marktvermittelten privaten Güterangebots begreift. Zunehmend, wenn auch nicht unumstrit-

[3] Vgl. Europäische Gemeinschaft, 1981, S. 1—12. Weitgehende Übereinstimmungen bestehen zu den von John F. Kennedy formulierten Verbraucherrechten, die für die internationale Entwicklung der Verbraucherpolitik maßgebende Bedeutung hatten. Er unterscheidet darin das Recht auf Sicherheit, Recht auf Information, Recht gehört zu werden und Recht im Markt zu wählen. Ähnlich sind auch die verbraucherpolitischen Ziele der Bundesrepublik von 1975. Ebenso wurden sie in das verbraucherpolitische Programm der SPD von 1988 übernommen.

ten, wird die Perspektive der Verbraucherarbeit auch auf den Verbraucher als Adressat öffentlicher Güter und Dienstleistungen sowie auf den Verbraucher als Eigenproduzent erweitert. Dabei werden jeweils neben individuellen auch gesellschaftliche Folgen des Konsums reflektiert und Alternativen zum Güterkonsum entwickelt[4].

Diese erweiterte Sichtweise ist Ausdruck der zunehmenden Erkenntnis, daß die positivistische und individualistische Auslegung von Konsumentenbedürfnissen und -interessen angesichts individueller Konsensgrenzen in Zusammenhang mit langfristigen Aspekten des qualitativen Wachstums und angesichts kollektiver Gefahren, wie z. B. langfristiger Umweltprobleme, fragwürdig ist. Dementsprechend wird das verbraucherpolitische Ziel formuliert, die Reflexion von Bedürfnissen zu unterstützen und damit eine verbraucherpolitisch wünschenswerte Bedürfnisformung zu betreiben [Schaffartzik, 1983, S. 10]. Dieser Problemansatz geht über die bisherigen Grundkonzeptionen der Verbraucherpolitik insofern hinaus, als er nicht nur die Befriedigung vorhandener Bedürfnisse, sondern die Durchsetzung eines den sozialen und ökologischen Gesamtinteressen verantwortlichen Konsums anstrebt. Damit erhöhen sich allerdings auf verbraucherpolitischer Seite auch die Legitimationsprobleme für die Formulierung und Artikulation von Verbraucherinteressen.

Neben der zielorientierten und instrumentellen Betrachtung ist für ein vertieftes Verständnis der verschiedenartigen Ansatzpunkte der Verbraucherpolitik eine Typologisierung nach folgenden Kriterien aufschlußreich:

(1) Träger der Aktivität:
- staatliche Instanzen — halbstaatliche Institutionen — Verbrauchervertreter — Basisorganisationen,

(2) Zeitpunkt der Aktivität:
- ex post — ex ante,

(3) Adressat:
- Verbraucherseite (individuelle Verbraucher — Multiplikatoren — Verbrauchervertreter)
- Anbieterseite (individuelle Anbieter — Verbände — alle Anbieter)
- Staat.

Zu (1): Das Kriterium der *Trägerschaft* von Verbraucherpolitik betrifft die Verbraucherorganisation als institutionelle Voraussetzung der Verbraucherpolitik. In der Bundesrepublik herrscht das Modell der Fremdorganisation von Verbraucherinteressen vor, d. h. eine institutionelle Interessenartikulation, ohne daß die Verbraucher selbst darauf direkt Einfluß nehmen können. Entsprechend gibt es eine Reihe von Verbraucherorganisationen, die entweder Verbraucherinteressen repräsentieren (Verbraucherverbände, Beispiel: Arbeitsgemeinschaft der Verbraucherverbände e.V., AGV) oder Dienstleistungen im Rahmen des Instrumenteneinsatzes erbringen (Beispiele: Verbraucherzentralen, VZ's; Stiftung Warentest, StiWa; Stiftung Verbraucherinstitut, VI; Verein zum Schutz der Verbraucher gegen unlauteren Wettbewerb). Die weit überwiegende finanzielle Förderung durch Bund und Länder gibt ihnen den Charakter halbstaatlicher Institutionen. Daneben ist die Verbraucherpolitik in Dienststellen verschiedener Bundes- und Landesministerien angesiedelt. Im Verhält-

[4] Eine Übersicht der verschiedenen Verbraucherbegriffe geben Stauss, 1980, S. 6ff; Meier, 1984, S. 35ff.

nis zur staatlichen bzw. staatlich unterstützten Verbraucherpolitik spielen Privatpersonen als (selbsternannte) Verbrauchervertreter oder Mitgliedschaftsverbände (Selbstorganisationen) in der Bundesrepublik nur eine bescheidene Rolle. Insofern unterscheidet sich die Situation erheblich von der in den USA, wo die verbraucherpolitische Gegenmacht wesentlich durch Verbrauchervertreter und Basisgruppen getragen wird.

Zu (2): Die herrschende Verbraucherpolitik ist schwerpunktmäßig mit Reaktionsstrategien befaßt. Ihre Aktivitäten richten sich also vorwiegend auf den Marketing-Mix-Einsatz *nach* Realisierung im Markt. Die Einflußnahme resultiert indirekt aus Marktwirkungen. Es gibt Vorschläge, diese sog. ex post-Verbraucherpolitik zu erweitern durch eine ex ante-Politik mit dem Instrumentarium einer *direkten* konzeptionellen Beeinflussung des Produkt- und Leistungsangebots *vor* Markteintritt der Produkte.

Zu (3): Die Verbraucherorganisationen richten ihr Instrumentarium auf direktem oder indirektem Wege an die Anbieter- oder Verbraucherseite bzw. an den Staat, soweit dieser Träger verbraucherpolitischer Aktivitäten ist. Diese strategischen Beeinflussungswege gibt das Schaubild V, 1.1 wieder:

a) direkte Beeinflussung des Verbraucherverhaltens (Information, Beratung, Bildung)
b) direkte Beeinflussung des politisch-staatlichen Systems (Lobbyismus usw.)
c) direkte Beeinflussung des Anbietersystems (unmittelbare Kommunikation)
d) indirekte Beeinflussung des Anbietersystems (Mobilitäts- und Artikulationsverhalten der Konsumenten)
e) indirekte Beeinflussung des politisch-staatlichen Systems (politische Loyalität, Wahlverhalten der Konsumenten/Bürger)
f) indirekte Beeinflussung der Verbraucher und Anbieter (gesetzliche Regeln, Auflagen usw.)

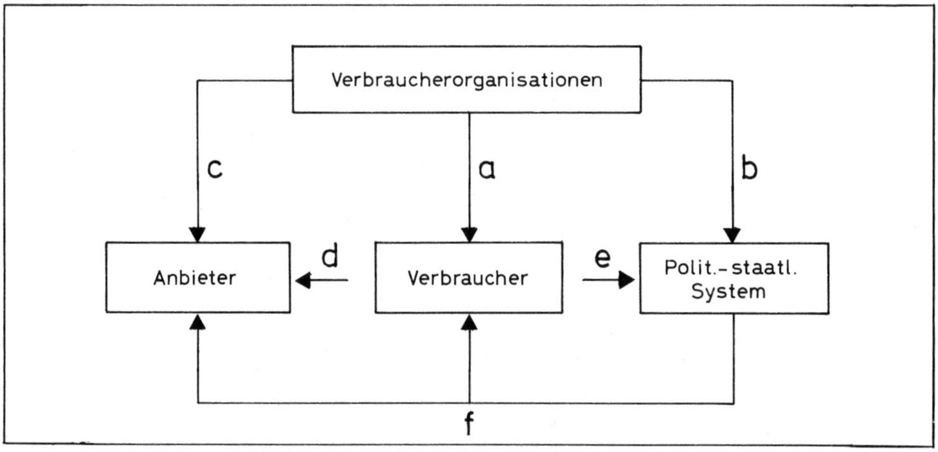

Schaubild V, 1.1: Beeinflussungswege der Verbraucherorganisationen
[Quelle: Schoenheit, 1985a, S. 214]

2 Beurteilung des Handels aus verbraucherpolitischer Sicht

21 Ausbeutungsverdacht noch aktuell?

Bei einer dogmengeschichtlichen Betrachtung der wirtschaftstheoretischen Grundpositionen zum Handel, zeigen sich verschiedentlich von Mißtrauen geprägte Einschätzungen[1]. Bereits in scholastischen Wirtschaftsabhandlungen, später in Beiträgen der Physiokraten wurde die *„Unproduktivität“* des Handels diskutiert und bis zum *Ausbeutungsverdacht* hin gesteigert. Dieser setzte entweder bei der Höhe der Umsatzgewinnraten oder bei dem Mangel erkennbarer Handelsleistungen an. Wenngleich hier über die historische Berechtigung dieser Verdächtigungen im einzelnen nicht gestritten werden kann, so steht zu vermuten, daß sich die *Unsichtbarkeit wertsteigernder Handelsleistungen* zumindest verstärkend auf die Phantasien von unberechtigten Handelsspannen ausgewirkt hat, und zwar in Theorie und Praxis.

Dieses Phänomen setzt sich auch in heutiger Zeit fort, wie Gümbel in einer empirischen Untersuchung unter Konsumenten feststellen konnte [Gümbel, 1985, S. 26], und ist auf verschiedene Ursachen zurückzuführen: Es wird dadurch hervorgerufen und verstärkt, daß Beratungs- und Sortimentsleistungen, neuerdings auch Freizeitangebote den Konsumenten vor dem Kauf sozusagen als freies Gut zur Verfügung gestellt werden (lighthouse-Effekt) [Gümbel, 1985, S. 40f]. Wenn nach Inanspruchnahme dieser „kostenlosen Leistungen“ Umgehungskäufe zu wesentlich niedrigeren Produktpreisen vorgenommen werden können, so reduziert diese Erfahrung das Bewußtsein für transaktionskostenbedingte Unterschiede des Ressourcenverbrauchs bei verschiedenen Händlertypen. Phantasien übertriebener Handelsspannen werden weiterhin durch das Erlebnis von rasanten Preisreduktionen im Saisonverlauf oder von Preisunterschieden bei gleichen Produkten in verschiedenen Einkaufsstätten des Handels genährt, die z. T. auf Effekte der Kompensationskalkulation zurückzuführen sind.

Von verbraucherpolitischer Seite wird der Ausbeutungsverdacht selten explizit geäußert. Er wird jedoch dadurch genährt, daß die einflußreiche, im Schwerpunkt produktbezogene Tätigkeit der Stiftung Warentest automatisch zu einer die Handelsleistungen ignorierenden Verbraucherinformation führt, wenn Preis- und Qualitätsvergleiche von Produkten ohne Berücksichtigung der Wertveränderungen durch den Handel publiziert werden[2]. Das gleiche gilt für die Preisvergleichsuntersuchungen der AGV (Arbeitsgemeinschaft der Verbraucherverbände e. V.) und der VZ's (Verbraucherzentralen).

---

[1] Vgl. die wissenschaftsgeschichtlichen Recherchen bei Leitherer, 1961, S. 86ff. Auch Gümbel, 1985, S. 25—44, widmet diesem Thema ein interessantes Kapitel seines Buches zum Handel.

[2] Vgl. die Kontroverse mit Schenk, Tenbrink und Zündorf, 1984, S. 119: „... nicht die service- und kostenintensiven Einzelhandlungen, namentlich klein- und mittelbetriebliche Fachhandlungen und durch Standortentwertungen betroffene Einzelhandlungen, sondern die service- und beratungsarmen Großbetriebsformen und Discountunternehmen sind die Nutznießer dieser Verbraucherpolitik gewesen“.

22 Aktuelle verbraucherpolitische Kritik und Forderungen bezüglich des Handels

Um einen Status aktueller Kritik und Forderungen bezüglich des Handelsmarketing zu schaffen, habe ich aus verschiedenen Quellen zunächst eine Synopse von Kritik- und Forderungspunkten erstellt [Schaubild V, 1.2]. Sie enthält die Ergebnisse einer Inhaltsanalyse der wichtigsten verbraucherpolitischen Zeitschriften[3] [Spalte 1, Schaubild V, 1.2] als publizistische Äußerungen der Verbraucherorganisationen; daneben zeigt sie [Spalte 2, Schaubild V, 1.2] die Ergebnisse von zwei Gruppendiskussionen mit Verbrauchern im Rahmen von „Verbrauchergutachten“[4] und schließlich [Spalte 3, Schaubild V, 1.2] Ergänzungen aus einer Literaturanalyse[5].

Die inhaltliche Auswertung verbraucherpolitischer Publikationen zeigt über die Jahre 1982—1987 hinweg, daß der Handel — quantitativ gesehen — nicht gerade im Mittelpunkt der verbraucherpolitischen Artikulation stand und als Objekt der Kritik vergleichsweise unterrepräsentiert war, wobei allerdings in den letzten beiden Jahren eine kleine Steigerung feststellbar ist[6]. Diese publizistische Zurückhaltung entspricht der eben bereits erwähnten, *eher produktbezogenen Verbraucherarbeit,* die u. U. weniger auf eine Verkennung der wirtschaftlichen Bedeutung des Handels zurückzuführen sein mag, sondern vielmehr Ausdruck der prinzipiellen Schwierigkeiten sein kann, die Handelsleistungen zu erfassen, zu beurteilen und sie mit verbraucherpolitischen Instrumenten zu konfrontieren. Soweit die Verbraucher an der Basis im Rahmen der Verbrauchergutachten Gelegenheit hatten, sich über Art und Bedeutung ihrer Konsumprobleme auszusprechen, zeigten ihre Äußerungen in quantitativer Hinsicht dagegen ein hohes Gewicht der handelsgerichteten Probleme.

Inhaltlich ergeben sich in dem synoptischen Überblick Überschneidungen, aber auch interessante Unterschiede in der Problemwahrnehmung durch die überregional publizierenden Verbraucherorganisationen einerseits und die individuellen Verbraucher in lokalen Verbrauchergutachten andererseits. Die Verbrauchergutachter setzten kritisch dort an, wo sie *unmittelbare Betroffenheit* spüren, während die Publikationen der fremdorganisierten Verbraucherorgane mehr an der Entwicklung des *Mitteleinsatzes,* insb. des Verbraucherschutzes, interessiert sind. Beide Artikulationsformen sind eindeutig auf den erfahrbaren Absatzbereich ausgerichtet, während Aufgaben,

---

[3] Es wurden die publizistischen Organe der drei größten Verbraucherorganisationen in den Jahren 1982 bis 1987 (incl. Juli) untersucht: AGV: Verbraucherpolitische Korrespondenz (wöchentl.), Interner Informationsdienst (monatl.), Verbraucher Rundschau (monatl.); StiWa, Berlin: test (monatl.); Verbraucherzentrale Nordrhein-Westfalen: Verbraucher Aktuell (monatl.), Verbraucherpolitische Hefte (ca. 2 x jährl.). Vgl. zu dieser Untersuchung Buczilowski, 1987.

[4] Die Verbrauchergutachten wurden von der Stiftung Verbraucherinstitut in Zusammenarbeit mit den Verbraucherzentralen Niedersachsen und Baden-Württemberg sowie der Abteilung Markt und Konsum, Universität Hannover, durchgeführt. In Gruppendiskussionen wurden zwei Tage lang mit einer Gruppe von Bürgern über Probleme ihrer Rolle als Konsumenten diskutiert. Vgl. Heuer, Raabe (Berichterstatter), 1986; Heuer, Schoenheit (Berichterstatter), 1988.

[5] Vgl. insb. Conrads, 1974, S. 2—11; Hansen, U., 1982, S. 451—464; Thieme, 1987, S. 34ff.

[6] Von 1982—1985 waren ca. 3 % aller behandelten Themen explizit handelsbezogen. Dieser Anteil steigerte sich 1986 und 1987 auf 4 % bzw. 6 %. Bei dieser Untersuchung muß allerdings berücksichtigt werden, daß allgemeinere Beiträge zum Marketing, selbst wenn sie auch für den Handel Gültigkeit haben, unberücksichtigt blieben.

Schaubild V, 1.2: Synoptischer Überblick der Verbraucherkritik am Handel

	Kritik in verbraucherpolitischen Publikationen[1]	Kritik der Verbrauchergutachten in Hannover und Offenburg[2]	Ergänzungen aus sonstiger Literatur und eigener Anschauung
Handelsstruktur	- Bedrohung der Artenvielfalt		- machtbedingte Differenzen in Einstandspreisen und Konditionen
Standortpolitik	- Zersiedlung - Versorgungslücken für immobile Konsumenten - höhere Wegekosten der Konsumenten		
Sortiments- und Produktpolitik	- zu wenig Mehrwegpackungen - schädliche Produkte - zu wenig Qualitätsverantwortung - Mängel in Herkunftskennzeichnungen - Mängel in der Nutzung von PI-Etiketten - Irreführung bei Verpackungen	- überflüssige Verpackungen - schädliche Produkte - beschädigte Produkte (z.B. Textilien) - geringe Auswahlmöglichkeit (Sortimentstiefe)	- Intransparenz über Beschaffungsquellen durch zunehmende Sortimentsüberschneidungen - Ökonomisierungsgefahr der Sortimentspolitik durch scanning
Verkaufsgestaltung	- Ladenöffnungszeiten - schlechte Beratungsqualität - verführerische Verkaufspraktiken wie Hintergrundmusik	- Ladenöffnungszeiten - schlechte Beratungsqualität - verführerische Verkaufspraktiken und manipulative Warenpräsentation - keine Präsentationsstücke zur Information - Wartezeiten an den Kassen	- Emotionalisierung des Einkaufs durch Erlebnishandel - Diskriminierung von Konsumentengruppen durch Erlebnishandel - Materialisierung der Freizeit - Information als öffentliches Gut
Kundenservice und Beschwerdepolitik	- Mängel in der Verantwortung für Altlasten (Beispiel: Apotheken)	- unverständliche Kaufverträge - intransparente Abrechnungsmethoden bei Reparaturen - unangemessene Reparaturpreise - Mängel in der Ersatzteilhaltung - Mängel in Bedienungsanleitungen - Mängel in der Errichtung und Information über Entsorgungsmöglichkeiten	- zu wenig Dialog mit Konsumenten - zu wenig Anhörung in Beschwerdefällen - zu wenig Nachkaufbetreuung
Preispolitik	- Mängel in der Preisauszeichnung - Ablehnung der Verbote . Preisgegenüberstellungen . Untereinstandspreisverkäufe . Mengenbegrenzung bei Sonderangeboten - Aufforderung der Konsumenten zu mehr Rabattverhandlungen	- täuschende Preisauszeichung - mangelnde Preiskontrollmöglichkeiten an Kassen - ungünstige Preisetikettierung - Intransparenz bei Preis-Mengenvergleichen - überhöhte Preise	- Marktintransparenz durch fluktuierende Kompensationskalkulation - Verkopplung von Preisen für Produkte und Handelsleistungen
Absatzfinanzierung	- unentschiedene Diskussion von Zahlkarten - Vermischung von Waren- und Finanzierungskosten		
Absatzwerbung	- Kritik am Rücktrittsrecht bei unwahrer Werbung - Verankerung des Schadenersatzanspruchs bei irreführender und unlauterer Werbung - Erweiterung der vergleichenden Werbung	- täuschende Werbung bei Sonderangeboten	
Marktforschung	- Kritik an den gläsernen Konsumenten durch scanning und Zahlkarten		
Beschaffung			- Selektion- und Vermittlungsleistungen als "purchase agent" nicht genügend am Verbraucherinteresse orientiert

[1] Quelle: Die in Fußnote 3 genannten verbraucherpolitischen Publikationen in den Jahren 1986 bis 1987 einschl. Juli.
[2] Quelle: Die in Fußnote 4 genannten Verbrauchergutachten in Hannover und Offenburg.

die gerade in der Vermittlungsleistung zwischen Beschaffungs- und Absatzseite des Handels liegen, eher unberücksichtigt bleiben.

23 Wirtschaftliche Qualität von Handelsleistungen als grundlegendes verbraucherpolitisches Interesse am Handel

Als zentrales übergreifendes Ziel wird in der Verbraucherpolitik der Schutz wirtschaftlicher Interessen der Verbraucher genannt [Europäische Gemeinschaft, 1981, S. 1—12]. Dieses Ziel ist auslegungsbedürftig. Im folgenden soll der Versuch unternommen werden, das wirtschaftliche Interesse der Verbraucher in bezug auf den Handel zu interpretieren und damit die vorangehend gesammelten Kritikpunkte interessenorientiert zu strukturieren. Ausgangspunkt der Betrachtungen ist die oben bereits häufiger angesprochene Rolle des Handels als gatekeeper [Kap. I, 2324]. Danach kontrolliert und gestaltet er die Ströme von Waren, Informationen und Werten in den Marktwegen zwischen Produktions- und Konsumbereich. Seine Marktbeziehungen zu den Konsumenten können in dem Begriff der wirtschaftlichen Qualität konkretisiert werden [Kap. I, 4214]. Es ist nun naheliegend, das Verbraucherinteresse auf die Elemente dieses Konstruktes „wirtschaftliche Qualität" zu beziehen.

Die wirtschaftliche Qualität umschreibt *unterschiedliche* Anforderungsprofile des Konsumenten hinsichtlich der Handelsleistungen, denen die *Vielfalt handelsbetrieblicher Erscheinungsformen* entspricht (Beispiel: Versorgungs- versus Erlebnishandel). Das Konsumenteninteresse ist dann jeweils an dem Prinzip der *Angemessenheit* wirtschaftlicher Qualität festzumachen. Wenn im folgenden diese Komponenten der wirtschaftlichen Qualität unter Beachtung der synoptisch dargestellten aktuellen Aspekte der Verbraucherkritik und -forderungen kommentiert werden, sind folgende *Einschränkungen* zu beachten: Die Synopse kritischer Äußerungen ist nicht Ausdruck eines einheitlichen verbraucherpolitischen Konzeptes; hinter einzelnen Aspekten verbergen sich verschiedene, z. T. widersprüchliche verbraucherpolitische Positionen und Interessen. Darüber hinaus gilt die Kritik häufig nur für Teilbereiche des Handels und müßte insofern in einer eingehenderen Analyse nach *Betriebsformensegmenten differenziert* betrachtet werden. Zudem haben Kritik und Forderungen *unterschiedliche Adressaten:* Das Interesse an wirtschaftlicher Qualität orientiert sich prinzipiell an potentiellen Marktbeziehungen zu *einzelnen* Händlern. Doch häufig werden auch grundlegende Forderungen aufgestellt (z. B. Änderung der Ladenschlußzeiten), die nur vom Gesetzgeber erfüllt werden können. Hier zeigt es sich, daß ein überbetriebliches *Kontextinteresse* der Konsumenten besteht, das auf die strukturellen Voraussetzungen für die Bereitstellung wirtschaftlicher Qualitäten gerichtet ist.

231 Produktqualität

Die qualitative Gestaltung von Produkten ist vorrangig ein Aspekt der Produktionsfunktion und betrifft insofern insb. den Herstellerbereich. Das klassische Verbraucherinteresse am Handel richtet sich in diesem Zusammenhang eher auf dessen Vermittlungsfunktionen. Auf der Beschaffungsseite verbindet sich damit die Forderung, daß er seine gatekeeper-Rolle als „purchase agent" der Konsumenten wahrnehmen sollte, indem er mit seiner direkten Marktkompetenz Verbraucherbedürfnisse an die Hersteller vermittelt[7], seine Fachkompetenz für die Qualitätsüberwachung und -kontrolle einsetzt und zudem auf dem Warenweg Aufgaben der Qualitätserhaltung, wie z. B. Sicherung der Warenfrische und Warenschutz durch Verpackung, übernimmt. Darüber hinaus steigt — bedingt durch Rückwärtsintegration — der Anteil an Eigenmarken, für die der Handel die volle Qualitätsverantwortung trägt.

232 Beschaffungsqualität

Die Beschaffungsqualität als Ausdruck der

(1) Beschaffungserleichterung und
(2) Beschaffungsverschönerung

ist das Kernelement händlerischer Leistungen. Die vom Handel gebotenen Beschaffungshilfen betreffen einen wesentlichen Anteil seiner Vermittlungsfunktionen [Kap. I, 211]. Daraus werden im folgenden als zentrale Aufgaben die *Auswahl* der Produkte (qualitative Funktion des Warenstroms) und die Bereitstellung von *Informationen* (Funktion des Kommunikationsstroms) behandelt [Schaubild V, 2.1].

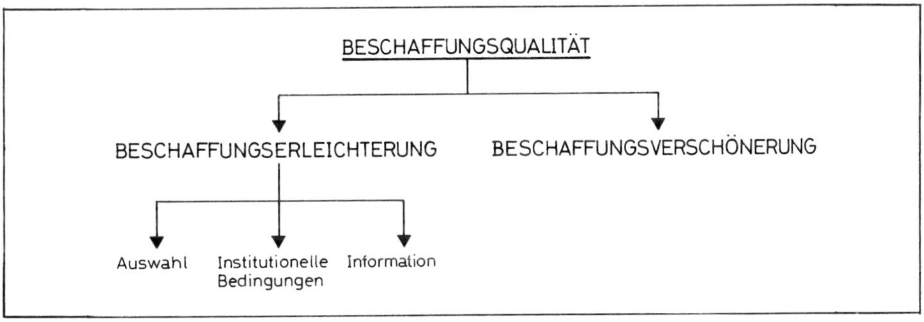

Schaubild V, 2.1: Beschaffungsqualität

Zu (1): Die Konsumenten erwarten eine *Produktauswahl,* die ihren Bedürfnissen entspricht[8]. Dieser Anspruch ist angesichts sehr verschiedener Auswahlinteressen der Konsumenten nur schwer allgemeingültig zu konkretisieren. Die zu formulierenden Kritikpunkte und Ansprüche verbleiben relativ vage:

---

[7] Der Handel trägt damit dazu bei, das Produktangebot bedarfsgerechter zu gestalten, wobei er gegenüber den Herstellern „... auch eine besondere Verantwortung (übernimmt), weil er neben den marktpolitischen auch die betriebspolitischen Entscheidungen seiner Partner beeinflußt" [Behrens, K. Chr., 1972, S. 14].

[8] Diese Rolle wurde schon von Seyffert [1972, S. 9ff] mit der „Interessenwahrungsfunktion" des Handels beschrieben.

- Gewährleistung von angemessenen Auswahlmöglichkeiten,
- Vermeidung von unfallgefährdenden und schädlichen Produkten zum Schutz von Sicherheit, Gesundheit und Umwelt,
- Förderung wünschenswerter Produktalternativen.

Die Forderung nach *Auswahlmöglichkeiten* beinhaltet *keine generelle* Verbrauchernorm bezüglich der Sortimentierung einzelner Handelsbetriebe. Betriebsübergreifend ist das Konsumenteninteresse an Auswahlmöglichkeiten so zu interpretieren, daß nebeneinander tiefe und flache Sortimente und verschiedene Aufbauprinzipien angeboten werden. Eine bedenkenswerte, u. U. kritische Entwicklung deutet sich in einer zunehmenden Verflachung und Branchenvermischung von Sortimenten an, durch die erstens Auswahlmöglichkeiten eingeschränkt werden und zweitens Markttransparenz in bezug auf Beschaffungsquellen verloren geht. Branchenübergreifende, flache Sortimente gestatten eine Beschränkung auf „Schnelldreher" und dünnen damit die Existenzgrundlage für Einzelhändler mit tiefen Sortimenten aus. Damit wird die durch Sortimentstiefe zu erreichende Auswahl bei Suchkäufen u. U. ein immer teureres Privileg für einkommensstarke Konsumenten.

Stärker einzelbetrieblich orientiert sind die Forderungen nach einer Sortimentsbildung unter Beachtung der Kriterien Produktsicherheit, Gesundheits- und Umweltschutz. Entsprechende Erwartungen reichen von dem Verlangen nach *Ausschluß einzelner* Produkte über die Ausübung von Druck zur *Eliminierung ganzer Produktgruppen* bis zur Erwartung auf Ausschluß unerwünschter Produktsorten in *allen Warenbereichen* als grundsätzliches Prinzip (Beispiel: Ausschaltung der relativ umweltunverträglichsten Produkte in allen Produktgruppen).

Darüber hinaus soll der gatekeeper Handel nicht nur Schädigendes vermeiden, sondern auch die *Diffusionschancen förderungswürdiger Produktkonzepte* erhöhen[9]. Der Handel gilt derzeitig als deutlicher Einflußfaktor in der Diffusion von Produktinnovationen, so daß diese handelsgerichteten Forderungen nach Schaffung zusätzlicher Kaufmöglichkeiten durch bewußte Aufnahme erwünschter Produkte und die Realisierung verbraucherzentrierter Grundsätze bei der Wahrnehmung seiner gatekeeper-Rolle richtig adressiert sind.

Diesem allgemeinen, oft langfristigen Konsumenteninteresse steht allerdings z. T. ein erheblicher Bedarf der individuellen Konsumenten nach entsprechend kritisierten Produkten (Beispiel: Getränken in Einwegverpackungen) gegenüber. Insofern wäre die Erfüllung des allgemeinen Konsumenteninteresses durch den Handel gegen das Bedürfnis nach Produktauswahl eines Teils seiner Kunden gerichtet und damit auch gegen das eigene ökonomische Interesse an Spannenerträgen. Derartige Forderungen im allgemeinen verbraucherpolitischen Interesse können daher nur im Rahmen von *Akzeptanzchancen* im Absatzmarkt geltend gemacht werden und sich darauf beziehen, daß der Handel genügend Kompetenz einsetzt, um seine Selektionsaufgabe verantwortlich für den Verbraucher innerhalb seines ökonomischen Handlungsspielraums wahrzunehmen.

Innerhalb des Konfliktes zwischen gesellschaftlichen und ökonomischen Zielen steht im Zusammenhang mit scanning als neuer EDV-gestützter Möglichkeit der

[9] „Hence the buyer is in a very powerful gatekeeping position regarding the products actually made available to the consumer for purchasing" [Hirschman, Stampfl, 1980, S. 25].

Der gläserne Verbraucher

kurzfristigen Sortimentskontrolle zu befürchten, daß durch eine exaktere Orientierung an kurzfristigen ökonomischen Größen sog. „Schnelldreher" bevorzugt werden. Die Gefahr liegt einerseits in einer automatisierten Sortimentsorientierung an kurzfristigen *vordergründigen Mehrheitsvoten* — und diese drücken keineswegs immer das allgemeine Konsumenteninteresse aus — und zum anderen in einer stärkeren *Ökonomisierung* in der *Einstellung* der *Disponenten.*

Die Beschaffungserleichterung wird ganz wesentlich durch die *Informationsleistungen* des Handels hergestellt. Diese sind z. T. bereits im Sortiment enthalten (Produkte als Informationsträger) und in dessen Präsentation, was insb. bei Selbstbedienung zum Tragen kommt, weiterhin in Werbung und Verkaufsgespräch. Das Konsumenteninteresse richtet sich auf *Nützlichkeit* und *Nutzbarkeit* der Informationen in allen Kommunikationsvorgängen, auf *Vermeidung* von *Irreführungen, Unwahrheiten* und *Überrumpelungen.* Die Dynamik und Ausdifferenzierung des Produktangebots führt zu erweitertem Informationsbedarf des Konsumenten und vor allem zu einem *Entlastungsstreben* im Rahmen seiner Informationsfähigkeit und -willigkeit. Dieses wird u. a. durch eine Vertrauensbildung gegenüber einzelnen Händlern als gatekeeper befriedigt. Gerade in innovativen Branchen, wie z. B. in der Unterhaltungselektronik, sind die Konsumenten auf informative Warenpräsentationen und Beratungen der Händler stark angewiesen. Da der Handel in Zukunft zunehmend mit anderen Informationsquellen konkurrieren wird, wäre eine Nutzung dieses Entlastungsstrebens durch vertrauenserweckende Informationspolitik ökonomisch sinnvoll. Demgegenüber richtet sich ein wesentliches Element der Verbraucherkritik gerade auf *unzureichende Preis-* und *Qualitätsinformationen* sowie drastische *Mängel* in der *Beratungsqualität.* Kritisierte Tendenzen gehen dahin, daß aus Kostengründen die Beratungskapazität qualitativ und quantitativ eingeschränkt wird [Engfer, 1984, S. 128ff] und soziale wie fachliche Kompetenzen fehlen (Beispiel: Strategien der Warenhäuser). Die verbreitete Einstellung von abrufbarem teilzeitbeschäftigten Verkaufspersonal ist zwar geeignet, Beschäftigungsschwankungen auszugleichen, führt jedoch oft zu Kompetenzverschlechterungen aufgrund geringerer Ausbildungsinvestitionen. Ein enger Zusammenhang besteht zudem zwischen Beratungsqualität und Entlohnungsformen. Wenn zur Entlastung von fixen Gemeinkosten mehr Verkauf auf Provisionsbasis betrieben wird, leidet die Verbraucherzentrierung in Beratungsgesprächen[10] aufgrund einer stärkeren Erfolgsorientierung des Verkäufers [Conrads, 1974, S. 9]. Ein neues, verbraucherpolitisch noch wenig geklärtes Thema ist die Entwicklung mediengestützter Beratung wie Verkauf auf EDV-Basis und tele shopping. Bequemlichkeit und Umfang bedarfsgerechter Abrufinformationen sind ohne Zweifel Vorteile, denen aber Entpersönlichung und u. U. eine auf lange Sicht verminderte fachliche und soziale Kompetenz des Verkaufspersonals entgegenstehen.

Zu (2): Mit der *Beschaffungsverschönerung* ist die Vermittlung von Beschaffungserlebnissen angesprochen, die zunehmend ausgebaut werden und im sog. Erlebnishandel ihre Institutionalisierung gefunden haben [Weinberg, P., 1986b, S. 97—102]. Die Erlebnisvermittlung als aktuelles Erfolgsrezept des Handels versieht den Einkauf mit Freizeitwerten und verbindet das Produktangebot mit psychischem Zusatznutzen aus dem Beschaffungsakt. Diese Entwicklung verläuft parallel zum Produktbereich. Der Erlebnishandel basiert häufig auf einer lebensstilorientierten Segmentierung, die den Erlebnisbezug zu einer im Lebensgefühl korrespondierenden Zielgruppe erlaubt.

Kritische Aspekte verbraucherpolitischer Provenienz knüpfen an die *Emotionalisierung* der Kaufakte, die *Steigerung* von *Impulskäufen* und allgemeiner an die *Materialisierung* der *Freizeit* an. Diese eher an der Unterstützung rationalen Kaufverhaltens orientierte Position wird nicht durchgängig vertreten und z. T. aus eigenen Reihen als *puristisch* kritisiert. Insbesondere — so wird dem entgegengehalten — hat der Konsument die Auswahl zwischen dem Erlebnishandel und dem Versorgungshandel. Als kritische Nebenwirkung entsteht allerdings deutlich eine *abnehmende Markttransparenz* der *Beschaffungsquellen,* da die Produkte in verschiedenen Erlebnis- und Problemzusammenhängen angeboten werden. Die Ausdifferenzierung des Handels verteuert — volkswirtschaftlich gesehen — die Distribution. Zudem könnten durch die lebensstilbetonten Segmente Diskriminierungseffekte auftreten. Dies wird besonders bei der Entwicklung von erlebnisorientierten Einkaufspassagen sichtbar, bei denen häufig ehemals öffentlicher Verkehrsraum psychologisch privatisiert wird für vorrangig einkommensstärkere Konsumentengruppen.

[10] „Viele Anzeichen deuten nun allerdings darauf hin, daß dieses Verständnis der Interaktionsbeziehungen nicht mehr den sich wandelnden Bedürfnissen von Verbrauchern entspricht, die sich in der personalen Beratungssituation nicht instrumentalisieren lassen wollen [Lübke, Schoenheit, 1985, S. 10].

233 Nachkaufqualität

Die Nachkaufqualität umfaßt:

- Hilfe bei der Ingebrauchnahme von Produkten,
- Bereitstellung von Ersatzteilen und Reparaturleistungen,
- bei unzufriedenstellenden Leistungen die Möglichkeit der Anhörung und Schadensregulierung,
- Hilfestellung bei der Entsorgung von Produkten.

Mängel in diesen Aspekten des Handelsmarketing werden verbraucherpolitisch häufig kritisiert. Ganz generell werden *unzureichende Bereitschaft* und *Kompetenz* für *Leistungen nach* dem *Kauf* bemängelt. Eine kritisch beurteilte Tendenz geht dahin, daß die Händler unter Preis- und Kostendruck am Servicepotential sparen. Daran sind die *Konsumenten* ihrerseits *nicht unbeteiligt,* da sie sich — z. T. von Verbraucherorganisationen ermuntert — zum Zeitpunkt des Kaufs primär an den Produktpreisen orientieren, ohne eine Vorsorge für Risiken und Kosten des Ge- und Verbrauchs von Produkten zu betreiben. Dadurch geraten serviceorientierte Handelsunternehmen unter Preisdruck. Daneben verursacht die zunehmende Produktdifferenzierung und -dynamik Erschwernisse in der Ersatzteilhaltung und Reparatur, wodurch — verbunden mit Lohnkostensteigerungen — erhebliche Serviceprobleme entstehen. Es scheint nicht ausgeschlossen, daß verbraucherpolitisch artikulierte Unzufriedenheit auch auf einer Vermischung in der Wahrnehmung von Basisstrategien (Service- und Erlebnishandel versus Versorgungshandel) bei allen Beteiligten basiert und damit das Prinzip der Angemessenheit nicht mehr gewährleistet ist. Bei auftretender Unzufriedenheit im Schadensfall wird mangelnde Transparenz über die Zuständigkeiten und möglichen Problemlösungsalternativen beklagt.

Ein relativ neues Problem, das dem wachsenden Umweltinteresse entspricht, umfaßt den Aufgabenkomplex der *Entsorgung.* Hieraus erwachsen neue Ansprüche an den Handel, die sich einerseits gegen kritikwürdige Praktiken der *Abfallentstehung* (Mangel in der umweltorientierten Sortimentspolitik, Verpackungsaufwand im Handel) und andererseits gegen fehlende Hilfestellung bei der *Abfallbeseitigung* und damit Mängel in der Wahrnehmung von Redistributionspflichten wenden.

234 Produktpreis

Häufig wird ein Verbraucherinteresse an möglichst niedrigen Produktpreisen geäußert. Gemäß der Tradition klassischer Wirtschaftstheorie liegt eine Orientierung in den *Wettbewerbspreisen,* von denen allerdings im Handel nur in beschränktem Maße ausgegangen werden kann. Zunächst ist hier zu bedenken, daß die vom Einzelhandel beschaffungsseitig zu zahlenden *Einstandspreise machtbedingt* sehr unterschiedlich sind und insofern nicht leistungskonforme Preisdifferenzen auf der Absatzseite hervorrufen. Eine an niedrigen Preisen orientierte Nachfrage bekräftigt somit die Konzentrationstendenzen. Außerdem sind einzelne niedrige Preise das Ergebnis der *Kompensationskalkulation.* Diese führt zu einer starken Intransparenz und faktischen Verschiebung von Leistungs-/Preisrelationen einzelner Produkte. Sie verursacht u. U. auch eine Verflachung der Sortimente, da der Handlungsspielraum für Preiskompensationen bei tiefen, schmalen Sortimenten geringer ist als bei breiten, flachen Sortimenten. Trotz dieser Kritikpunkte sieht die herrschende Verbraucherpolitik in der Kompensationskalkulation ein begrüßenswertes Element eines lebendigen Wettbewerbs, der den preisbewußten Konsumenten günstige Einkaufsmöglichkeiten schafft.

Schließlich sind Produktpreise wettbewerblich schwer vergleichbar wegen der *Verkopplung* mit den Preisen für Handelsleistungen. Die diesbezügliche Kritik hat eine lange Tradition im Zusammenhang mit Vorschlägen zum *leistungsgerechten* Preis[11]. Dieser soll auf einer weitestgehenden Trennung der Preisstellungen von Produkten und in Anspruch genommenen Leistungen basieren, um den Konsumenten möglichst viele Wahlmöglichkeiten bei der Leistungsinanspruchnahme zu schaffen.

Weitere kritische Aspekte verbinden sich mit *manipulativen Praktiken zeitlich begrenzter Niedrigpreisstrategien,* wie z. B. Sonderangebote, Sonderräumungsverkäufe usw. Insbesondere werden dabei Qualitätsreduktionen bemängelt, die für den Konsumenten nicht feststellbar sind. Ebenfalls in die Richtung psychologischer Manipulationen bzw. Irreführungen weisen Techniken der *Preisoptik* als Gegenstand ständiger Kritik.

235 Beschaffungs- und Nachkaufkosten

Der Komplex der Beschaffungs- und Nachkaufkosten — soweit er nicht implizit in den Produktpreisen enthalten ist — umfaßt neben den in Rechnung gestellten Kosten alle psychischen und physischen Aufwendungen, die ein Konsument im Zusammenhang mit dem Produkterwerb und den handelsbedingten Modalitäten seiner Nutzung und Entsorgung aufbringen muß. Diese Komponenten der wirtschaftlichen Qualität sind z. T. *wenig quantifizierbar,* wie z. B. Mühen der Information und Wegüberwin-

[11] „Seine Verwirklichung (Prinzip des leistungsgemäßen Preises, Anm. d. Verf.) ... gehört mit zum Erfordernis wirtschaftlicher Bedarfsversorgung. Das auch deshalb, weil leistungsgemäße Preisstellung, praktisch realisiert, ökonomisierend wirken kann, indem sie auf wirtschaftliche Inanspruchnahme der Distributionsleistung hinlenkt. Manche Abnehmer, die von ihren Lieferanten Distributionsleistungen hohen Umfangs in Anspruch nehmen, da geringe Inanspruchnahme preislich nicht honoriert ist, würden auf Leistungen, die sie eigentlich gar nicht haben wollen, verzichten, wenn das im Preis berücksichtigt wird" [Klein-Blenkers, 1964, S. 108].

dung vor dem Kauf. Bei den Konsumenten fehlt häufig auch ein ökonomisches Kalkül, und die Ermunterung zu Preisvergleichen angesichts wechselnder Opportunitäten durch Kompensationsstrategien im Handel führt u. U. zu einem weiteren Ignorieren dieser Art Beschaffungskosten. Verbraucherpolitische Informations- und Erziehungsarbeit wird diese Komponente des wirtschaftlichen Konsumenteninteresses stärker betonen müssen. Dagegen werden bereits derzeitig *Reparaturkosten* und in den letzten Jahren vor allem *Finanzierungsleistungen* häufig wegen ihrer Intransparenz und Unangemessenheit kritisiert.

24 Kontextinteressen

Vorangehend wurden die Interessen der Konsumenten an der wirtschaftlichen Qualität von Handelsleistungen festgemacht. Diese werden in dem Kontext eines strukturellen Handlungsrahmens erstellt, dem insofern ein *abgeleitetes* Verbraucherinteresse gilt. Dieses wurde als *Kontextinteresse* bezeichnet. Den wichtigsten Ansatzpunkt dieses Interesses bilden *Strukturprobleme* des Handels als Voraussetzung für das vielfältige Angebot wirtschaftlicher Qualitäten von Handelsleistungen, die durch erhebliche Konzentrations- und Kooperationsprozesse entstehen.

Grundsätzlich wird das Thema *Konzentration* in der verbraucherpolitischen Diskussion ambivalent gesehen[12]. Als positiv werden Preisvorteile beurteilt, die durch regionalen Verdrängungswettbewerb entstehen, und z. T. größenbedingt auf *economies-of-scale-Effekten,* z. T. auf marktmachtbedingten Einstandspreisbegünstigungen beruhen. Langfristig werden hier allerdings nachteilige Verhaltensänderungen der verbliebenen Großkonzerne befürchtet [Schultes, 1986, S. 13]. Demgegenüber gilt als Nachteil der Konzentration die Schließung kleiner Nachbarschaftsläden und ländlicher Betriebe, durch die sich die nachbarschaftliche Versorgung immobiler Konsumenten verschlechtert hat *(Unterversorgung)* [Dichtl, Beeskow, Finck, 1979, S. 179ff]. Damit verbindet sich die Klage, daß nachbarschaftliche soziale Einkaufserlebnisse verloren gegangen sind und sich die Formenvielfalt des Handels reduziert. Fraglich ist, ob diese Kritik grundsätzlich gegenüber Konzentration geltend gemacht werden kann, denn auch Großkonzerne haben im Handel die Möglichkeit, bei Bedarf kleine Verkaufsstellen zu errichten und könnten sogar eine verkaufsstellenbezogene Kompensationskalkulation vornehmen.

Ein anderes, lebhaft diskutiertes Kontextinteresse der Verbraucher richtet sich auf die Liberalisierung der *Ladenschlußzeiten*[13] und damit auf institutionelle Rahmenbedingungen der Beschaffungsqualität im Handel, mit denen die Einkaufsmöglichkeiten wesentlich erleichtert werden könnten.

---

[12] Vgl. zu dem Problemfeld Verbraucherpolitik und Konzentration Schenk, Tenbrink, Zündorf, 1984, S. 232ff; Dörge, 1986, S. 31f; Bittermann, 1987, S. 3ff.

[13] Zur Diskussion über Ladenöffnungszeiten vgl. diverse Beiträge in Trommsdorff (Hrsg.), 1987, S. 3—120; Töpfer, Poersch, 1988, S. 352—392.

LUS BOUTIQUE
GESCHLOSSEN
ICH MUSS
NOCH EINKAUFEN...

3 Der handelsbezogene Instrumentaleinsatz der Verbraucherpolitik

Zu den zentralen Instrumenten, die den Trägern der Verbraucherpolitik in unterschiedlichem Umfang zur Verfügung stehen, gehören

— Verbraucherinformation und -beratung,
— Verbraucherbildung,
— Verbraucherschutz,
— organisierte Verbrauchervertretung und
— organisierte Selbsthilfe.

Sie werden in der Folge bezüglich ihrer handelsbezogenen Relevanz skizziert.

31 Verbraucherinformation und -beratung

Das Instrument der Verbraucherinformation und -beratung dient der Förderung alternativer Informationsquellen durch Verbraucherverbände und -institute als Ergänzung bzw. Korrektur anbieterseitiger Informationen[1]. Wichtige Beiträge zur Verbraucherinformation leisten die AGV mit ihren publizistischen Arbeiten, die Stiftung Warentest mit vergleichenden Testinformationen, die Verbraucherzentralen mit Beratungsleistungen und die Stiftung Verbraucherinstitut mit konzeptionellen Beiträgen für Multiplikatoren der Verbraucherarbeit. Die verbraucherpolitische Bedeutung des umfassend informierten Konsumenten und der instrumentellen Möglichkeiten zur Erreichung dieses Ziels werden in den Konzepten der Verbraucherpolitik — insb. auch aufgrund von Erkenntnissen zum Informationsverhalten der Konsumenten — unterschiedlich eingeschätzt.

Das Schaubild V, 3.1 zeigt die verschiedenen verbraucherpolitischen Kommunikationsvorgänge hinsichtlich Adressat, Richtung und Inhalt, die für den Händler relevant sind.

Inhaltlich betreffen Verbraucherinformation und -beratung alle Bereiche der wirtschaftlichen Qualität, also

(1) Produktqualität,
(2) Beschaffungsqualität,
(3) Nachkaufqualität,
(4) Preis und sonstige Kosten.

Zu (1): Im Bereich der Produktqualität richtet sich das klassische verbraucherpolitische Anliegen auf die *Erhöhung von Markttransparenz* durch produktvergleichende Tests, produktbegleitende Informationen und Beratungsgespräche, um bei den Verbrauchern *Konsumkompetenz* zu erzielen und in der Folge auch produktverbessernde Wirkungen auszulösen. Mit diesem Leistungsangebot sind verbraucherpoliti-

[1] Zur vertiefenden Lektüre vgl. Scherhorn, 1985, S. 48—55; Schoenheit, 1986, S. 97—125.

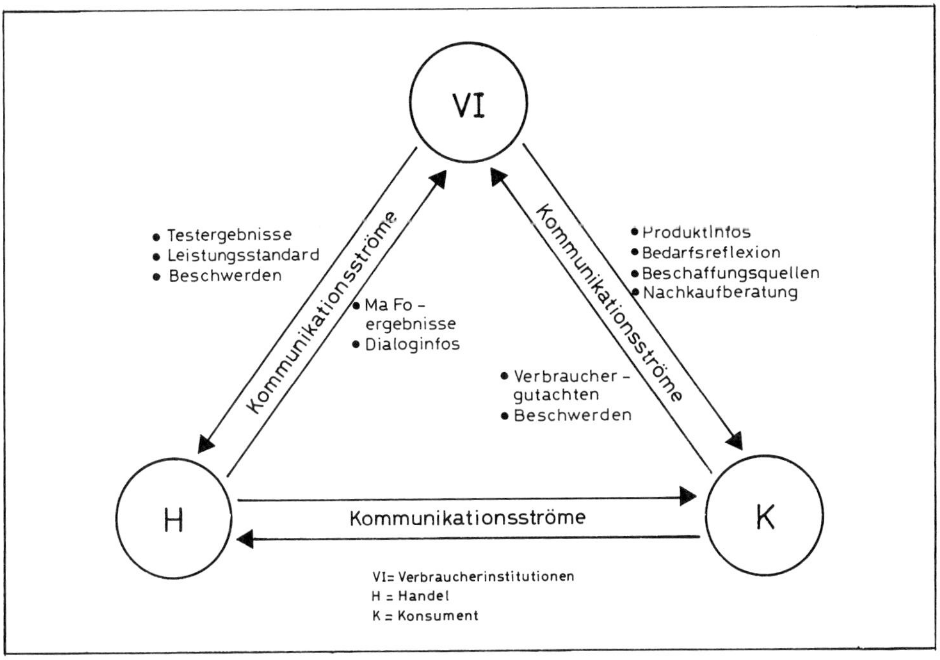

Schaubild V, 3.1: Verbraucherinformation und -beratung

sche Institutionen teils Absatzhelfer teils Konkurrenz des Handels, indem sie ergänzend oder alternativ Handelsfunktionen wahrnehmen, die in der vergleichenden Verkaufsberatung und Warenpräsentation liegen.

Über diesen Problemkomplex der Markttransparenz hinausreichend, erfolgt vermehrt eine stärkere Befassung mit Information und Beratung zur *Reflexion* von *Bedürfnissen* und *Erwartungen*[2] unter dem Leitkonzept eines „sozialverantwortlichen Konsumentenverhaltens“ [Schoenheit, 1986, S. 124]. Diese Ausrichtung hat sich wesentlich im Zusammenhang mit Umwelt- und Dritte-Welt-Problemen entwickelt und wird als verbraucherpolitische Aufgabe zur Korrektur der eher auf individuellen Nutzen ausgerichteten Marktbeziehungen verstanden[3].

Produktbezogene Verbraucherinformation und -beratung richtet sich nicht nur an den Endverbraucher, sondern im Rahmen einer „push-Strategie“ zunehmend auch an den Handel. Zum einen entfalten Testinformationen als sog. „non-use-benefits“ [Silberer, 1985a, S. 39ff] Wirkungen auf die Sortimentierung und Verkaufsberatung im Handel, zum anderen können Verbraucherinstitutionen auf Verbandsebene oder in Einzeldialogen produktorientierte Bedarfe der Konsumenten an die Anbieterseite vermitteln.

[2] Scherhorn, 1985, S. 52, hält den Handel allerdings mit dieser Aufgabe für überfordert.

[3] Dazu gehört u. a. die Schaffung eines politischen Zusatznutzens von Produkten [Schoenheit, 1989, o. S.], wie es z. B. durch Informationen über Herstellungsweisen und Entlohnungsformen preiswerter Dritte-Welt-Produkte geschieht.

Zu (2): Im Bereich der *Beschaffungsqualität* stehen Verbraucherinstitutionen prinzipiell vor der Aufgabe, über die *Eignung* der *Handelsunternehmen* als *Einkaufsort Markttransparenz* herzustellen und durch Kommunkationsprozesse *Verbesserungen* der *Leistungsqualität* zu erzielen. Darüber hinaus gibt es auch auf dieser Ebene den verbraucherpolitischen Anspruch auf *Reflexion* der *Bedürfnisse* und Erwartungen hinsichtlich der *Handelsleistungen.* Die dazu notwendige Messung der immateriellen Handelsleistungen ist hochkomplex, aufwendig und schwer objektivierbar[4]. Wenngleich Meßkonzepte von der Stiftung Warentest und dem verbrauchernahen Institut für angewandte Verbraucherforschung z. B. für Beratungsqualität oder Service im Handel entwickelt wurden, sind Anwendung und Verbreitung aus diesen Gründen noch nicht weit fortgeschritten.

Zu (3): Die Verbraucherpolitik hat in ihren Informations- und Beratungsleistungen eine neue Schwerpunktsetzung in der *Beratung nach* dem *Kauf* bei Problem- und Schadensfällen vollzogen, die von Verbraucherzentralen wahrgenommen wird. Reifner, Gorges und Schmidtmann [1980, S. 212] sehen hier sogar einen Paradigmawechsel „vom mündig entscheidenden zum mündig sich wehrenden Verbraucher“ und hoffen, daß mit diesem Beratungsangebot *alle* Verbraucherschichten erreicht werden. Insbesondere wird jenen marginalen Gruppen Hilfe zuteil, die eine Kontaktaufnahme mit der Justiz und das Eingehen eines Prozeßrisikos scheuen. Die beratende Unterstützung der Verbraucherzentralen schafft zudem viele Möglichkeiten *vorgerichtlicher Einigung.* Die dabei erhältlichen *Beschwerdeinformationen* gewähren den Verbraucherorganisationen wesentliche Einblicke in relevante Problemlagen [Schoenheit, 1986, S. 120], die für den handelsbezogenen Einsatz der verbraucherpolitischen Instrumente wirkungsvoll genutzt werden können.

Zu (4): Informationen über den *Produktpreis* dominieren im Rahmen der handelsbezogenen Verbraucherinformation. An erster Stelle zu nennen sind die Preisvergleiche, die im Auftrag der AGV und der Verbraucherzentralen vom Institut für angewandte Verbraucherforschung durchgeführt werden. Es handelt sich um nicht-verdeckte Vollerhebungen in Groß- und Mittelstädten, die vor allem für Gebrauchsgüter vorgenommen werden. Die von den Verbraucherberatungsstellen verteilten Veröffentlichungen enthalten nicht nur Angaben über den jeweils höchsten, niedrigsten und mittleren Preis sowie die absolute und relative maximale Differenz, sondern nennen zu jedem Artikel auch Name und Adresse der billigsten Anbieter. Zusatzinformationen über die das Produkt begleitenden Handelsleistungen (Beispiel: Service) haben nur untergeordnete Bedeutung.

Darüber hinaus sind die Preisinformationen der Stiftung Warentest über getestete Produkte von erheblichem Markteinfluß. Die Stiftung Warentest berichtet in ihrer Zeitschrift „test“ nicht nur über die Qualität getesteter Produkte, sondern gibt zusätzlich für jedes Fabrikat den niedrigsten, höchsten sowie mittleren Preis laut Markterhebung an.

---

[4] Vgl. zur vertiefenden Lektüre über das Problem der Qualitätsmessung bei Dienstleistungen Rosenberger, 1981, S. 326—336.

32 Verbraucherbildung

Gegenüber der Verbraucherinformation und -beratung ist die Verbraucherbildung ein eher *langfristig* wirksames Instrument der Verbraucherpolitik. Sie richtet sich in erster Linie auf Kinder, Jugendliche und Erwachsene in ihrer Verbraucherrolle und wird von pädagogischen Institutionen der Allgemein-, Berufs- und Erwachsenenbildung durchgeführt [Steffens, 1982, S. 1]. In Anfängen gibt es auch Bildungsbemühungen, die sich auf die Anbieter beziehen. Die Verbraucherbildung schafft bei den individuellen Verbrauchern und bei Verbraucherorganisationen Voraussetzungen für die effektive Wirksamkeit von Verbraucherschutz, -information und -beratung und steht insofern zu diesen Bereichen in einem instrumentalen Mittel-Zweck-Verhältnis.

Der Bezug zwischen Verbraucherbildung und Handel ist über eine Durchsicht der *Lernzielkataloge* für Verbraucherbildung herzustellen. Aus der Fülle unterschiedlicher Lernzielkataloge wird hier ein Programm der Stiftung Verbraucherinstitut[5], der zentralen Einrichtung für Verbraucherbildung, ausgewählt:

(1) *Kritisches Bewußtsein*

Der Verbraucher soll befähigt werden, sachkundige Fragen an Preis und Qualität privater und öffentlicher Sachgüter und Dienstleistungen zu stellen.

(2) *Bereitschaft zum Handeln*

Der Verbraucher soll befähigt werden,

- durch selbstbewußtes Handeln als einzelner und in Gruppen den Verbraucherinteressen Geltung zu verschaffen,
- sich an der systematischen Auswertung und dem Austausch von Informationen über Marktbedingungen und Marktkräfte zu beteiligen,
- durchzusetzen, daß der Verbraucher als gleichrangiger Marktpartner anerkannt wird und faire Geschäftsbedingungen erhält.

(3) *Soziale Verantwortlichkeit*

Der Verbraucher soll befähigt werden,

- die Aushöhlung wertvoller kultureller und sozialer Traditionen im Falle einseitiger Betonung des Wirtschaftswachstums abzuwehren,
- die möglichen negativen Folgen des Konsums und der Ausbeutung begrenzter Ressourcen auf die eigene und folgende Generation sowie auf unterprivilegierte Gruppen im nationalen Rahmen zu erkennen.

(4) *Ökologische Verantwortlichkeit*

Der Verbraucher soll befähigt werden,

- die Auswirkungen eines Abbaus von Rohstoff- und Energievorräten auf unsere natürliche Umwelt zu erkennen, wenn er ohne Berücksichtigung des ökologischen Gleichgewichts erfolgt,
- zu erkennen, daß eine Fehlorientierung zum Verlust realer Lebensqualität in Gegenwart und Zukunft führen kann.

(5) *Solidarität*

Der Verbraucher soll befähigt werden, Solidarität zu üben und sich aktiv an der Organisation von Verbraucherinteressen zu beteiligen, um durch Vereinigung von Stärke und Einfluß den Verbraucherinteressen öffentliche Aufmerksamkeit und Unterstützung zu verschaffen.

---

[5] Vgl. Merkle, W., 1979, S. 20; weiterhin Ergänzungen bei Preuß, 1986, S. 80ff.

(6) *Denken in Zusammenhängen*

Der Verbraucher soll befähigt werden, einzel- und gesamtwirtschaftliche Interessen in ihrer Wechselwirkung zu erkennen, zu reflektieren und in den Lebenssituationen Arbeit, Freizeit und Konsum als einzelner und mit Unterstützung durch organisierte Interessenvertretung gleichgewichtig zu realisieren.

In diesem Lernzielkonzept drücken sich insb. drei Trends der verbraucherpolitischen Bildungsarbeit aus:

- Verbraucherbildung soll den individuellen Konsumenten nicht nur zu *reaktivem ex post-Verhalten* am Markt, sondern mehr zu *ex ante-Aktivitäten* befähigen.
- Verbraucherbildung soll den Verbraucher nicht nur zu einem kompetenten Marktteilnehmer befähigen, sondern die *Konsumentenrolle,* d. h. insb. auch den Ge- und Verbrauch von Produkten und Dienstleistungen, in ihrem *Bezug* zu *anderen Lebensbereichen* bewußt machen.
- Verbraucherbildung soll den Verbraucher — über die Befähigung zur individuellen Bedürfnisbefriedigung hinausgehend — zu mehr *gesellschaftlicher Verantwortlichkeit* führen.

Der Bezug zum Handel ist in allen Bildungszielen implizit enthalten, so daß es kaum weiterer Konkretisierungen bedarf. Angestrebt wird ein kritischer Verbraucher, der befähigt ist, vor und bei dem Kauf Informationen zu nutzen und einzufordern, reflektierte Kaufentscheidungen zu fällen und am Einkaufsort selbstbewußt seine Interessen zu vertreten. Ein wesentliches Bildungsziel liegt somit in der *Vorbereitung* auf den *persönlichen Kontakt* mit dem *Handel.* Der Konsument nimmt im Handel Dienstleistungen in Anspruch, an deren Erstellungsprozeß er beteiligt ist. Verkaufs-, Service- und Beschwerdegespräche erfordern für *symmetrische Interaktionen* selbstbewußte und aufgeklärte Gesprächspartner. Mit Hilfe der Verbraucherbildung sollen Ohnmachtsphantasien und wahrgenommener Verkaufsdruck reduziert werden, den viele Konsumenten bereits bei dem Betreten eines Ladens empfinden, bzw. unberechtigte Schuldattribuierungen vermieden werden, die zu verzerrten Problemwahrnehmungen und u. U. zu einem Verzicht auf Interessenartikulationen führen können. Sollte Verbraucherbildung diesbezüglich erfolgreich sein, hat dies für den Handel auch insofern besondere Bedeutung, da sich der Großteil der Konsumenten, die ein Problem mit einem spezifischen Produkt haben, beim Handel beschwert.

33 Verbraucherschutz

Das Instrument des Verbraucherschutzes umfaßt alle Rechtsvorschriften, die „... unmittelbar oder mittelbar die Stellung und das Verhalten des Verbrauchers regeln oder beeinflussen [Miletzki, 1982, S. 1]. Die Kernidee stellt die *Schutzbedürftigkeit* des Verbrauchers dar, deren Interpretation in den verschiedenen Konzeptionen der Verbraucherpolitik je nach zugrunde liegendem Menschenbild stark differiert. Hier steht das Bild des durch Verbraucherinformation und -erziehung mündig und stark zu machenden Verbrauchers als „Sozialutopie" dem Bild des rechtsschutzbedürftigen Verbrauchers gegenüber.

Marktmacht der Anbieter und abnehmende Orientierungschancen der Verbraucher bilden zwei Tendenzen, die die auf Wettbewerb beruhende *systembedingte* Verbraucherposition gefährden. Daneben bestehen *individuelle* Durchsetzungsprobleme des Verbraucherrechts. Diese Aspekte stärken die Bedeutung des Verbraucherschutzes als verbraucherpolitisches Instrument. Der Verbraucherschutz ist nicht nur als *marktkonformes* Instrument zu begreifen, wie z. B. wettbewerbsfördernde Maßnahmen, sondern auch *marktkompensatorisch,* wie z. B. Regelungen über staatliche Kontrollen oder die Entwicklung von countervailing power [Reich, Tonner, Wegener, 1976, S. I]. Das Verbraucherschutzrecht stellt ein umfangreiches, sich vielfach mit anderen Bereichen überschneidendes Rechtsgebiet dar [Kap. I, 415]. Es läßt sich insofern auch schlecht eingrenzen, als das Verbraucherinteresse als zusammenfassender Bezugspunkt ein sehr weitläufiger und interpretationsbedürftiger Begriff ist. Diese Vielgestaltigkeit hat dem Verbraucherschutz den Vorwurf einer eher kasuistischen und konzeptionslosen Ansammlung von Rechtsvorschriften eingebracht [Biervert, 1982, S. 49].

In Verbraucherwissenschaft und -praxis ist auch umstritten, in welchem Umfang die jeweiligen Gesetze bzw. jüngsten Gesetzesnovellierungen tatsächlich vom Gedanken des Verbraucherschutzes oder aber von *anderen Zielsetzungen* (Beispiele: Konkurrentenschutz, Mittelstandsförderung) geprägt sind. So loben beispielsweise Verbraucherpolitiker die jüngste Novelle des UWG vom 1.1.1987 wegen der Einführung eines Rücktrittsrechts bei unwahrer und irreführender Werbung, der Neuregelungen für Sonderveranstaltungen und der Bestimmung, daß mengenmäßige Beschränkungen eines Angebots unzulässig sind. Sie weisen aber zugleich kritisch auf die einschränkenden Klauseln zur Wahrnehmung des Rücktrittsrechts bei irreführender Werbung hin und sehen in der Neuregelung, die blickfangartige Werbung mit Preisgegenüberstellungen (Beispiel: Schilder an Sonderangeboten mit durchgestrichenem alten Preis sowie niedrigerem neuen Preis) verbietet, den Entzug einer wichtigen Informationsmöglichkeit für den Käufer [Bittermann, 1987, S. 23ff].

Stoßrichtungen des Verbraucherschutzes sind zum einen die oben als *Kontextinteressen* bezeichneten Tatbestände innerhalb des strukturellen Handlungsrahmens für die Ausübung der Verbraucherrolle. Dazu gehören u. a. die wettbewerbsfördernden Regelungen des GWB, wie z. B. das Kartellverbot, die vorbeugende Fusionskontrolle und Mißbrauchsaufsicht über marktbeherrschende Unternehmen sowie Behinderungs- und Diskriminierungsverbote. Was den Handel betrifft, so bestehen hier aufgrund seiner spezifischen Struktur besondere Anwendungsprobleme dieser Regelungen.

Die Fülle weiterer Rechtsvorschriften läßt sich auf die Realisierung *wirtschaftlicher Qualitäten* des Angebots in seinen verschiedenen Bestandteilen beziehen, wie u. a.

- *Produktqualität,* z. B. Regelungen zur Produktsicherheit; zum Schutz gegen Gesundheitsgefährdungen und zum Umweltschutz,
- *Beschaffungsqualität,* z. B. Regelungen zur Produktkennzeichnung; Schutz vor irreführender Werbung und unsittlichen Belästigungen (UWG) oder Schutz vor Kaufzwang durch Kopplungsgeschäfte,
- *Produktpreis und Beschaffungskosten,* z. B. Schutz vor irreführenden Sonderangeboten und unseriösen Sonderveranstaltungen (UWG) oder Gebot der Preisauszeichnung.

Schließlich richtet sich der Verbraucherschutz auf die *Stärkung* der *individuellen Rechtstellung* bei erlittenem Schaden, wie u. a. Widerrufsrecht und AGB-Recht, Reklamationsrecht, Recht der Schadenshaftung und Regelungen zur Rechtsdurchsetzung. In diesen Bereichen des Verbraucherschutzes entsteht ein Dreiecksverhältnis zwischen Verbraucher, vermittelndem Handel und Hersteller.

34 Verbrauchervertretung

Die organisierte Vertretung hat die *kollektive Wahrnehmung* des *Rechtes* auf *Anhörung* zum Ziel und befaßt sich mit der Formulierung und Durchsetzung von Verbraucherforderungen. Die institutionelle Basis ergibt sich aus der Struktur der Verbraucherorganisationen. Zentrale Handlungsfelder sind:

- Vertretungen in staatlichen Gremien (Lobbyismus in Legislative und Exekutive),
- Vertretungen in Selbsthilfeorganisationen der Wirtschaft (z. B. Normungsausschüsse),
- Vertretungen gegenüber individuellen Anbietern (z. B. Partizipation an Innovationsprozessen).

Angesichts der inhaltlichen Themenbreite bei der Vertretungsarbeit besteht für Verbraucherorganisationen das Problem, *differenziertes Expertenwissen* zu entwickeln und einzubringen. Dieses Problem ist insb. auch deswegen gravierend, weil das Vertretungspersonal knapp bemessen ist und sich in seiner generellen Vertretungsposition jeweils Spezialisten auf Anbieterseite gegenübersieht.

Diese Problematik gilt auch für den Handel. Da sich die Verbraucherpolitik diesem Wirtschaftssektor bisher relativ wenig zugewendet hat, ist u. U. das für die Verbrauchervertretung notwendige Expertenwissen sogar noch besonders wenig ausgebildet. Zudem bestehen hier große Informationsprobleme.

35 Organisierte Selbsthilfe

Bei einer weiten Auslegung des Begriffes „Verbraucherpolitik“ kann auch die organisierte Wahrnehmung von Anbieterfunktionen als Instrument der Selbsthilfe herangezogen werden. Die Verbraucher betätigen sich als Produzenten oder Händler und füllen damit empfundene Marktdefizite aus, die auf Unzufriedenheiten in der Güterversorgung mit Preisen oder Leistungen beruhen. In diesem Sinne gibt es mit den *Konsumgenossenschaften* eine lange Tradition dieser Form der Verbraucherarbeit. Sie entstanden als produktive Protestbewegungen der Arbeiter gegen unbefriedigende wirtschaftliche und soziale Zustände in der Frühzeit des Kapitalismus (1844: „Redliche Pioniere von Rochdale“) mit dem Ziel der wirtschaftlicheren Warenversorgung. Diese wurde auf genossenschaftlicher Basis durch niedrige Handlungskosten bei Leistungsbeschränkungen und durch Rückvergütung von Überschüssen nach Maßgabe der Nutzung genossenschaftlicher Einrichtungen realisiert[6]. Marktwirtschaftlich-ka-

[6] Zur Entwicklung der Konsumgenossenschaften vgl. Deter, 1967; Stuchlik, 1983; Aschhoff, Hennigsen, 1985; eine ausführliche Darstellung der neueren genossenschaftlichen Kooperativen im Nahrungsmittelbereich gibt Jösch, 1983.

pitalistische Eigengesetzlichkeiten haben offenbar diese verbraucherpolitische Institution von ihrer Ursprungsidee entfernt und dazu geführt, daß ihr Marktverhalten de facto kaum noch von den anderen Handelsinstitutionen zu unterscheiden ist.

In jüngerer Zeit ist die Idee der genossenschaftlichen Kooperativen zur Selbstwahrnehmung von Handelsfunktionen wieder belebt worden. Diese Entwicklung wurde vornehmlich in Zusammenhang mit Umweltkrisen durch Unzufriedenheit und Mißtrauen gegenüber der ökologischen Handlungskompetenz und Leistungsbereitschaft des Handels ausgelöst und hat das Ziel, ökologisch wünschenswerte Lebensformen durchzusetzen. Eine inhaltliche und organisatorische Verbindung zu den wesentlichen Trägern staatlicher bzw. halbstaatlicher Verbraucherpolitik besteht i. d. R. nicht.

36 Probleme der handelsbezogenen Verbraucherpolitik und Problemlösungspotentiale

Im folgenden sollen die Probleme der handelsbezogenen Verbraucherpolitik zusammenfassend und in Verbindung mit Problemlösungspotentialen dargestellt werden. Dabei soll der Schwerpunkt auf das Instrument der *Verbraucherinformation* und *-beratung* gelegt werden, mit dem nach meinen Einschätzungen die stärksten problemorientierten Gegensteuerungsmöglichkeiten zum Handelsmarketing bestehen.

1. *Zunächst ist grundlegend festzuhalten, daß der Handel zunehmend an Bedeutung als Einflußfaktor der Verbraucherwohlfahrt gewinnt. Daher muß die verbraucherpolitische Befassung mit dem Handel gestärkt werden.*

   Der wirtschaftliche Bedeutungszuwachs des Handels resultiert sowohl aus einem *quantitativen* Wachstum dieses Wirtschaftssektors wie aus einer *qualitativen* Verstärkung seines Markteinflusses durch Entwicklung des Marketingeinsatzes. Entsprechend kann die Forderung nach verstärkter Zuwendung verbraucherpolitischer Organisationen quantitativ wie qualitativ interpretiert werden.

2. *Die derzeitige Anwendung des verbraucherpolitischen Instrumentariums auf den Handel birgt die Gefahr dysfunktionaler Wirkungen aufgrund einer zu starken Waren- und Preisbezogenheit sowie einer Beschränkung auf die Absatzseite des Handels.*

   Die Politik der Verbraucherinformation und -beratung beruht grundsätzlich auf der Vorstellung, mit Hilfe besser informierter Konsumenten die Funktionsfähigkeit des Wettbewerbs zu erhöhen. Nun besteht aber angesichts der Selektivität der von Verbraucherorganisationen bereitgestellten Informationen grundsätzlich eine Gefahr, wiederum Wettbewerbsverzerrungen zu verursachen [Czerwonka, Schöppe, 1981, S. 165ff]. Dies trifft in Hinblick auf den Handel insb. für die vergleichenden Produkt- und Preisveröffentlichungen wie folgt zu:

   - *Einseitige Kauflenkung:* Die Produkt- und Preisinformationen leisten eine Kaufhilfe nur für eine begrenzte Auswahl umsatzstarker Produkte, und innerhalb dieser Auswahl werden die Verbraucher direkt auf billige Produkte und in Betriebsformen mit billigen Einkaufsmöglichkeiten gelenkt. Diese Kauflenkung erfolgt, ohne daß die Verbraucherorganisationen vermeiden können, daß die Konsumenten über Kompensationsartikel dennoch ungünstige Einkäufe tätigen. Auf der Beschaffungsseite liegt ein Nebeneffekt der Niedrigpreisorientierung in einer konzentrationsfördernden Wirkung mit ihren machtbedingten Wettbewerbsverzerrungen bei den Einstandspreisen. Darüber hinaus ist angesichts der Kurzfristigkeit und Dynamik der Handelsdispositionen wahrscheinlich, daß ein Teil der Informationen zum Zeitpunkt der Veröffentlichung nur noch Vergangenheitswerte liefert und damit falsche Steuerungswirkungen hat. Auch bleibt festzuhalten, daß diese kaufbeeinflussenden Informationen die Konsumenten davon abhalten, ihre Einkäufe nach Kategorien der wirtschaftlichen Qualität von Handelsleistungen zu organisieren.

— *Beitrag zur Qualitätseinschränkung im Handel:* Lassen sich die zum Preisbewußtsein angehaltenen Konsumenten vom qualifizierten Fachhandel beraten, um dann bei den preislich günstigeren Anbietern zu kaufen, sind auf Dauer auch die Fachhändler zur Einschränkung der Dienstleistungskomponente gezwungen.

— *Verlagerungen von Beratungsleistungen auf die Verbraucherorganisationen:* Eine Folge könnte darin bestehen, daß sich die Verbraucher, deren Beratungsbedarf nicht mehr befriedigt wird, zunehmend an Verbraucherorganisationen wenden, die ihnen dann — u. U. zunehmend gegen Entgelt — die Beratungen zukommen lassen, zu denen der Handel auch aufgrund der verbraucherpolitisch geforderten undifferenzierten Niedrigpreisfixierung der Verbraucher nicht mehr in der Lage ist. Der Prozeß, Funktionen der Produktinformation und -beratung aus dem Bereich des Handels auf Verbraucherorganisationen zu *verlagern,* hat die Tendenz, sich selbst zu verstärken. Vor allem identifizierende Preisinformationen, die mehr und mehr auch als Abrufinformationen über neue Medien verbreitet werden, tragen zu weiteren Einschränkungen der händlerischen Beratungsqualität bei. Dieser Effekt erscheint auf seiten der Verbraucherorganisationen als Abwälzung von Informationsbereitstellungskosten, die angesichts knapper eigener Ressourcen einerseits schwer zu tragen sind, andererseits allerdings auch zusätzlich Bekräftigung der eigenen Existenznotwendigkeit schaffen.

3. *Die Verbraucherpolitik sollte den Doppelcharakter des Handels mehr berücksichtigen, der das Angebot von Waren und Dienstleistungen miteinander verknüpft. Dazu ist eine Verlagerung von der eher waren- zur dienstleistungsbezogenen Betrachtungsweise notwendig.*

   Um die beschriebenen dysfunktionalen Wirkungen auf den Handel zu verhindern, haben verbraucherpolitische Organisationen die Aufgabe, *Verständnis* für die Dienstleistungsebene des Handels zu erarbeiten und an die Konsumenten zu vermitteln. Dies bedeutet Verzicht auf identifizierende Warenpreisinformationen, sofern nicht zugleich sinnvolle Qualitätsinformationen über die Handelsleistungen mitgeliefert werden können. Es ist Verständnis zu entwickeln für den unterschiedlichen Dienstleistungsumfang verschiedener Betriebsformen und für die damit zusammenhängenden Kostenwirkungen, damit die Verbraucher klare Positionen zu alternativen Angeboten wirtschaftlicher Qualitätsprofile im Handel beziehen können.

4. *Die Dienstleistungsseite des Handels ist verbraucherpolitisch schwer zu erfassen. Der Handel lebt — anders als Hersteller — insb. im Tagesgeschehen. Die Kurzfristigkeit und Dynamik seiner Dispositionen und die Vielfalt seiner Erscheinungsformen verursachen hohe Informationskosten für den Einsatz verbraucherpolitischer Instrumente, wie z. B. die vergleichenden Betriebsinformationen und Entwicklung von Qualitätsstandards.*

Während die Vermittlung eines generellen Verständnisses für Handelsleistungen relativ unproblematisch erscheint, entstehen erhebliche Schwierigkeiten bei der Ermittlung aussagefähiger *vergleichender Informationen* über Aspekte der Beschaffungs- und Nachkaufqualität sowie der Beschaffungs- und Nachkaufkosten. Hier ergeben sich zunächst ganz allgemeine Probleme der *Messung* von *Dienstleistungen,* die sich aufgrund ihres immateriellen Charakters einer Standardisierung und objektiven Prüfung entziehen. Zwar kann zweifelsfrei erhoben werden, ob (und wenn ja zu welchem Preis) bestimmte Serviceleistungen angeboten werden; es können auch einzelne Dimensionen der Beratungsqualität, z. B. Vollständigkeit und Richtigkeit der Information, methodisch sicher und objektiv erfaßt werden. Doch wesentliche Aspekte insb. der personenbezogenen Dienstleistungsqualität sind nur über subjektive Indikatoren wie Einstellungs- oder Zufriedenheitswerte zu messen. Eine Verallgemeinerung und Publizierung solcher Werte ist aber aufgrund von Besonderheiten der Dienstleistungsproduktion mit Problemen behaftet. Personenbezogene Dienstleistungen werden in Interaktion zwischen Handelspersonal und Konsument erstellt. Ihre Qualität hängt somit vom physischen und psychischen Zustand des Angestellten ebenso ab wie von der Art und Beteiligung des Kunden sowie von Existenz und Verhaltensweisen weiterer Kunden. Insofern kommt es zu *individuellen* und *veränderlichen Dienstleistungsqualitäten,* so daß Einstellungs- und Zufriedenheitswerte einzelner Testkäufer nur von begrenzter Aussagefähigkeit sein dürften. Als Ansatzpunkte vergleichender Information kommen Handelsbranchen und Betriebsformen auf überregionaler und regionaler Ebene und einzelne Betriebe auf lokaler Ebene in Frage[7]. Informationen über Branchen und Betriebsformen können überregional auf Stichprobenbasis ermittelt und distribuiert werden. Dadurch erhalten die Verbraucher Hintergrundinformationen über die Branchen und Betriebsformenspezifika (Beispiel: Beratungsleistungen des Möbelfachhandels). Direkte Beschaffungshinweise würden Betriebsvergleiche auf lokaler Ebene leisten, die allerdings als Vollerhebungen unüberschaubare Kosten verursachen würden und aufgrund der beschriebenen methodischen Probleme auch hohe Rechtsrisiken zur Folge hätten.

Neben den vergleichenden Betriebsinformationen gibt es erste konzeptionelle Ansätze für die Dienstleistungsebene des Handels, und hier vor allem für Beratungsleistungen Qualitätsstandards zu entwickeln[8]. Gedacht ist an verbindliche Vorgaben für einzelne Dimensionen im Rahmen einer Auflagenpolitik, die vornehmlich in Form einer Selbstverpflichtung der Unternehmen oder Verbände durchgesetzt werden könnten.

---

[7] „Retailing is in many respects a localized activity, and retailers may be subject to pyramids of local, state or provincial, regional, and national controls" [Hollander, Boddewyn, 1974, S. 56].

[8] Vgl. erste Vorschläge bei Schoenheit, 1985b, S. 219ff.

5. *Durch Konzentrations- und Kooperationsprozesse ergibt sich eine zusätzliche überregionale Handlungsebene der Verbraucherpolitik.*
   Abgesehen von der grundsätzlichen wettbewerblichen Problematik des Konzentrationsprozesses entstehen den Verbraucherorganisationen machtvolle Dialogpartner auf überregionaler Ebene als Ergänzung lokaler handelsbezogener Verbraucherarbeit. Über Großkonzerne kann auch aufgrund einer Stichprobe unter den Verkaufsstellen überregional informiert werden, was allerdings zu Wettbewerbsvorteilen gegenüber kleineren Händlern führt.

6. *Für die handelsgerichtete verbraucherpolitische Arbeit werden starke Parteilichkeitsprobleme zwischen den Betriebsformen entstehen. Insofern ist die Entwicklung von Segmentierungsansätzen in der Verbraucherarbeit wichtig.*
   Die handelsgerichtete Verbraucherpolitik erfordert eine an Betriebsformen und Branchen orientierte Differenzierung der Leistungsdimensionen, um der Vielfalt von Erwartungsprofilen im Handel gerecht zu werden.

7. *Der Handel hat als Dienstleister institutionelle Marktpräsenz auf lokaler Ebene.*
   Der Aspekt institutioneller Marktpräsenz eröffnet auf *lokaler* Ebene *Dialogmöglichkeiten* mit den Handelsunternehmen und damit günstige Voraussetzungen für die Entwicklung von verbraucherpolitischen „push"-Strategien. Angesichts zunehmender Bedeutung des Handels ist die *Stärkung lokal agierender Verbraucherinstitutionen* eine notwendige Konsequenz.

8. *Der institutionelle Kontakt mit dem Verbraucher verbessert verbraucherpolitisch die Chance der aktiveren Einbeziehung von Verbrauchern.*
   Durch die *Mitarbeit* von *Verbrauchern* können auf Lokalebene zusätzliche Informationen über handelsseitige Konsumentenzufriedenheit/-unzufriedenheit generiert werden, um damit auch die oben angesprochenen Kostenprobleme zu reduzieren. Zur Stimulierung entsprechender Informationen stehen verschiedene Wege zur Verfügung, wie z. B. Aufrufe in Zeitungen zu bestimmten Handelsthemen (analog zu den realisierten Kreditaktionen der Verbraucherzentralen) oder die Erstellung von *Verbrauchergutachten.* Die Informationen sind relativ kostengünstig erhältlich, von der Basis der Verbraucher initiiert und damit authentisch im Sinne der Verbraucherbedürfnisse und -erwartungen. Diese Informationen können in verdichteter Form an die Verbraucher zurückgegeben bzw. den Händlern entgegengehalten werden. Da von einer hohen Kommunikationsbereitschaft der Konsumenten auszugehen ist[9], dürfte insgesamt ein realitätsgerechtes Bild der Handelsproblematik entstehen, auch wenn Repräsentationsmängel in Kauf genommen werden müssen, die daraus entstehen, daß die Artikulationsbereitschaft der Konsumenten nicht gleichmäßig verteilt ist.

9. *Die institutionelle Marktpräsenz des Handels schafft gute Wirkungsvoraussetzungen in der Anwendung des Gratifikationsprinzips.*
   Die Informationsvermittlung über Handelsleistungen sollte im Sinne dieses Gratifikationsprinzips nicht nur negative, sondern auch *positive Erfahrungen* umfassen. Diese können zur Verstärkung der als wünschenswert erachteten Leistun-

[9] Die Verbraucher, die zur Mitarbeit an Verbrauchergutachten gewonnen werden können, haben i. d. R. ein ego involvement hinsichtlich der Verbraucherrolle.

gen benutzt werden, indem sie Hilfestellung dazu leisten, daß sich Unternehmen durch verbraucherzentriertes Verhalten im Markt positionieren. Positive Auszeichnung könnte auf lokaler Ebene sehr wirkungsvoll sein.

10. *Inhaltlich sollte die Verbraucherpolitik den Handel mehr als gatekeeper verstehen und seine Beschaffungsaufgaben einbeziehen.*

Der Handel ist als Vermittler zwischen Produktions- und Konsumbereich zu verstehen. Eine Verbraucherpolitik, die sich auf seine Absatzseite beschränkt, würde nur unvollkommen und u. U. sogar verzerrende Beeinflussungsstrategien entwickeln.

4 Reaktionsstrategien des Handels

41 Verbraucherpolitische Forderungen zwischen gesellschaftlichen und ökonomischen Zielen des Handelsunternehmens

Aus der Konfrontation des Handelsmarketing mit Kritik und Forderungen der Verbraucherpolitik ergibt sich die Frage nach dem *Handlungsspielraum* des Handelsunternehmens für Reaktionsstrategien. Diese bewegen sich in einem Feld zwischen *gesellschaftlichen* und *ökonomischen Zielen* bzw. zwischen gesellschaftlicher Verantwortung[1] für die Betroffenen und ökonomischem Eigennutz in Gestalt von Umsatz und Gewinn. Bei Betrachtung verbraucherpolitischer Forderungen hinsichtlich ihrer Konsequenzen für diese Ziele, ergeben sich *vier verschiedene Handlungssituationen,* die sich entweder durch Kompatibilität oder durch eine Dilemmasituation kennzeichnen lassen. Es ist sinnvoll, die Analyse in kurz- und langfristiger Perspektive durchzuführen, da sich die Auswirkungen verbraucherpolitischer Forderungen auf die unternehmerischen Ziele im Verlauf der Zeit verschieben können [Schaubild V, 4.1]:

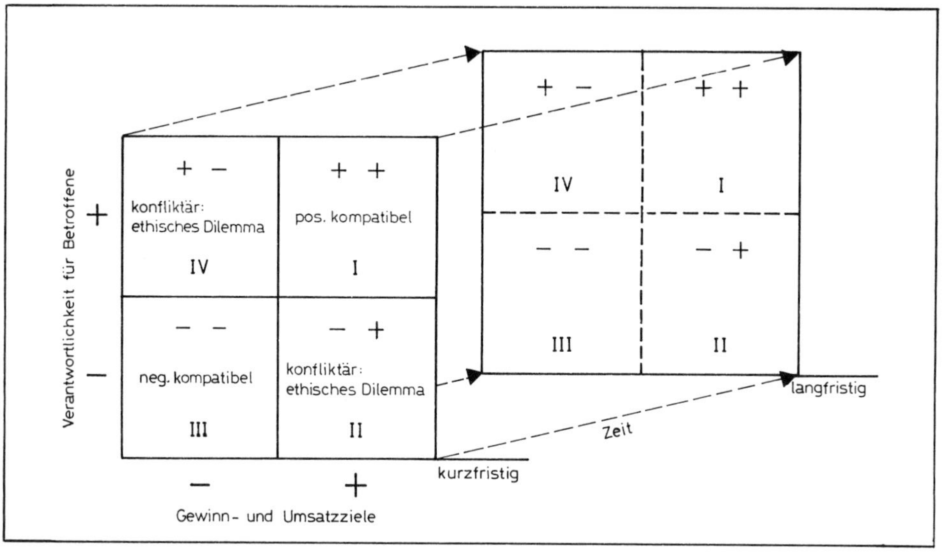

Schaubild V, 4.1: Handlungssituationen zwischen ökonomischem Eigennutz und gesellschaftlicher Verantwortung

Beispiele zu den Handlungssituationen:

kurzfristig

I Vermeidung unsicherer und schädlicher Produkte ohne negative Spannenwirkung,

II Verschweigen negativer Produktargumente zur Erfolgssteigerung im Verkauf,

---

[1] Vertiefende Literatur zur Problematik der Marketingethik vgl. Hansen, U., 1988a, S. 711–721, und die dort angegebene Literatur; weiterhin den Reader von Laczniak, Murphy, 1985.

III unternehmerisch uninteressant,
IV Übernahme zusätzlicher Kosten durch Redistribution von Mehrwegverpackungen oder recyclierbaren Abfällen.

langfristig

I langfristige Positionierungsstrategie der Sozialverantwortlichkeit zahlt sich durch eine positive corporate identity aus (kann aus I und IV der kurzfristigen Strategien resultieren),
II Fortsetzung von II (kurzfristig) ohne gesellschaftliche Auffälligkeit,
III unternehmerisch uninteressant,
IV verantwortliches Handeln findet auch langfristig keine profitable Anerkennung im Markt.

Ansgesichts dieser verschiedenen Situationen steht ein Unternehmen vor folgenden Entscheidungsaufgaben:

- Chancenfelder der Kompatibilität erkennen und ausbauen (I, Wahrnehmungsprobleme)[2],
- prognostizieren, wo sich kurzfristige Dilemmasituationen in langfristige Kompatibilität umwandeln, d. h. Verantwortlichkeit langfristig profitabel wird ($IV_k \rightarrow I_{la}$),
- Konsensgrenzen für Dilemmasituationen abstecken, d. h. die Tragbarkeit von Moralverlust einerseits (II) oder Gewinn/Umsatzverlust andererseits (IV) definieren.

Gesellschaftliche Verantwortung kann nicht *verordnet,* aber auch nicht *ignoriert* werden. Jede unternehmerische Entscheidung enthält neben der ökonomischen Perspektive auch *Wertelemente.* Die verbraucherpolitischen Forderungen konkretisieren für den Handel diese gesellschaftliche Wertbasis, wobei aufgrund unterschiedlicher verbraucherpolitischer Positionen gewisse Unsicherheitsbereiche hingenommen werden müssen.

42 Reaktionsstrategien und ihre Determinanten

Vor dem Hintergrund der genannten Ziel- und Wertkonstellationen entwickeln die Unternehmen unterschiedliche Reaktionsstrategien auf verbraucherpolitische Kritik und Forderungen. Diese werden in der Literatur im Anschluß an Feldman [1971, S. 58f] auf 4 Verhaltenstypen reduziert:

- *Ignoranz* als Nichtwahrnehmung oder bewußte Nichtbeachtung der verbrauchspolitischen Forderung,
- *Widerstand* gegen gesellschaftliche Anspruchsveränderungen durch Public-Relations-Maßnahmen und Lobbytätigkeit,
- *Anpassung* des Marketing entsprechend der verbraucherpolitisch bedingten Änderungen des Aktionsrahmens,
- *Innovation* als frühzeitige und kreative Nutzung verbrauchspolitischer Impulse für Veränderungen im Marketing.

[2] Demgegenüber hatte eine empirische Untersuchung von Dornoff und Tankersley, 1975/76, S. 38, im amerikanischen Handel das Ergebnis, daß die Händler überwiegend Dilemmasituationen wahrnehmen.

Für die Interaktion zwischen Handelsmarketing und Verbraucherpolitik ist die Frage von entscheidender Bedeutung, welche *Determinanten* die Wahl unter den 4 Reaktionsstrategien beeinflussen. Sie sollen im folgenden in Anlehnung an die allgemeineren Überlegungen von Stauss [1985, S. 73] für den Handel dargestellt werden, weil daraus sowohl für den Handel wie auch für Verbraucherorganisationen strategische Gestaltungsempfehlungen abgeleitet werden können. Stauss interpretiert in diesem

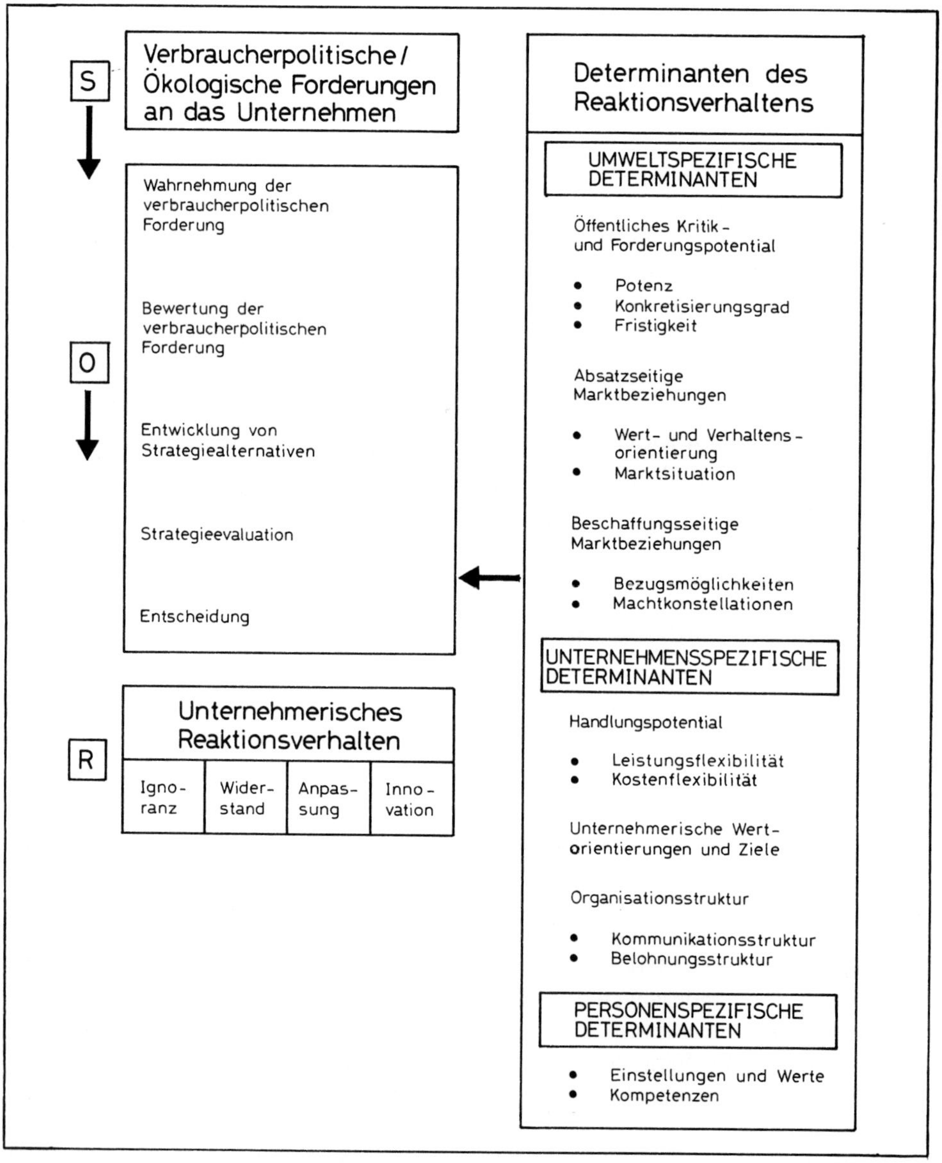

Schaubild V, 4.2: Determinantenmodell unternehmerischer Reaktionen auf verbraucherpolitische Forderungen [Quelle: Stauss, 1985, S. 73 mit Veränderungen]

Konzept das Reaktionsverhalten als *entscheidungsorientierten Verarbeitungsprozeß* hinsichtlich eines externen Stimulus (verbraucherpolitische Forderung) gemäß eines S-O-R-Modells. Auf diesen Verarbeitungsprozeß wirken verschiedene Determinanten als Rahmenfaktoren ein, die hier handelsspezifisch zu analysieren sind [Schaubild V, 4.2].

421 Umweltspezifische Determinanten

Als umweltspezifische Determinanten sind beim Handel aufgrund seiner gatekeeper-Stellung Beschaffungs- und Absatzseite relevant, wobei auf der Absatzseite die Initialwirkungen liegen:

Öffentliches Kritik- und Forderungspotential: Hohe Potenz[3], *hoher Konkretisierungsgrad* bezüglich des Adressaten und *zeitliche Präzision* verbraucherpolitischer Kritik und Forderungen stärken bei den Unternehmen die Wahrnehmung eines verbraucherpolitischen Handlungsbedarfs. Diese Elemente bestimmen den öffentlichen Druck, unter den ein Unternehmen geraten kann, und aktualisieren seine Risikovermeidungsperspektiven. Für den Handel ist hier i. d. R. nur von *schwachen* Impulsen auszugehen. Selten wird eine Handelsunternehmung zum Gegenstand eines öffentlichen Skandals; der Grund liegt in der *diffusen Ausprägung* seiner Verantwortlichkeiten. Die Bedeutung seiner Vermittlungsleistungen wird daher oft *unterschätzt.* So wird die Herstellung eines schädlichen Produktes für kritikwürdiger gehalten als dessen Verbreitung. Insofern ist zu vermuten, daß die Handelsunternehmen ihren verbraucherpolitisch orientierten Handlungsbedarf weniger unter dem Gesichtspunkt der Risikovermeidung in bezug auf öffentliches Prestige sehen.

Absatzseitige Marktbeziehungen

Wert- und Verhaltensorientierung: Es ist keinesfalls selbstverständlich, „... daß Konsumenten bei Maßnahmen, die in ‚ihrem Interesse' liegen, positiv reagieren und diese Neuerungen akzeptieren" [Bruhn, 1978, S. 26]. Hier ist ein *Diffusionsprozeß* von *Verbraucherforderungen* zu berücksichtigen, der die Konsumentengruppen und -schichten in gewisser Abfolge erfaßt. Aus diesem Grund stellt das spezifische Wertesystem der Konsumentenzielgruppen für die Reaktionsstrategie eines Handelsunternehmens eine wesentliche Determinante dar. Soweit im Handel verbraucherpolitisch orientierte Reaktionsstrategien (Anpassung und Innovation) mit aktiver Chancenorientierung in Verbindung gebracht werden, findet eine Positionierung eher in dem *Marktsegment aktiver* oder *aktivierbarer Konsumenten* statt, um damit akquisitorisches Potential zu mobilisieren. Untersuchungen über den Wertewandel in unserer Gesellschaft zeigen, daß sich die Gruppe jener Konsumenten vergrößert, die verbraucherpolitische Werte teilen, insb. im Bereich der Umweltverantwortlichkeit [Raffée, Wiedmann, 1987a; 1988, S. 198ff]. Insofern sind angesichts weiterer Diffusioner-

[3] Potenz einer öffentlichen Artikulation resultiert aus der Marktverbreitung der Forderung, dem Sanktionierungspotential der Artikulatoren, der Unterstützung durch Medien und politische Instanzen sowie der Bedeutung im Kaufentscheid.

wartungen Innovationsstrategien auch als Marktinvestitionen in zukünftiges akquisitorisches Potential anderer Zielgruppen denkbar.

Ein Interpretations- und Prognoseproblem ergibt sich hinsichtlich der Diskrepanz von Werten und Verhalten der Konsumenten, und zwar insb. hinsichtlich des Einkaufsstättenverhaltens. Diese Frage berührt unmittelbar die Stärke des mobilisierbaren akquisitorischen Potentials. Sie ist nur branchenbezogen aufzuklären durch eine Analyse verbraucherpolitisch bedingter Veränderungen in der Wahrnehmung der wirtschaftlichen Qualitäten hinsichtlich ihrer Nutzen- und Opferkomponenten.

Marktsituation: Unter dem Begriff Marktsituation können *Marktform, Bedarfssituation* und *Markttransparenz* zusammengefaßt werden. Diese beeinflussen die zu erwartenden Elastizitäten der Nachfrage in bezug auf die unternehmerischen Reaktionsstrategien und geben damit für die Strategiebewertung wichtige Hinweise auf kosten- und erlöswirksame Konsequenzen. Die Umsatzeinbußen negativer Reaktionsstrategien (Ignoranz und Widerstand) steigen

— mit der Intensität der Konkurrenzsituation und dem Umfang, in dem Konkurrenten positive Strategien ergreifen,
— mit abnehmender Dringlichkeit des Bedarfs (Möglichkeit der Kaufeinschränkung),
— mit der Bedeutung der verbraucherpolitischen Forderung für den Kaufentscheid (z. B. Gesundheitsgefährdung),
— mit der Transparenz der eingeschlagenen Reaktionsstrategie am Markt.

Unter dem Gesichtspunkt der Vermeidung von Umsatzeinbußen und der Gewinnung von akquisitorischem Potential erscheinen demnach in entsprechenden Situationen die Strategiealternativen Anpassung oder Innovation angebracht.

Kontaktsituation: Die Entscheidung für positive oder negative Reaktionsstrategien wird von der Kontaktsituation zwischen Unternehmung und Konsument beeinflußt. Der Handel verfügt als gatekeeper über institutionelle Marktpräsenz. Seine Marktinvestitionen richten sich überwiegend auf die Gestaltung seines *Firmenimages.* Entsprechend ist er bei seinen Kunden um Firmenloyalität bemüht. Im Vergleich zu Herstellern mit Sachmarkenerzeugnissen stellt die institutionelle Präsenz für eine innovative Reaktionsform eine positive Voraussetzung dar. Sie schafft den Konsumenten z. B. bessere Orientierungsmöglichkeiten für Beschwerdeäußerungen und erleichtert den Unternehmen somit die *Wahrnehmung* von *Verbraucherproblemen.* Eine innovative Reaktionspolitik ist insofern effizient, als Wirkungen einzelner Maßnahmen auf das Institutionenimage irradiieren und somit eine *umfassende Vertrauensbasis* erzielen. Dieser Punkt ist sehr entscheidend für die Vorzugsstellung des Handels bei der Realisierung eines „consumerism approach of marketing".

Beschaffungsseitige Marktbeziehungen

Bezugsmöglichkeiten: Der Handel ist als gatekeeper nicht für bestimmte Produkte verantwortlich — abgesehen von seinem Eigenmarkenprogramm —, sondern für seine *Selektions-* und *Vermittlungsleistungen.* Diese Vermittlungsrolle ist eine begünstigende Determinante für positive Reaktionsstrategien. Grenzen liegen in einigen Branchen in mangelhafter Erhältlichkeit geeigneter Produkte.

Machtkonstellationen: Die Handlungsmöglichkeiten gegenüber den Lieferanten richten sich nach den *Machtkonstellationen* bzw. dem *Marktseitenverhältnis* zwischen beiden. Ist ein Händler in einer relativ wichtigen Position — sei es aufgrund eines quantitativ umfangreichen Regalflächenangebots oder einer qualitativ für den Lieferanten interessanten Schlüsselposition zu einer bestimmten Zielgruppe —, so kann er im Marktweg eine Art Führerschaft bei der Entwicklung von Marketingprogrammen übernehmen (z. B. durch Erlaß von Rahmenrichtlinien). Ein relativ bedeutungsloser Händler hat wenig Einfluß auf das Verhalten von Lieferanten und kann daher im wesentlichen nur bei der Selektion von Lieferanten und Produkten und bei der Gestaltung eigener Leistungen aktiv werden. Seine Machtposition wird weiter geschwächt, wenn die Lieferanten den Konsumenten gegenüber direkte Beeinflussungsstrategien anwenden (z. B. durch Werbung), die den Handel einem Nachfragesog aussetzen und seine Entscheidungsfreiheit bei der Selektion von Produkten einschränken.

422 Unternehmensspezifische Determinanten

Handlungspotential: Leistungs- und Kostenflexibilität

Das Handlungspotential leitet sich aus *Leistungs-* und *Kostengrößen* ab. Je nach Umfang und Art verbraucherpolitischer Forderungen entstehen Anforderungen an das Handlungspotential bei der Entwicklung von Reaktionsstrategien. Die Entscheidung für eine innovative Reaktionsstrategie fällt um so leichter, je besser die ökonomische Leistungsfähigkeit des Unternehmens ist und je befriedigender die aktuelle Gewinnsituation. Empirisch zeigt sich dieser Sachverhalt auch in der Beobachtung, daß das soziale Engagement von Unternehmen in Zeiten konjunktureller Aufwärtsentwicklungen zunimmt [Jehle, 1980, S. 178].

Speziell für den Handel kann von *hoher Leistungs-* und *Kostenflexibilität* ausgegangen werden. Seine Investitionen sind in bezug auf das Warenangebot oft relativ *unspezifisch.* Umsatz und Gewinn basieren i. d. R. auf einem breiten Produktangebot, innerhalb dessen hohe *Kompensationsmöglichkeiten* bestehen. Diese vergrößern sich mit zunehmender Breite des Sortiments (viele komplementäre Produktbeziehungen). Soweit sich also verbraucherpolitische Kritik und Forderungen auf Produkte richten, hat der Handel umfangreiche Handlungsmöglichkeiten. Darin liegt eine weitere Begünstigung für innovative Reaktionsstrategien.

Unternehmerische Wertorientierungen und Ziele

Verbraucherpolitische Forderungen tangieren in einer Unternehmung sowohl gesellschaftliche wie ökonomische Ziele und Werte. Die Relation zwischen beiden schlägt sich in Form von *Unternehmensgrundsätzen (Unternehmensphilosophie)* und im *Zielsystem* nieder. Dabei ist der Stellenwert gesellschaftlicher Ziele innerhalb des Zielsystems und die Assoziation mit der Verwirklichung ökonomischer Ziele von Bedeutung. Die faktische Existenz gesellschaftlicher Ziele und Grundsätze beeinflußt *alle* Phasen des Entscheidungsprozesses. So ist die Wahrnehmung verbraucherpolitisch relevanter Handlungsfolgen notwendig, um überhaupt mögliche Kompatibilitätsfelder zwischen gesellschaftlichen und ökonomischen Zielen zu erkennen. Es ist zu vermuten, daß die oben aufgezeigten Handlungspotentiale des Handels für die Entwicklung innovatorischer Reaktionsstrategien umfangreiche Kompatibilitätsfelder, d. h. Chancen der gleichzeitigen Verwirklichung gesellschaftlicher und ökonomischer Ziele eröffnet, die aber *mangels verbraucherpolitischer Sensibilität* oft *nicht erkannt* werden. Soweit gesellschaftliche Ziele in der Unternehmung existent sind, werden die entsprechenden Forderungen aus der Umwelt ernster genommen. Für die Strategieevaluation ist die Relation zwischen gesellschaftlichen und ökonomischen Zielen und damit insb. die Festlegung der Konsensgrenzen für Dilemmasituationen von Bedeutung.

Organisationsstruktur

Der Umgang mit verbraucherpolitischen Forderungen wird von Determinanten der Organisationsstruktur beeinflußt. So ist die Wahrnehmung um so wahrscheinlicher, je stärker in der Kommunikationsstruktur die systematische *Umweltforschung* verankert ist und je expliziter eine organisatorische Einheit mit der Suche, Interpretation und Weiterleitung verbraucherpolitisch relevanter Informationen betraut ist.

423 Personenspezifische Determinanten

Innerhalb der unternehmerischen Wertorientierung (Kultur) spielt das *Wertesystem* des *Entscheidungsträgers* eine wesentliche Rolle. Nach dem Prinzip selektiver Wahrnehmung nehmen Individuen solche Umweltaspekte eher zur Kenntnis, die mit dem eigenen Wertesystem korrespondieren. Insofern ist durch unternehmerische Maßnahmen der Personalpolitik Einfluß im Sinne der Stützung verbraucherzentrierter Werte zu nehmen. Ein entsprechendes unternehmerisches Wertesystem muß allerdings auch in der *Belohnungsstruktur* seine Verankerung finden. Dominiert hier die alleinige Orientierung an ökonomischen Erfolgskriterien, geraten Mitarbeiter und Manager in eine persönliche ethische Dilemmasituation, und die ethische Lücke zwischen Privat- und Berufsleben verbreitert sich[4].

---

[4] Amerikanische Untersuchungen unterstützen diese These [Ferrell, 1985, S. 36ff], wobei natürlich Transferprobleme zu berücksichtigen sind. Aber auch Pestalozzi, 1982, S. 468, argumentiert in die gleiche Richtung. Er spricht in dieser Hinsicht von der Schizophrenie des Managers und stellt fest, daß die Manager zu den Bevölkerungsgruppen mit der höchsten Selbstmordrate zählen. Er gibt Managern zu bedenken: „Würden Sie sich tatsächlich darüber freuen, wenn Ihr junger sportlicher Sohn mit 14, 15 Jahren zu rauchen beginnen und mit 16 Jahren bereits sein tägliches Päckchen Zigaretten inhalieren würde? Wohl kaum! Aber: weshalb akzeptieren Sie dann, daß Ihre Kollegen aus der Tabakbranche versuchen, das Zigarettenrauchen den Begriffen ‚jung', ‚dynamisch', ‚vital', ‚ja', ‚sportlich' gleichzusetzen?"

5 Ansätze eines verbraucherzentrierten Marketing-Management-Systems im Handel

Die voranstehende Erörterung von Determinanten des handelsseitigen Reaktionsverhaltens auf Verbraucherforderungen und verbraucherpolitische Kritik gibt Hinweise auf generelle Bedingungskonstellationen, die eine Realisierung verbraucherpolitisch aufgeschlossener Strategien gerade im Handel begünstigen. Insofern erscheint es erklärlich, daß es in erster Linie Handelsunternehmen sind, die vor allem in den USA und der Schweiz als eindrucksvolle verbraucherpolitisch orientierte Innovatoren aufgetreten sind[1]. Auch bei bundesdeutschen Handelsunternehmen sind ermutigende Ansatzpunkte zu erkennen[2]. Darüber hinaus bietet die Determinantenanalyse Einsichten in die handelsunternehmerischen Voraussetzungen für ein ausgeprägt verbraucherzentriertes Marketing im Sinne einer grundsätzlichen Verpflichtung auf eine umfassende innovatorische Reaktionsstrategie. Ein entsprechendes Verhalten ist danach nur dann zu erwarten, wenn

- verbraucherbezogene Werte in Unternehmensphilosophie und -zielsystem aufgenommen und zum Kern der corporate identity und der corporate culture werden,
- durch eine entsprechende Personalpolitik Einfluß auf das Wert- und Einstellungssystem der Mitarbeiter aller Hierarchiestufen genommen wird und
- durch eine entsprechende Gestaltung der Organisationsstruktur sichergestellt ist, daß Verbraucherbelange wahrgenommen und in den unternehmerischen Entscheidungsprozeß eingebracht werden.

51 Verbraucherzentrierte corporate identity und corporate culture als zentrale Ausgangspunkte

Die wesentliche Grundlage für den Entwurf eines verbraucherzentrierten Marketing ist die Aufnahme einer verbraucherpolitischen Orientierung in die Unternehmensziele und Unternehmensphilosophie. Wird in einer Art Unternehmensleitbild die Verpflichtung gegenüber dem Verbraucher festgehalten und diese Verpflichtung auch veröffentlicht, so daß verbindliches Handeln unumgänglich ist, entsteht eine entsprechende Unternehmenspersönlichkeit nach innen und außen (corporate identity) im Sinne der Verbraucherzentrierung.

Beispielhaft sei auf die „Thesen von 1950" von Gottlieb und Adele Duttweiler als Grundlage der Migros-Unternehmensphilosophie verwiesen, in denen u. a. eine Ausrichtung der Unternehmenspolitik auf die Wünsche des Volkes, Allgemeininteresse vor Migros-Interesse, Verzicht auf Machtpolitik und Schutz der Schwachen festgeschrieben sind. Auf der Grundlage einer solchen Unter-

---

[1] Dazu zählen Giant Food Inc. (Schwerpunkt Lebensmittel, USA), J. C. Penney Comp. (Versandhandelsunternehmen, USA), Stop & Shop Comp. (Einzelhandelskette, USA), Migros (Genossenschaftliche Einzelhandelskette, Schweiz). Zur vertiefenden Lektüre vgl. zu Giant Food: Peterson, 1974, S. 91—101; zu Migros: Holliger, 1985, S. 296—302.

[2] Beispiele: Beschwerdepolitik bei Quelle; umweltpolitische Innovationen bei den Unternehmen Tengelmann; Co op, Dortmund; AVA, Bielefeld.

Kunstsponsoring des Handels

nehmensphilosphie werden verschiedene Teilziele abgeleitet. Das verbraucherbezogene Oberziel wird dabei folgendermaßen umrissen:

Die Migros will „dem Verbraucher durch rationelle Vertriebsmethoden und grundsätzlich tief gehaltene Handelsmargen mit preisgünstigen Qualitätsprodukten und hochwertigen Dienstleistungen eine überdurchschnittlich gute Befriedigung seiner Bedürfnisse bieten. Sie schafft deshalb besondere Qualitätsnormen, die im allgemeinen wesentlich über die gesetzlichen Vorschriften hinausgehen. Auf den Verkauf besonders schädlicher Produkte (wie z. B. alkoholische Getränke und Tabakwaren) verzichtet sie, auch wenn das vom geschäftlichen Standpunkt aus günstig wäre. Mit offenen, ehrlichen Informationen fördert sie das kritische Verbraucherbewußtsein" [Migros-Genossenschaft-Bund, Sozialbilanz 1978, S. 9].

Wie die Sozialbilanzen dieses Handelsunternehmens ausweisen, werden entsprechende Ziele weiter präzisiert und der jeweilige Zielerreichungsgrad offen publiziert.

Mit einer solchen Berücksichtigung der Verbraucherinteressen kann der Handel den Seyffert'schen Begriff der Interessenwahrungsfunktion aufgreifen und das Unternehmensbild des gatekeeper als „purchase agent" schaffen. Der Verbraucher sieht im Handel zunächst seinen unmittelbaren Ansprechpartner. Er trifft auf den Handel im Zeitpunkt der sehr maßgeblichen *Kaufsituation.* Je vielgestaltiger und intransparenter die Marktsituation für ihn ist, desto wichtiger wird die selektierende und beratende gatekeeper-Position des Handels. Hat der Konsument die Erfahrung gemacht, daß der Handelsbetrieb glaubwürdiger „Interessenwahrer" für die Konsumenten ist, werden positive Voraussetzungen für Geschäftstreue und für eine unverwechselbare Positionierung des Unternehmens geschaffen.

Corporate identity-Maßnahmen erschöpfen sich aber nicht in den direkten Beziehungen zu der Konsumentenklientel. Die lokale Bedeutung des Einzelhandels eröffnet eine Fülle von verbraucherpolitisch relevanten Aktivitäten, die eine Stärkung der wahrgenommenen Unternehmenspersönlichkeit bei den ansässigen Bürgern verschafft.

Eine corporate identity im Sinne der Verbraucherzentrierung ist keine durch public relations-Maßnahmen geschaffene Kommunikationsfigur, sondern ein konsistentes Handeln nach außen, das innerbetrieblich durch eine entsprechende Unternehmenskultur abgestützt ist. In diesem Zusammenhang bedeutet Unternehmenskultur vor allem das *sozio-ökonomische Wertberücksichtigungspotential* des Unternehmens [Ulrich, 1987, S. 139], also seine Fähigkeit, für die sozialökonomischen Präferenzen der Verbraucher empfänglich zu sein und ihnen durch vielfältige Maßnahmen personalpolitischer, organisatorischer oder symbolischer Art zu entsprechen.

52 Verbraucherzentrierte Personalpolitik

Das Personal stellt den Kontakt zwischen Handelsunternehmen und Konsument her. Es trägt die Werte des Unternehmens nach außen und realisiert sie in der täglichen Abwicklung der Kundenbeziehungen. Umgekehrt kommen wichtige Kundeninformationen über das Personal in die Unternehmung.

Die Intensität des Personaleinsatzes im Handelsunternehmen verursacht dessen Bedeutung für die Entwicklung eines verbraucherzentrierten Marketing, selbst wenn zu berücksichtigen ist, daß hier betriebsformenspezifisch wesentliche Unterschiede bestehen. Insofern ist eine adäquate Personalpolitik Voraussetzung für Kundenorien-

Identität stiftender Personaleinsatz

tierung, oder wie Berry, Hensel und Burke [1976, S. 8] diesen Zusammenhang formulieren: „... by satisfying the needs of its customer-affecting employees, the retail firm upgrades its capability for satisfying the needs of its customers".

Das Prinzip der Verbraucherzentrierung betrifft *alle* Bereiche der Personalpolitik, nämlich die *Personalbeschaffung* und *-entwicklung, Personaleinsatz, Personalbeurteilung* und *-belohnung.* In der Personalbeschaffung kann bereits eine verbraucherzentrierte Wertorientierung als eines der Auswahlkriterien aufgenommen werden, das dann im Verlauf der Personalentwicklung ständig weiter verfolgt und mit verbraucherpolitisch orientiertem Kompetenzerwerb verbunden werden muß. Im Personaleinsatz ist eine verbraucherzentrierte Abstimmung zwischen Ein- und Verkaufspersonal ein wesentliches Problem, um die Idee des „purchase agent" lebendig zu halten. Im Absatzbereich resultieren wesentliche Schwierigkeiten aus den Beschäftigungsschwankungen, die in Stoßzeiten zu Personalüberlastungen führen. Hier läßt sich als Grundprinzip für Beschäftigungsanpassungen festhalten, daß humane Arbeitsbedingungen eine wichtige Voraussetzung für die Realisierung einer verbraucherzentrierten Haltung des Personals darstellen. Wesentlich ist auch eine Verankerung der Verbraucherzentrierung in der Personalbeurteilung und -entlohnung. Denn Appelle an die verbraucherzentrierten Werthaltungen gehen ins Leere, wenn das betriebliche Sanktionierungssystem implizit auf anderen Zielen beruht. Hier ergeben sich insb.

Probleme mit der Berücksichtigung *langfristiger Verbraucherinteressen* gegenüber *kurzfristigen ökonomischen Erfolgen.* Lediglich umsatzorientierte Incentives sind Anreize, die zu wenig verbrauchergerechtem Verhalten führen.

53 Institutionalisierung des verbrauchernahen Dialogs

Die Entwicklung einer Verbraucherzentrierung des Marketing erfordert, daß sich ein Unternehmen den Forderungen und der Kritik der Betroffenen öffnet, und zwar sowohl auf individueller wie auf kollektiver Konsumentenebene. Verschiedene empirische Untersuchungen zeigen, daß die Bereitschaft der Unternehmen, Kritik auf- und anzunehmen, derzeitig noch eingeschränkt ist, was u. U. auf organisationspsychologische Gründe zurückzuführen ist. Das Management ist gewöhnt, ökonomische Marktergebnisse, wie z. B. Umsatzentwicklungen, als alleinigen Maßstab der Konsumentenzufriedenheit zu werten oder sich auf Ergebnisse der Marktforschung zu verlassen. Doch sind Absatzzahlen und Umsatzstatistiken keine zuverlässigen und allein ausschlaggebenden Indikatoren für Konsumentenzufriedenheit. Die Marktforschung liefert zwar wichtige und unentbehrliche Informationen, doch sind die darin untersuchten Fragestellungen überwiegend von den Unternehmen selbst bestimmt und insofern ergänzungsbedürftig durch *verbraucherinitiierte Kommunikationsformen* im Rahmen eines Dialogs[3]. Dieser sollte alle Artikulationen einzelner Konsumenten oder Konsumentengruppen einbeziehen, die als Kritik und Widerspruch oder als Lob und Vorschlag zu einzelnen Aspekten oder der Gesamtheit des Anbieterverhaltens an das Unternehmen gerichtet werden. Unter marketingstrategischen Gesichtspunkten sind folgende Aufgaben des Dialogs denkbar[4]:

- Information über Konsumentenkritik und -forderungen,
- Präferenzbildung, d. h. positive soziale Kontakte zwischen Unternehmen und externen Gruppen,
- Konsensbildung, d. h. Beseitigung von Konflikten mit einzelnen Verbrauchern, Verbrauchergruppen und Verbraucherinstitutionen,
- Sensibilisierung der Unternehmung nach innen.

Als äußerst weitgehende Forderung der ex ante-Verbraucherpolitik gilt:

- Demokratisierung durch institutionelle Verankerung des partizipatorischen ex ante-Dialogs.

Diese grundsätzlichen Aufgaben des Dialogs bedingen verschiedene Rechte der Dialogteilnehmer. So erfordern die Aufgaben der Information, Sensibilisierung, Präferenz- und Konsensbildung lediglich *Informations-* und *Beratungsrechte* der externen Teilnehmer. Interne Mitglieder der Unternehmung interpretieren und bewerten dann die Interessen der Konsumenten auf der Basis der durch Dialog hergestellten Informationen im unternehmerischen Entscheidungsprozeß. Die Demokratisierung

[3] Zur diesbezüglichen Kritik an der Marktforschung vgl. Thieme, 1987, S. 145ff.

[4] Vgl. zur Begründung des Dialogkonzeptes Hansen, Schoenheit, 1985, S. 13—23.

Dialogprinzip

würde darüber hinaus *institutionell verankerte Beteiligungsrechte* der Konsumenten an den Entscheidungen der Unternehmen erfordern.

Ein Konzept zur Institutionalisierung des Dialogs mit den erstgenannten Funktionen stellen *Verbraucherabteilungen* dar[5]. Verbraucherabteilungen als „Ohr am Kunden" sind geeignet, Konflikte mit Verbraucherinteressen genauer und frühzeitiger zu erkennen und den Kreis wahrgenommener Handlungsalternativen zu verbreitern. Neben diesen nach außen gerichteten Sensibilisierungsfunktionen werden Verbraucherabteilungen als Stimme des Verbrauchers innerhalb der Unternehmung zum Teil auch dazu eingesetzt, die Interessen der Konsumenten nach innen zu vertreten und damit Konflikte der Unternehmung mit der Umwelt zu internalisieren und durch Argumentation zu regulieren. Je nach Mitwirkungsrechten der Verbraucherabteilung wird damit die Entscheidungsfindung in ihren Wertgrundlagen im Interesse der Betroffenen erweitert. In dem Maße, wie dies gelingt, übernehmen Verbraucherabteilungen die Funktion von *„change agents"* für eine *verbaucherzentrierte Unternehmenskultur.*

Die auf diese Weise zu verbessernde dialogische Kommunikation mit Konsumenten im Rahmen von Verbraucherabteilungen oder ähnlichen Einrichtungen kann sich durchaus im Feld komplementärer ökonomischer und gesellschaftlicher Ziele befinden, soweit nämlich mögliche Konsensfelder ohne Dialoge nicht wahrgenommen werden. Im übrigen ergibt sich eine Kompatibilität u. U. auch langfristig, wenn sich

[5] Zur vertiefenden Lektüre über das Konzept der Verbraucherabteilungen vgl. den Reader von Hansen, Schoenheit (Hrsg.), 1985.

nämlich der kurzfristige Verzicht auf Gewinne langfristig in einer akquisitorisch günstigeren Marktposition auszahlt. In kurzfristiger Perspektive werden Verbraucherabteilungen allerdings überwiegend mit verbraucherpolitischen Dilemmasituationen zu tun haben. Die Integration des Verbraucherinteresses durch Verbraucherabteilungen wird in solchen Fällen nur dann wirksam, wenn von einem Handlungsspielraum der Unternehmung ausgegangen werden kann, der es erlaubt, bei konfliktärer Problemlage zu — aus Unternehmenssicht — weniger ertragreichen, dem Verbraucherinteresse aber besser entsprechenden Handlungsalternativen greifen zu können, ohne sogleich die Existenz des Unternehmens zu gefährden [Schreyögg, 1985, S. 200].

Während Verbraucherabteilungen dauerhafte Einrichtungen sind, bestehen mit *Experten-* und *Projektkommissionen* (lay consumer advisory boards) [Berry, Hensel, Burke, 1976, S. 7] und *feedback-Sitzungen* (one-time-feedback sessions) [La Barbera, Rosenberg, 1980, S. 31] verschiedene andere Möglichkeiten, den Verbraucherdialog zu initiieren. Sie unterscheiden sich durch die Art, Rekrutierung und Rechte der Teilnehmer, durch Methoden der Problemgenerierung und durch die Häufigkeit ihres Zustandekommens[6]. Denkbar sind hier auch kooperative Veranstaltungen von Verbraucherorganisationen (z. B. Verbraucherzentralen) und Unternehmen oder Unternehmensverbänden, wie z. B. die gemeinsame Entwicklung von Verbrauchergutachten.

Für den Handel sind aufgrund seiner Verbrauchernähe gute Voraussetzungen für die Institutionalisierung des Dialogs mit dem Verbraucher gegeben. Er könnte damit ursprüngliche Kommunikationsvermittlungsfunktionen seiner gatekeeper-Position wieder beleben, die — historisch gesehen — durch die Verbreitung herstellerseitiger Marktforschung an Bedeutung verlor[7].

---

[6] Zur vertiefenden Lektüre über dialogische Kommunikation mit Konsumenten vgl. Thieme, 1987, S. 176—200.

[7] Eine diesbezügliche empirische Untersuchung unter den 60 größten Handelsunternehmen hat in der Bundesrepublik bisher noch wenige Ansätze gezeigt [Thieme, 1987, S. 201—240]. Demgegenüber bestehen auf diesem Feld in den USA sehr ausgeprägte Aktivitäten. Vgl. zu einem Vergleich kultureller Determinanten in den USA und der BRD für die Einrichtung einer Verbraucherabteilung, Hansen, Schoenheit, 1986c, S. 445—468.

Literaturverzeichnis

Abbott, L. (1958): Qualität und Wettbewerb, München 1958 (Orig.: Quality and Competition).

Abell, D. F. (1980): Defining the Business. The Starting Point of Strategic Planning, Englewood Cliffs/N. J. 1980.

Abelshauser, W. (1983): Wirtschaftsgeschichte der Bundesrepublik Deutschland 1945—1980, Frankfurt a. M. 1983.

Abelshauser, W. (1988): Die Argumente von gestern sind verblüffend aktuell — Wirtschaftlicher Strukturwandel ist kein neues Phänomen. In: Das Parlament, Jg. 38 (1988), Nr. 38, S. 1—2.

Adlwarth, W. (1983): Formen und Bestimmungsgründe prestigegeleiteten Konsumverhaltens, München 1983.

Adlwarth, W., Wimmer, F. (1986): Umweltbewußtsein und Kaufverhalten — Ergebnisse einer Verbraucherpanel-Studie. In: Jahrbuch der Absatz- und Verbrauchsforschung, Jg. 32 (1986), H. 2, S. 166—192.

Ahlert, D. (1972): Absatzförderung durch Absatzkredite an Abnehmer. Theorie und Praxis der Absatzkreditpolitik, Wiesbaden 1972.

Ahlert, D. (1981): Absatzkanalstrategien des Konsumgüterherstellers auf der Grundlage vertraglicher Vertriebssysteme mit dem Handel. In: Ders. (Hrsg.): Vertragliche Vertriebssysteme zwischen Industrie und Handel, Wiesbaden 1981, S. 43—98.

Ahlert, D. (Hrsg.) (1981): Vertragliche Vertriebssysteme zwischen Industrie und Handel, Wiesbaden 1981.

Ahlert, D. (1982): Vertikale Kooperationsstrategien im Vertrieb. In: ZfB, Jg. 52 (1982), Nr. 1, S. 62—93.

Ahlert, D. (1984): Grundzüge des Marketing, 3. neubearb. Aufl. Düsseldorf 1984.

Ahlert, D. (1985): Distributionspolitik, Stuttgart, New York 1985.

Ahlert, D., Flocke, H.-J. (1982): Rechtliche Aspekte der Kundendienstpolitik. In: Meffert, H. (Hrsg.): Kundendienst-Management, Frankfurt a. M., Bern 1982, S. 237—293.

Akerlof, G. A. (1970): The Markets for „Lemons“: Quality Uncertainty and the Market Mechanism. In: Quarterly Journal of Economics, Vol. 84 (1970), No. 3, S. 488—500.

Albach, H. (1978): Strategische Unternehmensplanung bei erhöhter Unsicherheit. In: ZfB, Jg. 48 (1978), H. 8, S. 702—715.

Albert, H. (1954): Ökonomische Ideologie und politische Theorie. Das ökonomische Argument in der ordnungspolitischen Debatte (Monographien zur Politik, H. 4, hrsg. vom Forschungsinstitut für Sozial- und Verwaltungswissenschaft an der Universität zu Köln), Göttingen 1954.

Albert, H. (1976): Aufklärung und Steuerung. Aufsätze zur Sozialphilosophie und zur Wissenschaftslehre der Sozialwissenschaften, Hamburg 1976.

Albert, H. (1980/1957): Theorie und Prognose in den Sozialwissenschaften. In: Topitsch, E. (Hrsg.): Logik der Sozialwissenschaften, 10. revidierte Aufl. Königstein/Ts. 1980, S. 126—143 (Wiederabdruck aus: Schweizerische Zeitschrift für Volkswirtschaft und Statistik, Jg. 93 (1957), S. 60—76).

Alderson, W. (1957): Marketing Behavior and Executive Action — A Functionalist Approach to Marketing Theory, Homewood/Ill. 1957.

Alderson, W. (1967/1954): Factors Governing in the Development of Marketing Channels. In: Mallen, B. E. (ed.): The Marketing Channel — A Conceptual Viewpoint, New York, London, Sydney, 1967, S. 35—40 (gekürzte Fassung aus: Clewett, R. M. (ed.): Marketing Channels for Manufactured Products, Homewood/Ill. 1954, S. 5—34).

Alderson, W., Martin, M. W. (1967): Toward a Formal Theory of Transactions and Transvections. In: Mallen, B. E. (ed.): The Marketing Channel — A Conceptual Viewpoint, New York, London, Sydney 1967, S. 50—55.

Alewell, K. (1967): Die räumliche Struktur der Unternehmung (Betriebswirtschaftliche Strukturfragen), Wiesbaden 1967.

Alexander, R. S. (1955): Marketing's Contribution to Economics. In: Solo, R. A. (ed.): Economics and the Public Interest, New Brunswick 1955, S. 65—79.

Algermissen, J. (1976): Der Handelsbetrieb — Eine typologische Studie aus absatzwirtschaftlicher Sicht, 2. Aufl. Frankfurt a. M., Zürich 1976.

Allvine, F. C. (ed.) (1973): Public Policy and Marketing Practices, Chicago 1973, S. 53—63.

American Marketing Association, AMA (1948): Report of the Definitions Committee. In: J of M, Vol. 13 (1948), No. 2, S. 202—217.

Anderson, E., Weitz, B. A. (1986): Make-or-buy Decisions: Vertical Integration and Marketing Productivity. In: Sloan Management Review, Vol. 27 (1986), No. 3, S. 3—19.

Andreae, C.-A., u. a. (Hrsg.) (1978): Markenartikel heute, Wiesbaden 1978.

Ansoff, H. J. (1966): Management Strategie, München 1966 (Orig.: Corporate Strategie).

Ansoff, H. J. (1976): Managing Surprise and Discontinuity — Strategic Response to Weak Signals. Die Bewältigung von Überraschungen — Strategische Reaktionen auf schwache Signale. In: ZfbF, Jg. 28 (1976), H. 2, S. 129—152.

Anton, M. (1972): Die Ziele der Werbung in Theorie und Praxis, Diss. München 1972.

Applebaum, W. S. (1966): Methods for Determining Store Trade Areas, Market Penetration and Potential Sales. In: J of MR, Vol. 3 (1966), No. 2, S. 127—141.

Arndt, J. (1978): How broad should the Marketing Concept be? In: J of M, Vol. 42 (1978), No. 1, S. 101—103.

Arnold, U. (1982): Strategische Beschaffungspolitik. Steuerung und Kontrolle strategischer Beschaffungssubsysteme von Unternehmen, Frankfurt a. M., Bern 1982.

Aschhoff, G., Hennigsen, E. (1985): Das deutsche Genossenschaftswesen, Frankfurt a. M. 1985.

Backhaus, K. (1982): Investitionsgütermarketing, München 1982.

Backhaus, K., Plinke, W. (1986): Rechtseinflüsse auf betriebswirtschaftliche Entscheidungen, Stuttgart u. a. 1986.

Bänsch, A. (1986): Käuferverhalten, 3. erw. Aufl., München u. a. 1986.

Banning, Th. E. (1987): Lebensstilorientierte Marketing-Theorie, Heidelberg 1987.

Barksdale, H. C. (ed.) (1964): Marketing in Progress-Patterns and Potentials, New York u. a. 1964.

Barth, K. (1980): Rentable Sortimente im Handel. Zufall oder Ergebnis operabler Entscheidungstechniken? (Sonderhefte der Mitteilungen des Instituts für Handelsforschung an der Universität zu Köln, H. 26, hrsg. v. E. Sundhoff), Göttingen 1980.

Barth, K. (1988): Betriebswirtschaftslehre des Handels, Wiesbaden 1988.

Barth, K., Theis, H.-J. (1986): Die Werbung des Facheinzelhandels — Ergebnisse einer empirischen Untersuchung. In: Werbeforschung & Praxis, Jg. 31 (1986), Folge 6, S. 208—214.

Bateson, J. E. G. (1985): Self-Service Consumer: An Exploratory Study. In: J of R, Vol. 61 (1985), No. 3, S. 49—76.

Batzer, E. (1962): Zur Bedeutung und Problematik des Funktionsrabattes (Schriftenreihe des IFO-Instituts für Wirtschaftsforschung, Nr. 48), München, Berlin 1962.

Batzer, E., Greipl, E., Täger, U. Chr. (1982): Kooperation im Einzelhandel, Berlin 1982.

Batzer, E. u. a. (1984): Die Warendistribution in der Bundesrepublik Deutschland: Struktur und Entwicklungsbild, München 1984.

Baudenbacher, C. (1986): Wettbewerbspolitik durch „soft law". Drei Jahre Berliner Gelöbnis. In: Wirtschaft und Wettbewerb, Jg. 36 (1986), H. 12, S. 941—956.

Bauer, E. (1976): Markt-Segmentierung als Marketing-Strategie, Berlin 1976.

Bauer, H. H. (1980): Die Entscheidung des Handels über die Aufnahme neuer Produkte, Berlin 1980.

Bauer, R. A. (1960): Consumer Behavior as Risk Taking. In: Hancock, R. S. (ed.): Proceedings of the 43rd Conference of the American Marketing Association, Chicago 1960, S. 389—398.

Bauer, U. (1981): Verpackung, Würzburg 1981.

Baumgarten, D. (1985): Mogelpackungen. Rechtsvorschriften zur Packungsgestaltung. Erläuterungen und Fallstudien, Hamburg 1985.

Baumgartner, R. (1981): Ladenerneuerung (Store Modernization) (Schriftenreihe Marketing Management des Forschungsinstitutes für Absatz und Handel an der Hochschule St. Gallen, Bd. 3), Uttwil 1981.

Bearden, W. O., Teel, J. E. (1980): An Investigation of Personal Influence on Consumer Complaining. In: J of R, Vol. 56 (1980), No. 3, S. 3—20.

Bech, J. (1987): Was muß der Kunde beim Autoleasen beachten? Mit voller Kraft voraus. In: Verlagsbeilage „Leasing" zur Hannoverschen Allgemeinen Zeitung vom 6.5.1987, o. S.

Beck, R. H. (1978): Der Konsument zwischen Shopping-Center und innerstädtischem Geschäftszentrum. Ein Vergleich zwischen Einkaufszentrum Glatt und Zürcher Bahnhofstraße, Zürich 1978.

Becker, A. (1986): Packung und Umverpackung aus der Sicht des Einzelhandels. In: Marketing ZFP, Jg. 8 (1986), H. 1, S. 13—18.

Becker, J. (1988/1983): Marketing-Konzeption. Grundlagen des strategischen Marketing-Managements, 2. verb. u. wes. erw. Aufl. München 1988 (1. Aufl. 1983: Grundlagen der Marketing-Konzeption, Marketingziele, Marketingstrategien, Marketingmix).

Becker, U., Nowak, H. (1982): Lebensweltanalyse als neue Perspektive der Meinungs- und Marketingforschung. In: E.S.O.M.A.R. Congress, 1982, Bd. 2, S. 247—267.

Becker, U., Nowak, H. (1985): Es kommt der „neue" Konsument. In: form, Zeitschrift für Gestaltung, o. Jg. (1985), H. 111, S. 13—17.

Beckerath, E. v. (1965): Wirtschaftswissenschaft: Methodenlehre. In: HdSW, Bd. 12, Göttingen, Stuttgart, Tübingen 1965, S. 288—328.

Beckmann, G. (1969): Kooperation — schleichende Enteignung oder gelungenes Verbund-Marketing? In: absatzwirtschaft, Jg. 12, (1969), H. 13, S. 21—26.

Beeskow, W., Finck, G. (1979): Ein empfängerorientierter Ansatz zur Bestimmung der Versorgungsqualität — dargestellt für den Bereich der Waren des täglichen Bedarfs. Bericht aus dem Sonderforschungsbereich 24, Sozialwissenschaftliche Entscheidungsforschung, Universität Mannheim 1979.

Behrends, Chr. (1988): Betriebswirtschaftliche Grundlagen des ISB-DPR-Modells. In: Institut für Selbstbedienung und Warenwirtschaft (Hrsg.): DPR 88 — Direkte Produkt-Rentabilität. Wichtiger Baustein im Gesamtkonzept des Marketing, Köln 1988, S. 6—17.

Behrens, G. (1976): Werbewirkungsanalyse, Opladen 1976.

Behrens, G. (1988): Konsumentenverhalten, Heidelberg 1988.

Behrens, G., Schneider, R., Weinberg, P. (1978): Messung der Qualität von Produkten — eine empirische Studie. In: Topritzhofer, E. (Hrsg.): Marketing. Neue Ergebnisse aus Forschung und Praxis, Wiesbaden 1978, S. 131—143.

Behrens, K. Chr. (1962a): Versuch einer Systematisierung der Betriebsformen des Einzelhandels. In: Ders. (Hrsg.): Der Handel heute — In memoriam Julius Hirsch, Tübingen 1962, S. 131—143.

Behrens, K. Chr. (Hrsg.) (1962b): Der Handel heute — In memoriam Julius Hirsch, Tübingen 1962.

Behrens, K. Chr. (1963): Absatzwerbung (Die Wirtschaftswissenschaften, Reihe A, Nr. 16, hrsg. von E. Gutenberg), Wiesbaden 1963.

Behrens, K. Chr. (1965): Der Standort der Handelsbetriebe, Köln, Opladen 1965.

Behrens, K. Chr. (1966b): Wandel im Handel (Studienreihe Betrieb und Markt, Bd. 6), 2. überarb. Aufl. Wiesbaden 1966.

Behrens, K. Chr. (1970): Handbuch der Werbung mit programmierten Fragen und praktischen Beispielen von Werbefeldzügen, Wiesbaden 1970.

Behrens, K. Chr. (1971): Allgemeine Standortbestimmungslehre, 2. Aufl. Opladen 1971.

Behrens, K. Chr. (1972/1966a): Kurze Einführung in die Handelsbetriebslehre, 2. Aufl. Stuttgart 1972 (1. Aufl. 1966).

Beier, F.-K. (1986): Markenrechtliche Abhandlungen: Beiträge zur neueren Entwicklung des Warenzeichen-, Ausstattungs- und Herkunftsschutzes 1956—1985, Köln u. a. 1986.

Beier, J., Jacob, K.-D. (1987): Der Konsumentenkredit in der Bundesrepublik Deutschland, Frankfurt a. M. 1987.

Beier, U. (1978): Ansätze einer Soll-Analyse formaler Aspekte der Produktberatung in Verbraucherberatungsstellen. In: Hauswirtschaft und Wissenschaft, Jg. 26 (1978), H. 3, S. 112—121.

Bell, M. L. (1966): Marketing-Concepts and Strategy, London, Melbourne, Toronto 1966.

Belz, Chr. (Hrsg.) (1986): Realisierung des Marketing, Bd. 2, Savosa, St. Gallen 1986.

Bennewitz, H. J. (1968): Die Eigenständigkeit des absatzpolitischen Instruments Kundendienst und seine Bedeutung im modernen Marketingdenken, Diss. München 1968.

Berekoven, L. (1966): Der Begriff „Dienstleistung" und seine Bedeutung für eine Analyse der Dienstleistungsbetriebe. In: Jahrbuch der Absatz- und Verbrauchsforschung, Jg. 12 (1966), H. 4, S. 314—326.

Berekoven, L. (1986): Geschichte des deutschen Einzelhandels, Frankfurt a. M. 1986.

Berekoven, L., Bernkopf, G. (1981): Die Handelsmarke in der Bundesrepublik Deutschland, München 1981.

Berg, C. C. (1981): Beschaffungsmarketing, Würzburg u. a. 1981.

Berg, H. (1988): Wettbewerbspolitik. In: Bender, D. u. a. (Hrsg.): Vahlens Kompendium der Wirtschaftstheorie und Wirtschaftspolitik, Bd. 2, 3. überarb. u. erw. Aufl., München 1988, S. 230—291.

Berger, S. (1978): Ladenverschleiß (Store Erosion) — ein Beitrag zur Theorie des Lebenszyklus von Einzelhandelsgeschäften. Ursachen der Store Erosion. In: FfH Mitteilungen, Jg. 19 (1978), H. 3, S. 1—7.

Bergler, G. (1957): Absatzwirtschaftliche Probleme in der Körperpflegemittel-Industrie. In: Ders. (Hrsg.): Beiträge zur Absatz- und Verbrauchsforschung (Marktwirtschaft und Verbrauch, Schriftenreihe der Gesellschaft für Konsumforschung e. V., Bd. I), Nürnberg 1957, S. 127—139.

Bergler, R. (1963): Psychologie des Marken- und Firmenbildes, Göttingen 1963.

Bergmann, G. (1988): Strategisches Absatzkanalmanagement in Märkten mit hoher Nachfragemacht des Handels, Frankfurt a. M. u. a. 1988.

Berman, B., Evans, J. R. (1986): Retail Management. A Strategic Approach, 3. ed. New York 1986.

Berndorff, C. (1986): Die Vorwegnahme der Sommer- und Winterschlußverkäufe, Frankfurt a. M., Bern, New York 1986.

Berndt, H. (1984): Informationsmenge und Informationsverarbeitungsleistung bei Konsumentscheidungen. Eine empirische Untersuchung zum Problem des „Information Overload". In: Marketing ZFP, Jg. 6 (1984), H. 3, S. 181—188.

Berndt, R. (1985): Kooperative Werbung. In: WiSt, Jg. 14 (1985), H. 1, S. 1—7.

Berne, E. (1975): Spiele der Erwachsenen. Psychologie der menschlichen Beziehungen, Reinbek bei Hamburg 1975.

Bernhardt, P., Maximow, J. (1986): Strategisches Marketing im Handel. In: Wieselhuber, N., Töpfer, A. (Hrsg.): Strategisches Marketing, 2. Aufl. Landsberg a. Lech 1986, S. 569—580.

Berry, L. L. (1984): The Employee as Customer. In: Lovelock, C. H. (ed.): Services Marketing, Englewood Cliffs/N. J. 1984, S. 271—278.

Berry, L. L., Hensel, J. S., Burke, M. C. (1976/1977): Improving Retailer Capability for Effective Consumerism Response. In: J of R, Vol. 52 (1976/1977), No. 3, S. 3—14, 94.

Beyeler, L. (1964): Grundlagen des kombinierten Einsatzes der Absatzmittel (Prüfen und Entscheiden, Schriftenreihe des Betriebswirtschaftlichen Instituts der Universität Bern), Bern 1964.

Bichler, K., Lörsch, W. (1985): Optimale Bestandsplanung im Handel, Stuttgart 1985.

Bidlingmaier, J. (1963): Geschäftsprinzipien und Betriebsformen des Einzelhandels. In: ZfhF (NF), Jg. 15 (1963), H. 12, S. 590—599.

Bidlingmaier, J. (1964): Unternehmerziele und Unternehmerstrategien (Studienreihe Betrieb und Markt, Bd. 8), Wiesbaden 1964.

Bidlingmaier, J. (1974): Betriebsformen im Handel, Dynamik der. In: Marketing-Enzyklopädie, Bd. 1, München 1974, S. 281—288.

Bidlingmaier, J., Jacobi, H., Uherek, E. W. (Hrsg.) (1967): Absatzpolitik und Distribution (Studienreihe Betrieb und Markt, Sonderband: Festschrift für K. Chr. Behrens), Wiesbaden 1967.

Bielefeld, K. W. (1987): Lifecycle und Lebensstil im Handel. In: Harvard Manager, 9. Jg. (1987), Nr. 4, S. 82—90.

Biergans, B. (1986): Zur Entwicklung eines marketingadäquaten Ansatzes und Instrumentariums für die Beschaffung, 2. Aufl. Köln 1986.

Biervert, B. (1982): Grundzüge der Verbraucherpolitik in der Bundesrepublik Deutschland. In: Hansen, U., Riemer, M., Stauss, B. (Hrsg.): Marketing und Verbraucherpolitik, Stuttgart 1982, S. 43—53.

Bievert, B., Fischer-Winkelmann, W. F., Rock, R. (Hrsg.) (1978): Verbraucherpolitik in der Marktwirtschaft, Reinbek bei Hamburg 1978.

Biervert, B., Held, M. (Hrsg.) (1987): Ökonomische Theorie und Ethik, Frankfurt a. M. 1987.

Birkel, S. (1985): Telefon-Marketing richtig einsetzen. In: Direkt-Marketing, Jg. 22 (1985), H. 10, S. 410—416.

Birkigt, K. (1983): Angewandte Verkaufsförderung, Hamburg 1983.

Birkigt, K., Stadler, M. M. (1985): Corporate Identity. Grundlagen, Funktionen, Fallbeispiele, 2. Aufl. Landsberg a. Lech 1985.

Bittermann, R. (1987): Einzelhandel in Bewegung. In: Verbraucher-Rundschau (hrsg. von: AGV — Arbeitsgemeinschaft der Verbraucher e. V.), o. Jg. (1987), Nr. 6—7, S. 2—34.

Blackwell, R. D., Talarzyk, W. W. (1983): Life-Style Retailing: Competitive Strategies for the 1980s. In: J of R, Vol. 59 (1983), No. 4, S. 7—27.

Blair, R. D., Kaserman, D. L. (1983): Law and Economics of Vertical Integration and Control, New York u. a. 1983.

Blattberg, R. C., Eppen, G. D., Lieberman, J. (1981): A Theoretical and Empirical Evaluation of Price Deals for Consumer Nondurables. In: J of M, Vol. 45 (1981), No. 4, S. 116—129.

Bliss, P. (1952): Price Determination at the Department-Store Level. In: J of M, Vol. 17 (1952), No. 1, S. 37—46.

Bloch, P. H. (1981): An Exploration into the Scaling of Consumer's Involvement with a Product Class. In: Monroe, K. (ed.): Advances in Consumer Research, Ann Arbor 1981, No. 8, S. 61—65.

Bloch, P. H., Richins, M. L. (1983): A Theoretical Model for the Study of Product Importance Perceptions. In: J of M, Vol. 47 (1983), No. 3, S. 69—81.

Bloech, J. (1970): Optimale Industriestandorte, Würzburg, Wien 1970.

Böttcher, H.-J. (1973): Kreditierung als Instrument der Absatzsicherung im Einzelhandel, Berlin, München 1973.

Bloom, P. N., Greyser, St. A. (1981): The Maturing of Consumerism. In: Harvard Business Review, Vol. 59 (1981), No. 1, S. 130—139.

Böcker, F. (1978): Die Bestimmung der Kaufverbundenheit von Produkten, Berlin 1978.

Böcker, F. (Hrsg.) (1982): Preistheorie und Preisverhalten, München 1982.

Böcker, F. (1983): Verkaufsgesprächsstile im Test. In: absatzwirtschaft, Jg. 26 (1983), H. 9, S. 88—94.

Böhler, H. (1977): Methoden und Modelle der Marktsegmentierung, Stuttgart 1977.

Böventer, E. v. (1979): Standortentscheidung und Raumstruktur, Hannover 1979.

Bonoma, T. V., Bagozzi, R., Zaltman, G. (1978): The Dyadic Paradigm with Specific Application toward Industrial Marketing. In: Bonoma, T. V., Zaltman, G. (eds.): Organizational Buying Behavior, Chicago 1978, S. 49—66.

Bonoma, T. V., Felder, L. C. (1977): Nonverbal Communication in Marketing: Toward a Communicational Analysis. In: J of MR, Vol. 14 (1977), No. 2, S. 169—180.

Bonoma, T. V., Johnston, W. J. (1978): The Social Psychology of Industrial Buying and Selling. In: Industrial Marketing Management, Vol. 7 (1978), No. 4, S. 213—224.

Borkel, W. (1987): Mangel an Kundenorientierung. In: Management heute, Jg. 29 (1987), H. 2, S. 24—25.

Bormann, R. (1985): Einzelhandel: der verkannte Werberiese. In: absatzwirtschaft, Jg. 28 (1985), H. 4, S. 48—52.

Bourdieu, P. (1982): Die feinen Unterschiede — Kritik der gesellschaftlichen Urteilskraft, Frankfurt a. M. 1982.

Brandenburg, H. (1985): Standorte von Shopping-Centern und Verbrauchermärkten im Kölner Raum. Entwicklung und Auswirkungen auf das Einzelhandelsgefüge, Göttingen 1985.

Brandt, A. (1988a): Neue Fertigungstechnologien und Handel. Eine transaktionskostentheoretische Analyse. In: Trommsdorff, V. (Hrsg.): Handelsforschung 1988, Jahrbuch der Forschungsstelle für den Handel, Heidelberg 1988, S. 143—161.

Brandt, A. (1988b): Ökologische Probleme der Produktpolitik in der Farben- und Lackindustrie. In: Brandt, A. u. a. (Hrsg.): Ökologisches Marketing, Frankfurt a. M., New York 1988, S. 294—309.

Brandt, A., Hansen, U., Schoenheit, I., Werner, K. (Hrsg.) (1988): Ökologisches Marketing, Frankfurt a. M., New York 1988.

Braulke, M. (1983): Contestable Markets — Wettbewerbskonzept mit Zukunft? In: Wirtschaft und Wettbewerb, Jg. 33 (1983), H. 12, S. 945— 954.

Breuer, N. (1979): Einstellungstypen als Instrument für Produktmarketing-Entscheidungen, Köln 1979.

Breyer, R. F. (1931): Commodity Marketing, New York, London 1931.

Breyer, R. F. (1964): Some Observations of ‚Structural' Formation and the Growth of Marketing Channel. In: Cox, R., Alderson, W., Shapiro, St. J. (eds.): Theory in Marketing, 2. ser. Homewood/Ill. 1964, S. 163—175.

Brockhoff, K. (1988): Produktpolitik, 2. erw. Aufl. Stuttgart 1988.

Broichhausen, K. (1968): Vom Kampfpreis zur Preisoase. In: MA, Jg. 30 (1968), H. 4, S. 137—138.

Brückner, P. (1967): Die informierende Funktion der Wirtschaftswerbung — Probleme und Problemwandel, Berlin 1967.

Bruhn, M. (1978): Das soziale Bewußtsein von Konsumenten, Wiesbaden 1978.

Bruhn, M. (1982a): Konsumentenzufriedenheit und Beschwerden, Frankfurt a. M., Bern 1982.

Bruhn, M. (1982b): Kundenzufriedenheit und Beschwerdeverhalten als Herausforderung an den Kundendienst. In: Meffert, H. (Hrsg.): Kundendienst-Management, Frankfurt a. M., Bern 1982, S. 205—235.

Bruhn, M. (1986): Beschwerdemanagement. In: Harvard Manager, Jg. 8 (1986), Nr. 3, S. 104—108.

Bruhn, M. (1987): Produktpolitik im Spannungsfeld zwischen Technologie und Ökologie. In: Schwarz, Chr., Klose, W., Sturm, F. (Hrsg.): Marketing 2000 — Perspektiven zwischen Theorie und Praxis, Wiesbaden 1987, S. 15—33.

Brunner, M. (1962): Planung in Saisonunternehmungen — zeitliche Abstimmung zwischen Fertigungs- und Absatzvolumen bei saisonalen Absatzschwankungen (Beiträge zur betriebswirtschaftlichen Forschung, Bd. 16), Köln, Opladen 1962.

Bucklin, L. P. (1963): Retail Strategy and the Classification of Consumer Goods. In: J of M, Vol. 27 (1963), No. 1, S. 50—55.

Bucklin, L. P. (1966): A Theory of Distribution Channel Structure (Special Publication of the Institute of Business and Economic Research, University of California), Berkeley 1966.

Buczilowski, C. (1987): Handelsmarketing und Verbraucherpolitik, unveröffentl. Diplomarbeit an der Abt. Markt und Konsum, Universität Hannover 1987.

Buddeberg, H. (1959): Betriebslehre des Binnenhandels, Wiesbaden 1959.

Bühl, W. (1983): Die Angst des Menschen vor der Technik — Alternativen im technologischen Wandel, Düsseldorf, Wien 1983.

Bürgi, E. (1949): Das Waren-Sortiment im Detailhandel mit besonderer Berücksichtigung des Lebensmitteldetailhandels (Unternehmung und Betrieb, Bd. 15), Bern 1949.

Büttner, H. (1986): Die segmentorientierte Marketingplanung im Einzelhandelsbetrieb, Göttingen 1986.

Bullinger, H.-J. (1989): Die Lebensdauer eines Produktes ist schon kürzer als seine Entwicklungszeit. In: Handelsblatt, Nr. 126 vom 4.7.1989, S. 16.

Bundesarbeitsgemeinschaft der Mittel- und Großbetriebe des Einzelhandels, BAG (Hrsg.) (1984): Gefahr für die Innenstädte wächst. Ergebnisse der Untersuchung Kundenverkehr 1984, Köln 1984.

Bunte, H.-J. (1980): Wettbewerbs- und Kartellrecht, München, Wien 1980.

Burghold, J. A. (1984): Veränderung der Werbung durch den Einsatz neuer Technologien. In: Hermanns, A., Meyer, A. (Hrsg.): Zukunftsorientiertes Marketing für Theorie und Praxis (Festschrift zum 60. Geburtstag von Paul W. Meyer), Berlin 1984, S. 245—260.

Burghold, J. A. (1988): Ökologisch orientiertes Marketing, Augsburg 1988.

Buzzel, R. D., Salmon, W. J., Vancil, R. F. (in collab. with Glover, J. D., Applebaum, W.) (1965): Product Profitability Measurement and Merchandising Decisions — A Pilot Study in Retail Food Stores (Reihe: Division of Research, Graduate School of Business Administration, Harvard University), Boston 1965.

Cairns, J. P. (1963): Allocate Space for Maximum Profits. In: J of R, Vol. 39 (1963), No. 2, S. 41—45, 52.

Cairns, J. P. (1964, 1962): In: Westing, H. J., Albaum, G. (eds.): Modern Marketing Thought, New York, London 1964, S. 326—329 (Wiederabdruck aus: J of M, Vol. 26 (1962), No. 3, S. 34—36).

Cartwright, D. (1965): Influence, Leadership, Control. In: March, J. G. (ed.): Handbook of Organizations, Chicago 1965, S. 1—47.

Cartwright, D., Zander, A. (1960): Group Dynamics — Research and Methods, 2. ed. Evanston Elmsford 1960.

CCG, Centrale für Coorganisation (1979): Der EAN-Strichcode, 2. überarb. Aufl. Köln 1979.

Chandler, A. D. jr. (1977): The Visible Hand — the Managerial Revolution in American Business, Cambridge Mass., London 1977.

Chase, R. B. (1978): Where Does the Customer Fit in the Service Operation? In: Harvard Business Review, Vol. 56 (1978), No. 6, S. 137— 142.

Cherry, C. (1967): Kommunikationsforschung — Eine neue Wissenschaft, 2. überarb. Aufl. Hamburg 1967.

Chmielewicz, K. (1967): Grundlage der industriellen Produktgestaltung, Diss. Berlin 1967.

Christaller, W. (1933): Die Zentralen Orte in Süddeutschland. Eine ökonomisch-geographische Untersuchung über die Gesetzmäßigkeit der Verbreitung und Entwicklung der Siedlungen mit städtischen Funktionen, Jena 1933.

Churchill, G. A., Surprenant, C. (1982): An Investigation into the Determinants of Customer Satisfaction. In: J of MR, Vol. 19 (1982), No. 4, S. 491—504.

Clark, C. (1940): The Conditions of Economic Progress, London 1940.

Clevenz, P. (1986): Die Bedeutung der Konsumfinanzierung — Teilzahlung/Mietkauf/Leasing — im UE/Elektrohandel 1985/86, Köln 1986.

Coase, R. H. (1953/1937): The Nature of the Firm. In: Stigler, G. J., Boulding, K. E. (eds.): Readings in Price Theory, London 1953, S. 331— 351 (Wiederabdruck aus: Economica N. S., Vol. 4 (1937), No. 16, S. 386—405).

Conrads, B. (1974): „Management by Consumerism" — eine Philosophie der Entspannung. In: Rationeller Handel, Jg. 17 (1974), Nr. 1, S. 2—11.

Converse, P. D. (1949): New Laws of Retail Gravitation. In: J of M, Vol. 14 (1949), No. 3, S. 379—384.

Copeland, M. T. (1923): The Relation of Consumers' Buying Habits to Marketing Methods. In: Harvard Business Review, Vol. 1 (1923), No. 3, S. 282—289.

Copeland, P. (1967): The Revolution in Interior Store Design. In: Gist, R. R. (ed.): Management Perspectives in Retailing, New York, London, Sydney 1967, S. 152—156.

Cordes, H. (1968): Unternehmensforschung und Absatzplanung, Wiesbaden 1968.

Corsten, H. (1988): Betriebswirtschaftslehre der Dienstleistungsunternehmen, München, Wien 1988.

Cowley, A., Green, D. (1975): A Marketing Model for a Price Promoted Consumer Good: A Case Study. In: Operational Research Quarterly, Vol. 26 (1975), No. 1, S. 3—14.

Cox, D. F. (1981): The Sorting Rule Model of the Consumer Product Evaluation Process. In: Ders. (ed.): Risk Taking and Information Handling in Consumer Behavior, Michigan, London 1981 (Wiederabdruck der Ausgabe v. 1967), S. 324—369.

Cox, D. F., Bauer, R. A. (1967): Self-Confidence and Persuasibility in Women. In: Cox, D. F. (ed.): Risk Taking and Information Handling in Consumer Behavior, Boston 1967, S. 394—410.

Cox, H., Jens, V., Markert, K. (Hrsg.) (1981): Handbuch des Wettbewerbs: Wettbewerbstheorie, Wettbewerbspolitik, Wettbewerbsrecht, München 1981.

Cox, R. (zusammen mit Goodman, Ch. S., Fichandler, Th. C.) (1965): Distribution in a High-Level Economy, Englewood Cliffs/N. J. 1965.

Cracco, E., Rostenne, J. (1982/1971): Das sozioökologische Produkt. In: Hansen, U., Stauss, B., Riemer, M. (Hrsg.): Marketing und Verbraucherpolitik, Stuttgart 1982, S. 229—239 (Übers. von: The Socio-Ecological Product. In: MSU Business Topics, Summer 1971, S. 27—34).

Crane, E. (1965): Marketing Communications — A Behavioral Approach to Man, Messages and Media, New York, London, Sydney 1965.

Creifelds, C. (1988): Rechtsverordnung. In: Ders. (Hrsg.): Rechtswörterbuch, 9. Aufl. München 1988, S. 924—925.

Cristofolini, P. (1982): Die Verkaufsförderung im Überblick. In: Tietz, B. (Hrsg.): Die Werbung. Handbuch der Kommunikations- und Werbewirtschaft, Bd. 1, Landsberg a. Lech 1982, S. 424—447.

Cristofolini, P., Thies, G. (1979): Verkaufsförderung. Strategie und Taktik, Berlin, New York 1979.

Cullen, S., Volz, W. (1984): Christo, der Reichstag, Frankfurt a. M. 1984.

Cunningham, S. M. (1967): Perceived Risk as a Factor in Informal Consumer Communications. In: Cox, D. F. (ed.): Risk Taking and Information Handling in Consumer Behavior, Boston 1967, S. 265—288.
Cunningham, S. M. (1981): The Major Dimensions of Perceived Risk. In: Cox, D. F. (ed.): Risk Taking and Information Handling in Consumer Behavior, Michigan, London 1981 (Wiederabdruck der Aufl. v. 1967), S. 82—108.
Curry, D. J., Riesz, P. C. (1988): Prices and Price/Quality Relationships: A Longitudinal Analysis. In: J of M, Vol. 52 (1988), No. 1, S. 36—51.
Czepiel, J. A., Solomon, M. R., Surprenant, C. F. (eds.) (1986): The Service Encounter — Managing Employee / Customer Interaction in Service Businesses, 3. ed. Lexington/Mass., Toronto 1986.

Dähne, H. (1977): Verkaufsflächeninterne Standortplanung, Wiesbaden 1977.
Dahrendorf, R. (1974): Homo Sociologicus, 14. Aufl. Opladen 1974.
Dallmer, H. (1979): Erfolgsbedingungen der Kommunikation im Direct-Marketing, Wiesbaden 1979.
Dambmann, K. (1986): Strategische Planung im Einzelhandel. In: BAG-Nachrichten, o. Jg. (1986), H. 11, S. 17—21.
Davidson, W. R., Bates, A. D., Bass, St. J. (1976): The Retail Life Cycle. In: Harvard Business Review, Vol. 54 (1976), No. 6, S. 89—96.
Davidson, W. R., Bates, A. D., Bass, St. J. (1979): Der Lebenszyklus im Einzelhandel. In: Harvard Manager Magazin, Jg. 1 (1979), H. 2, S. 46—54.
Davidson, W. R., Doody, A. F. (1966): Retailing Management, 3. ed. New York 1966.
Davidson, W. R., Sweeney, D. J., Stampfl, R. W. (1984): Retailing Management, 5. ed. New York 1984.
Davis, D. L., Guiltinan, J. P., Jones, W. H. (1979): Service Characteristics, Consumer Search, and the Classification of Retail Service. In: J of R, Vol. 55 (1979), No. 3, S. 3—23.
Dawson, J. A. (1983): Shopping Centre Development. Topics in Applied Geography, London, New York 1983.
Day, G. S. (1970): Buyer Attitudes and Brand Choice Behavior, London 1970.
Day, R. L. u. a. (1981): The Hidden Agenda of Consumer Complaining. In: J of R, Vol. 57 (1981), No. 3, S. 86—106.
Debrunner, P. (1977): Die Verpackung als Marketinginstrument. Kosten und Nutzen ihres Einsatzes, Diss. Zürich 1977.
Dedler, K. (1984): Der Bedarf an Informationen. In: Dedler, K. u. a. (Hrsg.): Das Informationsdefizit der Verbraucher, Frankfurt a. M., New York 1984, S. 24—57.
Dempewolf, G. (1970): Lieferantenkredit oder Bankkredit? — Rentabilitätsvorteile bei Skontogewährung. In: Janberg, H. (Hrsg.): Finanzierungshandbuch, 2. Aufl. Wiesbaden 1970, S. 687—702.
Deppe, H.-D. (1978): Eine Konzeption wissenschaftlicher Bankbetriebslehre in drei Doppelstunden. In: Ders. (Hrsg.): Bankbetriebliches Lesebuch (Festschrift zum 65. Geburtstag von Ludwig Mülhaupt), Stuttgart 1978, S. 3—98.
Deter, W. (1967): Deutsche Konsumgenossenschaften. Vom Arbeiterkonsumverein zur Verbrauchervertretung, Diss. Münster 1967.
Deuss, J. (1985): Die Packung in der betrieblichen Absatzpolitik, Göttingen 1985.
Deutsche Bundesbank (Hrsg.) (1988): 40 Jahre Deutsche Mark. Monetäre Statistiken 1948—1987, Frankfurt a. M. 1988.
Deutsche Bundesbank (Hrsg.) (1989): Monatsberichte der Deutschen Bundesbank, Jg. 41 (1989), H. 6.
Dichtl, E. (1978): Grundidee, Entwicklungsepochen und heutige wirtschaftliche Bedeutung des Markenartikels. In: Andreae, C.-A. u. a.: Markenartikel heute, Wiesbaden 1978, S. 17—33.
Dichtl, E., Beeskow, W., Finck, G. (1979): Versorgungsprobleme von Verbrauchern — Ein empirischer Stadt-Land-Vergleich. In: Handelsforschung heute (Schriftenreihe der Forschungsstelle für den Handel, Dritte Folge, Nr. 7), Berlin 1979, S. 179—191.
Dichtl, E., Raffée, H., Niedetzky, H.-M. (1981): Reisende oder Handelsvertreter, München 1981.
Dill, P. (1987): Unternehmenskultur: Grundlagen und Anknüpfungspunkte für ein Kulturmanagement, Bonn 1987.

Diller, H. (1977b): Unit Pricing als absatz- und verbraucherpolitisches Instrument. In: MA, Jg. 39 (1977), H. 4, S. 143—153.
Diller, H. (1978): Verbesserungsmöglichkeiten der Verbraucherinformation durch Berücksichtigung verhaltenswissenschaftlicher Erkenntnisse. In: ZVP/JCP, Jg. 2 (1978), H. 1, S. 24—41.
Diller, H. (1979): Verkäufe unter Einstandspreisen. In: Marketing ZFP, Jg. 1 (1979), Nr. 1, S. 7—12.
Diller, H. (1982a/1977a): Der Preis als Qualitätsindikator. In: Böcker, F. (Hrsg.): Preistheorie und Preisverhalten, München 1982, S. 60—89 (gekürzte Fassung aus: DBW, Jg. 37 (1977), H. 2, S. 219—234).
Diller, H. (1982b): Die Wirkung von Hervorhebungen in der Preiswerbung des Lebensmitteleinzelhandels — Ergebnisse eines Feldexperiments. In: FfH-Mitteilungen, Jg. 23 (1982), H. 4, S. 1—10.
Diller, H. (1985): Preispolitik, Stuttgart u. a. 1985.
Dingeldey, K. (1975): Herstellermarketing im Wettbewerb um den Handel, Berlin 1975.
Dinnendahl, E. (1981): Besondere Formen der Zusammenarbeit zwischen Hersteller/Lieferant und Leasinggesellschaft. In: Hagenmüller, K. F., Stoppok, G. (Hrsg.): Leasing-Handbuch für die betriebliche Praxis, 4. völlig neu bearb. Aufl. Frankfurt a. M. 1981, S. 73—93.
Dlugos, G. (Hrsg.) (1979): Unternehmungsbezogene Konfliktforschung. Methodologische und forschungsprogrammatische Grundfragen, Stuttgart 1979.
Döhle, P. (1983): Kundendienst — profitabel steuern als Profit-Center. In: Marketing Journal, Jg. 16 (1983), H. 3, S. 232—236.
Döhrn, R. (1985): Sättigungsgrenzen beim privaten Verbrauch? Versuche einer empirischen Bestimmung. In: Mitteilungen des Rheinisch-Westfälischen Instituts für Wirtschaftsforschung, Jg. 36 (1985), H. 2/3, S. 125—145.
Dörge, F.-W. (1986): Marktkonforme Verbraucherpolitik — Reflexionen über Möglichkeiten und Grenzen. In: Verbraucher-Rundschau (hrsg. von AGV — Arbeitsgemeinschaft der Verbraucher e. V.), o. Jg. (1986), Nr. 7—8, S. 27—33.
Donovan, R. J., Rossiter, J. R. (1982): Store Atmosphere: An Environmental Psychology Approach. In: J of R, Vol. 58 (1982), No. 1, S. 34—57.
Dornoff, R. J., Tankersley, C. B. (1975/1976): Do Retailers Practice Social Responsibility? In: J of R, Vol. 51 (1975/1976), No. 4, S. 33—42.
Drettmann, F. (1984): Wirtschaftswerbung und Meinungsfreiheit, Frankfurt, Bern, New York 1984.
Drexel, G. (1981): Strategische Unternehmungsführung im Handel, Berlin, New York 1981.
Drexel, G. (1982): Strategische Planung im Einzelhandel. Konzept, Methodik und Erfahrungen aus der Praxis, Teil 1. In: FfH-Mitteilungen, Jg. 23 (1982), H. 12, S. 1—7.
Drexel, G. (1984): Strategisches Marketing in der Praxis. Dargestellt am Beispiel eines Einzelhandelsunternehmens. In: Die Unternehmung, Jg. 38 (1984), Nr. 2, S. 101—119.
Dülfer, E. (1988): Organisationskultur: Phänomen — Philosophie — Technologie. In: Ders. (Hrsg.): Organisationskultur: Phänomen — Philosophie — Technologie, Stuttgart 1988, S. 1—20.
Dumke, H.-P. (1987): Die Zielgruppenfalle. Perspektiven des Konsumenten-Marketings in der sozialen Wohlstandsgesellschaft, Stuttgart 1987.
Duncan, C. S. (1920): Marketing, Its Problems and Methods, New York 1920.
Duncan, D. J., Phillips, C. F. (1977/1967): Modern Retailing Management — Basic Concepts and Practices, 9. ed. Homewood/Ill. 1977 (7. ed. 1967: Retailing, Principles and Methods).
Dunn, S. W., Barban, A. M. (1982): Advertising: Its Role in Modern Marketing, 5. ed. New York 1982.
Dunst, K. H. (1979): Portfolio Management. Konzeption für die strategische Unternehmensplanung, Berlin, New York 1979.

Ebers, M. (1985): Organisationskultur — ein neues Forschungsprogramm, Wiesbaden 1985.
Edler, F. (1966): Werbetheorie und Werbeentscheidung, Wiesbaden 1966.
Eichhorn, W. (1982): Vertikale Preisbindung. In: Böcker, F. (Hrsg.): Preistheorie und Preisverhalten, München 1982, S. 249—262.
Eick, Chr., Haller, F. (1978): Kommunalpolitik und Strukturwandel im Einzelhandel. Konzeption für die Ansiedlung großflächiger Einzelhandelsbetriebe im Lande Bremen, Bremen 1978.

Ellinger, Th. (1966): Die Informationsfunktion des Produktes. In: Moxter, A., Schneider, D., Wittmann, W. (Hrsg.): Produktionstheorie und Produktionsplanung (Festschrift für Karl Hax zum 65. Geb.), Köln, Opladen 1966, S. 253—336.
Ellinghaus, U. (1964): Die Grundlagen der Theorie der Preisdifferenzierung, Tübingen 1964.
Engel, J. F., Blackwell, R. D. (1986, 1982, 1968): Consumer Behavior, 5. ed., zus. mit P. W. Miniard, Chicago u. a. 1986, (4. ed. 1982, 1. ed. 1968).
Engelhardt, W. (1976): Erscheinungsformen und absatzwirtschaftliche Probleme von Angebots- und Nachfrageverbunden. In: ZfbF, Jg. 28 (1976), S. 77—90.
Engelhardt, W. (1979): Bezugsquellensicherung. In: Kern, W. (Hrsg.): HdP, Stuttgart 1979, S. 363—372.
Engels, A., Timaeus, E. (1983): „Face to Face"-Interaktionen. In: Irle, M. (Hrsg.): Marktpsychologie. 1. Halbband: Marktpsychologie als Sozialwissenschaft, Göttingen, Toronto, Zürich 1983, S. 344—401.
Engfer, U. (1984): Rationalisierungsstrategien im Einzelhandel. Widersprüche der Organisation von Dienstleistungsarbeit, Frankfurt, New York 1984.
Esser, F. (1988): Qualitäts-Dokumentation unter besonderer Berücksichtigung der Produzentenhaftung, Bergisch Gladbach, Köln 1988.
Etmer, H.-Chr. (1958): Die besonderen Risiken der Markenartikelindustrie, München o. J. (1958).
Etzel, M. J., Silverman, B. I. (1981): A Managerial Perspective on Directions for Retail Customer Dissatisfaction Research. In: J of R, Vol. 57 (1981), No. 3, S. 124—136.
Europäische Gemeinschaft (Hrsg.) (1981): Entschließung des Rates vom 19.5.1981 betreffend ein zweites Programm der Europäischen Wirtschaftsgemeinschaft für eine Politik zum Schutz und zur Unterrichtung der Verbraucher. In: Amtsblatt der EG, Jg. 24 (1981), Nr. C 133, S. 1—12.

Falk, B. R. (1975): Methodische Ansätze und empirische Ergebnisse der Kundenforschung in Einkaufszentren, Berlin 1975.
Falk, B. R. (Hrsg.) (1982): Einkaufszentren: Planung, Entwicklung, Realisierung und Management, Landsberg a. Lech 1982.
Falk, B. R., Wolf, J. (1986): Handelsbetriebslehre, 7. Aufl. Landsberg a. Lech 1986.
Feddersen, B. H. (1962): Soll Werbung verkaufen? In: Die Anzeige, Jg. 38 (1962), Nr. 23, S. 7—12.
Fehr, G., Gossen, W. (1982): Der Einkauf und seine Organisation in Handelsbetrieben, Köln 1982.
Feider, J. (1985): Konsumentenreaktion auf Preise, Göttingen 1985.
Feinen, K. (1984): Zur Leasingfähigkeit mobiler und immobiler Wirtschaftsgüter. In: Betriebs-Berater, Jg. 39 (1984), Beilage 8 zu H. 14, S. 3—7.
Feldman, L. P. (1971): Societal Adaption: A New Challenge for Marketing. In: J of M, Vol. 35 (1971), No. 3, S. 54—60.
Ferrell, O. C. (1985): Implementing and Monitoring Ethics in Advertising. In: Laczniak, G. R., Murphy, P. E.: Marketing Ethics, Lexington Mass., Toronto 1985, S. 27—40.
Festinger, L. A. (1957): A Theory of Cognitive Dissonance, Evanston/Ill. 1957.
Filene, E. A. (1927): Mehr Rentabilität im Einzelhandel (Der Normal-Lagerplan), übers. u. bearb. v. L. Herzberg, Berlin o. J. (1927).
Firestone, O. J. (1967): The Economic Implications of Advertising, Toronto, London 1967.
Fischer, G. H. (Hrsg.): Interaktionsstrategie im Absatzmarketing. Grundlagen und Anwendungen, Gernsbach 1982.
Fiuczynski, H.-W. (1960): Die Produkt- und Preispolitik der Markenartikelhersteller (Schriftenreihe des Forschungsinstituts für das Markenwesen, Berlin, Nr. 6), Freiburg i. Brg. 1960.
Fiuczynski, H.-W. (1962): Preisdifferenzierung durch Preisklassen. In: MA, Jg. 24 (1962), H. 5, S. 295—303.
Flach, H. D. (1966): Sortimentspolitik im Einzelhandel, Diss. Köln 1966.
Fontaine, J. (1986): Computer-gestützte Warenwirtschaft im Facheinzelhandel, Köln 1986.
Fornell, C. (1982): Verbraucherabteilungen in Unternehmen — Ein kommunikationsorientierter Ansatz. In: Hansen, U., Stauss, B., Riemer, M. (Hrsg.): Marketing und Verbraucherpolitik, Stuttgart 1982, S. 473— 487.
Fotiadis, F., Hutzel, J. W., Wied-Nebbeling, S. (1980): Konsum- und Investitionsverhalten in der Bundesrepublik Deutschland seit den fünfziger Jahren. Bd. I: Bestimmungsgründe des Kon-

sumverhaltens. Eine theoretische und empirische Analyse konjunktureller und struktureller Aspekte, Berlin 1980.
Fourastié, J. (1954): Die große Hoffnung des 20. Jahrhunderts, Köln 1954.
Franke, J. (1985): Zukunftsbewältigung durch Innovationen. Eine Herausforderung für die Kooperation von Wissenschaft und Praxis. In: Ders. (Hrsg.): Betriebliche Innovation als interdisziplinäres Problem, Stuttgart 1985, S. 3—12.
Freeman, C. (1979): The Determinants of Innovation: Market Demands, Technology and the Response of Social Problems. In: Futures, Vol. 11 (1979), No. 11, S. 206—215.
Freter, H. (1983): Marktsegmentierung, Stuttgart u. a. 1983.
Fricke, K. (1971): Die Kreditgewährung als absatzpolitisches Instrument im Einzelhandel — unter besonderer Berücksichtigung der Kreditkarte, Diss. München 1971.
Friedrichs, J. (1979): Methoden empirischer Sozialforschung, 8. Aufl. Hamburg 1979.
Fritz, W. (1986): Empirische Zielforschung und Operations Research. In: OR Spektrum, Jg. 8 (1986), H. 2, S. 99—108.
Fritz, W. u. a. (1985): Unternehmensziele in Industrie und Handel. In: DBW, Jg. 45 (1985), Nr. 4, S. 375—394.
Fromm, E. (1976): Haben oder Sein, Stuttgart 1976.
Fulop, C. (1964): Competition for Consumers — A Study of the Changing Channels of Distribution, London 1964.
Funke, K. (1986): Messeentscheidungen — Handlungsalternativen und Informationsbedarf, Frankfurt a. M., Bern, New York 1986.
Furrer, H. (1967): Probleme der Kreditgewährung beim Absatz in der Industrie und im Großhandel, Diss. Zürich 1967.
Gabor, A. (1977): Pricing — Principles and Practices, London 1977.
Galbraith, J. K. (1956, 1952): Der amerikanische Kapitalismus im Gleichgewicht der Wirtschaftskräfte, Stuttgart, Wien, Zürich 1956 (1. ed.: American Capitalism, Cambridge/Mass. 1952).
Galbraith, J. K. (1964): Tabus in Wirtschaft und Politik der USA, Hamburg 1964.
Garhammer, M. (1988): Die unbezahlte häusliche Dienstleistungsproduktion — ein Beitrag zur Diskussion über Dienstleistungsbesonderheiten. In: Jahrbuch der Absatz- und Verbrauchsforschung, Jg. 34 (1988), Nr. 1, S. 61—94.
Gasser, F. (1960): Ein Experiment aus der Schweiz. In: Selbstbedienung, Jg. 4 (1960), H. 7, S. 10—18.
Geisbüsch, H.-G. (1964): Die organisierte Nachfrage — Organisation und Strategie marktbeeinflussender oder marktbeherrschender Nachfrager (FIW-Schriftenreihe, H. 18), Köln u. a. 1964.
Geisbüsch, H.-G. (1966): Die Verhaltensweisen organisierter Nachfrager. In: Gutersohn, A., Geisbüsch, H.-G. (Hrsg.): Das Gegengewichtsprinzip in der Wirtschaftsordnung (FIW-Schriftenreihe, H. 34), Köln u. a. 1966, S. 61—207.
George, W. R. (1977): The Retailing of Service: A Challenging Future. In: J of R, Vol. 53 (1977), No. 3, S. 85—98.
Geppert, H. (1969): Der deutsche Universalversandhandel unter besonderer Berücksichtigung seiner Preis-, Sortiments- und Werbepolitik, Diss. Erlangen-Nürnberg 1969.
Gérard, F. (1963): Der Raum als Betriebsfaktor der Ladeneinzelhandlungen (Schriften zur Handelsforschung, Nr. 25), Köln, Opladen 1963.
Gerhardt, W. (1960): Rabattwettbewerb und Rabattordnung in einer Wirtschaftsordnung funktionsfähiger Konkurrenz, Diss. Köln 1960.
Gerke, W., Oehler, A. (1987): Nutzen des Point of Sale-Banking für den Handel. In: Marketing ZFP, Jg. 9 (1987), H. 3, S. 157—166.
Gerken, G. (1987): Die Zukunft des Handels, Freiburg 1987.
Geßner, H.-J. (1977): Zur Bestimmung von Einzugsgebieten im Einzelhandel. In: Haedrich, G. (Hrsg.): Operationale Entscheidungshilfen für die Marketingplanung, Berlin, New York 1977, S. 143—165.
Geßner, H.-J. (1982): Handelsmarketing und Raumökonomie. Räumliche Aspekte der Verbraucherversorgung, Berlin 1982.
Gerstung, F. (1978): Die Servicepolitik als Instrument des Handelsmarketing, Göttingen 1978.
Gilmour, P. (1977): Customer Service: Differentiation by Market Segment. In: The International Journal of Physical Distribution, Vol. 8 (1977), No. 2, S. 141—148.

Gilson, Chr., Berkman, H. W.: Advertising: Concepts and Strategies, New York 1980.
Gimbel, W., Boest, R. (1985): Die neue Preisangabenverordnung, München 1985.
Gissinger, L. (1964): Methoden der betrieblichen Sortimentspolitik — insbesondere in Kauf- und Warenhäusern, Diss. Berlin 1964.
Gist, R. R. (1967): Management Perspectives in Retailing, New York, London, Sydney 1967.
Gist, R. R. (1968): Retailing — Concepts and Decisions, New York, London, Sydney 1968.
Glasl, F. (1980): Konfliktmanagement. Diagnose und Behandlung von Konflikten in Organisationen, Bern, Stuttgart 1980.
Gluchowski, P. (1988): Freizeit und Lebensstile. Plädoyer für eine integrierte Analyse von Freizeitverhalten, Erkrath 1988.
Goehrmann, K. (1984): Verkaufsmanagement, Stuttgart u. a. 1984.
Goldberg, J. D. (1984): A Transaction Costs Analysis of Franchising with Empirical Applications to the Restaurant Industry, Ann Arbor 1984.
Golden, G. L., Zimmerman, D. A. (1980): Effective Retailing, Chicago 1980.
Goodman, J. A., Malech, A. R., Marra, T. R. (1987): Beschwerdepolitik unter Kosten-Nutzen-Gesichtspunkten — Lernmöglichkeiten aus den USA. In: Hansen, U., Schoenheit, I. (Hrsg.): Verbraucherzufriedenheit und Beschwerdeverhalten, Frankfurt a. M., New York 1987, S. 165—202.
Gotthold, J. (1975): Macht und Wettbewerb in der Wirtschaft, Köln 1975.
Graf, K. (1988): Kostenlose Frühwarnsignale. Verbraucherbeschwerden können als Marktforschungs-Potential genutzt werden. In: Lebensmittelzeitung, o. Jg. (1988), Nr. 40, S. F18.
Grochla, E., Schönbohm, P. (1980): Beschaffung in der Unternehmung: Einführung in eine umfassende Beschaffungslehre, Stuttgart 1980.
Gröner, H., Köhler, H. (1987): Der Ladenschluß im Einzelhandel. In: WiSt, Jg. 16 (1987), H. 4, S. 165—170.
Grönroos, C. (1982): Strategic Management and Marketing in the Service Sector. Swedish School of Economics and Business Administration, Research Reports 8, Helsingfors 1982.
Groß, H., Skaupy, W. (1969): Das Franchise-System — Neue Vertriebswege für Waren und Dienste, 2. Aufl. Düsseldorf, Wien 1969.
Grossekettler, H. (1978): Die volkswirtschaftliche Problematik von Vertriebskooperationen. Zur wettbewerbspolitischen Beurteilung von Vertriebsbindungs-, Alleinvertriebs-, Vertragshändler- und Franchisesystemen. In: ZfgG, Jg. 28 (1978), Nr. 4, S. 325—374.
Gruber, S. (1987): Verbraucherinformation durch Gütezeichen, Köln u. a. 1987.
Grunert, K. G. (1984): Das Informationsdefizit. In: Dedler, K. u. a. (Hrsg.): Das Informationsdefizit der Verbraucher, Frankfurt a. M., New York 1984, S. 102—114.
Grunert, K. G. (1985): Das Verkaufsgespräch als Informationsquelle. In: Lübke, V., Schoenheit, I. (Hrsg.): Die Qualität von Beratungen für Verbraucher, Frankfurt a. M., New York 1985, S. 110—120.
Grunert, K. G., Stupening, E. (1981): Werbung — ihre gesellschaftliche und ökonomische Problematik, Frankfurt a. M., New York 1981.
Gümbel, R. (1963): Die Sortimentspolitik in den Betrieben des Wareneinzelhandels (Beiträge zur betriebswirtschaftlichen Forschung, Bd. 21, hrsg. von E. Gutenberg u. a.), Köln, Opladen 1963.
Gümbel, R. (1969): Die Abbildung von Standortwahlproblemen einer Filialunternehmung in einem polyselektiven Standortmodell. In: Unternehmensforschung im Handel (gdi-Schriftenreihe, Nr. 41), Rüschlikon, Zürich 1969, S. 195—223.
Gümbel, R. (1985): Handel, Markt und Ökonomik, Wiesbaden 1985.
Gümbel, R., Stadler, D. (1988): Absatztheorie und Theorie der Verfügungsrechte. In: Buddäus, D., Germ, E. (Hrsg.): Betriebswirtschaftslehre und Theorie der Verfügungsrechte, Wiesbaden 1988, S. 171—195.
Günther, M. (1985): Vorbeugende Insolvenzabwehr im mittelständischen Einzelhandel, Diss. Göttingen 1985.
Gutenberg, E. (1984, 1956, 1955): Grundlagen der Betriebswirtschaftslehre, Bd. 2: Der Absatz, 17. Aufl. Berlin, Heidelberg, New York 1984 (2. Aufl. 1956; 1. Aufl. 1955).
Gutersohn, A., Geisbüsch, H.-G. (Hrsg.) (1966): Das Gegengewichtsprinzip in der Wirtschaftsordnung (FIW-Schriftenreihe, H. 34), Köln u. a. 1966.
Gutersohn, A., Lisowsky, A. (1955): Die wirtschaftliche Seite des Zugabewesens, Bern 1955.

Hadding, W. (1980): Welche Maßnahmen empfehlen sich zum Schutz des Verbrauchers auf dem Gebiet des Konsumentenkredits? Gutachten zum 53. Deutschen Juristentag, München 1980.
Haedrich, G., Kreilkamp, E. (1984): Ziele und Strategien im Handelsmarketing — Eine Anwendung des Verfahrens „Analytic Hierarchy Process (AHP)". In: Hasitschka, W., Hruschka, H. (Hrsg.): Handels-Marketing, Berlin, New York 1984, S. 157—175.
Häfliger, E. (1981): Der aktive Betrieb. Management by Conflicts. Diessenhofen, 1981.
Härle, D. (1961): Finanzierungsregeln und ihre Problematik, Wiesbaden 1961.
Hätty, H. (1989): Der Markentransfer, Heidelberg 1989.
Hagenmüller, K. F., Jacob, A. F. (1978): Der Bankbetrieb, Bd. II: Aktivgeschäfte und Dienstleistungsgeschäfte, 4. überarb. Aufl. Wiesbaden 1978.
Hagenmüller, K. F., Stoppok, G. (Hrsg.) (1981): Leasing-Handbuch für die betriebliche Praxis, 4. völlig neu bearb. Aufl. Frankfurt a. M. 1981.
Hahn, O. (1962): Der Skonto in der Wirtschaftspraxis — Die Skontopolitik der Unternehmung in ihrer betriebs- und volkswirtschaftlichen Bedeutung, Frankfurt a. M. 1962.
Hahn, O. (1983): Finanzwirtschaft, 2. überarb. und erw. Aufl. Landsberg a. Lech 1983.
Haight, W. (1976): Retail Advertising: Management and Technique, Morristown, New Jersey 1976.
Haley, R. I. (1968): Benefit Segmentation: A Decision-oriented Research Tool. In: J of M, Vol. 32 (1968), No. 3, S. 30—35.
Hallermann, D. (1965): Der Teilzahlungskredit — Ein Beitrag zur betriebswirtschaftlichen Absatzmarktforschung, Diss. Münster 1965.
Hamann, M. (1975): Die Produktgestaltung. Rahmenbedingungen — Möglichkeiten — Optimierung, Würzburg, Wien 1975.
Hammann, P. (1974): Sekundärleistungspolitik als absatzpolitisches Instrument. In: Hammann, P., Kroeber-Riel, W., Heyer, C. W. (Hrsg.): Neuere Ansätze der Marketingtheorie (Festschrift zum 80. Geburtstag von Otto R. Schnutenhaus), Berlin 1974, S. 135—154.
Hammann, P., Lohrberg, W. (1986): Beschaffungsmarketing, Stuttgart 1986.
Hanhart, E. W. (1967): Marktgerechte Koordination von Einkauf und Verkauf im Warenhaus (Schriftenreihe für den Handel an der Hochschule St. Gallen, Nr. 11), Bern 1967.
Hanrieder, M. (1976): Franchising — Planung und Praxis, München 1976.

Hansen, K. (1986): Automatisierungstendenzen in der Informationswirtschaft mittelständischer Fachgeschäfte. Dargestellt am Beispiel der Schuhbranche, Diss. Universität Hannover 1986.
Hansen, P. (1970): Der Markenartikel — Analyse seiner Entwicklung und Stellung im Rahmen des Markenwesens (Betriebswirtschaftliche Schriften, H. 36), Berlin 1970.
Hansen, P. (1972): Die handelsgerichtete Absatzpolitik der Hersteller im Wettbewerb um den Regalplatz — Eine aktionsanalytische Untersuchung, Berlin 1972.
Hansen, U. (1979): Reaktionen des Handels auf den Konsumerismus. In: Handelsforschung heute (Festschrift zum 50jährigen Bestehen der Forschungsstelle für den Handel, Dritte Folge Nr. 7), Berlin 1979, S. 111—123.
Hansen, U. (1982): Handelsmarketing und Verbraucherpolitik. In: Hansen, U., Stauss, B., Riemer, M. (Hrsg.): Marketing und Verbraucherpolitik, Stuttgart 1982, S. 451—464.
Hansen, U. (1985): Verbraucherabteilungen als Frühwarnsysteme. In: Hansen, U., Schoenheit, I. (Hrsg.): Verbraucherabteilungen in privaten und öffentlichen Unternehmen, Frankfurt a. M., New York 1985, S. 109— 131.
Hansen, U. (1986): Verpackung und Konsumentenverhalten — Aktuelle Tendenzen. In: Marketing ZFP, Jg. 8 (1986), H. 1, S. 5—12.
Hansen, U. (1988a): Marketing und soziale Verantwortung. In: DBW, Jg. 48 (1988), Nr. 6, S. 711—721.
Hansen, U. (1988b): Ökologisches Marketing im Handel. In: Brandt, A., Hansen, U., Schoenheit, I., Werner, K.: Ökologisches Marketing, Frankfurt a. M., New York 1988, S. 331—358.
Hansen, U., Algermissen, J. (1979): Handelsbetriebslehre 2, Taschenlexikon, Göttingen 1979.
Hansen, U., Hoffmann, A. (1989): Kosten-Nutzen-Analyse von Beschwerdemanagement-Systemen, Lehr- und Forschungsbericht der Abt. Markt und Konsum, Universität Hannover 1989.
Hansen, U., Leitherer, E. (1984): Produktpolitik, 2. neu bearb. u. erw. Aufl. Stuttgart 1984.
Hansen, U., Niestrath, U., Thieme, U. (1983): Beschwerdeaufkommen und Beschwerdepolitik am Beispiel des Möbeleinzelhandels. In: ZfB, Jg. 53 (1983), H. 6, S. 535—550.

Hansen, U., Raabe, T., Schoenheit, I. (1988): Konsumentenbeteiligung an der Produktentwicklung, Hannover, Berlin 1988.

Hansen, U., Schoenheit, I. (1985): Die Verbraucherabteilung — eine Form des Dialogs zwischen Unternehmen und Verbrauchern. In: Dies. (Hrsg.): Verbraucherabteilungen in privaten und öffentlichen Unternehmen, Frankfurt a. M., New York 1985, S. 13—23.

Hansen, U., Schoenheit, I. (1986a/1986b): Chancen eines aktiven Beschwerdemanagements angesichts eines neuen Verbraucherbewußtseins, In: Bulletin des Direktvertriebs, o. Jg. (1986). Teil 1: Nr. I, S. 22— 31 (a); Teil 2: Nr. II, S. 8—15 (b).

Hansen, U., Schoenheit, I. (1986c): Consumer Affairs Departments. A Report on Their Development in the United States and Their Transferability to the Federal Republic of Germany. In: JCP, Vol. 9 (1986), H. 4, S. 445—468.

Hansen, U., Schoenheit, I. (1987): Verbraucherzufriedenheit und Beschwerden — Strategische Herausforderungen für Unternehmen und Verbraucherorganisationen. In: Dies. (Hrsg.): Verbraucherzufriedenheit und Beschwerdeverhalten, Frankfurt a. M., New York 1987, S. 11—30.

Hansen, U., Stauss, B. (1983): Marketing als marktorientierte Unternehmenspolitik oder als deren integrativer Bestandteil? In: Marketing ZFP, Jg. 5 (1983), H. 2, S. 77—86.

Hansen, U., Stauss, B. (1985): Funktionen einer Verbraucherabteilung und Kriterien ihrer Einrichtung. In: Hansen, U., Schoenheit, I. (Hrsg.): Verbraucherabteilungen in privaten und öffentlichen Unternehmen, Frankfurt a. M., New York 1985, S. 149—172.

Hansen, U., Stauss, B., Riemer, M. (Hrsg.) (1982): Marketing und Verbraucherpolitik, Stuttgart 1982.

Harlander, N., Platz, S. (1989): Beschaffungsmarketing und Materialwirtschaft, 4. durchges. Aufl. Ehningen 1989.

Harper, D. V. (1966): Price Policy and Procedure, New York, Chicago, Burlingame 1966.

Hartl, F. (1960): Handels- und Herstellermarken in der Lebensmittelbranche (Schriften zur Handelsforschung, Nr. 19, hrsg. von R. Seyffert u. a.), Köln, Opladen 1960.

Hartmann, H. (1964): Funktionale Autorität — Systematische Abhandlung zu einem soziologischen Begriff, Stuttgart 1964.

Hartmann, K. D. (1957): Markengestaltung und moderne Psychologie. In: MA, Jg. 19 (1957), H. 10, S. 705—713.

Hartmann, V. (1966): Markentechnik in der Konsumgüterindustrie (Schriftenreihe des Forschungsinstituts für das Markenwesen, Bd. 10), Freiburg i. Brg. 1966.

Haseloff, W. O. (1970): Kommunikationstheoretische Probleme der Werbung. In: Behrens, K. Chr. (Hrsg.): Handbuch der Werbung, Wiesbaden 1970, S. 157—200.

Hasitschka, W. (1984): Ökologisches Marketing. In: Marketing ZFP, Jg. 6 (1984), H. 4, S. 245—254.

Hasitschka, W., Hruschka, H. (Hrsg.) (1984): Handels-Marketing, Berlin, New York 1984.

Hauschildt, J. (1980): Zielsysteme. In: Grochla, E. (Hrsg.): HdO, 2. Aufl. Stuttgart 1980, Sp. 2419—2430.

Hauschildt, J. (1981): Zielbildung im Rahmen der Betriebswirtschaftspolitik. In: Geist, M., Köhler, R. (Hrsg.): Die Führung des Betriebes, Stuttgart 1981, S. 131—143.

Hayes, R. H. (1985): Strategic Planning — forward in Reverse? In: Harvard Business Review, Vol. 63 (1985), No. 6, S. 111—119.

Hax, A. C., Majluf, N. S. (1988): Strategisches Management. Ein integratives Konzept aus dem MIT, Frankfurt a. M., New York 1988.

Hecker, W. (1968): Kurzfristige Erfolgsrechnung im Einzelhandel, Stuttgart 1968.

Hedinger, P. (1978): Die Nutzung kooperativer Werbung zur Steigerung der Leistungsfähigkeit mittelständischer Betriebe, Göttingen 1978.

Heinemann, M. (1976): Einkaufsstättenwahl und Firmentreue des Konsumenten, Wiesbaden 1976.

Heinen, E. (1982): Ziele und Zielsysteme in der Unternehmung. In: HdW, hrsg. von W. Albers u. a., Bd. 9, Stuttgart, Tübingen, Göttingen 1982, S. 616—623.

Heinen, E. (1985a): Einführung in die Betriebswirtschaftslehre, 9. verb. Aufl. Wiesbaden 1985.

Heinen, E. (1985b): Entscheidungsorientierte Betriebswirtschaftslehre und Unternehmenskultur. In: ZfB, Jg. 55 (1985), H. 10, S. 980—991.

Heinen, E., Dill, P. (1986): Unternehmenskultur — Überlegungen aus betriebswirtschaftlicher Sicht. In: ZfB, Jg. 56 (1986), H. 3, S. 202— 218.

Heiner, V. (1983): Die neuen Medien erobern den Handel. In: MA, Jg. 45 (1983), H. 12, S. 602—603.
Hellauer, J. (1954): Welthandelslehre. Handelsverkehrslehre mit besonderer Berücksichtigung des Außenhandels, Wiesbaden 1954.
Henning, G. u. a. (1976): Kostenrechnung im Handel, Berlin 1976.
Henning-Bodewig, F., Kur, A. (1988): Marke und Verbraucher. Funktionen der Marke in der Marktwirtschaft. Band I: Grundlagen, Weinheim u. a. 1988.
Henseler, R. (1977): Image und Imagepolitik im Facheinzelhandel, Zürich, Frankfurt a. M., Thun 1977.
Henzler, R. (1962): Die Ware als handelsbetrieblicher Leistungsfaktor. In: Handelsbetrieb und Marktordnung (Festschrift für C. Ruberg), Wiesbaden 1962, S. 141—147.
Hermann, H.-P. (1984): Leasing als Leistungsangebot im Dienstleistungs-Marketing, Frankfurt a. M. 1984.
Hermes, O. (1988): Die Erfassung von Nachfragewettbewerb im Handel. Ökonomische Grundlagen und kartellrechtliche Konsequenzen, Göttingen 1988.
Herstatt, J. D. (1985): Die Entwicklung von Markennamen im Rahmen der Neuproduktplanung, Frankfurt a. M., Bern, New York 1985.
Heskett, J. L. (1988): Management von Dienstleistungsunternehmen. Erfolgreiche Strategien in einem Wachstumsmarkt, Wiesbaden 1988 (Orig.: Managing in the Service Economy).
Heuer, A., Raabe, T. (Berichterstatter) (1986): Bericht über das 1. Verbrauchergutachten für die Verbraucherzentrale Niedersachsen e. V. vom 11.—13.9.1986 in Hannover, im Auftrag der Stiftung Verbraucherinstitut (Hrsg.): Materialien zur Verbraucherarbeit, Berlin 1986.
Heuer, A., Schoenheit, I. (Berichterstatter) (1988): Das Offenburger Verbrauchergutachten 1987 für die Verbraucherzentrale Baden-Württemberg e. V., im Auftrag der Stiftung Verbraucherinstitut (Hrsg.): Materialien zur Verbraucherarbeit, Berlin 1988.
Heuer, G. F. (1986): Werbung trotz geringerer Steigerungsraten „auf dem besten Weg“ — Eine Bilanz des Werbejahres 1985. In: Jahrbuch der Werbung, Jg. 23 (1986), S. 7—15.
Heumann, G. (1982): Mehr Erfolg mit Reklamationsgesprächen. In: Marketing Journal, Jg. 15 (1982), H. 2, S. 144—146.
Hiebeler, M. (1982): Risiko und Risikohandhabung bei Lieferantenkrediten, München 1982.
Hill, D. J. (1986): Satisfaction and Consumer Services. In: Lutz, R. J. (ed.): Advances in Consumer Research, Vol. 13, Proro/Ut. 1986, S. 311— 315.
Hinterhuber, H. H. (1982): Wettbewerbsstrategie, Berlin, New York 1982.
Hirsch, J. (1925): Der moderne Handel, seine Organisation und Formen und die staatliche Binnenhandelspolitik (Grundriß der Sozialökonomik, V. Abt., 2. Teil), 2. völlig neubearb. Aufl. Tübingen 1925.
Hirschman, A. (1974): Abwanderung und Widerspruch, Tübingen 1974 (Orig.: Exit Voice and Loyalty).
Hirschman, E. C., Stampfl, R. W. (1980): Roles of Retailing in the Diffusion of Popular Culture: Microperspectives. In: J of R, Vol. 56 (1980), No. 1, S. 16—36.
Hobbensiefken, G. (1959): Begriffe der Teilzahlungsfinanzierung. In: Wirtschaftsverband Teilzahlungsbanken e. V. (Hrsg.): Handbuch der Teilzahlungswirtschaft, Frankfurt a. M. 1959, S. 49—61.
Dr. Höfner & Partner, Management-Beratung (1987): Leader-Zielgruppen in Westeuropa. In: Marketing Journal, Jg. 20 (1987), H. 3, S. 196—201.
Hölzler, H., Satzky, H. (1980): Wettbewerbsverzerrungen durch nachfragemächtige Handelsunternehmen, Köln u. a. 1980.
Hoepfner, F. G. (1975): Beeinflussung des Verbraucherverhaltens, München 1975.
Hörschgen, H. (1967): Der zeitliche Einsatz der Werbung. Bestimmungsfaktoren des Timing in der Absatzwerbung, Stuttgart 1967.
Hofstetter, W. (1983): Bildschirmtext im Einzelhandel — Probleme, Aspekte, Chancen (hrsg. i. A. des Ministerpräsidenten Johannes Rau, Minister für Wissenschaft und Forschung), Düsseldorf 1983, S. 40—47.
Hollander, S. C., Boddewyn, J. J. (1974): Retailing and Public Policy: An International Overview. In: J of R, Vol. 50 (1974), No. 1, S. 55— 66, 91.

Holliger, E. (1985): Die Abteilung für Konsumentenfragen beim Migros-Genossenschafts-Bund Zürich. In: Hansen, U., Schoenheit, I. (Hrsg.): Verbraucherabteilungen in privaten und öffentlichen Unternehmen, Frankfurt, New York 1985, S. 296—302.
Holm, J.-M. (1977): Das Verhalten potentieller Konsumentenkreditnehmer. Analyse ihres Entscheidungsprozesses als Ansatzpunkt für das Bankmarketing, Diss. Hamburg 1977.
Holme, P. (1984): Darstellung und Systematisierung unterschiedlicher Einflußfaktoren auf die Sortimentsgestaltung im Handel (Arbeitspapiere zur Schriftenreihe Schwerpunkt Marketing, Bd. 2, hrsg. von P. W. Meyer), 3. Aufl. Universität Augsburg 1984.
Holton, R. H. (1958): The Distinction between Convenience Goods, Shopping Goods and Specialty Goods. In: J. of M, Vol. 22 (1958), No. 1, S. 53—56.
Holzscheck, K., Hörmann, G., Daviter, J. (1982): Die Praxis des Konsumentenkredits in der Bundesrepublik Deutschland. Eine empirische Untersuchung zur Rechtssoziologie und Ökonomie des Konsumentenkredits, Köln 1982.
Holzschuher, L. v. (1969): Psychologische Grundlagen der Werbung, 2. neu überarb. u. erw. Aufl. Essen 1969.
Homans, G. C. (1974): Social Behavior: Its Elementary Forms, 2. rev. ed. New York 1974.
Hoppmann, E. (1952): Preisbildung, Kosten und Handelsspanne im Einzelhandel. In: ZfhF, Jg. 4 (1952), S. 340—372.
Hoppmann, E. (1959): Binnenhandel und Binnenhandelspolitik, Berlin, Frankfurt a. M. 1959.
Hoppmann, E. (1977): Marktmacht und Wettbewerb, Tübingen 1977.
Horacek, M. (1950): Der kalkulatorische Ausgleich, Wien 1950.
Howard, J. A., Sheth, J. N. (1969): The Theory of Buyer Behavior, New York u. a. 1969.
Hradil, St. (1987): Sozialstrukturanalyse in einer fortgeschrittenen Gesellschaft, Opladen 1987.
Huber, W. (1969): Die Handelsmarken — Eine international vergleichende Studie zum Problem der Markenbildung in größeren Handelsorganisationen, Winterthur 1969.
Huber, W. (1988): Markenpolitische Strategien des Konsumgüterherstellers — dargestellt an Gütern des täglichen Bedarfs, Frankfurt a. M. u. a. 1988.
Huff, D. L. (1964): Defining and Estimating a Trading Area. In: J of M, Vol. 28 (1964), No. 3, S. 34—38.
Humbel, P. (1958): Preispolitische Gewinndifferenzierung im Einzelhandel, Zürich 1958.
Hummel, S., Männel, W. (1986): Kostenrechnung — 1: Grundlagen, Aufbau und Anwendung, 4. völlig neu bearb. u. erw. Aufl. Wiesbaden 1986.
Huppert, E. (1981): Scanning aus der Perspektive der Marktforschung. In: Marketing ZFP, Jg. 3 (1981), H. 3, S. 153—160.
IFO-Institut für Wirtschaftsforschung (1985): IFO-Spiegel der Wirtschaft, Frankfurt a. M., New York 1985.
Ihde, G. B. (1972): Logistik. Physische Aspekte der Güterdistribution, Stuttgart 1972.
Inglehart, R. (1979): Wertewandel in den westlichen Gesellschaften. In: Klages, H., Kmieciak, P. (Hrsg.): Wertewandel und gesellschaftlicher Wandel, Frankfurt a. M., New York 1979, S. 279—316.
Institut für Handelsforschung an der Universität zu Köln (Hrsg.) (1970): Vergleich von Absatz, Kosten und Gewinn bei Bedienungs- und Selbstbedienungsläden des Lebensmittel-Einzelhandels in den Jahren 1967/1968. In: Mitteilungen des Instituts für Handelsforschung an der Universität zu Köln, Jg. 22 (1970), H. 4, S. 38—39.
Institut für Handelsforschung an der Universität zu Köln (Hrsg.) (1986): Geschäftslagen-Ergebnisse des Einzelhandels 1985, Göttingen 1986.
Institut für Mittelstandsforschung (Hrsg.) (1964): Probleme der Kreditfinanzierung bei Klein- und Mittelbetrieben (Abhandlungen zur Mittelstandsforschung, Nr. 9, bearb. von R. Bloemker), Köln, Opladen 1964.
Institut für Selbstbedienung und Warenwirtschaft (Hrsg.) (1988): DPR 88 — Direkte Produkt-Rentabilität. Wichtiger Baustein im Gesamtkonzept des Marketing, Köln 1988.
Irle, M. (1975): Lehrbuch der Sozialpsychologie, Göttingen 1975.
Jacob, H. (1971): Preispolitik, 2. überarb. u. erw. Aufl. Wiesbaden 1971.
Jacobi, H. (1970): Die Planung der Werbestrategien. In: Behrens, K. Chr. (Hrsg.): Handbuch der Werbung, Wiesbaden 1970, S. 435—468.
Jacoby, J., Jaccard, J. J. (1981): The Sources, Meaning and Validity of Consumer Complaint Behavior: A Psychological Analysis in: J of R, Vol. 57 (1981), No. 3, S. 4—24.

Jacoby, J., Kaplan, L. B. (1972): The Components of Perceived Risk. In: Proceedings of the 3rd Annual Conference of the Association for Consumer Research, M. Venkatesan 1972, S. 382—393.
James, D. L., Walker, B. J., Etzel, M. J. (1981): Retailing Today, 2. ed. New York u. a. 1981.
Janberg, H. (Hrsg.) (1970): Finanzierungshandbuch, Wiesbaden 1970.
Jaspers, H. (1969): Die Abhängigkeit der Einzelhandelsleistung von der Finanzierung (Schriften zur Handelsforschung, Nr. 38, hrsg. von E. Sundhoff), Köln, Opladen 1969.
Jaster, G. (1963): Sortiment und Sortimentspolitik im Einzelhandel, Diss. Berlin 1963.
Jehle, E. (1980): Unternehmung und gesellschaftliche Umwelt-Grundlagen einer ökonomischen Theorie der pluralistischen Unternehmung, Stuttgart 1980.
Jetzer, R. P. (1979): Lockvogelwerbung. Die werbepolitisch motivierte Preisunterbietung als unlauterer Wettbewerb, Zürich 1979.
Joepen, K.-H. (1984): Verpackt, verkauft, verschleudert. In: Die Zeit, Dossier 17.2.1984, S. 25—27.
Jösch, J. (1983): Konsumgenossenschaften und Food-Cooperatives, Berlin 1983.
Johannsen, U. (1971): Das Marken- und Firmenimage — Theorie, Methodik, Praxis, Berlin 1971.
John, G. (1984): An Empirical Investigation of some Antecedents of Opportunism in a Marketing Channel. In: J of MR, Vol. 21 (1984), S. 278—289.
Jones, E. E., Gerard, H. B. (1967): Foundations of Social Psychology, New York 1967.
Jones, F. M. (1967): Retail Management, 2. rev. ed. Homewood/Ill. 1967.

Kaas, K. P. (1973): Diffusion und Marketing, Stuttgart 1973.
Kaas, K. P. (1977): Empirische Preisabsatzfunktionen bei Konsumgütern, Berlin, Heidelberg, New York 1977.
Kaas, K. P., Hay, Chr. (1984): Preisschwellen bei Konsumgütern — Eine theoretische und empirische Analyse. In: ZfbF, Jg. 36 (1984), H. 5, S. 333—346.
Kaas, K. P., Runow, H. (1987): Wie befriedigend sind die Ergebnisse der Forschung zur Verbraucherzufriedenheit? In: Hansen, U., Schoenheit, I. (Hrsg.): Verbraucherzufriedenheit und Beschwerdeverhalten, Frankfurt a. M., New York 1987, S. 79—98.
Kade, G. (1962): Die Grundannahmen der Preistheorie — Eine Kritik an den Ausgangssätzen der mikroökonomischen Modellbildung, Berlin, Frankfurt a. M. 1962.
Kästing, F. (u. Mitarb. von Schiller, R.) (1972): Bibliographie der Werbeliteratur, Stuttgart 1972.
Kalleicher, H. (1984): Tatort Einzelhandel, Köln 1984.
Kalussis, D. (1960): Betriebslehre des Einzelhandels, Köln, Opladen 1960.
Kamin, H., Wilke, D. (1987): Die Verkaufsveranstaltungen im Handel: Kommentar, Sonderveranstaltungen, Sonderangebote, Winter- und Sommerschlußverkäufe, Jubiläumsverkäufe, Räumungsverkäufe, sonstige Verkaufsveranstaltungen, 5. völlig neubearb. Aufl. Frankfurt a. M. 1987.
Kann, G. (1978): Die Finanzierungssituation kleiner und mittlerer Unternehmen im Konjunkturverlauf, Göttingen 1978.
Kantzenbach, E. (1967): Die Funktionsfähigkeit des Wettbewerbs, 2. Aufl. Göttingen 1967.
Kantzenbach, E., Kallfass, H. H. (1981): Das Konzept des funktionsfähigen Wettbewerbs — Workable Competition. In: Cox, H., Jens, V., Markert, K. (Hrsg.): Handbuch des Wettbewerbs: Wettbewerbstheorie, Wettbewerbspolitik, Wettbewerbsrecht, München 1981, S. 103—127.
Kapferer, C., Disch, W. K. (1967): Absatzwirtschaftliche Produktpolitik, Köln, Opladen 1967.
Katona, G. (1960): The Powerful Consumer, New York 1960.
Katz, E., Lazarsfeld, P. F. (1965): Personal Influence — The Part Played by People in the Flow of Mass Communications, 2. ed. New York 1965.
Katz, R. (1983): Informationsquellen der Konsumenten. Eine Analyse der Divergenzen zwischen der Beurteilung und Nutzung, Wiesbaden 1983.
Kaufman, L. (1980): Essentials of Advertising, New York 1980.
Kawlath, A. (1969): Theoretische Grundlagen der Qualitätspolitik, Diss. Münster 1969.
Kemna, H. (1979): Key Account Management — Verkaufserfolg der Zukunft durch Kundenorientierung, München 1979.
Kelley, H. H. (1978): Kausalattribution: Die Prozesse der Zuschreibung von Ursachen. In: Stroebe, W. (Hrsg.): Sozialpsychologie I, Darmstadt 1978, S. 212—265.

Kendall, C. L., Russ, F. A. (1982): Garantie- und Beschwerdepolitik: Eine Chance für das Marketing Management. In: Hansen, U., Stauss, B., Riemer, M. (Hrsg.): Marketing und Verbraucherpolitik Stuttgart 1982, S. 240—252.
Kern, H., Schumann, M. (1986): Das Ende der Arbeitsteilung? Rationalisierung in der industriellen Produktion, 3. Aufl. München 1986.
Kilger, W. (1988): Flexible Plankostenrechnung und Deckungsbeitragsrechnung, 9. verb. Aufl. Wiesbaden 1988.
Kilger, W., Scheer, W.-A. (Hrsg.) (1980): Plankosten- und Deckungsbeitragsrechnung in der Praxis. Anwendung — offene Probleme — Entwicklungstendenzen, Würzburg, Wien 1980.
Kirsch, J. (1987): Handelsorientiertes Herstellermarketing, Diss. Universität Hohenheim 1987.
Klages, H., Kmieciak, P. (Hrsg.) (1979): Wertewandel und gesellschaftlicher Wandel, Frankfurt a. M., New York 1979.
Klammer, M. (1989): Nonverbale Kommunikation beim Verkauf, Heidelberg 1989.
Klatt, S. (1965): Die ökonomische Bedeutung der Qualität von Verkehrsleistungen, Berlin 1965.
Klaus, P. (1987): Durch den Strategie-Theorien-Dschungel ... Zu einem Strategischen Management Paradigma? In: DBW, Jg. 47 (1987), H. 1, S. 50—68.
Klawitter-Kurth, H. (1981): Die Preispolitik als Bestandteil der Absatzpolitik — ein Bezugsrahmen, Würzburg, Wien 1981.
Klein-Blenkers, F. (1964): Die Ökonomisierung der Distribution, Köln, Opladen 1964.
Klein-Blenkers, F. (1970): Die Werbung des Facheinzelhandels — Bericht über eine Untersuchung des Umfanges der Werbung und der Bedeutung der verschiedenen Werbemittelarten für den Facheinzelhandel (Schriften zur Handelsforschung, Nr. 43, hrsg. von E. Sundhoff), Köln, Opladen 1970.
Klein-Blenkers, F. (1971): Ansatzstellen und Maßnahmen zur Verbesserung der Betriebsführung des mittelständischen Facheinzelhandels, Köln 1971.
Klein-Blenkers, F. (1979): Imagepolitik im mittelständischen Facheinzelhandel. In: Forschungsstelle für den Handel (Hrsg.): Handelsforschung heute (Festschrift zum 50-jährigen Bestehen der Forschungsstelle für den Handel), Berlin 1979, S. 125—136.
Kleinen, H. (1968a): Zur Frage der unternehmerischen Selbständigkeit von mittelständischen Einzelhandlungen in Großzusammenschlüssen. In: Sundhoff, E. (Hrsg.): Distributionswirtschaft (Festschrift zum 75. Geb. von R. Seyffert), Köln, Opladen 1968, S. 181—197.
Kleinen, H. (1968b): Die Expansion mittelständischer Handelsbetriebe durch Großzusammenschlüsse, Köln, Opladen 1968.
Klenger, F., Krautter, J. (1972): Simulation des Käuferverhaltens. Teil 1: Werbewirkung und Käuferverhalten, Wiesbaden 1972.
Klöcker, I. (1981): Produktgestaltung — Aufgabe — Kriterien — Ausführung, Berlin, Heidelberg, New York 1981.
Knisely, G. (1979): Greater Marketing Emphasis by Holiday Inns Breaks Motel. In: Advertising Age, 15. Jan. 1984
Knoblich, H. (1965): Die Typologie der Waren als Kernstück einer wirtschaftlichen Warenlehre. In: ZfbF, Jg. 17 (1965), H. 12, S. 686— 712.
Knoblich, H. (1969a): Der Marktanteil als Unternehmungsziel. In: Der Markt, Jg. 30 (1969), H. 2, S. 57—64.
Knoblich, H. (1969b): Betriebswirtschaftliche Warentypologie — Grundlagen und Anwendungen, Köln, Opladen 1969.
Knoblich, H. (1969c): Zwischenbetriebliche Kooperation — Wesen, Formen und Ziele. In: ZfB, Jg. 39 (1969), H. 8, S. 497—514.
Knödel, W. (1978): Marketing — logistische Entscheidungsvariablen für Konsumgüterverpackungen, Zürich, Frankfurt a. M., Thun 1978.
Koch, H. (1982): Integrierte Unternehmensplanung, Wiesbaden 1982.
Koch, W. (1958): Grundlagen und Technik des Vertriebes (Bd. 1 u. 2), 2. Aufl. Berlin 1958.
Kocher, H. (1989): Marktgerechte Qualität. Eine Betrachtung für Anbieter und Abnehmer, Bern, Stuttgart 1989.
Köhler, R. (1988): Beiträge zum Marketing-Management. Planung, Organisation, Controlling, Stuttgart 1988.
Körber, K. (1971): Planung und Öffentlichkeit in der Klassengesellschaft. In: Müller, W., Nimmermann, P. (Hrsg.): Stadtplanung und Gemeinwesenarbeit, München 1971, S. 118—144.

Kollat, D. T. (1966): A Decision Process Approach to Impulse Purchasing. In: Haas, R. M. (ed.): Science, Technology and Marketing (AMA-Conf., Fall 1966), Chicago 1966, S. 626—639.
Kollat, D. T., Blackwell, R. D., Robeson, J. F. (1972): Strategic Marketing, New York u. a. 1972.
Konert, F.-J. (1986): Vermittlung emotionaler Erlebniswerte, Heidelberg, Wien 1986.
Konopa, L. J. (1962/63): Are Work Simplifications Systems Adaptable to Retailing? In: J of R, Vol. 38 (1962/63), No. 4, S. 45—49, 60.
Koppelmann, U. (1982): Zur Entwicklung eines Anspruchskonzepts als Grundlage für innovative Marketingentscheidungen. In: Marketing ZFP, Jg. 4 (1982), H. 3, S. 165—175.
Koppelmann, U. (1987a): Produktmarketing. Entscheidungsgrundlage für Produktmanager, 2. völlig neubearb. Aufl. Stuttgart u. a. 1987.
Koppelmann, U. (1987b): Nachkaufsicherheit — ein wichtiges Kaufargument. In: MA, Jg. 49 (1987), Nr. 3, S. 116—117.
Korndörfer, W. (1966): Die Aufstellung und Aufteilung von Werbebudgets als Optimierungsproblem, Stuttgart 1966.
Kosiol, E. (1958): Die Ermittlung der optimalen Bestellmenge. In: ZfB, Jg. 28 (1958), H. 5, S. 287—299.
Kotler, Ph. (1982a/1977): Marketing Management, 4. völlig neubearb. Aufl. Stuttgart 1982 (2. Aufl. 1977).
Kotler, Ph. (1982b/1972): Die Bedeutung des Consumerism für das Marketing. In: Hansen, U., Stauss, B., Riemer, M. (Hrsg.): Marketing und Verbraucherpolitik, Stuttgart 1982, S. 56—70 (Übers. von: What Consumerism Means for Marketers? In: Harvard Business Review, Vol. 50 (1972), No. 3, S. 48—57).
Kottke, E. (1966): Die optimale Beschaffungsmenge, Berlin 1966.

Krelle, W. (1961): Preistheorie, Tübingen, Zürich 1961.
Kroeber-Riel, W. (1984): Konsumentenverhalten, 3. wesentl. ern. und erw. Aufl. München 1984.
Kroeber-Riel, W., Meyer-Hentschel, G. (1982): Werbung — Steuerung des Konsumentenverhaltens, Würzburg, Wien 1982.
Kromphardt, J., Clever, P., Klippert, H. (1979): Methoden der Wirtschafts- und Sozialwissenschaften, Wiesbaden 1979.
Kropff, H.-F. J. (1960): Motivforschung — Methoden und Grenzen, Essen 1960.
Kropff, H.-F. J. (1961, 1953): Die Werbemittel und ihre psychologische, künstlerische und technische Gestaltung (Grundriß der Werbung, Bd. 2, hrsg. von C. Hundhausen), 2. Aufl. Essen 1961 (1. Aufl. 1953).
Kroppenstedt, F. (1986): Verpackung im Spannungsfeld zwischen Ökonomie und Ökologie. In: Marketing ZFP, Jg. 8 (1986), H. 1, S. 65—68.
Krusche, D. (1961): Marktverhalten und Wettbewerb — Eine Untersuchung zum Gesetz gegen Wettbewerbsbeschränkungen (Beiträge zur Verhaltensforschung, H. 3, hrsg. von G. Schmölders), Berlin 1961.
Kruse, A. (1960): Die Produktdifferenzierung in Theorie und Praxis, Freiburg i. Brg. 1960.

Kubicek, H. (1981): Unternehmungsziele, Zielkonflikte und Zielbildungsprozesse. In: WiSt, Jg. 10 (1981), H. 10, S. 458—466.
Kucher, E. (1985): Scannerdaten und Preissensitivität bei Konsumgütern, Wiesbaden 1985.
Küthe, E. (1980): Einzelhandelsmarketing, Stuttgart u. a. 1980.
Kuhlmann, E. (1974): Informationsverhalten der Konsumenten. In: Tietz, B. (Hrsg.): HdA, Stuttgart 1974, S. 875—883.
Kuhn, G. (1977): Entwicklung und Probleme der Kooperation im Handel, Göttingen 1977.
Kuhn, H. E. (1985): Neuere Ergebnisse zur Sortimentsausdünnung im Handel. Folgen und Möglichkeiten. In: MA, Jg. 47 (1985), H. 1, S. 34— 39.
Kuhn, W. (1984): Marktsegmentierung zum Zwecke segmentspezifischer Werbepolitik, Diss. Würzburg 1984.
Kullmann, M. (1985): Entwicklungstendenzen und Durchsetzung neuer Kommunikationstechnologien im Handelsmarketing. In: Meffert, H. (Hrsg.): Marktorientierte Unternehmensführung und Innovation, Münster 1985, S. 185—200.
Kunt, W. (1975): Die Zielkonzeption der mittelständischen Einzelhandelsunternehmer (Sonderhefte der Mitteilungen des Instituts für Handelsforschung an der Universität zu Köln, Nr. 24, hrsg. von E. Sundhoff), Köln 1975.

La Barbera, P., Rosenberg, L. J. (1980): How Marketers can better Understand Consumers. In: MSU Business Topics, Vol. 28 (1980), No. 1, S. 29—36.

Laczniak, G. R., Murphy, P. E. (eds.) (1985): Marketing Ethics. Guidelines for Managers, Lexington/Mass., Toronto 1985.

Lademann, R. P. (1986): Nachfragemacht von Handelsunternehmen. (Göttinger Handelswissenschaftliche Schriften e. V., Bd. 7, hrsg. von B. Treis), Göttingen 1986.

Lamont, L. M., Lundstrom, W. J. (1977): Identifying Successful Industrial Salesmen by Personality and Personal Characteristics. In: J of MR, Vol. 14 (1977), No. 4, S. 517—529.

Lampe, A. (1958): Umrisse einer Theorie des Handels — Aus dem Nachlaß hrsg. von R. Rohling (Schriftenreihe der Forschungsstelle für den Handel, Dritte Folge, Nr. 1), Berlin 1958.

Lazarsfeld, P. F., Berelson, B., Gaudet, H. (1948): The People's Choice, New York 1948.

Lazarsfeld, P. F., Menzel, H. (1973): Massenmedien und persönlicher Einfluß. In: Schramm, W. (Hrsg.): Grundfragen der Kommunikationsforschung, 5. Aufl. München 1973, S. 117—139.

Lehner, F. (1979): Die „stille Revolution": Zur Theorie und Realität des Wertewandels in hochindustriellen Gesellschaften. In: Klages, H., Kmieciak, P. (Hrsg.): Wertewandel und gesellschaftlicher Wandel, Frankfurt a. M., New York 1979, S. 317—327.

Leibenstein, H. (1960): Economic Theory and Organizational Analysis, New York 1960.

Leibenstein, H. (1966): Bandwagon-, Snob- und Vebleneffekte in der Theorie der Konsumentennachfrage. In: Streissler, E., Streissler, M. (Hrsg.): Konsum und Nachfrage, Köln, Berlin 1966, S. 231—255.

Leicher, R. (1982): Reklamationen bieten auch Chancen. In: Marketing Journal, Jg. 15 (1982), Nr. 4, S. 342—343.

Leitherer, E. (1955): Die Entwicklung der modernen Markenformen. In: MA, Jg. 17 (1955), H. 10, S. 539—566.

Leitherer, E. (1961): Geschichte der handels- und absatzwirtschaftlichen Literatur, Köln, Opladen 1961.

Leitherer, E. (1965): Die typologische Methode in der Betriebswirtschaftslehre — Versuch einer Übersicht. In: ZfbF, Jg. 17 (1965), S. 650—662.

Leitherer, E. (1974a/1969): Absatzlehre, 3. überarb. Aufl. Stuttgart 1974 (2. neu bearb. Aufl. 1969).

Leitherer, E. (1988): Werbelehre, 3. Aufl. Stuttgart 1988.

Leitherer, E. (1989/1974b): Betriebliche Marktlehre, 3. durchges. Aufl. 1989 (1. Aufl. 1974).

Leven, W. (1979): Das Konstrukt „Soziale Schicht" zur Erklärung der Betriebstypenpräferenz von Konsumenten. In: ZfB, Jg. 49 (1979), H. 1, S. 18—38.

Leven, W., Müller-Hagedorn, L. (1981): Die einstellungsbezogene Werbebotschaft. In: Marketing ZFP, Jg. 3 (1981), H. 1, S. 11—26.

Levitt, Th. (1983): After the Sale is over... In: Harvard Business Review, Vol. 61 (1983), No. 5, S. 87—93.

Lewin, K. (1963/1951): Feldtheorie in den Sozialwissenschaften — Ausgewählte theoretische Schriften, Bern, Stuttgart 1963 (Orig. Field Theory in Social Science).

Lewis, A. (1945): Competition in Retail Trade. In: Economica N. S., Vol. 12 (1945), No. 48, S. 202—234.

Liebmann, H.-P. (1969): Das empirische Erscheinungsbild von Standortentscheidungen in Lebensmittelfilialunternehmungen. In: Unternehmensforschung im Handel, gdi-Schriftenreihe, No. 41, Rüschlikon, Zürich 1969, S. 225—247.

Liebmann, H.-P. (1971): Die Standortwahl als Entscheidungsproblem, Würzburg, Wien 1971.

Lilge, H.-G. (1984): Zielkonflikte. Betriebswirtschaftliche und sozialpsychologische Probleme einer interpersonalen Konflikthandhabung, Berlin 1984.

Lipfert, H. (1969): Optimale Unternehmensfinanzierung, 3. erw. Aufl. Frankfurt a. M. 1969.

Lippmann, H. (1980): Beschaffungsmarketing. Grundlagen einer einzelwirtschaftlich-funktionalen Beschaffungslehre, Bielefeld, Köln 1980.

Lipstein, B., Mc Guire, W. J. (eds.): Evaluating Advertising, New York 1978.

Little, J. D. C. (1977/1970): Modelle und Manager: Das Konzept eines Decision Calculus. In: Haedrich, G. (Hrsg.): Operationale Entscheidungshilfen für die Marketingplanung, New York, Berlin 1977, S. 201—230 (Übers. v.: Models and Managers: The Concept of a Decision Calculus. In: Management Science, Vol. 16 (1970), No. 8).

Litzenroth, H. A. (1986): Neue Perspektiven für die Panelforschung durch hochentwickelte Technologien. In: Jahrbuch der Absatz- und Verbrauchsforschung, Jg. 32 (1986), H. 3, S. 212—240.

Lo, L. (1982): Prognoseinformationen für kundendienstpolitische Entscheidungen. In: Meffert, H. (Hrsg.): Kundendienst-Management, Frankfurt a. M. 1982, S. 31—80.

Löhr, V., Simon, J. (1985): Probleme einer Reform des finanzierten Abzahlungskaufs. In: Magoulas, G., Simon, J. (Hrsg.): Recht und Ökonomie beim Konsumentenschutz und Konsumentenkredit, Baden-Baden 1985, S. 61—114.

Lompe, K. (Hrsg.) (1987): Die Realität der neuen Armut, Regensburg 1987.

Lovelock, Ch. H. (1983): Classifying Service to Gain Strategic Marketing Insights. In: J of M, Vol. 47 (1983), No. 3, S. 9—20.

Lübke, V. (1985a): Fachliche und methodische Fortbildung von Beratungs- und Verkaufspersonal. In: Lübke, V., Schoenheit, I.: Die Qualität von Beratungen für Verbraucher, Frankfurt a. M., New York 1985, S. 213—218.

Lübke, V. (1985b): Situation und Perspektiven persönlicher Beratung in den Verbraucherorganisationen. In: Lübke, V., Schoenheit, I. (Hrsg.): Die Qualität von Beratungen für Verbraucher, Frankfurt a. M., New York 1985, S. 163—171.

Lübke, V., Schoenheit, I. (1985): Beratungsqualität im Wandel. In: Dies. (Hrsg.): Die Qualität von Beratungen für Verbraucher, Frankfurt a. M., New York 1985, S. 9—12.

Lutz, F. A. (1954): Der Konsumentenkredit, Köln, Berlin 1954.

Lux, K. (1910): Studien über die Entwicklung der Warenhäuser in Deutschland, Jena 1910.

Maas, R. M. (1980): Absatzwege — Konzeptionen und Modelle, Wiesbaden 1980.

Machlup, F. (1952): The Political Economy of Monopoly Business Labor and Government Policies, Baltimore 1952.

Mack, U. (1984): Struktur und Entwicklungsperspektiven der Verpackungsbranche aus der Sicht der verpackenden Industrie. In: Verpackungsrundschau, Jg. 35 (1984), H. 6, S. 928—935.

Mähling, F. W. (1983): Werbung, Wettbewerb und Verbraucherpolitik, München 1983.

Männel, W. (1975): Preisobergrenzen im Einkauf, Opladen 1975.

Männel, W. (1981): Die Wahl zwischen Eigenfertigung und Fremdbezug: theoretische Grundlagen — praktische Fälle, 2. Aufl. Stuttgart 1981.

Magoulas, G. (1985): Ökonomische Probleme und Funktionen finanzierter Abzahlungsgeschäfte und vermittelter Konsumentenkredite. In: Magoulas, G., Simon, J. (Hrsg.): Recht und Ökonomie beim Konsumentenschutz und Konsumentenkredit, Baden-Baden 1985, S. 265—292.

Magoulas, G., Simon, J. (Hrsg.) (1985): Recht und Ökonomie beim Konsumentenschutz und Konsumentenkredit, Baden-Baden 1985.

Mai, A. (1982): Lieferantenwahl. Die ziel- und bedingungsorientierte Gestaltung der Beschaffer-Lieferanten-Beziehungen, Thun, Frankfurt a. M. 1982.

Mai, D. (1971): Marketing und Kybernetik — Untersuchung informationstheoretischer Ansätze bei der absatzwirtschaftlichen Aktionsanalyse, Frankfurt a. M., Zürich 1971.

Mallen, B. E. (ed.): The Marketing Channel — A Conceptual Viewpoint, New York, London, Sydney 1967.

Maloncy, J. C., Silverman, B. (1979): Attitude Research Plays for High Stakes, Chicago 1979.

Mandell, M. I. (1974): Advertising, 2. ed. Englewood Cliffs/ N. J., 1974.

Markin, R. J. (1971): Retailing Management, New York, London 1971.

Marr, R., Picot, A. (1983): Absatzwirtschaft. In: Heinen, E. (Hrsg.): Industriebetriebslehre. Entscheidungen im Industriebetrieb, 7. Aufl. Wiesbaden 1983.

Marré, H. (1960): Funktionen und Leistungen des Handelsbetriebes, Köln, Opladen 1960.

Marzen, W. (1984): Die Sortimentspolitik als Instrument des Handels-Marketing. In: Hasitschka, W., Hruschka, H. (Hrsg.): Handels-Marketing, Berlin, New York 1984, S. 177—193.

Marzen, W. (1985): Struktur und Entwicklung der Betriebsformen des Einzelhandels, 3. überarb. und erw. Aufl. Innsbruck 1985.

Marzen, W. (1986): Die „Dynamik der Betriebsformen des Handels" aus heutiger Sicht — Eine kritische Bestandsaufnahme. In: Marketing ZFP, Jg. 8 (1986), H. 4, S. 279—285.

Marx, K. (1971): Das Kapital — Kritik der politischen Ökonomie, Bd. 2, Buch II: Der Zirkulationsprozeß des Kapitals (hrsg. v. F. Engels), Berlin (DDR) 1971.

Mason, J. B., Mayer, M. L. (1987): Modern Retailing — Theory and Practice, Plano/Texas 1987.

Mathieu, G. (1980): Betriebstypenpolitik — Strategie, Entwicklung, Einführung. In: absatzwirtschaft, Jg. 23 (1980), H. 10, S. 116—127.
Matt, D. v. (1988): Markenpolitik in der schweizerischen Markenartikelindustrie, Bern, Stuttgart 1988.
Mayer, H., Däumer, U., Rühle, H. (1982): Werbepsychologie, Stuttgart 1982.
Mc Cammon, B. C., Little, R. W. (1965): Marketing Channels: Analytical System and Approaches. In: Schwartz, G. (ed.): Science in Marketing, New York, London, Sydney 1965, S. 321—385.
Mc Clelland, W. G. (1967): Cost and Competition in Retailing, New York 1967.
Mc Farland, D. E. (1964): Management: Principles and Practices, 2. ed. New York, London 1964.
Mc Nair, M. (1931): Trends in Large-Scale Retailing. In: Harvard Business Review, Vol. 10 (1931), No. 1, S. 30—39.
Medeyros, M. (1982): Anmutungshafte Verpackungsgestaltung als Mittel der Produktpolitik, Köln 1982.
Meffert, H. (1981): Verhaltenswissenschaftliche Aspekte vertraglicher Vertriebssysteme. In: Ahlert, D. (Hrsg.): Vertragliche Vertriebssysteme zwischen Industrie und Handel, Wiesbaden 1981, S. 99—123.
Meffert, H. (1982): Der Kundendienst als Marketinginstrument — Einführung in die Problemkreise des Kundendienst-Managements. In: Ders. (Hrsg.): Kundendienst-Management, Frankfurt a. M., Bern 1982, S. 1— 30.
Meffert, H. (Hrsg.) (1982): Kundendienst-Management, Frankfurt a. M., Bern 1982.
Meffert, H. (1985): Wettbewerbsorientierte Marketingstrategien im Zeichen schrumpfender und stagnierender Märkte. In: Raffée, H., Wiedmann, K.-P. (Hrsg.): Strategisches Marketing, Stuttgart 1985, S. 475—490.
Meffert, H. (1986): Marketing. Grundlagen der Absatzpolitik, 7. überarb. und erw. Aufl. Wiesbaden 1986.
Meffert, H. (1987): Kundendienstpolitik. Eine Bestandsaufnahme zu einem komplexen Marketinginstrument. In: Marketing ZFP, Jg. 9 (1987), H. 2, S. 93—102.
Meffert, H. (1988): Strategische Unternehmensführung und Marketing. Beiträge zur marktorientierten Unternehmenspolitik, Wiesbaden 1988.
Meffert, H., Bruhn, M. (1981): Beschwerdeverhalten und Zufriedenheit von Konsumenten. In: DBW, Jg. 41 (1981), H. 4, S. 597—613.
Meffert, H., Bruhn, M. (1983a/1983b): Markenpolitik im Wettbewerb. Eine empirische Analyse der Akzeptanz von No Names aus der Konsumentensicht. In: MA, Jg. 45 (1983). Teil 1: H. 6, S. 278—294 (a); Teil 2: H. 7, S. 340—346 (b).
Meffert, H., Bruhn, M. (1984a): Markenstrategien im Wettbewerb. Empirische Untersuchungen zur Akzeptanz von Hersteller-, Handels- und Gattungsmarken (No Names), Wiesbaden 1984.
Meffert, H., Bruhn, M. (1984b): Dynamik im Markenwettbewerb. In: MA, Jg. 46 (1984), H. 10, S. 482—492.
Meier, B. (1984): Verbraucherpolitik in der Bundesrepublik Deutschland, Frankfurt a. M., Bern, New York 1984.
Melcher, P. N. (1972): Kundendienst im Kauf- und Warenhaus. Möglichkeiten und Probleme einer erfolgsorientierten Kundendienstpolitik, Stuttgart 1972.
Mellerowicz, K. (1961): Die Handelsspanne bei freien, gebundenen und empfohlenen Preisen (Schriftenreihe des Forschungsinstituts für das Markenwesen, Bd. 5), Freiburg i. Brg. 1961.
Mellerowicz, K. (1969): Die wirtschaftliche Bedeutung der Lockvogelwerbung im Einzelhandel. In: MA, Jg. 31 (1969), H. 2, S. 43— 57.
Melz, T. (1987): Wirtschaftstheorie und Ethik, Pfaffenweiler 1987.
Menninger, S. (1964): Verkaufsaktive Ladengestaltung von A bis Z, Bad Wörishofen, 1964.
Merkle, E. (1981): Die Erfassung und Nutzung von Informationen über den Sortimentsverbund in Handelsbetrieben, Berlin 1981.
Merkle, W. (1979): Verbraucherbildung in der Lehreraus- und -fortbildung. Bericht einer Fachtagung der Stiftung Verbraucherinstitut, Berlin 1979.
Mertens, J. (1986): Konstellationsadäquate Beschaffungspolitik im Handel, Köln 1986.
Messing, H. W. (1963a): Die Hintergründe der Lockvogel-These. In: MA, Jg. 25 (1963), H. 4, S. 253—255.

Messing, H. W. (1963b): Impulskauf — Versuch einer Auseinandersetzung. In: Jahrbuch der Absatz- und Verbrauchsforschung, Jg. 9 (1963), H. 3, S. 273—278.

Metzler, F. I. (1967): Die Handelsmarke unter besonderer Berücksichtigung der Einzelhandelsbetriebe, Diss. Frankfurt a. M. 1967.

Meurer, W. (1985): Die Quelle Kundenbetreuung. In: Hansen, U., Schoenheit, I. (Hrsg.): Verbraucherabteilungen in privaten und öffentlichen Unternehmen, Frankfurt a. M., New York 1985, S. 283—288.

Meyer, A. (1985): Produktdifferenzierung durch Dienstleistungen. In: Marketing ZFP, Jg. 7 (1985), H. 2, S. 99—107.

Meyer, A. (1986): Dienstleistungsmarketing. Erkenntnisse und praktische Beispiele, Augsburg 1986.

Meyer, A. (1987): Die Automatisierung und Veredelung von Dienstleistungen — Auswege aus der dienstleistungsinhärenten Produktleistungsschwäche. In: Jahrbuch der Absatz- und Verbrauchsforschung, Jg. 33 (1987), H. 1, S. 25—46.

Meyer, A., Mattmüller, R. (1987): Qualität von Dienstleistungen — Entwurf eines praxisorientierten Qualitätsmodells. In: Marketing ZFP, Jg. 9 (1987), H. 3, S. 187—195.

Meyer, D. (1988): Abwanderung und Widerspruch. In: WISU, Jg. 17 (1988), H. 8/9, S. 443—446.

Meyer-Dohm, P., Kuhlmann, E. (1972): Absatzwirtschaftliche Kommunikation, Freiburg i. Brg. 1972.

Michaelis, E. (1985): Organisation unternehmerischer Aufgaben — Transaktionskosten als Beurteilungskriterium, Frankfurt a. M., Bern, New York 1985.

Miegel, M. (1983): Die verkannte Revolution (1). Einkommen und Vermögen der privaten Haushalte, 2. Aufl. Stuttgart 1983.

Mielenhausen, E. (Hrsg.) (1986): Verbraucherpolitik — Politik für Verbraucher? Osnabrücker Studien, Bd. 8/9, der Fachhochschule Osnabrück, Dransfeld 1986.

Migros-Genossenschafts-Bund (1978): Sozialbilanz, Zürich 1978.

Miletzki, R. (1982): Formen der Konfliktregelung im Verbraucherrecht, Bielefeld 1982.

Mises, L. v. (1933): Grundprobleme der Nationalökonomie, Jena 1933.

Moeller-Herrmann, K. J. (1968): Die Möglichkeiten der Preispolitik im Einzelhandel, Diss. Köln 1968.

Mollberg, H. (1983): Die Problematik einer Messung des Kundenserviceerfolges, Göttingen 1983.

Monroe, K. B. (1979): Pricing: Making Profitable Decisions, New York u. a. 1979.

Mosetter, F. W. (1965): Über den Einfluß von Eigenkapital und langfristigem Kredit auf Einkaufspreise und Spannen im Einzelhandel, Diss. Berlin 1965.

Most, A. (1986): Handels-Marketing und Recht. Entscheidungshilfen für Sonderveranstaltungen, Preisgestaltung und Ladenschluß, Augsburg 1986.

Müller, G. F. (1983): Anbieter-Nachfrager-Interaktion. In: Irle, M. (Hrsg.): Marktpsychologie. 1. Halbband: Marktpsychologie als Sozialwissenschaft, Göttingen, Toronto, Zürich 1983, S. 626—735.

Müller, H. (1982): Die Warenplazierung als absatzpolitisches Instrument im Selbstbedienungseinzelhandel, Göttingen 1982.

Müller, H.-P. (1985): Neue Vertriebstypen in den USA. In: Dynamik im Handel, Jg. 29 (1985), Nr. 2, S. 12—15.

Müller, H.-P. (1989): Ein neues Paradigma der Differenzierungs- und Ungleichheitsforschung? In: Kölner Zeitschrift für Soziologie und Sozialpsychologie, Jg. 41 (1989), H. 1, S. 53—71.

Müller, P., Stoppok, G. (1981): Leasing im Steuerrecht. In: Hagenmüller, K. F., Stoppok, G. (Hrsg.): Leasing-Handbuch für die betriebliche Praxis, 4. völlig neu bearb. Aufl. Frankfurt a. M. 1981, S. 35—49.

Müller, S. (1984): Zur Akzeptanz der Werbung. In: Jahrbuch der Absatz- und Verbrauchsforschung, Jg. 30 (1984), H. 4, S. 319—337.

Müller, S., Beeskow, W. (1982): Einkaufsstättenimage und Einkaufsstättenwahl. In: Jahrbuch der Absatz- und Verbrauchsforschung, Jg. 28 (1982), H. 4, S. 400—426.

Müller, S., Bruns, H. (1984): Der Einfluß von Glattpreisen auf Kaufentscheidungen. In: Marketing ZFP, Jg. 6 (1984), H. 3, S. 175— 180.

Müller, W. (1970): Städtebau, Stuttgart 1970.

Müller-Beilschmidt, K. (1954): Handelsspanne und Konkurrenzverhältnisse im Einzelhandel, Diss. Berlin 1954.

Müller-Hagedorn, L. (1975): Standortplanung im Einzelhandel mit Methoden der Investitionsrechnung — ein Fall aus der Praxis. In: WiSt, Jg. 4 (1975), H. 5, S. 230—236.
Müller-Hagedorn, L. (1978a): Bevorzugte Betriebsformen des Einzelhandels und das Lebenszykluskonzept. In: ZfbF, Jg. 30 (1978), H. 2, S. 106—124.
Müller-Hagedorn, L. (1978b): Das Problem des Nachfrageverbundes in erweiterter Sicht. In: ZfbF, Jg. 30 (1978), H. 3, S. 181—193.
Müller-Hagedorn, L. (1984): Handelsmarketing, Stuttgart u. a. 1984.
Müller-Hagedorn, L. (1985): Die Dynamik der Betriebsformen (Festschrift zum 80. Geburtstag von Prof. Dr. Robert Nieschlag). In: Marketing ZFP, Jg. 7 (1985), H. 1, S. 21—26.
Müller-Hagedorn, L. (1986): Das Konsumentenverhalten — Grundlagen für die Marktforschung, Wiesbaden 1986.
Müller-Hagedorn, L., Heidel, B. (1986): Die Sortimentstiefe als absatzpolitisches Instrument. In: ZfbF, Jg. 38 (1986), H. 1, S. 39— 63.
Müller-Merbach, H. (1973): Modelle zur Standortbestimmung. In: Kosiol, E. (Hrsg.): HdR, Stuttgart 1970, Sp. 1160—1168.
Murphy, P. E., Enis, B. M. (1986): Classifying Products Strategically. In: J of M, Vol. 50 (1986), No. 3, S. 24—42.
Nauer, E. (1970): Standortwahl und Standortpolitik im Einzelhandel (Schriftenreihe des Forschungsinstituts für Absatz und Handel an der Hochschule St. Gallen, Bd. 14), Bern, Stuttgart 1970.
Nawrocki, J. (1979): Als Unternehmer schäme ich mich ... Mafiamethoden im deutschen Einzelhandel. In: Die Zeit, Sonderdruck aus Nr. 9 und 10, Febr., März 1979 , o. S.
Nelson, R. L. (1958): The Selection of Retail Location, New York 1958.
Nielsen, A. C. (1984): The Development of Industry Brands and Distributor Brands in Europe and the United States. Comparisons and Conclusions for the Future. In: MA, Jg. 46 (1984), H. 7, S. 362—368.
Nieschlag, R. (1954): Die Dynamik der Betriebsformen im Handel (Schriftenreihe des Rheinisch-Westfälischen Industrieinstituts für Wirtschaftsforschung NF, Nr. 7), Essen 1954.
Nieschlag, R. (1959): Werbung im Handel. In: Werbung, eine unternehmerische Aufgabe, Beilage zu: Der Volkswirt, Jg. 13 (1959), Nr. 36, S. 26—28.
Nieschlag, R. (1972): Binnenhandel und Binnenhandelspolitik, 2. neubearb. Aufl. Berlin 1972.
Nieschlag, R. (1974): Betriebsformen im Handel, Dynamik der. In: Tietz, B. (Hrsg.): HdA, Stuttgart 1974, Sp. 366—376.
Nieschlag, R., Dichtl, E., Hörschgen, H. (1988/1972): Marketing, 15. völlig neubearb. Aufl. Berlin 1988 (5. Aufl. 1972).
Nieschlag, R., Kuhn, G. (1980): Binnenhandel und Binnenhandelspolitik, 3. neubearb. Aufl. Berlin 1980.
Niestrath, U. (1983): Nachfragemacht des Handels — Begriff, Theorie, Operationalisierung, Frankfurt a. M., Bern, New York 1983.
Nystrom, P. H. (1930): Economics of Retailing. Vol. I: Retail Institutions and Trends, Vol. II. Principles of Retail Store Operation, 3. rev. and enlar. ed. New York 1930.
Obergfell, E. (1977): Die Führungsrolle des Handels im Absatzweg von Konsumgütern. Eine aktionsanalytische Untersuchung der gate keeper-Position, Frankfurt a. M., Zürich 1977.
Oberparleiter, K. (1955/1918): Funktionen und Risiken des Warenhandels, 2. Aufl. Wien 1955 (1. Aufl. 1918).
Ochmann, H.-J. (1981): Nichtverbale Kommunikation und Adoleszenz, Frankfurt a. M. 1981.
OECD (ed.) (1981): Buying Power — The Exercise of Market Power by Dominant Buyers, Paris 1981.
Oehme, W. (1982): Das autonome Preismarketing des Einzelhandels. In: Marketing ZFP, Jg. 4 (1982), H. 4, S. 229—236.
Oehme, W. (1983): Handels-Marketing. Entstehung, Aufgabe, Instrumente, München 1983.
Oelker, F. P. (1979): Die Bestimmung der Werbeaussage als ein absatzpolitisches Entscheidungsproblem, Diss. Hamburg 1979.
Oertel, B. (1982): Die Planung des Produktes unter Berücksichtigung der Humanisierungs- und Umweltschutzproblematik, Frankfurt a. M., Bern 1982.
Olesch, G. (1983): Die Einkaufsverbände des Einzelhandels. Bd. 3: Das Kartellrecht der Einkaufszusammenschlüsse, Frankfurt a. M. 1983.

Oliver, R. L. (1981): Measurement and Evaluation of Satisfaction Processes in Retail Settings. In: J of R, Vol. 57 (1981), No. 3, S. 25—48.
Ott, A. E. (1960): Ein statisches Modell der Preisbildung im Einzelhandel. In: Jahrbücher für Nationalökonomie und Statistik, Bd. 172 (1960), H. 1, S. 1—31.
Ott, A. E. (1979): Grundzüge der Preistheorie, 3. überarb. Aufl. Göttingen 1979.
Otto, K.-P. (1986): Vertriebs-Leasing als absatzpolitisches Instrumentarium. In: Betriebs-Berater, Jg. 41 (1986), Beilage 3 zu H. 12, S. 23—24.
o. V. (1967): Lebenszyklus neu eingeführter Marken. In: Nielsen-Beobachter, Nr. 3 (1967), S. 17—18.
o. V. (1974): Konkurrenzanalyse. Marketing Enzyklopädie, Bd. 2, München 1974, S. 147—154.
o. V. (1975): Wettbewerbsverzerrungen — Beispielkatalog des Bundeswirtschaftsministeriums. In: Wettbewerb in Recht und Praxis, Jg. 21 (1975), H. 1, S. 24—32.
o. V. (1980): Mehr als nur ein Alibi? In: test, Jg. 15 (1980), Nr. 2, S. 20—21.
o. V. (1985): Neckermann macht mobil. In: Wirtschaftswoche, Jg. 39 (1985), Nr. 40, S. 166—173.
o. V. (1986): „Outfit" — Kleidung, Accessoires, Duftwässer, hrsg. vom Spiegel-Verlag, Hamburg 1986.
o. V. (1987, asw-Report): Innenstadt zieht an, asw-Report. In: absatzwirtschaft, Jg. 30 (1987), H. 8, S. 26—35.
o. V. (1987, Wirtschaftswoche): Teure Alternative. In: Wirtschaftswoche, Jg. 41 (1987), H. 27, S. 90—91.
o. V. (1988, Einzelhandelsberater): Probleme bei „Kauf auf Rechnung". In: Der Einzelhandelsberater, Jg. 31 (1988), Nr. 5, S. 317.
o. V. (1988, asw): Trends im Handel. In: absatzwirtschaft, Jg. 31 (1988), H. 2, S. 40.
Overtheil, W. (1983): Standardisierung versus Differenzierung in Filialsystemen des Einzelhandels. Theoretische Aspekte marktbezogener Steuerungsprobleme und Diskussion einschlägiger Handhabungspraktiken, Frankfurt a. M., Bern 1983.
Oxenfeldt, A. R. (1966): Executive Action in Marketing, Belmont/Calif. 1966.
Pack, L. (1963): Optimale Bestellmenge und optimale Losgröße — Zu einigen Problemen ihrer Ermittlung. In: ZfB, Jg. 33 (1963), Nr. 9, S. 465—492.
Pade, K. (1979): Deckungsbeitragsrechnung im Sortimentshandel, Diss. Berlin 1979.
Patt, P.-J. (1988): Strategische Erfolgsfaktoren im Einzelhandel. Eine empirische Analyse am Beispiel des Bekleidungsfachhandels, Frankfurt a. M. u. a. 1988.
Persson, L. (1955): Die Konsumfinanzierung als Mittel der Konsumförderung, Diss. Tübingen 1955.
Pessemier, E. A. (1980): Store Image and Positioning. In: J of R, Vol. 56 (1980), No. 1, S. 94—106.
Pestalozzi, H. A. (1982): Konflikte in der Marketing Managerrolle. In: Hansen, U., Stauss, B., Riemer, H. (Hrsg.): Marketing und Verbraucherpolitik, Stuttgart 1982, S. 466—472.
Peters, T. J., Waterman, R. H. (1984): Auf der Suche nach Spitzenleistungen. Was man von den bestgeführten US-amerikanischen Unternehmen lernen kann, 9. Aufl. Landsberg a. L. 1984 (Orig.: In Search of Excellence).
Petersen, H. (1955): Zur Aufgabe und Methode der Unternehmungstypologie, Diss. Hamburg 1955.
Peterson, E. (1974): Consumerism as a Retailer's Asset. In: Harvard Business Review, Vol. 52 (1974), No. 3, S. 91—101.
Pfeiffer, S. (1981): Die Akzeptanz von Neuprodukten im Handel. Eine empirische Untersuchung zum Innovationsverhalten des Lebensmittelhandels, Wiesbaden 1981.
Philippi, H. (1986): Bericht über die Ergebnisse des Betriebsvergleichs der Einzelhandelsfachgeschäfte im Jahre 1985. In: Mitteilungen des Instituts für Handelsforschung an der Universität zu Köln, Jg. 38 (1986), Nr. 11, S. 141—158.
Philippi, H. (1987): Bericht über die Ergebnisse des Betriebsvergleichs der Einzelhandelsfachgeschäfte im Jahre 1986. In: Mitteilungen des Instituts für Handelsforschung an der Universität zu Köln, Jg. 39 (1987), Nr. 11, S. 129—150.
Picot, A. (1981): Strukturwandel und Unternehmensstrategie, Teil. 2. In: WiSt, Jg. 10 (1981), H. 12, S. 563—571.
Picot, A. (1982): Transaktionskostenansatz in der Organisationstheorie: Stand der Diskussion und Aussagewert. In: DBW, Jg. 42 (1982), H. 2, S. 267—284.

Picot, A. (1984): Organisation. In: Baetge, J. u. a. (Hrsg.): Vahlens Kompendium der Betriebswirtschaftslehre, Bd. 2, München 1984, S. 95—158.
Picot, A. (1986): Transaktionskosten im Handel — Zur Notwendigkeit einer flexiblen Strukturentwicklung in der Distribution. In: Betriebs-Berater, Jg. 41 (1986), 2. Halbj., Beil. 13 zu H. 27, S. 1—16.
Piepenbrock, H. (Hrsg.) (1984): Ladenschluß kontrovers. Beiträge zur aktuellen Diskussion, Stuttgart, Herford 1984.
Pischulti, H. (1985): Die Beurteilung von POS-Zahlungssystemen, Nürnberg 1985.
Plesse, G. (1937): Die Finanzierung des Einzelhandels unter besonderer Berücksichtigung der Lieferantenkredite und des Problems ihrer Ablösung durch Bankkredite, Berlin, Leipzig 1937.
Popper, K. R. (1976/1973): Logik der Forschung, 6. verb. Aufl. Tübingen 1976 (5. Aufl. 1973).
Porter, M. E. (1984): Wettbewerbsstrategie. Methoden zur Analyse von Branchen und Konkurrenten, 2. Aufl. Frankfurt a. M. 1984 (Orig.: Competitive Strategy).
Porter, M. E. (1986): Wettbewerbsvorteile. Spitzenleistungen erreichen und behaupten, Frankfurt a. M., New York 1986 (Orig.: Competitive Advantage).
Porter, M. E. (1987): From Competitive Advantage to Corporate Strategy. In: Harvard Business Review, Jg. 65, (1987), No. 3, S. 43—59.
Poth, L. G. (1973): Handelsmarketing durch Handelsmarkenpolitik, Wiesbaden 1973.
Preuß, V. (1986): Verbrauchererziehung: Erziehung zum qualitativen Konsum. In: Mielenhausen, E. (Hrsg.): Verbraucherpolitik — Politik für Verbraucher? Osnabrücker Studien, Bd. 8/9, der Fachhochschule Osnabrück, Dransfeld 1986, S. 75—95.
Priewasser, E. (1981): Kartengesteuerte Zahlungsverkehrssysteme. Eine Untersuchung zur unbaren Zahlungsabwicklung am Point-of-Sale-Terminal aus der Sicht des Kreditgewerbes, des Einzelhandels und der privaten Haushalte, Stuttgart 1981.
Prognos (Hrsg.) (1986), bearb. v. Hofer, P. u. a.: Die Bundesrepublik Deutschland 1990 / 2000 / 2010. In: prognos-report Nr. 12, Stuttgart 1986.
Pudenz, W. (1978): Festsetzung und Verteilung von Werbebudgets: Eine empirische Analyse für klassische Werbemedien, München 1978.
Pusch, D. R. (1967): Entwicklungstendenzen der Selbstbedienungs- und Discountgeschäfte. In: Bidlingmaier, J., Jacobi, H., Uherek, E. W. (Hrsg.): Absatzpolitik und Distribution (Studienreihe Betrieb und Markt, Sonderband: Festschrift für K. Chr. Behrens), Wiesbaden 1967, S. 209—235.

Raffée, H. (1980): Grundfragen der Marketingwissenschaft. In: WiSt, Jg. 9 (1980), Nr. 7, S. 317—324.
Raffée, H. (1984): Gegenstand, Methoden und Konzepte der Betriebswirtschaftslehre. In: Baetge, J. u. a. (Hrsg.): Vahlens Kompendium der Betriebswirtschaftslehre, Bd. 1, München 1984, S. 1— 46.
Raffée, H., Fritz, W. (1984): Wirkungen vergleichender Warentests in Industrie und Handel. In: Jahrbuch der Absatz- und Verbrauchsforschung, Jg. 30 (1984), H. 4, S. 303—318.
Raffée, H., Fritz, W., Jugel, S. (1988): Neue Medien und Konsumentenverhalten — Forschungsergebnisse und offene Fragen. In: Jahrbuch der Absatz- und Verbrauchsforschung, Jg. 34 (1988), H. 3, S. 235—262.
Raffée, H., Jacobs, S. (1986): Die Neuen Medien: Auswirkungen auf Konsumentenverhalten und Handelsstruktur. In: MA, Jg. 48 (1986), H. 12, S. 568—574.
Raffée, H., Silberer, G. (Hrsg.) (1981): Informationsverhalten des Konsumenten. Ergebnisse empirischer Studien, Wiesbaden 1981.
Raffée, H., Specht, G. (1974): Basiswerturteile der Marketing-Wissenschaft. In: ZfbF, Jg. 26 (1974), H. 6, S. 373—396.
Raffée, H., Wiedmann, K.-P. (Hrsg.) (1985): Strategisches Marketing, Stuttgart 1985.
Raffée, H., Wiedmann, K.-P. (1986): Marketing und Werte. In: Belz, Chr. (Hrsg.): Realisierung des Marketing, Bd. 2, Savosa, St. Gallen 1986, S. 1187—1243.
Raffée, H., Wiedmann, K.-P. (1987a): Dialoge 2 — Der Bürger im Spannungsfeld von Öffentlichkeit und Privatleben, Band: Marketing-Analyse — Konsequenzen und Perspektiven für das gesellschaftsorientierte Marketing, Stern Bibliothek, Hamburg 1987.
Raffée, H., Wiedmann, K.-P. (1987b): Gesellschaftliche Mega-Trends als Basis einer Neuorientierung von Marketing-Praxis und Marketing-Wissenschaft. In: Schwarz, Chr., Sturm, F., Klose,

W. (Hrsg.): Marketing 2000 — Perspektiven zwischen Theorie und Praxis, Wiesbaden 1987, S. 185—209.
Raffée, H., Wiedmann, K.-P. (1988): Der Wertewandel als Herausforderung für Marketingforschung und Marketingpraxis. In: Marketing ZFP, Jg. 10 (1988), H. 3, S. 198—210.
Ramser, H. J. (1979): Eigenerstellung oder Fremdbezug von Leistungen. In: Kern, W. (Hrsg.): HdP, Stuttgart 1979, Sp. 435—450.
Rathmell, J. M. (1969): Managing the Marketing Function — Concepts, Analysis, and Application, New York u. a. 1969.
Rathmell, J. M. (1974): Marketing in the Service Sector, Cambridge/Mass. 1974.
Redinbaugh, L. D. (1976): Retailing Management — A Planning Approach, New York u. a. 1976.
Reich, N. (1979): Verbraucherkredit. Rechtliche Probleme und Perspektiven, Neuwied 1979.
Reich, N., Tonner, K., Wegener, H. (1976): Verbraucher und Recht, Göttingen 1976.
Reifner, U. (1979): Alternatives Wirtschaftsrecht am Beispiel der Verbraucherverschuldung. Realitätsverleugnung oder soziale Auslegung im Zivilrecht, Neuwied, Darmstadt 1979.
Reifner, U., Gorges, I., Schmidtmann, A. (1980): Ansatzpunkte für eine selbsthilfeorientierte Verbraucherberatung. Ergebnisse einer empirischen Untersuchung. In: ZVP/JCP, Jg. 4 (1980), No. 3, S. 212— 230.
Reifner, U., Rößler, Ch. (1985): Konzeption einer Kreditberatungsstelle — Vorschläge aus dem Modellversuch. In: Evangelische Akademie Loccum (Hrsg.): Loccumer Protokolle, Nr. 11, 1985, S. 66—91.
Reilly, W. J. (1953/1931): The Law of Retail Gravitation, 2. ed. New York 1953 (1. ed. 1931).
Reim, J. (1986): Die Praxis der Werbeplanung, Wien 1986.
Renoux, Y. (1973): Consumer Dissatisfaction and Public Policy. In: Allvine, F. C. (Hrsg.): Public Policy and Marketing Practices, Chicago 1973, S. 53—63.
Revzan, D. A. (1961): Wholesaling in Marketing Organization, New York 1961.
Rhein, E. (1960): Die Theorie des unvollkommenen Wettbewerbs und ihre Anwendung auf den Wettbewerb im Einzelhandel. In: Jahrbuch für Sozialwissenschaft, Bd. 11, Göttingen 1960, S. 65—93.
Rich, A. (1984): Wirtschaftsethik — Grundlagen in theologischer Perspektive, 2. Aufl. Gütersloh 1984.
Richter, B. (1968): Über Wesen, Begriff und Formen der Verkaufsförderung, Diss. Erlangen/Nürnberg 1968.
Riebel, P. (1964): Die Preiskalkulation auf Grundlage von „Selbstkosten" oder von relativen Einzelkosten und Deckungsbeiträgen. In: ZfbF, Jg. 16 (1964), S. 549—612.
Riebel, P. (1985): Einzelkosten- und Deckungsbeitragsrechnung. Grundfragen einer markt- und entscheidungsorientierten Unternehmensrechnung, 5. verb. u. erg. Aufl. Wiesbaden 1985.
Rieger, H. R. W. (1962): Der Güterbegriff in der Theorie des Qualitätswettbewerbs, Berlin 1962.
Riemer, M. (1986): Beschwerdemanagement, Frankfurt a. M., New York 1986.
Rieser, I. (1987): Absatzwegsysteme — Modelle zur Erklärung ihres Wandels. In: Die Unternehmung, Jg. 41 (1987), H. 4, S. 274—284.
Riesman, D. (1961/1950): Die einsame Masse, 4. Aufl. Hamburg 1961 (1. ed.: The Lonely Crowd, 1950).
Ritter, T. (1980): Betriebswirtschaftliche Verpackungsoptimierung. Überlegungen zur zieladäquaten Konzeption von Verpackungslösungen, Göttingen 1980.
Robinson, P. J., Faris, W., Wind, Y. (1967): Industrial Buying and Creative Marketing, Boston 1967.
Rock, R., Schaffartzik, K.-H. (Hrsg.) (1983): Verbraucherarbeit: Herausforderungen der Zukunft, Frankfurt a. M., New York 1983.
Rock, R., Wieczorek, N. (1970): Eigenmarken im Nahrungsmittelhandel. In: MA, Jg. 32 (1970), H. 9, S. 393—400.
Rödl, H., Winkels, A. (1983): Kreditmanagement in der Unternehmenspraxis, Stuttgart 1983.
Rogoll, R. (1987): Nimm dich, wie du bist — Eine Einführung in die Transaktionsanalyse, 18. Aufl. Freiburg, Basel, Wien 1987.
Rohleder, P. J., Schmidt, D. W. (1987): Mit Dienstleistungen zum Erfolg — Chancen und Risiken imagebildender Servicepolitik im Handel. In: Marktforschung, Jg. 31 (1987), Nr. 2, S. 38—41.
Rosen, D. L. (1984): Consumer Perceptions of Quality for Generic Grocery Products: A Comparison across Product Categories. In: J of R, Vol. 60 (1984), No. 4, S. 64—80.

Rosenberg, L. J., Hirschman, E. C. (1980): Retailing without Stores. In: Harvard Business Review, Vol. 58 (1980), No. 4, S. 103—112.
Rosenberger, G. (1981): Die neutrale Verbraucherinformation über die Qualität von Dienstleistungen — einige methodische Probleme. In: ZVP/JCP, Jg. 5 (1981), Nr. 4, S. 326—336.
Rosenberger, G. (1982): Unterlagen zu Revisionen am Verkaufspunkt bei der Einführung der Interaktionsstrategie im Absatzmarketing. In: Fischer, G. H. (Hrsg.): Interaktionsstrategie im Absatzmarketing — Grundlagen und Anwendungen, Gernsbach 1982, S. 155—178.
Rosenstiel, L. v., Ewald, G. (1979): Marktpsychologie, Bd. 1 u. 2. Psychologie der absatzpolitischen Instrumente, Stuttgart u. a. 1979.
Ruhfus, R. W. (1976): Kaufentscheidungen von Familien, Wiesbaden 1976.
Ruppmann, R. (1968): Die Standortbestimmung für Verkaufsstätten im Einzelhandel, Berlin 1968.
Rusche, T. (1986): Strategische Sortimentseinheiten im Handel. Working Paper Nr. 97 des Wirtschafts- und Sozialwissenschaftlichen Instituts der Universität Freiburg/Schweiz 1986.
Sabel, H. (1971): Produktpolitik in absatzwirtschaftlicher Sicht — Grundlagen und Entscheidungsmodelle, Wiesbaden 1971.
Sachverständigenrat zur Begutachtung der gesamtwirtschaftlichen Entwicklung (1988): Arbeitsplätze im Wettbewerb. Jahresgutachten 1988/89, Stuttgart, Mainz 1988.
Sack, R. (1988): Der Verkauf unter Selbstkosten in Handel und Handwerk. Zur Notwendigkeit einer Verbesserung des kartellrechtlichen Schutzes, unter Berücksichtigung ausländischer Regelungen. In: Betriebs-Berater, Jg. 43 (1988), H. 11, Beilage 3, S. 1—31.
Sandig, C. (1935): Grundriß der Beschaffung. In: DBW, Jg. 28 (1935), H. 8, S. 175—182 (Teil 1); H. 9, S. 196—201 (Teil 2); H. 10, S. 228—235 (Teil 3).
Sandig, C. (1966): Betriebswirtschaftspolitik, 2. völlig neubearb. Aufl. Stuttgart 1966.
Sandig, C. (1971): Grundriß der Beschaffung. In: Geist, M. (Hrsg.): Vom Markt des Betriebes zur Betriebswirtschaftspolitik. Bedarf — Beschaffung — Absatz (Festschrift zum 70. Geb. von C. Sandig), Stuttgart 1971, S. 82—113.
Sandt, B. (1976): Trade Marts: Konkurrenten der Messe? In: Marketing Journal, Jg. 9 (1976), Nr. 5, S. 418—422.
Sauer, K. (1982): Das Einkaufs-Entscheidungsverhalten im genossenschaftlichen Lebensmitteleinzelhandel — Eine empirische Untersuchung, Göttingen 1982.
Sauerland, I. (1982): Große Qualität, kleiner Preis. In: absatzwirtschaft, Jg. 24 (1982), H. 5, S. 52—53.
Schacht, K. (1971): Die Bedeutung der Finanzierungsregeln, Wiesbaden 1971.
Schade, H. C. (1965): Die Form des Preises als absatzwirtschaftliches Instrument. In: Jahrbuch der Absatz- und Verbrauchsforschung, Jg. 11 (1965), H. 2, S. 152—168.
Schäfer, E. (1966/1958): Absatzwirtschaft. In: HdW, Bd. 1: Betriebswirtschaft, 2. Aufl. Köln, Opladen 1966, S. 277—341 (1. Aufl. 1958).
Schäfer, E. (1978): Grundlagen der Marktforschung — Marktuntersuchung und Marktbeobachtung, 5. neu bearb. Aufl. Stuttgart 1978.
Schäfer, E. (1981/1950): Absatzwirtschaft. Gesamtwirtschaftliche Aufgabe — Unternehmerische Gestaltung, 3. wesentl. erw. Aufl. Stuttgart 1981 (2. Aufl.: Die Aufgabe der Absatzwirtschaft, Köln, Opladen 1950).
Schäfer, H. L. (1981): Bildschirmtext und Handel. In: Marschner, H. (Hrsg.): Handelsforschung, Handelspraxis, Wien 1981, S. 3—18.
Schär, J. F. (1923/1911): Allgemeine Handelsbetriebslehre, 5. Aufl. Leipzig 1923 (1. Aufl. 1911).
Schaffartzik, K.-H. (1983): Perspektiven für die Arbeit einer Verbraucherorganisation. In: Rock, R., Schaffartzik, K.-H. (Hrsg.): Verbraucherarbeit: Herausforderungen der Zukunft, Frankfurt a. M., New York 1983, S. 6—21.
Schanz, G. (1973): Wider das Selbstverständnis der BWL als „praktisch-normative“ Disziplin. In: ZfB, Jg. 43 (1973), H. 8, S. 585—602.
Scheele, W. (1968): Verkaufsaktive Preis- und Rabattpolitik (Verkaufleiter-Serie 19), München 1968.
Schenk, H.-O. (1966): Die Bedeutung der Betriebsformen für den spezifischen Wettbewerb im Handel. In: Jahrbuch der Absatz- und Verbrauchsforschung, Jg. 12 (1966), H. 3, S. 173—188.
Schenk, H.-O. (1982): Vertikale Preisempfehlung. In: Böcker, F. (Hrsg.): Preistheorie und Preisverhalten, München 1982, S. 263—278.

Schenk, H.-O., Tenbrink, H., Zündorf, H. (1984): Die Konzentration im Handel — Ursachen, Messung, Stand, Entwicklung und Auswirkungen der Konzentration im Handel und konzentrationspolitische Konsequenzen (Schriftenreihe der Forschungsstelle für den Handel, Dritte Folge, Nr. 9), Berlin 1984.

Schenk, H.-O., Wölk, A. (1971): Vertriebssysteme zwischen Industrie und Handel — Die Entwicklung neuer vertraglicher Vertriebssysteme zwischen Industrie und Handel in der Bundesrepublik Deutschland (Schriftenreihe der Forschungsstelle für den Handel, Dritte Folge, Nr. 6), Berlin 1971.

Scherhorn, G. (1959): Bedürfnis und Bedarf — Sozialökonomische Grundbegriffe im Licht der neueren Anthropologie, Berlin 1959.

Scherhorn, G. (1964): Information und Kauf. Empirische Analyse der Markttransparenz, Köln, Opladen 1964.

Scherhorn, G. (1975): Verbraucherinteresse und Verbraucherpolitik, Göttingen 1975.

Scherhorn, G. (1985): Die Beratung der Verbraucher im Handel und in der Verbraucherberatung: Schwerpunkte und Kriterien. In: Lübke, V., Schoenheit, I. (Hrsg.): Die Qualität von Beratungen für Verbraucher, Frankfurt a. M., New York 1985, S. 48—55.

Scheuch, F. (1982): Dienstleistungsmarketing, München 1982.

Schiebel, W. (1979): Standortentscheidungen im Handel — Befund und forschungsprogrammatische Richtlinien. In: Der Markt, Jg. 18 (1979), H. 72, S. 233—246.

Schiebel, W. (1984): Externe und interne Standortpolitik. In: Hasitschka, W., Hruschka, H. (Hrsg.): Handels-Marketing, Berlin, New York 1984, S. 211—236.

Schierenbeck, H. (1980): Unternehmungsfinanzen und Konjunktur, Stuttgart 1980.

Schiffel, J. (1984): Warenwirtschaftssysteme im Einzelhandel, Möglichkeiten und Grenzen, Augsburg 1984.

Schiller, C. (1967): Entwicklungstendenzen der Einkaufsgenossenschaften und freiwilligen Gruppen. In: Bidlingmaier, J., Jacobi, H., Uherek, E. W. (Hrsg.): Absatzpolitik und Distribution (Studienreihe Betrieb und Markt, Sonderband: Festschrift für K. Chr. Behrens), Wiesbaden 1967, S. 397—412.

Schiller, R. (1978): Finanzwirtschaftliche Kooperation im mittelständischen Einzelhandel, Göttingen 1978.

Schimanski, S. (1958): Zur Theorie des Konsumentenkredits, Tübingen 1958.

Schmalholz, H. u. a. (1985): Innovation in der Industrie: Struktur und Entwicklung der Innovationsaktivitäten 1979—1982, München 1985.

Schmid, L. (1965): Grundlagen und Formen der Preisdifferenzierung im Lichte der Marktformenlehre und der Verhaltenstheorie, Berlin 1965.

Schmidt, A., Kayser, G. (1986): Ladenschluß International. Das deutsche Ladenschlußgesetz im Lichte ausländischer Erfahrungen, Stuttgart 1986.

Schmidt, I. (1987): Wettbewerbspolitik und Kartellrecht, 2. Aufl. Stuttgart, New York 1987.

Schmidt-Sudhoff, U. (1967): Unternehmerziele und unternehmerisches Zielsystem, Wiesbaden 1967.

Schmidt-Wegenast, J. (1969): Der Wandel in der Einstellung des Kreditwesens zum Konsumenten. In: Schneider, F. (Hrsg.): Die Finanzen des privaten Verbrauchers (Festschrift für W. Kaminsky), Frankfurt a. M. 1969, S. 121—141.

Schmitz, G. (1968): Kalkulatorischer Ausgleich als betriebspolitische Aufgabe der Handelsunternehmung. In: Sundhoff, E. (Hrsg.): Distributionswirtschaft — Beiträge aus den Gebieten der Absatz-, Handels- und Beschaffungswirtschaft (Festschrift für R. Seyffert zum 75. Geb.), Köln, Opladen 1968, S. 1—27.

Schmölders, G. (1975): Einführung in die Geld- und Finanzpsychologie, Darmstadt 1975.

Schneider, B. (1985): Der Einfluß der Produzentenhaftung auf die Produktpolitik, Diss. Würzburg 1985.

Schneider, D. (1983): Marketing als Wirtschaftswissenschaft oder Geburt einer Marketingwissenschaft aus dem Geiste des Unternehmerversagens? In: ZfbF, Jg. 35 (1983), H. 3, S. 197—223.

Schneider, E. (1961): Einführung in die Wirtschaftstheorie, Teil II, 7. verb. Aufl. Tübingen 1961.

Schneider, F. (Hrsg.) (1969): Die Finanzen des privaten Verbrauchers (Festschrift für W. Kaminsky), Frankfurt a. M. 1969.

Schneider, J. (1968): Die Kostenrechnung im Einzelhandel — dargestellt am Lebensmitteleinzelhandel, Freiburg i. Brg. 1968.

Schneider, K.-H. (1982): Die Preisstellung unter Einstandspreis im Einzelhandel, Berlin 1982.
Schneider, K.-H., Wagner, J. R. (1983): Abschlußbericht über die Untersuchung „Probleme des Ladenbaus in Passagen und (innerstädtischen) Einkaufszentren". Durchgeführt im Auftrag des Bundesministeriums für Wirtschaft, Bonn, von der BBE-Unternehmensberatung GmbH, Köln u. a. 1983.
Schnutenhaus, O. R. (1961): Absatzpolitik und Unternehmensführung, Freiburg i. Brg. 1961.
Schoch, R. (1969): Der Verkaufsvorgang als sozialer Interaktionsprozeß, Diss. St. Gallen 1969 (Winterthur 1969).
Schöler, K. (1981): Das Marktgebiet im Einzelhandel. Determinanten, Erklärungsmodelle und Gestaltungsmöglichkeiten des räumlichen Absatzes, Berlin 1981.
Schönenborn, F., Engau, F., Deuss, J. (1983): Bibliographie der Werbeliteratur, 2. Aufl. Stuttgart 1983.
Schoenheit, I. (1985a): Verbraucherabteilungen im Dialog mit Verbraucherorganisationen. In: Hansen, U., Schoenheit, I. (Hrsg.): Verbraucherabteilungen in privaten und öffentlichen Unternehmen, Frankfurt a. M., New York 1985, S. 209—221.
Schoenheit, I. (1985b): Chancen einer Beratungsauflagenpolitik. In: Lübke, V., Schoenheit, I. (Hrsg.): Die Qualität von Beratungen für Verbraucher, Frankfurt a. M., New York 1985, S. 219—226.
Schoenheit, I. (1986): Entwicklungsperspektiven der Verbraucherinformation und Verbraucherberatung. In: Mielenhausen, E. (Hrsg.): Verbraucherpolitik — Politik für Verbraucher? Osnabrücker Studien, Bd. 8/9, der Fachhochschule Osnabrück, Dransfeld 1986, S. 97—125.
Schoenheit, I. (1988): Der Markt für Wasch- und Reinigungsmittel als Lernfeld für ein ökologisches Marketing? In: Brandt, A., Hansen, U., Schoenheit, I., Werner, K. (Hrsg.): Ökologisches Marketing, Frankfurt a. M., New York 1988, S. 276—293.
Schoenheit, I. (1989): Internes Arbeitspapier zur Tagung „Konsum 2000", Stiftung Verbraucherinstitut, Berlin 1989.
Scholz, F. J. (1983): Ratenkreditverträge, Abzahlungskauf, finanziertes Abzahlungsgeschäft, Barkredite, Mietkauf und Finanzierungsleasing, Kreditvermittlung, München 1983.
Scholz, H.-W. (1979): Eine quantitative Analyse von Standortfaktoren im Einzelhandel anhand von Lebensmittelläden in der Stadt Geesthacht, Diss. Universität Hamburg 1979.
Schott, B. (1974): Handelsmarken: Motive und Determinanten der vertikalen Integration des Handels, Göttingen 1974.
Schreiterer, G. (1960): Ökonomisierung der Sortimentsausweitung. In: MA, Jg. 22 (1960), H. 3, S. 107—123; H. 5, S. 341—347; H. 7, S. 510— 518; H. 11, S. 824—842.
Schreyögg, G. (1984): Unternehmensstrategie — Grundfragen einer Theorie strategischer Unternehmensführung, Berlin, New York 1984.
Schreyögg, G. (1985): Die Beteiligung von Verbraucherabteilungen am unternehmerischen Entscheidungsprozeß. In: Hansen, U., Schoenheit, I. (Hrsg.): Verbraucherabteilungen in privaten und öffentlichen Unternehmen, Frankfurt a. M., New York 1985, S. 197—208.
Schricker, G., Lehmann, M. (1976): Der Selbstbedienungsgroßhandel: Rechtstatsachen, Rechtsprobleme, Köln u. a. 1976.
Schroder, H. M., Driver, M. J., Streufert, S. (1975/1967): Menschliche Informationsverarbeitung. Die Strukturen der Informationsverarbeitung bei Einzelpersonen und Gruppen in komplexen sozialen Situationen, Weinheim, Basel 1975 (Übers. von: Human Information Processing. Individuals and Groups Functioning in Complex Social Situations, New York 1967).
Schuberth, K. H. (1988): Konsumentenkredit und wirtschaftliche Entwicklung. Der Einfluß der Kreditfinanzierung des privaten Konsums auf die Struktur der Volkswirtschaft, Spardorf 1988.
Schüller, R. (1988): Verkäufe unter Einstandspreis, Pfaffenweiler 1988.
Schultes, W. (1963): Preisdifferenzierung unter wettbewerbspolitischem Aspekt (FIW-Schriftenreihe, Nr. 14), Köln u. a. 1963.
Schultes, W. (1986): Wettbewerbspolitik in der sozialen Marktwirtschaft als Verbraucherschutz. In: Verbraucher-Rundschau (hrsg. AGV-Arbeitsgemeinschaft der Verbraucher), o. Jg. (1986), Nr. 7—8, S. 4— 19.
Schulz, W. (1988): Ökologische Problemlagen oder „Was kostet die Umweltzerstörung?" In: Brandt, A., Hansen, U., Schoenheit, I., Werner, K. (Hrsg.): Ökologisches Marketing, Frankfurt a. M., New York 1988, S. 16—41.
Schulz-Klingauf, H.-V. (1960): Selbstbedienung — Der neue Weg zum Kunden, Düsseldorf 1960.

Schumann, J. (1987/1971): Grundzüge der mikroökonomischen Theorie, 5. rev. u. erw. Aufl. Berlin, Heidelberg, New York 1987 (1. Aufl. 1971).

Schwab, R. (1982): Der persönliche Verkauf als kommunikationspolitisches Instrument des Marketing — Ein zielorientierter Ansatz zur Effizienzkontrolle, Frankfurt a. M. 1982.

Schwarz, Chr., Sturm, F., Klose, W. (Hrsg.) (1987): Marketing 2000 — Perspektiven zwischen Theorie und Praxis, Wiesbaden 1987.

Schweiger, G. (1980): Grundfragen der Streuplanung. In: Kaiser, A.: Werbung. Theorie und Praxis werblicher Beeinflussung, München 1980, S. 156—170.

Seitz, T. (1971): Zur ökonomischen Theorie der Werbung, Tübingen 1971.

Selinski, H. (1983): Messe- und Kongreßmarketing, Diss. Berlin 1983.

Seyffert, R. (1932): Der Standort der Einzelhandelsbetriebe. In: Ders. (Hrsg.): Handbuch des Einzelhandels, Stuttgart 1932, S. 151—163.

Seyffert, R. (1966a): Wege und Kosten der Distribution der industriell gefertigten Konsumwaren (Forschungsberichte des Landes Nordrhein-Westfalen, Nr. 1587/Institut für Handelsforschung an der Universität zu Köln), Köln, Opladen 1966.

Seyffert, R. (1966b): Werbelehre — Theorie und Praxis der Werbung, Bd. 1 und 2, Stuttgart 1966.

Seyffert, R. (1972/1911): Wirtschaftslehre des Handels, hrgs. v. E. Sundhoff, 5. neubearb. Aufl. Opladen 1972 (1. Aufl. 1911).

Shapiro, B. P. (1968): The Psychology of Pricing. In: Harvard Business Review, Vol. 46 (1968), No. 4, S. 14—25, 160.

Shaw, A. W. (1964): Methods of Distribution. In: Barksdale, H. C. (ed.): Marketing in Progress-Patterns and Potentials, New York u. a. 1964, S. 52—70.

Sheth, J. N. (1974): Models of Buyer Behavior, New York 1974.

Shostack, G. L. (1984): Designing Services that Deliver. In: Harvard Business Review, Vol. 62 (1984), No. 1, S. 133—139.

Shostak, G. L. (1987): Service Positioning Through Structural Change. In: J of M, Vol. 51 (1987), No. 1, S. 34—43.

Siegwart, H. (1974): Produktentwicklung in der industriellen Unternehmung, Bern, Stuttgart 1974.

Silberer, G. (1981): Das Informationsverhalten des Konsumenten beim Kaufentscheid — Ein analytisch-theoretischer Bezugsrahmen. In: Raffée, H., Silberer, G. (Hrsg.): Informationsverhalten des Konsumenten, Wiesbaden 1981, S. 27—60.

Silberer, G. (1985a): Non-use Benefits des vergleichenden Warentests angesichts seiner Wirkungen im Hersteller-, Händler- und Konsumentenbereich. In: Marketing ZFP, Jg. 7 (1985), H. 1, S. 39—46.

Silberer, G. (1985b): Wertewandel und Marketing. In: WiSt, Jg. 14 (1985), H. 3, S. 119—124.

Silberer, G. (1987): Werteorientiertes Management im Handel. In: Jahrbuch der Absatz- und Verbrauchsforschung, Jg. 16 (1987), H. 4, S. 332—352.

Silberer, G. (1988): Werteforschung und Werteorientierung im Unternehmen, Habil. Universität Mannheim 1988.

Simon, H. (1976): Preisstrategien für neue Produkte, Opladen 1976.

Simon, H. (1982a): Preismanagement, Wiesbaden 1982.

Simon, H. (1982b): Adpuls: An Advertising Model with Wearout and Pulsation. In: J of MR, Vol. 19 (1982), No. 3, S. 352—363.

Simon, H. (1983): Pulsierende Werbung. In: absatzwirtschaft, Jg. 25 (1983), H. 5, S. 60—63.

Simon, H. (1985a): Goodwill und Markenstrategie, Wiesbaden 1985.

Simon, H. (1985b): Scanner-Technologie: Revolution im Handelsmarketing? In: Meffert, H. (Hrsg.): Marktorientierte Unternehmensführung und Innovation, Münster 1985, S. 201—216.

Simon, H., Sebastian, K.-H., Kucher, G. (1982): Scanner-Daten in Marktforschung und Marketingentscheidung. In: ZfB, Jg. 52 (1982), H. 6, S. 555—579.

Simon, H. A. (1967): Models of Man, 5. ed. New York, London, Sydney 1967.

Singh, S. (1988): Consumer Complaint Intentions and Behavior: Definitional and Taxonomical Issues. In: J of M, Vol. 52 (1988), No. 1, S. 93—107.

Sölter, A. (1961): Nachfragemacht und Gegengewichtsprinzip. In: MA, Jg. 23 (1961), H. 5, S. 337—369.

Sölter, A. (1984): Der Januskopf des Preiswettbewerbs. Eine wettbewerbspolitische und kartellrechtliche Untersuchung über die Ambivalenz des Preisparameters am Beispiel der Absatzwirtschaft, Heidelberg 1984.

Solo, R. A. (ed.) (1955): Economics and the Public Interest, New Brunswick 1955.
Somogyi, A. (1973): Die absatzwirtschaftlichen Bestimmungsfaktoren einer marktgerechten Packung, Diss. Zürich 1973.

Spannagel, R. (1982): Die Kreditgewährung im Einzelhandel. In: FfH-Mitteilungen, Jg. 23 (1982), Nr. 1, S. 1—7.
Specht, G. (1971): Grundlagen der Preisführerschaft — Eine betriebswirtschaftliche Betrachtung unter besonderer Berücksichtigung des Einzelhandels, Wiesbaden 1971.
Specht, G. (1979): Die Macht aktiver Konsumenten, Stuttgart 1979.
Spiegel, B. (1961): Die Struktur der Meinungsverteilung im sozialen Feld — Das psychologische Marktmodell, Bern, Stuttgart 1961.
Spiegel, B. (1967): Der Nischen-Begriff in Ökologie und Sozialpsychologie. In: GFM-Mitteilungen, Jg. 13 (1967), H. 3, S. 73— 80.
Spiegel, B. (1970): Werbepsychologische Untersuchungsmethoden, 2. Aufl. Berlin 1970.
Sprenger, K.-A., Hinten, P. v., Steiner, J. (1982): Finanzierungssituation und Finanzierungsverhalten mittelständischer Betriebe, Göttingen 1982.

Staffelbach, B. (1988): Strategisches Marketing von Dienstleistungen. In: Marketing ZFP, Jg. 10 (1988), H. 4, S. 277—284.
Stange, J. (1980): Wertsteigerung durch Wertanalyse: Grundsätzliche Betrachtungen aus betriebswirtschaftlicher Sicht, Thun, Frankfurt a. M. 1980.
Stauss, B. (1980): Verbraucherinteressen — Gegenstand, Legitimation und Organisation, Stuttgart 1980.
Stauss, B. (1985): Strategische Marketingreaktion auf verbraucher- und umweltpolitische Herausforderungen — ein Erklärungsmodell. In: Hansen, U., Schoenheit, I. (Hrsg.): Verbraucherabteilungen in privaten und öffentlichen Unternehmen, Frankfurt a. M., New York 1985, S. 65—108.
Stauss, B. (1989): Beschwerdepolitik als Instrument des Dienstleistungsmarketing. In: Jahrbuch der Absatz- und Verbrauchsforschung, Jg. 35 (1989), H. 1, S. 41—62.
Stefanic-Allmayer, K. (1927): Die günstigste Bestellmenge beim Einkauf. In: Sparwirtschaft, Zeitschrift für den wirtschaftlichen Betrieb, Bd. 5, Wien 1927, S. 504—508.
Steffenhagen, H. (1972): Konflikt und Koordination in Distributionssystemen, Ansätze einer verhaltenswissenschaftlichen Gleichgewichtsanalyse, Diss. Münster 1972.
Steffenhagen, H. (1975): Konflikt und Kooperation in Absatzkanälen — Ein Beitrag zur verhaltensorientierten Marketingtheorie, Wiesbaden 1975.
Steffenhagen, H. (1984): Ansätze der Werbewirkungsforschung. In: Marketing ZFP, Jg. 6 (1984), Nr. 2, S. 77—88.
Steffens, H. (1982): Verbrauchererziehung — Begriffe und Richtziele. In: Mitteilungsdienst der Verbraucherzentrale Nordrhein-Westfalen, Jg. 24 (1982), H. 3, S. 1—6.
Stehlin, H. (1955): Der Wandel des Verkaufssystems im Detailhandel (Baseler betriebswirtschaftliche Studien, H. 14, hrsg. von T. Brogle), Basel 1955.
Steinhart, W. (1933): Der innerbetriebliche Standort im Einzelhandel, Diss. Köln 1933.
Stern, H. (1962): The Significance of Impulse Buying Today. In: J of M, Vol. 26 (1962), No. 2, S. 59—62.
Stigler, G. J. (1967): The Division of Labor is Limited by the Extent of the Market. In: Mallen, B. E. (ed.): The Marketing Channel — A Conceptual Viewpoint, New York, London, Sydney 1967, S. 56—62.
Stobbe, A. (1975): Gesamtwirtschaftliche Theorie, Berlin, Heidelberg, New York 1975.
Stopp, U. (1987): Damit der Kunde wiederkommt. In: Lebensmittel-Zeitung, o. Jg. (1987), Nr. 38, S. F10 und F12.
Stoppok, G. (1981): Leasing von beweglichen Wirtschaftsgütern aus rechtlicher Sicht. In: Hagenmüller, K. F., Stoppok, G. (Hrsg.): Leasing-Handbuch für die betriebliche Praxis, 4. völlig neu bearb. Aufl., Frankfurt a. M. 1981, S. 11—34.
Stranz, H. (1977): Nachfragemacht des Handels in den Teilfunktionen der Beschaffung. In: FfH-Mitteilungen, Jg. 18 (1977), H. 7/8, S. 1—6.
Strebel, H. (1981): Umweltwirkungen der Produktion. In: ZfbF, Jg. 33 (1981), Nr. 6, S. 508—521.
Stuchlik, K.-H. (1983): Die Arbeitsverhältnisse in deutschen Konsumgenossenschaften, Berlin 1983.

Süchting, J. (1984): Finanzmanagement. Theorie und Politik der Unternehmensfinanzierung, 4. vollst. überarb. Aufl. Wiesbaden 1984.
Sundhoff, E. (1944): Die Funktionen der Großhandlung, Diss. Köln 1944.
Sundhoff, E. (1953): Die Handelsspanne (Schriften zur Handelsforschung, Nr. 2, hrsg. von R. Seyffert u. a.), Köln, Opladen 1953.
Sundhoff, E. (1958a): Absatzorganisation (Schriftenreihe „Die Wirtschaftswissenschaften", Abhandl. 14), Wiesbaden 1958.
Sundhoff, E. (1958b): Grundlagen und Technik der Beschaffung von Roh-, Hilfs- und Betriebsstoffen, Essen 1958.
Sundhoff, E. (Hrsg.) (1968): Distributionswirtschaft — Beiträge aus den Gebieten der Absatz-, Handels- und Beschaffungswirtschaft (Festschrift für R. Seyffert zum 75. Geb.), Köln, Opladen 1968.
Sundhoff, E. (Hrsg.) (1980): Umsatz, Kosten, Spannen und Gewinn des Einzelhandels in der Bundesrepublik Deutschland in dem Jahrzehnt 1969—1978 (Schriften zur Handelsforschung Nr. 63), Göttingen 1980.
Sundhoff, E. (1985): Die Kreditfunktion der Großhandlung. In: Mitteilungen des Instituts für Handelsforschung an der Universität zu Köln, Jg. 37 (1985), H. 3, S. 42—52.
Szallies, R. (1986): Vom Sparer zum Finanzierer. In: Gesellschaft für Konsum-, Markt- und Absatzforschung e. V. (GfK) (Hrsg.): Rosa Zeiten für Konsum — an der Schwelle der „7 fetten Jahre", Bericht der GfK-Tagung vom 6. Juni 1986 in Nürnberg.
Szallies, R. (1987): Der neue Konsument. Vom Otto-Normalverbraucher zum Ultra? Stationen und Perspektiven einer Konsumentenkarriere. In: Marketing Journal, Jg. 20 (1987), H. 4, S. 318—326.
Tenbensel, B. (1987): Arbeit, Qualifikation und Kontrolle im Einzelhandel. Neue Technologien — eine Chance zur Reprofessionalisierung des Verkaufsberufs? Frankfurt a. M., New York 1987.
Theisen, P. (1960): Die betriebliche Preispolitik im Einzelhandel (Schriften zur Handelsforschung, Nr. 14, hrsg. von R. Seyffert), Köln, Opladen 1960.
Theisen, P. (1970): Grundzüge einer Theorie der Beschaffungspolitik, Berlin 1970.
Thieme, U. (1987): Verbraucherinteresse und die Funktion der Nachfrageermittlung des Einzelhandels in der BRD, Frankfurt a. M. 1987.
Tiburtius, J. (1958): Vorwort zu Lampe, A.: Umrisse einer Theorie des Handels — Aus dem Nachlaß hrsg. von R. Rohling (Schriftenreihe der Forschungsstelle für den Handel, Dritte Folge, Nr. 1), Berlin 1958.
Tietz, B. (1960): Bildung und Verwendung von Typen in der Betriebswirtschaftslehre — dargelegt am Beispiel der Typologie der Messen und Ausstellungen (Schriften zur Handelsforschung, Nr. 13), Köln, Opladen 1960.
Tietz, B. (1967): Die Einkaufshäufigkeit der Konsumenten in der Bundesrepublik von 1950 bis 1965. In: Mitteilungen des Instituts für Handelsforschung an der Universität zu Köln, Jg. 19 (1967), Nr. 7, S. 61—70.
Tietz, B. (1980): Plankosten- und Deckungsbeitragsrechnung im Handel. In: Kilger, W., Scheer, W.-A. (Hrsg.): Plankosten- und Deckungsbeitragsrechnung in der Praxis. Anwendung — offene Probleme — Entwicklungstendenzen, Würzburg, Wien 1980, S. 253—300.
Tietz, B. (1983/1966): Konsument und Einzelhandel. Strukturwandlungen in der Bundesrepublik Deutschland von 1970—1995, 3. völlig neubearb. Aufl. Frankfurt a. M. 1983 (1. Aufl.: Konsument und Einzelhandel, 1966).
Tietz, B. (1984): Zur Emanzipation des Handels-Marketing vom Hersteller-Marketing. In: Hasitschka, W., Hruschka, H. (Hrsg.): Handels-Marketing, Berlin, New York 1984, S. 53—79.
Tietz, B. (1985a): Der Handelsbetrieb. Grundlagen der Unternehmenspolitik, München 1985.
Tietz, B. (1985b): POS-Banking — Elektronischer Zahlungsverkehr im Ladeneinzelhandel. In: Marketing ZFP, Jg. 7 (1985), H. 4, S. 275—284.
Tietz, B. (1986): Binnenhandelspolitik, München 1986.
Tietz, B., Mathieu, G. (1978): Das Franchising als Kooperationsmodell für den mittelständischen Groß- und Einzelhandel, Saarbrücken 1978.
Tietz, B., Zentes, J. (1980): Die Werbung der Unternehmung, Hamburg 1980.
Töpfer, A., Poersch, M. (1988): Ladenschluß: Einstellungen und Auswirkungen aus der Sicht der Händler und Verbraucher. In: Jahrbuch der Absatz- und Verbrauchsforschung, Jg. 34 (1988), H. 4, S. 352—392.

Topitsch, E. (Hrsg.): Logik der Sozialwissenschaften, 10. veränd. Aufl. Königstein/Ts. 1980.
Tosdal, H. R. (1957): Introduction to Sales Management, 4. ed. New York, Toronto, London 1957.
Treis, B. (1970): Die Beschaffung landwirtschaftlicher Produkte durch Unternehmen der Ernährungswirtschaft, Berlin 1970.
Treis, B. (1974): Beschaffungsmarketing. In: Marketing-Enzyklopädie, Bd. 1, München 1974, S. 249—260.
Treis, B. (1981): Größenbedingte Vor- und Nachteile mittelständischer Einzelhandelsunternehmen bei der Zielsetzung. In: Treis, B. (Hrsg.): Der mittelständische Einzelhandel im Wettbewerb. Größenbedingte Vor- und Nachteile, München 1981, S. 37—42.
Triebenstein, O. (1966): Der Wandel in den Beziehungen zwischen Produktion und Handel. In: Behrens, K. Chr. (Hrsg.): Wandel im Handel (Schriftenreihe Betrieb und Markt, Bd. 6), 2. überarb. Aufl. Wiesbaden 1966, S. 75—93.
Trommsdorff, V. (1975): Die Messung von Produktimages für das Marketing. Grundlagen und Operationalisierung, Köln u. a. 1975.
Trommsdorff, V. (1976): Image- und Einstellungsmessung in der Marktforschung. In: Der Markt, Jg. 15 (1976), Nr. 57, S. 28—32.
Trommsdorff, V. (u. Mitarb. von Ernst, M. und Jäger, J.) (1981): Massierte und verteilte Werbung. Rekonstruktion von Zielskes Sägezähnen. In: Wirtschaftswiss. Dokumentationen, Diskussionspapier Nr. 60, Berlin 1981.
Trommsdorff, V. (Hrsg.) (1987): Handelsforschung 1987. Jahrbuch der Forschungsstelle für den Handel Berlin (FfH) e. V. Schwerpunktthema: Ladenschluß, Heidelberg 1987.
Trommsdorff, V. (Hrsg.) (1988): Handelsforschung 1988. Jahrbuch der Forschungsstelle für den Handel Berlin (FfH) e. V. Schwerpunktthema: Standortfragen, Heidelberg 1988.
Tschammer-Osten, B. (1979): Haushaltswissenschaft. Einführung in die Betriebswirtschaftslehre des privaten Haushalts, Stuttgart, New York 1979.
Tucker, W. T. (1964): The Social Context of Economic Behavior, New York 1964.
Tyebjee, T. T. (1979): Refining of the Involvement Concept: An Advertising Planning Point of View. In: Maloney, J. C., Silverman, B. (eds.): Attitude Research Plays for High Stakes, Chicago 1979, S. 94— 111.
Uherek, E. W. (1962): Morphologische Grundlagen einer raumwirtschaftlichen Strukturanalyse des Einzelhandels, Diss. Berlin 1962.
Uherek, E. W. (1967): Standortwahl und Absatzpolitik — Zur Verbindung von Absatzlehre und Standorttheorie. In: Bidlingmaier, J., Jacobi, H., Uherek, E. W. (Hrsg.): Absatzpolitik und Distribution (Studienreihe Betrieb und Markt, Sonderband: Festschrift für K. Chr. Behrens), Wiesbaden 1967, S. 29—61.
Ulmer, P. (1969): Der Vertragshändler, Tatsachen und Rechtsfragen — Kaufmännische Geschäftsbesorgung beim Absatz von Markenwaren, München 1969.
Ulrich, P. (1987): Die Weiterentwicklung der ökonomischen Rationalität — Zur Grundlegung der Ethik der Unternehmung. In: Biervert, B., Held, M. (Hrsg.): Ökonomische Theorie und Ethik, Frankfurt a. M. 1987, S. 122—149.
Upah, G. D. (1980): Mass Marketing in Service Retailing: A Review and Synthesis of Major Methods. In: J of R, Vol. 56 (1980), No. 3, S. 59— 76.
Uphoff, H. (1978): Bestimmung des optimalen Standortes mit Hilfe der Profilmethode, Berlin 1978.
Vaile, R. S., Grether, E. T., Cox, R. (1952): Marketing in the American Economy, New York 1952.
Veblen, Th. (1986/1958): Theorie der feinen Leute, Frankfurt a. M. 1986 (1. Aufl. Berlin, 1958).
Vershofen, W. (1943): Zum Problem der Qualität. In: Markt und Verbrauch (Berlin), Jg. 15 (1943), H. 1/2, S. 7—14.
Vershofen, W. (1959): Die Marktentnahme als Kernstück der Wirtschaftsforschung, Berlin, Köln 1959.
Vollmer, L. (1986): Preisbindungen bei kooperativem Warenabsatz. Möglichkeiten und Grenzen nach deutschem, europäischem und amerikanischem Wettbewerbsrecht, Köln u. a. 1986.
Vomberg, F. (1960): Ortsverkehr und Nachbarschaftsverkehr im Straßennetz, Wiesbaden 1960.
Vormbaum, H. (1960a): Preisauszeichnung. In: HWB, Bd. III, 3. Aufl. Stuttgart 1960, Sp. 4379—4382.

Vormbaum, H. (1960b): Differenzierte Preise — Differenzierte Preisforderungen als Mittel der Betriebspolitik, Köln, Opladen 1960.

Vormbaum, H. (1986): Finanzierung der Betriebe, 7. überarb. und erw. Aufl. Wiesbaden 1986.

Wald, R. (1986): Verkaufen und Käufer — Marktkonzentration und Kundenverhalten. In: Jahrbuch der Absatz- und Verbrauchsforschung, Jg. 32 (1986), H. 3, S. 241—262.

Waldbach, P. (1984): Bildschirmtext im Einzelhandel, München 1984.

Walster, E., Walster, G. W., Berscheid, E. (1978): Equity: Theory and Research, Boston/Mass. 1978.

Walthard, P. E. (1977): Trade Marts — eine Ergänzung der Messen. In: Marketing Journal, Jg. 10 (1977), Nr. 5, S. 529—530.

Watzlawick, P., Beavin, J. H., Jackson, D. D. (1985): Menschliche Kommunikation. Formen, Störungen, Paradoxien, 7. Aufl. Bern 1985.

Weber, M. (1922): Grundriß der Sozialökonomik, III. Abteilung: Wirtschaft und Gesellschaft, Tübingen 1922.

Weber, M. (1972): Wirtschaft und Gesellschaft, Studienausgabe (Grundriß der verstehenden Soziologie), 5. rev. Aufl. besorgt von J. Winckelmann, Tübingen 1972, 1. Hlbd., S. 1—386, 2. Hlbd., S. 387—957.

Weber, M. R. (1983): Ist Ihr Kundendienst marktgerecht? In: Marketing Journal, Jg. 16 (1983), H. 1, S. 38—43.

Weber, M. R. (1984): Telefonmarketing. Das Telefon im Dienste des Unternehmens und seiner Kunden, Landsberg a. L. 1984.

Weber, W. (1964): Der Katalog als Verführer. In: Die Zeit, Jg. 19 (1964), Nr. 10, S. 41—42.

Webster, F. E., Wind, Y. (1972): Organizational Buying Behavior, Englewood Cliffs/N. J. 1972.

Weggemann, S. (1985): Evaluierung von Beratungsleistungen am Beispiel der persönlichen Produktberatung. In: Lübke, V., Schoenheit, I. (Hrsg.): Die Qualität von Beratungen für Verbraucher, Frankfurt a. M., New York 1985, S. 59—81.

Wehrle, F. (1981): Strategische Marketingplanung in Warenhäusern, Frankfurt a. M., Bern 1981.

Weinberg, G.-M. (1970): Werbung im Einzelhandel — Ein Beitrag zu offenen Fragen der Werbeforschung, Diss. Berlin 1970.

Weinberg, P. (1981): Das Entscheidungsverhalten der Konsumenten, Paderborn u. a. 1981.

Weinberg, P. (1986a): Nonverbale Marktkommunikation, Heidelberg 1986.

Weinberg, P. (1986b): Erlebnisorientierte Einkaufsstättengestaltung im Einzelhandel. In: Marketing ZFP, Jg. 8 (1986), H. 2, S. 97—102.

Weinberg, P., Konert, F.-J. (1985): Vom Produkt zur Produktpersönlichkeit. In: absatzwirtschaft, Jg. 28 (1985), H. 2, S. 85—86 und 95—97.

Weinhold, H., Baumgartner, R. (1981): Konsumentenzufriedenheit, Uttwil 1981.

Weis, K. H. (1985): Risiko und Sortiment. Der Portfolio-Selection-Ansatz als ein Instrument der Unternehmenspolitik im Handel, Wiesbaden 1985.

Weisbach, C.-R. (1982): Das Beratungsgespräch, Weil der Stadt 1982.

Weise, P. (1985): Neue Mikroökonomie, 4. Aufl. Würzburg, Wien 1985.

Weiß, E. B. (1961): Merchandising for Tomorrow (1961), New York, Toronto, London 1961.

Werdin, T. (1986): Der Segen im Einkauf? In: Lebensmittel-Zeitung, Jg. 38 (1986), v. 5. Dez. 1986, S. 2.

Westbrook, R. A. (1981): Sources of Consumer Satisfaction with Retail Outlets. In: J of R, Vol. 57 (1981), No. 3, S. 68—85.

Westphalen, F. Graf v. (1984): Der Leasingvertrag. Finanzierungsleasing, Hersteller-Leasing, Operating-Leasing, Immobilien-Leasing, 2. völlig neubearb. u. wesentl. erw. Aufl. Köln 1984.

Wheatley, J. J., Chiu, J. S. Y., Goldman, A. (1981): Physical Quality, Price and Perceptions of Product Quality: Implications for Retailers. In: J of R, Vol. 57 (1981), No. 2, S. 100—116.

Wicke, L. (1982): Umweltökonomie, München 1982.

Wicke, L. (1986): Die ökologischen Milliarden. Das kostet die zerstörte Umwelt — so können wir sie retten, München 1986.

Widmer, F. (1986): Die Verpackung als Instrument im Kommunikations-Mix des Handels. In: Marketing ZFP, Jg. 8 (1986), H. 1, S. 19—26.

Wiedmann, K.-P. (1985): Konzeptionelle und methodische Grundlagen der Früherkennung. In: Raffée, H., Wiedmann, K.-P. (Hrsg.): Strategisches Marketing, Stuttgart 1985, S. 301—348.

Wiedmann, K.-P., Jugel, S. (1987): Corporate-Identity-Strategie. Anforderungen an die Entwicklung und Implementierung. In: Die Unternehmung, Jg. 41 (1987), Nr. 3, S. 186—204.

Wied-Nebbeling, S. (1976): Literaturübersicht zur Preistheorie. In: WiSt, Jg. 5 (1976), H. 12, S. 583—586.

Wiele, E. (1981): Nur für Platzhirsche. In: absatzwirtschaft, Jg. 24 (1981), Nr. 4, S. 109—114.

Wieselhuber, N. (1986): Erschließung von neuen Wachstumsquellen durch Diversifikation. In: Wieselhuber, N., Töpfer, A. (Hrsg.): Strategisches Marketing, 2. Aufl. Landsberg a. L. 1986, S. 426—440.

Williamson, O. E. (1975): Markets and Hierarchies: Analysis and Antitrust Implications. A Study in the Economics of Internal Organization, New York, London 1975.

Williamson, O. E. (1980): Emergence of the Visible Hand: Implications for Industrial Organizations. In: Chandler, A. D., Daems, H. (eds.): Managerial Hierarchies, Cambridge/Mass. 1980, S. 182—202.

Williamson, O. E. (1985): The Economic Institutions of Capitalism. Firms, Markets and Relational Contracting, New York, London 1985.

Willmann, W. (1979): Konsumententypologie als Basis für Marketingstrategien, Bamberg 1979.

Wimmer, F. (1975): Das Qualitätsurteil des Konsumenten: Theoretische Grundlagen und empirische Ergebnisse (Gesellschaftsforschung und Gesellschaftspolitik, Bd. 2), Frankfurt a. M., Bern 1975.

Wimmer, F. (1981): Mangelnde Einkaufseffizienz einkommensschwacher Verbraucher — eine empirische Überprüfung und inhaltliche Erweiterung der These „Die Armen zahlen mehr“ für die BRD. In: ZVP/JCP, Jg. 5 (1981), H. 1 u. 2, S. 64—87.

Wimmer, F. (1985): Beschwerdepolitik als Marketinginstrument. In: Hansen, U., Schoenheit, I. (Hrsg.): Verbraucherabteilungen in privaten und öffentlichen Unternehmen, Frankfurt a. M., New York 1985, S. 225— 254.

Wimmer, F. (1988): Umweltbewußtsein und konsumrelevante Einstellungen und Verhaltensweisen. In: Brandt, A., Hansen, U., Schoenheit, I., Werner, K. (Hrsg.): Ökologisches Marketing, Frankfurt a. M., New York 1988, S. 44—85.

Wimmer, R. M. (1980): Wiederholungswirkung der Werbung, Hamburg 1980.

Windhorst, K. G. (1985): Wertewandel und Konsumentenverhalten, Münster 1985.

Wingate, J. W., Friedlander, J. S. (1978/1963): The Management of Retail Buying, 2. ed. Englewood Cliffs/N. J. 1978 (1. ed. 1963).

Winter, G. (1987): Das umweltbewußte Unternehmen, München 1987.

Wirtschaftsverband Teilzahlungsbanken e. V. (Hrsg.) (1959): Handbuch der Teilzahlungswirtschaft, Frankfurt a. M. 1959.

Wiswede, G. (1965): Motivation und Verbraucherverhalten, München, Basel 1965.

Wiswede, G. (1966): Eine Vektortheorie des Verbraucherverhaltens. In: Jahrbuch der Absatz- und Verbrauchsforschung, Jg. 12 (1966), H. 1, S. 53—67.

Witt, F. J. (1986): Der räumlich relevante Markt eines Filialisten. In: Lebensmittel-Zeitung, Jg. 38 (1986), v. 16. 9.1986, S. F 24—F 27.

Witt, F. J. (1987): Zur Garantiepolitik im Rahmen des Beschwerdemanagement — Die „Geld-Zurück-Garantie“. Ergebnisse einer empirischen Untersuchung. In: MA, Jg. 49 (1987), H. 11, S. 545—548.

Wittlage, H. (1965): Probleme der Preisdifferenzierung, Diss. Münster 1965.

Wöhe, G., Bilstein, J. (1986): Grundzüge der Unternehmensfinanzierung, 4. überarb. und erw. Aufl. München 1986.

Wolf, H.-D. (1971): Wesen und empirische Bedeutung von Marktzugangsbeschränkungen im Einzelhandel unter besonderer Berücksichtigung des Ladeneinzelhandels, Diss. Frankfurt a. M. 1971.

Woll, A. (1964): Der Wettbewerb im Einzelhandel — Zur Dynamik der modernen Vertriebsformen (Quaestiones oeconomicae, Bd. 2), Berlin 1964.

Woll, A. (1987): Allgemeine Volkswirtschaftslehre, 9. überarb. u. erg. Aufl. München 1987.

Wolter, F.-H. (1985): Großkundenmanagement. Durch kundenspezifische Verkaufsorganisation zu mehr Umsatz, Augsburg 1985.

Wotzka, P. (1970): Standortwahl im Einzelhandel, Hamburg 1970.

Wülfing, K. (1966): Gemeinschaftswerbung. In: Zankl, H. L. (Hrsg.): Werbeleiter-Handbuch, München 1966, S. 1257—1281.

Wurth, R. (1970): Die Bewertung der Filialstandorte von Einzelhandelsfilialunternehmungen, Köln, Opladen 1970.

Zäpfel, G. (1979): Verfahren zur Lieferantenwahl für Materialien bei mehrfacher Zielsetzung. In: Krüger, K., Rühl, G., Zink, K. J. (Hrsg.): Industrial Engineering und Organisationsentwicklung im kommenden Dezennium, München 1979, S. 275—289.

Zeithaml, V. A., Berry, L. L., Parasuraman, A. (1985): Problems and Strategies in Services Marketing. In: J of M, Vol. 49 (1985), No. 3, S. 33—46.

Zenk, H. G. (1982): Werbung und Verkaufsförderung. In: Tietz, B. (Hrsg.): Die Werbung. Handbuch der Kommunikations- und Werbewirtschaft, Bd. 1, Landsberg a. L. 1982, S. 448—477.

Zentes, J. (1982): Die Werbeentscheidungen und die Werbeoptimierungsmodelle. In: Tietz, B. (Hrsg.): Die Werbung. Handbuch der Kommunikations- und Werbewirtschaft, Bd. 3, Landsberg a. L. 1982, S. 2199—2263.

Zentes, J. (1984): Technologiedynamik und Marktforschung. In: Ders. (Hrsg.): Neue Informations- und Kommunikationstechnologien in der Marktforschung, Berlin u. a. 1984, S. 1—17.

Zentes, J. (Hrsg.) (1985): Moderne Warenwirtschaftssysteme im Handel, Berlin u. a. 1985.

Zielske, H. A., Henry, W. A. (1980): Remembering and Forgetting Television Ads. In: J of AR, Vol. 20 (1980), No. 2, S. 7—13.

Zimmermann, A. (1978): Einkauf oder Selbstherstellung als Entscheidungsproblem im Handelsbetrieb, Diss. Zürich 1978.

Zöllner, R.-D. (1977): Der Ladendiebstahl als betriebswirtschaftliches Problem im Einzelhandel, Köln 1977.

Zolà, E. (o. J.): Paradies der Damen, München o. J. (Orig.: Au bonheur des Dames).

Zopp, H. (1965): Differenzierungsgründe der Leistung bei gleichgearteten Einzelhandelsbetrieben (Schriften zur Handelsforschung Nr. 31, hrsg. von R. Seyffert), Köln, Opladen 1965.

Sachregister